# LA SITUATION DES SALARIES DANS LES OPERATIONS DE TRANSFERT D'ENTREPRISE EN DROIT COMPARE : FRANCE, ROYAUME-UNI, ÉTATS-UNIS

*Fondée par*
***Paul Durand †***
*Professeur honoraire*
*à la Faculté de droit*
*et des sciences*
*économiques de Paris*

BIBLIOTHÈQUE
DE DROIT
SOCIAL
TOME 51

*Dirigée par*
***Antoine Mazeaud***
*Professeur*
*à l'Université*
*Panthéon-Assas (Paris II)*

# LA SITUATION DES SALARIES DANS LES OPERATIONS DE TRANSFERT D'ENTREPRISE EN DROIT COMPARE : FRANCE, ROYAUME-UNI, ÉTATS-UNIS

Marie-Hélène Chezlemas
Avocat – Barreau des Hauts-de-Seine
Docteur en droit

*Préface de*
*François Gaudu*
Agrégé des Facultés de droit, Professeur à l'Université Paris 1 – Panthéon-Sorbonne

L.G.D.J
lextenso éditions

33, rue du Mail, 75081 Paris Cedex 02
I.S.B.N. : 978-2-275-03425-6 I.S.S.N. : 0520-0180

# PRÉFACE

La situation des salariés dans les opérations de transfert d'entreprise intéresse l'ensemble du monde développé. C'est l'un des sujets à propos desquels le droit communautaire exerce une attraction, par exemple, sur les pays asiatiques les plus avancés[1]. La comparaison internationale a toujours dans cette matière joué un rôle d'exception : avant même la directive communautaire de 1977, c'est en effet par un emprunt délibéré au *BGB* et au *HGB* allemands[2] que la France a adopté la règle, rattachée successivement à l'article 23 du Code du travail, à l'article L 122-12, et maintenant à l'article L 1224-1. Il est donc tout à fait naturel qu'une jeune comparatiste choisisse cette question comme objet de recherche.

La pente naturelle du juriste européen pourrait être d'étudier le transfert d'entreprise, d'abord sous l'angle communautaire, ou comme un droit comparé de la transposition d'une directive importante, qui a eu dans certains pays – ceux qui ignoraient auparavant le principe du maintien des contrats de travail, comme la Belgique ou le Royaume Uni – un effet considérable. Ce n'est pas le parti qu'a pris Marie-Hélène CHEZLEMAS, puisqu'elle compare le droit de trois pays, dont l'un, les États-Unis, n'appartient pas à l'Union européenne.

De là une triple approche : comparaison entre les transpositions anglaise et française de la directive ; comparaison entre le régime des transferts d'entreprise dans les deux plus importants pays de *common law*. La comparaison entre la France et les Etats-Unis n'est pas la moins féconde, d'une part parce que le droit américain est sans doute, à beaucoup d'égards, plus compréhensible pour des continentaux que le droit anglais ; ensuite parce que les transferts d'entreprise ont leur logique, qui fait naître, de façon presque géométrique, les mêmes questions : les États-Unis, comme la France, ont ainsi dû s'interroger sur le point de savoir si les droits des salariés étaient maintenus lorsqu'il n'y a pas de lien de droit entre les deux employeurs qui se succèdent à la tête d'une entreprise. Etant bien entendu, comme le montre Marie-Hélène CHEZLEMAS, que la question qui se pose en France sur le plan individuel (maintien du contrat de travail) se pose aux États-Unis sur le plan collectif (opposabilité au nouvel employeur de la *certification* du syndicat, qui soumet l'unité de négociation aux obligations qui résultent du *National Labor Relations Act (NLRA)*).

Comme praticienne, Marie-hélène CHEZLEMAS est accoutumée à expliquer le droit français à des responsables étrangers qui investissent en France. Elle pratique donc un droit comparé moins abstrait et plus naturel qu'il n'est fréquent. Le premier apport de son ouvrage est ainsi de mettre à la disposition des juristes français, dans leur langue, un exposé très à jour de l'évolution du droit de la négociation collective américaine et du droit de la représentation du

---

[1] V. la loi japonaise relative à la succession des contrats de travail, *Waseda Bulletin of Comparative Law*, vol. 21, p. 60, et les remarques de T. Araki, « *Labor law scholarship in Japan* », *Comparative Labor Law and Policy Journal*, vol. 23, p. 735.

[2] *Cf.* N. Olszak, « Aux origines de la reconnaissance juridique de l'entreprise : le maintien des contrats de travail en cas de changement de la situation de l'employeur (art. L 122-12 ; al. 2 C. trav. issu de la loi du 19 juillet 1928) », Mélanges Pierre Spiteri, Presses des Sciences Sociales Toulouse 1, 2008.

personnel anglais. Sur cette base indispensable, elle peut peser les divergences de méthode **(Première partie)** et la convergence des résultats **(Seconde partie)**.

Il y a donc, tout au fil de l'ouvrage, deux niveaux d'enseignements : une foule de mises à jour très utiles, sur des sujets aussi divers que l'instauration d'une représentation élue du personnel en Grande-Bretagne, à la longue rendue nécessaire par la transposition des directives relatives à l'information et la consultation des travailleurs ; le maintien des contrats de travail en cas de successions de prestataires de service, prévue par la loi anglaise de 2006 ; la négociation collective des restructurations industrielles aux États-Unis ; les effets du WARN Act américain (1989) en cas de licenciement collectif... Mise à jour est excessif, car sur certains des sujets abordés, c'est la première fois que paraît un ouvrage en français. La richesse des notes et des références, pour qui sait se servir des sites officiels américains et anglais, sera un excellent outil de recherche.

Deuxième niveau de lecture : si *« l'employeur reste le seul décisionnaire »*, Marie-Hélène CHEZLEMAS ne commet pas l'erreur d'exagérer la convergence des résultats. Elle marque ainsi la différence essentielle entre un système *adversarial*, comme le système américain, où l'employeur peut se fixer comme objectif licite de n'avoir aucun syndicat dans l'entreprise, et les systèmes continentaux ici représentés par la France (le droit anglais se situant sans doute dans une position intermédiaire, à cet égard, entre l'un et les autres). Dès lors, le droit américain, même s'il surprend par quelques audaces, ne couvre qu'une faible minorité d'entreprises, alors que les normes communautaires ont vocation à s'appliquer à partir du moment où leurs conditions d'application sont réunies.

Le lecteur peut ainsi prendre connaissance d'une présentation très fine de chacun des trois systèmes, chacun étant mis en perspective par les deux autres.

Qu'il s'agisse de prendre contact avec le droit de la négociation collective américaine ou avec un droit anglais de plus en plus légiféré, ou que l'on souhaite approfondir la question du transfert d'entreprise, l'ouvrage de Melle Chezlemas, d'un abord facile au regard de la complexité des sujets traités, sera pour le lecteur français d'une utilité indiscutable.

François Gaudu

Agrégé des Facultés de droit
Professeur à l'Université Paris 1 – Panthéon-Sorbonne

# TABLE DES ABRÉVIATIONS

| | |
|---|---|
| A. | Atlantic Reporter |
| AC | Law reports, Appeal Cases, House of Lords and Privy Council |
| ACAS | Advisory, Conciliation and Arbitration Service |
| All ER | All England Law Reports |
| Arb. | Arbitrator |
| B.O. | Bulletin Officiel |
| *Bull. civ.* | Bulletin des arrêts des chambres civiles de la Cour de cassation |
| *Bull. crim.* | Bulletin des arrêts de la chambre criminelle de la Cour de cassation |
| c/ | Contre |
| CA | Court of Appeal |
| CA (Ct. App.) | US Court of Appeals |
| CAC | Central Arbitration Committee |
| Cass. soc. | Chambre sociale de la Cour de cassation |
| CBI | Confederation of British Industry |
| CE | Communauté Européenne |
| CEE | Communauté Economique Européenne |
| Cert. den. | Certiorari denied |
| Cir. | Circuit |
| COIT | Central Office of the Industrial Tribunals |
| Conf'd | Confirmed |
| Cong. Rec. | Congressional Record |
| CFR | Code of Federal Regulations |
| CJCE | Cour de Justice des Communautés Européennes |
| *D.* | Recueil Dalloz |
| DTI | Department of Trade and Industry |
| EAT | Employment Appeal Tribunal |
| Enf'd | Enforced |

| | |
|---|---|
| ET | Employment Tribunal |
| ETOR | Economic, Technical or Organisational Reason |
| et al. | And other |
| et seq. | And following |
| F. | Federal Reporter |
| F. Supp. | Federal Supplement |
| 2d | Second Series |
| GAO | US Government Accountability Office |
| HL | House of Lords |
| HR | House Bill |
| HR Rep. (H. Rept) | United States House of Representatives Committee Report |
| ICR | Industrial Cases Reports |
| IDS | Income Data Services |
| IER Cases | Individual Employment Rights cases |
| Inc. | Incorporated |
| Int'l | International |
| IRLR | Industrial Relations Law Reports |
| JCP | Juris-Classeurs Périodique |
| J.O. | Journal officiel de la République française |
| J.O.C.E. | Journal officiel des Communautés européennes |
| Lab. Arb. (LA) | Labor Arbitration Reports |
| Ltd. | Limited |
| LRR | Labor Relations Reporter |
| LRRM | Labor Relations Reference Manual |
| Mdf'd | Modified |
| Mfg. | Manufacturing |
| NE | Northeastern Reporter |
| NLRB | National Labor Relations Board |
| N.L.R.B. | Decisions and Orders of the National Labor Relations Board |
| para. | Paragraphe |
| Pub. L. | Public Law |
| *Rec. CJCE* | Recueil des arrêts de la Cour de Justice des Communautés Européennes |
| reg. | Regulation |
| *RJS* | Revue de Jurisprudence Sociale |
| s. | Section |

| | |
|---|---|
| S. Ct | United States Supreme Court Reporter |
| SE | Southeastern Reporter |
| SI | Statutory Instrument |
| S.O.R.S. | Some Other Substantial Reason |
| Stat. | U.S. Statutes at large |
| sub nom. | Under name of |
| TUC | Trade Union Congress |
| U.S. | US Reports |
| U.S.C. | United States Code |
| v. | Versus |
| vol. | Volume |

## LEGISLATION

| | |
|---|---|
| EPA | Employment Protection Act |
| EPCA | Employment Protection (Consolidation) Act |
| ERA | Employment Rights Act |
| ERelA | Employment Relations Act |
| ICE | Information and Consultation of Employees Regulations |
| LMRA | Labour Management Relations Act |
| NLRA | National Labor Relations Act |
| TICER | Transnational Information and Consultation of Employees Regulations |
| TUPE | Transfer of Undertakings (Protection of Employment) Regulations |
| TULRA | Trade Union and Labour Relations Act |
| TULRCA | Trade Union and Labour Relations (Consolidation) Act |
| TURERA | Trade Union Reform and Employment Rights Act |
| WARN Act | Worker Adjustment and Retraining Notification Act |

# SOMMAIRE

# INTRODUCTION

> « La liberté du commerce n'est pas une faculté accordée aux négociants de faire ce qu'ils veulent ; ce serait bien plutôt sa servitude. Ce qui gêne le commerçant ne gêne pas pour cela le commerce. C'est dans les pays de la liberté que le négociant trouve des contradictions sans nombre ; et il n'est jamais moins croisé par les lois, que dans les pays de la servitude ».
>
> Montesquieu, *De l'esprit des lois*, Livre XX, Chapitre XII, De la liberté du commerce, extrait.

**1.** D'après Monsieur le Professeur Gérard Farjat, le processus de « concentration capitalistique » est caractérisé par la croissance de la taille des entreprises et la diminution corrélative de leur nombre [1]. Ce phénomène a été encouragé par la crise économique qui voit, depuis les années 1980, s'accélérer le regroupement (« concentration horizontale ») ou l'élimination des petites entreprises et l'augmentation de la taille des multinationales [2] (« concentration verticale ») par la multiplication des alliances et des fusions dans certains secteurs [3] et l'émergence d'un nouveau type de grandes entreprises, les multinationales globales.

La principale caractéristique de ces entreprises dites « globales » est l'intégration totale des activités de production comme des activités commerciales, industrielles et financières ainsi que des activités de recherche et de développement. Ces entreprises se gèrent à l'échelle mondiale. Elles sont à la fois multinationales par la localisation et les productions de leurs filiales et transnationales par leur stratégie, leur système d'information et leur système de financement [4].

---

[1]. G. FARJAT, *Droit économique*, PUF, 1982, p. 152.

[2]. Les firmes multinationales se multiplient : les pays membres de l'ONU comptaient 375.000 maisons mères au début des années 1990 entraînant dans la mondialisation les PME qui les fournissent. Les ventes de leurs filiales à l'étranger dépassent les exportations de leur pays d'origine et elles contrôlent désormais un tiers de la production mondiale. Rapport de la commission présidée par J. BOISSONNAT, *Le travail dans vingt ans*, Commissariat Général du Plan, la Documentation Française, 1995, p. 63.

[3]. Notamment dans le secteur de l'électronique, de l'industrie aéronautique, de la pharmacie, des télécommunications, de l'informatique, de la banque et de l'énergie.

[4]. V. GOVINDARAJAN, A. K. GUPTA, « Le nouveau paysage économique mondial », *Les Echos*, dossier spécial « L'art de l'entreprise globale », n°1, « Quand l'économie se mondialise », 11 septembre 1998, p. 3. Les trois principaux indicateurs du degré de mondialisation d'une entreprise seraient à cet égard : (i) la part de son chiffre d'affaires et de ses actifs à l'international, (ii) le volume des échanges intra-firme de produits finis et semi-finis, et (iii) les flux intra-firme de technologie.

**2.** Si seulement un petit nombre d'entreprises répond à ces critères de « globalisation » [5], celles-ci tendent cependant à devenir un nouveau modèle d'organisation de l'économie mondiale. Les opérations de fusions, d'acquisitions, de rachats, de prises de contrôle et de participation au capital d'autres firmes deviennent pour les entreprises le moyen de croître par la taille pour s'assurer une représentation au niveau mondial. Elles leur permettent également de s'assurer une compétence élargie et de développer ainsi une stratégie qui dépasse les frontières [6].

Les entreprises globales sont acteurs de la mondialisation [7] en ce que leurs actions et regroupements à l'échelle mondiale contribuent à accroître l'interpénétration des économies. Leurs actions se répercutent nécessairement au niveau économique local, national et supranational. D'une délocalisation à une restructuration, elles influent sur l'emploi et l'organisation du travail. Elles accentuent la concurrence mondiale et la recherche de sites optimums d'implantation pour leurs activités.

**3.** Dans une économie de marché, les stratégies des entreprises globales sont essentiellement inspirées par un souci continu de sécurité, de baisse des coûts, d'optimisation des profits et de maintien de la compétitivité de l'entreprise. Cette logique commande naturellement de limiter les risques commerciaux, économiques, politiques et sociaux. Une implantation internationale permet de jouer sur les disparités économiques, juridiques et politiques nationales [8]. La perspective pour 2015 a été décrite, à ce titre, comme « *la résultante d'un phénomène de mondialisation accentué par l'accroissement des interdépendances économiques et l'augmentation de la mise en concurrence du facteur travail à l'échelle mondiale* » [9]. L'appel à la déréglementation et à l'atténuation des disparités en matière sociale au niveau européen et international est renforcé et le droit du travail accusé de fausser le marché par les contraintes et les charges qu'il fait peser sur l'entreprise au niveau local.

---

[5]. Quelques grands groupes seulement ont les moyens de développer une stratégie à l'échelle mondiale et de multiplier partenariats et alliances, soit environ deux cent entreprises (ou « conglomérats ») dans le monde réparties géographiquement entre neuf pays : Japon (62), Etats-Unis (53), Allemagne (23), France (19), Royaume-Uni (11), Suisse (8), Corée du Sud (6), Italie (5) et Pays-Bas (4). *In* « Ces deux cent sociétés qui contrôlent le monde », *Le Monde Diplomatique*, n°16, avril 1997.

[6]. La vague de restructurations et de privatisations en Europe est favorisée depuis l'adoption de la monnaie unique le 1er janvier 1999, celle-ci permettant une plus grande ouverture à la concurrence pour les entreprises (la disparition du taux de change et de la variation des monnaies diminuent les risques liés aux ventes à l'étranger) et un accès au marché européen simplifié pour les sociétés basées en dehors de l'Union Européenne.

[7]. C'est-à-dire, selon la définition qu'en offre le Petit Robert, « *Le fait de devenir global, de se répandre dans le monde entier* », ou, plus techniquement, « *l'interdépendance économique croissante de tous les pays du monde du fait de l'augmentation du volume et de la variété des transactions transfrontières portant sur les marchandises et les services et des flux de capitaux internationaux, ainsi que du fait d'une diffusion plus rapide et plus large de la technologie* ». FMI, *Perspectives de l'économie mondiale*, mai 1997, p. 45. Elle se manifeste par « *la conjonction d'une plus grande ouverture des marchés nationaux et d'une capacité accrue de déplacer certains facteurs de production à l'échelle internationale, le capital en particulier* ». F. SACHWALD, « La mondialisation des entreprises », *Cahiers Français*, janv.-fév. 1995, n°269, p. 54.

[8]. G. FARJAT, dans son ouvrage précité, relève à ce titre tout l'intérêt stratégique de la composition de groupes de sociétés qui permet de s'adapter aux exigences de l'économie grâce à la mobilité de la composition des filiales et des participations.

[9]. Rapport de la commission présidée par J. BOISSONNAT, *Le travail dans vingt ans*, Commissariat Général du Plan, la Documentation Française, 1995, p.133.

**4.** Les processus de fusion et de concentration du capital se sont accélérés ces dernières années [10], en dépit d'une baisse des transactions amorcée en 2007. Le total des transactions enregistrées dans le monde s'élevait à plus de 4 milliards de dollars en 2006, soit une hausse de 30% par rapport à 2005 [11]. Porté par la France et le Royaume-Uni, le montant des fusions - acquisitions en Europe au titre du premier semestre 2006 s'établissait à 697,2 milliards de dollars, soit un montant quasiment équivalent à celui enregistré pour toute l'année 2004. Les États-Unis n'étaient pas en reste puisque la plus grosse opération annoncée à la même époque était la fusion entre deux géants de la télécommunication ATT et Bell South pour 89,4 milliards de dollars [12]. Le record de 2006 représentait la quatrième année consécutive de croissance des opérations de fusions - acquisitions à l'échelle mondiale[13]. Les multinationales transcendent les frontières et occupent des salariés de toute nationalité dans le monde. L'espace économique n'est plus uniquement borné par des frontières territoriales. Il est étendu et reconstruit en fonction des stratégies d'entreprises, des circuits marchands, des moyens de communication et du déplacement des hommes. Face aux stratégies de globalisation des entreprises, la recherche d'un équilibre entre les intérêts du capital et les intérêts du travail [14] devient plus que jamais nécessaire pour préserver l'emploi.

**5.** Les États eux-mêmes, mis en concurrence, jouent un rôle dans ce processus en cherchant à offrir avantages et garanties aux multinationales afin d'attirer une part des investissements internationaux [15]. Partagé entre un souci de protection des salariés et la nécessité de trouver une souplesse juridique compatible avec la loi du marché, le droit social semble poursuivre cette recherche d'équilibre en s'orientant, au niveau européen, vers une fonction de *« régulateur des mutations économiques »* afin de protéger l'emploi [16]. Le droit des transferts d'entreprises est au cœur du débat.

---

[10]. A. DEGREMONT, « Le contexte économique des restructurations en Europe : la « restructuration permanente » », *La place des salariés dans les restructurations en Europe communautaire*, sous la direction de C. SACHS-DURAND, Presses Universitaires de Strasbourg, 2004, p. 7-18.

[11]. *Financial Times*, 8 February 2007, p. 27.

[12]. *Les Echos*, 28 juin 2006, p. 35.

[13]. *Le Monde*, 22 décembre 2006, p. 14.

[14]. Par référence à la définition de l'entreprise donnée par M. DESPAX, *l'Entreprise et le droit*, Thèse, 1957, p. 266. Selon l'auteur, l'entreprise est constituée par l'union intime de ses éléments matériels (cellule économique) et des ses éléments humains (cellule sociale) que l'évolution moderne du droit tend à souder de plus en plus étroitement dans un souci de protection de la collectivité des travailleurs qui participent à l'œuvre de production économique de l'entreprise.

[15]. Les gouvernements nationaux auraient à cet égard, selon R. REICH, ex-ministre du travail aux Etats-Unis sous le 1er mandat Clinton, deux grandes catégories de stratégies à leur disposition pour attirer les capitaux mondiaux. Proposer des coûts salariaux et fiscaux très bas (« dumping social ») ou proposer des « atouts flatteurs » de grande valeur (main-d'œuvre qualifiée, infrastructure de communication et de transports fiables, stabilité politique, etc.), seule véritable solution, selon lui, pour obtenir le meilleur retour sur investissement des entreprises et procurer des revenus réels élevés pour les nationaux. « La mondialisation en débat », *Sciences Humaines*, hors série n°17, Juin-Juillet 1997, p. 66.

[16]. J.-E. RAY, « Mutations économiques et droit du travail », *Études offertes à Gérard LYON-CAEN*, Dalloz, 1989, p. 11-31. Le thème de l'encadrement social de la mondialisation a donné lieu à une littérature abondante, notamment: X. BLANC-JOUVAN, « L'internationalisation des rapports de travail », *Les transformations du droit du travail*, Études offertes à Gérard LYON-CAEN, Dalloz, 1989, p. 67-82 ; G. SPYROPOULOS, « Encadrement social de la mondialisation de l'économie : bilan et perspectives d'avenir de l'action normative au niveau international dans le domaine du travail », *Droit Social*, 1996, n°6, p. 551-561 ; A. JEAMMAUD, « Les droits du travail à l'épreuve de la mondialisation », *Droit Ouvrier*, juin 1998, p. 240-248 et, plus largement, M.-A. MOREAU, *Normes sociales, droit du travail et mondialisation*, Dalloz, 2006, 461 p. ; B. HEPPLE, *Labour law and global trade*, Hart Publishing, 2005, 302 p. ; S. DEAKIN, F. WILKINSON, *The law of the labour market – Industrialization, employment and legal evolution*, Oxford University Press, 2005, 350 p. ; J. D. CRAIG, S. M. LYNK (ed. by), *Globalization and the future of labour law*, Cambridge University Press, 2006, 498p.

La mobilité transnationale du capital et l'organisation à l'échelle mondiale de la production constituent un défi à l'autorité de l'État qui rend plus difficile l'exercice de son pouvoir économique. Ses interventions deviennent moins efficaces et doivent désormais tenir compte des décisions d'autres acteurs, notamment celles des firmes multinationales, véritables pouvoirs parallèles. Celles-ci échappent au contrôle des États, remettant en cause leurs grandes fonctions traditionnelles (sécurité, emploi, monnaie) et réduisant leurs possibilités d'action [17].

**6.** Ce phénomène ébranle le modèle social de chaque pays, alimente le chômage et accroît les inégalités de revenu. Quel que soit le pays où les opérations de transfert d'entreprise et de restructuration s'opèrent, les responsables politiques sont à la recherche d'un modèle conciliant les contraintes de la mondialisation et la préservation de la cohésion sociale. Les États mis en concurrence prétendent renforcer leurs moyens d'intervention et s'impliquent en faveur de l'emploi. Le pouvoir politique serait ainsi acteur de la mondialisation en favorisant l'ajustement des politiques au nouvel environnement international dans lequel évolue nécessairement toute entreprise nationale appelée à se développer [18].

**7.** Face à un marché qui s'est affranchi des frontières nationales, le droit comparé [19] a plus que jamais sa pierre à apporter à la définition et la construction de ce nouvel environnement. Les mêmes questions de continuité de l'entreprise et de protection de l'emploi se posent dans tous les pays. D'une problématique commune découle naturellement l'étude des réponses que chaque système juridique [20] apporte aux aspirations des salariés face à l'accroissement et à la diversification des modes de transfert de l'activité d'une entreprise, des procédés classiques de fusions ou de scissions aux méthodes plus complexes résultant de changement de sous-traitants ou encore d'externalisation d'activités.

Les questions sont connues. Les salariés compris dans ce type d'opération reçoivent-ils la même attention dans tous les pays ? Quel est le rôle dévolu à leurs représentants dans ce cadre ? De quel type de protection les salariés bénéficient-ils ? Les contrats de travail sont-ils

[17]. Voir à ce titre « Mondialisation et Gouvernance mondiale », *Problèmes Economiques*, 7-14 avril 1999. En particulier les développements sur l'Etat face à la mondialisation (p. 9-20) expliquant en partie la perte des prérogatives des Etats par le fait qu'outre leur implantation mondiale, de nombreuses firmes multinationales ont un chiffre d'affaires supérieur au budget des Etats qui les abritent ou qui les accueillent.

[18]. « *L'impératif industriel est en réalité celui d'une adaptation permanente de notre appareil productif à la compétition internationale* ». B. ESAMBERT, « Mondialisation et meccano industriel », *Le Monde*, 1er octobre 1996. L'ancien conseiller pour l'industrie de Georges Pompidou recommande à ce titre les « *recettes* » suivantes pour sortir victorieux de « *la guerre économique mondiale* » : « *discipline vis-à-vis de l'inflation, du déficit budgétaire, de la balance des paiements, le tout débouchant sur une monnaie stable; mobilisation spontanée ou orchestrée des acteurs économiques, afin de faire tourner la machine économique plus rapidement; encouragement à l'innovation et à la recherche-développement; modération dans l'évolution de la masse salariale* ». Voir également P. KRUGMAN, *La mondialisation n'est pas coupable : vertus et limites du libre échange*, La Découverte, 1998, 218 p. Pour l'auteur, les Etats ont pour rôle de développer un « avantage comparatif » pour rester compétitif, par l'entretien de la croissance de la productivité et du progrès technologique en faveur de l'emploi de travailleurs qualifiés notamment.

[19]. Défini comme « *La science sociale réunissant les connaissances et précisant les méthodes qui permettent de procéder avec justesse à la mise en parallèle des systèmes de droit ou de certaines de leurs institutions, pour mettre en lumière leurs ressemblances ou leurs différences, soit à des fins de politique ou de pratiques juridiques* ». R. LEGEAIS, *Grands systèmes droit contemporains – approche comparative*, Litec, 2004, p. 409.

[20]. La notion de « système juridique » sera retenue pour désigner l'ensemble du droit applicable dans chacun des pays couverts par notre étude. Cf. R. LEGEAIS, ouvrage précité, p. 1 ; R. DAVID, C. JAUFFRET-SPINOSI, *Les grands systèmes de droit contemporains*, Précis Dalloz, 1992, p. 14.

transférés avec l'activité qui est cédée ? A défaut, de quelle façon le maintien de l'activité est-il assuré ? Quel statut collectif est appliqué aux salariés transférés ou repris avec l'activité cédée ? Conservent-ils leurs droits antérieurs ? Le contexte d'un transfert d'entreprise a-t-il un impact sur la liberté contractuelle des parties ? Sur les prérogatives des employeurs successifs ? En définitive, quelles sont les responsabilités qui pèsent sur ces derniers ? Ces questions prennent un intérêt accru lorsqu'elles font l'objet d'une étude comparative entre des systèmes juridiques distincts.

Si une approche différente devait être retenue par chacun d'eux, ce que l'étude de systèmes juridiques distincts suppose *a priori*, ne serait-il pas néanmoins concevable qu'un modèle commun résulte de leur étude comparée ? L'accroissement des transferts d'entreprises, des opérations de concentration à l'international et des problématiques communes qui s'en dégagent constituerait en effet un terreau favorable à un tel résultat. Le droit du travail français conférerait une sécurité excessive aux salariés. Sa législation protectrice des salariés ne permettrait pas aux employeurs successifs d'assurer la viabilité de l'entreprise. Elle leur imposerait des charges salariales qui ne leur permettraient pas de rester compétitifs sur un marché devenu mondial. Les systèmes anglais et américain, réputés plus flexibles, apportent-ils des réponses différentes et plus adaptées au traitement des salariés compris dans les opérations de transfert d'entreprise ?

**8.** Il existe, depuis l'adoption d'une directive européenne 77/187/CEE concernant le rapprochement des législations relatives au maintien des droits des travailleurs en cas de transferts d'entreprises, d'établissements ou de parties d'établissement [21], un consensus au niveau européen sur les principes applicables en matière de transfert d'entreprise lorsqu'il s'agit de déterminer le sort des travailleurs qui sont affectés à l'entreprise, à l'établissement ou à l'activité cédée. Plusieurs ajustements sont intervenus depuis, au niveau communautaire, sans remettre en cause les principes qui sous-tendent la directive [22]. Celle-ci est basée sur le constat que les « *modifications apportées à la structure des entreprises par le processus de concentration affectent souvent profondément la situation sociale des travailleurs au sein d'une entreprise concentrée et que les systèmes juridiques des États membres applicables à de telles opérations ne prennent pas suffisamment en considération les intérêts des travailleurs* » [23]. Dans cet esprit, le maintien de l'emploi doit être privilégié indépendamment des transformations que l'entreprise est amenée à connaître au cours de son existence. Si ce principe semble acquis depuis longtemps en droit français, comment est-il appliqué dans les autres pays membres de l'Union Européenne, en particulier au Royaume-Uni, réputé être le « rebelle indomptable » [24] de l'Europe ?

**9.** L'étude comparée des réponses apportées par deux systèmes juridiques qui appartiennent à l'espace communautaire est d'autant plus intéressante qu'il s'agit de deux systèmes aussi différents que le droit français et le droit anglais. Le traitement que faisait le droit français de la situation des salariés dans les opérations de transfert d'entreprise a, avec le droit allemand, inspiré le droit communautaire. Il a donc influencé indirectement le droit anglais qui a été forcé d'adapter son système juridique aux exigences de transposition de la directive 77/187/CEE. La position que chacun de ces deux systèmes juridiques adopte par rapport au droit communautaire est donc différente. Le droit français des transferts

---

[21]. Directive 77/187 du 14 février 1977, *J.O.C.E.* n°L.61, 5 mars 1977, p. 26 et s.

[22]. La directive 77/187/CEE a été modifiée par la directive n°98/50 du 29 juin 1998 (*JOCE* n°L.201, 17 juillet 1998, p.88 et s). Ces deux directives ont été abrogées et remplacées par la directive 2001/23 du 12 mars 2001 (*JOCE* n° L. 82, 22 mars 2001, p. 16 et s).

[23]. Exposé des motifs de la directive 77/187 reproduit par F. VANDAMME, « Concentrations d'entreprises et protection des travailleurs », *Cahier de Droit Européen*, 1977, p. 25.

[24]. Pour reprendre le titre d'une chronique du Professeur G. LYON-CAEN, « Le Royaume-Uni, mauvais élève ou rebelle indomptable ? », *Droit Social*, 1994, n°11, p. 923-930.

d'entreprises n'est qu'influencé par le droit communautaire. Le droit anglais des transferts d'entreprises est inspiré par le droit communautaire. L'un et l'autre s'adaptent à ses exigences et à son évolution. Le droit anglais est révélateur pour le droit français des possibilités offertes par le droit communautaire dans le sens d'une amélioration des droits des salariés et d'une cohérence d'ensemble des systèmes juridiques dans les domaines qu'il réglemente. Leur confrontation sur le thème de la situation des transferts d'entreprises renforce l'intérêt de la comparaison.

**10.** Il existe peu d'écrits à vocation comparative sur la question. Y sont généralement étudiées les influences réciproques que le droit communautaire et le droit national, par le biais de leurs juges, peuvent avoir pour s'enrichir l'un et l'autre. En ce qui concerne le sujet des transferts d'entreprises, citons principalement Madame Véronique Bertrand, auteur d'une étude publiée en Belgique en 1988 [25] et consacrée au règlement du sort des contrats de travail lors des transferts conventionnels d'entreprise, dans les droits allemand, belge et français, tant antérieurs que postérieurs à la directive 77/187/CEE. La démarche de l'auteur avait pour but de cerner le processus de formation de la norme européenne et de reconstituer le réseau des influences et des interactions qui ont pu s'exercer entre les différents ordres juridiques retenus. L'analyse se voulait chronologique et adaptée au caractère récent de la directive à la date de publication des travaux de l'auteur.

Côté français, Madame Sylvaine Laulom s'est penchée à son tour sur la question de l'harmonisation des droits nationaux sous l'influence du droit communautaire, en procédant, en 1996, à une analyse comparée de la réception des directives 75/129 et 77/187 en France et au Royaume-Uni [26]. L'auteur remettait en cause dans son étude la capacité des directives à harmoniser les systèmes nationaux. Elle constatait toutefois cette même interaction entre le droit national et le droit communautaire, créatrice d'une dynamique supranationale, malgré une stricte répartition des compétences.

Ces deux études s'inscrivaient dans la logique d'harmonisation du droit à l'échelle communautaire pour en apprécier l'efficacité. Les jeux d'influences et d'articulations entre droit national et droit communautaire ont, depuis, fait l'objet de plusieurs analyses. Elles nous enseignent avant tout qu'un dialogue existe, que « *le droit communautaire n'est pas une création ex-nihilo et qu'il doit aussi beaucoup à la comparaison et à la confrontation des législations des États membres* » [27].

**11.** L'idée d'une comparaison entre des systèmes juridiques dépassant le seul cadre de l'Union Européenne est ainsi née de ce constat fait au niveau communautaire que l'absence d'harmonisation entre des systèmes juridiques distincts n'empêche ni l'exercice d'une certaine influence entre eux ni une convergence entre les résultats qu'ils consacrent face à une même problématique. Ce constat pouvait-il perdurer en dehors de l'espace communautaire ?

Il serait légitime de s'interroger sur l'apport que peut avoir l'étude d'un système juridique extra-européen, dans une approche où le socle commun retenu est le droit communautaire et sa transposition en droit interne. La formule consacrée n'est-elle pas en effet que l'on ne peut comparer que ce qui est comparable ? [28]. En dehors d'un facteur commun, celui de l'usage de

---

25. V. BERTRAND, *Transfert des contrats de travail et cession d'entreprise: la directive Européenne et les droits belge, français et allemand*, coll. Droit Social, éd. Bruylant, 1988, 178 p.

26. S. LAULOM, *L'harmonisation en droit social communautaire : les enseignements de l'intégration en France et au Royaume-Uni des directives 75/129 et 77/187*, thèse, IUE, Paris X-Nanterre, 1996, 275 p.

27. J.-P. LABORDE, « Stabilité et sécurité de l'emploi entre droit national et droit communautaire », *Revue des Sociétés*, avril 2001, n°2, p. 233 ; B. BERCUSSON, *European Labour Law*, Butterworths, 1996, p. 8-9 ; S. SCIARRA (ed. by), *Labour law in the Courts – National judges and the European Court of Justice*, Hart Publishing, 2001, 316 p.

28. M.-L. IZORCHE, « Propositions méthodologiques pour la comparaison », *Revue Internationale de Droit Comparé*, 2001, vol. 2, p. 289-325. L'auteur explique, notamment, comment reconnaître que des

la langue anglaise, qui facilite le travail du comparatiste angliciste, l'intérêt d'une comparaison des systèmes français et anglais avec le système américain s'est imposé.

**12.** Pour justifier de l'intérêt d'une étude dépassant le seul cadre de l'Europe, il faut d'abord observer que l'insécurité que les phénomènes de restructuration font peser sur les emplois et la nécessité pour l'entreprise de s'adapter à la concurrence internationale s'imposent aux États-Unis comme en France et au Royaume-Uni. La problématique des transferts d'entreprises s'y pose dans les mêmes termes. La stabilité de l'emploi, principale préoccupation des salariés dans toute période de crise, est menacée par les divers changements affectant l'entreprise, qu'ils soient liés à des impératifs de gestion ou, plus généralement, à la mobilité des capitaux. Bon nombre de chefs d'entreprise s'accordent également à dire que la bonne marche de l'entreprise suppose une certaine permanence de la relation d'emploi dont l'employeur tire une part importante de son autorité, quel que soit le pays dans lequel l'entreprise évolue [29].

**13.** Ensuite, si la tendance la plus profonde du droit du travail français est d'assurer au mieux la stabilité de l'emploi, celle-ci n'est pas pour autant garantie aux salariés. La stabilité totale en ce domaine est difficilement compatible avec les principes régissant notre économie. Force est de reconnaître que les principes constitutionnels français concernant le devoir de travailler et le droit à l'emploi [30] doivent nécessairement s'adapter à l'environnement économique duquel l'emploi dépend étroitement. Une législation trop protectrice de l'emploi tendrait à « *réduire le dynamisme du marché du travail* » et « *influerait négativement sur la productivité* » [31].

La législation sociale française adopte en conséquence une plus grande souplesse afin de « flexibiliser » l'emploi et d'adapter le modèle traditionnel de la relation de travail [32]. Elle se rapproche en cela des droits anglais et américain dont des exemples récents nous prouvent

---

objets sont comparables et comment, à défaut, ils peuvent être rendus comparables. Selon elle, « *l'adjectif « comparables » signifie ici qu'il faut que les deux objets soient suffisamment proches mais suffisamment distincts pour que la comparaison soit utile* ».

[29]. C'était le cas notamment, aux Etats-Unis, de H. FORD, *Ma vie, mon oeuvre,* Payot, 1925, 317 p., et, en France, d'A. RIBOUD, *Modernisation mode d'emploi*, Rapport au Premier Ministre, coll. 10/18, 1987, 213 p.

[30]. Selon le préambule de la Constitution du 27 octobre 1946, auquel le préambule de la Constitution du 4 octobre 1958 renvoie, « *chacun a le devoir de travailler et le droit d'obtenir un emploi* ». Aux Etats-Unis, le principe de sécurité de l'emploi, bien que n'ayant pas valeur constitutionnelle, reste essentiel et conduit salariés et syndicats à accepter des « accords de concession » (accords dans lesquels des règles de gel ou de réduction de salaire sont acceptés) pour préserver l'emploi. Notamment F. EYRAUD, « *Le mouvement syndical américain face aux sirènes de la compétitivité* », *Travail et Emploi*, mars 1987, n°31, p. 7-16. Sur la force légale des clauses de garantie d'emploi, v. 2nd Partie, Titre 1, Chapitre 2.

[31]. *Emploi en Europe*, 2006, p. 81 et s., tel que cité par le Livre Vert de la Commission Européenne, *Moderniser le droit du travail pour relever les défis du XXIè siècle*, 22 novembre 2006, COM (2006)708 final, p. 9.

[32]. G. LYON-CAEN, « Le droit du travail dans la nouvelle politique de l'emploi », *Droit Social*, 1988, n°7/8, p. 548 et s. Au niveau communautaire, le terme de « flexicurité » est utilisé. Il s'agit d'adapter la législation du travail pour promouvoir la flexibilité en même temps que la sécurité dans l'emploi et réduire la segmentation du marché du travail. Commission des Communautés Européennes, Livre Vert, *Moderniser le droit du travail pour relever les défis du XXIè siècle*, 22 novembre 2006, COM (2006)708 final, 17 p.

qu'elle peut y puiser son inspiration [33]. Parallèlement, la baisse des effectifs que les syndicats enregistrent au Royaume-Uni et aux États-Unis [34], où les droits des salariés sont traditionnellement protégés par les syndicats, peut inviter le comparatiste anglais et américain à étudier les dispositions protectrices des salariés que le droit français prévoit, dans un système où le taux de couverture conventionnelle ne correspond pas au taux de syndicalisation [35].

**14.** De part et d'autre de l'Atlantique, les mêmes questions se posent. Le souci d'appartenance des salariés à l'entreprise doit se concilier à l'adaptation de la main-d'œuvre aux ajustements rendus nécessaires par un environnement économique de plus en plus compétitif. Les opérations de transfert d'entreprise sont concernées par ces ajustements qu'elles exacerbent. Dans une économie mondialisée, il est apparu légitime de comparer les réponses que des systèmes juridiques dits libéraux - les systèmes juridiques anglais et américain - apportaient au besoin de stabilité des salariés par rapport au droit français.

**15.** Hormis quelques articles de doctrine, suffisamment rares pour être cités [36], aucune étude n'a pour l'heure, à notre connaissance, portée sur une approche comparative de la matière des transferts d'entreprises comprenant un système juridique pris en dehors de l'Union Européenne, telle qu'une comparaison des droits français, anglais et américain sur la question de la situation des salariés compris dans un transfert d'entreprise.

Un article de doctrine publié au printemps 2006 aux États-Unis sur le thème du rôle de l'économie en droit du travail français et américain en matière de transferts d'entreprises et de licenciements collectifs finit de nous convaincre de l'intérêt d'une démarche comparative

---

[33]. Pour s'en tenir au seul droit du travail, par exemple, le contrat nouvelle embauche (CNE), destiné aux TPE et qui permettait à l'employeur de rompre le contrat de travail dans les deux premières années de l'embauche sans avoir à justifier d'une cause réelle et sérieuse de licenciement. Ordonnance n°2005-893 du 2 août 2005 relative au contrat « nouvelles embauches », *J.O.* n°179 du 3 août 2005, p. 12689. Également, plus récemment, la réforme du dialogue social qui institue un processus de concertation obligatoire avec les partenaires sociaux, s'inscrivant dans le processus législatif visant les « *relations individuelles et collectives de travail, l'emploi et la formation professionnelle* » (nouvel article L.101-1 du Code du travail). Loi 2007-130 de modernisation du dialogue social du 31 janvier 2007, *J.O.* 1er février, p. 1944. On notera enfin la tendance générale actuelle en faveur de la négociation collective et un certain retour des principes du droit des contrats (bonne foi, abus de droit, etc.) dans les rapports de travail. Pour des exemples plus anciens, notamment : R. LEGEAIS, *Grands systèmes de droit contemporains – approche comparative*, Litec, 2004, p. 411-412. Pour des exemples en droit américain, notamment : E. ELGAR, *Elgar Encyclopedia of Comparative law*, (ed. by) J. M. SMITS, 2006, p. 73-74.

[34]. En 2003, le taux de syndicalisation n'était plus que de 12,4% aux Etats-Unis contre 29,3% au Royaume Uni. J. VISSER, « Union membership statistics in 24 countries », *Monthly Labor Review*, January 2006, p. 45.

[35]. En 2003, 95% des salariés français étaient couverts conventionnellement et seulement 8,3% étaient syndiqués. Par comparaison, aux Etats-Unis, 13,8% des salariés étaient couverts par une convention collective contre 35% au Royaume-Uni, en 2004. J. VISSER, « Union membership statistics in 24 countries », *Monthly Labor Review*, January 2006, p. 46. Il est sans doute utile de préciser que les salariés américains peuvent être couverts par une convention collective sans être syndiqués, dès lors qu'ils appartiennent à une unité de négociation représentée par un syndicat (salariés dits « organisés »). A *contrario*, les salariés dits « non organisés » sont ceux qui n'appartiennent pas à une unité de négociation. Il est rare que les salariés soient syndiqués sans être organisés.

[36]. J. R. WHITELAW (Note), « Duties to employees affected by a transfer of the enterprise: United States, Europe and Japan », *Comparative Labor Law Journal*, 1987-88, vol. 9, p. 558-588 ; L. BRAGINSKY, « How changes in employer identity affect employment continuity : a comparison of the United States and the United Kingdom », *Comparative Labor Law Journal*, 1995, vol. 16, n°2, p. 231-261. Pour un compte rendu de l'état de différents systèmes juridiques sur la question, lire également « The 6th JIL Tokyo Seminar: corporate restructuring and the role of labour law », *Bulletin of Comparative Labour Relations*, 2003, n°47.

incluant les États-Unis [37]. En dépit de quelques inexactitudes dans la description qu'il fait du système français, cet article a l'intérêt d'envisager le sujet sous l'angle de l'influence que peut exercer l'économie sur le droit du travail de deux pays dont les systèmes juridiques sont opposés. L'auteur confronte les réponses pratiques que donnent ces deux systèmes juridiques au travers de deux exemples concrets. Elle constate que le « pouvoir économique » [38] est détenu par les salariés en droit français alors qu'il est détenu par l'employeur en droit américain. Les procédures que ces deux systèmes juridiques consacrent et les coûts afférents en sont directement affectés. Si le manque de flexibilité du droit français est épinglé, l'auteur conclut néanmoins qu'aucun des deux systèmes juridiques n'est « sans problème » [39]. Le risque que l'employeur de droit américain voie sa responsabilité engagée par les salariés, dans ce type d'opération, serait en effet proportionnel à l'absence de prise en compte par le système américain des intérêts des salariés que ces situations exigent. Ces deux systèmes juridiques auraient donc à apprendre l'un de l'autre. La démarche comparative trouve à nouveau sa justification.

**16.** Enfin, le droit anglais et le droit américain ont en commun d'être deux droits de *common law* [40], où le contrat s'impose comme la source principale de droit entre les parties. La jurisprudence y est identifiée comme une source de droit et tient une place prépondérante dans ces deux systèmes juridiques. Il est ainsi apparu intéressant d'étudier le droit de deux pays de *common law*, dont les fondements sont par définition proches, dans une matière où l'un d'entre eux devait subir l'influence déterminante d'un droit supranational, le droit communautaire. L'étude de deux systèmes juridiques de sources différentes (les droits français et anglais), subissant l'influence du droit communautaire, méritait d'être opposée à celle d'un droit « indépendant » (le droit américain), non influencé par un droit de type supranational, dans lequel la liberté contractuelle tient une place prépondérante.

Le droit américain présente une particularité de plus par rapport aux droits français et anglais en ce qu'il envisage les transferts d'entreprises essentiellement à l'intérieur des États-Unis, plus précisément entre États, où s'appliquent des législations différentes. Les délocalisations entre États sont en effet fréquentes, ne serait-ce qu'en raison de l'hétérogénéité du marché du travail américain. Elles permettent également aux employeurs de placer et déplacer leur activité en fonction du tissu syndical, l'objectif étant pour eux d'opérer dans un environnement dépourvu de syndicat pour échapper à la négociation collective.

**17.** La comparaison peut ainsi se situer à un triple niveau. Entre droit français et droit anglais d'une part, dans la transposition de la directive communautaire et l'application qu'ils font de la jurisprudence de la Cour de justice des communautés européennes dans un même domaine. Entre droit anglais et droit américain, d'autre part, pour mettre à jour l'influence du droit communautaire sur un droit de *common law* dans le traitement des questions communes susceptibles de se poser en la matière. Entre droit français et droit américain enfin, pour l'approche des problématiques que retiennent deux systèmes juridiques aux fondements différents, sur un sujet commun.

**18.** Notre approche consiste à confronter des systèmes juridiques différents dans la compréhension et le traitement qu'ils font d'une même question ou de mesurer leurs

---

[37]. C. A. SCOTT, « Money talks: the influence of economic power on the employment laws and policies in the United States and France », *San Diego International Law Journal*, Spring 2006, vol. 7, p. 341-403.

[38]. « *Economic power* ».

[39]. « *Neither country's system is without problem* ».

[40]. C'est-à-dire des droits jurisprudentiels. A. J. BULLIER, *La common law*, Connaissance du droit, Dalloz, 2004, 163 p. ; R. DAVID, C. JAUFFRET-SPINOSI, *Les grands systèmes de droit contemporains*, Précis Dalloz, 1992, p. 263 et s.; P. de CRUZ, *Comparative Law in a changing world*, Cavendish Publishing Ltd, 1999, p. 107 et s. (pour les Etats-Unis).

divergences. Elle se veut pratique et vise moins à s'interroger sur des concepts juridiques ou institutionnels en soi que sur les solutions que les droits français, anglais et américain apportent sur un même thème. En offrant un autre regard sur le droit, elle peut servir de base à un enrichissement des réglementations en vigueur [41]. Sans prétendre chercher à identifier les conditions nécessaires à un *jus commune* [42], dans un monde de plus en plus globalisé, une approche comparative peut aussi permettre d'identifier les facteurs communs ou approchants des réglementations nationales pour « *penser le droit dans une dimension transnationale* »[43].

**19.** Une telle démarche se justifie d'autant plus que le modèle social européen deviendrait le modèle de référence pour les pays asiatiques. Le modèle juridique japonais est ainsi inspiré des systèmes français et allemand. D'après une étude du cabinet Baker & McKenzie, alors que le niveau des fusions et des acquisitions est historiquement et culturellement faible dans ce pays, il a tendance à augmenter depuis une dizaine d'années. Le gouvernement japonais encourage ce mouvement. Le droit des sociétés a ainsi été récemment réformé en ce sens. Le Code civil japonais prévoit également, depuis 2001, le transfert automatique des contrats de travail des salariés en cas de fusion de sociétés. Leur accord préalable est néanmoins exigé lorsque le cessionnaire entend leur appliquer des termes et conditions de travail moins favorables après le transfert. Il en est de même pour les salariés compris dans une opération d'acquisition par transfert d'actifs. Le transfert de leur contrat de travail au nouvel acquéreur suppose ainsi leur accord préalable [44]. Ce bref aperçu nous confirme qu'en dépit de profondes différences culturelles et de la distance géographique, des éléments pertinents de comparaison avec notre droit des transferts d'entreprises peuvent être trouvés au-delà des frontières de l'Europe.

Le droit communautaire devient source d'inspiration pour les pays qui n'appartiennent pas à l'Union Européenne. Le Financial Times expliquait à ce sujet de quelle façon l'Union Européenne « exporte » de plus en plus sa réglementation à l'étranger et s'impose comme l'acteur incontournable de la réglementation mondiale [45]. Sont principalement visés les standards imposés aux sociétés étrangères en termes de normes de qualité et environnementales pour les produits qu'elles importent dans l'Union Européenne. Ces standards de qualité sont de fait devenus la norme de référence sur le marché mondial. D'autres normes pourraient également s'imposer au-delà des frontières de l'Europe,

---

[41]. Dans cet esprit, le droit comparé serait appréhendé comme une « voie de connaissance critique du droit ». H. MUIR WATT, « La fonction subversive du droit comparé », *Revue Internationale de Droit Comparé*, 2000, vol. 23, p. 503-527.

[42]. C'est-à-dire à l'unification internationale du droit ou l'avènement d'un droit de valeur universelle, vers laquelle tendaient les premiers travaux comparatistes. R. DAVID, C. JAUFFRET-SPINOSI, *Les grands systèmes de droit contemporains*, Précis Dalloz, 1992, p. 1-13. Pour ces auteurs, même si cette approche est dépassée, les travaux des comparatistes « *visent à élargir le champ d'intérêt des juristes et à leur redonner le sens de l'universel* ». Pour une réflexion sur la nécessité d'unifier le droit : L. VOGEL (sous la direction de), *Unifier le droit : le rêve impossible*, éd. Panthéon-Assas, 2001, 149 p. Sur les origines et le développement du droit comparé, notamment : H. C. GUTTERIDGE, *Le droit comparé – introduction à la méthode comparative dans la recherche juridique et l'étude du droit*, traduit sous la direction de R. DAVID, Librairie générale de droit et de jurisprudence R. PICHON et R. DURAND-AUZIAS, 1953, 239 p.; L.-J. CONSTANTINESCO, *Traité de droit comparé – Tome 1 : Introduction au droit comparé*, Librairie générale de droit et de jurisprudence R. PICHON et R. DURAND-AUZIAS, 1972, 243 p.

[43]. Selon l'expression de M.-A. MOREAU, *Normes sociales, droit du travail et mondialisation*, Dalloz, 2006, p. 18. Il s'agirait sur cette base de créer un « système de gouvernance mondiale ». Solution préconisée par la Commission mondiale sur la dimension sociale de la mondialisation, *Une mondialisation juste : créer des opportunités pour tous*, Rapport, février 2004, 210 p.

[44]. *Guide to mergers & Acquisitions - Japan*, Baker & McKenzie, 2005-2006, 36 p. Pour un étude plus complète : R. YAMAKAWA, « Corporate restructuring and the role of labour law : Japan », *The Japan Institute of Labor*, 2002 JIL Comparative Labor Law Seminar n°10, p. 165-185.

[45]. « Standard bearer – how the European Union exports its laws », *Financial Times*, 10 July 2007, p.9.

notamment en matière sociale, à une époque où l'éthique et la responsabilité sociale des entreprises participent du phénomène de conscience collective qui s'est développé en parallèle de la mondialisation économique.

**20.** Le thème des transferts d'entreprises contient en lui–même l'ingrédient commun nécessaire à une approche comparative entre systèmes juridiques différents. Reste à savoir de quelle façon, dans ce contexte, la situation des salariés est prise en compte dans trois systèmes juridiques différents. Les difficultés de la démarche comparative constituent autant d'obstacles à cette entreprise. Elles ne sont pas exclusivement liées à la traduction ou à l'appréhension globale de systèmes juridiques fonctionnant sur un modèle différent. Elles tiennent principalement à l'interprétation de termes similaires ou approchants mais qui recouvrent, en réalité, des concepts juridiques distincts, souvent fondés sur des variables historiques, sociales et politiques dissemblables [46]. Il convient donc d'être extrêmement vigilant lorsqu'il s'agit d'en comparer le traitement pour ne pas risquer de tomber dans une généralisation forcément simplificatrice.

**21.** Pour s'en convaincre, retenons le terme de « convention collective ». Pour simplifier, la convention collective de droit français est considérée comme un contrat à effet réglementaire. Elle est en particulier négociée au niveau de chacune des branches d'activité et s'applique, lorsqu'elle est étendue, à toutes les entreprises situées en France et dont l'activité est couverte par son champ d'application professionnel, que l'entreprise ait ou non en son sein une ou plusieurs organisations syndicales représentatives.

La convention collective de droit américain (généralement « *collective agreement* » ou « *contract* »), au contraire, est considérée comme un contrat conclu entre l'employeur et le syndicat représentatif de l'unité appropriée de négociation. Elle est généralement négociée au niveau de l'entreprise ou d'une unité plus appropriée de négociation. Elle s'applique uniquement aux parties signataires et aux salariés, syndiqués ou non, faisant partie de l'unité de négociation qu'elle couvre. Elle est généralement conclue pour une période brève, le plus souvent, trois ans. A l'inverse du droit français, pour que les salariés soient couverts par une convention collective, il faut donc qu'ils soient représentés par un syndicat. De la présence ou de l'absence de convention collective dépendra l'existence et l'étendue des droits de source collective des salariés de droit américain.

La convention collective de droit anglais (également dénommée « *collective agreement* ») est considérée comme un accord entre employeur et syndicat négocié, de plus en plus souvent, au niveau de l'entreprise. Elle a cette particularité qu'elle ne peut recevoir exécution forcée que si ses termes le prévoient expressément, ce qui est relativement rare. Elle est autrement considérée comme un « gentlemen's agreement ». L'employeur ne peut être obligé d'appliquer les dispositions d'une convention collective à moins que ses dispositions soient intégrées aux contrats de travail des salariés. Lorsque l'employeur accepte d'en appliquer les termes, la convention collective s'applique à tous les salariés, syndiqués ou non, de l'entreprise considérée. A l'inverse des droits français et américain, son non-respect ne peut pas être sanctionné directement puisque la convention collective est généralement privée d'effet. L'enjeu principal devient non pas sa négociation, comme en droit américain, mais l'incorporation de ses dispositions dans le contrat de travail des salariés qui lui donne force légale.

Le terme de convention collective regroupe donc autant de concepts que de systèmes juridiques étudiés. Dans notre étude, nous emploierons le terme générique de

---

[46]. O. KAHN-FREUND, « On uses and misuses of comparative law », *The Modern Law Review*, January 1974, vol. 37, n°1, p. 1-27. L'auteur explique que ces facteurs « environnementaux » sont autant d'obstacles à ce qu'il dénomme la « transplantation légale » (« *legal transplantation* ») d'un ordre juridique à un autre. Même si leur impact a diminué avec l'intensification des échanges et de la communication, ces obstacles demeurent, en particulier en ce qui concerne la matière des relations collectives de travail, dans laquelle l'attention du comparatiste doit rester en éveil.

« convention collective » pour désigner indifféremment les trois concepts afin d'en faciliter la comparaison. L'approche retenue sera donc celle d'une « interprétation conceptuelle différenciée », pour reprendre les termes des comparatistes [47]. Les particularités propres à chacun des trois systèmes juridiques seront néanmoins affinées dans les développements qui leurs sont réservés.

**22.** De même, les termes génériques de « transfert d'entreprise », « cédant » et « cessionnaire » seront utilisés pour viser l'entreprise qui cède son activité (cédant) et celle qui l'acquiert (cessionnaire), quelle que soit l'opération juridique en cause, dès lors qu'elle donne lieu à un changement d'employeur et à l'application de la législation protectrice des salariés (transfert d'entreprise). Le cessionnaire succède, dans tous les cas, aux intérêts de son prédécesseur, le cédant, dont il est indépendant juridiquement.

Le transfert d'entreprise qui nous occupera s'oppose au changement de propriété d'une entreprise par acquisition d'actions (changement d'actionnaire majoritaire). Dans ce cas, en effet, en l'état du droit, la relation de travail continue dans les mêmes termes et conditions quel que soit le système juridique étudié. Aucun changement n'est réputé intervenir dans la situation des salariés du fait d'une telle opération qui ne concerne, en définitive, qu'une seule et même entreprise.

Les modalités juridiques de réalisation de ce type d'opération sont déterminantes pour les salariés de droit anglais. Seul le transfert d'actifs [48] par opposition à la cession de titres [49], entraîne l'application du texte protecteur [50]. En effet, les salariés dont l'entreprise fait l'objet d'une cession de titres se trouvent dépourvus de protection particulière, par opposition à ceux qui sont compris dans une opération de transfert d'entreprise. Leurs représentants n'ont pas de droit spécifique à être informés et consultés avant que l'opération n'intervienne. De même, les modifications de contrat de travail sont admises et les licenciements intervenant dans un tel contexte ne sont pas considérés comme abusifs. Cette forme de cession fragilise la situation des salariés de droit anglais. Elle les rend plus vulnérables que leurs *alter egos* français qui bénéficient, dans un même contexte, des dispositions protectrices du droit du travail.

Pour les salariés de droit américain comme pour les salariés de droit français, les opérations de cessions de titres s'opèrent sans grand changement. Ainsi, en droit américain, si les salariés bénéficiaient des dispositions d'une convention collective, celles-ci continuent à s'appliquer, dans les mêmes conditions que précédemment [51]. Il existe toutefois pour eux une difficulté que ne connaissent pas les salariés de droit français. Les employeurs américains sont en effet plus tentés par les opérations susceptibles d'apporter des modifications dans la situation des salariés. Il s'agit pour eux de s'affranchir d'un statut collectif qu'ils estiment trop protecteur des salariés ou, plus généralement, d'une représentation syndicale encombrante. Une opération de transfert d'entreprise peut en offrir les conditions.

---

[47]. O. PFERSMANN, « Le droit comparé comme interprétation et comme théorie du droit », *Revue Internationale de Droit Comparé*, 2001, vol. 2, p. 285 : « *Si l'on veut s'orienter dans l'ensemble des systèmes juridiques, il faut par conséquence des concepts suffisamment fins et suffisamment généraux en vue d'appréhender une multitude de structures possibles* ».

[48]. « *Asset transfer* ».

[49]. « *Share transfer* ».

[50]. Par exemple: The Print Factory (London) 1991 Ltd v. Millam [2006] *IRLR* 923 (EAT). Le texte protecteur ne trouve pas à s'appliquer dans ce cas, et cela même si la cession de titres a été choisie par les parties pour en éviter les effets (« *this would be the case even if a share sale was chosen as the means for transferring control specifically in order to avoid the effect of TUPE* »).

[51]. Par exemple : Western Boot and Shoe Inc., 205 *N.L.R.B.* 999 (1973), où le National Labor Relations Board (NLRB) a considéré que le changement d'actionnaire (« *stock transfer* ») était sans effet sur la convention collective en cours. En effet, l'entreprise est identique avant et après l'opération, étant donné qu'« *une entreprise est une personne morale ou entité légale admise comme ayant une personnalité distincte de celle de ses actionnaires* ». L'entreprise reste la même après le changement d'actionnaire. Elle n'est pas un nouvel employeur, un « successeur » ; NLRB v. Topinka's Country House, 624 *F.2d* 770 (6th Cir. 1980).

Les conséquences du choix de la forme juridique de la transaction ne sont donc pas les mêmes selon le système juridique étudié. Outre les considérations fiscales et financières entourant les opérations d'acquisitions, les obligations sociales et le coût afférent tiennent une place importante, en pratique, dans le choix des modalités de l'opération d'acquisition que les parties entendent mener.

**23.** D'autres éléments du système de droit du travail et des relations professionnelles sont également déterminants dans le cadre d'une comparaison entre systèmes juridiques aussi différents que les droits français, anglais et américain.

Il s'agit en particulier du principe de l' « employment at will » de droit américain selon lequel les années travaillées par le salarié chez un même employeur n'imposent à ce dernier aucune obligation. Le licenciement peut donc intervenir à tout moment sans motif. L'étude de ce principe prend tout son intérêt lorsqu'il est placé dans la perspective des droits français et anglais qui consacrent des limites au droit du licenciement dans le contexte des transferts d'entreprises [52].

Il s'agit également du système « adversarial » de représentation collective existant principalement aux États-Unis et, dans une moindre mesure, au Royaume-Uni. Il est fondé sur l'opposition entre employeur et syndicats et sur la résistance de l'employeur à la représentation des salariés. Pour simplifier, l'employeur aux États-Unis comme au Royaume-Uni n'est pas obligé de « reconnaître » les syndicats comme partenaires à la négociation à moins d'un vote de la majorité des salariés. Il n'existe pas de représentation du personnel obligatoire au-dessus d'un certain nombre de salariés dans l'entreprise tel qu'en droit français. La seule représentation communément admise est celle du syndicat majoritaire. Tous les salariés ne sont pas représentés par un syndicat [53].

Si l'absence de représentation des salariés en droit anglais a des conséquences sur les obligations de l'employeur en termes d'information et de consultation, elle implique pour les salariés de droit américain qui ne seraient pas représentés des conséquences plus lourdes. En effet, la législation fédérale ne couvre que les entreprises dites « organisées », c'est-à-dire les entreprises où les salariés sont représentés par un syndicat qui est l'interlocuteur de l'employeur à la négociation. La représentation des salariés a donc une influence directe sur leur protection en droit américain. Elle supplée au silence de la loi là où, en droit français et anglais, son absence ne fait que les priver de certains de leurs droits collectifs, sans empêcher la protection de leurs droits individuels.

**24.** Une étude de différents systèmes juridiques en matière de modification de la situation juridique de l'employeur, se voulant exhaustive, n'aurait pas échappé à la tentation du catalogue. Elle aurait, en outre, offert un intérêt faible sur un certain nombre de points dont le sort est envisagé seulement par un système juridique. Une démarche dynamique a donc été préférée, en partant de problématiques communes. Ont dès lors été écartés de notre étude les sujets appelant des traitements trop différents d'un système juridique à un autre pour servir la comparaison, tels que celui de la protection sociale et de la couverture retraite des travailleurs compris dans un transfert d'entreprise ou encore de l'épargne salariale [54]. Ont de même été

---

[52]. Sur le concept d'employment-at-will, voir plus spécialement 2nd Partie, Titre 1, chapitre 2 *infra*.

[53]. Le taux de syndicalisation aux Etats-Unis, dans le seul secteur privé, était ainsi de 7,8% en 2005. C. B. CRAVER, « The relevance of the NLRA and labor organizations in the post-industrial, global economy », *Labor Law Journal*, Fall 2006, p. 133-147.

[54]. En droit français, nous renvoyons sur ce point à une thèse publiée sur la question. H. OUAISSI, *Les incidences des restructurations d'entreprise sur la situation collective des salariés*, Thèse, Paris II, 2005, 588 p. En ce qui concerne le droit anglais, notamment : D. POLLARD, « Pensions and TUPE », *Industrial Law Journal*, June 2005, vol. 34, n°2, p. 127-157 ; the Transfer of Employment (Pension Protection) Regulations 2005, *S.I.* 2005/649. Pour le droit américain, notamment: B. D. BILLMAN, « ERISA consideration in business change transactions », *Labor Law and business change : theoretical and transactional perspectives*, ed. S. ESTREICHER et D. G. COLLINS,

éliminés les sujets trop spécifiques ou dérogatoires, tels que le cas des transferts entre entreprises du secteur public ou encore le transfert des entreprises en difficulté.

**25.** Les sources des règles juridiques sont propres à chacun des systèmes étudiés. Il convenait d'abord d'en rendre compte et de souligner les différences de méthode retenue par les trois systèmes juridiques pour assurer la protection des salariés compris dans une opération de transfert d'entreprise. La directive communautaire, dont la dernière mise à jour date de 2001 [55] a servi de fil conducteur entre les droits français et anglais pour comparer l'approche retenue par ces deux systèmes et mieux déceler les particularités de chacun. Les réponses apportées par le droit américain sont confrontées aux problématiques ainsi rencontrées.

**26.** Les droits français et américain des transferts d'entreprises ont en commun d'être adossés à des textes du début du siècle dernier, à une époque de crise où il s'agissait de relancer la production. La régulation économique passait à l'époque par la régulation sociale. En France, il convenait d'assurer la stabilité de l'emploi en permettant aux salariés de conserver leur ancienneté, en dépit de la modification juridique qui pouvait intervenir dans l'entreprise qui les employait. Aux États-Unis, le législateur de 1935 a voulu créer les conditions d'une « paix sociale » en enlevant les obstacles qui s'opposent à la formation des syndicats qu'il entendait considérer alors comme les porte-paroles des salariés. Il s'agissait pour eux de canaliser les conflits qui étaient autant d'entraves au redressement de l'économie. Il fallait encourager la représentation des salariés. La protection de leurs droits collectifs devait ainsi servir les intérêts de l'entreprise [56]. Le législateur américain n'envisageait pourtant pas à cette époque de protéger spécialement les droits des salariés qui pourraient être compris dans des opérations de transfert d'entreprise.

La stabilité de la relation d'emploi était néanmoins perçue, en droit français comme en droit américain, comme un élément bénéfique pour l'entreprise et pour les salariés. A des considérations sociales répondaient donc des considérations économiques [57]. Le législateur n'est que très peu intervenu depuis. Est-ce à dire que les principes qui sous-tendaient les textes fondateurs ont été modifiés par l'interprétation des juges ? La question peut se poser notamment en droit américain où les juges ont, plus qu'ailleurs, la réputation de se prononcer en faveur de la liberté de l'employeur de disposer de son entreprise [58].

---

Quorum Books, 1988, p. 92-114 ; T. A. JORGENSEN, *Handling employee benefits in mergers and acquisitions*, American Bar Association, Center for Continuing Legal Education, 1998.

[55]. Directive 2001/23/CE du 12 mars 2001, *J.O.C.E.* n° L. 82, 22 mars 2001, p.16.

[56]. C'est pour cette raison que le droit du travail américain a pu être décrit comme un droit « de » ou « pour » l'entreprise en ce que celle-ci constitue sa finalité première. X. BLANC-JOUVAN, « L'entreprise et le droit du travail : l'exemple du droit américain », *Droit Social*, 2005, n°2, p. 152 ; E. COURTOIS-CHAMPENOIS, *Le droit américain, un droit de l'entreprise – contribution à l'étude comparée des sources du droit du travail français et américain*, PU d'Aix-Marseille, 2002, 613 p.

[57]. En cela, le droit des transferts d'entreprises pourrait se voir opposer le fait de servir « l'entreprise capitaliste », telle que décrite par Georges RIPERT, c'est-à-dire celle qui « met le travail au service du capital ». Le droit du travailleur serait ainsi « soumis au risque de l'entreprise ». G. RIPERT, *Aspects juridiques du capitalisme moderne*, Librairie générale de droit et de jurisprudence R. PICHON et R. DURAND-AUZIAS, 1951, p. 281 et 303 ; F. COLLIN, R. DHOQUOIS, P.-H. GOUTIERRE, A. JEAMMAUD, G. LYON-CAEN, A. ROUDIL, *Le droit capitaliste du travail*, Presses Universitaires de Grenoble, 1980, 281 p.

[58]. A noter à cet égard cette particularité du droit américain selon lequel les membres du National Labor Relations Board (« NLRB ») sont nommés tous les cinq ans par le Président des Etats-Unis et confirmés par le Sénat. Trois des cinq membres du NLRB appartiennent ainsi généralement au parti du Président en place. Le NLRB « Clinton » fut considéré à ce titre comme le NLRB le plus favorable aux syndicats. Sur son bilan et le renversement de tendance depuis l'élection de George BUSH, notamment : K. DOLIN, R. H. FRIEDMAN, « Recent developments and the likely effect of changes at the National Labor Relations Board », *Labor Law Journal*, Spring 2003, p. 5-20.

**27.** Le droit anglais a pris position plus tard, au début des années 1980, sous l'impulsion du droit communautaire, dans un contexte mondial tout aussi tendu et déstabilisé, face à l'accroissement du prix des matières premières. Seuls les modes de transfert d'entreprise avaient changé. L'ouvrier industriel devait s'adapter aux nouvelles formes de l'économie et de l'emploi. Le marché commun se construisait et avec lui la libre circulation des marchandises et des capitaux. L'Europe économique ne pouvait réussir qu'accompagnée de mesures sociales pour permettre le développement d'une concurrence efficace en son sein. Il ne s'agissait plus autant de fidéliser le salarié, comme c'était le cas dans les années 1930, mais de protéger l'emploi, menacé par les mutations que rencontrait l'entreprise. L'objectif n'était néanmoins pas éloigné. A-t-il pour autant été appliqué et interprété de la même façon par les juges anglais, par les juges français ou américains ?

**28.** L'orientation des gouvernements en place a très peu joué dans l'évolution du droit des transferts d'entreprises dans chacun des trois systèmes juridiques. Au Royaume-Uni, par exemple, si le texte du *Transfer of Undertakings (Protection of Employment) Regulations* (« TUPE ») a été initié par un gouvernement travailliste, sous la contrainte du droit communautaire, il a été finalement adopté par le gouvernement conservateur de Madame Thatcher en 1981. L'influence du droit communautaire a été beaucoup plus déterminante des évolutions opérées sur ce terrain en droit anglais et français. Les droits nationaux se sont développés dans un contexte économique similaire. La conjoncture économique a influencé et alimenté le droit des transferts d'entreprises plus que la politique, avec ce principe, relayé par le Conseil constitutionnel en France à propos du droit des licenciements économiques, que « *le législateur ne peut porter à la liberté d'entreprendre une atteinte manifestement excessive au regard de l'objectif poursuivi de maintien de l'emploi* »[59]. Le droit des transferts d'entreprises est en ce sens un droit de consensus.

**29.** De même, dans chacun des trois systèmes juridiques, plus que le législateur, la jurisprudence a tenu une place prépondérante dans la construction du droit des transferts d'entreprises. Seul le législateur anglais a, en parallèle, régulièrement mis à jour sa réglementation pour répondre aux exigences communautaires et adapter son texte fondateur aux évolutions qu'elles demandaient. Il est ainsi le seul des trois systèmes à avoir adopté une vision légiférée dynamique du droit des transferts d'entreprises. Même si la jurisprudence y tient encore une place prépondérante, le rôle joué par les textes s'est accru depuis le milieu des années 1960 en droit anglais.

**30.** Quel que soit le système juridique étudié, le maintien du contrat de travail, en droit français et anglais, ou la reprise des salariés par le nouvel employeur, en droit américain, reposent sur la même vision que l'entité cédée constitue un « *potentiel productif, donc un potentiel d'emploi et de revenus pour le travail* »[60].

Si la protection de l'emploi et la continuité de l'entreprise sont des concepts liés, chaque système juridique n'en tire pas les mêmes conséquences. Les droits qu'ils protègent ne sont pas les mêmes. Faudrait-il pour autant que la comparaison entre les droits français, anglais et américain ne puisse aller plus loin que le constat que des préoccupations communes

---

[59]. Décision n°2001-455 D.C. du 12 janvier 2002 ; *Les Petites Affiches*, 21 janvier 2002, n°15, p. 3.

[60]. J. VINCENS, « La notion d'emploi, de l'économie au droit », *Mélanges dédiés au Président M. DESPAX*, Presse de l'Université des Sciences sociales de Toulouse, 2001, p. 201. Dans cet article, l'auteur analyse les deux aspects indissociables de l'emploi. Il sert à définir la place de chacun dans l'organisation du travail. Il est aussi le support de la relation d'emploi. Celle-ci présuppose un échange profitable entre le salarié et l'employeur qui s'organise dans la durée. Dans cette optique, l'emploi devient « *l'expression d'un jeu de forces entre le devenir de l'individu et le devenir de son rôle dans l'organisation* ». La continuité du travail en est la condition.

sous-tendent et légitiment la protection des salariés compris dans les opérations de transfert d'entreprise ?

Le droit des transferts d'entreprises entend protéger le salarié dans la situation de changement que cette opération représente pour lui. De quelle manière les systèmes juridiques organisent-ils les conditions dans lesquelles les droits des salariés peuvent être préservés ? Si la protection consentie aux salariés compris dans un transfert d'entreprise diffère d'un système à un autre, constate-t-on pour autant une réduction corrélative des prérogatives de l'employeur dans ce type de situation ? Les outils que les systèmes juridiques mettent à la disposition des salariés compris dans un transfert d'entreprise ou de leurs représentants ont vocation à garantir le respect des droits que ces systèmes entendent protéger. Sont-ils efficaces ?

**31.** Un plan binaire, volontairement simple, a été adopté pour permettre une étude comparative intelligible et cohérente.

Les trois systèmes juridiques admettent, dans une certaine mesure, la nécessité de protéger la relation d'emploi dans le cadre des opérations de transfert d'entreprise. Ils n'empruntent pour ce faire pas les mêmes voies. En revanche, quel que soit le système juridique étudié, les nécessités de la gestion de l'entreprise ou de l'entité cédée tendent à reléguer le besoin de protéger l'emploi et la paix sociale, une fois les salariés transférés ou repris.

Malgré les différences de méthode (I) il faut ainsi constater une certaine convergence dans les résultats (II).

**Première Partie : DES DIFFÉRENCES DE MÉTHODE**

**Seconde Partie : UNE CONVERGENCE DE RÉSULTATS**

# Première partie

# DES DIFFÉRENCES DE MÉTHODE

**32.** Les trois systèmes juridiques compris dans notre étude ont tous en commun de reconnaître une certaine protection aux salariés concernés par une opération de transfert d'entreprise. Les sources et le champ d'application de la protection qu'ils consacrent sont néanmoins différents.

Les droits français et anglais des transferts d'entreprises sont fondés sur la protection du contrat de travail ou de la relation de travail que les salariés entretiennent avec l'entreprise ou l'entité dans laquelle ils travaillent. Ils sont influencés par le droit communautaire qui consacre un principe de protection du salarié compris dans un transfert d'entreprise, afin d'assurer la continuité de son contrat de travail. L'enjeu majeur est le transfert des emplois des salariés, matérialisé principalement par le transfert des contrats de travail et des droits et obligations qui y sont attachés du cédant au cessionnaire.

L'esprit du droit américain est tout autre puisqu'il ne s'attache qu'aux relations entre employeur et représentants des salariés. La particularité du droit américain tient à l'absence d'une protection spécifique des salariés à titre individuel dans le cadre des opérations de transfert d'entreprise. La législation fédérale existante et les développements jurisprudentiels qui se rapportent aux transferts d'entreprises ne visent, de ce fait, que les salariés représentés par un syndicat, soit environ un salarié sur sept aux États-Unis [1].

**33.** A cette diversité de sources correspond une différence dans la nature des droits protégés. Ainsi, là où la protection de la relation de travail est le moteur des droits français et anglais, le droit américain ne s'y intéresse que d'une façon incidente. Celle-ci passe nécessairement, au préalable, par le maintien, par le cessionnaire, de l'unité de négociation à laquelle les salariés appartiennent. Le droit américain appréhende le salarié comme membre d'une collectivité et ne lui confère des droits que par l'intermédiaire de ceux qui sont attribués au syndicat qui le représente – s'il existe –, qu'il s'agisse du droit à une négociation préalable à certaines décisions ou d'avantages stipulés dans une convention collective.

---

[1]. Le NLRA conjugué aux autres textes fédéraux, étatiques et locaux ouvriraient néanmoins les droits dérivés de la négociation à, au total, 78% des travailleurs américains. Observatoire européen des relations industrielles, *Industrial relations in the USA 2003-2004*, p. 2-3. En effet, les conventions collectives produisent un effet levier qui permet aux salariés non représentés de bénéficier des droits qui ont été négociés dans les entreprises d'une même branche d'activité où les salariés sont représentés. Cela permet aux employeurs de retenir les salariés avec des conditions d'emploi avantageuses tout en évitant l'implantation du syndicat dans l'entreprise.

La compréhension de cette opposition permet d'appréhender la comparaison des trois systèmes juridiques étudiés. Elle se retrouve dans la diversité des instruments juridiques utilisés. Elle explique les différences constatées dans la nature des droits que ces instruments protègent.

**Titre I : LA DIVERSITÉ DES INSTRUMENTS**

**Titre II : LA DIVERSITÉ DES OBJECTIFS**

# Titre I

# LA DIVERSITÉ DES INSTRUMENTS

**34.** Les instruments de la protection des salariés compris dans une opération de transfert d'entreprise sont diversifiés. La préoccupation de l'emploi justifie l'existence d'une protection spéciale des salariés dans les opérations de transfert d'entreprise. Elle permet également de légitimer l'ingérence des salariés, par le biais de leurs représentants, dans le pouvoir de gestion de l'employeur.

La protection des salariés tient d'abord à l'existence de normes. Celle-ci a été initiée par le législateur, largement relayé – voire dépassé – par les juges, tant leur pouvoir d'interprétation des textes, que ce soit au niveau communautaire ou au niveau national, a contribué à élargir plus qu'à préciser le champ d'application de la protection dans chacun des trois systèmes juridiques étudiés.

L'application des normes suppose ensuite l'intervention d'acteurs. En effet, une opération de transfert d'entreprise ne peut s'affranchir du débat sur l'implication des salariés dans la conduite de l'entreprise et la prise de décision. Si les salariés sont l'objet de la protection, les représentants du personnel en sont acteurs, à la frontière entre prérogatives managériales et droits des travailleurs.

Normes et acteurs renvoient néanmoins à des spécificités nationales qui tiennent à la fois à l'absence d'harmonisation du cadre et du champ d'application de la protection des salariés et à la différence du rôle que les différents systèmes juridiques confèrent aux représentants du personnel dans les opérations de transfert d'entreprise.

Les instruments de protection sont autant de normes que d'acteurs.

**Chapitre I : LES NORMES**

**Chapitre II : LES ACTEURS**

## Chapitre I

# LES NORMES

**35.** Contrairement à toute idée reçue en ce qui concerne le droit anglais, et plus encore le droit américain, la protection des salariés dans le contexte des transferts d'entreprises est assurée par plusieurs normes qui se combinent entre elles et offrent une réglementation aussi complexe et fournie que celle du droit français.

Que ce soit par le biais du droit de la négociation collective en droit américain, ou par une réglementation autonome, la continuité de la relation de travail du salarié est protégée par des sources de droit nationales multiples, auxquelles s'ajoutent une norme supra nationale pour les droits français et anglais.

A cette diversité des sources correspond une protection des salariés à géométrie variable dont les limites trouvent principalement leur origine dans la complexité et l'opacité de la jurisprudence qui les applique et les interprète. L'appréciation du champ d'application des dispositions protectrices des salariés dans les opérations de transfert d'entreprise laisse en effet une part importante au pouvoir interprétatif des juges dans tous les systèmes juridiques étudiés.

En dépit de sources de protection multiples **(Section 1)** et de champs d'application distincts **(Section 2)**, les trois systèmes juridiques n'en ont pas moins identifié dans ce domaine, un dénominateur commun, déclencheur de la protection des salariés, qui tient au maintien de l'identité de l'activité reprise.

## SECTION I
## LES SOURCES DE PROTECTION

**36.** Dans les trois systèmes juridiques compris dans notre étude, les sources de protection sont à la fois législatives et jurisprudentielles. Il convient d'y ajouter, comme il a été dit, une dimension supranationale, pour les droits français et anglais, avec la directive 2001/23/CE concernant le rapprochement des législations des États membres relatives au maintien des droits des travailleurs en cas de transferts d'entreprises, d'établissements ou de parties d'établissement et la jurisprudence de la Cour de justice des communautés européennes s'y rapportant [1].

[1]. Soit près d'une cinquantaine d'arrêts à fin 2007.

Les droits français et anglais possèdent des références quasiment identiques pour définir et délimiter le champ d'application de la protection des salariés puisqu'ils sont influencés par le droit communautaire (§1). Le droit américain adopte ses propres définitions. La situation des salariés dans les transferts d'entreprises n'y est appréhendée que dans le cadre plus large du droit de la négociation et du licenciement collectif (§2).

Dans les développements qui suivent, les sources du droit français seront traitées rapidement pour permettre une analyse plus détaillée des sources de droit anglais et américain, moins connues et surtout plus complexes et diversifiées.

## §1. LES SOURCES FRANÇAISES ET ANGLAISES : UNE PROTECTION CONFORME AUX EXIGENCES DU DROIT COMMUNAUTAIRE

**37.** En ce qui concerne les droits français et anglais, le champ d'application de la directive 77/187/CEE concernant le rapprochement des législations des États membres relatives au maintien des droits des travailleurs en cas de transferts d'entreprises, d'établissements ou de parties d'établissement [2], peut être pris comme point de référence. La France et le Royaume-Uni ont transposé, dans leur droit interne cette directive, ainsi que la jurisprudence de la Cour de justice des communautés européennes qui s'y rapporte.

L'évocation des droits français et anglais en matière de protection des salariés dans le contexte des opérations de transfert d'entreprise montre un droit français novateur, qui a toutefois du compléter sa législation, mais dont le texte de principe a anticipé la directive 77/187/CEE de près de cinquante ans (A). Elle témoigne aussi d'un droit anglais dont la *common law*, à l'antipode du principe de continuité de la relation de travail défendu par cette directive, a du laisser place à une législation *ad hoc* initiée et fortement inspirée par le droit communautaire et soucieuse d'en adopter les prescriptions minimales (B). Elle met enfin en relief deux droits fortement jurisprudentiels.

### A. LE DROIT FRANÇAIS : UNE LÉGISLATION PRÉEXISTANTE QUI S'EST AJUSTÉE AU DROIT COMMUNAUTAIRE

**38.** La protection des salariés dans les opérations de transfert d'entreprise résulte principalement de l'article L.122-12 al. 2 du code du travail [3], lequel consacre le principe de survie des contrats de travail aux modifications pouvant intervenir dans la situation juridique de l'employeur. D'inspiration allemande [4], cet article, originairement article 23 alinéa 7, puis

---

[2]. Directive 77/187/CEE du 14 février 1977 (JOCE n°L. 61, 5 mars 1977, p. 26), modifiée par la directive 98/50/CE du 29 juin 1998 (*JOCE* n°L. 201, 17 juillet 1998, p. 88). Ces deux directives ont été abrogées et remplacées par la directive 2001/23/CE du 12 mars 2001 (*JOCE* n° L. 82, 22 mars 2001, p.16).

[3]. L'article L.122-12 al. 2 du code du travail est rédigé comme suit : « s'il survient une modification dans la situation juridique de l'employeur, notamment par succession, vente, fusion, transformation du fonds, mise en société, tous les contrats de travail en cours au jour de la modification subsistent entre le nouvel employeur et le personnel de l'entreprise ». L'article L.122-12 al.2 devient l'article L.1224-1 à compter du 1er mai 2008. Pour les autres articles, se référer à la table de concordance figurant en fin d'ouvrage.

[4]. F. GAUDU, R. VATINET, *Les contrat du travail : contrats individuels, conventions collectives et actes unilatéraux*, Traité des contrats, sous la direction de Jacques GHESTIN, LGDJ, 2001, n°395, p 359.

alinéa 8, du code du travail, a été introduit par une loi du 19 juillet 1928. Il déroge au principe de l'effet relatif des contrats posé par l'article 1165 du Code civil [5].

Le législateur est ensuite intervenu au début des années 1980 pour répondre aux prescriptions de la directive sur les deux points qui appelaient une mise en conformité.

Les aspects collectifs du droit du transfert d'entreprise ou d'établissement sont ainsi issus de la loi n°82-915 du 28 octobre 1982 et figurent aux articles L.412-16 al. 3, pour les délégués syndicaux, L.423-16 al. 4, pour les délégués du personnel, L.433-14, pour les membres du comité d'entreprise et L.435-5 du code du travail, pour le comité central d'entreprise. Ces dispositions prévoient la protection des représentants du personnel dont le mandat prend fin, du fait du transfert. L'obligation d'information et de consultation du comité d'entreprise dans ce contexte est inscrite à l'article L.432-1 al. 3 du code du travail. Le sort des accords et conventions collectives est régi par l'article L.132-8 al. 7 du code du travail.

La loi n°83-528 du 28 juin 1983 [6] a ensuite introduit l'article L.122-12-1 dans le code du travail afin d'y inscrire la règle du transfert des créances salariales au nouvel employeur pour se conformer aux dispositions de la directive 77/187/CEE. En effet, jusqu'à cette date, le transfert n'avait d'effet que pour l'avenir. Selon la jurisprudence, les dettes de l'ancien employeur à l'égard de ses salariés restaient à sa charge. Elles furent transmises au cessionnaire, sans préjudice des droits de recours des salariés contre l'un ou l'autre de ses employeurs successifs.

**39.** La jurisprudence des tribunaux français a étendu et délimité le champ d'application de l'article L.122-12 al. 2 du code du travail (ex-article 23) dès 1934 [7]. Cette jurisprudence contient désormais la quasi-totalité des règles délimitant son champ d'application et les conséquences engendrées par sa mise en œuvre pour les employeurs successifs et les salariés. Elle a assuré la conformité du droit français aux prescriptions du droit communautaire en laissant notamment de côté les controverses sur l'exigence d'un lien de droit entre les employeurs successifs [8]. Elle a également intégré, dans le corps même de ses décisions, et sans qu'aucune révision de son texte fondateur ne soit intervenue, la définition de l'entité économique, objet du transfert, donnée par la jurisprudence de la Cour de justice des communautés européennes et reproduite dans le texte de la directive depuis sa version modifiée de 1998 [9].

---

[5]. Article 1165 du Code civil : « les conventions n'ont d'effet qu'entre les parties contractantes. Elles ne nuisent point aux tiers (…) ».

[6]. *JO* 29 juin 1983 p.1943.

[7]. La jurisprudence la plus ancienne en cette matière date en effet de 1934 avec l'arrêt Goupy : Cass. civ. 27 février 1934, *D.H* 1934, p. 252 ; *Gazette du Palais*, 1934, 2, p. 40 ; J. PELISSIER, A. LYON-CAEN, A. JEAMMAUD et E. DOCKES, *Les grands arrêts du Droit du travail*, Dalloz, 2004, n°60, dans lequel la Chambre civile de la Cour de cassation avait jugé que le texte s'appliquait, en l'absence de lien de droit entre les employeurs successifs, aux concessionnaires successifs d'un service public relatif à l'éclairage d'une ville dès lors que l'activité était reprise avec les mêmes moyens par le nouvel employeur.

[8].Cette exigence avait été instaurée par les arrêts Desquenne et Giral : Cass. soc. 12 juin 1986, n° 1625 P, Sté Desquenne et Giral et autres, n° 85-43.746, n°85-43.194, n°85-43.787 ; *Bull. civ.* V, n°299, p. 229 ; *Droit Social*, 1986, n°7/8, p. 605, concl. G. PICCA ; *D.*, 1986, jurisp., p. 461, note J.-P. KARQUILLO. Elle s'est trouvée deux ans plus tard en contradiction avec la jurisprudence de la CJCE dans un arrêt du 10 Février 1988, Féd. Danoise des contremaîtres et assimilés c. Daddy's Dance Hall, aff. 324/86, *Rec.* CJCE 1988-2, p.739, et a fait l'objet d'un revirement de jurisprudence par trois arrêts rendus le 16 mars 1990 en Assemblée plénière : *Bull. ass. plén.* n°4 , *RJS*, 4/90, n°281 ; J. PELISSIER, A. LYON-CAEN, A. JEAMMAUD et E. DOCKES, *Les grands arrêts du Droit du travail*, Dalloz, 2004, n°61 ; *Droit Social*, 1990, n°5, p. 399, concl. H. DONTTENWILLE, note G. COUTURIER et X. PRETOT ; *D.*,1990, jurisp., p. 305, note A. LYON-CAEN.

[9]. Article 1.1 b) directive 98/50/CE et 2001/23/CE.

## B. LE DROIT ANGLAIS : UNE LÉGISLATION AD HOC VISANT À TRANSPOSER LE DROIT COMMUNAUTAIRE

**40.** La situation des salariés dans les opérations de transfert d'entreprise est aujourd'hui protégée par deux textes distincts en droit anglais :

- Un texte général, l'*Employment Rights Act* (« ERA ») de 1996,

- Un texte spécifique, le *Transfer of Undertakings (Protection of Employment) Regulations* (« TUPE ») de 1981 [10] qui a transposé la directive 77/187/CEE dans le droit anglais. Une nouvelle version de ce texte est entrée en vigueur le 6 avril 2006 pour les transferts d'entreprises intervenant à compter de cette date [11].

**41.** La protection n'a pourtant pas été immédiate. Avant l'intervention du législateur anglais en 1963 [12], le salarié concerné par une opération de transfert d'entreprise n'était régi que par le droit commun, « *common law* » ou droit jurisprudentiel, dominé par le principe de la liberté contractuelle qui laissait le salarié sans protection dans ce contexte. Conscient de la précarité de la situation des salariés dans ce type d'opération, le législateur anglais est intervenu dans un premier temps afin d'assurer un certain maintien de l'ancienneté du salarié repris par le cessionnaire. Il est ensuite intervenu à nouveau en 1981 puis par touches successives, afin de mettre le droit anglais en conformité avec la directive 77/187/CEE.

L'évolution du droit anglais peut donc être appréhendée selon les trois grandes étapes suivantes :

### *1. Transfert d'entreprise et common law*

**42.** La *common law* ne prévoit aucune protection pour les salariés en cas de changement d'identité de l'employeur. En effet, en *common law*, un contrat de travail est conclu *intuitu personae*. Il est un « arrangement » strictement privé entre les parties qui l'ont signé et, en tant que tel, ne peut être transféré d'un employeur à un autre sans l'accord de ces mêmes parties.

La liberté de contracter empêchait le transfert du contrat de travail d'un employeur à un autre sans l'accord du salarié. Le contrat était donc automatiquement rompu à la date du transfert [13]. Si le salarié acceptait de travailler pour le nouvel employeur, il ne pouvait pas

---

[10]. Le TUPE (*SI* 1981 n°1794) a été modifié successivement par le Transfer of Undertakings (Protection of Employment) (Amendment) Regulations 1987 (*SI* 1984 n°442), la s. 33 du Trade Union Reform and Employment Rights Act (TURERA) 1993, le Collective Redundancies and Transfer of Undertakings (Protection of Employment) (Amendment) Regulations, 1995 (*SI* 1995 n°2587), et le Collective Redundancies and Transfer of Undertakings (Protection of Employment) (Amendment) Regulations 1999 (*SI* 1999 n°1925 et 2402).

[11]. The Transfer of Undertakings (Protection of Employment) Regulations 2006, *SI* 2006, n°246. Par souci de cohérence avec la jurisprudence et les références citées dans notre étude, l'ancienne version du TUPE (TUPE 1981) sera citée par préférence. Les nouvelles obligations contenues dans le TUPE 2006 seront néanmoins prises en compte dans les développements qui suivent et une correspondance avec les dispositions du TUPE 2006 sera systématiquement indiquée.

[12]. Avec l'adoption du Contracts of Employment Act 1963.

[13]. Nokes v. Doncaster Amalgamated Collieries Ltd [1940] *AC* 1014, 3 *All ER* 549 (HL). En l'espèce, il s'agissait de décider de la responsabilité pénale d'un salarié qui ne s'était pas rendu sur son lieu de travail alors que l'entreprise pour laquelle il travaillait (une mine de charbon) venait d'être reprise par un nouvel employeur. La Chambre des Lords a décidé que puisqu'il n'y avait pas eu transfert du contrat de travail de l'ancien au nouvel employeur, la responsabilité du salarié en question ne pouvait pas être engagée.

exiger de celui-ci la reprise de ses droits acquis et des termes de son ancien contrat de travail. Il était engagé, dans ce cas, selon les termes et conditions d'un contrat totalement nouveau.

**43.** Le transfert du contrat de travail d'un employeur à un autre était matérialisé par la rupture du premier contrat du fait du transfert et par une embauche avec un nouveau contrat par le nouvel employeur. La seule obligation pour le cédant était de donner un préavis au salarié, conformément aux clauses du contrat de travail qui le liait à celui-ci. Le cessionnaire n'avait pas d'obligation de reprendre le salarié ni, *a fortiori*, de lui proposer un emploi aux termes et conditions dont il bénéficiait antérieurement chez le cédant. Il pouvait à ce sujet prendre toute décision qu'il jugeait utile, même si celle-ci devait se révéler arbitraire ou discriminatoire envers le ou les salariés concernés [14].

La *common law* ne reconnaît ainsi aucun droit particulier au salarié dans une situation de transfert d'entreprise. Le contrat est rompu par le cédant du fait de l'opération de transfert. Le salarié perd le bénéfice de l'ancienneté qu'il a acquise chez son précédent employeur lorsqu'il travaille ensuite pour le compte du cessionnaire.

Cette conséquence revêt une importance toute particulière en droit anglais puisque la loi ne permet au salarié d'obtenir une compensation en justice en cas de licenciement abusif [15] que sous condition de justifier d'une certaine ancienneté [16]. Le salarié pouvait donc être licencié sans motif par le cessionnaire et sans qu'il soit même besoin d'un écrit, au cours de la période pendant laquelle il ne pouvait contester son licenciement en justice.

**44.** Une autre série de droits qui nécessitait également une certaine ancienneté du salarié au sein de l'entreprise pour que celui-ci puisse en bénéficier lui était, en outre, refusée. C'était notamment le cas des indemnités versées dans le cadre de licenciements pour motif économique [17]. Le salarié compris dans un transfert d'entreprise n'avait donc aucun droit propre. Il subissait, et pour une période se comptant en années, une situation particulièrement précaire, qui le laissait pour ainsi dire à la merci du cessionnaire qui décidait de le reprendre.

Conscients de la nécessité d'offrir une protection particulière aux salariés concernés par une opération de transfert d'entreprise, le législateur anglais est par la suite intervenu pour permettre une certaine forme de continuité de l'ancienneté pour le salarié repris par le cessionnaire.

### *2. Transfert d'entreprise et droit anglais avant la directive 77/187/CEE*

**45.** Le législateur anglais est intervenu une première fois par l'intermédiaire du Contracts of Employment Act de 1963 pour assurer le maintien de l'ancienneté du salarié. Ses dispositions propres au transfert d'entreprise ont été intégrées à l'Employment Protection (Consolidation) Act (EP(C)A) de 1978 dont le Sch. 13, para.17 prévoyait que si un « *commerce, une activité ou une entreprise est transféré d'une personne à une autre, la*

---

14. Les lois prohibant la discrimination, notamment à l'embauche, ont été édictées bien plus tard puisqu'elles datent en effet, pour les principales, de 1975 en ce qui concerne l'interdiction de toute discrimination fondée sur le sexe (Sex Discrimination Act de 1975, révisé depuis), de 1976 en ce qui concerne l'interdiction de toute discrimination fondée sur l'appartenance raciale (Race Relations Act de 1976) et de 1989 en ce qui concerne l'interdiction de refuser d'embaucher un salarié sur la base de son appartenance ou de sa non appartenance à un syndicat (Employment Act de 1989, également révisé depuis). La dernière réglementation en date est The Employment Equality (Age) Regulations 2006, *SI* 2006, n°1031.

15. « *Unfair dismissal* ».

16. Cette condition d'ancienneté est d'une durée d'un an depuis 1999 (ERA 1996, s. 108), après une avoir été de deux ans pendant une période de près de 15 ans.

17. « *Redundancy* ». La condition d'ancienneté est de 2 années pour le bénéfice d'indemnités de licenciement pour motif économique (ERA 1996, s. 155).

*continuité d'emploi d'un salarié employé à ce commerce, à cette activité ou à cette entreprise au moment du transfert n'est pas interrompue du fait du transfert* »[18].

**46.** En outre, des dispositions concernant le versement d'indemnités de licenciement en cas de licenciement économique qui avaient, à l'origine, fait l'objet d'une législation spécifique[19], ont également été intégrées à la section 94 de l'EP(C)A. Elles sont inscrites aujourd'hui aux sections 138[20] et 141[21] de l'Employment Rights Act (ERA) de 1996. Celles-ci prévoient qu'en cas de licenciement économique[22], un employeur n'est pas tenu de verser une indemnité de licenciement au salarié s'il lui propose, avant la fin de son contrat de travail, un autre emploi aux mêmes termes ou un autre emploi « acceptable »[23] pour le salarié[24].

Ces dispositions spécifiques au droit du licenciement économique ont également été appliquées en cas de licenciement intervenant dans le contexte d'un changement d'employeur, jusqu'à leur abrogation en 1993[25]. La section 94 de l'EP(C)A prévoyait ainsi que si le nouvel employeur offrait un emploi aux mêmes termes que ceux dont le salarié bénéficiait chez son précédent employeur ou un autre emploi acceptable, cette offre avait les mêmes effets que si elle avait été faite par l'ancien employeur, dans le cadre d'un licenciement économique classique. La continuité d'emploi, en ce qui concerne l'ancienneté acquise chez le précédent employeur, était préservée aux fins d'acquérir des droits éventuels à indemnité de licenciement auprès du nouvel employeur.

**47.** Néanmoins, les seuls droits dont la continuité était assurée par l'effet de la loi étaient les droits liés à l'indemnité de licenciement et la possibilité d'introduire une action pour licenciement abusif contre le nouvel employeur. Étaient ainsi exclus les droits liés à l'ancienneté tenant à l'attribution d'avantages contractuels, tels que primes, commissions ou autres droits à congés. Le nouvel employeur avait tout pouvoir pour définir les termes et conditions d'emploi du salarié. De même, la préservation de l'ancienneté du salarié ne jouait que dans l'hypothèse où le cessionnaire acceptait de reprendre tout ou partie des salariés du cédant. S'il décidait de ne pas les reprendre, leur contrat de travail était rompu et toute contestation devrait être dirigée contre le cédant.

Dès lors, il ne s'agissait pas véritablement d'une continuité de la relation de travail au sens de la directive 77/187/CEE, c'est à dire, de la reprise des termes et conditions d'emploi des salariés par le cessionnaire.

Le droit anglais s'est rapidement trouvé en porte à faux avec la directive 77/187/CEE et le Royaume-Uni s'est vu obligé de modifier une loi jugée insuffisante, afin de s'y conformer.

---

[18]. Ces dispositions ont été reprises dans des termes similaires dans l'Employment Rights Act de 1996, section 218 (2): « *If a trade or a business, or an undertaking (...) is transferred from one person to another (a) the period of employment of an employee in the trade or business or undertaking at the time of the transfer counts as a period of employment with the transferee, and (b) the transfer does not break the continuity of the period of employment* ».

[19]. Redundancy Payments Act de 1965.

[20]. Dénommée: « *No dismissal in case of renewal of contract or re-engagement* ».

[21]. Dénommée: « *Renewal of contract or re-engagement* ».

[22]. « *Redundancy* ».

[23]. « *Suitable* », c'est-à-dire un emploi globalement équivalent à son précédent emploi. Taylor v. Kent County Council, [1969] 2*QB* 560.

[24]. Le salarié ayant accepté la nouvelle proposition d'emploi qui lui a été faite perd le droit de demander à son employeur des indemnités de licenciement, à l'issue d'une période d'essai de quatre semaine ou d'une période plus longue, sur laquelle les parties se seraient entendues, dans l'hypothèse où une formation préalable du salarié serait nécessaire. Il perd également son droit à indemnités s'il a décliné l'offre d'emploi ou rompu son contrat pendant sa période d'essai de manière « déraisonnable ».

[25]. Par le Trade Union Reform and Employment Rights Act (TURERA) de 1993. Le TUPE interdisant les licenciements liés au transfert, le maintien des dispositions assurant une reprise d'ancienneté dans ce contexte n'est en effet plus apparu justifié.

### *3. Transfert d'entreprise et droit anglais après la directive 77/187/CEE*

**48.** En prévoyant notamment la continuité de la relation de travail au travers du transfert des contrats de travail et des droits y afférents du cédant au cessionnaire, et le fait que le transfert en lui-même ne constituait pas un motif de licenciement, la directive allait bien au-delà de ce que prévoyait la législation anglaise en vigueur à cette époque.

Le législateur anglais a tardé à intégrer dans son droit interne les dispositions de la directive 77/187/CEE. Un premier projet de loi [26] en ce sens a été introduit sous le gouvernement travailliste entre 1975 et 1979. Le gouvernement conservateur issu des élections de 1979 n'y a pas donné suite immédiatement, malgré le fait que les deux années laissées aux pays membres pour introduire dans leur législation des dispositions pour mettre en conformité leur droit interne à la directive 77/187/CEE avaient expiré. C'est finalement avec ce qui a été rapporté comme un « *remarquable manque d'enthousiasme* » [27] que la réglementation sur la protection des salariés dans les opérations de transfert d'entreprise, le Transfer of Undertakings (Protection of Employment) Regulations ou « TUPE », a été promulguée en 1981 [28] pour entrer en vigueur le 1er février 1982, soit plus de trois ans après l'expiration du délai de deux ans laissé aux pays membres pour se conformer à la directive 77/187/CEE.

**49.** Ce texte a été adopté pour correspondre aux prescriptions minimales de la directive 77/187/CEE.

La méthode par laquelle cette réglementation a été introduite dans le droit anglais à l'époque a été fortement décriée. En effet, pour la première fois en matière de droit du travail, la directive 77/187/CEE a été introduite par la voie d'un règlement [29] et non par une loi [30]. Or, en droit anglais, une loi ne peut être abrogée que par une loi. En conséquence, les dispositions du TUPE se sont ajoutées à celles de l'EP(C)A, et aujourd'hui à celles de l'ERA de 1996, sans les remplacer. Cela a conduit à une multiplication et à un enchevêtrement de législations dans un même domaine et à une confusion entre règles de droit utilisant des terminologies différentes [31].

En outre, les parlementaires anglais se sont bien souvent limités à introduire dans le TUPE des définitions et prescriptions directement reprises du texte de la directive

---

[26] (Draft) Transfer of Undertakings (Protection of Employment) Regulations 1978.

[27]. Propos tenus au cours des débats parlementaires par David Waddington, alors Ministre délégué à l'emploi, Hansard HC Deb. 7 December 1981, col. 680.

[28]. *SI* 1981 n°1794.

[29]. « *Regulation* » ou « *delegated legislation* ». La section 2(2) du Règlement Communautaire de 1972 prévoit, en effet, la possibilité pour le gouvernement anglais d'agir par voie de règlement aux fins de se conformer aux prescriptions communautaires. L'adoption d'un règlement présente notamment cet avantage de pouvoir être pris plus rapidement qu'une loi. Il permet en effet au Parlement de « déléguer » son pouvoir de légiférer à une autre institution (ministère) ou personne (ministre), sous réserve d'y avoir été préalablement autorisé par une loi (« *Act of Parliament* »). Cf. J. A. HOLLAND & J. S. WEBB, *Learning legal rules*, Oxford University Press, 2003, p. 5-6 ; M. ZANDER QC, *The law making process*, Cambridge University Press, 2004, p.108 et s.

[30]. « *Act* ». La directive n°75/129 du 17 février 1975 concernant le rapprochement des législations relatives aux licenciements collectifs (*J.O.C.E.* n°L.48, 22 février 1975 p. 29) a, au contraire, été intégrée dans le droit anglais au moyen d'une loi : Part IV de l'Employment Protection Act de 1975 modifié, aujourd'hui intégrée à l'ERA 1996, Part XI.

[31]. L'ERA 1996 reste le texte de référence pour calculer les droits à ancienneté du salarié. Ses dispositions sur le changement d'employeur (section 218 « change of employer ») sont néanmoins interprétées aujourd'hui conformément à celles du TUPE et leur application est limitée aux cas particuliers qu'elles prévoient.

77/187/CEE, elle-même fréquemment incompréhensibles dans le contexte du droit anglais [32]. Cela a conduit à bon nombre d'imprécisions et a rendu l'application du texte difficile par les tribunaux, notamment dans la définition du transfert d'entreprise et de ce qu'il impliquait concrètement pour les parties en présence [33].

**50.** En effet, la technique d'interprétation classiquement et communément utilisée par les juges anglais depuis le début du XIXe siècle est celle de l'interprétation littérale [34]. Cette technique d'interprétation stricte des textes n'est abandonnée que lorsque l'interprétation littérale aboutit à des incohérences ou à des ambiguïtés telles que les juges peuvent en déduire que l'intention du législateur ne peut pas avoir été d'utiliser le sens premier des mots. Il s'agit alors pour eux de se référer au contexte dans lequel le texte a été pris [35].

Cette règle, qui se voulait initialement une exception à la technique traditionnelle de l'interprétation littérale a été de plus en plus largement utilisée en droit anglais, et ce depuis la dernière partie du XXe siècle, indépendamment du caractère absurde ou ambiguë du texte, lorsqu'il s'est agi d'interpréter un texte communautaire ou un texte interne pris en application d'un texte communautaire [36]. Les juges anglais admettent ainsi que lorsque les termes du

---

32. R.W. RIDEOUT, « The great transfer of employee rights hoax », *Current Legal Problems*, 1982, vol. 233, p. 233-248 ; P. ELIAS, « The transfer of undertaking: a reluctantly acquired right », *The Company Lawyer*, 1982, vol. 3, n°4, p. 147-156 ; C. BREWSTER, P. TEAGUE, *European Community Social policy, its impact on the UK* , Chartered Institute of Personnel and Development, 1989, p. 161 ; B. HEPPLE, « The Transfer of Undertakings (Protection of Employment) Regulations », *Industrial Law Journal*, 1982, vol. 11, n°1, p. 29-40. L'auteur souligne la brièveté des débats parlementaires lors de l'adoption du TUPE, empêchant les juges anglais, en cas d'incertitude sur l'interprétation de ses dispositions, de se référer aux débats parlementaires et les obligeant par là même à interpréter le TUPE à la lumière de la directive de 1977 et de la jurisprudence de la CJCE ; S. LAULOM, « Les dialogues entre juge communautaire et juges nationaux en matière de transfert d'entreprise », *Droit Social*, 1999, n°9-10, p. 821-832, remarque à ce titre que les juges britanniques n'ont pas fait appel au juge communautaire dans ce domaine alors même que la directive 77/187 a suscité des difficultés d'interprétation et que les juges anglais n'ont pas hésité à poser un nombre important de questions préjudicielles dans d'autres domaines, notamment en matière d'égalité professionnelle.

33. Par exemple, la jurisprudence a du trancher le fait de savoir si les droits transférés avec le contrat de travail incluent ou non l'ancienneté du salarié acquise chez le cédant pour tous les droits contractuels ou non contractuels du salarié. Notamment Green-Wheeler v. Onyx (UK) Ltd, [1992] EAT 925/92, où l'Employment Appeal Tribunal (EAT) devait se prononcer sur le fait de savoir si un salarié qui avait été licencié peu après son transfert avait suffisamment d'ancienneté pour se prévaloir d'un licenciement abusif alors que son contrat venait d'être rompu par le cessionnaire. Pour admettre la reprise d'ancienneté, l'EAT a rappelé que les termes du TUPE, par référence à la directive, indiquaient que « *tous les droits du cédant, pouvoirs, devoirs et responsabilités propres ou liés à tout contrat de travail devaient être transférés au cessionnaire* ».

34. « *The literal rule* ». Il est ainsi admis que les mots choisis par le législateur l'ont été pour leur sens premier. Il s'agit donc de prendre en compte le sens général du mot, en fonction du contexte de la phrase, du paragraphe ou du texte dans son ensemble, dans lequel il évolue.

35. « *Purposive approach* » ou « *golden rule* ». L'utilisation d'une telle technique d'interprétation pour des situations nouvelles ou non envisagées par le législateur a néanmoins été critiquée à l'époque en ce qu'elle revenait, pour le juge anglais, à outrepasser ses prérogatives. Ne pas attendre que le législateur intervienne dans ces cas consistait en effet pour le juge en une « *usurpation pure et simple de la fonction législative* ». Magor and St Mellons Rural District Council v. Newport Corporation [1952] AC 189, 191.

36. Cette règle d'interprétation a été entérinée pour la première fois par la Chambre des Lords dans un arrêt Pickston v. Freeman plc. [1988] *ICR* 697, [1988] *IRLR* 357 (HL), arrêt pris en matière d'égalité de traitement. Certaines décisions postérieures ont néanmoins apporté une distinction en prévoyant que ce principe d'interprétation ne doit être appliqué que lorsque la directive en question a été promulguée antérieurement au texte incriminé et que ledit texte est supposé respecter les termes de la directive. Duke v. GEC Reliance Ltd [1988] *ICR* 339, [1988] *IRLR* 118 (HL) ; Finnegan v. Clowney Youth Training Programme Ltd [1990] *ICR* 462, [1990] *IRLR* 299 (HL). Tel pourrait être le cas, dans la matière qui nous intéresse, des dispositions pré-datant le TUPE, aujourd'hui contenues dans l'ERA 1996, qui prévoient une certaine continuité de la relation de travail dans un nombre limité de cas. Elles devraient, en

TUPE apparaissent ambigus ou inadaptés à procurer une réponse conforme aux principes de la directive 77/187/CEE, ceux-ci doivent être interprétés au regard de l'objectif et de l'esprit de cette directive [37]. En effet, les juges ont le « *devoir de suivre la pratique de la Cour de Justice des Communautés Européennes en donnant une interprétation conforme à l'esprit* [« purposive construction »] *des directives et des textes promulgués aux fins de se conformer aux directives » (...) « Une telle interprétation sera retenue même s'il est possible qu'elle puisse impliquer une entorse à la stricte et littérale application des mots que le législateur a choisi d'utiliser »* [38].

**51.** Cette règle d'interprétation est rappelée par de fréquentes références au texte de la directive 77/187/CEE et à la jurisprudence de la Cour de justice des communautés européennes dans les arrêts [39]. Tel est le cas notamment, lorsqu'il s'agit de définir les

---

application de cette jurisprudence, recevoir une interprétation autonome. Voir cependant : CJCE 13 novembre 1990, aff. C-106/89, Marleasing SA v. La Comercial Internacional de Alimentacion SA : *Rec.* CJCE 1990 p. I-4135, prévoyant que ce principe d'interprétation s'applique que le texte incriminé soit antérieur ou postérieur à la directive. Cela pourrait semble t-il expliquer, au moins en partie, que les dispositions de l'ERA 1996 et du TUPE sont désormais interprétées sensiblement de la même façon par les juges anglais. Cette règle d'interprétation n'est plus contestée aujourd'hui lorsqu'il s'agit d'interpréter un texte pris en application du droit communautaire.

Une dernière technique d'interprétation existe en droit anglais : celle de l'interprétation conforme à la réparation souhaitée (« *mischief rule* »), selon laquelle un texte doit être interprété conformément à ses objectifs, à savoir ce pourquoi il a été promulgué et ce qu'il entend réparer ou prévoir par rapport à la situation antérieure à sa promulgation. Pour certains auteurs, cette règle correspondrait le plus à la règle d'interprétation actuelle des tribunaux anglais lorsqu'ils sont confrontés à un texte communautaire ou à un texte interne pris en application d'un texte communautaire. Sur les différents principes d'interprétation en droit anglais, notamment : J. A. HOLLAND & J. S. WEBB, *Learning legal rules*, Oxford University Press, 2003, p. 208-254 ; M. Zander QC, *The law making process*, Cambridge University Press, 2004, p.127-214.

[37]. Cette règle d'interprétation a été appliqué à la matière des transferts d'entreprises dans un arrêt Litster v. Forth Dry Dock and Engineering Co Ltd (In Receivership) [1989] *ICR* 341, [1989] *IRLR* 161 (HL). La Chambre des Lords a appliqué dans cet arrêt ce principe d'interprétation afin d'exclure la possibilité pour les employeurs successifs de se dispenser de l'application du TUPE en s'entendant sur des licenciements antérieurement au transfert. Abandonnant l'interprétation littérale du texte prévoyant que le transfert devait concerner les salariés qui faisaient partie des effectifs « jusqu'à et y compris le moment du transfert », elle a décidé que le salarié qui « *aurait été employé de la même façon s'il n'avait pas été licencié abusivement* » dans le cadre du transfert d'entreprise, devait également être considéré comme salarié du cédant à la date du transfert, [1989] *IRLR* 162.

[38]. Litster v. Forth Dry Dock and Engineering Co Ltd (In Receivership) [1989] *ICR* 341, [1989] *IRLR* 161 at 165 (HL).

[39]. Elle se veut également conforme aux prescriptions de la Cour de justice des communautés européennes selon laquelle « *la juridiction nationale est tenue d'interpréter son droit national à la lumière du texte et de la finalité de la directive* », CJCE 10 avril 1984, Sabine von Colson et Elisabeth Kamann c/ Land Nordrhein-Westfalen, aff. 14/83 : *Rec.CJCE* 1984, p. 1891 ; CJCE 8 octobre 1987, procédure pénale contre Kolpinghuis Nijmegen BV, aff. 80/86 : *Rec. CJCE* 1987, p. 3969, « *En appliquant le droit national, et notamment les dispositions d'une loi nationale spécialement introduite en vue d'exécuter une directive, la juridiction nationale est tenue d'interpréter son droit national à la lumière du texte et de la finalité de la directive (...) cette obligation trouve cependant ses limites dans les principes généraux du droit qui font partie du droit communautaire, et notamment ceux de la sécurité juridique et de la non-rétroactivité* » ; CJCE 13 novembre 1990, Marleasing SA c/ La Comercial Internacional de Alimentacion SA, aff. 106/89 : *Rec.* CJCE 1990, p. I-4135, « *L'obligation des Etats membres, découlant d'une directive, d'atteindre le résultat prévu par celle-ci ainsi que leur devoir, en vertu de l'article 5 du traité, de prendre toutes mesures générales ou particulières propres à assurer l'exécution de cette obligation s'imposent à toutes les autorités des Etats membres y compris, dans le cadre de leurs compétences, les autorités juridictionnelles. Il s'ensuit qu'en appliquant le droit national, qu'il s'agisse de dispositions antérieures ou postérieures à la directive, la juridiction nationale appelée à l'interpréter est tenue de le faire dans toute la mesure du possible à la lumière du texte et de la finalité de la directive, pour atteindre le résultat visé par celle-ci et se conformer ainsi à l'article 189,*

éléments propres à caractériser un transfert d'entreprise [40] ou encore de déterminer la validité d'une modification du contrat du salarié apportée postérieurement au transfert [41]. Cette technique s'approche [42] de l'interprétation téléologique retenue par la Cour de justice des communautés européenne, laquelle fonde le plus souvent son interprétation sur l'objet et la finalité de la réglementation dont fait partie la disposition à interpréter [43]. L'interprétation littérale, par référence au sens ordinaire des mots, est subsidiaire et n'est utilisée que lorsque les dispositions du texte ou sa finalité ne fournissent pas d'indication sur le sens à retenir [44].

**52.** En dépit de ces règles d'interprétation, par suite des nombreuses imprécisions de son texte initial, le TUPE a été amendé à quatre reprises depuis sa promulgation, respectivement en 1987, en 1993, en 1995 et en 1999 [45]. Une refonte du texte est applicable depuis le 6 avril 2006 [46].

---

*troisième alinéa du traité* » ; Ch. DOCKSEY, B. FITZPATRICK, « The duty of national courts to interpret provisions of national law in accordance with Community law », *Industrial Law Journal*, 1991, vol. 20, p. 113-120 ; G. de BURCA, « Giving effect to European Community Directives », *The Modern Law Review*, March 1992, vol. 55, p. 215-240.

[40]. Cheesman & others v. R. Brewer Contracts Ltd [2001] *IRLR* 144 (EAT), à propos d'un changement de prestataire de services sur un contrat de maintenance. Dans cet arrêt, l'EAT s'approprie la technique du faisceau d'indices et les critères retenus par la Cour de justice des communautés européennes pour conclure que l'absence de reprise des salariés par le nouveau prestataire ne peut pas entraîner, à elle seule, l'absence de transfert au sens de la directive.

[41]. Wilson and others v. St Helens Borough Council and British Fuels Ltd v. Baxendale and Meade [1998] *IRLR* 706 (HL), dans une affaire où les salariés avaient été licenciés par le cédant puis réembauchés par le cessionnaire à des termes et conditions d'emploi moins favorables. Dans cet arrêt, et en l'absence de décision de la CJCE sur le point de savoir si le salarié peut valablement accepter une modification de son contrat de travail dans le contexte d'un transfert d'entreprise, les juges anglais se sont référés notamment à l'objet de la directive qui est d'assurer, autant que possible, la continuation du contrat de travail ou de la relation de travail, sans modification, avec le cessionnaire, afin d'empêcher que les salariés concernés ne soient placés dans une position moins favorable du seul fait du transfert. Ils ont, par suite, jugés inapplicables les nouveaux termes et conditions d'emploi décidés par le cessionnaire lorsqu'ils sont motivés par le transfert.

[42]. A défaut d'y correspondre tout à fait. La technique d'interprétation utilisée par les juges anglais serait ainsi plus large que celle retenue par la CJCE en ce qu'elle ne renverrait pas uniquement à l'intention du législateur, G. de BURCA, « Giving effect to European Community Directives », *The Modern Law Review*, March 1992, vol. 55, p. 222.

[43]. Sur les méthodes jurisprudentielles d'interprétation, notamment : J. RIDEAU, *Droit institutionnel de l'Union des Communautés Européennes*, L.G.D.J., 1994, p. 127 ; J. MERTENS de WILMAR, « Réflexions sur les méthodes d'interprétation de la Cour de Justice des Communautés Européennes », *Cahiers de droit européen* 1986, p. 5-20.

[44]. Ainsi, en matière de transfert d'entreprise : CJCE 11 juillet 1985, Foreningen af Arbejdsledere i Danmark c/ Société en faillite A/S Danmols Inventar, aff. 105/84, *Rec.CJCE* 1985 p. 2639, à propos du terme « travailleur », non expressément défini par la directive. Jugé que « *en vue d'éclairer sa signification, il convient donc de recourir aux principes d'interprétation généralement reconnus, en partant du sens ordinaire à attribuer à ce terme dans son contexte et en tenant compte des indications qui peuvent découler des textes communautaires et des conceptions communes aux systèmes juridiques des Etats membres* ».

[45]. Références précitées. Signalons également que la CJCE a rendu deux arrêts le 8 juin 1994 : CJCE 8 juin 1994, Commission c/ Royaume-Uni de Grande Bretagne et d'Irlande du Nord, aff. C-382/92 et C-383/92, *Rec.* CJCE 1994, p. I-2479 et I-2435, en constat de manquement à l'égard du Royaume-Uni à l'occasion de l'intégration dans l'ordre juridique anglais des prescriptions de la directive en matière d'information et de consultation des représentants des travailleurs. Elle a rappelé à cet égard, que si l'Etat membre avait le choix des outils de transposition, il n'en avait pas moins l'obligation d'atteindre le résultat imposé par la directive ; M.-A. MOREAU, « Le contrôle des directives par la Cour de Justice des Communautés Européennes, à propos de deux arrêts du 8 juin 1994 concernant le Royaume-Uni », *RJS*, 1/95 p. 3-6.

[46]. The Transfer of Undertakings (Protection of Employment) Regulations 2006: *SI* 2006 n°246.

L'adoption de ce nouveau texte par le parlement anglais au mois de février 2006, marque la fin d'un processus commencé cinq ans plus tôt par une série de consultations internes et publiques, prises à l'initiative du Ministère du commerce et de l'industrie anglais [47], afin de réformer la législation en place et de la rendre conforme à la version modifiée de la directive adoptée en 1998 [48]. Cette dernière laissait aux gouvernements des pays membres jusqu'au 17 juillet 2001 pour intégrer ses prescriptions dans leur droit interne. D'aucuns ont pu souligner, à l'époque, qu'une consultation aussi tardive reflétait le peu d'intérêt que le gouvernement anglais portait à ce sujet [49]. La version consolidée de la directive est ensuite intervenue en 2001.

Une consultation publique a été initiée par le gouvernement anglais fin 2001, sur une proposition de réforme [50], laquelle s'est ponctuée, en février 2003, par une annonce officielle du Ministre du commerce et de l'industrie indiquant que la réforme prévue serait mise en œuvre. En mars 2005, toutefois, une nouvelle consultation publique a eu lieu sur la base d'un nouveau projet, auquel était joint un estimatif de l'impact économique de ses dispositions [51]. La consultation était destinée cette fois principalement aux spécialistes et praticiens afin de s'assurer de la cohérence du texte avec l'objectif recherché et annoncé en 2003 par le gouvernement, à savoir encourager un climat de compétition saine entre les entreprises tout en garantissant aux salariés une protection sans ambiguïté, quelle que soit l'opération en cause.

Le processus de consultation s'est achevé le 7 juin 2005. Le gouvernement a rendu publiques ses réponses aux observations reçues de quelques soixante treize professionnels, principalement des associations d'employeurs et des cabinets d'avocats [52]. Parallèlement, le gouvernement anglais a publié, le 30 janvier 2006, une note explicative sur le nouveau texte [53], avant que celui-ci ne soit effectivement adopté par le parlement le 7 février 2006 [54].

**53.** Outre la mise en conformité du droit anglais avec les directives de 1998 et de 2001, l'objectif déclaré du nouveau TUPE est principalement de réduire les risques et coûts liés à l'incertitude juridique entourant l'application du texte, notamment dans le secteur des

---

47. Department of Trade and Industry (DTI), récemment remplacé par le Department for Business, Enterprise and Regulatory Reform (BERR).

48. Pour un résumé des propositions faites par le gouvernement à cette époque, M. SARGEANT, « New transfer Regulations », *Business Law Review*, October 2001, p. 218-221.

49. E. WILLIAMS, « Consultation, consultation and consultation », *Business Law Review*, April 2001, p. 80-83.

50. *Transfer of Undertakings (Protection of Employment) Regulations 1981, Government proposals for reform*, detailed background paper, Employment Relations Directorate, DTI, September 2001, URN 01/1158, 126 p. ; M. SARGEANT, « New transfer regulations », *Industrial Law Journal*, March 2002, vol. 31, n°1, p. 35-54.

51. *TUPE Draft Revised Regulations: Public Consultation Document*, Employment Relations Directorate, DTI, March 2005, URN 05/926, 80 p.

52. *TUPE: draft revised regulations, Government response to the public consultation*, DTI, February 2006, 39 p.

53. *Employment rights on the transfer of an undertaking*, a guide to the 2006 TUPE Regulations for employees, employers and representatives, DTI, 30 January 2006, 36 p. Cette note a été refondue début 2007, sans changement significatif : DTI, March 2007, URN 07/758, 41 p.

54. *The Transfer of Undertakings (Protection of Employment) Regulations* 2006, *SI* 2006 n°246 et *The Transfer of Undertakings (Protection of Employment) (Consequential Amendments) Regulations* 2006, *SI* 2006/2405, ce dernier visant à remplacer les références au TUPE 1981 par des références au TUPE 2006 dans les textes législatifs et réglementaires. Pour des commentaires sur le TUPE 2006, notamment : « TUPE – what's in store for the next generation ? », *IDS Employment Law Brief*, March 2006, n°800, p. 2 ; « TUPE 2006 – a analysis of the Regulations », *IDS Employment Law Brief*, March 2006, n°800, p. 11-16 ; « TUPE Regulations 2006 », *Industrial Relations Law Bulletin*, March 2006, n°780, p. 5-14 ; J. McMULLEN, « An Analysis of the Transfer of Undertakings (Protection of Employment) Regulations 2006 », *Industrial Law Journal*, June 2006, vol. 35, n°2, p. 113-139 ; E. WILLIAMS, « TUPE 2006 – Mission accomplished or mission impossible ? », *Business Law Review*, July 2006, p. 178-182.

services. Le constat est en effet que les prestataires qui répondent à des appels d'offres ont moins de chance d'emporter un marché s'ils tiennent compte, dans leur offre, du coût de la reprise des contrats de travail du personnel du prestataire précédent par rapport à ceux qui ne l'incluent pas et qui offrent en conséquence un meilleur prix pour une même prestation. Le nouveau texte ouvre ainsi largement son champ d'application afin de mettre toutes les entreprises appelées à répondre à des appels d'offres sur un pied d'égalité, quelle que soit leur taille.

Le nouveau TUPE est donc amené à s'appliquer avec certitude dans un nombre plus important de situations [55] et à permettre une meilleure transmission des entreprises en difficulté. Il a également vocation à clarifier certains points d'incertitude du droit anglais relatifs aux conditions dans lesquelles les employeurs successifs peuvent procéder à des licenciements et, pour le cessionnaire, à des modifications de contrats de travail après le transfert. Enfin, le nouveau texte introduit une obligation pour le cédant de fournir au cessionnaire un certain nombre d'informations sur les salariés qu'il reprend, avant leur transfert effectif.

## §2. LE DROIT AMÉRICAIN : UN DROIT ANCRÉ DANS LA RÉGLEMENTATION DES RELATIONS COLLECTIVES

**54.** Contrairement aux droits français et anglais, le droit américain n'a subi l'influence d'aucun droit supranational. Le droit relatif à la situation des salariés dans les opérations de transfert d'entreprise s'est développé à partir de la réglementation relative aux relations entre employeur et syndicat et à la représentation des salariés.

Les droits individuels des salariés sont limités. Hormis les obligations de notification pesant dans certains cas sur l'employeur dans le cadre de mesures collectives de mise au chômage technique ou de fermetures de site [56], le principe d'« employment at will », littéralement « emploi à discrétion » donne au cédant et au cessionnaire une liberté quasi totale en matière de transfert d'entreprise [57].

La protection des salariés sur un plan collectif est assurée par plusieurs sources qui se combinent entre elles. D'abord, le droit fédéral en matière de négociation et de licenciement collectif [58] et la jurisprudence du National Labor Relations Board (« NRLB ») et des tribunaux (A). Ensuite, les autres sources (B). Ce sont bien sûr les contrats de travail et les conventions collectives qui peuvent comporter certaines clauses protectrices des intérêts des salariés dans ce domaine. Ce sont également un certain nombre de lois concernant des corps de métiers déterminés, notamment dans le secteur des transports ferroviaires et aériens, et le droit des États, dans une moindre mesure. Cela nécessite, en pratique, une mise en œuvre combinée délicate de ces différentes sources de droit.

---

[55]. La marge d'incertitude sur l'application de l'ancien texte a été estimée par le gouvernement anglais à 25% dans le domaine des prestations de services (changement de prestataires de services, externalisation ou reprise en gestion directe d'activité). *Final Regulatory Impact Assessment*, Revision of the Transfer of Undertakings (Protection of Employment) Regulations 1981, DTI, Employment Relations Directorate, January 2006, n°27-29 ; *Explanatory Memorandum to the Transfer of Undertakings (Protection Employment) Regulations 2006*, Employment Relations Directorate, DTI, n°246, 3rd February 2006, n°27-29.

[56]. Obligations résultant du Worker Adjustment and Retraining Notification Act (WARN Act) de 1989, 29 *U.S.C.* §§2101-2109.

[57]. Le droit américain y apporte néanmoins de plus en plus de limites aujourd'hui. Notamment : E. COURTOIS-CHAMPENOIS, *L'organisation du droit du licenciement aux Etats-Unis, approche comparative des droits américain et français*, Presses Universitaires d'Aix Marseille, 1997, p. 29-136. Sur l'employment-at-will cf. 2nd Partie, Titre 1, Chapitre 2, *infra*.

[58]. « NLRA » et « Warn Act ».

## A. LES SOURCES FÉDÉRALES ET JURISPRUDENTIELLES

**55.** Les sources fédérales sont principalement de deux ordres : le National Labor Relations Act ou « NLRA » qui régit les relations entre employeur et syndicat depuis 1935 aux États-Unis et le Worker Adjustment and Retraining Notification Act ou «WARN Act » qui a introduit en 1989 un certain nombre d'obligations pour l'employeur américain en matière de licenciement collectif.

### *1. Le NLRA et la jurisprudence du NLRB et des Cours fédérales*

**56.** Le droit qui intéresse le sort des salariés dans les opérations de transfert d'entreprise a été développé par la jurisprudence du NLRB et des Cours fédérales sur le fondement du National Labor Relations Act (« NLRA »). Ce texte a été introduit dans le droit américain par la loi Wagner du 5 juillet 1935 et fut amendé principalement à deux reprises par la loi Taft-Hartley du 23 juin 1947 [59] et par la loi Landrum-Griffin du 14 septembre 1959 [60]. L'ensemble de ces trois lois forme le NLRA, dont le noyau reste la loi Wagner [61].

Le NLRA délimite notamment l'étendue des pouvoirs des organisations syndicales en matière de négociation avec l'employeur. Le principe auquel il répond est le mieux résumé dans sa section 7 définissant les droits des salariés, à savoir : « *les salariés ont le droit de constituer des organisations syndicales et de se syndiquer, de négocier collectivement par l'intermédiaire de représentants qu'ils auront choisis et de s'engager dans des activités concertées aux fins de négocier (…)*».

Le NLRA ne contient aucune disposition particulière en ce qui concerne la situation des salariés dans les opérations de transfert d'entreprise. C'est toutefois principalement par le biais de deux de ses dispositions que la jurisprudence du NLRB et des Cours fédérales a mis à jour certaines obligations de l'employeur dans ce contexte, principalement en termes de négociation collective.

**57.** Ces dispositions peuvent être rassemblées sous les deux groupes suivants :

a) Les sections du NLRA qui imposent à l'employeur et au syndicat représentatif dans l'unité appropriée de négociation [62] de négocier sur un certain nombre de sujets. Il s'agit principalement des sections 8 (a) (5), qui sanctionne le refus de négocier de l'employeur, 8(b) (3), qui sanctionne le refus de négocier du syndicat, 8(d) sur les obligations des parties relatives à la négociation et les sujets de négociation et 9(a) sur l'obligation pour le syndicat de représenter tous les salariés qui composent une même unité de négociation.

En application de ces dispositions, syndicat et employeur ont l'obligation de négocier de bonne foi sur les matières relatives « *aux salaires, temps de travail et autres termes et conditions d'emploi* » [63]. Les prérogatives du syndicat en ce domaine et partant, les décisions du NLRB, sont fondées sur la section 8(a)(5) du NLRA qui sanctionne le refus de négocier de l'employeur.

La loi n'a pas précisé d'avantage le champ d'application de cette obligation. Le législateur a d'ailleurs expliqué que le but de la loi était simplement de permettre aux représentants des

---

[59]. Labor Management Relations Act (« LMRA »).

[60]. Labor Management Reporting and Disclosure Act.

[61]. Labor Law Reports, Statutes, p. 2461-2534; 29 *U.S.C.* 151-169 et 29 *U.S.C.* 171-188.

[62]. L'unité de négociation concerne un groupe de salariés liés par une « communauté d'intérêts », laquelle est déterminée par le NLRB en fonction d'un faisceau d'indices. Cf. 1ère Partie, Titre 1, Chapitre 2, *infra*.

[63]. Section 8(d) du NLRA.

salariés d'être « *escortés à la porte de l'employeur et de les présenter à ce dernier. La loi n'entend pas et ne prétend pas régir ce qui se passe derrière cette porte* »[64].

C'est la jurisprudence du NLRB[65] et des Cours fédérales qui a précisé les contours de cette obligation de négocier sur la base de deux principes. Premièrement, l'obligation de négocier concerne tous les sujets de négociation relatifs au salaire, au temps de travail et aux conditions d'emploi, une formulation large que la jurisprudence s'est efforcée d'encadrer et de limiter. Deuxièmement, il y des sujets de négociation qui ne sont pas relatifs au salaire, au temps de travail et aux conditions d'emploi. Ces sujets n'étant pas visés expressément par la loi, ils ne doivent pas faire l'objet d'une négociation obligatoire.

La distinction entre sujets obligatoires et sujets non obligatoires de négociation faite par la jurisprudence du NLRB et des Cours fédérales permet d'apprécier le champ d'intervention des syndicats dans la participation à la prise de décision et la marge de manœuvre qui leur est réservée dans la négociation de sujets affectant la marche de l'entreprise. En effet, un employeur ne peut, en principe, décider de modifier unilatéralement une situation portant sur un sujet obligatoire de négociation et doit nécessairement, au préalable, négocier à ce titre avec le syndicat représentatif dans l'unité de négociation considérée.

C'est là tout l'intérêt de l'étude de la jurisprudence du NLRB et des Cours fédérales portant sur la définition de la notion de « condition d'emploi », sujet considéré par le NLRA comme un sujet obligatoire de négociation. Il s'agit ainsi, pour le sujet qui nous intéresse, de déterminer si une opération de transfert d'entreprise répond à cette notion et partant, entre dans la catégorie des sujets qui doivent obligatoirement faire l'objet d'une négociation entre l'employeur et les représentants des salariés.

La question à laquelle les juges ont le plus à faire face dans ce contexte porte sur l'obligation pour le cédant de négocier avec le syndicat préalablement à sa prise de décision[66] ou, postérieurement, sur les effets de sa décision[67]. D'autres questions, pour les plus essentielles, portent également sur l'obligation pour le cessionnaire de négocier avec le syndicat représentant les salariés du cédant, une fois le transfert opéré, et de réparer les pratiques déloyales de travail commises par son prédécesseur.

b) Les sections du NLRA relatives à l'arbitrage et à la conciliation des conflits qui portent sur l'interprétation des dispositions de la convention collective[68]. Les actions du syndicat en ce domaine et partant, les décisions des Cours fédérales, sont principalement fondées sur la section 301 du LMRA[69]. Celle-ci permet au syndicat de poursuivre l'employeur devant une Cour fédérale pour obtenir l'exécution d'une sentence arbitrale non exécutée et de recourir à un arbitre afin que soit déterminée l'étendue des obligations de l'employeur en application des dispositions d'une convention collective.

---

64. Explications données par le Sénateur Walsh, alors Président de la section sociale du Sénat américain (« Senate Labor Committee »), 79 *Cong. Rec.* 7660 (1935).

65. Le NLRB est une autorité administrative instituée par la loi Wagner de 1935 afin de veiller à l'application des principes de droit en matière d'élection, de représentation et de négociation collective. Ses membres sont nommés par le Président des Etats-Unis et confirmés par le Sénat (5 membres avec un mandat de 5 ans / 31 bureaux régionaux). Il est chargé de deux principaux mandats : régler les demandes liées à la représentation ou à l'accréditation des syndicats (« *certification* ») et les plaintes en pratiques déloyales de travail (« *unfair labor practice* »). Ses décisions peuvent faire l'objet d'une application volontaire par les parties ou devenir exécutoires sur ordre des tribunaux (cours d'appel fédérales).

66. « *Decision bargaining* ».

67. « *Effect bargaining* ».

68. Section 201 et s. du NLRA.

69. Section 301 (a) du LMRA [NLRA tel qu'amendé par le *Labor Management Relations Act* (LMRA) de 1947]: « *les actions contre la violation des conventions collectives* (« contracts ») *entre employeur et syndicat représentant des salariés au sens de la présente loi, ou entre syndicats eux-mêmes, peuvent être portées devant toute cour fédérale* (district court) *des Etats-Unis ayant compétence, quel que soit le montant en jeu ou la nationalité des parties* ».

La question de savoir si le cessionnaire peut être lié par une clause d'arbitrage incluse dans la convention collective négociée entre le cédant et le syndicat représentatif est celle que les juges ont le plus à trancher sur ce fondement.

## *2. Le WARN Act*

**58.** Le Worker Adjustment and Retraining Notification Act ou WARN Act de 1989 [70] est le seul texte intervenu au niveau fédéral pour traiter de la question de mesures collectives massives de mise au chômage technique [71] et des fermetures de site [72]. Cette question est en effet devenue un sujet brûlant aux États-Unis, notamment dans les années 1980 et 90 [73]. Il s'agit, avec les lois prohibant les discriminations, d'une loi de nature à apporter un frein au principe d'emploi à discrétion qui gouverne les relations contractuelles entre employeur et salariés aux États-Unis.

Le WARN Act concerne, en substance, les entreprises employant au moins cent salariés qui envisagent une fermeture d'entreprise ou une mesure collective de mise au chômage technique d'au moins trente trois pour cent de leurs effectifs ou d'au moins cinquante salariés dans une même période de trente jours. Il prévoit que lesdites entreprises doivent donner, soixante jours à l'avance, un préavis écrit contenant certaines informations spécifiques, au syndicat représentatif des salariés concernés ou, à défaut, directement aux salariés. Les représentants locaux du gouvernement doivent également recevoir ces informations [74].

**59.** L'application de ce texte est bien évidemment soumise à certaines conditions. En particulier, les termes « fermeture d'entreprise » et « mesure collective de mise au chômage technique » obéissent à des définitions très strictes. Ils ne concernent pas les salariés des petites et moyennes entreprises, c'est-à-dire les entreprises employant moins de cent salariés. Ils ne concernent pas non plus les fonctionnaires du service public américain. En définitive, cette obligation de notification préalable à la mise en œuvre d'une décision de fermeture d'entreprise ou de mesure collective de mise au chômage technique est d'une application très limitée.

Le WARN Act contient toutefois des dispositions spécifiques en matière de « perte d'emploi » [75] intervenant dans le contexte de la vente de tout ou partie d'une activité. Celles-ci visent à déterminer qui du cédant ou du cessionnaire doit alors procéder à la

---

[70]. Loi du 4 août 1988, entrée en vigueur en janvier 1989, *Labor Law Reports*, Statutes, p. 2717-2721 ; 29 *U.S.C.* 2101-2109.

[71]. « *Mass layoffs* ». La traduction la plus approchante du « *layoff* » de droit américain est le chômage technique (ou « chômage partiel total ») de droit français puisqu'il correspond, en principe, à une privation temporaire d'emploi sans rupture du contrat de travail. Néanmoins, et contrairement au chômage technique de droit français, cette mesure peut être temporaire (« *temporary layoff* ») ou permanente (« *permanent layoff* ») et entraîner de fait, la rupture du contrat de travail (« *termination* »), en droit américain. Pour les besoins de notre étude, nous avons donc traduit le terme « *mass layoffs* » par « *mesure collective de mise au chômage technique* », en gardant en tête cette particularité en droit américain qu'une telle mesure est beaucoup plus courante qu'en France, qu'elle peut être temporaire ou permanente et ne pas avoir les mêmes effets. Cf. La définition figurant au glossaire du Labor Law Reports : « *temporary, prolonged or final separation from employment as a result of lack of work* ».

[72]. « *Plant closings* ». La fermeture de site désigne ici la fermeture d'une entreprise dans son ensemble ou la fermeture d'une ou plusieurs unités opérationnelles au sein d'un même site.

[73]. Entre 1987 et 1992, plus de cinq millions et demi de salariés ont en effet été victimes de réductions d'effectifs ou de modification de leur lieu et de leurs conditions de travail. Seule la moitié d'entre eux a pu garder un emploi à temps plein, et le tiers d'entre eux a du accepter une réduction significative de leur rémunération ; « Factory workers hit hardest by recession, but managers also lost jobs », *BNA, Daily Labor Reporter*, 20 August 1992, B-14.

[74]. Le contenu et la forme de la notification varient selon son destinataire. Ils sont déterminés par le département américain de la législation du travail (Department of Labor Regulations).

[75]. « *Employment loss* ».

notification du préavis en cas de fermeture de site ou de mesure collective de mise au chômage technique [76].

Les dispositions du WARN Act en matière de notification se combineront ainsi, le cas échéant, avec celles du NLRA en matière de négociation collective.

## B. LES AUTRES SOURCES

Elles sont conventionnelles et/ou relèvent du droit des États ou de lois spéciales.

### *1. Les sources conventionnelles*

**60.** Le champ d'intervention du syndicat dans la prise de décision ou, plus souvent, dans l'accompagnement de ses effets, dépend non seulement de la distinction entre sujets obligatoires et sujets non obligatoires de négociation tels que posée par la jurisprudence du NLRB et des Cours fédérales, mais également des dispositions spécifiques éventuelles contenues dans la convention collective régissant les conditions d'emploi des salariés qu'elle couvre.

La convention collective peut en effet contenir des dispositions prohibant expressément ou permettant le transfert d'entreprise [77] sous certaines conditions, notamment de négociation ou de divulgation d'information, ou encore limitant les circonstances dans lesquelles les salariés peuvent être licenciés [78]. Ce dernier type de clause se retrouve également classiquement dans le contrat de travail des cadres les expérimentés sous forme de « golden parachute ».

D'autres clauses peuvent, au contraire, limiter le pouvoir des syndicats de négocier dans telle ou telle situation ou sur tel sujet précis [79]. Ces clauses sont généralement négociées, lors de la conclusion de la convention collective, en contrepartie de certains avantages ou droits consentis aux salariés par exemple, en terme de salaire ou d'embauche. Elles permettent à l'employeur de prendre, dans certains cas, des décisions unilatérales, sans avoir à négocier préalablement avec le syndicat, et cela même lorsque la décision porte sur un sujet obligatoire de négociation.

**61.** Dans tous les cas, les réponses aux questions de savoir si le cessionnaire doit négocier ou non avec le syndicat représentatif des salariés du cédant, s'il peut négocier une nouvelle convention collective et quelle est la force obligatoire, pour le cédant et le cessionnaire, des clauses conventionnelles, découlent le plus souvent de la qualification juridique du cessionnaire. Il s'agit de savoir s'il peut être considéré comme le « successeur » du premier au regard des critères dégagés par la jurisprudence du NLRB et des Cours fédérales, sur le fondement du NLRA [80]. Ce concept est en effet interprété par le NLRB et les Cours fédérales différemment selon l'obligation de l'employeur sur laquelle le syndicat leur demande de se prononcer. Il constitue la condition nécessaire pour que le cessionnaire soit redevable d'obligations vis-à-vis des salariés qu'il aura repris en même temps que l'activité de son prédécesseur [81].

---

[76]. Warn Act, Section 2(b)(1) ; 29 *U.S.C* 2101 (b) (1).
[77]. « *Change of ownership provisions* ».
[78]. « *Job security provisions* ».
[79]. « *Management rights clause* ».
[80]. Concept de « *successorship* ».
[81]. Cf. 1ère Partie, Titre 2, Chapitre 2, *infra*.

### 2. *Les sources relevant du droit des États et les lois spéciales*

a) Les sources relevant du droit des États

**62.** Plusieurs États ont notamment adopté leurs propres règles en matière de licenciement collectif massif et de fermeture d'entreprise [82]. Par exemple le droit de l'État d'Hawaï exige une durée de notification préalable moins importante que celle exigée par le WARN Act [83] mais a un champ d'application plus large puisqu'il s'applique également aux fermetures partielles d'entreprise donnant lieu à des licenciements, incluant la cessation permanente d'une partie des activités de l'entreprise liée à un transfert d'activité [84]. Les obligations et sanctions prévues par le WARN Act s'ajoutent à celles prévues par les textes des États qui peuvent exister sur la même question [85]. Les entreprises doivent donc également prendre en compte la possibilité qu'une loi relevant d'un État où ils sont implantés vienne ajouter des délais de notification ou autres obligations en plus de ceux exigés par le droit fédéral dans les situations de transfert d'entreprise impliquant ou non des licenciements.

Le droit des États ne sera pas étudié puisqu'il ne fait bien souvent que préciser les modalités d'application du droit fédéral sur le territoire de l'État concerné. Il n'en constitue pas moins un élément important à prendre en compte dans l'environnement juridique entourant toute négociation d'un transfert d'entreprise aux États-Unis [86].

b) Les lois spéciales

**63.** Ces lois spéciales concernent principalement le secteur des transports ferroviaire, aérien et urbain, lequel possède sa propre législation en matière de transfert d'entreprise [87].

La législation qui concerne le transport ferroviaire date de la fin des années 1920 [88]. Elle a été édictée à l'origine pour minimiser les grèves dans un secteur qualifié de politique et sensible et qui faisait alors l'objet de restructurations successives. Elle assure en particulier, aux salariés affectés par une opération [89] qui provoque la perte de leur emploi ou une baisse de leurs revenus, à compter de ladite opération, un maintien du salaire pendant six ans, ou pendant une période équivalente à leur ancienneté dans l'entreprise pour les salariés ayant moins de six ans d'ancienneté à cette date.

---

[82]. C'est notamment le cas du Wisconsin, de l'état de Washington, du Tennessee, de la Caroline du Sud, de l'Oregon, du Minnesota, du Michigan, du Massachusetts, du Maryland, du Maine, du Kansas, d'Hawaï et du Connecticut.

[83]. 45 jours au lieu de 60 jours.

[84]. Pour d'autres exemples, K. A. JENERO, P. W. KOCIAN, « The relocation of work between plants: a planning checklist of statutory and contractual obligations », *Employee Relations Law Journal*, Spring 1995, vol. 20, n°4, p. 621-640.

[85]. Warn Act, Section 6 ; 29 *U.S.C.* 2105.

[86]. Sur l'articulation du droit fédéral avec le droit des Etats, notamment : R. A. GORMAN, *Basic Text on labor law, unionization and collective bargaining*, West Publishing Co., 1991, p. 766-786 ; E. C. SWEENEY, « Dodging the supremacy clause bullet: do State Successor Statutes survive Federal Labor law preemption ? », *Industrial Relations Law Journal*, 1992, vol. 13, n°1, p. 183-228.

[87]. Pour des développements à ce sujet : H. R. NOTHRUP, P. A. MISCIMARRA, *Government protection of employees involved in mergers and acquisitions*, The Wharton School, Industrial Research Unit, University of Pennsylvania, 1989, p. 499-626.

[88]. La législation de référence en ce domaine date de 1926 avec le Railway Labor Act [44 *Stat*. 577 (1926)]. Plusieurs fois amendé dans les années 30 et 40, ce texte a été codifié dans l'Interstate Commerce Act et modifié par le Railroad Revitalization and Regulatory Reform Act de 1976 (« 4R Act »), section 5(2)(f) ; Pub. L. n°94-210 ; H. R. NORTHRUP, « The failure of the teamsters'union to win railroad-type labor protection for mergers or deregulation », *Transportation Law Journal*, Spring 1995, vol. 22, p. 365-402.

[89]. L'opération doit avoir été autorisée par un organe de régulation, l'Interstate Commerce Commission (ICC). Il doit s'agir d'une fusion, d'une cession, d'un bail ou d'accords concernant l'utilisation des voies ferrées.

Les dispositions visant le secteur aérien datent de la même époque [90] et ont été directement inspirées de celles existantes dans le secteur du transport ferroviaire. Elles prévoient notamment un maintien de salaire pendant quatre ans en cas de changement d'emploi imposé dans les trois ans suivant la conclusion d'une transaction entre compagnies aériennes [91] et, en cas de licenciement, l'octroi d'une indemnité mensuelle spécifique égale à soixante pour cent de la rémunération mensuelle moyenne du salarié pendant une période de six mois à cinq ans, en fonction de l'ancienneté acquise par le salarié à la date de son licenciement.

Celles concernant le transport public urbain ont été prises un peu plus tardivement, au début des années 1960 [92]. Elles prévoient, dans le cadre d'opérations autorisées par le Ministre des transports, sur le même modèle que dans le transport ferroviaire et aérien, le maintien de la rémunération et des avantages dont le salarié bénéficiait en application de sa précédente convention collective pendant au moins quatre ans, une priorité de réembauchage pour les salariés licenciés ou mis au chômage technique, la prise en charge de programmes de formation et de reconversion des salariés, le paiement d'indemnités de déménagement, etc.

**64.** Ces lois sont jugées extraordinairement coûteuses par la doctrine qui les considère non seulement comme disproportionnées dans les garanties qu'elles confèrent par rapport à la petite partie de la population active américaine qu'elles concernent mais également, en ce qu'elles font fi de la réalité économique de ces secteurs d'activité en déclin [93].

Ces réglementations spécifiques ne feront pas non plus l'objet d'une étude détaillée puisqu'elles ne visent qu'une partie limitée de la population des salariés concernés par des opérations de transfert d'entreprise. Leur particularité méritait toutefois d'être signalée car la protection qu'elles accordent aux salariés travaillant dans ce secteur d'activité est exorbitante du droit fédéral en tout point.

---

[90]. C'est-à-dire le *Railway Labor Act* tel qu'amendé en 1936 [49 *Stat* 1189 (1936)], les dispositions protectrices en matière sociale (« *Labor protective provisions* » ou « *LPPs* ») de la Commission Civile Aéronautique (« Civil Aeronautics board ») ; H.R.1101, Feb. 1987 ; qui amendent la section 408 du Federal Aviation Act de 1958 ; le Civil Aeronautics Act de 1938 section 401 (1), Pub. L. n°75-706 ; 52 *Stat*. 973 (1938) et le Airline Deregulation Act de 1978 modifié, Pub. L. n°95-504 ; 92 *Stat*. 1705 (1978) codifié *in* 49 *U.S.C*. §§1301-1552 (1982).

[91]. La transaction en question, définie en référence à la section 408 du *Federal Aviation Act* de 1958, inclut non seulement les fusions et acquisitions entre compagnies aériennes, mais également toute transaction entre deux compagnies aériennes impliquant un transfert d'aéronef ou d'autres actifs constituant une partie substantielle (soit au moins 10% de la valeur des actifs de la société) de la propriété de la compagnie aérienne. Les parties extérieures au secteur du transport aérien sont exclues du champ d'application de ces dispositions protectrices en matière sociale.

[92]. Urban Mass Transportation Act (UMTA) de 1964, section 13 (c), codifié *in* 49 *U.S.C.A*. §1 609.

[93]. H. R. NORTHRUP, P. A. MISCIMARRA, *Government protection of employees involved in mergers and acquisitions*, The Wharton School, Industrial Research Unit, University of Pennsylvania, 1989, p. 634 et 635 ; H. R. NORTHRUP, « Railroad labor protection programs in mergers : generous public policy for a favored few », *Transportation Law Journal*, 1995, vol. 23, n°2, p. 175-205.

# SECTION II
# LE CHAMP D'APPLICATION DE LA PROTECTION

**65.** Le principe de la primauté du droit communautaire prohibe toute divergence d'analyse et de solutions entre les ordres juridiques internes, français ou anglais, et communautaire [94]. La directive 77/187/CEE ne vise néanmoins pas à instaurer un niveau de protection uniforme pour l'ensemble de la Communauté en fonction de critères communs. Les protections offertes par le droit national et le droit communautaire sont cumulatives en France comme au Royaume-Uni, avec application du principe de faveur [95]. Le droit américain est évidemment autonome. L'étendue territoriale (§1), personnelle (§2) et matérielle (§3) des champs d'application est distincte sans pour autant être radicalement différente. Le critère du maintien de l'identité de l'entité transférée est en effet pris en considération dans tous les systèmes juridiques étudiés.

## §1. LE CHAMP D'APPLICATION TERRITORIAL

**66.** Les règles protectrices des salariés confrontés aux opérations de transfert d'entreprise ne dépassent pas, à l'heure actuelle, les frontières du pays dans lequel elles s'appliquent. Le champ d'application territorial de la protection est national [96]. Le fait que le système juridique étudié soit influencé par un droit supranational est indifférent, qu'il s'agisse d'un transfert à l'intérieur ou en dehors des États-Unis (A) ou d'un transfert à l'intérieur ou en dehors de l'Union Européenne (B).

### A. TRANSFERT À L'INTÉRIEUR ET EN DEHORS DES ÉTATS-UNIS

**67.** Le NLRA encadre les relations collectives de travail susceptibles d'affecter le commerce entre États américains. Il couvre tous les employeurs et les salariés de droit privé, appelés à exercer une activité commerciale sur l'ensemble du territoire américain [97] et à l'étranger, à l'exception des secteurs du transport ferroviaire et aérien qui ont leur propre réglementation. L'application du NLRA est donc subordonnée au caractère interétatique ou international de l'activité de l'employeur en question. Ce critère est apprécié largement par les juges américains, de manière à y inclure la plupart des entreprises privées, sauf celles n'ayant qu'un intérêt purement local [98]. L'application aux situations de transfert d'entreprise du droit américain réglementant les conditions de travail et les rapports entre employeurs et salariés,

---

[94]. Notamment : M. BONNECHERE, « L'influence du droit social européen sur le juge national », *Revue Pratique de Droit Social*, juillet 2004, n°711, p. 239-246.

[95]. « *La directive ne porte pas atteinte aux droits des Etats membres d'appliquer ou d'introduire des dispositions législatives, réglementaires ou administratives plus favorables aux travailleurs ou de permettre des conventions collectives ou des accords conclus entre partenaires sociaux plus favorables aux travailleurs* », directive 2001/23/CE, article 8.

[96]. Seuls les droits espagnol et portugais contiendraient des dispositions visant non seulement les transferts d'entreprises ou de parties d'entreprises situées sur leur territoire national mais également ceux qui seraient situés en dehors de leur territoire national, mais appartenant à une entreprise espagnole ou portugaise, B. HEPPLE, *The legal consequences of cross border transfers of undertakings within the european union*, A report for the European Commission DG-V, Cambridge, May 1998, n°3.3, p. 5.

[97]. Plus précisément, les employeurs engagés dans le commerce entre Etats américains (« *interstate commerce* ») ou dont l'activité est susceptible d'avoir des répercussions sur le commerce entre Etats américains. NLRA, section 2 ; 29 *U.S.C.* 152.

[98]. Sur le domaine d'application du NLRA, X. BLANC-JOUVAN, *Les rapports collectifs de travail aux Etats-Unis*, thèse, Paris, 1957, p. 34-58.

suppose donc que l'employeur, cédant ou cessionnaire, soit situé sur le territoire américain et exerce une activité commerciale dans plusieurs États américains ou à l'étranger.

**68.** La question du transfert des salariés d'un employeur à un autre ne se pose pas en dehors du territoire des États-Unis [99]. Elle n'est d'ailleurs pas évoquée par la doctrine. Tout transfert d'activité à l'extérieur des États-Unis rend applicable les règles sur le licenciement en droit américain, sauf à ce que le cédant, de droit américain, et le cessionnaire, de droit étranger, s'entendent sur la reprise des salariés affectés à l'activité cédée.

## B. TRANSFERT À L'INTÉRIEUR OU EN DEHORS DE L'UNION EUROPÉENNE

**69.** L'entreprise, l'établissement ou la partie d'entreprise ou d'établissement à transférer doit se trouver *« dans le champ d'application territorial du Traité »* instituant la Communauté Européenne, pour permettre l'application de la directive 2001/23/CE [100].

Tout transfert d'une entité économique basée sur le territoire d'un des pays membres de l'Union Européenne est potentiellement couvert par le champ d'application de la directive 2001/23/CE. Il n'est donc pas utile que l'entreprise cédante ait son siège, son administration centrale ou son principal établissement à l'intérieur de l'Union Européenne pour que l'entité objet du transfert soit comprise dans son champ d'application [101]. Cette lecture permet la protection des travailleurs affectés à l'entité qui est l'objet du transfert. Elle est en ce sens conforme à l'objectif de la directive rappelé dans son préambule [102].

**70.** Dès lors que la directive 2001/23/CE pose, comme seule et unique condition à son application territoriale, que l'entité objet du transfert soit située sur le territoire de l'Union Européenne, la nationalité du cessionnaire importe peu. Le fait qu'il soit basé dans le même pays de l'Union Européenne que le cédant, dans un pays différent, à l'intérieur de l'Union Européenne ou dans un État tiers ne mérite en principe pas d'être relevé. En effet, si la propriété de l'entreprise se borne à passer d'un employeur à un autre sans changer d'implantation géographique, le cessionnaire ne fait que se substituer au cédant. Les salariés qui y sont attachés continuent à exécuter leurs fonctions sur le même lieu de travail. Le droit applicable aux salariés avant ou après le transfert est le même : celui du territoire sur lequel l'entité économique qui est l'objet du transfert reste située et où les salariés travaillent,

---

[99]. EEOC v. Arabian Oil Co. (Aramco), 499 *U.S.* 244, 248 (1991), où la Cour Suprême a rappelé « *le principe de longue date de droit américain* », selon lequel la législation du Congrès a vocation à s'appliquer seulement au sein du territoire des Etats-Unis, à moins que le texte n'en dispose autrement. Une application extraterritoriale ne peut être trouvée en l'absence d'une intention clairement exprimée du Congrès en ce sens ; S. B. MOLDOF, « The application of U.S. labor laws to activities and employees outside the United States », *The labor Lawyer*, Summer 2001, vol. 17, n°1, p. 417-434.

[100]. Article 1er, para. 2, directive 2001/23/CE. Elle est également applicable lorsque l'entreprise ou la partie d'entreprise ou d'établissement à transférer se trouve dans un pays membre de l'Espace Economique Européen (Norvège, Islande, Liechtenstein). *Mémorandum de la Commission du 4 mars 1997 sur les droits acquis des travailleurs en cas de transferts d'entreprises*, COM (97) 85 final, p. 3 et 12. Le nouveau mémorandum de la Commission sur les droits des travailleurs en cas de transferts d'entreprises, actualisant le mémorandum de 1997, reprend la même précision. *Memorandum sur les droits des travailleurs en cas de transferts d'entreprises*, Document de travail des services de la Commission sur l'application de la directive 2001/23/CE, p. 1.

[101]. Elle peut ainsi concerner indifféremment, par exemple, la succursale française d'une société italienne ou celle d'une société américaine, dès lors que celle-ci peut être considérée comme une entité économique autonome au sens de la directive.

[102]. La directive rappelle en préambule (point 3) que « *des dispositions sont nécessaires pour protéger les travailleurs en cas de changement de chef d'entreprise en particulier pour assurer le maintien de leurs droits* ».

c'est-à-dire le droit français si l'entité économique cédée reste sur le territoire français. Ce cas ne présente donc pas de difficulté apparente [103].

**71.** En définitive, la véritable question de l'application territoriale de la directive 2001/23/CE se pose lorsque l'entité concernée a vocation à être transférée, avec les salariés qui y sont affectés, dans un autre pays que celui de son lieu initial d'implantation. Ce cas de figure implique, en effet, un franchissement de frontière pour les salariés.

Il en est ainsi en cas de délocalisation ou d'externalisation à l'étranger de tout ou partie de l'activité de l'entreprise. Deux hypothèses doivent être distinguées selon que l'opération en question implique un changement géographique de lieu de travail pour les salariés en dehors de l'Union Européenne ou à l'intérieur de l'Union Européenne.

### *1. Transfert d'un pays de l'Union Européenne vers l'étranger*

**72.** Lorsque la cession implique un transfert géographique de l'activité et des salariés qui y sont attachés, en dehors des frontières de l'Union Européenne, la cession est exclue, de fait, du champ de la directive 2001/23/CE. Il en est ainsi en l'absence dans cette directive de dispositions spéciales applicables en cas de conflit de lois [104].

**73.** Ce cas de figure n'est toutefois pas expressément exclu du champ d'application de la directive 2001/23/CE [105]. Il faudrait néanmoins admettre le transfert d'une entité économique autonome basée sur le territoire d'un État membre et le transfert corrélatif des droits et des obligations attachés au contrat de travail des salariés affectés à ladite entité, au profit d'un

---

[103]. Même si la nationalité étrangère du cédant ou du cessionnaire constitue un élément d'extranéité impliquant un recours à la règle des conflits de lois. Cf. P. MORVAN, « L'article L.122-12 du code du travail à l'international », *RJS*, 8-9/04, p. 587-588. Pour l'auteur, on assiste ici à un « conflit de lois invisible », en dépit du fait que la cession est accomplie sur le territoire français, et à un « conflit de lois apparent » si le contrat de travail des salariés est exceptionnellement dans ce cas soumis à une loi différente. Il reste que la loi choisie par les parties au contrat de travail ne pourrait avoir pour effet de priver le salarié de la protection offerte par les dispositions impératives de la loi qui s'appliquerait en vertu de la Convention de Rome. Pour un rappel des règles générales du droit international privé applicables en matière de conflits de lois et de juridictions, P. RODIERE, « Conflits de lois en droit du travail : étude comparative », *Droit Social*, 1986, n°2, p. 118-132 ; P. RODIERE, *Droit social de l'Union Européenne*, LGDJ, 2002, p. 503-560 ; G. LYON-CAEN, A. LYON-CAEN, *Droit Social International et Européen*, Précis Dalloz, 1993, p. 14-44. Sur les règles de compétence en matière de contrats individuels de travail au sein de l'Union Européenne en cas de contentieux, *Règlement CE n°44/2001 du Conseil du 22 décembre 2000 concernant la compétence judiciaire, la reconnaissance et l'exécution des décisions en matière civile et commerciale*, Section 5, articles 18-21, *J.O.C.E.* L 12/1 du 16 janvier 2001.

[104]. Le Memorandum de la Commission sur les droits des travailleurs en cas de transferts d'entreprises, actualisant le mémorandum de 1997, fait notamment état de cette difficulté en ce qui concerne les transferts transfrontaliers entre pays membres. Il observe ainsi que la directive renvoie aux droits nationaux sur un certain nombre d'aspects liés aux transferts d'entreprises et, qu'en conséquence, *« lorsque le cédant et le cessionnaire sont soumis aux législations d'Etats différents, des conflits de loi que la directive ne permet pas de résoudre peuvent surgir, même si (...) l'opération concernée relève de son champ d'application »*. La remarque est *a fortiori* transposable aux transferts d'un pays membre à un pays non membre. *Memorandum sur les droits des travailleurs en cas de transferts d'entreprises*, Document de travail des services de la Commission sur l'application de la directive 2001/23/CE, n°5, p. 11-12.

[105]. Dans le même sens : A. MAZEAUD, « Aspects individuels des délocalisations », *Droit Social*, 2005, n°12, p. 1188, lequel qualifie de « redoutables » les questions de la loi applicable entre le salarié et le cessionnaire situé hors du champ d'application territorial de la directive et celle de la continuation de l'application de la loi française en tant que loi du contrat de travail.

cessionnaire basé dans un État tiers [106]. Toute la difficulté serait alors de contraindre le cessionnaire à reprendre les salariés affectés à l'entité transférée ou de lui faire supporter la charge de la rupture de leur contrat, en particulier si celui-ci devait ne pas être représenté dans le pays de l'Union Européenne où l'entité qui est l'objet du transfert est située.

A défaut de reconnaissance universelle du principe du maintien des contrats ou d'outil juridique en droit national ou en droit communautaire qui consacrerait le caractère extraterritorial du principe du transfert automatique des contrats de travail affectés à l'entité transférée, la situation échappera à l'emprise tant du droit communautaire que du droit national [107].

**74.** La Cour de cassation traite d'ailleurs ce type d'opération sur le terrain des dispositions propres aux licenciements collectifs et non sur celui des dispositions relatives aux transferts d'entreprises. Elle considère en effet que les emplois des salariés qui sont affectés à l'entreprise ou l'établissement dont l'activité est amenée à s'exercer sur d'autres sites, à l'étranger, sont supprimés. La survivance éventuelle des emplois en dehors des frontières ne trouve alors un intérêt juridique qu'au regard de l'obligation de reclassement de l'employeur, dont le périmètre s'apprécie au dehors des frontières nationales, au sein du groupe [108].

---

[106]. Sous réserve, bien entendu, que soit considérée comme remplie la condition de maintien de l'identité de l'activité transférée et que le débat sur le droit d'opposition des salariés au transfert (consacré en droit anglais) soit écarté en droit français. Un tel transfert ne serait pas inconcevable ou totalement incohérent dans le cadre d'un transfert intra-groupe au sein duquel serait appliquée une politique commune de ressources humaines.

[107]. Pour reprendre les termes de P. MORVAN, « L'article L.122-12 du code du travail à l'international », *RJS*, 8-9/04, p. 591, « *La cession d'activité doit donc être intra-communautaire, d'une extrémité à l'autre, pour demeurer dans le champ de la directive* ».

[108]. Plus précisément « *à l'intérieur du groupe, parmi les entreprises dont les activités, l'organisation ou le lieu d'exploitation leur permettent d'effectuer la permutation de tout ou partie du personnel* ». Cass. soc. 25 juin 1992, n°2666 PF, M. Chevalier c/ Sté Phocédis : *Bull. civ.* V, n°420, p. 260 ; *RJS*, 8-9/92, n°980 (2è espèce) ; *JCP*, E, 1992, I, 162, n°7, note Ph. COURSIER ; *Droit Social*, 1992, n°9/10 p. 832, Concl. R. KESSOUS, p. 826-831 ; *Droit Ouvrier*, février 1993, p. 69 (extrait) ; *Droit Social*, 1993, n°3, p. 272, note Q. URBAN, p. 172-281 ; Cass. soc. 19 novembre 1992, n°3924 P, Sté de gestion et d'études actuarielles (SGEA) c/ Mlle Romet : *Bull. civ.* V, n°562, p. 355 ; *RJS*, 1/93, n°19 (3è espèce) ; Cass. soc. 5 avril 1995, n°1954 et 1955 PB, Sté Thomson Tubes et Displays c/ Mme Steenhoute : *Bull. civ.* V, n°123, p. 89 ; *Droit Social*, 1995, n°5, p. 488, chron. Ph. WAQUET, p. 482-487 ; chron. G. LYON-CAEN, *ibid.*, p. 489-494 ; *RJS*, 5/95, n°497, concl. Y. CHAUVY, p. 321-328 ; *D.*, 1995, jurisp. p. 503, note M. KELLER et somm. 367, obs. I. de LAUNAY-GALLOT ; *JCP*, E, 1995, II, 709, note G. PICCA ; *Les Petites Affiches*, 1er septembre 1995, n°105, p. 9, note K. ADOM ; *Droit Ouvrier*, juillet 1995, p. 284-285, note A. LYON-CAEN, *ibid.* p. 281-284 ; J. PELISSIER, A. LYON-CAEN, A. JEAMMAUD et E. DOCKES , *Les grands arrêts du Droit du travail*, Dalloz, 2004, n°109 ; et cela « *même si certaines de ces entreprises sont situées à l'étranger dès l'instant que la législation applicable localement n'empêche pas l'emploi de salariés étrangers* » : Cass. soc. 7 octobre 1998, n°3812 P, Sté Landis et Gyr Building Control c/ M. Bellanger : *Bull. civ.* V, n°407, p. 307 ; *RJS*, 11/98, n°1352 ; *Jurisprudence Sociale Lamy*, n°23, 3 novembre 1998, p. 10-11, note E. PAOLINI. Pour le Conseil d'Etat (à propos des salariés protégés), l'entreprise est ainsi tenue « *dans le cas où cette dernière relève d'un groupe, et pour ceux des salariés qui ont manifesté à sa demande leur intérêt de principe pour un reclassement à l'étranger, de faire porter son examen sur les possibilités de reclassement pouvant exister dans les sociétés du groupe, y compris celles ayant leur siège à l'étranger, dont les activités ou l'organisation offrent à l'intéressé, compte tenu de ses compétences et de la législation du pays d'accueil, la possibilité d'exercer des fonctions comparables* ». CE 4 février 2004, Sté Owens Corning Fiberglass France, n°255956 : *RJS*, 4/04, n°436 ; *Travail et Protection Sociale*, avril 2004, n°115 ; *Semaine Sociale Lamy*, 15 mars 2004, n°1160, p. 12. Les souhaits des salariés ne doivent toutefois pas limiter les investigations de l'employeur : CE 13 avril 2005, n°258755 : *Semaine Sociale Lamy*, 6 juin 2005 n°1218, p. 12-13. Toutefois, lorsqu'une procédure de licenciement pour motif économique est engagée simultanément dans plusieurs entreprises d'un même groupe, « *si des salariés d'entreprises différentes se trouvent en concurrence sur des postes de reclassement disponibles dans l'une ou l'autre entreprise du groupe, priorité est donnée, à qualification comparable, aux salariés de l'entreprise au sein de laquelle*

**75.** Il en a ainsi été jugé dans une espèce bien connue où, pour maintenir sa production et demeurer concurrentielle, une entreprise avait fermé un de ses établissements situé à Lyon et procédé au transfert de son activité pour partie sur l'un de ses sites en France, à Genlis, et pour l'autre partie à l'étranger, au Brésil, au sein d'une autre société du groupe. Dans cette affaire, la Cour de cassation a cassé l'arrêt d'appel qui avait décidé que les licenciements ne reposaient pas sur un motif réel et sérieux dans la mesure où les emplois des salariés de l'établissement de Lyon n'avaient pas été supprimés mais transférés vers d'autres sites à Genlis et au Brésil, où la fabrication des produits réalisés dans cet établissement avait été reprise. Elle a en effet considéré que les emplois des salariés de Lyon avaient été supprimés puisque « *l'établissement de Lyon avait été fermé et que l'activité s'exerçait sur d'autres sites, notamment à l'étranger, dans un milieu différent* » [109].

**76.** De son côté, le droit anglais prévoit expressément comme cause de licenciement économique[110] notamment le fait, pour l'employeur, de « *cesser l'activité à laquelle le salarié est affecté, à l'endroit où celui-ci est employé* » [111] ou lorsque « *les besoins de l'entreprise qui font que les salariés doivent effectuer un travail particulier à un endroit particulier, ont cessé ou diminué* » [112]. L'employeur n'en a pas moins, dans ce cas, comme en droit français, une obligation de reclassement [113], laquelle se limite cependant aux emplois « appropriés » [114] et disponibles dans l'entreprise ou les entreprises qu'elle contrôle ou qui la contrôlent, directement ou indirectement [115].

Le raisonnement serait-il différent si la délocalisation programmée impliquait pour les salariés un transfert au sein de l'Union Européenne ?

## *2. Transfert intra-communautaire*

**77.** Serait ainsi concerné le transfert d'une entité économique autonome impliquant un changement de lieu de travail des salariés affectés à ladite entité, à l'intérieur de l'Union Européenne. Les difficultés liées, pour les salariés concernés, à un transfert physique en dehors du pays dans lequel ils travaillent viennent immédiatement à l'esprit. Un tel changement implique en effet pour eux, outre une modification de leur lieu de travail,

---

*des postes se trouvent disponibles* ». Cass. soc. 11 décembre 2001, Sté SAEP équipements c/ Mme Golfieri : *Bull. civ.* V, n°379, p. 304 ; *Droit Social*, 2002, n°2, p. 222, obs. G. COUTURIER.

Sur le périmètre de l'obligation de reclassement, voir en particulier : R. KESSOUS, « La recherche d'un reclassement dans le groupe, préalable au licenciement économique », *Droit Social*, 1992, n°9-10, p. 826-831 ; M. COHEN, « L'obligation de rechercher aussi un reclassement dans le groupe », *Revue Pratique de Droit Social*, juin 1994, p. 203-211 ; A. TEISSIER, « L'obligation de reclassement dans le groupe », *JCP*, E, 2000, n°41, p. 1606-1611 ; F. GEA, « Licenciement pour motif économique : l'obligation générale de reclassement. Une manifestation du « principe de l'ultime remède » », *RJS*, 7-8/00, p. 511-528.

[109]. Cass. soc. 5 avril 1995, n°93-42.690, Sté Thomson Tubes et Displays c/ Mme Steenhoute, références précitées (1er arrêt).

[110]. « *Redundancy* ».

[111]. ERA 1996, s. 139(1)(a)(ii): « *the fact that his employer has ceased or intends to cease to carry on that business in the place where the employee was so employed* ».

[112]. ERA 1996, s. 139(1)(b)(ii) : « *the fact that the requirements of that business for employees to carry out work of a particular kind in the place where the employee was employed by the employer, have ceased or diminished or are expected to cease or diminish* ».

[113]. Pour un aperçu de la jurisprudence à ce sujet, notamment « Job mobility 2 », *IDS*, Brief 770, December 2004, p. 11-14.

[114]. « *Suitable alternative employment* ».

[115]. « *Associated employer* ». ERA 1996, s. 146(1).

à laquelle ils doivent donner leur accord préalable [116], un changement de leurs conditions de travail et, vraisemblablement, un changement du droit applicable à leur relation de travail. Ces difficultés préviennent-elles pour autant le principe du transfert du cédant ou cessionnaire des droits et des obligations résultant des contrats de travail existants ?

**78.** La directive 2001/23/CE ne donne aucune indication sur les transferts des salariés entre États membres, qu'elle ne tend pas *a priori* à réguler [117]. Son objectif déclaré est en effet, le « rapprochement » des législations des États membres et la « réduction des différences » entre les États membres en ce qui concerne la portée de la protection des travailleurs dans le domaine des transferts d'entreprises [118]. Il ne s'agit nullement pour elle d'établir une uniformité de règles applicables aux transferts transnationaux mais seulement d'encourager l'harmonisation des législations nationales [119].

**79.** Seule la proposition de directive du 29 mai 1974 du Conseil des Communautés Européennes[120], qui a précédé l'adoption de la directive 77/187/CEE, indiquait expressément, à ce titre, dans ses considérants, que « *cette protection doit être assurée également lorsque la fusion ou le transfert s'opère sur le territoire de la Communauté et lorsque l'acquéreur est une personne ou une entreprise située sur le territoire d'un État tiers* ». Son article 1<sup>er</sup> qui définissait son champ d'application prévoyait également que la directive était applicable «*indépendamment du fait que les entreprises concernées par la fusion ou le transfert d'établissement se trouvent sur le territoire d'un seul ou de plusieurs États membres ou que l'opération s'effectue entre des entreprises se trouvant sur le territoire d'un ou plusieurs pays tiers* ». Un Titre 5 relatif aux règles spéciales applicables aux conflits de lois indiquait en

---

[116]. Sauf clause de mobilité prévoyant un changement de lieu de travail possible à l'intérieur de l'Union Européenne, ce qui n'est généralement pas prévu au contrat de travail de la plupart des salariés. J. McMULLEN, « International outsourcing and transnational transfers of undertakings – a United Kingdom perspective », *The Company Lawyer*, 2005, vol. 26, n°10, p. 300 ; Ch. RADE, « Restructurations et délocalisations », *Droit Social*, 2006, n°3, p. 291. L'auteur considère que « *la probabilité d'une mutation sans modification du contrat de travail est faible, voire nulle* ». La mise en œuvre de la clause de mobilité ne devrait en effet, dans ce cas, s'accompagner d'aucune modification du contrat de travail, en termes de rémunération ou de fonctions notamment.

[117]. Elle n'a en fait, à l'origine, pas été conçue pour répondre aux hypothèses de transferts d'entreprises transfrontaliers. A l'époque où la directive a été promulguée, il y avait en effet relativement peu d'activité transfrontalière en Europe. Cette situation a radicalement changé depuis la fin des années 1980. B. HEPPLE, *The legal consequences of cross border transfers of undertakings within the european union*, A report for the European Commission DG-V, Cambridge, May 1998, n°5.1, p. 10.

[118]. Cf. le titre de la directive elle-même « *directive concernant le rapprochement des législations des Etats membres (...)* » et le point 4 de son préambule: « *des différences subsistent dans les Etats membres en ce qui concerne la portée de la protection des travailleurs dans ce domaine et il convient de réduire ces différences* ».

[119]. Principe rappelé par la CJCE par exemple, dans son arrêt MM Martin, Daby et Willis c/ South Bank University du 6 novembre 2003, aff. C-4/01 : *Rec.* CJCE 2003, p. I-12859, Point 41 : « *La directive ne vise qu'à une harmonisation partielle de la matière en question, en étendant, pour l'essentiel, la protection garantie de façon autonome par le droit des différents Etats membres également à l'hypothèse d'un transfert d'entreprise. Elle ne tend pas à instaurer un niveau de protection uniforme pour l'ensemble de la Communauté en fonction de critères communs. Le bénéfice de la directive ne peut donc être invoqué que pour assurer que le travailleur intéressé est protégé dans ses relations avec le cessionnaire de la même manière qu'il l'était dans ses relations avec le cédant, en vertu des règles du droit de l'Etat membre concerné* ». Principe antérieurement rappelé notamment dans les arrêts Danmols Inventar, CJCE 11 juillet 1985, aff. C-105/84: *Rec.CJCE* 1985, p. 2639, Point 26 ; Daddy's Dance Hall, CJCE 10 février 1988, aff. C-324 /86 : *Rec. CJCE* 1988, p. 739, Point 16, et Watson Rask, CJCE 12 novembre 1992, aff. C-209/91 : *Rec. CJCE* 1992, p. I-5755, Point 27.

[120]. *Proposition de directive du Conseil visant l'harmonisation des dispositions législatives réglementaires des Etats membres en ce qui concerne le maintien des droits et avantages des travailleurs en cas de fusions de sociétés, de transferts d'établissements ainsi que de concentrations d'entreprises.* Présentée par la Commission au Conseil le 31 mai 1974 : *J.O.C.E.* n°C 104/1 du 13-9-74.

outre que (i) « *le droit national applicable aux relations de travail existant avant la fusion de sociétés ou le transfert d'établissement demeure applicable après cette fusion ou ce transfert* », (ii) sauf lorsque « *le lieu de travail est légalement transféré dans un autre État membre ou lorsqu'il a été convenu avec le travailleur qu'un autre droit du travail lui serait applicable. Toutefois, les droits qui ont été convenus expressément ou implicitement dans le contrat de travail ou qui résultent de l'usage dans l'entreprise sont maintenus* ».

Ces dispositions n'ont été reprises ni dans la directive de 1977, ni dans sa version modifiée de 1998 ou révisée de 2001, alors qu'elles prévoyaient clairement l'application de la directive aux opérations se déroulant sur le territoire d'un seul État membre, aux opérations intra-communautaires et aux opérations faisant intervenir des entreprises relevant d'États tiers, quel que soit le lieu où le cessionnaire était établi.

**80.** La directive 2001/23/CE n'exclut toutefois pas son application aux transferts entre pays de l'Union Européenne puisqu'elle n'a vocation à exclure de son champ d'application que les transferts dont l'objet n'est pas situé sur le territoire d'un État membre [121]. Néanmoins, le champ d'application des législations française et anglaise en matière de transfert d'entreprise est national, en vertu du principe de territorialité des lois. Celles-ci s'appliquent aux salariés et aux entreprises qui travaillent ou sont établis respectivement en France ou au Royaume-Uni. Le TUPE indique ainsi que ses dispositions sont applicables à tout transfert d'une entreprise ou d'une partie d'entreprise « *située immédiatement avant le transfert sur le territoire du Royaume-Uni* » [122].

**81.** Les transferts d'entreprises entre pays membres auraient-ils vocation à se réguler d'eux-mêmes, par le rapprochement des législations des États membres que la directive commande ?

La Cour de justice des communautés européennes n'a jamais eu à se prononcer sur cette question. Remarquons également à ce titre que la directive sur les fusions transfrontalières des sociétés de capitaux [123] n'apporte pas de réponse plus claire à la question et renvoie expressément, en ce qui concerne les droits des travailleurs autres que les droits de participation, aux dispositions nationales visées notamment par la directive 2001/23/CE concernant les transferts d'entreprises.

**82.** Il pourrait néanmoins être soutenu que dès lors que la législation des pays impliqués dans l'opération de transfert reconnaît le principe du transfert automatique des contrats de

---

121. Le *Rapport de la Commission au Conseil du 2 juin 1992 sur l'état d'application de la directive 77/187/CEE concernant le maintien des droits des travailleurs en cas de transferts d'entreprises, d'établissements ou de partie d'établissements*, précise ainsi que la directive « ne s'applique pas aux transferts d'établissements situés en dehors de la Communauté, mais appartenant à une société dont le siège est situé sur le territoire d'un Etat membre ». SEC (92) 857 final, p. 8.

122. TUPE 1981, reg. 3 (3). Et cela même si: (i) l'opération est régie par la législation d'un autre Etat, (ii) les salariés employés par l'entreprise ou la partie d'entreprise transférée travaillent habituellement en dehors du Royaume-Uni, et (iii) le contrat de travail d'un ou plusieurs de ces salariés est soumis à un droit étranger [TUPE 1981, reg. 3(4)].Ces principes sont repris dans le TUPE 2006, reg. 3(1)(a) et 3(4) et visent également, dans les mêmes conditions, les transferts impliquant une prestation de services (« *service provision change* »).

123. Directive 2005/56/CE du Parlement Européen et du Conseil du 26 octobre 2005, *J.O.C.E.* L. 310/1 du 25 novembre 2005.

travail du cédant au cessionnaire, ce principe est applicable en dépit du changement de lieu de travail et de loi applicable à la relation de travail [124].

Tel pourrait être notamment le cas lorsqu'une entreprise ou un établissement est purement et simplement transféré sur le territoire d'un autre pays membre de l'Union Européenne, ou encore lorsqu'un service autonome d'une société rejoint les effectifs d'une entreprise du groupe basée sur le territoire d'un autre État membre pour y fonctionner à l'identique. Il serait difficile, dans ces conditions, de ne pas considérer que l'entité cédée conserve son identité après le transfert et que le principe du transfert automatique des contrats de travail ne s'applique pas [125]. Dans le contexte d'une opération impliquant un transfert de personnel de la France vers le Royaume-Uni, par exemple, il pourrait ainsi être soutenu que le droit français s'appliquerait jusqu'à la date du transfert et que la protection des droits des salariés après le transfert serait assurée par le droit anglais, et *vice versa* [126].

**83.** La jurisprudence est à naître sur ce sujet [127]. Il est néanmoins fort probable qu'aucun salarié, sauf à ce que le droit du pays d'accueil lui soit plus favorable, ne demande son

---

[124]. Il pourrait pareillement être soutenu que le changement de pays et de législation implique par essence une modification du contrat de travail du salarié que celui-ci serait en droit de refuser. Une solution proche de celle désormais admise par le droit français pour les salariés de droit privé dont le contrat de travail est transféré à une entreprise de droit public (article 20, loi 2005-843 du 26 juillet 2005), pourrait alors être envisagée. Le nouvel employeur de droit étranger aurait ainsi l'obligation de proposer un nouveau contrat de travail aux salariés qui reprendrait les clauses substantielles de leur contrat initial, en particulier celles concernant la rémunération. En cas de refus des salariés d'accepter la modification de leur contrat, l'employeur de droit étranger aurait l'obligation de les licencier dans les conditions prévues par le droit français et par leur contrat de travail. Sur les principes applicables en cas de reprise d'une entité économique autonome par un service public en droit français, notamment : B. BOUBLI, « L.122-12 dissout dans le service public », *Semaine Sociale Lamy*, 28 novembre 2005, n°1238, p. 6-9 ; J.-B. COTTIN, « Transfert d'une entité économique autonome vers un service public administratif – des incertitudes demeurent après la loi du 26 juillet 2005 », *RJS*, 1/06, p. 3-7 ; A. MAZEAUD, « Reprise d'une entité économique par une personne publique dans le cadre d'un service public administratif », *Droit Social*, 2006, n°4, p. 383-387 ; C. WOLMARK, « Le sort des contrats de travail en cas de reprise en gestion directe d'un service public administratif », *Revue de droit du travail*, septembre 2006, p. 159-167.

[125]. Les salariés pourraient revendiquer l'application de la directive au cas d'espèce et obtenir satisfaction devant la juridiction compétente de l'un ou l'autre des pays concernés. Les décisions rendues dans un Etat membre sont en effet reconnues dans les autres Etats membres, sans qu'il soit nécessaire de recourir à une procédure spécifique. cf. article 33 §1 du *Règlement CE n°44/2001 du Conseil du 22 décembre 2000 concernant la compétence judiciaire, la reconnaissance et l'exécution des décisions en matière civile et commerciale*, *J.O.C.E.* L 12/1 du 16 janvier 2001.

[126]. En ce sens, J. McMULLEN, *Business transfers and employee rights*, Butterworths, 2001, p. 5/11, para. 24, pour qui la question des transferts transfrontaliers est « *un futur casse-tête* » (« a headache to come ») qui ne va pas manquer de se poser ; J. McMULLEN, « International outsourcing and transnational transfers of undertakings – a United Kingdom perspective », *The Company Lawyer*, 2005, vol. 26, n°10, p. 296-303 ; J. McMULLEN, « An analysis of the Transfer of Undertakings (Protection of Employment) Regulations 2006 », *Industrial Law Journal*, June 2006, vol. 35, n°2, p. 138-139 ; G. LYON-CAEN, « La concentration du capital et le droit du travail », *Droit Social*, 1983, n°5, p. 297. L'auteur considérait, pour sa part, qu'il n'est « *pas évident* » que la loi compétente pour définir la situation des salariés en cas de transfert international d'entreprise ou d'établissement soit la loi régissant le contrat de travail (« pourquoi ne serait-ce pas la loi régissant le transfert lui-même ?») et renvoyait à la directive de 1977. Dans le même sens, plus récemment : A. MAZEAUD, « Aspects individuels des délocalisations », *Droit Social*, 2005, n°12, p. 1187-1188.

[127]. Les tribunaux sont d'autant plus amenés à se prononcer sur la question dans un futur proche que la directive sur les fusions transfrontalières des sociétés de capitaux prévoit, dans un article consacré aux effets de la fusion transfrontalière, le transfert des contrats de travail à la société issue de la fusion transfrontalière, en ces termes : « *les droits et obligations des sociétés qui fusionnent résultant de contrats de travail ou de relations de travail et existant à la date à laquelle la fusion transfrontalière prend effet, sont transmis, du fait de la prise d'effet de cette fusion transfrontalière, à la société issue de*

transfert dans un tel cas. Il alléguerait vraisemblablement, plutôt, la modification de son contrat pour s'opposer au transfert et exiger l'application des règles locales en matière de licenciement et de reclassement, à la charge du cédant [128] ou du cessionnaire. Il resterait alors au juge éventuellement saisi d'apprécier si les conditions d'application de l'article L.122-12 al. 2 du code du travail ou du TUPE, au Royaume-Uni, sont réunies en l'espèce et, dans le cas où il les jugerait remplies, de se placer sur le terrain de la réparation, si le cessionnaire devait refuser de reprendre les salariés.

**84.** Les juridictions nationales françaises et anglaises n'ont pas été amenées à se prononcer en la matière [129]. Les juges français et anglais ont tout de même admis l'application du principe du transfert automatique des contrats de travail entre cédant et cessionnaire de nationalité différente, à l'intérieur de l'Union Européenne, dans des affaires qui n'entraînaient pas un changement du lieu d'exécution du travail pour les salariés.

**85.** En droit français, la Cour de cassation a, par exemple, retenu l'application de l'article L.122-12 al. 2 du code du travail dans le cadre d'un transfert entre la France et l'Allemagne [130]. En l'espèce, une société allemande, qui assurait la distribution de ses produits par l'intermédiaire de sa filiale française installée en Moselle, avait fait savoir au salarié de cette dernière, un représentant multicartes, qu'elle procédait à la fermeture de sa filiale française et qu'elle reprenait la totalité de son activité et son contrat de travail. Ne souhaitant pas poursuivre son contrat de travail avec la société allemande, le salarié fit citer devant la juridiction prud'homale les sociétés française et allemande pour faire constater la rupture de son contrat de travail et ordonner le paiement des indemnités y afférentes. Il alléguait notamment le fait que les conditions d'exploitation proposées par la société allemande

*la fusion transfrontalière à la date de prise d'effet de la fusion transfrontalière »*. Directive 2005/56/CE du Parlement Européen et du Conseil du 26 octobre 2005, article 14.4 ; *J.O.C.E* L. 310/1 du 25 novembre 2005.

[128]. J. McMULLEN, « International outsourcing and transnational transfers of undertakings – a United Kingdom perspective », *The Company Lawyer*, 2005, vol. 26, n°10, p. 299.

[129]. Les prémisses d'une application transfrontalière du principe du transfert sont néanmoins perceptibles en droit français dans un arrêt de la Cour de cassation : Cass. soc. 28 mars 2006 n°896 FS-PBRI, Delacour c/ Sté Agrodie : *Bull. civ.* V, n°124, p. 119 ; *RJS*, 6/06, n°696 ; *Droit Social*, 2006, n°6, p. 690, obs. A. MAZEAUD ; *La Semaine Juridique – Edition Sociale*, n°46, 14 novembre 2006 p. 25, note P. MORVAN ; *Droit Ouvrier*, janvier 2007, p. 35, note F. SARAMITO, à propos de la cession de la clientèle, du stock et de l'actif mobilier d'une société de droit allemand à une société de droit français, dans le cadre d'une procédure de faillite ouverte par la juridiction allemande. Le salarié, qui se prévalait de la poursuite de son contrat puis de sa modification, demandait réparation à ce titre. Sous le double visa de la directive 77/187/CEE et de l'article L.122-12 al. 2, la Cour de cassation a considéré que les juges du fond ne pouvaient débouter le salarié de sa demande dirigée contre le cessionnaire sans rechercher si cette cession ne constituait pas le transfert d'une entité économique autonome ayant maintenu son « activité », en sorte que le contrat de travail du salarié s'était poursuivi de plein droit avec le cessionnaire. En l'espèce, la Cour d'appel s'est uniquement fondée sur le fait que le salarié n'était plus au service du cédant à la date à laquelle la cession était intervenue pour décider que le contrat du salarié ne s'était pas poursuivi avec la société française. Elle ne s'est pas prononcée sur l'application transfrontalière du principe du transfert ni sur l'éventuelle modification de contrat qui en résultait pour le salarié (qui était, à l'époque de la cession, indemnisé par l'assurance-chômage allemande). La Cour de cassation n'a donc pas eu à statuer sur ce point. En outre, la société de droit français avait pris acte de la rupture du contrat du salarié en l'espèce, ce qui avait vraisemblablement motivé la saisine par ce dernier de la juridiction prud'homale française. Cela a par ailleurs justifié la cassation de l'arrêt de la Cour d'appel de Colmar « *seulement en ce qu'il a dit la rupture des relations contractuelles fondées sur une démission et débouté M. Delacour de ses demandes au titre de la rupture* ». L'application transfrontalière pure et simple du principe du transfert automatique des contrats de travail du cédant au cessionnaire n'est donc pas encore formellement consacrée. Elle ne saurait tarder.

[130]. Cass. soc. 10 octobre 1990, n°3747 P, M. Masson c/ Société Delius France et a. : *Bull. civ.* V, n°437, p. 264 ; *RJS*, 10/90, n°840 ; *Droit Social*, 1991, n°3, p. 255, note H. BLAISE, « L'article L.122-12 après la tourmente : vers la stabilisation de la jurisprudence ? », *ibid.*, p. 246-257.

n'avaient rien à voir avec celles en vigueur au sein de la société française et que, partant, les conditions d'application de l'article L.122-12 al. 2 n'étaient pas remplies. La Cour de cassation a confirmé l'arrêt de la Cour d'appel qui avait considéré que l'article L.122-12 al. 2 était applicable en l'espèce. La Cour de cassation a ainsi décidé que : « *ayant constaté qu'à la fermeture de la société française, la société allemande avait repris la totalité de l'activité de distribution de ses propres produits qu'assurait sa filiale, la cour d'appel a fait ressortir qu'une entité économique qui avait conservé son identité avait été transférée et, en conséquence, décidé a bon droit, de faire application de l'article L.122-12 al. 2 du code du travail* ».

**86.** Bien que les faits d'espèce ne l'indiquent pas, il est probable, dans cette affaire, que le salarié n'aurait pas eu à changer de lieu de travail et aurait continué à exercer son activité en France, pour le compte de la société allemande. Son argumentation s'est effet uniquement placée sur le terrain de l'absence d'application de l'article L.122-12 al. 2 du code du travail, sans qu'il soit invoqué une quelconque modification de contrat liée à un changement de lieu de travail ou au transfert de son contrat de travail à une société étrangère. Le salarié se plaignait tout juste « *des nouvelles conditions de travail qui lui étaient faites* ». Il n'avait donc pas, en l'espèce, « *justifié d'une modification des conditions substantielles de son contrat de travail* ».

**87.** En droit anglais, la Court of Appeal (CA) [131] a, de même, retenu l'application du TUPE dans le cadre d'un transfert entre le Royaume-Uni et la Belgique [132]. En l'espèce, la société Air Foyle Ltd (ci-après « Air Foyle »), société de droit anglais, spécialisée dans le transport aérien était basée à l'aéroport de Luton puis de Stansted. Son plus gros client, la société TNT Express Worldwilde (UK) Ltd (ci-après « TNT UK »), pour le compte de laquelle elle exerçait une activité de fret aérien, décida de transférer son centre opérationnel européen d'Allemagne en Belgique, à Liège, et d'y créer une société, la société TNT Airways SA (ci-après « TNT Belgique ») pour reprendre l'activité gérée par Air Foyle. Cela supposait pour cela que TNT Belgique obtienne les autorisations nécessaires pour opérer une telle activité et également le transfert des avions et des pilotes d'Air Foyle qui y étaient attachés. Tous les pilotes d'Air Foyle reçurent un courrier leur indiquant le transfert de l'activité de TNT UK et donc leur transfert corrélatif chez TNT Belgique à compter du 1er mai 2000, sauf à ce qu'ils s'y opposent, comme le droit anglais le leur permet. Un nouveau contrat de travail, conforme au droit belge, leur était proposé par TNT Belgique à cette fin. Leur lieu de travail n'était pas modifié. Ce contrat prévoyait néanmoins des limites en matière de durée de vol (« *Flight Time Limitations* » ou « FTLs »), sensiblement différentes de celles applicables au Royaume-Uni, à savoir un maximum de onze jours consécutifs en Belgique contre trois ou quatre dans une même période de sept jours au Royaume-Uni.

Monsieur Crosby-Clarke, qui était l'un de ces pilotes, écrivit le 7 avril à Air Foyle en indiquant qu'il considérait cette proposition comme une modification de son contrat de travail qu'il était en droit de refuser et partant, de considérer son contrat comme rompu. Après un

---

131. La *Court of Appeal* fait partie de la *Supreme Court of Judicature*, laquelle a été créée par le Judicature Acts de 1873-75 pour exercer un contrôle sur toutes les juridictions civiles supérieures, autres que la Chambre des Lords, existantes à cette époque et qui comprend aujourd'hui le tribunal de grande instance (*High Court*), la Cour d'appel (*Court of Appeal*) et la Cour de la Couronne (*Crown Court*), pour les affaires criminelles. En matière de droit du travail (hors procédure de *common law*), la Cour d'appel intervient, en pratique, après saisine de *l'Employment Tribunal* (ET) puis de l'*Employment Appeal Tribunal* (EAT). La *Court of Appeal* juge en droit et non en fait. Elle n'est donc pas l'équivalent d'une Cour d'appel en France. Ses décisions peuvent faire l'objet d'un recours devant la Chambre des Lords (*House of Lords*), sous réserve d'y avoir été autorisé, soit par la *Court of Appeal* elle-même, soit par la Chambre des Lords, ce qui se produit assez rarement et uniquement pour unifier la jurisprudence sur un point de droit, ce qui explique la rareté des décisions émanant de la Chambre des Lords par rapport à la Cour de Cassation.

132. Crosby-Clarke v. Air Foyle Ltd, [2002] *ICR* 1063 (CA); *IDS*, Brief 711, June 2002, p. 5-6.

échange de courrier et un entretien avec la direction de la société, il écrivit de nouveau à Air Foyle le 29 avril en spécifiant qu'il n'entendait pas se voir appliquer les FTLs Belges, qu'il considérait son contrat rompu à compter du 30 avril et qu'il entendait demander réparation au titre de la rupture de son contrat de travail [133], ce qu'il fit le 19 juin. Air Foyle, de son côté, considérait que le contrat de travail de Monsieur Crosby-Clarke permettait ces modifications et, qu'en conséquence, il n'y avait eu aucune modification substantielle de son contrat, qu'il n'avait pas été licencié et ne devait pas recevoir de compensation à ce titre.

Les juges de première instance [134] donnèrent raison à Monsieur Crosby-Clarke. Le fait de demander au salarié d'effectuer plus de trois vols consécutifs était, pour eux, constitutif d'une modification substantielle de son contrat de travail. L'Employment Appeal Tribunal (EAT) rejeta l'appel sans, fait exceptionnel, rendre une décision. Il autorisa toutefois les parties à porter l'affaire devant la Court of Appeal (CA) au motif qu'une autre affaire, portant également sur une question de modification substantielle de contrat liée à un transfert d'entreprise, devait y être examinée [135].

**88.** Dans cette affaire, la CA a principalement fondé sa décision sur l'absence de modification du contrat de travail du salarié après s'être livrée à un examen minutieux de ses clauses. Ce dernier indiquait notamment que le temps de travail était « *conforme à la législation en vigueur et aux règles fixées par l'aviation civile* », sans autre précision. La CA a fait une appréciation large de cette clause en considérant qu'elle ne pouvait pas être interprétée comme visant le droit applicable à la date de signature du contrat et obligeant le nouvel opérateur à se conformer à la législation anglaise. La législation applicable était donc celle applicable au nouvel opérateur aérien, c'est à dire celle du lieu de son principal établissement. En conséquence, Monsieur Crosby-Clarke ne pouvait pas refuser de se conformer aux FTLs Belges qui lui étaient devenus applicables du fait du transfert de son contrat de travail à TNT Belgique.

**89.** La CA a ainsi admis dans cet arrêt que l'application éventuelle d'un droit étranger à l'issue de l'opération ne constituait pas un obstacle au transfert du contrat de travail du salarié. Cet arrêt semble ouvrir la porte à la reconnaissance, par les juges anglais, d'un transfert de salariés intra-communautaire. Il doit néanmoins être pris avec circonspection, tant le secteur d'activité et la réglementation concernée dans cette affaire (l'aviation civile) étaient spécifiques. Ajoutons que la CA a également précisé dans cet arrêt que même si une clause du contrat de travail du salarié prévoyait la possibilité pour lui de travailler à l'étranger, elle n'avait pas à se prononcer sur la validité d'un changement de lieu de travail vers la Belgique, puisqu'il était expressément indiqué dans le contrat de travail que lui offrait TNT Belgique, qu'il continuerait à être basé à l'aéroport de Stansted. La question d'un transfert physique intra-communautaire était donc éludée.

---

133. « *Constructive dismissal* ».

134. *Employment Tribunal* (ET).

135. L'affaire Rossiter v. Pendragon plc, décidée le même jour et examinée conjointement par la Court of Appeal.

**90.** En définitive, et même si elle n'est pas exclue par la directive 2001/23/CE [136], une application du transfert automatique des contrats de travail entre employeurs établis dans des pays différents de l'Union Européenne semble matériellement difficile, en l'état actuel des droits nationaux [137]. Le salarié a en effet la possibilité de s'opposer au transfert de son contrat de travail en droit anglais et à la modification de son contrat de travail résultant de la modification de son lieu de travail notamment, en droit français et anglais [138]. L'opération retombe, de fait, dans le champ d'application des règles relatives à la rupture du contrat de travail. L'obligation de reclassement se substitue le plus souvent à l'obligation de transfert.

**91.** Une application de la directive aux transferts intracommunautaires supposerait donc une adaptation des lois et, plus sûrement, des jurisprudences nationales dans des domaines dépassant le droit des transferts d'entreprises. En toute hypothèse, elle ne devrait pas servir à encourager la mise en concurrence des législations des différents pays de l'Union Européenne pour permettre une diminution des droits des salariés qui seraient ainsi transférés d'un pays à un autre [139].

---

[136]. Lorsqu'elle présentait sa proposition de refonte de la directive 77/187/CEE en 1994, la Commission devait déjà ainsi faire le constat que « en dépit de la variété des instruments juridiques communautaires concernant directement ou indirectement les transferts et les concentrations d'entreprises ayant une dimension transnationale, il n'existe pas encore de droit communautaire traitant spécifiquement des conséquences sociales des transferts et des fusions au niveau transnational ». *Proposition de directive du Conseil concernant le rapprochement des législations des Etats membres relatives au maintien des droits des travailleurs en cas de transferts d'entreprises, d'établissements ou de parties d'établissements (présentée par la Commission)*, COM(94) 300 final, n°8, p. 5. Le Memorandum de la Commission sur les droits des travailleurs en cas de transferts d'entreprises, actualisant le mémorandum de 1997, conclut sur la question des transferts transfrontaliers que la Commission « entend, dans un souci de clarification, mener une analyse approfondie de cette question », *Memorandum sur les droits des travailleurs en cas de transferts d'entreprises*, Document de travail des services de la Commission sur l'application de la directive 2001/23/CE, n°5, p. 12. Une mise à jour de la directive est d'ailleurs à l'ordre du jour de l'agenda social de la Commission pour 2005-2010, sans autre indication. *Communication de la Commission*, 9 février 2005, COM (2005) 33 final. J.-Ph. LHERNOULD, « Le programme de la Commission en matière sociale : l'agenda social 2005-2010 », *Europe, Revue mensuelle JurisClasseur*, janvier 2006, n°8, p. 6. L'auteur s'interroge sur les intentions de la Commission à cet égard : « l'objectif est-il d'appréhender les opérations transfrontalières, ce qui dépasserait de loin une simple mise à jour ? ». Une première phase de consultation a en tout cas été lancée en juin 2007 auprès des partenaires sociaux sur l'opportunité de modifier la directive afin de clarifier son application sur ce point.

[137]. S. MAYNE (ed. by), *Cross-border transfers and redundancies*, Tottel publishing, 2005, p. 240 (France) et p. 554 (UK). Pour cet auteur, la difficulté principale serait celle du maintien de l'identité de l'entité après son transfert dans un autre Etat membre. Cette problématique serait néanmoins éludée dans le cas particulier des changements de prestataires de services visés par le TUPE 2006 [Reg . 3(3)] qui ne font pas du maintien de l'identité de l'entité après le transfert une condition d'application de la règle protectrice.

[138]. La directive prévoit d'ailleurs cette éventualité dans son article 4 para. 2, sans toutefois prendre position sur l'identité de l'employeur aux frais et dépend de qui cette résiliation sera prononcée, en indiquant que « *si le contrat de travail ou la relation de travail est résilié du fait que le transfert entraîne une modification substantielle des conditions de travail au détriment du travailleur, la résiliation du contrat de travail ou de la relation de travail est considérée comme intervenue du fait de l'employeur* ». Le mémorandum explicatif du gouvernement anglais sur le TUPE 2006 donne également comme exemple de modification substantielle des conditions de travail, équivalent à un licenciement pour le salarié (« *dismissal by substantial change to working conditions* ») un changement important du lieu de travail qui rend difficile ou plus onéreux le transfert pour le salarié. *Employment rights on the transfer of an undertaking*, a guide to the 2006 TUPE Regulations for employees, employers and representatives, DTI 30 January 2006, p. 20 ; DTI, March 2007, URN 07/758, p. 19.

[139]. En effet, outre la question du maintien des droits et des obligations liées au contrat de travail, soulèveraient également des difficultés celles de l'exercice des droits collectifs et de la représentation des salariés après le transfert. B. HEPPLE, *The legal consequences of cross border transfers of undertakings within the european union*, A report for the European Commission DG-V, Cambridge, May 1998, n°6.5, p. 15 et s.

## §2. LE CHAMP D'APPLICATION PERSONNEL

**92.** Le transfert doit concerner des employeurs et des travailleurs entrant dans le champ d'application des textes qui organisent la protection des salariés compris dans une opération de transfert d'entreprise.

Les trois systèmes juridiques étudiés retiennent des définitions de l' « employeur » approchantes puisqu'il y est compris, d'une façon générale, comme toute personne physique ou morale exerçant une activité économique. La notion d'employeur sera donc envisagée rapidement puisqu'elle ne soulève pas de difficulté particulière (A). La notion de « travailleur » est appréciée différemment selon qu'elle renvoie à la stricte définition du salarié lié par un contrat de travail ou est comprise plus largement en droit interne. Elle retiendra, en conséquence, plus notre attention (B).

### A. L'EMPLOYEUR : UNE ENTREPRISE EXERÇANT UNE ACTIVITÉ ÉCONOMIQUE

**93.** La même définition de l'employeur se retrouve dans les systèmes français et anglais qui retiennent celle donnée par le droit communautaire, à savoir, une entreprise personne physique ou morale exerçant une activité économique [140]. Le droit américain admet sa propre définition de l'employeur, déconnectée des situations de transfert d'entreprise. Les trois systèmes juridiques adoptent une acception large de la notion.

#### *1. Les droits français et anglais offrent une définition conforme au droit communautaire*

**94.** Le terme « employeur » n'était pas défini par la directive avant 1998. La directive de 1977 comprenait seulement une définition du « cédant » et du « cessionnaire », en ces termes : le « cédant » est « *toute personne physique ou morale qui, du fait d'un transfert, perd la qualité de chef d'entreprise* [141] *à l'égard de l'entreprise, de l'établissement ou de la partie d'établissement* » [142]. De même, le « cessionnaire » était « *toute personne physique ou morale qui, du fait du transfert, acquiert la qualité de chef d'entreprise à l'égard de l'entreprise, de l'établissement ou de la partie d'établissement* » [143].

Depuis 1998, la directive précise que ses dispositions sont applicables « *aux entreprises publiques et privées exerçant une activité économique, qu'elles poursuivent ou non un but lucratif* ». Toutefois, « *une réorganisation administrative d'autorités administratives publiques ou le transfert de fonctions administratives entre autorités administratives publiques* » ne constitue pas un transfert au sens de la directive [144].

---

[140]. S. HENNION-MOREAU, « La notion d'entreprise en droit social communautaire », *Droit social*, 2001, n°11, p. 957-966.

[141]. La directive de 1998 lui a substitué le terme d' « employeur ».

[142]. Article 2.a, directive 77/187/CEE ; devenu article 2.1.a), dans la directive 98/50/CE puis 2001/23/CE, en ces termes « *toute personne physique ou morale qui, du fait d'un transfert (…) perd la qualité d'employeur à l'égard de l'entreprise, de l'établissement ou de la partie d'entreprise ou d'établissement* ».

[143]. Article 2.b, directive 77/187/CEE ; devenu article 2.1.b), dans la directive 98/50/CE puis 2001/23/CE, en ces termes « *toute personne physique ou morale qui, du fait d'un transfert (…) acquiert la qualité d'employeur à l'égard de l'entreprise, de l'établissement ou de la partie d'entreprise ou d'établissement* ».

[144]. Directive 2001/23/CE, article 1.c). Transposition du principe défini *in* CJCE 15 octobre 1996, Annette Henke A. c/ Gemeinde Schierke et Verwaltungsgemeinschaft Brocken, aff. C-298/94 : *Rec. CJCE* 1996, p. I-4989 : Point 14.

**95.** La Cour de justice des communautés européennes se réfère le plus souvent à l'employeur, personne physique ou morale responsable de l'exploitation de l'entreprise. Cette définition n'est pas très précise. Elle a toutefois le mérite d'ouvrir largement le champ de sa protection aux salariés qu'il emploie. Elle ne vise en tout cas pas les cessions d'actions entraînant un transfert du contrôle de l'entreprise [145]. Il doit en effet s'agir d'un transfert d'entreprise ou d'établissement entraînant le transfert de la qualité d'employeur [146].

**96.** Sont donc visées, en droit communautaire, toutes les entreprises, employeur personne physique ou morale, responsable de l'exercice d'une activité économique. Cette acception est reprise en droit français comme en droit anglais.

### a) Droit français

**97.** L'article L.122-12 al. 2 du code du travail s'applique ainsi à une « *modification dans la situation juridique de l'employeur* ». L'employeur visé est ici toute personne physique ou morale soumise aux dispositions du code du travail.

Le code du travail ne donne pas de définition de l'employeur dont la qualité est induite de sa capacité à embaucher un salarié par un contrat de travail [147]. L'article L.122-12 al. 2 du code du travail vise indifféremment l'employeur personne physique ou personne morale en énonçant que la modification dans la situation juridique de l'employeur peut notamment intervenir par voie de « *succession, vente, fusion, transformation du fonds, mise en société* »[148].

**98.** Sur le modèle de la jurisprudence communautaire, la Cour de cassation admet également que l'employeur puisse être une personne morale de droit public. En effet, si la seule circonstance que le cessionnaire soit un établissement à caractère administratif lié à son personnel par des rapports de droit public ne peut suffire à caractériser une modification dans l'identité de l'entité économique transférée, elle ne peut pas non plus l'écarter [149]. La loi

---

145. C'est à dire les cas où un actionnaire cède sa participation dans une autre société ou lorsque la majorité des actionnaires cèdent leur part en maintenant le « chef d'entreprise ». Cette distinction est particulièrement contestée par la doctrine anglaise puisqu'elle implique, notamment, que les changements de contrôle de société et les opérations de prise de participation ne sont pas soumis à l'obligation pour l'employeur d'informer et consulter les représentants du personnel, contrairement au droit français. Par exemple: J. McMULLEN, *Business transfers and employee rights*, Butterworths, 2001, p. 1/8-1/10 ; S. CAVALIER, *Transfer Rights: TUPE in perspective*, The Institute of Employment Rights, 1997, p. 13 et 61; voir également la position du Professeur B. HEPPLE sur la question, rapportée par J. CARBY-HALL, « Transfer of Undertakings in the United Kingdom », *Managerial Law,* 1999, vol. 41, n°2, p. 38. Le rapport du comité *ad hoc* de la Chambre des Lords sur l'application de la directive a également recommandé son application aux cessions de contrôle : House of Lords European Communities Committee Fifth Report, HL Paper 38 (1996).

146. La directive vise en effet expressément les opérations de transfert « *résultant d'une cession conventionnelle ou d'une fusion* », impliquant un changement d'employeur, article 1er 1. a), directive 2001/23/CE.

147. Article L.121-1 du code du travail.

148. Principe et énumération recodifiés dans l'article L.1224-1 du nouveau code du travail (en vigueur le 1er mai 2008).

149. CJCE 26 septembre 2000, Didier Mayeur c/ Association Promotion de l'information Messine (APIM), aff. C-175/99 : *Rec. CJCE* 2000, p. I-7755, Point 33. Les dispositions de la directive « *ne permettent pas d'exclure du champ d'application de celle-ci le transfert d'une activité économique d'une personne morale de droit privé à une personne morale de droit public, en raison du seul fait que le cessionnaire de l'activité est un organisme de droit public* » ; CJCE 11 novembre 2004, Johanna Maria Delahaye, épouse Boor c/ Ministre de la fonction publique et de la réforme administrative, aff. C-425/02 : *Rec. CJCE* 2004, p. I-10823 : Point 30 ; Cass. soc. 25 juin 2002, n°2127 FS-PBRI, AGS de Paris c/ M. Hamon et a.: *Bull. civ.* V, n°209, p. 202 ; *RJS*, 10/02, n°1078 ; chron. J.-Ph. LHERNOULD, *ibid.* p. 800 ; *Droit Social*, 2002 n°11, p.1013, obs. A. MAZEAUD ; *Semaine Sociale Lamy*, 3 mars 2003, n°1112, p. 101, à propos de l'acquisition d'une clinique privée par un hôpital

2005-843 du 26 juillet 2005 portant diverses mesures de transposition du droit communautaire à la fonction publique comporte, en parallèle, un article 20 destiné à régler le sort des salariés affectés à une entité économique transférée à une personne de droit public chargée d'un service public administratif [150].

## b) Droit anglais

**99.** Le texte du TUPE ne donne pas de définition de l'employeur [151] et se réfère uniquement au « *transfert d'une personne à une autre d'une entreprise ou partie d'entreprise située au Royaume-Uni immédiatement avant le transfert* » (…)[152]. Il renvoie, pour apprécier ce qu'il faut entendre par cédant (« *transferor* ») et cessionnaire (« *transferee* ») à la définition du transfert d'entreprise. Dans sa nouvelle version de 2006 [153], il précise en outre que, dans le cas particulier des changements de prestataires de services [154], le « cédant » concerne la personne qui réalisait l'activité avant ledit changement. Le « cessionnaire » vise la personne qui reprend l'activité à la suite du changement de prestataire de services [155].

**100.** Les définitions sont donc suffisamment larges pour pouvoir inclure tout type d'employeur. Celui-ci peut ainsi être une personne physique ou une personne morale, comme en droit français. C'est le « propriétaire » de l'entreprise dans son ensemble.

Ajoutons que le TUPE s'applique également aux transferts de salariés du secteur privé vers le secteur public, et inversement [156]. Les réorganisations intervenant entre administrations publiques ou impliquant un transfert entre administrations publiques, plus limitées, sont cependant expressément exclues de son champ d'application dans la nouvelle version du texte[157].

---

public ; Cass. soc. 14 janvier 2003, n°45 FS-PBI, Commune de Théoule-sur-Mer c/ Mme Hermann : *Bull. civ.* V, n°3, p. 2 ; *RJS*, 3/03, n°319 ; *Droit Social*, 2003, n°4, p. 437, obs. A. MAZEAUD ; *D.*, 2003, p. 1662, obs. F. DEBORD ; *JCP*, E, 2003, jurisp. 547, p. 621, note S. CREVEL ; *Gazette du Palais*, 17-18 janvier 2003, p. 9, note F.-J. PANSIER, à propos du rachat de la concession d'un port de plaisance par une commune ; Cass. soc. 17 décembre 2003, n°2728 FS-PBI, Mutuelle caisse unique de Béziers c/ Mme Crouzat et a. : *Bull. civ.* V, n°318, p. 320 ; *RJS*, 2/04, n°175 ; *Droit Social*, 2004, n°3, p. 321, obs. Ph. WAQUET ; *JCP*, E, 2004, p. 1145, chron. P. MORVAN, à propos du transfert à un hôpital de l'autorisation d'exploiter des lits et places d'une clinique en cessation d'activité ; Cass. soc. 24 février 2004, n°441 F-D, Sté fermière du golf de Digne c/ Bossetti et a., non publié au Bull. civ. ; *RJS*, 5/04, n°506, à propos de la poursuite de l'exploitation d'un golf par une commune.

[150]. Prévoyant notamment : « *Lorsque l'activité d'une entité économique employant des salariés de droit privé est, par transfert de cette entité, reprise par une personne publique dans le cadre d'un service public administratif, il appartient à cette personne de droit public de proposer à ces salariés un contrat de droit public, à durée déterminée ou indéterminée selon la nature du contrat dont ils sont titulaires (…)* ».

[151]. Pour les seuls besoins de son application, l'ERA de 1996 qualifie, pour sa part, d'employeur, la personne par qui le salarié ou le travailleur est ou était employé. ERA 1996, s. 230(4).

[152]. TUPE 1981, reg. 3(1) ; TUPE 2006, reg. 3(1)(a).

[153]. Dont ses nouvelles dispositions dans le cas de changements de prestataires de services s'appliquent à l'Irlande du Nord par le biais d'un texte spécifique : *The Service Provision Change (Protection of Employment) Regulations (Northern Ireland)* 2006, *SI* 2006, n°177.

[154]. « *Service provision change* ».

[155]. TUPE 2006, reg. 3(1)(b) « *« relevant transfer» means a transfer or service provision change to which these Regulations apply (...) and « transferor» and « transferee » shall be construed accordingly and in the case of a service provision change (...), the « transferor» means the person who carried out the activities prior to the service provision change and the « transferee» means the person who carries out the activities as a result of the service provision change* ».

[156]. *Employment rights on the transfer of an undertaking*, A guide to the 2006 TUPE Regulations for employees employers and representatives, DTI, 30 January 2006, p. 11 ; DTI, March 2007, URN 07/758, p. 9.

[157]. TUPE 2006, reg. 3(5). Les règles de bonne conduite concernant les transferts de salariés dans le secteur public sont précisées dans un texte spécifique, le *Staff Transfers in the Public Sector*, Cabinet Office Statement of Practice, January 2000, 27 p., http://www.civilservice.gov.uk ; tel que

### 2. *Le droit américain adopte une définition fondée sur le droit de la négociation collective*

**101.** La définition de l'employeur de droit américain est déconnectée du contexte des transferts d'entreprises. L'employeur est appréhendé en tant que titulaire de droits et d'obligations aux fins de négocier. C'est ainsi que selon la section 2 (2) du NLRA, « *le terme « employeur »*[158] *inclut toute personne agissant, directement ou indirectement en qualité de représentant de l'employeur (...)* ».

La section 2(1) du NLRA définit le terme « personne » comme incluant, non limitativement, « *tout individu, organisation syndicale, entreprise, société en nom collectif ou société civile*[159]*, association, syndicat, représentant légal, administrateur, syndic de faillite, ou liquidateur judiciaire* ». Peu importe pour cela que les actes effectués pour le compte de l'employeur aient été autorisés ou ratifiés. Toute personne[160] agissant pour le compte de l'employeur peut donc, le cas échéant, engager la responsabilité de ce dernier au titre de la violation d'une disposition du NLRA. Il suffit qu'elle dispose du droit de contrôler les moyens par lequel le travail est effectué et le résultat de ce travail.

**102.** Sont néanmoins expressément exclus du champ d'application du NLRA, les organismes gouvernementaux[161]. Il s'agit « *des États-Unis ou toute autre entité gouvernementale qu'il détient, ou toute Banque de Réserve Fédérale, ou tout État ou subdivision politique* ». Sur la base de cette définition, ont été exclus du champ d'application du NLRA, en particulier, toutes les administrations américaines, les agences gouvernementales locales, les municipalités, les écoles, lycées et universités publiques et les services publics médicaux et hospitaliers, à l'exception des entités ou organismes dans lesquels l'État détient seulement une participation et où l'employeur privé exerce suffisamment son contrôle sur les termes et conditions d'emploi pour lui permettre d'entrer dans des négociations significatives avec le syndicat représentant les salariés. Les salariés du secteur public sont soumis à des textes fédéraux[162] ainsi qu'au droit des États[163].

---

complété par le *Workforce Matters in the Public Sector Service Contracts*, Cabinet Office Statement of Practice, March 2005, 6 p., http://www.cabinet-office.gov.uk.

[158]. « *Employer* ».

[159]. « *Partnership* ».

[160]. Les personnes suivantes sont généralement considérées par la jurisprudence comme des représentants de l'employeur (« *agent* ») : les mandataires sociaux (« *corporate officials* ») et les personnes entrant dans la catégorie des directeurs et responsables, c'est à dire les managers, les superviseurs et les superintendants. De même, lorsque les directeurs ou responsables d'un « employeur » participent, de fait, à la direction et au contrôle des conditions de travail et des relations collectives des salariés d'un autre employeur, les deux employeurs en question peuvent être considérés comme co-employeurs (« *joint employer* ») et comme le représentant respectif (« *agent* ») de l'un et de l'autre pour l'application des dispositions du NLRA. Une association d'employeurs peut également être considérée comme un employeur pour l'application du NLRA dès lors qu'elle gère les relations collectives de travail et négocie avec les syndicats pour le compte de ses membres. Enfin, lorsque deux ou plusieurs entreprises ont les mêmes mandataires sociaux et directeurs, un contrôle centralisé des relations de travail et sont détenues par les mêmes actionnaires, le NLRB aura tendance à considérer que les entreprises sont gérées par un seul et même employeur (« *single employer* ») même si les entreprises sont distantes géographiquement et qu'elles n'interchangent pas leurs salariés : V.I.P. Radio, Inc., 128 *N.L.R.B.* 113 (1960).

[161]. « *Government Agencies* ».

[162]. Principalement le *Federal Service Labor-Management Relations Act* de 1978, 5 *U.S.C.*, Sections 7101-7135.

[163]. Environ 40 états ont légiféré à ce sujet. P. J. CIHON, J. O. CASTAGNERA, *Employment & Labor law*, Thomson, 2005, p. 601-629, pour un résumé du droit social applicable aux employés du secteur public aux Etats–Unis.

Le secteur des transports ferroviaire et aérien est également expressément exclu de la définition de l'employeur donnée par la section 2 (2) du NLRA, lequel est soumis à sa propre réglementation.

**103.** L'employeur de droit américain est ainsi compris au sens large par le NLRA qui n'en donne qu'une définition négative. Il en résulte, *a contrario*, que toutes les personnes ou entités non exclues de cette définition sont susceptibles d'être considérées comme employeur au sens du NLRA. Dans le contexte des transferts d'entreprises, la notion d'employeur de droit américain renvoie, comme en droit français et anglais, aux concepts d'entreprise cédante et d'entreprise cessionnaire qui acquiert l'entreprise ou l'activité cédée.

## B. LE TRAVAILLEUR : UNE INTERPRÉTATION VARIABLE DU SALARIAT

**104.** La notion de « travailleur » visée par la directive 2001/23/CE est interprétée différemment en droit français et en droit anglais. Si elle renvoie à la notion de salariat en droit français, le droit anglais admet une définition plus large en y intégrant les relations de travail assimilées, aux seules fins de l'application de la réglementation sur les transferts d'entreprises. Le droit américain admet une définition du salarié propre à la législation encadrant la négociation collective, en ayant soin d'en écarter tout individu susceptible, de par ses fonctions, d'être assimilé, de près ou de loin, au pouvoir patronal.

Ces différences d'acception de la notion de salarié [164] expliquent que les trois systèmes juridiques soient distingués.

Les trois systèmes juridiques étudiés excluent néanmoins tous du champ d'application de leur législation les travailleurs indépendants et ceux soumis à des statuts spécifiques.

### *1. Le « travailleur » de droit communautaire se transpose différemment en droit français et anglais*

**105.** Pour l'application de la directive 2001/23/CE, le terme de « travailleur », qui n'était pas défini par la directive avant 1998, vise « *toute personne qui, dans l'État membre concerné, est protégée en tant que travailleur dans le cadre de la législation nationale sur l'emploi* » [165]. Elle exclut toutefois de son champ d'application les équipages de navire de mer [166].

---

[164]. Terme générique que nous retiendrons dans notre étude pour viser indifféremment toutes les personnes entrant dans le champ d'application de la législation applicable et soumises à protection dans le cadre d'opérations de transfert d'entreprise, dans chacun des systèmes juridiques étudiés.

[165]. Directive 2001/23/CE, article 2, 1. d), reprenant la définition donnée treize ans plus tôt par la CJCE en ces termes « *La notion de « travailleur » au sens de la directive 77/187 doit être entendue en ce sens qu'elle vise toute personne qui, dans l'Etat membre concerné, est protégée en tant que travailleur au titre de la législation nationale en matière de droit du travail* », CJCE 11 juillet 1985, Foreningen af Arbejdsledere i Danmark c/ Société en faillite A/S Danmols Inventar, aff. 105/84, *Rec. CJCE* 1985, p. 2639 : Point 28. Définition reprise *in* CJCE 19 mai 1992, Dr. Sophie Redmond Stichting c/ Hendrikus Bartol et autres, aff. C-29/91 : *Rec.* 1992, p. I-3189 : Point 18 ; CJCE 10 décembre 1998, Francisca Sanchez Hidalgo e.a. c/ Asociacion de Servicios Aser et Sociedad Cooperativa Minerva (C-173/96), et Horst Ziemann c/ Ziemann Sicherheit GmbH et Horst Bohn Sicherheitsdienst (C247/96) , aff. jointes, *Rec. CJCE* 1998, p. I-8237 : Point 24 ; CJCE 14 septembre 2000, Renato Collino et Luisella Chiappero c/ Telecom Italia SpA, aff. C-343/98, *Rec. CJCE* 2000, p. I-6659 : Point 36.

[166]. Directive 2001/23/CE, article 1er 3.

**106.** La directive renvoie à la définition de travailleur telle que comprise dans chaque droit national [167], par référence à la définition du contrat ou de la relation de travail [168]. Par conséquent il appartient aux juges nationaux d'apprécier dans quelle mesure les personnes affectées par le transfert ont la qualité de travailleur et s'ils disposent ou non d'un contrat de travail ou peuvent se prévaloir d'une relation de travail à la date du transfert afin de bénéficier du transfert des droits qui y sont attachés.

Elle ajoute toutefois, que les États membres ne peuvent exclure du champ d'application de la directive, les contrats de travail à temps partiel, les contrats à durée déterminée et les relations de travail intérimaires, lorsque l'entreprise, l'établissement ou la partie d'entreprise ou d'établissement objet du transfert est l'entreprise d'intérim elle-même [169].

**107.** La directive n'est applicable ni aux salariés qui ont quitté l'entreprise de leur propre gré à la date du transfert, ni à ceux qui ont été engagés, après le transfert, par le cessionnaire[170]. Seuls les salariés au service de l'entreprise à la date du transfert [171] bénéficient de la protection[172]. Cette exigence est appréciée en fonction des règles de droit national.

### a) La personne liée par un contrat de travail en droit français

**108.** L'article L.122-12 al. 2 du code du travail prévoit uniquement le maintien des contrats de travail en cours au jour de la modification. Le salarié est donc défini par l'intermédiaire de ce qui caractérise sa relation de travail avec l'employeur, c'est à dire son contrat de travail. Le salarié est la personne titulaire d'un contrat de travail en cours à la date du transfert pour l'application du droit du travail français [173].

Sont exclus de cette définition, notamment, les travailleurs indépendants et les agents de l'État et des collectivités locales, soumis à un statut spécifique [174].

**109.** La jurisprudence a par ailleurs précisé qu'il n'y a pas lieu de distinguer selon la nature du contrat de travail pour l'application de l'article L.122-12 al. 2 du code du travail, ouvrant ainsi largement le bénéficie de la protection de la loi dans ce cadre.

Ainsi, les contrats de travail en cours au moment du transfert suivent l'entité transférée qu'il s'agisse de contrats à durée déterminée [175] ou à durée indéterminée, de contrats d'apprentissage [176], de contrat de qualification [177] ou encore de salariés bénéficiant de statuts

---

[167]. Il n'existe ainsi pas de définition communautaire du salariat. G. DESOLRE, « De la notion au concept communautaire de travailleur », *Cahier de droit Européen*, 1979, p. 38-56 ; B. REYNES, « La notion de travailleur salarié en droit communautaire : une notion en devenir... », *Mélanges dédiés au Président Michel Despax*, Presse de l'Université des Sciences Sociales de Toulouse, 2001, p. 239-260 ; Ph. COURSIER, « La notion de travailleur salarié en droit social communautaire », *Droit Social*, 2003, n°3, p. 305-311.

[168]. Directive 2001/23/CE, article 2.2.

[169]. Directive 2001/23/CE, article 2. 2. a), b) et c).

[170]. CJCE, 17 décembre 1987, Landsoganisationen i Danmark for Tjenerforbundet i Danmark c/ Ny Molle Kro, aff. 287/86: *Rec. CJCE* 1987, p. 5465, Point 26.

[171]. Sur l'interruption d'activité, v. 1ère Partie, Titre 2, *infra*.

[172]. La Cour de justice des communautés européennes a ainsi eu l'occasion de rappeler que la directive ne vise « *que les travailleurs au service de l'entreprise à la date du transfert, à l'exclusion de ceux ayant déjà quitté l'entreprise à cette date* ». CJCE 7 février 1985, Knud Wendelboe et autres c/ Masse de faillite L. J. Music ApS, aff. C/19/83 : *Rec. CJCE* 1985, p. 457 : Point 15, et CJCE 17 décembre 1987, aff. 287/86, précité : Point 27.

[173]. N'est pas visé ici le droit de la sécurité sociale qui admet au régime général de la sécurité sociale des salariés des personnes qui ne sont pas titulaires d'un contrat de travail, sous réserve qu'ils perçoivent une rémunération, c'est le cas par exemple de certains dirigeants de société, tels que les présidents et directeurs généraux des sociétés anonymes (article L.311-3, 12° du code de la Sécurité Sociale).

[174]. L'article L.122-12 al. 2 ne s'applique pas aux contrats de droit public : Cass. soc. 4 juillet 1990, *Bull. civ.* V, n°343, p. 205.

[175]. Cass. soc. 20 juin 1962, Lioret c/ Gauthier et a.: *Bull. civ.* IV, n°572, p. 467.

[176]. Cass. soc. 7 mars 2001, n°894 F-D, SA Galien c/ Donineaux, non publié au Bull. civ.: *RJS*, 5/01 n°570.

particuliers [178]. Le fait que le contrat de travail soit suspendu [179] ou que le salarié soit en cours de préavis à la date du transfert [180] est de même, indifférent. La jurisprudence a également reconnu que le contrat de travail du salarié protégé dont l'autorisation administrative de licenciement a été annulée est transféré au cessionnaire [181]. Il en est de même des salariés licenciés en violation du principe du transfert automatique [182].

### b) Le salarié au sens large en droit anglais

**110.** Le texte du TUPE définit le salarié comme étant l'individu travaillant pour une autre personne par « *contrat de travail* [183]*, d'apprentissage ou autre* », à l'exclusion de tout travailleur indépendant [184]. Le contrat de travail est également défini par ce même article comme tout accord entre un salarié et son employeur par lequel sont définis les termes et conditions de son emploi.

**111.** La distinction entre salarié et travailleur indépendant est souvent difficile à opérer en droit anglais compte tenu de la très grande flexibilité offerte en *common law* en matière de relation contractuelle qui permet largement à l'employeur d'éviter l'application du statut contraignant de salarié tout en obtenant des prestations similaires [185]. La relation employeur - salarié ne trouve donc normalement à s'appliquer que dans un nombre de cas limités [186]. Pour retenir la qualification de salarié, la *common law* se réfère à un certain

---

[177]. Cass. soc. 3 mars 1998, n°1125 P, Melle Garsallah c/ M. Bermond et a. (3è moyen) : *Bull. civ.* V, n°116, p. 86; *Droit Social*, 1998, n°7-8, p. 704, obs. R. VATINET; *RJS*, 4/98, n°418. Les contrats de qualification sont supprimés depuis le 15 novembre 2004 et remplacés par les contrats de professionnalisation.

[178]. Le bénéfice de l'article L.122-12 al. 2 du code du travail a ainsi été reconnu aux contrats de V.R.P : Cass. soc. 5 juillet 1967, Sté des vins de France « Sapvin » et a. c/ dame Gardes (2nd moyen): *Bull. civ.* IV, n°566, p. 478, et aux salariés agricoles : Cass. Ass. Plén. 21 janvier 1964, Jullemier c/ Oger : *JCP*, G, 1964, II, 13554.

[179]. La jurisprudence a ainsi admis le transfert du contrat de travail d'un salarié détaché dans une filiale étrangère à la date du transfert : Cass. soc. 14 mai 1997, M. Charrière c/ M. Faure : *Bull. civ.* V, n°170, p. 123 ; *Droit Social*, 1997, n°7-8, p. 736, obs. A. MAZEAUD ; de même pour un salarié dont le contrat était suspendu au moment du transfert, suite à un accident du travail : Cass. soc. 8 février 1989, CCPMA c/ M. Dubuc : *Bull. civ.* V, n°103, p. 63 ; Cass. soc. 16 mars 1999, M. Laguna c/ Société Trailer et Container et a. : *Bull. civ.* V, n°116, p. 84.

[180]. Le contrat ne se poursuit toutefois, dans cette hypothèse, que pour l'exécution du préavis, le transfert n'ayant pas pour effet de rendre caduc le licenciement prononcé antérieurement : Cass. soc. 13 mai 1982, M. Falempe c/ société Entreprise agricole de la vallée de la Serre : *Bull. civ.* V, n°302, p. 224 ; Cass. soc. 24 janvier 1990 n°151 P, Sté Nouvelle Micromécanique pyrénéenne c/ M. Abadie et a.,: *Bull. civ.* V, n°23, p. 15 ; *RJS*, 2/90, n°93 ; Cass. soc., 6 novembre 1991, n°3908 P, M. Catrain et a. c/ société SCAANA et a.: *Bull. civ.* V, n°475, p. 295 ; *RJS*, 12/91, n°1296.

[181]. Cass. soc. 10 octobre 1990, M. Messaoudi c/ M. Euchin, ès qualité de syndic de la société FOP et a. : *Bull. civ.* V, n°441, p. 267 ; Cass. soc. 18 juillet 2000, Société Codep c/ M. Huard de la Marre : *Bull. civ.* V, n°286, p. 226.

[182]. Sur ce point, v. 2nd Partie, Titre 2, Chapitre 2, *infra*.

[183]. « *Contract of services* ».

[184]. « *Employee » means any individual who works for another person whether under a contract of service or apprenticeship or ortherwise but does not include anyone who provides services under a contract for services and references to a person's employer shall be construed accordingly* » TUPE 1981, reg. 2 (1) ; TUPE 2006, reg. 2 (1).

[185]. Ce qui entraîne la prolifération de contrats atypiques (temps partiel, stagiaires, intérimaires, travailleurs à domicile, etc.). Les contrats de travail à plein temps et à durée indéterminée ne concerneraient ainsi que la moitié de la population active anglaise. H. COLLINS, KD EWING & A. McCOLGAN, *Labour law - Text and materials*, Hart Publishing, 2001, p. 147-183.

[186]. La section 23 de l'Employment Relations Act 1999 permet néanmoins au gouvernement d'étendre, à ceux qui en sont exclus, tout ou partie de la protection conférée à un individu contre un employeur par un texte. Cette disposition a notamment été introduite afin de permettre une clarification du droit et supprimer les différences de traitement lorsque cela s'avèrerait nécessaire. *Discussion document on employment status in relation to statutory employment rights*, DTI, July 2002, URN 02/1058, 32 p.

nombre de critères, notamment : le degré de contrôle exercé par l'employeur, la façon dont la personne est intégrée dans l'organisation de l'entreprise et la répartition des risques, liés en particulier à la perte d'emploi, entre employeur et travailleur. Plus la personne accepte de supporter de risques, moins elle est susceptible d'être considérée comme liée à l'employeur par un contrat de travail [187].

**112.** Corrélativement, le droit anglais présente une particularité. Le champ d'application du TUPE inclut potentiellement, en effet, d'autres types de relations contractuelles que ceux correspondant à la définition traditionnelle du salarié en droit anglais [188]. Toutes les personnes qui travaillent sans avoir de contrat de travail peuvent ainsi bénéficier de la protection de leur emploi offerte par le TUPE, le texte de cette réglementation visant non seulement les personnes liées à leur employeur par un contrat de travail ou un contrat d'apprentissage, mais également toute personne travaillant pour le cédant à quelque titre que ce soit, à l'exception des travailleurs indépendants. Il recouvre donc potentiellement bon nombre de contrats atypiques en droit anglais, par exemple, les contrats conclus avec des personnes travaillant par intermittence pour l'employeur.

**113.** Les personnes transférées sont, en outre, les salariés employés « *immédiatement avant le transfert* » [189], y compris ceux qui auraient été licenciés préalablement pour une

---

[187]. Par exemple, O'Kelly v. Trusthouse Forte Plc. [1984] *QB* 90 (CA), où la personne qui était serveur dans un restaurant avait accepté d'assumer le risque de ne pas avoir à travailler tous les jours, ce qui amena la Court of Appeal (CA) à conclure qu'il ne pouvait pas être considéré comme un salarié et ne pouvait donc pas recevoir de dommages et intérêts pour rupture abusive de son contrat par son employeur. En l'espèce, la CA a constaté qu'il n'y avait en effet pas d'obligation pour l'employeur de fournir du travail et pas d'obligation pour l'employé de travailler. A cela s'ajoutait la pratique de la profession qui considérait comme des travailleurs indépendants les employés « temporaires », ce que les parties avaient implicitement accepté.

[188]. L'ERA définit le salarié (« *employee* ») comme une personne liée par un contrat de travail [ERA 1996, s. 230 (1)] et le contrat de travail comme « *un contrat de service ou d'apprentissage, qu'il soit expresse ou implicite, oral ou écrit* » [ERA 1996, s. 230(2)]. Par opposition, le travailleur (« *worker* ») est défini plus largement comme une personne liée par un contrat de travail ou par tout autre contrat par lequel il s'engage à effectuer personnellement un travail ou un service [ERA 1996, s. 230 (3)]. Cette définition couvre ainsi les travailleurs indépendants (« *self-employed* »). Or, en droit anglais, seules les personnes répondant à la définition du salarié peuvent bénéficier, d'un préavis minimum et peuvent également recevoir par écrit leurs termes et conditions d'emploi, recevoir des indemnités en cas de licenciement pour motif économique, réclamer des dommages et intérêts en justice en cas de licenciement abusif, bénéficier de congés maladie et de congés maternité, etc. Chaque loi prend donc soin de définir avec précision les types de travailleurs/contrats couverts par leur champ d'application.

Pour une définition des différentes catégories de travailleurs/salariés et de leurs droits, *Encyclopedia of Employment law*, Sweet and Maxwell, 2B, para. 1-1 à 2-16. Les nuances entre les différentes formes d'emploi sont bien souvent délicates à saisir. Un tiers des personnes au travail n'entreraient ainsi pas clairement dans la catégorie des salariés ou des travailleurs indépendants. La doctrine constate unanimement l'insécurité juridique qui en résulte. Ainsi, en faveur d'une définition plus large de la notion de « salarié » : S. ANDERMAN, « The interpretation of protective employment statutes and contracts of employment », *Industrial Law Journal*, September 2000, vol. 29, n°3, p. 223-242 ; ou inversement, en faveur d'une couverture plus large des textes par référence à la notion de « travailleur », S. DEAKIN, « Interpreting employment contracts : judges, employers, workers », *The International Journal of Comparative Labour Law and Industrial Relations*, Summer 2004, vol. 20/2, p. 201-226 ; G. DAVIDOV, « Who is a worker ? », *Industrial Law Journal*, March 2005, vol. 34, n°1, p. 57-71 ; S. HONEYBALL, D. PEARCE, « Contract, Employment and the Contract of Employment », *Industrial Law Journal*, 2006, vol. 35, n°1, p. 30-55.

[189]. TUPE 1981, reg. 5 (3) ; Secretary of State for Employment v. Spence [1986] *IRLR* 248 : « immédiatement avant le transfert » signifie « au moment du transfert ». Cette précision a été intégrée dans le texte du TUPE 2006, reg. 4(3).

raison liée au transfert [190]. Sont toutefois exclus du champ d'application du TUPE, les employés de la Couronne [191].

**114.** Le gouvernement anglais a souhaité traiter le personnel du secteur public de la même façon que les salariés du secteur privé lorsqu'ils travaillent pour un « *groupement organisé de ressources* »[192] qui est transféré d'un employeur à un autre au sein de l'administration. Néanmoins, compte tenu de la difficulté de donner une définition générale du secteur public au Royaume-Uni, il a été proposé d'appliquer une protection équivalente au TUPE aux personnes concernées, en édictant des réglementations au cas par cas, après consultation des parties intéressées [193]. La section 38 de l'Employment Relations Act de 1999 permet ainsi, au gouvernement [194] d'adopter des réglementations propres à assurer aux salariés le même traitement ou un traitement similaire dans des circonstances spéciales qui ne seraient pas couvertes par le champ d'application de la directive et du TUPE. Deux textes ont été pris, à ce jour, sur ce fondement [195].

### *2. Le salarié susceptible d'être représenté collectivement en droit américain*

**115.** La définition du salarié entrant dans le champ d'application du NLRA est contenue dans la section 2 (3) du NLRA qui dispose : « *le terme « salarié »* [196] *inclut tout salarié et n'est pas limité aux salariés d'un employeur en particulier, à moins que le NLRA n'en dispose autrement, et inclut tout individu dont le travail a cessé à cause de ou en lien avec tout conflit de travail ou en raison d'une pratique déloyale de travail, et qui n'a pas obtenu un emploi équivalent (…) »*.

A l'instar de la définition de l'employeur donnée par le NLRA, celle de salarié fait l'objet d'une appréciation *a contrario*. Toutes les catégories de travailleurs qui ne sont pas énumérées dans le NLRA comme exclues de son champ d'application font l'objet d'une protection. Tombent ainsi en dehors du champ d'application du NLRA, les salariés dont les employeurs ne sont pas directement ou indirectement impliqués dans le commerce entre États

---

[190]. Litster v. Forth Dry Dock & Enginnering Co. Ltd [1989] *IRLR* 161 (HL).

[191]. « *Crown employees* ». La règle générale en droit anglais est en effet que les employés de la Couronne ne sont régis par aucune loi ou réglementation à moins que celle-ci ne le prévoit expressément ou implicitement. Or, le TUPE ne porte aucune indication sur les employés de la Couronne. Ils sont donc exclus du champ d'application de la protection. Milligan & anor v. Securicor Cleaning Ltd [1995] *IRLR* 288 (EAT). En revanche, ils sont couverts par le champ d'application de l'ERA de 1996 (ERA 1996, s.191).

Etaient également expressément exclus du champ d'application du TUPE, les équipages de navire de mer si ces personnes ne naviguaient pas sur un navire immatriculé au Royaume-Uni ou si ces personnes ne résidaient pas au Royaume-Uni [TUPE 1981, reg. 13(2)] ainsi que les dockers [TUPE 1981, reg. 13(3)]. Ces deux exclusions n'ont pas été reprises dans la nouvelle version du TUPE 2006. Le Gouvernement anglais a en effet considéré que ces précisions n'apportaient rien au texte. De même, l'exclusion visant les salariés qui travaillent habituellement en dehors du Royaume-Uni [reg. 13(1)] a été supprimée du nouveau texte. Ils sont désormais couverts. TUPE 2006, reg. 3(4)(c).

[192]. « *An organised grouping of resources* ».

[193]. Celles-ci sont également couvertes par le *Staff Transfers in the Public Sector*, Cabinet Office Statement of Practice, January 2000, précité, lequel garantit une protection équivalente au TUPE aux transferts entre administrations publiques.

[194]. Plus exactement au « *Secretary of State* ».

[195]. Une réglementation spécifique pour les employés de bureau et les fonctions support qui ont été transférés de leur administration locale au Rent Officer Service Agency créé par le Ministère de l'Environnement, du Transport et des Régions le 1er octobre 1999 : *The Transfer of Undertakings (Protection of Employment) (Rent Officer Service) Regulations* 1999, *SI* 1999/2511 ; et *The Transfer of Undertakings (Protection of Employment) (Transfer of OFCOM) Regulations* 2003, *SI* 2003/2715, pour le personnel de la couronne transféré à l'Office des Communications (OFCOM).

[196]. « *Employee* ».

américains, c'est à dire, « *tout individu employé en tant que travailleur agricole* [197], *ou rendant des services à domicile, ou tout individu employé par ses parents ou son conjoint, ou tout individu ayant le statut de travailleur indépendant* [198], *ou employé en qualité de superviseur, ou employé par une personne soumise au Railway Labor Act modifié, ou par toute autre personne qui n'est pas un employeur au sens de la présente loi* » [199].

**116.** Sont ainsi notamment exclus de la protection du NLRA les membres de la direction, compris largement, c'est à dire non seulement les personnes chargées de la définition et de la mise en œuvre de la politique de l'entreprise [200] mais également, toutes celles qui ont autorité sur les salariés, pour le compte de l'entreprise, dans le domaine de la gestion des ressources humaines[201]. Il en est de même des membres de la famille proche de l'employeur, parent, épouse ou enfant, et également de tout salarié susceptible de détenir, d'une manière régulière, des informations confidentielles sur la gestion des relations collectives au sein de l'entreprise[202], au motif que ceux-ci pourraient se trouver en situation de conflit d'intérêts. Ils constituent la catégorie des « salariés confidentiels » [203]. L'exemple le plus classique est celui de la secrétaire du directeur en charge des relations collectives dans l'entreprise.

Le NLRB et les Cours fédérales font toutefois une application limitée de cette catégorie. Ils considèrent, en effet, que les salariés qui ont accès à des informations confidentielles ne

---

[197]. Le NLRA ne donne aucune définition de l' « agriculteur » qui ne peut être considéré comme un salarié pour l'application du NLRA. Depuis 1946, sur recommandation du Congrès américain, le NLRB fait référence à la définition de l'agriculture donnée par la section 3(f) du Fair Labor Standards Act 29 U.S.C.A. § 203 (f), pour ainsi considérer comme « travailleur agricole » au sens du NLRA toute personne réalisant des travaux principalement en lien avec une opération agricole. Di Giorgio Fruit Corp., 80 *N.L.R.B.* 853 (1948). Ce test est néanmoins appliqué d'une façon restrictive afin de ne pas exclure du champ d'application du NLRA les personnes qui ne travailleraient que partiellement à des travaux agricoles. Olaa Sugar Co., 118 *N.L.R.B.* 1442 (1957). Les travailleurs agricoles exclus du champ d'application du NLRA ainsi que leurs représentants sont soumis aux dispositions du droit des Etats.

[198]. La distinction entre travailleur indépendant et salarié est effectuée au cas par cas par le NLRB qui se base, principalement, sur le niveau de contrôle exercé sur le travailleur, notamment sur ses termes et conditions d'emploi, et sur toutes les circonstances de fait entourant la relation de travail. La catégorie des travailleurs indépendants, intérimaires, saisonniers, etc. est communément regroupée sous l'appellation générique de « *contingent workers* », exclus de la protection du NLRA. Sur ce sujet notamment: S. ESTREICHER, S. J. SCHWAB, *Foundations of labor and employment law*, Foundation Press, 2000, p. 26-31.

[199]. Section 2 (3) du NLRA.

[200]. « *Managerial employees* ». Le salarié ayant des fonctions de direction (« *managerial employee* ») n'est pas défini par le NLRA dont le législateur a considéré l'exclusion de son champ d'application comme implicite. La Cour Suprême en donne la définition suivante : « *ceux qui formulent et mettent en œuvre les politiques de la direction en exprimant et en rendant opérantes les décisions de leur employeur, et ceux qui ont une liberté d'action dans l'exercice de leurs fonctions indépendamment de la politique établie par leur employeur (...) Ce statut est réservé aux personnels cadres qui sont étroitement liés à la direction et en sont de véritables représentants* », NLRB v. Bell Aerospace Co. 416 *U.S* 267 (1974), *on remand*, 219 *N.L.R.B.* n°42 (1975).

[201]. « *Supervisors* ». La Section 2 (11) du NLRA donne ainsi une liste de 12 critères propres à définir (d'une façon non cumulative) les caractéristiques du « *superviseur* ». Sont ainsi expressément visées les personnes qui ont autorité pour : (1) embaucher, (2) transférer, (3) mettre à pied, (4) mettre au chômage technique, (5) réintégrer, (6) promouvoir, (7) congédier, (8) affecter ou assigner, (9) récompenser, (10) sanctionner disciplinairement, (11) diriger, ou (12) répondre aux revendications des salariés. La définition des fonctions de « superviseur » est étendue aux personnes qui recommandent, en pratique, la prise de décision et l'application de l'un ou plusieurs des critères ci-dessus et exclut les personnes qui ne sont que de simples exécutants, qui ne sont pas à proprement parler détenteurs de l'autorité et qui ne peuvent exercer leurs fonctions en ayant un jugement indépendant.

[202]. C'est à dire ceux qui « *assistent et travaillent, à titre confidentiel, pour les personnes qui exercent des fonctions de direction dans le domaine des relations de travail* ». Ford Motor Co., 66 *N.L.R.B.* 1317 (1946).

[203]. « *Confidential employees* ».

sont pas exclus du champ d'application du NLRA lorsque ces informations ne relèvent pas des relations de travail [204]. Dans leur appréciation de la situation du salarié le NLRB et les Cours fédérales s'attacheront donc à étudier non seulement les fonctions spécifiques du salarié, mais également les pouvoirs du supérieur hiérarchique du salarié en matière de relations collectives et de conditions de travail au sein de l'entreprise, pour retenir l'application ou non du NLRA.

**117.** Toutes les autres personnes peuvent être considérées comme des salariés pour l'application des dispositions du NLRA, à condition que celles-ci aient perdu leur emploi à la suite d'un conflit de travail ou d'une pratique déloyale de travail [205] de la part de leur employeur [206]. Le NLRB et les Cours fédérales ont apprécié largement, dans ce cadre, la notion de salarié, en excluant toutefois ceux qui ont été régulièrement licenciés ou sont partis en retraite. Les salariés grévistes non réintégrés sont ainsi généralement soumis aux dispositions du NLRA, tout comme les salariés mis au chômage technique.

## §3. LE CHAMP D'APPLICATION MATÉRIEL

**118.** La directive est applicable à « *tout transfert d'entreprise, d'établissement ou de partie d'entreprise ou d'établissement à un autre employeur résultant d'une cession conventionnelle ou d'une fusion* » [207]. La directive 77/187/CEE ne donnait que peu d'élément pour déterminer les situations dans lesquelles le transfert emportait le maintien des contrats de travail. Le juge communautaire s'est employé à en définir les contours, par touches successives. Cela n'a pas évité certaines oppositions, entre droit français et droit communautaire d'une part et entre droit anglais et droit communautaire d'autre part, sur la définition du concept de transfert d'entreprise [208]. Les jurisprudences française et anglaise sont ainsi marquées du sceau de leurs ajustements avec la jurisprudence de la Cour de justice des communautés européennes (A). Le droit américain n'offre, quant à lui, aucune liste d'opérations ou de situations susceptibles d'entraîner la protection des salariés (B). Il se rapproche toutefois de la définition de l'entité économique maintenant son identité, telle qu'adoptée par les tribunaux français et anglais en se basant sur des situations de fait et un faisceau d'indices dont le critère de la reprise des salariés par le cessionnaire est l'axe central (C).

### A. UN CHAMP D'APPLICATION RELAYÉ DIFFÉREMMENT EN DROIT FRANÇAIS ET ANGLAIS

**119.** La jurisprudence de la Cour de justice des communautés européennes n'a pas cantonné son champ d'application aux seules hypothèses de cession conventionnelle ou de

---

[204]. Swift & Co., 129 *N.L.R.B.* 1391(1961).

[205]. Une pratique déloyale de travail (ou « *unfair labor practice* ») est, pour simplifier, un action ou un manquement de l'employeur ou du syndicat entraînant une violation d'une ou plusieurs des dispositions du NLRA. La liste des pratiques déloyales de travail est contenue dans la section 8 du NLRA et inclut en particulier la violation du devoir de négocier de bonne foi et la violation par l'employeur de l'obligation de négocier sur les sujets obligatoires de négociation. Le NLRB a une compétence exclusive en cette matière. Un appel est possible devant les cours fédérales.

[206]. Section 2(3) du NLRA.

[207]. Article 1er, 1. a), directive 2001/23/CE.

[208]. S. DARMAISIN, « Le concept de transfert d'entreprise », *Droit Social*, 1999, n°4, p. 343-350.

fusion [209] auxquelles renvoie la directive. Elle accorde en effet clairement depuis 1988 [210] la protection du droit communautaire aux salariés inclus dans toute opération de transfert d'entreprise, même s'il n'existe aucun lien de droit entre les exploitants successifs, dès lors que l'entité économique, objet du transfert, garde son identité.

**120.** Elle a également relevé que l'adjectif « conventionnelle » contenu dans la traduction française de la directive ne figurait pas dans toutes ses traductions. La version anglaise vise par exemple le « transfert légal » [211] et semble indiquer un champ d'application plus large, qui ne se réfère pas uniquement aux cessions intervenues en vertu d'un contrat. En présence de ces divergences linguistiques, la Cour de justice des communautés européennes a décidé qu'« *on ne saurait apprécier la disposition litigieuse sur la base de la seule interprétation textuelle. Il convient donc d'éclairer sa signification eu égard à l'économie de la directive, à sa place dans le système du droit communautaire (...), ainsi qu'à sa finalité* » [212].

**121.** Quelle que soit l'opération juridique en cause, le transfert doit concerner « *une entreprise, un établissement ou une partie d'entreprise ou d'établissement* » [213] pour que la directive soit applicable. La Cour de justice des communautés européennes a adopté une interprétation large de cette disposition. Il s'est agi de ne pas limiter la protection des salariés aux seuls transferts d'entreprises ou d'établissements à proprement parler, mais de permettre le maintien des contrats de travail dans le cas où seulement une partie de l'exploitation, voire certains de ses éléments constitutifs sont transférés.

Est ainsi considéré comme entrant dans le champ d'application de la directive, le transfert « *d'une entité économique maintenant son identité, entendue comme un ensemble organisé de moyens en vue de la poursuite d'une activité économique, que celle-ci soit essentielle ou accessoire* » [214]. Ce terme, qui n'était pas défini par la directive avant 1998 [215] et qui était jusqu'alors jurisprudentiel, a été relayé par les jurisprudences française et anglaise.

Les décisions des tribunaux français et anglais marquent toutefois une divergence sensible dans leur interprétation et leur appréhension des principes retenus par la directive.

### *1. Droit français : d'une acception large à une acception circonstanciée*

**122.** L'article L.122-12 al. 2 du code du travail vise spécifiquement la « *modification dans la situation juridique de l'employeur* ». Il donne ensuite une liste non exhaustive d'opérations

---

209. Le terme « fusion » n'est pas défini par la directive. Il convient donc de se référer au droit des sociétés des Etats membres, qui connaissent concrètement, pour simplifier : les fusions de sociétés de capitaux dotées de la personnalité morale soit par transfert du patrimoine social d'une société à une autre par suite d'une dissolution sans liquidation (fusion par absorption), soit pas création d'une nouvelle société par dissolution de deux ou plusieurs sociétés (fusion par constitution d'une nouvelle société).

210. Depuis l'arrêt CJCE 10 février 1988, Fédération Danoise des contremaîtres et similaires c/ Société Daddy's Dance Hall, aff. C-324/86 : *Rec. CJCE* 1988-2, p. 739 ; *RJS*, 1/89, p. 15 ; *D.*, 1989 p. 174, note P. POCHET; *Revue Trimestrielle de Droit Européen,* 1988, p. 715, note P. RODIERE ; *Droit Social*, 1988, n°6, p. 455, concl. M. DARMON, note G. COUTURIER; *Gazette du Palais,* 1988, 2, somm. 416.

211. « *Legal transfer* ».

212. CJCE 7 février 1985, Abels c/ Fédération professionnelle de la métallurgie et de l'électrotechnique, aff. 135/83 : *Rec. CJCE* 1985-2, p. 469 : Point 13.

213. Directive 2001/23/CE, article 1er, 1. a).

214. Directive 2001/23/CE, article 1er, 1. b).

215. Le but déclaré de la directive 98/50/CE était ainsi la clarification du droit communautaire en matière de transfert d'entreprise. Ses résultats sont néanmoins contestés par la doctrine qui considère que si la directive de 1998 a apporté un certain nombre de réponses pertinentes sur des points essentiels, « *on ne peut pas dire que l'objectif de clarification ait été réussi* ». A. MAZEAUD, « Transfert d'entreprise : brèves observations à la lecture de la directive du 29 juin 1998 », *Droit Social*, 2000, n°4, p. 417- 419.

entrant dans le champ d'application de la protection du droit [216]. La jurisprudence a, sur la base de l'adverbe « notamment » précédant l'énumération légale des opérations expressément visées, étendu le champ d'application du texte à de nombreuses autres situations, notamment en cas de reprise d'un bail [217] ou de mise en location-gérance d'un fonds de commerce [218].

**123.** La Cour de cassation a d'abord apprécié largement [219] la notion de « modification juridique » de la situation de l'employeur dont l'interprétation a été considérée plus tard comme une « *source de sclérose économique par les rigidités qu'elle entraînait* » et le soin excessif qu'elle portait à protéger l'emploi des salariés [220]. Elle a dès lors adopté une interprétation restrictive de ce concept en exigeant l'existence d'un lien de droit direct entre les exploitants successifs de l'entreprise ou de la partie d'entreprise transférée [221]. Elle empêchait ainsi l'application de l'article L.122-12 al. 2 à tous les cas de changement de

---

[216]. Ce sont « *notamment* » les modifications intervenant par « *succession, vente, fusion, transformation du fonds, mise en société* ». A propos de l'énumérative indicative de l'article L.122-12 al. 2 et son extension jurisprudentielle, notamment : J. DEPREZ, *Cessions d'entreprises et situations assimilées : étude du régime juridique de l'article L.122-12 du code du travail relatif à la modification juridique de l'employeur*, éd. Francis Lefèbvre, 1984, p. 9-30 ; Y. AUBREE, *Contribution à l'étude du sort des relations de travail des salariés compris dans un transfert total ou partiel d'entreprise*, Thèse, Toulon, 1997, p. 118-159 ; J.-J. TOUATI, « L.122-12 al. 2 et les relations individuelles dans l'entreprise», *Semaine Sociale Lamy*, 2 février 1998, suppl. n°872.

[217]. Cass. soc. 13 février 1959, Société Etablissements Rodanet et autres c/ Begaud : *Bull. civ.* IV, n°241, p. 196 ; sauf à ce que le fonds soit devenu inexploitable à cause de la mauvaise gestion du locataire : Cass. soc. 24 octobre 1989, SARL Gaertner c/ Paiva de Oliviera et a., non publié au Bull. civ. ; *RJS*, 12/89, n°909 (1ère espèce) ; ou que le locataire ait conservé la clientèle attachée au fond : Cass. soc. 31 octobre 1989, Sté France Pneus c/ M. Jeanne, syndic de la liquidation des biens de la société Pneus René Quéré et a. : *Bull. civ.* V, n°622, p. 375 ; *RJS*, 12/89, n°909 (2ème espèce).

[218]. Cass. soc. 23 janvier 1974, Société Richard Ota c/ Blécot (1er moyen): *Bull. civ.* V, n°55, p. 50.

[219]. Cass. civ. 27 février 1934, Goupy c/ Union hydroélectrique de l'Ouest Constantinois, *D.H.*, 1934, p. 252 ; *Gazette du Palais*, 1934, 2, p. 40 ; J. PELISSIER, A. LYON-CAEN, A. JEAMMAUD et E. DOCKES, *Les grands arrêts du Droit du travail*, Dalloz, 2004, n°60, où la Cour a admis l'application du texte quand deux concessionnaires se succédaient l'un à l'autre sans aucun lien juridique. La reprise de la même activité avec les mêmes moyens suffisait.

[220]. H. BLAISE, « La transmission des entreprises : aspects de droit du travail et des garanties sociales », *Revue de Jurisprudence Commerciale*, 1988, n° spécial « La transmission des entreprises » p. 36, où l'auteur observe que la remise en cause de l'application extensive de la jurisprudence correspond à une époque où le chômage avait pris en France des proportions inquiétantes et où la Cour de cassation se sentait investie d'une mission pour garantir la stabilité de l'emploi.

[221]. Episode dit du « reflux ». Les arrêts de principe à cette époque sont : Cass. Ass. Plén. 15 novembre 1985, Sté Nova-Services c/ Sté Groupe Services France et a. : *Bull. civ.* ass. plén., n° 7 et 8 ; *Droit social*, 1986, n°1, p.1, concl. G. PICCA, note G. COUTURIER ; *D.*, 1986, jurisp. p. 1, concl. G. PICCA ; jugeant que la modification de la situation juridique de l'employeur « *ne peut résulter de la seule perte d'un marché* » et écartant ainsi l'application de l'article L.122-12 al. 2 aux entreprises se succédant dans l'entretien et le nettoyage des locaux ; Cass. soc. 12 juin 1986 n° 1625 P, Sté Desquenne et Giral et autres : *Bull. civ.* V, n°299, p. 229 ; *Droit Social*, 1986, n°7/8, p. 605, concl. G. PICCA ; *D.*, 1986, jurisp., p. 461, note J.-P. KARQUILLO. Précisant la position de l'assemblée plénière, la Cour de Cassation ajoute que « *la modification dans la situation juridique de l'employeur qui a pour effet de laisser subsister entre le nouvel employeur et le personnel de l'entreprise les contrats de travail en cours le jour de la modification, implique l'existence d'un lien de droit entre les employeurs successifs* », pour écarter l'application de l'article L.122-12 al. 2 en cas de changement de prestataire de services sur un même marché. En l'espèce, une société déclarée adjudicataire d'un marché de travaux de voies sur une partie d'un réseau ferré de la RATP avait refusé de prendre à son service les 119 salariés de la société précédemment titulaire du marché. J. DEPREZ, « L'article L.122-12 du code du travail et les entreprises se succédant dans un marché : un revirement spectaculaire de jurisprudence », *Bulletin social Francis Lefebvre,* 8-9/86, p. 363 ; H. BLAISE, « Les modifications dans la personne de l'employeur : l'article L.122-12 dans la tourmente », *Droit Social*, 1986, n°12, p. 837-847 ; A. LYON-CAEN, « A propos de l'arrêt Desquenne et Giral », *Droit Social*, n°12, p. 848-851.

prestataires de services [222], alors même que la jurisprudence communautaire adoptait une conception extensive du champ d'application de la directive [223].

**124.** Le droit français a en effet toujours manifesté un certain recul par rapport à la directive et à la jurisprudence de la Cour de justice des communautés européennes. La tendance est de considérer que celles-ci n'ont pas d'incidence sur le droit français qui est antérieur à la directive et est déjà conforme à ses exigences [224].

Même s'il est vrai que la directive 77/187/CEE n'a eu aucun effet immédiat sur le droit français lors de son adoption, il convient néanmoins de rappeler que les premières décisions de la Cour de justice des communautés européennes en cette matière datent de la fin des années 1980, c'est à dire l'époque des premiers revirements de la jurisprudence de la Cour de cassation [225]. Le législateur français est également intervenu en 1982 et 1983 pour mettre en conformité le droit français avec la directive [226]. Le droit français cultive donc cette singularité consistant à recevoir l'influence déterminante de la jurisprudence de la Cour de justice des communautés européennes, tout en ayant la volonté de faire prévaloir une interprétation nationale des principes qu'elle consacre, par la voix de ses juges [227].

---

[222]. Cette interprétation a suscité la réaction d'un certain nombre de branches professionnelles à l'échelle desquelles ont été signés des accords tendant à maintenir la règle jurisprudentielle précédente entre prestataires d'un même service, sous certaines conditions. Ainsi en est-il par exemple de la convention collective nationale du Personnel des Entreprises de Manutention Ferroviaire et Travaux Connexes, laquelle prévoit le transfert, en cas de changement de titulaire d'un chantier, des seuls salariés affectés audit chantier depuis au moins trois mois au dernier jour du marché [article 15 ter de l'accord relatif aux changements de titulaire d'un marché sur un même chantier du 24 février 1986] ou encore de la convention collective nationale du Personnel des Entreprises de Restauration de Collectivités qui précise que l'entreprise qui se voit confier un marché précédemment attribué à une autre entreprise est tenue de poursuivre les contrats de travail de certaines catégories de personnels employés par le prédécesseur pour l'exécution exclusive du marché dans les mêmes conditions fondamentales d'exploitation [article 3 de l'avenant 3 de l'accord relatif au changement de prestataires de services du 26 février 1986].

[223]. En particulier : CJCE 18 mars 1986, Jozef Maria Antonius Spijkers c/Société Gebroeders Benedik Abattoir CV et autres, aff. 24/85 : *Rec. CJCE* 1986-3, p. 1119, et CJCE 10 février 1988, Fédération Danoise des contremaîtres et similaires c/ Société Daddy's Dance Hall, aff. 324/86 : *Rec.* 1988-2, p. 739. Dans ce dernier arrêt, la CJCE décida que : (i) la directive est applicable dans toutes les hypothèses de changement, dans le cadre de relations contractuelles, de la personne physique ou morale responsable de l'exploitation de l'entreprise qui contracte les obligations d'employeur vis-à-vis des employés de l'entreprise, et surtout (ii) qu'il n'est pas nécessaire qu'il existe des relations contractuelles directes entre le cédant et le cessionnaire, la cession pouvant ainsi s'effectuer en deux étapes par l'intermédiaire d'un tiers (en l'espèce, il s'agissait d'une concession pour l'exploitation d'un restaurant).

[224]. G. COUTURIER, « Le maintien des droits des travailleurs en cas de transfert d'entreprise », *Droit Social*, 1989, n°7/8, p. 557, observe à ce titre que « *Il semble qu'on ait souvent manifesté en France une certaine suffisance* », tout en rappelant ensuite que la conformité du droit français à la directive a été discutée à plusieurs reprises, à partir des années 80.

[225]. Pour une mise en perspective de la jurisprudence française avec la jurisprudence de la Cour de justice des communautés européennes : Ph. WAQUET, « L'application par le juge français de la directive communautaire du 14 février 1977 », *Droit Social*, 1995, n°12, p. 1007-1013 ; A. JEAMMAUD, M. Le FRIANT, *La directive 77/187 CEE, la Cour de Justice et le droit français*, EUI Working Papers, Law n°97/3, 1997, 28 p.

[226]. La Commission avait menacé à l'époque les autorités françaises d'une procédure en manquement. A. JEAMMAUD, *D.*, 1989, som. p. 166 ; A. JEAMMAUD, M. le FRIANT, *La directive 77/187 CEE, la Cour de justice et le droit français*, EUI Working Papers, Law n°97/3, 1997, précité, n°7, p. 7-8.

[227]. Notamment : A. JEAMMAUD, M. Le FRIANT, *La directive 77/187 CEE, la Cour de Justice et le droit français*, EUI Working Papers, Law n°97/3, 1997, précité, où les auteurs reconnaissent une « *indiscutable influence de la jurisprudence de la CJCE* » et concluent leur article en convenant que « *la Cour de cassation manifeste un réel souci de contribuer à l'harmonie du « concept jurisprudentiel » que dirige la Cour de Justice des Communautés Européennes* » (n°19, p. 27-28) ; S. LAULOM, « Les dialogues entre juge communautaire et juges nationaux en matière de transfert d'entreprise »,

**125.** C'est ainsi sous l'influence du droit communautaire [228] que la Cour de cassation a abandonné en 1990 l'exigence du lien de droit entre employeurs successifs, qu'elle avait adoptée quatre ans plus tôt, et a étendu le champ d'application de l'article L.122-12 al. 2 du code du travail à tout « *transfert d'une entité économique autonome conservant son identité et dont l'activité est poursuivie ou reprise* » [229].

L'abandon de l'exigence du lien de droit entre employeurs successifs [230] et l'adoption du critère de l'entité économique autonome conservant son identité a rendu la jurisprudence française conforme au droit communautaire. La jurisprudence a ainsi défini en 1998, pour la première fois de façon expresse, la notion de transfert donnant lieu à la protection de la loi en décidant, sous le visa de la directive 77/187/CEE, que constitue une entité économique, pour l'application de l'article L.122-12 al. 2 du code du travail, « *un ensemble organisé de personnes et d'éléments corporels et incorporels permettant l'exercice d'une activité économique poursuivant un objectif propre* » [231]. Elle reproduisait ainsi la définition de l'entité économique donnée un an plus tôt par la Cour de justice des communautés européennes [232].

**126.** La protection des salariés compris dans une opération de transfert d'entreprise suppose que celle-ci concerne, une entité économique autonome qui maintient son identité. Toute opération de transfert susceptible de répondre à cette définition entre dans le champ d'application de l'article L.122-12 al. 2 du code du travail et permet le transfert automatique

---

*Droit Social*, 1999, n°9/10, p. 831, pour qui « *l'absence de question préjudicielle de la part des tribunaux français (...) concernant la notion de transfert d'entreprise correspond (...) à une volonté de faire prévaloir une interprétation nationale de cette notion* » ; J.-P. LABORDE, « Stabilité et sécurité de l'emploi entre droit national et droit communautaire », *Revue des Sociétés*, avril-juin 2001, n°2, p. 224-234, dans lequel l'auteur décrit les interactions et les rapports d'influence réciproques du droit français et du droit communautaire, et souligne que *« par la force de choses, le soutien est en effet celui que le droit communautaire peut apporter au droit national plutôt que l'inverse »* (p. 229).

[228]. En particulier, les arrêts de la Cour de justice des communautés européennes précités : CJCE 18 mars 1986, Jozef Maria Antonius Spijkers c/Société Gebroeders Benedik Abattoir CV et autres, aff. 24/85 : *Rec. CJCE* 1986-3, p. 1119 : Point 11, et CJCE 10 février 1988, Fédération Danoise des contremaîtres et similaires c/ Société Daddy's Dance Hall, aff. 324/86 : *Rec. CJCE* 1988-2, p. 739 : Points 9 et 10.

[229]. Cass. Ass. Plén. 16 mars 1990, deux arrêts : SA Nîmoise de tauromachie et de spectacles c/ Bodrero Sereu, (n°311 P) et Sté d'exploitation du Touring club de Paris Ouest et autre c/ Appart et autre (n° 312 P) : *Bull. civ.* ass. plén. n°4 ; *RJS*, 4/90, n°281 ; *D.*, 1990, jurisp., p. 305, note A. LYON-CAEN, à propos d'une concession pour l'exploitation du terrain de camping du Bois de Boulogne (1er arrêt) et des arènes de Nîmes (2è arrêt), où la Cour de cassation décide que « *dès lors que la cour d'appel a fait ressortir qu'avait été transférée une entité économique, conservant son identité et que l'activité en avait été reprise, elle a ainsi justifié sa décision* » ; J. DEPREZ, « La nouvelle jurisprudence de la Cour de Cassation sur la reprise des contrats de travail dans les marchés de services et les concessions d'activités», *JCP*, E, 1990, II, p. 472 ; E. WAGNER, « Le nouveau champ d'application de l'article L.122-12 al.2 », *Droit Ouvrier*, juin 1990, p. 217-229.

[230]. Une décision a même reconnu que l'article L.122-12 al. 2 du code du travail trouve à s'appliquer lorsque le nouvel exploitant est un occupant sans droit ni titre : la seule poursuite de l'exploitation, dans des conditions caractérisant le transfert d'entreprise, suffit à entraîner le transfert des contrats de travail, même si le nouvel exploitant n'est ni le locataire, ni le propriétaire du fonds dont il poursuit l'exploitation. Dans ce cas précis, le nouvel exploitant devient l'employeur des salariés pour la période courant de la reprise de l'exploitation à son expulsion des lieux. Cass. soc. 3 mars 1998 n°1125 P, Mlle Garsallah c/ M. Bermond et a. : *Bull. civ.* V, n°116, p. 86 ; *RJS*, 4/98, n°418.

[231]. Cass. soc. 7 juillet 1998 n° 4069 PB, Mutuelle Générale de l'Education Nationale (MGEN) c/ CPAM de Paris et a.: *Bull. civ.* V, n°363, p. 275 ; *RJS*, 11/98, n°1346 ; *Droit Social*, 1998, n°11, p. 948, obs. A. MAZEAUD ; *Travail et Protection Sociale*, octobre 1998, n°323, p. 13.

[232]. CJCE 11 mars 1997, Ayse Süzen c/ Zehnacker Gebäudereiniung GmbH Krankenhausservice, aff. C.13/95 : *Rec. CJCE* 1997, p. I-1259, Point 13 ; *RJS*, 6/97, n°770 ; *Droit Social*, 1997, n°7-8, p. 730 ; J. J. TOUATI, « Une jurisprudence au rebours du flot », *Semaine Sociale Lamy*, 2 juin 1997, n°842, p. 3. Cette définition a été reprise dans la directive 98/50 et figure désormais à l'article 1er 1. b) de la directive 2001/23.

des contrats de travail des salariés qui y sont attachés, qu'il s'agisse des opérations faisant partie de l'énumération textuelle donnée par l'article L.122-12 al. 2 du code du travail ou qu'elles en soient absentes et considérées, en droit, comme produisant les mêmes effets.

## a) Une entité économique

**127.** La notion d'entité économique ne renvoie à aucune forme juridique précise. Le mode de transmission est en effet indifférent et l'existence d'un lien de droit entre cédant et cessionnaire n'est plus une condition d'application de l'article L.122-12 al. 2 du code du travail. C'est bien plutôt l'objet du transfert qui est déterminant. Une entité économique doit nécessairement correspondre à une entreprise [233] ou à une partie d'entreprise, susceptible de permettre l'exercice d'une activité économique grâce à des moyens techniques [234], matériels[235] et humains [236].

**128.** En dehors des cas d'application classique du principe du transfert automatique des contrats de travail d'un employeur à un autre, c'est à dire, principalement, en cas de fusion, de scission, d'acquisition ou encore de filialisation de société, il convient donc de se livrer à une évaluation d'ensemble des circonstances de fait qui caractérisent l'opération. Celle-ci est effectuée au cas par cas, selon la technique du faisceau d'indices, afin de déterminer si l'objet du transfert est une entité économique [237]. L'opération doit en effet nécessairement s'accompagner d'un transfert « *d'éléments d'actifs corporels ou incorporels significatifs* » ou

[233]. N'est notamment pas considérée comme telle la cession d'une propriété immobilière : Cass. soc. 3 octobre 1989, Mme Détré c/ M. Imbert : *Bull. civ.* V, n°556, p. 339 ; *RJS*, 11/89, n°825 ; Cass. soc. 23 janvier 2002, n°258 F-D, Mezoughi Ben Moul c/ Dray, non publié au Bull. civ.; *RJS*, 4/02, n°394 ; Cass. soc. 14 mars 2006 n°753 F-PB, Communauté urbaine de Strasbourg c/ Benekka et a., *RJS*, 6/06, n°692. Sauf à ce que la cession ne porte pas seulement sur un ensemble immobilier mais s'accompagne de la reprise du service de gardiennage et d'entretien ainsi que des baux et contrats d'assurance nécessaires à son exploitation : Cass. soc. 14 février 2007 n°292 FS-PB, Sté d'HLM Vaucluse Logement et a. c/ Chabalier et a.: *Bull. civ.* V, n°22, p. 21 ; *RJS*, 4/07, n°411.

[234]. C'est à dire des éléments incorporels, tels que le nom commercial, les marques de fabrique et de commerce, la clientèle, le droit au bail, les contrats, les méthodes d'exploitation, etc.

[235]. C'est à dire des éléments corporels tels que les bâtiments, du mobilier, du matériel ou de l'outillage ainsi que des marchandises.

[236]. C'est à dire le personnel affecté à l'activité transférée. Ce dernier élément est particulièrement important dans certains secteurs économiques (comme le nettoyage) ou les éléments d'actif, matériels ou immatériels, sont « *souvent réduits à leur plus simple expression et où l'activité repose essentiellement sur la main-d'œuvre* ». Dès lors « *un ensemble organisé de salariés qui sont spécialement et durablement affectés à une tâche commune, peut en l'absence d'autres facteurs de production, correspondre à une entité économique* ». CJCE 10 décembre 1998, aff. jointes, Francisco Hernandez Vidal SA c/ Prudencia Gomez Pérez et autres, C-127/96, C-229/96 et C-74/97 *Rec. CJCE* 1998, p. I-8179 : Point 27.

[237]. CJCE 18 mars 1986, Jozef Maria Antonius Spijkers c/Société Gebroeders Benedik Abattoir CV et autres, aff. 24/85 : *Rec. CJCE* 1986-3, p. 1119, Point 13 : « *Il convient de prendre en considération l'ensemble des circonstances de fait caractérisant l'opération en cause, au nombre desquelles figurent notamment le type d'entreprise ou d'établissement dont il s'agit, le transfert ou non d'éléments corporels, tels que les bâtiments et les biens mobiliers, la valeur des éléments incorporels au moment du transfert, la reprise ou non de l'essentiel des effectifs par le nouveau chef d'entreprise, le transfert ou non de la clientèle, ainsi que le degré de similarité des activité exercées avant et après le transfert et la durée d'une éventuelle suspension de ces activités* » ; CJCE 19 septembre 1995, Ledernes Hovedorganisation, agissant pour Ole Rygaard c/ Dansk Arbejdsgiverforening, agissant pour Stro Molle Akustik A/S, aff. C-48/94, *Rec. CJCE* 1995, p. I-2745 : Point 17 ; CJCE 19 mai 1992, Dr. Sophie Redmond Stichting c/ Hendrikus Bartol et autres, aff. C-29/91, *Rec. CJCE* 1992, p. I-3189: Point 24 ; CJCE 11 mars 1997, Ayse Süzen c/ Zehnacker Gebäudereinigung GmbH Krankenhausservice, aff. C-13/95, *Rec. CJCE* 1997- I, p. 1259 : Point 14 ; CJCE 20 novembre 2003, aff. C-340/01, Carlito Abler et a. c/ Sodexho MM. Catering Gesellschaft et Sanrest Gro Bküchen Betriebsgesellschaft mbH, *Rec. CJCE* 2003, p. I-14023 : Point 33.

« *d'une reprise par le nouvel entrepreneur, d'une partie essentielle des effectifs en termes de nombre et de compétence (...)* » [238].

**129.** Aucun facteur n'étant déterminant en soi, la jurisprudence de la Cour de justice des communautés européennes commande que la seule absence de transfert d'élément d'actifs soit considérée comme dépourvue de signification [239]. De même, l'absence de reprise, par le cessionnaire, « *d'une partie essentielle, en termes de nombre et de compétences, des effectifs que son prédécesseur affectait à l'exécution de la même activité* », ne suffit pas à exclure l'application de la directive, dans des secteurs où l'activité ne repose pas essentiellement sur la main d'œuvre, mais exige des équipements importants [240].

### b) Une entité autonome

**130.** Un transfert peut porter sur une partie de l'activité de l'entreprise. Il emporte dans ce cas l'application de l'article L.122-12 al. 2 du code du travail, dès lors que l'activité qui est l'objet du transfert est suffisamment autonome.

Toute la difficulté réside dans l'application de ce principe aux opérations ne portant pas sur des entités juridiques. Tel est le cas notamment des opérations d'externalisation [241], de reprise en gestion directe d'une activité qui était précédemment externalisée ou d'opérations impliquant une succession de prestataires sur un même service.

**131.** Le droit communautaire ne fait pas du critère d'autonomie en tant que tel, un élément nécessaire de la définition du transfert, entrant dans le champ d'application de la directive. En effet, l'article 1.b) de la directive 2001/23/CE ne définit le transfert que comme celui d'une « *entité économique maintenant son identité* ». Ce même article prévoit néanmoins que cette entité économique doit être entendue comme « *un ensemble organisé de moyens en vue de la poursuite d'une activité économique* ». L'« autonomie » de l'entité transférée exigée par la jurisprudence française est donc à rapprocher de l'exigence d'un « ensemble organisé de

---

238. CJCE 11 mars 1997, Ayse Süzen c/ Zehnacker Gebäudereinigung GmbH Krankenhausservice, aff. C-13/95, *Rec. CJCE* 1997- I, p. 1259 : Point 23.

239. CJCE 18 mars 1986, Jozef Maria Antonius Spijkers c/ Société Gebroeders Benedik Abattoir CV et autres, aff. 24/85 : *Rec. CJCE* 1986-3, p. 1119 : Point 12 ; CJCE 14 avril 1994, Christel Schmidt c/ Spar – und Leihkasse der früheren Amter Bordesholm, Kiel und Cronshagen, aff. C-392/92, *Rec. CJCE* 1994, p. I-1311 : Point 16. L'impact de cette dernière jurisprudence sur le droit français a été différemment apprécié par la doctrine ; P. POCHET, « CJCE : l'apport de l'arrêt Schmidt à la définition du transfert d'une entité économique », *Droit Social*, 1994, n°11, p. 931-937 ; J. DEPREZ, « Transfert d'entreprise. La notion de transfert d'entreprise au sens de la directive européenne du 14 février 1977 et de l'article L.122-12, al.2 du code du travail : jurisprudence française et communautaire », *RJS*, 5/95, p. 315-321 ; Ph. WAQUET, « L'application par le juge français de la directive communautaire du 14 février 1977 », *Droit Social*, 1995, n°12, p. 1011-1013 ; principe réitéré plus récemment *in* CJCE 15 décembre 2005, aff. 232/04, 233/04, Nurten Güney-Görres c/ Securicor Aviation Germany, *Rec.* 2005, p. I-11237 ; *RJS*, 4/06, n°507, note J.-Ph. LHERNOULD, p. 261.

240. Principalement dans le secteur de la restauration collective. CJCE 20 novembre 2003, aff. C-340/01, Carlito Abler et a. c/ Sodexho MM. Catering Gesellschaft et Sanrest Gro Bküchen Betriebsgesellschaft mbH : *Rec. CJCE* 2003, p. I-14023 : Points 37 et 42 ; *RJS*, 4/04, n°474, note N. MOIZARD, p. 260 ; *Travail et Protection Sociale*, janvier 2004, n°30, p. 27: application de la directive à un changement de prestataire sur un service de restauration collective, en l'absence de reprise par le nouvel entrepreneur des salariés du premier, dès lors que le second entrepreneur utilise d'importants éléments d'actifs corporels précédemment utilisés par le premier entrepreneur et mis successivement à leur disposition par le donneur d'ordre.

241. Les formes d'externalisation sont variées et s'inscrivent dans le cadre d'un recentrage de l'entreprise sur son cœur de métier, d'une diminution de la taille des structures de production, d'une limitation du nombre de leurs activités ou encore d'une division et d'une spécialisation accrue du travail. Avis et Rapport du Conseil Economique et Social, *Conséquences sur l'emploi et le travail des stratégies d'externalisation d'activités*, Les éditions du Journal Officiel, 2005, p. I-5.

moyens qui poursuit un objectif propre » de la directive. Elle est partie intégrante du concept de transfert d'entreprise.

**132.** Cette condition semble toutefois être appréciée différemment par la Cour de justice des communautés européennes et la Cour de cassation, au regard de leur jurisprudence en matière de changement de prestataire de services, d'externalisation d'activité ou de reprise d'activité en gestion directe [242].

**133.** Pour la Cour de justice des communautés européennes, il suffit en effet que l'activité soit suffisamment caractérisée, c'est à dire organisée de manière stable, pour être identifiée comme autonome. L'activité en question n'a pas besoin de moyens propres ou d'éléments d'actifs pour rendre applicable la directive. Le transfert d'une activité accessoire, sans rapport avec l'objet social de l'entreprise cédante, ne peut avoir pour effet d'exclure l'opération du champ d'application de la directive [243]. Celle-ci vise en effet le transfert de toute activité économique, « *que celle-ci soit essentielle ou accessoire* » [244]. Ni le fait que l'activité transférée ne constitue pour le cédant qu'une activité accessoire, ni le fait qu'un seul salarié soit concerné par le transfert, n'empêchent ainsi l'application de la directive. Le « critère décisif » pour établir l'existence d'un transfert au sens de la directive est en effet de savoir si l'entité en question garde son identité [245].

**134.** Or, la Cour de cassation considère que pour être qualifiée d'autonome, l'activité transférée doit, quelle que soit l'opération en cause, poursuivre un objectif ou une organisation propre et disposer de moyens spécifiques, en personnel notamment, par opposition à du personnel polyvalent, que le transfert porte sur une activité exercée à titre principal ou à titre accessoire.

La Cour de cassation s'oppose ainsi à ce que l'article L.122-12 al. 2 du code du travail produise ses effets dans le cas de transfert d'activité sans personnel ni finalité économique propre. Il s'agit le plus souvent de transfert portant sur des activités accessoires sans personnel affecté spécialement et dont les moyens sont généralement ceux de l'activité principale à laquelle ces activités sont rattachées, par opposition aux activités qui constituent une branche distincte de l'entreprise [246].

Elle ne considère pas comme « autonome » un service qui n'est qu'un « *simple démembrement des services centraux et ne dispose pas au sein de l'établissement d'une autonomie, tant dans ses moyens en raison de la polyvalence de la plupart de ses salariés,*

---

[242]. La doctrine est divisée sur ce point. Par exemple, Ph. WAQUET *in* « Libres propos sur l'externalisation », *Semaine Sociale Lamy,* 16 octobre 2000, n°999, p. 9, considère que la jurisprudence française en matière d'externalisation est « *équilibrée et en harmonie avec celle de la CJCE* ». Pour une opinion contraire, J.-G. MAHINGA, « L'externalisation d'activités : où va la jurisprudence de la Cour de Cassation ? », *Les Petites Affiches*, 7 juin 2001, n°113, p. 13-22, pour qui « *la Cour de cassation n'est pas pertinente et apparaît même en contradiction avec le droit communautaire et avec l'intérêt des salariés* ».

[243]. CJCE 12 novembre 1992, Anne Watson Rask et Kirsten Christensen c/ Iss Kantineservice A/S, aff. C-209/91, *Rec. CJCE* 1992, p. I-5755 : Point 17 ; CJCE 14 avril 1994, aff. C-392/94 Schmidt c/ Spar und Leihkasse der früheren ämter Bordesholm, Kiel und Cronshagen, *Rec. CJCE* 1994, p. I-1311: Point 14 ; CJCE 10 décembre 1998, aff. jointes C-127/96, C-229/96 et C-74/97, Francisco Hernandez Vidal SA c/ Prudencia Gomez Pérez et autres, *Rec. CJCE* 1998, p. I-8179: Point 33.

[244]. Directive 2001/23/CE, article 1.1. b).

[245]. CJCE 18 mars 1986, Jozef Maria Antonius Spijkers c/ Société Gebroeders Benedik Abattoir CV et autre, aff. 24/85 : *Rec. CJCE* CJCE 1986-3, p.1119 : Point 11.

[246]. L'article L.122-12 al.2 s'applique en effet généralement dans ce dernier cas. Par exemple : Cass. 31 mai 2005, n°1190 FD, Gosset et a. c/ Sté GMP et a., non publié au Bull. civ. ; *RJS*, 8-9/05, n°806, à propos de la branche des transports de marchandises par route d'une entreprise de manutention portuaire ; Cass. soc. 2 février 2006, n°310 FD, Sté Crédit Immobilier de France Normandie et a. c/ Maury et a. : *RJS*, 4/06, n°398, à propos de la branche de gestion et de recouvrement des prêts à l'habitat d'une société de crédit immobilier.

*que dans l'organisation de sa production, ne possède pas de moyens particuliers tendant à des résultats spécifiques et à une finalité économique propre »* [247].

**135.** L'exigence d'autonomie est bicéphale en droit français. Elle porte tant sur les moyens que sur le personnel dédié à l'activité considérée [248]. C'est ainsi que le constat de

---

[247]. Cass. soc. 18 juillet 2000, Société Perrier Vittel France c/ Comité d'établissement de la source Perrier de Vergèze et a.: Cass. soc. 18 juillet 2000, n°3700 FS-D, Sté Perrier Vittel France c/ Comité d'établissement Contrexeville : *Bull civ.* V, n°285, p. 225 ; *RJS*, 11/00, n°1063 ; *Droit Social*, 2000, n°9-10, p. 850, note G. COUTURIER, *ibid*, p. 845-49 ; *Bulletin Joly Sociétés*, octobre 2000, p. 975, n°248, note B. SAINTOURENS ; B. BOUBLI, « Externalisation et L.122-12 ou les affaires Perrier », *Semaine Sociale Lamy*, 31 juillet 2000, n°992, p. 5-7 ; J.-E. TOURREIL, « L'activité accessoire transférée doit correspondre à une entité économique autonome », *Jurisprudence Sociale Lamy*, 14 septembre 2000, n°64, p. 203-206 ; P.-H ANTONMATTEI, « Externalisation et article L.122-12 alinéa 2 du code du travail : le clash ! », *Semaine Sociale Lamy*, 25 septembre 2000, n°996, p. 7-9 ; Ph. WAQUET, « Libres propos sur l'externalisation », *Semaine Sociale Lamy*, 16 octobre 2000, n°999, p. 7-9 ; P.-H. ANTONMATTEI, « Externalisation et article L.122-12, alinéa 2, du code du travail », *JCP*, E, 1998, 1635 ; E. PAOLINI, « Le comité d'entreprise prend de la bouteille », *Semaine Sociale Lamy*, 22 juin 1998, n°892, p. 5-7 ; M. MORAND, « Variations géométriques de l'article L.122-12 », *Travail et Protection Sociale*, novembre 2000, p. 5-7 ; B. BOUBLI, « Mystères et misères de l'article L.122-12 », *Travail et Protection Sociale*, mars 2002, p. 5-7. Egalement : Cass. soc. 24 Octobre 2000, 3959 FS-PBRI, Mme Mispiratceguy c/ Clinique des Cigognes et a. : *Bull. civ.* V, n°342, p. 263, *RJS*, 1/01 n°14 ; *Droit Social*, 2001, n°1, p. 93, obs. J. SAVATIER. Dans ce dernier arrêt, la Cour de Cassation s'est toutefois fondée sur l'interprétation de deux articles du Code de la Santé Publique relatifs à l'objet des établissements hospitaliers, pour refuser l'application de l'article L.122-12 al. 2 du code du travail au transfert de la fonction d'hébergement d'une clinique à un nouvel exploitant, et ne s'est donc pas prononcée sur l'existence d'une entité économique autonome en tant que telle.

Cela revient à distinguer entre les activités accessoires selon qu'elles sont dissociables de l'activité principale de l'entreprise ou n'en constituent qu'un simple « démembrement ». Or, la Cour de justice des communautés européennes ne retient pas une telle distinction. G. COUTURIER *in* « L'article L.122-12 du code du travail et les pratiques d'externalisation (les arrêts Perrier Vittel France du 18 juillet 2000) », *Droit Social*, 2000, n°9/10, p. 845-49, s'interroge sur le sens de l'orientation des juges vers une certaine accentuation des exigences d'autonomie et d'organisation : *« doit-elle être perçue comme une réaction des juges aux pratiques d'externalisation ? (...) dans quelle mesure peut-il s'agir de faire ici la distinction entre les bonnes externalisations – celles que la rationalité économique légitime réellement – et les mauvaises externalisations (...) ? »* (p. 848-49) ; Interrogation reprise par M. MORAND, « Variations géométriques de l'article L.122-12 », *Travail et Protection Sociale*, novembre 2000, p. 6, lequel clôture son article en observant qu'il vaudrait peut-être mieux *« contrôler la légitimité de la décision d'externalisation, plutôt que de s'engager dans une construction réductrice du concept d'entité économique lors de la cession d'une activité accessoire ou secondaire à l'entreprise ».*

[248]. L'application de l'article L.122-12 al. 2 est admise dans ces conditions. Par exemple : Cass. soc. 28 juin 2000, n°3169 F-D, Brohan et autres c/ CNC Galina et autre, non publié au Bull. civ. ; *RJS*, 12/00, n°1225, à propos d'une société d'abattage et de conditionnement de volailles qui avait décidé de confier à une entreprise extérieure le transport de ses produits. L'activité en question était « *dotée d'une organisation spécifique, constituait dans l'entreprise une entité distincte et détachable des activités de production et de transformation* », et « *cette entité et l'ensemble des salariés dotés d'une qualification professionnelle spécifique qui lui étaient affectés avaient été transférés* » ; Cass. soc. 23 janvier 2002, n°290 F-D, Cohen c/ SA Orfèvrerie Christofle, non publié au Bull. civ. ; *RJS*, 5/02, n°533, à propos de l'externalisation du département informatique d'une entreprise, lequel possédait « *des moyens particuliers en personnel et en matériel, tendait à des résultats spécifiques et avait une finalité propre* » ; Cass. soc. 24 septembre 2002, n°2755 FS-D, SA Serca c/ Vasseur, non publié au Bull. civ. ; *RJS*, 12/02, n°1356, à propos de la reprise par l'une des filiales du groupe Casino de la promotion de la vente des produits spécialisés dans les rayons des grandes surfaces du groupe Hyperallyes-Casino, précédemment assurée par une autre société : « *qu'ayant retenu que cette activité s'était poursuivie sous la direction de la société Casino avec la plus grande partie du personnel, 200 salariés sur 213 ayant été conservés, et fait ressortir que les moyens liés à la mise en œuvre des tâches dévolues à ces salariés étaient identiques* » ; Cass. soc. 26 mai 2004, n°1055 F-D, Comité d'entreprise de l'Unité économique et sociale EMAP France et a. c/ Sté EMAP France et a., non publié au Bull. civ. ; *RJS*, 8-9/04, n°888, à propos de l'externalisation des services généraux d'un groupe de sociétés dès lors que les services concernés, malgré la diversité de

l'absence d'autonomie de l'organisation de la production, c'est à dire l'absence de moyens particuliers tendant à des résultats spécifiques, entraîne celui de l'absence d'application du principe du transfert automatique des contrats de travail à l'opération considérée [249]. De même, le constat de l'absence d'autonomie en personnel, c'est à dire l'absence d'un personnel dédié à l'activité qui est l'objet du transfert, rend inapplicable l'article L.122-12 al. 2 du code du travail à l'espèce en cause [250].

**136.** La Cour de justice des communautés européennes apprécie d'une façon plus souple l'exigence d'autonomie de l'entité économique. Elle raisonne d'une façon globale en se fondant plus sur la nature de l'activité cédée que sur les éléments corporels, incorporels et humains réellement transmis, pour décider ou non de l'application de la directive. L'importance à donner aux différentes composantes de l'entité économique dépend ainsi du type d'activité cédée, selon qu'elle repose ou non essentiellement sur la main d'œuvre.

**137.** Les éléments corporels, incorporels et humains sensés composer l'entité économique qui est l'objet du transfert ne se retrouvent pas tous nécessairement. La directive pourra ainsi trouver à s'appliquer même en l'absence de transfert d'éléments d'actifs dès lors que l'activité en cause était assurée, avant le transfert, par un personnel dédié à cette activité [251]. La Cour de

---

leurs missions, étaient composés d'une équipe autonome (20 personnes), disposaient d'une organisation propre (soit un responsable des services généraux et trois responsables administratifs de sites) et poursuivaient un objectif propre (la gestion et la maintenance des immeubles) détachable de l'objet social de l'unité économique et social Emap France (le journalisme).

[249]. Par exemple : Cass. soc. 13 décembre 1995, n°5226 D, Rezk et a. c/ Sté Sipa et a., non publié au Bull. civ. ; *RJS*, 2/96, n°99 : succession de prestataires sur un marché de gardiennage, en l'absence de transfert de moyens d'exploitation permettant de considérer que l'entreprise s'est poursuivie ; Cass. soc. 25 juin 2002, n°2131 FS-PB, Sté CIR Médicale et a. c/ M. Tellier et a. : *Bull. civ.* V , n° 216, p. 209 ; *RJS*, 10/02, n°1079 : entreprises d'ambulances assurant successivement le transport des malades d'un établissement hospitalier, sans que soit constatée la reprise par le nouveau titulaire du marché des éléments d'actifs nécessaires à l'exploitation de l'entité ; Cass. soc. 10 juillet 2002, n°2327 F-D, Sté régionale distribution d'eau c/ Anzalone, non publié au Bull. civ. ; *RJS*, 11/02, n°1203 : attribution de marché portant sur des activités purement techniques (assainissement d'une commune) et ne s'accompagnant pas de la transmission de moyens techniques ; Cass. soc. 26 janvier 2005, n°197 F-D, Sté Sogeres c/ Semaan et a., non publié au Bull. civ. ; *RJS*, 4/05, n°345 : perte d'un marché de restauration collective ne s'accompagnant pas de la reprise par le nouveau prestataire des moyens d'exploitation ; Cass. soc. 21 février 2006 n°442 F-D, Hofmann et a. c/ Sté Astra Fralib et a., *RJS*, 5/06, n°531, à propos d'un service commun à plusieurs sociétés d'un groupe, dès lors qu'il ne résultait des constatations des juges du fond, ni que le service commun dont relevaient les salariés constituait une entité économique au sein de la société cédante ou qu'il se rattachait à l'activité de production reprise par la société cessionnaire, ni que des éléments d'exploitation corporels ou incorporels avaient été transférés à cette dernière société.

[250]. Par exemple : Cass. soc. 18 juillet 2000, Société Perrier Vittel France c/ Comité d'établissement de la source Perrier de Vergèze et a., précité, où la polyvalence des salariés avait notamment été constatée pour faire échec au transfert ; Cass. soc. 22 janvier 2002, M. Richard et a. c/ Sté de conditionnement des produits européens (SCPE) et a. : *Bull. civ.* V, n°24, p. 20 ; *RJS*, 4/02, n°396, à propos d'une cession de la clientèle et des marques attachées à une partie des produits fromagers d'une société, alors que, notamment, le personnel de la société cédante intervenait sur tous les produits de la société sans être particulièrement affecté à telle ou telle catégorie de marchandise.

[251]. Principalement dans le secteur du nettoyage, où l'activité repose essentiellement sur la main d'œuvre. CJCE 10 décembre 1998, aff. jointes, Francisco Hernandez Vidal SA c/ Prudencia Gomez Pérez et autres, C-127/96, C-229/96 et C-74/97 *Rec. CJCE* 1998, p. I-08179 : Point 27, précité ; CJCE 24 janvier 2002, aff. C-51/00, Temco Service Industries SA c/ Samir Imzilyen e.a. : *Rec. CJCE* 2002, p. I-969 : Point 33 ; *RJS*, 4/02, n°511 : application de la directive à un changement de prestataire sur un service de nettoyage en l'absence de cession d'éléments d'actifs corporels ou incorporels, dès lors que le nouvel entrepreneur reprend une partie des effectifs du sous-traitant, à condition que la reprise porte sur une partie essentielle en termes de nombre et de compétences, des effectifs que le sous-traitant affectait à l'exécution du marché sous-traité. Egalement dans le secteur du gardiennage : CJCE 10 décembre 1988,

cassation se distingue sur ce terrain. Elle est encore réticente à admettre l'application de l'article L.122-12 al. 2 du code du travail en l'absence de transfert de tout élément corporel ou incorporel [252]. La Cour de cassation admet toutefois, à l'instar de la jurisprudence communautaire, que la mise à disposition de moyens aux prestataires successifs par le donneur d'ordre est suffisant pour considérer que des moyens spécifiques ont été transférés au nouveau prestataire avec l'activité cédée [253].

---

Horst Ziemann c/ Ziemann Sicherheit GmbH et Horst Bohn Sicherheitsdienst, aff. C 247/96, *Rec. CJCE* 1998, p. I-8237 : Points 26 et 34, à propos d'un marché de surveillance d'installations militaires.

[252]. Par exemple, Cass. soc. 17 décembre 2002, n°3868 FS-D, Sté Air France c/ Lamoine, non publié au Bull. civ.; *RJS*, 3/03, n°320, à propos de la reprise par Air France de la maintenance de ses propres installations : absence d'application de l'article L.122-12 al. 2, « *La société Air France s'était bornée à reprendre les activités de maintenance de ses propres installations, qu'elle a exercées elle-même dans ses propres locaux, avec le matériel lui appartenant, ce qui avait pour effet d'exclure tout transfert d'un ensemble organisé de personnes et d'éléments corporels ou incorporels* » ; Cass. soc. 18 février 2004, n°368 F-D, Sté française de services (Sodexho France) c/ Vivancos, non publié au Bull. civ.; *RJS*, 5/04, n°507, à propos d'un changement de prestataire de services de nettoyage : absence d'application de l'article L.122-12 al. 2 : « *La seule affectation des salariés à l'exécution d'un marché ne suffit pas à caractériser une telle entité économique* ». En l'espèce, aucun élément propre à établir que les travaux de nettoyage relevaient d'une entité économique autonome n'avait été apporté par le premier entrepreneur ; Cass. soc. 31 mai 2005, Sté Sedico c/ Eveno, non publié au Bull. civ. ; *RJS*, 8-9/05, n°807 ; *JCP*, éd. Sociale, n°4, 19 juillet 2005, n°1068, p. 21, obs. J.-F. CESARO, à propos d'un changement de prestataire de services sur des opérations de maintenance des installations de chauffage d'office public HLM « *la perte d'un marché n'entraîne l'application de l'article L.122-12 al.2 du code du travail que lorsqu'elle s'accompagne du transfert au nouveau titulaire d'une entité économique autonome qui maintient son identité et dont l'activité est poursuivie ou reprise* ». En l'espèce, l'ancien prestataire (Sedico) soutenait que le nouveau prestataire (Dalkia) avait « mis la main » sur la totalité de ses clients, ce qui caractérisait le transfert d'une véritable entité. Cet argument n'a pas été retenu dans la mesure où aucun moyen d'exploitation nécessaire à l'exécution du marché de maintenance n'avait été repris par le nouveau prestataire ; Cass. soc. 20 décembre 2006, Société Sécurifrance c./ Société Intégral Sécurity Province et autres : *Bull. civ.* V, n°389, p. 376 ; *Droit Social*, 2007, n°3, p. 374, obs. A. MAZEAUD : ni la perte d'un marché de services au profit d'un concurrent, ni la poursuite par l'entreprise entrante, en application d'un accord collectif qui la prévoit et l'organise, des contrats de travail d'une partie des salariés affectés à ce marché ne caractérisent à eux seuls le transfert d'une entité économique autonome, de sorte que seul l'accord collectif est applicable ; Cass. soc. 25 avril 2007 n°856 F-D, Hirèche c/ Sté PCTS (Hôtel Première Classe) : *RJS*, 7/07, n°814, à propos de l'attribution par un établissement hôtelier à un prestataire extérieur du marché de nettoyage de ses chambres.

[253]. Dernièrement : CJCE 15 décembre 2005, aff. 232/04, 233/04, Nurten Güney-Görres c/ Securicor Aviation Germany, *Rec. CJCE* 2005, p. I-11237 : « *Lors du contrôle de l'existence d'un transfert d'entreprise ou d'établissement (...) en cas de nouvelle attribution d'un marché et dans le cadre d'une évaluation d'ensemble, la constatation du transfert des éléments d'exploitation aux fins d'une gestion économique propre ne constitue pas une condition nécessaire pour la constatation d'un transfert de ces éléments de l'adjudicataire initial au nouvel adjudicataire* » ; *RJS*, 4/06, n°507, note J.-Ph. LHERNOULD, p. 261 ; Cass. soc. 3 avril 2002, n°1278 F-P, M. Aneiros c/ Association ADEIV et a. : *Bull. civ.* V, n° 114, p. 123 ; *RJS*, 6/02, n° 655, à propos de la mise à disposition par une mairie des moyens d'exploitation de l'imprimerie communale à une association reprenant la communication des informations municipales précédemment effectuée par une autre association ; Cass. soc. 9 novembre 2005, n°2406 F-PB, Sté Rémy Loisirs c/ Caillet : *Bull. civ.* V, n°313, p. 275 ; *RJS*, 1/06, n°13, à propos d'un changement de concessionnaire pour l'exploitation du service des remontées mécaniques des stations d'une vallée, s'accompagnant de la mise à disposition aux concessionnaires successifs de l'ensemble des biens meubles et immeubles, corporels et incorporels, nécessaires à l'exploitation du service.

### c) Une entité maintenant son identité

**138.** Pendant longtemps, la jurisprudence a considéré que l'article L.122-12 al. 2 du code du travail devait s'appliquer dès lors qu'il y avait poursuite des « *mêmes possibilités d'emploi* », ou lorsque la même entreprise continuait à fonctionner avec les « *mêmes emplois sous une direction nouvelle* » c'est à dire, lorsque, malgré le transfert, les postes de travail ou les conditions de fonctionnement de l'entreprise précédente étaient maintenus [254].

C'est en 1990 que la jurisprudence de la Cour de cassation [255] y substitua la formule d'inspiration communautaire de l'exigence d'une « *entité maintenant son identité* », laquelle a été intégrée dans la définition du transfert contenue dans la version modifiée de la directive en 1998 et maintenue depuis lors [256]. Il faut donc que l'entreprise ou l'activité en question soit poursuivie ou reprise par le cessionnaire avec les mêmes activités économiques ou des activités analogues [257].

**139.** La permanence de l'entité transférée suppose la persistance d'une activité de même nature. Les différents éléments de l'entité, c'est-à-dire les éléments corporels, incorporels, et humains, doivent se retrouver après le transfert et être toujours affectés à la même activité économique, de manière stable [258], afin que les contrats de travail se poursuivent chez le cessionnaire.

Cela ne signifie toutefois pas que l'activité doive rester entièrement la même. La jurisprudence reconnaît ainsi que le recours à des moyens techniques ou à des procédés de fabrication différents ne change pas la nature de l'activité [259]. La connexité ou la similitude

---

[254]. Par exemple : Cass. soc. 9 juillet 1980, Courtois c/ entreprise Malezieux : *Bull. civ.* V, p. 472, n°632 ; Cass. soc. 8 février 1984, SARL Onet et a. c/ Mme Guillemin et a. : *Bull. civ.* V, n°47, p. 38 ; *D.*, 1984, p. 323 (1ère esp.), concl. MM. PICCA et ECOUTIN, *ibid.*, p. 321.

[255]. Cass. Ass. Plén. 16 mars 1990, deux arrêts : SA Nîmoise de tauromachie et de spectacles c/ Bodrero Sereu, (n°311 P) et Sté d'exploitation du Touring club de Paris Ouest et autre c/ Appart et autre (n° 312 P) : *Bull. civ.* ass. plén. n°4 ; *RJS*, 4/90, n°281 ; *D.*, 1990, jurisp., p. 305, note A. LYON-CAEN.

[256]. Article 1er, 1. b), directives 98/50/CE et 2001/23/CE.

[257]. CJCE 18 mars 1986, aff. 24/85, Jozef Maria Antonius Spijkers c/ Société Gebroeders Benedik Abattoir CV et autre : *Rec. CJCE* 1986-3, p. 1119 : Points 12 et 15 ; Cass. soc. 8 juillet 1992, n°2799 PF, Assedic de Nancy et a. c/ M. Bihr et a. : *Bull. civ.* V, n°446, p. 278 ; *RJS*, 8-9/92, n°964 (3è espèce) ; Cass. soc. 23 mars 1994, n°1510 P, Société Vilquin et a. c/ M. Noël et a. (2nd moyen) : *Bull. civ.* V, n°103, p. 71 (2nd moyen non publié) ; *RJS*, 5/94 n°525 ; Cass. soc. 28 mai 1997, n°2326 P, Société Gerex c/ M. Gatt et a. : *Bull. civ.* V, n°195, p. 140 ; *RJS*, 10/97 n°1071 ; Cass. soc. 31 mars 1998, ASSEDIC Roubaix-Tourcoing et a. c/ M. Allard et a. : *Bull. civ.* V, n°181, p. 132 ; *RJS*, 12/98, n°1451 (1ère espèce) ; Cass. soc. 12 octobre 1999, n°3551 PB, M. X c/ SA Carrières Bresse Bourgogne (1er moyen) : *Bull. civ.* V, n°374, p. 274 ; *RJS*, 4/00, n°378.

[258]. Ainsi, ne constitue pas un transfert d'entreprise la reprise, en vue de terminer, avec l'accord du maître de l'ouvrage, un chantier commencé par une autre entreprise. CJCE 19 septembre 1995, aff. C-48/94, Ledernes Hovedorganisation, agissant pour Ole Rygaard c/ Dansk Arbejdsgiverforening agissant pour Stro Molle Akustik A/S, *Rec. CJCE* 1995, p. I-2745, Point 23 ; P.-H. ANTONMATTEI : « la saga de la directive n°77/187 du 14 février 1977 : suite ... sans fin ! », *Droit Social*, 1996, n°1, p. 78-81 ; Cass. soc. 12 octobre 2005, n°2151 F-D, Fourot c/ Sté G2C Communication, non publié au Bull. civ.; *RJS*, 12/05, n°1172. En l'espèce, la société défenderesse s'était bornée à reprendre ponctuellement les commandes en cours à la suite du placement en liquidation judiciaire d'une société.

[259]. Par exemple, Cass. soc. 23 novembre 1972, Alaurent c/ SARL Ets Boué, SO.BE.CO. et autres : *Bull. civ.* V, n°647, p. 589. En l'espèce, la Cour de Cassation a décidé que les modifications apportées par le cessionnaire dans les modalités de distribution ou dans le mode de fabrication des articles n'affectaient pas la poursuite, sur le plan économique, de l'activité antérieure de l'entreprise et la continuité des contrats de travail dès lors que le cessionnaire avait pris à bail les locaux du cédant (une entreprise de fabrication de vêtements) et acheté la totalité de ses installations, matériel et marchandises, avait un objet social englobant toutes les fabrications que réalisait cette dernière et s'était engagée à maintenir la destination de l'usine. La jurisprudence postérieure de la Cour de cassation rappelle toutefois, à l'instar de la jurisprudence communautaire (en particulier l'arrêt Süzen précité) que la similitude d'activité ne suffit pas en elle-même à caractériser le transfert d'entreprise, « *en l'absence de tout transfert d'ensemble organisés*

des activités déployées peut suffire à entraîner l'application de l'article L.122-12 al. 2 [260]. Il importe peu également que le cessionnaire décide de se séparer d'une partie des machines cédées et de ne conserver qu'une partie de l'activité de la société cédante [261] ou une partie de sa clientèle et décide ensuite d'exercer son activité en d'autres lieux [262]. Il ne faut cependant pas que les modifications apportées soient d'une importance telle que la nature de l'entreprise ou de l'activité cédée en soit modifiée [263].

La permanence de l'entité est donc appréciée par les juges selon la technique du faisceau d'indices, dans une appréciation globale de l'opération en cause afin de déterminer, au cas par cas, si l'activité et les moyens corporels, incorporels ou humains qui constituent l'entité économique, se retrouvent après le transfert et sont toujours affectés à la même activité économique [264]. Le critère du maintien des mêmes possibilités d'emploi ne suffit plus en tant

---

*de personnes et d'éléments corporels et incorporels* ». Notamment : Cass. soc. 21 novembre 2000, FS-PB, Société Technique méthode de gestion c/ Société Locatrans et autres : *Bull. civ.* V, n°380, p. 291, dans une espèce où la sous-traitance des travaux d'entretien général, de nettoyage, de manutention et d'assistance technique de l'aéroport international de Bordeaux-Mérignac, jusqu'alors confiée à un prestataire unique, avaient été confiée à deux prestataires différents, l'un pour l'entretien général d'environnement et la maintenance des portes automatiques, l'autre pour l'assistance technique avion, la manutention et le stockage (non application de l'article L.122-12 en l'espèce).

260. Cass. soc. 23 février 1977, Demoiselle Telo c/ SARL Azur-Soieries et autre (2d moyen) : *Bull. civ.* V, n°133, p. 104. En l'espèce, la Cour de Cassation a considéré que lorsque le cessionnaire d'un fonds de commerce exploite un commerce de confection de prêt à porter alors que le cédant gérait un négoce de tissus, les juges du fond doivent rechercher, si, compte tenu de la connexité des activités des employeurs successifs et des fonctions de vendeuse et caissière de la salariée, la stabilité de son emploi n'aurait pas dû être assurée ; Cass. soc. 12 octobre 2004, n°1808 F-D, Sté Actor c/ Sté Avenance Entreprises, non publié au Bull. civ. ; *RJS*, 12/04, n°1249 : application de l'article L.122-12 al. 2 au nouvel exploitant d'un fonds de restauration, peu importe que celui-ci ait ensuite décidé de s'intéresser à une clientèle différente et obtenu à cette fin une licence de débit de boissons.

261. Cass. soc. 1er octobre 2003, n°2038 FD, Verrier c/ Sté BMOT technologie, non publié au Bull. civ. ; *RJS*, 12/03, n°1367.

262. Cass. soc. 2 novembre 2005, n°2253 FD, Sté Experian c/ de Moro Giafferi et a., non publié au Bull. civ. ; *RJS*, 1/06, n°14.

263. Pour une modification importante de l'activité, par exemple : Cass. soc. 9 juin 1983, M. Paysse c/ M. Capdepont et a. : *Bull. civ.* V, n°318, p. 225. En l'espèce, la Cour de cassation a considéré que l'entreprise n'avait pas conservé son identité dans un cas où le locataire-gérant d'un fonds de commerce de garage avait profondément transformé l'activité du fonds en obtenant la concession d'une grande marque automobile et en engageant une douzaine de personnes, alors que l'entreprise n'était auparavant qu'un « hôtel de voitures » occupant un seul salarié. Pour une modification importante des conditions de fonctionnement, voir par exemple : Cass. soc. 6 juillet 1964, Bruno c/ SARL Sofitherm: *Bull. civ.* IV, n°596, p. 489, à propos d'une usine thermique successivement exploitée par un premier concessionnaire pour l'incinération des ordures ménagères puis par un deuxième concessionnaire pour la production de chauffage urbain ; Cass. soc. 5 juillet 1983, M. Goron et a. c/ Société de moyens d'organisation (SMO) : *Bull. civ.*, V, n°391, p. 279. En l'espèce, une entreprise avait confié la gestion de sa cantine à une société spécialisée puis avait résilié le marché pour s'approvisionner en plats cuisinés apportés de l'extérieur.

264. M. HENRY, « Aux limites de l'article L.122-12 », *Droit Social*, 2006, n°3, p. 274-278, fait le constat d'un resserrement de l'appréciation du critère d'autonomie (que l'auteur définit comme « l'aptitude à l'indépendance économique » de l'activité transférée) dans les opérations d'externalisation en droit français : « *Le juge sera conduit tantôt à s'assurer que le secteur d'activité cédé constitue dans l'entreprise cédante une entité autonome, tantôt qu'il sera susceptible de conserver cette autonomie dans l'entreprise d'accueil* » (p. 277). L'exigence d'autonomie en droit français déborderait ainsi le terrain de l'appréciation de l'existence d'une entité économique faisant l'objet du transfert, pour entrer dans celui de l'exigence du maintien de son identité après le transfert.

que tel, mais reste un élément déterminant du maintien de l'identité de l'activité, pour légitimer l'existence d'un transfert donnant lieu à protection [265].

## 2. *Droit anglais : d'une acception restrictive à une acception large*

**140.** En droit anglais, le transfert peut être réalisé par le biais « *d'une vente, ou par une autre disposition ou par opération de la loi* » [266]. Il « *peut résulter d'une série de deux ou plusieurs transactions* » [267] et, « *peut survenir qu'il y ait ou non un transfert de propriété entre le cédant et le cessionnaire* » [268].

**141.** Contrairement à leurs homologues français, les juges anglais ont eu tendance à l'origine à appliquer le texte de transposition de la directive (TUPE) d'une façon restrictive, à la lumière de leur propre interprétation de ses dispositions. Celles-ci étaient en effet relativement nouvelles en droit anglais où le principe du transfert automatique des contrats de travail n'existait pas [269].

Par exemple, la « continuité de la relation de travail » n'est pas prévue par le TUPE. Il y est uniquement indiqué que le transfert n'a pas pour effet de rompre le contrat de travail de toute personne employée par le cédant dans l'entreprise ou la partie d'entreprise transférée et que son contrat est maintenu « *comme s'il avait été conclu à l'origine entre le salarié et le cessionnaire* » [270]. Le TUPE ne prévoit pas non plus expressément que l'ancienneté et les droits qui y sont attachés sont transférés au cessionnaire avec le contrat de travail.

**142.** Les tribunaux anglais se sont donc d'abord référés, pour la définition du transfert d'entreprise et la détermination des droits des salariés dont le contrat était rompu, à la jurisprudence existante prise en application de l'EP(C)A de 1978 [271]. Cela même alors qu'ils

---

[265]. CJCE 19 mai 1992, Dr. Sophie Redmond Stichting c/ Hendrikus Bartol et autres, aff. C29/91 : *Rec. CJCE* 1992, p. I-3189 : Point 31, rappelant que, pour établir ou non l'existence d'un transfert le juge s'attache à rechercher «*compte tenu de l'ensemble des circonstances de fait caractérisant l'opération en cause, si les fonctions exercées sont effectivement poursuivies ou reprises par la nouvelle personne morale avec les mêmes activités ou des activités analogues* (...)». L'argument de la stabilité de l'emploi des salariés après le transfert ne suffit cependant pas à emporter la conviction des juges. Ainsi, dans l'une des affaires Perrier précitées (2è espèce : Cass. soc. 18 juillet 2000, n°3700 FS-D, Sté Perrier Vittel France c/ Comité d'établissement Contrexeville), où les parties garantissaient de diverses manières l'emploi des salariés après le transfert : engagement du cédant de passer ses commandes au cessionnaire pendant une période minimum de cinq ans, aide financière importante du cédant au cessionnaire, engagement du cessionnaire de ne pas effectuer de licenciement pour motif économique pendant cinq ans et de maintenir le statut collectif du personnel pendant au moins 27 mois, etc. La Cour de cassation a considéré ce motif (parmi d'autres) surabondant, dès lors que la Cour d'appel avait constaté « *d'une part que l'atelier de palettes ne dispose ni d'un personnel propre, ni d'un comptable, d'autre part, que cet atelier n'a pas été repris par la Palette Rouge* ». Il en résultait donc qu'il n'y avait pas eu transfert d'une entité économique autonome.

[266]. TUPE 1981, reg. 3(2). Le TUPE 2006, reg. 3(2) a abandonné cette rédaction au profit d'une définition de l' « entité économique », en se référant à « *un groupement organisé de ressources qui poursuit une activité économique, que cette activité soit principale ou accessoire* », en conformité avec la définition adoptée par la directive depuis 1998.

[267]. TUPE 1981, reg 3(4)(a), rédaction inchangée dans le TUPE 2006, reg. 3(6)(a).

[268]. TUPE 1981, reg. 3(4)(b), rédaction inchangée dans le TUPE 2006, reg. 3(6)(b).

[269]. L'EP(C)A 1978 (aujourd'hui ERA 1996) ne permettait que le maintien de l'ancienneté du salarié repris par le cessionnaire pour le calcul de ses droits à indemnités en cas de départ, à l'exclusion de tout autre droit.

[270]. « *As if originally made between the person so employed and the transferee* », TUPE 1981, reg. 5(1) et TUPE 2006, même article.

[271]. Dont le champ d'application vise notamment « *un commerce, une activité ou une entreprise transféré d'une personne à une autre* », EP(C)A 1978 sch. 13 para 17 (2), devenu ERA 1996 section 218 (2).

avaient à décider de cas où la protection offerte par le TUPE s'appliquait, n'hésitant pas à mélanger les sources et les concepts [272].

**143.** Un tournant dans la jurisprudence anglaise est intervenu à la fin des années 80, sous l'influence de celle de la Cour de justice des communautés européennes [273]. Les juges anglais se sont, depuis, totalement appropriés la jurisprudence de la Cour de justice des communautés européennes, jusqu'à prendre leurs décisions sur le fondement de ses arrêts [274].

---

272. Par exemple : Wheeler v. Onyx (UK) Ltd, [1992] EAT 925/92, où l'EAT a considéré que « *les tribunaux anglais doivent interpréter la loi anglaise conformément aux termes d'une directive prise dans le même domaine uniquement lorsqu'il leur est possible de le faire. Cela signifie que la loi anglaise doit être ouverte à une interprétation compatible avec le texte de la directive même si elle peut également recevoir une interprétation qui peut être incompatible avec la directive* ». En l'espèce, l'EAT a décidé de ne pas interpréter les dispositions de l'EP(C)A à la lumière de la jurisprudence de la CJCE. Il a préféré se fonder sur une jurisprudence antérieure et bien établie de la Court of Appeal portant sur la définition de la « continuité d'emploi » pour se prononcer sur l'obligation du cessionnaire d'indemniser le salarié qu'il avait licencié abusivement. Les juges anglais ont, depuis, adopté une lecture des textes beaucoup plus proche de la lettre de la directive et de la jurisprudence communautaire, par souci de cohérence. Par exemple: Farmer v. Danzas (UK) Ltd [1993] EAT 858/93. Il s'agissait, en l'espèce, de décider si un salarié qui venait d'être licencié pouvait se prévaloir d'une « continuité d'emploi » pour obtenir réparation d'un licenciement abusif. L'EAT s'est référé à la notion de « transfert d'entreprise », telle que définie par la CJCE, tout en visant le texte de l'EP(C)A pour décider qu'il y avait eu un transfert d'entreprise au sens de la directive donnant lieu à « continuité d'emploi » pour le salarié ; Brook Lane Finance Co Ltd v Bradley [1988] *IRLR* 283; [1988] *ICR* 423 (EAT), où l'EAT a considéré que l'exigence posée par l'EP(C)A que le salarié soit employé par le cédant « au moment du transfert » devait être interprétée de la même façon que la Court of Appeal avait interprété le TUPE en exigeant que le salarié soit employé par le cédant « immédiatement avant le transfert ». Cette jurisprudence a par la suite été remise en cause, notamment dans un cas où le salarié n'avait pas été immédiatement repris par le cessionnaire et où le TUPE avait été déclaré inapplicable : Macer v. Aberfast Ltd [1990] *IRLR* 137 ; [1990] *ICR* 234 (EAT) ; voir cependant plus récemment : D 36 Ltd v. Castro, 16.07.04, EAT/853/03, où l'EAT a affirmé qu'il n'y avait pas de différence d'interprétation à apporter entre les dispositions du TUPE et celles de l'ERA en ce qui concerne le maintien de l'ancienneté (« *continuity of service* »).

Les dispositions de l'ERA de 1996 s'appliquent également dans certains cas spécifiques, prédéfinis, notamment: en cas de décès de l'employeur et de reprise du salarié par les représentants (« *personal representatives* ») ou administrateurs de biens (« *trustees* ») de ce dernier [ERA, section 218(4)] ; de modification dans la composition d'un *partnership* (le salarié est considéré comme employé par le partnership en tant que tel et non par ses membres pris individuellement) [ERA, section 218(5)] et de reprise du salarié par un employeur « associé » au premier (« *associated employer* ») [ERA, section 218(6)], c'est-à-dire lorsque « *l'une des sociétés concernées détient, directement ou indirectement, le contrôle de l'autre ou si les deux sociétés concernées sont contrôlées directement ou indirectement par la même personne* » [ERA, section 231]. Ce texte permet notamment d'éviter que des salariés soient transférés dans une filiale avant que l'entreprise ou la partie d'entreprise à laquelle ils étaient affectés ne fasse l'objet d'un transfert et ne puissent ainsi bénéficier de la reprise de leur ancienneté.

273. Litster v. Forth Dry Dock and Engineering Co Ltd (In Receivership), [1989] *ICR* 341, [1989] *IRLR* 161 (HL). Dans cet arrêt, la Chambre des Lords a pris clairement position en faveur d'une interprétation du TUPE conforme aux règles d'interprétation posées par la Cour de justice des communautés européennes. P. L. DAVIES, « Acquired rights, creditors' rights, freedom of contract and industrial democracy », *Yearbook of European law,* 1989, vol. 9, p. 34-37.

274. L'influence de la jurisprudence communautaire ne se mesure ainsi pas au nombre de recours préjudiciels formés par les juges anglais en interprétation de la directive. Ceux-ci n'ont en effet pris l'initiative d'interroger la Cour de justice des communautés européennes que quatre fois, depuis l'entrée en vigueur de son texte de transposition, respectivement en 1998 (CJCE 2 décembre 1999, G.C. Allen e. a. c/ Amalgamated Construction Co. Ltd, aff. C-234/98: *Rec. CJCE* 1999, p. I-8643), en 2000 (CJCE 4 juin 2002, K. Beckmann c/ Dynamco Whichelo Macfarlane Ltd, aff. C-164/00: *Rec. CJCE* 2002, p. I-4893), en 2001 (CJCE 6 novembre 2003, Martin, Daby, Willis c/ South Bank University, aff. C-4/01: *Rec. CJCE* 2003, p. I-12859), et en 2003 (CJCE 26 mai 2005, Celtec Ltd c/ John Astley e.a., aff. 478/03: *Rec. CJCE* 2005, p. I-4389 ; *RJS*, 12/05, n°1280, chron. Ph. LHERNOULD, p. 831-832). En comparaison, les juges français n'ont sollicité qu'une fois la CJCE, en 1999 (CJCE du 26 septembre 2000, Didier Mayeur c/ Association Promotion de l'information messine (APIM), aff. C-175/99,

Cette évolution a été simplifiée par l'absence de jurisprudence antérieure contraire [275]. Elle a permis la construction progressive du droit des transferts d'entreprises anglais sur le modèle de l'acception qui en était faite par la jurisprudence communautaire [276].

**144.** Dans une décision Council of the Isles of Scilly v. (1) Brintel Helicopters Ltd (2) Ellis & ors de 1995 [277], l'Employment Appeal Tribunal (EAT) a ainsi indiqué qu' « *en utilisant le langage de la Cour de justice des communautés européennes, les juges du fond trouveraient plus facile de mettre de côté certaines jurisprudences anciennes qui leur sont très familières mais qui sont désormais dépassées par des décisions plus récentes* ». Il a également ajouté que les juges du fond doivent garder à l'esprit l'objectif de la directive lorsqu'ils interprètent le TUPE, à savoir : « *s'assurer, autant que faire se peut, que les droits des salariés sont sauvegardés en cas de changement d'employeur en leur permettant de conserver leur emploi avec le nouvel employeur aux termes et conditions dont ils bénéficiaient chez le cédant* ».

**145.** Comme en droit français, le bénéfice de la législation protectrice est subordonné à une analyse préalable au cas par cas des circonstances de fait par les juges du fond [278], où aucun élément en tant que tel n'est en lui-même concluant. Sont ainsi considérés, comme autant d'indices de l'existence d'une entité économique dont le transfert emporte celui des contrats de travail qui y sont attachés, les cessions d'éléments corporels, incorporels et humains entre employeurs successifs. L'entité économique doit également maintenir son identité après le transfert pour entrer dans le champ d'application du TUPE [279].

---

*Rec. CJCE* 2000, p. I-7755), sur un total de près d'une cinquantaine d'arrêts à ce jour, rendus le plus souvent sur saisine de juridictions hollandaises, allemandes et danoises.

[275]. P. DAVIES, « Transfers of undertakings, preliminary remarks », *Labour law in the Courts, national judges and the European Court of justice*, ed. by S. Sciarra, Hart Publishing, 2001, p. 140 ; F. VALDES DAL-RE, «Transfers of undertakings : an experience of clashes and harmonies between community law and national legal systems », *Labour law in the Courts, national judges and the European Court of justice,* précité, p. 197, pour lequel le fait qu'une jurisprudence préexistante n'ait pas eu à être contredite explique l'application « *enthousiaste* » de la jurisprudence communautaire par les juges anglais en cette matière. Celle-ci ne pouvait en effet, selon l'auteur, en aucune façon, « *blesser leur amour propre* ».

[276]. Pour une mise en perspective de la jurisprudence anglaise avec la jurisprudence de la Cour de justice des communautés européennes, voir notamment P. DAVIES, *The relationship between the European Court of Justice and the British Courts over the interpretation of Directive 77/187/EC*, EUI Working Papers, Law n°97/2, 1997, 33 p. L'auteur souligne l'obligation corrélative de la CJCE de donner des lignes de conduites claires aux juridictions nationales, afin de construire une jurisprudence cohérente et homogène (p. 32). Dans le même sens : S. LAULOM, « The European Court of justice in the dialogue on transfers of undertakings : a faillible interlocutor ? », *Labour law in the Courts, national judges and the European Court of justice*, ed. by S. Sciarra, Hart Publishing, 2001, p. 145.

[277]. [1995] *IRLR* 6 ; [1995] *ICR* 249 (EAT).

[278]. Les circonstances de faits sont étudiées en première instance par l'*Employment tribunal* (ET), qui a remplacé l' *Industrial tribunal* en 1999 [par l'effet de l'Employment Rights (Dispute Resolution) Act 1998 (ERDRA 1998)]. Ce sont donc les juges du fond qui détermineront si le « transfert d'une entité économique conservant son identité » est constitué. L'Employment Appeal tribunal (EAT), qui a remplacé la *National Industrial Relations Court* (NIRC) en 1975 [par l'effet de l'Employment Protection Act 1975 (EPA 1975)] n'admet qu'une revue limitée de ses décisions puisqu'il ne statue que sur des questions de droit. Son champ d'intervention reste cependant large puisque peuvent être soumis à sa revue les motifs fondés sur l'absence de prise en considération, par les juges du fond, d'un argument important ou, à l'inverse, ceux fondés sur la prise en considération d'un élément sans rapport avec la question posée ou encore lorsque les juges du fond ont adopté une position qu'aucun « tribunal raisonnable » n'aurait pu prendre sur la base des principes de droits existants et des éléments de faits qui leur étaient soumis.

[279]. Cook v. H Faiman Ltd, EAT, 10.10.89, *IDS*, Brief 412, January 1990, p.13. En l'espèce, les salariés concernés travaillaient dans un magasin de vêtements. Le propriétaire du magasin, ayant des difficultés financières, céda le bail du magasin à un tiers. Les éléments incorporels et stocks du magasin

**146.** Plus qu'en droit français cependant, la difficulté réside, pour les tribunaux, dans la transposition de la jurisprudence communautaire. Les tribunaux anglais se font forts, en effet, d' « européaniser » leur approche en adoptant les critères développés par la jurisprudence de la Cour de justice des communautés européennes afin de déterminer, au cas par cas, s'il existe une entité économique ayant conservé son identité.

a) Du transfert d'entreprise au transfert d'activité

**147.** La jurisprudence anglaise en matière de transfert d'entreprise a toujours été largement dépendante de l'analyse des faits de l'espèce et est difficilement prévisible, comme le regrettent la plupart des commentateurs et jusqu'aux juges eux-mêmes [280].

**148.** Plus attachés initialement à déterminer si l'activité transférée consistait à elle seule en une entreprise [281], les tribunaux anglais entendaient par la-même strictement le champ d'application de la législation protectrice des salariés [282].

Le TUPE prévoyait en effet, à l'origine, une limite à son champ d'application, née d'une interprétation restrictive de celui de la directive qui vise les « transferts d'entreprises ». Il excluait, en effet, toute « *entreprise ou partie d'entreprise qui n'a pas, par nature, une activité commerciale* ». Ce texte n'était donc applicable qu'aux activités à caractère

---

furent liquidés indépendamment. Le nouveau propriétaire des lieux repris les salariés et commença à vendre de nouveaux vêtements, à constituer de nouveaux stocks et à utiliser un nouveau logo. L'EAT a considéré en l'espèce qu'il ne s'agissait pas d'un transfert d'entreprise au sens de l'EP(C)A et que le nouveau propriétaire exploitait un commerce différent du premier ; Wodson Park Sports & Recreation Association v Louise West & others, EAT 25.10.03 (0219/028) ; *IRS Employment Review*, 9 January 2004, n°791, p. 55-57, à propos d'un service de restauration où le second prestataire utilisait les équipements du donneur d'ordre, alors que le premier les avait acquis de son prédécesseur. L'EAT a décidé ici l'absence de transfert au motif que le service était rendu par le nouveau prestataire dans des conditions totalement différentes du premier. L'entité économique ne maintenait donc pas son identité dans ces circonstances. Cette affaire a néanmoins été jugée avant l'arrêt CJCE 20 novembre 2003, aff. C-340/01, Carlito Abler et a. c/ Sodexho MM. Catering Gesellschaft et Sanrest Gro Bküchen Betriebsgesellschaft mbH, *Rec. CJCE* 2003, p. I-14023 (Points 41 et 42), décidant que le transfert de propriété des éléments corporels est indifférent ; Computacenter (UK) Ltd v Swanton and ors, EAT, 12.11.04, (0256/04) ; *IDS*, Brief 776, March 2005, p. 12 ; *Industrial Relations Law Bulletin*, March 2005, n°756, p. 11-12, à propos d'un service de maintenance informatique. Bien que le service restait identique, le nouveau prestataire, qui n'avait pas repris les salariés de son prédécesseur, n'avait pas affecté une équipe dédiée à l'exécution de la prestation et n'avait pas non plus détaché du personnel sur site, contrairement à l'ancien prestataire. L'EAT a considéré, en l'espèce, que les modalités d'exécution du contrat par le second prestataire étaient si différentes de celles du premier qu'il ne pouvait être jugé que l'entité avait maintenu son identité. La simple continuation de la même activité ou du même service ne pouvait suffire à elle seule à emporter son application, en l'absence de fraude au TUPE (qui n'avait pas été établie ici). La solution est à apprécier à la lumière du TUPE 1981, le TUPE 2006 consacrant plus largement l'application du texte protecteur en cas de changement de prestataire de services.

[280]. Cf. Justice Morison *in* OCS Cleaning Scotland Ltd v. (1) Rudden & Ors (2) Olscot Ltd, EAT/290/99, non publié et rapporté in *Business Law Review*, January 2000, p. 9 et July 2000, p.170, selon lequel « *il n'y a aucun doute que la position du droit en matière de transfert d'entreprise est une pagaille* (« mess ») ».

[281]. « *Going concern* ».

[282]. Ils considéraient en effet que la sous-traitance et l'externalisation de services ne constituaient pas un véritable transfert d'entreprise mais un simple changement dans les relations contractuelles puisque, dans ces cas, une entreprise en tant que telle n'était pas transférée et cela, alors même que les salariés, les équipements ou les locaux étaient transférés. Cette jurisprudence concernait en particulier les opérations d'externalisation de services du secteur public vers le secteur privé. Par exemple : Curling v. Securicor Ltd [1992] *IRLR* 549 (EAT), à propos d'un changement de prestataire de services pour l'administration d'un centre de détention (absence d'application du TUPE : il s'agissait seulement d'un changement de relations contractuelles) ; Expro Services v. Smith [1991] *IRLR* 156 (EAT), à propos de l'externalisation des services de nettoyage et de restauration d'un ministère (absence d'application du TUPE : l'activité n'avait pas une nature commerciale avant le transfert).

commercial, c'est à dire aux activités dans lesquelles du capital est investi dans le but de réaliser un profit et avec le risque de réaliser des pertes.

Cette disposition avait pour résultat d'exclure du champ d'application du TUPE non seulement toutes les activités du secteur public et les activités non lucratives, mais également les opérations d'externalisation et de sous-traitance de services préalablement assurées par le secteur public. En effet la jurisprudence considérait que l'activité transférée n'entrait pas dans le champ d'application du TUPE même si elle devenait une activité de nature commerciale, une fois le transfert réalisé, dès lors qu'elle ne l'était pas à l'origine [283].

**149.** Une réforme est intervenue en 1993 (TURERA) [284], à la suite d'un arrêt de la Cour de justice des communautés européennes indiquant expressément que la directive n'entendait pas distinguer entre les entreprises selon qu'elles opèrent dans le secteur commercial ou qu'elles ont un but non lucratif. En conséquence, la directive s'appliquait également aux transferts d'entreprises ou d'établissements du secteur public vers le secteur privé [285]. Cette réforme a eu pour effet d'abroger cette disposition du TUPE, la rendant inapplicable et permettant ainsi une protection des salariés conforme à celle commandée par la directive.

**150.** Depuis lors, pour qu'il y ait transfert au sens du TUPE, l'opération doit concerner une entreprise ou une partie d'entreprise comprise au sens d' « activité ». Le transfert implique celui des biens corporels mais également des biens incorporels [286] de l'activité concernée, que celle-ci soit issue du secteur privé ou du secteur public. Les juges du fond doivent désormais s'attacher à déterminer si celle-ci constitue une « *entité économique stable conservant son identité* », en référence à la jurisprudence de la Cour de justice des communautés européennes.

Comme en droit français, les difficultés d'interprétation se sont focalisées sur les opérations de transfert en présence de succession de prestataires de services sur une même activité, d'opérations d'externalisation ou encore de reprise en gestion directe d'activité.

### b) Des applications confuses de la jurisprudence communautaire

**151.** Dans leur appréciation des faits qui leur étaient soumis, les juges anglais se sont fondés principalement sur les critères donnés par la Cour de justice des communautés européennes dans son arrêt Spijkers de 1986 [287], dans lequel cette dernière a rappelé les

---

283. Expro Services Limited v Smith [1991] *IRLR* 156 (EAT), précité.

284. Trade Union Reform and Employment Rights Act (TURERA) 1993. Pour des développements sur la résistance du gouvernement anglais et la procédure de manquement intentée par la Commission Européenne à cette époque contre le gouvernement anglais : S. HARDY, *Understanding TUPE : a legal guide*, Chandos Business Guides, Chandos Publishing, Oxford, 2001, p. 37-43.

285. CJCE 19 mai 1992, Dr. Sophie Redmond Stichting c/ Hendrikus Bartol et autres, aff. C29/91 : *Rec. CJCE* 1992, p. I-3189, Point 21.

286. « *Goodwill* ».

287. CJCE 18 mars 1986, Jozef Maria Antonius Spijkers c/ Société Gebroeders Benedik Abattoir CV et autres, aff. 24/85 : *Rec. CJCE* 1986-3, p.1119 : Point 13. Dans un arrêt célèbre de 1994, la Court of Appeal en a fait un résumé concret en retenant largement l'application du TUPE en ces termes : « *un transfert d'entreprise peut avoir lieu dans différentes circonstances y compris les suivantes : (a) l'entreprise peut être vendue directement de A à B, (b) A peut exécuter certaines activités qui font partie intégrante de son exploitation et décider de les sous-traiter à B, (c) A peut exploiter une entreprise dans les locaux de B et, au terme du bail ou suite à un changement de contractant, une entreprise similaire être exploitée par B ou par un nouveau contractant C, par exemple, après un appel d'offre* ». Dines v. Initial Services Ltd and Pall Mall Services Group Ltd [1994] *IRLR* 336 (CA). Le TUPE est également applicable lorsque qu'une activité de service précédemment assurée par un seul prestataire est scindée et confiée à deux nouveaux prestataires, dès lors que chaque partie du contrat cédé correspond à une entité économique stable : Fairhurst Ward Abbotts Ltd v. Botes Building Ltd and others [2004] *IRLR* 304, [2004] *ICR* 919 (CA), à propos d'un contrat concernant l'entretien de plusieurs immeubles qui avait été scindé en deux contrats distincts en fonction de la localisation géographique des immeubles en question.

éléments d'interprétation devant être pris en compte dans l'évaluation de l'existence d'une entité économique ayant conservé son identité [288].

A l'inverse toutefois du droit français qui n'a cessé de vouloir restreindre son champ d'application après l'avoir ouvert largement à l'origine, le droit anglais a évolué dans le sens d'un élargissement du champ d'application de la protection des salariés [289].

**152.** L'arrêt Schmidt [290] qui a reçu un accueil mitigé en droit français a ainsi rencontré un écho favorable en droit anglais [291]. C'est bien plutôt l'arrêt Ayse Süzen [292] qui a bouleversé la tendance en droit anglais en décidant que l'opération doit nécessairement s'accompagner d'un transfert d'éléments d'actifs corporels ou incorporels significatifs ou d'une reprise par le nouvel exploitant d'une partie essentielle des effectifs, en terme de nombre et de compétence[293].

**153.** A la suite de cet arrêt en effet, la jurisprudence anglaise est apparue confuse et divisée quant à la qualification d'entité économique stable, face aux difficultés d'interprétation que suscitaient deux arrêts de la Cour de justice des communautés européennes qui

---

[288]. A savoir : le type d'entreprise ou d'établissement, le transfert ou non d'éléments corporels, tels que les bâtiments et les biens mobiliers, la valeur des éléments incorporels au moment du transfert, la reprise ou non de l'essentiel des effectifs par le nouvel employeur, le transfert ou non de la clientèle, le degré de similitude entre activités exercées avant et après le transfert et la durée d'une éventuelle suspension d'activité. Ces critères figurent dans le Mémorandum sur l'interprétation de la directive de 1977 préparé par la Commission Européenne: *Mémorandum sur les droits acquis des travailleurs en cas de transferts d'entreprises; Critères d'orientation sur l'application de la Directive 77/187/CEE du Conseil du 14 février 1977, à partir de la jurisprudence de la Cour de Justice Européenne*, COM (97) 85 final, 4 mars 1997, p. 4 ; Le nouveau mémorandum de la Commission qui actualise le mémorandum de 1997, reprend la même précision. *Memorandum sur les droits des travailleurs en cas de transferts d'entreprises*, Document de travail des services de la Commission sur l'application de la directive 2001/23/CE, p. 3.

[289]. Notamment: J. McMULLEN, « Atypical transfers, atypical workers and atypical employment structures – a case for greater transparency in transfer of employment issues », *Industrial Law Journal*, December 1996, vol. 25, n°4, p. 287-295.

[290]. CJCE 14 avril 1994, Christel Schmidt c/ Spar – und Leihkasse der früheren Amter Bordesholm, Kiel und Cronshagen, aff. C-392/92, *Rec. CJCE* 1994, p. I-1311.

[291]. Les tribunaux ont ainsi appliqué le TUPE en particulier lorsque (i) « l'activité économique » exploitée avant le transfert est poursuivie après le transfert, même si celle-ci consiste uniquement en de la main d'œuvre, et (ii) non seulement en cas d'externalisation d'activité mais également en cas de reprise en gestion directe d'une activité. Voir notamment Isles of Scilly Council v. Brintel Helicopters [1995] *IRLR* 6 ; [1995] *ICR* 249 (EAT), à propos de la reprise en gestion directe du service de bagagiste dans un aéroport ; Dines v. Initial Services Ltd and Pall Mall Services Group Ltd [1994] *IRLR* 336 (CA), à propos d'un changement de prestataires pour le services de nettoyage d'un hôpital ; et plus récemment : Dudley Bower Building Services Ltd v. Lowe & ors, [2003] *IRLR* 260 (EAT), à propos d'un changement de prestataire sur un ensemble de services de maintenance en électricité assuré par un seul salarié.

[292]. CJCE 11 mars 1997, Ayse Süzen c/ Zehnacker Gebäudereinigung GmbH Krankenhausservice, aff. C.13/95 : *Rec. CJCE* 1997, p. I-1259.

[293]. La controverse était particulièrement présente dans le secteur public à cause du développement de la procédure préalable obligatoire de recours aux appels d'offres pour certains services dès lors que les administrations souhaitaient continuer à les assurer en interne (« *compulsory competitive tendering* » ou « CTT », système remplacé en 2000 par un système plus flexible dénommé « *Best value* »), la privatisation et les pressions grandissantes exercées sur les organismes publics en matière de réduction de coûts afin qu'ils se déchargent de la responsabilité directe de la gestion et du coût des personnels fournisseurs de services, considérés comme accessoires. S. CAVALIER, *Transfer Rights: TUPE in perspective*, The Institute of Employment Rights, 1997, p. 15 ; J. CARBY-HALL, « Transfer of Undertakings in the United Kingdom », *Managerial Law*, 1999, vol. 41, n°2, p. 18 et s. L'enjeu financier était important pour la plupart des prestataires de services qui répondaient aux appels d'offres à l'époque. Le TUPE étant en effet appliqué très largement, aucun d'eux ne provisionnait généralement d'indemnités de rupture pour leurs salariés en cas de perte d'un marché. Cf. J. McMULLEN, *Business transfers and employee rights*, Butterworths, 2001, p. 5/33; 5/63-5/83.

semblaient se contredire. S'agissait-il encore d'appliquer le TUPE lorsque aucun élément d'actif était transféré et que le cessionnaire ne reprenait pas tout ou partie du personnel attaché à l'activité ?

Il devenait difficile pour les tribunaux anglais de déterminer s'il y avait transfert d'entreprise ou simple perte de marché dans les cas où l'activité reposait essentiellement sur la main d'œuvre. Or, retenir que, dans un tel cas, le principe du maintien des contrats de travail ne trouvait pas à s'appliquer revenait, d'une certaine façon, à permettre au cessionnaire de décider de l'application du TUPE en reprenant ou en ne reprenant pas le personnel que son prédécesseur avait affecté à l'activité qui était transférée.

**154.** Les deux arrêts suivants témoignent de deux courants jurisprudentiels opposés qui se sont développés en droit anglais à la suite de l'arrêt Ayse Süzen:

- L'arrêt Betts and others v. Brintel Helicopters Ltd and KLM Helicopters (UK) Ltd de 1997, prenant au pied de la lettre les termes de l'arrêt Ayse Süzen [294]. Dans cet arrêt, la Court of Appeal (CA) considéra que puisqu'il n'y avait pas eu transfert d'éléments corporels ou incorporels, l'existence d'un transfert au sens du TUPE ne pouvait résulter que du transfert de la majeure partie du personnel affecté au service repris par le cessionnaire [295] .

  Dans cette espèce, la société Brintel assurait le transport de passagers et de marchandises par hélicoptères de et vers des plates formes pétrolières en mer du Nord pour le compte de la Société Shell. Elle avait contracté avec cette dernière trois contrats de services couvrant trois secteurs distincts de la mer du Nord, Aberdeen, Sumburgh et Beecles. Les trois contrats expirèrent le 30 juin 1995. Shell fit un nouvel appel d'offres et Brintel perdit le contrat concernant la plate forme de Beecles au profit de la société KLM. Cette dernière, face à la menace des salariés de Brintel d'introduire une action en justice pour réclamer l'application du TUPE, décida de ne pas les reprendre. Trente huit salariés ne purent être reclassés par Brintel sur les soixante six qui étaient affectés à Beecles pour le seul contrat Shell.

  Les juges du fond et les juges du second degré (EAT) décidèrent de l'application du TUPE en l'espèce. La Société KLM fit appel de la décision en arguant du fait qu'elle n'avait repris aucun élément d'actif de Brintel puisqu'elle honorait son contrat avec ses propres hélicoptères et son propre personnel. L'existence d'une entité économique ne

---

[294]. Betts and others v. Brintel Helicopters Ltd and KLM Helicopters (UK) Ltd [1997] *ICR* 792 ; [1997] *IRLR* 361 (CA).

[295]. Pour d'autres exemples de cette lecture littérale de l'arrêt Ayse Süzen, notamment : North East Lincolnshire Council v. Beck & Ors, EAT/1362/97, non publié et rapporté *in Business Law Review*, July 2000, p. 175. Dans cette espèce, les juges du fond avaient considéré que le TUPE devait s'appliquer dans un cas de reprise en gestion directe d'un service de ramassage d'ordures où une partie des véhicules et des salariés du premier prestataire de services avait été reprise. Cette décision fut infirmée par l'EAT qui considéra qu'un transfert au sens du TUPE ne doit s'entendre que dans les cas où la majorité du personnel est reprise par le cessionnaire pour que l'entité économique puisse conserver son identité, ce qui n'était pas le cas en l'espèce.

Pour des décisions ultérieures se fondant sur la jurisprudence Betts, notamment : ADI (UK) Ltd v. Willer & Ors, EAT/11/99, *Business Law Review,* June 2001, p. 139-140, à propos d'un changement de prestataire sur un service de sécurité dans un centre commercial : pas de transfert au sens du TUPE en l'absence de transfert d'éléments d'actifs et en l'absence de reprise du personnel par le nouveau prestataire. Cette décision fut néanmoins infirmée en appel *in* ADI (UK) Lt v. Firm Security Group Ltd [2001] *IRLR* 542 (CA) ; Whitewater Leisure Management Ltd v. Barnes & ors [2000] *IRLR* 456 (EAT), *Business Law Review,* June 2001, p. 139-140, à propos de la reprise en gestion directe de l'activité de gestion et d'animation d'un centre de loisir : pas de transfert au sens du TUPE en l'absence de transfert d'éléments d'actifs, dès lors que seule une partie non substantielle des salariés avait été reprise (constat de l'absence de transfert d'une partie essentielle des effectifs, en terme de nombre et de compétence).

pouvait dès lors se réduire au constat de la similitude des activités exercées par Brintel et KLM.

La Court of Appeal (CA) considéra successivement les deux questions sur lesquelles les juges du fond et l'EAT s'étaient interrogés, à savoir : l'activité de Brintel à Beecles constituait-elle une entité économique avant le 30 juin 1995 ? Dans l'affirmative, une telle entité économique avait-elle été transférée en conservant son identité chez KLM ?

Sur la première question, la CA, rejoignant le raisonnement des premiers juges, considéra que l'activité de Beecles constituait bien une entité économique. Celle-ci consistait en des hélicoptères, une infrastructure, constituée d'une piste d'atterrissage, des locaux et bâtiments de Beecles ainsi que du personnel, et un contrat entre Shell et Brintel pour le transport de passagers et de marchandises jusqu'aux plate formes pétrolières, incluant le droit de se poser sur les plate formes et d'en utiliser les installations.

Sur la deuxième question propre au maintien de l'identité de l'entité transférée, la CA, reprenant la thèse de la défense pour rejeter l'application du TUPE en l'espèce, rappela que, contrairement aux services de nettoyage et aux autres activités reposant essentiellement sur la main d'œuvre où un groupe de salariés peut à lui seul constituer une entité économique, la situation en l'espèce était plus complexe. Le personnel n'était en effet pas l'unique composant de l'activité de Brintel. Or, KLM n'avait repris ni le personnel ni les hélicoptères ou l'infrastructure utilisés par Brintel. Il avait simplement obtenu un nouveau contrat pour transporter des passagers et des marchandises sur les mêmes plate formes pétrolières mais en partant d'une base différente, en ayant recours à du personnel différent et en utilisant ses propres hélicoptères. L'entité économique n'avait donc pas conservé son identité chez KLM.

- L'arrêt ECM (Vehicle Delivery Service) Ltd v. Cox and others de 1999 [296], rendu deux ans plus tard, symbolise, quant à lui, la résistance des tribunaux anglais à adhérer aux limitations à l'application de la directive suggérées par l'arrêt Ayse Süzen [297], alors que la Cour de justice des communautés européennes avait admis très largement l'application de la directive trois ans plus tôt dans l'arrêt Schmidt [298].

Dans cette espèce, la société Axial employait des salariés en qualité de chauffeurs et de gardiens pour honorer un contrat de transport et de livraison de véhicules automobiles. Axial perdit le contrat qui fut attribué à la société ECM, laquelle ne reprit aucun des salariés, modifia le lieu de travail, le système de livraison et les modalités d'administration du contrat. Les juges du fond décidèrent de l'application du TUPE en l'espèce. Ils estimèrent en effet qu'ECM n'avait pas repris les salariés d'Axial parce qu'ils avaient réclamé, par le biais de leur syndicat, l'application de ce texte et qu'ils menaçaient d'introduire des actions en licenciement abusif si ECM ne les reprenait pas.

---

[296]. ECM (Vehicle Delivery Services) Ltd v. Cox and others [1999] *IRLR* 559 (CA), *Industrial Law Journal*, December 1999, vol. 28, p. 360-364, note J. McMULLEN ; *Solicitors Journal*, 18 June 1999, p. 584-585, note J. McMULLEN.

[297]. Pour des décisions ultérieures se fondant sur la jurisprudence ECM, notamment : (i) RCO Support Services Ltd (2) Aintree Hospitals Trust v. UNISON & Ors [2000] *IRLR* 624 (EAT), à propos d'un changement de prestataire sur un service de nettoyage et de restauration d'un hôpital : existence d'un transfert au sens du TUPE lorsque l'activité est poursuivie, même en l'absence de transfert d'éléments d'actifs et en l'absence de reprise du personnel par le nouveau prestataire, ces éléments n'étant pas déterminants en soi ; Argyll Training Ltd v. (1) Sinclair (2) Argyll & The Islands Enterprise Ltd [2000] *IRLR* 630 (EAT), à propos d'un changement de prestataire pour la formation du personnel, précédemment effectuée par une seule personne : existence d'un transfert au sens du TUPE lorsque l'activité est poursuivie, ce qui correspond pour les juges du fond au transfert d'un élément incorporel, même en l'absence de transfert d'éléments d'actifs et en l'absence de reprise du personnel par le nouveau prestataire; deux décisions également rapportées *in Business Law Review*, June 2001, p. 140-141.

[298]. CJCE 14 avril 1994, Christel Schmidt c/ Spar und Leihkasse der früheren Amter Bordesholm, Kiel und Cronshagen, aff. C-392/94 : *Rec. CJCE* 1994, p. I-1311.

La Société ECM interjeta appel en se prévalant de l'arrêt Ayse Süzen, au motif que la seule chose qui avait été transférée en l'espèce était un contrat de services, et non une activité et qu'en conséquence, il n'y avait pas lieu d'appliquer le TUPE. L'Employment Appeal Tribunal (EAT) rejeta cet argument en décidant qu'il y a transfert d'une entité économique au sens du TUPE lorsque les salariés concernés se consacrent à un contrat de services spécifique et que leur emploi dépend de l'existence de ce contrat. Il profita également de cette décision pour déplorer que la décision Ayse Süzen soit utilisée par les cessionnaires pour éviter l'application du TUPE en refusant de reprendre le personnel affecté à l'activité transférée. ECM fit appel de cette décision devant la Court of Appeal (CA).

Reprenant les éléments d'appréciation listés dans l'arrêt Spijkers de 1986 [299], la CA confirma la décision de l'EAT en rappelant que toutes les circonstances de fait devaient être prises en compte, comme dans les arrêts Spijkers et Ayse Süzen. Ainsi, en l'espèce, l'entité économique avait gardé son identité puisque ECM continuait à exercer la même activité qu'Axial avec les mêmes clients. Le fait de savoir si le personnel devait être repris ou non par le cessionnaire ne pouvait découler du constat de l'existence ou de l'absence de leur transfert effectif [300].

**155.** Un arrêt de l'EAT, OCS Cleaning Scotland Ltd v. (1) Rudden (2) Olscot Ltd rendu en 1999[301] illustre la confusion des tribunaux anglais, à la suite de ces deux décisions, et en l'absence de ligne de conduite claire de la Cour de justice des communautés européennes sur cette question, quant à l'application du TUPE en cas de succession de prestataires de services sur une même activité.

Dans cette espèce, Olscot Limited employait approximativement cinquante salariés sur un contrat de nettoyage contracté avec l'aéroport d'Edimbourg. Ce contrat ne fut pas renouvelé et fut attribué à la société OCS Limited, laquelle indiqua qu'elle n'entendait pas reprendre les salariés d'Olscot. Les salariés d'Olscot invoquèrent l'application du TUPE.

Sur la base de l'analyse du contrat de nettoyage, les juges du fond décidèrent que les salariés étaient affectés à l'activité de nettoyage. Ils avaient en effet été spécialement recrutés pour cette tâche et ne pouvaient pas contractuellement être affectés à un autre emploi dans un autre lieu. Ils en conclurent que l'activité de nettoyage était une entité économique maintenant son identité, puisque OCS dispensait le même service et disposait des mêmes moyens que ceux qui avaient été précédemment mis à la disposition d'Olscot par l'aéroport. Or, il n'y avait eu aucun transfert d'actifs de Olscot à OCS et aucun salarié n'avait été transféré.

La société OCS interjeta appel en invoquant l'arrêt Ayse Süzen au motif que lorsqu'il n'y a aucun transfert d'actifs, l'application ou l'absence d'application du TUPE doit être décidée sur la base de l'existence ou non d'une offre faite par le cessionnaire de reprendre une partie significative des salariés. La Court of Appeal (CA) rejeta cet argument en faisant valoir que l'arrêt Ayse Süzen exigeait que les tribunaux prennent en compte un ensemble d'éléments

---

299. CJCE 18 mars 1986, Spijkers c/ Société Gebroeders Benedik Abattoir CV et autres, *Rec. CJCE* 1986-3, p. 1119.

300. Pour une critique de cette décision, notamment: N. EAST, « Transfer and Tribulations : ECM v. Cox and the difficulties in applying the Acquired Rights Directive and the TUPE Regulations to the contracting out of services », *Business Law Review*, July 2000, p. 170-176. L'auteur rappelle que, dans leur analyse des faits, les juges doivent répondre successivement aux deux questions suivantes : l'activité concernée constitue t-elle une entité économique ? cette entité économique conserve t-elle son identité ? Le fait de savoir si les salariés sont transférés ne devrait être envisagé que dans le cadre de la deuxième question (maintien de l'identité de l'entité économique). Or, l'auteur estime que les juges n'ont pas procédé à cette seconde analyse et se sont bornés à identifier l'entité économique et à en déduire le transfert en mélangeant les deux questions. L'auteur déplore également que la Court of Appeal ait opté pour une approche « étroite et bornée » de l'arrêt Ayse Süzen en confondant la question de savoir si l'activité reste identifiable à celle de savoir si une entité économique reste identifiable (ce qui n'était pas le cas, en l'espèce, selon l'auteur).

301. OCS Cleaning Scotland Ltd v. (1) Rudden & Ors (2) Olscot Ltd, EAT/290/99 ; *Business Law Review*, January 2000, p. 9 ; *Business Law Review*, July 2000, p. 170.

pour apprécier s'il y avait lieu d'appliquer le TUPE. Il ne suffisait donc pas seulement de constater la reprise de tout ou partie des salariés affectés à l'activité transférée pour décider de l'existence du transfert. La CA confirma la décision des juges du fond. Le TUPE était applicable en l'espèce. Elle remarqua toutefois que le droit était confus à la suite de l'arrêt Ayse Süzen et rappela que « *lorsque les juges du fond ont appliqué le droit du mieux qu'ils ont pu, la décision qu'ils rendent doit être confirmée en appel à moins qu'il existe une erreur d'orientation manifeste* ».[302]

Les juges se sont fondés dans cet arrêt sur une interprétation large de la jurisprudence ECM en admettant l'application du TUPE dans un cas où aucun élément corporel ou incorporel n'avait été transféré, où aucun salarié n'avait été repris mais où le même travail continuait à être effectué dans les mêmes lieux.

**156.** Cette jurisprudence permettait une protection quasi automatique des salariés en cas de changement de prestataire de services. Les faits d'espèce correspondaient toutefois, le plus souvent, à la simple perte d'un marché et non à un transfert d'une entité économique autonome, lequel requiert plus que la simple constatation de l'existence d'une activité similaire avant et après le transfert.

### c) Vers une jurisprudence harmonisée

**157.** Face à la confusion grandissante des juges dans la détermination de l'existence d'un transfert au sens de la directive et du TUPE, un arrêt de l'EAT, Cheesman & others v. R. Brewer Contracts Ltd [303] a listé, en une sorte de pense bête inspiré de la jurisprudence existante, à destination des juges du fond, l'ensemble des éléments à prendre en compte pour décider, au cas par cas, si l'activité en question constitue une entité économique et si celle-ci a gardé son identité [304]. Dans cet arrêt, l'EAT a rappelé également aux juges du fond l'objectif

---

[302]. Des décisions postérieures ont adopté le raisonnement des juges pris dans l'arrêt ECM pour admettre l'application du TUPE (c'est-à-dire : transfert possible au sens du TUPE même en l'absence de transfert d'actifs ou de la majorité du personnel, en termes de nombre et de compétence), plutôt que dans l'arrêt Betts (qui exigeait le transfert d'éléments d'actifs ou de la majorité du personnel affecté à l'activité cédée), en observant simplement que celui-ci était « plus récent ». RCO Support Services and Aintree Hospital Trust v. Unison and others, [2000] *IRLR* 624 (EAT).

[303]. Cheesman & others v. R. Brewer Contracts Ltd [2001] *IRLR* 144 (EAT) ; *IDS*, Brief 678, February 2001, p. 3-5. Il s'agissait en l'espèce de déterminer si le TUPE trouvait à s'appliquer au transfert, entre prestataires de services, d'un contrat portant sur l'administration des biens d'un conseil général sans qu'aucun actif corporel ou incorporel ni personnel ne soit repris, alors que le premier prestataire avait précédemment repris 14 salariés du conseil général affectés à cette activité. Les juges du fond, se fondant sur l'arrêt Ayse Süzen, décidèrent qu'il ne s'agissait pas d'un transfert au sens du TUPE, mais d'un simple changement de prestataire de services. Les salariés interjetèrent appel. Constatant l'absence de cohérence entre les jurisprudences Betts et ECM, l'EAT rappela qu'il convenait de répondre séparément aux questions de l'existence d'une entité économique et de son transfert et du maintien de son identité, ce que les juges du fond n'avaient pas fait puisqu'ils s'étaient manifestement limités au constat de l'absence de reprise des salariés, sans prendre en compte tous les éléments de fait de l'affaire (par exemple, le fait de savoir pourquoi le nouveau prestataire n'avait pas repris les salariés).

[304]. Les éléments devant être pris en compte dans chaque cas d'espèce soumis aux tribunaux anglais sont donc les suivants : (i) *Eléments propres à déterminer l'existence d'une entité économique* : l'entité économique doit être stable et son activité ne doit pas être limitée à la réalisation d'un seul contrat spécifique. Elle doit consister en un ensemble organisé de personnes et d'actifs permettant l'exercice d'une activité économique poursuivant un objectif propre ; l'activité doit être suffisamment structurée et autonome mais ne doit pas nécessairement disposer de ses propres actifs, éléments corporels ou incorporels ; dans les secteurs d'activité tels que le nettoyage ou le gardiennage, les actifs sont souvent réduits à leur forme la plus simple et l'activité est essentiellement constituée de la main d'œuvre ; un groupe organisé de salariés, spécialement affecté à une tâche d'une façon permanente peut, en l'absence d'autres éléments, constituer une entité économique ; une activité n'est pas une entité en elle-même. Son identité résulte d'autres facteurs tels que les salariés, le personnel d'encadrement, l'organisation, les méthodes de fonctionnement, et les moyens d'exploitation disponibles ; (ii) *Eléments propres*

de la directive qui est la continuité de la relation de travail et le devoir de ces derniers d'adopter une interprétation propre à en assurer le respect.

**158.** Cette décision a eu le mérite de préciser les deux étapes de l'analyse à laquelle les juges du fond doivent procéder avant de conclure à l'existence ou non d'un transfert au sens du TUPE. Elle a toutefois été critiquée pour n'avoir pas résolu la question de savoir si la reprise de la majeure partie du personnel affecté à l'activité est un élément essentiel pour déterminer l'existence d'un transfert lorsque l'activité repose principalement ou uniquement sur de la main d'œuvre, sans actifs corporels ou incorporels significatifs, question qui divisait alors la jurisprudence [305].

**159.** La Court of Appeal (CA) est intervenue à nouveau en 2001 [306] puis en 2002 [307] pour mettre un terme au débat qu'elle avait elle-même alimenté. Les juges du fond devaient rendre une décision conforme à l'arrêt Ayse Süzen, telle qu'adoptée dans l'arrêt ECM. Ainsi, si la reprise des salariés par le cessionnaire est un élément important dans l'appréciation des conditions d'application du TUPE, notamment dans les cas où l'activité repose essentiellement sur la main d'œuvre, elle ne peut néanmoins constituer à elle seule un indice suffisant pour conclure à l'application du TUPE. La technique du faisceau d'indices doit être privilégiée [308].

---

*à déterminer l'existence du transfert d'une entité maintenant son identité* : il s'agit de déterminer si l'entité est maintenue ou reprise ; dans les secteurs où l'activité est essentiellement constituée de la main d'œuvre, l'entité maintient son identité lorsque le nouvel employeur ne se borne pas à poursuivre l'activité en question mais reprend également la majeure partie, en nombre et en compétence, du personnel qui était précédemment affecté à cette activité ; tous les éléments caractérisant l'opération en question doivent être pris en compte dans leur ensemble sans qu'aucun d'eux ne puisse être pris isolément et considéré comme déterminant. Le degré d'importance à accorder à chacun de ces éléments varie selon l'activité poursuivie, le type d'entreprise ou d'établissement, l'existence ou l'absence de transfert d'éléments corporels, la valeur des éléments incorporels à la date du transfert, la reprise ou l'absence de reprise de la majorité du personnel par le cessionnaire, le transfert ou l'absence de transfert de la clientèle du cédant, le degré de similitude entre les activités avant et après le transfert et la durée d'une éventuelle suspension d'activité. Même lorsqu'il existe des actifs et qu'ils sont nécessaires au fonctionnement de l'activité, le fait qu'ils ne soient pas transmis n'empêche pas l'existence d'un transfert. Le fait que les services fournis avant et après le transfert soient similaires ne suffit pas pour conclure à l'application du TUPE. L'absence de lien contractuel entre le cédant et le cessionnaire peut révéler qu'il n'y a pas eu de transfert mais n'est certainement pas un élément concluant. Lorsqu'aucun salarié n'est transféré, la raison de cette absence de transfert peut être utile pour déterminer si le TUPE trouve à s'appliquer.

[305]. Les commentaires restaient donc prudents sur la réelle portée de cet arrêt. Notamment N. EAST, « Cheesman: clarity or further calamity ? », *Business Law Review*, June 2001, p. 142-145 ; Ch. WYNN-EVANS, « Some important TUPE cases in 2000 », *Business Law Review*, March 2001, p. 53-55. La plupart des auteurs s'accordaient également à l'époque pour dire que la Chambre des Lords devait prendre position sur cette question et stopper ces divergences de position. Notamment N. EAST, article précité ; S. HARDY, *Understanding TUPE: a legal guide*, Chandos Business Guides, Chandos Publishing, Oxford, 2001, p. 56.

[306]. ADI (UK) Ltd v. Firm Security Group Ltd [2001] *IRLR* 542 (CA) ; *IDS*, Brief 690, August 2001, p. 2-4 ; *Industrial Law Journal*, December 2001, vol. 30, p. 396-400, note J. McMULLEN, à propos d'un changement de prestataire pour un service de sécurité dans un centre commercial. Cette décision infirme celle de l'EAT *in* ADI (UK) Ltd v. Willer & Ors, EAT/11/99, *Business Law Review*, June 2001, p. 139-140, précité, qui avait décidé de l'absence d'application du TUPE en l'absence de transfert d'éléments d'actifs et de reprise du personnel par le nouveau prestataire.

[307]. RCO Support Services v. UNISON [2002] *IRLR* 401 (CA), confirmant la décision de l'EAT *in* RCO Support Services and Aintree Hospital Trust v. Unison and others : [2000] *IRLR* 624 (EAT), qui avait tranché deux ans plus tôt en faveur de la jurisprudence ECM (Vehicle Delivery Services) Ltd v. Cox and others [1999] *IRLR* 559 (CA).

[308]. « *Multi factorial approach* ». Principe réitéré plus récemment *in* Scottish Coal Co Ltd v. McCormack and others [2005] *CSIH* 68 ; Balfour Beatty Power Networks Ltd and another v. Wilcox and

**160.** La ou les raisons pour lesquelles le cessionnaire n'a pas repris les salariés est un élément parmi d'autres à prendre en compte dans l'appréciation des circonstances de l'espèce. Il devient néanmoins déterminant lorsque l'activité repose essentiellement sur la main d'œuvre et que la reprise des salariés par le cessionnaire conditionne, de ce fait, l'application du TUPE. Dans un tel cas, les juges peuvent décider de l'application du texte en l'absence de tout transfert d'actif ou de personnel, dès lors qu'il est établi, qu'en refusant de reprendre les salariés de son prédécesseur, le cessionnaire a entendu contrecarrer [309] l'application du TUPE[310]. Si toutefois la décision du cessionnaire répond à d'autres motivations, celui-ci peut légitimement refuser de reprendre les salariés de son prédécesseur [311].

**161.** Il s'agit d'une particularité du droit anglais qui permet au cessionnaire de ne pas reprendre les salariés de son prédécesseur s'il justifie d'une raison légitime, ne tenant pas à la volonté d'échapper à l'application d'un texte favorable aux salariés. Dans le cas où l'activité repose essentiellement sur la main d'œuvre, cela permet au cessionnaire d'échapper à l'application du TUPE.

---

others [2007] *IRLR* 63 (CA), confirmant Balfour Beatty Power Networks Ltd and another v. Wilcox and others [2006] *IRLR* 258 (EAT).

309. « *To thwart TUPE* ».

310. RCO Support Services v. UNISON [2002] *IRLR* 401 ; [2002] *ICR* 751 (CA) ; *IDS*, Brief 709, May 2002, p. 5-6. En l'espèce, la Court of Appeal conclut à l'application du TUPE notamment parce qu'il s'agissait d'une activité reposant essentiellement sur une main d'œuvre spécialisée (prestation de services de nettoyage et de restauration dans un hôpital) et que le cessionnaire avait souhaité reprendre les salariés de son prédécesseur à des termes et conditions d'emploi différents plutôt que de devoir appliquer le TUPE.

311. ADI (UK) Lt v. Firm Security Group Ltd [2001] *IRLR* 542 (CA), précité. En l'espèce, la Court of Appeal constata que le TUPE aurait été applicable si les salariés avaient été repris par le nouveau prestataire et qu'il y aurait du y avoir transfert des salariés si la raison pour laquelle ces derniers n'avaient pas été repris par le nouveau prestataire tenait à la volonté de celui-ci d'échapper au TUPE. En conséquence, et puisque les juges du fond ne s'étaient pas prononcés sur le fait de savoir si la raison ou la principale raison pour laquelle le nouveau prestataire n'avait pas repris les salariés de son prédécesseur était d'échapper à l'application du TUPE, il convenait de renvoyer l'affaire devant les juges du fond pour qu'ils se prononcent sur ce point.

Pour des applications dans le secteur de la sécurité, par exemple : Ministry of Defence v. (1) Carvey & ors (2) Rentokil Initial Security Ltd, EAT/202/00 ; *IDS*, Brief 703, February 2002, p. 2-5: absence d'application du TUPE dans une espèce où le ministère de la défense avait repris en gestion directe la surveillance d'un camp militaire, précédemment assurée par un prestataire privé. En l'espèce, aucun des salariés du prestataire précédent n'avait été repris au motif que les gardiens devaient désormais être armés pour assurer la surveillance du site et que les salariés dudit prestataire ne disposaient pas d'un permis de port d'arme ; Carlisle Facilities Group v (1) Matrix Events (2) Sea France Ltd (3) Mr C Carr, EAT/0380/04, à propos du service de sécurité d'un ferry. En l'espèce le donneur d'ordre, mécontent des services du premier prestataire et en particulier du comportement de ses salariés, avait changé de prestataire et exigé de celui-ci qu'aucun des salariés de son prédécesseur ne soit affecté à son service. L'EAT considéra que le nouveau prestataire était en droit de refuser de reprendre les salariés de son prédécesseur puisque sa décision n'avait pas été prise dans le but d'échapper au TUPE mais de satisfaire les exigences du donneur d'ordre ; De même, à propos des services rendus par un cabinet d'architectes : Astle v. (1) Cheshire County Council (2) Omnisure Property Management Limited [2005] *IRLR* 12 (EAT), dans une espèce où, en substance, les prestations précédemment rendues par un cabinet d'architectes avaient été reprises en gestion directe par le donner d'ordre et redistribuées à différents consultants indépendants. Même s'il avait souhaité échapper au TUPE, la principale motivation du donneur d'ordre n'avait pas été de contrecarrer l'application de ce texte mais d'optimiser la fourniture de ce type de prestations. Les salariés n'avaient pas été repris parce que le donneur d'ordre n'avait plus de travail pour eux. L'activité s'était poursuivie d'une façon différente et n'avait donc pas maintenue son identité. En l'espèce, l'EAT approuve la méthodologie adoptée par les juges du fond qui s'étaient d'abord interrogés sur le fait de savoir si la raison ou la principale raison pour le cessionnaire de ne pas reprendre les salariés avait été d'échapper à l'application du TUPE (« *ECM reason* ») et, constatant que tel n'avait pas été le cas, avait appliqué la technique du faisceau d'indices (« *Spijkers test* ») pour décider de l'absence d'application du TUPE aux circonstances de l'espèce.

Cette solution n'est pas sans risque en ce qu'elle peut permettre à des parties non scrupuleuses de s'entendre sur l'absence de reprise des salariés, et cela d'autant plus que, d'une part, le cessionnaire n'a pas l'obligation de justifier de la ou des raisons pour lesquelles il n'a pas repris les salariés de son prédécesseur et que, d'autre part les juges n'ont pas défini dans quel cadre la raison qui justifie l'absence de reprise des salariés par le cessionnaire doit s'inscrire [312]. Elle introduit en conséquence une grande incertitude en droit anglais pour les salariés quant à la reprise de leur contrat de travail par le nouveau prestataire de services [313]. Un des objectifs du TUPE 2006 était notamment de clarifier cette situation, en élargissant le champ d'application du texte au-delà de la directive et en précisant dans quel cadre celui-ci doit s'appliquer [314].

**162.** Deux définitions de ce qu'il faut entendre par transfert d'entreprise en droit anglais figurent désormais dans le TUPE, soit qu'il réponde au cas classique de transfert d'activité [315], soit qu'il corresponde au cas particulier des changements de prestataires de services [316]. Dans ce dernier cas, sont visées les situations de succession de prestataires sur un même service [317], de recours à un prestataire par voie d'externalisation [318] ainsi que de reprise en gestion directe d'une activité [319].

**163.** Tous les changements de prestataires ne sont toutefois pas visés indistinctement. Deux conditions doivent en effet être remplies pour entrer dans le champ d'application du nouveau texte [320]. Il faut d'abord que, « *immédiatement avant le changement* », des salariés soient constitués en un « *groupement organisé* »[321] dont l'objet principal est la prestation de

---

[312]. « *There is no positive burden on the person arguing against the transfer to establish the reason for not taking on the workforce. Nor, in order for a transfer not to be found, does the reason or principal reason for not taking on the employees have to be limited to an economic, technical or organisational reason entailing changes in the workforce* ». ADI (UK) Lt v. Firm Security Group Ltd [2001] *IRLR* 542 at 543.

[313]. Les commentateurs alertent d'ailleurs sur le risque de collusion entre le donneur d'ordre et le nouveau prestataire dans le but de faire échec à l'application du TUPE. Notamment J. McMULLEN, *Business transfers and employee rights*, August 2005, Bulletin n°10, p.8-9.

[314]. Cela devrait avoir pour conséquence de rendre irrecevable les arguments tenant à la motivation du cessionnaire de ne pas reprendre les salariés de son prédécesseur. Cf. « TUPE – what's in store for the next generation », *IDS Employment law Brief*, n°800, March 2006, p. 2. Même si cela est à souhaiter, il est encore tôt pour pouvoir affirmer avec certitude que la motivation du cessionnaire/du client ne sera plus prise en compte à l'avenir par les juges du fond (notamment lorsque le client est mécontent des services rendus par les salariés du prestataire initial), pour décider de l'application ou de l'absence d'application du TUPE, sur la base des nouvelles dispositions du texte.

[315]. « *Business transfer* », TUPE 2006, reg. 3(1)(a).

[316]. « *Service provision change* », TUPE 2006, reg. 3(1)(b).

[317]. « *Re-tendering* » ou « *second generation outsourcing* ».

[318]. « *Contracting-out* » ou « *outsourcing* ».

[319]. « *Contracting-in* » ou « *insourcing* ».

[320]. Le TUPE 2006 ne reprend pas certaines propositions qui avaient été faites, au cours des consultations publiques antérieures, en ce qui concerne la délimitation de son champ d'application. Il avait ainsi été notamment question d'en écarter expressément les prestations de services intellectuels (« *White collar professional business services* »), du type de celles rendues par les cabinets de consultants, par opposition aux prestations de services manuels (« *Blue collar professional business services* »), au motif, notamment, que les salariés rendant les premières étaient moins fragilisés dans leur emploi en cas de changement de prestataire par le client. Le dernier texte de consultation publique sur le TUPE appelait à discussion sur ce point. *TUPE Draft Revised Regulations: Public Consultation Document*, Employment Relations Directorate, DTI, March 2005, URN 05/926, n°30-36, p. 19-22. La proposition n'a pas emporté l'adhésion. *TUPE: draft revised regulations, Government response to the public consultation*, DTI, February 2006, n°2.12, p. 13.

[321]. Lequel peut consister en une seule personne, par exemple lorsque le nettoyage de petits locaux commerciaux est effectué par un seul salarié d'un prestataire. *Employment rights on the transfer of an*

services spécifiques pour un client déterminé et que ces services ne soient pas réalisés « *dans le seul cadre d'un événement spécifique unique ou d'une tâche de courte durée* » [322]. Il faut ensuite que l'activité ou les activités concernées ne consistent pas « *totalement ou principalement en la fourniture de biens à l'usage du client* » [323] mais plutôt en la fourniture de services [324].

**164.** Il s'agit en effet, d'une part, de limiter l'application du TUPE aux cas où le prestataire de services, quel qu'il soit, possède une équipe de salariés dédiée à l'activité considérée [325]. Dans le même esprit, l'activité de prestataires dont l'objet est la fourniture de services à des clients en général, plutôt qu'à un client en particulier, est exclue du champ d'application du texte [326].

Il s'agit également, d'autre part, d'éviter que le TUPE puisse s'appliquer dans le cadre de relations commerciales usuelles de client à prestataire, où le client s'engage pour un service ou la réalisation d'une tâche déterminée, sans avoir l'intention d'entrer dans une relation commerciale suivie avec le prestataire [327]. Le texte vise néanmoins à éviter que clients et

---

*undertaking*, a guide to the 2006 TUPE Regulations for employees, employers and representatives, DTI, 30 January 2006, p.10 ; DTI, March 2007, URN 07/758, p. 7.

[322]. TUPE 2006, reg. 3(3) « *The conditions (...) are that : (a) immediately before the service provision change (i) there is an organised grouping of employees situated in Great Britain which has its principal purpose the carrying out of the activities concerned on behalf of the client ; (ii) the client intends that the activities will, following the service provision change, be carried out by the transferee other than in connection with a single specific event or task of short-term duration (...)* ».

[323]. TUPE 2006, reg. 3(3)(b) « *the activities concerned do not consist wholly or mainly in the supply of goods for the client's use* ».

[324]. Par exemple, un contrat qui vise, pour un prestataire, à fournir des sandwichs et des boissons destinés à la cantine de son client pour que ce dernier les vende lui-même à son personnel, ne tombera pas dans le champ d'application du TUPE si le client change par la suite de prestataire. A l'inverse, si le contrat vise à ce que le prestataire gère lui-même la cantine de son client, un changement de prestataire est susceptible d'entraîner l'application du TUPE. *TUPE Draft Revised Regulations: Public Consultation Document*, Employment Relations Directorate, DTI, March 2005, URN 05/926, n°26, p. 18 ; *Employment rights on the transfer of an undertaking*, a guide to the 2006 TUPE Regulations for employees, employers and representatives, DTI, 30 January 2006, p. 11; DTI, March 2007, URN 07/758, p. 8.

[325]. Ainsi, pour prendre l'exemple d'un client qui a recours à un prestataire pour son service courrier. Le TUPE sera inapplicable si le client décide de recourir à un nouveau prestataire dès lors que la collecte et la distribution du courrier sont assurées par des salariés différents chaque jour, en fonction des disponibilités. Il est susceptible de s'appliquer si une équipe déterminée est affectée au service de ce client sur une base permanente. *TUPE Draft Revised Regulations: Public Consultation Document*, Employment Relations Directorate, DTI, March 2005, URN 05/926, n°22, p. 16-17; *Employment rights on the transfer of an undertaking*, a guide to the 2006 TUPE Regulations for employees, employers and representatives, DTI, 30 January 2006, p. 9-10 ; DTI, March 2007, URN 07/758, p. 7.

[326]. Tel est le cas par exemple des agences de voyages, dont les services, bien qu'assurés par une équipe spécialisée et spécifique, sont rendus à des clients divers plutôt qu'à un client en particulier. Si un de ces clients décide de changer de voyagiste, le TUPE ne sera pas applicable (puisque, de toute façon, les salariés du voyagiste ne risquent relativement pas de perdre leur emploi du fait de ce changement). *TUPE Draft Revised Regulations: Public Consultation Document*, Employment Relations Directorate, DTI, March 2005, URN 05/926, n°23, p. 17.

[327]. En effet, si dans un tel cadre le prestataire affectera rarement une équipe dédiée à la réalisation de la prestation et le changement de prestataire n'entraînera pas l'application du TUPE, le cas peut néanmoins se présenter. Par exemple, si un client engage un prestataire pour l'organisation d'une conférence. Le prestataire peut décider d'affecter une équipe dédiée (« *project team* ») à la préparation et la réalisation de cet évènement. *TUPE Draft Revised Regulations: Public Consultation Document*, Employment Relations Directorate, DTI, March 2005, URN 05/926, n°24-25, p. 17-18. Ainsi, pour prendre l'exemple de deux contrats concernant un service de sécurité pendant les jeux olympiques ou un évènement sportif majeur. Le premier contrat vise une prestation de conseil en sécurité aux organisateurs de l'évènement et couvre une période de plusieurs années jusqu'à l'évènement. L'autre concerne le déploiement d'un service de sécurité pour protéger les athlètes pendant l'évènement. Les deux contrats

prestataires puissent s'entendre, pour échapper à l'application du TUPE, en ayant recours à une succession de contrats à court terme [328].

**165.** En définitive, le nouveau TUPE reprend, globalement, les critères développés par la jurisprudence communautaire et anglaise depuis sa dernière modification. Il s'aligne sur la rédaction de la directive 2001/23/CE, en consacrant une acception élargie de son champ d'application.

L'arrêt de référence en droit anglais reste aujourd'hui l'arrêt Spjikers [329] pour apprécier si les conditions d'application de la réglementation protectrice sont remplies au cas d'espèce, selon la technique du faisceau d'indices. Il permet une application large du TUPE par les juges anglais. En consacrant un nouveau cas d'application automatique de la protection, dans le contexte de changements de prestataires de services, le TUPE 2006 confirme cette tendance.

**166.** Il est en encore trop tôt pour dire si les précisions qu'il apporte bouleverseront l'économie générale d'une jurisprudence admettant déjà un champ d'application bien plus large que ce que le droit français permet dans son propre ordre interne [330]. Les premiers commentaires sur le nouveau texte sont réservés et anticipent déjà de nouveaux contentieux sur l'interprétation des définitions que le TUPE 2006 consacre [331].

Loin de l'influence d'un droit supranational, le droit américain organise un droit des transferts d'entreprises autonome dont le champ d'application est défini par la jurisprudence et varie en fonction de l'obligation en cause pour le cessionnaire.

---

concernent un seul évènement particulier. Cependant, le premier contrat couvre une période beaucoup plus longue que le deuxième. En conséquence, le premier sera couvert par le TUPE (sous réserve que les autres conditions soient satisfaites) et non le second. *Employment rights on the transfer of an undertaking*, a guide to the 2006 TUPE Regulations for employees, employers and representatives, DTI, 30 January 2006, p. 10 ; DTI, March 2007, URN 07/758, p. 7-8.

[328]. Il est de fait recommandé aux juges du fond, en cas de contentieux dans ce type de situation, de rechercher quelle était l'intention du client, sur la base des éléments de faits qui leur sont soumis. *TUPE Draft. Revised Regulations: Public Consultation Document*, Employment Relations Directorate, DTI, March 2005, URN 05/926, n°25, p. 18.

[329]. CJCE 18 mars 1986, Jozef Maria Antonius Spijkers c/Société Gebroeders Benedik Abattoir CV et autres, aff. 24/85 : *Rec. CJCE* 1986-3, p. 1119.

[330]. La reprise des effectifs par le cessionnaire participe de l'appréciation du maintien de l'identité de l'entité économique transférée en droit anglais, permettant ainsi une appréciation *a posteriori* des conditions d'application du TUPE dans ce type de situation où l'activité repose essentiellement sur la main d'œuvre, là où le droit français a tendance à écarter l'application du texte et les conventions collectives à prendre le relais pour assurer la protection des salariés.

[331]. Notamment: « TUPE 2006 – an analysis of the Regulations », *IDS Employment Law Brief*, n°800, March 2006, p. 12 ; J. McMULLEN, « An analysis of the Transfer of Undertakings (Protection of Employment) Regulations 2006 », *Industrial Law Journal*, June 2006, vol. 35, n°2, p. 120-25 ; E. WILLIAMS, « TUPE 2006 – mission accomplished or mission impossible ? », *Business Law Review*, July 2006, p. 178-79 ; « TUPE 2006 : identifying a relevant transfer – 2 », *IDS Employment Law Brief*, n°811, August 2006, p. 10-14.

## B. UN CHAMP D'APPLICATION TRIBUTAIRE DE L'OBLIGATION EN CAUSE EN DROIT AMÉRICAIN

**167.** Le NLRA ne régit que d'une façon incidente la situation des salariés concernés par une opération de transfert d'entreprise puisqu'il n'a pour objectif que de réglementer les relations collectives de travail et de définir dans quel cadre des négociations doivent obligatoirement avoir lieu entre employeur et syndicat. Aucune disposition ne vise directement ce cas.

La notion de transfert d'entreprise n'est d'ailleurs jamais utilisée en droit américain, lequel raisonne toujours par rapport au repreneur de l'entreprise ou de l'activité cédée et de ses salariés, dans ce type de situation, d'où le terme d'employeur « successeur » [332]. L'employeur - successeur de droit américain est l'équivalent du cessionnaire de droit français et anglais. Il s'agit du nouvel acquéreur qui assume tout ou partie des obligations de son prédécesseur par le seul effet de son statut et des obligations qui y sont attachées.

**168.** Comme en droit français et anglais, la forme juridique de l'opération importe peu pour décider des obligations de l'employeur - successeur. Les juges se plaisent en effet à rappeler que « *la question de la forme juridique du transfert de salariés, que cela soit par fusion, acquisition, prise de participation, transfert d'actifs, location ou autre, n'est qu'une considération dominée par des aspects de droit des sociétés et fiscal, alors que seules importent ici les considérations sociales* » [333].

**169.** A la différence des jurisprudences française et anglaise cependant, le NLRB et les Cours fédérales adoptent des critères différents pour apprécier les obligations des employeurs successifs selon l'obligation que l'on entend leur imposer. Il ne s'agit pas ici d'assurer le transfert automatique des contrats de travail d'un employeur à un autre, mais plutôt de déterminer s'il existe une obligation pour le cessionnaire de négocier avec le syndicat représentant les salariés qu'il a repris, de le contraindre à recourir à l'arbitrage pour régler les différents nés de l'interprétation ou de l'application de la convention collective de son prédécesseur ou encore d'établir sa responsabilité au titre des pratiques déloyales de travail commises par ce dernier.

---

[332]. Terme né de la jurisprudence, initiée par le NLRB et consacrée par la Cour Suprême à partir de 1964, dans cinq arrêts, c'est à dire, dans l'ordre chronologique: John Wiley & Sons, Inc. v. Livingston, 55 *L.R.R.M.* 2769 (1964), NLRB v. Burns International Security Services, 80 *L.R.R.M.* 2225 (1972), Golden State Bottling Co. v. NLRB, 84 *L.R.R.M.* 2839 (1973), Howard Johnson Co. v. Hotel & Restaurant Employees, Detroit Local Joint Executive Board, 86 *L.R.R.M.* 2449 (1974) et Fall River Dyeing & Finishing Corp. v NLRB, 125 *L.R.R.M.* 2441 (1987).

[333]. Maintenance Inc. 148 *N.L.R.B.* 1299 (1964). La position de la Cour Suprême est la même. Cf. Golden State Bottling Co. v. NLRB, 84 *LRRM* at 2845 n.5 (1973), où la Cour rappelle que « "*The refusal to adopt a mode of analysis requiring the Board to distinguish among mergers, consolidations and purchases of assets is attributable to the fact that, so long as there is a continuity in the "employing industry", the public policies underlying the doctrine will be served by its broad application*". Certains juristes spécialisés en droit des affaires ont cependant tenté d'effectuer une classification des résultats des décisions du NLRB et des Cours fédérales en fonction du type d'opération concernée dans chaque espèce, en leur appliquant les distinctions opérées par le droit des affaires. Leur objectif était de démontrer que, contrairement au raisonnement adopté par le NLRB et les Cours fédérales, la nature de l'opération juridique détermine le régime social des obligations des employeurs successifs et, qu'en conséquence, les mêmes critères doivent être utilisés en droit des affaires et en droit social par souci de clarté dans une jurisprudence qu'ils jugent opaque. E. B. ROCK, M. L.WACHTER, « Labour law successorship: a corporate law approach », *Michigan Law Review*, 1993-94, vol. 92, p. 203-260.

**170.** Le champ d'application de chacune de ces obligations s'apprécie distinctement. Il sera, pour cette raison appréhendé ici uniquement d'une façon globale, avant d'être étudié d'une façon plus détaillée, en fonction de l'obligation visée, dans les chapitres qui suivent.

**171.** Il suffit néanmoins généralement que l'entreprise ou l'activité cédée continue de fonctionner dans les mêmes conditions, avec une majorité des salariés qui étaient précédemment employés par le cédant, pour que le cessionnaire de droit américain soit titulaire d'obligations vis-à-vis des salariés qu'il reprend dans ses effectifs et de leurs représentants. Les juges se situent ainsi *a posteriori*, une fois l'opération réalisée, pour apprécier l'obligation du cessionnaire.

### *1. Une appréciation a posteriori des obligations des employeurs successifs*

**172.** Quel que soit le fondement de l'action entreprise, l'identité de l'activité transférée doit avoir été conservée par le cessionnaire pour qu'il puisse être considéré comme le « successeur » du premier, titulaire d'obligation en tant que tel vis-à-vis des salariés qu'il reprend.

**173.** Ce critère de la continuité de l'identité de l'entreprise est apprécié au cas par cas par les tribunaux en fonctions des circonstances de l'espèce. La reprise des salariés du cédant par le cessionnaire [334] est le facteur clé de cette appréciation. Cette continuité est également assurée par le maintien de l'activité en elle-même [335]. L'objectif est de déterminer si les salariés du cessionnaire peuvent continuer à être représentés par le même syndicat que celui qui les représentait lorsqu'ils étaient employés par le cédant, parce qu'ils conservent les mêmes préoccupations et partagent les mêmes intérêts. Cette continuité est mise en évidence par l'examen d'une série d'éléments, appréciés comparativement avant et après le transfert, d'une façon non cumulative par le NLRB allant de l'activité et des produits et services fabriqués ou rendus aux conditions et lieux de travail des salariés.

**174.** Cela suppose que le NLRB s'attache à déterminer si le cessionnaire a « acquis l'essentiel des actifs de son prédécesseur et continué l'activité de ce dernier, sans interruption ou changement important »[336]. Le NLRB vérifie ainsi, dans chaque cas, si : le cessionnaire continue substantiellement la même activité que son prédécesseur, au même endroit, avec le même ou sensiblement le même personnel, dans les mêmes emplois avec les mêmes conditions de travail, sous la supervision du même personnel d'encadrement, avec les mêmes équipements et méthodes de production, et fabrique les mêmes produits ou rend les mêmes services que son prédécesseur [337]. Tel sera généralement le cas lorsque le cessionnaire « *utilise en grande partie les mêmes moyens et le même personnel pour produire les mêmes bases de produits, pour essentiellement les mêmes clients, dans le même secteur géographique* » [338].

**175.** L'appréciation se fera dans tous les cas en se plaçant du point de vue des salariés repris[339] et par rapport à l'obligation en cause. Ainsi, par exemple, pour décider si le

---

334. « *Continuity of the workforce* ».
335. « *Continuity of employing industry*».
336. Fall River Dyeing & Finishing Corp. v. NLRB, 125 *L.R.R.M.* 2447, citant Golden States Bottling Co. v. NLRB, 414 *U.S.* at 184.
337. NLRB v. Jeffries Litograph Co., 752 *F.2d* 459, 118 *L.R.R.M.* 2681 (9th Cir. 1985), *enforcing* 265 *N.L.R.B.* 1499, 112 *L.R.R.M.* 1236 (1982), précité ; Bloedorn v. Francisco Foods, Inc., 276 *F.3d* 270, 288 (7th Cir. 2001).
338. Notamment: Valley Nitrogen Producers, 207 *N.L.R.B.* 208, 84 *L.R.R.M.* 1424 (1973); Proxy Communications of Manhattan v. NLRB, 873 *F.2d* 552, 131 *L.R.R.M.* 2072 (2d Cir. 1989).
339. « *Employee perception test* ». NLRB v. Jeffries Litograph Co., 752 *F.2d* 459, 118 *L.R.R.M.* 2681 (9th Cir. 1985): « *The touchstone remains whether there was an « essential change » in the business that*

cessionnaire a l'obligation de négocier avec le représentant des anciens salariés du cédant qu'il a repris, le critère de continuité permettra d'apprécier si l'unité de négociation demeure appropriée après le changement d'employeur et si le syndicat continue à représenter la majorité des salariés qui la composent.

**176.** Les premiers arrêts sur la question ont ainsi considéré que l'obligation de négocier était transférée au cessionnaire dès lors qu'il y avait « *une continuité substantielle de l'identité de l'activité* » laquelle était caractérisée dès lors que la majorité des salariés du cessionnaire était composée des salariés du cédant. L'idée était que le syndicat représentant les salariés du cédant devait pouvoir être considéré comme le représentant naturel et effectif des salariés du cessionnaire.

**177.** A titre d'exemple, la Cour Suprême a décidé, dans son arrêt Fall River Dyeing, dans une affaire où le cessionnaire avait repris une partie de l'activité de l'entreprise suite à sa liquidation, qu'il apparaissait clairement que le cessionnaire « *avait fait l'acquisition des actifs* [du cédant] *dans le seul but de tirer profit du personnel de son prédécesseur* »[340]. Il avait la qualité de successeur du cédant puisqu'il avait repris la plupart des biens immobiliers de son prédécesseur, ses machines, équipements et la plupart des matériaux qui avaient été inventoriés. Il n'avait en outre pas introduit de nouvelle ligne de production.

Du côté des salariés également, il était particulièrement important pour la Cour Suprême de noter que leurs emplois n'avaient pas changé. Le fait que le cessionnaire avait repris seulement une des activités du cédant ne modifiait pas la nature des emplois des salariés puisque les deux types d'activité impliquaient le même procédé de production. Par ailleurs, la classification des emplois des salariés était restée la même, les salariés travaillaient sur les même.s machines, sous la supervision d'un personnel d'encadrement dont la plupart avait travaillé précédemment pour le cédant. Il devait en conséquence être considéré comme le successeur du cédant, débiteur d'une obligation de négocier à l'égard du syndicat qui représentait les salariés de son prédécesseur, lesquels faisaient désormais partie de ses effectifs [341].

**178.** La Cour Suprême a rappelé dans cet arrêt que l'approche retenue pour déterminer la qualité de successeur du cessionnaire est essentiellement factuelle et se base sur la totalité des

---

*would have affected employee attitudes toward representation* », citant Premium Foods, Inc. v. NLRB, 709 *F.2d* 623, 627 (9th Cir. 1983).

[340]. Fall River Dyeing & Finishing Corp. v. NLRB, 125 *L.R.R.M.* 2448 (US 1987).

[341]. Voir cependant l'opinion minoritaire divergente (« *dissenting opinion* ») du Juge Powell, rejoint par le juge O'Connor, pour qui le cessionnaire ne pouvait pas être considéré comme le successeur du cédant dans cette affaire en raison de « *signes de discontinuité* » qui étaient « *écrasants* » en l'espèce. Pour ces deux juges, il y avait eu, en effet, une interruption claire entre la cessation d'activité du cédant (en février 1982), la création de l'entreprise cessionnaire (fin août) et le redémarrage de l'activité par cette dernière (en novembre de la même année). Il n'y avait, en outre, eu aucun lien contractuel direct ou lien d'affaires entre les deux entreprises. Le cessionnaire avait seulement fait l'acquisition d'éléments corporels et n'avait pas repris, en particulier, le nom, le fonds de commerce ou les responsabilités du cédant. Il n'y avait pas eu non plus de transfert de listing clients entre les deux entreprises et le cessionnaire avait trouvé sa clientèle par ses propres moyens. Tous ces faits, en eux-mêmes, étaient suffisants, selon eux, pour conclure que le cessionnaire n'était pas le « successeur » du cédant parce qu'il n'y avait pas de « continuité substantielle » entre les deux entreprises. Ils ont également considéré que même en se plaçant du côté des salariés, il y avait peu d'éléments objectifs pour établir que leurs emplois chez le cessionnaire étaient les mêmes que chez le cédant. Le personnel de production avait en effet été licencié dès le mois de février 1982 et l'entreprise avait été entièrement liquidée fin août 1982. Il était donc peu probable que les salariés pensaient retrouver leur emploi dans ces conditions, même si une partie de l'activité de l'entreprise était reprise ultérieurement. En outre, la nouvelle usine était plus petite, employait moins de personnel et pratiquait des horaires de travail différents. Fall River Dyeing & Finishing Corp. v. NLRB, 125 *L.R.R.M.* 2452-55.

circonstances de chaque espèce pour établir l'existence d'une « *continuité substantielle* » entre les deux entreprises.

### *2. Les conditions de travail des salariés repris doivent demeurer inchangées*

**179.** Les changements apportés dans le périmètre de l'activité reprise, dans la classification des emplois ou encore dans le type de travail que les salariés effectuaient précédemment n'empêchent pas le cessionnaire d'être considéré comme le successeur du cédant dès lors que le quotidien des salariés n'en est pas affecté [342]. Il s'agira dès lors pour le NLRB de déterminer si les salariés qui ont été repris par le cessionnaire considèreront, à juste titre, leur situation d'emploi comme « *essentiellement inchangée* » [343] et donc susceptible de justifier notamment le maintien de leur représentant antérieur en tant qu'interlocuteur de leur nouvel employeur.

**180.** La « continuité de l'entreprise » sera réputée assurée dès lors que les changements éventuels dans la structure de l'entreprise, de l'établissement ou de la partie d'entreprise ou d'établissement découlant du transfert n'affecteront pas ou peu les conditions de travail des salariés qui y étaient attachés, c'est-à-dire que leur position à l'égard du syndicat qui les représentait chez le cédant ne sera pas modifiée, une fois qu'ils seront intégrés dans leur nouvel environnement de travail.

Un employeur ne peut pas, en particulier, invoquer des changements futurs, susceptibles d'induire un doute sur la continuité de l'identité de l'activité reprise, pour s'affranchir de son obligation de négocier [344]. Ne sont de même pas déterminants à eux seuls, un changement dans les produits fabriqués [345], ou encore l'installation de nouveaux équipements et la réorganisation des moyens de production [346].

---

342. Par exemple : United Food & Commercial Workers Local 152 v. NLRB, 768 *F.2d* 1463, 119 *L.R.R.M.* 3473 (CA D.C. 1985) : un changement dans l'organisation de l'entreprise est sans importance en l'absence de preuve de son impact sur le travail des salariés ou sur leurs attentes (décision contraire du NLRB infirmée) ; Phoenix Pipe & Tube, L.P., 302 *N.L.R.B.* 122, 138 *L.R.R.M.* 1078 (1991), *enf'd* 955 *F.2d* 852, 139 *L.R.R.M.* 2056 (CA3 1991) : la réduction de la taille de l'unité et la revue des grilles de classification sont sans importance lorsque les salariés exécutent sensiblement le même travail que précédemment ; Jeffries Litograph Co., 265 *N.L.R.B.* 1499, 112 *L.R.R.M.* 1236 (1982), *enf'd* 752 *F.2d* 459, 118 *L.R.R.M.* 2681 (CA9 1985) : l'augmentation de la taille de l'entreprise et l'introduction de nouveaux produits sont inopérants.

343. NLRB v. Jeffries Litograph Co., 752 *F.2d* 459, 118 *L.R.R.M.* 2681 (9th Cir. 1985), *enforcing* 265 *N.L.R.B.* 1499, 112 *L.R.R.M.* 1236 (1982), où le cessionnaire a été considéré comme le successeur du cédant en dépit de la transformation d'une activité locale en une entreprise à l'échelle nationale, dès lors que le « quotidien » du personnel de production et de maintenance demeurait inchangé ; Food & Commercial Workers Local 152 v. NLRB, 768 *F.2d* 1463, 119 *L.R.R.M.* 3473 (DC Cir. 1985), *enforcing in part, denying enforcement in part and remanding* Spencer Foods, 268 *N.L.R.B.* 1483, 115 *L.R.R.M.* 1251 (1984), selon lequel une analyse appropriée se concentre « *non sur la continuité de la structure de l'entreprise* (« business structure ») *en général, mais plutôt sur l'activité particulière de l'entreprise* (« operations of the business »), *telle qu'elle affecte les membres de l'unité de négociation considérée* » (*ibid.* at 1470 et 3478).

344. Torch Operating Co., 322 *N.L.R.B.* 939, 154 *L.R.R.M.* 1136 (1997), où les changements allégués avaient été apportés après que le syndicat ait demandé au cessionnaire à être reconnu par lui et à négocier.

345. D & K Frozen Foods, 293 *N.L.R.B.* 859, 132 *L.R.R.M.* 1053 (1989), où le NLRB a notamment considéré que l'argument selon lequel le cédant transformait seulement du maïs alors que le cessionnaire transformait d'autres légumes était « *indéfendable* », puisqu'il n'avait pas été démontré que les compétences requises des salariés étaient « *matériellement affectées* », par le type de légume que l'entreprise transformait.

346. P& M Cedar Prods., 284 *N.L.R.B.* 652, 125 *L.R.R.M.* 1367 (1987), où le NLRB a considéré que l'argument selon lequel le cessionnaire avait modifié d'une façon significative la nature des produits fabriqués par le cédant n'était pas recevable dès lors que 90% des salariés du cessionnaire étaient d'anciens salariés du cédant, qu'ils effectuaient essentiellement le même travail, sous la supervision du même personnel d'encadrement et dans la même usine. Le NLRB a rappelé à cette occasion que

**181.** Le critère de la reprise des salariés du cédant par le cessionnaire est un critère nécessaire mais il n'est pas suffisant en lui-même. Il est l'un des facteurs permettant de démontrer la « *continuité de l'activité à laquelle ils sont employés* ». Ainsi, le cessionnaire se verra obligé de négocier avec le syndicat des salariés du cédant lorsque « *le personnel, les lieux, l'organisation et les procédés de production du cédant sont poursuivis* », et cela même si l'activité transférée est interrompue pendant quelques mois avant sa reprise effective [347].

*A contrario*, le cessionnaire n'a pas le devoir de négocier lorsqu'il existe une « *discontinuité dans l'activité reprise* », lorsque, bien que remplissant le critère de la majorité des salariés, le cessionnaire n'a repris qu'un tiers des clients de son prédécesseur, aucun personnel d'encadrement, a déménagé dans un autre endroit et a équipé son personnel de son propre matériel [348]. Il faut en toute hypothèse que le syndicat du cédant puisse légitimement représenter les salariés du cessionnaire et pour cela, que les salariés aient gardé les mêmes préoccupations : l'unité de représentation doit demeurer appropriée au sens du NLRA et le syndicat conserver son mandat de représentation pour rendre l'obligation efficace.

**182.** Les changements apportés dans la structure ou l'organisation de l'entreprise, de l'établissement ou de la partie d'entreprise ou d'établissement cédé doivent ainsi être suffisamment significatifs et former autant d'indices convergents, pour que la « continuité de l'entreprise » puisse valablement être mise en cause par le cessionnaire et modifier les intérêts des salariés qui étaient représentés [349], dès lors que tous ou la majorité de ses effectifs sont composés des salariés de son prédécesseur [350].

Ici encore, les faits d'espèce sont appréciés au cas par cas par le NLRB, en fonction de ce qu'il considère être comme les attentes légitimes des salariés en matière de représentation. Le corollaire est qu'il peut être difficile d'anticiper les décisions du NLRB et de savoir, dans chaque cas, à quels faits d'espèce, celui-ci donnera le plus de poids [351].

---

« *l'élément le plus important* » pour déterminer si le cessionnaire peut être considéré comme le successeur du cédant est de savoir si « *essentiellement le même personnel était maintenu et si le même type de tâches était effectué par ce personnel* ».

347. N.L.R.B. v. Daneker Clock Co., 516 *F.2d* 315 (4th Cir. 1975).

348. Lincoln Private Police Inc., 189 *N.L.R.B.* 717 (1971).

349. Par exemple : Daka, Inc., 286 *N.L.R.B.* 548, 130 *L.R.R.M.* 1030 (1987), dans une espèce où une cafétéria avait été transformée en un établissement de restauration rapide et en une boutique de cadeaux et où des investissements importants avaient été faits par le cessionnaire tant pour l'achat de nouveaux équipements que pour le remaniement des lieux. Le NLRB a principalement fondé sa décision sur le constat que puisque le cessionnaire n'avait pas embauché la majorité ou un nombre substantiel des salariés du cédant et qu'il ne l'avait pas fait pour des raisons discriminantes condamnables, il ne pouvait pas être considéré comme le successeur du cédant ; CitiSteel USA v. NLRB, 53 *F.3d* 350, 149 *L.R.R.M.* 2196 (DC Cir.1995), *denying enforcement to* 312 *N.L.R.B.* 815, 144 *L.R.R.M.* 1233 (1993), dans une espèce où, en dépit de plusieurs similitudes entre les activités du cédant et du cessionnaire, le cessionnaire rendait des services différents à des clients différents. Les changements apportés dans les lignes de produits, la base client et les emplois ainsi qu'un décalage de deux ans entre la cession de l'entreprise et sa réouverture par le cessionnaire ont justifié l'annulation de la décision du NLRB qui concluait à la qualité de successeur du cessionnaire.

350 Sur l'appréciation des effectifs et la qualité de « successeur », v. 1ère Partie, Titre 2, Chapitre 2, *infra*.

351. Incertitude notamment mise en exergue par les opinions minoritaires prises dans deux arrêts de la Cour Suprême. Cf. l'opinion minoritaire concurrente et divergente (« *Concurring and Dissenting Opinion* ») du Juge Rehnquist, rejoint par les juges Brennan et Powell dans l'arrêt Burns, selon lesquels la doctrine de l' « employeur – successeur » en droit du travail est « *ensevelie sous des approches relativement impressionnistes* » [NLRB v. Burns Int'l. Security Services, 80 *L.R.R.M.* 2235 (1972)]. Voir également l'opinion minoritaire divergente (« *Dissenting Opinion* ») du Juge Powell, rejoint par le juge O'Connor, dans l'arrêt Fall River Dyeing, qui, en reprenant les mêmes éléments de faits, ont abouti à une conclusion différente de celle de la majorité, en considérant que la doctrine de l'employeur - successeur ne devait pas s'appliquer dans des situations où, comme en l'espèce, la continuité entre les deux entreprises est interrompue d'une façon aussi totale et prolongée [Fall River Dyeing & Finishing Corp. v NLRB, 125 *L.R.R.M.* 2452-55 (1987)]. Voir également en ce sens, les

## C. LA RECHERCHE D'UN DÉNOMINATEUR COMMUN

**183.** L'activité transférée est ainsi appréciée dans chacun des systèmes juridiques étudiés en fonction d'un faisceau d'indices dont l'affectation des salariés à l'activité qui est l'objet du transfert (en droit français et anglais) et leur reprise par le cessionnaire (en droit américain) est la condition déterminante de la mise en œuvre de la protection. Il reste à déterminer si un critère peut être dégagé pour établir un point de référence commun aux trois systèmes juridiques compris dans notre étude.

### *1. Une protection conditionnée au maintien de l'identité de l'entité transférée*

**184.** Le NLRB et les Cours fédérales prennent en compte, comme en droit français et anglais, l'ensemble des circonstances de faits caractérisant l'opération en cause pour apprécier si la continuité de l'activité est assurée par le cessionnaire, et parmi eux : le type d'opération dont il s'agit, le transfert ou non d'éléments corporels (matériels, mobilier, marchandises, etc.), le transfert ou non d'éléments incorporels (marque, clientèle, droit au bail, etc.), la reprise ou non de l'essentiel des effectifs par le cessionnaire ainsi que le degré de similitude des activités exercées avant et après le transfert. Il s'agit d'une appréciation plus économique que juridique avec une finalité sociale déclarée dans ces trois systèmes juridiques où le maintien des emplois est assuré par la continuité de l'activité cédée.

**185.** D'autres similitudes méritent également d'être constatées. Ainsi, n'entrent pas dans le champ d'application de la protection des trois systèmes juridiques les simples prises de participation parce qu'elles ne modifient pas la structure de l'entreprise [352] et parce que l'opération concerne en réalité une seule et même entreprise [353].

---

commentaires critiques ayant fait suite à ce dernier arrêt et notamment: R. F. CHATFIELD-TAYLOR (Note), « Labor Law : successorship and the obligation to bargain : clarifying the steps toward a highly subjective analysis », *Washburn Law Journal*, Spring 1988, vol. 27, p. 685-706 ; M. A. TENENBAUM (Note), « Fall River : The NLRB's expansive successorship doctrine » *Ohio State Law Journal*, 1989, vol. 50, p. 181-195.

[352]. Arguments des juges français et anglais. Pour des exemples d'application en droit français : Cass. soc. 12 février 1985, M. Delaby c/ SA Synthélabo Pharmacie : *Bull. civ.* V, n°93, p. 69 : la prise de contrôle d'une société par une autre n'entraîne pas l'application de l'article L.122-12 al.2 du code du travail ; Cass. soc. 24 janvier 1989, SARL La Niche c/ Mme Debaere : *Bull. civ.* V, n°51, p. 30 : l'application de l'article L.122-12 al. 2 est exclue en cas de rachat de la majorité des parts d'une SARL par une autre société et de changement de gérance dans la première ; Cass. soc. 19 décembre 1990, n°4960 P, M. Donnadieu et a. c/ Société CGEE Alsthom et a. : *Bull. civ.* V, n°678, p. 410, la seule prise de participation d'une société dans le capital d'une autre n'opère aucun transfert d'une entité économique ; Cass. soc. 29 octobre 2002, n°3141 FS-PB, M. Metaut c/ Sté Sofap-Helvim : *Bull. civ.* V, n° 321, p. 309 ; *Semaine Sociale Lamy*, 12 novembre 2002, n°1097, p. 14 ; *Travail et Protection Sociale*, janvier 2003, n°19, p. 17 ; *Semaine Sociale Lamy*, 3 mars 2003, n°1112, p. 102 ; *Les Petites Affiches*, 20 janvier 2003, n°14, p. 9, obs. G. PICCA et A. SAURET : la cession de participations que l'employeur détient dans d'autres sociétés ne suffit pas, à elle seule, à entraîner le transfert au cessionnaire d'une entité économique autonome ; Cass. soc. 18 janvier 2006, n°113 F-PB, Pinacho c/ Sté Sautlebar : *RJS*, 4/06, n°479 : la cession des parts d'une société commerciale à un nouvel actionnaire, qui ne réalise à elle seule ni une fusion, ni une cession, ni une scission d'entreprise, ne met en cause l'application d'aucune convention ou accord collectif. Droit anglais : TUPE 1981, reg. (3)(1), TUPE 2006, reg. 3(1)(a), selon lequel l'application du TUPE suppose un transfert d'une entreprise ou d'une partie d'entreprise d'une personne à une autre. Pour des exemples d'application en droit anglais : SI (Systems and Instrumentation) Ltd v. Grist [1983] *IRLR* 391 (EAT) ; Brookes v. Borough Care Services Ltd and CLS Care Services Ltd [1998] *IRLR* 636 (EAT).

[353]. Arguments des juges américains. Le droit américain distingue en effet l'employeur « successeur » du premier de son « alter ego ». Le NLRB a eu l'occasion de rappeler à cet effet que « *la prise de participation n'implique aucune rupture ou interruption entre deux entités légales mais constitue plutôt le maintien de l'existence d'une seule entité légale, bien que cela soit sous un nouveau contrôle* ». Il n'y a donc pas d'opération de transfert à proprement parler dans ce cas. L'*alter ego*, comme son nom

**186.** La protection ne s'applique pas en cas de simple perte d'un marché [354]. De même, la gestion d'un service public administratif par une personne morale de droit public et la réorganisation des structures de l'administration publique échappent aux prévisions des règles communautaires [355], françaises, anglaises [356] et américaines [357] en matière de transfert d'entreprise.

**187.** La protection est susceptible de s'appliquer à un transfert entre deux sociétés du même groupe, puisque ces entreprises constituent des entités juridiques distinctes qui contractent leurs propres obligations vis-à-vis de leurs salariés respectifs. Ce principe est reconnu en droit français [358], en droit anglais [359] et américain [360].

---

l'indique, n'est autre, pour l'application du droit américain, que le même employeur que son prédécesseur. Il doit donc appliquer la convention collective du premier. TKB Int'l Corp. 240 *N.L.R.B.* 1082, 100 *L.R.R.M* 1426 (1979). Pour des développements sur cette question, notamment : W. V. SIEBERT et N. D. WEBBER, « Joint employer, single employer and alter ego » *The labor Lawyer*, 1987, p. 873-887 ; G. A. MACDONALD, « Labor law's alter ego doctrine : the role of employer motive in corporate transformations », *Michigan Law Review*, 1987-1988, vol. 86, p. 1024-1060.

[354]. Cass. Ass. Plén. 16 mars 1990, deux arrêts : SA Nîmoise de tauromachie et de spectacles c/ Bodrero Sereu, (n°311 P) et Sté d'exploitation du Touring club de Paris Ouest et autre c/ Appart et autre (n° 312 P) : *Bull.* ass. *plén.* n°4 ; *RJS*, 4/90, n°281, précités (droit français) ; Betts and others v. Brintel Helicopters Ltd and KLM Helicopters (UK) Ltd [1997] *ICR* 792 ; [1997] *IRLR* 361 (CA) (droit anglais), sauf à entrer dans le cadre des dispositions du TUPE 2006. *A fortiori* en droit américain, s'il n'y a pas reprise d'un nombre substantiel des salariés du cédant. Cf. notamment NLRB v. Burns Int'l. Security Services, 80 *L.R.R.M.* 2235 (1972), les salariés repris doivent être en nombre suffisant pour composer la majorité des salariés du cessionnaire.

[355]. Directive 2001/23/CE, article 1.1 c) ; CJCE 15 octobre 1986, aff. C-298/94, Annette Henke c/ Gemeinde Schierke et Verwaltungsgemeinschaft Brocken, *Rec. CJCE* 1996, p. I-4989.

[356]. Ce cas est désormais expressément exclu du champ d'application du TUPE 2006, reg. 3(5).

[357]. Section 2(2) du NLRA.

[358]. Cass. soc. 2 mars 1999, n°973 D, comité central d'entreprise de la Société Générale et autres c/ Société Générale et autres, non publié au Bull. civ. : *RJS*, 4/99, n°479 (pour une filiale à 100%) ; application de l'article L.122-12 al. 2 admis, en l'absence de fraude, dans un cas où le cessionnaire était filiale à 100% de la société cédant l'activité ; CJCE 2 décembre 1999, aff. C-234/98, G.C. Allen et autres c/ Amalgamated Construction Co. Ltd, *Rec. CJCE* 1999, p. I-8643 ; *RJS*, 5/00, n°600.

[359]. Michael Peters Ltd v. (1) Farnfield (2) Michael Peters Group Plc. [1995] *IRLR* 190 (EAT) ; CJCE 2 décembre 1999, aff. C-234/98, G.C. Allen et autres c/ Amalgamated Construction Co. Ltd, précité.

[360]. Le droit américain considère notamment, lorsque deux ou plusieurs entreprises ont les mêmes mandataires sociaux, un management commun et sont détenues par les mêmes actionnaires (ce qui est généralement le cas dans les groupes de sociétés), que les entreprises sont gérées par un seul et même employeur (« *single employer*») pour l'application du NLRA, à condition toutefois qu'il existe entre elles un contrôle centralisé des conditions et des relations de travail. Les obligations du cessionnaire sont alors renforcées puisqu'il s'expose à devoir reprendre à son compte la convention collective négociée par le cédant. Voir par exemple : S. Prairie Constr. Co. v. Int'l Union of Operating Engineers (Peter Kiewit), 425 *U.S.* 800, 96 *S. Ct* 1842, 92 *L.R.R.M.* 2507 (1976). Dans cette espèce la société Peter Kiewit Sons' Co. (« Co »), filiale à 100% de Peter Kiewit Sons' Inc. («Inc ») était liée par une convention collective. Une autre filiale à 100% de Inc., la société South Prairie Constr. Co. (« Prairie ») n'était pas partie à la convention collective signée par Co. Le syndicat demanda en justice que Prairie, bien que non signataire de la convention collective, soit liée par elle puisque Prairie constituait un seul et même employeur avec Co. La Cour Suprême décida que Prairie et Co. constituaient bien un seul et même employeur mais renvoya toutefois l'affaire pour permettre au NLRB de déterminer si l'unité de négociation que le syndicat entendait désormais représenter (la collectivité des salariés de Prairie et Co.) était appropriée.

**188.** Elle ne concerne également que les salariés ayant un contrat de travail en cours d'exécution au moment du transfert et aux seuls emplois rattachés à l'activité transférée [361]. Une suspension temporaire d'activité ne fait pas obstacle au maintien des contrats de travail[362].

**189.** L'existence d'un décalage entre la rupture des contrats des salariés par le cédant et leur réembauche par le cessionnaire n'est pas non plus généralement considéré en droit français [363] et anglais [364], de même qu'en droit américain [365] comme un facteur déterminant de l'absence de continuité de l'activité cédée, privatif de toute obligation pour le cessionnaire. Ainsi, dès lors que d'autres éléments indiquent une continuité entre les entreprises et que le décalage est une période normale de mise en route de l'activité (« *start-up period* »), l'ensemble des circonstances plaide en faveur de l'existence d'une situation d'employeur – successeur en droit américain [366].

---

[361]. La protection ne concerne que les salariés ayant un contrat de travail en cours d'exécution au moment du transfert : article 3.1, directive 2001/23/CE ; article L.122.12 al. 2 du code du travail (droit français); TUPE 1981, reg. 5(3) ; TUPE 2006, reg. 4(3) (droit anglais); section 2(3) du NLRA (droit américain). La protection s'applique aux seuls emplois rattachés à l'activité transférée : CJCE 7 février 1985, aff. 186/83, Arie Botzen et autres c/ Société RDM B.V., *Rec. CJCE* 1985, p. 519. Par exemple : Cass. soc. 23 février 1994, n°926 P, M. Pibouleau c/ Société Entreprise industrielle : *Bull. civ.* V, n°64, p. 45 ; *RJS*, 4/94, n°378 (droit français) ; Duncan Web Offset (Maidstone) Ltd v. Cooper [1995] *IRLR* 633 (EAT) (droit anglais). La reprise des salariés est l'un des facteurs déterminant afin de démontrer la continuité de l'activité : principalement, en droit américain, John Wiley & Sons v. Livingston (1964) et NLRB v. Burns Int'l. Security Services, 80 *L.R.R.M.* 2235 (1972) précités.

[362]. CJCE 17 décembre 1987, Lansorganisationen i Danmark for Tjenerforbundet i Danmark c/ Ny Molle Kro, aff. 287/86 : *Rec. CJCE* 1987 p. 5465, Point 19 ; CJCE 15 juin 1988, aff. 101/87, Société P. Bork International : *Rec. CJCE* 1988 p. I-3057, Point 16 ; Cass. soc. 21 mars 1990, AGS et a. c/ Mme Athanassian et a. (2nd moyen) : *Bull. civ.* V, n°133, p. 78 ; *D.*, 1990, IR,107 (droit français) ; United Food & Commercial Workers Local 152 v. NLRB, 768 *F.2d* 1463, 119 *L.R.R.M.* 3473 (CA D.C. 1985): décalage de 18 mois inopérant ; Nephi Rubber Products Corp. v. NLRB, 976 *F.2d* 1361, 141 *L.R.R.M.* 2498 (10h Cir. 1992), *enforcing* 303 *N.L.R.B.* 151, 137 *L.R.R.M.* 1267(1991) (droit américain) : un décalage de 16 mois n'empêche pas la continuité de l'entreprise dès lors que des similitudes importantes existaient entre les anciens emplois chez le cédant et les nouveaux emplois chez le cessionnaire et que les salariés avaient travaillé à la réouverture de l'usine.

[363]. C'est généralement la reprise d'une entreprise en difficulté qui provoque une interruption. Par exemple, Cass. soc. 17 juin 1981, Unedic et autres c/ Duterage : *Bull. civ.* V, n°561, p. 421 ; *JCP*, CI, 1981, I, 10017, p. 300, n. 7, obs. B. TEYSSIE : interruption d'un peu plus d'un mois ; Cass. soc. 13 juin 1990, M. Chevrier c/ Mme Lefèvre et autres et M. Mendès et autres c/ Sté Bonnet et autres : *Bull. civ.* V, n°276, p. 166 ; *RJS*, 7/90, n°554 : interruption de quelques jours ; Cass. soc. 28 mai 1997, n°2326 P, Sté Gérex c/ Gatt et autres : *Bull. civ.* V, n°195, p. 140 ; *RJS*, 10/97, n°1071 (délai de cinq mois) ; Cass. soc. 27 juin 1990, M. Joly et autres c/ Sté Holiday Inn et autres : *Bull. civ.* V, n°318, p. 189 (interruption de plus de dix mois) ; Cass. soc. 12 octobre 1999, M. X c/ Sté Carrières Bresse Bourgogne : *Bull. civ.* V, n°374, p. 274 ; *RJS*, 4/00, n°378 (délai de plus de trois mois et demi).

[364]. Par exemple : Gaines v. Picturedrome Theatres Ltd, EAT/661/95 : fermeture temporaire d'un cinéma d'un peu plus d'un mois pendant les fêtes de Noël et du jour de l'an.

[365]. La Cour Suprême a ainsi considéré dans son arrêt Fall River Dyeing & Finishing Corp. v. NLRB, 125 *L.R.R.M.* 2448 (US 1987), qu'un décalage (« hiatus ») de sept mois entre le moment où le cédant avait cessé son activité et celui où le cessionnaire l'avait redémarré n'était pas déterminant. Elément d'appréciation parmi d'autres de la « continuité substantielle » de l'entreprise, ce décalage n'est déterminant pour la Cour Suprême que lorsqu'il est associé à d'autres « *indices de discontinuité* » ; NLRB v. Phoenix Pipe & Tube, L.P., 955 *F.2d* 852, 139 *L.R.R.M.* 2056 (3d Cir. 1991), *enforcing* 302 *N.L.R.B.* 122, 138 *L.R.R.M.* 1078 (1991) (décalage de 13 mois entre la faillite de l'entreprise et la reprise son activité jugé inopérant) ; NLRB v. Jeffries Litograph Co., 752 *F.2d* 459, 118 *L.R.R.M.* 2681 (9th Cir. 1985), *enforcing* 265 *N.L.R.B.* 1499, 112 *L.R.R.M.* 1236 (1982), précité, où le cessionnaire a été considéré comme le successeur du cédant en dépit de la transformation d'une activité locale (employant 21 salariés) en une entreprise à l'échelle nationale (employant 30 salariés au départ et une centaine par la suite), dès lors que le « quotidien » des ouvriers demeurait inchangé.

[366]. CitiSteel USA v. NLRB, 53 *F.3d* 350, 149 *L.R.R.M.* 2196 (DC Cir.1995).

**190.** Dans tous les cas, et bien plus certainement encore en droit américain, c'est plus la constatation d'une conséquence (la continuation d'une activité identique sous une direction nouvelle) que la recherche d'une cause (telle opération juridique entraînant telle conséquence pour les salariés) qui déclenche l'application de la règle protectrice.

### *2. Un critère apprécié d'une façon plus ou moins restrictive selon le système étudié*

**191.** Si le critère de continuité retenu par la jurisprudence américaine s'apparente au critère du maintien de l'identité de l'entité transférée retenu par la jurisprudence communautaire et, sur son modèle, à celui retenu par la jurisprudence française et anglaise, il est toutefois beaucoup plus restrictif puisque la jurisprudence américaine exige qu'il y ait une « continuité substantielle » entre les deux entités avant et après le transfert. C'est à dire que l'activité doit quasiment être identique avant et après le transfert en droit américain pour assurer la protection du NLRA.

Une telle continuité existe généralement dans les cas de fusion par absorption ou acquisition ou dans les cas de rachats de sociétés où l'entreprise cédée est reprise comme telle, dans toutes ses composantes. Elle existe moins fréquemment dans le cadre d'opérations de transferts partiels d'actifs ou pour toute autre opération impliquant une cession d'une partie seulement de l'activité de la société, à cause principalement des transformations et donc de la « discontinuité de l'identité de l'entité transférée » que le cessionnaire est susceptible d'y apporter.

**192.** Le droit américain fait de la reprise des salariés un critère déterminant sinon le critère principal de l'application de la protection. Le constat est presque mathématique. A défaut, pour les effectifs du cessionnaire, d'être composés de la majorité des salariés du cédant, la protection offerte par le NLRA n'a plus lieu d'être. Le syndicat qui représentait les salariés du cédant n'a en effet plus de légitimité à représenter les salariés du cessionnaire si la majorité d'entre eux n'était pas précédemment représentée par lui.

**193.** En droit français et anglais, le raisonnement est autre. La reprise des salariés par le cessionnaire participe de l'appréciation du critère de « *l'ensemble organisé de moyens* » dans l'appréciation du maintien de l'identité de l'activité transférée. Le nombre de salariés concernés par l'opération ne compte pas en tant que tel.

La mise en œuvre de la protection ne se justifie cependant dans ces deux systèmes juridiques que si des salariés sont concernés par le transfert. La Cour de cassation a pu en effet rappeler que l'article L.122-12 al. 2 ne trouvait pas à s'appliquer lorsque l'activité objet du transfert n'avait ni personnel ni finalité économique propres [367]. La jurisprudence anglaise va ainsi jusqu'à admettre l'application du TUPE lorsqu'aucun des salariés du cessionnaire n'a été transféré, dans des cas de changement de prestataires de services, afin d'interdire au cédant d'utiliser l'argument qu'il n'y a pas eu transfert de personnel pour se soustraire à l'obligation de reprise des contrats de travail imposée par le TUPE [368]. Le TUPE 2006 renforce cette obligation en l'imposant, dans le cadre des changements de prestataires de services.

**194.** Les jurisprudences française et anglaise ouvrent également plus largement que le droit américain le champ d'application de leur législation protectrice aux salariés compris dans les opérations de transfert. Il faut toutefois rappeler ici les orientations divergentes récentes prises dans ces deux systèmes, se dirigeant tantôt vers une accentuation des exigences d'autonomie et d'organisation de l'entité transférée pour admettre plus limitativement la

---

[367]. Cass. soc. 18 juillet 2000, n°3699 FS-PB, Sté Perrier Vittel France c/ Comité d'établissement Perrier de Vergeze et Cass. soc. 18 juillet 2000, n°3700 FS-D, Sté Perrier Vittel France c/ Comité d'établissement de Contrexeville : *Bull civ*. V, n°285, p. 225, précités.

[368]. ECM (Vehicle Delivery Service) Ltd v. Cox and others [1999] *IRLR* 559 (CA) ; ADI (UK) Lt v. Firm Security Group Ltd [2001] *IRLR* 542 (CA), précités.

protection du droit dans des cas d'externalisation d'activité [369], tantôt vers une large application de la protection dès lors que les salariés se consacrent à une activité spécifique et que le même travail se poursuit dans les mêmes conditions après le transfert [370].

En droit français et anglais, le maintien de l'identité de l'activité transférée et partant, la protection des salariés, est admis beaucoup plus largement. L'application de la réglementation protectrice est en effet reconnue quasiment automatiquement en droit anglais, en cas de changement de prestataires de services, depuis l'adoption du TUPE 2006. Le transfert d'une entité économique autonome conservant son identité peut également être reconnu en droit français et anglais en cas de reprise en gestion directe d'un service ou encore d'externalisation d'activité, dès lors que l'activité est facilement séparable et sa finalité clairement identifiable.

**195.** Cela a cet effet pervers que nombre d'actions entreprises aujourd'hui en droit français le sont aux fins de faire constater par les tribunaux que la protection offerte par la loi n'a pas lieu à s'appliquer au cas d'espèce qui leur est soumis et que le transfert est inopposable aux salariés [371]. Les tribunaux français s'emploient ainsi à faire obstacle aux opérations, qui sous couverts d'externalisation d'activités ont en réalité pour seul objectif de soustraire les salariés au champ d'un statut collectif considéré trop coûteux [372] ou de les exclure purement et simplement de la possibilité de se prévaloir du maintien de leur relation de travail [373].

**196.** Le NLRB et les tribunaux américains s'efforcent quant à eux, à l'instar d'une partie de la jurisprudence anglaise, de déjouer une autre variante de la fraude des cessionnaires. Ceux-ci, afin d'éviter d'être considérés comme « successeurs » aux yeux de la loi, s'emploient à apporter autant de changements que possibles à l'activité reprise : changement de lieu, de méthodes de production, de conditions de travail ou encore de classifications d'emploi [374]. Les actions sont alors toujours menées par des salariés et des syndicats qui ont véritablement besoin d'une protection dans le cadre des opérations de transfert pour pouvoir, notamment, continuer à être représentés [375].

---

[369]. Cf. arrêts Perrier précité (droit français) et Betts and others v. Brintel Helicopters Ltd and KLM Helicopters (UK) Ltd [1997] *ICR* 792 ; [1997] *IRLR* 361 (CA) (droit anglais).

[370]. Arrêt ECM (Vehicle Delivery Service) Ltd v. Cox and others [1999] *IRLR* 559 (CA) et RCO Support Services and Aintree Hospital Trust v. Unison and others [2000] *IRLR* 624 (EAT), précités (droit anglais).

[371]. Dans la plupart des cas d'externalisation en effet, les salariés souhaitent ne pas voir continuer leur emploi dans une nouvelle entité qu'ils considèrent comme moins protectrice (convention collective et conditions de travail moins favorables car les salariés se retrouvent le plus souvent dans des structures plus petites).

[372]. Cass. soc. 2 mars 1999, n°973 D, comité central d'entreprise de la Société Générale et autres c/ Société Générale et autres, non publié au Bull. civ.: *RJS*, 4/99, n°479. Il s'agissait en l'espèce d'une filialisation d'activité. La Cour n'a pas retenu la fraude en l'espèce, les conditions d'application de l'article L.122-12 étant réunies, mais a laissé entendre que l'application de l'article L.122-12 pourrait être écartée s'il apparaissait que l'opération a été montée aux seules fins de soustraire le personnel affecté à l'opération en cause aux dispositions de la convention collective.

[373]. (droit anglais) Arrêt ECM (Vehicle Delivery Service) Ltd v. Cox and others [1999] *IRLR* 559 (CA), précité: application du TUPE dans une espèce où le nouveau prestataire de services n'avait repris aucun des salariés du premier après qu'ils aient revendiqué, par le biais de leur syndicat, l'application du TUPE et qu'ils l'aient menacé de poursuite pour licenciement abusif s'il ne les reprenait pas.

[374]. Certains articles de doctrine donnent des lignes de conduite et des conseils aux employeurs afin de leur permettre d'éviter l'application du NLRA dans les opérations de transfert d'une activité où les salariés sont représentés par un syndicat. Notamment K. A. JENERO, E. E. MENNEL, « Pitfalls and Opportunities: NLRA and contractual considerations when purchasing a unionized company », *Employee Relations Law Journal*, Summer 1996, vol. 22, n°1, p. 141-154.

[375]. Une étude menée sur des décisions du NLRB prise en cette matière montre que sur 52 cas soumis au NLRB entre 1988 et 1991, 46 (soit 88%) d'entre eux se sont soldés par la reconnaissance par le NLRB de la qualité de «successeur » du cessionnaire. A la suite de ces décisions, 73% des syndicats impliqués

**197.** Il faudrait sans doute trouver une sorte de compromis entre ces deux formes de protection : protection des salariés contre la fraude des employeurs désireux d'échapper à l'application de la législation et protection des employeurs contre les salariés qui contesteraient abusivement l'application de la législation dès lors qu'ils estimeraient que le statut collectif dont ils bénéficieraient chez le cessionnaire leur serait moins avantageux.

Une alternative pourrait être de réserver l'application de la législation protectrice en matière de transfert d'entreprise, hors les cas simples où la totalité de l'entreprise est cédée, aux salariés qui le souhaitent, comme en droit anglais, ou encore à reconnaître aux salariés qui refusent leur transfert, en cas de fraude avérée de l'employeur, le droit de rester dans leur entreprise d'origine, aux termes et conditions antérieures. Il reste que la gestion des ressources humaines s'en trouverait grandement compliquée et le fonctionnement de l'entreprise gêné par un manque de flexibilité évident [376].

---

dans les opérations de transfert ont pu négocier avec le cessionnaire et 63,6% conclure un accord avec ce dernier... un résultat que les auteurs de l'article jugent encourageant mais faible, compte tenu du volume de fusions et d'opérations de transfert qui s'opèrent chaque année aux Etats-Unis. Etude rapportée par C. SCOTT, T. BAIN, J. ROBB, « The successorship doctrine: Fall River Dyeing and beyond »: *Labor Law Journal*, April 1994, vol. 45, p. 230-239.

[376]. Pour une alternative pro-employeur (mais temporaire car sujette aux évolutions jurisprudentielles en la matière) et semble t-il de préoccupation purement française, cf. la Commission « droit du travail » de l'Institut de l'Entreprise et d'Entreprise et Progrès qui, dans son rapport en date du 23 mai 2001, propose aux employeurs d'organiser leur entreprise « *en véritables équipes autonomes dotées de facteurs de production spécifiques et disposant d'une véritable autonomie comptable* », afin d'éviter que les salariés ne s'opposent au transfert en se prévalant d'une absence d'autonomie de l'entité transférée. *Liaisons Sociales*, 14 juin 2001, n°724.

## Chapitre II

# LES ACTEURS

**198.** Les acteurs des transferts d'entreprises sont, pour le sujet qui nous occupe, les interlocuteurs de l'employeur pour le compte des salariés, c'est-à-dire leurs représentants. Le type de représentation retenu par chacun des systèmes juridiques étudiés diffère, qu'il s'agisse des interlocuteurs du chef d'entreprise, de leurs prérogatives ou du niveau auquel celles-ci s'exercent au sein de l'entreprise ou du groupe, dans le contexte des opérations de transfert d'entreprise.

Le droit américain et, dans une moindre mesure, le droit anglais, consacrent en effet un système de représentation unitaire, assuré par le syndicat qui représente les salariés affectés à l'entité transférée, lorsque celui-ci existe. Le droit français adopte un système de représentation dualiste. Des représentants élus des salariés y assurent la représentation de l'ensemble du personnel à côté des syndicats auxquels est réservé un pouvoir de revendication et de négociation.

Une même différence de conception s'observe sur le terrain des prérogatives confiées aux représentants du personnel par ces trois systèmes juridiques, quel que soit le niveau auquel ils sont appelés à intervenir, qu'il s'agisse d'une obligation d'information, de concertation préalable ou d'un devoir de négociation.

Aucun des systèmes de représentation collective que les droits français, anglais et américain consacrent, ni la place qu'ils réservent aux représentants des salariés, ne sont ainsi exactement équivalents. Le constat de cette diversité n'empêche pas la reconnaissance convergente du rôle que les représentants du personnel jouent dans les trois systèmes juridiques. Si les trois systèmes convergent, ils ne déterminent pas les représentants de la même façon **(Section 1)** et ne leur attribuent pas, une fois désignés, les mêmes fonctions dans le contexte des transferts d'entreprises **(Section 2)**.

# SECTION I
# LA DÉTERMINATION DES REPRÉSENTANTS DU PERSONNEL COMPÉTENTS

**199.** Le droit américain a de tout temps adopté une position de retrait, répondant à la politique bien connue du *laissez-faire* [1], en laissant les relations collectives dans l'entreprise largement dépendre des obligations que l'employeur aura bien voulu assumer. Il consacre néanmoins le principe d'une négociation obligatoire avec le syndicat sur un certain nombre de sujets [2], dont le champ d'application a été défini par la jurisprudence avec l'objectif avoué de ne pas porter atteinte à la liberté de l'employeur de réorganiser son entreprise. Les opérations de transfert d'entreprise en sont donc le plus souvent exclues.

Le droit anglais, reconnaissant les mêmes principes [3], a quant à lui du s'adapter aux exigences du droit communautaire qui commande, dans le cadre des opérations de transfert d'entreprise, que cédant et cessionnaire informent et consultent les représentants de leurs travailleurs respectifs sur un certain nombre de points [4]. A défaut de syndicat ou d'organe de représentation collective dans l'entreprise, une représentation *ad hoc* doit ainsi être élue aux fins d'être informée sur l'opération de transfert et consultée sur ses conséquences à l'égard des salariés.

Le droit français a, pour sa part, depuis 1945, inscrit dans le code du travail des obligations d'information et de consultation des instances représentatives du personnel. Celles-ci ont été renforcées en 1982 [5]. Elles concernent la marche générale de l'entreprise et toute décision susceptible de l'affecter. Les opérations de transfert d'entreprise en font partie.

L'énoncé de ces différences de conception impose de définir le rôle et l'identité des interlocuteurs de l'employeur que chacun des trois systèmes juridiques étudiés consacre (§1) et d'identifier le niveau auquel la concertation s'y exerce (§2).

Les spécificités du droit français seront étudiées plus rapidement pour permettre une analyse plus détaillée des droits anglais et américain.

## § 1. LA RECONNAISSANCE DU RÔLE DES REPRÉSENTANTS DU PERSONNEL

**200.** Une consécration légale du rôle des représentants du personnel dans les opérations de transfert d'entreprise se retrouve dans chacun des systèmes juridiques couverts par notre étude (A). Chaque système juridique adopte néanmoins sa propre définition des interlocuteurs de l'employeur dans ce type d'opérations (B).

---

[1]. Pour certains auteurs, il s'agit plutôt d'un principe de « neutralité » régissant les règles entourant la négociation collective dans le cadre de laquelle les parties sont présumées autonomes. Note, « Collective Bargaining as an industrial system: an argument against judicial revision of section 8(a)(2) of the National Labor Relations Act », *Harvard Law Review*, 1983, vol. 96, p. 1673.

[2]. Le salaire, le temps de travail et les autres termes et conditions d'emploi (section 8 (d) du NLRA).

[3]. Pour une analyse de cette politique du laissez-faire et de ses conséquences en droit anglais, notamment : D. FARNHAM, *Employee relations in context*, The Chartered Institute of Personnel and Development, 2000, p. 326-360 ; D. BRODIE, *A history of British labour law, 1867-1945*, Hart Publishing, 2003, 259 p.

[4]. Article 7, directive 2001/23/CE.

[5]. L'intervention du comité d'entreprise dans la vie économique de l'entreprise a été renforcée et étendue principalement par la loi n°82-915 du 28 octobre 1982 relative au développement des institutions représentatives du personnel, notamment en matière de transfert d'entreprise et de restructuration.

## A. LE PRINCIPE D'UNE IMPLICATION DES REPRÉSENTANTS DES SALARIÉS

**201.** En droit français, le rôle des représentants du personnel dans le contexte d'opérations de transfert d'entreprise s'inscrit dans le cadre d'un devoir général de concertation sur la marche générale de l'entreprise et les modifications susceptibles d'en affecter la structure. Il est limité aux opérations entrant dans le champ d'application du TUPE en droit anglais. Il s'inscrit dans le cadre général du devoir de négocier pesant sur les parties en droit américain.

### *1. Droit français : un rôle spécifique s'inscrivant dans le cadre d'un devoir général de concertation*

**202.** En droit français, c'est le comité d'entreprise qui dispose d'une compétence générale en matière d'information et de consultation, notamment en ce qui concerne les aspects économiques et financiers de la vie de l'entreprise [6]. L'article L.431-4 al.1 du code du travail indique en effet, que ce dernier a pour objet « *d'assurer une expression collective des salariés permettant la prise en compte permanente de leurs intérêts dans les décisions relatives à la gestion et à l'évolution économique et financière de l'entreprise, à l'organisation du travail, à la formation professionnelle et aux techniques de production* ».

L'article L.431-5 al.1 du code du travail indique en outre que « *la décision du chef d'entreprise doit être précédée par la consultation du comité d'entreprise* ». Enfin, l'article L.432-1 du code du travail comporte un principe de portée générale requérant que le comité d'entreprise soit obligatoirement informé et consulté sur les questions intéressant « *l'organisation, la gestion et la marche générale de l'entreprise* ».

**203.** En matière de transfert d'entreprise, c'est à l'article L.432-1 al. 3 du code du travail[7] qu'il convient de se référer. Ce dernier prévoit plus spécifiquement une obligation d'information et de consultation du comité d'entreprise en cas de « *modifications de l'organisation économique ou juridique de l'entreprise, notamment en cas de fusion, de*

---

[6]. Pour des développements sur les attributions économiques et financières du comité d'entreprise, R. VATINET, *Les attributions économiques du comité d'entreprise*, Bibliothèque de droit du travail et de la sécurité sociale, éd. Sirey, 1983, 281 p. ; M. COHEN, *Le droit des comités d'entreprise et des comités de groupe*, LGDJ, 2005, p. 499 et s. ; C. PUIGELIER, « Comité d'entreprise - attributions en matière économiques et financières », *Juris-Classeur*, Travail Traité, Fasc. 15-21 ; « L'information et la consultation du comité d'entreprise », *JCP*, E, 1992, n°27, p. 305-322.

[7]. Cette disposition propre aux projets de modifications de l'organisation économique ou juridique de l'entreprise a été introduite par la loi n°82-915 du 28 octobre 1982 relative au développement des institutions représentatives du personnel, notamment en matière de transfert d'entreprise et de restructuration, afin de mettre la loi française en conformité avec la directive de 1977 (explication du Ministre de l'époque rapportée *in* J.O déb. Ass. nat. p. 5344). Sur la jurisprudence antérieure, notamment : Cass. crim. 2 mars 1978, Comité d'entreprise des Etablissements Haulotte et Syndicat des Métaux – Savoie CGT : *Bull. crim.*, n°83, p. 214 ; *JCP*, 1979, II, 19052, obs. Ph. SALVAGE ; J. PELISSIER, A. LYON-CAEN, A. JEAMMAUD et E. DOCKES, *Les grands arrêts du Droit du travail*, Dalloz, 2004, n°136, où la cession d'entreprise a été envisagée par la Cour de cassation comme intéressant l'organisation et la marche de l'entreprise sur laquelle le comité d'entreprise doit être consulté ; J. SAVATIER, « Le comité d'entreprise doit-il être consulté sur un cession d'actions réalisant une cession de contrôle de l'entreprise ? », *Droit Social,* 1978, n°11, p. 369-379.

*cession, de modification importante des structures de production de l'entreprise ainsi que lors de l'acquisition ou de la cession de filiales* (...) » [8].

Le comité d'entreprise doit être informé et consulté sur le projet de transfert lui-même, quelles que soient ses conséquences sur la situation des salariés. Le chef d'entreprise doit à ce titre indiquer au comité d'entreprise les motifs de l'opération projetée. Il doit en outre consulter le comité d'entreprise sur les mesures qui sont envisagées à l'égard des salariés [9], c'est-à-dire, dans le contexte d'un transfert d'entreprise répondant à la définition de l'article L.122-12 al. 2 du code du travail, sur le transfert des contrats de travail de tout ou partie du personnel qu'il implique et les conséquences pour les salariés d'une telle opération.

**204.** Une procédure spécifique est également prévue depuis la loi NRE du 15 mai 2001[10], lorsque l'opération entre dans le cadre de la réglementation sur les concentrations d'entreprise[11] et depuis la loi de cohésion sociale du 18 janvier 2005, dans l'hypothèse où l'entreprise dépose ou fait l'objet d'une offre publique d'achat (OPA) ou d'échange (OPE) [12].

Cette procédure permet au comité d'entreprise d'être réuni dans les plus brefs délais. Il se réunit en effet, au plus tard, dans les trois jours à compter de la publication du projet au Ministre chargé de l'économie ou à la Commission européenne, pour les opérations de dimension communautaire, dans le cadre des opérations de concentration [13]. Le comité d'entreprise de l'entreprise auteur de l'OPA ou de l'OPE doit également se réunir dans les deux jours ouvrables suivant la publication de l'offre [14], sans qu'une consultation du comité

---

[8]. L'article L.432-1 du code du travail laisse à penser que l'information et la consultation du comité d'entreprise est nécessaire dès lors qu'une mesure de restructuration intéressant l'organisation, la gestion et la marche de l'entreprise est envisagée, quelle que soit son ampleur. Or, l'article L. 432-1 al. 3 vise la « *modification* ***importante*** *des structures de production* ». De là est née une controverse sur le champ d'application plus ou moins large qu'il convenait de réserver à l'obligation d'information et de consultation en matière de restructuration. Il semble toutefois qu'une interprétation large de cette obligation doive être retenue. B. TEYSSIE, « Les restructurations : le rôle du comité d'entreprise », *Droit Social*, 1989, n°1, p. 23-34. L'auteur considère (p. 25) que « *la formule « modification de l'organisation économique ou juridique de l'entreprise » est suffisamment vague pour qu'aucun projet de restructuration au sens strict n'y échappe* » ; Cass. crim. 3 février 2004, n°856 FP-F Modolo : *RJS*, 5/04, n°561 ; *D.*, 2004, n°13, IR, 922, à propos d'une prise de participation dans une société qui n'avait aucun effet au regard des salariés. La Cour de cassation a rappelé que l'obligation de consultation du chef d'entreprise (en l'espèce, en application de l'article L.435-3 du code du travail qui renvoie à l'article L.432-1 du même code) n'était pas limitée « *aux seuls projets économiques et financiers importants* ». Il faut toutefois que les modifications dont il est question ne relèvent pas d'un caractère ponctuel et individuel, auquel cas, la consultation du comité d'entreprise n'est pas nécessaire : Cass. crim. 9 février 1993, n°92-80.602 D, Comité d'entreprise de la Caisse d'épargne et a : non publié au Bull. crim.

[9]. Article L.432-1 al.3 du code du travail.

[10]. Article L.432-1 bis du code du travail, résultant de la loi n° 2001-420 du 15 mai 2001 relative aux nouvelles régulations économiques. Pour une critique de ses dispositions, notamment : R. VATINET, « De la loi sur les nouvelles régulations économiques à la loi de modernisation : une montée en puissance du comité d'entreprise ? », *Droit Social*, 2002, n°3, p. 286-297, laquelle considère que ces dispositions ne s'accompagnent d'aucun prolongement juridique réel ; B. SAINTOURENS, « Les prérogatives du comité d'entreprise après la loi relative aux nouvelles régulations économiques », *Bulletin Joly Sociétés*, janvier 2002, p. 7, pour qui la loi offre au comité d'entreprise une intervention aux effets limités pour l'ensemble des opérations de concentration.

[11]. Telles que définies à l'article L.430-1 du code de commerce. Cet article vise les fusions entre entreprises indépendantes ou les acquisitions de contrôle de société (définition large). Toutefois, dans la mesure où la mise en œuvre de l'article L.432-1 bis du code du travail nécessite une publication de la notification de l'opération de concentration aux autorités de concurrence (article L.430-2 du code de commerce et Régl. CEE n°4064/89 du 21 décembre 1989), seules les opérations de concentration sujettes à une telle notification sont concernées (opérations dites de grande concentration).

[12]. Article L.432-1 ter du code du travail (pour l'entreprise qui est l'auteur d'une OPA ou d'une OPE) et L.432-1 al. 4 du code du travail (pour l'entreprise qui fait l'objet d'une OPA ou d'une OPE).

[13]. Article L.432-1 bis al. 1 du code du travail.

[14]. Article L.432-1 ter du code du travail.

d'entreprise ne soit toutefois nécessaire avant son dépôt [15]. Celui de l'entreprise qui en fait l'objet se réunit, en revanche, « immédiatement » [16].

Dans ces deux derniers cas, ces réunions ont pour objet d'informer le comité d'entreprise sur la nature et le contenu de l'offre. Elles visent également à l'informer sur les conséquences en matière d'emploi qu'elle est susceptible d'entraîner dans l'entreprise qui en est l'auteur. Dans l'entreprise qui fait l'objet de l'offre, le caractère immédiat de l'information donnée au comité d'entreprise est notamment destiné à lui permettre de décider d'entendre l'auteur de l'offre pour lui faire part de ses observations [17].

Ces réunions spéciales ne dispensent pas le chef d'entreprise des entreprises concernées d'informer et de consulter leur comité d'entreprise respectif sur l'opération de transfert d'entreprise susceptible d'en résulter. Elles n'ont en effet pas la même finalité et doivent se cumuler [18]. En outre, l'information et la consultation du comité d'entreprise sur le projet de transfert et les mesures qui sont envisagées à l'égard des salariés ne dispensent pas l'employeur, qu'il soit cédant ou cessionnaire, de procéder également à une information et à une consultation spécifiques du comité d'entreprise, si l'opération projetée doit s'accompagner d'une éventuelle mesure de réduction des effectifs [19].

---

[15]. Cette disposition de la loi de cohésion sociale répondrait aux prescriptions de la directive 2002/14/CE du 11 mars 2002 établissant un cadre général relatif à l'information et à la consultation des travailleurs dans la Communauté européenne. Celle-ci autorise en effet les Etats membres à prévoir, dans certains cas spécifiques, notamment, que l'employeur n'est pas obligé de communiquer des informations ou de procéder à des consultations lorsque leur nature est telle que, selon des critères objectifs, elles entraveraient gravement le fonctionnement de l'entreprise ou lui porteraient préjudice (article 6.2). H. TOURNIQUET, « Le temps de l'appréciation des motifs », *Droit Ouvrier*, juillet - août 2005, n° spécial « Les licenciements économiques, restructurations : la loi du 18 janvier 2005 en questions », p. 290-91. L'auteur considère cette disposition comme un « *véritable coup de canif* » au principe du caractère préalable de la consultation ; J.-E. RAY, « La loi pour la cohésion sociale : continuité et contournements », *Droit Social*, 2005, n°4, p. 361, plus posé, l'auteur considère cette disposition comme légitime, mais s'interroge sur les suites que le législateur voudra donner à ce « *premier exemple légal d'information non préalable des représentants du personnel : simple réalisme, ou première pierre dans notre jardin à la française ?* ». Sur l'accès à l'information, v. également 2nd Partie, titre 2, chapitre 1, *infra*.

[16]. Article L. 432-1 al.4 du code du travail.

[17]. Ce dernier doit, en toute hypothèse remettre au comité d'entreprise la note d'information visée par l'AMF dans les trois jours suivants sa publication. Le comité d'entreprise se réunit à nouveau dans les 15 jours pour procéder à son examen et, le cas échéant, entendre l'auteur de l'offre. Article L.432-1 al. 5 du code du travail.

[18]. L'articulation des différentes procédures n'a néanmoins pas été prévue par le législateur. Ce dernier a seul pris soin de préciser que lorsque l'entreprise est à la fois l'objet d'une OPA ou d'une OPE et d'une opération de concentration, la procédure spécifique à l'OPA, prévue à l'article L. 432-1 al. 4 du code du travail, dispense l'employeur de la procédure spéciale relative aux concentrations prévue à l'article L. 432-1 bis du code du travail (article L. 432-1 bis dern. al, du code du travail).

[19]. Tel sera notamment le cas dans l'hypothèse d'un refus de modification de leur contrat de travail par les salariés concernés par le transfert (par suite d'un changement de lieu de travail découlant du transfert, par exemple). Les procédures d'information et consultation sur le projet de réorganisation et sur les licenciements en résultant peuvent être opérées concomitamment (article L.321-3 al.2). En pratique toutefois, dans ce type de situation, le comité d'entreprise sera généralement consulté sur l'opération de transfert ainsi que sur les éventuels licenciements résultants du refus de la modification de leur contrat de travail par les salariés, dans un premier temps. Il sera ensuite consulté indépendamment sur les licenciements et sur les mesures d'accompagnement une fois que les refus seront enregistrés et que le nombre de salariés concernés par les licenciements sera connu.

**205.** L'obligation d'information et de consultation consacrée en droit français excède ainsi les prescriptions de la directive 2001/23/CE [20]. Contrairement à la directive, en effet, le droit français ne distingue pas entre les aspects strictement économiques de la décision, qui ne feraient l'objet que d'une information des représentants du personnel par l'employeur, et ses incidences sociales, qui feraient l'objet d'une consultation. Il impose une obligation d'information et de consultation sur tous les aspects de la décision tout en maintenant distincte la consultation du comité d'entreprise sur les mesures qui sont envisagées à l'égard des salariés de la consultation sur le projet de modification de la situation économique ou juridique de l'entreprise. Ces deux consultations se complètent et sont indissociables en droit français.

### 2. *Droit anglais : un rôle limité qui répond strictement aux exigences du droit communautaire*

**206.** Le droit anglais est beaucoup plus restrictif que le droit français tant au niveau du champ d'application de l'obligation d'information et de consultation pesant sur l'employeur que sur l'étendue de l'obligation de consultation imposée au cédant et au cessionnaire. Il n'existe en effet, pour l'instant, pas de véritable droit à information et consultation périodiques comme en droit français. Ce n'est que lorsque le projet de transfert d'entreprise est susceptible d'entrer dans le champ d'application du TUPE qu'une obligation d'information et de consultation des représentants des salariés pèse sur l'employeur.

#### a) L'absence d'un devoir général d'information et de consultation

**207.** L'information et la consultation des représentants du personnel sont ponctuelles et limitées aux cas rendus strictement nécessaires par l'application des prescriptions du droit communautaire.

**208.** Cet état de fait est toutefois progressivement amené à changer. La directive 2002/14/CE du 11 mars 2002, établissant un cadre général relatif à l'information et à la consultation des travailleurs dans la Communauté européenne [21], a en effet été transposée en droit anglais par une réglementation à effet du 6 avril 2005, The Information and Consultation of Employees Regulations 2004, dite « ICE » [22]. Celle-ci prévoit le droit pour les salariés d'être informés sur la situation économique de l'entreprise. Elle leur permet également d'être informés et consultés sur les perspectives en matière d'emploi dans l'entreprise. Une information et une consultation sont également prévues sur les décisions susceptibles de conduire à des « *changements importants de l'organisation du travail ou des relations*

---

[20]. La directive 2001/23/CE prévoit, en effet, que cédant et cessionnaire sont tenus d'informer les représentants des salariés de chacune des deux entreprises concernées sur un certain nombre de questions liées à l'opération de transfert. L'information doit porter sur la date fixée ou proposée pour le transfert, le motif du transfert, les conséquences juridiques, économiques et sociales du transfert pour les travailleurs et les mesures envisagées à l'égard des travailleurs (article 7.1). Cédant et cessionnaire ne sont tenus de procéder à des consultations que lorsqu'ils envisagent des mesures à l'égard des salariés (article 7.2).

[21]. La directive relative à l'information et la consultation des travailleurs dans la Communauté Européenne Directive 2002/14/CE du 11 mars 2002 (*J.O.C.E.*, L 80, 23 mars 2002, p. 29) soumet les entreprises de plus de cinquante travailleurs (ou les établissements de plus de vingt travailleurs, au choix des Etats membres) à une procédure d'information et de consultation préalable à toute prise de décision importante en matière d'emploi. Elle prévoit un droit à l'information et à la consultation des représentants des travailleurs sur les développements récents ou probables concernant les activités et la situation économique de l'entreprise, sur la situation et le développement probable de la politique de l'emploi dans l'entreprise et les mesures envisagées, en particulier en cas de menace pour l'emploi, ainsi que l'information et la consultation sur les décisions qui engendrent des changements substantiels des relations contractuelles (article 4).

[22]. *SI* 2004/3426. M. HALL, « Assessing the Information and Consultation of Employees Regulations », *Industrial Law Journal*, 2005, vol. 34, n°1, p. 103-126.

*contractuelles* »[23], y compris à des licenciements collectifs et à des transferts d'entreprises. Elle offre de nouvelles perspectives à l'expression collective des salariés en droit anglais en dehors de leur stricte représentation par la voix des syndicats.

Cette réglementation ne visait néanmoins, jusqu'à présent, que les entreprises de cent cinquante salariés et plus. Elle s'applique aux entreprises de cent salariés et plus depuis le 6 avril 2007 et à celles de cinquante salariés et plus depuis le 6 avril 2008, comme l'y autorise la directive [24]. Elle prévoit la mise en place d'un processus flexible d'information et de consultation des salariés ou de leurs représentants, dont le contenu et la fréquence, notamment, peuvent être librement fixés par les parties. Ce n'est qu'à défaut d'accord entre elles que des dispositions subsidiaires trouvent à s'appliquer. L'employeur n'a en outre aucune obligation de mettre en place une telle procédure s'il ne reçoit pas de demande des salariés en ce sens.

**209.** Contrairement au droit français, en effet, la création d'un organe d'information et de consultation des salariés en droit anglais ne découle pas seulement du franchissement de seuils d'effectifs. Lorsque cette condition préalable est remplie [25], les salariés [26] doivent demander par écrit à négocier avec leur employeur afin d'aboutir à un accord sur une procédure d'information et de consultation. Ce n'est donc que s'ils en font la demande qu'une représentation du personnel sera mise en place dans l'entreprise. L'employeur a alors l'obligation d'organiser les modalités de désignation ou d'élection par les salariés de leurs

---

23. « *Decisions likely to lead to substantial changes in work organisation or in contractual relations* ». L'employeur doit également (i) informer les représentants des salariés sur les développements récents et probables des activités de l'entreprise, et (ii) informer et consulter les représentants des salariés sur la situation, la structure et le développement probable de l'emploi dans l'entreprise et sur toute mesure d'anticipation envisagée en particulier, en cas de menace sur l'emploi dans l'entreprise. ICE, reg. 20 (1)(c).

24. La directive a en effet prévu des conditions particulières de transposition pour les Etats membres dans lesquels il n'existait pas de système général d'information et de consultation des travailleurs à la date de son entrée en vigueur. Le Royaume-Uni a bénéficié ainsi d'un régime d'application progressif de la directive en fonction de la taille de l'entreprise ou de l'établissement. Il pouvait (i) limiter l'application de la directive aux entreprises de plus de 150 travailleurs et aux établissements de plus de 100 travailleurs jusqu'au 23 mars 2007, et (ii) en limiter l'application aux entreprises de plus de 100 travailleurs ou aux établissements employant au moins 50 travailleurs au cours de l'année suivant le 23 mars 2007, soit jusqu'en mars 2008 (article 10). A ce sujet, en particulier : B. BERCUSSON, « The european model comes to Britain », *Industrial Law Journal*, Septembre 2002, vol. 31, n°3, p. 209-244. Notons qu'au Royaume-Uni, la majorité des entreprises sont des TPE-PME. 76% des entreprises emploient ainsi moins de vingt cinq salariés. Les entreprises de 150 salariés et plus représentent à peine 5% des entreprises. Elles emploient cependant environ 40% des salariés au Royaume-Uni, selon les premiers résultats de *The 2004 Workplace Employment Relations Survey* (WERS2004), étude la plus récente sur les modes de représentation collective au Royaume-Uni, rapportés par B. KERSLEY, C. ALPIN, J. FORTH et al, *Inside the workplace : first findings from the 2004 Workplace Employment Relations Survey*, 2005, p. 3. Cela repousse donc l'impact de la directive sur la majorité des salariés à l'année 2007 et à la plupart des employeurs au Royaume-Uni à l'année 2008.

25. Les effectifs sont des effectifs moyens et calculés par entreprise, sur un période de 12 mois. ICE, reg. 4.

26. C'est-à-dire 10% des effectifs (avec un minimum de 15 et un maximum de 2.500 salariés) ou, lorsqu'un accord sur l'information et la consultation s'applique déjà dans l'entreprise (« pre-existing agreement » ou « PEA ») (par exemple, un accord négocié avec les syndicats), 40% des effectifs. Dans ce dernier cas, si les 40% ne sont pas atteints, l'employeur peut organiser un vote pour vérifier que le projet a le soutien des salariés. Le vote doit être organisé, dans un tel cas, au plus tard 21 jours après qu'il ait informé les salariés de sa volonté d'y procéder. Cette information doit avoir lieu dans le mois qui suit la réception par l'employeur de la demande écrite des salariés. Si les 40% sont alors atteints par la majorité des votants, l'employeur est obligé de négocier un nouvel accord. Lorsque des accords sur la représentation des salariés existent à un autre niveau que celui de l'entreprise (établissement ou groupe), l'employeur peut organiser un vote de manière à comprendre les salariés des établissements ou entreprises couverts par lesdits accords. ICE, reg. 9. En cas de pluralité d'accords préexistants dans l'entreprise, les conditions de validité de tels accords [précisés *in* ICE, reg. 8(1)] s'apprécient individuellement, accord par accord : Moray Council v. Stewart [2006] *ICR* 1253 (EAT).

représentants à la négociation (syndicats ou non) dans un délai de trois mois à compter de la réception de la demande des salariés.

**210.** En dehors de prévoir le cadre et les modalités de son adoption [27], la réglementation « ICE » ne contient aucune disposition impérative sur le contenu de l'accord qui résultera de ces négociations [28]. La nature de l'information et de la consultation ainsi que la procédure mise en œuvre dans l'entreprise sont librement fixées par les parties [29]. Celles-ci doivent en effet correspondre aux particularités de l'entreprise où la procédure d'information et de consultation est amenée à s'exercer. C'est seulement en cas d'échec des négociations [30] ou à défaut de réponse par l'employeur dans un délai de six mois à compter de la réception de la demande des salariés, qu'un régime subsidiaire s'applique.

Celui-ci prévoit toutefois uniquement le nombre de représentants du personnel destinés à recevoir l'information et à être consultés [31] et les circonstances dans lesquelles l'information et la consultation doivent intervenir. En particulier, aucune condition de délai n'est imposée en dehors du fait que l'information et la consultation doivent s'exercer de telle façon que « *les délais, méthodes et contenu soient appropriés* ». La consultation doit intervenir dans le but de « *d'aboutir à un accord* » [32], selon l'expression consacrée en droit communautaire [33]. Elle implique, comme en droit français [34], que les représentants du personnel puissent rencontrer l'employeur et obtenir des réponses à leurs questions.

**211.** La réglementation « ICE » prend soin de préciser que la procédure d'information et de consultation qu'elle prévoit ne se cumule pas avec celle que l'employeur doit mener dans le cadre particulier des licenciements collectifs et des transferts d'entreprises. Celles-ci répondent à des règles autonomes qui se suffisent à elles-mêmes. Nul n'est ainsi besoin pour l'employeur d'informer et de consulter également les représentants des salariés sur le fondement de la réglementation « ICE » dans ces situations [35]. L'employeur doit néanmoins les informer, par écrit, du fait qu'il remplira ses obligations séparément, dans ce cadre [36].

---

[27]. L'accord doit être écrit, couvrir tous les salariés de l'entreprise et indiquer les circonstances dans lesquelles ces derniers doivent être informés et consultés, soit directement, soit par le biais de leurs représentants. Il doit être signé par toutes les parties à la négociation ou par au moins la majorité d'entre eux. Il doit également recueillir l'approbation écrite de cinquante pour cent des salariés ou de cinquante pour cent des votants, si un vote est organisé. ICE, reg. 16.

[28]. « *I&C Agreement* ».

[29]. L'accord ainsi conclut ne peut être remis en cause pendant trois ans (« *three-year moratorium* »), sauf à ce que des changements interviennent dans la structure de l'entreprise et que tous les salariés de l'entreprise ne soient plus couverts par l'accord. ICE, reg. 12. Cela pourra être notamment le cas dans le contexte d'un transfert d'entreprise.

[30]. Les négociations peuvent durer jusqu'à six mois à partir de la fin de la période de trois mois commençant à la date de réception par l'employeur de la demande des salariés. Elles peuvent éventuellement être prolongées, avec l'accord des parties. ICE, reg. 14.

[31]. « *Information and consultation representatives* » ou « *I&C representatives* », soit un représentant pour 50 salariés, avec un minimum de 2 et un maximum de 25. ICE, reg. 19(3).

[32]. « *With a view to reaching agreements* ». ICE, reg. 20(4)(d).

[33]. Directive 2002/14/CE, article 4.4. e).

[34]. En droit français, toutefois, les dispositions relatives à l'implication des salariés dans la société européenne, en l'absence d'accord négocié au sein du groupe spécial de négociation, sont les seules à prévoir la réunion du comité de la société européenne, à sa demande, « *pour tenter de parvenir à un accord* », lorsque la direction de l'entreprise décide de ne pas suivre son avis (article L.439-39 du code du travail).

[35]. Les interlocuteurs de l'employeur peuvent être différents dans les deux cas. Les représentants des salariés appelés à être informés et consultés au titre de la réglementation ICE peuvent en effet ne pas être des syndicats. Or, lorsqu'ils existent dans l'entreprise, le TUPE prévoit qu'ils doivent être les destinataires de l'information et être consultés sur le transfert d'entreprise. De même, l'organe d'information et de consultation, en application de la réglementation ICE, a pu être mis en place au niveau du groupe. Il ne représentera donc pas uniquement les salariés concernés par l'opération de

### b) L'existence d'une obligation spécifique d'information et de consultation dans le cadre des opérations de transfert d'entreprise

**212.** Le droit anglais entend suivre strictement les prescriptions minima de la directive en cette matière. En conséquence, les mêmes règles que celles qui tendent à définir le champ d'application de la protection des salariés, dans le contexte des transferts d'entreprises, s'appliquent au champ d'application de l'obligation d'information et de consultation qui pèse sur le cédant et le cessionnaire vis-à-vis des représentants de leurs salariés respectifs.

En dehors de ce cadre, il n'existe aucune obligation d'information et de consultation préalable pesant sur l'employeur en droit anglais. C'est le cas notamment des décisions portant sur des modifications dans la participation au capital de la société, de modifications affectant l'actionnariat (changement d'actionnaire majoritaire en particulier), ou encore de prise de participation de la société dans une autre. Le champ d'application de l'obligation de concertation est donc beaucoup plus restrictif qu'en droit français.

**213.** L'obligation de consultation qui pèse sur le cédant et le cessionnaire est également strictement limitée aux incidences sociales de la décision de transfert. Le droit anglais considère en effet que la question du transfert d'entreprise proprement dit relève du seul pouvoir managérial [37]. Ainsi, alors que le TUPE prévoit une obligation d'information sur, notamment, les conséquences juridiques, économiques et sociales du transfert pour les salariés concernés [38], il n'impose une obligation de consultation au cédant et au cessionnaire que sur les seules mesures que ces derniers envisagent de prendre à leur égard [39]. Le terme « mesure » a été interprété par la jurisprudence comme visant toute « *action, disposition ou arrangement* » envisagés par l'employeur propres à toucher les salariés transférés, telles que des mesures de licenciements ou des modifications de contrat ou des conditions d'emploi [40].

En conséquence, si aucune mesure n'est prévue à l'égard des salariés, le cédant et le cessionnaire doivent en informer les représentants du personnel [41]. Ils sont alors soumis à une seule obligation, celle d'informer les représentants du personnel sur l'opération de transfert.

**214.** Une particularité du droit anglais par rapport au droit français mérite toutefois d'être signalée. Le droit anglais fait en effet peser sur le cessionnaire une obligation d'information à l'égard du cédant en ce qui concerne les mesures qu'il envisage de prendre à l'encontre des salariés qui lui seront transférés [42]. Cette disposition est destinée à permettre au cédant de

---

transfert. L'employeur pourra préférer dans ce cas, en l'absence de syndicat dans l'entreprise, recourir à une autre instance de concertation ou à une instance *ad hoc*, au sein de l'entreprise pour remplir son obligation d'information et de consultation en application du TUPE.

[36]. ICE, reg. 20(5) ; *Consultation on draft guidance on Information and Consultation Regulations*, Employee Relations Directorate, DTI, 2004, n° 46.

[37]. Cf. Millett J. : « *Le Parlement n'aurait certainement pas eu l'intention d'obliger l'employeur du secteur privé à consulter les syndicats sur l'opportunité de réaliser le transfert ou sur le caractère suffisant des motifs invoqués à cette fin. Ceux-ci relèvent de la politique managériale de l'employeur qui procède au transfert et les syndicats ne peuvent pas prétendre participer à cette décision* ». Institution of Professional Civil Servants v. Secretary of State for Defence, [1987] *IRLR* 373.

[38]. TUPE 1981, reg. 10(2)(b) ; TUPE 2006, reg. 13(2).

[39]. TUPE 1981, reg. 10 (5) ; TUPE 2006, reg. 13(5).

[40]. Institution of Professional Civil Servants v. Secretary of State for Defence [1987] *IRLR* 373, précité.

[41]. TUPE 1981, reg. 10(2)(c) ; TUPE 2006, reg. 13(2)(c).

[42]. En application du TUPE 2006, le cédant a également l'obligation de notifier par écrit au cessionnaire, au moins 14 jours avant la réalisation du transfert (ou au plus tôt, si ce délai ne peut raisonnablement pas être respecté), l'ensemble des droits et obligations afférents aux salariés transférés ainsi que toute modification éventuelle susceptible d'intervenir en cette matière entre la notification et la réalisation du transfert (TUPE 2006, reg. 11 et 12). Le TUPE 2006 donne la liste des informations que le cédant doit transmettre au cessionnaire [Reg. 11(2)] et précise également que ces informations peuvent être données en plusieurs fois et par l'intermédiaire d'un tiers (notamment entre prestataires de services se succédant sur un même contrat) [Reg. 11(7)].

remplir son obligation d'information à l'égard des représentants du personnel sur cette question [43]. La jurisprudence décide toutefois que si les mesures qui concernent les salariés doivent être prises par le cessionnaire, une fois le transfert réalisé, l'obligation de consultation ne pèse non pas sur le cédant, qui conserve seulement une obligation d'information à ce titre, mais sur le seul cessionnaire [44].

Cette solution est cohérente avec les jurisprudences communautaire et française qui ne mettent pas à la charge du cédant une obligation d'information et de consultation sur les mesures qui seront prises par le cessionnaire à l'égard des salariés transférés, une fois le transfert réalisé. Il reste qu'en pratique, bon nombre de cédants informent et consultent les représentants de leurs salariés sur les mesures qui sont ou vont être prises par le cédant et/ou le cessionnaire dans le contexte du transfert, pour éviter tout conflit ou risque de contentieux.

**215.** L'obligation d'information et de consultation concerne tous les salariés du cédant et du cessionnaire qui peuvent être affectés par le transfert ou par des mesures prises en lien avec le transfert. Elle ne concerne donc pas seulement ceux qui font l'objet du transfert [45]. Elle doit être préalable au transfert [46], comme en droit français.

Comme en droit français également, une autre procédure d'information et de consultation doit être mise en place lorsque des licenciements collectifs sont envisagés [47] puisque le transfert d'entreprise n'appelle pas, en lui-même, de licenciements.

### *3. Droit américain : une intervention de source prétorienne*

**216.** Contrairement aux droits français et anglais, le droit américain ne prévoit aucune disposition spécifique concernant un quelconque devoir de l'employeur, qu'il soit cédant ou cessionnaire, de négocier avec le syndicat sur la décision de transfert et/ou sur ses conséquences pour les salariés.

Le NLRA se contente, en effet, de consacrer une obligation réciproque de négocier de bonne foi qui pèse à la fois sur l'employeur et sur les représentants du personnel, c'est à dire le(s) syndicat(s) qui représentent les intérêts des salariés concernés [48].

Plus précisément, cette obligation pèse sur les partenaires à la négociation lorsque sont abordées des questions portant sur un certain nombre de sujets prédéterminés [49], dont le législateur a voulu la classification suffisamment vague pour permettre à la jurisprudence du NLRB et des Cours fédérales d'en délimiter les contours. En dehors de ces sujets, les parties restent libres de négocier ou non sur les projets de l'employeur, sur lequel celui-ci conserve, en pratique, la liberté de décision et de mise en œuvre.

**217.** C'est donc la jurisprudence du NLRB et des Cours fédérales, plus que la loi, qui a défini les contours de l'obligation de négocier de l'employeur et des représentants du personnel. Elle a également statué sur la question de savoir si les décisions de transfert

---

43. TUPE 1981, reg. 10(2)(d) ; TUPE 2006, reg. 13(2)(d), pour le cédant ; TUPE 1981, reg. 10 (3) ; TUPE 2006, reg. 13(4), pour le cessionnaire.

44. HARVEY, *On industrial relations and employment law*, Butterworths, unbound, 2001, F para. 268 ; G. S. MORRIS, T. J. ARCHER, *Collective labour law*, Hart Publishing, 2000, para. 5.28, p. 339 ; S. DEAKIN, G.S. MORRIS, *Labour Law*, Butterworths, 2001, p. 818.

45. TUPE 1981, reg. 10 (1) ; TUPE 2006, reg. 13(1).

46. TUPE 1981, reg. 10 (2) ; TUPE 2006, reg. 13(2).

47. Procédure prise en application de la directive 75/129/CEE du 17 février 1975 sur les licenciements collectifs, telle que modifiée (directive 98/59/CE du 20 juillet 1998), introduite pour la première fois en droit anglais en 1975 et dont le dernier texte d'application date de 1999 (*Terms and Conditions of Employment (Collective Redundancies and Transfer of Undertakings) (Amendment) Regulations* 1999) lequel a modifié en dernier lieu le TUPE et les sections 188 et 189 du *Trade Union and Labour Relations (Consolidation) Act* (TULR(C)A) 1992.

48. Section 8(d) du NLRA. Egalement v. 2$^{nd}$ partie, Titre 2, chapitre 1.

49. Dits « sujets obligatoires de négociation ». C'est-à-dire, le salaire, le temps de travail et les autres termes et conditions d'emploi (section 8 (d) du NLRA).

d'entreprise constituaient ou non des sujets obligatoires de négociation et partant, devaient faire l'objet d'une négociation entre employeur et syndicat sur la décision elle-même et/ou sur ses conséquences [50].

**218.** En outre, lorsque des licenciements collectifs concernant cinquante salariés, dans une entreprise employant au moins cent salariés sont envisagés par le cédant ou par le cessionnaire, le droit américain retient l'application d'une législation spécifique, le WARN Act, depuis 1989. Cette législation ne prévoit cependant aucune obligation pour l'employeur de négocier avec les représentants du personnel sur sa décision de licencier. Celle-ci relève entièrement de son pouvoir de direction. Le WARN Act se borne à prévoir le respect d'un préavis avant la mise en œuvre de la décision de l'employeur. Celui-ci doit ainsi notifier, par écrit, sa décision au syndicat (si les salariés sont représentés) ou à chacun des salariés (si les salariés ne sont pas représentés) et aux représentants locaux du gouvernement, soixante jours avant sa prise d'effet [51]. Ce délai a vocation à permettre aux représentants du personnel ou aux salariés eux-mêmes, lorsque l'entreprise n'en est pas pourvue, de négocier sur les conséquences de la décision de l'employeur de procéder à des licenciements. Cela se limite bien souvent, en pratique, à décider du montant des indemnités de départ des salariés.

**219.** Les prérogatives des représentants du personnel en matière de transfert d'entreprise sont également largement soumises aux dispositions des conventions collectives que les parties ont pu négocier entre elles. Les dispositions de ces conventions collectives peuvent être en faveur de l'employeur au moyen, par exemple, de clauses prévoyant la renonciation, par le syndicat, à son droit de négocier sur telle ou telle question. Certaines d'entre elles peuvent également être en faveur du syndicat au moyen, par exemple, de clauses prévoyant certaines garanties pour les salariés concernés par des opérations de transfert d'entreprise.

Alors que le rôle des représentants du personnel dans les opérations de transfert d'entreprise est largement consacré par le droit légiféré en droit français et anglais, le droit américain laisse donc, pour ainsi dire, à la marge du principe général de devoir de négocier qu'il édicte, la question entièrement aux mains des tribunaux et des parties elles-mêmes, en fonction des circonstances de chaque espèce.

## B. L'IDENTITÉ DES INTERLOCUTEURS DE L'EMPLOYEUR

**220.** Une fois posé le principe d'une intervention des représentants du personnel dans le cadre des opérations de transfert d'entreprise, leur identité reste à préciser en fonction des particularités des systèmes de représentation que consacrent les trois systèmes juridiques étudiés. Le droit français se distingue ici encore des droits anglais et américain, par la multiplicité des interlocuteurs de l'employeur qu'il prévoit.

### *1. Droit français : un partage des pouvoirs entre instance de consultation et instance de négociation*

**221.** Les représentants du personnel qui doivent être informés et consultés par l'employeur sur l'opération de transfert et sur ses conséquences sont, en droit français, des représentants élus par les salariés et eux-mêmes salariés de l'entreprise considérée. Leur élection s'inscrit dans le cadre des prescriptions du code du travail et dépend de seuils

[50]. Cf. section 2, *infra*.

[51]. L'employeur peut toutefois se décharger de son obligation en versant une indemnité équivalente aux 60 jours de préavis, à chacun des salariés concernés (qu'ils soient représentés par un syndicat ou non).

d'effectifs, à partir de onze salariés [52]. L'organisation des élections est impérative [53]. Elle doit être initiée par l'employeur dès franchissement des seuils d'effectifs, sous peine de sanction pénale [54] et civile[55] que celui-ci souhaite voir ses salariés représentés collectivement ou non. Il n'est donc nullement besoin en droit français que l'employeur accepte de reconnaître les représentants du personnel comme partenaires légitimes pour qu'ils puissent assurer valablement leur rôle de représentation.

**222.** Les rôles de ces deux principales institutions que sont le comité d'entreprise et les délégués du personnel sont bien distincts. Les attributions du comité d'entreprise sont principalement d'ordre économique et professionnel [56]. Les délégués du personnel n'exercent ces fonctions qu'à titre subsidiaire [57]. Le comité d'entreprise reste l'interlocuteur classique de l'employeur pour toutes les décisions concernant la marche de l'entreprise en générale et les transferts d'entreprises en particulier [58].

---

[52]. Ainsi, l'entreprise devra se doter de délégués du personnel dès lors que celle-ci occupe au moins onze salariés (article L.421-1 du code du travail) et d'un comité d'entreprise dès lors que celle-ci occupe au moins cinquante salariés (article L.431-1 du code du travail). Les conditions d'effectif devant être remplies, dans les deux cas, pendant douze mois consécutifs ou non, au cours des trois années précédentes.

[53]. Articles L.423-1 et s. du code du travail (composition et élection des délégués du personnel) et L.433-1 et s. du code du travail (composition et élection du comité d'entreprise).

[54]. La sanction encourue est celle du délit d'entrave. Sur cette question, 2nd Partie, Titre 2, Chapitre 1, *infra*.

[55]. En cas de licenciement économique seulement. La loi de modernisation sociale du 17 janvier 2002 a ainsi instauré une nouvelle sanction en prévoyant l'irrégularité du licenciement (sanctionné par le versement d'une indemnité additionnelle au moins égale à un mois de salaire par salarié concerné) lorsque les obligations d'information et de consultation du comité d'entreprise ou des délégués du personnel n'ont pas été respectées dans les entreprises employant respectivement au moins 50 salariés et 11 salariés et où le comité d'entreprise ou les délégués du personnel n'ont pas été mis en place, alors qu'aucun procès-verbal de carence n'a été dressé (article L.321-2-1 du code du travail). Une telle sanction n'est pas applicable dans le cadre d'une opération de transfert d'entreprise n'appelant pas de licenciement. A noter qu'une jurisprudence de la Cour de Cassation avait déjà alerté les praticiens sur ce point en considérant comme irrégulier le licenciement d'un salarié effectué dans une espèce où l'employeur n'avait pas procédé aux élections des délégués du personnel et aucun procès-verbal de carence n'avait été établi, alors que les conditions d'effectifs pour procéder à de telles élections étaient remplies : Cass. soc. 7 décembre 1999, n°4736 PB, Sté d'exploitation Le Floch c/ Cabon (2nd moyen) : *Bull. civ.* V, n°470, p. 349 ; *Droit Social,* 2000, n°2, p. 226, obs. J. SAVATIER ; *JCP*, G, 2000, II, 10240, note D. CORRIGNAN-CARSIN, *RJS*, 1/00, n°35. Il s'agissait en l'espèce d'une procédure de reclassement d'un salarié victime d'un accident du travail déclaré inapte par la médecine du travail (le code du travail commande dans ce contexte que l'avis des délégués du personnel soit recueilli par l'employeur avant que la procédure de licenciement du salarié ne soit engagée).

[56]. Le comité d'entreprise a également des attributions d'ordre social et culturel. L'article R.432-2 du code du travail donne une liste indicative des activités sociales et culturelles qui peuvent être établies dans l'entreprise au bénéfice des salariés ou anciens salariés de l'entreprise et au bénéfice de leur famille. Ces attributions ne seront pas développées ici, puisqu'elles ne concernent pas la question de l'information et de la consultation des représentants des salariés en matière de transfert d'entreprise, même si elles peuvent faire l'objet de questions (notamment sur les conditions de leur maintien) de la part du comité d'entreprise lorsque sont envisagées avec l'employeur les conséquences sociales du transfert d'entreprise.

[57]. Lorsque, dans les entreprises d'au moins cinquante salariés, en l'absence de comité d'entreprise, par suite d'une carence constatée, le comité d'entreprise n'a pu être constitué ou renouvelé malgré l'organisation d'élections (article L.422-3 du code du travail). Dans les entreprises de moins de 200 salariés, l'employeur peut également décider que les délégués du personnel constitueront la délégation du personnel au comité d'entreprise (« délégation unique du personnel ») (article L.431-1-1 du code du travail).

[58]. A noter également la propension des comités d'hygiène et de sécurité (CHSCT) à s'immiscer dans les procédures d'information et de consultation concernant des projets de transfert d'entreprise, dès lors que le lieu de travail et les conditions de travail des salariés se trouvent modifiés de manière importante (application de l'article L. 236-2 du code du travail). Notamment : Cass. soc. 12 juillet 2005, Comité central d'entreprise d'Air France c/ Sté Air France, non publié au Bull. civ. ; *JCP*, éd. Sociale n°16,

Les délégués syndicaux [59] n'ont pas à être informés et consultés sur de telles opérations. Ils n'ont en effet vocation à intervenir que dans les domaines relevant de l'objet des syndicats professionnels, c'est à dire la défense des droits et des intérêts matériels et moraux des salariés, en dehors du cadre général de la négociation collective, qui leur est réservée.

**223.** Pour autant, cette délimitation des attributions entre instance élue (comité d'entreprise) et instance désignée (délégués syndicaux) de représentation n'est pas si tranchée en pratique [60]. Des négociations avec les représentants syndicaux présents dans l'entreprise peuvent, en effet, intervenir en parallèle à la consultation du comité d'entreprise. Celles-ci concernent le plus souvent les conséquences sociales des opérations de restructuration lorsqu'elles sont susceptibles d'entraîner des licenciements. Elles portent sur

---

11 octobre 2005, n°1264, note J.-F. CESARO ; *Droit Ouvrier*, mars 2006, p. 130, note M. COHEN, à propos du transfert d'une partie de l'activité hôtellerie de la société à l'une de ses filiales.

[59]. Dans les entreprises de moins de 50 salariés, les syndicats représentatifs peuvent désigner un délégué du personnel, pour la durée de son mandat, comme délégué syndical (article L.412-11 al. 4 du code du travail). Dans les entreprises employant au moins cinquante salariés les syndicats représentatifs des salariés peuvent désigner un ou plusieurs délégués syndicaux pour les représenter auprès de l'employeur (article L.412-11 du code du travail). En outre, les syndicats représentatifs des salariés peuvent créer des sections syndicales dans toutes les entreprises afin de représenter les intérêts de leurs membres. Enfin, chaque organisation syndicale représentative dans l'entreprise peut désigner un représentant au comité d'entreprise, choisi parmi les membres du personnel de l'entreprise, pour le représenter au comité d'entreprise, avec voix consultative. Un salarié ne peut toutefois pas cumuler les fonctions de représentant syndical et de membre élu du comité d'entreprise. Il doit opter pour l'un des deux mandats : Cass. soc. 26 mai 1977, Sté Cittex c/ Oblique et a. : *Bull. civ.* V, n°360, p. 285 ; Cass. soc. 14 février 1984, M. Ksouri et a. c/ M. Termat (2nd moyen) : *Bull. civ.* V, n°69, p. 53 ; Cass. soc. 17 juillet 1990, n°3088 PF, Compagnie GAN c/ Mme Desrumeaux : *Bull. civ.* V, n°374, p. 224 ; *RJS*, 8-9/90 n°689 (1ère espèce). Un représentant syndical au comité d'entreprise peut néanmoins se porter candidat pour les élections des représentants du personnel audit comité. Ce n'est en effet que dans l'hypothèse où il serait élu qu'il devrait choisir entre l'un et l'autre des ses mandats : Cass. soc. 17 juillet 1990, Sté GAN c/ Desmureaux, n°3087 D : *RJS*, 8-9/90, n°689 (2è espèce). Sur l'autonomie de la fonction syndicale dans l'entreprise et sa complémentarité avec les instances élues du personnel, notamment, J.-M. VERDIER, « La présence syndicale dans l'entreprise et la loi du 28 octobre 1982 relative au développement des institutions représentatives du personnel », *Droit Social*, 1983, n°1, p. 37-54 ; G. BORENFREUND, « Pouvoir de représentation et négociation collective », *Droit Social*, 1997, n°12, p. 1006-14.

[60]. Pour une réflexion sur l'articulation entre procédures de consultation et procédures de négociation, notamment : M.-F. BIED-CHARRETON, « Le comité d'entreprise peut-il négocier ? », *Droit Ouvrier*, avril 1993, p. 129-141 ; P.-Y. VERKINDT, « De la consultation à la négociation: question de procédure », *Droit Social*, 1998, n°4, p. 321-29. La loi n°2004-391 du 4 mai 2004 (*J.O.* du 5 mai), relative à la formation professionnelle tout au long de la vie et au dialogue social (complétée par une circulaire 22 septembre 2004), a également introduit dans le code du travail un article L.132-26, en application duquel, notamment, une convention de branche ou un accord professionnel étendu peuvent prévoir les modalités de conclusion, par des représentants élus du personnel, d'un accord d'entreprise ou d'établissement en l'absence de délégués syndicaux dans l'entreprise ou dans l'établissement. Cette possibilité est pour l'instant limitée. En particulier, seuls certains thèmes, tels que fixés par la convention ou l'accord professionnel en question, peuvent faire l'objet de telles négociations et l'accord n'a de valeur d'accord collectif de travail qu'une fois approuvé par une commission paritaire nationale de branche. Plus ambitieux, le rapport de la Commission de Virville intitulé « Pour un code du travail plus efficace » et présenté le 15 janvier 2004 au Ministre du travail, proposait, notamment, la création d'un « conseil d'entreprise ». Celui-ci entendait fusionner les attributions des délégués du personnel, du comité d'entreprise et des délégués syndicaux dans les entreprises et établissements de moins de 250 salariés (propositions 24 à 28 et 30 à 39 et 46 du rapport). Il aurait de fait, permis la conclusion d'accords collectifs en son sein. Même s'il n'a pas pour l'instant été suivi d'effet, l'extension du champ de la négociation collective est en marche. Le champ de la consultation en sera forcément impacté. F. FAVENNEC-HERY, « La consultation des représentants du personnel sur le transfert de l'entreprise », *Droit Social*, 2005, n°7-8, p. 730, remarque ainsi « *une tendance constante (…) celle de la part grandissante de la négociation collective dans le processus de consultation* ».

les mesures mises en place afin de réduire le nombre des licenciements ou d'en limiter les conséquences pour les salariés [61]. Elles peuvent également, depuis la loi du 3 janvier 2003 portant relance de la négociation collective en matière de licenciements économiques [62] et la loi de cohésion sociale du 18 janvier 2005 [63], prévoir les modalités d'information et de consultation du comité d'entreprise dans le cadre des procédures de dites de grand licenciement économique[64]. Leur validité est néanmoins subordonnée à la consultation préalable du comité d'entreprise [65].

---

[61]. Elles visent à pacifier les relations collectives dans l'entreprise en impliquant les organisations syndicales dans les décisions qui ont trait à l'accompagnement social de l'opération. L'objectif est également, pour l'employeur, dans ce cas, de sécuriser juridiquement la procédure par la signature d'un accord collectif destiné à conforter les mesures négociées par le comité d'entreprise dans le cadre du plan de sauvegarde de l'emploi. A noter à cet égard que la loi de modernisation sociale (« LMS ») offrait également au comité d'entreprise et à l'employeur la possibilité de saisir un médiateur dans le cadre de projets de cessation totale ou partielle d'activité d'un établissement ou d'une entité économique autonome ayant pour conséquence la suppression d'au moins 100 emplois. Si la recommandation du médiateur était acceptée par l'employeur et le comité d'entreprise, elle emportait également les effets juridiques d'un accord collectif, opposable aux salariés. Cette disposition a été suspendue par la loi 2003-6 du 3 janvier 2003 (*J.O.* du 4 janvier) (suspendant la LMS pour une période de 18 à 30 mois) et la loi 2004-627 du 30 juin 2004 (*J.O.* du 1er juillet) (prolongeant de 6 mois la période de suspension des dispositions de la LMS). Elle a été définitivement abrogée par la loi n°2005-32 du 18 janvier 2005 (*J.O.* du 19 janvier).

[62]. Loi n°2003-6 du 3 Janvier 2003, précitée, dite loi Fillon-Raffarin, majoritairement consacrée à la suspension de plusieurs articles du volet « licenciements économiques » de la loi de modernisation sociale n°2992-73 du 17 janvier 2002 relative aux procédures d'information et de consultation des représentants du personnel.

[63]. Loi n°2005-32 du 18 janvier 2005 (*J.O.* du 19 janvier).

[64]. Accords dits « accords de méthode », introduits en 2003 à titre expérimental et définitivement inscrits dans la durée en 2005, dans le cadre de procédures de licenciements visant au moins dix salariés sur une même période de trente jours dans les entreprises employant au moins cinquante salariés (article L.320-3 du code du travail). Sur ces accords, notamment : M. COHEN, L. MILET, «La loi « suspensive » Fillon-Raffarin, les comités d'entreprise et les licenciements économiques », *Revue Pratique de Droit Social*, 2003, n°695, p. 63-64. Pour ces auteurs, « *ces accords constituent un outil de détournement des dispositions légales* » visant à « *entériner un processus de régression des normes légales et d'accélération des licenciements* » ; F. FAVENNEC-HERY, « Restructurations : le rôle de la négociation collective », *Droit Social*, 2004, n°3, p. 279-284 ; P.-H. ANTONMATTEI, « Accord de méthode, génération 2005 : « la positive attitude » », *Droit Social*, 2005, n°4, p. 399-402 ; F. FAVENNEC-HERY, « La consultation des représentants du personnel sur le transfert de l'entreprise », *Droit Social*, 2005, n°7-8, p. 729-736 ; S. NADAL, « Négociation collective et licenciement économique : propos introductifs sur le nouvel article L.320-3 du code du travail », *Droit Ouvrier*, juillet-août 2005, p. 303-310 ; P. RENNES, « D'un débat majeur à un accord mineur (à propos de l'article L.320-3 du code du travail) », *Droit Ouvrier*, juillet-août 2005, p. 311-321. Pessimiste, l'auteur considère en particulier que la loi de 2005 « *accentue la domestication des comités d'entreprise par la voie d'accords collectifs* » (p. 314) et que l'article L.320-3 « *place le comité d'entreprise sur un fauteuil roulant qui ne maîtrisera ni vitesse, ni direction, ni temps d'arrêt* » (p. 315) ; P.-H. ANTONMATTEI, « Négocier les restructurations après la loi du 18 janvier 2005 », *Droit Social*, 2006, n°3, p. 295-297 ; T. GRUMBACH, « Monopole syndical, contenu et négociation des accords de méthode », *Droit Social*, 2006, n°3, p. 325-329.

[65]. M. COHEN, « La loi du 3 janvier 2003 et les comités d'entreprise », *Droit Social*, 2003, n°3, p. 272 ; G. LYON-CAEN, « vers une négociation sur les restructurations destructrices d'emplois », *Droit Ouvrier*, décembre 2002, p. 559-562. Pour l'auteur, la loi de 2003 « *bafoue carrément la tradition* » en assignant à la négociation les pouvoirs mêmes du comité d'entreprise (p. 561) ; M. COHEN, L. MILET, «La loi « suspensive » Fillon-Raffarin, les comités d'entreprise et les licenciements économiques », *Revue Pratique de Droit Social*, 2003, n°695, p. 64. Cette exigence de consultation du comité d'entreprise préalable à la validité de ce type d'accord qui était expressément mentionnée dans la loi de 2003 n'a cependant pas été reconduite dans la loi de cohésion sociale de 2005. Elle resterait nécessaire mais son défaut ne serait plus une cause de nullité de l'accord. F. FAVENNEC-HERY, « Restructurations, deux maître mots : négociation, anticipation », *Semaine Sociale Lamy Supplément*, 26 décembre 2005, n°1242, p.11. La Cour de Cassation rappelle à ce titre que la conclusion d'un accord

**224.** Le comité d'entreprise joue plus généralement un rôle d'intermédiaire et de pourvoyeur d'information afin d'éclairer l'action syndicale. Il y est étroitement lié pour influencer les décisions économiques.

Ce type d'intervention conjointe s'exprime toutefois plus dans le cadre de restructurations[66] impliquant des licenciements que dans le cadre des opérations de transfert d'entreprise, même si la négociation collective y occupe une part grandissante [67].

### 2. *Droit anglais : les salariés sont représentés par le syndicat ou par un organe ad hoc*

**225.** Au Royaume-Uni, les salariés ne sont le plus souvent pas représentés dans l'entreprise[68]. L'expression des salariés passe essentiellement pas la voie de la négociation collective [69], à défaut d'existence d'autres formes légales de représentation des salariés dans l'entreprise [70].

C'est ainsi uniquement à titre dérogatoire, dans la plupart des entreprises du Royaume-Uni, jusqu'en 2008 [71], que les représentants du personnel pouvaient être informés et consultés dans certains domaines spécifiques. Ces domaines sont ceux régis par le droit communautaire qui impose une concertation avec les représentants appropriés des salariés, principalement en matière de licenciement collectif et de transfert d'entreprise.

**226.** L'information et la consultation des représentants des salariés sont aujourd'hui assurées, pour le sujet qui nous intéresse, dans le strict cadre des dispositions de la directive 2001/23/CE et du TUPE. Une mise en conformité préalable du droit anglais avec les exigences du droit communautaire a été nécessaire pour déterminer les représentants appropriés des salariés dans ce contexte.

---

collectif d'entreprise portant sur l'un des sujets soumis légalement à l'avis du comité d'entreprise doit donner lieu à sa consultation préalable, concomitamment à l'ouverture de la négociation et, au plus tard, avant la signature de l'accord. Cass. crim. 13 décembre 1994, Villin et Sté de gestion du Figaro : *Bull. crim.*, n°405, p. 993 ; *RJS*, 3/95, n°252 ; Cass. soc. 5 mai 1998, n°2629 PBR, Conseil supérieur consultatif des comités mixtes à la production et Fédération nationale CGT du personnel des industries électriques nucléaires et gazières c/ EDF-GDF et a. (1er moyen) : *Bull. civ.* V, n°219, p. 164 ; *RJS*, 6/98, n°750 ; M. COHEN, « La consultation du comité d'entreprise avant la conclusion d'un accord collectif », *ibid.*, p. 435-439.

66. Ch. MASQUEFA, *La restructuration*, Bibliothèque de droit privé, tome 342, LGDJ, 2000, 495 p.

67. Les accords conclus dans ce cadre visent généralement à fixer les règles applicables aux modalités de transfert. F. FAVENNEC-HERY, « La consultation des représentants du personnel sur le transfert de l'entreprise », *Droit Social*, 2005, n°7-8, p. 729 et, du même auteur, « Restructurations, deux maître mots : négociation, anticipation », *Semaine Sociale Lamy Supplément*, 26 décembre 2005, n°1242, p. 9-13. Pour l'auteur, *« on passe d'une consultation « éparpillée » à une gestion de l'emploi »*.

68. Un tiers (34%) des salariés des entreprises de dix salariés ou plus sont affiliés à un syndicat. Parmi les 36% d'entreprises syndicalisées, les trois quart (76%) reconnaissent un syndicat aux fins de négocier sur les salaires et les conditions de travail. Ces entreprises représentent 27% des entreprises et emploient 48% des salariés, selon les premiers résultats de l'étude WERS2004, rapportés par B. KERSLEY, C. ALPIN, J. FORTH et al, *Inside the workplace : first findings from the 2004 Workplace Employment Relations Survey*, 2005, p. 12-13.

69. Le droit anglais ne prévoit cependant pas d'obligation de négocier entre l'employeur et le syndicat (qui doit en outre, pour pouvoir négocier valablement, être reconnu à cette fin par l'employeur), contrairement au droit américain. Il prévoit néanmoins, depuis la transposition de la directive 2002/14/CE relative à l'information et la consultation des travailleurs dans la Communauté Européenne, une obligation pour les parties qui négocieraient un accord relatif à la mise en place d'une procédure d'information et de consultation dans l'entreprise, de travailler *« dans un esprit de coopération et dans le plein respect de leurs droits et obligations réciproques »* ICE, reg. 21.

70. Procédures d'information et de consultation mises en place notamment dans le cadre de la réglementation « ICE », applicable depuis le 6 avril 2005 aux entreprises employant 150 salariés ou plus.

71. La réglementation « ICE » est applicable à toutes les entreprises employant 50 salariés ou plus depuis le 6 avril 2008.

### a) La mise en conformité du droit anglais avec les exigences du droit communautaire

**227.** L'identité des interlocuteurs de l'employeur a été un sujet controversé en droit anglais. A l'origine en effet, le TUPE prévoyait seulement pour l'employeur l'obligation d'informer et de consulter les représentants des syndicats reconnus par ce dernier [72]. Ces dispositions permettaient à l'employeur d'échapper à toute information et consultation des représentants des salariés. Il en était ainsi non seulement dans les cas où les salariés n'étaient pas représentés par un syndicat, mais également lorsque le syndicat n'était pas reconnu par l'employeur ou que ce dernier décidait de ne plus le reconnaître comme interlocuteur valable et représentant des salariés.

**228.** Or, si la directive laisse aux États membres le choix des modalités pratiques de désignation des représentants des travailleurs [73], elle entend toutefois que les États membres prennent toutes les mesures utiles pour que des représentants des travailleurs soient désignés en vue de l'information et de la consultation qu'elle prévoit [74].

Manifestement, l'esprit de la directive n'était pas respecté puisque le droit anglais permettait aux employeurs d'en contourner les dispositions en matière d'information et de consultation des représentants des salariés.

La Cour de justice des communautés européennes est donc intervenue le 8 juin 1994 [75] pour condamner cet état de fait et décider que le Royaume-Uni avait manqué aux obligations

---

[72]. Pour pouvoir être considéré comme représentatif, le syndicat doit remplir la double condition d'être : (i) indépendant et (ii) reconnu par l'employeur comme partenaire à la négociation dans les domaines qui lui sont réservés (c'est à dire les termes et conditions d'emploi au sens large). L'*Employment Relations Act* 1999 (Schedule 1) a mis en place une procédure qui permet aux syndicats indépendants de se voir habilités à conduire des négociations collectives, dans les entreprises de plus de vingt et un salariés. La reconnaissance du syndicat par l'employeur peut être volontaire. Dans ce cas, l'employeur délimite avec lui l'établissement et le groupe de salariés qu'il représente. A défaut, la reconnaissance est organisée par la loi: le syndicat peut saisir le Comité Central d'Arbitrage [« *Central Arbitration Commitee* » (CAC)], sous réserve, notamment, que 10% des salariés de l'unité qu'il entend représenter soient membres dudit syndicat et que ladite unité ne soit représentée par aucun autre syndicat. A défaut d'une reconnaissance automatique (soit lorsque moins de 50% des salariés de l'unité que le syndicat entend représenter en sont membres), un scrutin est organisé par le CAC. Le syndicat obtiendra la reconnaissance de l'employeur s'il obtient 40% des votes exprimés. La reconnaissance sera obtenue pour trois ans (si le syndicat perd les élections, il ne pourra pas se représenter avant trois ans). Une fois le nombre de voix requis obtenu, il s'agira de déterminer les règles de négociation applicables entre les parties. Pour des développements sur cette question, notamment : B. SIMPSON, « Trade union recognition and the law, a new approach - Parts I and II of Schedule A1 to the Trade Union and Labour Relations (Consolidation) Act 1992 », *Industrial Law Journal*, September 2000, vol. 29, n°3, p. 193-222 ; W. BROWN, S. DEAKIN, M. HUDSON, C. PRATTEN, « The limits of statutory trade union recognition », *Industrial Relations Journal*, August 2001, vol. 32, n°3, p. 180-194 ; M. SALAMON, *Industrial Relations, Theory and Practice*, Pearson Education, 2000, p. 195 et s. ; H. COLLINS, K. D. EWING et A. McCOLGAN, *Labour law - Text and materials*, Hart Publishing, 2001, p. 818 et s.

[73]. La directive 2001/23/CE vise « *les représentants des travailleurs* » tels que prévus par la législation ou la pratique des Etats membres, sans autre précision (article 2 1.c).

[74]. Elle permet seulement aux Etats membres de limiter les obligations d'information et de consultation aux entreprises et aux établissements qui remplissent les conditions d'effectif requises pour l'élection ou la désignation d'une instance collégiale représentant les travailleurs (article 7. 5).

[75]. CJCE 8 juin 1994, aff. C-382/92 et C-383-92, Commission c/ Royaume-Uni de Grande-Bretagne et d'Irlande du Nord, *Rec. CJCE* 1994, p. I-2438, Concl. VAN GERVEN. La Cour a rendu à cette date deux arrêts constatant le manquement du Royaume-Uni à l'occasion de l'intégration dans l'ordre juridique anglais des directives relatives aux transferts d'entreprises et aux licenciements collectifs (dernier arrêt exclu de nos développements). Pour des commentaires sur ces arrêts, notamment : G. LYON-CAEN, « Le Royaume-Uni, mauvais élève ou rebelle indomptable ? », *Droit Social*, 1994, n°11, p. 923-930 ; M.-A. MOREAU « Le contrôle des directives par la Cour de Justice des Communautés Européennes – A propos de deux arrêts du 8 juin 1994 concernant le Royaume-Uni », *RJS*, 1/95, p. 3-6.

qui lui incombent en vertu du traité CEE en ne transposant pas correctement en droit interne les dispositions de la directive 77/187/CEE sur les transferts d'entreprises.

**229.** Le gouvernement a réagi à cette décision en amendant les dispositions du TUPE [76]. Il a permis à l'employeur, dès mars 1996, de remplir son obligation d'information et de consultation dans le cadre d'un transfert d'entreprise. Celui-ci devait désormais avoir pour interlocuteur soit un syndicat reconnu par lui comme représentant les salariés ou une catégorie de salariés concernés par le transfert, soit des représentants élus par les salariés eux mêmes.

En donnant cependant le choix à l'employeur entre le syndicat ou des représentants élus par les salariés, la loi posait la question de l'indépendance de l'organe de représentation des salariés par rapport à l'employeur. Celle-ci ne contenait par ailleurs aucune disposition précise concernant l'élection des représentants des salariés, en dehors du fait qu'ils devaient eux même être salariés de l'entreprise et être élus par les salariés concernés par l'opération de transfert d'entreprise [77]. Il n'y avait, en particulier, aucune indication quant à la date à laquelle ces élections devaient être organisées, le nombre de représentants devant être élus et les modalités d'organisation de ces élections. La loi prévoyait simplement que l'élection devait être organisée « *suffisamment avant* » la date à laquelle la consultation devait avoir lieu, c'est à dire « *dès que possible, après l'élection des représentants du personnel* » [78].

**230.** Face à l'imprécision du droit anglais en la matière, les syndicats GMB, NASUWT et UNISON intentèrent une action devant les juridictions anglaises afin que la loi soit déclarée contraire à la directive 77/187/CEE et donc illégale. Ils se prévalaient du fait que le législateur n'avait pas correctement retranscrit la directive communautaire sur les transferts d'entreprises telle qu'interprétée par la jurisprudence de la Cour de justice des communautés européennes dans son arrêt de 1994. Permettre à l'employeur de choisir de consulter soit le syndicat représentant les salariés soit les représentants des salariés élus à cette fin revenait en effet à lui laisser le choix de son interlocuteur, ce que la directive ne prévoyait pas. En outre, le TUPE ne prévoyait que l'obligation pour l'employeur d'inviter les salariés à élire leurs représentants et non une obligation absolue de consulter les représentants des salariés. Également, aucun cadre pour l'élection des représentants des salariés n'était prévu, si bien que le TUPE rendait possible, en particulier, l'interférence de l'employeur dans le choix des représentants des salariés. Enfin, le TUPE ne prévoyait aucune sanction notamment lorsque l'employeur n'invitait pas les salariés à organiser des élections ou interférait dans le choix de leurs représentants.

**231.** La Divisional Court [79] ne reprit pas ces arguments qui revenaient à soutenir que le droit anglais n'avait pas transposé correctement la directive [80]. Elle fournit cependant des lignes directrices sur les obligations de l'employeur et les recours ouverts aux salariés. La Cour insista en effet sur le fait que l'employeur a pour principale obligation celle de consulter les représentants du personnel. En conséquence, si l'employeur ne s'exécute pas ou

---

76. Par le *Collective Redundancies and Transfer of Undertakings (Protection of Employment) (Amendment) Regulations* 1995, *SI* 1995/2587.

77. TUPE 1981, reg. 10 (2A) et 11A.

78. TUPE 1981, reg. 10(8).

79. La Divisional Court intervient en appel. Elle est une formation restreinte (2 juges minimum) d'une des trois divisions de la High Court (en l'espèce la Queen's Bench Division). Les trois divisions de la High Court sont : la Queen's Bench Division (« QBD ») (principalement réservée aux actions civiles et commerciales), la Chancery Division (principalement réservée aux conflits relatifs à la propriété immobilière, intellectuelle et industrielle et au droit des sociétés) et la Family Division (traitant du droit de la famille).

80. R v. Secretary of State for Trade & Industry ex-parte UNISON (1996) *IRLR* 438 (Divisional Court).

n'invite pas les salariés à organiser l'élection de leurs représentants, ceux-ci peuvent saisir, individuellement, le tribunal compétent [81].

En outre, et puisque le TUPE n'avait pas défini quels étaient les représentants du personnel « appropriés » pour être consultés, la Cour considéra que le choix des représentants des salariés pouvait être remis en cause, devant les tribunaux. Si lesdits représentants du personnel ne pouvaient pas être considérés comme « appropriés » pour la consultation, celle-ci n'était pas valable juridiquement.

**232.** Le Ministère du commerce et de l'industrie avait, entre temps, rendu public un guide détaillant la procédure à respecter par l'employeur de façon à ce que la consultation puisse être considérée comme valable [82]. Il fallait ainsi que toutes les catégories de salariés concernés par l'opération soient représentées et qu'il y ait un équilibre raisonnable entre les intérêts des différents groupes. Les salariés devaient également disposer de suffisamment de temps pour nommer et évaluer les candidats. Ils devaient pouvoir choisir librement pour qui voter et les salariés absents devaient également pouvoir voter. Enfin, les pratiques et usages habituellement en vigueur au sein de l'entreprise devaient être respectés.

Ce guide laissait toutefois sans réponse la question même de l'organisation des élections. La décision de la Cour a été également critiquée en ce qu'elle ne donnait pas véritablement de réponse à la question de la transposition des prescriptions de la directive en droit anglais. Elle n'adoptait pas une approche cohérente avec celle de la Cour de justice des communautés européennes [83].

**233.** Le 26 juin 1996, la Commission européenne écrivit au gouvernement anglais pour lui rappeler que le droit communautaire n'avait pas été correctement transposé en droit anglais en ce qui concerne, plus particulièrement, la désignation des représentants du personnel. Elle soulignait également le manque de sanctions efficaces en la matière [84]. Aucune suite ne fut donnée à ce courrier. Entre temps, un gouvernement travailliste fut élu lequel confirma aux syndicats, peu après les élections, que la législation concernant l'information et la consultation serait révisée.

En attendant, l'employeur n'échappait à toute responsabilité en cette matière que lorsqu'il avait invité tous les salariés concernés par l'opération à élire leurs représentants. Il devait, en outre, procéder à cette invitation, « *suffisamment longtemps à l'avance* » pour permettre aux représentants des salariés d'être élus par leurs pairs, puis d'être informés et consultés, dans le cas où l'employeur ne pouvait recourir aux syndicats.

**234.** La législation actuelle résulte du Collective Redundancies and Transfer of Undertakings (Protection of Employment) (Amendment) Regulations 1999 [85], applicable à tout licenciement collectif ou transfert d'entreprise depuis le 1er novembre 1999. Cette loi a notamment permis de clarifier les modalités de détermination et de consultation des représentants des salariés.

---

[81]. A savoir, l'*Employment tribunal* (ET).

[82]. *Revised Arrangements for Consultation about Redundancies and Business Transfers*, Department of Trade & Industry, octobre 1995, para. 10.

[83]. Notamment, P. SKIDMORE, « Notes. Worker Rights – A Euro-litigation strategy ? », *Industrial Law Journal*, 1996, p. 225-230.

[84]. La sanction applicable était en effet un maximum de quatre semaines de salaire pour chacun des salariés concernés, en fonction de la gravité de la violation par l'employeur de ses obligations, contre treize semaines aujourd'hui [TUPE 1981, reg. 11 (11) ; TUPE 2006, reg. 16(3)].

[85]. *SI* 1999/1925. Loi promulguée le 28 juillet 1999, amendant le TUPE et les sections 188 et 189 du *Trade Union and Labour Relations (Consolidation) Act* (TULR(C)A) 1992. A ce sujet, v. M. HALL, P. EDWARDS, « Reforming the statutory redundancy consultation procedure », *Industrial Law Journal*, December 1999, vol. 28, n°4, p. 299-318.

Désormais, lorsque les salariés sont représentés par un syndicat reconnu par l'employeur aux fins de négociation, ce syndicat a un droit automatique d'être informé et consulté sur l'opération de transfert d'entreprise [86]. En outre, cette loi contient des dispositions spécifiques en ce qui concerne l'élection des représentants du personnel dans les entreprises où les salariés ne sont pas représentés par des syndicats. Dans un tel cas, lorsqu'aucun représentant des salariés n'a pu être élu, en dépit de l'organisation des élections par l'employeur, celui-ci peut remplir son obligation d'information et de consultation en s'adressant directement aux salariés[87]. L'information et la consultation indirecte (par le biais du syndicat ou des représentants élus du personnel) ou directe des salariés (à défaut de syndicat ou de représentants élus du personnel) peuvent ainsi être assurées dans tous les cas où l'opération envisagée par l'employeur entre dans le cadre du champ d'application du TUPE.

### b) L'identité des représentants appropriés des salariés

**235.** Le TUPE [88] définit ce que sont les « *représentants appropriés* » des salariés dans ce cadre. Ceux-ci sont appréciés par rapport à la population des salariés qu'ils représentent, selon que ces derniers sont ou non concernés [89] par le transfert d'entreprise. Ainsi, si les salariés sont représentés par un syndicat indépendant reconnu par l'employeur, les représentants de ce syndicat [90] doivent être informés et consultés [91]. Ces représentants n'appartiennent pas nécessairement à l'entreprise.

**236.** Dans tous les autres cas, l'employeur choisit qui informer et consulter entre [92] :

- d'une part, les représentants des salariés déjà en place, qu'ils soient nommés ou élus par les salariés concernés par l'opération, et qui - eu égard au but et aux méthodes par lesquels ils ont été nommés ou élus - ont reçu des salariés l'autorité nécessaire pour être informés et consultés sur le transfert, en leur nom [93], et

---

[86] TUPE 1981, reg. 10 (2A)(a) ; TUPE 2006, reg.13(3)(a).

[87]. Pour une description sommaire des règles applicables dans les entreprises où les salariés ne sont pas représentés par un syndicat, pour l'élection de représentants du personnel: *Employees' information and consultation rights on collective redundancies and transfer of undertakings - a short guide to the new requirements*, 1999, DTI, URN N°99/1036. http://www.berr.gov.uk/employment

[88]. TUPE 1981, reg. 10(2A) ; TUPE 2006, reg. 13(3).

[89]. Les salariés concernés sont non seulement les salariés susceptibles d'être transférés mais également les salariés dont le transfert n'est pas prévu mais qui peuvent être affectés par les mesures prises par l'employeur, en lien avec le transfert (par exemple, dans le cadre de la réorganisation d'un service).

[90]. Il s'agit généralement de salariés dont l'employeur et le syndicat ont accepté qu'ils représentent le syndicat au sein de l'entreprise et qu'ils agissent en son nom. Ils sont communément appelés « *shop stewards* » (pour ce qui concerne les travailleurs manuels) ou « *staff representatives* » (pour les autres catégories de travailleurs). La note explicative du TUPE éditée par le gouvernement vise « les représentants officiels des syndicats », c'est-à-dire le shop steward, ou le représentant syndical de district (« district union official »), national ou régional (« national or regional official »). *Employment rights on the transfer of an undertaking*, a guide to the 2006 TUPE Regulations for employees, employers and representatives, DTI, March 2007, URN 07/758, p. 25.

[91]. TUPE 1981, reg. 10 (2A)(a) ; TUPE 2006, reg. 13(3)(a).

[92]. TUPE 1981, reg. 10 (2A)(b) ; TUPE 2006, reg. 13(3)(b).

[93]. Il s'agit des formes d'organes de consultation volontaires (« *voluntary joint consultation* ») initiées par l'employeur, en marge ou en collaboration avec le(s) syndicat(s) représentatifs dans l'entreprise pour traiter de sujets comme la santé et la sécurité, la formation et l'amélioration de l'efficacité au travail, par opposition aux sujets tels que la rémunération et les termes et conditions d'emploi, réservés à la négociation collective. Ils sont généralement constitués au niveau de l'établissement. Pour un exposé des différentes formes que peuvent revêtir ces comités et leur rôle : D. FARNHAM, *Employee relations in context*, The Chartered Institute of Personnel and Development, 2000, p. 81-83 ; C. LLOYD, « What do employee councils do ? The impact of non-union forms of representation on trade union organisation », *Industrial Relations Journal*, September 2001, vol. 32, n°4, p. 313-327 ; « Company Councils », *IDS Studies*, Personnel policy and practice, June 2002, n°730, 27 p.

- d'autre part, les représentants des salariés ayant fait l'objet d'une élection *ad hoc* aux fins d'être informés et consultés sur le transfert. Ces derniers doivent, dans ce cas, satisfaire aux conditions et modalités de l'élection des représentants du personnel dans le cadre des transferts d'entreprises détaillées dans le TUPE lui-même [94].

Dans ce dernier cas, l'employeur a alors la charge de déterminer le nombre de représentants qui doivent être élus de façon à ce que les intérêts de tous les salariés concernés par le transfert d'entreprise soient représentés [95]. Il détermine également si les salariés doivent être représentés par les mêmes représentants ou s'il doit prévoir une représentation spécifique pour certaines catégories de salariés [96]. Il décide enfin de la durée de leur mission de représentation, la seule exigence étant que celle-ci soit d'une durée suffisante pour permettre à l'information d'être donnée et à la consultation d'avoir lieu [97] tout en respectant une ligne de conduite générale d'équité [98].

**237.** Contrairement au droit français qui définit des seuils et prévoit l'invitation obligatoire des organisations syndicales à la négociation du protocole préélectoral afin de préciser les modalités d'organisation des scrutins et de déroulement des opérations électorales, le droit anglais ne laisse pas place à la négociation lorsqu'il s'agit d'élire des représentants du personnel aux fins d'être informés et consultés sur un transfert d'entreprise, à moins que l'employeur n'y consente. Celui-ci est en effet le seul, de par la loi, à décider des modalités d'organisation des élections et du nombre de représentants [99].

Les organisations syndicales n'ont pas, en outre, le monopole de la présentation des candidats au premier tour des élections. Le système anglais de « reconnaissance » des syndicats par l'employeur l'exclut. Il permet en effet au syndicat reconnu par l'employeur d'avoir le monopole de la représentation des salariés, pour les catégories de salariés qu'il représente, sans qu'il soit besoin d'organiser des élections au sein de l'entreprise. En l'absence de syndicat, les représentants du personnel élus dans le cadre d'une opération de transfert d'entreprise assurent une représentation ponctuelle et de circonstance.

**238.** L'employeur peut ainsi disposer d'un ou de plusieurs interlocuteurs, représentants des salariés, afin de remplir ses obligations en terme d'information et de consultation sur le transfert d'entreprise projeté. Il peut être confronté à un ou plusieurs syndicats qu'il a lui même reconnus, selon que ces derniers représentent la totalité ou une catégorie particulière de ces salariés. Il peut également avoir pour interlocuteurs des représentants des salariés élus par leurs pairs, à défaut de syndicat reconnu dans l'entreprise. Il peut tout aussi bien être en présence d'un panachage (syndicat reconnu/salariés élus), lorsque le syndicat reconnu par l'employeur ne représente pas toutes les catégories de salariés concernés par le transfert.

**239.** L'employeur de droit anglais subit donc une double obligation lorsqu'il projette un transfert d'entreprise. Il doit d'abord identifier les catégories de salariés concernés par le transfert. Il doit ensuite identifier ses interlocuteurs, représentants des salariés, pour s'assurer qu'il remplit bien son obligation d'information et de consultation et qu'il s'adresse, pour ce faire, aux « *représentants appropriés* » des salariés, comme l'exige le TUPE [100]. Un minimum d'anticipation s'impose donc, en particulier lorsque les salariés ne sont pas représentés au sein de l'entreprise. Dans ce cas en effet, au temps alloué à l'information et à la consultation,

---

[94] TUPE 1981, reg. 10(A) ; TUPE 2006, reg. 14.

[95]. TUPE 1981, reg. 10A(1)(b) ; TUPE 2006, reg. 14(1)(b).

[96]. TUPE 1981, reg. 10A(1)(c) ; TUPE 2006, reg. 14(1)(c).

[97]. TUPE 1981, reg. 10A(1)(d) ; TUPE 2006, reg. 14(1)(d).

[98]. TUPE 1981, reg.10A(1)(a) ; TUPE 2006, reg. 14(1)(a).

[99]. Les règles sont différentes lorsqu'il s'agit de mettre en place un organe d'information et de consultation au sens de la réglementation « ICE ». ICE, reg. 19.

[100]. TUPE 1981, reg.10(2) ; TUPE 2006, reg. 13(2).

s'ajoute celui propre à l'organisation des élections des représentants des salariés concernés par le transfert.

**240.** En pratique, ce besoin d'anticipation s'oppose à la confidentialité exigée dans le cadre d'opérations jugées sensibles commercialement. En effet, outre le temps nécessaire pour la mise en place des élections, l'employeur voudra certainement éviter que les salariés soient informés trop tôt de l'opération projetée, afin de prévenir notamment tout risque de fuite de l'information. Les élections étant, dans ce cas, mises en place dans le seul but pour l'employeur de respecter ses obligations en matière d'information et de consultation, les salariés seront informés du projet de transfert, avant même que l'employeur n'ait pu remplir son obligation d'information et consultation, à l'issue des élections.

Il est alors fort probable que l'employeur cherchera d'autres alternatives à l'organisation d'élections *ad hoc* au sein de l'entreprise. Il pourra ainsi, sur une base consensuelle, convertir en un organe de consultation un organe de représentation des salariés déjà en place au sein de l'entreprise, par exemple, un comité d'entreprise européen ou un comité d'hygiène et de sécurité [101], ou, plus sûrement, un organe de consultation permanent interne à l'entreprise [102]. A défaut, il s'adressera directement aux salariés [103].

**241.** Les formes de représentation des salariés sur une base volontaire, de type comité ou conseil d'entreprise, mises en place en dehors du cadre de l'application de la législation sur les transferts d'entreprises, souffraient toutefois, jusqu'à récemment, d'un manque d'encadrement légal. En outre, leur mise en place faisait généralement partie d'une stratégie de la part de l'employeur tendant à éviter la représentation syndicale des salariés. Celui-ci préférait des méthodes de communication propres à permettre la propagation d'une réelle culture d'entreprise en dépassant le clivage patronat - salariat.

Certains auteurs observent toutefois que, malgré la possibilité plus large pour les salariés d'être informés et consultés par le biais de ces nouvelles formes de représentation collective admises par la loi, il n'en reste pas moins que les salariés membres de ces organes de représentation collective sont « *moins compétents, moins formés, moins expérimentés ou plus nerveux que leurs homologues représentants des syndicats (et donc moins susceptibles de*

---

101. Leur caractère « approprié » au sens du TUPE dépendra notamment du but dans lequel ces organes ont été mis en place, c'est à dire du fait de savoir s'ils ont vocation à être informés et consultés et à représenter les salariés concernés par l'opération. *Guidance on arrangements for consultation about redundancies and business transfers*, DTI, 1995. http://www.berr.gov.uk/employment. Ils doivent en outre être composés de salariés de l'entreprise élus par leurs pairs, ce qui semble exclure les organes de représentation éventuellement mis en place au niveau du groupe, tel que le comité d'entreprise européen. S. CAVALIER, *Transfer rights : TUPE in perspective*, The Institute of Employment Rights, 1997, p. 61.

102. Du type de ceux mis en place sous la réglementation « ICE ». Ils peuvent également être librement constitués au sein de l'entreprise. Les modalités des élections de tels comités sont alors fixées par les parties (en général, par l'employeur, sauf à ce que des syndicats participent à leur mise en place), ainsi que le nombre de représentants des salariés à ces comités et la durée de leur mandat. Ils regroupent des salariés élus par leurs pairs, quelle que soit leur implication syndicale (membre ou non membre). Ils comprennent également généralement des représentants de l'employeur. Information & Consultation arrangements, *IDS HR Studies*, January 2005, n°790, 44 p.

103. TUPE 1981, reg. 10 (8A) ; TUPE 2006, reg. 13 (11). En pratique, l'employeur ira même, dans certains cas, jusqu'à demander aux salariés s'ils veulent être représentés et lorsqu'il reçoit une réponse négative, procédera valablement à l'information et à la consultation directe de chacun des salariés sur l'opération projetée. Exemple rapporté au sujet de la législation sur les licenciements collectifs par le Ministère du commerce et de l'industrie, *Redundancy consultation : a study of current practice and the effects of the 1995 regulations*, DTI, 1998, summary, p.1.

*pouvoir influencer la direction)* » [104]. Ils sont en général peu efficaces et sans véritable poids au sein de l'entreprise, à défaut d'une volonté de l'employeur de leur accorder la place qu'ils méritent. Ils encouragent parfois inversement les salariés à opter pour une représentation de leurs intérêts par un syndicat. Sans doute est-ce amené progressivement à changer en application de la réglementation « ICE », qui tend à normaliser l'information et la consultation des représentants du personnel dans l'entreprise.

**242.** En définitive, la possibilité laissée aux représentants élus des salariés d'être informés et consultés dans le cadre d'un transfert d'entreprise revient à remettre en cause, depuis 1995, le schéma classique de représentation des salariés en droit anglais par la voie des syndicats.

L'intégralité des salariés du Royaume-Uni bénéficie ainsi des dispositions sur l'information et la consultation des représentants des salariés dans le cadre des transferts d'entreprises. C'est un phénomène suffisamment important en droit anglais pour être signalé, lorsque l'on considère que l'autre législation qui prévoit l'information et la consultation des représentants des salariés en droit anglais en cas de réorganisation de l'entreprise (la législation sur les licenciements collectifs), ne rend l'information et la consultation des représentants du personnel obligatoire que lorsque la procédure concerne au moins vingt salariés dans une même période de quatre vingt dix jours ou moins [105]. Ce schéma n'est pas véritablement amené à être bouleversé dans la plupart des entreprises au Royaume-Uni.

### *3. Droit américain : une représentation exclusive des salariés par le syndicat majoritaire*

**243.** L'un des principes fondamentaux du droit des relations collectives aux États-Unis est le principe d'exclusivité de la représentation salariale par le syndicat majoritaire, ce que n'admettent ni le droit français ni le droit anglais.

L'idée sous-jacente est qu'admettre une pluralité d'interlocuteurs pour l'employeur risquerait d'engendrer la division des salariés au sein de l'entreprise. Il pousserait également l'employeur à accorder des faveurs à certains plutôt qu'à d'autres, à encourager les rivalités entre syndicats et, en définitive, à priver les salariés d'une représentation efficace. Le droit américain n'a pratiquement pas dévié de sa ligne de conduite depuis 1935 en déniant toute autre forme de représentation collective aux salariés.

#### a) Le principe de représentation exclusive

**244.** Ce principe d'inspiration jurisprudentielle [106] a été consacré par le NLRA, dans sa section 9 (a) ainsi rédigée : « *les représentants désignés ou choisis, aux fins de négocier, par la majorité des salariés dans une unité appropriée de négociation, doivent être les représentants exclusifs de tous les salariés de ladite unité dans le but de négocier sur le niveau des rémunérations, les salaires, les horaires de travail, ou sur les autres conditions*

---

[104]. M. TERRY, « Systems of collective employee representation in non-union firms in the UK », *Industrial Relations Law*, 1999, vol. 30, n°1, p. 25. L'auteur remarquait également que ces représentants sont généralement moins pris au sérieux par les employeurs puisqu'ils ne disposent pas des mêmes droits et pouvoirs que les syndicats. La loi du 7 juillet 1999, *The Collective Redundancies and transfer of Undertakings (Protection of Employment) (Amendment) Regulations* 1999 a tenté d'y remédier. Cf. 2nd partie, Titre 2, chap. 1, *infra*.

[105]. TULR(C)A 1992, section 188(1).

[106]. C'est le NLRB (ou plutôt son ancêtre, le National Labor Board (NLB), crée en 1933 par le National Industrial Recovery Act (NIRA), avant que ce texte ne soit déclaré inconstitutionnel par la Cour Suprême en 1935 et que la loi Wagner ne lui succède, la même année) qui, le premier, a posé le principe que puisque la loi oblige l'employeur à négocier de bonne foi en vue de parvenir à un accord sur les conditions de travail des salariés de l'entreprise, le corollaire de cette obligation est que l'employeur n'est pas libre de négocier avec différents syndicats, pour leurs membres respectifs, mais doit négocier avec un seul syndicat désigné par la majorité des salariés de l'entreprise pour être leur représentant à la négociation : Houde Engineering Corp., 1 *N.L.R.B.* (anciennes séries) 35 (1934).

*d'emploi* (...) »[107]. Corrélativement, la section 8 du NLRA, qui énumère les actes constitutifs de pratique déloyale du travail pour l'employeur, prévoit dans son paragraphe (a) (5) que le refus de négocier avec le représentant des salariés, dans les conditions posées par la section 9 (a) constitue pour l'employeur une pratique déloyale du travail.

**245.** La conjonction de ces deux sections du NLRA impose ainsi à l'employeur non seulement de négocier sur un certain nombre de sujets, mais également de n'avoir, pour remplir son obligation, qu'un seul interlocuteur dans l'unité de négociation considérée. L'employeur n'est donc pas libre de négocier avec qui bon lui semble. La jurisprudence a ainsi décidé, sur le fondement de ces principes, qu'il est illégal pour l'employeur de négocier avec un syndicat minoritaire, alors qu'il existe un syndicat majoritaire avec lequel il a l'obligation de négocier de façon exclusive [108]. Il l'est *a fortiori* de négocier directement avec les salariés, même si les négociations ont été sollicitées par ces derniers [109], dès lors qu'il existe un syndicat majoritaire dans l'entreprise.

Les intérêts individuels doivent donc s'effacer au profit des intérêts de la collectivité des salariés. Il en est ainsi même si un salarié ou un groupe de salariés pris isolément aurait pu négocier et obtenir de meilleurs avantages individuels que ceux résultant de la négociation collective avec le syndicat majoritaire.[110]

**246.** La reconnaissance du syndicat comme partenaire à la négociation peut intervenir, comme en droit anglais, sur une base volontaire. Les droits de représentation du syndicat sont cependant, dans ce cas, suspendus au bon vouloir de l'employeur. Une procédure spécifique devant le NLRB a donc été établie afin de déterminer le périmètre alloué au syndicat en question et garantir ses droits contre l'employeur [111]. L'accréditation [112] du syndicat, c'est

---

[107]. « *Representatives designated or selected for the purposes of collective bargaining by the majority of the employees, in a unit appropriate for such purposes, shall be the exclusive representatives of all the employees in such unit for the purposes of collective bargaining in respect to rates of pay, wages, hours of employment or other conditions of employment* (...) ».

[108]. NLRB v. National Motor Bearing Co., 105 *F.2d* 652 (9th Circ. 1939).

[109]. Medo Photo Supply Corp. v. NLRB, 321 *U.S.* 678 (1944).

[110]. J.I. Case Co. v. NLRB, 321 *U.S.* 332 (1944). Ce principe admet toutefois des limites. Outre le fait que seuls les salariés partageant les mêmes intérêts peuvent être représentés par le syndicat majoritaire au sein de l'unité de négociation - les autres salariés pouvant, en conséquence, être représentés par leur propre syndicat (ce qui implique un découpage de l'entreprise en plusieurs unités de négociation) ou s'exprimer en leur nom personnel, l'obligation pour l'employeur de ne pas négocier directement avec les salariés ou avec les syndicats minoritaires n'existe que pour les sujets obligatoires de négociation, à savoir la question des salaires, du temps de travail et des autres conditions d'emploi. *A contrario*, les sujets ne touchant pas à ces matières peuvent être négociés directement avec les salariés ou avec les syndicats minoritaires, sous réserve que de telles négociations n'interfèrent pas avec celles qui sont menées ou qui ont été menées avec le syndicat majoritaire sur les sujets de négociation imposés par le NLRA. De même, l'obligation de ne pas traiter directement avec les salariés s'applique uniquement aux fins de négociation. Les communications directes de l'employeur aux salariés ne seront considérées comme contraires à la loi que lorsqu'il sera établi qu'elles auront pour effet non pas d'informer les salariés mais de les influencer et de contourner leur droit de choisir librement le syndicat appelé à négocier en leur nom.

[111]. Les conditions et modalités de cette désignation sont détaillées dans la section 9 du NLRA (« *Representatives and elections* »). La section 9 (c)(1) du NLRA prévoit la présentation, soit par les salariés, soit par un syndicat agissant en leur nom, d'une requête (« *petition* ») aux fins d'organiser les élections des représentants du personnel dans l'entreprise. Une telle requête est généralement présentée par un syndicat en cas de refus de l'employeur de le reconnaître volontairement comme représentant du personnel. Elle peut également être présentée directement par l'employeur à qui une demande de représentation a été faite. Cette requête sera suivie d'une enquête par le NLRB et par la tenue d'une audience dans le cas où « *un motif raisonnable de croire qu'une question de représentation affectant le commerce existe* ». S'il est démontré, au cours de cette audience, qu'un tel motif existe, le NLRB va ordonner l'organisation d'élections à vote secret et en certifiera les résultats. A noter à ce sujet que le projet de loi *Employee Free Choice Act of 2007* [H.R. 800] prévoyait la possibilité d'une accréditation directe du syndicat par le NLRB, sans élection préalable, lorsqu'une majorité des salariés d'une unité de

à dire la reconnaissance du caractère majoritaire et représentatif du syndicat par le NLRB, vaut pour au moins une année à compter de la date où le syndicat la reçoit. [113]

**247.** A côté de cette forme institutionnalisée de représentation du personnel se développe toutefois également aujourd'hui, et depuis les années mille neuf cent soixante dix, une représentation informelle des salariés au sein des entreprises. Son objectif avoué est l'efficacité au travail. Elle est ainsi clairement encouragée, voire initiée, par les chefs d'entreprises [114] afin d'améliorer la compétitivité de leurs entreprises respectives.

### b) L'exception de la représentation informelle

**248.** La représentation informelle naît d'un nouveau mode d'organisation du travail qui, abandonnant les principes du taylorisme [115], souhaite donner aux salariés une plus grande place au sein de l'entreprise en les impliquant plus largement dans leur travail au côté des décideurs [116] afin de les motiver et d'améliorer leur productivité.

Les salariés sont ainsi représentés par d'autres salariés regroupés en comités [117] ou en équipes[118], indépendamment du fait qu'ils soient ou non déjà représentés par un syndicat. Il s'agit pour eux de discuter, avec le ou les représentants du chef d'entreprise, de sujets le plus souvent relatifs à la qualité, la productivité, l'efficacité et les conditions d'hygiène et de sécurité au travail. Ces groupes de travail peuvent se former ponctuellement sur certains

---

négociation a signé des autorisations le désignant comme leur représentant et qu'aucun autre syndicat n'est accrédité ou reconnu comme le représentant exclusif des salariés dans cette unité. Sur ce projet : http://www.employeefreechoiceact.org. Le Sénat a voté la clôture des débats sur ce texte le 26 juin 2007.

[112]. « *Certification* ».

[113]. Brooks v. NLRB, 348 *U.S.* 96 (1954). Elle peut être prorogée, sauf circonstances exceptionnelles, en cours d'application de la convention collective. Les salariés peuvent toutefois organiser une pétition aux fins d'obtenir de nouvelles élections au sein de l'entreprise, après une période qui ne peut pas excéder trois ans, dans le cas où une convention collective est en cours d'application (« *contract bar rule* »). A ce sujet v. 2nd Partie, Titre 1, chapitre 1, *infra*.

[114]. L'Etat encourage également ces formes de représentation. Le Congrès a ainsi établi un programme de subvention (« *grant program* ») afin d'aider les comités à représentation salariale et patronale sélectionnés à se développer (programme géré par le service fédéral de médiation et de conciliation américain). De même, au Royaume-Uni, existe un programme spécial « *Partnership at work fund* » financé par le gouvernement (DTI) et destiné à développer de meilleures relations de travail, la productivité et la satisfaction au travail. A ce sujet notamment : N. BACON, J. STOREY, « New employee relations strategies in Britain : towards individualism or partnership ? », *British Journal of Industrial Relations*, September 2000, vol. 38, n°3, p. 407-427 ; D. E. GUEST, R. PECCEI, « Partnership at work : mutuality and the balance of advantage », *British Journal of Industrial Relations*, June 2001, vol. 39, n°2, p. 207-236. Ces fonds peuvent notamment être alloués dans le cadre de la mise en place des organes d'information et de consultation exigés par la réglementation « ICE », depuis 2005, dans les entreprises de plus de 150 salariés. *High Performance workplace: informing and consulting employees*, DTI, 2003, para. 2.36 et s.

[115]. Principe de management développé par Taylor (1856-1915) visant à augmenter la productivité du travail et à faire baisser les prix de revient dont l'organisation industrielle s'est beaucoup inspirée depuis la fin du XIXè siècle. Pour schématiser, le taylorisme est basé sur les trois grands principes suivants : (i) la décomposition du travail d'exécution en opérations simples et répétitives, (ii) la hiérarchisation des tâches, (iii) la rémunération matérielle comme stimulant essentiel de l'effort de production. La mise en évidence progressive des limites de l'organisation taylorienne du travail (notamment l'appauvrissement du contenu du travail) a ensuite conduit à réaménager et à dépasser ce schéma. M. CROZIER et E. FRIEDBERG, *L'acteur et le système*, éd. du Seuil, 1977, 436 p ; Ph. BERNOUX, *La sociologie des organisations*, éd. du Seuil, 1990, 382 p. ; P. DESMAREZ, *La Sociologie industrielle aux Etats-Unis*, éd. A. Collin, 1986, 198 p.

[116]. Concept contenu dans le terme générique : « *employee involvement* ».

[117]. « *Employee committees* ».

[118]. « *Work teams* ».

thèmes ou encore se réunir régulièrement pour une durée plus longue. Leur organisation et leurs règles de fonctionnement sont libres et diffèrent d'une entreprise à une autre [119].

**249.** Diversement apprécié [120], l'accroissement de ces groupes de travail ou de décision [121] pose la question de leur validité en droit américain.

Le NLRA condamne en effet toute emprise ou soutien financier, moral ou matériel de l'employeur apporté à tout organe susceptible de représenter les salariés, afin de l'empêcher d'interférer avec la liberté des salariés de choisir leurs propres représentants.

**250.** Cette interdiction prend tout son sens dans le contexte de sa rédaction, dans les années 1930-1940. A cette époque en effet, les employeurs cherchaient à s'assurer que les salariés ne soient pas représentés par des syndicats indépendants et à garder le contrôle sur l'activité syndicale. Les syndicats dominés par l'employeur, c'est-à-dire les

---

[119]. Ces comités peuvent être regroupés autour des trois principales formes suivantes de représentation des salariés :

(i) Les comités à représentation salariale et patronale (« *joint labor management committees* »). Ces comités sont généralement composés des représentants syndicaux (dans les entreprises où les salariés sont représentés) ou de salariés élus par leurs pairs ou volontaires (dans les entreprises sans représentation syndicale) et des représentants de la direction de l'entreprise. Ils se proposent d'être des forums de discussion entre salariés et employeur, en marge du processus de négociation collective classique. Certains de ces comités sont orientés sur des thèmes particuliers, lesquels sont la plupart du temps des programmes axés sur la productivité (« *gainsharing* ») ou destinés à améliorer la qualité de la vie au travail (« *quality of work-life programs » ou « QWL* »),

(ii) Les cercles de qualité (« *quality circles* »). Ce sont des petits groupes de salariés qui se réunissent régulièrement, sur leur temps de travail, dans le but d'améliorer la qualité et la productivité dans leur propre spécialité. Ils comprennent le plus souvent des techniciens et personnel d'encadrement (« *supervisors* ») ayant reçu une formation en techniques de résolution de problèmes. Ces cercles de qualité n'ont généralement pas le pouvoir de mettre en œuvre leurs solutions sans l'accord de la direction de l'entreprise. Ils n'en constituent pas moins une opportunité pour les salariés d'influer sur les méthodes de conception et de fabrication des produits au sein de l'entreprise, et

(iii) Les groupes de travail auto décisionnaires (« *self directed work teams* »). Ces groupes sont composés de salariés auxquels la direction a confié le contrôle d'un ou plusieurs secteurs de production déterminés. Ces groupes ont le plus souvent la responsabilité de la gestion de leur propre service et du personnel affecté aux secteurs de production dont ils ont le contrôle, en plus de leur rôle principal qui est de définir les méthodes de production et la répartition des tâches à l'intérieur de ces mêmes secteurs.

[120]. Leurs détracteurs sont, en particulier, les opposants à une réforme du NLRA. Celle-ci permettrait en effet aux programmes de participation entre employeur et salariés de se développer et de débattre de questions « *d'intérêt mutuel* », qui pourraient inclure des questions relatives aux termes et conditions d'emploi des salariés, sujets actuellement réservés à la négociation collective. Pour eux, ces groupes de travail ne seraient que des formes de représentation collective dominées par l'employeur, ce que le NLRA interdit. Pour leurs partisans, au contraire, ils devraient être encouragés et développés. Ils préfigureraient, en effet, l'ère d'une nouvelle relation entre employeur et salariés, basée sur la coopération. Ils appelleraient une réforme du système adversarial qu'ils considèrent aujourd'hui dépassé. C'est la position, en particulier de la HR Policy Association [anciennement *Labor Policy Association* (LPA)]. La HR Policy Association est une association représentant les cadres dirigeants spécialisés en ressources humaines appartenant à plus de 250 grandes entreprises aux Etats-Unis, tous secteurs confondus. http://www.hrpolicy.org

[121]. Une étude conduite en 1994 à la demande de la Commission sur le Futur des Relations Employeur-Salariés (*Commission on the Future of Worker-Management Relations*) démontre que 75% des entreprises, toutes tailles confondues, ayant participé à l'étude ont mis en place une forme d'implication des salariés dans l'entreprise. Ce pourcentage s'élève à 96% dans les entreprises employant au moins 5.000 salariés. Cette même étude estime à 30.000 le nombre d'employeurs utilisant cette forme de participation aux Etats-Unis. Princeton Survey Research Associates, 1994.

« syndicats maison » [122], étaient légion. Les employeurs les utilisaient alors [123], pour refuser de reconnaître des syndicats indépendants en arguant du fait que les salariés étaient déjà représentés au sein de l'entreprise. Les employeurs pouvaient donc négocier avec des syndicats qu'ils avaient choisis et mis en place, dont ils avaient le contrôle et qui leur étaient soumis.

Reconnaissant les insuffisances de la législation à cette époque, les débats qui ont entouré la loi Wagner en 1935, sur la relation entre employeurs et salariés et les moyens de l'améliorer, ont été largement centrés sur la question des syndicats maison. Les sections 8(a)(2) [124] et 2(5)[125] du NLRA ont été spécialement rédigées afin d'empêcher les employeurs de les utiliser pour leur éviter de reconnaître et négocier avec des syndicats indépendants et par là même, faire obstacle à de véritables négociations [126].

L'application scrupuleuse de ces deux sections par le NLRB et les Cours fédérales a permis la disparition des syndicats maison au début des années 1950. L'interdiction de toute forme de domination par l'employeur de l'organe de représentation des salariés a néanmoins été conservée. Le débat s'est déplacé depuis sur le terrain de la délimitation des matières pouvant être traitées par l'organe de représentation des salariés et sur celui de l'identification des formes de domination de l'organe de représentation des salariés par l'employeur. Il s'est agi de différencier le soutien illégal de la coopération légale entre employeurs et représentants des salariés.

**251.** Les textes des sections 2(5) [127] et 8(a)(2) du NLRA [128] ont été interprétés très largement par le NLRB et les Cours fédérales, ce qui limite en pratique les formes de participation et d'implication des salariés au sein de l'entreprise. La tendance est toutefois à un assouplissement de la jurisprudence à ce sujet en distinguant coopération (admise) et soutien

---

[122]. « *Company union* », « *in-house union* » ou « *captive union* ».

[123]. Avant que la loi Wagner ne soit passée en 1935, s'appliquait le *National Industrial Recovery Act* [48 *Stat.* 195, 198 (1933), texte déclaré inconstitutionnel en 1935 par décision de la Cour Suprême *in* Schechter Poultry Corp. v. U.S., 295 *U.S.* 495]. Celui-ci, bien que donnant aux salariés « *le droit de se syndiquer et de négocier collectivement par l'intermédiaire des représentants de leur choix* » n'interdisait pas expressément ni ne sanctionnait les « syndicats maison » en ce qu'il ne prévoyait pas, en particulier, le type de syndicat par lequel les salariés pouvaient être représentés. Il prévoyait seulement l'interdiction pour l'employeur de faire de l'affiliation au syndicat maison une condition d'embauche. Les employeurs utilisaient donc le silence de la loi pour éviter de reconnaître et négocier avec des syndicats indépendants.

[124]. Laquelle qualifie de pratique déloyale de travail le fait pour un employeur de « *dominer ou interférer avec la formation ou l'administration de tout organe de représentation collective, y contribuer financièrement ou lui fournir tout autre support* ».

[125]. Laquelle définit un organe de représentation collective (« *labor organization* ») comme étant : « *tout organe, quel qu'il soit, ou tout bureau ou comité représentant les salariés ou plan dans lequel participent les salariés et qui existe dans le but, en tout ou partie, de traiter* (« dealing with ») *avec les employeurs des plaintes* (« grievances »), *des conflits de travail, des salaires, des niveaux de rémunération, du temps de travail ou des conditions de travail* ».

[126]. Cf. Sénateur Wagner : « *les obstacles les plus importants à la négociation collective sont les syndicats dominés par les employeurs qui se sont multipliés avec une rapidité déconcertante depuis la promulgation du Recovery Act* ». *Cong. Rec.* 3443 (1934), reproduit *in* 1 NLRB, *Legislative history of the National Labor Relations Act,* 1935 (1949), p. 15. Un article du New York Times publié pendant les débats sur le NLRA a également rapporté que 69% des syndicats maison existant à cette époque avaient été mis en place juste après l'adoption du Recovery Act. Plus de 70% des litiges soumis au National Labor Board (ancêtre du NLRB), avant la promulgation du NLRA, concernait des cas de refus par l'employeur de traiter avec les représentants de syndicats régulièrement élus. « Company Unions : a vast industrial issue », *The New York Times*, 11 mars 1934.

[127]. Qui définit ce que peut être un organe de représentation des salariés.

[128]. Qui interdit toute interférence de l'employeur dans la formation ou l'administration d'un tel organe.

illégal (prohibé) de l'employeur à l'égard du syndicat ou de l'organe de représentation des salariés [129].

**252.** Le NLRA prohibe ainsi toute forme de représentation des salariés, influencée par l'employeur, qui « traiterait » avec celui-ci de sujets obligatoires de négociation, c'est à dire de la question des salaires, du temps de travail et des autres conditions d'emploi, en dehors de la présence ou de l'accord du syndicat majoritaire [130]. Cela revient, en pratique, à limiter le champ d'intervention des comités et autres groupes de travail à des sujets tels que l'amélioration de la productivité, de la qualité ou de l'efficacité du travail et à en exclure ceux portant sur la marche générale de l'entreprise ou encore les conséquences des opérations de transfert d'entreprise pour les salariés. Les juges se prononcent au cas par cas, sur la base d'un faisceau d'indices [131].

---

[129]. Là où la coopération de l'employeur impliquerait une simple assistance aux salariés ou à leurs représentants afin de promouvoir leurs propres idées, le soutien illégal de l'employeur impliquerait en effet un certain degré de contrôle et d'influence de ce dernier à leur égard. Chicago Rawhide Mfg. Co. v. NLRB, 221 *F. 2d* 165 (7th Cir. 1955). En l'espèce, la permission donnée au syndicat d'organiser des élections et d'exercer sa mission de représentation sur le lieu de travail, aux heures de travail a été considérée comme « *la simple preuve de la présence de moyens potentiels d'ingérence et de soutien ; une possibilité qui est toujours présente, dans une certaine mesure, dans une relation entre employeur et salariés. Toutefois, sans la preuve de la réalisation de cette possibilité, il n'y a pas d'élément de fait concluant pour motiver l'existence d'une pratique déloyale de travail* ».

[130]. La section 2(5) du NLRA considère, en substance, comme un organe de représentation tout organe dans lequel les salariés sont représentés et qui a pour but de « *traiter avec l'employeur* » d'un certain nombre de sujets. Cette définition exigeant simplement que l'organe en question « traite » avec l'employeur, il n'est pas nécessaire, pour les représentants des salariés qui y participent, de chercher à négocier avec l'employeur pour être considérés comme organe de représentation. Ainsi, un comité ayant pour rôle de faire de simples recommandations sur un certain nombre de sujets pourra être considéré comme un organe de représentation des salariés au sens du NLRA et partant, ne pourra bénéficier d'aucun soutien de l'employeur sous peine de sanction. Egalement, en interdisant à l'employeur toute forme d'interférence avec l'organe de représentation des salariés, la loi prohibe non seulement toute domination mais également toute forme d'ingérence ou de soutien, financier ou autre, apportée par l'employeur audit organe de représentation. Une telle ingérence est constituée, par exemple, lorsque l'employeur participe aux frais du syndicat ou de l'organe de représentation, lui fournit les moyens matériels de se réunir (service de secrétariat, etc.) ou encore lui permet de tenir des réunions sur le lieu de travail et/ou pendant les heures de travail. Néanmoins, la seule sanction réservée aux comités ou programmes de participation des salariés jugés illégaux est leur démantèlement. Aucune sanction n'est prévue en cas de récidive.

[131]. Ils procèdent aux deux analyses successives suivantes : En premier lieu, le comité en question est-il un organe de représentation du personnel au sens de la section 2(5) du NLRA ?. Pour répondre à cette question les juges rechercheront si : (i) les salariés participent à ces comités, (ii) les comités sont mis en place, au moins en partie, pour « traiter » avec l'employeur, et si (iii) les sujets traités par ces comités concernent les salaires, le temps de travail ou les conditions d'emploi. Dans l'affirmative, les juges rechercheront, en second lieu, si l'employeur domine, influence ou interfère dans la formation ou le fonctionnement de cet organe ou s'il y contribue financièrement ou sous une quelconque forme, en violation de la section 8(a)(2) du NLRA. Pour une application de ces critères : Electromation, Inc. 309 *N.L.R.B.* 990 (1992) confirmé en appel *in* Electromation, Inc. v. NLRB, 35 *F. 3d* 1148 (7th Cir. 1994). En l'espèce, la direction de l'entreprise avait mis en place cinq comités (« *action committees* »), en l'absence de syndicat, afin de dégager, avec les salariés, des solutions pour répondre aux pertes qu'avait enregistrées la société. La Cour d'appel, confirmant la décision du NLRB, a considéré que ces comités constituaient des organes de représentation des salariés indûment influencés par l'employeur au sens des sections 2(5) et 8(a)(2) du NLRA. En effet, les salariés participaient aux réunions de ces comités (chaque comité était, en l'espèce composé de salariés désignés par la direction et de représentants de la direction), les comités avaient été mis en place pour « traiter » avec l'employeur (les salariés étaient en effet appelés à apporter leurs idées et à formuler une proposition à la direction sur le sujet de réflexion qui leur était soumis) et les sujets traités par ces comités étaient relatifs aux sujets obligatoires de négociation. En outre, ces comités avaient été conçus et mis en place par la direction de la société dont certains représentants (cadres) participaient aux réunions. Les participants à ces comités tout comme les ordres du jour étaient choisis par la direction de la société. Les représentants de la direction

**253.** Ne pouvant que constater l'accroissement du nombre de comités et groupes de travail entre salariés et employeur, en dépit des dispositions du NLRA et de la jurisprudence limitative du NLRB et des Cours fédérales [132], l'administration Clinton a mis en place une commission sur le futur des relations entre salariés et employeur [133] dont l'objectif était de proposer des suggestions en vue d'une refonte du NLRA.

La Commission a rendu son rapport final en décembre 1994 [134] préconisant, notamment, la flexibilité dans les formes de participation des salariés tout en assurant le respect, pour les salariés, de leur droit d'être représentés par un syndicat, s'ils le souhaitent. Un projet de loi fut soumis au Congrès en 1995 [135] aux fins d'amender la section 8(a)(2) du NLRA en ce sens, mais ne trouva pas suite. Les syndicats, estimant que ce projet visait non pas à clarifier la loi mais à légaliser les formes de représentation des salariés contrôlés par les employeurs, avaient fait pression pour qu'il soit abandonné [136].

---

participant à ces comités pouvaient revoir et rejeter les propositions faites par les salariés avant que celles-ci ne puissent être transmises à leurs supérieurs. La société rémunérait les salariés participant à ces comités, prévoyait les lieux de réunion et prenait en charge leurs frais de fonctionnement. Enfin, les salariés avaient été plutôt peu enthousiastes à accepter la mise en place de ces comités pour les représenter. Pour un commentaire sur cet arrêt et un exposé de la jurisprudence prise en application : K. A. JENERO, P. M. SCHREIBER, « Revisiting the legality of employee participation programs under the NLRA », *Employee Relations Law Journal*, Summer 1999, vol. 25, n°1, p. 119-130.

132. Ce constat est repris par les opposants à une réforme du NLRA lesquels considèrent que la section 8(a)(2) n'a pas été un obstacle à la prolifération des programmes d'implication des salariés. Dans les vingt cinq dernières années le NLRB n'aurait invalidé de tels programmes qu'à hauteur de seulement quatre par an. Une étude des décisions rendues sur le fondement de la section 8(a)(2) montrerait ainsi que de 1972 à 1993 le NLRB n'aurait invalidé de tels programmes qu'à cinquante huit reprises. Sur ces cinquante huit cas, quarante quatre de ces programmes auraient été introduits ou utilisés pour contrer l'installation d'une représentation syndicale dans l'entreprise. Sur les quatorze cas restants, douze programmes auraient été mis en place pour contourner les pouvoirs du syndicat en place. Dans ces deux derniers cas, les programmes invalidés n'auraient eu aucun rapport avec la productivité, l'efficacité ou la qualité et ne conféraient pas aux salariés un quelconque pouvoir dans la prise de décision. En outre, la plupart des employeurs dont les comités auraient été invalidés se seraient également rendus coupables à l'égard des salariés, de surveillance et d'interrogations, de menaces illégales et de licenciements fondés sur leur activité syndicale. J. RUNDLE, « The debate over the ban on employer-dominated labor organizations : what is evidence ? » *in* FRIEDMAN, HURD, OSWALD et SEEBER, *Restoring the promise of american labor law*, Cornell University Press, 1994, p. 161-176.

133. *Commission Dunlop on the Future of Worker-Management Relations*. La Commission a été mise en place à l'initiative du Ministre du travail, Robert B. Reich, et du Ministre du commerce, Ronald H. Brown, le 24 mars 1993 pour traiter des trois questions suivantes : (i) quelles nouvelles méthodes ou institutions devraient être encouragées ou nécessaires (si besoin est) pour améliorer la productivité au travail à travers la coopération entre employeur/salariés et la participation des salariés ?, (ii) quelles modifications devraient être apportées (si besoin est) au cadre légal et aux pratiques de négociation collective pour favoriser les comportements de coopération, améliorer la productivité et réduire conflits et délais ?, (iii) que peut-il être fait (si nécessaire) pour que la résolution des problèmes au travail puisse intervenir de plus en plus directement entre les parties concernées elles-mêmes plutôt qu'en ayant recours aux tribunaux étatiques et fédéraux et aux autres organismes de régulation ?

134. La Commission recommandait à ce titre, en particulier, la clarification de la section 8(a)(2) du NLRA et son interprétation par le NLRB de manière à ce que les programmes de participation des salariés non représentés par un syndicat ne soient pas déclarés illégaux au seul motif qu'ils impliquent des discussion sur les « termes et conditions » d'emploi ou les rémunérations dès lors que de telles discussions sont accessoires à l'objet de ces programmes (c'est à dire des programmes traitant de sujets tels que la production, la qualité, l'hygiène et la sécurité, la formation ou la résolution volontaire de conflits). La Commission ajoutait toutefois que ces programmes ne devaient pas constituer une alternative aux syndicats indépendants et que la loi devait continuer à interdire l'institution et l'activité de formes de représentation dominées par l'employeur.

135 *The Teamwork for Employees and Managers Act* (The TEAM Act).

136 Veto du Président Clinton le 30 juillet 1996.

Le projet a été réintroduit en 1997 [137] puis de nouveau abandonné. Il n'a pas été réexaminé sous la présidence du Président Georges W. Bush, et cela d'autant plus que la jurisprudence du NLRB rendue en cette matière semble s'assouplir [138].

**254.** Ces formes de représentation ne peuvent pas être comparées à nos organes d'information et de consultation, pas plus qu'à ceux reconnus par le TUPE en droit anglais. Elles ne constituent, en effet, généralement que des groupes de réflexion dont le principal objectif est de définir les conditions dans lesquelles la productivité peut être améliorée au niveau de l'entreprise.

Il s'agit d'une nouvelle forme d'organisation du travail mêlant productivité et représentation des salariés. Seuls les intérêts de l'entreprise sont servis, en définitive, puisque représentants de l'employeur et représentants des salariés tendent vers un même but : l'accroissement des bénéfices. L'idée est qu'une entreprise en bonne santé financière participe des intérêts de tous. La conception de la représentation des salariés à l'européenne est bien loin. L'amélioration de la productivité ne parvient pas à dissimuler les questions sociales, ce qui plaide pour que soit évitée la confusion des intérêts entre employeurs et salariés.

Ces nouvelles formes de participation des salariés ont néanmoins l'avantage de permettre une certaine représentation des salariés et un rétablissement du dialogue entre salariés et employeurs, dans les entreprises dépourvues de syndicat aux États-Unis. Elles ne permettent

---

137. S. 295, *H.R.* 634, « *A bill to amend the National Labor Relations Act to allow labor management cooperative efforts that improve economic competitiveness in the United States to continue to thrive, and for other purposes* », 105th Congress, 1st Session, 6 février 1997. Un paragraphe devait être ajouté à la section 8(a)(2) du NLRA indiquant, en substance, que l'employeur pouvait instituer, assister, maintenir, ou participer à tout organe ou entité quel qu'il soit, dans lequel les salariés pourraient, au moins dans la même mesure que les représentants de la direction qui y participent, débattre de sujets d' « intérêts mutuels » incluant, notamment, la qualité, la productivité, l'efficacité, l'hygiène et la sécurité. La rédaction large de ce projet faisait craindre à ses opposants que les sujets d' « intérêts mutuels » viennent à recouvrir des sujets réservés à la négociation collective et remettre ainsi en cause les principes consacrés depuis toujours par le NLRA. Ce projet avait toutefois pris soin de préciser que de tels organes ou entités n'avaient pas le pouvoir de négocier des conventions collectives, qu'ils ne pouvaient agir comme le représentant exclusif des salariés et que ce paragraphe ne s'appliquait pas aux salariés représentés par un syndicat.

138. En témoigne, notamment, l'arrêt Crown Cork & Seal Company, Inc. and Martin Rodriguez, 334 *N.L.R.B.* n°92 (2001) ; J. L. DITELBERG, Th. J. PISKORSKI, « NLRB breathes new life into employee participation committees », *Employee Relations Law Journal,* Winter 2001, vol. 27, n°3, p. 127-137. Le NLRB a décidé dans cet arrêt que ne constituait pas un organe de représentation des salariés « traitant » avec l'employeur et, partant, ne violait pas la section 8(a)(2) du NLRA, la création de sept comités (« *employee committees* »), lesquels faisaient partie d'un système de délégation d'autorité mis en place au sein de l'entreprise au profit des salariés. En l'espèce, l'entreprise (dans laquelle les salariés n'étaient pas représentés par un syndicat) avait mis en place un programme (le « Socio-Tech System ») qui organisait une délégation d'autorité aux salariés par l'intermédiaire de leur participation à un certain nombre de comités. Salariés et membres de la direction étaient représentés au sein de ces comités, lesquels prenaient leurs décisions à l'issue d'un procédé de discussion et de consensus dans lequel les représentants de la direction n'avaient pas de pouvoir prépondérant. Chaque niveau de décision contrôlait les décisions du niveau inférieur et chacun dans leur sphère de compétence, sans interférence de la direction.

Le NLRB a rappelé, à l'occasion de cette affaire, qu'un comité ne constitue pas un organe de représentation des salariés au sens de la section 2(5) du NLRA lorsqu'il ne « traite » pas avec l'employeur. Or, lorsque l'employeur n'intervient pas dans les décisions du comité, par le jeu d'une délégation d'autorité, la revue par une autorité supérieure de ses décisions ne pas être considérée comme « traiter » avec l'employeur, puisque l'on se situe alors dans une relation classique entre organes décisionnaires. En l'espèce, le NLRB considéra en conséquence, que, dans leur sphère d'autorité respective, les sept comités étaient des organes de direction en eux-mêmes. Il ne pouvait donc pas s'agir d'organes de représentation du personnel au sens de la section 2(5) du NLRA, même si l'un de ces comités prenait en charge les questions relatives aux termes et conditions d'emploi des salariés.

toutefois pas une concertation sur les opérations de transfert d'entreprise ou, du moins, sur ses conséquences, à défaut de représentation syndicale dans l'entreprise.

## §2. LE NIVEAU DE LA REPRÉSENTATION ET DE LA CONCERTATION [139]

**255.** Un même niveau de représentation, l'entreprise, est généralement reconnu dans les trois systèmes juridiques étudiés (A). Encore faut-il, pour assurer l'efficacité de la représentation des salariés, que celui-ci coïncide avec le niveau auquel le pouvoir décisionnaire s'exerce (B).

### A. LE NIVEAU DE LA REPRÉSENTATION

**256.** La notion d'unité de négociation est un terme commun au droit anglais [140] et au droit américain [141]. Elle est utilisée pour déterminer le groupe de salariés au nom duquel les représentants du personnel sont appelés à négocier avec l'employeur.

L'unité appropriée de concertation est le cadre dans lequel les représentants du personnel exercent leurs droits, au nom et pour le compte de la collectivité des salariés qui la composent et qu'ils représentent [142].

Suffisamment explicite en elle-même, cette notion sera utilisée comme terme générique pour désigner le cadre de la mise en place de la représentation des salariés impliqués dans les opérations de transfert d'entreprises, d'établissements ou de parties d'établissement.

Sans en passer sous silence la particularité, le droit français, mieux connu, sera à nouveau analysé plus rapidement.

#### *1. Droit français : une représentation multi-niveaux*

**257.** Les articles du code du travail relatifs au champ d'application des institutions représentatives du personnel s'attachent peu à la forme juridique de l'entité considérée ou à son objet [143]. Le critère de la mise en place des instances représentatives du personnel retenu par le droit français est celui du nombre de salariés employés dans l'entité considérée.

**258.** Le cadre de la représentation correspond le plus souvent à l'entreprise, entité juridique dotée de la personnalité morale. L'une des particularités du droit français est cependant de prévoir plusieurs niveaux de représentation du personnel dans les entreprises à structure complexe, c'est-à-dire dans les entreprises composées de plusieurs établissements

---

[139]. L'utilisation du terme générique de « concertation » permet d'englober les notions d'information et de consultation (droit français et anglais) et de négociation (droit américain).

[140]. « *Bargaining unit* ».

[141]. « *Appropriate bargaining unit* ».

[142]. En droit français, cette notion pourrait renvoyer à celle d'entité juridique au sens d'un groupement de biens et de personnes jouissant d'une certaine autonomie (centre de décision) par rapport à l'entreprise mais sans en être juridiquement distinct, ce que le code du travail dénomme indifféremment « entreprise » en se référant au seul critère de seuils.

[143]. Il peut s'agir ainsi d'entreprises industrielles et commerciales, professions libérales, sociétés civiles, associations, établissements, succursales, etc. L'article L.431-1 al. 1 du code du travail, définissant le champ d'application du comité d'entreprise, est en effet rédigé comme suit : « *des comités d'entreprises sont constitués dans toutes les entreprises industrielles et commerciales, les offices publics et ministériels, les professions libérales, les sociétés civiles, les syndicats professionnels, les sociétés mutualistes, les organismes de sécurité sociale, à l'exception de ceux qui ont le caractère d'établissement public administratif, et les associations, quels que soient leurs forme et objet, employant au moins cinquante salariés* ». Il en est de même pour l'article L. 421-1 al. 1 du code du travail définissant le champ d'application des délégués du personnel, dès lors que sont occupés au moins onze salariés.

ou dans les groupes d'entreprises. Le critère des seuils d'effectifs n'est alors plus le seul critère commandant la mise en place des instances représentatives du personnel.

C'est le cas, notamment, des comités d'établissements et du comité central d'entreprise, dont la constitution est requise dans les entreprises composées de plusieurs établissements distincts pour la mise en place d'instances représentatives du personnel [144]. Tel est également le cas du comité de groupe constitué au sein des groupes formés d'une entreprise dominante et des entreprises qu'elle contrôle [145] ou du comité d'entreprise européen, constitué dans les entreprises ou groupes de dimension communautaire [146]. C'est enfin le cas des organes de représentation du personnel multi entreprises, constitués entre sociétés formant entre elles une unité économique et sociale (« UES ») [147] ou encore de l'organe de représentation des salariés dans la société européenne [148].

Le droit français impose donc des instances représentatives du personnel à un niveau inférieur à celui de l'entreprise (comité d'établissement) et à un niveau supérieur (groupe, à l'échelon national ou européen), en fonction de la structure et de la taille de l'entreprise ou du groupe auquel elle appartient.

---

[144]. Article L.435-1 et s. du code du travail. Pour la mise en place de comités d'établissements, la jurisprudence exige que les critères suivants soient réunis : implantation géographique distincte, stabilité et autonomie de gestion suffisante. Pour les délégués syndicaux, l'établissement distinct se définit comme le regroupement d'au moins cinquante salariés ayant des intérêts propres et travaillant sous la direction d'un représentant de l'employeur. Sur la notion d'établissement distinct : Y. CHALARON, « Réflexions critiques sur la vision judiciaire de l'établissement distinct », *Droit Social*, 1982, n°3, p. 209- 212 ; P. BOUAZIZ, « Unité de travail et établissements distincts », *Droit Ouvrier*, mai 1986, p. 183-196 ; J. SAVATIER, « Etablissement ou entreprise : quel cadre pour l'évaluation des seuils d'effectifs ? « , *Droit Social*, 1986, n°9-10, p. 703-708 ; B. DESJARDINS, « La notion d'établissement distinct en droit du travail », *RJS*, 4/93, p. 215-222 ; F. GAUDU, « Entreprise et établissement », *Prospectives de droit économique. Dialogues avec M. JEANTIN*, Dalloz, 1999, p. 47-55 ; J. SAVATIER, « Etablissement ou entreprise quel cadre pour les relations de travail ? », *Mélanges dédiés au président M. DESPAX*, Presses de l'Université des sciences sociales de Toulouse, 2001, p. 61-73 ; G. BORENFREUND, « L'établissement distinct : unité de représentation », *Semaine Sociale Lamy*, 20 octobre 2003, n°1140, p. 44-50 ; I. DESBARATS, *L'entreprise à établissements multiples en droit du travail*, LGDJ, 1996, 468 p. ; M. COHEN, *Le droit des comités d'entreprise et des comités de groupe*, LGDJ, 2005, p. 141-152.

[145]. Article L. 439-1 et s. du code du travail. Sur le comité de groupe, notamment : Y. CHALARON, « Comité de groupe », *Juris-Classeur*, Travail Traité, fasc. 15-80 ; G. LYON-CAEN, « Concentration et institutions représentatives du personnel dans l'entreprise », *Revue des Sociétés*, Janvier-mars 1983, n°1, p. 21-29 ; P. RODIERE, « L'adaptation du comité d'entreprise aux structures de l'entreprise », *Droit Social*, 1983, n°6, p. 361-370 ; M. COHEN, « La constitution et le fonctionnement des comités de groupe », *Revue Pratique de Droit Social*, octobre 1983, n°462, p. 277- 296 ; M. COHEN, « La personnalité civile du comité de groupe », *Droit Social*, 1983, n°12, p. 670-675 ; J. GRINSNIR, « Groupe et entreprise », *Droit Ouvrier*, mai 1986, p. 171-182 ; A. MAZEAUD, « Le groupe », *Semaine Sociale Lamy*, 20 octobre 2003, n°1140, p. 60-63 ; M. COHEN, *Le droit des comités d'entreprise et des comités de groupe*, LGDJ, 2005, p. 182 et s.

[146]. Article L.439-6 et s. du code du travail.

[147]. L'article L.431-1 dern. al. du code du travail prévoit la mise en place d'un comité d'entreprise commun entre plusieurs entreprises juridiquement distinctes lorsqu'une unité économique et sociale regroupant au moins 50 salariés est reconnue par convention ou par décision de justice. Sur l'unité économique et sociale, notamment : M. LENOIR, « Entreprises et unité économique et sociale », *Droit Ouvrier*, mai 1986, p. 164-170 ; M. DESPAX, « La dissociation d'une unité économique et sociale préexistante : à propos de quelques arrêts récents », *RJS*, 7-8/90, p. 435-442 ; D. JOURDAN, « L'unité économique et sociale », *Travail et Protection Sociale*, 2001, n°4, chron. 8 ; I. DESBARATS, « La notion d'unité économique et sociale en droit du travail », *Mélanges dédiés au Président M. DESPAX*, Presses de l'Université des sciences sociales de Toulouse, 2001, p. 75-92 ; G. COUTURIER, L'unité économique et sociale – trente ans après », *Semaine Sociale Lamy*, 20 octobre 2003, n°1140, p. 56-59 ; M. COHEN, *Le droit des comités d'entreprise et des comités de groupe*, L.G.D.J., 2005, p. 82-102.

[148]. Articles L.439-25 à L.439-50 et L.483-1-3 du code du travail.

**259.** Pour autant, ces instances représentatives du personnel n'ont pas les mêmes fonctions. La loi a en effet organisé leur mise en place et missions respectives. Ces distinctions ne permettent cependant pas d'éviter totalement l'implication de plusieurs instances représentatives du personnel dans le processus d'information et de consultation que le projet de restructuration commande, dès lors que l'opération projetée concerne plusieurs établissements d'une même entreprise ou met en jeu plusieurs entités juridiques d'un même groupe. Aucune disposition du code du travail ne prévoit un ordre d'information et de consultation des instances représentatives du personnel. Dans de telles opérations, il devient alors difficile de déterminer quelle(s) instance(s) doi(ven)t être informée(s) et consultée(s)[149].

**260.** La jurisprudence considère généralement qu'il convient d'informer et de consulter l'instance la plus représentative du personnel au niveau de l'entreprise ou du groupe, dès lors que le projet excède le pouvoir décisionnaire du représentant d'une seule des entités impliquées dans l'opération projetée. C'est ainsi qu'elle considère que, dans les entreprises à établissements multiples, le comité central doit être consulté dès lors que l'opération affecte l'ensemble de l'entreprise. Les comités d'établissement ne seront consultés que dans la mesure où la mise en œuvre de la décision et son application rendent nécessaires l'élaboration de décisions particulières [150]. Sans se prononcer vraiment sur la question de l'ordre que l'employeur se doit de respecter dans cette procédure d'information et de consultation, l'administration considère que « *selon le cas, la consultation du comité central d'entreprise précédera ou suivra celle des comités d'établissement* »[151].

**261.** A la pluralité des instances représentatives du personnel s'ajoute le fait que certaines de ces instances n'ont pas vocation à être consultées par l'employeur, comme le comité de groupe. En outre, toutes ne se réunissent pas avec la même fréquence et selon les mêmes modalités [152]. Elles ne peuvent également prétendre à recevoir la même information de la part de l'employeur [153]. Le cumul de ces particularités offre un aperçu des difficultés que peuvent rencontrer les employeurs obligés, en droit, d'informer et de consulter leurs instances représentatives du personnel avant toute prise de décision définitive.

La détermination de l'instance ou des instances représentatives du personnel devant être informées et consultées en droit français suppose, en définitive, qu'il soit procédé au cas par cas à une double analyse préalable. D'abord, la détermination précise de l'objet de la consultation, c'est-à-dire le nombre et les entités juridiques concernées par l'opération. Ensuite, une analyse de l'organisation de l'entreprise, voire du groupe, tant au niveau des structures que des pouvoirs.

**262.** Le droit français est le seul, pour l'instant, à consacrer un niveau de représentation et de concertation multi-niveaux où les compétences peuvent se cumuler en fonction du champ d'application de l'opération projetée. Cette particularité ne lui permet cependant pas de se dégager du débat sur l'adéquation entre le niveau auquel s'exerce la concertation et la capacité des organes de représentation du personnel d'influencer l'autorité décisionnaire.

---

[149]. Sur l'articulation entre instances nationales et européennes, notamment : B. TEYSSIE, « Délocalisation d'entreprise et relations collectives de travail », *Droit Social*, 2005, n°7-8, p. 764- 766 ; G. BELIER, « Restructurations en Europe – quelle place pour le comité d'entreprise européen ? », *Droit Social*, 2006, n°3, p. 320-322.

[150]. Cass. crim. 17 janvier 1984, n°82-94.159 : *Bull. crim.*, n°23, p. 60.

[151]. Circ. min. DRT n°12, 30 novembre 1984, *BO Trav.* 1984, paragraphe 2.1.

[152]. Par exemple, les membres du comité central d'entreprise doivent recevoir l'ordre du jour au minimum huit jours avant la séance (article L.435-4 al. 8 du code du travail), alors que les membres du comité d'entreprise ou du comité d'établissement ne peuvent le recevoir que trois jours avant la séance (article L.434-3 al. 2 du code du travail).

[153]. Le comité d'établissement ne peut pas, par exemple, prétendre recevoir des informations sur une opération de transfert affectant un autre établissement de l'entreprise, cette information étant réservée au comité central d'entreprise et au comité de l'établissement concerné.

Les obligations d'information et de consultation en droit français dépendront, en définitive, pour l'employeur, de la complexité et de l'étendue du projet de transfert considéré.

Pour simplifier, et pour faciliter la comparaison avec les droits anglais et américain qui admettent des systèmes de représentation moins complexes, en l'absence de syndicat dans l'entreprise, l'unité appropriée de concertation sera l'entreprise, pour ce qui est du droit français. Les structures complexes et groupes de sociétés appelleront toutefois généralement également l'implication d'instances représentatives à d'autres niveaux, établissement ou groupe, au niveau national et européen.

### *2. Droit anglais : une représentation généralement assurée au niveau de l'entreprise*

**263.** Les représentants des syndicats, lorsqu'ils sont reconnus par l'employeur comme partenaires valables à la négociation, se présentent comme les premiers interlocuteurs de l'employeur lorsqu'il s'agit pour lui de remplir son obligation d'information et de consultation en matière de transfert d'entreprise [154].

**264.** Pour être informés sur l'opération de transfert et consultés sur ses conséquences pour les salariés, les représentants du syndicat doivent avoir été, au préalable, reconnus par l'employeur comme partenaires à la négociation. Cela implique non seulement qu'ait été défini et accepté par les parties le périmètre de la représentation du syndicat, ou « unité de négociation », mais également que l'employeur se soit prononcé sur le fait de savoir si le syndicat est représentatif de la majorité des salariés qu'il entend représenter [155].

C'est à la demande du syndicat que les parties doivent se rapprocher pour en convenir. L'employeur accepte alors volontairement de reconnaître le syndicat comme un partenaire à la négociation. A défaut d'accord entre eux, le syndicat peut saisir le Central Arbitration Committee (« CAC ») [156] afin qu'il détermine l'unité de négociation [157].

En effet, bien souvent, syndicats et employeurs s'opposent sur le périmètre de l'unité de négociation au sein de l'entreprise. Le syndicat aura ainsi tendance à proposer une unité de négociation dans laquelle il sera fortement représenté, tandis que l'employeur cherchera à proposer un autre périmètre à l'unité de négociation, afin de diluer la représentation et l'influence du syndicat.

---

[154]. Le TUPE oblige l'employeur à informer et consulter les représentants « appropriés » des salariés concernés par le transfert [TUPE 1981, reg.10 (2) ; TUPE 2006, reg. 13(2)]. Ces représentants appropriés peuvent être, nous l'avons vu, et par ordre de priorité, les représentants du syndicat reconnu par l'employeur comme partenaire à la négociation, les représentants élus des salariés, ou les représentants élus des salariés aux fins d'être informés sur l'opération de transfert et consultés sur ses conséquences à l'égard des salariés (représentation *ad hoc*) [TUPE 1981, reg. 10 (2A) ; TUPE 2006, reg. 13(3)]. A défaut, les salariés sont informés directement par l'employeur [TUPE 1981, reg. 10(8(A) ; TUPE 2006, reg. 13(11)].

[155]. La reconnaissance du syndicat par l'employeur peut être de différente nature : le syndicat peut être reconnu par l'employeur aux fins de négocier (seul ou en même temps que d'autres syndicats) (« *negotiating recognition* ») ou seulement aux fins de représenter ses membres et de présenter leurs revendications à l'employeur (« *procedural recognition* »). Seul le premier type de représentation permet au syndicat d'être informé et consulté par l'employeur, dans la matière qui nous intéresse [TUPE 1981, reg. 2 (3) ; TUPE 2006, reg. 2(2)].

[156]. Le CAC est un organe d'arbitrage permanent et indépendant institué par l'*Employment Protection Act* 1975. Il intervient sur requête de l'une des parties (« *unilateral arbitration* ») sur des questions principalement liées à la reconnaissance comme partenaires à la négociation des syndicats par l'employeur et aux conflits relatifs à la divulgation d'information entre syndicats et employeurs. Il est compétent pour tous les litiges relatifs aux élections. Il peut également intervenir (plus rarement) dans une fonction plus classique d'arbitrage. Ses décisions n'ont toutefois dans ce cas aucune force légale.

[157]. La détermination de l'unité de négociation est également cruciale pour les salariés puisqu'elle correspondra au champ d'application des conventions collectives qui seront négociées entre employeur et syndicats et qui fixeront leurs termes et conditions d'emploi.

**265.** L'Employment Relations Act 1999 [158] indique les critères devant être pris en compte par le CAC [159] dans la détermination de l'unité de négociation [160]. La préférence est donnée aux unités de négociation constituées à l'échelle de l'entreprise, par opposition au morcellement de la représentation des salariés en différentes unités de négociation.

Aucune ligne de conduite n'a pourtant été fixée par le CAC en cette matière, lequel se prononce tantôt pour une représentation au sein de l'entreprise, tantôt pour une représentation en plusieurs unités de négociation, par métiers ou plus souvent par statuts, notamment, lorsque les caractéristiques ou intérêts particuliers propres à certaines catégories de salariés le justifient [161]. L'unité appropriée de négociation peut donc être aussi bien l'entreprise, que l'établissement, ou une unité plus petite, rassemblant une catégorie de salariés ayant les mêmes caractéristiques et intérêts [162].

De plus en plus de syndicats acceptent toutefois la formation d'une unité de négociation unique contre l'engagement par l'employeur qu'ils seront les seuls représentants des salariés de cette unité [163]. Cette pratique implique dans bien des cas de véritables concours entre les syndicats, avec pour corollaire le risque de formation de syndicats maison, en marge des exigences d'indépendance des syndicats. La mise en place de tels accords s'insère en outre généralement dans le cadre d'une stratégie de l'employeur visant à dénoncer le mandat de certains syndicats en perte de vitesse au sein de l'entreprise, par la chute de leurs adhérents, notamment.

---

[158]. ERelA 1999, tel qu'amendé par l'*Employment Relations Act* 2004 (ERelA 2004).

[159]. Le CAC a très peu de temps pour se prononcer sur cette question : 10 jours, à défaut d'accord entre les parties. Ce délai peut toutefois être étendu sur décision motivée du CAC.

[160]. Ces critères sont : la nécessaire compatibilité entre l'unité de négociation et la représentation de l'employeur (gestion du personnel centralisée ou non) pour une gestion efficace de l'entreprise, et la prise en compte des cinq éléments suivants tenant à la présence de syndicats dans l'entreprise et aux caractéristiques des salariés de l'entreprise : (i) l'avis de l'employeur et du ou des syndicats en présence, (ii) l'existence de procédures de négociation définies au plan local ou national, (iii) le souhait d'éviter la fragmentation de l'entreprise en petites unités de négociation, (iv) les caractéristiques des salariés employés dans l'unité de négociation proposée et de tous les autres salariés de l'employeur que le CAC jugera utile (conditions d'emploi, formation, compétences et expérience, rémunération, etc.), et (v) la situation géographique des salariés.

[161]. Par exemple: Benteler Automotive UK and ISTC, CAC Case N°TUR1/4/2000, dans lequel l'employeur proposait une représentation au niveau de l'entreprise qui comptait 138 salariés. Le syndicat proposait une unité de négociation distincte pour le personnel de production (94 salariés). Le CAC a tranché en faveur du syndicat en constatant que bien que les salariés bénéficiaient globalement des même termes et conditions d'emploi, il y avait d'importantes différences de traitement entre eux sur le plan contractuel (notamment en termes de composition et de versement de la rémunération), opérationnel et organisationnel qui justifiaient une représentation distincte. Pour un exemple contraire : Essec Chronicle Series Ltd and BAJ, CAC case N° TUR1/34/2001, dans lequel la société employait 239 salariés à la production de deux journaux hebdomadaires. Chacun des deux journaux avait son propre service de rédaction, pour un effectif total de 50 salariés pour les deux services. Le syndicat demanda la reconnaissance d'une unité de négociation distincte pour les 39 journalistes affectés aux deux services de rédaction. L'employeur demandait deux unités de négociation distinctes recouvrant les deux services de rédaction, y compris les journalistes. Le CAC rejeta les deux propositions et opta pour la reconnaissance d'une seule unité de négociation pour les deux journaux au motif qu'une distinction claire ne pouvait être faite entre le travail des journalistes et celui des autres salariés du service de rédaction, en dehors des niveaux de compétence exigés pour certains journalistes, et que tous les salariés des services de rédaction travaillaient d'une façon interdépendante, comme une seule et même équipe.

[162]. En pratique, seront plus particulièrement pris en compte dans l'appréciation du périmètre de l'unité de négociation : les caractéristiques des salariés composant l'entreprise (domaine d'activité, termes et conditions d'emploi, compétences, critères de recrutement, etc.), l'existence d'accords collectifs en vigueur au sein de l'entreprise et l'appartenance syndicale des salariés, l'organisation de l'entreprise et la manière dont la direction de l'entreprise est organisée (gestion centralisée ou non). La représentation des travailleurs manuels (« *Manual workers* ») sera, en outre, généralement distinguée de celle des autres travailleurs (« *Non manual workers* ») au sein de l'entreprise.

[163]. « *Single union agreements* ».

**266.** Une alternative, observée en pratique, est la reconnaissance par l'employeur de plusieurs syndicats représentants des catégories différentes de salariés dans une seule et même unité de négociation [164]. Cette forme de représentation en serait encore à ses prémisses et serait liée au développement depuis 1990, au Royaume-Uni, des statuts uniques et de l'harmonisation des termes et conditions d'emploi de tous les salariés d'une même entreprise[165]. Elle aurait pour principal intérêt de permettre un processus de négociation plus efficace en supprimant les sources potentielles de conflit entre les syndicats et en favorisant la coopération tant entre syndicats eux-mêmes qu'entre syndicats et employeur. Elle permettrait également une meilleure appréciation de l'entreprise dans ses différentes composantes et le développement de politiques de ressources humaines globalisées et cohérentes au niveau de l'entreprise. Elle aboutirait, à terme, à l'abandon des traditionnelles confrontations et distinctions entre représentation des travailleurs manuels et travailleurs non manuels au sein des entreprises du Royaume-Uni [166].

**267.** La plupart du temps, le cadre de la négociation se situera à l'échelle de l'entreprise lorsque celle-ci ne comporte pas plusieurs sites ou plusieurs établissements [167]. Dans le cas contraire, la négociation prendra place au niveau central ou au niveau de chacun des sites ou établissements, en fonction de la taille de l'entreprise.

La tendance actuelle du droit anglais est donc aux unités de négociation constituées à l'échelle de l'entreprise, appelées à couvrir une large part sinon la totalité des salariés qu'elle emploie. Elle a pour objectif de simplifier le processus de négociation, et partant, le processus d'information et de consultation pour l'employeur. Il existe en parallèle une tendance classique à la représentation plurielle des salariés de l'entreprise, par le biais d'autant de syndicats qu'il y a d'intérêts à représenter [168].

**268.** L'unité de négociation de droit anglais dans laquelle doit se dérouler l'information et la consultation des représentants des salariés correspondra donc bien souvent au périmètre dans lequel est mise en place l'instance représentative du personnel de droit français. Le TUPE exige cependant que seuls les représentants « appropriés » des salariés concernés par l'opération soient informés et consultés par l'employeur dans le cadre d'un transfert d'entreprise. Cela ne suppose *a priori* pas, comme en droit français, l'implication d'instances représentatives à plusieurs niveaux, dans les entreprises à structure complexe, à moins évidemment d'un accord en ce sens entre syndicats et employeur.

---

[164]. « *Single-table bargaining* ».

[165]. « Single-table bargaining: an idea whose time has yet to come ? », *IRS Employment Trends,* 1995, n°577, p. 10-16.

[166]. P. MARGINSON, K. SISSON, « Single table talk », *Personnel Management*, May 1990, p. 46 ; G. GALL, «The rise of single table bargaining in Britain », *Employee Relations*, 1994, vol. 16, n°4, p. 62-71 ; M. SALAMON, *Industrial relations – Theory and practice*, Pearson Education, 2000, p. 185-226.

[167]. A noter également que la réglementation « ICE » sur l'information et la consultation des salariés, prévoit la possibilité de constituer un organe destiné à être informé et consulté sur un certain nombre de sujets, à l'échelle de plusieurs entreprises, ou des modalités d'information et de consultation différentes lorsque l'entreprise est composée de plusieurs établissements. ICE, reg. 16(1) & (2). Cela revient à se rapprocher du modèle de représentation du personnel français. Ce système est cependant dérogatoire et ne saurait, en toute hypothèse, être mis en place sans l'accord de l'employeur en droit anglais.

[168]. Environ un quart des entreprises à représentation syndicale ont leurs salariés représentés par au moins quatre syndicats différents, chacun d'eux représentant les salariés d'une unité de négociation au sein de l'entreprise. Sur l'ensemble des entreprises au Royaume-Uni, environ la moitié n'ont pas de représentation syndicale, un quart ont des salariés membres d'un seul syndicat, un dixième ont des salariés représentés par deux syndicats et le reste des entreprises (un cinquième) ont des salariés membres de plus de deux syndicats. Etudes rapportées par D. FARNHAM, *Employee relations in context*, Chartered Institute of Personnel and Development, 2000, p. 308-309.

Le droit anglais simplifie donc la structure des organes de représentation en ce qu'il ne prévoit qu'un seul niveau de concertation. Il la complique cependant en prévoyant que la représentation des salariés de l'entreprise puisse s'organiser en autant d'unités de négociation qu'existent, au sein de l'entreprise, d'intérêts et de caractéristiques différents à représenter, même si la tendance actuelle est à la simplification des structures de négociation.

**269.** La détermination de l'unité de négociation semble finalement beaucoup plus simple lorsque les salariés ne sont pas représentés par un ou des syndicats reconnus par l'employeur. L'organe d'information et de consultation en place pourra être valablement informé et consulté sur l'opération de transfert et sur ses conséquences par l'employeur, pourvu qu'il représente tous les salariés concernés par l'opération. Cela sera généralement le cas si celui-ci a été mis en place au niveau de l'entreprise. L'employeur peut toutefois décider d'organiser des élections *ad hoc* ou, ultime solution, d'informer et de consulter directement les salariés concernés, notamment dans les entreprises de moins de vingt salariés [169]. Cette dernière possibilité n'est pas prévue par le droit français ni par le droit américain, en dehors, pour ce dernier, du schéma de représentation classique des salariés par le syndicat majoritaire au sein de l'unité de négociation considérée.

### *3. Droit américain : une représentation assurée au sein de l'entreprise, du métier, de l'établissement ou de l'une de leurs subdivisions*

**270.** La section 9(a) du NLRA dispose qu'un syndicat choisi par « *la majorité des salariés dans une unité appropriée à cette fin* » doit être le représentant exclusif de tous les salariés de cette unité. Comme en droit anglais, l'unité de négociation est donc le périmètre au sein duquel évolue le syndicat. Elle se compose d'un groupe de salariés partageant des intérêts communs pour lequel le syndicat cherche à acquérir un mandat et à négocier avec l'employeur.

Le NLRA a confié au NLRB [170] la tâche de déterminer l'unité appropriée de négociation. Pour ce faire, celui-ci s'attache à identifier un groupe de salariés liés par une « *communauté d'intérêts* ». L'objectif est d' « *assurer aux salariés une pleine liberté dans l'exercice de leurs droits garantis par la loi* » [171].

**271.** Comme en droit anglais, la difficulté réside dans la détermination de l'unité appropriée de négociation. Elle ne doit pas être trop large de façon à ne pas intégrer des salariés aux intérêts antagonistes ou divergents. En effet, plus l'unité de négociation est large, plus les salariés qui la composent auront des compétences, des qualifications et des intérêts

---

169. Dans ces entreprises, le syndicat qui n'aurait pas fait l'objet d'une reconnaissance volontaire par l'employeur, aux fins de négocier, ne peut pas saisir le CAC pour faire reconnaître sa légitimité.

170. Cf. la section 9(b) du NLRA dont le premier alinéa est ainsi rédigé : « le NLRB doit décider dans chaque cas si, afin d'assurer aux salariés une entière liberté dans l'exercice des droits garantis par la loi [c'est à dire, principalement, le droit de se syndiquer, de négocier collectivement par l'intermédiaire du syndicat de leur choix et de participer à des actions concertées aux fins de négociation (section 7 du NLRA)]. l'unité appropriée aux fins de négocier est l'entreprise, le métier, l'établissement ou l'une de leurs subdivisions ». La section 9(b) du NLRA prévoit cependant certaines limitations quant à la composition de l'unité de négociation. Celle-ci ne peut en effet être composée à la fois de salariés dits « professionnels » (c'est à dire, pour simplifier les cadres : salariés effectuant des travaux à prédominance intellectuelle et ayant effectué des études supérieures) et de salariés non professionnels (c'est-à-dire, pour simplifier les non cadres) [section 9(b)(1)]. Les salariés professionnels ont en effet, un droit de représentation propre, à moins qu'ils n'en décident autrement, par un vote. De la même façon, le NLRB ne peut décider de regrouper les gardiens (« guards »), le personnel de sécurité et les autres salariés dans la même unité de négociation [section 9(b)(3)]. Ces interdictions n'empêchent toutefois pas l'employeur et les salariés concernés de convenir, d'une façon informelle, d'inclure les professionnels et les non professionnels ou les gardiens, le personnel de surveillance et les autres salariés dans une même unité de négociation.

171. Section 9(b) du NLRA.

différents et plus il sera difficile pour le syndicat élu de les représenter comme pour les salariés d'obtenir la satisfaction de leurs revendications. Un niveau de représentation élargi trouve, en conséquence, la faveur des employeurs [172].

L'unité de négociation ne doit pas non plus être trop petite pour ne pas risquer de voir les intérêts des salariés qu'elle comprend sous-représentés dans une unité plus large. Une petite unité de négociation offre néanmoins l'avantage de l'homogénéité. Elle permet une représentation des salariés par le syndicat effective et efficace et une communication facilité entre représentant et représentés. Un niveau de représentation restreint trouve ainsi, plus souvent, la faveur des syndicats [173].

En pratique, l'unité de négociation est généralement constituée, comme en droit français et en droit anglais, au niveau de l'entreprise ou de l'établissement [174].

**272.** La communauté d'intérêts liant les salariés d'une même unité de négociation est appréciée *in concreto* par le NLRB, sur la base d'un faisceau d'indices, en fonction des circonstances de chaque espèce [175]. Il est ainsi possible que le NLRB détermine plusieurs

---

[172]. L'employeur - contrairement au syndicat et à la tendance du NLRB en général - préférera les unités de négociation de taille importante puisqu'elles lui permettront non seulement d'éviter les coûts associés aux nombreuses réunions avec les syndicats des différentes unités (qui bien souvent sont dispersées géographiquement), d'attiser les conflits entre syndicats, mais également d'éviter les revendications à effet boule de neige entre les différentes unités de négociation de l'entreprise, même si une trop grande unité de négociation par la taille comporte le risque de conflits collectifs à une plus grande échelle et le risque de paralysie totale de l'entreprise dans les cas extrêmes.

[173]. Cette stratégie classique des syndicats tend néanmoins aujourd'hui à être remise en cause par une nouvelle fédération de syndicats créée en septembre 2005, « Change to Win », dont le slogan en traduit la logique : « *Uniting workers for a better America* », et qui agit dans le sens d'une plus grande coordination entre les syndicats et leurs représentants au niveau local et national dans chaque industrie, par la création de centres d'organisation stratégiques (« *strategic organizing center* »). http://www.changetowin.org.

[174]. Notons à ce sujet que les recours aux tribunaux en matière de détermination de l'unité appropriée de négociation sont limités en vertu de l'expertise du NLRB et de sa connaissance présumée des industries et des entreprises. Ils sont généralement exercés par l'employeur, dans les cas où celui-ci refuse de négocier avec le syndicat élu dans l'unité appropriée de négociation reconnue par le NLRB et voit prononcer à son encontre une condamnation pour pratique déloyale de travail qu'il entend contester.

[175]. Sont ainsi appréciés comme autant d'indices d'une telle communauté d'intérêt entre les salariés : la similitude entre les niveaux et les modalités de fixation de leur rémunération, de leurs horaires de travail, des avantages et autres termes et conditions d'emploi, des travaux effectués, de leurs qualifications, de leurs compétences et des formations qu'ils ont suivis. Sont également pris en compte : la fréquence des contacts des salariés entre eux et leur proximité géographique ; l'historique des relations collectives tendant à prouver qu'une relation viable peut exister entre l'employeur et les salariés de l'unité proposée ; la similitude dans la direction, la politique des relations de travail et l'organisation administrative de l'employeur ; l'intégration des techniques de production et l'interchangeabilité des salariés entre eux ; le souhait des salariés concernés, tel qu'il a pu être exprimé lors d'un vote secret portant sur le choix entre une représentation au niveau de l'entreprise (« *plantwide unit* ») ou par métier (« *craft unit* »). Le NLRB a également identifié, dans un arrêt Black & Decker Mfg. Co., 147 *N.L.R.B.* 825 (1964), les circonstances de fait qui doivent plus particulièrement être prises en compte pour déterminer l'unité de négociation appropriée. Ainsi, le NLRB portera une attention particulière à l'organisation de l'entreprise (« *initial organisation* ») et à ses antécédents en matière syndicale ; aux changements éventuellement apportés à l'unité de négociation, que la négociation soit décentralisée (ainsi par exemple, lorsqu'un groupe de salariés décide de se démarquer d'une unité de négociation existante au niveau de l'entreprise afin de négocier séparément au niveau de l'établissement) ou centralisée (rapprochement entre plusieurs unités de négociation (« *accretion* »), par exemple, lorsqu'un groupe de salariés vient rejoindre, par fusion absorption ou au moyen d'un autre procédé d'acquisition, un autre groupe de salariés dans une unité appropriée de négociation déjà établie). Enfin, la mise en place d'une nouvelle classification dans l'entreprise ou le recours à de nouvelles formes d'emploi peut également influencer la décision du NLRB quant à la détermination de l'unité appropriée de négociation. Tel est le cas lorsqu'il est donné une nouvelle définition à un emploi existant ou que de nouveaux emplois sont créés dans l'entreprise et qu'une incertitude existe quant à leur inclusion ou non dans l'unité de négociation en place (« *Unit clarification* »).

unités appropriées de négociation au sein d'une même entreprise. Les salariés regroupés dans des unités de négociation différentes (pour procéder aux élections) peuvent toutefois tout à fait décider de se regrouper, une fois les élections faites, aux fins de négocier. De même, en pratique, employeur et syndicat peuvent décider, d'une façon informelle, d'une unité appropriée aux fins de négociation qui ne corresponde pas exactement à celle qui aurait été déterminée par le NLRB.

**273.** Si le cadre de la représentation des salariés s'exerce généralement au niveau de l'entreprise ou de l'établissement en droit américain, les salariés sont souvent également regroupés, en leur sein, par branche ou par métier. La détermination de l'unité appropriée de négociation s'apprécie différemment, dans les deux cas.

### a) Le principe de la représentation au niveau de l'entreprise ou de l'établissement

**274.** Il existe une présomption du caractère approprié du cadre de la représentation en faveur des unités de négociation uniques constituées à l'échelle de l'entreprise, de l'établissement ou encore du magasin [176]. Celle-ci peut seulement être contournée en apportant la preuve que l'unité de négociation en question n'est pas une entité ayant une identité propre pour la représentation des salariés. La démonstration peut également être apportée de ce que l'encadrement quotidien des salariés de ladite unité est assuré par la direction générale de l'entreprise à un niveau centralisé, que l'établissement d'une telle unité est contraire aux pratiques antérieures de négociation au sein de l'entreprise ou encore que les établissements, bureaux ou magasins sont proches géographiquement les uns des autres, ce qui justifie de les regrouper. Cette approche est comparable à celle adoptée par les juges français lorsqu'il s'agit de déterminer le cadre de la mise en place des représentants du personnel dans les entreprises à établissements multiples.

### b) L'exception de la représentation par branche d'activité ou par métier

**275.** Le NLRB peut néanmoins décider que l'unité appropriée de négociation se place au niveau « *de l'entreprise, du métier, de l'établissement, ou de l'une de leurs subdivisions* » [177]. Il existe en effet aux États-Unis une tradition de syndicalisme de métier [178]. Le principe à cet

---

[176]. Cette présomption a été instituée par la jurisprudence du NLRB dans les années 1961 et 1962, à la faveur d'un changement de ses membres. Dixie Belle Mills, Inc., 139 *N.L.R.B.* 629 (1962). En l'espèce, l'entreprise était constituée de plusieurs usines et entrepôts dont les différentes activités étaient intégrées. Le NLRB a admis que l'unité appropriée de négociation était à l'échelle de chaque usine et entrepôt, constatant le faible degré d'interchangeabilité des salariés de l'entreprise entre eux et l'autonomie des directions de chacune de ses entités tant en matière de gestion qu'en matière de ressources humaines. Le NLRB a, à cette occasion, établit le principe suivant: « *à moins que l'établissement concerné n'ait été inclus dans une unité plus large de négociation pour des raisons historiques tenant à l'organisation de la représentation collective des salariés de l'entreprise dans son ensemble, ou à moins qu'il ne fasse partie intégrante d'une autre entité au point que sa propre identité disparaisse, l'établissement considéré constitue, à lui seul, une entité appropriée de négociation, même si une autre entité pourrait également se révéler appropriée* ». Chaque entité composant l'entreprise (magasin, bureau, etc.) se voit reconnaître, par analogie à l'établissement, la présomption d'unité appropriée de négociation. Pour des applications de ce principe dans le cas d'une entreprise constituée d'une chaîne de magasins, par exemple : Sav-On-Drugs, Inc., 138 *N.L.R.B.* 1032 (1962) ; Frisch's Big Boy Ill-Mar, Inc., 147 *N.L.R.B.* 551 (1964), *enf'd denied*, 356 *F.2d* 895 (7$^{th}$ Cir. 1966).

[177]. Section 9(b) du NLRA.

[178]. Bien que toujours d'actualité, la question de la représentation collective par métier s'est principalement posée aux Etats-Unis à la fin des années 1930 où les syndicats affiliés à la Fédération Américaine du Travail [« American Federation of Labor » (AFL)] étaient organisés par métier (électriciens, plombiers, etc.) et où des demandes d'organisation au niveau de la branche ou de l'entreprise ont commencé à se faire entendre par le biais d'une nouvelle organisation syndicale : le Congrès des Organisations Industrielles [« Congress of Industrial Organizations » (CIO)]. Ces deux organisations syndicales ont fusionné en 1955 pour former l'AFL-CIO. La grande majorité des syndicats nationaux

égard est toutefois que la représentation au niveau du métier est source d'instabilité dans les relations de travail et ne se justifie que lorsque les salariés ont des intérêts économiques très différents et ne peuvent être représentés équitablement à un autre niveau. La position actuelle du NLRB sur cette question résulte d'un arrêt Mallinckrodt Chem. Works. [179], dans lequel les différents critères à prendre en compte pour retenir ou non le caractère d'unité de négociation appropriée au niveau du métier ont été énumérés [180].

**276.** Une présomption existe à l'égard d'une représentation organisée au niveau de l'entité légale, entreprise ou établissement, dès lors que celui-ci possède une identité propre. La jurisprudence est réticente à admettre une représentation des salariés organisée par métiers. Le NLRB a ainsi donné, dans d'autres décisions prises la même année que l'arrêt Mallinckrodt, un poids plus important au critère tenant à l'existence ou non d'antécédents de représentation collective à un niveau dépassant celui des métiers au sein de l'unité considérée pour déterminer le niveau le plus approprié de représentation [181]. Il observe encore aujourd'hui cette ligne de conduite. Cela n'empêche pas que des négociations, dans certaines branches d'activité aussi diverses que l'industrie de la construction, du vêtement, du commerce de gros et de détail ou encore de l'imprimerie, puissent concerner les salariés de plusieurs entreprises en même temps [182], sur le modèle des accords de branche de droit français. Contrairement au

---

étaient, jusqu'à présent, affiliés à l'AFL-CIO. Trois syndicats importants [le Service Employees International Union (SEIU), les Teamsters et l'United Food and Commercial Workers Union (UFCW)] ont néanmoins quitté les rangs de l'AFL-CIO pour former leur propre regroupement syndical (« Change to Win ») fin 2005. « Change to Win » regroupait en 2007 sept syndicats avec six millions de membres. http://www.changetowin.org.

[179]. Mallinckrodt Chem. Works., 162 *N.L.R.B.* 387 (1966). En l'espèce, douze mécaniciens demandaient à avoir leur représentation syndicale distincte de celle des 280 ouvriers de production et de maintenance d'une société de fabrication de métaux. Leur demande fut rejetée à cause de l'interdépendance des mécaniciens avec les autres salariés de l'usine, les vingt-cinq ans de négociation collective pratiqués au niveau de l'entreprise, l'adéquation de la représentation assurée par le syndicat aux spécificités des salariés en cause et l'importance de la stabilité des relations collectives de travail dans l'industrie considérée (industrie de la défense nationale, en l'espèce).

[180]. Parmi ces critères figurent notamment le fait de savoir : (i) si l'unité en question consiste en un « groupe distinct et homogène d'ouvriers artisans qualifiés » ou comprend « un département fonctionnellement distinct exerçant un métier pour lequel il existe une tradition de représentation collective séparée », (ii) s'il existe des antécédents de représentation collective stable au sein du site considéré et dans les autres sites de l'employeur et si une fragmentation par unités de cette représentation troublerait indûment ou non cette stabilité, (iii) dans l'hypothèse où une forme de représentation collective à plus grande échelle aurait existé, si les salariés organisés par métiers ont conservé leur identité distincte et s'ils ont participé au maintien du modèle de négociation en place tout en ayant eu auparavant l'opportunité d'avoir une représentation séparée, (iv) l'historique et le type de négociation collective dans l'industrie considérée, (v) le degré d'intégration des techniques de production utilisées et le degré de dépendance des opérations de type classique par rapport au travail effectué par les salariés réclamant une représentation collective distincte et, enfin, (vi) les compétences du syndicat ayant présenté la pétition et notamment son expérience dans la représentation des salariés du type de ceux qu'il envisage de représenter dans la procédure en cours.

[181]. Notamment: Holmberg, Inc., 162 *N.L.R.B.* 407 (1966) et E.I. Dupont de Nemours & Co., 162 *N.L.R.B.* 413 (1966), décisions critiquées, en particulier, en ce qu'elles font de l'historique des relations collectives de travail au sein de l'entreprise considérée un critère prépondérant de la détermination de l'unité appropriée de négociation au détriment des intérêts légitimes des organisations de métier.

[182]. « *Multiemployer bargaining units* ». C'est ainsi une pratique courante aux Etats-Unis dans les industries qui sont caractérisées par la quantité de petites entreprises et l'existence de grands syndicats. Un tel mode de représentation permet aux employeurs de se regrouper pour faire face aux grands syndicats et faire l'économie (en terme de coût et de fréquence) de réunions qui auraient été nécessaires à l'échelle de chaque entreprise et de limiter la concurrence en termes de salaire et conditions d'emploi entre les différentes entreprises représentées. Elle permet également aux syndicats d'avoir la pleine connaissance du niveau de rémunération et des conditions de travail pratiquées dans les différentes entreprises représentées ; le corollaire étant le risque de mouvements collectifs plus importants en cas de blocage des négociations.

droit français, toutefois, la négociation à un niveau supérieur à l'entreprise ne peut se faire que sur une base volontaire en droit américain.

Le NLRB admet en effet que des regroupements d'entreprises puissent constituer une unité appropriée de négociation, dès lors que toutes les parties, syndicats et employeurs, sont d'accord pour négocier ensemble [183]. Par ce biais, il est possible de négocier à une échelle plus large, comprenant plusieurs employeurs, pour tous les salariés ou seulement pour certaines catégories d'entre eux. L'employeur ne pourra toutefois pas décider unilatéralement d'inclure certains salariés dans le champ des négociations sans s'être préalablement assuré que les salariés en question ont choisi de se faire représenter par le syndicat qui négociera en leur nom [184].

**277.** La représentation collective s'organise néanmoins généralement, en droit américain, comme en droit français et en droit anglais [185], au niveau de l'entreprise ou de l'établissement sauf à ce que la représentation soit organisée historiquement à un autre niveau, branche ou métier, et qu'aucun élément ne justifie que cette organisation soit perturbée.

Dans chacun des systèmes juridiques étudiés, le cadre de la concertation se situe, comme celui de la représentation, le plus souvent, au niveau de l'entreprise ou de l'établissement dans lequel les représentants du personnel évoluent. Cela se justifie notamment par le fait qu'ils rassemblent une véritable collectivité des salariés, partageant des intérêts communs.

## B. LE NIVEAU DE LA CONCERTATION

**278.** Les représentants des salariés trouveront face à eux, un interlocuteur en la personne du chef d'entreprise où d'une personne à laquelle il aura pu valablement déléguer son autorité. L'essentiel est que le niveau auquel s'effectue la concertation corresponde à celui de la prise de décision, que celle-ci s'exerce au niveau national ou à un niveau supérieur.

### *1. La délégation d'autorité*

**279.** En droit français, l'interlocuteur des représentants du personnel est « *le chef d'entreprise ou son représentant* » [186]. Lorsque l'entreprise est une société, le chef d'entreprise, interlocuteur des représentants du personnel est le représentant légal, personne physique, de l'entreprise, c'est-à-dire, généralement, son président [187]. Lorsqu'il s'agit de réunir le comité d'établissement, c'est le chef d'établissement qui devient l'interlocuteur des membres du comité d'établissement. L'interlocuteur des représentants des salariés est donc la personne qui assume, au plus haut niveau, dans l'entreprise ou l'établissement considéré, la gestion et la direction de l'entreprise ou de l'établissement.

---

[183]. « *Joint negotiations* ». Un retrait (« *withdrawal* ») en cours de négociation, par l'une ou l'autre des parties, est assimilé à un refus de négocier, contraire au devoir de négocier de bonne foi, sauf à ce que l'autre partie l'accepte. Pour des développements sur les unités de négociation multi-employeurs, R. A. GORMAN, *Basic text on labor law, unionization and collective bargaining*, West Publishing Co., 1991, p.86-92.

[184]. NLRB v. Local 210, Teamsters (Dancker & Sellew, Inc.), 330 *F.2d* 46 (2d Cir. 1964).

[185]. Un rapport de la Commission Européenne sur les relations de travail en Europe en 2004 met en lumière la tendance croissante à la négociation au niveau de l'entreprise. Il confirme notamment que l'évolution récente des relations industrielles se caractérise essentiellement par une décentralisation des négociations collectives. Celles-ci se tiennent de plus en plus au niveau de l'entreprise, plus qu'au niveau sectoriel ou central. *Industrial Relations in Europe 2004*, European Commission, Employment & social affairs, 2004, 130 p.

[186]. Article L.434-2 al.1 du code du travail (à propos de la présidence du comité d'entreprise).

[187]. La personne physique qualifiée de chef d'entreprise au sens du code du travail dépend de la structure juridique de la société ou de l'organisme considéré.

**280.** Le chef d'entreprise peut toutefois se faire représenter par une personne de son choix, qui aura reçu à cet effet une procuration expresse et spéciale. Il peut également déléguer ses pouvoirs à un salarié aux fins d'assurer à sa place, ses responsabilités vis-à-vis des représentants du personnel. Pour être un interlocuteur valable des représentants du personnel, celui-ci devra disposer des connaissances techniques et juridiques nécessaires, bénéficier d'une certaine indépendance et d'un pouvoir de décision [188]. De telles délégations de pouvoirs sont généralement confiées, pour ces raisons, à un membre du personnel d'encadrement de l'entreprise ou de l'établissement considéré. Elles sont, en pratique, le plus souvent accordées au directeur des ressources humaines de l'entreprise, dès que celle-ci atteint une certaine taille qui ne permet plus à son représentant légal de participer à toutes les réunions.

Le jeu de la délégation de pouvoir [189] risque cependant de rendre moins fructueuse la communication d'information, au fur et à mesure que la taille de l'entreprise s'agrandit et plus encore si celle-ci est intégrée dans un groupe de sociétés [190]. Il devient alors difficile pour les représentants du personnel d'identifier le véritable décisionnaire et d'obtenir des informations et un dialogue efficace sur les questions qui intéressent la marche de l'entreprise dont ils représentent les salariés. Ces questions sont en effet le plus souvent tranchées au sein du groupe, alors que leurs effets se concrétisent au niveau de l'entreprise et de l'établissement[191].

---

188. Pour que la délégation de pouvoir soit valable en droit français, et permettre ainsi au chef d'entreprise de s'exonérer de sa responsabilité pour les infractions auxquelles il n'aura pas personnellement participé (en l'espèce, le délit d'entrave au fonctionnement du comité d'entreprise), le délégataire doit être pourvu de l'autorité, de la compétence et des moyens nécessaires pour veiller à l'application et au respect de la législation du travail dans la matière dont il est chargé. Sur cette question, notamment : « Délégation de pouvoir », *Semaine Sociale Lamy*, n°815, 18 novembre 1996, p. 3-22 ; A. MEYRIEUX, Y. MAYNE, « Délégation de pouvoirs : du droit pénal au droit social », *Jurisprudence Sociale Lamy*, n°45, 5 novembre 1999, p. 4-7 ; G. CLEMENT, J.-Ph. VICENTINI, « La délégation de pouvoirs du chef d'entreprise en matière pénale », *Les Petites Affiches*, 22 octobre 2001, n°210, p. 5-13 ; F. MARMOZ, *La délégation de pouvoir*, Bibliothèque de droit de l'entreprise, éd. Litec, 2000, 404 p. ; T. JOFFREDO, « La délégation de pouvoir, le juge et l'entreprise », *JCP*, éd. Sociale, n°46, 14 novembre 2006, n°1886. Pour une illustration des incidences d'un transfert d'entreprise sur l'exercice d'une délégation de pouvoir, Cass. crim. 14 mars 2006, Puichau Frédéric et Le Baro Eric, *Droit Social*, 2006, n°11, p. 1057, obs. F. DUQUESNE.

189. Le délégant pouvant lui-même subdéléguer les pouvoirs qui lui ont été délégués.

190. B. TEYSSIE, « L'interlocuteur des salariés », *Droit Social*, 1982, n°1, p. 41-55, recommande à ce titre l'élaboration d'un « organigramme clair et rigoureux » qui est aussi, selon lui, un mode de prévention des conflits du travail. Egalement à ce sujet les réflexions de P. LAGOUTTE, *Les groupes de sociétés et le droit du travail*, ouvrage rédigé sous la direction de B. TEYSSIE, éd. Panthéon Assas, coll. Droit Privé, 1999, p. 96-100, sur l'appréciation du motif du licenciement économique (l'appréciation du motif au-delà du cadre de l'entreprise ne disqualifie t-elle pas les acteurs de la consultation ?).

191. Il existe de fait un décalage entre le cadre dans lequel s'exerce la concertation et l'identité de l'interlocuteur des salariés. Par exemple, lorsqu'il s'agit de décider si la reconnaissance d'un établissement distinct permet la désignation de représentants du personnel dans les entreprises à établissements multiples, la Cour de cassation décide que l'existence « *d'une communauté de travail ayant des intérêts propres, susceptibles de générer des revendications communes et spécifiques* » suffit, « *peu important que le représentant de l'employeur ait le pouvoir de se prononcer sur ses revendications* ». Cass. soc. 24 avril 2003, n°1137 F-PBRI, Syndicat F.O. Générale des Eaux Vivendi région sud et a. c/ Société Vivendi S.A. et a.: *Bull. civ.* V, n°141, p. 139 ; *Les Petites Affiches*, 1er et 2 janvier 2004, n°1-2, p. 8, obs. S. MENEGAKIS. En l'espèce, le tribunal d'instance (sur renvoi après cassation d'un précédent jugement) avait annulé les désignations syndicales au sein d'agences revendiquées comme constituant des établissements distincts le permettant, au motif que le représentant de l'employeur n'avait pas une délégation de pouvoir lui permettant de négocier et d'accorder des droits supplémentaires par voie d'accord collectif. Ce jugement a été cassé. En effet, « *l'étendue de la délégation donnée par le chef d'entreprise à son représentant est indifférente à la reconnaissance de l'établissement distinct* ». L'existence d'une communauté de travail prévaudrait ainsi sur la capacité de l'interlocuteur des salariés à intervenir efficacement.

**281.** Le droit anglais prévoit, à l'instar du droit français, qu'une délégation de pouvoir ne peut être valable que « *si elle est partielle, précise et spéciale, si elle correspond à une organisation nécessaire à l'entreprise et si les délégataires sont réellement en situation de remplir les fonctions déléguées* ». En outre, « *cette délégation n'exclut pas la responsabilité générale de contrôle, ou de surveillance et de choix du personnel, et ne concerne pas les domaines propres du chef d'entreprise tels que l'organisation générale du travail au sein de l'entreprise* » [192].

**282.** Pour autant, et bien que la négociation prenne place à un niveau de plus en plus décentralisé au Royaume-Uni [193], la question de la délégation de pouvoir et du risque de la dilution d'information due au manque d'interlocuteur décisionnaire n'est pas réellement un sujet de discussion en droit anglais. L'interlocuteur des salariés est en effet généralement la direction ou l'interlocuteur représentant de la direction le plus approprié [194].

Le raisonnement est en effet inversé par rapport au droit français. L'obligation d'information et de consultation de l'employeur n'est pas déterminée en fonction des instances représentatives du personnel en place. Elle ne dépend pas non plus du fait de savoir si les mesures projetées excèdent ou non les pouvoirs du chef d'établissement ou visent plusieurs établissements simultanément. Le cadre de l'information et de la consultation et partant, l'identité des interlocuteurs de l'employeur en droit anglais, est amené à varier en fonction des mesures que ce dernier projette et des salariés concernés par l'opération. C'est plus le lieu où s'exerce l'autorité que l'identité de l'interlocuteur qui importe en conséquence [195]. Cela s'explique certainement en partie par le fait qu'aucune sanction pénale n'est attachée au défaut d'information et de consultation en droit anglais [196].

**283.** Bien que la démarche diffère selon que l'on raisonne en fonction des organes de représentation du personnel existants (droit français) [197] ou au niveau des salariés affectés par

---

[192]. J. R. SPENCER, « La responsabilité pénale dans l'entreprise en Angleterre », *Revue de Sciences Criminelles*, avril-juin 1997, p. 289-294.

[193]. Ainsi, en matière de licenciements collectifs, le TULR(C)A consacre le principe de l'information et de la consultation sur les licenciements planifiés au niveau d'un même établissement. Le concept d'établissement est apprécié à lumière de la jurisprudence de la CJCE prise en application de la directive 75/129/CEE sur les licenciements, telle que modifiée par la directive 98/59/CE. Il doit être ainsi compris comme l'unité à laquelle les salariés concernés par les licenciements sont « *affectés pour exercer leurs tâches* ». CJCE 7 décembre 1995, aff. C-449/93, Rockfon A/S c/ Specialarbejdeforbundet i Danmark : *Rec. CJCE* 1995, p. I-4291 ; CJCE 15 février 2007, aff. C-270/05, Athinaïki Chartopoïïa AE c/ L. Panagiotidis e.a., Point 31: une unité de production séparée disposant d'un équipement et d'un personnel spécialisés distincts relève de la notion d'établissement. http://www.curia.europa.eu

[194]. L'Advisory Conciliation and Arbitration Service (ACAS) recommande que l'interlocuteur soit fonction du sujet abordé. En toute hypothèse, un cadre de direction (« *senior manager* ») ayant autorité, devrait être présent aux réunions. *Employee Communications & consultation*, ACAS advisory booklet, 2005. L'ACAS est un organe institué par l'*Employment Protection Act* 1975 pour encourager l'amélioration des relations industrielles et le développement de la négociation collective. Il donne principalement et gratuitement aux employeurs et aux salariés ou à leurs représentants respectifs, des conseils en matière d'emploi ou de relations industrielles et émet des codes de conduites en ce sens (« code of practice »). Il a également un rôle de conciliateur et peut intervenir, avec ou sans l'accord des parties, pour résoudre amiablement un conflit. http://www.acas.org.uk

[195]. La réglementation « ICE » sur l'information et la consultation prévoit toutefois expressément, dans ses dispositions subsidiaires que la consultation doit être menée de façon à permettre aux représentants des salariés de se réunir avec l'employeur « au niveau de direction approprié » (« *at the relevant level of management* »). ICE, reg. 20(4)(c).

[196]. Sur cette question, v. 2nd Partie, Titre 2, chapitre 1, *infra*.

[197]. C'est-à-dire au niveau de « la sphère géographique de la décision », pour reprendre les termes de F. DUQUESNE, « Les sphères du licenciement économique », *Travail et Protection Sociale*, juillet 2002, p. 5. Dans cet article l'auteur démontre le décalage en droit français entre la sphère de la décision (cadre des obligations d'information et de consultation de l'employeur : principalement l'entreprise) et la

l'opération (droit anglais), le résultat est néanmoins, en pratique, concordant dans les deux systèmes juridiques. Il s'agira d'informer et de consulter les représentants du personnel de l'entreprise ou de l'établissement concerné sur l'opération de transfert. La question de l'efficacité de la concertation par rapport au niveau de la prise de décision passe au second plan.

**284.** Aux États-Unis, la négociation collective est également, le plus souvent, décentralisée. Cela permet un contact permanent entre syndicat et employeur et une emprise directe des négociations sur la réalité de l'entreprise. Le personnel d'encadrement (« superviseurs » et « managers ») [198] est cependant fréquemment l'intermédiaire entre salariés et employeur. Une présomption de représentation de l'employeur par son personnel d'encadrement est en effet admise en droit américain.

Celle-ci découle de l'acception large de la notion d'employeur donnée par le Wagner Act de 1935, qui le définit comme : « *toute personne agissant, directement ou indirectement, dans l'intérêt de l'employeur* » [199]. Cette disposition a été complétée en 1947 [200] pour inclure dans la définition de l'employeur toute personne agissant en qualité d' « agent » de l'employeur, ainsi qu'une section 2(13) qui prévoit que: « *lorsqu'il s'agit de déterminer si une personne agit en qualité d'agent d'une autre personne, de façon à ce que la première rende responsable la deuxième de ses actes, la question de savoir si les agissements incriminés étaient autorisés ou ont été ratifiés ne doit pas être un critère déterminant* ».

**285.** Ces dispositions permettent de rendre l'employeur responsable, en droit des relations collectives de travail, non seulement des actes qu'il a autorisés expressément, mais également de ceux qu'il a implicitement autorisés ou encore des actes qui peuvent être considérés comme relevant de l' « autorité apparente » de son auteur. La jurisprudence considère en effet que la délégation d'autorité doit être appréciée du point de vue des salariés [201].

Les superviseurs et les chefs d'équipe sont donc généralement présumés se prononcer et agir pour l'employeur. L'employeur ne peut s'exonérer de sa responsabilité au titre d'une pratique déloyale de travail que lorsqu'il a donné aux salariés l'assurance qu'il n'interférera pas dans leurs droits et lorsque l'inconduite reprochée au superviseur est sporadique et isolée [202].

---

sphère où s'exerce le contrôle judiciaire du processus de compression d'effectifs (principalement au niveau du groupe, pour ce qui concerne, en particulier, le cadre d'appréciation du motif économique et l'obligation de reclassement) et celui-ci de conclure, logiquement, que la délimitation du cadre d'implantation de la représentation du personnel ne correspond pas au rôle que l'on entend faire jouer aux représentants du personnel dans le processus de la compression des effectifs.

198. « *Supervisors* » et « *Managers* ».

199. Section 2(2) du NLRA.

200. La large responsabilité que faisait peser le Wagner Act sur l'employeur contrastait en effet, à l'époque, avec la responsabilité limitée prévue pour le syndicat par le Norris La guardia Act de 1932, lequel exigeait que la preuve de la conduite incriminée des représentants du syndicat ou de ses membres ait été autorisée et ratifiée par le syndicat pour que sa responsabilité puisse être engagée. En 1947, le législateur considéra donc que les principes de la délégation (« *agency law* ») devaient être applicables au syndicat comme à l'employeur. Pour un exposé des principes directeurs applicables en droit du travail : R. W. HAMILTON, *Business organizations, unincorporated businesses and closely held corporations, essential terms and concepts*, Aspen Law & Business, 1997, p. 9-28.

201. J.S. Abercrombie Co., 83 *N.L.R.B.* 524 (1949), *enf'd*, 180 *F.2d* 578 (5th Cir. 1950), décision dans laquelle le NLRB rappelle que le critère propre à déterminer si un employeur est responsable des agissements d'un superviseur ne consiste pas à savoir si lesdits agissements entraient dans le cadre des fonctions du superviseur mais si les salariés avaient une bonne raison de penser que le superviseur agissait au nom et pour le compte de la direction, dans l'espèce considérée.

202. Par exemple, NLRB v. Cleveland Trust Co., 214 *F.2d* 95 (6th Cir. 1954) dans lequel la Cour d'appel a infirmé la décision du NLRB qui avait considéré que l'employeur avait commis une pratique déloyale de travail en se fondant sur les déclarations erronées de deux de ses superviseurs sur les deux cent que comptaient l'entreprise, alors qu'il avait informé, en parallèle, les salariés de leurs droits dans plusieurs lettres.

Dans un tel cas, les salariés sont admis à en déduire que les actes incriminés n'ont pas été autorisés par l'employeur, d'autant plus aisément que celui-ci désavoue rapidement l'incident et réprimande le superviseur en question.

**286.** Il ne s'agit donc pas ici d'une délégation de pouvoir entre l'employeur et ses superviseurs ou managers, au sens du droit français. Ce dont il s'agit adopte un champ d'application plus limité en droit américain. La représentation ne concerne que la responsabilité de l'employeur en matière de relations collectives de travail, telle que prévue par le NLRA. Le résultat obtenu est en outre exactement l'inverse de celui obtenu en droit français en matière de responsabilité pénale par une délégation de pouvoir valable, puisqu'il ne peut exonérer l'employeur de sa responsabilité [203].

Il est vrai également que si l'entreprise est présumée être l'unité appropriée de négociation, l'employeur a la possibilité de négocier à une échelle plus large, comprenant plusieurs employeurs, pour tous les salariés ou seulement une catégorie d'entre eux. Certains sujets de négociation pourront cependant, par la nature des choses, être réservés au niveau de l'entreprise. L'obligation de négocier de la section 8 (a) (5) du NLRA peut en effet nécessiter qu'un employeur, membre d'une unité de négociation multi employeurs, engage des négociations au niveau de son entreprise, sur des sujets portant uniquement sur son entreprise[204].

**287.** Le droit américain ne tient ainsi pas compte, contrairement au droit français, de critères de seuils d'effectifs dans la détermination de l'interlocuteur des représentants des salariés. Il ne s'attache pas non plus à des critères tenant à la nature de l'opération projetée ou aux salariés concernés, comme en droit anglais. Une grande place y est faite à la volonté des parties, à condition que celles-ci s'entendent.

L'unité de négociation qui en résulte permet une négociation collective d'un tout autre ordre que celle admise en droit français. Elle est, en effet, le cadre de la concertation sans qu'il y ait lieu de distinguer entre plusieurs organes de représentation des salariés. La multiplication des interlocuteurs pour les salariés et l'employeur est ainsi évitée, sauf à ce que plusieurs unités de négociation soient reconnues au sein de l'entreprise. Cela permet, de ce fait, un maintien plus efficace de la paix sociale dans l'entreprise [205].

### *2. La prise en compte de la dimension du groupe en dehors du territoire national*

**288.** La concertation ne se situe plus au sein de chaque société composant le groupe, mais au sein du groupe de sociétés, pris dans son ensemble, lorsque les structures de représentation collective nationales ne suffisent pas à appréhender la globalité du groupe auquel appartient l'entreprise et des décisions qui y sont rattachées.

---

[203]. Afin de comparer la responsabilité de l'employeur du fait de ses superviseurs en droit américain de la responsabilité de l'employeur pour les actes de ses subordonnés en droit français, il faudrait vraisemblablement plus se situer sur le terrain du contrat de mandat, c'est-à-dire un contrat par lequel une personne (le mandant) donne à une autre (le mandataire), le pouvoir d'agir pour son compte et en son nom (article 1984 al.1 du Code civil). En effet, bien que le mandat soit un contrat supposant un échange de consentement, celui-ci peut être exprès ou résulter d'un accord tacite des parties (article 1985 al. 2 du Code civil). Le mandat peut ainsi être déduit des circonstances, qui ont fait croire aux tiers à l'apparence d'un mandat. Il peut, en outre, être salarié (article 1999 al. 1 du Code civil). Il reste qu'un tel contrat n'est généralement pas conclu dans le cadre de relations employeur/salarié, pour les actes relevant des fonctions du salarié. Ces relations relèvent des prescriptions du code du travail. Une véritable équivalence entre contrat de mandat du droit français et responsabilité de l'employeur du fait des agissements du superviseur en droit américain ne peut donc être trouvée.

[204]. Miller Brewing Co., 166 *N.L.R.B.* 831 (1967), *enf'd*, 408 *F.2d* 12 (9th Cir. 1969).

[205]. Ch. MAUGEY, *Les moyens juridiques de la participation dans l'entreprise en France et aux Etats-Unis*, Thèse, Paris, 1969, p. 170-174. L'auteur souligne ainsi l'intérêt pour les syndicats en France d'adapter leurs structures aux exigences de la participation, sur le modèle du droit américain.

L'objectif devient alors de permettre aux représentants du personnel et partant, aux salariés qu'ils représentent, d'avoir une image complète et compréhensible de l'activité et des résultats du groupe dans les divers pays où celui-ci est implanté et de leur permettre d'avoir accès au véritable centre de décision. Quelle que soit la taille et l'organisation interne du groupe la prise en compte de sa dimension en dehors du territoire national n'est pour autant organisée légalement que dans le seul cadre de l'Union Européenne, pour les groupes d'entreprise qui y sont représentés. Elle n'a généralement pas ou peu de rôle en matière de transfert d'entreprise, sauf peut-être à permettre un meilleur accès à l'information des représentants du personnel. Une affaire récente en droit français temporise néanmoins quelque peu cette appréciation. Une opération de fusion a ainsi été suspendue en raison du non-respect des règles relatives à la consultation du comité d'entreprise européen que son accord de mise en place prévoyait [206].

## a) Au sein de l'Union Européenne

**289.** Depuis 1998, la directive sur les transferts d'entreprises a renforcé l'obligation d'information et de consultation des représentants du personnel en prenant en compte l'existence des groupes de sociétés.

L'article 7.4 de la directive 2001/23/CE indique en effet que les obligations en matière d'information et de consultation s'appliquent indépendamment du fait que la décision concernant le transfert émane de l'employeur ou de l'entreprise qui le contrôle. Il ajoute qu'en ce qui concerne les infractions alléguées à ces obligations, l'argument fondé sur le fait que l'entreprise qui contrôle l'employeur n'a pas fourni l'information ne saurait être pris en compte comme justification.

**290.** La problématique devient celle de l'accès à l'information des institutions représentatives du personnel dans les groupes de sociétés, en particulier lorsque les sociétés composant le groupe ne sont pas toutes situées sur le même territoire national. Le respect des attributions des représentants du personnel dans chacun des pays concernés se heurte alors à la souveraineté étrangère. Les décisions sont en effet généralement prises loin des lieux de travail et dans des pays où le droit national ne prévoit aucune obligation en matière d'information et de consultation des travailleurs. C'est notamment le cas dans les pays hors Communauté européenne. Comment en effet imposer à une société étrangère d'exécuter sur le territoire d'un état étranger une obligation que ne lui connaît pas son propre système juridique ? [207].

---

[206]. CA Paris, 14è ch., 21 novembre 2006, n°06/20033 et TGI Paris, ord. réf., 21 novembre 2006, comité d'entreprise européen de Gaz de France c/ Sté Gaz de France et a. : *JCP*, éd. Sociale, n°49, 5 décembre 2006, n°1969, note B. TEYSSIE ; *Semaine Sociale Lamy*, 4 décembre 2006, n°1285, p. 6-9, extraits des arrêts p. 12-13 ; P. RODIERE, « Brèves observations sur la part du droit communautaire », *ibid.*, p. 9-11 ; M. COHEN, « Quand l'inobservation des droits des représentants du personnel perturbe la fusion GDF-Suez », *Droit Ouvrier*, Mars 2007, p. 105-111 ; *Revue de Droit du Travail*, avril 2007, p. 256, obs. E. PESKINE. En l'espèce, le comité d'entreprise européen qui ne s'estimait pas suffisamment informé sur les conséquences sociales de l'opération avait saisi en référé le TGI de Paris afin d'obtenir la suspension de l'opération de fusion. Le TGI de Paris puis la Cour d'appel lui donnèrent raison. Le report du conseil d'administration de GDF fut ordonné jusqu'à ce que le comité ait régulièrement donné son avis.

[207]. A ce jour, seule la proposition de directive Vredeling - non suivie d'effet - a véritablement cherché à apporter une réponse à cette délicate question (proposition de directive du 24 octobre 1980 de la Commission des Communautés Européenne sur l'information et la consultation des travailleurs des entreprises à structure complexe, en particulier transnationales, dite proposition Vredeling : Projet du 24 octobre 1980, *Bull. CE* suppl. 3/1980. *J.O.C.E.* n°C297 du 15 novembre 1980). Ce projet devait en effet, s'appliquer, à l'origine, à toutes les entreprises transnationales, quel que soit le pays d'origine de la société mère (un des pays de la Communauté européenne ou un Etat tiers, comme les Etats-Unis) et permettre à tous les salariés de la Communauté l'accès régulier à une information d'ensemble sur la situation du groupe qui les employait, et par là même réduire les inégalités de traitements entre salariés

**291.** Les directives sur les licenciements collectifs et sur les transferts d'entreprises, depuis 1998, tentent d'apporter une réponse à cette question en faisant peser la responsabilité de la communication d'information sur l'entreprise située au sein de la Communauté. Dès lors que l'information est demandée par les représentants du personnel, que celle-ci porte sur l'entreprise dont ils représentent les salariés ou sur une autre entreprise du groupe, l'entreprise située au sein de la Communauté en est redevable, même si elle ne la détient pas directement[208].

**292.** La directive 2002/14/CE du 11 mars 2002 établissant un cadre général relatif à l'information et à la consultation des travailleurs dans la Communauté européenne prévoit

---

affectés par les décisions d'une même entreprise. Il prévoyait également une procédure de consultation ponctuelle sur les mesures concernant les travailleurs dans le cas où des décisions affectant leurs intérêts étaient envisagées.

Dans sa rédaction de 1980, la proposition de directive prévoyait notamment, pour les représentants des travailleurs, un « droit de recours » auprès du centre de décision de la société dominante en matière d'information. Les représentants des travailleurs étaient ainsi « *autorisés à engager, par délégués mandatés, des consultations avec la direction de l'entreprise dominante en vue d'obtenir les informations et, le cas échéant, de rechercher un accord sur les mesures envisagées à l'égard des travailleurs concernés* » lorsque la direction des entreprises filiales n'était pas en mesure de communiquer les informations régulières sur la vie du groupe aux représentants des travailleurs et que la direction de l'entreprise dominante ne leur avait pas communiqué, à leur demande, ces informations. Ce projet a fait l'objet d'une refonte en profondeur en 1983, sous l'influence des Etats-Unis qui s'opposaient à son application aux entreprises américaines installées en Europe. Ils la considéraient en effet discriminatoire et néfaste pour les investissements américains en Europe (Projet Richard du 13 juillet 1983, *Bull. C.E.* suppl. 2/1983). Au gré des amendements, cette obligation n'a bientôt plus concerné que les groupes d'entreprises à dimension européenne et la procédure d'accès direct ou de consultation avec la direction de l'entreprise dominante a été supprimée. Il restait cependant l'obligation pour les dirigeants des filiales de recevoir, de l'entreprise dominante, toutes les informations requises des représentants des travailleurs. Les dirigeants de filiales devaient, en outre, « *avoir les pouvoirs nécessaires pour mener de bonne foi les consultations avec les travailleurs* ». Pour un exposé du contenu de la proposition et des débats qu'elle a suscités, voir le chapitre écrit par F. VANDAMME qui lui est consacré dans l'ouvrage de J. VANDAMME, *L'information et la consultation des travailleurs dans les entreprises multinationales*, PUF, coll. de l'Institut de Recherche et d'Information sur les Multinationales, 1984, p. 167-201 ; F. VANDAMME, « L'information et la consultation des travailleurs dans la proposition de directive sur les entreprises à structure complexe, en particulier transnationale », *Revue du Marché Commun*, 1981, p. 368-378 ; P. RODIERE, « L'adaptation du comité d'entreprise aux structures de l'entreprise », *Droit Social*, 1983, n°6, p. 361-370 ; G. BELIER, « Mise en place et attributions du comité de groupe : de l'unité économique et sociale à la directive Vredeling », *Droit Social*, 1983, n°7-8, p. 439-444.

Cette proposition n'a pas été suivie d'effet. G. LYON-CAEN, *Les relations de travail internationales*, éd. Liaisons, Août 1991, p. 128, remarque à ce sujet que le projet Vredeling n'aurait de toute façon pu avoir d'efficience que pour les groupes entièrement enfermés à l'intérieur de l'espace communautaire. En effet, quand bien même la loi de l'Etat où est implantée une filiale autoriserait expressément la circulation des informations, elle serait inapplicable sur le territoire d'un Etat étranger à l'espace communautaire. Notons que la Cour de cassation a toutefois pu ordonner, sans remettre en cause l'application territoriale des règles de droit, la communication de différents éléments relatifs aux activités et aux résultats d'un ensemble transnational (notamment les projets de réorganisation du groupe au niveau mondial avec conséquences sur le plan industriel pour les différents sites de la division, les investissements par sites en Europe et dans le monde, etc.), à la demande de l'expert-comptable désigné par le comité d'entreprise d'une filiale française du groupe. En l'espèce en effet, « *aucun élément ne permettait d'établir que la société n'était pas en mesure de recueillir les informations relatives aux entreprises du groupe situées sur le territoire d'un autre pays* » : Cass. soc. 27 novembre 2001, n°4877 FS-P, Société Benoist Girard c/ Comité d'entreprise de la Sté Benoist Girard et Syndex : *Bull. civ.* V, p. 292, n°367 ; *RJS*, 2/02 n°194 ; *Droit Social*, 2002, n°2, p. 164-167, commentaires par G. COUTURIER. Voir également les commentaires de Q. URBAN sur la décision de la Cour d'appel de Caen, 21 septembre 1999 dans la même affaire, *Droit Social*, 2000, n°4, p. 385-391.

[208]. Article 2.4 al.1 de la directive 98/59/CE sur les licenciements collectifs et article 7.4 de la directive 2001/23/CE sur les transferts d'entreprises.

également que la consultation des représentants des travailleurs doit se situer « *au niveau pertinent de direction et de représentation, en fonction du sujet traité* » [209]. Cette directive ne vise toutefois pas expressément les groupes d'entreprises au niveau national ou communautaire mais concerne les entreprises employant au moins cinquante travailleurs ou les établissements employant au moins vingt travailleurs, situés sur le territoire des États membres. Elle a donc un cadre purement national. Son principal intérêt est de permettre la représentation des salariés, dans les pays de la Communauté européenne, tel que le Royaume-Uni, où la représentation des salariés n'est, pour l'instant, pas organisée d'une façon générale et permanente.

**293.** Le rôle conféré au comité d'entreprise européen dans les entreprises ou groupes d'entreprises de dimension communautaire mérite également d'être mentionné [210]. Celui-ci a en effet pour objet de garantir le droit des salariés à l'information et un échange de vues à l'échelon européen et est présidé par le chef d'entreprise de l'entreprise dominante du groupe ou par son représentant.

Le comité d'entreprise européen est informé et consulté, selon les modalités contenues dans son accord de mise en place, sur « *des questions transnationales qui affectent considérablement les intérêts des travailleurs* » [211]. Plus précisément, en l'absence d'accord entre le groupe spécial de négociation et le chef de l'entreprise dominante du groupe, il est notamment informé et consulté sur « *la structure de l'entreprise ou du groupe d'entreprises, sa situation économique et financière (...) les changements substantiels concernant l'organisation, l'introduction de nouvelles méthodes de travail ou de nouveaux procédés de production, les transferts de production, les fusions, la réduction de la taille ou la fermeture d'entreprises, d'établissements ou des parties importantes de celles-ci et les licenciements*

---

[209]. Article 4.b.

[210]. Directive n°94-45 du 22 septembre 1994 concernant l'institution d'un comité d'entreprise européen ou d'une procédure dans les entreprises de dimension communautaire et les groupes d'entreprise de dimension communautaire en vue d'informer et de consulter les travailleurs (*J.O.C.E.* n° L 254, 30 septembre 1994), transposée en droit français par la loi n°96-985 du 12 novembre 1996 (*J.O.* 13 novembre 1996, p. 16527, insérée dans le code du travail aux articles L.439-6 et s.), et plus récemment Directive n°97-74 du 15 décembre 1997 étendant au Royaume-Uni la directive CE n°94-45 (*J.O.C.E.* n° L 10, 16 janvier 1998, p. 22). Cette directive a été transposée en droit anglais, par *The Transnational Information and Consultation of Employees Regulations* (TICER) 1999, en vigueur au Royaume-Uni depuis le 15 janvier 2000. Conformément à la directive communautaire, un comité d'entreprise européen ou une procédure d'information, d'échange de vues et de dialogue est institué dans les entreprises ou groupes d'entreprises de dimension communautaire sous réserve qu'elles/ils emploient au moins 1000 travailleurs dans les Etats membres et qu'elles/ils comportent au moins un établissement employant au moins 150 travailleurs dans au moins deux Etats. Pour des développements à ce sujet, notamment: M. COHEN, « La mise en place et le fonctionnement des comités d'entreprise européens », *Revue Pratique de Droit Social,* 1995, n°597, p. 15-28 ; B. TEYSSIE, « Le comité d'entreprise européen, directive n°94-45/CE du 22 septembre 1994 », *JCP*, E, 1995, I, 416 et, sur sa loi de transposition en droit français, les commentaires du même auteur *in JCP*, E, 1997, I, 624 ; J.-P. JACQUIER, « Les chemins possibles du comité d'entreprise européen », *Droit Social*, 1996, n°12, p. 1081-1085 ; C. PELISSIER, « Le droit à l'information et à la consultation des travailleurs », *Revue du Marché Commun*, n°406, mars 1997, p. 203-212 ; M.-A. MOREAU, « A propos de « l'affaire Renault » », *Droit Social*, 1997, n°5, p. 493-509 ; M. JORGE, « La construction de l'ordre public social européen : l'étape de Vilvorde », *JCP*, G, 1997, 4059 ; B. TEYSSIE, « Comité d'entreprise européen », *Juris-Classeur*, Travail Traité, Fasc. 15-70 ; B. TEYSSIE, *Le comité d'entreprise européen*, Economica, 1997, 334 p. ; J.-P. JACQUIER, *Le comité d'entreprise européen. Une instance en devenir*, éd. Liaisons, 1997, 160 p.; M. CARLEY, M. HALL, « The implementation of the european works council directive », *Industrial Law Journal*, June 2000, vol. 29, n°2, p. 103-124.

[211]. Article 6.3 de la directive.

*collectifs* » [212]. Cette compétence est reprise par les dispositions subsidiaires de la loi de transposition de la directive en droit anglais [213].

Le comité d'entreprise européen a également le droit d'être informé et de se réunir à sa demande avec le chef d'entreprise, « *en cas de circonstances exceptionnelles qui affectent considérablement les intérêts des salariés, notamment en cas de délocalisation, de fermeture d'entreprises ou d'établissements ou de licenciements collectifs* », afin de procéder à un échange de vues et à un dialogue sur les mesures affectant les salariés [214].

Il permet ainsi à ses membres, issus des entreprises composant le groupe de dimension communautaire, de disposer d'informations sur les entreprises du groupe [215]. Une vue globale

---

212. Article L.439-15 al.1 du code du travail.

213. TICER, Part IV, reg. 18 § 7.

214. Article L.439-15 al.2 du code du travail (droit français) et TICER, Part IV reg. 18 § 8 (droit anglais). Les prescriptions subsidiaires de la directive complétant le statut de la société européenne (« SE ») pour ce qui concerne l'implication des travailleurs (Directive 2001/86/CE du 8 octobre 2001, *J.O.* L 294 du 10 novembre 2001), prévoient le même champ de compétence pour l'organe de représentation des salariés au sein de la SE, pour ce qui concerne la SE elle-même ou toute filiale ou établissement situé dans un autre Etat membre ou qui excèdent les pouvoirs des instances de décisions dans un seul Etat membre. Notons à cet égard que la SE, ses filiales et ses établissements ne sont en principe pas soumis à l'application de la directive de 1994 sur le comité d'entreprise européen, sauf lorsque l'organe spécial de négociation décide de ne pas entamer de négociations ou de clore celles qui sont déjà ouvertes. Le règlement instituant la société européenne et la directive complétant le statut de cette société pour ce qui concerne l'implication des travailleurs ont été transposés en droit français par la loi n°2005-842 du 26 juillet 2005 pour la confiance et la modernisation de l'économie (*J.O.* du 27 juillet, p. 12160) et applicable à compter du 28 juillet 2005. Elle a également été transposée en droit anglais par *The European Public Limited-Liability Company Regulations* 2004, entré en vigueur le 8 octobre 2004. Il devrait permettre aux travailleurs « *d'avoir une influence sur les décisions à prendre au sein de l'entreprise* » (article 2 définitions h) de la directive).

215. CJCE 29 mars 2001, aff.C-62/99, Betriebsrat der Bofrost Josef H. Boquoi Deutschland West GmbH & Co. KG c/ Bofrost Josef H. Boquoi Deutschland West GmbH & Co. KG, *Rec. CJCE* 2001, p. I-2579, à propos d'un litige opposant le comité d'entreprise à une société allemande au sujet du refus de cette dernière de lui fournir, en vue de l'institution d'un comité d'entreprise européen, des informations sur les effectifs et la structure des entreprises du groupe dont elle faisait partie. La CJCE a considéré dans cet arrêt que lorsque les données sur la structure ou l'organisation d'un groupe d'entreprises font partie des informations indispensables à l'ouverture des négociations pour l'institution d'un comité d'entreprise européen, il appartient à une entreprise de ce groupe de fournir lesdites données qu'elle détient ou qu'elle est en mesure d'obtenir, aux organes internes de représentation des travailleurs qui en font la demande. La communication de documents précisant et explicitant des informations indispensables à la même fin peut également être exigée, pour autant que cette communication soit nécessaire afin que les travailleurs concernés ou leurs représentants puissent accéder aux informations permettant d'apprécier s'ils ont le droit d'exiger l'ouverture des négociations ; CJCE 13 janvier 2004, aff. C-440/00, Gesamtbetriebsrat der Kühne & Nagel AG & Co. KG c/ Kühne Nagel AG & Co. KG, *Rec. CJCE* 2004, p. I-787 ; *RJS*, 4/04, n°473, note F. KESSLER, *ibid.*, p. 255, dans une affaire opposant la société allemande Kuhne & Nager à son comité central d'entreprise. En l'espèce, il n'existait pas de comité d'entreprise européen et le comité central d'entreprise avait réclamé à la société allemande, membre du groupe dont la direction centrale était en Suisse, des informations concernant le groupe en vue de sa mise en place. Le comité central d'entreprise s'était heurté à un refus de la société allemande, laquelle se prévalait du fait qu'en tant que direction centrale « fictive », elle ne pouvait garantir la communication de ces informations, à défaut de coopération de la direction centrale réelle et des autres entreprises du groupe. La CJCE a instauré dans cet arrêt une obligation d'information réciproque à la charge de la direction centrale présumée et des entreprises composant le groupe. Il incombe ainsi à la direction centrale ou à la direction centrale présumée de créer les conditions et les moyens nécessaires à l'institution d'un comité d'entreprise européen et de fournir, aux travailleurs concernés, les informations indispensables à l'ouverture des négociations. Il incombe réciproquement à chacune des entreprises du groupe situées dans les Etats membres, d'aider la direction centrale présumée à remplir son obligation en lui fournissant les informations nécessaires dont elles disposent. Sur ces deux arrêts : C. SACHS-DURAND, « Comité d'entreprise européen et obligation d'information de la direction d'un groupe : quelle évolution ? », *Le droit social – Le droit comparé, Etudes dédiées à la mémoire de P. ORTSCHEIDT*, coll. de l'Université Robert Schuman, Annales de la Faculté de droit de Strasbourg, PU de Strasbourg, 2003,

de la situation économique, financière et sociale du groupe dans son ensemble leur devient accessible. Les membres du comité d'entreprise européen pourront ensuite répercuter l'information au niveau de leur propre entreprise, au sein des structures nationales de représentation collective, lorsqu'elles existent (pour le droit anglais).

**294.** Représentants dans le groupe et représentants du groupe [216] interviennent, d'une façon coordonnée, sans concurrence entre leurs différentes prérogatives. Toutefois, peu de cas ont été rapportés où les comités d'entreprise européens ont joué un rôle actif dans les opérations de restructuration. Le rôle de chaque comité pris isolément a généralement été modeste et formel [217], même si quelques cas ont marqué l'actualité, comme l'implication du comité d'entreprise européen de Gaz de France dans le projet de fusion GDF-Suez, fin 2006[218]. Les comités d'entreprise européens n'ont, de même, pas joué un rôle majeur pour la coordination entre représentants du personnel des différents groupes d'entreprises impliqués dans les fusions acquisitions transfrontalières [219].

**295.** Les prérogatives reconnues aux représentants des salariés, dans le cadre notamment des transferts d'entreprises, transcendent l'entreprise pour s'attacher au pouvoir décisionnaire au sein du groupe, peu importe pour cela la barrière naturelle que constitue l'entité juridique. Le champ de l'information des représentants du personnel est élargi. Pour autant leur capacité d'influence reste à démontrer [220]. Le comité d'entreprise européen tendrait plutôt à devenir aujourd'hui un organe de négociation transnational ou, plus souvent, à jouer le rôle de « facilitateur » [221] de négociation d'accords transnationaux en coordonnant les informations et les actions des organisations syndicales à l'échelon national et européen. Le cadre juridique

---

p. 299-304 ; CJCE 15 juillet 2004, aff. C-349/01, Betriebsrat der Firma ADS Anker GmbH c/ ADS Anker GmbH : *Rec. CJCE* 2004, p. I-6803 ; *Travail et Protection Sociale*, octobre 2004, p. 31.

216. Pour reprendre la distinction opérée par F. FAVENNEC-HERY, « La représentation collective dans les groupes de sociétés », *Les groupes de sociétés et le droit du travail*, ouvrage rédigé sous la direction de B. TEYSSIE, éd. Panthéon Assas, coll. Droit Privé, 1999, p. 125-147.

217. « The Performance of EWCs 12 years after the directive », *European Works Council Bulletin*, September/October 2006, n°65, p. 7-11.

218. CA Paris, 14è ch., 21 novembre 2006, n°06/20033 et TGI Paris, ord. réf., 21 novembre 2006, comité d'entreprise européen de Gaz de France c/ Sté Gaz de France et a., précités.

219. Conclusions d'études rapportées par S. MACAIRE, U. REHFELDT, *Aspects des relations industrielles des fusions et prises de contrôle d'entreprise*, Institut de Recherches Economiques et Sociales, pour le compte de l'Observatoire Européen des Relations Industrielles, 28 février 2001. http://www.eurofound.europa.eu/ei

220. A. LYON-CAEN, « Le comité d'entreprise à l'heure du changement », *Droit Social*, 1982, n°4, p. 299, remarque, à propos du comité de groupe (raisonnement transposable au comité d'entreprise européen), que cet organe incite à la solidarité entre les salariés mais ne donne pas à la représentation du personnel une grande capacité d'influence ; B. TEYSSIE, « La négociation collective transnationale d'entreprise ou de groupe », *Droit Social*, 2005, n°11, p. 986-988, pour lequel « *l'instance européenne de représentation du personnel peut constituer le creuset dans lequel sont élaborés les principes qui nourriront ensuite des négociations conduites au niveau national* » ; M.-A. MOREAU, « Restructurations et comité d'entreprise européen », *Droit Social*, 2006, n°3, p. 308-318, pour qui « *il est assez difficile d'établir si le comité d'entreprise européen est « un relais de banalisation ou un levier d'action » et de prédire son rôle pour l'avenir* » (p. 311). L'auteur insiste cependant sur ses potentialités d'action, notamment en ce qu'il offre un cadre pour le développement de la négociation à l'échelle des groupes de dimension communautaire.

221. Expression empruntée à M.-A. MOREAU, *Restructuration et comité d'entreprise européen*, EUI Working Papers, Law n°2006/02, 19 p.

de son intervention et de la négociation collective dans les groupes de dimension communautaires reste néanmoins à définir [222].

### b) En dehors de l'Union Européenne

**296.** En dehors de l'Union Européenne, il existe également des principes directeurs dépassant le cadre national en matière de relations professionnelles en général, ainsi qu'en matière d'information des salariés dans le cadre des entreprises multinationales. Ceux-ci sont largement convergents avec ceux des directives précitées. Il s'agit de différents codes de conduite, ensemble de recommandations de caractère non obligatoire et sans force juridique destinées à jouer un rôle de persuasion pour les entreprises multinationales.

**297.** Ces codes de conduite ont été adoptés dans le cadre de l'OCDE en 1976 sous forme de Principes Directeurs [223] et, pour ce qui est de l'OIT, une Déclaration de Principes en 1977 [224]. Le texte de l'OCDE [225] prévoit, en particulier, l'information des représentants des salariés avant toute décision susceptible d'avoir des effets sur leurs conditions d'existence, notamment en cas de fermeture d'une entité entraînant des licenciements collectifs, dans le but de « *coopérer avec eux de façon à atténuer au maximum tout effet défavorable* ».

Dans le même contexte, le texte de l'OIT [226] invite également les multinationales à prévenir les autorités gouvernementales, les salariés et les représentants du personnel lorsqu'elles envisagent des mesures de restructuration « *pouvant avoir des effets importants sur l'emploi* ». Il prévoit notamment de « *signaler suffisamment à l'avance* » ces modifications aux représentants des travailleurs et aux autorités gouvernementales appropriées « *afin que les répercussions puissent être examinées en commun et qu'en soient atténuées le plus possible les conséquences défavorables. Cela est particulièrement important dans le cas de la fermeture d'une entité entraînant des congédiements ou des licenciements collectifs* ».

**298.** La rédaction de ces codes laisse une large place à l'interprétation et les règles qu'ils consacrent sont relativement vagues. Toutefois, en dépit de leur caractère abstrait et peu contraignant, puisque la violation de ces codes de conduite par les multinationales n'entraîne l'application d'aucune sanction, les principes qu'ils édictent sont en général respectés. Les entreprises leur préfèrent en effet leur aspect volontaire à toute autre forme de régulation qui leur serait imposée [227].

---

[222]. « The Performance of EWCs 12 years after the directive », *European Works Council Bulletin*, n°65, September/October 2006, p. 11 ; M.-A. MOREAU, *Normes sociales, droit du travail et mondialisation*, Dalloz, 2006, p. 341 ; M.-A. MOREAU, *Restructuration et comité d'entreprise européen*, EUI Working Papers, Law n°2006/02, p.14-19 ; Un Communiqué CES du 19 avril 2007 appelait à une révision de la directive sur les comités d'entreprise européens en ce sens : *JCP*, éd. Sociale, n°18, 2 mai 2007, p. 3.

[223]. Principes directeurs à l'intention des entreprises multinationales (OCDE 1976, révisé en 1979 et 1984). L'ONU a également prévu l'élaboration d'un code de conduite des multinationales sous la forme d'une résolution du conseil économique et social.

[224]. Déclaration de principes tripartite sur les entreprises multinationales et la politique sociale (Déclaration adoptée par le Conseil d'administration du BIT à sa 204è session, Genève, 16 novembre 1977, telle qu'amendée en 2000).

[225]. Para. 6.

[226]. Para. 26.

[227]. La formalisation de valeurs, principes éthiques et règles de conduite est également devenue une pratique courante dans les grandes entreprises, en particulier aux Etats-Unis. Pour une étude des moyens mis en œuvre pour intégrer l'éthique dans le management et une réflexion sur l'utilité de ces codes et charte éthiques comme outil de régulation des comportements : A.-J. ARNAUD, « De la régulation par le droit à l'heure de la globalisation : quelques observations critiques », *Droit et Société*, n°35, 1er janvier 1997, p. 11-35 ; S. MERCIER, « Les chartes et codes éthiques : quel contenu pour quelle utilité ? », *CJFE/CFCE*, n°2/2000, p. 295-311 ; I. DESBARATS, « Codes de conduite et chartes éthiques des entreprises privées, regard sur une pratique en expansion », *JCP*, G, 2000, I, 112 ; D. BERRA,

Les syndicats employeurs mettent également en avant leur efficacité, en faisant remarquer le petit nombre de cas rapportés de non-respect éventuel de ces principes directeurs. Les syndicats représentants des salariés s'efforcent également de voir d'un bon œil ces codes de conduite - qu'ils jugent pourtant insuffisants - parce qu'ils leur permettent d'obtenir des concessions de la part des multinationales [228].

**299.** Ajoutons enfin que les conventions de l'OIT 98 et 154 de même que les recommandations 91 et 163 traitent de la négociation collective et que les recommandations 94, 129 et 130 traitent de la consultation, de la communication et des procédures de règlement de conflits. Elles s'attachent à encourager l'échange d'informations et de vues entre employeurs et salariés.

**300.** Il n'existe toutefois pas à proprement parler de règle concernant un quelconque devoir d'information et de consultation des représentants des salariés ni de cadre imposé à la représentation collective des salariés au niveau international [229]. L'information et la consultation des représentants des salariés à un niveau excédant le cadre de l'entreprise ne sont pas non plus prévues, quel que soit le lieu où la prise de décision s'exerce.

**301.** Elles ne sont pas plus prévues en droit américain qui instaure une présomption de représentation adéquate des salariés à l'échelle de l'entreprise et ne prévoit aucun cadre légal spécifique à la représentation des salariés au niveau du groupe.

Cette absence de disposition sur la représentation des salariés dans les groupes d'entreprises en droit américain s'explique par la forte emprise du principe de l'entreprise, entité juridique distincte et autonome, disposant d'un patrimoine qui lui est propre et qui ne se confond pas avec celui de chaque associé [230]. Le principe de responsabilité limitée des associés est en effet considéré comme l'un des avantages principaux de la constitution en société en droit américain. En conséquence, les tribunaux hésitent à dépasser le cadre de l'entreprise et de la distinction opérée entre l'entreprise et ses actionnaires ou entre l'entreprise

---

« Les chartes d'entreprise et le droit du travail », *Mélanges dédiés au Président M. DESPAX*, Presses de l'Université des sciences sociales de Toulouse, 2001, p. 123-139 ; A. SOBCZAK, *Réseaux de sociétés et codes de conduite. Un nouveau modèle de régulation des relations de travail pour les entreprises européennes*, LGDJ, 2002, 384 p. ; *Les Petites Affiches*, n° spécial sur la responsabilité sociale des entreprises, 26 février 2004, n°41 ; G. BESSE, « A qui profite la RSE ? La responsabilité sociétale des entreprises peut-elle réguler les effets sociaux de la mondialisation ? », *Droit Social*, 2005, n°11, p. 991-1000 ; W. G. VAUSE, « Labor issues in international trade », *Labor Law Journal*, Fall 2000, vol. 51, n°3, p. 86-94 ; O. E. HERRNSTADT, «Voluntary corporate codes of conduct : what's missing ? », *The Labor Lawyer*, Winter/Spring 2001, vol. 16, n°3, p. 349-370.

[228]. Pour un descriptif du processus de l'élaboration de ces codes de conduite et de leur contenu : J. VANDAMME, *L'information et la consultation des travailleurs dans les entreprises multinationales*, PUF, coll. de l'Institut de Recherche et d'Information sur les Multinationales, 1984, p. 114-132.

[229]. Dans le cadre de l'ALENA, par exemple, les Etats-Unis, le Canada et le Mexique n'ont pas la possibilité de mettre en œuvre des normes communes transnationales. Un principe de maintien total des souverainetés nationales y est en effet prévu. M.-A. MOREAU, « Le territoire – aspects européens et internationaux – Des rattachements territoriaux nationaux à la transnationalité des normes du travail », *Semaine Sociale Lamy*, 20 octobre 2003, n°1140, p. 88 ; E. MAZUYER, « La régulation régionale du travail – aspects comparatifs européens et nord-américains », *Revue de Droit du Travail*, avril 2007, p. 222-228. Pour l'auteur, ce modèle est orienté avant tout vers une intégration économique. Il ne cherche qu'à limiter les effets des disparités entre les législations nationales du travail existantes et non à les harmoniser, contrairement au modèle européen.

[230]. Principe connu sous le nom de « *corporate entity theory* » ou « *doctrine of limited liability* » ou « *entity law* ».

et les entreprises affiliées. Ils ne le font que lorsque la structure juridique de celle-ci a été utilisée aux fins de fraude ou d'injustice. Le « voile » de l'entreprise est alors « percé » [231].

**302.** Ainsi, le droit des relations collectives de travail a développé, à côté du principe traditionnel de l'entreprise entité juridique autonome, la doctrine de l'entreprise intégrée [232] afin de déterminer le véritable « employeur », débiteur d'obligations en application du NLRA. Cette doctrine permet de dépasser le cadre de l'entreprise et de considérer le groupe dans son ensemble (entreprises affiliées) pour la détermination d'une responsabilité en matière de relations collectives. Elle se fonde, pour ce faire, sur des éléments tels que la détention commune de titres, la direction commune aboutissant à un contrôle de fait, l'unité et le contrôle centralisé des règles applicables au personnel. Elle permet surtout d'appréhender la réalité économique des relations société mère – filiale(s) sans avoir à obéir aux critères rigoureux d'application de la jurisprudence du « voile percé » développée en droit des affaires.

**303.** Cette doctrine est notamment utilisée en matière de transfert d'entreprise pour obliger, dans certains cas, le cessionnaire à respecter les obligations conventionnelles du cédant. La jurisprudence considère en effet que, dans les cas où l'activité de l'entreprise est reprise, avec les mêmes clients, dans les mêmes lieux, avec le même personnel, dans le cadre d'un transfert de titres ou d'un changement de contrôle, l'entreprise reste la même, seule sa forme légale est modifiée. Elle n'est qu'une « simple continuation » de la première entraînant le maintien des obligations du premier employeur sur le repreneur [233], pour un résultat comparable à ceux obtenus en application du droit français et anglais.

---

231. Pour des développements sur l'application de cette doctrine en droit des affaires : H. G. HENN et J. R. ALEXANDER, *Laws of corporations and other business enterprises*, West Group, Hornbook Series, 1983, p. 344. Principe également applicable en droit des affaires anglais. L.S. SEALY, *Cases and materials in company law*, LexisNexis UK, 2004, p. 56 et s. et Aucun critère propre à déterminer les cas dans lesquels le cadre de l'entreprise doit être dépassé et où les tribunaux perceront le voile de l'entreprise (traduction littérale de la formule « *to pierce the corporate veil* ») n'a été dégagé en jurisprudence. Les tribunaux procèdent généralement à une double analyse en requérant, dans un premier temps, que la preuve d'une unité d'intérêts et de contrôle entre les entreprises en question soit rapportée (« *formalities element* ») afin d'établir, dans un deuxième temps, que l'observation d'une stricte séparation entre les différentes entités aboutirait à un résultat inéquitable ou injuste pour le tiers contractant (« *fairness element* »). La nécessité de « percer le voile » de l'entreprise dépendra de la bonne foi et de l'honnêteté des parties dans l'utilisation de la fiction juridique de l'entreprise à des fins légitimes. A cette théorie traditionnelle de l'entreprise entité distincte, est opposée celle de l'entreprise entité économique (« *Enterprise law* ») qui considère le groupe dans son ensemble en se fondant sur le concept de contrôle commun. Elle a été à l'origine favorisée par le droit fédéral, soucieux de limiter les fraudes rendues possibles par le biais des restructurations, dans le cadre d'une application rigide du principe de l'entreprise en tant que personnalité juridique distincte. Elle a ensuite été largement suivie par le droit des Etats, lequel gouverne la matière du droit des affaires, en droit américain. Ces deux théories coexistent aujourd'hui dans un certain nombre de domaine. Pour des développements sur le droit des groupes de sociétés en droit américain, notamment : Ph. I. BLUMBERG, K. A. STRASSER, *The law of corporate groups : statutory law - state*, ed. Little, Brown & Company, 1995, 878 p. Pour une opinion sur les limites de la théorie traditionnelle de l'entreprise entité juridique distincte et l'extension de la théorie de l'entreprise entité économique, notamment : D. ARONOFSKY, « Piercing the transnational corporate veil: trends, developments, and the need for widespread adoption of enterprise analysis », *The North Carolina Journal of International Law and Commercial Regulation*, Winter 1985, vol. 10, p. 31-86.

232. « *Integrated enterprise* ».

233. « *Single employer* ». Un autre exemple dę l'appréhension de l'entreprise intégrée en droit américain, précédemment évoqué, est celui de la création d'une deuxième entreprise, sous le même contrôle et la même direction, dans le but éventuel de permettre à l'employeur d'éviter ses obligations conventionnelles (« *alter ego* »). De même, la jurisprudence prise en application de la législation sur les licenciements collectifs de 1989 (Warn Act) permet d'engager la responsabilité de la société mère pour les opérations de restructuration de sa filiale lorsque les critères de l'entreprise intégrée sont remplis. Les éléments suivants doivent ainsi être pris en compte afin de déterminer le périmètre de l'entreprise entité économique, débiteur des obligations prévues par le Warn Act : (i) la détention commune des titres

# SECTION II
# LE RÔLE DES REPRÉSENTANTS DU PERSONNEL

**304.** Une fois les interlocuteurs et le niveau de concertation identifiés, il convient de déterminer l'objet de la concertation (§1) ainsi que le moment auquel celle-ci intervient dans la prise de décision relative au transfert d'entreprise (§2).

Le droit américain nous retiendra plus longuement que les droits français et anglais en ce qui concerne les décisions soumises à concertation. La jurisprudence y a, en effet, joué un rôle décisif dans la détermination des sujets devant obligatoirement faire l'objet d'une négociation préalable avec le syndicat avant la prise d'effet d'une décision de l'employeur.

La nature diverse du rôle que chacun des droits nationaux reconnaît aux représentants du personnel dans le cadre des opérations de transfert d'entreprise s'exprime également dans la définition des droits qui leur sont réservés, entre information, consultation et négociation, et dans les différences d'acception que ces expressions recouvrent. Les droits français et anglais devancent le droit américain en ce domaine en conférant systématiquement un droit d'information et de consultation aux représentants du personnel dans ce type de situation. Le droit français est néanmoins le seul à prévoir l'obligation pour l'employeur de consulter les représentants du personnel sur la décision de transfert en elle-même.

## §1. LES DÉCISIONS SOUMISES À CONCERTATION

**305.** Les décisions de transfert d'entreprise sont soumises à information et à consultation des représentants du personnel en droit français. Elles doivent faire l'objet d'une information et d'une consultation sur ses effets, en droit anglais, dès lors que les opérations qu'elles visent correspondent à la définition du transfert d'entreprise telle que résultant de la directive communautaire et du TUPE (A). Elles ne font généralement l'objet que d'une négociation sur leurs conséquences sociales, en droit américain (B).

### A. UNE ACCEPTION DIFFÉRENTE EN DROIT FRANÇAIS ET ANGLAIS

**306.** Les obligations pesant sur le cédant et sur le cessionnaire dépendent, en droit français, de l'identification d'un projet de transfert d'une entité économique autonome du cédant au cessionnaire [234]. Ces obligations s'appliquent ainsi à tout transfert d'entreprise, de partie d'entreprise ou d'établissement à un autre employeur résultant d'une cession

---

(propriété commune), (ii) l'existence de mandataires sociaux ou de dirigeants communs, (iii) un exercice ou un contrôle de fait, et (iv) la dépendance dans la gestion (unité et contrôle centralisé des règles applicables au personnel et dépendance des activités entre elles [20 *CFR* § 639.3 (a)(2); 54 *Fed. Reg.* 16065 (20 avril 1989)].

Un parallèle peut être fait en droit français avec la notion d'unité économique et sociale pour la mise en place d'institutions représentatives du personnel communes entre plusieurs entités juridiquement distinctes (article L.431-1 dern. al. du code du travail) et partant, pour l'appréciation du cadre de la mise en place d'une procédure de licenciements collectifs. L'unité économique et sociale est cependant d'application plus restrictive, ce qui se conçoit aisément compte tenu des obligations qu'elle fait peser sur les entreprises entrant dans son champ d'application (impacts sur la négociation collective et sur les obligations en terme d'information et de consultation notamment). Cela explique que sa reconnaissance soit subordonnée à une convention entre partenaires sociaux ou à une décision de justice, contrairement aux exigences du droit américain.

[234]. Cf. Chapitre 1, *supra*.

conventionnelle ou d'une fusion, au sens de la directive 2001/23/CE [235]. Sont également concernées toute modification de l'organisation économique et juridique de l'entreprise [236].

Le droit français ne distingue donc pas entre réorganisation interne de l'entreprise [237], qui ne donne pas lieu à transfert d'entreprise au sens de la directive, et réorganisation externe de l'entreprise, qui est soumise à celle-ci. Il ne distingue pas non plus les modifications de l'organisation juridique, telle que fusion ou cession, des modifications économiques de l'entreprise, telle que les prises de participation active de l'entreprise. L'obligation d'information et de consultation est en outre indépendante de toute incidence éventuelle de la décision sur l'emploi des salariés.

**307.** Le droit anglais est beaucoup plus restrictif dans son acception des obligations pesant sur le cédant et le cessionnaire en termes d'information et de consultation des représentants de leurs salariés respectifs. Contrairement au droit français, le droit anglais lie le devoir d'information et de consultation de l'employeur à la nature de l'opération. Seule l'opération susceptible d'entrer dans le champ d'application du TUPE doit faire l'objet d'une information et d'une consultation des représentants du personnel ou, à défaut, des salariés.

Toute autre opération, hors licenciements collectifs, peut être librement mise en œuvre par l'employeur, en l'absence, non seulement d'organes de représentation du personnel obligatoires au sein de l'entreprise, mais également d'un devoir général d'information et de consultation de l'employeur en droit anglais pour la grande majorité des entreprises [238].

## B. LES DÉCISIONS RELATIVES À DES SUJETS OBLIGATOIRES DE NÉGOCIATION EN DROIT AMÉRICAIN

**308.** La seule obligation des parties en cette matière est posée par le NLRA, section 8(d)[239] et 9 (a) [240] qui leur impose de négocier de bonne foi sur les matières relatives à « *la rémunération, au temps de travail et autres termes et conditions d'emploi* ».

La loi n'a pas précisé d'avantage le champ d'application de cette obligation. Le Congrès entendait, en particulier, faire des « termes et conditions d'emploi » un concept flexible, qui aurait pu dépendre et évoluer en fonction des circonstances et des besoins des salariés et des employeurs [241]. C'est la jurisprudence du NLRB et des Cours fédérales qui en a précisé les contours en distinguant les sujets obligatoires de négociation (ceux listés par le NLRA) des sujets non obligatoires de négociation [242].

---

[235]. Article 1.1.a) et b).

[236]. Article L.432-1 al. 3 du code du travail.

[237]. Telle que la réorganisation des services ou encore la modification des structures de production de l'entreprise.

[238]. *The Information and Consultation of Employees Regulations 2004* (« ICE ») n'est applicable qu'à compter du 6 avril 2008 aux entreprises de 50 salariés et plus.

[239]. L'article 8(d) du NLRA porte sur les obligations des parties en matière de négociation collective.

[240]. L'article 9(a) du NLRA définit le représentant des salariés (notion d'exclusivité) et ses fonctions en matière de négociation collective.

[241]. Les recueils des débats parlementaires indiquent, notamment, que « *le champ d'application de la négociation collective ne peut être défini par une formule ; il dépendra inévitablement des traditions d'une industrie, du climat social et politique et, à tout moment, des besoins des employeurs et des salariés, et de beaucoup d'autres éléments connexes* ». *H.R. Rep.* N°245, 80th Cong., 1st Sess. (1947) (minority report), cf. également la Cour Suprême, dans son arrêt First National Maintenance: « *Le Congrès a volontairement laissé les termes « salaires, temps de travail et autres termes et conditions d'emploi » indéfinis parce qu'il n'entendait pas priver le NLRB du pouvoir de définir plus avant ces termes, à la lumière des pratiques spécifiques aux différentes industries* ». First National Maintenance Corp. v. NLRB, 452 *U.S.* 666, 675 (1981).

[242]. NLRB v. Borg-Warner Corp., 356 *U.S.* 342 (1958). Il existe également une troisième catégorie de sujets de négociation: les sujets dits illicites (« *illegal subjects* »), car considérés particulièrement contraires à l'intérêt public ou à celui des salariés. C'est le cas par exemple d'une clause de la convention

Seuls les sujets obligatoires de négociation doivent donner lieu à un dialogue entre les parties, jusqu'à ce qu'ils constatent que les négociations ne peuvent aller plus loin et aboutissent à une impasse. Le refus de l'employeur (comme celui du syndicat) de négocier sur un sujet obligatoire de négociation ou l'omission par lui de négocier sur ce sujet constitue une violation du NLRA, c'est à dire une pratique déloyale de travail [243].

**309.** La distinction faite par la jurisprudence entre sujets obligatoires et sujets non obligatoires de négociation est d'importance, puisqu'elle conditionne la légalité de la prise de décision, ses modalités et l'étendue des prérogatives des parties dans l'enjeu économique qu'elle sous-tend[244].

Les décisions de transfert d'entreprise sont susceptibles d'entrer dans le champ d'application du terme « condition d'emploi », qui est un des sujets obligatoires de négociation. La jurisprudence a toutefois reconnu à ce terme un champ d'application limité. Peu de place est en définitive réservée à la négociation, lorsqu'il s'agit de décisions de transfert d'entreprise (qu'elles correspondent juridiquement à une fermeture partielle, une délocalisation, une fusion, une mise en sous-traitance, etc.) dès lors que la motivation de la décision est fondée sur des raisons économiques, sur lesquelles le syndicat ne peut apporter aucune concession susceptible d'infléchir la décision de l'employeur.

**310.** En droit américain, la plupart des décisions de transfert d'entreprise ne seront donc pas soumises à négociation préalable avec le syndicat qui représente les salariés concernés par cette opération. Elles ne feront l'objet d'une négociation que sur ses conséquences, à savoir, généralement, les licenciements qui accompagnent le transfert de l'activité économique.

L'évolution de la jurisprudence en ce domaine n'a toutefois pas été linéaire. Elle peut être retracée en trois phases principales, marquées du sceau de deux décisions de la Cour Suprême.

### *1. L'employeur doit négocier sur certaines décisions économiques*

**311.** L'arrêt de la Cour Suprême Fibreboard Paper Products Corp. v. NLRB de 1964 [245] est la première décision de référence en la matière. Dans une espèce où l'employeur avait unilatéralement décidé d'externaliser une activité d'entretien des locaux, précédemment

---

collective qui exigerait de l'employeur qu'il ne fasse pas commerce avec les entreprises dont les salariés seraient susceptibles d'être représentés par le syndicat qui représente déjà ses salariés (« *hot cargo provision* ») (clause déclarée illicite par la section 8(e) du NLRA) ou encore lorsque employeur et syndicat se mettent d'accord pour que seuls les salariés affiliés au syndicat soient embauchés (accord constitutif d'une discrimination à l'embauche et considéré comme une pratique déloyale de travail par la section 8(b)(2) du NLRA).

243. « *Unfair labor practice* ». Section 8 (a) (5) pour l'employeur – section 8(b) (3) pour le syndicat.

244. Lorsque la décision qu'il doit prendre concerne un sujet obligatoire de négociation, l'employeur est également obligé de fournir les informations qui lui sont demandées par le syndicat afin qu'il puisse négocier en toute connaissance de cause. La négociation de sujets obligatoires permet en outre aux parties d'utiliser leurs armes économiques respectives, c'est à dire principalement la grève pour le syndicat et le lockout pour l'employeur. Enfin, l'employeur ne peut décider de modifier unilatéralement une situation portant sur un sujet obligatoire de négociation sans en avoir négocié au préalable avec le syndicat. De même, et sous réserve que le syndicat n'ait pas renoncé à son droit, aucune des parties ne peut modifier unilatéralement les dispositions d'une convention collective portant sur un sujet obligatoire de négociation, avant son terme, sans le consentement de l'autre. A l'inverse, si le sujet n'est pas un sujet obligatoire de négociation : (i) l'employeur peut refuser de négocier avec le syndicat, sans que son refus ne constitue une pratique déloyale de travail, (ii) les parties ne peuvent pas insister pour négocier jusqu'à ce que les négociations parviennent à une impasse. Les parties ne peuvent donc pas recourir à leurs « armes économiques » respectives pour contraindre l'autre à négocier ou tenter d'influer sur le cours des négociations (une action quelconque du syndicat à ce sujet - de type grève – serait automatiquement abusive), (iii) l'employeur est libre de prendre, unilatéralement une décision portant sur un sujet non obligatoire de négociation, sans avoir à en référer au syndicat au préalable.

245. Fibreboard Paper Prods. Corp. v. NLRB, 379 *U.S.* 203 (1964).

réalisée en interne, la Cour Suprême a jugé que l'employeur avait l'obligation préalable de négocier avec le syndicat sur sa décision de recourir à la sous-traitance.

Avant cette date, les employeurs étaient généralement considérés comme n'ayant aucun devoir de négociation vis-à-vis des syndicats en ce qui concerne les décisions de fermeture partielle, de délocalisation, de transfert partiel ou de mise en sous-traitance motivées par des raisons économiques. L'absence de négociation était sanctionnée par les Cours fédérales sur le seul fondement de la section 8(a)(3) du NLRA, c'est à dire lorsque la décision était destinée à écarter ou à décourager toute affiliation syndicale au sein de l'entreprise. L'arrêt de la Cour Suprême est venu mettre un terme à cet état de fait.

**312.** En l'espèce, le syndicat avait informé l'employeur qu'il souhaitait négocier une nouvelle convention collective, mais quatre jours avant que l'ancienne convention collective n'expire, l'employeur informa le syndicat que toute négociation serait inutile. Il lui indiqua que le travail d'entretien qui était effectué par les salariés de l'unité de négociation que le syndicat représentait, pouvait être réalisé à moindre coût par un sous-traitant et qu'il avait décidé de sous-traiter ce travail et de licencier les salariés, à l'expiration de la convention collective. Ce qui se passa. Le syndicat intenta une action contre l'employeur en violation des sections 8(a)(1), (3) et (5) du NLRA.

Le NLRB estima d'abord que la décision de l'employeur de recourir à la sous-traitance avait un motif économique et n'était pas guidée par un souci d'écarter toute représentation collective des salariés de l'unité. Il conclut à l'absence de violation du NLRA par l'employeur. Entre temps toutefois, le NLRB changea de président, reconsidéra l'affaire et rendit une décision contraire à ses premières conclusions. L'employeur devait négocier non seulement sur les effets de la décision de recourir à la sous-traitance (versement d'indemnités ou réaffectation des salariés, ce qu'il avait fait), mais également sur la décision elle-même, même si celle-ci avait été prise en toute bonne foi, dans le but de réduire les charges de l'entreprise. Le NLRB ordonna donc à l'employeur de mettre un terme au contrat de sous-traitance, de réintégrer les salariés, de leur payer des arriérés de salaire et de négocier avec le syndicat avant de recourir à la sous-traitance.

**313.** La Cour Suprême confirma la décision du NLRB. En effet, l'employeur n'avait fait que remplacer un groupe de salariés par un autre pour faire le même type de travail dans les mêmes locaux. Cela « *n'affectait pas les activités principales de la société* », ne demandait aucun investissement financier et « *exiger que l'employeur négocie sur ce sujet ne réduit pas d'une façon significative sa liberté de diriger son entreprise* » [246]. L'employeur devait donc négocier avec le syndicat sur sa décision de recourir à la sous-traitance.

C'est la position du juge Stewart, dans une opinion concurrente [247], qui a le plus marqué les esprits dans cette affaire. Il a considéré en effet, que bien que le terme « condition d'emploi » puisse être lu de manière à inclure toute décision de l'employeur affectant ou supprimant l'emploi, l'employeur doit être libre de mettre en œuvre unilatéralement de telles

---

[246]. En pratique, le syndicat peut toutefois renoncer à son droit de demander des négociations par une disposition expresse dans la convention collective. L'employeur peut également s'exonérer de son obligation de négocier sur sa décision de recourir à la sous-traitance en démontrant que sa décision ne constitue pas « une modification des conditions d'emploi » puisque ce dernier a l'habitude de recourir à la sous-traitance d'une façon unilatérale et qu'en conséquence, la décision qu'il a prise est conforme aux pratiques en vigueur au sein de l'entreprise. L'employeur est toutefois tenu de négocier avec le syndicat si ce dernier souhaite que les pratiques existantes en matière de sous-traitance soient modifiées : Westinghouse Elec. Corp. (Mansfield Plant), 150 *N.L.R.B.* 1574 (1965) ; Puerto Rico Tel. Co. v. NLRB 359 *F.2d* 983 (1st Cir. 1966). En l'espèce, il a été jugé que la décision de l'employeur de recourir à la sous-traitance n'avait pas d'effet défavorable sur les salariés en dépit du licenciement d'un certain nombre d'entre eux. Le nombre total d'emplois dans l'unité de négociation avait en effet globalement augmenté pendant la même période.

[247]. « *Concurring opinion* ».

décisions si elles sont « *essentielles à la direction normale d'une entreprise ou affectent seulement indirectement la sécurité de l'emploi* », ce qui n'était pas le cas, en l'espèce.

**314.** Au lendemain de cette décision, la question restait de savoir si le NLRB et les Cours fédérales allaient en limiter la portée aux faits rapportés dans l'arrêt ou, au contraire, étendre l'obligation de négocier sur la décision de l'employeur aux décisions de mise en sous-traitance et d'externalisalisation, de délocalisation, de fermeture partielle ou totale ou encore, aux cessions ou liquidations d'entreprise [248].

L'interprétation restrictive limitée au cas d'espèce de l'arrêt Fibreboard fut choisie.

Lorsque le travail était réalisé par du personnel extérieur et s'accompagnait d'un transfert d'activité au sous-traitant, les décisions étaient moins tranchées. Le sujet pouvait être considéré comme un sujet obligatoire de négociation ou ne pas l'être, en fonction des cas d'espèces [249]. La jurisprudence restait donc confuse.

### 2. La mise en balance des intérêts des parties

**315.** La Cour Suprême s'est prononcée une seconde fois sur cette question, dix sept ans après l'arrêt Fibreboard, dans un arrêt First National Maintenance Corp. v. NLRB de 1981 [250], dans une affaire concernant une perte de contrat de prestation de services et la décision corrélative du prestataire de licencier une partie de son personnel (décision assimilée à une fermeture partielle d'entreprise). Elle conclut, en l'espèce, à l'absence d'obligation pour l'employeur de négocier avec le syndicat sur sa décision de cesser une partie de son activité.

**316.** En l'espèce, la Société First National Maintenance (ci-après : « la société »), une société New-Yorkaise prestataire de services de nettoyage et d'entretien, avait l'habitude de recruter son personnel séparément pour chacun de ses clients, pour la durée des contrats qu'elle concluait avec eux. La société occupait approximativement trente cinq salariés dans une clinique de Brooklyn. En mars 1977, la clinique dénonça le contrat qu'elle avait conclu avec la société en lui donnant un préavis de trente jours, mais leurs relations continuèrent au-delà. La société perdant de l'argent sur ce contrat, décida finalement de le résilier en juillet 1977. Pendant cette période, une formation de l'AFL-CIO avait obtenu l'organisation

---

[248]. Et cela d'autant plus que la Cour Suprême avait décidé, l'année suivante, dans un arrêt Textile Workers Union v. Darlington Mfg. Co. 380 *U.S.* 263 (1965), que la fermeture totale d'une entreprise, même motivée par le seul souhait d'échapper à la représentation collective des salariés, ne violait pas la section 8(a)(3) du NLRA, pas plus qu'une fermeture partielle, à moins qu'il ne soit démontré que l'effet recherché par l'employeur était de décourager la syndicalisation des salariés restant dans l'entreprise.

[249]. Deux décisions contradictoires peuvent être citées à titre d'illustration. Dans le premier arrêt le NLRB et la Cour d'appel ont décidé, en se fondant sur l'arrêt Fibreboard (en dépit d'un cas d'espèce très différent), que violait son obligation de négocier un fabriquant d'équipement de pompage de gisement pétrolier qui avait unilatéralement décidé de supprimer son département transport pour confier l'acheminement de ses produits à un transporteur indépendant et qui avait également vendu ses camions et son matériel : NLRB v. American Mfg. Co., 351 *U.S.* 74 (5th Cir. 1965). Dans le deuxième arrêt, un employeur avait décidé de supprimer la distribution de ses produits laitiers par ses propres chauffeurs-vendeurs en vendant ses produits et ses camions à un contractant indépendant qui devait se charger de la distribution de ses produits, dans le même secteur géographique. Infirmant la décision du NLRB qui avait conclu à l'absence d'obligation de négocier de l'employeur, la Cour d'appel considéra que contrairement aux faits de l'arrêt Fibreboard, il ne s'agissait pas du simple remplacement de salariés, mais d'une modification de l'activité de l'entreprise qui avait entraîné une modification de la structure du capital de la société (cession d'une partie de l'activité). En conséquence, exiger que l'employeur négocie avec le syndicat sur sa décision de supprimer la distribution de ses produits, « *affecterait d'une façon significative la liberté* (de l'employeur) *de diriger son entreprise* » : NLRB v. Adams Dairy, Inc., 350 *F.2d* 108 (8th Cir. 1965).

[250]. First National Maintenance Corp. v. NLRB, 452 *U.S.* 666, 107 *L.R.R.M.* 2705 (1981) ; W. R. WHITEHURST, « Labor Law - A balancing of interests test applied to the duty to bargain about a partial closing decision : First National Maintenance Corp. v. NLRB », *North Carolina Law Review*, 1982-83, vol. 61-1, p. 365-377.

d'une élection parmi les salariés de la société travaillant à la clinique de Brooklyn et avait gagné le droit de les représenter en mars 1977. Sans négocier avec le syndicat, l'employeur notifia leur licenciement aux salariés travaillant à la clinique. Le syndicat introduisit une action en pratique déloyale de travail contre la société sur le fondement des sections 8(a)(1) et (5) du NLRA.

**317.** Le NLRB décida que l'employeur avait violé son obligation de négocier avec le syndicat non seulement sur sa décision de cesser son activité à la clinique mais également sur les effets de cette décision pour les salariés qui y travaillaient. Il ordonna, en conséquence, à la société de payer aux salariés licenciés des arriérés de salaire, de la date de leur licenciement jusqu'à ce que les parties négocient, et leur réintégration à leurs anciens postes ou à des postes équivalents. La Cour d'appel du second Circuit confirma la décision du NLRB.

Interrogée à son tour, la Cour Suprême fit le constat que la décision de la Cour d'appel était en désaccord avec les décisions rendues par d'autres Cours fédérales. Certaines n'imposaient, en effet, aucune obligation de négocier sur les décisions de l'employeur impliquant « *un engagement important du capital* » ou « *un changement fondamental dans la structure ou la direction de la société* ». D'autres décidaient que la négociation n'était pas requise à moins d'une violation par l'employeur de la section 8(a)(3) du NLRA, c'est-à-dire en cas de fermeture partielle fondée sur une intention anti-syndicale [251].

**318.** La Cour Suprême distingua en conséquence trois types de décision aux fins de clarifier la matière :

- les décisions qui ont seulement un impact indirect et atténué sur la relation de travail, telles que les décisions tenant au choix des publicités, des promotions ou des lignes de produits et celles tenant aux arrangements financiers. Ces décisions n'étaient clairement pas des sujets obligatoires de négociation.

- les décisions qui concernent presque exclusivement la relation employeur et salarié, telles que les décisions relatives à l'ordre ou la succession des ruptures de contrat de travail [252], le rappel des salariés mis en chômage technique, les quotas de production et les décisions tenant aux règles applicables sur le lieu de travail. Ces décisions portaient sur des sujets obligatoires de négociation.

- les décisions qui ont un impact direct sur l'emploi mais qui sont cependant motivées par une considération économique distincte de la question des conditions d'emploi des salariés, bien que la conséquence de telles décisions soit nécessairement de supprimer des emplois. Tel était le cas en l'espèce puisque les salariés avaient perdu leur emploi à la suite de la résiliation du contrat de la société avec la clinique. Cette décision était cependant motivée par une considération purement économique, à savoir l'absence de rentabilité du contrat. Ce dernier type de décision était le plus délicat à qualifier, selon la Cour.

**319.** Afin de décider si ce troisième type de décision devait faire l'objet d'une négociation avec l'employeur, la Cour Suprême se devait d'adopter un critère spécifique, ce qu'elle fit.

Rappelant la nécessité pour l'employeur d'être libre de diriger son entreprise sans subir les contraintes imposées par la négociation collective, « *dans la mesure où cela est essentiel à la conduite d'une affaire profitable* », la Cour Suprême jugea que « *les décisions de l'employeur ayant un impact important sur l'emploi ne peuvent faire l'objet de négociations que si*

[251]. « *Antiunion animus* ».
[252]. « *Layoff* ».

*l'avantage qui en résulte pour la relation employeur/salariés et le processus de négociation collective l'emporte sur la charge apportée à la conduite de l'entreprise* »[253].

Elle mit en balance les intérêts des syndicats (la défense de l'emploi), et de l'employeur (besoin de flexibilité, de rapidité, de confidentialité et d'éviter la publicité). Or, le préjudice qui était susceptible d'être causé au besoin de l'employeur d'agir librement, en décidant s'il devait cesser ou non une partie de son activité pour des raisons économiques, l'emportait sur l'avantage que le syndicat pourrait retirer en participant à la prise de décision. En conséquence, la décision de l'employeur de cesser une partie de son activité pour des raisons purement économiques ne faisait pas partie des « termes et conditions d'emploi » au sujet desquels l'employeur était obligé de négocier.

**320.** La Cour Suprême essaya toutefois de limiter la portée de sa décision par une note de bas de page qui distinguait le cas d'espèce qui lui avait été soumis, c'est-à-dire une opération consistant en une fermeture partielle d'entreprise, des « *autres types de décisions de l'employeur telles que les décisions de délocaliser une entreprise, les cessions et les autres types de sous-traitance, etc.* »[254].

De même, dans un paragraphe final qui semble indiquer que toutes les décisions économiques de procéder à la fermeture totale ou partielle d'une entreprise ne sont pas exclues des sujets obligatoires de négociation, elle rappelle qu'en l'espèce, l'employeur n'avait pas l'intention de remplacer les salariés licenciés ni de délocaliser l'activité supprimée. Son seul but était de réduire ses coûts économiques, ce qui le distinguait des faits d'espèce de l'arrêt Fibreboard[255]. Enfin, la décision de l'employeur était basée sur un élément sur lequel le syndicat « *n'avait ni contrôle, ni autorité* », à savoir, la compensation financière de la prestation de services que la clinique entendait consentir. L'employeur n'avait en outre violé aucune disposition de la convention collective à ce sujet puisque le syndicat venait d'être accrédité pour représenter les salariés[256] et qu'aucune convention collective n'avait été négociée.

**321.** En dépit des remarques conclusives de la Cour Suprême, le NLRB décida d'interpréter largement cette décision en faveur de l'employeur. Toutes les décisions portant sur « *la nature ou la direction de l'entreprise* » étaient ainsi exclues du champ d'application de l'obligation de négocier. Le NLRB reformula en conséquence le critère de l'évaluation des intérêts des parties, qui avait été retenu dans l'arrêt First National Maintenance, pour en

---

[253]. Critère connu sous le nom de « *balancing test* ». Ce critère a été contesté par les juges Brennan et Marshall dans leur opinion dissidente au motif qu'il ne considérait que les intérêts de l'employeur, au détriment de ceux des salariés et de leur syndicat. Son application relevait en outre, selon eux, de la pure spéculation. First National Maintenance Corp. v. NLRB, 107 *L.R.R.M.* 2705, 2714 (1981).

[254]. First National Maintenance Corp. v. NLRB, 107 *L.R.R.M.* 2705, 2713 (1981), note de bas de page n°22.

[255]. Cette décision a été très critiquée en ce qu'elle permettait à l'employeur de ne pas négocier sur une décision impliquant des suppressions de postes pourvu qu'il prouve que sa décision ne reposait pas sur une volonté de réduire les coûts salariaux au sein de l'entreprise. Sa seule obligation étant de négocier avec le syndicat sur les effets de sa décision à l'égard des salariés, une fois la décision prise et irréversible. En outre, elle ne permettait pas aux intérêts des salariés d'être réellement pris en compte (les intérêts de l'employeur n'étaient comparés qu'au bénéfice retiré de la négociation collective). Par exemple : M. C. HARPER, « The scope of the duty to bargain concerning business transformations », *Labor Law and business change : theoretical and transactional perspectives*, ed. by S. ESTREICHER and D. G. COLLINS, Quorum Books, 1988, p. 29-33 ; M. C. HARPER, « Leveling the road from Borg-Warner to First National Maintenance : the scope of mandatory bargaining », *Virginia Law Review*, 1982, vol. 68, p. 1447-1503. Sur les critères alternatifs proposés par différents auteurs : J. R. KNIGHT, « Decision-bargaining and the NLRA - A plea for the resurrection of First National Maintenance Corp. », *Texas Law Review*, 1990, vol. 68, p. 634-640, dans lequel l'auteur plaide pour une stricte application du critère proposé par l'arrêt First National Maintenance.

[256]. « *Certified* ».

exclure le droit pour le syndicat de négocier sur la décision de l'employeur. En l'espèce il s'agissait non pas d'une fermeture partielle, mais d'une décision de délocalisation [257].

Le critère principal à prendre en compte, selon le NLRB, pour déterminer si la décision devait faire l'objet de négociations, résidait désormais « *dans l'essence même de la décision* » et non dans ses conséquences pour les salariés ou dans la possibilité pour le syndicat de faire des propositions alternatives [258].

Dans les décisions qui suivirent, le NLRB a ainsi recherché si, dans les cas d'espèces qui lui étaient soumis, la décision de l'employeur était ou non fondée sur une question de coûts salariaux [259]. Ainsi, une décision de délocaliser la production d'une entreprise vers un autre site de production n'était pas un sujet obligatoire de négociation dès lors que la décision n'avait pas été prise en raison des coûts salariaux [260].

**322.** En définitive, à la question de savoir si l'employeur devait négocier avec le syndicat sur sa décision de procéder à une fermeture, une délocalisation ou une restructuration d'entreprise, répondait une autre question : celle de savoir si la décision était motivée par la volonté de l'employeur de réduire ses coûts salariaux ou d'échapper aux dispositions d'une convention collective [261]. Dans ces hypothèses seulement, l'employeur avait l'obligation de

---

[257]. Otis Elevator Co., 269 *N.L.R.B.* 891, 115 *L.R.R.M.* 1281 (1984) (Otis II) : revenant sur une première décision jugée dans la même affaire, avant que la décision de la Cour Suprême dans son arrêt First National Maintenance ne soit rendue [Otis Elevator Co. 106 *L.R.R.M.* 1343 (1981) (Otis I)], le NLRB a considéré qu'un employeur ne violait pas son devoir de négocier en décidant de fermer un site (situé dans le New Jersey et qui appartenait anciennement à Otis) et de fusionner et transférer ses activités de recherche et de développement avec les activités d'un autre site, plus moderne (situé dans le Connecticut et qui appartenait au nouveau propriétaire d'Otis, la société United Technologies). Cette décision n'était pas un sujet obligatoire de négociation. Le NLRB considéra en effet que l'ancien site avait une technologie vieillie, qu'il faisait doublon avec le nouveau site et que la décision de l'employeur de délocaliser son activité n'avait en conséquence pas été motivée par un souci de réduire les coûts salariaux.

[258]. La position des membres du NLRB était divisée sur ce point. L'arrêt propose en réalité trois positions et autant de critères (« *test* ») différents pour apprécier si la décision de l'employeur doit ou non faire l'objet de négociations. Ainsi, Mrs. Dennis a proposé l'utilisation de deux critères (plus proches du critère proposé par la Cour Suprême) afin de déterminer si la décision devait faire l'objet de négociations. Il devait ainsi être rapporté que : (i) l'employeur avait donné « *une considération importante* » à un élément sur lequel le syndicat avait le contrôle (cas où d'éventuelles concessions du syndicat auraient pu influencer la décision de l'employeur) et que (ii) l'avantage qui en aurait résulté pour le procédé de négociation l'emportait sur les contraintes qu'il faisait peser sur la direction de l'entreprise. Un autre membre du NLRB, Mr. Zimmerman, a proposé qu'une obligation de négocier n'existe que lorsque « *la décision peut être résolue par la voie de la négociation* », c'est à dire dans les cas où le syndicat pourrait, par le biais de concessions, contrôler ou avoir la possibilité de peser sur les motifs profonds de la décision de l'employeur. Un employeur aurait ainsi l'obligation de négocier même lorsque sa décision ne serait pas uniquement motivée par des questions de coûts salariaux.

[259]. « *Labor costs* ». L'arrêt Otis a fait principalement l'objet de deux sortes de critiques : (i) le NLRB a fait une interprétation réductrice des principes dégagés par la Cour Suprême dans son arrêt First National Maintenance en décidant que les seules décisions qui pourraient bénéficier de l'influence médiatrice de la négociation collective seraient celles qui traiteraient des coûts salariaux, ce qui revient à dénier toute créativité à la concertation, et (ii) l'analyse du NLRB est confuse en insinuant que les « coûts salariaux » et les « modifications dans la nature et la direction d'une facette importante de son activité » sont des facteurs qui s'excluent mutuellement, car, en pratique, des questions de coûts salariaux sont présentes dans bon nombre de décisions impliquant une modification de l'entreprise. Critiques rapportées par J.P. McGUIRE, « Management's right to relocate its plant and to make similar decisions: recent developments », *Labor Law Journal*, 1987, vol. 38, p. 751-752 et par le Professeur B. G. GEORGE, « To bargain or not to bargain: a new chapter in work relocation decisions », *Minnesota Law Review*, 1985, vol. 69, p. 690-692.

[260]. Local 2179, United Steelworkers of America v. NLRB, 822 *F.2d* 559 (5th Cir. 1987).

[261]. A moins, bien évidemment, qu'une disposition expresse de la convention collective ne fasse obligation à l'employeur de négocier sur une telle décision avec le syndicat (« *work preservation clause* »). La section 8(d) du NLRA qualifie, en effet, de pratique déloyale de travail une modification

négocier sur sa décision avec le syndicat [262]. Dans l'hypothèse où la décision était motivée par d'autres considérations, qu'elles soient économiques ou financières, le devoir de négocier de l'employeur se limitait aux effets de sa décision, quelle que soit la forme juridique de l'opération en jeu (sous-traitance, réorganisation, fusion, délocalisation, etc.) [263].

Le NLRB continua d'adopter ce raisonnement [264], réduisant ainsi le champ des possibilités ouvertes à la négociation tout en augmentant corrélativement la liberté de l'employeur de réorganiser son entreprise, jusqu'en 1991.

### *3. Les arrêts de la Cour Suprême revisités*

**323.** Le revirement de la jurisprudence du NLRB en 1991 résulte de l'arrêt Dubuque Packing Co., Inc., dans une espèce concernant un transfert partiel d'activité d'un site à un autre, pour le compte d'un même employeur [265]. Le NLRB a conclu, en l'espèce, à l'obligation pour l'employeur, de négocier avec le syndicat sur sa décision de délocaliser une

---

unilatérale de l'employeur apportée à un sujet couvert par la convention collective. Un employeur ne peut donc procéder à la fermeture d'un site et à sa délocalisation si l'employeur s'est expressément engagé, dans la convention collective, à ne pas le faire (à moins d'obtenir l'accord du syndicat). Milwaukee Spring II, 265 *N.L.R.B.*, N°28, 115 *L.R.R.M.* 1065 (1984). En l'espèce, le NLRB n'a pas reconnu l'efficacité d'une telle clause face à une décision de transfert de l'employeur d'une partie d'un site (où les salariés étaient syndiqués), à un autre site (où les salariés n'étaient pas syndiqués et où les coûts salariaux étaient moins élevés). La convention collective indiquait, en effet, que le syndicat était l'interlocuteur de l'employeur « *pour tous les salariés travaillant à la production et à l'entretien du site de Milwaukee* » et non que les postes des salariés devaient rester sur ce site. Le NLRB a cependant admis, dans cette décision, que les parties auraient pu prévoir que la convention collective contienne une telle clause.

[262]. Par exemple : Arrow Automotive, 284 *N.L.R.B.* 487, 125 *L.R.R.M.* 1188 (1984) : obligation de négocier sur une décision de fermeture et de transfert d'activité sur un autre site, alors que cette décision était la conséquence directe des coûts salariaux (notamment le coût de la couverture maladie) qui étaient plus importants sur le premier site et de l'incapacité de l'employeur de résoudre cette question avec le syndicat, dans le cadre des négociations qui avaient été entreprises en vue de la conclusion d'une nouvelle convention collective.

[263]. Par exemple : Metro. Teletronics Corp., 279 *N.L.R.B.* N°134 (1986), *conf'd*, 819 *F.2d* 1130 (2d Cir. 1987) : absence d'obligation de négocier sur une décision de fermeture et de délocalisation motivée par des considérations financières ; Mack Trucks, Inc. 277 *N.L.R.B.* N°84 (1985) : absence d'obligation de négocier sur une décision de fermeture et de transfert d'activité motivée par le déclin enregistré dans l'industrie des poids-lourd et la surcapacité de la société en terme de production ; Hawthorn Mellody, Inc., 275 *N.L.R.B.* N°55 (1985) : absence d'obligation de négocier sur une décision de fermeture et de transfert d'activité sur un autre site motivée par la perte d'un client représentant 50 à 70% de l'activité sur le premier site ; Bostrom Div., UOP Inc., 272 *N.L.R.B.* N°153 (1984) : absence d'obligation de négocier sur une décision de fermeture de deux sites, de transfert d'activité sur un autre site et de sous-traitance de certaines activités de fabrication. Décision motivée par des pertes financières et dans le but de restaurer la viabilité économique de l'entreprise.

[264]. En adoptant toutefois des variantes dans sa manière d'apprécier si la décision de l'employeur était fondée ou non sur des questions de coûts salariaux, ce qui participa à l'imprécision et à une absence de prévisibilité de la jurisprudence en ce domaine. Ch. J. GRIFFIN, Jr., M. A. JONES, « Work relocations - The changing rules represent a victory of organised labor », *Employee Relations Law Journal*, Winter 1991-92, vol. 17, n°3, p. 395.

[265]. « *Relocation of a unit work* ». Dubuque Packing Co., Inc., 303 *N.L.R.B.* 386, 137 *L.R.R.M.* 1185 (1991) (Dubuque II), *enf'd*, 1 *F.3d* 24, 143 *L.R.R.M.* 3001 (DC. Cir. 1993), *cert. denied*, 146 *L.R.R.M.* 2896 (1994). En l'espèce, la société avait décidé, suite à des difficultés financières importantes et après une série de communications et d'échanges avec le syndicat de 1978 à 1981, la fermeture de deux de ses départements et le transfert de 75% de leur activité de l'Iowa à un autre site, dans l'Illinois, dont elle venait de faire l'acquisition ; un site qui se révélait plus moderne, mieux agencé et « plus en ligne » avec les besoins de la société. Ces deux sites furent finalement fermés et vendus par la société en octobre 1982. La validité du critère employé par le NLRB a été confirmée par la Cour d'appel dans un arrêt United Food & Commercial Workers International Union, Local 150-A v. NLRB, 1 *F.3d* 24, 143 *L.R.R.M.* 3001 (DC Cir. 1993).

partie de son activité, c'est-à-dire de la transférer dans un autre lieu, à l'intérieur des États-Unis [266].

**324.** Dans cet arrêt, le NLRB a considéré que, parmi les trois catégories de décision dégagées par l'arrêt First National Maintenance, un transfert de site [267] entrait dans la troisième catégorie de décision, c'est à dire les décisions qui ont un impact direct sur l'emploi mais qui sont motivées par la profitabilité économique de l'entreprise. Ces décisions ne pouvant, comme la Cour Suprême l'avait décidé, être qualifiées *a priori*, ni de sujet obligatoire de négociation ni de sujet non obligatoire de négociation, une analyse au cas par cas s'imposait. Cette tâche revenait au NLRB.

**325.** Le NLRB a donc cherché à appliquer un nouveau critère afin de déterminer la nature de l'obligation ou l'absence d'obligation de l'employeur, sorte de combinaison des critères dégagés par la Cour Suprême dans ses arrêts Fibreboard et First National Maintenance et des décisions d'application du NLRB [268].

Il s'agit désormais pour l'avocat général du NLRB d'établir que « *la décision de l'employeur entraînait la délocalisation/transfert d'une unité de travail qui ne s'accompagnait pas d'un changement dans la nature des activités de l'entreprise* ». Dans un tel cas, l'employeur a l'obligation de négocier avec le syndicat sur sa décision.

**326.** Cette présomption tombe néanmoins si l'employeur démontre que le travail réalisé au nouveau site varie d'une façon significative par rapport au travail qui était effectué dans

---

[266]. Dans un première décision Dubuque Packing Co., Inc., 287 *N.L.R.B.* 499, 130 *L.R.R.M* 1151 (1987) (Dubuque I) le NLRB avait d'abord considéré que la décision de l'employeur s'analysait clairement en un changement important dans la structure, la nature et la direction de l'entreprise et que la question des coûts salariaux n'avait pas été un critère prépondérant dans la décision de l'employeur. Il est ensuite revenu sur sa décision, sur renvoi de la Cour d'appel [880 *F.2d* 1422, 132 *L.R.R.M* 2104 (D.C. Cir.]. La Cour d'appel avait en particulier jugé confuse l'affirmation du NLRB estimant que la décision du rapporteur (adoptée par le NLRB) était conforme « *à toutes les vues* » exprimées dans l'arrêt Otis Elevator. La Cour d'appel demanda au NLRB « *d'analyser sérieusement le cas qui lui était soumis et d'essayer d'adopter un principe, soutenu par la majorité de ses membres, qui serait appliqué au cas présent et à l'avenir afin de déterminer si une décision particulière est ou non soumise à l'obligation de négocier* ». Pour des commentaires sur les deux décisions Dubuque, notamment, M. E. CONNOR, « The Dubuque Packing decision : new test for bargaining over decision to relocate », *The Labor Lawyer*, 1992, vol. 8, p. 289-295 ; R. S. WOLTERS, S. D. LANGDON, « The duty to bargain over business decisions : the Dubuque case », *Labor Law Journal*, 1992, vol. 43, p. 579-587 ; F. GAUDU, « Délocalisation et droit de la négociation collective en droit américain (autour du « Dubuque case »)», *De tous horizons*, Mélanges Xavier BLANC-JOUVAN, Société de Législation Comparée, 2005, p. 727-737.

[267]. « *Relocation* ». Ce terme n'a pas de définition légale précise en droit américain. C'est un terme générique qui indique que les mêmes emplois sont disponibles dans le nouveau site (appartenant au même employeur) et que les salariés de l'ancien site (qui fait l'objet d'une fermeture) sont soit transférés, soit licenciés. MURPHY, « Plant relocation and the collective bargaining obligation », *North Carolina Law Review*, 1980, vol. 59, p. 13, n. 53.

[268]. Mettant d'abord en parallèle les deux décisions de la Cour Suprême, le NLRB constata les principales différences suivantes : En premier lieu, dans l'arrêt First National Maintenance, l'employeur n'avait pas l'intention de remplacer les salariés licenciés ou de transférer l'activité sur un autre site, alors que dans l'arrêt Fibreboard, les salariés devaient être remplacés par les salariés d'un contractant indépendant. En second lieu, dans l'arrêt First National Maintenance, il s'agissait d'une décision affectant la structure, l'activité ou la direction de l'entreprise, qui revenait à la question de savoir si la société allait continuer ou non son activité (fermeture partielle liée à la perte d'un contrat de services), alors que dans l'arrêt Fibreboard, la décision de l'employeur n'affectait pas le fonctionnement normal de la société (l'activité était conservée, seuls les salariés qui y étaient affectés différaient). Enfin, dans l'arrêt First National Maintenance, la décision de l'employeur était uniquement motivée par une question financière (le montant des dépenses correspondant à sa prestation), tandis que dans l'arrêt Fibreboard, la décision de sous-traitance était motivée par la volonté de l'employeur de réduire ses coûts salariaux.

l'ancien site. Il en est de même s'il établit que le travail effectué dans l'ancien site va être entièrement abandonné et ne sera pas transféré pour être réalisé dans le nouveau site, ou encore que sa décision entraîne un changement dans la structure et la direction de l'entreprise.

L'employeur peut également se défendre en démontrant que les coûts salariaux, directs ou indirects, n'ont pas été pris en compte dans sa décision. Il peut, de même, apporter la preuve que le syndicat n'aurait pas pu offrir de concessions suffisantes pour modifier sa décision quand bien même la question des coûts salariaux serait entrée en ligne de compte. Sa décision n'aurait en effet pas été amendable par le biais de la négociation. Tel est le cas, par exemple, lorsque les investissements en équipements et matériels qui auraient été nécessaires sont supérieurs aux coûts salariaux.

**327.** Par cet arrêt, le NLRB a décidé pour la première fois que la charge de la preuve d'éléments propres à démontrer que l'employeur n'avait pas l'obligation de négocier avec les représentants des salariés, dans le cadre de la prise de décision, pèse sur l'employeur, dans les cas où sa décision ne s'accompagne pas d'un « *changement dans la nature des activités de l'entreprise* ». La question des coûts salariaux peut être l'un des facteurs, et non obligatoirement le facteur déterminant, pris en compte par l'employeur pour prendre sa décision [269].

Une telle présomption existait en l'espèce. La décision de délocalisation constituait une décision distincte des autres mesures prises par l'employeur afin de réduire les charges financières pesant sur l'entreprise. L'employeur n'avait en outre pas apporté la preuve que la question des coûts salariaux n'était pas entrée en ligne de compte dans sa décision et que le syndicat n'aurait pas pu offrir des concessions propres à modifier sa décision. En l'espèce, l'employeur avait déjà obtenu des concessions de la part du syndicat et il n'apportait pas la preuve qu'il ne pouvait pas en obtenir d'autres. En outre, après s'être vu notifier la décision de l'employeur, le syndicat avait demandé la communication d'informations et un report de la mise en œuvre de la décision.

**328.** Le NLRB en conclut qu'une décision de transfert d'activité d'un site à un autre s'apparente plus à une décision de recours à la sous-traitance (que l'arrêt Fibreboard avait considéré comme un sujet obligatoire de négociation), qu'à une décision de fermeture partielle (qui avait été considérée comme un sujet non obligatoire de négociation par l'arrêt First National Maintenance) [270].

Le NLRB n'a toutefois pas donné d'indication quant à la façon dont il convenait d'apprécier « *la nature des activités de l'entreprise* » et « *la structure et la direction de*

---

[269]. Ainsi, plus le syndicat pourra démontrer que la question des coûts salariaux a joué un rôle dans la décision de l'employeur, plus il sera difficile pour l'employeur de démontrer l'inutilité de la négociation collective. De même, plus l'employeur pressera le syndicat de consentir à des concessions, moins il pourra démontrer que la question des coûts salariaux n'a pas été prise en compte dans sa décision.

[270]. Reprenant les trois cas qu'il avait distingués auparavant, le NLRB estima que, contrairement à ce qui avait été décidé dans l'arrêt First National Maintenance, un employeur qui procédait à un transfert d'activité entendait remplacer les salariés licenciés et transférer l'activité sur un autre site. Il s'agissait plus, à l'instar de l'arrêt Fibreboard, de remplacer un groupe de salariés par un autre pour effectuer le même travail. Une décision de transfert d'activité ne s'apparente pas à la décision de savoir si la société va continuer ou non son activité. Elle présuppose, en effet, que l'activité de la société va être poursuivie, la seule question posée étant celle de l'endroit où l'activité va être poursuivie. Un telle décision n'affecte donc pas la structure ou la direction de l'entreprise et encore moins son fonctionnement ou la nature de ses activités (les mêmes produits seront fabriqués pour les mêmes clients et dans les mêmes conditions). Enfin, le syndicat peut influencer la décision de l'employeur de transférer son activité. En effet, une telle décision implique le remplacement dc salariés par d'autres. Il s'en suit logiquement que les différences en termes de rémunération et d'avantages entre les deux groupes de salariés impliqués peuvent être importantes pour l'employeur. Le syndicat a la possibilité d'influer sur cette différence et, partant, d'influencer la décision de l'employeur. La question du transfert (ou de la délocalisation) est donc susceptible d'être résolue par la négociation collective.

*l'entreprise* ». Or, ces critères étaient essentiellement utilisés précédemment d'une façon interchangeable par le NLRB lorsque celui-ci considérait que la décision de l'employeur n'avait pas trait aux coûts salariaux et ne donnait donc pas lieu à négociation avec le syndicat. C'était ajouter à la confusion déjà existante sur la prévisibilité des décisions du NLRB et partant, au désarroi des employeurs [271].

**329.** En définitive, il est très difficile d'avoir une vision claire de la position de la jurisprudence du NLRB et des Cours fédérales américaines sur les obligations de l'employeur, en terme de concertation, par type d'opération projetée, tant la matière est factuelle et dépend largement des circonstances de chaque espèce. Dans tous les cas, l'employeur aura toutefois l'obligation de négocier sur les conséquences de sa décision vis-à-vis des salariés.

Sur l'existence d'une obligation de négocier sur la décision en elle-même, le tableau (forcément simpliste) suivant peut toutefois être dressé [272] :

**330.** En ce qui concerne d'abord, les décisions de recours à la sous-traitance ou de mise en sous-traitance [273]. L'arrêt de référence en la matière est l'arrêt Fibreboard Paper Products Corp. de 1964 [274]. Les décisions seront à distinguer selon qu'elles impliquent ou non le remplacement d'un groupe de salariés par un autre, pour effectuer le même travail. Si tel est le cas, l'employeur aura généralement l'obligation de négocier avec le syndicat sur sa décision car elle implique que l'activité en question va être poursuivie, dans les mêmes conditions et que la structure, l'activité ou la direction de l'entreprise n'en seront pas affectées [275].

Si, au contraire, la décision de recours à la sous-traitance ou à toute autre forme de services, n'implique pas le remplacement des salariés affectés à l'activité concernée mais pose la question de la continuité de cette activité par l'entreprise, la décision relève de la structure,

---

[271]. Ch. J. GRIFFIN, Jr., M. A. JONES, « Work relocations - The changing rules represent a victory of organised labor », *Employee Relations Law Journal*, Winter 1991-92, vol. 17, n°3, p. 398-402. Ces auteurs observent que, par cet arrêt, « *l'employeur a la difficile tâche de rapporter la preuve d'une question qui ne dépendait que de sa propre subjectivité au moment où la décision de délocaliser a été prise* » (p. 398). La preuve de l'intention de l'employeur sera donc difficile sinon impossible à apporter, d'autant plus que le NLRB n'a pas indiqué le degré d'exigence requis en ce qui concerne la preuve que l'employeur doit apporter. En conséquence, cet arrêt permettrait au syndicat d'accroître ses possibilités de demander des informations à l'employeur sur l'opération en cours et d'obtenir « *une voix dans des décisions qui étaient auparavant considérées comme le domaine pratiquement exclusif de l'employeur* » (p. 401). Les auteurs concluent en conseillant aux employeurs d'adopter la prudence à la suite de cet arrêt en négociant avec leurs syndicats sur toutes les décisions de délocalisation.

[272]. Hors clause contraire de la convention collective ou renonciation par le syndicat à son droit à négociation sur l'un ou plusieurs de ces sujets.

[273]. « *Subcontracting* » et externalisation d'activité (« *contracting-out* »)

[274]. Fibreboard Paper Prods. Corp. v. NLRB, 379 *U.S.* 203 (1964).

[275]. Pour un exemple d'application : Torrington Indus., 307 *N.L.R.B.* 809 (1992) : constitue une pratique déloyale de travail le fait pour l'employeur de décider unilatéralement de recourir à la sous-traitance alors que la sous-traitance aboutissait à remplacer un groupe de salariés par un autre pour effectuer le même travail et ne constitue pas un changement dans l'étendue, la nature et la direction de l'entreprise ; Power Inc., 311 *N.L.R.B.* 599, 145 *L.R.R.M.* 1198 (1993). Le NLRB a décidé, en l'espèce, que l'employeur a l'obligation de négocier avec le syndicat et doit réintégrer l'activité qu'il sous-traite lorsque sa décision d'y recourir unilatéralement est principalement motivée par la volonté de ce dernier de réduire les coûts salariaux (concrétisée en l'espèce par des ruptures permanentes de contrats de travail) et que l'opération implique essentiellement la substitution des salariés de l'unité de travail par des salariés n'en faisant pas partie, pour effectuer le même travail, avec le même équipement, sans aucun changement dans la structure ou la direction de l'entreprise. Voir cependant : Dorsey Trailers, Inc. v. NLRB, 157 *L.R.R.M.* 2216 (3d. Cir. 1998), où dans une affaire qui concernait également une décision unilatérale de l'employeur de recourir à la sous-traitance, la Cour d'appel a fait application du « balancing test » de l'arrêt First National Maintenance pour écarter l'obligation de négocier de l'employeur. Sa décision était en effet motivée, en l'espèce, par une volonté d'éviter une perte sur les ventes.

de l'activité et de la direction de l'entreprise [276]. L'employeur n'aura, en conséquence, pas à négocier avant de mettre en œuvre sa décision, à moins qu'elle n'ait été motivée par un souci de réduire les coûts salariaux, d'écarter la représentation collective de l'unité de négociation considérée ou de décourager la syndicalisation des salariés restant dans l'entreprise [277].

**331.** En ce qui concerne les décisions de transfert ou de délocalisation d'activité à l'intérieur des États-Unis [278], l'arrêt de référence est l'arrêt Dubuque Packing Co. de 1991 [279]. Lorsque l'employeur décide de délocaliser son entreprise, la jurisprudence considère généralement que celui-ci a une obligation de négocier avec le syndicat sur sa décision dans la mesure où la délocalisation en question n'affecte pas d'une façon substantielle la manière dont l'entreprise est conduite [280].

---

[276]. En revanche, si l'activité est externalisée et entraîne, en conséquence, la dissolution d'une partie de l'activité de l'entreprise, la décision de l'employeur est le plus souvent assimilée à une fermeture partielle d'entreprise. Par exemple : Garwood-Detroit Truck Equipment, Inc., 274 *N.L.R.B.* 113, 118 *L.R.R.M.* 1417 (1985). En l'espèce, le NLRB a décidé qu'une entreprise de camionnage n'avait pas à négocier sur sa décision d'externaliser deux de ses services qui étaient précédemment assurés par ses salariés. Sa décision était en effet motivée par un souci de réduire les charges de l'entreprise en général, et pas seulement les coûts salariaux. Pour une décision contraire : Bob's Big Boy Family Restaurants, 264 *N.L.R.B.* 1369 (1982), où le NLRB a qualifié de sous-traitance la vente à un tiers d'une activité et de l'équipement qui y était attaché afin que celui-ci continue cette activité, avec ses propres salariés. L'employeur avait l'obligation de négocier sur sa décision de sous-traitance puisqu'elle « *n'affectait pas substantiellement la nature et la direction de l'entreprise* ».

[277]. Pour un exemple d'application : Furniture Renters of America Inc., 318 *N.L.R.B.* N°67, 150 *L.R.R.M.* 1272 (1995). En l'espèce, le NLRB décida qu'un employeur ne violait pas le NLRA en ne négociant pas avec le syndicat sur sa décision de sous-traiter la livraison de ses produits et de rompre le contrat de travail (« *lay-off* ») des salariés affectés à cette activité. La décision de l'employeur n'était en effet pas liée aux coûts salariaux et ne concernait aucune des questions qui auraient pu être résolues par la voie de la négociation. Bien plutôt, la décision de l'employeur de recourir à la sous-traitance était motivée par son exaspération de constater l'irresponsabilité et la malhonnêteté (des vols avaient été commis) de certains des salariés affectés à la livraison de ses produits.

[278]. « *Relocation* ». La distinction entre délocalisation et fermeture partielle d'entreprise est quelque fois difficile à cerner en pratique. En effet, lorsqu'une entreprise qui a déjà un site, ouvre un nouveau site à un autre endroit et, un ou deux ans plus tard, ferme son ancien site parce qu'il est devenu moins rentable, la situation est généralement analysée comme une fermeture partielle d'entreprise puisque l'entreprise supprime l'un de ses sites. D'un autre côté, si la même entreprise procède simultanément à l'ouverture de son nouveau site et à la fermeture de son ancien site, cette situation sera analysée comme une délocalisation d'activité puisque l'activité de l'ancien site sera transférée au nouveau site et, qu'en conséquence, le nombre de sites que compte la société ne sera pas modifié.

[279]. Dubuque Packing Co., Inc., 303 *N.L.R.B.* 386, 137 *L.R.R.M.* 1185 (1991) (Dubuque II).

[280]. Le raisonnement est le suivant : si la décision de l'employeur entraîne le transfert d'une ou plusieurs unités de travail sans que la nature de l'activité de l'entreprise en soit affectée (c'est à dire que le travail qui était réalisé à l'ancien site est transféré au nouveau site, sans modification par rapport au travail qui était effectué dans l'ancien site et à l'activité de la société), l'employeur aura l'obligation de négocier avec le syndicat sur sa décision (présomption) à moins qu'il ne puisse démontrer que : (i) le travail réalisé au nouveau site varie d'une façon significative par rapport au travail qui était effectué dans l'ancien site ou que (ii) le travail effectué dans l'ancien site va être entièrement abandonné et ne sera pas transféré ou encore que (iii) la décision de l'employeur entraîne un changement dans la structure et la direction de l'entreprise. Il pourra également s'affranchir de son obligation de négocier avec le syndicat en démontrant que la question des coûts salariaux n'a pas été prise en compte dans sa décision ou que le syndicat n'aurait pas pu offrir de concessions suffisantes pour amender sa décision.

Pour un exemple d'application, Nu-Skin Int'l, Inc., 320 *N.L.R.B.* 385, 153 *L.R.R.M.* 1217 (1995). En l'espèce le NLRB considéra que l'employeur n'avait pas violé le NLRA en décidant unilatéralement de fermer un site et de transférer son activité sur un autre site, même si la décision n'entraînait pas de modification dans le fonctionnement normal de l'entreprise et qu'elle avait été prise en raison des coûts salariaux élevés, parce que les économies réalisées étaient telles qu'aucune concession du syndicat n'aurait pu modifier sa décision. Voir cependant également, Elliott Turbomachinery Co., Inc., 320 *N.L.R.B.* 141 (1995). En l'espèce, l'employeur avait demandé au syndicat la renégociation de certaines clauses de la

**332.** En ce qui concerne les décisions de fermeture partielle d'entreprise [281], l'arrêt de référence est l'arrêt First National Maintenance de 1981 [282]. Les opérations de fusion et d'acquisition entrent dans cette catégorie ainsi que dans celles qui concernent les fermetures totales d'entreprises[283]. Ces décisions ne font généralement pas l'objet d'une négociation entre employeur et syndicat dès lors que l'employeur n'a pas l'intention de remplacer les salariés concernés par l'opération ni de délocaliser son activité et que sa décision a été prise sur la base d'éléments sur lesquels le syndicat ne peut avoir aucune prise ni contrôle.

En résumé, dès lors que la décision adopte une motivation économique, elle échappe à la négociation, sauf à que la décision de l'employeur ait pour objectif de décourager l'affiliation syndicale ou toute activité syndicale au sein de son entreprise.

**333.** En ce qui concerne, enfin, les décisions de fermeture totale ou cession de l'entreprise, l'arrêt de référence est l'arrêt Darlington Manufacturing de 1965 [284]. Dans l'hypothèse où la décision de l'employeur pourrait être qualifiée de fermeture partielle mais a également pour conséquence l'abandon définitif par l'employeur de tout ou partie de son activité [285], le NLRB et les Cours fédérales s'accordent à dire que la décision de l'employeur n'appelle pas de devoir de négocier avec le syndicat. Il en est ainsi quelle que soit sa motivation dans les cas de fermeture totale, et sous réserve que sa décision ne soit pas guidée par une motivation anti-syndicale, dans les autres cas.

**334.** La jurisprudence s'attache, en définitive, plus aux motivations de l'employeur et aux résultats de sa décision sur le fonctionnement de l'entreprise qu'au type d'opération juridique dont il s'agit. La continuité de l'activité est telle menacée ?, la restructuration entraîne t-elle des modifications importantes dans la structure, l'activité ou la direction de l'entreprise ?, si oui, pour quel motif ? et enfin, la décision peut-elle être modifiée par la voie de

---

convention collective et l'avait informé que s'il cherchait à s'éloigner de ses propositions, l'entreprise serait délocalisée à Columbus (Ohio), alors que s'il les acceptait entièrement, l'entreprise resterait à Dayton (Ohio). Quatre jours plus tard, l'employeur informa le syndicat que la société allait fermer et que son activité serait transférée à Columbus. Le syndicat demanda à l'employeur de négocier sur la décision de délocalisation. L'employeur refusa. Le NLRB décida, en l'espèce, que l'employeur avait l'obligation de négocier sur sa décision de délocalisation au motif qu'il n'était pas établi que les parties avaient « *pleinement discuté et consciemment examiné* » le droit à négociation du syndicat ou que ce dernier avait « *consciemment abandonné ou clairement et indubitablement renoncé à son droit en ce domaine* ».

[281]. « *Partial shutdown* ».

[282]. First National Maintenance Corp. v. NLRB, 452 *U.S.* 666, 107 *L.R.R.M.* 2705 (1981).

[283]. Par exemple: International Association of Machinists v. Northeast Airlines, Inc., 473 *F.2d* 549, 1st Cir. (1972), à propos d'une fusion entre deux compagnies aériennes. La Cour fédérale a décidé que l'employeur n'avait pas l'obligation de négocier sur sa décision de fusionner. En effet, « *contrairement au recours à la sous-traitance, les négociations entourant une fusion exigent secret, flexibilité et rapidité qui sont antithétiques à la négociation collective et les salariés ne sont pas en position de juger les considérations financières complexes qu'elles entraînent le plus souvent* » ; H. R. NOTHRUP, Ph. A. MISCIMARRA, *Government protection of employees involved in mergers and acquisitions*, The Wharton School, Industrial Research Unit, University of Pennsylvania, 1989, p. 92. Les auteurs concluent sur ce point que « *la plupart des fusions, des acquisitions ou des ventes entraînent « une réorganisation substantielle du capital de l'entreprise ou un investissement » et « modifient substantiellement la nature et la direction » de l'entreprise du cédant, ce qui devrait apparemment écarter toute obligation de négocier sur la décision. Néanmoins, le besoin de distinguer entre une « fermeture » et d'autres types de transactions continuera malheureusement à être pris en compte dans la détermination de la solution légale dans ce domaine, bien que le NLRB reconnaisse lui-même que « ces décisions n'entrent pas nettement dans des catégories » et « impliquent souvent des éléments appartenant à un ou plusieurs types de décisions* ».

[284]. Textile Workers Union v. Darlington Mfg. Co. 380 *U.S.* 263 (1965).

[285]. Le NLRB a étendu le principe dégagé par la Cour Suprême en matière de fermeture totale d'entreprise à la décision de l'employeur d'abandonner complètement une ligne spécifique de produits ou de services : Summit Tooling Co., 195 *N.L.R.B.* 479, 79 *L.R.R.M.* 1396 (1972).

la négociation? [286]. Elle laisse, en général, une grande liberté à l'employeur dans la direction de son entreprise, ce que certains analysent comme la reconnaissance par la jurisprudence d'un besoin de flexibilité dans la gestion des affaires [287]. D'autres la dénoncent et la considèrent comme « *l'exploitation des insuffisances de la loi au nom de la liberté de l'entrepreneur et des concepts de rentabilité économique et de mobilité du capital* » [288].

L'obligation de négocier imposée à l'employeur par une décision du NLRB ou d'une Cour fédérale n'implique pas que la liberté d'agir de l'employeur sera nécessairement entravée. En effet, l'obligation de négocier n'exige pas que l'employeur obtienne l'accord du syndicat pour mettre en œuvre sa décision. Il doit seulement notifier au syndicat son projet et lui donner l'opportunité de discuter avec lui de la décision qu'il va prendre.

## §2. LA NATURE ET LE MOMENT DE LA CONCERTATION

**335.** Le concept de concertation recouvre des acceptions bien différentes dans les trois systèmes juridiques couverts par notre étude qu'il s'agisse tant de la nature que du moment auquel doit intervenir la concertation avec les représentants du personnel, selon que celle-ci répond à une exigence d'information, de consultation ou de négociation (A). Le moment auquel celle-ci s'exerce en subit la pleine conséquence (B).

### A. INFORMATION, CONSULTATION OU NÉGOCIATION ?

**336.** Le chapitre III de la directive 2001/23/CE [289] s'intitule « *information et consultation* ». Aucune définition de ces termes n'y est toutefois expressément donnée.

Si la notion d'information est facilement compréhensible - encore que l'on puisse se demander si l'information exigée par la directive doit être donnée oralement ou par écrit et quelle doit en être l'étendue, c'est-à-dire le degré de détail et de précision exigé - le terme de consultation est plus sujet à interprétation. En effet, s'agit-il ici d'un simple échange de vues, d'un dialogue entre employeur et représentants du personnel ou la consultation implique t'elle qu'employeur et représentants du personnel doivent parvenir à un accord sur la décision de transfert et sur ses conséquences ?

---

[286]. Les syndicats considèrent que la seule limite à leurs droits en ce domaine concerne les décisions « *qui ne peuvent pas trouver une autre issue par la voie de la négociation* ». Ainsi, dès lors que les négociations sont susceptibles d'influencer une décision qui relève, *a priori* des seules prérogatives de l'employeur, le syndicat devrait faire valoir son droit à négociation, même si la décision prend la forme juridique d'une fusion, d'une acquisition ou d'une cession d'actifs. W. DANIELS, S. KUPFERBERG, « Sale of assets, mergers, and acquisitions: a union view », *Labor Law and business change : theoretical and transactional perspectives*, ed. by S. ESTREICHER et D. G. COLLINS, Quorum Books, 1988, p. 185-189.

[287]. B. G. GEORGE, « To bargain or not to bargain: a new chapter in work relocation decisions », *Minnesota Law Review*, 1985, vol. 69, p. 697.

[288]. J. B. ZIMAROWSKI, « The viability of the collective bargaining process: corporate transformations as unchanneled bargaining power », *Hofstra Labor Law Journal*, Spring 1986, vol. 3, n°2, p. 138 ; T. COLLINGSWORTH, « Resurrecting the National Labor Relations Act - Plant closings and runaway shops in a global economy », *Berkeley Journal of Employment and Labor law*, 1993, vol. 14, p. 72-112. L'auteur considère que l'interprétation du NLRA par le NLRB et les Cours fédérales en ce domaine est devenue inadaptée à la réalité économique actuelle. Il dénonce le manque de protection accordée aux salariés américains face à une économie dépassant les frontières nationales.

[289]. Article 7.

La lecture de l'article 7 nous renseigne : la consultation des représentants des travailleurs respectifs du cédant et du cessionnaire doit s'exercer « *en vue d'aboutir à un accord* », au moins sur les mesures envisagées à l'égard des salariés [290].

Il s'agirait donc d'avantage qu'un simple échange de vues, plus qu'une simple formalité menant à la formulation d'une opinion par les représentants des salariés respectifs du cédant et du cessionnaire [291]. La consultation viserait la recherche d'un consensus entre employeur et représentants des travailleurs [292].

**337.** Aucune question préjudicielle n'est intervenue à ce titre à notre connaissance, et ces questions d'interprétation sont demeurées au niveau du droit national [293]. Les droits français et anglais en offrent, en conséquence, une interprétation différente, conforme à leurs spécificités nationales.

La négociation que l'employeur se doit d'engager avec le syndicat en droit américain ne porte généralement, pour sa part, que sur les effets des opérations projetées. Lorsqu'elle trouve à s'appliquer, elle répond à la forme la plus aboutie de participation des représentants des salariés dans la recherche d'un consensus avec l'employeur sur les mesures envisagées à l'égard des salariés.

### *1. Droit français : information et double consultation sur l'opération et sur ses conséquences*

**338.** En droit français, l'employeur, cédant ou cessionnaire, a une double obligation d'information et de consultation, à la fois sur le projet de transfert en lui-même et sur ses conséquences sur la situation des salariés.

L'information est la communication par l'employeur de documents ou d'informations sur le projet de transfert envisagé et sur ses conséquences. Elle doit être « *précise et écrite* » [294] et s'inscrire en préalable à la consultation.

La notion de « consultation », renvoie à un échange d'information et à un dialogue entre employeur et comité d'entreprise afin de permettre à ce dernier de « *formuler un avis motivé* »[295] sur le projet qui lui est soumis. Elle intervient donc en préalable à la décision de l'employeur.

---

[290]. Article 7.2. Notons que cette formulation est issue de la directive n°98-50 du 29 juin 1998, reprenant la terminologie utilisée par la directive de 1975 sur les licenciements collectifs et durcissant par là même sa position sur la finalité de la consultation qui ne devait, à l'origine, qu'être conduite par l'employeur « *en vue de rechercher un accord* ».

[291]. La doctrine reste toutefois divisée sur ce point (doctrine sur l'application de la directive de 1975 sur les licenciements collectifs, transposable en l'espèce). Certains, se fondant sur l'objet de la directive qui est le rapprochement des législations internes des Etats, considèrent, en effet, que l'accord auquel les parties doivent aboutir dans ce cadre n'est pas l'expression d'une obligation de résultat, mais seulement une obligation de moyens. Notamment P. RODIERE, *Droit social de l'union Européenne*, LGDJ, 2000, n°286, p. 288. Pour d'autres, la directive exigerait un accord entre l'employeur et les représentants du personnel et s'orienterait vers une négociation collective (pour la négociation d'un plan social, en particulier). R. BLANPAIN, J.-C. JAVILLIER, *Droit du travail communautaire*, LGDJ, 1995, n°412, p. 285.

[292]. La directive 2002/14/CE définit néanmoins la consultation comme un « *échange de vues et l'établissement d'un dialogue entre les représentants des travailleurs et l'employeur* » (article 2 g.). La consultation est exercée « *en vue d'aboutir à un accord* » [article 4.2(e)] sur « *les décisions susceptibles d'entraîner des modifications importantes dans l'organisation du travail ou dans les contrats de travail, y compris celles visées par les dispositions communautaires mentionnées à l'article 9 para. 1* » (c'est à dire les procédures d'informations et de consultation spécifiques sur les projets de licenciements collectifs et de transferts d'entreprise).

[293]. S. LAULOM, « Les dialogues entre juge communautaire et juges nationaux en matière de transfert d'entreprise », *Droit Social*, 1999, n°9-10, p. 831.

[294]. Article L.431-5 al. 2 du code du travail.

[295]. Article L. 431-5 al. 2 du code du travail.

L'avis rendu par le comité d'entreprise ne lie pas l'employeur, le comité d'entreprise n'ayant qu'un rôle consultatif. L'employeur peut donc décider d'entériner son projet de transfert, en dépit d'un avis négatif du comité d'entreprise. Il a seulement l'obligation de rendre compte de la suite donnée à l'avis du comité d'entreprise [296].

**339.** La consultation au sens du droit français semble donc devoir être distinguée de celle donnée par la directive car elle ne vise pas à « aboutir à un accord » ni à obtenir l'adhésion du comité d'entreprise au projet de l'employeur [297]. Seul l'organe de représentation des salariés auprès de la société européenne retient cette formule transposée du droit communautaire [298]. La loi de modernisation sociale tendait à amenuiser cette distinction en permettant notamment au comité d'entreprise, dans le cadre d'opérations impliquant une compression d'effectifs, de formuler des propositions alternatives au projet du chef d'entreprise auxquelles ce dernier avait l'obligation de répondre. Cette prérogative supplémentaire du comité d'entreprise tendait à accentuer l'idée de recherche d'un consensus sur le projet de restructuration, s'approchant ainsi des prescriptions de la directive. Cette disposition a toutefois été suspendue en 2003 et définitivement abrogée par la loi de cohésion sociale de 2005 [299].

La procédure de concertation en tant que telle n'a pas pour finalité la conclusion d'un accord. Elle tend simplement à un échange d'information qui doit donner lieu à une discussion

---

[296]. Article L.432-10 al. 2 du code du travail.

[297]. Les discussions qui se déroulent au sein du comité d'entreprise sont toutefois parfois comparables à des négociations « informelles », dans la mesure où si l'obtention d'un accord ou d'un compromis n'est jamais imposée, elle l'est généralement en pratique. Voir le n° spécial de *Droit Social* de juillet et août 1977 sur le comité d'entreprise, p. 21: « l'opposition artificielle entre la consultation et la négociation ». Le meilleur exemple de cette forme atypique de « consultation – négociation » se trouve dans la procédure d'information et de consultation du comité d'entreprise sur les projets de licenciements collectifs et le contenu du plan social. F. GAUDU, « Les réductions d'effectifs et les comités d'entreprise après la loi du 2 août 1989 », *Droit Ouvrier*, mai 1990, p. 178 et 184, pour qui la différence avec le but de parvenir à un accord « *n'est qu'une question de degré* ».

[298]. Article L. 439-39 du code du travail. La compétence de l'organe de représentation des salariés est presque identique à celle du comité d'entreprise européen à cette différence prêt que si l'organe de direction de la SE décide de ne pas suivre l'avis de l'organe de représentation des salariés, celui-ci peut demander une nouvelle rencontre pour tenter de parvenir à un accord. Il s'agirait donc d'un mécanisme de consultation renforcée. M.-A. MOREAU, « L'implication des travailleurs dans la société européenne », *Droit Social*, 2001, n°11, p. 967-976 ; *Revue Lamy Droit des affaires*, spécial société européenne, n°48, avril 2002 ; Colloque de l'Institut Européen des Juristes en Droit social, « Pourquoi et pour qui créer une société européenne ? », *Semaine Sociale Lamy*, Supplément n°1071, 15 avril 2002 ; *Actes Pratiques, Ingénierie Sociétaire*, spécial société européenne, n°63, mai-juin 2002 ; *Gazette du Palais*, spécial société européenne, n°92 à 93, 2-3 avril 2003 ; *Les Petites Affiches*, n° spécial « La société européenne – les enjeux de l'adaptation du droit français », n°106, 27 mai 2004 ; J. MALHERBE, *La Société européenne*, éd. E. BRUYLANT, 2005, 297 p. ; B. TEYSSIE, « L'implication des salariés dans la société européenne », *JCP*, éd. Sociale, n°16, 11 octobre 2005, n°168, p. 3-6 ; F. COLLIN, J.-P. DOM, « Enjeux et perspectives de la société européenne », *Actes Pratiques et Ingénierie Sociétaire*, n°84, novembre–décembre 2005, p. 5-16 ; U. REHFELDT, *Country report : transposition of the EU directive on worker involvement in the European company (SE), France*, IRES, 2005, 7 p. ; B. KELLER, « The European company statute: employee involvement and beyond », *Industrial Relations Journal*, December 2002, vol. 33, n°5, p. 424-445 ; P. L. DAVIES, « Workers on the board of the European company ? », *Industrial Law Journal*, June 2003, vol. 32, n°2, p. 75-96 ; http://www.worker-participation.eu/european_company

[299]. Cette obligation avait été introduite par l'article 101 de la loi de modernisation sociale du 17 janvier 2002 qui avait inséré six nouveaux alinéas à l'article L.432-1 du code du travail. La loi 2003-6 du 3 janvier 2003, suspendant certains articles de la loi de modernisation sociale a supprimé le droit d'opposition reconnu au comité d'entreprise et la possibilité de faire des propositions alternatives au projet de l'employeur. Cette disposition a été définitivement abrogée par la loi n°2005-32 du 18 janvier 2005. Les conditions dans lesquelles le comité d'entreprise peut formuler des propositions alternatives au projet de l'employeur peuvent néanmoins être prévues dans le cadre d'un accord de méthode (article L.320-3 du code du travail).

et vise à obtenir un avis du comité d'entreprise sur le projet qui lui est soumis. Elle s'inscrit donc dans une logique de décision unilatérale de l'employeur, même si elle doit permettre la prise en compte des intérêts des salariés dans les décisions relatives à la marche générale de l'entreprise.

### *2. Droit anglais : information et consultation sur les conséquences de l'opération*

**340.** En droit anglais, l'employeur, cédant ou cessionnaire, a une obligation d'information sur l'opération de transfert en elle-même et de consultation sur ses conséquences pour les salariés[300].

L'obligation d'information n'est pas définie en tant que telle, mais, contrairement au droit français, le TUPE indique avec précision son objet en énumérant les éléments sur lesquels l'information doit nécessairement porter. Ils concernent l'opération de transfert elle-même et les mesures que le cédant ou le cessionnaire envisagent de prendre à l'égard des salariés [301]. Le TUPE indique également les modalités selon lesquelles cette information doit être communiquée aux représentants du personnel, à savoir par écrit, et remise individuellement ou envoyée à chacun des représentants du personnel qui doivent être informés et consultés dans le cadre de l'opération de transfert projetée [302].

De même, le TUPE indique l'objet de la consultation, c'est-à-dire les mesures prises à l'égard des salariés concernés par l'opération, et les conditions dans lesquelles elle doit avoir lieu [303]. La consultation des représentants du personnel doit ainsi être menée « *en vue de rechercher un accord sur les mesures qui doivent être prises* (à l'égard des salariés concernés par l'opération) »[304], c'est-à-dire, principalement sur les conditions et les modalités de transfert des salariés.

**341.** Les parties sont invitées, dans ce cadre, à discuter de bonne foi des mesures proposées par l'employeur et à chercher à obtenir un accord, dans la mesure du possible, comme dans le cadre de la négociation collective, sans qu'aucune d'elles n'ait l'obligation d'adhérer à l'opinion de l'autre.

---

300. TUPE 1981, reg. 10 ; TUPE 2006, reg. 13.

301. TUPE 1981, reg. 10 (2) ; TUPE 2006, reg. 13(2), à savoir : (i) le fait qu'un transfert va intervenir, sa date et les raisons qui le motivent, (ii) les conséquences légales, économiques et sociales du transfert pour les salariés, (iii) les mesures que l'employeur envisage de prendre à leur égard, en lien avec le transfert, et (iv) lorsque l'employeur est le cédant, les mesures que le cessionnaire envisage de prendre à l'égard des salariés qui lui sont transférés.

302. TUPE 1981, reg. 10 (4) ; TUPE 2006, reg. 13(5).

303. TUPE 1981, reg. 10 (5) et (6) ; TUPE 2006, reg. 13(6) et (7).

304. « *with a view to seeking their agreement to measures to be taken* », [TUPE 1981, reg. 10 (5)] « *with a view to seeking their agreement to the intented measures* » [TUPE 2006, reg. 13(6)], contrairement à la directive sur les transferts d'entreprises qui prévoit, depuis 1998, que la consultation doit avoir lieu « en vue d'aboutir à un accord » (article 6.2 directive 98/50/CE et article 7.2 directive 2001/23/CE). La consultation est plus complète en matière de licenciement collectif puisqu'elle s'exerce « *en vue d'aboutir à un accord* » sur la façon d'éviter les licenciements, d'en réduire le nombre ou d'en diminuer l'impact [TULR(C)A 1992, s. 188(2)]. Les dispositions subsidiaires de la réglementation « ICE » prévoient également que la consultation des représentants des salariés doit avoir lieu en vue « d'aboutir à un accord » (« *with a view to reaching agreement* »), ICE, reg. 20(4)(d). Pour l'ACAS, cela signifie juste que « *toutes les tentatives doivent être faites pour aboutir, dans la mesure du possible, à un consensus* ». ACAS, *Information and Consultation, Unit 2*. La différence entre « rechercher » et « aboutir » est minime en pratique. S. DEAKIN, G. S. MORRIS, *Labour Law*, Butterworths, 2001, p. 818. Pour ces auteurs, ces dispositions sont « analogues mais pas identiques ». L'obligation de consultation en matière de licenciement collectif serait plus étendue que l'obligation de consultation en matière de transfert d'entreprise, au moins dans son objet. Elle se rapprocherait de la négociation.

La jurisprudence a d'ailleurs défini la notion de consultation « équitable » [305] comme celle qui intervient à un moment où les propositions sont toujours amendables. Elle implique la communication d'informations suffisantes et adaptées, le temps nécessaire pour y répondre, et la prise en compte objective par l'employeur des réponses qui y sont apportées.

Même si elle est d'une application plus restrictive qu'en droit français puisqu'elle ne concerne que les mesures éventuelles que l'employeur envisage de prendre à l'égard des salariés dans le contexte du transfert [306], la consultation en droit anglais suppose, comme en droit français, que l'organe de représentation des salariés ait l'opportunité de comprendre pleinement l'opération au sujet de laquelle il est consulté.

**342.** Sauf à ce que les salariés n'aient pas procédé à l'élection ou à la désignation de leurs représentants, après avoir été dûment invités à le faire par l'employeur, celui-ci n'a pas à informer directement ses salariés [307]. La seule obligation que l'employeur a à leur égard est de les mettre en mesure de pouvoir s'opposer au transfert, s'ils souhaitent ne pas passer au service du cessionnaire [308], et de permettre à leurs représentants de s'entretenir avec eux pour leur rendre compte des réunions tenues avec l'employeur.

### *3. Droit américain : négociation sur les conséquences de l'opération*

**343.** Le droit américain ne connaît pas la consultation au sens où nous l'entendons en Europe. Il ne connaît qu'une forme de représentation légale des salariés, la représentation des salariés par le syndicat majoritaire, et qu'une forme d'expression de cette représentation, la négociation collective.

Dans le cadre des opérations de transfert d'entreprise, la négociation entre employeur et syndicat ne portera, le plus souvent, que sur les conséquences de la décision de l'employeur à l'égard des salariés de l'unité de négociation que le syndicat représente [309].

Ainsi, même si la décision de restructuration n'est pas considérée comme un sujet obligatoire de négociation en droit américain, l'employeur aura l'obligation de négocier sur ses effets, quelle que soit la forme juridique de l'opération [310].

---

[305]. (« *fair consultation* »). Définition proposée par le juge J. Hodgson *in* R v. Gwent County Council and Secretary of State for Wales, ex p Bryant, [1988] *COD* 19 et reprise notamment *in* R v. British Coal Corporation and Secretary of State for Trade and Industry ex parte Price & ors [1994] *IRLR* 72.

[306]. Contrairement à l'obligation d'information du cédant qui porte également sur les mesures que le cessionnaire envisage de prendre à l'égard des salariés, une fois le transfert réalisé.

[307]. TUPE 1981, reg. 10 (8)(a) ; TUPE 2006, reg. 13 (11) ; Howard v. Millrise Ltd (t/a Colourflow) (in liquidation) and anor [2005] *IRLR* 84 (EAT). Sur cette question, cf. 1ère Partie, Titre 2, Chapitre 1, *infra*.

[308]. Par exception au principe du transfert automatique des contrats [TUPE reg. 5 (4A) et 4(B) ; TUPE 2006, reg. 4(7)]. Sur cette question, v. 1ère Partie, Titre 2, chapitre 1, *infra*.

[309]. Le NLRB s'est, pour la première fois, clairement exprimé sur cette question dans un arrêt Brown Truck and Trailer Manufacturing Co., 106 *N.L.R.B.* 999 (1953), dans lequel il décida que l'employeur avait violé la section 8(a)(5) du NLRA en ne négociant pas d'une manière adéquate sur l'impact d'une décision de délocalisation (fermeture suivie d'un transfert). En effet, l'employeur devait, selon le NLRB, « *au moins, aviser le syndicat du projet de délocalisation et lui offrir l'opportunité de négocier sur les conséquences du transfert pour les salariés concernés* ». Les arrêts qui ont suivi ont considéré que l'employeur avait une obligation de négocier sur les effets de sa décision dès lors que celle-ci modifiait les conditions d'emploi des salariés. Cette obligation a été rappelée dans l'arrêt First National Maintenance en ces termes (at 681) : « *le syndicat doit disposer d'une opportunité sérieuse de négocier au sujet de (...) la sécurité de l'emploi qui est partie intégrante de la négociation sur « les effets» requise par la section 8(a)(5)* ».

[310]. NLRB First National Maintenance Corp. v. NLRB, 452 *U.S.* 666 (1981) : obligation de négocier sur les effets d'une fermeture partielle ; Mc Millan Cartage, Inc., 257 *N.L.R.B.* 125, 107 *L.R.R.M.* 1576 (1981) : obligation de négocier sur les effets d'une fermeture totale ; Riedel Int'l, 300 *N.L.R.B.* N°32, 135 *L.R.R.M.* 1137 (1990) : obligation de négocier sur les effets de la vente d'une entreprise ; NLRB v. Adams Dairy, Inc., 350 *F.2d* 108 (8th Cir. 1965) : obligation de négocier sur les effets d'une décision d'externaliser une activité.

**344.** La négociation sur la décision elle-même implique, pour l'employeur, lorsque ce devoir existe, d'informer le syndicat du projet de restructuration et de discuter avec ce dernier. L'objectif est pour lui d'étudier, en toute bonne foi, les suggestions que le syndicat peut proposer pour envisager des solutions alternatives et lui donner ainsi « *l'opportunité d'engager une pleine et franche discussion* » sur son projet [311]. Il s'agit principalement de donner aux salariés une chance de protéger leur emploi en garantissant à leur représentant une occasion d'influencer la décision finale de l'employeur. La tâche du NLRB est de s'assurer que l'opportunité leur soit donnée que de telles discussions aient lieu.

Le devoir de négocier sur la décision elle-même n'implique cependant pas que le syndicat participe aux décisions concernant les stratégies opérationnelles ou en terme d'investissement. Il ne leur donne pas non plus une voix à part égale avec la direction dans la prise de décision. Il requiert plutôt que l'employeur notifie au syndicat la décision qu'il entend prendre et prenne connaissance et étudie, en toute bonne foi [312], les solutions alternatives que le syndicat peut lui proposer, avant de mettre en œuvre sa décision. Le terme « négociation sur la décision » est donc trompeur puisqu'il semble impliquer que le syndicat a des droits plus larges que ceux que l'interprétation du NLRA par le NLRB lui reconnaît et qu'il participe directement à la prise de décision, ce qui n'est manifestement pas le cas.

**345.** Le devoir de négocier sur les conséquences de la décision implique, au contraire, que la décision elle-même soit ferme et définitive. La négociation ne porte pas sur les alternatives qui pourraient exister pour infléchir la décision de l'employeur mais seulement sur les conditions dans lesquelles la décision va être mise en œuvre. L'objectif de la négociation sur les conséquences de la décision est de fournir au syndicat « *une opportunité de négocier sur les droits des salariés dont le statut sera affecté par la décision de l'employeur* » [313] et de permettre de « *modérer l'impact de la décision sur les salariés* » [314].

Il n'est donc pas surprenant que ces négociations portent le plus souvent sur des sujets tels que les indemnités de départ et les questions liées à l'ancienneté des salariés ou aux retraites. Le NLRA pas plus que la jurisprudence n'ont toutefois prédéfini les matières devant être abordées par l'employeur et le syndicat au cours de ces négociations. Bien plus, la jurisprudence admet que le champ de ces négociations est très large et inclut « *toute conséquence quelle qu'elle soit* » [315] découlant de la mise en œuvre de la décision.

**346.** L'obligation de négocier comprend également, pour l'employeur, l'obligation de communiquer des informations susceptibles d'apporter toute précision au syndicat sur le projet [316].

---

[311]. Ozark Trailers, Inc., 161 *N.L.R.B.* 561, 568, 63 *L.R.R.M.* 1264, 1269 (1966) : « *de cette manière, les parties se voient offrir une opportunité d'étudier les alternatives possibles pour satisfaire leurs intérêts respectifs et par là même résoudre les questions qui les opposent d'une façon mutuellement acceptable* » (au sujet d'une fermeture partielle d'entreprise).

[312]. La bonne foi des parties est étudiée au cas par cas, en fonction des circonstances de l'espèce (syndicat mis ou non devant le fait accompli, information communiquée, durée des négociations, etc.) v. 2nd Partie, Titre 2, chapitre 1, *infra*.

[313]. Ozark Trailers, Inc., 63 *L.R.R.M.* 1264, 1266 (1966).

[314]. Brockway Motor Trucks v. NLRB, 582 *F.2d* 720, 736 (3d Cir. 1978).

[315]. Soule Glass & Glazing Co. v. NLRB, 652 *F.2d* 1055, 1086 ; 107 *L.R.R.M.* 2781, 2796 (1st Cir. 1981), citant NLRB v. Acme Indus. Prods. , 439 *F.2d* 40, 76 *L.R.R.M.* 2697 (6th Cir. 1971), à propos d'une fermeture partielle d'entreprise.

[316]. La frontière entre la négociation sur la décision et la négociation sur les effets de la décision est cependant parfois difficile à définir, les deux sujets étant intimement liés. La négociation sur les effets d'une décision appelle parfois un examen indirect de la décision elle-même. J. B. ZIMAROWSKI, « The viability of the collective bargaining process: corporate transformations as unchanneled bargaining power », *Hofstra Labor Law Journal*, Spring 1986, vol. 3, n°2, p. 164-165. Ainsi, dans le cadre d'une délocalisation, l'employeur doit communiquer au syndicat des éléments d'information suffisants sur le nouveau site, le nombre et les types d'emplois existants et une étude comparative des coûts de

L'employeur ne peut donc pas totalement se dispenser de donner au syndicat des informations sur la décision en elle-même puisque les conséquences de celle-ci ne peuvent être appréciées qu'à la lumière d'une information pleine et entière sur ses tenants et aboutissants [317].

L'information peut également permettre indirectement au syndicat de déterminer si la décision est véritablement motivée par les raisons avancées par l'employeur. Elle peut ainsi, par exemple, lui permettre d'établir que la décision est en réalité motivée par le désir de l'employeur d'échapper à la représentation syndicale au sein de son entreprise [318].

**347.** Une fois qu'il est établi que l'employeur doit négocier sur les conséquences de sa décision, l'étendue de son obligation peut varier considérablement en fonction des circonstances de chaque espèce [319].

Ainsi, lorsque la décision concerne une fermeture d'entreprise, la négociation collective sur les effets de la décision sera bien souvent concentrée sur les indemnités de départ, alors que des décisions plus complexes, du type délocalisation, fusion, cession de fonds de commerce, etc., où l'emploi des salariés peut être sauvegardé, appelleront des négociations plus larges sur la sécurité de l'emploi des salariés concernés par l'opération [320].

---

fonctionnement, afin de permettre au syndicat de négocier efficacement sur les conséquences de la décision. Royal Typewriter Co., 209 *N.L.R.B.* 1006, 85 *L.R.R.M.* 1501 (1974), *mdf'd*, 533 *F.2d* 1030 (CA8 1976).

[317]. Le NLRB considère ainsi, d'une façon constante, que viole le NLRA l'employeur qui négocie avec le syndicat sur les termes d'une nouvelle convention collective mais n'informe pas le syndicat de son projet de fermer le site concerné par les négociations. Par exemple : Lange Co., 222 *N.L.R.B.* 558 at 563 (1976). De même, lorsque l'employeur notifie au syndicat son projet de fermer un de ses sites, mais ne l'informe pas de son intention de continuer l'activité dudit site à un autre endroit. Par exemple : ILGWU v. N.L.R.B. (McLoughlin Mfg. Corp.), 463 *F.2d* 907, 916 (D.C. Cir. 1972) ; Republic Engraving & Designing Co., 236 *N.L.R.B.* 1150, 99 *L.R.R.M.* 1306 (1978).

[318]. « *Runaway shop* », dans le cadre d'opérations de délocalisation. Par exemple: Local 57, International Ladies' Garment Workers' Union v. NLRB (Garwin Corp.), 374 *F.2d* 295 (CA DC 1967), *cert. denied*, 387 *U.S.* 942 (1967). En l'espèce, l'employeur avait fermé son entreprise à New York, licencié ses salariés, et réouvert la même entreprise en Floride, dans le but d'échapper à la représentation syndicale : jugé que la violation de la section 8(a)(3) du NLRA était constituée, alors que l'employeur soutenait que la délocalisation s'expliquait par des motifs économiques.

[319]. Dans différentes circonstances, les sujets suivants ont été considérés comme relevant de l'obligation de négocier de l'employeur sur les effets de sa décision:

- Les indemnités de départ, les droits liés à l'ancienneté et les retraites, l'assurance maladie et la sécurité de l'emploi [Friedman's Exp., Inc., 315 *N.L.R.B.* 971 (1994)],
- Les modalités du transfert des salariés au nouveau site de l'entreprise [Cooper Thermometer Co. v. NLRB, 376 *F.2d* 684, 65 *L.R.R.M.* 2113 (1967, CA2)],
- Les alternatives aux licenciements lorsqu'elles sont possibles, y compris par le biais de formations, de transfert des salariés les plus anciens sur d'autres postes ou dans d'autres établissements de l'entreprise, de réduction de temps de travail ou d'une nouvelle répartition du travail et toute solution qui permettrait de réduire le nombre des licenciements sans que l'employeur modifie pour autant sa décision [Holmes & Narver/Morrison Knudsen, 309 *N.L.R.B.* 146 (1992)],
- Le versement d'indemnités de congé ou de maladie, l'aide à la formation ou au reclassement, la création ou la majoration d'indemnités de chômage additionnelles, le maintien de la couverture santé ou de l'assurance vie, la détermination de priorités de réembauchage, ou encore l'extension du bénéfice des dispositions de la convention collective aux salariés transférés au nouveau site, en cas de délocalisation.

K. A. JENERO, P. W. KOCIAN, « The relocation of work between plants: a planning checklist of statutory and contractual obligations », *Employee Relations Law Journal*, Spring 1995, vol. 20, n°4, p. 629. Selon ces auteurs, tout sujet peut être évoqué pendant les négociations, pourvu qu'il ait un lien avec les intérêts des salariés appartenant à l'unité représentée par le syndicat.

[320]. Par exemple: transfert éventuel des salariés, maintien des garanties, priorités de réembauchage, etc. Notons également qu'une telle négociation peut être exigée par le NLRB, à titre de réparation, dans les cas où l'employeur n'a pas négocié avec le syndicat sur sa décision et qu'un retour au *statu quo ante* (c'est-à-dire la remise en état) est impossible ou inapproprié. Par exemple: Arnold Graphic Indus., Inc. 206 *N.L.R.B.* 327, *enf'd in part*, 505 *F.2d.* 257 (6th Cir. 1974).

**348.** Que l'employeur soit débiteur à l'égard du syndicat d'une obligation de négocier sur sa décision et/ou sur les effets de sa décision, l'employeur remplit son obligation dès lors qu'il notifie sa décision au syndicat, de façon à lui permettre d'exercer ses droits à négociation, si ce dernier le souhaite [321]. Cela interdit, en conséquence, à l'employeur, de mettre le syndicat devant le fait accompli [322].

Le syndicat n'a pas à ce titre à demander l'ouverture de négociations avant que l'employeur ne lui notifie formellement sa décision. Il en est ainsi même si le syndicat dispose de suffisamment d'information pour soupçonner l'imminence d'une opération [323]. Une notification formelle est exigée même si l'opération projetée est connue de tous [324].

**349.** L'employeur n'a aucune obligation en dehors de son devoir de notifier sa décision au syndicat et d'accepter de le rencontrer, à la demande expresse de ce dernier. Il appartient au syndicat de se manifester auprès de l'employeur en lui demandant de négocier.

L'obligation de négocier n'entraîne pas non plus pour l'employeur l'obligation de parvenir à un accord avec le syndicat ni d'accéder à l'une quelconque de ses demandes à ce sujet. Il reste libre de mettre en œuvre sa décision après avoir négocié jusqu'à aboutir à une impasse avec le syndicat. Le NLRB semble d'ailleurs interpréter le terme « impasse » d'une façon suffisamment flexible pour prendre en compte les exigences de la situation.

Il n'est, en effet, pas inhabituel de trouver des décisions de Cours fédérales infirmant le jugement du NLRB qui concluait à un refus de l'employeur de négocier, décidant, à l'inverse, que l'employeur avait en fait rencontré le syndicat et avait suffisamment discuté avec lui à ce sujet[325] ou encore, que, compte tenu des circonstances particulières de l'espèce, les parties avaient suffisamment négocié [326]. De même, lorsque la décision de l'employeur est conforme aux pratiques existantes au sein de l'entreprise, l'employeur pourra continuer à prendre ses décisions unilatéralement et ne négocier que dans les seuls cas où il s'en distingue [327].

---

[321]. Par exemple: De Soto, Inc., 278 *N.L.R.B.* 788, 121 *L.R.R.M.* 1226 (1986) : un employeur remplit son obligation de négocier sur les effets de sa décision lorsqu'il a rencontré le syndicat à plusieurs reprises en vue de négocier sur les effets de sa décision mais que le syndicat a choisi de négocier sur la décision de fermeture en elle-même ; Kirkwood Fabricators, Inc., 285 *N.L.R.B.* 33, 127 *L.R.R.M.* 1073 (1987) : un employeur viole son obligation de négocier sur les effets de sa décision lorsqu'il cache au syndicat son intention de fermer pendant un an afin d'empêcher les salariés de chercher un nouveau travail.

[322]. Intersystems Design & Technology Corp. 278 *N.L.R.B.* 759, 121 *L.R.R.M.* 1229 (1986).

[323]. Penntech Papers, Inc. v. NLRB, 706 *F.2d* 18, 113 *L.R.R.M.* 2219 (1983, CA1), *cert. denied*, 464 *U.S.* 892, 114 *L.R.R.M.* 2648.

[324]. La jurisprudence a ainsi pu décider que des allusions faites au cours de négociations sur le fait que l'entreprise pourrait fermer si les parties ne parvenaient pas à un accord ne suffisent pas à informer le syndicat de la décision de fermeture. De telles allusions peuvent en effet être analysées comme de simples tactiques de négociation. McGregor Printing Corp., 163 *N.L.R.B.* 938, 64 *L.R.R.M.* 1448 (1967).

[325]. Par exemple, NLRB v. Adams Dairy, Inc., 350 *F.2d* 108 (8th Cir. 1965), précité, dans lequel la Cour a décidé que l'employeur avait déjà discuté des conséquences de sa décision avec le syndicat.

[326]. Ces circonstances sont généralement des impératifs de rapidité dans la prise de décision.

[327]. Ces pratiques seront en effet considérées comme un usage servant de référence (« *statu quo* ») pour décider si l'employeur doit négocier ou non lorsqu'il prend de nouvelles décisions. Le NLRB et les Cours fédérales reconnaissent, en effet, que le terme « conditions d'emploi » est un concept dynamique qui renvoie à toute une période dans le temps et que le « statu quo » doit tenir compte des pratiques et des usages qui existaient dans le passé, au sein de l'entreprise. Cela revient à admettre que les modifications apportées unilatéralement par l'employeur aux conditions de travail qui restent conformes et cohérentes à ce qui était pratiqué dans le passé ne sont pas des modifications unilatérales des conditions de travail et ne peuvent donc pas être sanctionnées. Par exemple, Westinghouse Elec. Corp. (Mansfield Plant), 150 *N.L.R.B.* 1574 (1965), précité, où il existait une longue pratique de recours à la sous-traitance dans l'entreprise. Pour approfondir: R. A. GORMAN, *Basic Text on labor law, unionization and collective bargaining*, West Publishing Co., 1991, p. 450-454.

**350.** La négociation de droit américain se rapproche ici de l'échange de vues qu'exige le droit communautaire et de la consultation en droit français et anglais, malgré des termes et un contenu sensiblement différents.

La consultation en Europe, comme la négociation aux États-Unis, viseraient donc la recherche d'un consensus entre employeur et représentants des salariés. Dans les trois systèmes juridiques considérés, aucun accord n'est toutefois requis entre les parties au terme de la consultation, en droit français et anglais, ou de la négociation, en droit américain. La seule obligation pesant sur l'employeur est d'informer les représentants du personnel et de répondre à leurs questions et propositions, d'une façon motivée, en droit français et anglais, ou de négocier jusqu'à aboutir à une impasse, en droit américain, sur la décision et/ou sur ses conséquences à l'égard des salariés. Une fois ces obligations respectées, l'employeur peut mettre en œuvre sa décision sans que les représentants du personnel ne disposent d'un véritable droit de *veto*.

**351.** Deux particularités du droit américain méritent toutefois d'être signalées. D'une part, le NLRA n'impose au cessionnaire aucun devoir de négocier sur la décision et/ou sur ses conséquences [328]. La jurisprudence concernant l'obligation de négocier ne semble viser que le cédant. Son entreprise est en effet celle sur laquelle pèseront les conséquences de la décision, à savoir, le plus souvent, des réductions d'effectifs. Le syndicat qui représente les salariés du cessionnaire [329] sera plus attaché à négocier sur une éventuelle extension du cadre de l'unité de négociation qu'il représente qu'à discuter sur la reprise des salariés du cédant et d'éventuelles questions d'harmonisation des termes et conditions d'emploi. Le cessionnaire ne sera, en réalité, véritablement confronté à son devoir de négocier, à la suite d'une opération de transfert, que lorsqu'il pourra être considéré comme le « successeur » du cédant.

D'autre part, les négociations portant sur les conséquences d'une décision de transfert d'entreprise en droit américain ne porteront pas sur les mêmes sujets que la consultation en droit français et anglais. Il n'est en effet généralement pas question, en droit américain, de transfert des contrats de travail des salariés mais bien plutôt de rupture de contrat et de mesures d'accompagnement. Le droit américain mêle ainsi la négociation sur les conséquences de l'opération de transfert d'entreprise aux décisions de licenciement elles-mêmes [330]. Les droits français et anglais les différencient en leur réservant des procédures distinctes.

## B. LE MOMENT DE LA CONCERTATION

**352.** L'article 7 de la directive 2001/23/CE énonce, à plusieurs reprises, l'obligation pour le cédant et le cessionnaire d'informer et de consulter les représentants de leurs travailleurs respectifs « *en temps utile* », « *avant la réalisation du transfert* », pour le cédant, et « *en tout cas, avant que ses travailleurs ne soient affectés directement dans leurs conditions d'emploi et de travail par le transfert* », pour le cessionnaire.

Dans le cas où il n'y aurait pas de représentant des travailleurs dans une entreprise ou un établissement, l'article 7.6 prévoit que les travailleurs concernés doivent être informés

---

[328]. Le cédant peut également être libéré de son obligation de négocier avec le syndicat, pour peu que ce dernier ait renoncé à son droit.

[329]. A supposer que cédant et cessionnaire : (i) sont deux personnes juridiques distinctes, (ii) qu'elles ne puissent pas être considérées comme un seul et même employeur, et (iii) que leurs salariés respectifs sont représentés par un syndicat.

[330]. Sous réserve toutefois du respect du préavis requis par le WARN Act.

« *préalablement* ». Aucune notion de délai n'est introduite, celui-ci étant laissé à l'appréciation des droits nationaux [331].

## *1. Droit français : une consultation préalable à la prise de décision*

**353.** Le droit français ne prévoit pas de délai spécifique pour l'information et la consultation des représentants du personnel dans le cadre d'un transfert d'entreprise, en dehors d'un principe clairement énoncé d'antériorité de la consultation par rapport à la prise de décision.

L'article L.431-5 al.1 du code du travail prévoit en effet que la décision du chef d'entreprise doit être précédée par la consultation du comité d'entreprise, sans autre précision[332]. Seules les procédures d'information et de consultation sur les mesures de licenciement collectifs sont soumises à un calendrier strict dont les délais, fonctions du nombre de salariés concernés par la mesure de licenciement, sont fixés par la loi [333].

**354.** La jurisprudence a pris soin de préciser ce que recouvrait ce principe d'antériorité de la consultation. Elle a notamment jugé que si la décision définitive ne peut être prise par le chef d'entreprise qu'après information et consultation du comité d'entreprise, encore faut-il qu'il s'agisse d'un projet suffisamment élaboré et déterminé pour avoir une incidence sur la marche générale de l'entreprise. Il importe peu à cet égard que le projet ne soit pas accompagné de mesures précises et concrètes d'application, dès lors que la discussion ultérieure de ces mesures n'est pas de nature à remettre en cause, dans son principe, le projet adopté [334]. Il faut toutefois que le projet ne soit pas encore irréversible, ce qui rendrait la consultation du comité d'entreprise tardive et donc irrégulière [335].

---

[331]. La directive semble toutefois exiger plus ici qu'une information et une consultation « *en temps utile* », telle qu'elle est requise pour le comité d'entreprise européen et qui n'implique pas, de façon absolue, une antériorité par rapport à la décision à prendre. A titre d'exigence minimale, peuvent être utilisés les critères retenus par la jurisprudence française pour apprécier, selon les circonstances, si l'impératif de temps utile imposé par la directive communautaire sur le comité d'entreprise européen a été respecté : « *l'utilité doit s'apprécier au regard de critères raisonnables, au nombre desquels figure, à tout le moins, la place laissée aux observations, contestations ou critiques, l'importance et le caractère irrémédiable ou non des préjudices susceptibles d'être causés ou encore le respect d'une chronologie propice aux mesures ou réactions utiles, voire à une modifications des résolutions initiales* » CA Versailles, 7 mai 1997, Sté Renault c/ Comité de groupe européen Renault ; B. TEYSSIE, « Sur la consultation préalable du comité d'entreprise européen », *Travail et Protection Sociale*, juin 1997, n°186 p. 11-14 ; M.-A. MOREAU, « A propos de l'affaire Renault », *Droit Social*, 1997, n°5, p. 493-509.

[332]. Ce principe d'antériorité a été introduit par la loi n°82-915 du 28 octobre 1982. Il était déjà consacré par la jurisprudence à l'époque. Notamment : Cass. crim. 21 novembre 1978, Lethiec c/ Sté Honeywell Bull : *Bull. crim.*, n°324, p. 845, à propos d'une décision portant sur les modalités de récupération des heures perdues, à la suite d'une fermeture temporaire de l'établissement, qui avait été prise par l'employeur sans attendre la délibération du comité d'entreprise. La consultation doit avoir lieu non seulement avant la mise en œuvre effective de la mesure, mais avant que la décision ne soit définitivement prise. Cette même exigence est également affirmée dans la circulaire Circ. min. DRT n°12, 30 novembre 1984 (*BO Trav.* 1984), paragraphe 1.1.1., en ces termes: « *lorsque le comité doit être consulté, notamment en application des articles L.432-1 et L.432-4 du Code du travail, l'employeur ne saurait prendre de décision préalablement à cette consultation* ».

[333]. Article L.321-2 et s. du code du travail.

[334]. Cass. soc. 12 novembre 1997, Comité d'entreprise de la CAF des Yvelines c/ CAF des Yvelines : *Bull. civ.* V, n°375, p. 270 ; *D.* 1998, somm. 245, note A. LYON-CAEN ; *Droit Social*, 1998, n°1, p. 87, obs. M. COHEN; *RJS*, 12/97, n°1391 ; *Droit Ouvrier*, février 1998, n°549, p. 49-52, concl. Y. CHAUVY; J. PELISSIER, A. LYON-CAEN, A. JEAMMAUD et E. DOCKES, *Les grands arrêts du Droit du travail*, Dalloz, 2004, n°137.

[335]. Sur les difficultés d'appréciation du moment de la consultation, notamment : Ch. FREYRIA, « La consultation du comité d'entreprise », *Droit Social*, 1983, n°5, p. 384-385 ; R. VATINET, *Les attributions économiques du comité d'entreprise*, Bibliothèque de droit du travail et de la sécurité sociale, éd. Sirey, 1983, n°220, p. 218.

**355.** L'avis du comité d'entreprise sur l'opération projetée et sur ses conséquences pour les salariés doit être recueilli par l'employeur avant la réunion de l'organe décisionnaire au sein de l'entreprise se prononçant sur le projet [336], le conseil d'administration, en général. Lorsque la mesure s'inscrit dans une procédure complexe comportant des décisions échelonnées, le comité d'entreprise doit être consulté à l'occasion de chacune d'elles [337]. Il doit l'être également, à nouveau, sur la nouvelle version du projet, si le projet initial est modifié, dès lors que les modifications apportées peuvent influer sur la marche générale de l'entreprise. Tant que le projet reste amendable, la consultation du comité d'entreprise reste pertinente. Ainsi, les juges ne s'opposent pas à une consultation du comité d'entreprise postérieure à une annonce publique du projet. Encore faut-il que l'opération en question soit annoncée comme un projet devant être soumis à l'avis du comité d'entreprise [338]. Il suffit alors de peu pour tomber dans le délit d'entrave [339].

---

[336]. La procédure est irrégulière lorsque la consultation porte sur une mesure déjà arrêtée dans son principe, même si sa mise en œuvre n'est pas encore effective. Cass. soc. 12 novembre 1997, Comité d'entreprise de la CAF des Yvelines c/ CAF des Yvelines, précité.

[337]. Cass. soc. 7 février 1996, n°508 P, Société générale et autres c/ Comité d'établissement des agences de Paris et banlieue de la Société générale et autres : *Bull. civ.* V, n°47, p. 32 ; *RJS*, 4/96, n°417 ; *Droit Social*, 1996, n°5, p. 539, obs. M. COHEN ; *Droit Ouvrier*, avril 1996, n°570, p. 168 : à propos de la mise en place d'outils de gestion (procédure budgétaire) accompagnant la décentralisation des responsabilités au sein de la société qui avait précédé la mise en œuvre d'une compression d'effectifs, sans que le comité central d'entreprise ait été informé et consulté avant l'arrêté définitif des budgets et les ultimes arbitrages techniques qu'il impliquait, alors que la Cour d'appel avait constaté que ceux-ci avaient une influence sur le niveau des effectifs et les conditions de travail ; Cass. crim. 30 novembre 1999, n°7616 PF, Comité d'entreprise de la SA Vittel et autres : *Bull. crim.*, n°283, p. 876 ; *RJS*, 5/00 n°550: à propos d'une opération de concentration où l'information et la consultation du comité central d'entreprise étaient intervenues alors que la société s'était déjà engagée devant la commission européenne et qu'elle avait conclu un accord prévoyant une cession à un autre groupe. La Cour de cassation a jugé, en l'espèce, que de tels engagements « *constituaient des décisions irréversibles dans le cadre de la procédure engagée de cession et d'offre publique d'achat, peu important qu'elles dussent être complétées dans les phases ultérieures de cette procédure* » et devaient donner lieu à information et consultation des représentants du personnel. Le pourvoi des institutions représentatives du personnel a toutefois été rejeté en l'espèce, au motif que ceux-ci avaient été informés et consultés avant l'adoption du projet définitif.

[338]. Cass. crim. 10 novembre 1981 : *Bull. crim.*, n°300, p. 788 ; Cass. crim. 4 novembre 1982 : *Bull. crim.*, n°241, p. 657 ; Cass. crim. 28 novembre 1984 : *Bull. crim.*, n°375, p. 992 ; Cass. crim. 11 mai 1989, Pascal et Brun, P. n°87-81-710 P : *Bull. crim.*, n°196, p. 497 ; *RJS*, 7/89, n°596 (délit d'entrave constitué) ; Cass. crim. 29 mai 1990, Bachelet et Sté Bel Air Industrie, n°89-84.747 : *Bull. crim.*, n°218, p. 551 ; *RJS*, 7/90, n°593 ; *JCP*, E, 1990, I, n°20316: l'annonce faite à la presse et au personnel de l'entreprise après l'information donnée au comité d'entreprise du projet de cession n'a pas pour effet de transformer ce projet en décision définitive ; Cass. crim. 6 avril 1993, *RJS*, 6/93, n°627 : le fait que l'employeur ait informé, avant la fin de la consultation du comité d'entreprise sur un projet de réorganisation de l'entreprise, les salariés concernés par les suppressions éventuelles de poste et de la possibilité d'une réaffectation, n'est pas de nature à entraver le fonctionnement régulier du comité d'entreprise.

[339]. La loi de modernisation sociale, entendait clarifier la question. Elle distinguait deux cas, selon que le chef d'entreprise procédait à une annonce publique portant exclusivement sur la stratégie économique de l'entreprise sans que les mesures prévues soient « *de nature à affecter de façon importante les conditions de travail ou d'emploi* » ou que celles-ci soient, au contraire, susceptibles de les affecter. Le comité d'entreprise ne devait être informé sur le contenu du communiqué, préalablement à son annonce publique, que dans le cas où une compression d'effectifs était annoncée. Les modalités de cette information n'étaient pas fixées par la loi. Le Ministre de l'emploi avait précisé à ce sujet qu'une information écrite suffisait, à condition qu'elle soit préalable à l'annonce, faite à l'ensemble des membres du comité d'entreprise et qu'elle soit substantielle et complète. Les premiers commentaires de la loi suggéraient qu'une réunion de comité d'entreprise devait avoir lieu. P. LAGOUTTE, « Le rôle des représentants du personnel après la loi de modernisation sociale », *Les Petites Affiches,* 21 janvier 2002, n°15, p. 36. Ces dispositions ont été suspendues en 2003 et définitivement abrogées en 2005 par la loi de cohésion sociale.

**356.** En pratique, le point de départ du délai réservé pour l'information et la consultation du comité d'entreprise se situe à la remise des informations requises sur les motifs de l'opération et sur ses conséquences pour les salariés [340] et avant que les organes de direction de l'entreprise n'aient entériné la décision [341]. L'administration estime, en tout état de cause, que « *quel que soit le caractère des informations, celles-ci doivent être communiquées au comité d'entreprise au moins trois jours avant la séance (huit jours pour la réunion du comité central d'entreprise)* » [342], c'est-à-dire en même temps que l'ordre du jour de la réunion [343].

Plus souple sur cette question, la Chambre criminelle de la Cour de cassation considère, pour sa part, que « *les informations prévues par l'article L.431-5 du code du travail ne doivent pas nécessairement être jointes à l'ordre du jour et peuvent, sauf si la loi en décide autrement, n'être fournies que lors de la réunion du comité d'entreprise* » [344]. Il reste que plus tôt l'information sera remise au comité d'entreprise, plus tôt celui-ci sera à même d'émettre un avis éclairé sur la question en limitant les réunions supplémentaires éventuelles causées par un délai d'examen insuffisant. Cela représente un gain de temps que les chefs d'entreprise choisissent toutefois encore souvent d'ignorer en pratique.

### *2. Droit anglais : une concertation devant avoir lieu suffisamment longtemps avant le transfert*

**357.** Le TUPE prévoit que le cédant doit informer les représentants du personnel « *suffisamment longtemps avant le transfert* » [345] pour lui permettre de consulter toutes les personnes qui représentent les salariés concernés sur les effets de cette opération [346]. Le cessionnaire a, en outre, l'obligation de communiquer les informations que le cédant doit lui-même communiquer aux représentants de ses salariés « *à un moment lui permettant de remplir son obligation* » [347].

---

340. Ainsi, il a été jugé que le comité d'entreprise n'avait pas disposé d'un délai d'examen suffisant lorsque deux jours ont séparé l'information et la prise de décision, alors que le chef d'entreprise n'avait pas répondu aux questions posées par les membres du comité d'entreprise : Cass. crim. 6 juin 1990, Unglik et a. n°89-83277 D, à propos de la cession d'un département de l'entreprise. Il en est de même lorsque les informations demandées par le comité d'entreprise ne lui ont été fournies qu'une semaine avant la date à laquelle il devait exprimer son avis : Cass. soc. 16 avril 1996, 1812 PB, Sté Sietam Industries c/ CCE Sietam Industries : *Bull. civ.* V, n°163, p. 113 ; *RJS*, 5/96, n°559 ; *Droit Social*, 1996, n°5, p. 484, note A. LYON-CAEN, à propos d'une cession d'actions.

341. La loi de modernisation sociale avait, à cet égard, introduit pour la première fois dans le code de commerce une disposition visant à préciser le moment auquel la décision des organes sociaux devait intervenir en cas de cessation totale ou partielle d'activité d'un établissement ou d'une entité économique autonome d'une société ayant pour conséquence la suppression d'au moins 100 emplois. La décision des organes sociaux devait, dans ce cas, intervenir « *après consultation du comité d'entreprise sur les conséquences économiques du projet et avant consultation de celui-ci sur les licenciements envisagés* ». Aucune sanction spécifique n'était toutefois prévue en cas de non-respect de ces dispositions, en dehors de la sanction du délit d'entrave. Cette disposition a été suspendue en 2003 puis définitivement abrogée en 2005 par la loi de cohésion sociale.

342. Circ. min. DRT n°12, 30 novembre 1984, *BO Trav*. 1984, paragraphe 1.1.3.

343. Article L.434-3 al.2 du code du travail (pour le comité d'entreprise) ; article L.435-4 al. 8 du code du travail (pour le comité central d'entreprise).

344. Cass. crim. 5 novembre 1991, pourvoi n°90-84.817, non publié au Bull. crim.

345. L'exigence était auparavant que la consultation intervienne « *dès que possible* » (« at the earliest opportunity ») [*The Trade Union and Labour Relations (Consolidation) Act* (TULR(C)A) 1992] puis « *en temps utile* » (« in good time ») (*The Collective Redundancies and Transfer of Undertakings (Protection of Employment) Amendment Regulations* 1995), pour reprendre les termes de la directive sur les licenciements collectifs telle que modifiée en 1995.

346. TUPE 1981, reg. 10 (2) ; TUPE 2006, reg. 13(2).

347. TUPE 1981, reg. 10 (3); TUPE 2006, reg. 13 (4).

Le TUPE ne prévoit pas de disposition spécifique quant au moment auquel la consultation des représentants du personnel doit intervenir [348], en dehors de celles qui concernent le moment où l'information doit être communiquée aux représentants du personnel. Il indique toutefois que lorsque l'employeur « *envisage de prendre des mesures* » à l'égard des salariés concernés par le transfert, il doit consulter toutes les personnes qui les représentent, en vue de rechercher un accord sur les mesures « *qui doivent être prises* » [349]. En outre, doit obligatoirement être communiqué aux représentants du personnel le fait que le transfert va avoir lieu et le moment auquel il risque d'intervenir [350], ce qui implique que l'information se situe en amont du transfert.

**358.** Le TUPE commande donc que l'information soit donnée aux représentants du personnel avant la consultation. Cette dernière doit intervenir à un moment où la décision de l'employeur sur les mesures à prendre à l'égard des salariés est envisagée. Comme en droit français, l'information et la consultation des représentants des salariés en droit anglais intervient avant la mise en œuvre du transfert, au moment où celui-ci est seulement envisagé, que celui-ci s'accompagne ou non de mesures à l'égard des salariés [351].

En l'absence de prescription légale fixant le délai minimum dans laquelle celle-ci doit avoir lieu, la doctrine recommande que la consultation intervienne dans les mêmes délais que lorsqu'il s'agit d'informer et de consulter les représentants des salariés sur une mesure de licenciements collectifs, soit au moins trente jours à l'avance [352]. Des délais spécifiques sont par ailleurs prévus en cas de licenciements collectifs [353].

**359.** En pratique, l'employeur sera considéré comme répondant aux exigences du TUPE lorsque celui-ci procédera à la consultation des représentants des salariés, « *dès que cela lui sera raisonnablement possible après les élections* » [354], en l'absence de syndicat dans l'entreprise, sous réserve qu'il ait effectivement invité les salariés concernés à élire leurs représentants. Il faut également dans ce cas que l'invitation ait été faite suffisamment longtemps avant que l'obligation d'information de l'employeur ne naisse, pour que les salariés aient le temps d'élire leurs représentants aux fins d'être informés et consultés par l'employeur avant le transfert.

---

348. Il en est également de même de la réglementation « ICE », dont les dispositions subsidiaires prévoient uniquement que l'information et la consultation doit intervenir à un « moment approprié ». ICE, reg. 20(4)(a).

349. TUPE 1981, reg. 10 (5) ; TUPE 2006, reg. 13(6).

350. TUPE 1981, reg. 10 (2)(a) ; TUPE 2006, reg. 13(2)(a).

351. Le juge Millett a en effet précisé, dans l'arrêt Institution of Professional Civil Servants v. Secretary of State for Defence, [1987] *IRLR* 373, que la section 10 du TUPE était rédigée de manière à permettre à l'employeur de procéder à la consultation des représentants des salariés sur une base volontaire, dans les cas où celui-ci n'aurait pas d'obligation de consulter (c'est à dire en l'absence de mesures envisagées à l'égard des salariés en lien avec le transfert).

352. S. HARDY, *Understanding TUPE: a legal guide*, Chandos Business guides, Chandos publishing, 2001, p. 128.

353. TULR(C)A, s. 188 (1A). Si l'employeur envisage de licencier pour motif économique cent salariés ou plus dans une même période de quatre vingt dix jours ou moins, la consultation des représentants du personnel doit intervenir au moins quatre vingt dix jours avant que le premier de ces licenciements ne soit notifié. Lorsque l'employeur envisage de licencier pour motif économique vingt salariés ou plus dans un même établissement, dans une période de quatre vingt dix jours ou moins, la consultation doit commencer au moins trente jours avant que le premier de ces licenciements ne soit notifié. L'effet de la procédure de consultation n'est pas limité dans le temps. L'employeur n'a ainsi pas l'obligation de recommencer la procédure de consultation (initiée, en l'espèce, en janvier 2003) si les licenciements n'interviennent finalement que plus tard (novembre 2004, en l'espèce), dès lors qu'un dialogue s'est poursuivi dans l'intervalle entre l'employeur et le syndicat : Vauxhall Motors Ltd v. Transport and General Workers' Union, EAT/0657/05 ; *Industrial Relations Law Bulletin*, August 2006, n°789, p. 13-14 ; *IDS Employment Law*, Brief 804, May 2006, p. 8.

354. TUPE 1981, reg. 10(8) ; TUPE 2006, reg.13(10).

**360.** Enfin, la consultation des représentants du personnel devant intervenir en vue de rechercher un accord [355], l'employeur devra donner aux représentants du personnel suffisamment d'information et de temps pour l'analyser. Il s'agit qu'un dialogue constructif puisse avoir lieu à un moment où les représentants du personnel ont encore une possibilité d'influencer la décision de l'employeur sur les mesures à prendre à l'égard des salariés [356].

De même, l'ACAS recommande que la consultation ait lieu « *avant que la décision ne soit prise* » pour ne pas instaurer un climat de suspicion et de défiance dans l'entreprise. Il peut être à cet égard utile pour l'employeur de décider des étapes de la prise de décision, de situer la consultation dans ce processus et d'en informer les salariés [357], même si l'obligation de consultation ne vise que les effets de la décision.

### *3. Droit américain : une négociation préalable à la mise en œuvre de la décision*

**361.** La section 8(d) requiert que les parties à la négociation « *se réunissent aux moments opportuns* ». La jurisprudence du NLRB et des Cours fédérales ajoute également que la négociation doit être menée « *d'une façon sérieuse et à un moment sérieux* » [358].

La jurisprudence n'a donné aucune ligne directrice claire sur la façon d'apprécier le « moment sérieux » auquel la négociation doit avoir lieu. La Cour Suprême a elle-même, dans son arrêt First National Maintenance, laissé l'appréciation du moment de la négociation sur les conséquences de la décision au NLRB, en invoquant les contraintes en termes de rapidité, flexibilité et secret pesant sur l'employeur.

**362.** Le NLRB pas plus que les Cours fédérales n'ont cependant défini un délai spécifique minimum dans lequel l'employeur devrait notifier sa décision au syndicat et lui permettre de demander l'ouverture de négociations. Le moment approprié de la notification s'apprécie, en conséquence, en fonction des circonstances de chaque espèce, sous la seule réserve que la négociation ne devienne pas « *futile ou impossible* » [359].

En pratique, des durées allant de deux jours à environ deux semaines entre la notification et la décision ou la prise d'effet de la décision ont été jugées suffisantes ou insuffisantes, selon les circonstances [360]. La notification de l'employeur au syndicat peut cependant ne pas avoir lieu au même moment, en droit américain, selon que l'on se situe dans le cadre d'une négociation sur la décision de restructuration ou d'une négociation sur ses conséquences à l'égard des salariés.

---

[355]. « *with a view to seeking their agreement to the intented measures* ». TUPE 2006, reg. 13(6).

[356]. R. v. British Coal ex parte Vardy (1993) *IRLR* 104 (Divisional Court).

[357]. ACAS, *Employee communications & consultation*, Advisory booklet, 2005. http://www.acas.org.uk

[358]. « *In a meaningful manner and at a meaningful time* ». First National Maintenance Corp. v. NLRB, 452 *U.S.* 666, 682 (1981) ; NLRB v. Compact Video Services, 121 *F.3d* 478, 155 *L.R.R.M.* 2917 (9th Cir. 1997).

[359]. Penntech Papers, Inc. v. NLRB, 706 *F.2d* 18 (1st Cir. 1983), *enforcing* 263 *N.L.R.B.* 264 (1982), où la Cour décida que l'absence de préavis rendait impossible toute négociation sur les effets de la décision, en l'absence de situation d'urgence permettant d'expliquer ou de justifier une action précipitée (laquelle n'était pas démontrée, en l'espèce).

[360]. Pour des exemples concernant l'obligation de négocier sur les conséquences de la décision : Creasy Co., 268 *N.L.R.B.* 1425, 115 *L.R.R.M.* 1131 (1984) : trois jours sont suffisants entre la notification de la décision au syndicat et sa prise d'effet, les clients de l'entreprise ainsi que plusieurs de ses cadres de direction ayant été avertis au même moment que le syndicat de la fermeture de sa division produits ; NLRB v. Emsing's Supermarket, Inc., 872 *F.2d* 1279, 131 *L.R.R.M.* 2296 (7th Cir. 1989) : trois jours ne sont pas suffisants entre la notification de la décision au syndicat et sa prise d'effet, alors, notamment, que les salariés avaient été informés de la fermeture de l'entreprise une dizaine de jours plus tôt.

## a) Le moment de négocier sur la décision elle-même

**363.** Une telle obligation de négocier *a priori* n'intervient que rarement dans le contexte d'un transfert d'entreprise.

Dans le cas où cette obligation trouve à s'appliquer, la notification du projet de restructuration par l'employeur et partant, l'opportunité de négocier doit être donnée au syndicat, avant que la décision ne soit définitivement prise ou que l'employeur ne se soit irrémédiablement engagé, c'est à dire avant que le syndicat ne soit mis devant le fait accompli.

L'employeur doit donc aviser le syndicat de son projet suffisamment à l'avance pour lui permettre d'étudier l'opération concernée et de formuler des propositions alternatives, c'est à dire avant que l'employeur n'ait engagé les fonds ou ne se soit engagé contractuellement, d'une façon irrémédiable, et qu'il ne puisse revenir sur sa décision [361]. En général, plusieurs réunions avec le syndicat dans le mois précédant la décision sont considérées comme suffisantes pour satisfaire à l'obligation de négocier [362].

**364.** Des circonstances peuvent néanmoins justifier le retard pris dans la notification par l'employeur [363]. En outre, le NLRB et les Cours fédérales reconnaissent qu'un projet de cession puisse exiger que le secret soit observé sur les tractations en cours. Une publicité prématurée sur l'opération risquerait en effet de nuire à l'entreprise [364]. L'absence de toute notification ne peut cependant se justifier par les besoins de confidentialité de l'opération, en particulier lorsque les difficultés financières de l'entreprise ne sont un secret pour personne[365].

## b) Le moment de négocier sur les effets de la décision

**365.** Les délais de notification sont appréciés d'une façon plus souple dans le cadre de l'obligation de l'employeur de négocier sur les effets de sa décision. La décision est déjà prise et la négociation peut se dérouler jusqu'à ce que ses effets, c'est à dire, généralement, les licenciements, soient mis en œuvre.

Dans une décision Walter Pape, Inc. de 1973 [366], le NLRB avait néanmoins précisé que la notification devait être faite au syndicat dès que l'opération « *faisait l'objet d'une considération active* » et indiqué que bien qu'un employeur n'ait pas besoin de négocier sur sa décision de vendre, ce dernier a toutefois l'obligation de notifier sa décision au syndicat de façon à ce qu'il puisse engager des négociations sur les effets de cette décision.

---

[361]. Par exemple : Sociedad Española v. NLRB (CA 1st Cir., 2005) : viole le NLRA l'employeur qui ne notifie pas au syndicat sa décision de recourir à la sous-traitance au moment où celle-ci intervient. L'employeur ne peut pas se prévaloir par la suite du refus du syndicat de négocier à ce sujet, dès lors que cette offre est faite plusieurs années plus tard. Cette situation revient en effet à offrir au syndicat de négocier sur un « fait accompli ».

[362]. K. A. JENERO, P. W. KOCIAN, « The relocation of work between plants: a planning checklist of statutory and contractual obligations », *Employee Relations Law Journal*, Spring 1995, vol. 20, n°4, p. 627-628.

[363]. Ainsi, la jurisprudence a considéré qu'un employeur avait valablement retardé l'information du syndicat sur sa décision de fermer sa division produits, jusqu'à sa dernière semaine d'activité, afin d'empêcher ses concurrents de lui prendre ses clients et de s'assurer qu'il disposerait d'un stock suffisant : Creasy Co., 268 *N.L.R.B.* 1425, 115 *L.R.R.M.* 1131 (1984), précité.

[364]. Riedel International d/b/a Williamette Tug and Barge Co., 300 *N.L.R.B.* 282, 135 *L.R.R.M.* 1137 (1990).

[365]. NLRB v. Compact Video Services, 121 *F.3d* 478, 155 *L.R.R.M.* 2917 (9th Cir. 1997).

[366]. Walter Pape, Inc., 205 *N.L.R.B.* 719 (1973).

En l'espèce, l'employeur n'avait pas notifié sa décision au syndicat avant de l'avoir mis devant le fait accompli [367]. Le NLRB ne s'était toutefois pas prononcé, dans cette décision, sur le moment à partir duquel la décision devait être considérée comme faisant l'objet d'une considération active et, partant, devait faire l'objet d'une notification au syndicat. Les employeurs restaient dans l'incertitude quant au moment où ils devaient procéder à l'information du syndicat, sans encourir de sanction pour violation de leur obligation de négocier de bonne foi.

**366.** Le critère de « la considération active » a, par la suite, été abandonné par le NLRB dans une décision Riedel International d/b/a Williamette Tug and Barge Co. de 1990 [368], dans une espèce où l'employeur avait informé le syndicat de sa décision de cesser son activité le jour même de sa prise d'effet (il s'agissait, en l'espèce, d'une cession d'actifs). Le NLRB décida en effet que « *le critère de la considération active ne peut pas être utilisé comme un principe général propre à déterminer l'obligation de négocier sur les effets d'une décision portant sur la vente d'une entreprise* » [369]. Le NLRB ajouta que la seule « considération active » de l'employeur ou le désir de l'employeur de conclure une vente ne suffisait pas puisque la vente ne pouvait se réaliser sans l'accord de l'acheteur, lequel dépendait des circonstances de chaque espèce.

Il ne pouvait s'agir cependant pour l'employeur de notifier sa décision au syndicat au moment où la vente était réalisée. Le NLRB rappela en effet qu'une notification intervenue à la date de réalisation de la vente était insuffisante « *en l'absence de circonstances particulièrement inhabituelles ou de situation d'urgence* » [370].

**367.** L'employeur aurait donc l'obligation d'informer le syndicat de sa décision quelque part entre la prise de décision et sa mise en œuvre, pour lui permettre d'engager des négociations sur ses conséquences à l'égard des salariés.

---

[367]. En l'espèce, la société Walter Pape détenait les droits de distribution exclusive des produits de la société Crowley pour le secteur de New York, qu'elle cherchait à céder. Alors qu'elle était en pourparlers avec la société Metco Dairy Distributors, Inc. (ci-après : « Metco ») à la fin de l'année 1971, un syndicat fut accrédité aux fins de représenter ses salariés (syndicat représentant ses chauffeurs, magasiniers, et les salariés affectés au chargement, à la réception et à l'entretien). Walter Pape rencontra le syndicat les 30 novembre 1971 et 6 janvier 1972 sans mentionner l'existence des négociations en cours avec Metco. Une troisième réunion avec le syndicat était prévue le 19 janvier 1972 mais le 12 janvier, Walter Pape lui présenta la « vente » comme un fait accompli et l'informa que tous les salariés seraient licenciés le 14 janvier. Le NLRB décida, sur recours du syndicat, que l'employeur n'avait pas négocié de bonne foi en cachant au syndicat la décision de la société de céder certains de ses droits de distribution à Metco et en le privant de son droit de négocier sur les effets de la décision à un moment sérieux. Le NLRB considéra que Walter Pape « *aurait au moins dû informer le syndicat du fait que l'interruption des tournées de distribution faisait l'objet d'une considération active et était imminente* ». Le NLRB ordonna en conséquence le retour au *statu quo ante*, c'est à dire la tenue de négociations sur les effets de la décision et le paiement d'arriérés de salaire aux salariés représentés par le syndicat en question.

[368]. Riedel International d/b/a Williamette Tug and Barge Co., 300 *N.L.R.B.* 282, 135 *L.R.R.M.* 1137 (1990).

[369]. Le NLRB avait, pour ce faire, relevé la complexité et la sensibilité des négociations portant sur les ventes, lesquelles requièrent le plus souvent le secret afin d'éviter tout dommage économique pour les parties. Il avait également noté que la publicité résultant d'une notification prématurée des négociations portant sur les ventes « *peut affecter la viabilité de l'opération et met inutilement en péril les chances de parvenir à de tels accords* ».

[370]. Pour un cas où la situation d'urgence a été reconnu : Yorke v. NLRB, 709 *F.2d* 1138 (7th Cir. 1983) *modifying* 259 *N.L.R.B.* 819 (1981), *cert. denied*, 465 *U.S.* 1023 (1984). En l'espèce, l'administrateur judiciaire avait découvert, le jour de sa désignation, que la société ne disposait pas de fonds suffisants pour payer les salariés. Le syndicat ne pouvait donc pas raisonnablement prétendre recevoir un préavis de plusieurs jours avant que la décision de fermeture prise par l'administrateur judiciaire ne prenne effet. L'absence de toute négociation sur les effets de la décision, une fois la situation d'urgence achevée, fut cependant, en l'espèce, déclarée contraire à l'obligation de négocier de l'employeur.

Le NLRB n'a cependant donné aucune autre indication propre à définir le moment opportun et « sérieux » énoncé par la Cour Suprême et au cours duquel l'employeur devrait procéder à la notification de sa décision et respecter ainsi son devoir de négocier de bonne foi.

**368.** En pratique, les délais de notification ont été jugés suffisants, par exemple, lorsque l'employeur a donné au syndicat un délai de deux jours en présentant une opération de transfert comme un projet et non un fait accompli et alors qu'aucun des salariés n'était licencié en conséquence du transfert [371]. Il a été jugé de même lorsque l'employeur a donné au syndicat un délai d'une semaine avant le licenciement de huit des trente trois commerciaux de l'entreprise[372].

Les délais de notification ont, au contraire, été jugés insuffisants, par exemple, lorsque l'employeur a informé le syndicat de sa décision de vendre le jour même de la signature de l'acte de vente [373] ou a informé le syndicat un jour avant la vente, alors qu'il avait pris sa décision plusieurs mois auparavant et qu'il l'avait cachée au syndicat lors des négociations sur le renouvellement de la convention collective [374]. Il en est de même lorsque l'employeur donne au syndicat un préavis de dix jours avant la date prévue alors qu'il a pris la décision de transférer ses activités d'une filiale à une autre deux mois plus tôt [375].

**369.** Rappelons enfin que la législation sur les licenciements collectifs, le WARN Act de 1989, prévoit, dans les entreprise employant au moins cent salariés, l'obligation [376] pour l'employeur qui envisage de procéder à des mesures collectives de mise au chômage technique ou à une fermeture de site de notifier sa décision au syndicat représentant les salariés concernés (ou aux salariés, directement, lorsqu'ils ne sont pas représentés) ainsi qu'aux représentants locaux du gouvernement, soixante jours calendaires avant la prise d'effet de sa décision.

La section 9 du WARN Act prévoit les modalités d'articulation de cette notification avec l'obligation pesant sur l'employeur de notifier sa décision au syndicat, dans le cadre du devoir de négocier prévu par le NLRA. Elle indique qu'une notification donnée de bonne foi, dans un souci de se conformer à la législation, ne viole pas les dispositions du NLRA, ce qui permet, en pratique, le cumul des deux types de notification.

---

[371]. Shell Oil Co., 149 *N.L.R.B.* 305, 57 *L.R.R.M.* 1279 (1964).

[372]. Burns Ford, Inc., 182 *N.L.R.B.* 753, 74 *L.R.R.M.* 1193 (1970).

[373]. Riedel International d/b/a Williamette Tug and Barge Co., 300 *N.L.R.B.* 282, 135 *L.R.R.M.* 1137 (1990), précité.

[374]. Royal Plating & Polishing Co., Inc., 160 *N.L.R.B.* 990, 63 *L.R.R.M.* 1045 (1966).

[375]. Borg-Warner Corp., 245 *N.L.R.B.* 513, 102 *L.R.R.M.* 1452 (1979), *enf'd* (CA6) 663 *F.2d* 666, 108 *L.R.R.M.* 2862, *cert. denied*, 457 *U.S.* 1105, 110 *L.R.R.M.* 2608.

[376]. Sous réserve des trois exceptions suivantes, qui permettent à l'employeur, selon les cas, soit de se décharger de son obligation, soit de procéder aux notifications requises en dehors du délai requis. La première exception (« *faltering company exception* »), d'interprétation restrictive, permet à l'employeur de procéder aux notifications hors délai lorsque : (a) à la date où il devait procéder à la notification, l'employeur cherchait activement des fonds ou une affaire qui aurait pu, si ils ou elle avaient été obtenus, lui permettre de reporter ou d'empêcher la fermeture de l'entreprise, (b) l'employeur peut démontrer objectivement qu'il pensait raisonnablement, et en toute bonne foi, que procéder à de telles notifications l'aurait empêché d'obtenir lesdits fonds ou affaire, et (c) que de telles notifications auraient dissuadé la source potentielle de ces fonds. La deuxième exception (« *unforceable business circumstances defense* ») permet à l'employeur de s'affranchir de son obligation de notification lorsque la fermeture ou les licenciements sont provoqués par des circonstances commerciales ou économiques qui n'étaient pas raisonnablement prévisibles à la date où l'employeur aurait du y procéder (par exemple, la perte soudaine d'un gros client ou une brusque baisse des prix). Une telle exception a ainsi été admise dans le cas très médiatisé des licenciements massifs pratiqués par Arthur Andersen aux Etats-Unis à la suite de l'affaire Enron. N. J. Roquet and C. Robinson v. Arthur Andersen LLP, 398 *F.3d* 585 (7th Cir., 2005). La dernière exception (« *defense for natural disasters* ») permet à l'employeur de procéder aux notifications hors délai, dès lors que la fermeture ou les licenciements sont directement causés par une catastrophe naturelle.

**370.** L'employeur peut donc inviter le syndicat à négocier sur sa décision et/ou sur ses effets tout en lui notifiant, en parallèle, sa prise d'effet dans les soixante jours, sans pouvoir être accusé de mettre le syndicat devant le fait accompli. Une notification simultanée de la décision et de ses conséquences (sous le régime du NLRA) et des licenciements (sous le régime du WARN Act) devrait également permettre à l'employeur d'éviter de se voir reprocher de ne pas avoir notifié sa décision au syndicat suffisamment à l'avance pour permettre des négociations « sérieuses », dans le cadre du NLRA.

L'employeur pourra, en toute hypothèse, toujours décider de reporter la mise en œuvre des licenciements ou la décaler dans le temps si les négociations sur la décision ou, plus généralement, sur les conséquences de la décision pour les salariés, se prolongent. Il devra, dans ce cas, informer le syndicat de la nouvelle date. Si le report excède soixante jours, l'employeur devra procéder à une nouvelle notification de sa décision aux personnes intéressées (syndicat et représentants locaux du gouvernement), dans les meilleurs délais, en indiquant la date à laquelle la mise en œuvre des licenciements est reportée et les raisons de ce report [377].

**371.** Il reste qu'en pratique, le syndicat disposera de peu de poids dans les négociations sur les conséquences de la décision, celle-ci étant déjà prise au moment où il interviendra. La négociation intervient en effet *a posteriori*, à un moment où les représentants du personnel n'ont plus le pouvoir de bloquer la mise en œuvre de la décision elle-même. Ses conséquences, c'est à dire les licenciements, puisqu'il ne s'agit généralement pas de transfert de contrats de travail avec reprise des droits individuels, interviendront en toute hypothèse. Le seul pouvoir des représentants du personnel est ici d'essayer d'assouplir les mesures prévues par l'employeur à l'égard des salariés ou, le plus souvent, de négocier leurs indemnités de départ.

Toute influence sur la prise de décision elle-même est ainsi généralement exclue dans les opérations de transfert d'entreprise en droit américain. Non seulement en ce qui concerne les termes de la négociation, le sujet relevant du pouvoir de direction de l'employeur, mais également en ce qui concerne le moment où la négociation sur les effets de la décision intervient, celle-ci se plaçant *a posteriori*, alors que la décision est prise et peu avant sa mise en œuvre.

La négociation sur les effets de la décision en droit américain devrait ainsi s'assimiler aux consultations existantes en droit français et anglais portant sur la mise en œuvre de procédures de licenciement. Celles-ci ne sauraient trouver leur place, par définition, dans ces deux systèmes juridiques, dans des opérations de transfert d'entreprise *stricto sensu* [378].

**372.** En définitive, l'implication des représentants des salariés dans les opérations de transfert d'entreprise est systématique en droit français, dès lors que l'entreprise emploie un certain nombre de salariés qu'il s'agisse d'une opération de transfert d'entreprise ou, plus généralement, d'une opération relative à l'organisation générale de l'entreprise.

C'est en droit anglais que l'évolution en faveur du droit à la représentation des salariés a été la plus sensible. Après l'intervention successive de la Cour de justice des communautés européennes et de la Commission européenne auprès du gouvernement anglais, respectivement en 1994 et 1996, le droit anglais a permis aux salariés d'être valablement représentés, même en l'absence de syndicat dans l'entreprise, afin de recevoir les informations que la directive commande de communiquer dans le cadre des opérations de transfert d'entreprise. L'influence du droit communautaire est déterminante sur les droits à représentation des salariés en droit anglais.

---

[377]. 20 *CFR* § 639-10.

[378]. C'est à dire dans le cadre de l'application de l'article L.122-12 al. 2 du code du travail (droit français) et du TUPE (droit anglais).

En droit américain, enfin, l'obligation de l'employeur vis-à-vis des représentants des salariés est beaucoup plus circonscrite qu'en droit français et anglais en matière de transfert d'entreprise. Le devoir de négocier ne s'applique généralement qu'aux seuls effets de la décision de l'employeur et sous réserve que le syndicat n'y ait pas renoncé. Lorsqu'il s'exprime, ce devoir se rapproche néanmoins de l' « échange de vues » que le droit communautaire recommande.

# CONCLUSION DU TITRE I

**373.** La diversité des instruments juridiques qui concourent à la protection des salariés dans les opérations de transfert d'entreprise en droits français, anglais et américain impose plusieurs constats.

En ce qui concerne les sources et le champ d'application de la protection des salariés, d'abord celui d'une absence d'harmonisation complète en ce domaine entre droit français et droit anglais, malgré les prescriptions de la directive 2001/23/CE et de la jurisprudence de la Cour de justice des communautés européennes.

Les raisons de cette absence d'harmonisation sont bien sûr à rechercher dans l'évolution juridique interne propre à chaque système juridique. Celle-ci est également due au caractère essentiellement factuel d'une matière où les critères servant à identifier l'existence d'une entité économique conservant son identité sont suffisamment flous pour laisser la place à la plus grande subjectivité dans l'appréciation d'un faisceau d'indices qui restent non hiérarchisés. Elle est enfin due à une lecture et une interprétation différente des arrêts de la Cour de justice des communautés européennes par les tribunaux français et anglais, entre distance pour les uns et adhésion mécanique pour les autres. Il en résulte de part et d'autre une confusion déjà notée et l'absence de lignes directrices clairement établies dans les deux systèmes, qui rend la matière complexe et difficile d'approche. Le droit anglais a le mérite de tenter d'y remédier par la réforme qu'il vient d'introduire dans le but d'une clarification. Il restera à vérifier qu'il y parvienne.

Sans doute un autre motif de difficulté tient à la prise en compte du contexte économique et social, nécessairement mouvant, dans l'appréciation des faits d'espèce par les juges. Celle-ci se retrouve également en droit américain. Hautement consensuel de réputation, celui-ci se révèle néanmoins pourvu d'un encadrement juridique fédéral spécifique, protecteur des droits des salariés par le biais de leurs représentants.

**374.** Malgré des sources de protection multiples et des champs d'application distincts dans les trois systèmes juridiques étudiés, le maintien de l'identité de l'entité transférée ou reprise permet la comparaison et l'identification d'un point de référence commun à l'application de la protection des salariés en droits français, anglais et américain.

De même, en dépit des différences constatées dans la définition du droit à concertation qu'ils consacrent, un rapprochement s'opère entre les trois systèmes juridiques dans l'appréciation du rôle que les représentants du personnel ont à jouer dans les opérations de transfert d'entreprise. Les représentants du personnel sont différemment impliqués dans ce type de situation. La logique de négociation du droit américain, celle-ci restant volontaire, s'oppose à l'omniprésence de la consultation en droit français, dès la phase de la prise de décision, et à une obligation de consultation de droit anglais limitée aux conséquences de l'opération pour les salariés.

Aucun des trois systèmes juridiques n'exige pour autant que les parties s'entendent sur les termes d'un accord. Quel que soit le rôle reconnu aux représentants du personnel dans les opérations de transfert d'entreprise le résultat de leur implication est concordant en droits français, anglais et américain et s'oriente vers la consécration plus ou moins avouée du pouvoir de décision de l'employeur.

Le constat de la diversité des normes et des acteurs n'empêche donc pas la comparaison et l'identification de points de concordance entre les trois systèmes juridiques étudiés. La diversité des droits qu'ils protègent détermine néanmoins les limites de cette concordance.

# Titre II

# LA DIVERSITÉ DES OBJECTIFS

**375.** Une fois le principe de l'application de la législation protectrice des salariés admis en droit français et anglais, les contrats de travail des salariés affectés à l'activité transférée et les droits qui y sont attachés passent au cessionnaire, par l'effet de la loi, à la date du transfert de l'activité [1].

Le droit américain qui ne reconnaît pas ce principe et n'admet pas d'exception à l'effet relatif des contrats dans ce contexte, n'organise pas le transfert des contrats de travail du cédant au cessionnaire, quelle que soit l'opération juridique en cause. Le cessionnaire est libre de choisir qui des salariés du cédant rejoindra ses effectifs, sous la seule réserve du respect des lois anti-discrimination. La reprise des salariés dépend ainsi de la volonté du cessionnaire en droit américain, là où elle est la conséquence de l'application d'un principe d'ordre public en droit français et anglais.

Une première opposition concerne ainsi la reprise des salariés par le cessionnaire dans le cadre d'un transfert d'entreprise, entre les droits sous influence (droit français) ou d'inspiration communautaire (droit anglais) qui organisent le transfert automatique des contrats de travail des salariés, et le droit américain, qui ne le prévoit pas. S'ajoute une seconde opposition qui concerne la source du maintien des droits des salariés.

Là où la protection du salarié et le maintien de ses droits sont indépendants de la volonté des parties en droits français et anglais, ils en sont la pleine conséquence en droit américain, où la reprise de la majorité des salariés du cédant par le cessionnaire conditionne le maintien par ce dernier de certains de leurs droits nés alors qu'ils étaient salariés du cédant. Le droit américain transforme ce qui constitue un effet de la législation protectrice des salariés des droits français et anglais en une condition de sa mise en œuvre.

**376.** Deux conceptions du rapport du salarié à l'entreprise s'opposent. Selon que le droit considère que le salarié fait partie intégrante ou non de l'entreprise ou de la partie d'entreprise transférée, celui-ci suit ou non l'activité transférée. L'étendue des droits des salariés maintenus dans leur emploi dépend de la conception retenue.

En droit français et anglais où la situation du salarié dépend de l'activité transférée, le maintien des droits des salariés est une conséquence du transfert de l'entreprise au cessionnaire. Le transfert est générateur de droit. En droit américain où la question du transfert et la situation des salariés sont distincts, la volonté du cessionnaire est seule créatrice

[1]. CJCE 26 mai 2005, aff. C-478/03, Celtec Ltd c/ John Astley e.a. *Rec. CJCE* 2005, p. I-4389, c'est à dire la date à laquelle s'opère le transfert du cédant au cessionnaire. Le transfert ne peut pas être reporté, au gré du cédant ou du cessionnaire, à une autre date.

de droits pour ceux-ci, dès lors qu'il apparaît clairement que le nouvel employeur a « *fait l'acquisition des actifs* [du cédant] *dans le seul but de tirer profit du personnel de son prédécesseur* » [2]. C'est la volonté du cessionnaire qui est génératrice de droits.

Les oppositions constatées entre droits qui attachent des effets au seul transfert et droits qui s'en remettent à la liberté contractuelle, et les conséquences qui découlent de cette opposition s'expliquent par des objectifs différents. Un objectif d'ordre public social en droit français et anglais, où l'intérêt du salarié est défini et protégé par la loi afin d'assurer le maintien des emplois. Un objectif de paix sociale en droit américain où les intérêts individuels s'effacent au profit d'intérêts collectifs. La stabilité des relations collectives est perçue comme le moyen pour le nouvel employeur et le syndicat de développer des relations collectives sereines dans leur intérêt commun.

Les trois systèmes juridiques étudiés ne sont pas pour autant indifférents aux impératifs de stabilité de l'emploi et de continuité de l'entreprise. Ces impératifs sont pris en compte dans le cadre des opérations de transfert d'entreprise, que la primauté soit donnée à la protection de l'emploi (en droit français et anglais) ou à la préservation de la paix sociale (en droit américain).

**Chapitre I : LA PROTECTION DE L'EMPLOI**

**Chapitre II : LA PRÉSERVATION DE LA PAIX SOCIALE**

2. Fall River Dyeing & Finishing Corp. v. NLRB, 125 *L.R.R.M.* 2448 (US 1987).

## Chapitre I

# LA PROTECTION DE L'EMPLOI

**377.** Les droits français et anglais répondent à une logique de protection de l'emploi des salariés dans un contexte de mutation de l'entreprise à laquelle ils sont affectés. Les contrats de travail sont soumis à un ordre public de protection dont la caractéristique essentielle est de « *compenser la subordination par l'attribution de droits attachés à la seule qualité de salarié* » imposés par le législateur [1].

Dans ce cadre, le changement d'employeur fait obstacle à la liberté contractuelle par l'effet de la loi. La recherche de la stabilité de l'emploi commande dès lors que le principe du transfert des salariés affectés à l'entité transférée ainsi que la détermination des salariés repris par le cessionnaire découlent directement de ce principe d'ordre public. La détermination des droits transférés ainsi que les obligations respectives des parties répondent aux mêmes exigences. Il ne saurait être dérogé au principe du maintien automatique des contrats dans un sens défavorable aux travailleurs.

Le transfert des salariés au cessionnaire en droit français et anglais est ainsi la conséquence de la protection des droits individuels des salariés prévue par la loi **(Section I)**. Les obstacles au transfert des droits des salariés du cédant au cessionnaire y sont limités et strictement encadrés **(Section II)**.

## SECTION I
## LA PROTECTION DES DROITS INDIVIDUELS DES SALARIÉS

**378.** La directive 2001/23/CE prévoit dans son article 3.1 le principe du transfert du cédant au cessionnaire « du fait de ce transfert » des droits et obligations résultant du contrat de travail existant à la date du transfert. La formule est restée inchangée depuis 1977.

La Cour de justice des communautés européennes a précisé que le transfert des contrats est automatique à la date du transfert et s'impose aux parties « *malgré la volonté contraire du cédant ou du cessionnaire et nonobstant le refus de ce dernier d'exécuter ses obligations* » [2] et même si les salariés employés dans l'entreprise ne consentent pas à cet effet ou s'ils s'y opposent [3]. Ce principe est d'ordre public en droit français. Il s'impose aux parties en droit anglais.

---

[1]. A. SUPIOT, *Critique du droit du travail*, PUF, Quadrige, 2004, p. 137.

[2]. CJCE 14 novembre 1996, aff. C-305/94, Claude Rotsart de Hertaing c/ J. Benoidt SA, en liquidation, et IGC Housing Service SA : *Rec. CJCE* 1996, p. I-5927 ; *RJS*, 3/97, n°346.

[3]. CJCE 5 mai 1988, n°144/87 et 145/87, Berg et Busschers c/ Besselsen : *Rec. CJCE* 1988-5, p. 2559 ; *RJS*, 1/89, p. 16 ; *Gazette du Palais* 1988, 2, somm. 419 ; *D.*, 1989, somm. 165, 3è esp., obs. A. JEAMMAUD; *Droit Ouvrier*, juillet-août 1989, p. 320, note F. SARAMITO.

L'ordre public [4] est garant de la stabilité de l'emploi dans les opérations de transfert d'entreprise. Il commande l'automaticité du changement d'employeur (§1) pour tous les salariés affectés à l'entité économique qui est l'objet du transfert (§2).

## §1. LA REPRISE DES SALARIÉS, CONSÉQUENCE AUTOMATIQUE DU TRANSFERT D'ENTREPRISE

**379.** La modification juridique de l'entreprise est indifférente à la poursuite ou à la rupture des contrats de travail des salariés. Les contrats de travail se poursuivent avec le nouvel employeur quelle que soit la volonté des parties, pour peu que l'opération entre dans le champ d'application de la directive.

**380.** Antérieurement à l'adoption de ce principe en droit français, avant 1928, et en droit anglais, avant 1982, le « transfert » du contrat de travail du salarié du cédant au cessionnaire ne pouvait se réaliser que par un accord de volonté entre les parties. Le salarié ne pouvait exiger la reprise de son ancienneté et des termes de son ancien contrat de travail. Cela reste le cas dans les opérations exclues du champ d'application de la directive lorsque le cessionnaire souhaite reprendre tout ou partie des salariés du cédant.

Le transfert des contrats de travail organisé par la loi depuis lors, dans ces deux systèmes juridiques, substitue automatiquement le cessionnaire au cédant dans ses rapports de travail avec le salarié (A). Il a ce double effet d'imposer au salarié un nouvel employeur et au cessionnaire le respect des droits et obligations dont ce dernier disposait à l'encontre du cédant. Cela lui permet ainsi de continuer à travailler dans les mêmes conditions que celles convenues avec le cédant (B).

### A. LE CARACTÈRE RÉCIPROQUE ET AUTOMATIQUE DU TRANSFERT

**381.** Le caractère réciproque du principe du transfert des contrats de travail du cédant au cessionnaire lui permet de remplir un double objectif. D'abord protéger le salarié en lui assurant le maintien de son emploi dans le contexte d'un transfert d'entreprise. Ensuite permettre au cessionnaire de bénéficier d'une entreprise (ou de l'entité économique cédée) en état de fonctionner, c'est-à-dire pourvue des salariés affectés à l'activité transférée. Ces deux objectifs se complètent et légitiment la règle de droit.

L'automaticité du transfert découle de son caractère impératif. Aucune des parties ne peut s'y opposer, sauf pour le salarié à renoncer à la compensation de la perte de son emploi. Dans la même optique, cédant et cessionnaire n'ont aucune obligation d'informer le salarié de son transfert.

#### *1. Les objectifs: entre continuité de l'entreprise et maintien de l'emploi*

**382.** L'objectif de la continuité de la relation d'emploi répond au constat de la nécessité de protéger le salarié dans un contexte de mutation de l'entreprise où l'emploi est fragilisé. Il répond à la nécessité de « *protéger les travailleurs en cas de changement de chef*

---

[4]. Ce principe n'a pas de traduction en droit du travail anglais. Le terme de « *public order* » a des connotations pénales. Le terme de « *public policy* », renvoyant aux « intérêts de la communauté », serait le terme le plus approchant du principe d'ordre public français. En droit anglais toutefois, ce terme renvoie aux principes de *common law* destinés à apprécier la légalité d'un contrat. Le droit des transferts d'entreprises ne fait référence à aucun de ces termes. Le caractère automatique du transfert est néanmoins incontournable en droit anglais comme en droit français. Il s'impose aux parties et s'oppose à l'effet relatif des contrats. Il est impératif dans les deux systèmes juridiques.

*d'entreprise en particulier pour assurer le maintien de leurs droits* », contenue dans les considérants de la directive depuis 1977 [5].

**383.** L'objectif de la continuité de l'entreprise visant à la poursuite de l'activité cédée correspond à une préoccupation purement patronale. Il ne se trouve ni dans la lettre ni dans l'esprit des textes, qu'il s'agisse de la loi de 1928 en droit français, consacrant le principe du transfert ou encore du texte de transposition de la directive en droit anglais.

Ces deux textes ne visent en effet que la prise en compte des intérêts des salariés face aux modifications apportées à la structure des entreprises. Ils tendaient dès l'origine à assurer la stabilité de l'emploi des salariés compris dans des opérations de transfert d'entreprise. Garantir l'activité de l'entreprise dans ce contexte n'entrait nullement dans les préoccupations du législateur à l'époque de la rédaction de la loi de 1928 en droit français [6]. C'est également sous cet aspect de maintien des droits des salariés et de stabilité de l'emploi que ces textes ont été étudiés et appréhendés par la jurisprudence. La jurisprudence anglaise, notamment, interprète le TUPE par référence à l'objectif de la directive de protection des salariés en se démarquant de sa stricte et littérale application [7].

---

[5]. Considérant n°2 repris dans la directive 2001/23/CE.

[6]. D'ailleurs cette même loi portait aussi sur d'autres garanties des travailleurs (délai-congé et indemnités de rupture abusive) et formait un tout. L. GARDENAT, « Commentaire de la loi du 19 juillet 1928 modifiant l'article 23 du Livre 1er du code du travail », *JCP*, 1928, p. 996-998. L'auteur conclut son commentaire en observant, d'une façon générale, que ces modifications tendent à préciser certaines dispositions de l'article 23 du Livre 1er du code du travail « *dans un sens conforme à l'équité et à assurer aux travailleurs un peu plus de sécurité dans la possession de leur emploi* ». Sa finalité sera définie en 1934 par la Cour de cassation qui interprète largement son champ d'application en considérant que ce texte est « *destiné à assurer aux salariés des emplois plus stables* » : Cass. civ. 27 février 1934 : Goupy c/ Soc. Union hydro-électrique de l'Ouest constantinois : *D.H.* 1934, p. 252 ; J. PELISSIER, A. LYON-CAEN, A. JEAMMAUD et E. DOCKES, *Les grands arrêts du Droit du travail*, Dalloz, 2004, n°60. Cet objectif a été repris depuis dans de nombreux arrêts sous des appellations variées. Par exemple : Cass. soc. 16 avril 1959, *Bull. civ.* IV, n° 474, p. 391 (texte « *destiné à garantir aux salariés la stabilité de leur emploi* ») ; Cass. soc. 17 avril 1964 : *Bull. civ.* IV, n° 291, p. 242 (dispositions « *relatives à la stabilité de l'emploi et à la continuation du contrat de travail* ») ; Cass. soc. 19 janvier 1966 : *Bull. civ.* IV, n°67, p. 56 (article « *destiné à assurer aux salariés des emplois stables* ») ; Cass. soc. 29 juin 1972 : *Bull. civ.* V, n°479, p. 438 (même formulation) ; Cass. soc. 29 novembre 1972 : *Bull. civ.* V, n°655, p. 596 ; Cass. soc. 3 novembre 1976 : *Bull. civ.* V, n°543, p. 445 ; Cass. soc. 3 mai 1978 : *Bull. civ.* V, n°317, p. 239 ; Cass. soc. 18 octobre 1979 : *Bull. civ.* V, n°754, p. 558 (texte destiné à *« protéger », « assurer » ou « garantir »* la stabilité de l'emploi) ; Cass. soc. 16 octobre 1980 : *Bull. civ.* V, n°743, p. 547 (même formulation) ; Cass. soc. 20 octobre 1983 : *Bull. civ.* V, n°518, p. 368 (même formulation) ; Cass. soc. 5 mai 1986 : *Bull. civ.* V, n°195, p. 153 (même formulation). La référence à l'objectif de stabilité de l'emploi disparaîtra des arrêts avec l'abandon par la Cour de cassation de l'interprétation extensive du champ d'application de l'article L.122-12 al. 2 du code du travail à la fin des années 1980, notamment depuis l'arrêt Desquenne et Giral : Cass. soc. 12 juin 1986 : *Bull. civ.* V, n°299, p. 229 ; *Droit Social*, 1986, n°7-8, p. 605, concl. G. PICCA ; *D.*, 1986, Jurisp., p. 461, concl. G. PICCA, note J.-P. KARAQUILLO ; *JCP*, 1986, II, n°20705, obs. G. FLECHEUX et M. BAZEX et *JCP*, E, 1986, II, n°14790, obs. J. VALLANSAN ; A. LYON-CAEN, « A propos de l'arrêt Desquenne et Giral », *Droit Social*, 1986, n°12, p. 848. Quelques rares survivances existent encore toutefois. Par exemple: Cass. soc. 5 janvier 1995, pourvoi n°92-44.480, où la Cour de cassation a rappelé que les dispositions de l'article L.122-12 al.2 sont certes « *destinées à garantir la stabilité de l'emploi* », mais elles n'ont pas pour autant effet d'interdire aux salariés, qui ont accepté leur congédiement et cessé le travail sans passer au service du cessionnaire, de considérer leurs contrats comme rompus.

[7]. Litster v. Forth Dry Dock and Engineering Co. Ltd (in receivership) & anor [1989] *ICR* 341, [1989] *IRLR* 161 (HL), où la Chambre des Lords a affirmé que la directive pouvait être utilisée par les juges anglais comme une aide à l'interprétation. Elle a également indiqué que ceux-ci avaient à cet égard le « *devoir d'adopter une interprétation des textes visant à se conformer aux directives* (« purposive construction ») ».

La préservation de l'activité cédée était d'avantage dans les préoccupations du législateur à la lecture des débats parlementaires ayant précédé l'adoption des lois de 1971 et 1982, décidant du sort des conventions et accords collectifs en cas de transfert d'entreprise en droit français. Ceux-ci plaidaient pour la non incorporation des avantages qu'ils garantissaient au contrat de travail, soucieux de ce que l'entreprise d'accueil n'ait pas à accueillir le personnel dans des conditions trop onéreuses [8].

**384.** Les débats parlementaires qui ont précédé l'adoption du texte de transposition de la directive en droit anglais reflètent également cette préoccupation. En particulier, le sous-secrétaire d'État à l'emploi de l'époque, Monsieur David Waddington, expliquait que, du fait que les conventions collectives ne liaient pas les parties en droit anglais, il n'y avait « *aucune raison de craindre que le cessionnaire se retrouve avec des salaires, des procédures ou des accords qui ne lui conviennent pas* » puisqu'il pouvait les dénoncer [9]. Le texte était alors présenté par le gouvernement anglais, comme permettant autant, sinon plus, d'assurer la viabilité de l'entreprise que la protection des salariés compris dans une opération de transfert d'entreprise.

**385.** Ajoutons également que les considérants de la directive constataient dès 1977 que des différences subsistaient entre les États membres en ce qui concerne la portée de la protection des travailleurs dans ce domaine qu'il convenait de réduire et que « *ces différences peuvent avoir une incidence directe sur le fonctionnement du marché commun* » [10]. La directive contribuait alors à faciliter l'intégration économique des États membres et les concentrations de capital en Europe [11].

La Cour de justice des communautés européennes admet ainsi que l'atteinte à la liberté d'entreprendre est inhérente à l'objet même de la directive en organisant le transfert du cédant au cessionnaire des obligations découlant des contrats de travail [12]. La finalité de la directive n'est donc pas univoque puisque cette directive poursuit également l'objectif d'égalisation de la concurrence entre les entreprises [13].

**386.** La continuité de l'entreprise est ainsi étroitement liée au maintien de la relation d'emploi que les textes entendent assurer. Il n'y a en effet pas de continuité du lien d'emploi sans continuité de l'entreprise [14]. C'est le maintien de l'entité économique et de son identité qui entraîne l'application de la législation protectrice des salariés en droit français et anglais. L'inverse est également vrai. Le maintien du lien d'emploi assure la continuité de

---

8. M.-A. ROTSCHILD-SOURIAC, *Les accords collectifs au niveau de l'entreprise*, Thèse, Paris I, 1986, p. 1226-1227.

9. H.C. Debates (07.12.81), Mr. Waddington, p. 680.

10. Considérant n°4, non repris dans la directive 2001/23/CE.

11. P.L. DAVIES, « Acquired rights, creditors' rights, freedom of contract and industrial democracy », *Yearbook of European Law*, 1989, vol. 9, n°21, p. 25-29.

12. CJCE 25 juillet 1991, aff. C-362/89, Giuseppe d'Urso et Adriana Ventadori et a. c/ Ercole Marelli Elettromeccanica Generale SpA et a. : *Rec. CJCE* 1991, p. I-4105, Point 15.

13. CJCE 8 juin 1994, aff. 382/92, Commission c/ Royaume-Uni de Grande Bretagne et d'Irlande du Nord: *Rec. CJCE* 1994, p. I- 2435, Point 15 : « *En harmonisant les règles applicables au maintien des droits des travailleurs en cas de transfert d'entreprise, le législateur communautaire a entendu, tout à la fois, assurer une protection comparable des droits des travailleurs dans les différents Etats membres et rapprocher les charges qu'entraînent ces règles de protection pour les entreprises de la Communauté* ».

14. Dans un chronique consacrée à l'influence du droit économique sur le droit du travail, G. LYON-CAEN observe d'ailleurs justement que « *le droit du travail a toujours été un instrument au service des entreprises ayant besoin de main-d'œuvre. Il a été conçu dans leur intérêt. Ce n'est pas une proposition neuve que de mettre l'accent sur cette caractéristique* », même si plus loin, dans cette même chronique, l'auteur constate également, notamment à propos de l'article L.122-12 du code du travail, que « *il est vrai de dire que le droit du travail va dans le sens du maintien de l'emploi* ». *In* « Le droit et l'emploi », *D.*, 1982, chron. XXII, p. 133.

l'entreprise[15]. A tout le moins lorsque le contrat de travail a une valeur économique intrinsèque et constitue l'activité de l'entreprise en tant que telle. C'est notamment le cas dans le domaine de la prestation de services où l'activité repose essentiellement sur la main d'œuvre.

**387.** Les juges communautaires l'ont bien compris en étendant dans les années 1990 l'application des dispositions protectrices des droits des salariés dans des cas de succession de prestataires de services, activités de nettoyage, de gardiennage ou encore de restauration, où aucun élément d'actifs ne devait être transféré [16]. C'était également le cas de certaines organisations patronales françaises dans le milieu des années 1980 lorsqu'elles ont consenti à des avenants à des conventions collectives de prestataires de services, en particulier dans le secteur de la restauration et du nettoyage, afin notamment « *d'éviter les risques de bouleversements sociaux et de précarisation de l'emploi* (...) » et de « *favoriser au maximum la capacité des entreprises à répondre aux attentes de leurs clients avec la plus grande efficacité* » [17]. A cette époque en effet, la jurisprudence française exigeait l'existence d'un lien de droit entre employeurs successifs et ne prévoyait plus l'application du principe du transfert des contrats de travail dans le contexte de successions de prestataires de services [18]. Cette exigence ayant été abandonnée en 1990 [19], l'article L.122-12 al. 2 du Code du travail peut de nouveau trouver à s'appliquer dans un tel cas, sous réserve que ses conditions d'application soient remplies [20]. Les conventions collectives ont maintenu, en parallèle, l'application conventionnelle de l'article L.122-12 al. 2 du code du travail dans les conditions

---

[15]. C'est d'ailleurs de cette façon que le professeur G.H. CAMERLYNCK expliquait l'introduction du principe de transfert dans le code du travail par la loi de 1928, en considérant qu'elle était « *soucieuse d'assurer, en cas de transmission, la continuité du fonctionnement de l'entreprise au profit de son personnel* ». In « Identité d'entreprise ou identité d'emploi ? », *D.*, 1978, chron. XLVII, p. 269.

[16]. CJCE 14 avril 1994, aff. C-392/92, Christel Schmidt : *Rec. CJCE* 1994, p. I-1311 ; *RJS* 5/94, n°630 : application de la directive dans le cas d'un recours à un prestataire extérieur pour l'exécution de travaux de nettoyage assurés auparavant de manière directe, même si, avant le transfert, ces travaux étaient exécutés par une seule employée ; CJCE 10 décembre 1998, aff. C-127-96, C-229-96 et C-74/97, Francisco Hernandez Vidal SA c/ Prudencia Gomez Pérez et a. : *Rec. CJCE* 1998, p. I-8179 ; *RJS*, 2/99, n°315 : où la CJCE a rappelé qu'une entité ne saurait être réduite à l'activité dont elle est chargée. La seule circonstance que les travaux d'entretien assurés tour à tour par l'entreprise de nettoyage et l'entreprise propriétaire des locaux sont similaires ne permettent pas de conclure au transfert d'une telle entité. Cependant, celle-ci, « *ne comporte pas nécessairement d'éléments d'actifs, matériels ou immatériels significatifs. En effet, dans certains secteurs économiques, comme le nettoyage, ces éléments sont souvent réduits à leur plus simple expression et l'activité repose essentiellement sur la main d'œuvre. Ainsi, un ensemble organisé de salariés qui sont spécialement et durablement affectés à une telle tâche commune peut, en l'absence d'autres facteurs de production, correspondre à une entité économique* » (Point 27).

[17]. Avenant n°3 à la convention collective nationale des entreprises de restauration de collectivités du 26 février 1986.

[18]. Cass. soc. Ass. Plén. 15 novembre 1985 (Nova Services) ; *Droit Social*, 1986, n°1, p. 56, concl. G. PICCA, *ibid.*, p. 1-5, note G. COUTURIER, *ibid.*, p. 7-10 ; *D.*, 1986, Jurisp., p.1, concl. G. PICCA ; *JCP*, 1986, II, 20705, obs. G. FLECHEUX et M. BAZEX ; Cass. soc. 12 juin 1986, Sté Desquenne et Giral, précité, et les études de J. DEPREZ, « L'article L.122-12 du code du travail et les entreprises se succédant dans un marché : un revirement spectaculaire de jurisprudence », *Bulletin Social Francis Lefebvre*, 8-9/86, p. 363-384 ; et de H. BLAISE, « Les modifications dans la personne de l'employeur : l'article L.122-12 dans la tourmente », *Droit Social*, 1986, n°12, p. 837-847.

[19]. Cass. Ass. Plén. 16 mars 1990, deux arrêts : SA Nîmoise de tauromachie et de spectacles c/ Bodrero Sereu, (n°311 P) et Sté d'exploitation du Touring club de Paris Ouest et autre c/ Appart et autre (n° 312 P) : *Bull. civ.* ass. plén. n°4 ; *RJS*, 4/90, n°281 ; *D.*, 1990, jurisp., p. 305, note A. LYON-CAEN.

[20]. Sur le champ d'application de l'article L.122-12 al. 2 du code du travail, cf. 1ère Partie, Titre 1, Chapitre 1, *supra*.

qu'elles définissent, dans l'hypothèse de succession de prestataires sur un même service, dans le souci de sécuriser les transactions intervenant dans ce contexte [21].

**388.** C'est enfin la position du gouvernement anglais actuel dont la dernière réforme du TUPE prévoit une application élargie du texte dans le cadre des prestations de services. L'objectif est de permettre aux contractants de réduire leurs coûts de recrutement et de formation et, plus globalement, chiffres à l'appui, de réduire les risques et coûts liés à ce type d'opération. Le document de consultation publique présentant cette réforme indique d'ailleurs, en introduction, entre autres, que « *le Gouvernement considère le TUPE comme une mesure positive permettant de faciliter les cessions, les réorganisations et la modernisation du secteur public en libérant les salariés de leur peur du transfert* ». La réforme tend ainsi à bénéficier à « *tous ceux dont les intérêts sont concernés - salariés, employeurs, clients et contractants et finalement l'économie tout entière* » [22].

**389.** Nous avons vu que le droit français est moins prompt que le droit anglais à admettre le transfert automatique des salariés dans les opérations impliquant un changement de prestataires de services [23]. Le maintien de l'emploi est resté l'objectif mais il est apprécié au regard de la continuité de l'entité à laquelle il est attaché, voire des garanties que le cessionnaire est susceptible d'offrir aux salariés [24]. C'est le cas notamment dans les opérations d'externalisation d'activité où les salariés risquent la perte de statuts collectifs le plus souvent avantageux. La protection des intérêts des salariés prévaut ainsi sur les avantages économiques que ce type d'opération permet en droit français. L'objectif de stabilité de l'emploi est d'ailleurs le seul reconnu par les juges tant en droit français qu'en droit anglais, sur le modèle des prescriptions de la directive et du juge communautaire [25]. L'objectif de continuité de l'entreprise n'en est pourtant jamais éloigné.

### 2. La mise en œuvre de ces objectifs : l'automaticité du transfert

**390.** Une entreprise en état de fonctionner suppose un personnel attaché. Le transfert des contrats de travail des salariés dédiés à l'activité transférée du cédant au cessionnaire répondent autant à l'objectif de protection des emplois qu'à celui de la continuité de l'entreprise.

---

[21]. Pour un plaidoyer en faveur du caractère automatique des transferts de salariés intervenant dans ce contexte : P. MORVAN, « Application conventionnelle de l'article L.122-12 et accord du salarié : plaidoyer pour un revirement », *JCP*, éd. Sociale, 5 décembre 2006, n°49, doctrine n°1964, p. 7-20. Contra : Y. CHAGNY, « La continuité des contrats de travail du personnel d'un marché de prestation de services », *Revue de Droit du Travail*, février 2007, p. 78-83.

[22]. TUPE Draft Revised Regulations, Consultation Document, Employment Relations Directorate, Department of Trade and Industry, March 2005, p. 10.

[23]. 1ère Partie, Titre 1, chapitre 1, *supra*.

[24]. Ce n'est toutefois pas un argument de poids pour les juges. Ainsi, dans les arrêts Perrier précités (notamment Cass. soc. 18 juillet 2000, n°3700 FS-D, Sté Perrier Vittel France c/ Comité d'établissement Contrexeville : *Bull civ*. V, n°285, p. 225), où la Cour de cassation a rejeté l'application de l'article L.122-12 al.2, au motif que ses conditions n'étaient pas réunies, en dépit du fait que le cédant s'était engagé à passer ses commandes au cessionnaire pendant une période minimum de cinq ans, qu'il lui avait alloué une aide financière importante, et que le cessionnaire s'était engagé à ne pas effectuer de licenciement pour motif économique pendant cinq ans et à maintenir le statut collectif du personnel pendant au moins 27 mois, etc.

[25]. Cf. A. SUPIOT, « Les salariés ne sont pas à vendre – en finir avec l'envers de l'article L.122-12 alinéa 2 », *Droit Social*, 2006, n°3, p. 265 : « *Dans cet univers devenu mouvant, le juge communautaire a résolument adopté une interprétation sociale et non pas économique de la directive* (...). *Ce n'est pas l'intérêt hypothétique d'une entité économique conservant son identité, mais le seul intérêt des salariés qui doit guider le juge dans l'interprétation de la directive ou des droits nationaux qui la transpose dans les Etats membres* ».

Continuité de l'entreprise et transfert des contrats sont donc interdépendants et complémentaires. Cela pourrait également expliquer que le principe du transfert doit s'imposer à tous. Le salarié peut en effet s'en prévaloir pour demander le maintien de ses droits, en réponse à l'objectif de protection des salariés. Le cédant peut l'invoquer pour obtenir le transfert de ses obligations au cessionnaire et échapper ainsi à la charge d'éventuels licenciements. Enfin, le cessionnaire en fera de même pour assurer la continuité de l'activité qu'il reprend.

**391.** L'automaticité du transfert des contrats de travail permettrait donc, dans une vision simplifiée de la matière [26] qui peut sembler pour certains dépassée [27], de pallier l'instabilité de l'emploi et de faciliter les cessions d'entreprise [28]. Il s'agit également de veiller à ne pas assurer une atteinte excessive à la libre concurrence et à répondre aux impératifs de gestion des entreprises, dans une économie où les restructurations s'accroissent [29]. Dans cet esprit,

---

[26]. La situation est, bien entendu, plus complexe en réalité. Le droit doit s'adapter à une matière où considérations sociales, économiques et politiques s'entremêlent et où la conjoncture défavorable remet de plus en plus en cause l'équation simple selon laquelle la continuité de l'emploi sert la continuité de l'entreprise. Cette équation est d'ailleurs bien loin d'être adoptée en droit américain qui se suffit de la régulation du marché pour assurer la sécurité de l'emploi à ses salariés. v. 1ère Partie, Titre 2, chapitre 2, *infra*.

[27]. G. LYON-CAEN, « Que sait-on de plus sur l'entreprise ? », *Mélanges dédiés au Président Michel DESPAX*, Presses de l'Université des Sciences Sociales de Toulouse, 2001, p. 41. L'auteur s'interroge sur l'efficience réelle de la règle du maintien des contrats et conclut sur cette question de la façon suivante : « *Cette « entreprise » qui continue avec ses « contrats de travail » qui sont maintenus, ne paraît plus la réponse adéquate aux mouvements d'investissement et de désinvestissement incessant du capital. La règle juridique n'est plus suffisante à stabiliser l'emploi. Elle freine à peine un mouvement qu'elle ne maîtrise plus* ». ; M. VOISSET, « Droit du travail et crise », *Droit Social*, 1980, n°6, p. 291, selon lequel « *Les fortunes diverses de l'article L.122-12 montrent combien le droit est le reflet de la réalité économique et sociale. Dans les années 50-60, par manque de main-d'œuvre, l'application stricte de cet article était souhaitée par les chefs d'entreprise qui mettaient l'accent sur la stabilité des contrats qu'il impliquait. Aujourd'hui cette stabilité leur apparaît contraignante* ». Contra : la réforme du TUPE en droit anglais laquelle est présentée comme susceptible d'avoir un impact positif sur l'économie en général. TUPE Draft Revised Regulations, Consultation Document, Employment Relations Directorate, Department of Trade and Industry, March 2005, Annex B: « *Partial Regulatory Impact Assessment* », p. 51 et Annex D « *Detailed note on the rationale for, and impact of, the extension of scope in relation to service provision changes* », p. 77.

[28]. A rapprocher des observations générales de F. GAUDU sur le phénomène de stabilité de l'emploi, *in L'emploi dans l'entreprise privée – Essai de théorie juridique*, thèse, Paris, juillet 1986, p. 316 et s. La stabilité de l'emploi (dont la source principale a été le mécanisme de négociation et d'extension des conventions collectives) serait ainsi un élément d'intégration des salariés à l'entreprise : « *Le patronat n'a pas cédé sous la contrainte la « stabilité de l'emploi ». S'il y a consenti, c'est donc qu'il y trouvait un avantage* » (p. 323) et « *Il ne s'ensuit pas que le statut soit exclusivement protecteur du salarié ; c'est un statut d'intérêt commun* » (p. 328). Plus largement, P. DAVIES, M. FREEDLAND, « Labour markets, welfare and the personal scope of employment law », *Comparative Labor Law & Policy Journal*, 1999, vol. 21, p. 231-248.

[29]. Le Conseil d'Etat a eu l'occasion de rappeler cet impératif, notamment dans une affaire où il s'agissait pour lui de décider de la validité d'un arrêté portant extension de dispositions de conventions collectives organisant le transfert des contrats de travail lorsque les conditions de l'application de l'article L.122-12 al. 2 du code du travail ne sont pas réunies. Il a ainsi décidé que « *dans la mise en œuvre des pouvoirs qu'il tient des dispositions du code du travail, le Ministre du travail doit veiller à ce que l'extension d'une convention ou d'un accord collectif de travail n'ait pas pour effet de conduire à empêcher, restreindre ou fausser le jeu de la concurrence sur un marché, notamment en limitant l'accès de ce marché ou le libre exercice de la concurrence par d'autres entreprises* » ; CE 30 avril 2003 n°230804, Section Synd. Professionnel des exploitants indépendants des réseaux d'eau d'assainissement ; *RJS*, 8-9/03, n°1043 ; P.-H. ANTONMATTEI, S. DESTOURS, « Convention collective et droit de la concurrence : nouvelle rencontre », *Droit Social*, 2003, n°11, p. 999-1004 (annulation de l'arrêté d'extension des dispositions de l'article 2-5 de la convention collective nationale des services d'eau et d'assainissement relatives au transfert du contrat de travail) ; CE 16 janvier 2002, n°223859, 1er et 2è s.-s., Syndicat national des entreprises d'esthétique et de coiffure à domicile ; *RJS*, 4/02, n°468,

constitue ainsi une pratique anticoncurrentielle le fait pour le cédant de conclure des avenants au contrat de travail des salariés qui visent « *à pénaliser l'offre des concurrents en introduisant le risque d'une hausse très importante de leurs coûts au cas où ils remporteraient ce marché et constitue un abus de position dominante* » [30].

**392.** Cette automaticité du transfert s'organise en droit par la reconnaissance d'un principe d'ordre public [31]. Il résulte de la loi et « *vise à améliorer la condition des travailleurs et à organiser les relations de travail* » [32]. Il s'impose à tous, dès lors que les conditions légales du changement d'employeur sont réunies [33]. Pour le cédant, il s'agit de l'interdiction de principe de licencier au motif du transfert [34]. Pour le cessionnaire, du transfert des droits et des obligations attachés aux contrats de travail des salariés transférés [35], quelle que soit leur position (adhésion ou opposition) face au transfert. Pour le salarié, celui-ci est tenu de passer

---

à propos d'une demande d'annulation de décisions implicites de rejet d'un recours gracieux contre un arrêté d'extension d'un avenant à la convention collective nationale de la coiffure et des professions connexes relatif à l'aménagement et à la réduction du temps de travail ; G. LYON-CAEN, « La concurrence par la réduction du coût du travail », *Droit Ouvrier*, juillet 2003, p. 261-269.

[30]. Cons. Conc. 27 juin 2006 n°06-MC-02, Commune de Bouc Bel Air : *RJS*, 2/07, n°197 ; L. DRIGUEZ, « Réflexions sur l'utilisation de contrats de travail à des fins anticoncurrentielles », *Droit Social*, 2006, n°12, p. 1126-1135. En l'espèce, un avenant au contrat de travail des salariés d'une association gestionnaire des crèches d'une commune prévoyait une clause de compensation individuelle de 100.000 €et ainsi qu'une clause limitant leur mobilité. Le conseil de la concurrence a considéré qu'il résultait de cet avenant « *une atteinte grave et immédiate* » au marché public de la gestion des crèches. Il a donc enjoint la suspension de son application à titre conservatoire « *jusqu'à la décision que le Conseil rendra au fond ou jusqu'au constat de la caducité de celui-ci résultant de l'acceptation, par tous les salariés concernés, de sa dénonciation par l'association* ».

[31]. Pour des développements sur le concept d'ordre public en droit du travail, voir notamment : M. BONNECHERE, « L'ordre public « au sens du droit du travail » », *JCP*, CI, 1974, II, 11604 ; L. ROZES, « Remarques sur l'ordre public en droit du travail », *Droit Social*, 1977, n°9-10, p. 311-326 ; A. TEISSIER, « Sur le caractère d'ordre public de l'article L.122-12 du code du travail », *Travail et Protection Sociale*, mai 2000, chron. p. 4-5 ; F. GAUDU « L'ordre public en droit du travail », *Le contrat au début du XXI è Siècle*, Etudes offertes à Jacques GHESTIN, LGDJ, 2001, p. 363-377 ; N. MEYER, *L'ordre public en droit du travail. Contribution à l'étude de l'ordre public en droit privé*, LGDJ, Bibliothèque de droit privé, tome 461, 2006, 368 p. En droit anglais, c'est le caractère « automatique » du transfert (substitution d'un employeur à un autre), considéré comme une « *novation légale du contrat de travail* » (extinction du premier contrat et remplacement automatique par un autre) s'imposant à tous, que la directive a introduit en droit interne en 1982. Seules existaient auparavant des règles qui prévoyaient, dans certaines hypothèses prédéfinies, la « continuité de l'emploi », pour la seule reprise de certains droits à ancienneté, lorsque le cessionnaire acceptait de reprendre le salarié à son service. Ces règles coexistent encore aujourd'hui avec le TUPE et sont contenues dans *l'Employment Rights Act* 1996, v. 1ère Partie, Titre I, chapitre I.

[32]. L. ROZES, article précité, n°5, p. 313.

[33]. A défaut, le transfert du contrat de travail du salarié ne peut s'opérer qu'avec son accord exprès. Notamment : Cass. soc. 17 mars 1993, n°1153 PF, Banque Régionale de l'Ain c/ Blot et autres : *Bull. civ.* V, n°88, p. 60 ; *RJS*, 4/93, n°377 ; Cass. soc. 2 avril 1998, n°1867 D, Sté Lafitte c/ Lesbarrères, non publié au Bull. civ. ; *RJS*, 5/98, n°572 ; Cass. soc. 10 octobre 2006, n°04-46134 : *Bull. civ.* V, n°294, p. 281. La jurisprudence considère que ce principe ayant été édicté dans le seul intérêt du salarié, sa méconnaissance ne peut être invoquée que par celui-ci : Cass. soc. 12 décembre 2001, n°5200F-D, Pellegrini ès qual. c/ AGS CGEA Ile de France (1er moyen) ; *RJS*, 4/02, n°398. En l'espèce, il y avait eu transfert sans le consentement du salarié. Jugé que dans un tel cas, le nouvel employeur ne peut faire valoir que, faute d'accord du salarié, le transfert n'a pas pu s'opérer. En droit anglais, on retombe alors dans le principe de *common law* selon lequel toute relation contractuelle nécessite l'accord de chacune des parties concernées.

[34]. Sur l'articulation entre protection du lien d'emploi et exercice du droit du licenciement, v. 2nd Partie, Titre 1, chapitre 2, *infra*.

[35]. Pour des développements sur les responsabilités respectives du cédant et du cessionnaire du fait du transfert, v. 2nd Partie, Titre 2, chapitre 2, *infra*.

au service du nouvel employeur [36]. Le caractère automatique du transfert s'impose également aux salariés protégés sous la seule réserve en droit français de l'obtention par le cédant d'une autorisation préalable de transfert, en cas de cession partielle d'entreprise ou d'établissement[37].

**393.** Le principe du caractère automatique du transfert pour toutes les parties a été appliqué strictement à l'origine en droit anglais, où les salariés ne pouvaient s'opposer au changement de leur employeur dans le contexte d'un transfert d'entreprise [38]. Il a néanmoins été assoupli en 1993 [39], à la suite immédiate des arrêts de la Cour de justice des communautés européennes reconnaissant aux salariés le droit de refuser le transfert de leur contrat de travail chez le cessionnaire [40].

---

[36]. Cass. soc. 2 novembre 1956, Ferraris c/ Sté Roblot : *Bull. civ.* IV, n°799, p. 598 ; *D.*, 1957, somm. 64, pour une rupture imputable au salarié ; Cass. soc. 21 avril 1977, Sté Sodexho c/ Gaspard et a.: *Bull. civ.* V, n°259, p. 205 : le transfert s'impose aux parties et ne saurait être assimilé à une rupture imputable au cédant et l'obligeant, vis-à-vis du salarié investi d'un mandat de représentant du personnel, à observer la procédure spéciale prévue en cas de licenciement ; Cass. soc. 9 mai 1979, Institut technique agricole du lin c/ Lecat : *Bull. civ.* V, n°390, p. 283 : le transfert s'impose au salarié, peu important notamment que des tâches connexes soient ajoutées à celles accomplies auparavant par l'intéressé ; Cass. soc. 29 mai 1985, M. Le Bas c/ M. Vandenberghe : *Bull. civ.* V, n°307, p. 220 ; Cass. soc. 24 septembre 2002, n°2748 FS-D, AGS de Paris c/ Tormen, non publié au Bull. civ. ; *RJS*, 12/02, n°1359 : le transfert s'impose au salarié, peu important qu'il ait été licencié par le mandataire-liquidateur. Les juges ne sauraient en conséquence faire droit à sa demande en paiement de dommages et intérêts à l'encontre du cédant pour rupture anticipée de son contrat de travail à durée déterminée ; Cass. soc. 27 octobre 1981, Société nationale de programmes France-Régions (FR3) c/ Syndicat national des journalistes et autres : *Bull. civ.* V, n°826, p. 614, les salariés ne peuvent plus en conséquence être inscrits sur les listes électorales d'une entreprise à laquelle ils ont cessé d'appartenir ; Cass. soc. 20 avril 2005, n°979 F-D, Sté Marceau projets et a. c/ Pujos, non publié au Bull. civ.; *RJS*, 7/05, n°712, où la Cour de cassation rappelle que « *lorsque les conditions d'applications de l'article L.122-12, al.2, du code du travail sont remplies, le changement d'employeur s'impose tant aux employeurs successifs qu'aux salariés concernés ; qu'en conséquence, il ne peut être dérogé aux effets de ce texte par des conventions particulières, subordonnant le changement d'employeur à l'accord préalable du salarié* ».

[37]. Si l'autorisation de transfert est refusée, le cédant doit proposer au salarié « *un emploi similaire assorti d'une rémunération équivalente dans un autre établissement ou une autre partie de l'entreprise* », en application des articles L.425.1 al. 6 (délégués du personnel), L.436.1 al. 5 (membres du comité d'entreprise), L.412-18 al.7 (délégués et anciens délégués syndicaux) et L. 236-11 (membres et anciens membres du CHSCT) du code du travail. La protection s'étend aux candidats aux élections (Cass. soc. 8 juin 1999 n°2643 PBR, Sté Euronetec France c/ M. Benabet : *Bull. civ.* V, n°272, p. 196 ; *RJS*, 7/99, n°943). A défaut d'autorisation préalable, la mesure de transfert du représentant du personnel est nulle : Cass. soc. 24 novembre 1992, M. Somoza c/ Sté Ciel et autres : *Bull. civ.* V, n°571, p. 360 ; *Droit Social*, 1993, n°1, p. 65 ; *RJS*, 1/93, n°54 ; Cass. soc. 5 mai 1998, n°2065 P, M. de Francisco c/ Sté Direct ménager France : *Bull. civ.* V, n°222, p. 167 ; *RJS*, 6/98, n°794, le salarié protégé ne peut donc, dans ces circonstances, être tenu de fournir une prestation de travail au cessionnaire et ne peut commettre de faute en s'abstenant. Seul le salarié concerné peut se prévaloir du défaut d'autorisation et de la nullité du transfert : Cass. soc. 10 mai 2001, n°2057 F-P, Sté Vetura c/ M. Royere : *Bull. civ.* V, n°162, p. 128 ; *RJS*, 8-9/01, n°1037 et CE 9 avril 2004 n°233630, 8è et 3è s.-s., Sté Endel et a. : *RJS*, 8-9/04, n°939, la demande d'autorisation de licenciement présentée par le cédant, après le transfert, est donc sans effet. Le transfert d'un salarié protégé sans autorisation constitue, par ailleurs, un délit d'entrave : Cass. crim. 30 janvier 1996 n°94-83-509 PF, Laiguedé : *Bull. crim.* n°54, p. 134 ; *RJS*, 5/97, n°572.

[38]. Premier Motors (Medway) Ltd v. Total Oil Great Britain Ltd [1983] *IRLR* 471, [1984] *ICR* 58 (EAT); Newns v. British Airways Plc. [1992] *IRLR* 575 (CA).

[39]. Amendement au TUPE introduit par le Trade Union Reform and Employment Rights Act (TURERA) 1993.

[40]. En particulier : CJCE 16 décembre 1992, Katsikas c/ Konstantinidis et a., aff. C-132/91, C-138/91 et C-139/91: *Rec. CJCE* 1992, p. I-6577.

**394.** Désormais, le droit anglais admet le non transfert [41] dès lors que le salarié informe le cédant ou le cessionnaire du fait qu'il « *s'oppose au fait de devenir employé par le cessionnaire* » [42]. Le salarié sera néanmoins dans ce cas considéré comme démissionnaire [43]. En pénalisant les salariés qui refusent de passer au service du cessionnaire, le droit anglais permet ainsi de préserver l'équilibre entre maintien de l'emploi et continuité de l'entreprise que la directive entend assurer dans le contexte d'un transfert d'entreprise. Les salariés de droit anglais passeront donc généralement, tout comme les salariés de droit français, au service du cessionnaire, en même temps que l'activité transférée.

### *3. L'absence d'obligation d'informer les salariés sur leur transfert*

**395.** Tant en droit français qu'en droit anglais, le caractère réciproque et automatique du transfert des contrats de travail du cédant au cessionnaire entraîne l'absence d'obligation pour les employeurs successifs d'informer les salariés concernés sur leur transfert [44].

Notons à cet égard que la directive 77/187/CEE ne prévoyait pas l'information individuelle des salariés sur le changement d'employeur. Ceux-ci étaient informés par le biais de leurs représentants qui disposaient du monopole de l'information formelle. La directive prévoyait néanmoins la possibilité pour les États membres d'organiser l'information préalable des salariés concernés sur « *l'imminence du transfert* », au cas où il n'y aurait pas dans l'entreprise ou l'établissement de représentants des travailleurs [45]. Cette option n'avait été retenue ni en droit français, ni en droit anglais.

**396.** Or, constatant que certains États profitaient d'un seuil d'effectifs élevé d'accès à la représentation du personnel dans les entreprises, pour exclure toute information et consultation à l'occasion du transfert dans les petites et moyennes entreprises [46], la directive a été modifiée sur ce point. Elle inclut désormais, depuis la modification de son texte en 1998[47], l'obligation pour les États membres de prévoir l'information préalable des salariés

---

[41]. TUPE 1981, reg. 5(4A) ; TUPE 2006, reg. 4(7). La note explicative du gouvernement anglais sur le nouveau texte indique que, dans ce cas, le cédant pourra toujours réembaucher le salarié aux termes qui leur conviendront, sans que le salarié ne puisse se prévaloir d'un droit à ancienneté. *Employment rights on the transfer of an undertaking*, a guide to the 2006 TUPE Regulations for employees, employers and representatives, DTI, 30 January 2006, p. 15 ; DTI, March 2007, URN 07/758, p. 13.

[42]. « (...) *if the employee informs the transferor or the transferee that he objects to becoming employed by the transferee* ».

[43]. TUPE 1981, reg. 5 (4B) ; TUPE 2006, reg. 4(8).

[44]. Cass. soc. 26 février 1959, Oesterle c/ Sté continentale de semi-conserves et autres : *Bull. civ.* IV, n°293, p. 240 ; Cass. soc. 23 octobre 1968, Eliard c/ Lenglet : *Bull. civ.* V, n°451, p. 372 ; *D.*, 1969, p. 166 ; *JCP*, G, 1969, II, 15755 bis, obs. A. A. ; Cass. soc. 16 janvier 1974, 2 pourvois joints (n°72-40.336 et 72-40.337) : *Bull. civ.* V, n°41, p. 36 ; *Droit Social*, 1974, n°12, p. 475, obs. J. SAVATIER ; Cass. soc. 14 décembre 1999, n°4850 P, M. Dermoncourt c/ Mlle Riblet et autre : *Bull. civ.* V, n°484, p. 360 ; *Droit Social*, 2000, n°2, p. 211, obs. A. MAZEAUD ; *RJS*, 3/00, n°253 ; *Travail Protection Sociale*, février 2000, n°55, p. 13. Dans ses observations précitées, A. MAZEAUD s'interroge sur le fait de savoir si cette information n'est pas une obligation à la charge du cédant, sur le fondement de l'obligation contractuelle de bonne foi. Selon lui également la directive CE n°91/533 du 14 octobre 1991, relative à l'obligation de l'employeur d'informer les travailleurs des conditions applicables au contrat ou à la relation de travail (*J.O.C.E.* n°L 288 du 18 octobre 1991, p. 32), qui oblige notamment l'employeur à informer le salarié sur l'identité des parties (article 2. §2, a) et sur sa modification (article 5 §1), l'oblige à l'informer sur la modification de l'identité des parties résultant du transfert. Il reste que la directive sur le transfert d'entreprise elle-même ne l'impose pas en dehors du cas où les salariés ne sont pas représentés dans l'entreprise.

[45]. Directive 77/187/CEE, article 6.5.

[46]. Proposition de Directive présentée par la Commission au Conseil concernant le rapprochement des législations des Etats membres relatives au maintien des droits des travailleurs en cas de transferts d'entreprises, d'établissements ou de parties d'établissements : Com. (94) 300 final du 8 septembre 1994, point 41.

[47]. A effet au 17 juillet 2001 au plus tard.

concernés, toujours dans l'hypothèse où il n'y aurait pas dans l'entreprise ou l'établissement de représentants des travailleurs [48]. Ceux-ci doivent, dans une telle situation, recevoir les mêmes informations que celles qui sont destinées à leurs représentants lorsque l'entreprise ou l'établissement concernés en sont pourvus, à savoir non seulement la date fixée ou proposée pour le transfert, mais également le motif du transfert, les conséquences juridiques, économiques et sociales du transfert pour les travailleurs et les mesures envisagées à leur égard [49].

**397.** La directive pas plus que la jurisprudence communautaire n'ont pris le soin de préciser si cette information directe des salariés était requise dans toutes les entreprises et quels que soient leurs effectifs pourvu que les salariés ne soient pas représentés. Aucune distinction n'est faite, en particulier, selon le motif de l'absence de représentation du personnel dans l'entreprise. Il peut s'agir d'une entreprise où les conditions de seuils éventuelles pour la mise en place de représentants du personnel ne sont pas remplies. Il peut également s'agir d'une entreprise où des représentants du personnel n'ont pas été élus ou désignés, après un constat de carence ou en l'absence de telles élections ou de telles désignations.

### a) Droit français : absence de droit d'information préalable du salarié

**398.** Qu'il s'agisse de l'une ou l'autre de ces hypothèses néanmoins, ni le code du travail ni la jurisprudence française n'imposent à l'employeur d'informer directement les salariés sur le transfert d'entreprise et sur ses conséquences [50]. Le droit français n'est pas à cet égard conforme à la directive [51].

---

[48]. Directive 98/50/CE, article 6.6.

[49]. Disposition reprise à l'identique dans la directive 2001/23/CE, article 7.6.

[50]. Seules certaines conventions collectives de branche qui organisent, sous certaines conditions, le transfert des contrats de travail en cas de changement de prestataires de services (appliquant la même convention collective) sur un même marché, prévoient une obligation d'information des salariés concernés pour l'entreprise sortante. La convention collective nationale des entreprises de propreté prévoit ainsi, notamment, l'obligation pour l'entreprise sortante d'informer « *par écrit chacun des salariés bénéficiant de la garantie d'emploi de son obligation de se présenter sur le chantier le jour du changement de prestataire* » (article 3- II de l'accord du 29 mars 1990 fixant les conditions d'une garantie d'emploi et de la continuité du contrat de travail du personnel en cas de changement de prestataire). De même, dans le secteur de la restauration des collectivités, il est notamment prévu que l'entreprise sortante « *doit remettre au salarié, par écrit, et au nouvel employeur au moins quinze jours ouvrables avant la passation, tous les éléments du contrat de travail ainsi que la date d'affectation dans l'établissement* ». (article 3-3° (modifié) de l'avenant n°3 du 26 février 1986 à la convention collective nationale des entreprises de restauration de collectivités). Un arrêt rendu à propos de la convention collective nationale des entreprises de prévention et de sécurité (accord du 5 mars 2002 relatif à la reprise du personnel, étendu par arrêté du 10 décembre 2003, remplaçant le précédent accord du 18 octobre 1995), a considéré que cette procédure d'information individuelle des salariés mise à la charge de l'entreprise sortante constitue un garantie de fond destinée à permettre à chaque salarié concerné de prendre sa décision en connaissance de cause. Son inobservation a pour effet de rendre sans cause réelle et sérieuse un licenciement motivé par le seul refus du salarié de passer au service du nouveau titulaire du marché : Cass. soc. 11 mars 2003 n°743 FS-PBI, Sté Sécuritas France c/Cazette : *Bull. civ.* V, n°95, p. 92 ; *RJS*, 5/03, n°575.

[51]. Notons à ce titre que la directive prévoit expressément depuis 1998 la possibilité pour les salariés de faire valoir leurs droits en justice en cas de non-respect des obligations découlant de la directive (article 9, directive 2001/23/CE). Sur ce point, notamment F. DUMONT, « Les prérogatives des travailleurs liées à la défense de l'emploi et la directive du 29 juin 1998 sur les transferts d'entreprise », *Les Petites Affiches*, 30 juillet 1999, n°151, p. 15-20. Pour autant, rappelons que ce droit direct à l'information n'existe pour le salarié qu'en l'absence de représentation du personnel dans l'entreprise, contrairement à ce que l'on a pu parfois laisser entendre, notamment : V. IONESCU, « Le droit d'opposition des salariés au transfert de leur contrat de travail : mythe ou réalité », *Droit Social*, 2002, n°5, p. 507.

**399.** Il ne peut donc pas, en l'état du droit, être reproché au cédant de n'avoir pas prévenu les salariés à l'avance qu'ils passaient au service du cessionnaire à une certaine date [52]. Le cédant ne peut pas non plus être condamné au paiement d'indemnités de rupture à un salarié qui refuserait de passer au service du nouvel employeur au motif qu'il n'a pas été prévenu du changement d'employeur [53]. L'information du salarié sur le changement d'employeur est en effet sans incidence sur la validité du transfert qui intervient par l'effet de la loi.

Bien entendu, l'employeur est libre de prévenir son personnel de la situation, ce qu'il fait d'ailleurs généralement en pratique, par une lettre d'information, dès lors qu'il s'abstient de rompre les contrats [54].

**400.** Notons toutefois une décision de la Cour de cassation, à l'occasion d'un contentieux dans lequel un salarié entendait se prévaloir du licenciement prononcé par le cédant en violation du principe du transfert pour en obtenir réparation. La Cour décide que si le salarié licencié, dans le contexte d'un transfert d'entreprise, a le choix de demander au cessionnaire la poursuite de son contrat de travail ou au cédant la réparation du préjudice résultant de son licenciement, *« le changement d'employeur s'impose toutefois à lui lorsque le cessionnaire l'informe, avant l'expiration du préavis, de son intention de poursuivre, sans modification, le contrat de travail »* [55]. Ainsi, à défaut pour le droit français de prévoir l'obligation pour le cédant d'informer le salarié du changement d'employeur lorsqu'il n'y a pas de représentant du personnel dans l'entreprise, celui-ci fait obstacle au droit pour le salarié de se prévaloir des conséquences d'un licenciement intervenu en violation du principe du transfert, lorsque le cessionnaire l'a informé de sa volonté de poursuivre son contrat de travail.

**401.** Il ne s'agit pas ici pour la Cour de cassation d'imposer au cessionnaire (et encore moins au cédant) une obligation d'informer le salarié de son transfert pour rendre le transfert de son contrat de travail effectif. Il s'agit encore moins de lier l'existence ou l'absence d'information du salarié sur le transfert à un quelconque droit d'opposition au transfert pour ce dernier. Il n'en demeure pas moins que l'information du salarié par le cessionnaire de la volonté de ce dernier de le reprendre à son service, malgré son licenciement par le cédant, sert et renforce le principe d'ordre public du transfert du contrat de travail auquel ni la volonté du cédant ni celle du salarié ne peuvent s'opposer. Le droit à l'information préalable du salarié sur le transfert n'existe pas en droit français, mais si information du salarié il y a, celle-ci renforce l'obligation des parties au transfert.

---

[52]. Cass. soc. 23 octobre 1968, Eliard c/ Lenglet: *Bull. civ.* V, n°451, p. 372, précité et Cass. soc. 16 janvier 1974, 2 arrêts : Chappet et autre c/ Petit et autre, Van Moorleghem c/ Petit et autre: *Bull. civ.* V, n°41, p. 36, précités.

[53]. Cass. soc. 27 janvier 1971, SA Danzas c/ Pichon : *Bull. civ.* V, n°50, p. 40 ; Cass. soc. 6 mai 1975, SA Magne et companie c/ Alcover : *Bull. civ.* V, n°232, p. 207.

[54]. Cass. soc. 13 juin 1979, Bollecker c/ SA Junod et autre (1er moyen): *Bull. civ.* V, n°521, p. 383 : la rupture du contrat n'est pas imputable au cédant lorsque celui-ci s'est borné, d'une part, à prendre acte d'une situation qui lui était étrangère, à savoir, le refus par le salarié d'accepter les modifications apportées à son contrat par le cessionnaire, et d'autre part, lorsqu'il a notifié à l'intéressé qu'il ne pouvait plus être son employeur et qu'il cessait en conséquence d'être à son service.

[55]. Cass. soc. 11 mars 2003 n°744 FS-PBI, M. Voisin c/ M. Gauthier, mandataire judiciaire liquidateur de la société Plast'Lux et autre : *Bull. civ.* V, n° 86, p. 82 ; *Droit Social*, 2003, n°5, p. 480, rapport P. BAILLY, p. 474 ; A. MAZEAUD, « Licenciements économiques à l'occasion du transfert d'entreprise : après les arrêts Guermonprey et Maldonado, l'arrêt Voisin », *Droit Social*, 2003, n°5, p. 482 ; *Liaisons Sociales, Le Quotidien*, 24 mars 2003, n°808 ; *RJS*, 5/03, n°573 ; *Les Petites Affiches*, 5 mai 2003, n°89, p. 9, note G. PICCA et A. SAURET, *Revue D.O*, 2003, n°23, p. 23 ; *Droit Ouvrier*, août 2003, n°661, p. 349, notes P. DARVES-BORNOZ et P. MOUSSY ; J. PELISSIER, A. LYON-CAEN, A. JEAMMAUD et E. DOCKES, *Les grands arrêts du Droit du travail*, Dalloz, 2004, n°62.

b) Droit anglais : information obligatoire en l'absence de représentants du personnel

**402.** Bien que recommandé en pratique [56], l'information individuelle des salariés sur le transfert n'est pas plus consacrée en droit anglais qu'en droit français. La directive n'impose pas aux États membres de s'assurer que les salariés sont informés directement, indépendamment de leurs représentants. Le texte de transposition de la directive en droit anglais ne fait en conséquence aucune référence à une quelconque information du salarié ou à une obligation préalable en ce sens pour le cédant. Il prévoit néanmoins expressément, depuis 1999 [57] et contrairement au droit français, qu'une telle obligation existe en l'absence de représentation des salariés dans l'entreprise [58].

La jurisprudence anglaise n'est pas très fournie sur le sujet de l'information individuelle des salariés qu'il existe ou non des représentants du personnel dans l'entreprise. Deux arrêts sont néanmoins généralement cités en référence et marquent l'évolution de la position des juges anglais sur ce sujet.

**403.** Une décision de l'Employment Appeal Tribunal (EAT) de 1995 a ainsi d'abord considéré que cette information était obligatoire dans le contexte d'un transfert d'entreprise[59]. En l'espèce, le cédant avait envoyé à tout son personnel une note les informant de l'identité de leur futur employeur et de leur transfert. Un des salariés invoqua le fait qu'il n'avait pas reçu cette note et la question de l'identité de son employeur se posa au moment de son licenciement quelques temps plus tard. L'enjeu de la connaissance par le salarié du transfert de son contrat de travail était alors soulevé. L'EAT se référa pour y répondre aux principes de *common law* selon lesquels un employeur peut seulement succéder à un autre au moyen d'une novation [60] du contrat de travail. Cette novation suppose à la fois l'information et l'accord des parties.

L'EAT considéra que la condition de validité de la novation, à savoir que le salarié donne son accord au changement d'employeur, était supprimée par le principe du transfert automatique introduit par la directive en droit anglais. Rien ne justifiait cependant la suppression de la seconde condition, à savoir l'information du salarié sur la novation de son contrat. L'EAT décida en conséquence que le transfert automatique du contrat de travail du salarié ne pouvait prendre effet à moins que le salarié soit informé du transfert et de l'identité de son nouvel employeur. Dans l'affaire qui lui était soumise, le salarié était donc resté salarié

---

[56]. Notamment: J. McMULLEN, *Business transfers and employee rights*, Butterworths, 2001, p. 12/3, para. 7. L'absence d'assurance donnée à un salarié sur le maintien de ses droits a ainsi pu donner lieu à une condamnation du cessionnaire au paiement d'indemnités pour licenciement abusif d'un salarié. Euro-Die (UK) Ltd v. (1) Skidmore (2) Genesis Die Sinking Ltd, EAT/1158/98. En l'espèce, le salarié (Skidmore) avait refusé de passer au service du cessionnaire au motif que le maintien des droits liés à son ancienneté ne lui avait pas été garanti, alors qu'il avait informé son employeur de sa préoccupation à ce sujet. Il avait ensuite poursuivi le cédant (Genesis) et le cessionnaire (Euro-Die) en réparation en arguant du fait qu'il s'était agi d'une démission forcée assimilable à un licenciement (« *constructive dismissal* »). Les juges du fond (ET) et les juges du second degré (EAT) ont accueilli la demande du salarié en considérant que la rupture de son contrat de travail était liée au transfert et était, en conséquence, abusive (responsabilité des conséquences de la rupture à la charge du cessionnaire). L'absence d'assurance donnée au salarié dans le maintien de ses droits, alors qu'il avait 10 ans d'ancienneté, justifiait en effet pour les juges que le salarié ait perdu confiance en son employeur (« *fundamental breach of trust and confidence* »).

[57]. Collective Redundancies and Transfer of Undertakings (Protection of Employment) (Amendment) Regulations 1999 (*SI* 1999/1925).

[58]. TUPE 1981, reg. 10(8A) ; TUPE 2006, reg. 13(11).

[59]. Photostatic Copiers (Southern) Ltd v. Okuda and Japan Office Equipment Ltd (in liquidation), [1995] *IRLR* 11 (EAT); *IDS*, Brief 535, February 1995, p. 4 et pour un commentaire critique: J. McMULLEN, « TUPE and the employee who is unaware of the transfer », *Solicitors Journal*, 21 April 1995, p. 366.

[60]. « *Novation* ».

du cédant jusqu'à son licenciement quelle que soit l'opération juridique qui était intervenue auparavant.

**404.** Cette décision a initié en droit anglais un débat sur l'obligation d'informer le salarié de son transfert. En effet, même si le transfert du contrat de travail du cédant au cessionnaire est automatique et donc ne requiert pas l'accord du salarié, le TUPE offre cependant au salarié le droit de s'opposer à son transfert. Il requiert donc qu'il soit un minimum informé de celui-ci. L'absence d'information du salarié sur son transfert ne doit pas le priver de son droit de s'y opposer. Il s'agissait dès lors pour le droit anglais de concilier l'automaticité du transfert à l'individualité de son traitement en pratique, en fonction de l'opposition ou de l'absence d'opposition du salarié à son transfert.

La décision de l'EAT avait certes l'avantage de permettre au salarié d'être informé et de prendre une décision éclairée sur son transfert. Elle avait cependant l'inconvénient corrélatif de permettre aux employeurs successifs qui ne souhaitaient pas le transfert des salariés de s'assurer que ces derniers ne reçoivent aucune information sur le transfert pour que celui-ci ne leur soit pas opposé. Cela revenait en définitive à mettre les salariés dans la même situation qu'en l'absence de principe de transfert ce qui n'était pas leur intérêt.

**405.** Cette jurisprudence a donc été abandonnée quelques temps plus tard dans un arrêt Secretary of State v. Cook [61]. Celui-ci pose le principe que le transfert s'impose au salarié même s'il n'en est pas informé ou s'il ne connaît pas l'identité du cessionnaire. Dans cette affaire, le cédant, devenu insolvable, avait informé ses salariés que l'entreprise était reprise et qu'ils étaient licenciés, sans leur donner l'identité du repreneur. Les salariés avaient ensuite saisi le ministre (« Secretary of State ») en garantie des salaires non payés par leur employeur en liquidation. Celui-ci avait rejeté leur demande au motif que la responsabilité du paiement de ces salaires avait été transférée au cessionnaire. Les juges de première instance appliquèrent sans conviction la jurisprudence Photostatic Copiers et conclurent que le transfert n'avait pas pu avoir lieu en l'absence d'information des salariés sur leur transfert et l'identité du repreneur. Le ministre fit appel.

L'EAT infirma la décision des juges de première instance et décida du transfert des contrats de travail. La responsabilité du paiement des montants restait due aux salariés, même en l'absence d'information de ces derniers sur leur transfert et sur l'identité du cessionnaire. L'information des salariés ne pouvait être la condition de leur transfert. Cela revenait en effet à introduire une condition préalable au transfert qui n'avait été prévue ni par la directive ni par son texte de transposition en droit anglais et qui aurait été contraire à leur objectif de protection des salariés.

En outre, fit remarquer l'EAT, la dissociation de l'information et du transfert du contrat est neutre en termes de conséquence pour le salarié. Que le salarié s'oppose à un changement d'employeur avant le transfert, dès qu'il en est informé, ou postérieurement, s'il n'a reçu aucune information préalable à ce titre, celui-ci n'a droit à aucune indemnité de rupture puisque son refus est assimilé à une démission. De même si le salarié est licencié par le cédant alors qu'il n'avait pas connaissance du changement d'employeur, son absence d'information n'empêche pas le transfert de la responsabilité de la rupture de son contrat au cessionnaire. L'EAT a en conséquence considéré « inutile » l'exigence d'une telle condition au transfert et a demandé aux juges du fond, dans cet arrêt, de ne plus appliquer à l'avenir la jurisprudence Photostatic Copiers [62].

**406.** Le droit pour le salarié de s'opposer au transfert de son contrat de travail au cessionnaire est ainsi clairement dissocié en droit anglais de l'information qu'il a pu ou peut

---

61. Secretary of State for Trade & Industry v. Cook and others [1997] *IRLR* 150, [1997] *ICR* 288 (EAT).
62. Secretary of State for Trade & Industry v. Cook and others, [1997] *IRLR* 153, point 16.

recevoir sur le transfert et l'identité du nouvel employeur [63]. Cette information peut être donnée ou non au salarié, les textes ne l'imposant pas. Son droit d'être transféré au nouvel employeur ou de s'opposer à ce transfert n'en est pas altéré. Le salarié peut en effet renoncer au principe du maintien de son contrat de travail chez le cessionnaire soit antérieurement, auprès du cédant, soit postérieurement, auprès du cessionnaire [64].

**407.** L'EAT a néanmoins jugé plus récemment, et pour la première fois en droit anglais ainsi qu'il s'est plu à le souligner, qu'une telle information est due aux salariés, à titre individuel et préalablement au transfert, en l'absence de représentants des salariés dans l'entreprise [65]. En l'espèce, en effet, il n'y avait ni syndicat ni représentants élus des salariés dans l'entreprise. Le transfert était donc intervenu sans information préalable des salariés, lesquels avaient été licenciés par le cédant, en liquidation. L'un d'entre eux avait saisi les juges du fond pour obtenir des dommages et intérêts pour licenciement abusif et manquement du cédant à son obligation d'information et de consultation préalable sur le transfert. La demande avait été accueillie par les juges du fond pour ce qui concernait le licenciement et rejetée au titre de la violation de l'obligation de consultation préalable, au motif que cette obligation ne visait que les représentants des salariés, dont l'entreprise en cause n'était pas pourvue.

Le salarié fit appel de la décision sur ce dernier point en arguant du fait que, en l'absence de représentants du personnel, l'employeur devait inviter les salariés à élire leurs représentants et, à défaut, à donner l'information appropriée directement aux salariés. Constituait ainsi une violation de son obligation d'information et de consultation préalable au transfert, le manquement de l'employeur à son obligation d'organiser des élections au sein de l'entreprise et de communiquer l'information prévue par les textes directement aux salariés, à défaut de représentants.

L'EAT a accueilli la demande du salarié et, infirmant la décision des juges du fond, a considéré que les dispositions du TUPE prévoyant l'information de chacun des salariés, à titre individuel, à défaut pour eux d'être représentés, ne serviraient à rien si l'employeur n'était pas dans ce cas obligé d'inviter les salariés à élire leurs représentants dans le cadre du TUPE. Dès lors, et à moins que l'employeur démontre qu'il avait une bonne raison de ne pas avoir organisé ces élections [66], ce dont il ne s'était pas prévalu en l'espèce, la violation du TUPE en l'absence d'information et de consultation préalable au transfert est constituée. Cette violation résultait tout autant du manquement de l'employeur à inviter les salariés à élire leurs représentants, à leur communiquer l'information requise ou, à défaut d'élections, à leur délivrer l'information directement. L'EAT a ensuite renvoyé l'affaire pour qu'il soit décidé de la sanction appropriée pour l'employeur dans le cas d'espèce [67]. La sanction ne peut excéder, en toute hypothèse, treize semaines de rémunération du salarié [68].

**408.** La jurisprudence française n'a pas eu, à notre connaissance, à se prononcer sur une violation éventuelle de l'obligation d'information du cédant à l'égard des salariés non représentés. Cela s'explique sans doute par le fait qu'aucun texte ne prévoit, en droit français,

---

[63]. La possibilité pour le salarié de se prévaloir d'un manquement du cédant à son devoir de bonne foi (en ne délivrant aucune information au salarié sur son transfert ou en lui cachant ce fait) et d'obtenir une compensation à ce titre resterait à étudier, selon l'EAT. Secretary of State for Trade & Industry v. Cook and others, [1997] *IRLR* 153, point 14.

[64]. TUPE 1981, reg. 5(4A) ; TUPE 2006, reg. 4(7).

[65]. Howard v. Millrise Ltd (t/a Colourflow) (in liquidation) and another, [2005] *ICR* 435, *IRLR* 84 (EAT), *IDS*, Brief 775, February 2005, p. 7.

[66]. TUPE 1981, reg. 11(2) ; TUPE 2006, reg. 15(2).

[67]. Le TUPE 2006 [Reg 15(8) et 15(9)] prévoit la responsabilité conjointe et solidaire du cédant et du cessionnaire pour tout manquement aux obligations d'information et de consultation. Sur cette question v. 2nd Partie, Titre 2, chapitre 2, *infra*.

[68]. TUPE 1981, reg. 11(11) ; TUPE 2006, reg. 16(3).

l'obligation pour l'employeur d'informer directement les salariés sur le transfert, en l'absence de représentants du personnel dans l'entreprise, contrairement au droit anglais [69]. En outre, la mise en place de représentants du personnel dans l'entreprise, à défaut de syndicat, est *ad hoc* pour l'employeur de droit anglais, car constituée dans le seul cadre du transfert d'entreprise[70], ce qui n'est pas le cas en droit français. L'existence de représentants du personnel dans l'entreprise est déconnectée de l'application du principe du transfert en droit français alors qu'elle y est intimement liée en droit anglais.

Dans les deux systèmes juridiques cependant, la question du droit à l'information du salarié sur le transfert et sur l'identité de son employeur, et celle de son droit à refuser le transfert sont clairement dissociées. Elles n'empêchent pas le transfert juridique des droits de se réaliser indépendamment de la volonté du salarié.

## B. LE CONTRAT DE TRAVAIL EST MAINTENU DANS SON CONTENU ET SES MODALITÉS D'ORIGINE

**409.** Le principe d'automaticité du transfert des droits des salariés du cédant au cessionnaire et de protection d'emploi qu'il sous-tend impliquent que le contrat de travail des salariés soient transférés au cessionnaire de même que les droits et obligations « *qui résultent pour le cédant d'un contrat de travail ou d'une relation de travail existant à la date du transfert* » [71].

Il en résulte notamment que le cessionnaire est tenu de prendre en compte « *l'ensemble des années de service effectuées tant à son service qu'à celui du cédant par le personnel transféré* » pour le calcul des droits de nature pécuniaire, telles les augmentations de salaire ou les indemnités de fin de contrat, « *dans la mesure où cette obligation résultait de la relation de travail liant ce personnel au cédant et conformément aux modalités convenues dans le cadre de cette relation* » [72]. L'ensemble des droits et obligations couverts par le champ de la directive est assez large pour inclure les droits liés au licenciement ou à l'octroi d'une retraite anticipée prise en accord avec le cédant [73].

**410.** Les systèmes français et anglais reprennent chacune de ces exigences en droit interne. Ils prévoient l'un et l'autre le transfert des contrats de travail des salariés affectés

---

[69]. TUPE 1981, reg. 10(8A) ; TUPE 2006, reg. 13(11).

[70]. Le texte de transposition de la directive 2002/14/CE en droit anglais, *The information and Consultation of Employees Regulations* 2004 (« ICE » Regulations), prévoit néanmoins la mise en place progressive d'instances représentatives du personnel. Il s'applique d'ores et déjà aux entreprises de 100 salariés et concerne toutes les entreprises de 50 salariés à compter du 6 avril 2008. A noter cependant que près de 97% des entreprises au Royaume-Uni emploient moins de 50 salariés. La réforme devrait donc concerner à terme seulement 3% des entreprises mais couvrir 75% des salariés au Royaume-Uni. *High performance workplaces: informing and consulting employees* (consultation document and partial regulatory assessment), DTI, 7 July 2003; *Consultation on draft guidance on information and consultation regulations*, DTI, 2004.

[71]. Directive 2001/23/CE, article 3.1.

[72]. CJCE 14 septembre 2000, aff. C-343/98, Renato Collino et Luisella Chiappero c/ Telecom Italia SpA : *Rec. CJCE* 2000, p. I-6659 ; *RJS*, 12/00, n°1308.

[73]. CJCE 4 juin 2002, aff. C-164/00, Katia Beckmann c/ Dynamco Whicheloe Macfarlane Ltd. : *Rec. CJCE* 2002, p. I-4893 et CJCE 6 novembre 2003, aff. C-4/01, Serene Martin, Rohit Daby, Brian Willis c/ South Bank University : *Rec. CJCE* 2003, p I-12859 ; *RJS*, 3/04, n°356. Ces obligations sont en conséquence transférées au cessionnaire, indépendamment du fait qu'elles trouvent leur origine dans des actes de l'autorité publique ou sont mises en œuvre par de tels actes et indépendamment des modalités pratiques retenues pour cette mise en œuvre.

à l'activité transférée et le maintien des droits individuels qui y sont attachés [74]. Cette obligation est inscrite avec précision dans le texte de transposition de la directive en droit anglais. Il prévoit, en substance, que le transfert n'a pas pour effet de rompre les contrats de travail des salariés affectés à l'entreprise, à l'établissement ou à la partie d'entreprise ou d'établissement transféré [75]. Il a pour effet de transférer au cessionnaire tous les droits, pouvoirs, devoirs et responsabilités qui y sont liés [76]. Elle est rendue obligatoire par la jurisprudence en droit français sur la base de l'article L.122-12 al. 2 du code du travail. Celui-ci prévoit, plus succinctement, le maintien des contrats de travail en cours au jour de la modification.

Elle signifie dans les deux cas que les contrats des salariés transférés continuent à s'exécuter selon les mêmes termes et dans les mêmes conditions qu'avant leur transfert. En droit français comme en droit anglais, les droits et obligations des parties sont les mêmes que si le changement d'employeur n'avait pas eu lieu. La jurisprudence est constante et fermement établie à cet égard dans les deux systèmes.

### *1. Droit français : transfert du contrat et des droits attachés*

**411.** Le contrat de travail subsiste après le transfert « *dans les conditions mêmes où il était exécuté au moment du changement d'exploitant* » [77], sans notamment qu'une clause d'essai ou un nouveau contrat puissent être imposés au salarié [78].

---

[74]. Par opposition aux droits ou avantages issus de conventions, d'accords collectifs, d'usage ou d'engagements unilatéraux de l'employeur, lesquels suivent un traitement juridique spécifique en cas de transfert d'entreprise et feront donc l'objet d'un développement distinct. v. 2nd Partie, Titre 1, chapitre 1, *infra*.

[75]. TUPE 1981, reg. 5(1) ; TUPE 2006, reg. 4(1).

[76]. TUPE 1981, reg. 5 (2) TUPE 2006, reg. 4(2). Ces dispositions se superposent à celles qui préexistaient lors de la transposition de la directive de 1977 en droit anglais (aujourd'hui contenues dans l'ERA 1996). Elles prévoient le maintien de l'ancienneté du salarié en cas de transfert d'entreprise [ERA 1996, section 218(2)]. Elles ne s'appliquaient à l'origine que lorsque les parties (cessionnaire et salariés) s'entendaient pour que le cessionnaire reprenne les salariés à son service et n'avaient donc pas le caractère d'automaticité consacré par le TUPE. Aujourd'hui, la section 218(2) n'ajoute rien au texte du TUPE et ne fait que préciser ce qui n'y est pas clairement mentionné, à savoir que l'ancienneté du salarié transféré est maintenue chez le cessionnaire. v. 1ère Partie, Titre 1, chapitre 1, *supra*.

[77]. Cass. soc. 13 mai 1982, M. Falempe c/ Sté Entreprise agricole de la vallée de la Serre: *Bull. civ.* V, p. 224, n°302 : poursuite du contrat de travail avec le nouvel employeur pour l'exécution du préavis en cours au titre d'un licenciement antérieurement prononcé ; Cass. soc. 24 janvier 1990 n°151 P, Sté Nouvelle Micromécanique pyrénéenne c/ M. Abadie et a. : *Bull. civ.* V, n°23, p. 15 ; *RJS*, 2/90, n°93 (idem).

[78]. Notamment : Cass. soc. 7 mars 1979, Sté SATPA c/ Demoiselle Ferrandon : *Bull. civ.* V, n°204, p. 144 : nullité d'une convention conclue préalablement au transfert selon laquelle le cessionnaire acceptait d'engager à l'essai un salarié du cédant dont le contrat n'était pas résilié ; Cass. soc. 13 novembre 2001, n°4633 FS-P, Sté Airporc Viandes c/ M. Pagnon (2[è] moyen), précité : nullité d'une clause d'essai insérée au contrat par le cessionnaire qui ne peut pas non plus imposer au salarié une réduction de salaire ; Cass. soc. 22 septembre 1993 n°2916 P, Sté Clerdis c/ M. Tisserand et a. : *Bull. civ.* V, n°220, p. 150 ; *RJS*, 11/93, n°1072 : légèreté blâmable d'une société sanctionnée par le paiement de dommages et intérêts pour licenciement sans cause réelle et sérieuse. Elle proposait aux salariés transférés de conclure de nouveaux contrats assortis d'une période d'essai et ne reprenant pas leur ancienneté.

**412.** Cela implique d'abord pour le salarié le maintien de l'ancienneté acquise chez le précédent employeur [79]. Il en est principalement ainsi pour le calcul des indemnités de départ, en cas de rupture du contrat de travail après le transfert, lesquelles doivent être calculées sur la base de l'ancienneté totale du salarié acquise chez ses employeurs successifs [80]. Il en est de même pour tous les avantages consentis au salarié et qui sont fonction ou calculés sur la base de son ancienneté. Il s'agit notamment de l'indemnité de congés payés [81], du délai de préavis

---

[79]. Notamment : Cass. soc. 3 février 1993, Sté Mahier et a. c/ M. Vannier : *Bull. civ.* V, n°30, p. 23 : rupture abusive du contrat par le cessionnaire qui refuse de prendre en compte l'ancienneté du salarié ; Cass. soc. 20 décembre 1988, M. Carre et a. c/ Sté Compagnie industrielle d'électricité et de chauffage : *Bull. civ.* V, n°673, p. 432 ; *D.*, 1989, IR, 25, à propos des conditions d'éligibilité aux élections des représentants des salariés ; Cass. soc. 10 Juillet 1991, Pey ès qualités de syndic à la liquidation des biens de la société Denver c/ Mlle Amar : *Bull. civ.* V, n°350, p. 217 ; *Droit Social*, 1991, n°9-10, p. 732 et Cass. soc. 16 octobre 1991, M. Bonnes, ès qualités de syndic à la liquidation des biens Distillerie Thomas c/ M. Charpentier et a. : *Bull. civ.* V, n°408, p. 255, à propos du cumul d'un contrat de travail et d'un mandat social ; Cass. soc. 28 novembre 2001, n°4989 F-D, Sté Serca c/ Cortell et a., non publié au Bull. civ. : *RJS*, 3/02, n°303, à propos de la désignation d'un délégué syndical ; L'ancienneté à prendre en compte est celle du salarié dès son embauche par le cédant, peu important les modifications apportées postérieurement au contrat de travail. Ainsi, pour un changement de fonction : Cass. soc. 17 mars 1998 n°1533 P, M. Friberg c/ Sté Moore France (1er moyen) : *Bull. civ.* V, n°143, p. 106 ; *RJS*, 5/98, n°570. Le bénéfice de son ancienneté reste acquis au salarié. Le cessionnaire ne peut donc pas décider unilatéralement de ne pas reconduire l'ancienneté des salariés : Cass. soc. 10 octobre 2000, Sté Confection industrielle de Dompierre c/ Mme Guillet : *Bull. civ.* V, n°315, p. 246. Le salarié ne peut pas non plus y renoncer : Cass. soc. 13 juillet 1993, n°2686 D, Fatma Chebbi c/ SA La Rayonnante, non publié au Bull. civ.

[80] Notamment : Cass. soc. 18 février 1960, SARL d'Etudes et de Distribution de Publicité et d'Imprimerie Sodedpi c/ Couly [4è moyen (subsidiaire)]: *Bull. civ.* IV, n°203, p. 159 ; Cass. soc. 12 octobre 1967, Sté Lumière c/ Sté « Optique et précision de Levallois » et a. : *Bull. civ.* IV, n°636, p. 539 ; Cass. soc. 9 janvier 1969, Sté industrielle de Béziers c/ Galissier : *Bull. civ.* V, n°9, p. 8 ; Cass. soc. 18 février 1971, Sté nantaise automobile c/ du Rusquec (1er moyen) : *Bull. civ.* V, n°131, p. 107 ; Cass. soc. 23 janvier 1974, Sté Richard Ota c/ Blecot (1er moyen) : *Bull. civ.* V, n°55, p. 50 ; Cass. soc. 26 mai 1976, S.A. Celluloses de récupération Verdier-Dufour c/ Pliner (1er moyen): *Bull. civ.* V, n°327, p. 268 : indemnités calculées sur l'ancienneté totale même si de nouvelles conditions contractuelles ont été partiellement convenues avec le cessionnaire ; Cass. soc. 25 novembre 1982, Sté Zannier Poncelet c/ M. Sameck : *Bull. civ.* V, n°645, p. 477 ; Cass. soc. 4 octobre 1995, Sté Toulouse Montaudran automobiles c/ M. Dupont (2nd moyen) : *Bull. civ.* V, n° 261, p. 189 ; *Droit Social*, 1995, n°12, p. 1040, obs. H. BLAISE. Dans le même sens, pour une indemnité de départ à la retraite : Cass. soc. 30 juin 1960, Sté Ateliers rémois de constructions électriques c/ Villa : *Bull. civ.* IV, n°717, p. 555 ; *JCP*, G, 1961, II, 11946, ou encore pour le calcul de l'indemnité de clientèle du VRP : Cass. soc. 29 janvier 1969 SA Fernand Aubry c/ Rozier (1er moyen) : *Bull. civ.* V, n°61, p. 49 ; Cass. soc. 12 janvier 1977, Sté nouvelle Devy c/ Monchicourt (2nd moyen) : *Bull. civ.* V, n°16, p. 13 ; *D.*, 1977, IR, 82. Le principe est également applicable en cas de démission ou de licenciement suivi d'une réembauche par le cessionnaire qui a poursuivi l'activité du précédent employeur : Cass. soc. 29 janvier 1981 n°230, Dame Grandvillain c/ SA Clinique du Parc : *Bull. civ.* V, n°83, p. 61, pour une démission suivie d'une réembauche ; Cass. soc. 9 janvier 1969, Sté industrielle de Béziers c/ Galissier, précité, pour un licenciement suivi d'une réembauche. Tel n'est toutefois pas le cas lorsque le salarié a été réembauché par le cessionnaire, dès lors que ce dernier ne s'est pas engagé à reprendre l'ancienneté du salarié, après un licenciement régulièrement prononcé par le cédant. Dans ce cas en effet, il s'agit de la rupture d'un nouveau contrat et non de la continuation du contrat précédemment conclu avec le cédant. L'article L.122-12 al. 2 du code du travail est inapplicable et les indemnités de rupture sont en conséquence calculées sur la base de l'ancienneté acquise chez le seul cessionnaire : Cass. soc. 26 mars 1980 n°896, Directeur de la Société Colagaco c/ Balquet : *Bull. civ.* V, n°300, p. 230.

[81] Notamment : Cass. soc. 12 janvier 1956, Sté Tissages automatiques modernes c/ Sté Tissages mécaniques des Alpes : *Bull. civ.* IV, n°36, p. 26 ; Cass. soc. 2 février 1984, 2 arrêts : *Bull. civ.* V, n°43, p. 36 (n°82-10.118) et n°44, p. 37 (n°82-16.245 et 82-16.246). Il n'en résulte cependant pas que le nouvel employeur doive en supporter définitivement la charge totale ; Cass. soc. 4 mai 1984, SA Groupes Services France (GSF) Jupiter c/ Mme Izabel et a. : *Bull. civ.* V, n°175, p. 135 ; *JCP*, G, 1984, IV, 218 : le nouvel employeur est tenu, vis-à-vis des salariés, au paiement intégral des congés payés, sauf recours contre le précédent employeur en vue du remboursement de la part d'indemnité correspondant au temps

et du montant de l'indemnité compensatrice [82] ou encore de la prime d'ancienneté [83]. Le certificat de travail délivré au salarié, dont le contrat de travail est rompu après le transfert, doit également faire état de cette ancienneté cumulée [84].

**413.** Une fois le transfert acquis, le salarié peut également opposer au cessionnaire, son nouvel employeur par l'effet de la loi, les stipulations de son contrat de travail initial [85], y compris les clauses particulières qu'il peut comprendre, à défaut de modification éventuellement apportée au contrat. Tel est le cas, par exemple, des clauses de non-concurrence éventuellement consenties au cédant par les salariés. Celles-ci cessent, par

---

de travail passé au service de celui-ci ; Cass. soc. 10 octobre 1990, Sté Samis Distribution c/ Mme Leydier et a. : *Bull. civ.* V, n°438, p. 265.

[82]. Notamment : Cass. soc. 19 janvier 1966, Sté « Union de Travaux et d'Entreprises » c/ Bouguerra : *Bull. civ.* IV, n°67, p. 56, à propos de la durée du préavis ; Cass. soc. 12 mars 1987, SARL Epel c/ M. Ibrahimy (2è moyen), précité, à propos du montant de l'indemnité de préavis.

[83]. Notamment : Cass. soc. 15 mai 1974, Sté Mag-Bonaz et autre c/ Zanol (2nd moyen) : *Bull. civ.* V, n°298, p. 287 ; Cass. soc. 12 juin 1986, Cassel c/ Gen, n°1585 S, non publié au Bull. civ. ; Cass. soc. 10 juillet 1991 n°2869 D, Palisson c/ SA Grupelec Mabia : non publié au Bull. civ. ; *RJS*, 8-9/91, n°947 ; Cass. soc. 18 décembre 1991 n°4626 P, Sté Sochan c/ Mme Glorioso et a. : *Bull. civ.* V, n°590, p. 366 ; *RJS*, 2/92, n°121. Le salarié peut prétendre à ce titre à un rappel de salaire en cas de non-versement conforme à son ancienneté cumulée : Cass. soc. 11 février 1982, M. Girault c/ SA Trailigaz : *Bull. civ.* V, n°89, p. 65 ; *JCP*, G, 1982, IV, 150.

[84]. Notamment : Cass. soc. 2 décembre 1960, Sté « Boulangeries Fairwather » c/ Dlle Mercier et a. (2nd moyen) : *Bull. civ.* IV, n°1123, p. 869 ; *Droit Social*, 1961, n°3, p. 171 ; Cass. soc. 13 novembre 1967, Grandclaudon c/ Les Messageries des Grandes Marques (2nd moyen) : *Bull. civ.* IV, n°718, p. 608 ; *JCP*, G, 1967, IV, 181 ; Cass. soc. 8 janvier 1975, Sté les grands garages du Sud c/ Noguera (1er moyen) : *Bull. civ.* V, n°1, p. 1 ; Cass. soc. 5 février 1975, SA Télex Engineering France c/ Fouillée (2è moyen) : *Bull. civ.* V, n°46, p. 43 ; si plusieurs employeurs se sont succédés à la tête d'une même entreprise, seul le dernier est tenu de délivrer un certificat de travail couvrant l'ancienneté totale du salarié : Cass. soc. 24 novembre 1993 n°3735 P, M. Marsault c/ M. Gomez-Rodriguez : *Bull. civ.* V, n°286, p. 193 ; *RJS*, 1/94, n°30.

[85]. Il en est ainsi notamment :
- de la qualification professionnelle du salarié. Par exemple : Cass. soc. 5 janvier 1967, Sté de Laiterie Félix Massonaud c/ Raynal et a. (2nd moyen) : *Bull. civ.* IV, n°7, p. 6, au sujet d'un représentant statutaire que le cessionnaire qualifiait d'agent commercial. Il a été jugé que faute de preuve d'une modification apportée dans sa situation, l'intéressé a conservé son ancienne qualification ; Cass. soc. 4 avril 1990 n°1489 P, Mlle Lecocq c/ Sté Union Aéronautique régionale et a.: *Bull. civ.* V, n°155, p. 93 ; *RJS*, 6/90, n°460 (1ère espèce), à propos d'un commandant de bord qui réclamait un rappel de salaires au titre de mesures discriminatoires prises par le cédant, antérieurement au transfert,
- de ses attributions. Par exemple : Cass. soc. 9 mai 1979, Institut technique agricole du lin c/ Lecat : *Bull. civ.* V, n°390, p. 283, peu important que des tâches connexes eussent été ajoutées à celles qu'il accomplissait pour le cédant, et
- de sa rémunération. Par exemple : Cass. soc. 31 mai 1978 : *Bull. civ.* V, n°409, p. 310 ; Cass. soc. 10 avril 1973, Constant c/ SA Benoto et a. : *Bull. civ.* V, n°257, p. 229, maintien du salaire de base. A l'exception des éléments de salaire ayant le caractère d'une gratification : Cass. soc. 7 juin 1979, Vandroux et a. c/ Sté Morey Père et Fils : *Bull. civ.* V, n°489, p. 361 ; *D.*, 1980, IR, 44, à propos d'une prime annuelle variable.
- tel est également le cas, par exemple, des droits qu'il avait précédemment acquis dans le cadre d'un régime de retraite ou de prévoyance : Cass. soc. 16 juillet 1987, Sté Voituriez c/ Sté RESURCA et a. : *Bull. civ.* V, n°478, p. 304 ; Cass. soc. 4 juillet 1990, Caisse de retraite par répartition des ingénieurs, cadres et assimilés c/ Sté Jansen Royal : *Bull. civ.* V, n°344, p. 206, ou de la participation aux bénéfices : Cass. soc. 17 octobre 1962, Leou Fou On c/ Homps : *Bull. civ.* IV, n°726, p. 601 ; *D.*, 1963, 48, participation aux bénéfices de l'entreprise prévue contractuellement, en l'espèce.

Le salarié ne peut toutefois pas exiger du cessionnaire, au moment du transfert, un engagement sur le maintien de sa rémunération pour l'avenir : Cass. soc. 3 mars 1993 n°897 D, Boffa c/ Cie des Centres Mécano-Comptable (CCMC) (2è moyen), non publié au Bull. civ. ; *RJS*, 4/93, n°375. Il n'a de même pas le droit au maintien inchangé de ses attributions : Cass. soc. 9 mai 1979, Institut technique agricole du lin c/ Lecat, précité.

l'effet du transfert, de pouvoir être invoquées par le cédant [86]. Elles viennent régir les relations contractuelles du salarié et du cessionnaire [87]. De même le salarié qui aurait du être repris par le cessionnaire, mais ne l'a pas été, peut valablement lui demander le versement de l'indemnité contractuelle de rupture prévue à son contrat de travail [88].

**414.** Enfin, les droits non stipulés dans le contrat de travail du salarié, mais liés à son existence, sont également transférés et opposables au cessionnaire. Tel est notamment le cas de la priorité de réembauchage des salariés licenciés par le cédant, préalablement au transfert[89]. Peu importe qu'elle ait été exercée auprès de l'auteur du licenciement, le cédant[90], pourvu que les salariés qui s'en réclament aient été affectés à l'entité transférée [91] et que leur droit à cette priorité n'ait pas expiré à la date du transfert. Il en est de même du droit à réintégration du salarié protégé irrégulièrement licencié par le cédant ou dont l'autorisation de licenciement a été annulée [92].

### *2. Droit anglais : transfert des droits nés du contrat de travail ou liés à son existence*

**415.** En droit anglais, le contrat de travail du salarié transféré est, de la même façon qu'en droit français, considéré comme conclu par le cessionnaire [93]. Sont ainsi transférés avec le

---

[86]. Cass. soc. 27 mars 1968, Paquin c/ Bonu : *Bull. civ.* V, n°177, p. 149 ; Cass. soc. 15 octobre 1997, n°3569 P, M.G. Stoltz c/ Mme F. Cordonnier, précité : *Bull. civ.* V, n°318, p. 230 ; *RJS*, 12/97, n°1338 ; *Droit Social*, 1997, n°12, p. 1095, obs. A. MAZEAUD. L'auteur souligne à ce propos, avec ironie, que si le salarié souhaite rester au service du cédant, il n'aura pas d'autre choix que de démissionner et la clause de non-concurrence contenue dans son contrat lui sera opposable par le cessionnaire.

[87]. Le nouvel employeur a dès lors la charge d'en verser la contrepartie financière au salarié : Cass. soc. 6 décembre 1994 n°4803 P, Sté Huard c/ M. Rebours et a. : *Bull. civ.* V, n°326, p. 223 ; *RJS*, 1/95, n°2 ; Cass. soc. 21 octobre 1998, n°4097 D, Pelletier c/ Sté Studio Lasnier Graphic et autres, non publié au Bull. civ. De même, le cessionnaire est recevable dans son action en remboursement d'une indemnité compensatrice de non-concurrence exercée à l'encontre d'un ancien salarié du cédant : Cass. soc. 16 mai 1990, n°1966 D, Lefrileux c/ SA Périmédicale Médifrance et a., non publié au Bull. civ. ; *RJS*, 7/90, n°572.

[88]. Cass. soc. 13 juin 2006 n°1454 F-D, Maizoue c/ Sté Becheret –Thierry : *RJS*, 8-9/06, n°924.

[89]. Cass. soc. 26 février 1992 n°1028 PF, M. Fraboulet c/ Union des mutuelles d'Ile-de-France : *Bull. civ.* V, n°128, p. 79 ; *RJS*, 4/92, n°412 ; *Droit Social*, 1992, n°4, p. 378 ; Cass. soc. 10 décembre 1997, M. Vrel c/ M. Bordet : *Bull. civ.* V, n°429, p. 307 ; *Droit Social*, 1997, n°2, p. 201, obs. A. MAZEAUD (à propos de l'obligation de réintégration du salarié appelé à accomplir ses obligations militaires) ; Cass. soc. 9 mai 2000, n°2080 D, Olivier c/ SA Nouvelle Culasse plus et autres (2nd moyen), non publié au Bull. civ. ; Cass. soc. 5 février 2002 n°506 FS-P, Sté Renolux France industrie c/ M. Culeron : *Bull. civ.* V, n°52, p. 49 ; *RJS*, 4/02, n°397 ; Cass. soc. 5 mars 2002, Sté Kalker France c/ M. Bigot et a. : *Bull. civ.* V, n°85, p. 94 : en cas de cession partielle de l'entreprise, seuls bénéficient d'une priorité de réembauchage, à l'égard du cessionnaire, les salariés qui étaient affectés à l'entité économique cédée.

[90]. Cass. soc. 20 juin 2002 n°2154 F-D, Gaulard c/ Sté Baudry et Cie (2nd moyen), non publié au Bull. civ. ; *RJS*, 10/02, n°1102.

[91]. Cass. soc. 5 mars 2002 n°884 FS-P, Sté Kalker France c/ M. Bigot et a. (1er moyen) : *Bull. civ.* V, n°85, p. 94; *RJS*, 5/02, n°605.

[92]. Cass. soc. 10 juillet 1995, Mme Martin c/ Sté Primistères et a. : *Bull. civ.* V, n°240, p. 174.

[93]. TUPE 1981, reg. 5(1) : « (...) *any such contract which would otherwise have been terminated by the transfer shall have effect after the transfer as if originally made between the person so employed and the transferee* ». A noter que le premier membre de la phrase relatif à l'éventuelle rupture du contrat du fait du transfert (« *any such contract which would otherwise have been terminated by the transfer* ») a été retiré du TUPE 2006 [TUPE 2006, Reg 4(1)], au motif qu'il « *n'apportait rien* » au texte et pour éviter le risque qu'il soit utilisé par les cédants qui souhaitent conserver à leur service les salariés concernés par le transfert, ce qui est bien évidemment contraire à l'objectif du texte. *TUPE – Draft revised Regulations: Public consultation document*, Employment Relations Directorate Department of Trade and Industry, March 2005, n°41-42, p. 23-24.

contrat de travail tous les droits et obligations du cédant « *résultant ou liés au contrat de travail* » [94].

**416.** Cela vise bien évidemment les droits et garanties insérés au contrat de travail des salariés transférés ainsi que les droits légaux, notamment ceux attachés à la reprise de l'ancienneté du salarié par le cessionnaire [95]. Toute la difficulté en droit anglais est néanmoins de déterminer la frontière entre les droits qui font partie intégrante du contrat de travail, car « résultant » ou « liés » au contrat de travail du salarié, selon les termes mêmes du TUPE, des autres droits qui n'obéissent pas au même régime. Le contrat de travail des salariés peut, en effet, se référer à d'autres sources tels que des usages, des engagements de l'employeur, des accords collectifs ou encore à des modalités propres à l'entreprise du cédant.

**417.** Ces droits sont généralement considérés comme faisant partie intégrante du contrat de travail du salarié et, en conséquence, opposables au cessionnaire, dès lors qu'ils ont été contractualisés par les parties. Tel est par exemple le cas d'une clause du contrat relative à la rémunération du salarié faisant référence à un accord collectif signé par le cédant. Il a ainsi été jugé que le salarié pouvait valablement revendiquer, après le transfert, le bénéfice d'une augmentation de rémunération qui avait été négociée dans le cadre dudit accord. Cela alors même que la négociation avait eu lieu postérieurement au transfert de son contrat de travail [96].

Il est de même d'une clause de rémunération se référant aux résultats et performance [97] de l'entreprise cédante. Celle-ci doit recevoir application chez le cessionnaire, en dépit des difficultés pratiques de calcul et de contrôle des niveaux rémunérations que cela peut entraîner[98]. Cette jurisprudence pourrait néanmoins être assouplie, dans le futur, en réponse à un arrêt récent de la Cour de justice des communautés européennes reconnaissant au cessionnaire le droit de ne pas être lié par des conventions collectives postérieures à celle qui était en vigueur au moment du transfert, quand bien même le contrat de travail du salarié y renverrait [99].

---

94. TUPE 1981, reg. 5(2)(a) ; TUPE 2006, reg. 4(2)(a).

95. H.L. Deb. vol. 425, cols. 1497, 1499-1500 (December 10, 1981) (Lord Lyell). La reprise de l'ancienneté du salarié s'applique même si le salarié a touché des indemnités de rupture au motif que le cédant avait estimé, à tort, que le TUPE était inapplicable. Par exemple, Lassman v. Secretary of State [1999] *IRLR* 413 (EAT).

96. Whent & others v. T Cartledge Ltd [1997] *IRLR* 153 (EAT). En l'espèce les salariés avaient été transférés d'un employeur de droit public à une entreprise privée et revendiquaient l'application d'accords nationaux relatifs à leur ancien statut. L'EAT a considéré que le droit, pour les salariés, d'avoir leur rémunération déterminée en fonction desdits accords avait été contractualisé. Le cessionnaire ne pouvait en conséquence prétendre avoir dénoncé l'accord en question pour geler les salaires au taux applicable à la date de la dénonciation. Dans le même sens, voir : Glendale Managed Services v. Graham and others [2003] *IRLR* 465 (CA) : le salarié est en droit de bénéficier des augmentations de salaire décidées en application de son ancien statut, tel que précisé dans son contrat de travail. Il en est ainsi dès lors que le cédant (employeur de droit public) procédait audites augmentations sans décision formelle ou notification préalable aux salariés et que le cessionnaire (entreprise de droit privé) ne l'avait pas informé qu'il entendait mettre fin à une telle pratique qui constituait, de fait, un terme implicite de son contrat de travail. Les salariés ne peuvent pas, par contre, se prévaloir après le transfert d'une augmentation de rémunération prévue par des accords collectifs ultérieurs, remplaçant les précédents, auxquels leur contrat renvoyait, en l'absence de mention expresse en ce sens dans leur contrat de travail. Cf. Ackinclose & ors v. Gateshead Metropolitan Borough Council, [2005] *IRLR* 79 (EAT), *IDS*, Brief 775, February 2005, p. 12-13; *IRS Employment Review*, 11 February 2005, n°817, p. 51-52.

97. « *Profit related pay* ».

98. Unicorn Consultancy Services Ltd v. Westbrook [2000] *IRLR* 80 (EAT). En l'espèce, le calcul de la rémunération ne posait cependant pas de difficulté pratique puisque les salariés demandaient seulement le paiement d'une partie de rémunération dont le montant était déjà connu à la date du transfert.

99. CJCE 9 mars 2006, aff. 499/04, Hans Werhof c/ Freeway Traffic Systems GmbH & Co. KG : *Rec. CJCE* 2006, p. I-2397.

**418.** Cette difficulté était également renforcée jusqu'à présent par l'inflexibilité de la jurisprudence anglaise lorsqu'il s'agissait du droit pour le cessionnaire de modifier, aux fins d'harmonisation, les clauses du contrat de travail des salariés qui lui sont transférés. Le cessionnaire n'avait souvent pas d'autre choix que de remplacer les plans de rémunération ou autres avantages qui étaient accordés par le cédant par des plans ou avantages similaires, à défaut de pouvoir les maintenir en l'état, de les supprimer ou de les modifier unilatéralement[100]. Le TUPE 2006 apporte un changement sur ce terrain en permettant aux employeurs successifs de modifier les contrats de travail pour des motifs non liés au transfert ou pour une raison économique, technique ou d'organisation impliquant des changements sur le plan de l'emploi (« ETOR »), sur lesquels nous reviendrons [101].

**419.** En toute hypothèse, les évolutions et aménagements des dispositions d'une convention collective postérieurs au transfert doivent être expressément visés dans le contrat de travail des salariés pour être opposables au cessionnaire. Tel était le cas de l'évolution de la rémunération, dans l'exemple précité. Le contrat de travail des salariés indiquait expressément que leur rémunération serait « *conforme à celle contenue dans l'accord* ». Par cette mention au contrat de travail, ce droit devenait opposable au cessionnaire, bien qu'il ne fût pas partie à l'accord collectif en question. De même, il a été jugé que la mention au contrat de travail d'un cadre supérieur selon laquelle sa rémunération serait revue annuellement et augmentée « *d'un montant tel que le conseil d'administration le déciderait, dans son absolue discrétion* », créait pour le cessionnaire une obligation contractuelle de ne pas exercer son pouvoir décisionnel d'une façon « *capricieuse* » ou de mauvaise foi. L'augmentation consentie ne pouvait être, en conséquence, la moins élevée possible [102].

**420.** Les difficultés pratiques en droit anglais pour assurer le maintien des termes des contrats après le transfert viennent du fait que certains droits, quoique ne résultant pas directement du contrat de travail, lui sont intimement liés. Bien que négociée collectivement, leur source est expressément mentionnée au contrat de travail comme faisant partie des droits auxquels le salarié doit ou peut prétendre. De fait ils sont opposables au cessionnaire à qui le contrat de travail est transféré. Il peut également en être de même de droits non contractualisés résultant de pratiques internes ou d'un engagement unilatéral du précédent employeur [103].

**421.** Une nuance doit cependant être apportée à ce principe de maintien global des droits après le transfert. Elle concerne certaines clauses du contrat de travail qui peuvent être considérées comme relevant exclusivement de la relation de travail qui existait entre le cédant et le ou les salariés transférés, qui sont généralement considérées, en pratique, comme non opposables au cessionnaire, pour ne pas dénaturer le contenu même de la clause. C'est le cas, par exemple, de clauses prévoyant l'octroi d'actions de la société ou du groupe auquel elle appartient [104]. Seules les clauses raisonnables et nécessaires à la protection des intérêts des

---

[100]. L'EAT a ainsi affirmé (sans autre précision), dans une décision MITIE Managed Services Ltd v. French & ors [2002] *IRLR* 512 (EAT) que les salariés transférés étaient en droit de participer à un plan (en l'espèce, un plan de participation aux résultats de l'entreprise) « *substantiellement équivalent mais dénué de tout élément injuste, absurde ou impossible* ». Pour des commentaires sur cet arrêt, *IDS*, Brief 713, July 2002, p. 3-4 ; *IRS Employment Review*, 11 November 2002, n°763, p. 56-57.

[101]. Sur cette question, v. 2nd Partie, Titre 1, chapitre 1, *infra*.

[102]. Clark v. BET Plc [1997] *IRLR* 348 (High Court).

[103]. Par exemple, Quinn & ors v. Calder Industrial Materials Ltd [1996] *IRLR* 126 (EAT). Les salariés réclamaient le bénéfice d'indemnités de rupture complémentaires qui résultaient d'une politique interne au groupe et à laquelle leur contrat de travail ne renvoyait pas. Les juges du fond ont cherché (en vain), dans cet arrêt, les indices susceptibles d'établir que la direction entendait être liée par cette politique, avant d'en refuser l'application après le transfert.

[104]. « *Stock options* ». La Court of Appeal a ainsi pu considérer que de telles clauses ne faisaient pas partie intégrante du contrat de travail des salariés mais constituaient un contrat « accessoire » distinct qui

parties sont ainsi considérées comme valables et compatibles avec le principe de maintien des droits et des obligations des salariés consacré par le TUPE. Or, ce qui a été considéré comme raisonnable pour le cédant peut s'avérer ne pas l'être dans le contexte organisationnel du cessionnaire, une fois le transfert réalisé. Tel est le cas, par exemple, d'une clause de non-concurrence qui se rapporte à la seule partie d'activité cédée et non à l'activité du cessionnaire à laquelle le salarié a ensuite été affecté. Celle-ci n'est opposable au salarié que pour ce qui concerne l'activité cédée et non pour ce qui concerne l'activité et les clients du cessionnaire[105]. Il en est de même d'une clause du contrat de travail prévoyant un âge de départ en retraite [106].

**422.** Il reste que la majeure partie des contentieux postérieurs au transfert, en droit anglais, ont trait à la question de l'incorporation au contrat de travail des droits et avantages résultant d'accords collectifs. Leur maintien chez le cessionnaire est beaucoup plus aléatoire qu'en droit français. La frontière entre droits collectifs et droits individuels devient floue en droit anglais, spécialement après le transfert [107].

## §2. LA DÉTERMINATION DES SALARIÉS TRANSFÉRÉS

**423.** L'automaticité du transfert des contrats de travail et des droits des salariés attachés à l'entité transférée implique que le changement d'employeur s'impose aux parties sans qu'un

---

n'était pas transféré : Chapman and Elkin v. CPS Computer Group Plc. [1987] *IRLR* 462 (CA). Le cessionnaire aura toutefois généralement l'obligation de proposer des avantages similaires aux salariés, sauf à ce que le plan de stock options lui-même prévoit la perte des options par exemple, en cas de sortie de groupe [Thompson v. ASDA-MFI Group plc. [1988] *IRLR* 340 (EAT)].

[105]. Morris Angel & Son Ltd v. Hollande & another [1993] *ICR* 71, [1993] *IRLR* 169 (CA). En l'espèce, le contrat mentionnait l'impossibilité pour un cadre dirigeant du groupe de travailler directement ou indirectement, pendant une période d'une année, pour le compte de toute personne physique ou morale qui avait été en relation d'affaires avec le groupe dans l'année précédant la rupture de ses relations contractuelles. Le salarié fut licencié immédiatement après la cession de la société et le cessionnaire demanda le respect de la clause en question, pour le compte de sa propre activité. La Court of Appeal jugea que cette clause devait être interprétée comme se rapportant à l'activité transférée dont le cessionnaire devait être considéré, rétrospectivement, comme le propriétaire et non comme se rapportant à la fois à l'activité du cédant et à celle du cessionnaire. Cela aurait en effet eu pour effet d'imposer au salarié une obligation beaucoup plus large que celle à laquelle il avait consenti avant le transfert. A noter que le droit américain considère également, dans le même contexte, que « *certains droits contractuels sont si personnels au cédant qu'ils ne sont pas cessibles… ils peuvent seulement l'être avec l'accord des deux parties* ». Les engagements de non-concurrence sont en effet considérés comme des « contrats de service personnel». Cf. Satelite Glass Corp. v. Kagy, 2000 *WL* 703793 (Ct. Ap., Ohio, 2000). En l'espèce, le cédant avait fusionné avec un des ses concurrents lequel entendait se prévaloir de la clause à l'encontre de salariés qui avaient démissionné après la fusion pour former une entreprise concurrente. Dans le même sens, Phillips v. Corporate Express Office Prod., Inc., 2001 *WL* 929902 (Dist. Ct Ap., Fla., 2001). Ces jurisprudences rejoignent les réflexions d'A. MAZEAUD sur le sujet en droit français, « Le sort des contrats de travail lors des transferts d'entreprise », *Droit Social*, 2005, n°7-8, p. 742. Il propose que la clause de non-concurrence ou de confidentialité puisse être maintenue au profit du cédant, « *en raison de son caractère strictement personnel* ».

[106]. Cross and another v. British Airways Plc. [2006] *IRLR* 804 ; [2006] *ICR* 1239 (CA). En l'espèce, les salariés avaient été mis à la retraite à 55 ans par le cessionnaire, en application de nouveaux contrats de travail. Ils se prévalaient néanmoins de leur ancien contrat chez le cédant qui prévoyait un départ en retraite à l'âge de 60 ans. Les juges décidèrent que l'âge normal de la retraite était celui applicable à la date de la rupture de leur contrat (en application de la section 109 de l'ERA 1996 qui le permettait), soit 55 ans, sans possibilité de transfert de l'ancienne clause contractuelle. A noter à ce titre que, depuis le 1er octobre 2006 et l'entrée en vigueur de *The Employment Equality (Age) Regulations* 2006 (*SI* 2006/1031), la section 109 de l'ERA 1996 a été abrogée. L'âge légal de la retraite est désormais fixé à 65 ans. La question ne devrait donc plus se poser, à l'avenir.

[107]. A ce titre, v. 2nd Partie, Titre 1, Chapitre 1, *infra*.

choix puisse s'opérer entre les salariés qui seront transférés au cessionnaire ou conservés par le cédant.

La directive 2001/23/CE ne contient toutefois aucune précision quant à la détermination des salariés qui doivent être transférés avec l'entreprise, l'établissement ou la partie d'entreprise ou d'établissement qui fait l'objet du transfert. Elle se borne à prévoir dans son article 3.1 le transfert du cédant au cessionnaire des droits et obligations résultant pour le premier des contrats de travail ou relations de travail existants à la date du transfert.

**424.** La question ne soulève pas de difficulté lorsque tous les salariés sont concernés par le transfert. Ils sont en effet tous transférés au cessionnaire par l'effet de la loi [108]. En revanche, l'identification des salariés faisant l'objet du transfert est plus délicate lorsque l'opération concerne seulement une partie de l'entreprise ou un seul établissement de l'entreprise et que les salariés ne sont pas affectés intégralement à l'activité ainsi transférée au cessionnaire.

La Cour de justice des communautés européennes a eu l'occasion d'apporter un éclairage sur un point particulier de la question en 1985 en précisant que l'article 3.1 de la directive « *n'englobe pas les droits et obligations qui résultent pour le cédant d'un contrat de travail ou d'une relation de travail existant à la date du transfert et conclu avec des travailleurs qui, bien que n'appartenant pas à la partie transférée de l'entreprise, exerçaient certaines activités comportant l'utilisation de moyens d'exploitation affectés à la partie transférée, ou qui, étant affectés à un service administratif de l'entreprise qui n'a pas été lui-même transféré, effectuaient certaines tâches au profit de la partie transférée* » [109]. Elle n'a néanmoins pas fourni d'outils concrets aux juges nationaux pour leur permettre de décider si et dans quel cas les salariés appartenant partiellement à la partie transférée devaient être transférés avec elle.

**425.** Que le transfert concerne la totalité d'une entreprise ou d'un établissement ou une partie seulement de cette entreprise ou de cet établissement, il ne peut affecter que les emplois qui sont rattachés à l'activité transférée. Il en découle naturellement qu'en cas d'affectation exclusive du salarié à l'activité transférée, les droits français et anglais considèrent que le contrat de travail dudit salarié doit être transféré au cessionnaire, dès lors que l'opération entre dans le champ d'application de la directive [110].

---

[108]. CJCE 25 Juillet 1991, aff. 362/89, Giuseppe d'Urso et Adriana Ventadori et autres c/ Ercole Marelli Elettromeccanica Generale SpA et autres : *Rec. CJCE* 1991, p. I-4105, décidant notamment que « *l'article 3 paragraphe 1 de la directive (...) doit être interprété en ce sens que tous les contrats ou relations de travail existant, à la date du transfert d'une entreprise, entre le cédant et les travailleurs affectés à l'entreprise transférée, sont transmis de plein droit au cessionnaire du seul fait du transfert* ».

[109]. CJCE 7 février 1985, aff. 186/83, Botzen et autres c/ Société RDM B.V.: *Rec. CJCE* 1985-2, p. 519. En l'espèce, et afin d'éviter la liquidation totale de l'entreprise, une nouvelle société avait été constituée et un accord avait été conclu avec l'ancienne entreprise pour la reprise de certaines divisions de la première, avec le personnel qui y était affecté ainsi qu'un certain nombre de salariés de divisions non transférées (services généraux et administratifs). Les autres salariés avaient été licenciés et contestaient leur licenciement au motif qu'ils auraient du être transférés de plein droit auprès de la nouvelle société.

[110]. Cass. soc. 8 juillet 1985, Coll c/ SA Lavillauroy, pourvoi n°83-42 .037 (cassation), non publié au Bull. civ. : le fait que le contrat de travail du salarié n'excluait pas qu'il puisse être chargé d'un secteur différent ne suffit pas à faire obstacle à l'application de l'article L.122-12 al. 2 du code du travail dès lors que le salarié a toujours été affecté au secteur transféré ; Cass. soc. 17 mars 1988 n°1140 P, SA Mercator Ol c/ M. de Kens et autre : *Bull. civ.* V, n°186, p. 121 ; *RJS*, 1/89, p. 13, chron. J. DEPREZ ; Cass. soc. 23 février 1994, M. Pibouleau c/ Sté Entreprise industrielle : *Bull. civ.* V, n°64, p. 45 ; *RJS*, 4/94, n°378: le salarié protégé qui ne travaille pas dans l'une des branches d'activités concernées par la reprise ne peut pas demander sa réintégration auprès du cessionnaire ; Cass. soc. 12 novembre 1997 : *Bull. civ.* V, n°363, p. 260. Pour un exemple en droit anglais, notamment : Securicor Guarding Ltd v. Fraser Security Services Ltd [1996] *IRLR* 552 (EAT), à propos d'agents de sécurité travaillant sur un seul site, en dépit d'une clause de mobilité incluse dans leur contrat de travail.

Ces deux systèmes juridiques proposent néanmoins des solutions différentes lorsqu'il s'agit de décider du sort des salariés qui ne sont que partiellement affectés à l'activité transférée. Le droit français organise ainsi le transfert partiel des emplois partiellement attachés à l'activité transférée (A), alors que le droit anglais prévoit le transfert des seuls emplois affectés à la partie d'activité transférée (B).

## A. DROIT FRANÇAIS : TRANSFERT PARTIEL DES EMPLOIS PARTIELLEMENT ATTACHÉS À L'ACTIVITÉ TRANSFÉRÉE

**426.** En droit français, si l'application de l'article L.122-12 al. 2 du code du travail suppose notamment que l'entité transférée dispose de salariés affectés spécialement à son activité et pas simplement polyvalents [111], cela ne signifie pas pour autant que seuls les salariés affectés exclusivement à l'activité transférée sont concernés par le transfert, une fois l'application de l'article L.122-12 al. 2 du code du travail acquise. Reste alors à déterminer si le salarié en question doit être transféré avec une activité à laquelle il ne participe que partiellement et selon quel critère.

**427.** La jurisprudence a d'abord considéré que seuls les salariés employés « *spécialement et exclusivement* » à l'activité transférée devaient faire l'objet d'un transfert au cessionnaire[112]. La poursuite du contrat de travail du salarié avec le cessionnaire reprenant l'activité spécifique à laquelle participait le salarié emportait, pour ce dernier, renonciation à invoquer l'article L.122-12 al. 2 du code du travail à l'égard de l'autre cessionnaire, lorsque l'entreprise cédée était scindée [113].

**428.** Le critère de l'attachement exclusif du salarié à l'activité transférée a été abandonné quelques années plus tard. La Cour de cassation a adopté une démarche moins restrictive en admettant qu'un salarié « *essentiellement affecté* » à l'activité transférée devait passer au

---

[111]. Cass. soc. 25 avril 1984, Société Groupeco Sud Bagages c/ Mlle Abbas et autres : *Bull. civ.* V, n°148, p. 115 : l'article L.122-12 al. 2 du code du travail est inapplicable à la perte d'un marché portant sur le transport par mer de bagages qui représentait 40% de l'activité de la société, dès lors que les salariés étaient « *tous chargés de fournir leurs services indistinctement pour l'ensemble des marchés de la société et non pas seulement pour le secteur repris* » ; Cass. soc. 12 décembre 1990, M. Guegan et autre c/ Sté Graines d'élite Clause : *Bull. civ.* V, n°651, p. 393 ; *RJS*, 2/91, n°157, 1ère esp.: l'article L.122-12 al. 2 du code du travail est applicable à la sous-traitance d'une activité de menuiserie distincte des autres activités de la société laquelle « *nécessitait l'emploi de salariés* [trois menuisiers] *dont le transfert avait été prévu par le contrat dont cette activité avait fait l'objet* » ; Cass. soc. 9 février 1994, Mme Fleury c/ Sté Hesnault et autre : *Bull. civ.* V, n°47, p. 35 ; *RJS*, 3/94, n°225: arrêt d'appel cassé pour manque de base légale au double motif que la Cour d'appel n'a pas recherché si les conditions d'application de l'article L.122-12 al. 2 du code du travail étaient remplies et si la salariée était affectée au service transféré ; Cass. soc. 18 juillet 2000, Société Perrier Vittel France c/Comité d'établissement de la source Perrier de Vergèze et a. : *Bull civ.* V, n°285, p. 225 ; *RJS*, 11/00, n°1063 ; *Droit Social*, 2000, n°9-10, p. 850-851 et étude de G. COUTURIER, « L'article L.122-12 du code du travail et les pratiques d'externalisation », *ibid.*, p. 845 ; *Semaine Sociale Lamy*, 31 juillet 2000, n°992, p. 5, rapport B. BOUBLI ; *Semaine Sociale Lamy*, 25 septembre 2000, n°996, p. 7, chron. P.-H. ANTONMATTEI ; *Bulletin Joly Sociétés*, octobre 2000, n°248, p. 975, note B. SAINTOURENS ; Cass. soc. 10 juillet 2002, n°2327 F-D, Sté régionale distribution d'eau c/ Anzalone : non publié au Bull. civ. ; *RJS*, 11/02, n°1203. Sur l'appréciation de l'autonomie de l'entité transférée en droit français, v. 1ère Partie, Titre 1, chapitre 1, *supra*.

[112]. Par exemple: Cass. soc. 17 mars 1988 n°1140 P, SA Mercator Ol c/ de Kens: *Bull. civ.* V, n°186, p. 121, précité, à propos d'une société qui avait succédé à une autre dans la représentation exclusive d'une marque. Le transfert du salarié exerçant les fonctions de responsable de gestion du matériel de ladite marque a été décidé.

[113]. Cass. soc. 20 juin 1985, Mme Poullain c/ M. Rogée : *Bull. civ.* V, n°356, p. 257, à propos du partage d'une entreprise agricole à part égale entre les deux enfants de l'exploitant et du sort du contrat de travail d'un salarié travaillant sur l'exploitation, alors que celui-ci avait travaillé exclusivement plus de trois ans sur le domaine exploité par l'un des deux enfants.

service du cessionnaire [114]. Le critère utilisé pour déterminer à partir de quel niveau d'activité il convenait de considérer que le contrat de travail du salarié devait être transféré au cessionnaire n'avait cependant pas été défini avec précision. En toute hypothèse, les salariés travaillant occasionnellement à l'activité transférée, pendant une période relativement brève, n'étaient pas concernés par le transfert [115].

Dans cette optique, à défaut d'être essentiellement affecté à l'activité transférée, le salarié devait passer au service du cessionnaire « *pour la partie de l'activité qu'il consacrait au secteur cédé* » [116]. C'était reconnaître ainsi qu'une partie du contrat de travail pouvait être transférée avec l'activité à laquelle elle était liée et admettre la possibilité d'un démembrement du contrat de travail dans le contexte d'un transfert d'entreprise. Cette jurisprudence a par la suite été confirmée dans une affaire où une salariée consacrait quarante pour cent de ses fonctions à l'activité reprise [117].

**429.** Cette jurisprudence se distingue de celle de la Cour de justice des communautés européennes précitée [118]. Celle-ci se réfère au service auquel le salarié est rattaché et au constat de son affectation ou non à la partie d'entreprise transférée, pour décider de son transfert. Elle ne se préoccupe pas du temps consacré par le salarié à son profit. L'arrêt fait référence à l'exercice de « certaines activités » ou de « certaines tâches ». En application de cette décision, le salarié est ou n'est pas transféré, sans demi-mesure.

En effet, dans l'affaire soumise à la Cour de justice des communautés européennes, le cessionnaire se prévalait du fait que seuls les travailleurs occupés à temps plein dans la partie transférée de l'entreprise devaient être visés par le transfert, à l'exclusion de ceux effectuant des « tâches partielles ». La Commission considérait, pour sa part que le seul critère

---

[114]. Par exemple : Cass. soc. 10 janvier 1995 n°190 D, Sté ECS c/ Sté Data Leasing : non publié au Bull. civ. ; *RJS*, 2/95, n°108, à propos du transfert de clients et de secteurs de prospections qu'une salariée (ingénieur commercial) avait pour tâche de prospecter. Dans cet arrêt, la Cour de cassation a notamment rejeté l'argumentation selon laquelle la salariée (qui n'avait pas été transférée) n'était pas spécialement et exclusivement affectée aux seuls clients et secteurs de prospection repris par le cessionnaire, reprenant à son compte la constatation faite par la Cour d'appel que la salariée « *s'exécutait pour l'essentiel sur le secteur repris* ».

[115]. CA Paris 2 Juin 1995 18è ch. C, SA C2L c/ Makloufi et autres : *RJS*, 8-9/95, n°989, à propos de salariés d'un bar - vente à emporter ne travaillant qu'occasionnellement sur le site pendant une période relativement brève variant entre 15 et 48 jours sur 175 jours. Il est jugé que « *les salariés sont en droit de s'opposer à leur transfert et de le considérer comme une rupture sans cause réelle et sérieuse de leur contrat de travail par leur ancien employeur* ».

[116]. Cass. soc. 22 juin 1993, n°2564 PBS, M. Launay c/ Sté Baume et autre : *Bull. civ.* V, n°171, p. 116 ; *RJS*, 8-9/93, n°844 ; *Droit Social*, 1993, n°9-10, p. 769. En l'espèce, le salarié (comptable) assurait la gestion de deux établissements dont l'un avait été cédé. Le cédant lui avait alors proposé un contrat de travail à mi-temps en raison du caractère réduit de ses tâches, ce que le salarié avait refusé. Il fut donc licencié par le cédant pour motif économique : à tort, selon la Cour de cassation, qui considéra qu'il « *devait passer au service de la seconde société pour la partie de l'activité qu'il consacrait au secteur cédé* » ; Cass. soc. 9 mars 1994 n°1233 P, SARL SEAGT c/ M. Goupil : *Bull. civ.* V, n°83, p. 58 ; *RJS*, 4/94, n°377: il est jugé que lorsqu'une société d'expertise comptable a cédé une partie de sa clientèle à une autre société, le contrat de travail du salarié affecté à la clientèle cédée est transféré pour moitié à celui-ci.

[117]. Cass. soc. 2 mai 2001, n°2083 FS-P, Mme Evenas-Baro c/ SA Sonauto et autre : *Bull. civ.* V, n°145, p. 114 ; *RJS*, 7/01 n°854, *Droit Social*, 2001, n°7-8, p. 769, obs. G. COUTURIER ; *Semaine Sociale Lamy*, 3 septembre 2001, n°1040, p. 6, note P.-H. ANTONMATTEI. Pour une application, voir la décision du Conseil de Prud'hommes de Dieppe (Sect. Agriculture) du 4 décembre 2002 ; *Gazette du Palais*, 15-17 juin 2003, p. 17, relatif à un contrat de travail transféré pour un tiers à un repreneur et pour les deux autres tiers à un autre repreneur : « *Etant précisé qu'il n'existe aucun principe d'indivisibilité du contrat de travail en la matière (...) ce transfert n'interdisant pas par la suite aux cessionnaires d'envisager certains aménagements dans l'exécution du contrat de travail pour tenir compte de l'existence de deux employeurs distincts* ».

[118]. CJCE 7 février 1985, aff. 186/83, Botzen et autres, seul arrêt s'étant prononcé sur la question, à notre connaissance.

déterminant pour le transfert « *consiste dans la question de savoir si le service auquel ils* [les travailleurs] *étaient affectés et dans le cadre duquel se concrétisait, du point de vue de l'organisation, leur relation de travail, est transféré ou non* ».

Les conclusions de l'Avocat Général, Sir Gordon Slynn, allaient en ce sens, au moins en partie. Pour ce dernier, il ne s'agissait pas de distinguer entre les travailleurs à temps plein et les travailleurs à temps partiel, mais plutôt de savoir si les travailleurs en question étaient exclusivement affectés à la partie d'entreprise transférée. Dès lors, « *si un travailleur est en fait affecté à des activités concernant toute l'entreprise ou plusieurs de ses parties, il ne saurait alors être considéré aux fins de la directive comme un travailleur « de » la partie de l'établissement qui a été transférée* » [119].

C'est l'interprétation de la Commission européenne que la Cour de justice des communautés européennes a retenu en décidant, en substance, que puisque « *la relation de travail est essentiellement caractérisée par le lien qui existe entre le travailleur et la partie de l'entreprise ou de l'établissement à laquelle il est affecté pour exercer sa tâche (...), il suffit donc d'établir à quelle partie de l'entreprise ou de l'établissement le travailleur en cause se trouvait affecté* » [120].

**430.** Cette jurisprudence revient à exclure du transfert tous les salariés appartenant à des services centraux et administratifs dès lors que l'opération constitue un transfert partiel d'entreprise qui ne porte pas directement sur ses services centraux et administratifs [121]. Or ce personnel est le plus concerné par ce type de situation puisqu'il est amené, de par ses fonctions, à travailler pour toutes les activités de l'entreprise.

Le cas du personnel travaillant à un service administratif de l'entreprise est d'ailleurs nommément visé par l'arrêt de la Cour de justice des communautés européennes comme étant exclu du transfert. Cette situation est d'autant plus surprenante que, dans l'affaire qui était soumise à la Cour, une partie du personnel appartenant aux services généraux et administratifs de l'entreprise avait été reprise par le cessionnaire. Le cédant et le cessionnaire avaient conclu un accord [122] portant sur la reprise de certaines divisions de l'entreprise et leur personnel ainsi qu'un certain nombre de salariés de divisions non transférées (services généraux et administratifs).

Pour l'Avocat Général cependant, il ne pouvait en être autrement eu égard au but de la directive « *qui est de permettre un transfert d'emploi identique en tous points sauf en ce qui concerne l'employeur* ». Celui-ci avait même rejeté la possibilité pour le salarié affecté à des activités concernant toute l'entreprise de prétendre « *avoir été transféré à chacun des nouveaux employeurs* » ou « *prétendre disposer d'une option* », au motif qu'il ne lui semblait pas que « *la directive ait ouvert une telle option* » [123].

**431.** En application de cette jurisprudence, il conviendrait d'adopter en cette matière les mêmes critères que ceux utilisés pour définir la notion d'entité économique autonome et décider de l'application de l'article L.122-12 al. 2 du code du travail à l'opération en cause. Ainsi, de même que la partie d'entreprise transférée ne peut être considérée comme une entité économique autonome dès lors qu'elle n'a pas de personnel propre, de moyens spécifiques, c'est-à-dire sans « *un ensemble organisé de personnes et d'éléments* » [124], « *spécialement et*

---

[119]. Conl. Avocat Général Sir Gordon Slynn présentées le 8 novembre 1984, *Rec. CJCE* 1985-2, p. 522.

[120]. CJCE 7 février 1985, aff. 186/83, Botzen et autres c/ Société RDM B.V., *Rec. CJCE* 1985-2, p. 519. Point 15.

[121]. Hors donc, cas d'externalisation d'activités purement administratives de l'entreprise, si tant est que ceux-ci donnent lieu à l'application du principe du transfert.

[122]. Conclu dans le contexte particulier du « sursis de paiement » de droit néerlandais.

[123]. Concl. Avocat Général Sir Gordon Slynn présentées le 8 novembre 1984, *Rec. CJCE* 1985-2, p. 522. Il s'agit d'une position clairement contraire à la jurisprudence actuelle de la Cour de cassation.

[124]. Notamment: CJCE 11 mars 1997, aff. C-13/95, Ayse Süzen c/ Zehnacker Gebäudereinigung GmbH Krankenhausservice : *Rec. CJCE* 1997, p. I-1259, Point 13.

*durablement affectés à une tâche commune* » [125], de même, les salariés dits polyvalents ne peuvent pas être concernés par le transfert d'entreprise, sauf à ce que le transfert vise l'essence même de leur activité, l'externalisation des services centraux, par exemple. La jurisprudence actuelle de la Cour de cassation est clairement à contre sens de la jurisprudence communautaire sur ce point en reconnaissant que les effets du transfert d'une activité peuvent s'étendre aux salariés partiellement affectés à d'autres activités, non directement reprises par le cessionnaire et que leur transfert au cessionnaire puisse être effectué pour partie.

**432.** Que soit suivi le raisonnement de la Cour de cassation, par le transfert partiel du contrat des salariés partiellement affectés à l'activité transférée, ou celui de la Cour de justice des communautés européennes, par l'absence de transfert des salariés partiellement affectés à l'activité transférée [126], les conséquences auxquelles ces deux raisonnements aboutissent pour les salariés travaillant pour partie à l'activité transférée sont proches [127]. Elles ne peuvent toutefois être considérées comme satisfaisantes et adaptées à l'objectif de protection de l'emploi et de continuité de la relation de travail de la directive.

En effet, que les salariés qui travaillent pour partie à l'activité transférée soient exclus ou intégrés partiellement au transfert, ils perdront, dans l'un et l'autre cas, sauf exception, l'emploi qu'ils occupaient à temps plein chez le cédant. S'ils ne sont pas transférés, en application de la jurisprudence communautaire, ils perdront, du fait du transfert, une partie de leur activité. Dans le meilleur des cas, ils verront leurs tâches redéfinies ou accepteront un emploi à temps partiel chez le cédant. Au pire, ils seront licenciés.

**433.** Pour ceux dont le contrat sera partiellement transféré, en application de la jurisprudence française, le transfert s'opérera automatiquement pour une partie seulement de leur contrat, à savoir la part de leur activité qu'ils exerçaient pour l'activité transférée. Une telle solution n'est pas sans poser des difficultés pratiques. Elle signifie en effet que le cédant doit proposer au salarié une modification de son contrat de travail pour la partie de son contrat qui n'est pas transférée, c'est-à-dire, le plus souvent, une conversion de son emploi

---

[125]. Notamment : CJCE 10 décembre 1998, affaires jointes C 127/96, C-229/96 et C-74/97, Hernandez Vidal : *Rec. CJCE* 1998, p. I-8179, Point 27.

[126]. Encore que la Cour de justice des communautés européennes n'utilise pas ce raisonnement (qui est plus celui de l'Avocat Général) puisqu'elle considère que ces salariés ne sont pas affectés à l'activité transférée mais qu'ils y contribuent, dans une certaine mesure, en utilisant soit les moyens d'exploitation de cette activité soit en effectuant certaines tâches à son profit.

[127]. Leur raisonnement est également proche, en définitive. En effet, en prolongeant le raisonnement de la CJCE, il resterait à considérer que les services auxquels les salariés sont affectés sont pour partie concernés par le transfert et font partie intégrante de l'entité économique transférée, pour permettre leur transfert. Il faudrait alors déterminer les salariés qui devraient passer au service du cessionnaire, car affectés à la partie de leur division qui serait transférée. Viendraient alors les difficultés rencontrées par la jurisprudence française pour déterminer le personnel affecté à la partie transférée. Plus sûrement, une distinction pourrait être faite entre le sort du personnel administratif (dont l'activité est par nature transversale) dont il faudrait considérer qu'ils ne sont pas concernés par les transferts partiels, et celui des salariés dont la répartition des tâches est telle qu'une partie de leur activité est consacrée à la partie d'entreprise transférée. Sir Gordon Slynn avait d'ailleurs admis, dans ses conclusions, que « *des cas limites peuvent se présenter, mais nous croyons essentiel de les réduire au minimum en appliquant un critère clair et d'un maniement facile* » (Concl. *Rec. CJCE* 1995-2, p. 522). La CJCE a choisi de ne pas distinguer selon la nature des tâches des salariés ou leur répartition en choisissant le critère de leur appartenance au service qui est transféré. Une solution qui a le mérite de la simplicité, mais que ni la jurisprudence française ni la jurisprudence anglaise n'ont adoptée strictement. Un nouvel éclairage de la CJCE serait le bienvenu à ce sujet, d'autant plus qu'elle n'avait pas été, dans cette affaire, directement interrogée sur la possibilité d'un transfert partiel du contrat de travail du salarié ni sur le cas d'un salarié dont le contrat de travail indique qu'il est partiellement affecté à l'activité qui est transférée.

à temps plein en contrat à temps partiel [128]. En cas de refus de la modification, le salarié ne pourra prétendre qu'à une indemnité de licenciement calculée exclusivement sur la base d'un temps partiel [129].

L'exercice cumulé de ces deux emplois chez le cédant et chez le cessionnaire se révélera en outre bien souvent peu compatible. Ce sera en particulier le cas si les deux employeurs sont inflexibles sur les moments où ils souhaitent la présence du salarié [130] ou encore, s'ils évoluent dans un secteur d'activité concurrent [131] ou sur des sites éloignés les uns des autres.

---

[128]. Ce qui peut appeler la mise en place d'un plan de sauvegarde de l'emploi dans l'entreprise si au moins 10 salariés refusent la modification de leur contrat de travail. Rappelons en effet que depuis la loi du 18 janvier 2005, la mise en place d'un plan social n'est plus exigée préalablement à la proposition de modification, si au moins 10 salariés sont concernés par une telle modification dans une entreprise de plus de 50 salariés. Sur la jurisprudence antérieure à la loi de 2005, voir : Cass. soc. 10 juillet 2001, n°3389 FS-P, Sté Usiplast c/ Mme Sebah-Canat : *Bull. civ.* V, n°256, p. 204 ; *RJS*, 11/01, n°1278 : mise en œuvre d'un plan de sauvegarde de l'emploi ; Cass. soc. 3 décembre 1996, arrêts n°4867 PB et 4868 PB, Framatome et Majorette : *Bull. civ.* V, n°411, p. 294 ; *RJS*, 1/97, n°24, concl. P. LYON-CAEN, p. 12 ; *Droit Social*, 1997, n°1, p. 23-24, rapport Ph. WAQUET p. 18 ; *JCP*, G, 1997, II, 22814, note J. BARTHELEMY ; *JCP*, E, 1997, II, 916, note J. BARTHELEMY ; J. PELISSIER, A. LYON-CAEN, A. JEAMMAUD et E. DOCKES, *Les grands arrêts du Droit du travail*, Dalloz, 2004, n°104 ; Cass. soc. 6 mars 2001, n°872 : *Bull. civ.* V, n°71, p. 54 ; *RJS*, 5/01, n°586. Cette jurisprudence avait d'ailleurs fait l'objet de critiques tenant notamment à son caractère systématique et à la lourdeur de la procédure instituée. B. GAURIAU, « La jurisprudence dite « Framatome et Majorette » ne doit-elle pas être abandonnée ? », *Droit Social*, 2004, n°4, p. 375-380. Sur la remise en cause de cette jurisprudence par la loi de 2005 : Ch. RADE, « Feu la jurisprudence Framatome et Majorette (à propos de l'article 73 de la loi du 18 janvier 2005) », *Droit Social*, 2005, n°4, p. 386-393.

[129]. Cass. soc. 24 juin 1998, n°3186 D, Association pour la réalisation d'actions spéciales spécialisées (ARASS) c/ Lefrançois, pourvoi n°96-41.058, cassation, non publié au Bull. civ. En l'espèce, le salarié (médecin psychiatre), employé à temps plein par une association régionale pour l'enfance inadaptée (CREAI), avait son temps de travail réparti entre deux centres, dont l'un était géré par son employeur (le cédant). Le centre géré par le CREAI a été transféré à une autre association (ARASS) (le cessionnaire). Le salarié a refusé toutes propositions tendant à lui substituer son contrat de travail à temps plein en deux contrats de travail à temps partiel et a réclamé des indemnités de rupture au cessionnaire sur la base d'un travail à temps plein. La décision d'appel qui avait accueilli sa demande a été cassée par la Cour de cassation. En effet : « *le salarié n'était passé au service de la seconde association que pour la partie de l'activité qu'il consacrait au secteur cédé et il ne pouvait prétendre qu'à une indemnité de licenciement calculée exclusivement sur la base de ce temps partiel* ».

[130]. La jurisprudence semble toutefois s'orienter ici vers une exigence de bonne foi de la part du cessionnaire. En témoigne en particulier un arrêt de la Cour d'appel de Versailles (6è Ch) du 16 décembre 2003, Sté Net'Hôtel c/Bekziz: *Droit Ouvrier*, juillet 2004, n°672, p. 338, note F. SARAMITO. Dans cette affaire, la salariée travaillait sur cinq chantiers de nettoyage différents pour un même groupe. A la suite du transfert de l'un de ces chantiers à un nouveau prestataire, la salariée se retrouvait à travailler partiellement pour un nouvel employeur. Or, celui-ci, invoquant une clause de mobilité incluse dans son contrat de travail, lui imposait un autre lieu de travail plus éloigné de son domicile et qui ne lui permettait plus d'effectuer ses autres prestations pour son employeur initial. Le licenciement de la salariée par le nouvel employeur intervenant dans ce cadre est sans cause réelle et sérieuse. En effet, le nouvel employeur « *ne peut, à l'occasion d'un transfert partiel du contrat de travail prendre des mesures qui empêchent la salariée de poursuivre l'autre partie de son contrat de travail avec son premier employeur. Le nouvel employeur ne peut, sans manquer à l'obligation de bonne foi, imposer à* [la salariée] *des conditions de travail qui rendent impossible la poursuite du premier contrat* ». Pour des développements récents sur cette exigence de bonne foi dans les relations contractuelles, notamment: Ch. VIGNEAU, « L'impératif de bonne foi dans l'exécution du contrat de travail », *Droit Social*, 2004, n°7-8, p. 706-714.

[131]. Ce qui sera généralement le cas puisque l'application de l'article L.122-12 al. 2 du code du travail suppose que l'activité du nouvel employeur soit similaire ou connexe à celle du cédant (continuité de l'activité économique transférée). Voir notamment sur ce point : Cass. soc. 5 juillet 1983, M. Goron et autre c/ Société de Moyens d'Organisation (SMO) : *Bull. civ.* V., n°391, p. 279 ; *Droit Social*, 1984, n°2, p. 99, note H. BLAISE, p. 91 (article L.122-12 al. 2 du code du travail inapplicable « *en raison de conditions de fonctionnement très différentes* ») ; Cass. soc. 8 février 1984 : *Bull. civ.* V, n°47, p. 38 ; *D.*, 1984, p. 321, 1ère esp. concl. G. PICCA et H. ECOUTIN (cassation pour manque de base légale) ;

Que penser également de la fragmentation du contrat de travail d'un salarié protégé ? Celle-ci fera l'objet à coup sûr d'une double vérification de l'inspection du travail avant d'autoriser le transfert, non seulement parce que le salarié protégé risque de perdre son mandat chez le cessionnaire, mais également et surtout parce qu'il risque de refuser la modification de son contrat et partant, d'être licencié par le cédant, ce qui devra également faire l'objet d'une demande d'autorisation de la part du cédant.

**434.** En pratique, les parties s'entendent généralement sur l'affectation « essentielle » du salarié soit à l'activité transférée, soit à celle restant dans le giron du cédant, avant que l'opération de transfert n'intervienne et cela, pour éviter le démembrement du contrat de travail du salarié.

De telles tractations sont néanmoins délicates. La Cour de cassation a en effet considéré dans l'affaire précitée que le sort du salarié ne peut pas faire l'objet d'une convention entre cédant et cessionnaire. En l'espèce, un « accord d'indemnisation » avait été signé entre les deux sociétés visant à répartir entre elles la charge des frais de restructuration résultants du fait de litiges pouvant s'élever à l'occasion de l'application de l'accord de cession de fonds de commerce. Il déterminait notamment l'identité des salariés transférés dont la salariée demanderesse ne faisait pas partie [132]. En outre, le cédant restera l'employeur des salariés affectés à l'activité transférée dès lors qu'il les y aura muté dans le seul but de ne pas les conserver à son service, réalisant ainsi une manœuvre frauduleuse [133].

Il ne pourra donc s'agir habituellement que d'un accord tacite entre le salarié et le cédant, préalablement au transfert, concernant le transfert ou l'absence de transfert de ce dernier chez le cessionnaire. Même s'il est formalisé par écrit, celui-ci aura peu de valeur juridique si la définition de la répartition des tâches du salarié s'avère par trop éloignée de la réalité. Ce dernier pourra en effet finalement [134] décider de se prévaloir de son droit à transfert en alléguant la fraude [135].

**435.** Il reste que le salarié préférera généralement conserver un emploi à temps plein plutôt que de tenter de concilier deux contrats à temps partiel au risque de perdre les deux et

---

Cass. soc. 9 juin 1983, M. Paysse c/ M. Capdepont et autres : *Bull. civ.* V, n°318, p. 225 ; *Droit Social*, 1984, n°2, p. 98, note H. BLAISE, p. 91 : article L.122-12 al. 2 du code du travail inapplicable en cas de « *disparition des éléments essentiels du fonds* » ; Cass. soc. 23 mars 1983 : *Bull. civ.* V, n°186, p. 130 : article L.122-12 al. 2 du code du travail inapplicable lorsque l'activité cédée est assurée « *dans des conditions différentes et avec d'autres moyens* » ; Cass. soc. 6 juillet 1964, Bruno c/ SARL Sofitherm : *Bull. civ.* IV, n°596, p. 489 : article L.122-12 al. 2 du code du travail inapplicable dès lors notamment que les conditions d'exploitation et de distribution avaient été changées.

[132]. Cass. soc. 2 mai 2001, n°2083 FS-P, Evenas-Baro c/ SA Sonauto : *Bull. civ.* V, n°145, p. 114, précité. Voir également Cass. soc. 22 juin 1993 n°2574 PBS, Launay c/ SA Baume et autre : *Bull. civ.* V, n°171, p. 116, précité : (2°) « *la convention entre deux sociétés portant sur la cession d'un secteur de l'entreprise exploité par le cédant et excluant du transfert un salarié employé en partie au secteur cédé, ne peut faire échec aux dispositions de l'article L.122-12 du code du travail et reste sans effet. En conséquence, le contrat de travail du salarié est transféré au cessionnaire pour la partie de l'activité qu'il consacrait au secteur cédé* ».

[133] Cass. soc. 29 mai 1991, n°2189 D, Sté Midi service restauration c/ Lemée et autre : non publié au Bull. civ.; *RJS*, 7/91, n°813. Par contre, le salarié muté sans fraude de l'établissement cédé à un autre établissement ne bénéficie pas de l'article L.122-12 al. 2 du code du travail : Cass. soc. 18 novembre 1992 n°3824 P, Mme Savary c/ Sté Somédis et autres : *Bull. civ.* V, n°550, p. 348 ; *RJS*, 1/93, n°7.

[134]. En général lorsque le cédant ou le cessionnaire, s'il est passé à son service, décide de le licencier.

[135]. Pour un exemple où le salarié était resté au service du cédant, à la demande de ce dernier, bien que son activité était attachée à l'entité transférée, et où le cédant l'avait licencié peu de temps après pour suppression d'emploi, Cass. soc. 3 novembre 1977 : *Bull. civ.* V, n°582, p. 465 : la responsabilité civile du cédant a été engagée pour légèreté blâmable. Il a été condamné à réparer le préjudice causé au salarié pour l'avoir empêché de passer au service du cessionnaire, peu important que la suppression de l'emploi ait été ou non légitime.

s'accommodera d'une solution négociée. Cette solution est peu satisfaisante. Il faut espérer une évolution, à la faveur de l'intervention du législateur [136] ou, plus sûrement, de précisions apportées à ce sujet par la jurisprudence. La question pourrait également être déplacée sur un autre terrain afin de permettre au salarié, dans cette hypothèse, de refuser son transfert sans en subir les conséquences financières. Il s'agit alors d'un tout autre débat sur lequel nous aurons l'occasion de revenir plus loin.

## B. DROIT ANGLAIS : TRANSFERT DES EMPLOIS AFFECTÉS À LA PARTIE D'ACTIVITÉ TRANSFÉRÉE

**436.** En droit anglais, la question du transfert des salariés partiellement affectés à l'activité transférée se pose de la même manière qu'en droit français. Il s'agit de déterminer, au cas par cas, si le salarié est affecté à l'entreprise ou à la partie d'entreprise transférée. Ainsi, les salariés temporairement affectés à l'activité transférée ne sont pas concernés par le transfert[137]. Les salariés dont le contrat de travail prévoit une clause de mobilité (géographique ou groupe) mais qui, dans les faits, ont toujours travaillé au même endroit ou dans la même entreprise, sont considérés comme affectés à la partie transférée [138]. Il en est de même pour ceux qui, bien qu'absents le jour du transfert, auraient fait partie de l'activité transférée s'ils avaient été présents [139].

**437.** Les principaux arrêts sur la question ont été rendus dans le contexte particulier des transferts d'entreprises impliquant plusieurs entités d'un même groupe au sein desquelles un ou plusieurs salariés étaient amenés à travailler.

L'Employment Appeal Tribunal (EAT) s'est ainsi efforcé de mettre en pratique les prescriptions de la jurisprudence communautaire dans l'arrêt Botzen [140]. Il a en effet distingué les salariés uniquement affectés à l'activité transférée de ceux apportant leur contribution à l'entité ou à la partie transférée mais n'en faisant pas partie.

**438.** Dans un premier arrêt Michael Peters Ltd v. Farnfield [141], l'EAT a d'abord appliqué à la lettre les enseignements de l'arrêt Botzen en considérant, en substance, que bien que les fonctions d'un salarié comprennent la direction financière des filiales du groupe, celui-ci ne peut pas être transféré avec lesdites filiales puisque son contrat de travail a été conclu avec la seule société holding du groupe, dont il reste en conséquence le salarié.

En l'espèce, M. Farnfield était directeur [142] de Michael Peters Group Plc., une société holding détenant vingt cinq filiales (ci-après « la société mère ») dont il avait également la charge de la direction financière et opérationnelle. Quatre d'entre elles étaient situées dans les mêmes locaux que la société mère. Le groupe rencontra des difficultés financières et la société

---

[136]. En ce sens : P.-H. ANTONMATTEI, « La saga de l'article L.122-12, al. 2 du code du travail : le nouvel épisode du transfert partiel du contrat », *Semaine Sociale Lamy*, 3 septembre 2001, n°1040, p. 8.

[137]. Ainsi, pour un salarié ayant travaillé sur un même site pendant 21 ans, avant d'être victime d'un accident du travail et d'être temporairement affecté à un autre site, au moment du transfert : il a été jugé qu'il s'agissait d'une affectation temporaire qui n'empêchait pas le rattachement du salarié à l'activité transférée. Securiplan v. Bademosi [2003] *All ER* 435 (EAT).

[138]. Ainsi pour des agents de sécurité travaillant sur un seul site, en dépit d'une clause de mobilité incluse dans leur contrat de travail. Securicor Guarding Ltd v. Fraser Security Services Ltd [1996] *IRLR* 552 (EAT).

[139]. Ainsi, pour un salarié en congé maladie au moment du transfert, alors que l'activité (correspondant auparavant à un seul contrat de prestation de services) avait été scindée en deux. Fairhurst Ward Abbotts Ltd v. Botes Building Ltd and ors, CA 2004 *EWCA* Civ. 83 ; *IDS*, Brief 753, March 2004, p. 3-4.

[140]. CJCE 7 février 1985, aff. 186/83, Botzen et autres c/ Société RDM B.V : *Rec. CJCE* 1985-2, p. 519, précité.

[141]. Michael Peters Ltd v. Farnfield and Michael Peters Group Plc. [1995] *IRLR* 190 (EAT).

[142]. « *Chief executive* ».

mère, puis les filiales furent mises en redressement judiciaire. M. Farnfield fut licencié, tandis que quatre des filiales, celles situées dans les mêmes locaux que la société mère, considérées comme viables, furent cédées à un tiers (CLK), sans que la société mère n'intervienne à l'accord.

Considérant qu'il avait fait l'objet d'un licenciement abusif, le salarié saisit la juridiction compétente. Sa demande fut accueillie par l'Industrial Tribunal (IT)[143], lequel considéra que les quatre filiales en question ainsi que « les actifs de ces sociétés qui appartenaient à la société mère », formaient une seule unité économique [144] au sens du droit de la concurrence et que, partant, le salarié était en droit de considérer qu'une partie de la société mère, à laquelle il était rattaché, avait été transférée avec les filiales. Le licenciement était en conséquence abusif puisque son motif était lié au transfert. Cette jurisprudence extensive revenait à permettre le transfert automatique au repreneur d'une entité du contrat de travail d'un salarié qui n'était pas directement employé par elle mais qui participait à sa gestion.

Revenant sur cette interprétation extensive des textes, l'EAT infirma la décision des juges du fond. L'IT avait fait une mauvaise application de la jurisprudence de la Cour de justice des communautés européennes en considérant que la société mère et ses filiales formaient une seule unité économique au sens de la directive et de son texte de transposition en droit anglais. Il convenait en effet d'adopter une approche légale et non économique des faits d'espèce. Ainsi, ni la société mère ni le groupe dans son ensemble ne pouvaient être considérés comme le cédant puisqu'ils n'étaient pas parties à l'accord. De même, le salarié ne pouvait pas être considéré comme le salarié du cédant dans cette affaire. Celui-ci exerçait en effet ses fonctions à l'échelle du groupe et n'était pas affecté aux sociétés qui avaient fait l'objet du transfert. Il apparaissait donc clairement que le salarié n'était pas affecté à la partie d'activité transférée. Son licenciement ne pouvait en conséquence être considéré comme abusif, car lié au transfert.

**439.** L'EAT est parvenu à une conclusion différente, la même année, dans un arrêt Sunley Turiff v. Thomson [145], où le salarié exerçait également ses fonctions au sein d'un groupe qui avait été placé en redressement judiciaire.

En l'espèce, bien qu'officiellement rattaché à une première société, Lilley Construction Ltd (LC) dont il était secrétaire général et chef comptable, M. Thomson exerçait partiellement ses fonctions dans une autre société, Lilley Construction (Scotland) Ltd [LC(S)] filiale du groupe Lilley, laquelle était précédemment une division de la société LC (division Ecosse). Les deux sociétés furent placées en redressement judiciaire et la deuxième société [LC(S)] vendue. Le salarié continua à travailler pour la première jusqu'à son licenciement par l'administrateur judiciaire quelques temps plus tard. Le salarié engagea une action contre le cessionnaire (STH) pour obtenir réparation de son licenciement qu'il considérait comme abusif au motif que, selon lui, il était affecté à l'entreprise qu'il avait reprise et que partant, son contrat de travail lui avait été transféré.

Les juges du fond établirent que la société qui avait été reprise était une coquille vide qui n'employait aucun salarié, et n'avait aucune comptabilité et aucun compte bancaire propres, à quelques exceptions près. En tant qu'ancienne division de la première société (LC), dont elle assurait notamment, depuis sa création, le suivi partiel des contrats, ils en déduirent que le cessionnaire avait, en réalité, fait l'acquisition de tous les contrats passés au nom des deux filiales, LC et LC(S), pour l'Ecosse et donc des salariés qui étaient affectés à l'activité transférée. Ils en conclurent, sans être contredits par les juges d'appel, que M. Thomson, qui était l'un d'entre eux, devait être transféré au cessionnaire puisqu'une partie non négligeable[146] de son travail était consacrée à la partie de l'activité de LC qui était transférée. Le salarié était donc, en application de la jurisprudence Botzen bien « affecté » à l'activité qui

143. Devenu l'Employment Tribunal (ET) en 1999.
144. « *Single economic unit* ».
145. Sunley Turriff Holdings Ltd v. Thomson [1995] *IRLR* 184 (EAT).
146. « *Very substantial part* ».

avait fait l'objet du transfert, c'est-à-dire celle liée aux contrats Écossais de LC et de LC(S), et cela en dépit du fait qu'il avait continué à travailler pour l'administrateur judiciaire pendant près de deux mois après la date du transfert.

**440.** La première décision de l'EAT avait ainsi refusé de « soulever le voile » [147] de l'entité juridique en considérant que le salarié, employé d'une entreprise, ne pouvait pas être concerné par le transfert d'une autre entreprise, même s'il y exerçait une partie de ses fonctions (arrêt Michael Peters Ltd v. Farnfield). La deuxième l'avait au contraire accepté, « *en dépit de ce qui était mentionné sur le papier* », eu égard à la complexité de la structure du groupe et aux restructurations qui étaient intervenues en son sein dans les années précédentes (arrêt Sunley Turiff v. Thomson) [148]. Ces décisions se prévalaient cependant toutes deux de la jurisprudence Botzen qu'elles entendaient appliquer. Tout était donc affaire de nuance et dépendait de l'appréciation des faits d'espèces par les juges du fond, sans qu'aucun critère déterminant n'ait été identifié de façon à établir avec plus de certitude, si le salarié était affecté à la partie transférée.

**441.** L'EAT a apporté des éléments de réponse la même année dans un arrêt de référence, Duncan Webb Offset (Maidstone) Ltd v. Cooper [149]. Il énonce, dans une opinion n'ayant toutefois pas valeur de précédent [150], les critères qu'il convient de prendre en compte dans les trois situations types susceptibles de se présenter en pratique dans ce contexte.

Cet arrêt concernait trois salariés d'une même société, mise en redressement judiciaire. Ces derniers n'avaient pas été repris par le cessionnaire, la société Duncan Web Offset. Leur situation individuelle était différente au sein d'un groupe composé d'une société mère, Passmore International Ltd, et de plusieurs filiales, dont Passmore Web Offset (Maidstone), le cédant, et deux autres sociétés respectivement basées à Basildon et St Albans.

Le premier salarié, M. Cooper, était « Responsable des achats groupe ». En tant que tel, il était basé dans les locaux de Maidstone et impliqué dans l'activité quotidienne de la société, après avoir passé un « temps considérable » dans la société Basildon, à la suite de son acquisition par le groupe. Le deuxième, M. Bateman, était affecté à la société située à St Albans jusqu'à sa fermeture, date à laquelle il devint le « Directeur des Ressources Humaines » de Maidstone. A ce titre il partageait son temps entre Maidstone, pour quatre vingt pour cent de son temps, et Basildon puis avait été exclusivement affecté à Maidstone, après la nomination des administrateurs judiciaires. Ces deux salariés étaient payés directement par la société mère, Passmore International Ltd. Enfin, le troisième, M. Russell, « Responsable informatique », passait environ un jour par semaine à Basildon et le reste de son temps à Maidstone. Ces trois salariés étaient donc, à l'époque du transfert, affectés à la société cédante, à laquelle ils étaient par ailleurs liés contractuellement.

Les juges du fond (Industrial Tribunal) considérèrent que les trois salariés en question étaient des salariés de Maidstone et qu'ils avaient exercé leurs fonctions au sein du groupe pour le compte de cette société. A ce titre ils auraient donc du être transférés au cessionnaire. Cette position fut confirmée par l'EAT. Il considéra que les salariés étaient bien affectés à l'activité transférée, en dépit du fait que leur contrat de travail avec Maidstone leur imposait de travailler dans d'autres « parties » du groupe. Il considéra également que pour « laisser entendre » qu'un salarié n'est pas affecté à la partie transférée alors que la totalité de l'activité de l'entreprise à laquelle il est rattaché est transférée, « *il devrait au moins être établi que la plus grande partie du temps et des responsabilités des salariés est consacrée à d'autres entités du groupe* ». En toute hypothèse, il s'agit plus de rechercher les éléments tendant à établir que les salariés en question n'étaient pas affectés à l'activité transférée plutôt

[147]. « *Lifting the corporate veil* ».
[148]. Sunley Turriff Holdings Ltd v. Thomson [1995] *IRLR* 186, point 7.
[149]. Duncan Webb Offset (Maidstone) Ltd v. Cooper [1995] *IRLR* 633 (EAT).
[150]. « *Obiter dicta* ».

que d'établir qu'ils y étaient affectés. La démarche est inverse à celle adoptée par les juges français mais elle apporte sensiblement les mêmes résultats comme nous allons le voir.

L'EAT choisit en effet d'illustrer ses propos par trois exemples pratiques visant à expliquer le fonctionnement de la règle selon laquelle est transféré le salarié qui est affecté à l'activité transférée et qui servent à ce jour de référence en cette matière.

**442.** Le premier exemple vise la situation la plus simple: celle du transfert d'une partie de l'activité d'une société X, qui emploie plusieurs salariés, à une société Y. Pour déterminer à quelle partie d'activité le salarié est affecté dans cette configuration, doivent être pris en compte, notamment, le temps de travail effectivement consacré par le salarié à l'activité qui fait l'objet du transfert, la valeur donnée par le salarié à chaque partie d'activité à laquelle il contribue, les termes de son contrat de travail, dans l'hypothèse où celui-ci indique la répartition du temps de travail du salarié, par activité, et la répartition du coût du travail du salarié correspondant aux différentes activités auxquelles il contribue [151].

Ce sont également ces éléments dont la jurisprudence française tient compte lorsqu'il s'agit de déterminer si le salarié est affecté, au moins partiellement, à l'activité transférée. Le démembrement du contrat de travail n'est toutefois pas consacré en droit anglais [152] qui s'en tient à ce titre à la jurisprudence du « tout ou rien » consacrée par la Cour de justice des communautés européennes. Soit le salarié est transféré parce qu'il est affecté à l'activité transféré soit il ne l'est pas [153].

**443.** Le deuxième type de situation concerne celle d'un salarié employé par une société X, mis à disposition auprès d'une société Y dont l'activité est transférée à une société Z. Dans ce cas, le salarié ne peut pas être concerné par le transfert puisqu'il n'est pas employé par le cédant. L'EAT recommande toutefois aux tribunaux de veiller à ce que l'opération ne vise pas à frauder les droits des salariés par l'utilisation de structures complexes de groupe ou le recours intempestif à des prestataires de services. Il pourrait alors être envisageable de dire que le salarié qui est exclusivement et depuis toujours affecté à une société Y, est employé par la société X pour le compte de la société Y. Il en serait de même si les circonstances de l'espèce démontraient que la société X pouvait être considérée comme partie au transfert, bien que non nominativement visée dans l'acte de cession. Les mêmes conclusions sont applicables en droit français, dans un même souci de prohiber toute fraude aux droits des salariés.

**444.** Enfin le troisième type de situation, qui correspondait aux faits d'espèce soumis à l'EAT dans l'affaire Duncan Web Offset, vise celui dans lequel les salariés d'une société X, laquelle fait partie d'un groupe d'entreprise, travaillent partiellement pour la société X et partiellement pour d'autres sociétés du groupe. Dans cette configuration, les salariés seront, la plupart du temps, transférés avec l'activité de leur société d'origine, sauf à considérer que,

---

[151]. Avant l'intervention de la CJCE dans son arrêt Botzen, les juges anglais se référaient uniquement à un critère de pourcentage pour décider de l'affectation du salarié à l'activité transférée. Cf. notamment : Anderson v. Kluwer Publishing Ltd, COIT 15068/85 : un salarié qui consacre 80% de son temps à l'activité transférée doit être considéré comme affecté à cette activité. Aucune indication n'avait néanmoins été donnée sur le pourcentage minimum d'activité nécessaire pour rendre le transfert du salarié automatique. Ce critère du pourcentage d'activité est aujourd'hui utilisé par les tribunaux anglais comme un élément parmi d'autres pour apprécier l'affectation du salarié à la partie d'activité transférée.

[152]. Solution française d'ailleurs repoussée par les juges anglais, qu'ils considèrent notamment comme « *complètement en désaccord avec la décision Botzen* » et « *susceptible de donner lieu à des difficultés insurmontables* » tant pour les employeurs que pour les salariés. Hassard v. McGrath and Northern Ireland Housing Executive, Northern Ireland Court of Appeal, 1996, *NILR* 586.

[153]. En général, les juges anglais partent plutôt du principe que le salarié veut être transféré et s'attachent donc à déterminer, au cas par cas, si le salarié peut véritablement être considéré comme n'étant pas affecté à l'activité transférée.

bien qu'employés par X, ces salariés étaient en réalité affectés à l'activité d'une autre partie du groupe. Les mêmes conclusions sont également applicables en droit français.

Les juges du fond devront en toute hypothèse, « *garder à l'esprit l'objectif de protection des salariés de la directive 77/187/CEE et le besoin d'éviter que des structures juridiques complexes ne fassent obstacle au résultat qui sert cet objectif* » et, en conséquence, ne pas s'en tenir à la seule lettre du contrat de travail du salarié [154].

**445.** Ainsi, comme en droit français, il n'est pas nécessaire en droit anglais que le salarié soit affecté exclusivement à l'entité transférée pour qu'il passe au service du cessionnaire. Un salarié qui travaille dans plusieurs services de l'entreprise peut être considéré comme transféré avec l'un des services cédés. Tel est le cas d'un cadre ayant la charge de la direction et du secrétariat de la société et qui partage son temps entre les deux activités de la société à savoir l'activité vente et l'activité service et dont une seule est cédée [155].

Il peut également être décidé du contraire, en fonction de l'appréciation des faits d'espèce par les juges du fond. Ainsi, pour un directeur des opérations régionales et son assistante, dans une espèce où l'activité cédée correspondait à une partie seulement du secteur dont le premier était responsable [156].

---

[154]. Duncan Webb Offset (Maidstone) Ltd v. Cooper [1995] *IRLR* 634 (*obiter dicta*). Termes repris à son compte par un ouvrage de référence en droit du travail anglais *in* HARVEY, *On industrial relations and employment law*, Butterworths, unbound, updated July 1, 2001, p. F/48, para. 143. Voir également à ce titre l'analyse critique de l'arrêt Michael Peters Ltd v. Farnfield and Michael Peters Group Plc. faite par J. McMULLEN, *Business transfers and employee rights*, Butterworths, 2001, p. 6/6-6/8, n°25-40, dans lequel l'auteur regrette la vision « *trop étroite* » de l'EAT et son rejet du concept de groupe d'entreprise, au préjudice des salariés. Il considère plus loin qu'un regard critique devrait être apporté sur la structure des groupes de sociétés de façon à ne pas priver les salariés de leurs droits à être transférés pour des motifs liés à des principes techniques de structures juridiques distinctes.

[155]. Buchanan Smith v. Schleicher & Co. International Ltd [1996] *IRLR* 547, [1996] *ICR* 613 (EAT). En l'espèce, l'activité de l'entreprise était répartie principalement entre la vente de pièces détachées (activité vente) et l'entretien d'équipements (activité service). L'activité vente avait été supprimée et l'activité service avait été transférée au cessionnaire. La salariée, cadre de direction de l'entreprise, avait été reprise immédiatement par le cessionnaire puis licenciée quelques mois plus tard, sans bénéficier d'indemnités de licenciement prenant en compte son ancienneté chez le cédant. L'EAT a considéré, contrairement aux juges du fond, que le contrat de travail de la salariée avait bien été transféré au cessionnaire par l'effet de la directive. En effet, puisque l'activité vente avait été supprimée, il n'y avait pas d'autre activité à laquelle la salariée pouvait être considérée comme rattachée à la date du transfert. Cette interprétation était conforme à l'objectif de la directive selon l'EAT. Il faudrait néanmoins retenir ici les circonstances de faits particulières de l'espèce puisque toute l'activité de l'entreprise restante avait été transférée au cessionnaire. Cf. J. McMULLEN qui considère, pour cette raison, la position prise par cet arrêt comme « *une application peut-être trop enthousiaste* » du critère de l'affectation du salarié à l'activité transférée. Cf. ouvrage précité, p. 6/13, para. 48-49.

[156]. Kingston v. Darlows Estate Agency, Court of Appeal, 6 July 1998, arrêt rapporté dans l'ouvrage de J. McMULLEN précité, p. 6/10-6/11, para. 42.2. En l'espèce, le directeur régional (Kingston) et sa secrétaire (Jones) étaient salariés de la société Cornerstone Estate Agency, une agence immobilière ayant des bureaux dans toute l'Angleterre. Kingston était en charge de la région Pays de Galles et ouest de l'Angleterre. La région comprenait 20 bureaux aux Pays de Galles et 11 dans le Devon (région ouest). Cornerstone (le cédant) rencontra des difficultés financières et passa un accord avec la société Darlows (le cessionnaire) pour lui céder ses 20 bureaux au Pays de Galles. Kingston et Jones avaient été expressément exclus de l'accord. Peu de temps après un administrateur judiciaire fut nommé chez le cédant, lequel procéda au licenciement des deux salariés. Ceux-ci intentèrent une action contre le cessionnaire au motif qu'il aurait du reprendre leur contrat de travail en même temps que l'activité couvrant le secteur du Pays de Galles auquel ils étaient affectés. Les juges du fond déboutèrent les salariés au motif qu'ils n'étaient pas affectés à l'activité transférée mais étaient en charge d'une région dans son ensemble et avaient d'ailleurs continué à exercer leur activité chez le cédant à ce titre après le transfert. L'EAT considéra que les juges du fond n'avaient pas suffisamment analysé les faits, à la lumière de la jurisprudence Duncan Web Offset, pour déterminer à quelle partie d'activité les salariés étaient affectés en l'espèce. La Court of Appeal décida du contraire en considérant que les juges du fond avaient fait une correcte application de l'arrêt Botzen.

**446.** Le fait que le salarié consacre la majorité de son temps à l'activité transférée peut donc ne pas suffire pour considérer qu'il doit passer automatiquement au service du cessionnaire. Dans certains cas, les termes du contrat de travail du salarié, la description qu'il fait de ses fonctions et le motif de son emploi chez le cédant peuvent s'avérer déterminants. Il en a été décidé ainsi, par exemple, pour une assistante qui, bien que consacrant la majorité de son temps à la partie d'activité transférée, travaillait pour le compte d'un manager qui n'avait pas lui-même été transféré [157]. Il est en effet important, pour les juges du fond, de « *s'attacher à l'objectif du contrat et non au fait de savoir où le salarié passait réellement son temps au moment voulu* » [158].

En définitive, tout est affaire d'appréciation des faits par les juges du fond, au cas par cas, pour déterminer l'affectation du salarié entre, d'un côté, la lettre du contrat de travail et, de l'autre, la situation et les fonctions effectives du salarié au moment du transfert.

**447.** L'employeur ne peut, en toute hypothèse, pas plus qu'en droit français, affecter les salariés à telle ou telle activité selon qu'il souhaite les conserver ou non à son service. L'EAT a ainsi pu décider du caractère frauduleux et, partant, de la nullité d'un telle manœuvre dans une affaire où le cédant avait persuadé un salarié de se faire affecter à la partie d'activité qui était concernée par le transfert [159].

---

[157]. CPL Distribution Ltd v. Todd [2003] *IRLR* 28 (CA); *Industrial Law Journal*, June 2003, vol. 32, n°2, p. 123; *IDS*, Brief 722, December 2002, p. 4. En l'espèce, les juges du fond avaient établi que l'assistante en question (Mrs. Todd) avait été embauchée pour être l'assistante personnelle d'un manager (Mr. Brennan), lequel ne travaillait pas exclusivement pour l'activité transférée. Elle était donc rattachée au manager en question et non à l'activité qui avait été transférée, même si elle y consacrait, dans les faits, la majorité de son temps. L'ironie de l'histoire est que l'assistante en question s'était retrouvée sans emploi après le transfert, le manager auquel elle était rattachée devant désormais consacrer son temps à ses autres fonctions, lesquelles ne nécessitaient pas l'emploi d'une assistante personnelle. Il a toutefois été jugé que la rupture de son contrat devait être considérée comme un licenciement économique (« *redundancy* »), donnant lieu à indemnité, à la charge du cédant. Pour un exemple comparable en droit français: Cass. soc. 9 février 1994, n°688 D, M. Texereau c/ AGP et autres, non publié au Bull. civ. : *RJS*, 03/94, n°227 : absence de transfert d'une secrétaire au repreneur du portefeuille d'une société d'assurance, en l'absence pour elle d'affectation exclusive au portefeuille en question, lequel n'était par ailleurs pas un service distinct du cédant. Pour un exemple plus récent où le salarié consacrait 60 à 70% de son temps à l'activité transférée (absence de transfert alors que le cédant était en liquidation). Le salarié n'avait en effet jamais été partie intégrante de cette activité. Les juges du fond avaient en l'espèce considérés que le salarié continuait à être affecté au cédant, pour lequel il pouvait travailler sur d'autres projets, en tant que manager de projet. Williams v. (1) Advance Cleaning Services Ltd (2) Engineering & Railway Solutions Ltd (In Liquidation), EAT/0838/04.

[158]. Sir Thomas Bingham, *in* Gale v. Northern General Hospital NHS Trust [1994] *IRLR* 292 (CA) : il a été jugé qu'un infirmier stagiaire ne pouvait pas être considéré comme affecté à l'entité transférée (le Northern General Hospital) au motif que, selon les termes de son contrat, celui-ci pouvait être amené à travailler dans tout autre hôpital dépendant de l'autorité sanitaire de la région. Il n'avait donc pas été employé pour travailler « uniquement » dans l'hôpital en question (et avait d'ailleurs travaillé précédemment dans plusieurs hôpitaux de la région), même si, à la date du transfert, il y travaillait depuis neuf mois.

[159]. Carisway Cleaning Consultants Ltd v. Richards & Cooper Cleaning Services, EAT (629/97) : il a été jugé que le salarié ne pouvait pas réellement être considéré comme affecté à l'activité transférée ni donc transféré au cessionnaire.

# SECTION II
# LES OBSTACLES AU TRANSFERT DES SALARIÉS AU CESSIONNAIRE

**448.** Le fait que le transfert des contrats de travail soit imposé aux parties par l'effet de la loi ne signifie pas pour autant que les salariés concernés ne puissent pas s'y opposer dans certaines hypothèses que la loi et la jurisprudence encadrent, à défaut de reconnaître en toute situation un droit pour les parties de convenir du contraire.

Le salarié peut ainsi vouloir s'opposer à un changement d'employeur qu'il ne souhaite pas. Il en subira dans ce cas les conséquences financières (§1). La situation du salarié qui s'oppose à son transfert au motif que celui-ci s'accompagne d'une modification de son contrat de travail est envisagée séparément puisqu'elle n'est pas la résultante d'un choix libre du salarié, mais d'un choix contraint (§2).

## §1. LE REFUS DU TRANSFERT

**449.** En droit français et anglais, le salarié qui s'oppose à son transfert s'expose non seulement à la perte de son emploi mais également à la perte du droit éventuel à indemnisation en cas de licenciement. Le salarié a donc tout à perdre en s'opposant à son transfert.

La question du droit d'opposition au transfert des salariés en droit français et anglais présente donc un intérêt tout particulier. Elle comporte de lourds enjeux pour le salarié et elle se heurte immanquablement au principe de transfert automatique que les textes prévoient dans ces deux systèmes (A). L'accord des parties sur l'absence de transfert du salarié et sur les conséquences de la rupture de son contrat de travail dans ce cadre s'organise à la marge, sous réserve que la situation qui en résulte ne soit pas défavorable au salarié (B).

### A. LE DROIT D'OPPOSITION

**450.** Le changement d'employeur s'impose au salarié dès lors que l'opération entre dans le champ d'application de la directive et que le salarié est affecté à l'entité économique transférée.

Bien que l'article 3.1 de la directive 2001/23/CE prévoie le transfert au cessionnaire des droits et obligations résultant pour le cédant des contrats de travail existant à la date du transfert, la Cour de justice des communautés européennes admet que celui-ci « ne fasse pas obstacle » à ce qu'un salarié s'oppose au transfert de son contrat de travail, sous réserve que cette décision soit prise librement [160]. Il ne s'oppose pas non plus à ce que le contrat ou la relation de travail se poursuive avec le cédant lorsque le salarié refuse le transfert de son contrat de travail [161]. Il n'y aurait ainsi pas de protection contrainte de l'emploi.

---

[160]. CJCE 11 juillet 1985, aff. 105/84, Danmols Inventar : *Rec. CJCE* 1985, p. 2639, Point 16 : « *Cette protection que la directive vise à assurer est toutefois dépourvue d'objet lorsque l'intéressé lui-même, à la suite d'une décision prise par lui librement, ne poursuit pas, après le transfert, avec le nouveau chef d'entreprise, la relation de travail* » ; CJCE 16 décembre 1992, Katsikas c/ Konstantinidis et a., aff. C-132/91, C-138/91 et C-139/91: *Rec. CJCE* 1992 p. I-6577, Point 30 ; *D.*, 1993, IR 20 ; *JCP*, E, 1993, I, 266, p. 370, note P.-H. ANTONMATTEI ; CJCE 12 novembre 1998, aff. C-399/96, Europièces SA, en liquidation, c/ Wilfried Sanders et Automotive Industries Holding Company SA, en faillite : *Rec. CJCE* 1988, p. I-6965, Point 38.

[161]. CJCE 24 janvier 2002, aff. C-51/00, Temco Service Industries SA c/ Samir Imzilyen et a.,: *Rec. CJCE* 2002, p. I-969, Point 37 ; *RJS*, 4/02, n°511.

Les salariés concernés par le transfert peuvent donc, en dépit du principe de transfert automatique de leur contrat de travail, décider de ne pas poursuivre, après le transfert, la relation de travail avec le cessionnaire. La directive ne vise pas, en effet, à la poursuite du contrat dans l'hypothèse où un travailleur ne souhaiterait pas rester au service de ce dernier[162].

**451.** Le sort réservé à la relation de travail dans ce cas doit toutefois être déterminé par les États membres [163]. Le droit communautaire accepte ainsi que le salarié refuse de poursuivre sa relation de travail avec le cessionnaire. Le droit allemand l'autorise, par exemple [164]. Le droit communautaire laisse cependant aux États membres le soin d'en tirer les conséquences lorsqu'il s'agit de décider qui du cédant, du cessionnaire ou du salarié doit supporter la charge de la rupture du contrat dans ce contexte. Ces derniers peuvent dès lors prévoir ou ne pas prévoir, en cas de refus du salarié de passer au service du cessionnaire, la possibilité que son contrat de travail soit maintenu avec le cédant [165].

Si les droits français et anglais s'opposent sur le principe même de la reconnaissance d'un droit d'opposition du salarié au transfert, tous les deux s'accordent lorsqu'il s'agit de décider des conséquences de la rupture pour le salarié dont le contrat de travail n'est pas transféré par sa seule volonté.

### *1. L'absence de droit d'opposition en droit français*

**452.** En droit français, le salarié qui refuse de poursuivre l'exécution de son contrat de travail au service du cessionnaire, alors qu'il est affecté à l'entité transférée, ne peut s'estimer licencié [166]. La rupture de son contrat dans ce contexte lui est imputable [167], sauf fraude à ses

---

[162]. CJCE 5 mai 1988, aff. 144 et 154/87, Berg et Busschers : *Rec. CJCE* 1988, p. 2559, précité ; CJCE 7 mars 1996, aff. C-171/94 et C-172/94, Albert Merckx et Patrick Neuhuys c/ Ford Motors Company Belgium SA : *Rec. CJCE* 1996, p. I-1253 ; *RJS*, 5/96, n°625; *JCP*, E, 1996, chron. n° 565, p. 251, obs. P.-H. ANTONMATTEI ; CJCE 25 Juillet 1991, aff. 362/89, Giuseppe d'Urso et Adriana Ventadori et autres c/ Ercole Marelli Elettromeccanica Generale SpA et autres : *Rec. CJCE* 1991, p. I-4105 : « *ce transfert s'impose tant au cédant et au cessionnaire qu'aux représentants des travailleurs qui ne peuvent convenir d'une solution différente par voie d'accord avec le cédant ou le cessionnaire, et aux travailleurs eux-mêmes, sous réserve de la possibilité pour ces derniers de décider librement de ne pas poursuivre après le transfert la relation de travail avec le nouveau chef d'entreprise* ».

[163]. CJCE 16 décembre 1992, Katsikas c/ Konstantinidis et a., aff. C-132/91, C-138/91 et C-139/91, précité.

[164]. Y. VIALAT, « Le maintien des contrats de travail en cas de transfert d'entreprise en droit allemand », *Droit Social*, 2005, n°2, p. 200-210 ; P. REMY, « Transfert du contrat : l'exercice du droit d'opposition en droit allemand », *Semaine Sociale Lamy*, 2 mai 2006, n°1259, p. 6-9.

[165]. CJCE 7 mars 1996, aff. C-171/94 et C-172/94, Albert Merckx et Patrick Neuhuys c/ Ford Motors Company Belgium SA, précité.

[166]. Notamment : Cass. soc. 2 novembre 1956, Ferraris c/ Sté Roblot : *Bull. civ.* IV, n°799, p. 598 ; *D.*, 1957, somm. 64: le salarié qui refuse de continuer ses fonctions dans la nouvelle entreprise rompt volontairement son contrat de travail ; Cass. soc. 21 juin 1967, Bilaine c/ Sté Générale des Produits Réfractaires : *Bull. civ.* IV, n°493, p. 415 ; *Droit Social*, 1968, n°3, p. 177, obs. J. SAVATIER: jurisprudence prise avant l'intervention du législateur en 1971 (prévoyant la survie de l'ancien statut conventionnel). Il est jugé qu'est « *responsable de la rupture* » de son contrat de travail le salarié qui, à la suite de la cession de l'entreprise, refuse de continuer à travailler pour le compte de son nouvel employeur parce qu'il ne bénéficiait plus de la convention collective qui liait le premier employeur ; Cass. soc. 24 mars 1969, SA Ets Lazareth et autre c/ Facon : *Bull. civ.* V, n°212, p. 176 ; *D.*, 1970, Jurisp., p. 31, note S. DURETESTE : en refusant de continuer le même travail sous une direction partiellement nouvelle, les salariés ont pris « *l'initiative de la rupture* » de leur contrat de travail ; Cass. soc. 27 janvier 1971, SA Danzas c/ Pichon : *Bull. civ.* V, n°50, p. 40 ; *JCP*, G, 1971, IV, 57 ; *D.*, 1971, Jurisp., p. 291 : les juges du fond ne pouvaient pas mettre à la charge du cédant des indemnités pour la rupture d'un contrat de travail qui était « *imputable au fait de l'intéressé* », lequel refusait de travailler pour le cessionnaire ; Cass. soc. 24 novembre 1976, Benhedja c/ SA L'Entreprise ferroviaire Rungis : *Bull. civ.* V, n°617, p. 501 ; *D.*, 1977, IR, 35 : le salarié qui a refusé de continuer le même travail sous une direction nouvelle a pris « *l'initiative de la rupture* » et ne peut prétendre à aucune indemnité de ce chef ; Cass. soc. 5 novembre 1987, Mme Pradel c/ Sté Toulousaine de Transports Routiers : *Bull. civ.* V, n°616,

droits par les employeurs successifs. Elle produit les effets d'une démission, privative pour lui de toute indemnité de rupture [168]. Le transfert d'entreprise s'impose au salarié. Celui qui prétend avoir été licencié par le cédant et continue d'exécuter son contrat de travail chez le cessionnaire doit en conséquence répétition des indemnités de rupture qui lui auraient été versées par erreur [169].

**453.** Le cédant peut, bien entendu, accepter de prendre à sa charge, comme s'il s'agissait d'un licenciement, les conséquences du refus du salarié de passer au service de son nouvel employeur [170]. Sur le fondement du principe selon lequel le caractère d'ordre public de l'article L.122-12 al. 2 du code du travail ne fait pas obstacle à l'application de dispositions plus favorables au salarié, il est également admis que le cédant puisse proposer un nouveau contrat de travail au salarié qui a refusé d'entrer au service du cessionnaire. Le refus du salarié ne rend cependant pas le cédant responsable de la rupture du contrat [171].

---

p. 391; *D.*, 1987, IR, 230 : le refus, sans motif valable, d'un salarié d'une société mise en règlement judiciaire de poursuivre le contrat de travail avec le cessionnaire s'analyse en une « *démission privative de toute indemnité* » ; Cass. soc. 26 septembre 1990, Mme Mercier et a. c/ Sté V. Distribution : *Bull. civ.* V, n°392, p. 236 : les salariés d'une entreprise transférée dans les conditions de l'article L.122-12 du code du travail, qui refusent de travailler pour le nouvel employeur sans invoquer à son encontre une modification substantielle de leur contrat de travail, sont déboutés à bon droit de leur demande d'indemnités de rupture et de dommages et intérêts ; Cass. soc. 14 décembre 2004, FS-PB, SA Sté Alsacienne des hypermarchés Auchan c/ M. Bousquet : *Droit Social*, 2005, n°2, p. 229, obs. A. MAZEAUD ; *RJS*, 2/05, n°126 ; *Travail et Protection Sociale*, mars 2005, n°78, p. 18 : le salarié licencié par le cédant en raison de son refus de passer au service du cessionnaire ne peut prétendre au paiement d'indemnités de rupture et de dommages et intérêts. Le représentant du personnel qui s'oppose à la transmission de son contrat dans ce contexte ne bénéficie pas des dispositions protectrices attachées à son mandat : Cass. soc. 25 mars 1971, Dame Ros c/ SA bordelaise de produits chimiques : *Bull. civ.* V, n°253, p. 212 ; *D.*, 1971, Jurisp., p. 628, pour les membres du comité d'entreprise et les représentants syndicaux ; Cass. soc. 21 avril 1977, Sté Sodexho c/ Gaspard et autre : *Bull. civ.* V, n°259, p. 205, pour un salarié membre du comité d'entreprise ; Cass. soc. 30 mai 1979, Coopérative Agrilot c/ Filhol et a. : *Bull. civ.* V, n°476, p. 350 ; *D.*, 1980, IR, 22, obs. Ph. LANGLOIS et Cass. soc. 23 octobre 1980, Union régionale des syndicats de la construction et du bois CFDT et a. c/ Sté Geteba et a. : *Bull. civ.* V, n°763, p. 563, pour un salarié cumulant les mandats de délégué du personnel et de délégué syndical ; Cass. soc. 27 juin 2002, Sté Wyeth Lederlé c/ M. Mercet : *Bull. civ.* V, n°221, p. 215 ; *RJS*, 11/02, n°1257, pour un délégué syndical et conseiller prud'homal.

[167]. Cass. soc. 10 octobre 2006 n°2234 FS-P, Gibernon et a. c/ Sté Cepa : *Bull. civ.* V, n°295, p. 281 ; *RJS*, 12/06, n°1251 ; *Droit Social*, 2006, n°12, p. 1191, obs. A. MAZEAUD ; *D.*, 2007, p. 472 (2è arrêt), note J. MOULY.

[168]. Peu importe à ce titre que la demande de paiement d'indemnités de rupture du salarié soit dirigée contre le cédant, par exemple : Cass. soc. 5 novembre 1987, Mme Pradel c/ Sté Toulousaine de Transports Routiers, précité ; Cass. soc. 14 décembre 2004, FS-PB, SA Sté Alsacienne des hypermarchés Auchan c/ M. Bousquet, précité, ou contre le cessionnaire, par exemple : Cass. soc. 26 septembre 1990, Mme Mercier et a. c/ Sté V. Distribution, précité. Cass. soc. 6 novembre 2001, pourvoi n°99-44.616 (rejet), non publié au Bull. civ. La procédure de licenciement engagée par le précédent employeur ou la constatation par celui-ci de la démission du salarié, postérieurement à son transfert est dépourvue de tout effet.

[169]. Cass. soc. 21 janvier 1970, Jaunet c/ Marot : *Bull. civ.* V, n°36, p. 26 : l'indemnité compensatrice de préavis ne pouvait être cumulée avec les salaires perçus pour la même période par le nouvel employeur ayant continué l'exploitation ; Cass. soc. 26 novembre 1981, M. Doublet c/ SA J. D. Ferrari et autre : *Bull. civ.* V, n°916, p. 678 : l'indemnité de préavis est sujette à répétition.

[170]. Cass. soc. 14 décembre 1976, Sté British Airways c/ dame Fétiveau : *Bull. civ.* V, n°663, p. 541.

[171]. Cass. soc. 29 mai 1985, M. Le Bas c/ M. Vandenberghe : *Bull. civ.* V, n°307, p. 220 : pour un chauffeur d'autocar qui avait refusé son transfert et que le cédant n'employait plus comme chauffeur d'autocar que pendant trois heures. Le cédant lui avait alors proposé, pour parfaire sa rémunération, de l'affecter à la conduite d'un camion et à l'entretien de véhicules. Le salarié avait refusé et avait pris acte de la rupture du fait de l'employeur (à tort selon la Cour de cassation) ; Cass. soc. 16 janvier 1990, Sté MGM c/ M. Stevens : *Bull. civ.* V, n°11, p. 7 ; *RJS*, 2/90, n°92 ; *D.*, 1990 IR 29, pour un directeur de magasin qui avait refusé son transfert et à qui le cédant avait proposé deux autres emplois en tant

**454.** Signalons également le cas particulier des journalistes, dont la clause de conscience leur permet de s'opposer au transfert de leur contrat de travail, notamment en cas de « *cession du journal ou du périodique* » pour lequel ils travaillent, et à sa poursuite avec le nouvel employeur en cas de « *changement notable dans le caractère ou l'orientation du journal ou du périodique, si ce changement créé, pour la personne employée, une situation de nature à porter atteinte à son honneur, à sa réputation ou, d'une manière générale, à ses intérêts moraux* » [172] . Une stipulation du contrat de travail [173] ou d'une convention collective [174] peut également avoir le même effet.

**455.** En dehors de ces cas isolés et dérogatoires, le changement d'employeur ne peut pas en principe être pour le salarié une cause légitime de rupture du contrat de travail à son avantage.

Ce dernier ne dispose pas plus d'un droit au maintien de son contrat chez le cédant. Le cessionnaire ne peut pas non plus convenir par avance avec le salarié de le licencier après le transfert, si celui-ci ne souhaite pas rester à son service [175].

### a) Sur le principe d'un droit d'opposition

**456.** Le salarié doit se soumettre au changement d'employeur ou prendre l'initiative de la rupture de son contrat de travail en démissionnant, s'il ne souhaite pas passer au service du cessionnaire.

Si la solution est incontestée en jurisprudence en application du caractère réciproque et d'ordre public du principe du transfert, elle fait l'objet de critiques en doctrine au motif du caractère quelque peu injuste pour le salarié d'un transfert « malgré lui » auquel il ne peut s'opposer qu'en en subissant les conséquences financières [176]. La faculté de démission appartenant aux salariés serait ainsi « *très insuffisante pour les protéger contre les inconvénients inhérents au changement d'employeur* » [177].

**457.** S'il est vrai que le principe du transfert automatique profite au salarié en ce qu'il lui permet de maintenir son emploi et les garanties liées à son contrat de travail, et notamment

---

qu'agent commercial et VRP, ce que le salarié avait refusé en se prévalant d'une modification substantielle de son contrat. Accueillie en appel, son argumentation a été rejetée par la Cour de cassation décidant que le refus de passer au service du cessionnaire constituait une rupture du contrat dont le salarié était responsable et que les propositions du cédant devaient s'apprécier dans le cadre d'un nouveau contrat.

[172]. Article L.761-7 du code du travail.

[173]. Cass. soc. 27 novembre 1986, Mme Leigniel Dorchies c/ Sté de secours mutuel « La Métallurgie » (2è branche du moyen unique) : *Bull. civ.* V, n°563, p. 426. Une salariée peut valablement se prévaloir de la clause de conscience stipulée à son profit lorsque les circonstances l'y autorisent : en l'espèce, en cas de modification des structures hiérarchiques de la société.

[174]. Ainsi, pour les salariés protégés, dans le secteur de la propreté, dès lors que le mandat du salarié dépasse le cadre du marché repris : Cass. soc. 11 janvier 2005 (2 arrêts), Sté Azur net c/ M. Nkongue et Sté Renosol Ile de France c/ M. Gakou : *Bull. civ.* V, n°3 et 4, p. 2-3 ; *RJS*, 4/05, n°347, affirmant le droit pour le salarié d'être maintenu dans l'entreprise où il exerce son mandat.

[175]. Cass. soc. 8 janvier 2002, n°10 FS-D, SA Devarrieux-Villaret c/ De Kerros, non publié au Bull. civ. ; *RJS*, 3/02, n°258. En l'espèce, le cessionnaire, qui appartenait au même groupe que le cédant, avait informé la salariée qu'elle pourrait se prévaloir dans les trois premiers mois de son transfert d'un « droit de repentir » qui lui permettrait de mettre fin à son contrat de travail tout en bénéficiant des avantages liés à un licenciement individuel.

[176]. E. SCHAEFFER, « L'envers de l'article 23, 7°, livre I du code du travail », *JCP*, 1963, I, 1753. Pour l'auteur, « *la sécurité de l'emploi est payée par la perte de la liberté* » (n°14) ; A. SUPIOT, « Les salariés ne sont pas à vendre – en finir avec l'envers de l'article L.122-12 alinéa 2 », *Droit Social*, 2006, n°3, p. 266, où l'auteur met en doute le fait qu'imposer aux salariés le changement d'employeur résultant du transfert d'entreprise soit compatible avec le principe du « libre choix de son travail ».

[177]. J. SAVATIER, obs. sous Cass. soc. 16 janvier 1974, *Droit Social*, 1974, n°12, p. 478.

celles liées à son ancienneté, cela ne signifie pas pour autant que le salarié ne peut pas avoir d'excellentes raisons de redouter son transfert et de vouloir s'y opposer. Cette opposition peut se concevoir pour de nombreux motifs aussi différents que le caractère essentiel *d'intuitu personae* que le salarié attache à son contrat, les conditions de travail moins favorables qu'il risque de trouver chez le cessionnaire, les pertes d'avantages que le salarié anticipe en passant au service de telle ou telle entreprise, en particulier dans les cas d'externalisation d'activités, ou encore le fait que son transfert fait obstacle à l'exercice de sa mission s'il est salarié protégé. « *L'intérêt des salariés en cause n'est donc pas nécessairement uniforme* », comme le faisait justement remarquer Monsieur D. Joseph à ce propos [178]. Le droit des transferts d'entreprises doit-il pour autant en rendre compte ?

**458.** Le principe du transfert des contrats a été institué en faveur des salariés pour protéger leur emploi. Comment admettre que ce principe puisse s'opposer à leurs propres intérêts en les privant de toute indemnité dès lors qu'ils décident de ne pas bénéficier des droits que la loi met à leur disposition ? A l'inverse, comment admettre que la décision individuelle d'un salarié puisse s'opposer à un principe d'ordre public ? Ce principe est en effet contraignant pour tous, y compris pour les employeurs successifs qui ne peuvent pas s'y opposer sans en subir les conséquences financières [179].

La solution retenue par la jurisprudence ne serait « *que la conséquence logique d'une règle édictée dans l'intérêt des salariés* » [180] et dans celui des employeurs successifs, en ce qu'elle permet d'assurer la continuité de l'entreprise. Également, le transfert ne constitue pas en principe une modification du contrat de travail du salarié. Il ne s'agit donc pas pour lui de se prononcer sur ce qui n'est que la conséquence d'une décision visant à la réalisation d'une opération juridique sur laquelle il n'a pas prise.

**459.** Que l'on soit partisan ou non d'un droit d'opposition du salarié [181], le fait est que l'« *on ne « transfère» pas un homme comme une marchandise ou une part de capital* » [182]. La véritable question n'est pas de reconnaître ou non le droit pour le salarié de s'opposer à son transfert et de ne pas travailler pour un employeur qu'il n'aurait pas librement choisi. Ce dernier n'est, en toute hypothèse, pas obligé de suivre le cessionnaire et est toujours libre

---

[178]. D. JOSEPH, « Le transfert d'entreprise et le maintien de l'emploi », *Droit Ouvrier*, mars 1986, p. 85.

[179]. Ainsi, lorsque des salariés, après avoir démissionné, continuent d'exercer leurs fonctions au service du cessionnaire « *la démission donnée à leur ancien employeur ou le licenciement prononcé par ce dernier, ne peuvent faire échec aux dispositions de l'article L.122-12 du code du travail et demeurent sans effet* ». Cass. soc. 12 février 1991 (2 arrêts), n°535 PF et 564 P : *Bull. civ.* V, n°59, p. 37 ; *RJS*, 3/91, n°311. De même, le refus du cessionnaire de reprendre à son service les salariés attachés à l'entité transférée s'analyse en un licenciement sans cause réelle et sérieuse, par exemple : Cass. soc. 11 juillet 2002, n°00-43.698 (rejet), non publié au Bull. civ. ; Cass. soc. 24 septembre 2002, n°00-44.923 (cassation partielle), non publié au Bull. civ. : le cessionnaire est tenu de poursuivre le contrat de travail du salarié dont il était devenu l'employeur ; Cass. soc. 2 octobre 2002, n°00-42.193 (rejet) : non publié au Bull. civ.: le licenciement prononcé après le transfert d'entreprise par le liquidateur judiciaire est sans effet, peu importe que l'offre du cessionnaire n'ait pas prévu la poursuite du contrat de la salariée en question et que la rupture du contrat de travail de la salariée était la conséquence du refus du cessionnaire d'en poursuivre l'exécution ; Cass. soc. 29 octobre 2002, M. Wagner c/ Mme Wenger : *Bull. civ.* V, p. 308, n° 320 (rejet) ; Cass. soc. 28 janvier 2003, n°01-44.667 (rejet), non publié au Bull. civ.

[180]. N. CATALA, L. LAGRANGE, « Changement d'employeur – Relations individuelles de travail », *Juris-Classeur*, Travail Traité, Fasc. 30-80, p. 20.

[181]. Pour des prises de position récentes à ce sujet : « Faut-il reconnaître au salarié la faculté de refuser le transfert de son contrat de travail ? », sous la responsabilité d'A. JEAMMAUD, *Revue de Droit du Travail*, avril 2007, p. 216-221, reprenant les positions d'Yves CHAGNY (contre) et de Pierre RODIERE (pour).

[182]. J. DEPREZ, *Cessions d'entreprises et situations assimilées : Etude du régime de l'article L.122-12 du code du travail relatif à la modification de la situation juridique de l'employeur*, éd. Fr. Lefebvre, 1984, p. 40.

de se libérer de son obligation [183]. L'enjeu est financier, comme pour le principe du transfert lui-même. Il s'agit de déterminer qui du salarié ou de l'employeur, cédant ou cessionnaire, selon que la rupture est considérée s'exercer avant ou après le transfert [184], doit supporter le coût de la rupture du contrat de travail.

### b) Sur les conséquences de l'exercice du droit d'opposition

**460.** La question ne devrait *a priori* pas se poser en cas de démission claire et non équivoque du salarié. La rupture lui serait immanquablement imputable. Il reste que lorsqu'il est tenu compte du contexte dans lequel la décision du salarié est prise, la volonté de démissionner peut paraître incertaine. Certes la jurisprudence prend soin de vérifier que la décision de démissionner n'est pas motivée par le refus du cessionnaire de maintenir le salarié dans son emploi ou par une manœuvre frauduleuse du cédant [185]. Comment néanmoins s'assurer de la volonté claire et non équivoque du salarié de démissionner, dans un contexte où il peut arriver que celui-ci ne soit même pas informé au préalable de son transfert et de l'identité de son nouvel employeur ? [186]

Que dire en outre lorsque le salarié se contente de ne pas agir, sans pour autant démissionner explicitement ? Par exemple s'il ne donne aucune nouvelle ou refuse délibérément de continuer à exécuter son contrat au service du cessionnaire. La rupture de son contrat doit-elle encore lui être imputable dans un tel cas ?

---

[183]. La jurisprudence française ne heurte donc pas *a priori* le principe communautaire selon lequel l'obligation pour le salarié de se mettre au service du nouvel employeur ne doit pas porter atteinte à ses « *droits fondamentaux* ». Il doit rester libre de choisir son employeur et de ne pas être obligé de travailler pour un employeur qui lui a été imposé. Cf. CJCE 16 septembre 1992, aff. 132/91, 138/91 et 139/91, Katsikas, précité, point 32. Il est vrai que, dans cet arrêt, le salarié avait été licencié par le cédant, à la suite de son refus de travailler pour le cessionnaire. La question posée à la CJCE visait donc simplement à savoir si le salarié était en droit de s'opposer à son transfert. Elle ne concernait pas les conséquences financières de son refus et partant, l'existence réelle ou non de sa « liberté » de choisir son employeur quand il en supporte la pleine conséquence ; en ce sens : A. MAZEAUD, « Le sort des contrats de travail lors des transferts d'entreprise », *Droit Social*, 2005, n°7-8, p. 740, lequel considère que « *la jurisprudence de la Cour de cassation est conforme aux exigences de la CJCE, mais elle en fait une application a minima* ». Pour une opinion contraire, A. SUPIOT, « Les salariés ne sont pas à vendre – en finir avec l'envers de l'article L.122-12 alinéa 2 », *Droit Social*, 2006, n°3, p. 267.

[184]. Lorsqu'il s'agit de décider des conséquences de l'opposition des salariés au transfert de leur contrat, la CJCE a tendance à considérer que la protection instituée en faveur du salarié est « *dépourvue d'objet* » (CJCE 11 juillet 1985, aff. 105/84, Danmols Inventar, point 16, précité). Il semble que l'on puisse en conclure que puisque le salarié renonce au bénéfice de la protection de la directive (et donc au transfert des obligations du cédant au cessionnaire) en s'opposant à son transfert, la relation de travail dont il convient de déterminer le sort concerne le seul cédant (CJCE 16 décembre 1992, Katsikas c/ Konstantinidis et a., aff. C-132/91, C-138/91 et C-139/91, point 37), sous la double réserve toutefois que : (i) la décision du salarié ait bien été prise par lui librement (sont donc exclus les cas de fraude aux droits du salarié) et que (ii) celui-ci n'ait pas exercé son droit d'opposition postérieurement au transfert auquel cas, en effet, le contrat serait considéré comme s'étant poursuivi de plein droit avec le cessionnaire (sous réserve, bien sûr, qu'il n'ait pas entre temps été rompu par le cédant, ce qui transférerait la question sur la charge du paiement des indemnités de rupture) et le sort de la relation de travail intéresserait donc le cessionnaire et non plus le cédant.

[185]. Par exemple : Cass. soc. 12 février 1991, (2è espèce), n°564 P, précité : *Bull. civ.* V, n°59, p. 37. Après avoir retenu la nullité de la démission obtenue par des manœuvres frauduleuses du premier employeur, et relevé que le salarié avait continué à travailler dans le même emploi après le transfert, la Cour d'appel a déduit à bon droit que l'article L.122-12 al. 2 du code du travail était applicable et que le nouvel employeur était débiteur des indemnités de rupture calculées sur l'ancienneté globale du salarié.

[186]. Cass. soc. 24 novembre 1976, Benhedja c/ SA L'Entreprise ferroviaire Rungis, *Bull. civ.* V, n°617, p. 501, précité, où le salarié invoquait le fait que la lettre recommandée destinée à lui notifier son transfert et la reprise de ses droits avait été envoyée à une fausse adresse, pour justifier son absence de manifestation auprès du cessionnaire et sa demande de paiement d'indemnités de rupture et de dommages et intérêts pour licenciement sans cause réelle et sérieuse à l'encontre du cédant (demandes rejetées).

**461.** La question semble légitime lorsque sont confrontées d'une part, la jurisprudence de la Cour de cassation en matière de démission et ses dernières évolutions sur la pratique de l'auto-licenciement, c'est-à-dire celui de la rupture provoquée par le salarié mais imputée à l'employeur [187], et d'autre part, la jurisprudence en matière de transfert d'entreprise.

Dans la première en effet, l'employeur ne peut pas prendre acte de la rupture du contrat intervenue à l'initiative du salarié, en l'absence d'une démission explicite [188]. Dans la seconde, il est traditionnellement considéré que le refus du salarié de poursuivre l'exécution de son contrat de travail avec le cessionnaire lui rend la rupture imputable [189].

**462.** Un examen plus attentif de la jurisprudence qui sanctionne le refus du salarié de passer au service du cessionnaire tend cependant à montrer que celle-ci a évolué. Elle s'est adaptée à la jurisprudence plus classique de la Cour de cassation concernant la démission et le licenciement, tout en ayant soin de tenir compte des particularités du contexte.

**463.** Dans un premier temps, la Cour de cassation a adopté une position distincte dans le contexte d'un transfert d'entreprise, en décidant que le refus du salarié de passer au service du cessionnaire était considéré comme entraînant à lui seul la rupture de son contrat de travail. Nul besoin pour le salarié de formaliser son refus en démissionnant auprès du cédant ou du cessionnaire. La Cour de cassation constatait qu'en refusant de passer au service du cessionnaire, le salarié prenait l'initiative de la rupture de son contrat de travail [190]. A la même époque, hors contexte d'un transfert d'entreprise, le salarié qui refusait de continuer à travailler pour son employeur ou qui ne prenait pas soin de justifier ses absences auprès de lui, pour quelque raison que ce soit, ne pouvait se voir imputer la rupture de son contrat de travail, sans volonté claire et non équivoque de sa part de démissionner [191].

---

[187]. Pour un aperçu des revirements sur cette question, notamment : G. COUTURIER, J.-E. RAY, « Auto-licenciement : dérives et revirement (à propos des arrêts des 25 juin et 8 juillet 2003) », *Droit Social,* 2003, n°9-10, p. 817-826 ; B. BOUBLI, « L'auto-licenciement : gadget ou catégorie juridique ? », *Travail et Protection Sociale*, avril 2004, chron. p. 4-7 ; J. MOULY, « Démission ou licenciement : une alternative très convenable (propos critiques sur un revirement : Cass. soc. 25 juin 2003) », *Droit Social*, 2004, n°1, p. 90-99 ; J.-Y. FROUIN, « Rupture du contrat de travail : prise d'acte par l'employeur ou par le salarié. Commentaire des arrêts de la chambre sociale de la Cour de Cassation du 25 juin 2003 », *RJS*, 8-9/03, p. 647-649.

[188]. Cass. soc. 9 juin 1961, n°60-40.579 : *Bull. civ.* V, n°625, p. 495 : fait preuve d'une légèreté constitutive d'un licenciement abusif l'employeur qui, le jour même de l'expiration du congé d'une employée, ne l'ayant pas vu revenir, lui notifie qu'il la considère comme démissionnaire et maintient sa position après justification par l'intéressée d'une incapacité de travail ; Cass. soc. 24 janvier 1996, M. Leforestier c/ Sté OSN : *Bull. civ.* V, n°26, p. 17 ; *JCP*, G, 1996, II, 22716, note C. PUIGELIER: l'absence prolongée d'un salarié (6 mois, en l'espèce) ne peut constituer de sa part une manifestation de volonté non équivoque de démissionner.

[189]. Par exemple : Cass. soc. 23 octobre 1968, Eliard c/ Lenglet : *Bull. civ.* V, n°451, p. 372 ; *D.*, 1969, p. 166 ; *JCP,* G, 1969, II, 15755 bis, note A.A.: par son refus de passer au service du cessionnaire, le salarié « *avait pris l'initiative de la rupture de son contrat de travail* » et ne pouvait donc prétendre à une indemnité compensatrice de préavis ; Cass. soc. 24 mars 1969, SA Ets Lazareth et autre c/ Facon et Cass. soc. 24 novembre 1976, Benhedja c/ SA l'Entreprise ferroviaire Rungis, précités : en refusant de continuer le même travail sous une direction nouvelle, les salariés ont pris l'initiative de la rupture et ne peuvent prétendre à aucune indemnité ; Cass. soc. 29 mai 1985, M. Le Bas c/ M. Vandenberghe, précité : rupture imputable au salarié ; Cass. soc. 5 novembre 1987, Mme Pradel c/ Sté Toulousaine de Transports Routiers, précité : refus analysé comme une démission privative de toute indemnité ; Cass. soc. 26 septembre 1990, Mme Mercier et a. c/ Sté V. Distribution, précité : salariés déboutés à bon droit de leur demande d'indemnités de rupture et de dommages et intérêts.

[190]. Notamment : Cass. soc. 23 octobre 1968, Eliard c/ Lenglet, précité.

[191]. Notamment : Cass. soc. 9 juin 1961, n°60-40.579, précité ; Cass. soc. 20 octobre 1982, SA Balmo c/ M. Tem Tem : *Bull. civ.* V, n°559, p. 410 ; J. DUPUY, « La démission du salarié », *D.*, 1980, chron. XXXVII, p. 253- 262; E. FRAISE, « Rupture du contrat de travail à l'initiative du salarié », *Revue Pratique de Droit Social*, décembre 2004, p. 383-394 ; B. TEYSSIE, « La rupture du contrat de travail à durée indéterminée hors licenciement », *Droit Social,* 2005, n°1, p. 45-58.

Dans une situation ordinaire, le salarié ne pouvait donc être considéré comme démissionnaire en l'absence de volonté clairement exprimée de sa part. En revanche, il le pouvait dès qu'il était amené à changer d'employeur. Cette différence ne pouvait s'expliquer que par le caractère d'ordre public du transfert du contrat de travail qui s'impose au salarié sans que celui-ci ne puisse s'y opposer. Cela revenait à instaurer une grande disparité entre les salariés selon le contexte dans lequel intervenait la prise d'acte de la rupture du contrat par l'employeur. Cela conduisait également à considérer le refus de son transfert par le salarié comme une démission en soi dont il devait subir toutes les conséquences.

**464.** La distinction opérée par la Cour de cassation selon le contexte dans lequel le salarié refuse de travailler pour son employeur, est devenue moins tranchée à partir de 1992. La Cour a en effet considéré, dans le cas d'un transfert d'entreprise, que le refus du salarié de passer au service du cessionnaire ne pouvait pas entraîner la rupture du contrat de travail du salarié, à défaut de démission non équivoque [192]. Pour la Cour de cassation, le refus implicite de son transfert par le salarié ne pouvait plus être assimilé à une démission. Elle se rapprochait de sa jurisprudence classique selon laquelle seule l'expression d'une volonté claire et non équivoque du salarié peut rendre imputable au salarié la rupture du contrat de travail [193].

Les différences entre salariés constatées précédemment selon le contexte dans lequel intervenait la prise d'acte de la rupture du contrat par l'employeur s'effaçaient. Cela revenait à reconnaître au salarié une forme de droit d'opposition à son transfert [194]. La même jurisprudence considérait en effet que, à défaut de démission non équivoque, le refus du

---

[192]. Cass. soc. 25 juin 1992, Sté des automobiles Grandin c/ Mme Ouaki : *Bull. civ.* V, n°419, p. 260 ; *Droit Social*, 1992, n°7-8, p. 707, concl. Y. CHAUVY, p. 818. En l'espèce, la salariée avait refusé d'aller travailler sur son nouveau lieu de travail, après le transfert. Son nouvel employeur l'avait alors considérée comme démissionnaire. Condamné à verser des indemnités de rupture à la salariée, le cessionnaire s'était pourvu en cassation au motif que le refus de la salariée d'accepter ses nouvelles conditions de travail la rendait responsable de la rupture. L'argument fut rejeté par la Cour de cassation qui analysa la rupture en un licenciement. Voir également : Cass. soc. 20 octobre 1994, Haouaz et Afrad c/ Lguensat, non publié au Bull. civ. : *Droit Social*, 1995, n°1, p. 56 ; *JCP*, E, 1995, II, 726, 2è arrêt, note J.-J. SERRET. En l'espèce, le salarié d'un commerce d'alimentation générale avait trouvé le magasin fermé pour cause de travaux au lendemain du transfert. Considérant avoir été licencié, il avait mis en cause ses nouveaux employeurs. Pour s'opposer au paiement d'indemnités de rupture, ces derniers (condamnés solidairement par la Cour d'appel) invoquaient notamment le fait que faute d'avoir repris son travail (à de nouvelles conditions) ou justifié de motif légitime d'absence à la date de réouverture du magasin, le salarié avait pris seul l'initiative de la rupture de son contrat : arguments rejetés par la Cour de cassation qui considéra que la rupture du contrat initial constituait un licenciement dont ils devaient supporter les conséquences.

[193]. Notamment : Cass. soc. 24 janvier 1996, M. Leforestier c/Sté OSN, précité ; Cass. soc. 30 octobre 1996, M. Mokadi c/ M. Collet : *Bull. civ.* V, n°362, p. 257 ; *Droit Social*, 1997, n°1, p. 97, obs. H. BLAISE : jugé que le défaut d'exécution de ses obligations, par le salarié placé en détention provisoire (et qui avait laissé son employeur sans information pendant plus de six mois malgré des mises en demeure de reprendre son travail), *« ne caractérise pas, à la date de la rupture, une volonté claire et non équivoque du salarié de mettre fin aux relations de travail, et alors que la prise d'acte de la rupture par l'employeur s'analysait en un licenciement »* ; Cass. soc. 30 mai 2000, Mme de Carvalaud c/ Sté OBI, n°2557 FS-PB : *Bull. civ.* V, n°207, p. 162 ; *Droit Social*, 2000, n°7-8, p. 785, obs. G. COUTURIER. En l'espèce, la salariée n'avait ni repris son travail ni justifié de son absence après un arrêt de travail et la rupture du contrat de travail avait été prononcée en référé : jugé qu'à défaut d'une démission de la salariée, il était impossible de lui imputer la responsabilité de la rupture de son contrat.

[194]. Une conséquence tout aussi critiquable, puisque contraire au principe d'ordre public selon lequel le transfert s'impose aux parties, toute proportion gardée, que celle produit en son temps par le fort critiqué arrêt Mocka c/ Association Sportive de Boyardville : Cass. soc. 26 septembre 2002 : *Bull. civ.* V, n°284, p. 273. Cet arrêt permettait, en effet, au salarié, de prendre acte de la rupture de son contrat en reprochant à l'employeur de n'avoir pas respecté ses obligations contractuelles même si, en définitive, les griefs n'étaient pas fondés. Pour des commentaires sur cet arrêt, voir notamment : G. COUTURIER (entretien avec), « L'autolicenciement n'est pas un droit, c'est un risque », *Semaine Sociale Lamy*, 22 avril 2003, n°1119, p. 11-14 ; J.-Y. FROUIN, « Existe-t-il un droit à l'autolicenciement ? Bilan jurisprudentiel et perspectives d'évolution », *Semaine Sociale Lamy*, 22 avril 2003, n°1119, p. 5-10.

salarié constituait « *un manquement aux obligations contractuelles que l'employeur a la faculté de sanctionner, au besoin en procédant au licenciement de l'intéressé* ». De rupture imputable au salarié en cas de refus par celui-ci de son transfert, la rupture du contrat devenait imputable au cessionnaire dès lors qu'il décidait d'interpréter l'opposition du salarié à son transfert comme une démission [195].

**465.** Dans cette logique, et en dehors d'une démission clairement exprimée par celui-ci, le refus du salarié d'exécuter son contrat de travail pour le compte du nouvel employeur devait être considéré comme constitutif d'une faute grave justifiant son licenciement sans indemnité par le cessionnaire [196]. Néanmoins, dans ce cas, comme l'a souligné un auteur particulièrement avisé, « *il semble à cet égard difficile de soutenir que le refus du salarié de poursuivre la relation avec le cessionnaire relève... du droit disciplinaire* » [197]. Fin 2006, la

---

[195]. Voir également : Cass. soc. 22 février 1994, n°907 D, Hénault et a. c/ Blériot, L. J. de la Sté Picard Armature et a. pourvoi n°92-41.712 (cassation), non publié au Bull. civ. ; *Cahiers Sociaux du Barreau de Paris*, 1994, n°59, p. 128. En l'espèce, les salariés avaient refusé de signer le nouveau contrat de travail proposé par le cessionnaire. Ils s'étaient alors vus interdire l'accès au chantier de travail et avaient saisi la juridiction prud'homale afin d'obtenir le paiement d'indemnités de rupture. Celles-ci leur avaient été refusées au motif que les contrats proposés par le cessionnaire ne comportaient pas de modifications substantielles, à tort, selon la Cour de cassation, qui considéra la rupture des contrats imputable au cessionnaire, à défaut de démission non équivoque ; Cass. soc. 2 novembre 1994, n°4331, pourvoi n°91-43.874 (cassation), non publié au Bull. civ.: le refus par le salarié de poursuivre le contrat de travail qui n'a fait l'objet d'aucune modification substantielle de la part de l'employeur n'entraîne pas à lui seul la rupture du contrat de travail, même en cas de départ du salarié. Voir cependant : Cass. soc. 4 juillet 1995, n°3076, pourvoi n°91-40.379 (rejet), non publié au Bull. civ., où la Cour de cassation a considéré le refus du salarié de poursuivre l'exécution de son contrat de travail auprès du cessionnaire, en l'absence de modification d'un élément essentiel de ce contrat, comme caractérisant de sa part «*une volonté claire et non équivoque de démissionner*». En l'espèce, le salarié avait refusé la reconduction pure et simple de son contrat de travail et avait demandé à quitter l'entreprise. Il était reproché à la Cour d'appel d'avoir déduit du comportement du salarié, en l'absence de manifestation sérieuse et non équivoque de sa part, une volonté définitive de démissionner. Cet argument a été rejeté par la Cour de cassation, imputant la rupture au salarié.

[196]. Voir par exemple, Cass. soc. 25 octobre 2000, n°4016, pourvoi n°98-45.422 (rejet), non publié au Bull. civ. Pour confirmer la décision d'appel décidant de la faute grave du salarié qui ne s'était pas présenté à son poste de travail chez son nouvel employeur, la Cour de cassation a relevé, outre le fait que le salarié ne contestait pas le transfert de son contrat de travail au cessionnaire, que le salarié avait été informé plusieurs semaines avant le transfert et averti des modalités de son passage au service du cessionnaire et des garanties qui lui étaient maintenues ; Cass. soc. 29 octobre 2002, n°3141, M. Metaut c/ Sté Sofap-Helvim : *Bull. civ.* V, n°321 p. 309 : En l'espèce le cessionnaire avait licencié le salarié pour faute grave (abandon de poste) après que celui-ci ait refusé son transfert. Il soutenait que le cédant était resté son employeur et lui réclamait le paiement d'indemnités de rupture. La Cour d'appel a considéré que le refus du transfert par le salarié lui rendait imputable la rupture. Bien que ne remettant pas en cause cette argumentation, la Cour de cassation a néanmoins cassé et annulé la décision de la Cour d'appel en rappelant qu'il convenait d'abord et avant tout d'établir que l'article L.122-12 était bien applicable aux faits d'espèce.

[197]. A. MAZEAUD, *Droit du travail*, Domat Droit Privé, Montchrestien, 2004, n°657, p. 483. Les articles de doctrine les plus récents sur la question répètent unanimement que la liberté qui est reconnue au salarié de s'opposer au changement d'employeur par le droit communautaire est difficilement compatible avec une procédure de licenciement disciplinaire. Sur ce point particulier, voir notamment : Pierre BAILLY, « Le salarié peut-il refuser les effets d'un transfert d'entreprise ? », *Droit Social*, 2003, n°5, p. 476, et « Le flou de l'article L.122-12 alinéa 2 du code du travail », *Droit Social*, 2004, n°4, p. 374 ; A. MAZEAUD, « Licenciements économiques à l'occasion du transfert d'entreprise : les droits des salariés », *Droit Social*, 2003, n°5, p. 483 ; P. REMY, « Quelle signification donner au droit d'opposition du salarié au transfert de son contrat de travail ? », *Droit Social*, 2004, n°2, p. 155. Il reste que, s'il ne peut y avoir d'obligation de licencier pour l'employeur dans une situation d'abandon de poste par le salarié, celui-ci n'aura pas d'autre solution que d'exercer son pouvoir disciplinaire et de licencier le salarié pour faute grave, idéalement après mise en demeure faite à ce dernier de reprendre le travail, s'il ne veut voir perdurer une situation de maintien indéfini de contrat.

Cour de cassation a finalement affirmé, sans plus de précision [198], que le refus individuel au transfert, « *s'il est établi* » produit les effets d'une démission, se rapprochant en ce sens de la position du droit anglais. Elle n'a pourtant pas pris position sur le fait de savoir à l'égard de qui, du cédant ou du cessionnaire, le refus du transfert produisait un tel effet [199].

**466.** La Cour de cassation n'a pas non plus précisé si l'abstention volontaire du salarié de reprendre son travail chez le cessionnaire pouvait être considérée comme un « refus établi ». Dans un tel cas, le cessionnaire sera bien avisé de mettre en demeure le salarié de reprendre son travail et d'attendre la réponse de ce dernier avant d'interpréter tout refus de sa part comme valant démission. A défaut, il semble en effet que la rupture du contrat de travail du salarié par la prise d'acte de l'employeur puisse valablement être analysée comme un licenciement sans cause réelle et sérieuse, en application de la jurisprudence la plus récente de la Cour de cassation sanctionnant les prises d'acte de la rupture [200].

Il en serait de même dans le cas d'un salarié qui, à défaut de démissionner, prendrait acte de la rupture de son contrat de travail en raison de faits qu'il reprocherait au cédant ou au cessionnaire pour tenter de bénéficier des effets d'un licenciement sans cause réelle et sérieuse. Par exemple, en invoquant une modification de son contrat de travail ou en arguant du fait que l'article L.122-12 al. 2 du code du travail était inapplicable aux faits d'espèce. Il se verrait opposer les effets d'une démission si les faits qu'il invoquait ne justifiaient pas en définitive ladite rupture [201]. Tel serait le cas, par exemple, si la modification prétendue de son

---

En ce sens : Cass. soc. 4 avril 2006, n°877 FD, Sté Apollo 92 c/ Besson et a. : *RJS*, 6/06, n°694. Voir cependant: Cass. soc. 22 mai 2001, n°2415 FD, Petitjean c/ Sté Air Littoral, non publié au Bull. civ., où hors contexte d'un transfert d'entreprise, la Cour de cassation a tiré des circonstances de l'espèce l'expression « implicite » de la volonté claire et non équivoque du salarié de démissionner. L'employeur avait en effet invité à trois reprises le salarié (à qui l'employeur avait proposé une modification (non essentielle) de son contrat de travail) à reprendre son travail aux conditions antérieures et le salarié, qui avait d'abord justifié d'un arrêt maladie, avait ensuite non seulement cessé de justifier son absence, mais avait refusé explicitement à deux reprises de reprendre son travail en se prévalant de la rupture de son contrat imputable à son employeur.

[198]. Lire à ce sujet la note critique de Jean MOULY, *in D.* 2007, p. 475, lequel n'hésite pas à parler de « *prise d'acte « divinatoire » opérée par les salariés* » en imputant aux salariés une rupture qui n'a pas eu lieu.

[199]. Cass. soc. 10 octobre 2006 n°2234 FS-P, Gibernon et a. c/ Sté Cepa : *Bull. civ.* V, n°295, p. 281 ; *RJS*, 12/06, n°1251 ; *Droit Social*, 2006, n°12, p. 1191, obs. A. MAZEAUD ; *D.*, 2007, p. 472 (2è arrêt), note J. MOULY. En l'espèce, les salariés s'étaient opposés collectivement (et non individuellement) à la reprise de l'exploitation par le cessionnaire pour ensuite demander en justice la reconnaissance de la poursuite de leur contrat de travail avec celui-ci.

[200]. En application des arrêts de la chambre sociale de la Cour de cassation du 25 juin 2003 (5 arrêts), et plus particulièrement en cas de prises d'acte de la rupture par l'employeur : M. Faucher c/ Sté Vico (n°01-40.235) et Sté Roco France'Ilienne c/ M. Monroyal (n°01-41.150) : *Bull. civ.* V, n°208, p. 211 ; *RJS*, 8-9/03, n°994, chron. J.-Y. FROUIN, p. 647 ; *Travail et Protection Sociale*, octobre 2003, comm. 323, note P.-Y. VERKINDT ; *D.*, 2003, Jurisp., p. 2396, note J. PELISSIER ; *JCP*, E, 2003, 1438, note C. PUIGELIER ; *Droit Social*, 2004, n°1, p. 90, propos critiques de J. MOULY; *Droit Social*, 2003, n°9-10, p. 825, et la note précitée de G. COUTURIER et J.-E. RAY sur l'auto-licenciement, p. 817 ; J. PELISSIER, A. LYON-CAEN, A. JEAMMAUD et E. DOCKES, *Les grands arrêts du Droit du travail*, Dalloz, 2004, n°84 (Faucher c/ Sté Vico) ; Cass. soc. 11 février 2004, n°274 FS-P, M. Duchataux c/ Sté Camabric : *Bull. civ.* V, n°49, p. 47. Pour une application récente : Cass. soc. 20 avril 2005, n°972 F-D, Boumedienne c/ SA Faïencerie Coursange et Cie : *RJS*, 7/05, n°717. En l'espèce, la société avait notifié au salarié qu'elle le considérait comme démissionnaire en raison de son absence injustifiée depuis plus d'un an, après un arrêt de travail de presque deux ans : à tort selon la Cour de cassation, pour laquelle « *en l'absence de procédure de licenciement, la rupture par l'employeur était constitutive d'un licenciement sans cause réelle et sérieuse, sans que le juge ait à rechercher si les faits reprochés au salarié étaient ou non fondés* ».

[201]. En application des arrêts de la chambre sociale de la Cour de cassation du 25 juin 2003 (5 arrêts), et plus particulièrement en cas de prise d'acte de la rupture par le salarié : Sté Technoram c/ M. Levaudel (n°01-42.679), M. Célestin c/ EURL Perl Apprêts (n°01-42.335) et Mme Chiche c/ Sté Ecoles de danse Gérard Louas (n°01-43.578) : *Bull. civ.* V, p. 213, n°209 ; J. PELISSIER, A. LYON-CAEN,

contrat de travail n'était pas avérée, ou si sa prise d'acte de la rupture ne l'avait été en réalité qu'au seul motif du transfert.

**467.** En définitive, l'employeur, cessionnaire, qui reprocherait au salarié un abandon de poste devrait s'abstenir de constater la rupture du contrat à l'initiative du salarié. Il serait en droit d'engager un processus de licenciement en l'absence d'un refus suffisamment établi ou d'une volonté claire et non équivoque pour le salarié de démissionner [202]. Il appartiendrait alors au juge d'apprécier la réalité et la gravité de la faute ou du manquement reproché au salarié [203].

Une telle procédure permettrait au salarié, contrairement à une démission, de bénéficier d'indemnités de chômage, à condition qu'il justifie d'une période d'affiliation suffisante. Resterait alors le point de savoir si cette procédure ne constituerait pas un licenciement de complaisance destiné à frauder un principe d'ordre public ou encore à frauder les ASSEDIC[204]. Le salarié ne pourrait pas, en revanche, prendre acte de la rupture de son contrat de travail pour échapper au transfert, en l'absence de modification substantielle de son contrat de travail, sans en subir les conséquences.

**468.** En l'état du droit français, toutefois, l'article L.122-12 al. 2 du code du travail est considéré comme d'ordre public absolu, en ce sens que le consentement du salarié au transfert n'est pas requis [205]. Le transfert s'impose aux parties. Il n'est pas possible de conclure du

---

A. JEAMMAUD et E. DOCKES, *Les grands arrêts du Droit du travail*, Dalloz, 2004, n°83 (Sté Technocram c/ M. Levaudel) ; *RJS*, 8-9/03, n°994, chron. J.-Y. FROUIN, p. 647 ; Cass. soc. 19 janvier 2005 (2 arrêts), Association Sté philanthropique c/ Mme Gravouil (n°02-41.113) et M. Clot c/ Sté Climb, climatisation et technologies (n°03-45.018)*: Bull. civ.* V, n°11 et 12, p. 9-10 ; *Droit Social*, 2005, n°4, p. 473, obs. F. FAVENNEC-HERY. Une position vers laquelle semble se diriger la Cour de cassation dans une décision Gibernon et a. c/ Sté Cepa du 10 octobre 2006, précitée, affirmant le principe selon lequel le refus du salarié, lorsqu'il est établi, produit les effets d'une démission.

[202]. Cass. soc. 30 mai 2000, Mme de Carvalaud c/ Sté OBI, précité ; Cass. soc. 10 juillet 2002, M. Marchive c/ SCI Satem : *Bull. civ.* V, n°240, p. 236 ; Cass. soc. 25 juin 2003, Sté Roto France'Ilienne c/ M. Monroyal, précité. En l'espèce, le salarié avait refusé de suivre l'entreprise sur son nouveau lieu d'activité et la société lui avait notifié qu'elle le considérait comme démissionnaire. A tort, selon la Cour de cassation pour qui la rupture était constitutive d'un licenciement sans cause réelle et sérieuse à défaut pour l'employeur d'avoir mis en œuvre une procédure de licenciement.

[203]. Cass. soc. 22 juin 2004, n°02-42.392, F-PB, M. Rachedi c/ Sté Aude Platrerie: *Bull. civ.* V, n°176, p. 166 ; *Travail et Protection Sociale*, Août-Septembre 2004, comm. 251, note P.-Y. VERKINDT. En l'espèce, le salarié avait refusé de reprendre son travail à la suite d'un litige avec son employeur au sujet du paiement d'une prime de productivité alors que cette prime ne lui était pas due (comportement du salarié constituant une faute grave) ; Cass. soc. 7 juin 2005, n°1352 F-D, Piétri c/ AAH : *RJS*, 8-9/05, n°821: absence injustifiée considérée comme constitutive d'une faute grave dès lors que la salariée (laquelle dénonçait une situation de non travail dans laquelle elle avait été placée) avait persisté dans son refus de reprendre le travail malgré les mises en demeure répétées de son employeur.

[204]. Ce qui dépendrait principalement du motif du licenciement allégué par le cessionnaire. Par exemple : Cass. soc. 8 janvier 2002, n°10 FS-D, SA Devarrieux-Villaret c/ de Kerros, précité, où le salarié avait été licencié par le cessionnaire en application d'un « droit de repentir » que celui-ci lui avait accordé. Le pourvoi formé par le cessionnaire contre la décision de la Cour d'appel ayant déclaré le licenciement sans cause réelle et sérieuse a été rejeté par la Cour de cassation au motif que la lettre de licenciement n'était pas motivée et n'énonçait aucune cause économique. Le seul motif allégué dans la lettre était l'exercice du droit de repentir.

[205]. Même si cette notion semble aujourd'hui céder du terrain au profit de la volonté des parties. Notamment : Cass. soc. 17 septembre 2003, Sté CEGETEL c/ P. Aiguier, n°2000 FS-PB, où la cour a admis que le cessionnaire puisse s'entendre avec le salarié pour nover son contrat de travail. Notons également que si la doctrine s'accorde généralement pour qualifier l'article L.122-12 al. 2 du code du travail comme une disposition relevant d'un ordre public de direction, certains auteurs y voient l'expression d'un ordre public de protection (par opposition à un ordre public absolu), auquel donc le salarié pourrait renoncer, au motif notamment que ce texte a été « *conçu dans le seul but de protéger les intérêts du travailleur* ». Notamment : P. MORVAN dans son étude sur les effets du transfert d'entreprise

refus du salarié de travailler pour le cessionnaire et de la rupture de son contrat de travail qui en est la conséquence, qu'il s'agit d'une situation, par principe, qui ne lui est pas imputable. Le seul motif que l'opération de transfert et les conséquences juridiques qu'elle implique n'ont pas été voulues par lui est insuffisant pour lui permettre de bénéficier d'indemnités de rupture [206].

**469.** Dans le même esprit, la jurisprudence ne tolère pas non plus que le salarié partiellement affecté à l'activité cédée puisse choisir auprès de quel employeur il souhaite être affecté. Elle prévoit autoritairement le transfert pour partie de son contrat de travail, quand bien même les parties en auraient convenu autrement [207]. En outre, si le salarié refuse de passer au service du cessionnaire, l'article L.122-12 al. 2 du code du travail peut être invoqué à son encontre. Le salarié est alors débouté de ses demandes de paiement d'indemnités de rupture [208].

**470.** A ces arguments, pourrait toutefois être opposée la jurisprudence qui permet au salarié de tirer les conséquences légales du licenciement prononcé par le cédant antérieurement au transfert. Elle prévoit en effet que l'article L.122-12 al. 2 du code du travail

---

publiée au *Juris-Classeur*, Travail Traité, Fasc. 19-52, n°80 ; P. MOUSSY, note 2 sous Cass. soc. 22 janvier 2002, AGS et a. c/ Salvetat, *Droit Ouvrier*, juillet 2002, n°648, p. 372-3.

[206]. La jurisprudence de la Cour de cassation évite d'ailleurs de se prononcer sur cette question et à qualifier le comportement du salarié dans ce contexte. Par exemple : Cass. soc. 18 novembre 1998, M. Exertier c/ Sté Sovedys : *Bull. civ.* V, n°497, p. 371. En l'espèce, le salarié s'était opposé à son transfert dans une filiale qui devait être créée. Il alléguait la remise en cause de son statut de directeur salarié. Il avait été licencié en raison de son refus et demandait des dommages et intérêts pour licenciement sans cause réelle et sérieuse. Suivant la Cour d'appel qui l'avait débouté de ses demandes, la Cour de cassation a jugé que le transfert s'opérait de plein droit et qu'en conséquence, la Cour d'appel a pu décider que « *le refus du salarié de travailler au sein de la filiale était injustifié et fautif* » ; Cass. soc. 6 novembre 2001, pourvoi n°99-44.616 (rejet), non publié au Bull. civ.: la procédure de licenciement engagée par le précédent employeur ou la constatation par celui-ci de la démission du salarié, postérieurement à son transfert est dépourvue de tout effet. En l'espèce, le cédant avait engagé une procédure de licenciement contre le salarié pour ensuite l'abandonner, le salarié ayant entre-temps démissionné et réclamait le paiement d'indemnités de rupture au cédant et subsidiairement au cessionnaire. Sa demande fut rejetée. Il y avait bien eu transfert et aucune modification de contrat n'avait été proposée ni imposée au salarié. Elle décide cependant, le plus souvent, de ne pas imputer la rupture au salarié, dès lors qu'il n'avait pas démissionné. Voir par, exemple, Cass. 20 juin 2002, n°2157, pourvoi n°00-43.610 (rejet), non publié au Bull. civ. En l'espèce, les salariés avaient d'abord été licenciés par le liquidateur avant que la cession ne soit autorisée et que les salariés soient invités par écrit à reprendre le travail pour le cessionnaire. Devant leur opposition, l'AGS avait refusé de garantir les indemnités de rupture dont ils avaient demandé paiement avant de porter leur demande en justice. Les salariés se prévalaient notamment du fait que, puisqu'ils n'avaient pas démissionné, la rupture de leur contrat de travail ne pouvait pas leur être imputable. L'argument fut rejeté en appel comme en cassation. Puisqu'il y avait eu transfert, leur licenciement était privé d'effet. La rupture n'était pas imputable au cessionnaire et l'AGS n'avait pas à garantir le paiement des indemnités de rupture.

[207]. Arrêt Evenas-Baro c/ SA Sonauto du 2 mai 2001, précité.

[208]. Cass. soc. 25 octobre 2000, n°4016, pourvoi n°98-45.422, précité ; Cass. soc. 12 décembre 1990, n°4631 D, pourvoi n°87-41.177, non publié au Bull. civ. ; *Cahiers Sociaux du Barreau de Paris*, 1991, n°27, p. 53 ; Cass. soc. 12 décembre 1990, n°4672, M. Guegan et autre c/ Sté Graines d'élite Clause : *Bull. civ.* V, n°651, p. 393 ; Cass. soc. 23 janvier 2002, n°290 F-D, Cohen c/ SA Orfèvrerie Christofle, non publié au Bull. civ. : *RJS*, 5/03, n°533. Le salarié prétendait que son contrat de travail ne pouvait pas se poursuivre de plein droit avec le cessionnaire par transfert dans le cadre de la conclusion d'un contrat d'infogérance. Il demandait le paiement d'indemnités de rupture et de dommages et intérêts pour rupture abusive au cédant. Constatant que la Cour d'appel avait déduit de ses constatations et énonciations que l'article L.122-12 al.2 du code du travail était applicable aux faits d'espèce et qu'aucune modification de son contrat de travail n'avait été imposée au salarié (le salarié prétendait qu'une clause de mobilité avait été introduite dans son contrat de travail) la Cour de cassation a rejeté le pourvoi du salarié, déjà débouté de ses demandes en appel.

n'a pas pour effet d'interdire au salarié, qui a été congédié et a cessé son travail, de considérer son contrat de travail comme rompu, malgré l'opération de transfert [209].

Elle l'autorise également à choisir, en cas de rupture illégale de son contrat de travail par le cédant, qui du cédant ou du cessionnaire sera poursuivi [210]. Cela amène certains auteurs à observer que « *tout est prêt pour un éventuel revirement de jurisprudence ou, peut-être plus raisonnablement, pour une intervention du législateur français* » [211]. D'autres considèrent que, lorsqu'il s'agit du droit d'opposition du salarié, « *il y a matière sur ce point à question préjudicielle à hauteur des enjeux* » [212].

Il reste que ces solutions ne permettent pas au salarié de prendre l'initiative de la rupture. Tout au plus, elles l'autorisent à tirer les conséquences d'une rupture prononcée à son insu.

**471.** Plus sûrement ici, il n'est pas inutile de rappeler que la jurisprudence de la Cour de cassation s'est adaptée récemment en refusant l'application de l'article L.122-12 al. 2 à certaines opérations d'externalisation telles que la sous-traitance d'activités et la constitution de centres de services partagés, qui ne constituaient qu'un « démembrement des services centraux » [213]. Elle a visé aussi des opérations destinées à frauder les droits des salariés, telles que la filialisation de sociétés ou la création de sociétés écran [214]. Il s'agit d'un moyen indirect de permettre aux salariés, susceptibles de subir les plus grands changements dans leur statut collectif et prérogatives, de ne pas être transférés contre leur gré. Dans ce cas de figure en effet, le salarié reste au service du cédant auquel il revient, le cas échéant, de mettre en œuvre la procédure de licenciement à son encontre. Cela permet au salarié de ne pas se voir imputer la rupture, comme dans tous les cas d'application volontaire de l'article L.122-12 al. 2 du code du travail où le transfert ne saurait s'opérer sans l'accord préalable et exprès du salarié[215].

---

[209]. Cass. soc. 20 octobre 1983, n°81-41.295 et 81-41.735 : *Bull. civ.* V, n°518, p. 368 ; Cass. soc. 14 juin 1984, n°1616 B, SA Les Courriers du Roussillon et du Languedoc c/ M. Campille et autres : *Bull. civ.* V, n°250, p. 190; Cass. soc. 5 mai 1986, n°1087 P, M. Ferrand c/ Sté Tricotages Modernes de Paris et autre : *Bull. civ.* V, n°195, p. 153 ; Cass. soc. 11 juillet 1989, n°2929 D, pourvoi n°86-44.168, non publié au Bull. civ. ; Cass. soc. 5 janvier 1995 n°145 D, pourvoi n°92-44.480, non publié au Bull. civ.

[210]. Cass. soc. 20 mars 2002, n°1087 FS-PBR, Maldonado c/ Sté Fina France : *Bull. civ.* V, n°94, p. 102. v. 2nd Partie, Titre 2, chapitre 2, *infra*.

[211]. J.-Ph. LHERNOULD, « Transfert d'entreprise : état des relations entre le droit communautaire et le code du travail », *RJS*, 10/02, p. 806, n°25. Pour cet auteur, le droit d'opposition du salarié pourrait se matérialiser par un droit d'option en faveur du salarié transférable, c'est-à-dire le droit d'être transféré au cessionnaire ou de rester au service du cédant. Voir également : P. BAILLY, « Le salarié peut-il refuser les effets d'un transfert d'entreprise ? », *Droit Social*, 2003, n°5, p. 478, lequel préconiserait plutôt de tirer les conséquences financières des options que la CJCE offre au droit interne : maintien du contrat de travail avec le cédant ou rupture à l'initiative de l'employeur (cédant ou cessionnaire).

[212]. A. MAZEAUD, « Sort des contrats de travail en cas de transfert d'entreprise : vers une réécriture des articles L.122-12 et L.122-12-1 du code du travail ? », *D.*, 1998, chron. p. 109.

[213]. Cass. soc. 18 juillet 2000, Société Perrier Vittel France c/ Comité d'établissement de la source Perrier de Vergèze et a. ; Cass. soc. 18 juillet 2000, n°3700 FS-D, Sté Perrier Vittel France c/ Comité d'établissement Contrexeville, précités : *Bull civ.* V, n°285, p. 225.

[214]. Notamment, Cass. soc. 2 mars 1999, n°973, Comité central d'entreprise de la Société générale et autres c/ Société générale et autres, non publié au Bull. civ.: *RJS*, 4/99, n°479 (filialisation d'activité). La Cour n'a pas retenu la fraude en l'espèce, les conditions d'application de l'article L.122-12 étant réunies, mais a laissé entendre que l'application de l'article L.122-12 pourrait être écartée s'il apparaissait que l'opération a été montée aux seules fins de soustraire le personnel affecté à l'opération en cause aux dispositions de la convention collective. Voir également, Cass. soc. 30 mai 2000, n°2547 FS-P Mme Briant c/ Sté Pharmamédica : *Bull. civ.* V, n°208, p. 162 ; *RJS*, 7-8/00, n°830 : la fraude à la loi est constituée par l'utilisation d'une société écran qui permettait de soustraire les salariés à l'application de la convention collective nationale de l'industrie pharmaceutique pour leur appliquer celle de la publicité.

[215]. Sur ce principe, voir par exemple, Cass. soc. 2 avril 1998, n°1867 D, Sté Lafitte c/ Lesbarrères, non publié au Bull. civ.: *RJS*, 5/98, n°572. Lorsque le salarié n'a pas donné son accord au transfert, son licenciement pour faute grave tiré de son refus de passer au service du cessionnaire est dénué de cause réelle et sérieuse : Cass. soc. 25 octobre 2000, n°4017, pourvoi n°98-43.658 (rejet), non publié au

**472.** Il semble ainsi que la protection du salarié soit plus organisée en droit français dans le sens d'une ouverture circonspecte du champ d'application du principe du transfert et de l'organisation d'un choix pour le salarié lorsqu'il s'agit de décider des conséquences d'une rupture prononcée par l'employeur dans ce contexte, que dans le sens de la reconnaissance d'un droit pour le salarié de s'opposer à son transfert [216]. L'article L.122-12 al. 2 du code du travail se révèle, en définitive, plus protecteur de l'emploi que du libre choix en refusant de reconnaître au salarié un droit d'opposition, quitte à contredire certains intérêts individuels.

**473.** Si choix il devait y avoir pour le salarié, cela serait donc en toute logique en faveur du maintien de la relation contractuelle avec le cédant ou en faveur de la poursuite du contrat de travail avec le cessionnaire. L'esprit du texte serait ainsi préservé. Le salarié pourrait dès lors, comme le suggère Monsieur le Professeur Antoine Mazeaud, se voir proposer par le cédant, avant le transfert, selon une procédure similaire à celle réservée aux modifications de contrat pour motif économique, le choix de rester au service du cédant ou de passer au service du cessionnaire. Passé un mois à compter de la notification de l'offre, le silence du salarié vaudrait acceptation du transfert [217]. Elle serait néanmoins à circonscrire, à notre sens, pour ne

---

Bull. civ. ; Cass. soc. 4 avril 2001, n°1575, pourvoi n°99-40.871 (rejet), non publié au Bull. civ. En l'espèce, les salariés avaient travaillé pour le compte du cessionnaire puis avaient contesté l'application de l'article L. 122-12 al. 2 du Code du travail. Il a été décidé le rejet du pourvoi contre la décision d'appel qui avait jugé la rupture des contrats imputable au premier employeur et condamné celui-ci à des dommages et intérêts après avoir constaté que l'article L.122-12 al. 2 du code du travail n'était pas applicable ; Cass. soc. 26 janvier 2005 n°197 F-D, Sté Sogeres c/ Semaan et a. : *RJS*, 4/05, n°345 ; Cass. soc. 8 mars 2005, n°567 F-D, Sté Sita Ile-de-France c/Guérin : *RJS*, 5/05, n°484.

[216]. Pour A. MAZEAUD, « *Licenciements économiques à l'occasion du transfert d'entreprise : les droits des salariés* », *Droit Social*, mai 2003, p. 482, cela permettrait également de prévenir le risque de non application de la directive qui ne manquerait pas d'intervenir, pour cet auteur, si l'essentiel des salariés devaient s'opposer au transfert de leur contrat de travail avant toute opération, lorsque la reprise de ceux-ci constitue un élément déterminant de l'application de la directive, comme cela peut être le cas dans le secteur des prestations de services intellectuels, par exemple. Une telle opposition risquerait, en pratique, d'empêcher la signature de la transaction et, de fait, le transfert lui-même, selon l'idée que « *l'opposition massive chasse le transfert* », p. 484. Une opposition admise en préalable du transfert reviendrait en effet à faire dépendre un principe (application de la protection) des conséquences de son exercice (transfert des salariés et de leurs contrats au cessionnaire) et ouvrirait la porte à des abus de la part des employeurs successifs qui souhaiteraient éviter le transfert automatique des droits et obligations, abus que la directive et l'article L.122-12 al.2 du code du travail entendent précisément contrer. Ainsi, dans une espèce où la majeure partie du personnel avait été licenciée à l'occasion du transfert, la CJCE a considéré que l'absence d'effectif transféré ne suffisait pas à exclure l'application de la directive, rappelant que, « *en tout état de cause, la violation éventuelle de ladite disposition* [article 4 §1 de la directive] *ne remettrait pas en cause l'existence d'un transfert au sens de la directive* ». CJCE 7 mars 1996, affaires jointes C-171/94 et C-172/94 : Albert Merckx et Patrice Neuhuys c/ Ford Company Belgium SA, *Rec. CJCE* 1996 p. I-1253, Point 26. Dans son arrêt du 20 novembre 2003, Carlito Abler et a. c/ Sodexho MM Catering Gesellschaft mbH, aff. C-340/01, *Rec. CJCE* 2003, p. I-14023, Point 37 : la CJCE admet également que l'absence de reprise, par le nouvel employeur, d'une partie essentielle, en termes de nombre et de compétences, des effectifs que son prédécesseur affectait à l'exécution de la même activité, ne suffit pas à exclure l'existence d'un transfert d'une entité maintenant son identité au sens de la directive.

[217]. A. MAZEAUD, « Sort des contrats de travail en cas de transfert d'entreprise : vers une réécriture des articles L.122-12 et L.122-12-1 du code du travail ? », *D.*, 1998, chron. p. 109. Une telle solution impliquerait néanmoins que soit résolue la question du sort du contrat de travail du salarié ayant refusé le transfert alors que l'entité à laquelle il était affecté est transférée. L'auteur s'interroge: « *Quelle conséquence tirer du refus du salarié d'accepter une modification du contrat, une fois satisfait à l'obligation de reclassement ? Faudra t-il que l'offre de modification soit intégrée dans l'option, le refus du salarié équivalant à une acceptation du transfert pour le compte du nouvel employeur ? Dans la négative, le cédant dispose t-il d'un motif économique de licenciement ?* » ; Proposition réitérée par l'auteur dans un article plus récent, « Le sort des contrats de travail lors des transferts d'entreprise », *Droit Social*, 2005, n°7-8, p. 741. Sur les conditions de la validité de la renonciation du salarié, voir, plus

pas offrir au salarié un droit d'opposition inconditionnel, incompatible avec un principe d'automaticité des transferts, de simplification des cessions d'entreprises et de protection des droits des salariés voulus par les textes [218].

Plus simplement, le salarié pourrait se voir offrir de rester au service du cédant dans les seuls cas où son reclassement serait possible chez ce dernier, en cas de refus par lui d'être transféré au cessionnaire. Cette solution aurait l'avantage de conserver au principe du transfert son caractère d'ordre public. Le salarié ne pourrait s'y opposer sans en subir les conséquences financières à moins que le cédant n'ait un poste de reclassement à lui proposer. Il en serait ainsi en particulier dans les cas de transferts partiels d'entreprises, où nous avons vu la difficulté pratique posée par la jurisprudence qui décide des conséquences sur le contrat de travail du salarié affecté pour partie seulement à l'activité transférée.

**474.** Il resterait alors à déterminer à quel moment le salarié devrait informer les employeurs successifs de son choix. La date et le contenu de l'information faite au salarié sur le transfert ainsi que l'identification des postes de reclassement chez le cédant deviendraient alors un élément déterminant de la décision du salarié. Il faudrait également décider si, en cas de refus du salarié du poste de reclassement qui lui serait proposé, la rupture lui resterait imputable, comme la jurisprudence actuelle de la Cour de cassation le considère [219].

Bien que toujours délicates à mettre en œuvre, de telles solutions seraient semble t-il préférables à celle qui consisterait à faire porter sur l'employeur la responsabilité financière de la rupture dans les cas où le salarié a des raisons très légitimes de refuser le transfert [220], ne serait-ce que par la difficulté de déterminer objectivement ces raisons.

**475.** En toute hypothèse, une solution visant à indemniser le salarié de la perte de son emploi au cas où il s'opposerait, en pleine connaissance de cause, à son transfert alors qu'aucun poste de remplacement ne serait susceptible de lui être offert chez le cédant devrait être évitée. Ce type de situation ne manquerait pas de se produire si le transfert concernait l'entreprise dans son intégralité. Il en serait de même en cas de transfert d'un partie d'entreprise ou d'établissement si autonome et si distincte du reste de l'activité de l'entreprise qu'aucun poste susceptible de correspondre à la qualification et à l'expérience du salarié ne pourrait lui être offert chez le cédant, hors reclassement au sein du groupe, à défaut de transfert.

Une position contraire aboutirait en effet à permettre au salarié de choisir entre des indemnités de rupture, versées par le cédant, ou la continuation de son contrat de travail chez le cessionnaire, dès lors qu'il s'opposerait au principe de son transfert. Elle reviendrait, en

---

largement : I. VACARIE, « La renonciation du salarié », *Droit Social*, 1990, n°11, p. 757-768 ; A. JEAMMAUD « La renonciation du salarié », *Droit Ouvrier*, décembre 1997, p. 535-543.

[218]. Nous rejoignons ici les conclusions de l'avocat général Van Gerven dans l'affaire Katsikas précitée (CJCE 16 décembre 1992, Katsikas c/ Konstantinidis et a., aff. C-132/91, C-138/91 et C-139/91, *Rec. CJCE* 1992, p. I-6577), lorsqu'il affirmait : « *Nous estimons avec la Commission que l'exercice d'un droit d'opposition n'est pas inconditionnellement plus favorable au travailleur. Il ne peut l'être, en effet, que s'il est exercé dans un contexte qui comporte un certain nombre de garanties pour ce travailleur* ». Il considérait en particulier que « *Tant les travailleurs que le cédant doivent alors connaître la situation exacte quant à la stabilité de l'emploi chez le cédant et savoir si, comment et où les travailleurs pourront encore être affectés après le transfert d'entreprise* ». *Rec. CJCE* 1992, I-6597.

[219]. Cass. soc. 29 mai 1985, M. Le Bas c/ M. Vandenberghe ; Cass. soc. 16 janvier 1990, Sté MGM c/ M. Stevens, précités : décision admettant que le cédant puisse proposer un nouveau contrat de travail au salarié qui a refusé d'entrer au service du cessionnaire. Le refus du salarié intervenant dans ce cadre ne rend cependant pas le cédant responsable de la rupture du contrat qui reste imputable au salarié.

[220]. Solution préconisée par J. DEPREZ, ouvrage précité, p. 42, par référence au principe de non transmission des contrats conclus *intuitu personae*, où la principale limite à la liberté du cocontractant est l'abus de droit. Pour un aperçu pratique de la question, voir, par exemple, N. PERREAU et C. ACKERMANN, « La transmission de contrats *intuitu personae* dans le cadre d'opérations d'apport partiel d'actif et de fusion », *Les Petites Affiches*, 3 juin 2004, n°111, p. 4-8.

définitive, à faire agréer le cessionnaire par les salariés et à introduire une grande insécurité dans les cessions d'entreprise. Le principe du transfert automatique introduit par les textes entend précisément l'éviter [221].

**476.** Bien qu'ouvrant à tous les salariés concernés par le transfert la possibilité de s'y opposer, le droit anglais ne propose pas de solution différente. Il refuse en effet également d'offrir aux salariés, à titre individuel, une alternative financière attractive au transfert de leur contrat de travail au cessionnaire.

### *2. Le droit d'opposition admis par le droit anglais*

**477.** Depuis 1993 [222], il est prévu, dans le texte même du TUPE, que lorsque le salarié s'oppose à son transfert, son contrat de travail et les droits et responsabilités qui y sont attachés ne sont pas transférés [223]. Le contrat de travail est réputé rompu, sans que le salarié ne puisse, « à quelque titre que ce soit », se considérer comme licencié par le cédant [224].

Le salarié de droit anglais est donc, comme celui de droit français, privé de toute possibilité de se retourner contre le cédant ou contre le cessionnaire pour demander réparation au titre de la rupture du contrat de travail qui intervient sur son initiative, lorsque celle-ci est uniquement fondée sur son refus d'être transféré. Bien que le droit de s'opposer à son transfert lui soit expressément reconnu, le salarié de droit anglais se trouve, en définitive, dans la même situation que le salarié de droit français qui refuserait son transfert et prendrait l'initiative de la rupture de son contrat de travail. Dans l'un et l'autre cas en effet, la rupture du contrat emporte les effets d'une démission pour le salarié. Le droit d'opposition anglais est, pour cette raison, un droit théorique, peu exercé par les salariés en pratique, à cause des conséquences radicales qu'il entraîne. L'opposition se solde en effet par une perte d'emploi pure et simple, sans compensation financière et sans même le préavis qui lui aurait été garanti en cas de démission [225].

**478.** Le refus du salarié n'a, en toute hypothèse, pas à être formalisé, la jurisprudence admettant une certaine souplesse sur ce terrain. L'Employment Appeal Tribunal (EAT) a en

---

[221]. En ce sens, P. REMY, article précité, p. 162. Il distingue la possibilité donnée au salarié d'écarter la règle du transfert au nom de ses droits fondamentaux de celle consistant à « *renouer avec sa volonté* » en lui offrant le choix de rester chez son employeur : « *dans le premier cas, le caractère impératif de la règle subsiste, y compris dans le cas où elle est écartée ; dans le second, ce caractère est résolument remis en cause au sens où c'est la règle même qui se trouve infléchie au nom d'un retour à la volonté du salarié. Revenir sur l'automaticité du transfert du contrat au nom d'un choix qui serait donné au salarié, ce serait déjà supprimer la règle elle-même* ». cf. également Y. CHAGNY, « Voyage autour de l'entité économique », *Semaine Sociale Lamy*, 20 octobre 2003, suppl. n°1140, p. 54, pour qui « *Sauf à restaurer un ordre juridique passé, l'autonomie de la volonté est délicate à introduire, même sous le prétexte louable du respect du libre choix d'une partie, dans l'entité économique autonome où il serait bien étrange de la voir revivre sous une forme à peine renouvelée, alors qu'elle s'est effacée de beaucoup de lieux du droit du travail et de biens des relations juridiques* ».

[222]. C'est-à-dire depuis le Trade Union Reform and Employment Rights Act (TURERA) 1993 (section 33) ; principe inscrit en droit anglais à la suite de l'arrêt Katsikas c/ Konstantinidis et a., du 16 décembre 1992, CJCE aff. C-132/91, C-138/91 et C-139/91, précité.

[223]. TUPE 1981, reg. 5 (4A) ; TUPE 2006, reg. 4(7).

[224]. TUPE 1981, reg. 5(4B) ; TUPE 2006, reg. 4(8).

[225]. J. McMULLEN, « Can an employee opt out of TUPE ?», *Solicitors Journal*, 18 December 1998, p. 1162-63. Selon l'auteur, le droit d'opposition est « *sans valeur* ». En effet, « *les conditions économiques dicteront qu'il ne peut raisonnablement être exercé sauf dans des circonstances très limitées* » ; P. GOULDING, « TUPE: the employee's right to object », *Solicitors Journal*, 9 May 1997, p. 424-425. L'auteur conclut son article en observant que le droit d'opposition est seulement intéressant pour le salarié qui souhaite se désengager sans délai de son emploi et éviter ainsi d'avoir à effectuer son préavis ou d'avoir à respecter une clause de non-concurrence.

effet considéré, dans un arrêt Hay v. George Hanson [226], que puisque le texte du TUPE n'indiquait pas par quel moyen ni de quelle façon ou encore à quel moment le droit d'opposition du salarié devait s'exercer, la position du salarié sur son transfert devait s'apprécier au cas par cas. La seule exigence était que celle-ci soit portée à la connaissance du cédant ou du cessionnaire avant la date du transfert.

En l'espèce, le salarié n'avait pas expressément refusé son transfert. Informé de celui-ci par le cédant, il avait d'abord cherché, sans succès, à obtenir un autre emploi au sein de l'entreprise puis avait essayé de négocier, par l'intermédiaire du syndicat, une indemnité de départ. Le cessionnaire avait par la suite écrit au salarié en lui précisant que son comportement équivalait, selon lui, à un refus de passer à son service. Cette lettre était restée sans réponse et le salarié avait ensuite cherché à négocier les termes et conditions de son emploi chez le cessionnaire. Il était tombé malade au moment du transfert et avait finalement saisi la juridiction compétente aux fins d'obtenir du cédant et du cessionnaire la réparation de ce qu'il considérait être une rupture abusive de son contrat. Cédant et cessionnaire s'y étaient opposés au motif que le salarié avait exercé son droit d'opposition et qu'il n'avait, à ce titre, aucun droit à indemnité. Il s'agissait dès lors pour les juges de déterminer si, au vu des circonstances de l'espèce, le salarié avait ou non exercé son droit d'opposition, avant de conclure sur ses droits éventuels à indemnisation.

**479.** Les juges du fond ont considéré dans cette affaire que le salarié avait « *entrepris toutes les démarches possibles pour résister à son transfert* » et qu'il avait « *par ses actions, clairement indiqué qu'il s'opposait à son transfert* ». Sa demande d'indemnisation devait en conséquence être rejetée. En appel, la discussion porta principalement sur la question de l'interprétation du terme « objection » au transfert. Pour le salarié, il convenait d'adopter une interprétation conforme à la directive, c'est à dire l'interprétation la plus favorable au salarié. Puisque l'exercice du droit d'opposition entraînait pour lui la perte de tous ses droits, il convenait d'interpréter ce terme restrictivement en retenant l'exigence d'une expression claire et non équivoque de la décision du salarié de ne pas être transféré au cessionnaire.

**480.** L'EAT repoussa cette argumentation en considérant que le texte du TUPE était suffisamment clair sur ce point pour se passer d'une interprétation « artificielle » ou « soi-disant dans l'esprit des textes ». Le droit qu'il convenait de protéger était celui du salarié de ne pas être transféré à un autre employeur contre sa volonté. Le terme « objection » devait s'entendre comme signifiant « refus d'accepter le transfert ». Pour autant, il n'était pas nécessaire de retenir une méthode particulière pour recueillir la décision du salarié sur ce point. L'EAT considéra en effet qu'il n'était pas difficile dans la plupart des cas, de distinguer entre le « *refus de consentir* » [227] au transfert et la « *simple expression d'inquiétudes et de réticence* », compatible avec une acceptation résignée du transfert. Une protestation exprimée avant le transfert, qui pouvait être interprétée comme une opposition, ne devait pas être considérée comme telle, à moins qu'elle ne se traduise par un refus réel du salarié communiqué à la personne ou aux personnes compétentes, avant la date du transfert.

L'EAT a ainsi admis que « *l'état d'esprit du salarié pouvait s'exprimer soit par des mots, soit par des actes ou par les deux* », selon les cas d'espèce. Il convenait donc de procéder à un examen au cas par cas des circonstances de faits. Une « objection informelle » pouvait ainsi suffire, dans certains cas, pour être considérée comme l'expression du refus du salarié de passer au service du cessionnaire. Tel était bien le cas en l'espèce. Les juges du fond étaient parfaitement en droit de prendre en compte des faits postérieurs au transfert pour déterminer

[226]. Hay v. George Hanson (Building Contractors) Ltd (1996) *IRLR* 427 (EAT – Scotland); *IDS*, Brief 563, April 1996, p. 2-3. Principe confirmé depuis, notamment *in* Hope v. PGS Engineering Ltd (in administration), EAT 0267/04.

[227]. « *Withholding of consent* ».

l'état d'esprit du salarié à ce titre et la connaissance que l'employeur en avait avant le transfert.

**481.** En toute hypothèse, le refus du salarié doit être porté à la connaissance du cédant ou du cessionnaire, avant le transfert. Cette exigence peut surprendre. Le droit anglais ne reconnaît en effet aucune obligation pour le cédant ou le cessionnaire d'informer individuellement le salarié sur le principe de son transfert et sur l'identité du cessionnaire, sauf en l'absence de représentants du personnel dans l'entreprise.

Ainsi le salarié peut se trouver dans la situation où il porte à la connaissance des parties son refus d'être transféré, une fois la date de transfert passée, faute d'en avoir été informé plus tôt. Faudra t-il alors considérer que son refus tardif d'être transféré n'est pas opposable au cessionnaire et au cédant et admettre la possibilité d'une compensation financière au salarié dans l'hypothèse où ces derniers n'auraient pas pris soin de l'informer de la situation ?

**482.** La jurisprudence anglaise n'a pas pris position sur ce point, à notre connaissance. Il semble cependant que cette éventualité ne soit pas complètement exclue. L'EAT a en effet pris soin, dans l'arrêt précité, de donner son opinion sur la question [228]. Il s'étonne de ce que « *étant donné la nature draconienne du résultat obtenu par la Reg. 5(4B)* [229]*, il est singulièrement regrettable qu'il n'y ait aucune exigence que le salarié qui a l'intention de s'opposer à son transfert soit informé des conséquences par le cédant* » [230].

Cette opinion rejoint en tout cas la recommandation précitée de certains auteurs en faveur d'une information préalable individuelle des salariés sur le principe de leur transfert et sur l'identité du cessionnaire [231]. Il ne peut en effet y avoir d'expression du droit d'opposition sans information préalable du salarié sur son transfert. Il reste que cette dernière n'est pas requise, en l'état du droit anglais.

**483.** Les raisonnements tendent ainsi, en définitive, au même résultat pour le salarié de droit français et de droit anglais puisque, dans aucun de ces deux systèmes juridiques, le salarié ne peut s'opposer à son transfert sans subir le coût financier de la rupture de son contrat de travail [232].

---

[228]. « *Obiter dicta* », opinion n'ayant pas valeur de précédent.

[229]. Devenu TUPE 2006, reg. 4(8), selon lequel le salarié qui a exercé son droit d'opposition ne peut pas se considérer licencier.

[230]. « *Given the draconian nature of the result that reg. 5(4B) achieves, it is singularly unfortunate that there is no requirement that the employee intending to object should be informed of the consequences by the transferring employer* ». Hay v. George Hanson (Building Contractors) Ltd, [1996] *IRLR* 427 (EAT), *Obiter dicta*. L'EAT a néanmoins rejeté, dans un arrêt plus récent, le principe vers lequel tendait les juges du fond selon lequel le refus du salarié de passer au service du cessionnaire doit être un refus éclairé (« *informed objection* »), *in* Ladies' Health & Fitness Clubs Ltd v. Eastmond & Others, 21.1.04, EAT 0094/03, *IRS Employment Review*, 6 August 2004, n°805, p. 60-62. Il reste que le refus du salarié, une fois exercé, ne saurait lui être opposé par le cédant, qui l'aurait conservé à son service, pour lui refuser la possibilité de contester la validité d'un licenciement pour motif économique intervenu quelques temps plus tard. Cf. Dunkinson v. Meridian Technologies Ltd and another, 30.7.01, EAT 0266/01, *IRS Employment Review*, 11 February 2002, n°745, p. 51-52, dans lequel l'EAT a rejeté l'idée que l'exercice du droit d'opposition par le salarié lui a « *fermé la porte* » d'une action en contestation de la validité d'un licenciement intervenu dans le contexte d'un transfert. En l'espèce, le salarié avait été licencié un mois après le transfert au motif qu'il n'y avait pas de poste disponible pour lui, alors que celui-ci avait toutes les raisons de penser qu'il avait un avenir dans la société, au moment où il avait refusé son transfert.

[231]. Notamment: J. McMULLEN, *Business transfers and employee rights*, Butterworths, 2001, p. 12/1-12/3, para. 1-7.

[232]. Pour un aperçu des solutions proposées par le droit allemand, qui n'offrirait pas d'avantage une meilleure indemnisation au salarié mais lui permettrait toutefois de conserver son emploi chez le cédant lorsque cela s'avèrerait possible, voir notamment : P. REMY, « Quelle signification donner au droit d'opposition du salarié au transfert de son contrat de travail ? Réflexions sur le droit français à partir du

## B. LE REFUS CONVENU DU TRANSFERT

**484.** La Cour de justice des communautés européennes a indiqué clairement, dès 1988, que la protection assurée par la directive est d'ordre public. Les règles qu'elle prévoit doivent être considérées comme impératives en ce « *qu'il n'est pas permis d'y déroger dans un sens défavorable aux travailleurs* ». De même, le principe du transfert du contrat de travail des salariés affectés à l'entité transférée et le maintien de leurs droits s'impose à tous. Il n'est subordonné au consentement ni du cédant ou du cessionnaire, ni des représentants des salariés, ni des salariés eux-mêmes [233]. Ce principe s'oppose à ce que le cessionnaire propose aux salariés transférés des conditions moins favorables que celles que leur appliquait le cédant et que ces salariés acceptent ces conditions [234].

**485.** Le salarié peut seulement opposer aux employeurs successifs le maintien de ses droits et ne peut accepter des conditions d'emploi moins favorables, dès lors que son contrat de travail est transféré au cessionnaire [235]. La Cour de justice des communautés européennes admet toutefois que la protection que lui offre la directive devient sans objet dès lors que le salarié s'oppose librement à son transfert et ne poursuit pas sa relation de travail avec le cessionnaire[236].

Dans ce cadre limité, entre la volonté du salarié librement exprimée et l'absence de validité de son acceptation de conditions moins favorables, les droits français et anglais admettent, sous certaines conditions, que les parties puissent s'entendre sur l'absence de transfert du salarié. Ils peuvent prévoir les conséquences pour celui-ci de la rupture de son contrat, selon des modalités différentes. Il s'agit d'une sorte de refus convenu du transfert pour le salarié.

**486.** En droit français et anglais, seul un accord entre les parties, salarié, cédant et cessionnaire, peut faire échec au transfert du contrat de travail au cessionnaire. Une réserve

---

droit allemand », *Droit Social*, 2004, n°2, p. 155 ; V. IONESCU, article précité ; A. MAZEAUD, « Licenciements économiques à l'occasion du transfert d'entreprise : les droits des salariés », *Droit Social*, 2003, n°5, p. 482 et Y. VIALA, « Le maintien des contrats de travail en cas de transfert d'entreprise en droit allemand », *Droit Social*, 2005, n°2, p. 208.

[233]. CJCE 25 Juillet 1991, aff. 362/89, Giuseppe d'Urso et Adriana Ventadori et autres c/ Ercole Marelli Elettromeccanica Generale SpA et autres: *Rec. CJCE* 1991, p. I-4105, Point 11. En l'espèce, 518 salariés étaient restés au service du cédant (sous administration judiciaire) et 940 étaient passés au service du cessionnaire, en application du contrat de cession et conformément à des accords syndicaux auxquels se référait ce contrat. Les requérants, qui faisaient partie des 518 salariés restés au service du cédant, demandaient à voir reconnaître le transfert de leur contrat au cessionnaire. Il a été jugé que leur contrat avait été transmis de plein droit au cessionnaire du seul fait du transfert.

[234]. CJCE 11 novembre 2004, aff. 425/02, Delahaye c/ ministre de la fonction publique et de la réforme administrative : *RJS*, 3/05, n°324, chron. J.-P LHERNOULD et H. TISSANDIER, *ibid.*, p. 184 ; CJCE 6 novembre 2003, aff. C-4/01, Serene Martin, Rohit Daby, Brian Willis c/ South Bank University, précité. L'arrêt introduit néanmoins une limite à ce principe, qui trouve typiquement application en droit anglais et sur lequel nous reviendrons dans une deuxième partie, lorsque *« les conditions plus favorables appliquées antérieurement par le cédant résultaient d'une convention collective qui n'est plus légalement applicable aux travailleurs de l'entité transférée »*.

[235]. Est ainsi sans conséquence à cet égard le fait que le salarié ait pu obtenir, en contrepartie des inconvénients qui résultent pour lui d'une modification de sa relation de travail, des avantages nouveaux, tels que, globalement, sa situation n'est pas moins favorable que celle qui était antérieurement la sienne. CJCE 10 février 1988, aff. C-324/86, Fédération danoise des contremaîtres et similaires c/ Société Daddy's Dance Hall : *Rec. CJCE* 1988-2, p. 739 ; *RJS*, 1/89, n°117 ; *Revue Trimestrielle de Droit Européen*, oct-déc. 1988, p. 708, concl. M. DARMON, note P. RODIERE ; *D.*, 1989, Jurisp, p. 174, note P. POCHET ; *D.*, 1989, somm. 165, 2è esp., obs. A. JEAMMAUD ; *Gazette du Palais*, 1988, 2, somm. 416 ; *Droit Social*, 1988, n°6, p. 455, concl. M. DARMON, note G. COUTURIER ; *Droit Ouvrier*, juillet-août 1989, p. 319, note F. SARAMITO.

[236]. CJCE 11 juillet 1985, aff. 105/84, Danmols Inventar: *Rec. CJCE* 1985, p. 2639, Point 16.

est apportée. La situation qui en résulte ne doit pas être défavorable au salarié ou, en tout cas, doit au moins être aussi favorable que ce que la loi lui accorde [237]. L'accord ne doit pas non plus constituer une fraude aux droits des salariés [238]. Le principe reste que toute convention qui ne vise pas à améliorer la situation des salariés et tend à éluder ou à limiter l'application de l'article L.122-12 al. 2 du code du travail ou du TUPE et, par définition, s'oppose à l'intérêt des salariés, leur est inopposable [239].

### *1. Droit français*

**487.** Le caractère d'ordre public de l'article L.122-12 al. 2 du code du travail est compatible avec un accord par lequel les parties refusent d'appliquer le principe du transfert et définissent les modalités de la rupture du contrat de travail du salarié et ses

---

[237]. Le caractère d'ordre public du principe du transfert ne porte en effet pas atteinte à la licéité des accords améliorant la situation des salariés. Voir par exemple : Cass. soc. 14 décembre 1976, Sté British Airways c/ dame Fétiveau : *Bull. civ.* V, p. 541, n°663 : si le cédant peut valablement s'engager à traiter comme un licenciement le refus des salariés de passer au service du cessionnaire en leur octroyant l'indemnité spéciale de rupture prévue par la convention collective, le salarié ne peut pas pour autant prétendre bénéficier, dans ce contexte, des dispositions plus favorables du règlement intérieur de la société concernant les compressions de personnel. En droit anglais, une jurisprudence a également admis que les salariés peuvent bénéficier à la fois des indemnités de rupture versées par le cédant et d'un nouvel emploi chez le cessionnaire, avec reprise de leur ancienneté en application du TUPE. Senior Heat Treatment Ltd v. Bell [1997] *IRLR* 614 (EAT). En l'espèce, le cessionnaire avait refusé, un peu moins d'un an après le transfert, de verser aux salariés qu'il avait repris des indemnités de rupture prenant en compte leur ancienneté cumulée (question qui était déterminante, en l'espèce, pour décider de leur droit à réparation), au motif qu'ils avaient déjà bénéficié d'indemnités de rupture chez le cédant et que celles-ci leur avaient été versées après qu'ils aient eu exprimé leur refus d'être transférés. L'EAT a rejeté ces deux arguments en considérant que les indemnités que le cédant leur avait versées n'étaient pas dues par la loi puisque l'opération entrait dans le champ d'application du TUPE (il s'agissait donc d'un versement volontaire). Il était également difficile d'admettre que les salariés en question avaient refusé leur transfert puisqu'ils avaient accepté de conclure un contrat de travail avec le cessionnaire, lequel avait pris effet immédiatement après le transfert.

[238]. Cf. nos développements sur les limites légales ou conventionnelles au droit du licenciement dans le contexte des transferts d'entreprise, 2nd Partie, Titre 1, chapitre 2, *infra*.

[239]. Par exemple : Cass. soc. 29 novembre 1972, Sté Coopérative Agricole du Bassin Laitier d'Avignon c/ Borghi (2è moyen) : *Bull. civ.* V, n°655, p. 596. En l'espèce, le cessionnaire s'était seulement engagé, dans la convention de cession, à recruter les salariés du cédant en priorité, en fonction des postes à pourvoir, ce dernier devant faire son affaire (aux frais du cessionnaire) du congédiement du personnel qui n'aurait pas pu être reclassé. Il a été jugé que les licenciements avaient « *mis en échec une règle d'ordre public destinée à protéger la stabilité de l'emploi* ». Le cédant fut condamné à payer aux salariés des dommages et intérêts pour rupture abusive de leur contrat de travail ; Cass. soc. 13 juin 1990, n°2409 P, Sté Blois Les Saules Automobiles c/ époux Level et a. : *Bull. civ.* V, n°273, p. 164. Le cédant (syndic) et le cessionnaire s'étaient mis d'accord sur la liste des salariés repris. Le premier faisant son affaire des contrats de travail des salariés non repris. Cet accord ne pouvait avoir effet qu'entre les employeurs successifs et était inopposable aux salariés ; Cass. soc. 16 octobre 1980, Cantenot et Gourdain c/Berro et autres : *Bull. civ.* V, n°743, p. 547 ; *JCP*, CI, 1981, I, 9441, n°13, obs. B. TEYSSIE. En l'espèce, la renonciation résultait d'une convention conclue entre le cessionnaire et les salariés ; Cass. ch. mixte 7 juillet 2006 n°242 BPRI, Petavy c/ Sudre : *Bull. ch. mixte*, n°5, p. 17 ; *RJS*, 10/06, n°1029 (1ère espèce) ; *Droit Social*, 2006, n°11, p. 1064, obs. A. MAZEAUD : le cessionnaire n'est pas fondé à demander la nullité de la clause de la convention de cession litigieuse ni le remboursement du prix de cession. La clause en question doit être réputée non écrite sans que soit affectée entre les parties la validité de la convention de cession. En droit anglais, ce principe d'inopposabilité aux salariés des conventions contraires au principe du transfert fait partie intégrante du TUPE : TUPE 1981, reg. 12 ; TUPE 2006, reg. 18.

conséquences[240]. De même, les parties peuvent valablement convenir que le salarié continuera à travailler pour le compte du cédant, s'il refuse de travailler pour le compte du cessionnaire[241]. De tels accords sur l'absence de transfert des salariés ne sont toutefois licites, ni en cas de fraude aux droits des salariés [242], ni en cas d'opposition de l'une des parties [243], en particulier le salarié, au bénéfice duquel la législation protectrice de la relation d'emploi a été instaurée [244]. En toute hypothèse, un tel accord n'est concevable que dans la mesure où le salarié ne poursuit pas sa relation de travail avec le cessionnaire après le transfert [245].

**488.** Par ailleurs, lorsque le principe du transfert du contrat de travail est prévu par une convention collective ou par un accord entre cédant et cessionnaire, alors que l'opération en

---

[240]. Cass. soc. 14 décembre 1976, Sté British Airways c/ dame Fétiveau : *Bull. civ.* V, n°663, p. 541, précité ; Cass. soc. 5 mars 1986 : M. Juan c/ Sté Erop : *Bull. civ.* V, n°60, p. 48. En l'espèce, le cédant avait proposé au salarié la rupture de son contrat d'un commun accord, moyennant le versement par la société d'une somme forfaitaire équivalant aux indemnités auxquelles il aurait eu droit en cas de licenciement.

[241]. Cass. soc. 9 janvier 1985, n°160 S, SA C2R c/ Koissi : non publié au Bull. civ. ; *D.*, 1985, IR, p. 268. Le cédant peut s'engager, sauf fraude, à conserver les salariés à son service ; Cass. soc. 16 janvier 1990 n°306 P, Sté MGM c/ M. Stevens : *Bull. civ.* V, n°11, p. 7 ; *RJS*, 2/90, n°92. Si le salarié refuse de travailler pour le cessionnaire, le cédant est libre de lui proposer un nouveau contrat et le refus du salarié ne rend pas le cédant responsable de la rupture du contrat de travail initial ; Cass. soc. 26 mai 1998, M. Lelièvre c/ Sté Sudac : *Bull. civ.* V, n°275, p. 209. S'il a été convenu entre le salarié et la société partiellement cédée que celui-ci ne passerait pas au service du cessionnaire, son contrat de travail se poursuit « *sans solution de continuité avec son employeur* » (cédant).

[242]. Cass. soc. 9 janvier 1985, n°160S, SA C2R c/ Koissi et autres, précité. Pour un cas de fraude ayant entraîné la responsabilité solidaire des deux employeurs successifs : Cass. soc. 4 avril 1990, Sté des Laboratoires Anphar Rolland c/ M. Dutruch et autre : *Bull. civ.* V, n°157, p. 94. En l'espèce, le salarié était devenu le préposé des deux sociétés. L'opération tombait sous le coup du prêt de main d'œuvre illicite. L'application de l'article L.122-12 al. 2 du code du travail avait été de ce fait écartée et les deux sociétés condamnées solidairement au paiement d'indemnités de rupture.

[243]. Cass. soc. 15 octobre 1997, n°3569 P, M.G. Stoltz c/ Mme F. Cordonnier : *Bull. civ.* V, n°318, p. 230 ; *RJS*, 12/97, n°1338 ; *Droit Social*, 1997, n°12, p. 1095, obs. A. MAZEAUD : opposition par le cessionnaire. En l'espèce, après la reprise en gestion directe par un fabriquant de cigares de la promotion et de la commercialisation exclusive de sa marque en France, le cédant avait assigné ses quatorze anciens délégués commerciaux afin que soit ordonnée la cessation de leur activité poursuivie en violation de leur clause de non-concurrence. Le cédant fut débouté en appel et le pourvoi rejeté en cassation.

[244]. Cass. soc. 16 février 1977, SARL Huileries Gid c/ Michel : *Bull. civ.* V, n°123, p. 95 : l'engagement non suivi d'effet pris par le cédant à l'égard du cessionnaire, de licencier ses représentants, ne peut être invoqué par le cessionnaire à l'égard d'un salarié ; Cass. ch. mixte, 7 juillet 2006 n°242 PBRI, M. Petavy c/ M. Sudre : *Droit Social*, 2006, n°11, p. 1064, obs. A. MAZEAUD, précité.

[245]. La démission du salarié est sans effet s'il conclut un nouveau contrat avec le cessionnaire et continue à exercer les mêmes fonctions. Cass. soc. 7 mars 1979, Sté SATPA c/ Demoiselle Ferrandon : *Bull. civ.* V, n°204, p. 144. En l'espèce, le cessionnaire avait engagé à l'essai une salariée du cédant, pour exercer les mêmes fonctions, puis l'avait licenciée. Le cessionnaire invoquait la novation du contrat pour s'opposer à la demande de la salariée en paiement d'indemnités de rupture tenant compte de son ancienneté totale. Il a été jugé que cette nouvelle convention était nulle et n'avait pas pu faire obstacle à la continuation du contrat et au maintien de l'ancienneté de la salariée chez le cessionnaire ; Cass. soc. 29 janvier 1981 n°230, Dame Grandvillain c/ SA Clinique du Parc : *Bull. civ.* V, n°83, p. 61. La démission du salarié pour entrer, à de nouvelles conditions, au service du cessionnaire, est inopposable au salarié ; Cass. soc. 18 avril 1989, M. Teodorovic et a. c/ Coopérative fruitière Les Vergers de Montélimar (2°): *Bull. civ.* V, n°280, p. 166 ; *RJS*, 6/89, n°477 : cassation pour manque de base légale de l'arrêt qui avait déclaré inapplicable aux salariés, dans ce contexte, l'article L.122-12 al. 2 du code du travail ; Cass. soc. 12 février 1991 (2 arrêts), n°535 PF et 564 P : *Bull. civ.* V, n°59, p. 37 ; *RJS*, 3/91, n°311 ; Cass. soc. 22 février 1994 n°878 D, SA Polyclinique du Maine c/ Gendron, non publié au Bull. civ. ; *RJS*, 4/94, n°379 ; Cass. soc. 28 mai 1997, n°2324 D, ASSEDIC de la région d'Orléans et a. c/ Jamet et a., non publié au Bull. civ. ; *RJS*, 8-9/97, n°952 : même chose pour un licenciement suivi d'une réembauche. En l'espèce, les salariés avaient été licenciés et avaient renoncé à se prévaloir de leur ancienneté chez le cessionnaire. La renonciation fut jugée sans effet.

cause ne tombe pas automatiquement dans le champ d'application de la règle protectrice des droits des salariés, le salarié peut toujours s'opposer au transfert de son contrat de travail. Il ne supportera pas la charge de la rupture. Le transfert du contrat de travail n'étant pas automatique dans ce cas, le changement d'employeur ne peut en effet s'opérer sans l'accord préalable et exprès du salarié [246]. Plus rarement, la jurisprudence tient également compte du caractère d'*intuitu personae* de certains contrats pour écarter l'application de l'article L.122-12 al.2 du code du travail et permettre au salarié de bénéficier d'indemnités de rupture [247].

## 2. Droit anglais

**489.** En droit anglais, la nullité de tout accord contraire au principe du transfert, à l'interdiction de licencier en lien avec le transfert ou encore à l'obligation d'informer et de consulter les représentants du personnel est inscrite dans le texte même du TUPE [248]. Le postulat reste, comme en droit français, celui de l'interdiction des conventions contraires au principe du transfert automatique des contrats de travail affectés à l'entité ou à l'activité transférée que celles-ci soient conclues entre ou avec le cédant ou le cessionnaire.

La validité d'une convention signée entre le cédant et le cessionnaire dans le but d'éluder l'application du TUPE, en prévoyant notamment l'absence de transfert du personnel, est remise en cause par les juges anglais, comme en droit français. Ceux-ci s'emploient en effet à vérifier la motivation des parties, les raisons et les circonstances dans lesquelles la

---

[246]. Pour des exemples en cas d'application volontaire de l'article L.122-12 al. 2 du code du travail : Cass. soc. 7 juillet 1988, n°2714 D, Mme Martinez c/ Sté La Rayonnante et a., non publié au Bull. civ.: *Cahiers Sociaux du Barreau de Paris*, n°2, p. 54 (cassation) : arrêt pris à une époque où l'existence d'un lien de droit était exigé entre les employeurs successifs ; Cass. soc. 7 novembre 1989, Mme Esnaud et a. c/ Caisse autonome nationale de la sécurité sociale dans les Mines et a. : *Bull. civ.* V, n°644, p. 388 ; Cass. soc. 2 avril 1998, n°1867 D, Sté Lafitte c/ Lesbarrères, non publié au Bull. civ. ; *RJS*, 5/98, n°572 ; Cass. soc. 7 mars 2001 n°895 F-D, SARL Transports Pigier c/ Chauvet, non publié au Bull. civ (cassation). L'accord du salarié peut résulter du fait que, d'un commun accord entre les parties, celui-ci continue à occuper le même emploi auprès du cessionnaire: Cass. soc. 12 décembre 1990 n°4624 D, Sté Surveillance de l'Ouest c/ Piednoir, non publié au Bull civ. ; *RJS*, 2/91, n°156. A défaut toutefois d'accord exprès du salarié, son licenciement pour faute grave motivé par son refus de passer au service du nouvel employeur est dénué de cause réelle et sérieuse : Cass. soc. 25 octobre 2000, n°98-43.658, non publié au Bull. civ. Le transfert du contrat de travail ne peut être invoqué que par celui-ci. Cass. soc. 12 décembre 2001 n°5200 F-D, Pelligrini ès qual. c/AGS CGEA Ile de France (1er moyen), non publié au Bull. civ. ; *RJS*, 4/02, n°398 : l'employeur ne saurait se prévaloir du fait que, faute d'accord du salarié, le transfert n'a pas pu s'opérer. Sur le transfert en application d'une convention collective, M. MORAND, « Le transfert conventionnel des contrats de travail s'impose t-il aux salariés ?», *Droit Social*, 1990, n°11, p. 776 ; A. MAZEAUD, « La négociation collective en cas de restructuration consécutive à un transfert », *Droit Social*, 2004, n°3, p. 292 ; P. MORVAN, « Application conventionnelle de l'article L.122-12 et accord du salarié : plaidoyer pour un revirement », *JCP*, éd. Sociale, 5 décembre 2006, n°49, doctrine n°1964, p. 7-20 ; Y. CHAGNY, « La continuité des contrats de travail du personnel d'un marché de prestation de services », *Revue de Droit du Travail*, février 2007, p. 78-83.

[247]. Ainsi, pour l'emploi des gens de maison. La Cour de cassation a pu juger que le décès de l'employeur (Cass. soc. 5 décembre 1989 : *Bull. civ.* V, n°695, p. 418 ; *RJS*, 2/90, n°91), et la vente d'une propriété immobilière (par opposition à une entreprise) (Cass. soc. 3 octobre 1989 : *Bull. civ.* V, n°556, p. 339) entraînent le paiement d'indemnités de rupture.

[248]. TUPE reg. 12 ; TUPE 2006, reg. 18, rédaction modifiée, sans en bouleverser l'économie. Il prévoit globalement la nullité de tout accord contraire aux dispositions contenues dans le TUPE. Le TUPE 2006 y introduit toutefois une exception dans le cadre d'une procédure de mise en liquidation judiciaire (« insolvency proceedings ») ouverte à l'encontre du cédant. Dans ce seul cas en effet, le TUPE admet désormais que le cédant ou le cessionnaire puisse s'accorder avec les représentants des salariés concernés sur des modifications des termes des contrats de travail en cours pour permettre la survie de l'entreprise [TUPE 2006, reg. 9(6) et (7)].

convention a été conclue pour juger de l'application du TUPE [249] ou encore décider de l'existence d'une fraude aux droits des salariés [250].

**490.** Le cessionnaire et le salarié ne peuvent pas non plus s'entendre sur une modification substantielle du contrat de travail en lien avec le transfert d'entreprise, même plus favorable au salarié, dès lors que celle-ci tend à lui imposer une obligation à laquelle il n'était pas précédemment assujetti [251]. Une convention par laquelle les salariés acceptent des indemnités de rupture de la part du cédant contre renonciation à toute poursuite contre ce dernier n'est ainsi pas opposable aux salariés qui décident par la suite de se prévaloir de l'application du TUPE et d'un droit à réintégration auprès du cessionnaire [252].

**491.** Par contre l'octroi de droits additionnels aux salariés est admis. Tel est le cas du paiement d'indemnités de rupture par le cédant, qu'il soit volontaire ou qu'il résulte d'une erreur de sa part, alors même que l'opération entre dans le champ d'application du TUPE et que les salariés sont repris par le cessionnaire. Les salariés qui auraient bénéficié d'indemnités de rupture de la part du cédant sont ainsi en droit de prétendre au paiement d'indemnités de rupture par le cessionnaire, au titre d'une rupture ultérieure de leur contrat de travail, calculées sur la base de leur ancienneté cumulée chez leurs employeurs successifs [253].

**492.** Le salarié qui ne souhaite pas être transféré, mais qui ne souhaite pas pour autant exercer son droit d'opposition en perdant toute chance d'être indemnisé au titre de son départ de l'entreprise, peut également conclure un accord avec son employeur (le cédant) soit pour rester à son service, soit pour convenir du versement d'une indemnité de rupture. Une façon de procéder est de conclure un accord transactionnel avec le cédant, en procédure de

---

249. Lightways (Contractors) Ltd v. Associated Holdings Ltd [2000] *IRLR* 247 (Court of Session).

250. Par exemple, Carisway Cleaning Consultants Ltd v. Richards and Cooper Cleaning Services, EAT/629/97. En l'espèce le salarié avait fait l'objet d'une réaffectation de dernière minute avant le transfert. Son employeur lui avait offert le choix d'être affecté à l'un ou l'autre des contrats de services qu'il avait contractés, en influençant sa décision. Le salarié avait le choix entre deux emplois, l'un présenté comme temporaire et l'autre comme permanent. Une fois que le salarié eu exercé son choix, il fut informé de la perte par son employeur du contrat de prestation de services auquel il était affecté et de son transfert au nouveau prestataire. Le salarié démissionna quelques temps plus tard et se retourna contre ses deux employeurs successifs pour obtenir réparation pour licenciement abusif. L'EAT confirma la décision des juges du fond de condamner le cédant à réparation. Le salarié avait en effet été affecté à l'activité transférée de façon frauduleuse par son employeur. Cette affectation était donc nulle et son transfert devait être considéré comme n'ayant pas eu lieu.

251. British Fuels v. Baxendale and Wilson v. St Helen's B.C. [1998] *IRLR* 706, [1998] *ICR* 1141, [1998] 4 *All ER* 609 (HL). Le TUPE 2006 permet toutefois, désormais les modifications apportées au contrat de travail du salarié après le transfert en les encadrant. Sur cet arrêt et les apports du TUPE 2006 sur cette question, v. 2nd partie, Titre 1, chapitre 2, *infra*.

252. Thompson v. Walcon Car Delivery, EAT/256/96. En l'espèce toutefois l'EAT a fondé sa décision sur l'absence de transfert au cessionnaire du bénéfice de la convention qui avait été signée par le cédant. Celle-ci avait en effet été signée postérieurement à la date du transfert. Le cessionnaire ne pouvait donc, de ce fait, s'en prévaloir et l'opposer aux salariés.

253. Senior Heat Treatment Ltd v. Bell [1997] *IRLR* 614 (EAT), précité. Dans le même sens: Lassman v. Secretary of State for Trade and Industry and Pan Graphics Industries Ltd (in receivership) [1999] *IRLR* 413 (EAT), [2000] *ICR* 11094 (CA).

conciliation devant l'ACAS [254] ou sur le fondement de la section 203 de l'ERA 1996 [255], sous réserve que cet accord soit conclu avant la date du transfert [256].

**493.** La conclusion d'un accord s'opposant au principe du transfert est concevable, notamment, en cas de transfert partiel d'entreprise lorsque le salarié remplit plusieurs fonctions dont certaines sont rattachées à l'activité transférée. Le Juge Coulsfield a semblé admettre dans ce contexte, dans l'arrêt Sunley Turiff Holdings Ltd v. Thomson, précité [257], que les parties puissent s'accorder pour que le salarié ne passe pas au service du cessionnaire. Elles ne l'avaient pas fait, en l'espèce. En effet, l'EAT, par la voix de Lord Coulsfield, a reconnu dans cet arrêt qu'« *il pourrait être convenu que le salarié ne soit pas considéré comme un salarié affecté à l'entité ou à la partie transférée ou il pourrait être admis que son contrat de travail avec la partie d'activité transférée ait pris fin et qu'un nouveau contrat avec le cédant ait pris effet* (...). *Ce qui n'est pas, à notre sens, acceptable, eu égard aux termes de la Reg.* 5 [principe du transfert], *est que la relation de travail du salarié avec le cédant puisse continuer simplement sans être affectée par le transfert, en l'absence d'un nouvel accord* » [258].

En suivant ce raisonnement, il serait ainsi concevable que le salarié et le cédant s'entendent, avant que l'opération juridique de transfert n'intervienne, sur le maintien du premier au service du second, soit d'une façon temporaire, soit d'une façon définitive, par la conclusion d'un nouveau contrat ou la modification acceptée du contrat de travail du salarié.

Ce type d'accord, tout comme ceux visant à modifier les termes et conditions d'emploi dont bénéficiait le salarié chez le cédant, est néanmoins à risque puisqu'il peut être considéré par les tribunaux, en cas de contentieux, comme un moyen de contourner les principes du TUPE, et déclaré nul.

**494.** Bien évidemment, le salarié peut s'opposer au transfert de son contrat de travail au cessionnaire lorsque l'opération n'entre pas dans le champ d'application du TUPE. Le droit commun des contrats redevient alors applicable. Il suppose le plein accord des parties sur le changement d'employeur [259]. De même, les salariés qui ne remplissent pas les conditions pour bénéficier de la protection du droit contre les licenciements abusifs [260] ne peuvent obtenir des dommages et intérêts en cas de licenciement intervenant en lien avec le transfert[261]. Ces derniers peuvent donc également assez facilement faire l'objet d'accords, sous réserve du respect de leurs droits contractuels de *common law*.

---

254. « *ACAS Agreement* ».

255. « Compromise agreement ». Equivalent des accords conclus en application de l'article 2044 du Code civil, bien que plus formels puisque la signature d'un « compromise agreement » exige l'assistance impérative du salarié par un avocat.

256. Arrêt Thompson v. Walcon Car Delivery, précité, où l'EAT semble admettre la validité d'une convention conclue dans une telle hypothèse, bien que cette solution n'ait pas été clairement admise. Par sécurité juridique, sans doute vaudrait-il mieux, dans ce cas, inclure le cessionnaire à la convention. Toute la difficulté serait alors d'en admettre la validité, à une date où ne peut exister juridiquement, par principe, aucun différend entre le cessionnaire et les salariés auquel la convention aurait pour objet de mettre un terme. Cf. J. McMULLEN, ouvrage précité, p. 6/40, para. 166.

257. [1995] *IRLR* 184 (EAT). En l'espèce, le salarié avait continué à travailler pendant 2 mois pour l'administrateur judiciaire. L'EAT avait considéré que cela n'empêchait pas le salarié de se prévaloir de ses droits en application du TUPE.

258. [1995] *IRLR* 184 (EAT), n°14.

259. Nokes v. Doncaster Amalgamated Collieries Ltd [1940] *AC* 1014, [1940] 3 *All ER* 549 (HL).

260. C'est à dire les salariés qui ne remplissent pas la condition d'un an d'ancienneté, à la date de la rupture. ERA 1996, s. 108(1).

261. Reg. 8(5) telle qu'introduite par le Collective Redundancies and Transfer of Undertakings (Protection of Employment) (Amendment) Regulations 1995, *SI* 1995/2587 ; TUPE 2006, reg. 7(6). Sur la question des licenciements dans le contexte d'un transfert d'entreprise, v. 2nd Partie, Titre 1, chapitre 2, *infra*.

## §2. LE REFUS DE LA MODIFICATION DE SON CONTRAT PAR LE SALARIÉ DU FAIT DU TRANSFERT

**495.** Si le refus du salarié de changer d'employeur, en contradiction avec le principe de l'automaticité du transfert, lui fait subir la pleine conséquence de la rupture du contrat de travail qui s'en suit, la situation est inverse lorsque le changement d'employeur s'accompagne d'une modification de son contrat de travail et des droits qui y sont attachés. La protection de l'emploi et le transfert des droits qui sont attachés au contrat du salarié justifient que le salarié obtienne compensation du préjudice résultant d'une violation de loi en droit français comme en droit anglais [262].

**496.** En application de l'article 4.2 de la directive 2001/23/CE, le transfert ne peut pas entraîner en lui-même « *une modification substantielle des conditions de travail au détriment du travailleur* ». Dans une telle hypothèse, la résiliation du contrat de travail est « *considérée comme intervenue du fait de l'employeur* » [263]. La formule est restée inchangée depuis la première rédaction de la directive en 1977.

Le transfert ne peut donc pas entraîner une modification substantielle du contrat de travail du salarié pas plus qu'il ne peut être, en lui-même, un motif de licenciement pour l'employeur. Le principe est clair. Le salarié ne peut pas refuser le transfert de son contrat de travail au cessionnaire sans en subir les conséquences financières. Il peut toutefois s'opposer à un transfert qui reviendrait à voir modifier les termes et conditions de son emploi d'une façon substantielle.

Il reste alors à déterminer dans quels cas le transfert entraîne pour le salarié une modification de son contrat qui peut être qualifiée de substantielle et lui permette, du même coup, de se libérer de sa relation contractuelle avec le cédant ou, le plus souvent, avec le cessionnaire, tout en bénéficiant des règles protectrices du droit du licenciement. Le transfert du contrat de travail du cédant au cessionnaire est acquis mais le cessionnaire, ou plus rarement le cédant, se propose d'en modifier les termes et conditions avant sa reprise effective.

**497.** Dans les arrêts où elle a été amenée à se prononcer à ce sujet, la Cour de justice des communautés européennes a considéré comme relevant d'une modification substantielle le fait que le transfert entraîne « *une modification du niveau de la rémunération accordée au travailleur* » [264]. Elle a également pris soin de préciser, dans une espèce où le salarié se prévalait d'une modification de ses fonctions pour s'opposer au transfert, que « *il appartient à la juridiction de renvoi de vérifier les raisons pour lesquelles le salarié a refusé le contrat*

---

[262]. La modification du contrat sera ici appréhendée uniquement afin de déterminer dans quels cas le salarié est en droit de refuser son transfert, au motif de la modification de son contrat de travail que le transfert implique pour lui. Cette question sera étudiée plus spécialement sous couvert du pouvoir de direction de l'employeur et du droit du licenciement dans le contexte d'un transfert d'entreprise *in* 2nd Partie, Titre 1, chapitre 2, *infra*.

[263]. Ainsi, dès lors que le contrat de travail proposé par le cessionnaire entraîne une modification substantielle des conditions de travail au détriment du salarié, l'article 4.2 de la directive impose aux Etats membres de prévoir que la résiliation est intervenue du fait de l'employeur : CJCE 12 novembre 1998, aff. C-399/96, Europièces SA, en liquidation, c/ Wilfried Sanders et Automotive Industries Holding Company SA, en faillite : *Rec. CJCE* 1998, p. I-6965.

[264]. CJCE 7 mars 1996, aff. C-171/94 et C-172/94, Albert Merckx et Patrick Neuhuys c/ Ford Motors Company Belgium SA, *Rec. CJCE* 1996, p. I-1253, précité. En l'espèce, deux délégués vendeurs avaient refusé le transfert de leur contrat au nouveau concessionnaire de la marque automobile au motif que ce dernier ne leur offrait aucune garantie quant au maintien de la clientèle et de la réalisation d'un chiffre de ventes. Il est jugé que « *un changement du niveau de la rémunération accordée au travailleur figure au nombre des modifications substantielles des conditions de travail au sens de cette disposition* [article 4, paragraphe 2 de la directive], *même lorsque la rémunération dépend notamment du chiffre d'affaire réalisé* ». Point 38.

*de travail qui lui était offert et de déterminer si ladite proposition de contrat de travail entraînait une modification substantielle des conditions de travail au détriment du travailleur* » [265].

Elle n'a pas pour autant donné d'indication sur les conditions dans lesquelles ladite modification doit être considérée comme substantielle et donc nécessite l'accord préalable du salarié ou, à défaut, doit entraîner soit la renonciation de l'employeur à son projet, soit le licenciement du salarié. Le droit français (A) et le droit anglais (B) adoptent donc leur propre définition de la modification substantielle du contrat de travail du salarié dans ce contexte pour en tirer les conséquences pour le salarié qui s'oppose à son transfert sur ce motif.

## A. LA MODIFICATION SUBSTANTIELLE DE DROIT FRANÇAIS

**498.** En droit français, toute modification du contrat proposée au salarié par le cessionnaire est *a priori* substantielle [266], dès lors qu'elle est posée en condition au transfert du contrat [267] ou s'impose au salarié du fait du transfert [268]. Elle doit toutefois, pour ce faire, concerner un élément essentiel du contrat de travail du salarié, soit qu'il ait été expressément identifié par les parties comme tel, soit qu'il concerne un élément considéré comme contractuel par nature, tel que la rémunération, les qualifications ou le lieu de travail du salarié [269]. Les tribunaux sont amenés à déterminer si le transfert entraîne ou non, en lui-même, « *une modification substantielle des conditions de travail au détriment du travailleur* ». Ils s'attachent tout autant à la cause de la modification, motivée ou non principalement par le transfert, qu'aux circonstances dans lesquelles celle-ci est proposée au salarié, en particulier si elle fait obstacle au principe du transfert prévu par l'article L.122-12 al. 2 du code du travail, ainsi qu'à la nature de la modification. Ils déterminent, au cas par cas, l'imputabilité de la rupture du contrat intervenant dans ce cadre.

---

[265]. CJCE 12 novembre 1998, aff. C-399/96, Europièces SA, en liquidation, c/ Wilfried Sanders et Automotive Industries Holding Company SA, en faillite, précité, Point 43.

[266]. Ce terme est utilisé, par souci d'uniformité, en référence à la terminologie utilisée par la CJCE et par la jurisprudence anglaise en la matière, même si la Cour de cassation lui préfère aujourd'hui la distinction entre la « *modification du contrat de travail* » et le simple « *changement des conditions de travail* » du salarié, supprimant, du même coup, toute référence à l'importance de la modification et à ses effets sur le salarié. Sur cette distinction en droit français, voir notamment : Ph. WAQUET, « La modification du contrat de travail et le changement des conditions de travail », *RJS*, 12/96, p. 791-798 et, du même auteur, « Tableau de la jurisprudence sur le contrôle de la modification du contrat de travail », *Droit Social*, 1999, n°6, p. 566-581. Pour un exposé synthétique sur la modification du contrat de travail, se reporter à l'ouvrage de F. GAUDU et R. VATINET, *Les contrat du travail : contrats individuels, conventions collectives et actes unilatéraux*, Traité des contrats, sous la direction de J. Ghestin, LGDJ, 2001, n°364 et s.

[267]. Par exemple, l'intégration du salarié dans la nouvelle société à un grade inférieur ou à un poste moins qualifié et moins rémunéré. Cass. soc. 9 avril 1987, n°1444 S, SA Le Groupe Drouot c/ Grellier (rejet), non publié au Bull. civ. : les dispositions relatives au grade du salarié constituaient un élément essentiel du contrat de travail dont la modification ne pouvait pas être imposée au salarié « *quelles que fussent les conséquences à tirer du refus de sa part d'une modification que pouvaient justifier les structures mises en place par le nouvel employeur* » ; Cass. soc. 24 février 1983, Sté Nova Service c/ M. Dupuy et autre : *Bull. civ.* V, n°116, p. 80.

[268]. Par exemple, lorsque le salaire du salarié se trouve réduit par l'application d'un nouveau mode de rémunération et de la durée hebdomadaire de son travail en vigueur chez le cessionnaire. Cass. soc. 15 mars 1973, SARL Voyages Rolin c/ Dame Moreau : *Bull. civ.* V, n°165, p. 149.

[269]. Par opposition à ceux résultant d'une convention ou d'un accord collectif, d'un accord d'entreprise ou d'un usage, même si la « *délimitation du champ contractuel est parfois très difficile à opérer* » en ce domaine. F. GAUDU et R. VATINET, ouvrage précité, n°369.

**499.** Le cessionnaire pourra dès lors, fixer de nouvelles modalités d'exécution du contrat[270] ou encore ajouter des tâches connexes à celles précédemment accomplies par le salarié [271]. La modification ne pourra pas être considérée comme substantielle par le salarié et justifier la rupture de son contrat à la charge de l'employeur. Dans le même ordre d'idée, la Cour de cassation décide que les intentions qui sont prêtées au futur cessionnaire par le salarié concernant son maintien en fonction sont inopérantes à elles seules pour entraîner la rupture du contrat à la charge du cédant [272]. Les évènements qui se sont produits avant la reprise du contrat par le cessionnaire ne peuvent être invoqués par le salarié pour imputer la rupture à ce dernier [273]. Enfin, le transfert des salariés d'une entité économique du secteur privé vers le secteur public n'entraîne pas, en lui-même, la rupture des contrats de travail des salariés concernés [274]. Les salariés ne peuvent donc pas, dans ce cas particulier, invoquer une modification de leur statut pour s'opposer à leur transfert puisque l'application de l'article L.122-12 al. 2 du code du travail n'a pas pour effet de changer la nature juridique de leur contrat [275].

---

[270]. Cass. soc. 5 juillet 1973, Gognet c/ SA Distillerie R. Hauguel : *Bull. civ.* V, n°449, p. 409, à propos d'un directeur salarié d'une entreprise individuelle transformée en société anonyme dont les pouvoirs avaient été restreints en conséquence du changement de structure juridique de l'entreprise ; Cass. soc. 12 janvier 1977, Sté nouvelle Devy c/ Monchicourt (1er moyen) : *Bull. civ.* V, n°16, p. 13. Jugé toutefois dans cet arrêt que « *si les modalités nouvelles d'exécution du travail avaient pu être convenues* [...] *et se substituer au contrat originaire* [...], *elles n'étaient pas de nature à affecter l'ancienneté qu'il avait acquise dans l'entreprise et dont les conséquences légales et réglementaires auxquelles il n'avait pu valablement renoncer, n'étaient pas modifiées* ».

[271]. Cass. soc. 9 mai 1979, Institut technique agricole du lin c/ Lecat : *Bull. civ.* V, n°390, p. 283, à propos d'un agent technique employé à la notation des cultures de lin qui avait été chargé, en sus, par le cessionnaire, d'un secteur de plantes potagères.

[272]. Cass. soc. 16 janvier 1974, 2 pourvois joints (n°72-40.336 et 72-40.337) : *Bull. civ.* V, n°41, p. 36; *Droit Social*, 1974, n°12, p. 475, obs. J. SAVATIER, précité.

[273]. Cass. soc. 14 octobre 1997, n°3525 P, Lenot c/ Sté Etchelaborations : *Bull. civ.* V, n°309, p. 224 ; *RJS*, 12/97, n°1339, au sujet de propos injurieux tenus à l'encontre du salarié par un cadre de la nouvelle entreprise, alors que la cession n'avait pas encore été réalisée.

[274]. Cass. soc. 17 décembre 2003, n°2728 FS-PBRI, Mutuelle caisse unique de Béziers c/ Mme Crouzat et autres : *Bull. civ.* V, n°318, p. 320; *Droit Social*, 2004, n°3, p. 321, obs. Ph. WAQUET ; *JCP*, E, 2004, chron. 1056, p. 1145, obs. P. MORVAN. En l'espèce, les salariés s'étaient adressés au cédant pour réclamer le paiement d'indemnités de rupture. La Cour de cassation n'a donc pu que constater la poursuite des contrats de travail du fait de l'application de l'article L.122-12 al. 2 du code du travail.

[275]. Cependant, à défaut de reprise des contrats de travail de droit privé par le cessionnaire en l'état, la rupture desdits contrats doit lui être imputable. CJCE 26 septembre 2000, Didier Mayeur c/ Association Promotion de l'information messine (APIM), aff. C-175/99, Point 56 : *Rec. CJCE* 2000, p. I-7755 ; CJCE 11 novembre 2004, Delahaye ép. Boor, aff. C-425/02, 2è ch.: *RJS*, 3/05, n°324 et chron. J.-Ph. LHERNOULD p. 184. Le Conseil d'Etat avait précisé que la personne publique devait, dès lors, « *en l'absence de dispositions législatives spécifiques* », soit maintenir le contrat de droit privé des salariés, soit leur proposer un contrat de droit public reprenant les clauses substantielles de leur ancien contrat « *dans la mesure où des dispositions législatives ou réglementaires n'y font pas obstacle* » : CE (section) 22 octobre 2004, Lamblin, *Droit Ouvrier*, février 2005, p.78, note J.-L. REY ; *Droit Social*, 2005, n°1, p. 43, concl. E. GLASER, *ibid.* p. 37. Le législateur est intervenu en 2005 (loi 2005-843 du 26 juillet 2005, article 20). La loi prévoit depuis que le cessionnaire, employeur de droit public, doit proposer à ces salariés un contrat de droit public, à durée déterminée ou indéterminée selon la nature du contrat dont ils sont titulaires, reprenant les clauses substantielles du contrat dont les salariés sont titulaires, en particulier celles qui concernent la rémunération. En cas de refus des salariés d'accepter les modifications de leur contrat, la personne publique procède à leur licenciement, dans les conditions prévues par le droit du travail et par leur contrat. Pour des commentaires sur ce texte, notamment : B. BOUBLI, « L.122-12 dissout dans le service public », *Semaine Sociale Lamy*, 28 novembre 2005, n°1238, p. 6-9 ; J.-B. COTTIN, « Transfert d'une entité économique autonome vers un service public administratif – des incertitudes demeurent après la loi du 26 juillet 2005 », *RJS*, 1/06, p. 3-7 ; A. MAZEAUD , « Reprise d'une entité économique par une personne publique dans le cadre d'un service public administratif », *Droit Social*, 2006, n°4, p. 383-387. Seul le juge judiciaire est compétent pour

**500.** En revanche, le cessionnaire ne pourra pas engager le salarié à des termes et conditions différents que ceux dont il bénéficiait auprès du cédant [276] sans subir les conséquences d'une éventuelle rupture du contrat de ce fait. Il le pourra seulement en cas de novation des rapports contractuels [277] ou d'acceptation non viciée du salarié, dès lors qu'aucune fraude à ses droits n'est établie [278], par exemple, s'il lui impose une clause de mobilité [279], une réduction de salaire [280] ou d'horaire [281]. Il ne pourra pas non plus rompre la

---

statuer sur les litiges nés de la rupture des contrats de travail, prononcée par la personne morale de droit public, tant que le nouvel employeur n'a pas placé les salariés dans un régime de droit public : T. confl. 19 janvier 2004, n°3393, Préfet de la Loire Mme Devun et a. c/ Commune de St Chamond : *Droit Social*, 2004, n°4, p. 433, obs. A. MAZEAUD ; *Semaine Sociale Lamy*, 26 juillet 2004, n°1179, p. 96 ; T. confl. 14 février 2005, Adler c/ Commune de Théoule-sur-mer : *RJS*, 8-9/05, n°805 ; Cass. soc. 23 novembre 2005, n°2552 FS-PB, Département de la Haute-Garonne c/ Thilliez : *Bull. civ.* V, n°339, p. 298 ; *RJS*, 1/06, n°12 ; *Droit Social*, 2006, n°4, p. 387, note A. MAZEAUD.

[276]. Cass. soc. 20 octobre 1994, Haouaz et Afrad c/ Lguensat, non publié au Bull. civ. : *Droit Social*, 1995, n°1, p. 56 ; *JCP*, E, 1995, II, 726, 2è arrêt, note J.-J. SERRET, à propos du vendeur d'un fonds de commerce d'alimentation générale qui n'avait pas repris son travail ni justifié de motif légitime d'absence après le transfert, alors que les cessionnaires du fonds lui avaient proposé de l'engager à de nouvelles conditions : il est jugé que le refus du salarié s'analyse en un licenciement ; Cass. soc. 2 février 2006, n°310 F-D, Sté Crédit immobilier de France Normandie et a. c/ Maury et a., *RJS*, 4/06, n°398. En l'espèce les salariés avaient été licenciés pour motif économique par le cédant après avoir refusé la modification de leur contrat de travail que leur proposait le cessionnaire. La Cour de cassation a décidé que les contrats de travail avaient été transférés et que les licenciements étaient privés d'effet.

[277]. Cass. soc. 10 décembre 1984, M. Oudelette c/ SA Lefébure isolants réunis (LIR) : *Bull. civ.* V, p. 350, n°475, contrat à durée déterminée conclu après le transfert d'un contrat à durée indéterminée conclu à terme précis ; Cass. soc. 27 avril 1984, Mr. Clément c/ SARL nouvelle Fid'Allia et autre et Mme Mansion c/ SARL nouvelle Fid'Allia et autre : *Bull. civ.* V, p. 125, n°162 (conditions moins avantageuses proposées par le cessionnaire et acceptées par les salariés) ; Cass. soc. 17 septembre 2003, Sté CEGETEL c/ P. Aiguier, n°2000 FS-PB : *Bull. civ.* V, p. 241, n°232 ; *Droit Social*, 2003, n°12, p. 1132, obs. J. MOULY ; *RJS*, 12/03, n°1368 ; *Travail et Protection Sociale*, novembre 2003, p. 15, n°362; *Les Petites Affiches*, 17 novembre 2003, p. 13 (modification des conditions de rémunération et ajout d'une clause de non-concurrence rémunérée). Sur cet arrêt également, v. 2nd Partie, Titre I, chapitre II, *infra*.

[278]. Cass. soc. 1er juillet 1985, n°2870 P, Sté d'Aménagement Urbain et Rural (SAUR) c/ M. Martinez : *Bull. civ.* V, n°377, p. 272, à propos du chef de la station d'épuration des eaux de la ville de Nîmes qui avait signé un nouveau contrat de travail avec le nouvel exploitant de cette station, lui conférant la qualification d'agent d'usine, en application d'un accord d'entreprise et qui avait, par la suite, réclamé, son classement hiérarchique à un échelon correspondant à ses attributions précédentes. Il est jugé que les dispositions de l'article L.122-12 al. 2 du code du travail « *ne font pas obstacle à ce que le nouvel employeur convienne, sans fraude, avec le salarié, de modifier la qualification professionnelle de celui-ci* ».

[279]. CA Paris 13 octobre 1994, 21è ch. C, Bourriaud c/ SA Euromarché Carrefour : *RJS*, 1/95, n°89 ; CA Paris 31 octobre 1989, 18è ch. A, SA Go Sport c/ Dasse : *RJS*, 12/89, n°912. Voir également : Cass. soc. 14 janvier 2004, Sté Cora c/ M. Picherit : *Bull. civ.* V, n°9, p. 8. En l'espèce, un directeur de supermarché, dont le contrat de travail comportait une clause de mobilité, avait été licencié pour faute grave par le cessionnaire pour avoir refusé une mutation sur un autre poste de travail. Il était affecté provisoirement auprès du directeur d'un autre supermarché en tant que directeur stagiaire. La Cour de cassation a confirmé la décision d'appel considérant le licenciement dépourvu de cause réelle et sérieuse en constatant qu'il s'agissait en réalité d'une rétrogradation pour le salarié et que le cessionnaire avait cherché à éluder les dispositions d'ordre public de l'article L.122-12 al. 2 du code du travail en modifiant ainsi son contrat de travail (le salarié avait été aussitôt remplacé dans ses fonctions et il lui avait été demandé de ne plus se présenter à son travail).

[280]. Cass. soc. 13 novembre 2001, n°4633 FS-P, Sté Airporc Viandes c/ M. Pagnon (2è moyen): *Bull. civ.* V, n°341, p. 272 ; *RJS*, 1/02, n°25. Le cédant ne peut pas non plus diminuer la rémunération du salarié avant le transfert, en fraude aux droits du cessionnaire : Cass. soc. 15 décembre 1993 n°4089 D, Gerbier c/ SA Hôtel Elysées Magellan (rejet), non publié au Bull. civ. Il est jugé que le cessionnaire n'est, en conséquence, pas redevable de la majoration de salaire réclamée par la salariée. La rupture du contrat de travail qu'elle invoque et qui est motivée par le refus du cessionnaire de la rétablir dans sa rémunération antérieure ne constitue pas un licenciement.

continuité d'exécution de son contrat de travail en lui imposant l'exécution d'une nouvelle période d'essai [282] ou la conclusion d'un contrat à durée déterminée [283].

**501.** La modification doit, en toute hypothèse, être justifiée, sous peine de priver de toute cause réelle et sérieuse le licenciement prononcé sur la base du refus du salarié de l'accepter[284], à défaut, bien entendu, pour le salarié, d'avoir valablement pris acte de la rupture de son contrat de travail dans ce cas [285]. Le fait que le salarié ait continué à travailler

---

[281]. Cass. soc. 21 mars 2000 n°1398 PB, M. Santiago c/ Sté Industrielle de Maintenance (SIM) (troisième et quatrième moyens réunis) : *Bull. civ.* V, n°116, p. 88 ; *RJS*, 7-8/00, n°774.

[282]. Cass. soc. 7 mars 1979, Sté SATPA c/ Demoiselle Ferrandon : *Bull. civ.* V, n°204, p. 144 ; Cass. soc. 22 septembre 1993, Sté Clerdis c/ M. Tisserand et autres : *Bull. civ.* V, n°220, p. 150 ; *RJS*, 11/93, n°1072 ; Cass. soc. 1er février 1995, SA Moreteau c/ Viaud et SARL Suren, non publié au Bull. civ. : *Droit Social*, 1995, n°4, p. 383 (même chose en cas d'application volontaire de l'article L.122-12 al. 2 du code du travail) ; Cass. soc. 31 mars 1998, n°1539 PB, Sté Gerbe d'Or c/ GARP et autres : *Bull. civ.* V, n°185, p. 135 ; *RJS*, 5/98, n°571.

[283]. Cass. soc. 23 septembre 1992, n°3023 P, Sté Gestion courtage immobilier Alpes c/ Mlle Lehmann (second moyen) : *Bull. civ.* V, n°474, p. 297 ; *RJS*, 11/92, n°1228.

[284]. Cass. soc. 13 juin 1979, Bollecker c/ SA Junod et a. (second moyen) : *Bull. civ.* V, n°521, p. 383; Cass. soc. 20 janvier 1998, n°249 P, SCM Centre de Charlebourg c/ Boulouis (pourvoi incident), non publié au Bull. civ. : *RJS*, 3/98, n°276. Le refus du salarié ne saurait constituer en lui-même un motif de licenciement : Cass. soc. 27 mai 1998, n°2600 P, M. Mizon c/ M. Saint Olive et a. : *Bull. civ.* V, n°282, p. 213 ; *RJS*, 7/98, n°824, à propos du refus d'une mutation de Lyon à Paris ; Cass. soc. 27 mai 1998, n°2603 D, Sté Promeca c/ Chouvier et autre, non publié au Bull. civ. : *RJS*, 7/98, n°826, à propos du refus d'une proposition de changement de poste ; Cass. soc. 27 mai 1998, pourvois n° 96-40.929 et 96-41.278 : *Bull. civ.* V, n°282, p. 213, à propos d'un refus de mutation ; Cass. soc. 7 juillet 1998, n°3425 PB, M. Roig c/ Mme Dorandeu et autre : *Bull. civ.* V, n°367, p. 278 ; *RJS*, 8-9/98, n°958, à propos du refus de l'insertion d'une clause de non-concurrence dans un contrat de travail ; Cass. soc. 18 octobre 2000, n°3864, pourvoi n°98-44.806, non publié au Bull. civ., dans une espèce où la lettre de licenciement n'invoquait pas d'autre motif que le refus du salarié d'accepter la modification de son contrat. L'inobservation par l'employeur du délai d'un mois institué par l'article L.321-1-2 du code du travail afin de permettre au salarié de prendre parti sur la proposition de modification, prive de cause réelle et sérieuse le licenciement fondé sur le refus par le salarié de la modification de son contrat de travail : Cass. soc. 10 décembre 2003 (2 arrêts) n° 2597 FS-PBRI et 2599 FS-PBRI : *Bull. civ.* V, n°312, p. 314 (pourvoi n°01-40.225) et n°313, p. 315 (pourvoi n°01-44.745) ; *JCP*, E, 2004, chron. 1056, p. 1145, obs. P. MORVAN. Rappelons également que l'employeur qui envisage de licencier au moins 10 salariés en raison de leur refus d'une modification de leur contrat de travail pour motif économique doit mettre en œuvre la procédure applicable en cas de licenciement collectif pour motif économique. Dans le cadre d'un transfert d'entreprise, celui-ci sera généralement mis en place par le cédant (aux frais du cessionnaire) lorsque le transfert implique pour les salariés un changement de lieu de travail sur un secteur géographique différent de celui où ils travaillaient précédemment, en l'absence de clauses contractuelles de mobilité susceptibles de leur être opposées. Sur la notion de « secteur géographique » et les évolutions récentes de la jurisprudence en matière de changement de lieu de travail, voir notamment : A. CHIREZ, « Droit du travail et droit subjectif à la stabilité du contrat », *Semaine Sociale Lamy*, n°843, 9 juin 1997, p. 3-4 ; D. JOURDAN, « Lieu de travail et clause de mobilité », *JCP*, E, 3 mai 2001, p. 742-3 ; M. MORAND, « Clause de mobilité : le point sur la jurisprudence récente », *Semaine Sociale Lamy*, n°1025, 23 avril 2001, p. 5-8 ; A. MAZEAUD, « Modification du contrat, changement des conditions de travail et vie personnelle », *Droit Social*, 2004, n°1, p. 77-85 ; et plus généralement l'ouvrage de J.-E. RAY, *Mutations de l'entreprise et modification du contrat de travail*, coll. Droit vivant, éd. Liaisons, 2000, 189 p.

[285]. Cass. soc. 15 mars 1973, SARL Voyages Rolin c/ Dame Moreau : *Bull. civ.* V, n°165, p. 149, à propos d'une réduction de salaire. Le refus du salarié d'accepter la modification équivaut à une rupture imputable à l'employeur ; Cass. soc. 8 octobre 1987 n°3243 P, Raquin et Trappiez c/ SA Jacques Marchand (1er moyen): *Bull. civ.* V, n°541, p. 344 ; *Droit Social*, 1988, n°2, p. 140 : en cas de désaccord, quant à la modification substantielle du contrat de travail (en l'espèce, la modification du mode de rémunération), entre le salarié et son employeur, c'est à ce dernier de prendre, s'il l'estime utile, la responsabilité de la rupture du contrat.

aux nouvelles conditions du cessionnaire ne constitue pas de sa part une acceptation de la modification [286].

## B. LE « CONSTRUCTIVE DISMISSAL » DE DROIT ANGLAIS

**502.** En dehors du cadre légal des transferts d'entreprises, la *common law* admet le droit pour le salarié de démissionner et d'imputer la rupture du contrat de travail à l'employeur dans certains cas où cela apparaît légitime, principalement lorsque ce dernier tente de lui imposer une modification d'un des éléments essentiels de son contrat de travail, comme la rémunération ou encore le temps de travail [287]. Dans le cadre d'un transfert d'entreprise, le droit anglais admet une exception au principe selon lequel le refus du salarié de passer au service du cessionnaire le prive d'indemnités de rupture.

**503.** Le TUPE prévoyait en effet que le principe du transfert automatique du contrat de travail et le droit d'opposition du salarié étaient sans préjudice du droit pour ce dernier de « *rompre son contrat de travail sans préavis si une modification substantielle est apportée à ses conditions de travail à son détriment* ». Il prenait néanmoins soin de préciser que, « *un tel droit ne peut être exercé au seul motif d'un changement d'identité de l'employeur, à moins que le salarié ne démontre que ledit changement constitue une modification significative apportée à son détriment* » [288]. Sans en bouleverser l'économie, le TUPE 2006 a modifié sensiblement la rédaction de cet article en précisant notamment que « *dès lors que le transfert implique ou impliquerait une modification substantielle des conditions de travail au détriment d'une personne dont le contrat de travail serait transféré* (...), *cette personne peut considérer son contrat de travail comme rompu* (...) »[289].

**504.** Le terme « conditions de travail » [290] n'a pas été formellement défini. Il constitue une pure transposition des termes de la directive en droit anglais et doit être considéré, à l'instar de la jurisprudence communautaire, comme un terme générique visant les termes et conditions contractuels d'emploi du salarié au sens large, tels qu'existants à la date du transfert.

Le salarié a donc, en toute hypothèse, en droit anglais comme en droit français, le droit de refuser une modification de ses droits contractuels que ce soit en dehors, avant ou après une opération de transfert d'entreprise [291].

---

286. Notamment : Cass. soc. 8 octobre 1987, n°3243 P, Raquin et Trappiez c/ SA Jacques Marchand (1er moyen), précité ; Cass. soc. 7 février 1990, n°404 P M. Joyer c/ M. François – GAEC François et Saudemont : *Bull. civ.* V, n°45, p. 29 ; *RJS*, 3/90, n°189.

287. La modification intervenant sans le consentement du salarié constitue ainsi une rupture du contrat (« *repudiatory breach of contract* »), dont le salarié est en droit de prendre acte et d'obtenir réparation (« *constructive dismissal* »). Il est ainsi prévu que « *si le salarié rompt son contrat de travail (avec ou sans préavis) dans des circonstances dans lesquelles il est en droit de le faire sans préavis, à cause du comportement de l'employeur* », il est considéré comme ayant été licencié par l'employeur, pour l'application des dispositions sur le licenciement abusif et sur le licenciement pour motif économique : ERA 1996, s. 95 (1)(c), pour le licenciement abusif et s. 136(1)(c), pour le licenciement économique.

288. TUPE 1981, reg. 5(5). Situation beaucoup plus exceptionnelle et non reprise explicitement dans le TUPE 2006. Tel est le cas, par exemple, lorsque le nouvel employeur a une réputation telle qu'elle est susceptible d'avoir un impact négatif sur l'employabilité future des salariés. Malik v. BCCI SA [1997] *IRLR* 467 (HL).

289. TUPE 2006, reg. 4(9) : « (...) *where a relevant transfer involves or would involve a substantial change in working conditions to the material detriment of a person whose contract of employment is or would be transferred* (...), *such an employee may treat the contract of employment as having been terminated* (...) ».

290. « *Working conditions* ».

291. Un débat interne existe à ce sujet. Il tient au fait que la jurisprudence n'a pas clairement tranché le fait de savoir si le droit pour le salarié de rompre son contrat de travail et d'en imputer la rupture

**505.** Avant 2006, le TUPE ne tirait néanmoins pas expressément les conséquences pour le salarié de la démission intervenue pour des raisons liées à la modification substantielle de ses conditions d'emploi, dans le cadre d'un transfert d'entreprise. Il procédait, dans cette hypothèse, par renvoi aux seules dispositions prévoyant l'absence de transfert. Une lecture stricte du texte pouvait laisser entendre que l'opposition du salarié à son transfert le privait dans tous les cas du paiement d'indemnités de rupture. *A contrario*, le fait qu'il ne renvoyait pas aux dispositions prévoyant l'impossibilité pour le salarié d'obtenir réparation en cas d'exercice de son droit d'opposition laissait supposer du contraire. Le salarié ne devait pas, en toute hypothèse, être placé dans une situation plus désavantageuse pour lui que celle dans laquelle il aurait été, hors contexte de transfert d'entreprise.

**506.** La Court of Appeal (CA) avait pallié cette imprécision du texte dans un arrêt University of Oxford v. Humphreys and Associated Examining Board [292]. En l'espèce, le salarié, employé administratif du service de l'organisation des examens de l'Université d'Oxford, s'était opposé à son transfert avant que celui-ci n'intervienne, à la suite de la cession à un tiers, l'Associated Examining Board (AEB), de la partie du service auquel il était affecté. Il avait été informé du fait que les dispositions de son contrat de travail, qui prévoyaient un droit à ne pas être licencié avant l'âge de la retraite, allaient être modifiées par le cessionnaire. Il avait alors démissionné au motif que le transfert entraînerait pour lui une modification substantielle de ses conditions de travail à son détriment. Le transfert eut lieu et le salarié poursuivit son employeur, l'Université d'Oxford, aux fins d'obtenir réparation de son préjudice. Pour s'en défendre, l'Université invoquait le fait que le salarié avait exercé son droit d'opposition et n'avait, en conséquence, aucun droit à réparation à ce titre. En outre, si un tel droit devait lui être reconnu, seul le cessionnaire (AEB) devait être inquiété puisque la responsabilité de la rupture du contrat de travail lui avait été transférée par l'effet de l'opération de transfert. L'AEB s'était joint à la procédure pour dénier toute responsabilité dans cette affaire. Aucun d'eux ne contestait cependant que le transfert du salarié aurait entraîné pour lui une modification substantielle de ses conditions de travail, à son détriment.

---

à l'employeur est identique, dans le cadre de la *common law* ou dans celui de la réglementation propre aux transferts d'entreprise. Un des problèmes d'interprétation venait de ce que la modification substantielle au sens du TUPE visait plus précisément une « modification intervenue au préjudice du salarié ». Pour les uns la modification devait s'entendre largement comme incluant tout changement dans les termes et conditions d'emploi que celui-ci soit plus favorable ou non au salarié. Pour d'autres, la modification à laquelle renvoyait le TUPE était d'acception plus limitée que la modification du contrat en *common law* en ce qu'elle concernait uniquement les modifications intervenues au détriment du salarié. L'intervention de la Cour de justice des communautés européennes a clos un moment le débat sur ce point, à la suite de son arrêt du 12 novembre 1992, Anne Watson Rask et Kirsten Christensen c/ Iss Kantineservice A/S, aff. C-209/91, *Rec. CJCE* 1992, p. I-5755. Elle y décide en particulier que « *les conditions de travail ou de la relation de travail relatives au salaire* [...] *ne peuvent pas être modifiées même si le montant du salaire demeure globalement inchangé* ». Une décision plus récente, Rossiter v. Pendragon Plc. [2001] *IRLR* 256 (EAT), avait laissé entendre qu'une définition plus large de la notion de « modification des conditions de travail » devait être prise en compte dans le contexte des transferts d'entreprises. Elle avait néanmoins été contredite par la suite par la Court of Appeal, dans la même affaire [2002] *IRLR* 483 ; [2002] *ICR* 1063 (CA) ; *IDS*, Brief 711, June 2002, p. 5 ; I. WRIGHT, « Constructive dismissal after a TUPE transfer », *Solicitors Journal,* 5 July 2002, p. 608 ; Notes « Constructive dismissal, TUPE and subsidiarity », *Industrial Law Journal,* September 2002, vol. 31, p. 282. Il semble que le TUPE 2006 ait finalement donné raison à l'EAT, en retenant une acception large de la notion de « modification des conditions de travail » dans le contexte des transferts d'entreprises [TUPE 2006, reg. 4(9)]. Pour un débat sur ce sujet et des exemples d'arrêts, voir notamment « Transfer of Undertakings », *IDS*, Employment Law Handbook Series 2, October 1995, n°8, p. 92-94 ; J. McMULLEN, ouvrage précité, p. 6/21, para. 89-89.4 ; J. McMULLEN, « An Analysis of the Transfer of Undertakings (Protection of Employment) Regulations 2006 », *Industrial Law Journal*, June 2006, vol. 35, n°2, p. 128-29.

[292]. [2000] *IRLR* 183, [2000] *ICR* 405 (CA).

**507.** La CA a admis dans cet arrêt que la règle, prévoyant le droit légitime du salarié de s'opposer à son transfert et d'imputer la rupture de son contrat de travail à l'employeur [293] dès lors que celui-ci entraîne une modification substantielle de son contrat de travail, constitue bien une exception à la fois au principe du transfert automatique du contrat de travail et à celui selon lequel le salarié qui refuse son transfert en subit les pleines conséquences. Le salarié devait pouvoir obtenir réparation de la part du cédant, en l'absence de transfert automatique de son contrat de travail au cessionnaire. Il aurait en effet été « incohérent » eu égard au texte de la directive et du TUPE que les droits existants et les responsabilités aient été transférés au cessionnaire alors que le contrat de travail ne l'était pas.

Une telle exception devait trouver à s'appliquer dans les cas où, comme en l'espèce, le salarié s'était opposé à la modification de son contrat de travail avant même que celle-ci n'intervienne, puisque le transfert n'avait pas eu lieu. L'opposition du salarié au transfert devait ainsi prévaloir sur le moment auquel celle-ci était formulée pour décider des droits du salarié [294]. Une réparation à ce titre ne pouvait pas pour autant être demandée au cessionnaire, dans cette hypothèse. L'opposition du salarié à son transfert avait empêché un changement d'identité de l'employeur et donc, un transfert de responsabilité du cédant au cessionnaire [295].

**508.** Le nouveau texte du TUPE a intégré cette jurisprudence. Il prévoit que, lorsque le transfert implique une modification substantielle du contrat de travail du salarié, celui-ci sera considéré dans ce cas comme licencié [296]. Le salarié ne peut toutefois pas, dans cette hypothèse, demander le paiement de son préavis non exécuté [297].

Le transfert de la responsabilité de la rupture du contrat de travail dépendra, comme en droit français, de l'identité de celui qui décide la rupture du contrat [298]. S'il s'agit du cédant, dans le cas d'un salarié licencié avant le transfert pour une raison liée au transfert, la responsabilité de la rupture sera transférée au cessionnaire. La raison en est que le salarié serait passé à son service s'il n'avait pas injustement été licencié [299]. S'il s'agit du salarié et que la rupture du contrat est motivée par une modification substantielle avérée de ses conditions d'emploi, le cédant sera seul responsable et débiteur des indemnités de rupture [300].

**509.** Le droit pour le salarié d'imputer la rupture à son employeur était jusqu'à présent d'une application très limitée. Il impliquait que le salarié démissionne d'abord et s'en remette ensuite à la justice pour obtenir une indemnisation limitée en cas de succès. Cela revenait, en pratique, pour le salarié, à prendre le risque de se retrouver sans emploi ni indemnité à moins qu'il n'ait clairement indiqué, au moment de son départ, les raisons de son refus de passer au service du cessionnaire. Celles-ci déterminaient en effet son droit futur à indemnisation [301]. Il faut espérer que la précision apportée par le TUPE 2006 sur les conséquences de la rupture du contrat dans ce cadre change cet état de fait et permette au salarié d'être transféré sans modification de ses droits.

---

293. « *Constructive dismissal* ».

294. Pour une jurisprudence antérieure contraire, voir notamment : Sita (GB) Ltd v. Burton [1998] *ICR* 17, [1997] *IRLR* 501 (EAT), où l'EAT avait considéré que la conduite d'un cessionnaire potentiel ne pouvait pas être considérée comme affectant suffisamment l'obligation de l'employeur (cédant) de confiance mutuelle et de bonne volonté entre les parties (« *mutual trust and goodwill* »).

295. [2000] *IRLR* 183, 189.

296. TUPE 2006, reg. 4(9).

297. TUPE 2006, reg. 4(10).

298. University of Oxford v. Humphreys and Associated Examining Board, précité, [2000] *IRLR* 183, 188 n°30.

299. Litster v. Forth Dry Dock & Engineering Co. Ltd [1989] *IRLR* 61 (HL). Principe repris dans le TUPE 2006, reg. 4(3).

300. Par exemple, Securicor Guarding Ltd v. Fraser Security Services Ltd [1996] *IRLR* 552 (EAT). En l'espèce, les salariés avaient refusé de passer au service du cessionnaire à des niveaux de salaires réduits ; University of Oxford v. Humphreys and Associated Examining Board (CA), précité.

301. La charge de la preuve pèse en effet sur le salarié. J. McMULLEN, ouvrage précité, p. 6/20, para. 87.

## Chapitre II

# LA PRÉSERVATION DE LA PAIX SOCIALE

**510.** Au principe d'ordre public consacré en droit français et anglais s'oppose l'absence d'intervention du législateur américain dans une situation qu'il considère comme relevant de la seule volonté des parties. La reprise des salariés dans son principe ainsi que la détermination des salariés qui en font l'objet résultent ainsi de l'exercice par les parties de leur liberté contractuelle.

La stabilité et la sécurité de l'emploi ne sont ici ni recherchées ni assurées par le législateur, qui laisse le marché et ses intervenants organiser les relations d'emploi sans se préoccuper spécialement de la protection des salariés lorsque intervient un transfert d'entreprise. Le cessionnaire est en principe libre de recruter le personnel qu'il souhaite s'attacher pour assurer la continuité de l'entité économique qu'il reprend. Parallèlement, les salariés sont libres d'accepter ou de refuser de passer au service du nouvel employeur. Le maintien de leur contrat de travail n'est pas organisé par la loi. Aucune disposition d'ordre public ne s'oppose à la volonté des parties dans le contexte des transferts d'entreprises en droit américain.

Si le principe reste que l'employeur est libre de réorganiser son entreprise, le droit américain ne laisse pourtant pas les salariés sans protection dès lors que ceux-ci sont représentés par un syndicat au moment auquel intervient le transfert d'entreprise. La protection de leurs droits est alors collective **(Section 1)** et dépend de la décision du cessionnaire de reprendre les salariés de son prédécesseur pour continuer l'entreprise ou l'activité qui lui est transmise **(Section 2)**. La préservation de la paix sociale dans l'entreprise issue du transfert justifie que les droits collectifs des salariés y soient protégés.

## SECTION I
## LA PROTECTION DES DROITS COLLECTIFS DES SALARIÉS

**511.** En l'absence d'un principe consacré de transfert automatique des contrats de travail du cédant au cessionnaire en droit américain, la modification juridique de l'entreprise marque la fin de la relation d'emploi du cédant avec ses salariés et la rupture corrélative de leurs contrats de travail (§1). La protection du salarié ne vise qu'à diminuer les sources possibles de conflits du travail dans un contexte de mutation de l'entreprise qui la fragilise. La préservation de la paix sociale devient le justificatif de la protection des salariés en droit américain (§2).

## §1. L'ABSENCE DE PRINCIPE DE TRANSFERT DES CONTRATS DE TRAVAIL

**512.** Aucun texte fédéral ne prévoit la protection du contrat de travail du salarié en tant que tel dans un contexte de transfert d'entreprise en droit américain (A). Seul le WARN Act contient des dispositions spéciales en matière de cession de tout ou partie de l'activité de l'entreprise qui sont susceptibles de bénéficier à tous les salariés, qu'ils soient ou non représentés par un syndicat. Ces dispositions restent toutefois sans commune mesure avec les dispositions impératives des droits français et anglais (B).

### A. L'ABSENCE DE TRANSFERT ORGANISÉ PAR LA LOI

**513.** Le contrat de travail est attaché à l'entreprise en droit français [1] jusqu'à en devenir une composante et être transmis au cessionnaire en même temps que l'entreprise ou l'entité économique. Il lui reste extérieur en droit américain, où le principe de l'autonomie de la volonté est appliqué sans dérogation [2]. Le droit américain se situe ni plus ni moins dans l'hypothèse précédant l'adoption du principe du transfert automatique et du maintien des droits des salariés transférés en droit français et anglais [3]. Les employeurs successifs ne conservent à leur service que les salariés qui leur sont utiles, selon les termes et conditions d'emploi qu'ils consentent.

**514.** Dans cette configuration, le maintien des salariés dans l'entreprise par le nouvel employeur ne peut résulter que de la volonté des parties. Le cessionnaire désireux de s'attacher les services des salariés du cédant fait ainsi généralement en sorte de contractualiser les termes de leur embauche avant la prise d'effet de la cession. C'est notamment le cas lorsque les opérations de transfert d'entreprise concernent des activités qui reposent essentiellement sur le savoir-faire et la qualification de la main d'œuvre qui y travaille.

La reprise de tout ou partie des salariés et leur approche préalable par le cessionnaire fait alors partie intégrante de la négociation de la transaction et de la fixation du prix d'acquisition. Ainsi, au moment où intervient la cession, le cessionnaire sait généralement avec quels salariés l'activité qu'il acquiert sera poursuivie, s'il le souhaite, et selon quelles modalités. En l'absence d'obligation pour le nouvel employeur de reprendre les salariés du cédant, ce dernier ne peut être tenu que des seuls engagements qu'il entend prendre vis-à-vis de ces salariés.

**515.** L'absence de principe de transfert du contrat de travail du cédant au cessionnaire n'écarte pas pour autant toute prise en compte de l'impact d'une opération de transfert d'entreprise sur les salariés. La Cour Suprême a en effet admis la nécessité de leur protection dans ce contexte en constatant que « *les objectifs de politique nationale du travail, tels qu'ils sont inscrits dans les principes de droit fédéral, réclament que les prérogatives légitimes des entrepreneurs de réorganiser librement leurs activités et même de s'éliminer eux-mêmes en*

---

[1]. Cf. J.-E. RAY, *Droit du travail, droit vivant*, éd. Liaisons, 2004, p. 243, pour qui « *d'une certaine manière, le salarié est attaché au fonds comme autrefois le serf* ».

[2]. Cooper v. General Motors Corp., 651 *F.2d* 249 ($5^{th}$ Cir. 1981) : les droits liés à l'ancienneté naissent du contrat et ne lui survivent pas à son terme.

[3]. Le principe de *common law* se retrouve ici selon lequel un salarié ne peut pas être obligé de travailler pour un employeur qu'il n'a pas choisi, et inversement. Cf. Nokes v. Doncaster Amalgamated Collieries Ltd, [1940] 3 *All ER* 549 (HL), dans lequel la Chambre des Lords avait affirmé que le contrat de travail ou « contrat de service personnel » (« *contract of personal service* »), n'était pas transférable d'un employeur à un autre. En effet, le droit du salarié « *de choisir qui il sert (...) constitue la principale différence entre un serviteur et un serf* » (Lord Atkin, 3 *All ER* at 556) ; Note de O. KAHN FREUND, *Modern Law Review*, 1941, vol. 4, p. 221.

*tant qu'employeurs, soient contrebalancées par une certaine protection des salariés contre un changement soudain dans leur relation d'emploi* » [4].

S'est ainsi développée une jurisprudence dite de l' « employeur successeur » [5], initiée par le NLRB et consacrée par la Cour Suprême à partir de 1964, dans cinq arrêts [6]. Celle-ci vise globalement à introduire, dans le contexte particulier des transferts d'entreprises, l'objectif de paix sociale instauré par le NLRA en facilitant la transition des salariés d'un employeur à un autre par la préservation des relations collectives existantes. Il ne s'agit pas ici de préserver l'emploi des salariés du cédant mais de prévenir tout risque de conflits sociaux chez le cessionnaire [7].

**516.** La question du maintien des droits des salariés concernés par un transfert d'entreprise n'est en effet considérée qu'au travers des règles gouvernant la relation entre l'employeur et le syndicat qui les représente telles qu'elles résultent du NLRA. Le salarié n'est pas ici envisagé par rapport à son contrat de travail et aux droits qui y sont attachés comme en droit français et anglais. La reprise de son ancienneté dépend en particulier du bon vouloir du cessionnaire [8]. Il est appréhendé par rapport à son appartenance à une collectivité de salariés représentés ou potentiellement représentés par un syndicat et, en tant que tels, titulaires de prérogatives. En ce sens, la protection des droits des salariés est collective. Il en découle qu'en droit fédéral américain, le salarié qui n'est pas représenté ne peut se prévaloir d'aucun droit auprès du cessionnaire, hors cas de discrimination, en dehors de ceux qu'il aura lui-même négociés à titre individuel.

Le NLRB et les juges devront déterminer, en fonction des faits d'espèce, le maintien ou non de la représentation des salariés qui seront repris par le cessionnaire. Ils s'emploieront également à déterminer s'il y a lieu de maintenir les termes et conditions de leur emploi antérieurement négociés et décideront de l'obligation ou non pour le cessionnaire de recourir à l'arbitrage pour traiter de différends relatifs à l'interprétation et à l'application de la convention collective qui leur était anciennement applicable.

## B. LE TRANSFERT VIRTUEL ORGANISÉ PAR LE WARN ACT

**517.** S'il n'existe pas de règle de droit américain propre à assurer la substitution du cessionnaire au cédant dans le contexte d'un transfert d'entreprise, il convient cependant de noter que le WARN Act [9] contient des dispositions spéciales en matière de cession [10] de tout ou partie de l'activité de l'entreprise.

---

[4]. « *The objectives of national labor policy, reflected in established principles of federal law, require that the rightful prerogative of owners independently to rearrange their businesses and even eliminate themselves as employers be balanced by some protection to the employees from a sudden change in the employment relationship* ». John Wiley & Sons, Inc. v. Livingston, 376 *U.S.* 543, 55 *L.R.R.M.* 2769 (1964) at 2772.

[5]. « *Successorship doctrine* ».

[6]. John Wiley & Sons, Inc. v. Livingston (1964), NLRB v. Burns International Security Services (1972), Golden State Bottling Co. v. NLRB (1973), Howard Johnson Co. v. Hotel & Restaurant Employees, Detroit Local Joint Executive Board (1974) et Fall River Dyeing & Finishing Corp. v NLRB (1987).

[7]. L'intérêt pour le syndicat qui représente les salariés du cédant est également de se poser en interlocuteur du cessionnaire sans avoir à craindre sa défiance ou l'absence de soutien des salariés repris. Ceux-ci peuvent en effet être intimidés par le cessionnaire et chercher à préserver leur emploi. Ils peuvent également être déçus ou mécontents des conditions financières dans lesquelles leur contrat a été rompu chez le cédant. Cf. Fall River Dyeing & Finishing Corp. v. NLRB, 482 *U.S.* 27, 107 *S. Ct.* 2225, 125 *L.R.R.M.* 2441 (1987), at 2446.

[8]. Le maintien des droits des salariés repris dépendra ainsi principalement du résultat de la négociation entre syndicat et cessionnaire.

[9]. 29 *U.S.C.* §§ 2101-2109.

[10]. « Sale ». Sur cette notion, v. 2nd Partie, Titre 1, chapitre 2, *infra*.

Dans une courte disposition, ce texte prévoit en effet la situation des salariés dont la rupture du contrat pourrait intervenir à l'occasion d'une cession. Il organise les responsabilités respectives du cédant et du cessionnaire pour la notification d'un préavis de soixante jours aux salariés dont le contrat est rompu dans ce contexte.

**518.** Initialement [11], ce texte adoptait le postulat inverse en considérant que la cession elle-même et les ruptures de contrat qu'elle entraînait devaient être considérées comme des « pertes d'emploi » au sens du WARN Act [12] justifiant la notification des préavis par le cédant. Deux exceptions étaient néanmoins prévues. Ainsi, lorsque l'acte de cession contenait l'engagement écrit du cessionnaire d'offrir un emploi aux salariés du cédant moyennant une période d'inactivité [13] de moins de six mois, les salariés concernés devaient être expressément identifiés comme tiers bénéficiaires à l'acte de cession. Il en était de même lorsque le cessionnaire offrait un emploi aux salariés du cédant, dans les trente jours de la cession, avec une période d'inactivité de moins de six mois.

Pour certains, cette disposition était excessive en ce qu'elle revenait à consacrer une garantie d'emploi aux salariés en cas de cession de l'entreprise. Elle impliquait, en outre, que la cession soit publiquement connue soixante jours à l'avance, ce qui était susceptible de constituer un frein à ce type d'opérations et à la transmission d'entreprises aux États-Unis [14].

**519.** L'argument communément repris en France pour dénoncer la lourdeur et le coût du transfert des contrats de travail en même temps que l'activité reprise, selon lequel les charges liées à la continuité des contrats de travail découragent les candidats à la reprise de l'entreprise, trouve écho dans ces développements [15]. Pour autant, nous avons vu qu'en droit français, cet argument a été contredit par le patronat lui-même. Les professions des prestataires de services font ainsi valoir « *qu'elles sont nées de l'article L.122-12 et qu'elles n'ont pu se développer et devenir un facteur de progrès économique que grâce à ce texte* »[16]. L'application du texte est également encouragée en droit anglais, où les associations d'employeurs qui le critiquaient à ses débuts plaident désormais en faveur d'une application large du TUPE [17].

---

[11]. Section 6402(b)(1), H.R. Report 3's Conference Report, 134 *Cong. Rec.* S. 8694 et seq. (daily ed. June 28, 1988).

[12]. La perte d'emploi (« *employment loss* ») se définit comme : (i) une rupture du contrat de travail à l'initiative de l'employeur pour tout autre motif qu'une faute du salarié, un départ volontaire ou un départ en retraite, (ii) une mise en chômage technique du salarié pour une durée supérieure à six mois, ou (iii) une réduction de la durée du travail de plus de cinquante pour cent par mois pendant une période de six mois [WARN § 2 (a)(6) ; 29 *U.S.C.* § 2101(a)(6)], situation à distinguer de la rupture du contrat de travail proprement dite (« *technical termination of employment* »).

[13]. « *Break in employment* ».

[14]. « *Whether or not the sponsors intended, this requirement obviously will have a chilling effect on the transfer of business operations in the United States, and thus will lead to a lot of dislocations for businesses and a lot more failing businesses that could have been saved had there been the flexibility that bill does not provide* ...", Sen. Hatch, 134 *Cong. Rec.* S8605.

[15]. Selon l'idée que « *une protection excessive de l'emploi débouche sur une sclérose économique* », pour reprendre les termes du Doyen H. BLAISE, « Actualisation d'un camaïeu juridique : l'article L.122-12 du code du travail », *Droit Social*, 1985, n°3, p. 161. Voir également la critique de la jurisprudence extensive de la Cour de cassation à l'époque des premiers arrêts concernant la succession de prestataires de services et notamment la note de J. PELISSIER, sous Cass. soc. 8 et 30 novembre 1978, *D.*, 1979, Jur., p. 277.

[16]. Propos rapportés par A. LYON-CAEN, « A propos de l'arrêt Desquenne et Giral », *Droit Social*, 1986, n°12, p. 850.

[17]. Voir notamment: P. GOSLING, « Contracting-out into trouble » (1992) *Independent*, 12 November (contre) ; et la position de l'Association des Prestataires de services (Business Services Association), regroupant les 20 principales entreprises de prestations de services au Royaume-Uni (pour) http://www.bsa-org.com. Sur la motivation du nouveau TUPE, voir également l'annexe D « *Detailed note on the rationale for, and impact of, the extension of scope in relation to service provision changes* », du

**520.** Quoiqu'il en soit, le sénateur Hatch proposa à l'époque un amendement à cette disposition [18]. Il prévoyait que la cession ne devait pas être considérée comme une perte d'emploi pour l'application du WARN Act, sauf si le cessionnaire prononçait la fermeture du site ou une mesure collective de mise au chômage technique, après la date de cession. La responsabilité de la notification pèserait alors sur le cessionnaire.

Cet amendement fut aussitôt écarté par la majorité des sénateurs qui préférèrent présenter un texte alternatif [19]. Après délibérations, le sénateur Hatch déposa une version révisée de son amendement qui fut adoptée sans grande discussion [20] et qui constitue l'actuelle Section 2(b)(1) du WARN Act.

**521.** Ce texte prévoit que toute personne salariée du cédant à la date de la cession doit être considérée comme salariée du cessionnaire « *immédiatement après la date de la cession* » [21]. Le cédant devient responsable de la notification du préavis en cas de fermeture de site ou de mesure collective de mise au chômage technique intervenant dans ce contexte « *jusqu'à et y compris la date de la cession* » [22]. Après la date de la cession, le cessionnaire prend le relais et est responsable de la notification du préavis dans les mêmes conditions [23].

Selon les initiateurs et les partisans de cette rédaction définitive, ce texte présente l'intérêt d'assurer une protection des salariés pendant la période de cession en leur permettant de ne pas être pris au dépourvu par une décision de fermeture de site ou par une mesure collective de mise au chômage technique [24]. Il a surtout l'avantage de permettre au cessionnaire d'échapper à la définition de la « perte d'emploi » du WARN Act [25] et donc au paiement automatique d'un préavis aux salariés lorsque l'entreprise emploie au moins cent salariés, sans qu'il soit pour autant obligé de reprendre les salariés de son prédécesseur et de faire connaître sa décision avant la cession.

La confidentialité nécessaire à ce type d'opération peut également être conservée et les salariés assurés, en l'absence de proposition d'emploi par le cessionnaire, de recevoir, au minimum, un préavis de soixante jours, pour peu que sa décision entraîne la fermeture du site ou une mesure collective de mise au chômage technique d'un nombre suffisant de personnes[26]. Cela constitue un moindre mal pour les salariés compris dans les opérations de transfert d'entreprise, à défaut pour eux de pouvoir prétendre passer automatiquement au service du cessionnaire comme en droits français et anglais.

---

TUPE Draft Revised Regulations, Consultation Document, Employment Relations Directorate, DTI, March 2005, p. 77.

[18]. Amendment n°2441, *quoted in* 134 *Cong. Rec.* S8669 (daily ed. June 28, 1988).

[19]. 134 *Cong. Rec.* S8670 (daily ed. June 28, 1988).

[20]. Amendment n°2441 as modified, 134 *Cong. Rec.* S8679-80 (daily ed. June 28, 1988).

[21]. « *Immediately after the effective date of the sale* ».

[22]. « *Up to and including* ».

[23]. WARN § 2 (b)(1) ; 29 *U.S.C.* § 2101 (b)(1).

[24]. « *At no time will affected employees be unprotected against sudden mass layoffs or plant closings undertaken without fair notice* », 134 *Cong. Rec.* S8680 (daily ed. June 28, 1988) (statement of Sen. Metzenbaum).

[25]. Il rejoint ainsi les préoccupations de l'amendement initial du Sénateur Hatch, lequel souhaitait que la cession en elle-même ne puisse constituer une perte d'emploi au sens du WARN Act à moins que celle-ci ne soit accompagnée d'une fermeture de site ou d'une mesure collective de mise au chômage technique.

[26]. Les seuils sont différents selon qu'il s'agit d'une fermeture de site ou d'une mesure collective de mise au chômage technique. Le décompte ne concerne en outre, dans les deux cas, que les salariés travaillant au moins vingt heures par semaine, à l'exception des salariés employés depuis moins de six mois au cours des douze mois précédents la date de notification du préavis. La mesure doit ainsi concerner au moins cinquante salariés dans une même période de trente jours, en cas de fermeture de site [29 *U.S.C.* 2101 (2)] et trente trois pour cent ou plus des salariés d'un même site sur une même période de trente jours, dès lors que la mesure concerne au moins cinquante des salariés dudit site, ou cinq cent salariés d'un même site sur une même période de trente jours, dans l'hypothèse d'une mesure collective de mise au chômage technique [29 *U.S.C.* 2101 (3)].

**522.** Il est intéressant à cet égard d'observer que l'hypothèse de ruptures de contrats de travail intervenant dans le cadre d'une cession de tout ou partie d'entreprise [27] est expressément exclue de la définition de la « perte d'emploi » [28] retenue par ce texte pour exiger le respect du préavis de soixante jours par l'employeur [29]. Cela signifie en effet que la cession en tant que telle n'est pas considérée comme « une perte d'emploi » en droit américain [30].

Le WARN Act rend donc compte du fait que les opérations de cession d'actifs ne riment pas toujours dans les faits avec perte d'emploi pour les salariés qui bien souvent restent dans les mêmes locaux et exécutent le même travail avec un nouvel employeur. Le préambule du WARN Act reconnaît en effet qu'aucun préavis n'est du aux salariés du fait de la cession de tout ou partie de leur entreprise, lorsqu'ils sont réembauchés par le cessionnaire dans les six mois après avoir été temporairement mis au chômage technique par le cédant du fait de la cession [31].

**523.** Dans cette optique néanmoins, la stabilité de l'emploi ne constitue pas, comme en droit français et en droit anglais, un intérêt légitime que le législateur a souhaité protéger dans le contexte des transferts d'entreprises. Le raisonnement est tout autre en droit américain où, même si techniquement le contrat de travail est rompu par le cédant [32], au moment de la cession, l'application du WARN Act, et donc l'octroi d'un préavis aux salariés compris dans les opérations de transfert d'entreprise, est écartée au motif que le salarié ne « perd pas son emploi » du fait de la cession. Il importe peu que, par la suite, celui-ci soit repris par le

---

[27]. « *Sale of part or all of an employer's business* ».

[28]. « *Employment loss* »

[29]. WARN, § 2(b)(1). La seconde exception à la définition de la « perte d'emploi » donnée par le WARN Act concerne les cas de fermeture de site ou de mesure collective de mise au chômage technique lorsqu'ils sont la conséquence d'un déménagement (« *relocation* ») ou de la réunion sur un même site de tout ou partie de l'activité de l'entreprise (« *consolidation* »). Il n'y aura pas de perte d'emploi et application du WARN Act dans ces cas si l'employeur a préalablement offert aux salariés de les transférer sur le nouveau site moyennant pour eux une période d'inactivité ne dépassant pas six mois [WARN § 2(b)(2) ; 29 *U.S.C.* § 2101 (b)(2)].

[30]. Pour des applications récentes: Morgan v. SKF USA, Inc., n°03-6152 (6th Cir., Oct.8, 2004), où la Cour d'appel a considéré que les salariés qui avaient été repris immédiatement par le cessionnaire ne pouvaient pas avoir subi une perte d'emploi temporaire («*layoff*») puisqu'ils n'avaient connu aucune période de chômage ou d'interruption de salaire et qu'ils étaient devenus les salariés du cessionnaire dès la réalisation de la cession. Leur demande de paiement de prestations de retraite, en application du plan du cédant, devait donc être rejetée ; Wilson v. Airtherm Prods., 436 *F.3d* 906 (8th Cir. 2006) : *the « sale of a business* [itself] *is not a WARN event* ».

[31]. Affirmation contenue dans le préambule du WARN Act en ces termes: « *In a sale situation if the seller's employees* [who were temporarily laid off by the seller in connection with the sale] *are hired by the buyer within six months of the sale* (...) [the employees will not suffer an « employment loss » assuming that] *there has been an announcement that a layoff of six months or less has been ordered ( ... ) since the definition of employment loss excludes layoffs of six months or less* » : WARN Regulation Preamble at 16,052.

[32]. En cas de mise au chômage technique, le salarié est mis en quelque sorte en disponibilité par le cédant, mesure temporaire en attendant la décision du cessionnaire de reprendre ou non le salarié. La rupture du contrat devient définitive si le cessionnaire ne le reprend pas dans un délai de six mois. Notons toutefois que le WARN Act prévoit une possibilité d'extension de cette période de disponibilité au-delà de six mois lorsque : (i) cette extension est due à des circonstances commerciales (« *business circumstances* ») (y compris à des changements imprévisibles de prix ou de coûts) qui n'étaient pas raisonnablement prévisibles à la date où le chômage technique a été notifié, et (ii) une notification est donnée au moment où il devient raisonnablement prévisible qu'une extension au-delà de six mois sera nécessaire [29 *U.S.C.* 2102 (c)].

cessionnaire à des termes et conditions d'emploi différents, avec ou sans reprise d'ancienneté [33].

**524.** En dépit de sa ressemblance apparente avec le principe de transfert automatique des contrats de travail que connaissent les droits français et anglais, cette disposition a donc seulement pour but de répartir la charge de la notification du préavis entre cédant et cessionnaire en cas de fermeture de l'entreprise ou de mise en œuvre d'une mesure collective de mise au chômage technique intervenant dans le contexte d'une cession de tout ou partie d'entreprise, que l'on se situe avant ou après l'acte de cession. Elle ne vise ainsi pas à maintenir les droits des salariés ou à organiser leur protection dans le cadre d'une cession. Le cessionnaire n'a aucune obligation de conserver à son service les salariés du cédant. Le texte interprétatif du Ministère du travail américain sur le WARN Act est très clair à ce sujet lorsqu'il indique que ce texte préserve le droit à préavis des salariés mais ne crée pas d'autres droits pour eux [34].

Le point de comparaison avec les droits français et anglais se situera en définitive uniquement sur l'aménagement du transfert des contrats de travail du cédant au cessionnaire ou plutôt celui du transfert de la responsabilité de leur rupture, à la date de la cession, que le WARN Act assure, à défaut de prévoir les mêmes effets qu'en droit français et anglais.

## §2. LES EFFETS DU CHANGEMENT D'EMPLOYEUR SUR LES RELATIONS COLLECTIVES DE TRAVAIL

**525.** Le droit américain présente cette particularité par rapport aux droits français et anglais des transferts d'entreprises d'avoir une visée plus économique que sociale. Il offre en effet au cessionnaire un outil destiné à le préserver des conflits sociaux dès lors que les salariés qu'il reprend sont représentés par un syndicat. Dans le contexte des transferts d'entreprises, la préservation de la paix sociale se place ainsi au service de l'entreprise (A) et devient le justificatif de la protection des salariés (B).

### A. LA PRÉSERVATION DE LA PAIX SOCIALE AU SERVICE DE L'ENTREPRISE

**526.** Suivant une opinion autorisée, « *le droit du travail est un droit pour l'entreprise et issu de l'entreprise* » [35] ; une manière de dire que le droit du travail a, en droit américain, une

---

33. Par exemple, New Orleans Clerks and Checkers Union Local n°1497 v. Ryan-Walsh, Inc., 9 *IER Cases* 391 (E.D. La. 1994) . En l'espèce, il s'agissait de déterminer si des dockers avaient subi une perte d'emploi lorsque l'entreprise pour laquelle ils travaillaient réduisit son activité. Jugé qu'il n'y avait pas perte d'emploi puisque huit autres entreprises continuaient leur activité dans la ville en question et que lesdits dockers continuaient à effectuer le même travail, peu importe que l'identité de leur employeur ait changé et que leur ancienneté et avantages n'aient pas été repris. Dans cet arrêt, les juges se sont fondés sur un arrêt Moore v. Warehouse Club, Inc., 992 *F.2d* 27, 8 *IER Cases* 577 (3d Cir. 1993), dans lequel la Cour d'appel avait rejeté une interprétation large de la notion de « perte d'emploi » en considérant que lorsqu'un salarié subit seulement une interruption négligeable de son emploi, « *il y a guère besoin d'assurer des opportunités adaptées de reconversion ou de réemploi* ».

34. « *This provision preserves the notice rights of the employees of a business that has been sold, but creates no other employment rights* ». Interpretative rule of the Department of Labor, section 639.6, § 1290.06, 54 *Fed. Reg.* at 16068.

35. X. BLANC-JOUVAN, « L'entreprise et le droit du travail : l'exemple du droit américain », *Droit Social*, 2005, n°2, p. 152-161. Le libéralisme serait ainsi le fondement du pouvoir unilatéral de l'employeur dans l'entreprise : E. COURTOIS-CHAMPENOIS, *Le doit du travail américain, un droit de l'entreprise – contribution à l'étude comparée des sources du droit du travail français et américain*, Presses Universitaires d'Aix-Marseille, 2002, p. 237-311.

finalité plus économique que sociale. Il s'agit plus de donner à l'entreprise les moyens de prospérer, en lui garantissant la paix sociale, que d'assurer une véritable protection des salariés et le maintien de leurs droits. Les outils de protection offerts par le NLRA sont au service de l'employeur. Ils sont considérés comme des exceptions à ses prérogatives et interprétés restrictivement par les juges américains.

### *1. La protection du commerce par le droit à la négociation*

**527.** Il suffit pour s'en convaincre de se référer au texte même du NLRA dont le préambule annonce qu'il s'agit d'un texte visant notamment à « *diminuer les causes des conflits du travail qui entravent ou font obstacle au commerce entre États ou au commerce extérieur* »[36].

La section 1 du NLRA approfondit le sujet en faisant le constat que « *le rejet par certains employeurs du droit des salariés de s'organiser et le refus par certains employeurs d'accepter la procédure de négociation collective donnent naissance aux grèves et aux autres formes de conflits et de troubles sociaux, lesquels ont pour objet ou pour effet inéluctable d'entraver ou de faire obstacle au commerce* ». Or, « *l'expérience a prouvé que la protection légale du droit des salariés de s'organiser et de négocier collectivement préserve le commerce de toute atteinte, diminution ou interruption, et encourage l'activité économique en supprimant certaines sources reconnues de conflit et de trouble social* ». Il s'agit dès lors « *d'éliminer les causes de certains obstacles importants à la libre circulation des biens et des services et d'atténuer et éliminer ces obstacles quand ils sont avérés, en encourageant les pratiques et procédures de négociation* (...) »[37].

L'objectif du législateur, au début des années 1930, n'était pas de légiférer sur les termes et conditions d'emploi des salariés mais bien plutôt de s'assurer qu'employeurs et salariés pouvaient travailler à établir ensemble des conditions mutuellement satisfaisantes, par la voie de la négociation plutôt que par celle de la confrontation.

**528.** La motivation du législateur était fondée sur trois constats. D'abord, les perturbations dans le commerce interétatique que causaient les luttes économiques et industrielles entre employeurs et salariés avaient atteint un niveau inacceptable. Ensuite, cette situation était, en partie, la résultante de l'inégalité des pouvoirs de négociation entre salariés et employeurs. Enfin, une procédure de négociation collective se révélait être un moyen acceptable pour canaliser les conflits industriels et les éviter, à défaut de pouvoir les supprimer totalement. Elle permettrait d'amenuiser l'effet perturbateur des conflits non maîtrisés sur le commerce interétatique. L'objectif du NLRA était donc de minimiser les perturbations apportées au commerce interétatique aux États-Unis afin d'assurer les conditions d'un retour à la croissance dans le pays.

L'instauration de la représentation des salariés dans l'entreprise avait ainsi une visée plus sûrement politique et économique que sociale. L'idée était qu'en agissant collectivement, les

---

[36]. Le préambule du NLRA est rédigé comme suit: « *An Act to diminish the causes of labor disputes burdening or obstructing interstate and foreign commerce, to create a National Labor Relations board, and for other purposes* ». Il s'agissait notamment à l'époque (New Deal) de renforcer le pouvoir des syndicats pour augmenter le pouvoir d'achat des salariés et éviter ainsi de futures dépressions économiques.

[37]. « *The denial by some employers of the right of the employees to organize and the refusal by some employers to accept the procedure of collective bargaining lead to strikes and other forms of industrial strife or unrest which have the intent or the necessary effect of burdening or obtructing commerce (...). Experience has proved that protection by law of the right of employees to organise and bargain collectively safeguards commerce from injury, impairment, or interruption, and promotes the flow of commerce by removing certain recognised sources of industrial strife and unrest (...). It is hereby declared to be the policy of the United States to eliminate the causes of certain substantial obstructions to the free flow of commerce and to mitigate and eliminate these obstructions when they have occured by encouraging the practice and procedure of collective bargaining (...)* ».

salariés seraient capables de tirer les salaires vers le haut et donc de stimuler les investissements privés et contribuer ainsi au dynamisme de l'économie américaine [38]. Les intérêts collectifs des salariés devaient ainsi prévaloir, par la voie de leur représentation, sur leurs intérêts individuels tout en assurant un environnement de travail stable aux employeurs.

**529.** A l'époque, cependant, la constitutionnalité des lois qui imposaient aux employeurs de mettre en conformité leurs pratiques managériales à des standards imposés par le Gouvernement était contestée. Une loi visant à obliger un employeur à reconnaître un syndicat et à permettre aux salariés de participer à la détermination de leurs termes et conditions d'emploi devait être frappée d'inconstitutionnalité. En votant le Wagner Act, le Congrès américain était donc dans les limites de ses pouvoirs constitutionnels puisqu'il garantissait des droits aux salariés et imposait des obligations aux seuls employeurs.

**530.** La controverse perdurant sur ce point, malgré l'intervention de la Cour Suprême [39], le Congrès est à nouveau intervenu en 1947 pour revenir sur la définition de la pratique déloyale de travail – laquelle viserait également désormais les syndicats - et indiquer clairement que l'obligation de négocier n'obligeait aucune des parties à accepter la proposition de l'autre ou à faire des concessions [40]. Le principe demeurait ainsi que le NRLA était fondé sur la liberté contractuelle [41].

**531.** A défaut de précision dans la loi [42], les juges américains s'en réfèrent souvent ainsi aux principes de *common law* tenant à la liberté contractuelle et à la liberté d'entreprendre, pour motiver leurs décisions et repousser certaines décisions du NLRB qu'ils considèrent comme contestables au niveau économique, car contraires aux intérêts de l'employeur.

---

[38]. J. ROGERS, « Reforming U.S. Labor Relations », *Restoring the promise of American labor law*, ed. by S. FRIEDMAN, R. W. HURD, R. A. OSWALD et R. L. SEEBER, Cornell University Press, 1994, p. 15. Dans sa note, l'auteur démontre que même si les valeurs qui étaient défendues à l'époque du New deal sont toujours valables, la façon dont elles ont été institutionnalisées ne correspond plus aux réalités économiques d'aujourd'hui ; D. J.B. MITCHELL, « Inflation, unemployment and the Wagner Act : a critical reappraisal », *Standford Law Review*, 1986, vol. 38, p. 1073-1076, tel que rapporté *in* S. ESTREICHER, S.J. SCHWAB, *Foundations of labor and employment law*, Foundation Press, 2000, p.122.

[39]. NLRB v. Jones & Laughlin Steel Corp, 301 *U.S.* 1, 1 *L.R.R.M.* 703 (1937), rejetant l'argument selon lequel le NLRA devait être considéré inconstitutionnel. Le NLRA n'oblige en effet pas les parties à parvenir à un accord et n'empêche pas l'employeur de refuser de conclure un tel accord ou d'embaucher des salariés aux termes qu'il décide. Pour la Cour Suprême, la théorie sur laquelle repose le NLRA est « *la libre opportunité des négociations avec des représentants accrédités des salariés* » dont le but est de « *promouvoir la paix sociale et de provoquer les ajustements et les accords que le NLRA n'entend pas imposer* ». 1 *L.R.R.M.* 713-714.

[40]. Section 8(d) du NLRA (sur l'obligation mutuelle de négocier de bonne foi) auquel était ajoutée la phrase suivante « *but such obligation does not compel either party to agree to a proposal or require the making of a concession* ».

[41]. Principe rappelé par la Cour Suprême *in* Porter Co. v. NLRB, 73 *L.R.R.M.* 2561 (1970), dans lequel la Cour Suprême a décidé que le NLRB n'avait pas le pouvoir de contraindre les parties à se mettre d'accord lorsqu'elles sont incapables de le faire, et cela même si le refus de l'une d'elle (l'employeur, en l'espèce) est clairement abusif. Admettre le contraire reviendrait à « *violer le principe fondamental sur lequel le NLRA est basé à savoir le caractère privé des négociations dont seule la procédure est sous le contrôle du gouvernement* ».

[42]. Le législateur n'est en effet plus intervenu sur ce point depuis 1959 (Landrum-Griffin Act). Un auteur n'hésite pas à parler à ce sujet d' « ossification » du droit social américain. C. L. ESTLUND, « The ossification of American labor law », *Columbia Law Review*, 2002, vol. 102, p. 1527-1612. A ce sujet, lire également, du même auteur, « Is the National Labor Relations Act an outmoded statute in the 21st century ? », *Labor Law Journal*, Fall 2006, vol. 57, n°3, p. 148-157 ; C. B. CRAVER, « The relevance of the NLRA and labor organizations in the post-industrial, global economy », *Labor Law Journal*, Fall 2006, vol. 57, n°3, p. 133-147.

La vision originelle de la relation maître et serviteur du contrat de travail, dans lequel le salarié n'a d'autre intérêt et droit dans l'entreprise que de percevoir un salaire en contrepartie de son travail, est ainsi toujours présente dans le raisonnement des juges. Ce principe contient en lui-même celui selon lequel l'employeur est nécessairement investi de certains droits qu'il détient à titre exclusif et principalement celui du droit de disposer de son entreprise.

## 2. *L'appréciation restrictive des droits reconnus par le NLRA*

**532.** La mobilité du capital et le droit de propriété de l'employeur sur son entreprise sont ainsi les deux principes qui sous-tendent les décisions des juges américains lorsqu'il s'agit de décider de la violation par l'employeur des droits consacrés par le NLRA aux salariés représentés [43]. Ces droits ont, par suite, été interprétés restrictivement par les juges américains comme autant d'exceptions aux prérogatives de l'employeur, si bien que les valeurs que le NRLA entendait promouvoir à la base, à savoir la démocratie industrielle et l'équilibre des pouvoirs à la négociation, sont, de fait, généralement ignorées des tribunaux [44].

**533.** Là où les textes ne limitent pas expressément le pouvoir de l'employeur de disposer de son entreprise et des salariés qui la composent, la jurisprudence en déduit ainsi une liberté de principe pour l'employeur. Les droits des salariés sont en définitive bornés par le pouvoir de direction de l'employeur, et non l'inverse. Cela laisse une liberté particulièrement grande à l'employeur de droit américain dans la gestion de son entreprise [45], notamment dans le contexte des transferts d'entreprises, où aucun principe d'ordre public ne vient contredire celui de la liberté contractuelle des parties comme en droit français et anglais.

**534.** Le sujet des transferts d'entreprises est symptomatique de la prépondérance conférée à la mobilité du capital, au droit pour l'employeur de transférer la propriété de son entreprise, par rapport à la protection des droits des salariés, c'est-à-dire, principalement, en droit américain, au maintien de leur représentation collective.Pour ne prendre des exemples que dans ce seul contexte, la Cour Suprême a ainsi pu décider qu'un employeur pouvait procéder

---

[43]. Ils ont ainsi été décrits comme les « *valeurs cachées* » (« hidden values ») du droit américain. J. B. ATLESON, *Values and assumptions in American labor law*, The University of Massachusetts Press, 1983, p. 3. Pour l'auteur ces principes reposent sur une série de présomptions (*ibid.*, p. 7-9). D'abord, celle selon laquelle la continuité de l'activité de l'entreprise ne saurait être limitée que dans les cas où la loi protège clairement l'immixtion des salariés (selon l'idée que le droit de grève est protégé pour encourager une méthode privée de règlement des conflits (la négociation) qui, en retour, doit limiter le recours à la grève, encourager la paix sociale et favoriser la production). Ensuite, à moins d'être dominés, les salariés agissent d'une manière irresponsable, ce qui expliquerait à la fois la faible participation qui leur est reconnue dans la direction de l'entreprise et le fait que les salariés ne peuvent pas être de véritables partenaires dans l'entreprise (ce qui justifierait que, en dépit du devoir de négocier de l'employeur, les décisions les plus importantes soient excluent du champ de la négociation obligatoire). Enfin, l'entreprise appartient à l'employeur et les salariés ne sauraient donc interférer avec ses droits managériaux inhérents et exclusifs (principes découlant du droit de propriété et du besoin d'assurer la mobilité du capital).

[44]. Pour J. B. ATLESON, il s'agirait ainsi plus de protéger les prérogatives managériales contre la négociation que l'inverse. Ouvrage précité, p. 114. Dans le même sens: J. B. ZIMAROWSKI, « The viability of the collective bargaining agreement process : corporate transformations as unchanneled bargaining power », *Hoftra Labor Law Journal*, 1986, vol. 3, n°2, p. 137-203, lequel réclame l'intervention du législateur afin de « *rétablir la viabilité du processus de négociation* » (p. 202).

[45]. Liberté d'autant plus grande que le Taft-Hartley Act a introduit en 1947 le principe selon lequel le gouvernement fédéral se posait comme le « garant neutre » de la négociation collective, contrairement au Wagner Act de 1935 qui considérait la négociation collective comme essentielle à une société libre et démocratique. Le NLRA pouvait ainsi être lu alternativement comme un encouragement à la négociation collective ou comme un encouragement à y résister, ce qui n'a pas échappé aux employeurs, soutenus par les juges. En ce sens, J. A. GROSS, « The demise of the national labor policy : question of social justice », *Restoring the promise of American labor law*, ed. by S. FRIEDMAN, R. W. HURD R. A. OSWALD et R. L. SEEBER, Cornell University Press, 1994, p. 45-58.

à la fermeture totale de son entreprise même si sa décision était motivée par sa seule volonté de punir les salariés d'avoir élu un syndicat en son sein [46], consacrant par là-même le principe selon lequel les décisions managériales ne sauraient être affectées par les intérêts, même vitaux, des salariés.

**535.** Nous avons également vu précédemment, que la jurisprudence du NLRB et des Cours fédérales a précisé les contours de l'obligation de négocier des parties. En distinguant les sujets obligatoires de négociation (énumérés par le NLRA) des sujets non obligatoires de négociation, elle a réduit corrélativement le domaine d'intervention des syndicats [47]. La Cour Suprême a ainsi jugé que la décision de l'employeur de cesser une partie de son activité pour des raisons purement économiques ne fait pas partie des « termes et conditions d'emploi » qui doivent faire l'objet de négociations [48]. Elle a rappelé à ce titre le principe selon lequel l'employeur doit être libre de diriger son entreprise sans subir les contraintes imposées par la négociation collective.

**536.** C'est ainsi également que certaines décisions, trop restrictives du droit de l'employeur, ont été limitées aux situations de faits sur la base desquelles elles avaient été prises. Tel a été le cas notamment de l'arrêt Fibreboard [49], consacrant l'obligation de négocier de l'employeur préalablement à une décision de sous-traiter une partie de l'activité de l'entreprise [50]. Tel a également été le cas de l'arrêt Wiley [51], décidant de l'obligation du cessionnaire de recourir à l'arbitrage en application de la convention collective signée par son prédécesseur, et dont la motivation, fondée sur les objectifs de paix sociale du NLRA, a cédé la place, dans un arrêt Burns postérieur, à des arguments tenant à la nécessaire mobilité du capital [52].

Il s'agit en effet de laisser le champ libre au consentement individuel et d'assurer au cessionnaire un maximum de flexibilité dans la gestion de l'entreprise ou de l'activité qu'il reprend. La Cour Suprême a ainsi admis, dans son arrêt Burns, qu'imposer un environnement social rigide au nouvel employeur dont le seul lien avec l'ancien employeur est l'embauche de quelques-uns de ses salariés et l'exécution d'un travail précédemment exécuté par lui, pourrait

---

[46]. Textile Workers Union v. Darlington Mfg. Co. (1965) 380 *U.S.* 263, 58 *L.R.R.M.* 2657.

[47]. Le Congrès entendait en effet, à l'époque, faire des « termes et conditions d'emploi » un concept flexible, qui aurait pu dépendre et évoluer en fonction des circonstances et des besoins des salariés et des employeurs et qui aurait pu être entendu largement. Les recueils des débats parlementaires indiquent, notamment, que « *le champ d'application de la négociation collective ne peut être défini par une formule; il dépendra inévitablement des traditions d'une industrie, du climat social et politique et, à tout moment, des besoins des employeurs et des salariés, et de beaucoup d'autres éléments connexes* ». H.R. Rep. N°245, 80th Cong., 1st Sess. (1947) (minority report). Cf. 1ère Partie, Titre 1, chapitre 2, *supra*.

[48]. First National Maintenance Corp. v. NLRB, 452 *U.S.* 666, 107 *L.R.R.M.* 2705 (1981). Sur cet arrêt, v. 1ère Partie, Titre 1, chapitre 2, *supra*.

[49]. Fibreboard Paper Prods. Corp. v. NLRB, 379 *U.S.* 203 (1964).

[50]. Cet arrêt a été interprété restrictivement comme concernant des situations où l'employeur ne fait que remplacer un groupe de salariés par un autre pour faire le même type de travail dans les mêmes locaux. Sur cet arrêt, v. 1ère Partie, Titre 1, chapitre 2, *supra*.

[51]. John Wiley & Sons v. Livingston, 376 *U.S.* 543, 55 *L.R.R.M.* 2769 (1964). En droit américain, en effet, la plupart des termes et conditions d'emploi des salariés sont le fruit de négociations privées, dont la convention collective est la résultante. Pour J. B. ATLESON, *Values and assumptions in American labor law*, The University of Massachusetts Press, 1983, p. 162-163, l'arrêt Wiley doit dès lors surtout être retenu pour l'accent qu'il met sur le droit de recourir à l'arbitrage et sur l'importance de l'arbitrage dans l'interprétation des dispositions conventionnelles. Sur cet arrêt, v. également 2nd Partie, Titre I, chapitre I.

[52]. NLRB v. Burns Int'l. Security Services, 406 *U.S.* 272, 80 *L.R.R.M.* 2225 (1972). Cet arrêt a également pu être considéré comme la reconnaissance par la Cour Suprême des limites de son propre pouvoir d'imposer des contraintes aux parties à une convention collective dans le but de parvenir à la paix sociale. M. CRAIN-MOUNTNEY (Note), « The unenforceable successorship clause : a departure from national labor policy », *UCLA Law Review*, 1983, vol. 30, p. 1265. Sur cet arrêt, v. également 2nd Partie, Titre I, chapitre I, *infra*.

assurer une forme de paix sociale. Néanmoins, elle a considéré que la paix sociale serait atteinte, dans un tel cas, au détriment de la détermination par le NLRB du caractère approprié du cadre de la représentation des salariés et des souhaits de la majorité des salariés que le NLRA entend préserver. La Cour Suprême est donc parvenue à la conclusion qu'il convenait d'être prudent en la matière sur une extension de la doctrine de l'employeur – successeur qui, sous prétexte de paix sociale, viendrait à s'appliquer dans des cas où le seul lien entre deux employeurs serait un simple transfert de salariés.

**537.** La jurisprudence permet globalement à l'employeur de refuser de discuter de toute décision affectant gravement la marche générale de l'entreprise ou la structure de celle-ci, c'est-à-dire les décisions qui tombent dans la catégorie très large et mal définie par la jurisprudence des « prérogatives managériales ». Cela revient à exclure du champ d'application de l'obligation de négocier de l'employeur toutes les décisions portant sur la nature ou la direction de l'entreprise, et par voie de conséquence, prive le syndicat d'un droit automatique à l'accès à l'information sur ces mêmes sujets.

La Cour Suprême a ainsi rappelé que certaines décisions sont si inhérentes à la direction de l'entreprise qu'elles ne constitueront jamais une violation du NLRA à moins qu'elles ne soient fondées sur un motif discriminatoire. Pour être sanctionnées, les décisions de l'employeur prises unilatéralement et qui affecteraient la marche générale ou la structure de l'entreprise supposent, en conséquence, que soit apportée la preuve d'une intention de nuire de l'employeur, à savoir, dans le cas de la fermeture d'un site, la preuve que sa décision visait délibérément à décourager la syndicalisation des autres sites ou entreprises du groupe [53].

**538.** L'omniprésence des prérogatives managériales se retrouve enfin lorsqu'il s'agit de définir les obligations du cessionnaire après le transfert. La Cour Suprême a en effet pris soin de rappeler à ce titre la « *prérogative légitime de l'employeur de réorganiser librement son entreprise* » [54], et donc, sa liberté de principe d'embaucher ou non les salariés de son prédécesseur. Celui-ci ne saurait être contraint de négocier avec le syndicat qui les représente que lorsqu'il le veut bien, c'est-à-dire lorsqu'il a « *l'intention de profiter de l'expertise des salariés de son prédécesseur* » [55] en maintenant l'activité et en recrutant la majorité de ses salariés parmi les salariés de son prédécesseur. Le cessionnaire peut ainsi, en principe, non seulement choisir d'embaucher ou non les salariés de son prédécesseur, mais il peut également décider de leurs termes et conditions d'emploi. Il n'a d'obligation de négocier avec le syndicat qui les représente qu'une fois que ceux-ci composent la majorité de ses effectifs, sous réserve de certaines limites que nous aborderons un peu plus loin.

**539.** Ce principe est complété par celui du droit de propriété de l'employeur sur son entreprise. La propriété de l'entreprise confère en particulier à l'employeur le droit de contrôler l'utilisation de cette propriété. C'est ainsi que la jurisprudence lui reconnaît généralement le droit de refuser l'accès de l'entreprise aux représentants syndicaux, non membres du personnel de l'entreprise [56], même si cela s'oppose à l'intérêt des salariés.

---

[53]. Textile Workers Union v. Darlington Mfg. Co. (1965) 380 *U.S.* 263, 58 *L.R.R.M.* 2657.

[54]. Fall River Dyeing & Finishing Corp. v. NLRB, 125 *L.R.R.M.* 2446 (1987), citant Golden State Bottling Co. v. NLRB, 414 *U.S.* 168, 182, 84 *L.R.R.M.* 2839 (1973), lui-même citant John Wiley & Sons, Inc. v. Livingston, 376 *U.S.* 543, 549, 55 *L.R.R.M.* 2769 (1964).

[55]. Fall River Dyeing & Finishing Corp. v. NLRB, 125 *L.R.R.M.* 2446 (1987).

[56]. Babcock & Wilcox, 351 *U.S.* 105 (1956), dans lequel la Cour Suprême a distingué les salariés syndiqués des représentants syndicaux ne faisant pas partie du personnel de l'entreprise. Reconnaissant que l'employeur ne pouvait imposer des limites au droit des salariés de discuter entre eux de leur droit à être représentés, elle a corrélativement admis que celui-ci pouvait imposer de telles limitations à l'égard de personnes extérieures à l'entreprise. Ainsi, l'employeur est-il en droit de refuser l'accès de l'entreprise aux représentants syndicaux, non membres du personnel de l'entreprise, sous la seule réserve que les salariés ne soient pas « inaccessibles » au syndicat, c'est à dire lorsque « *le lieu de travail et de vie des salariés les place hors de portée des efforts raisonnables déployés par le syndicat pour communiquer*

Les représentants syndicaux sont en effet, généralement les véritables interlocuteurs de l'employeur dans le cadre des négociations.

**540.** En définitive, la limitation des prérogatives syndicales, et donc des droits des salariés, est perçue en droit américain comme la seule façon de préserver un système reposant sur une économie de libre entreprise en assurant le maintien de l'autorité patronale nécessaire à sa rentabilité et à la conduite de l'entreprise par ceux qui la dirigent.

## B. LA PRÉSERVATION DE LA PAIX SOCIALE, JUSTIFICATION DE LA PROTECTION DES SALARIÉS

**541.** La Cour Suprême n'en a pas pour autant complètement ignoré la situation particulière dans laquelle se trouvent les salariés dans le contexte des transferts d'entreprises. Elle considère notamment que « *les objectifs de politique nationale du travail (...) exigent que les prérogatives de l'employeur de disposer de son entreprise (...) soient contrebalancées par l'octroi d'une certaine protection aux salariés contre un changement soudain de leur relation d'emploi* » [57].

**542.** La Cour Suprême a ainsi considéré que les cas de transfert d'entreprise « *requièrent une analyse des intérêts du nouvel employeur et des salariés et des principes du droit du travail à la lumière des faits de chaque espèce et de l'obligation légale qui est en cause* » [58]. Dans sa plus récente décision en cette matière, la Cour Suprême insiste sur l'impact de l'opération juridique sur les salariés et leurs représentants, lesquels se retrouvent particulièrement vulnérables dans cette situation, et souligne « *l'intérêt des salariés au maintien de leur représentation par le syndicat* » [59].

Se placer du point de vue des salariés répondrait ainsi à l'objectif de paix sociale du NLRA. En effet, « *si les salariés se retrouvent occuper essentiellement les mêmes emplois, après le changement d'employeur, et si leur attente légitime du maintien de leur*

---

*avec eux* » (exception dite de l'inaccessibilité « *inaccessibility exception* »). La Cour Suprême a confirmé cette jurisprudence plus de trente ans plus tard, dans un arrêt Lechmere Inc. v. NLRB de 1992 [Lechmere, Inc. v. NLRB, 502 *U.S.* 527 (1992)] en apportant cette précision que l'exception prévue en faveur des représentants syndicaux, non membres du personnel de l'entreprise, devait être entendue strictement. La limitation de l'accès à l'entreprise aux personnes non membres de ses effectifs résulte néanmoins du droit des Etats. Les Cours fédérales décident en conséquence que lorsque le droit des Etats ne consacre pas le droit de propriété de l'employeur sur l'entreprise, cette jurisprudence ne trouve pas à s'appliquer et l'employeur ne peut pas refuser l'accès de l'entreprise au syndicat non membre du personnel. NLRB v. Calkins, 187 *F.3d* (9th Cir. 1999) ; United Food and Commercial Workers v. NLRB, 222 *F.3d* 1030 (D.C. Cir. 2000), où la Cour a même été jusqu'à considérer que lorsque l'employeur ne fait que louer les locaux dans lesquels les salariés travaillent et n'en est pas propriétaire, il n'a aucun droit de refuser l'accès de l'entreprise aux représentants syndicaux ; Glendale Associates, Ltd. v. NLRB, 347 *F.3d* 1145 (9th Cir. 2003), où le libre accès a été décidé en vertu d'un principe de liberté d'expression notamment applicable dans les centres commerciaux et galeries commerçantes en Californie.

57. « *The objectives of national labor policy (...) require that the rightful prerogative of owners independently to rearrange their businesses (...) be balanced by some protection to the employees from a sudden change in the employment relationship* ». John Wiley & Sons v. Livingston, 376 *U.S.* 543, 549 (1964).

58. A successorship case « *requires analysis of the interests of the new employer and the employees and of the policies of the labor laws in light of the facts of each case and the particular legal obligation which is at issue* (...) ». Howard Johnson Co. v. Detroit Local Joint Executive Board, 417 *U.S.* 249, 262 note 9 (1974).

59. Fall River Dyeing & Finishing v. NLRB, 482 *U.S.* 27, 39-41 (1987).

*représentation est contrariée, leur mécontentement peut conduire à l'agitation sociale* » [60]. Dans le même esprit, lorsqu'il s'agit de décider de la responsabilité du cessionnaire pour les pratiques déloyales de travail commises par le cédant, la Cour Suprême indique, en substance, qu'il convient de prendre en compte le fait que l'absence de réparation par le cessionnaire est susceptible d'engendrer des conflits sociaux parmi les salariés restants affectés à l'entreprise ou à l'activité cédée et qu'en conséquence, « *il ne peut pas être dans l'intérêt général de permettre au contrevenant du NLRA de se défaire de la responsabilité de réparer ses propres pratiques déloyales en disposant simplement de son activité* » [61].

**543.** La protection des salariés est cependant seulement assurée par les droits qui leur sont garantis, après le transfert, auprès du cessionnaire qui accepte de maintenir leur environnement de travail précédent et leur relation de travail.

Une fois les effectifs de son prédécesseur repris, le cessionnaire pourra ainsi se voir contraint, sous certaines conditions, de négocier avec le syndicat qui représente les salariés qu'il a repris ou obligé de recourir à l'arbitrage pour interpréter les dispositions de la convention collective dont ceux-ci bénéficiaient précédemment. En outre, si le cessionnaire tente frauduleusement d'échapper à ses obligations vis-à-vis des salariés de son prédécesseur, en refusant, par exemple, de les embaucher au motif qu'ils sont représentés par un syndicat, il peut être contraint de les reprendre à son service et de négocier avec le syndicat qui les représente.

Les parties à la transaction en droit américain sont donc « forcées » comme en droit français et anglais de prendre en compte la question des salariés et de leur reprise dans leur négociation et cela quelle que soit l'opération envisagée. Il y a toutefois une différence de taille en droit américain en ce que c'est l'employeur qui décide de la « continuité » de l'entité qu'il reprend et du maintien des emplois.

**544.** La véritable protection des droits des salariés concernés par des opérations de transfert d'entreprise en droit américain se retrouverait, en définitive, dans la valeur de l'entreprise ou de l'entité cédée sur le marché. En effet, plus l'entreprise est profitable et évolue dans un secteur qui requiert un personnel expert, moins son repreneur aura intérêt à en modifier l'organisation et à recruter son propre personnel pour en poursuivre l'activité, et plus les droits des salariés en place au moment de l'opération seront garantis. C'est à cette seule condition que l'inconvénient pour le cessionnaire de reprendre à son service des salariés syndiqués ou représentés cèdera le pas sur l'avantage pour lui de conserver un personnel opérationnel et expérimenté [62]. La loi du marché servirait, en ce sens, aussi bien l'employeur que les salariés, sans que le législateur n'ait à intervenir.

---

[60]. Fall River Dyeing & Finishing v. NLRB, 125 *L.R.R.M* 2447, citant Golden State Bottling Co. v. NLRB, 414 *U.S.* at 184.

[61]. « *With respect to the offending employer himself, it must be obvious that he cannot be in the public interest to permit the violator of the Act to shed all responsability for remedying his own unfair labor practices by simply disposing of the business* ». Golden State Bottling Co. v. NLRB, 84 *L.R.R.M* 2839, 2846 (1973), citant Perma Vinyl Corp., 164 *N.L.R.B* at 970 (1967). Sur cet arrêt, v. 2nd Partie, Titre II, chapitre II, *infra*.

[62]. Par référence au jeu de « la main invisible du marché ». En ce sens: E. SILVERSTEIN, « The fate of workers in successor firms: does law tame the market ? », *Industrial Relations Journal*, 1986, vol. 8, n°2, p. 159-161.

# SECTION II
# LA REPRISE DES SALARIÉS, CONSÉQUENCE VOLONTAIRE DU TRANSFERT D'ENTREPRISE

**545.** En l'absence de principe de transfert des contrats de travail consacré par les textes en droit américain, le cessionnaire est en principe libre de reprendre ou de ne pas reprendre à son service les salariés de son prédécesseur (§1). Il n'a, de même, aucune obligation de maintenir leurs droits après le transfert, sauf à ce qu'il s'y soit engagé (§2).

## §1. LA LIBRE DÉTERMINATION DES SALARIÉS REPRIS

**546.** En l'absence d'un principe de transfert des salariés affectés à l'activité transférée, la question de la détermination des salariés rattachés totalement ou partiellement à cette activité ne se pose pas en droit américain. Le cessionnaire est en principe libre de recruter les salariés dont il souhaite s'attacher les services pour assurer la continuité de l'activité qu'il reprend, que ceux-ci y travaillent totalement ou seulement en partie. Logiquement, ceux d'entre eux que le cessionnaire approchera, et qui seront également les plus intéressés par un nouvel emploi chez lui, ou qu'il décidera de prendre à son service, seront les salariés qui sont affectés en tout ou principalement à l'activité cédée.

**547.** Cette liberté donnée au cessionnaire dans la composition de ses effectifs répond au principe de liberté contractuelle qui gouverne les relations de travail en droit américain. Il a été fermement rappelé par la Cour Suprême, notamment en 1974 [63]. Dans cette affaire, il s'agissait de décider si le syndicat qui représentait les salariés du cédant pouvait obliger le cessionnaire à recourir à l'arbitrage, en application de la convention collective signée par son prédécesseur, afin de déterminer la nature de ses obligations à l'égard des salariés qui en bénéficiaient. L'ancienne convention collective prévoyait que le cessionnaire devait reprendre tous les salariés du cédant. Le syndicat cherchait donc à obtenir du cessionnaire qu'il se plie à la procédure d'arbitrage et partant, en application de l'ancienne convention collective, qu'il embauche les salariés qu'il n'avait pas repris.

La Cour Suprême a rappelé, à cette occasion, le principe général selon lequel « *rien, dans le droit fédéral du travail n'exige qu'un employeur qui acquiert les actifs d'une entreprise soit obligé d'embaucher tous les salariés de son prédécesseur* » [64] et soit donc contraint d'appliquer la convention collective signée par lui [65].

---

[63]. Howard Johnson Co. Inc. v. Detroit Joint Executive Board, 417 *U.S.* 249, 94 *S. Ct* 2236, 86 *L.R.R.M.* 2449 (1974). Pour une analyse plus complète de cet arrêt, v. 2nd Partie, Titre 1, chapitre 1, *infra*.

[64]. « *Nothing in the federal labor laws requires that an employer ... who purchases the assets of a business be obligated to hire all of the employees of the predecessor though it is possible that such an obligation might be assumed by the employer* ». Howard Johnson Co. v. Detroit JT. Board, 86 *L.R.R.M.* 2449 (1974) at 2453, citant NLRB v. Burns Int'l. Security Services (1972), 406 *U.S.* at 280 n. 5, renvoyant également à Golden State Bottling Co. v. NLRB (1973), 414 *U.S.*, at 184 n. 6. Le NLRB et les Cours fédérales décident d'ailleurs généralement sur ce fondement que le droit étatique ne peut pas aller à l'encontre de ce principe en assurant la continuité d'emploi des salariés dans un tel contexte. A noter toutefois une décision de la District Court of Columbia Circuit qui a admis qu'une loi du district of Columbia pouvait valablement prévoir que le prestataire de services succédant à un autre sur certains contrats devait employer les salariés de son prédécesseur pendant quatre vingt dix jours. La Cour a notamment rejeté l'argument de l'employeur selon lequel le droit fédéral prévaut sur la loi de l'Etat en décidant qu'il s'agissait d'une loi locale protectrice des salariés qui n'avait rien à voir avec le droit des salariés de se syndiquer et de négocier collectivement. Washington Service Contractors Coalition v. District of Columbia, 54 *F.3d* 811, 149 *L.R.R.M.* 2271 (D.C. Cir. 1995), *cert. denied*, 516 *U.S.* 1145, 151 *L.R.R.M.* 2672 (1996).

[65]. NLRB v. Burns Int'l. Security Services (1972), 80 *L.R.R.M.* 2228, n. 5.

Si, contrairement au cessionnaire de droit français et anglais, le cessionnaire de droit américain est libre de ses choix, celui-ci ne peut pas pour autant refuser d'embaucher, pour des motifs discriminatoires, un salarié qui concourait à l'activité qu'il reprend (A). Il ne peut pas non plus proposer aux anciens salariés du cédant des variations à leur contrat initial en opposition avec leur droit à être représentés, protégé par le NLRA (B).

## A. L'EXCEPTION DES DÉCISIONS D'EMBAUCHE DISCRIMINATOIRES

**548.** A défaut de pouvoir prétendre à un droit automatique au transfert de leur contrat de travail chez le cessionnaire, les salariés du cédant, candidats à l'embauche chez le cessionnaire, peuvent se prévaloir des règles sanctionnant la discrimination à l'embauche pour défendre leurs intérêts et s'opposer aux choix du cessionnaire quant à l'identité des salariés qu'il décide de reprendre à son service. Sont ici visés, en particulier [66], les motifs contraires à l'exercice par les salariés des droits qui leur sont garantis par le NLRA, c'est-à-dire, le droit de se syndiquer et d'être représentés.

**549.** Tel est le cas, notamment, si le refus est motivé par l'appartenance syndicale du salarié ou par la préoccupation du cessionnaire de ne pas avoir à reconnaître comme partenaire à la négociation le syndicat qui représentait l'unité de négociation dont le salarié faisait partie chez le cédant [67]. Le cessionnaire ne peut pas, par principe, choisir de reprendre les salariés à son service en fonction de leur appartenance ou de leur absence d'appartenance à un syndicat [68].

Ainsi, si toute sélection à l'embauche n'est pas prohibée en droit américain, une sélection discriminatoire l'est. Elle est en effet considérée comme une pratique déloyale de travail [69]. L'enjeu que sous-tend la question des discriminations à l'égard des anciens salariés du cédant vient de ce que le principal facteur déclencheur de la qualité de « successeur » du nouvel employeur en droit américain est la reprise par lui d'une majorité des salariés de son prédécesseur. La sélection des candidats à l'embauche peut donc constituer un moyen pour le cessionnaire d'échapper aux obligations qui en découlent.

**550.** Le refus d'embaucher un ou plusieurs des anciens salariés du cédant pour un motif discriminatoire est généralement sanctionné par une obligation pour le cessionnaire de réintégrer les salariés visés, avec paiement d'arriérés de salaire. Il en est ainsi, par exemple, lorsque le cessionnaire s'enquiert des tendances syndicales des salariés de son prédécesseur avant de refuser d'embaucher ceux qui avaient été identifiés comme sympathisants du syndicat [70]. Il en est de même lorsqu'il est établi que les refus opposés aux candidats à l'embauche, à titre individuel, font partie d'un plan plus large du cessionnaire qui vise

---

[66]. Nous n'envisagerons pas ici les refus d'embauche fondés sur d'autres motifs discriminatoires que l'appartenance syndicale tels que ceux liés à l'âge, à la race, au sexe, à la religion, etc. du candidat, puisqu'ils n'intéressent pas spécialement le sujet des transferts d'entreprises qui nous occupe.

[67]. Principe également rappelé dans les arrêts Howard Johnson (US 1974) (86 *L.R.R.M.* 2454, n. 8) et Burns (US 1972) (80 *L.R.R.M.* 2228, n. 5), précités.

[68]. Principe réitéré dans l'arrêt le plus récent de la Cour Suprême ayant eu à se prononcer sur la nature et l'étendue des obligations du cessionnaire à l'égard des salariés et de leur représentant : Fall River Dyeing & Finishing v. NLRB, 482 *U.S.* 27, 39-40, 125 *L.R.R.M.* 2441, 2446 (1987).

[69]. Section 8(a)(3) du NLRA. Pour mémoire, la section 8(a)(3) du NLRA prévoit, en substance, qu'est considérée comme une pratique déloyale de travail le fait pour un employeur d'encourager ou de décourager l'appartenance à un syndicat au moyen d'une discrimination à l'embauche ou d'une discrimination portant sur le maintien de l'emploi ou des termes et conditions d'emploi du salarié.

[70]. J.R. Sousa & Sons, 210 *N.L.R.B.* 982, 86 *L.R.R.M.* 1667 (1974).

à s'assurer que moins de la majorité de son personnel sera composée d'anciens salariés du cédant [71].

**551.** L'obligation pour le cessionnaire de réintégrer les salariés de son prédécesseur écartés de ses effectifs pour un motif discriminatoire ne se cumule toutefois pas automatiquement avec celle de négocier avec le syndicat qui les représente. Le NLRB et les Cours fédérales n'imposent en effet au cessionnaire une telle obligation que dans la seule hypothèse où, à défaut d'embauche discriminatoire, le syndicat aurait représenté la majorité de ses salariés[72]. En conséquence, si en dépit de la réintégration des salariés discriminés à l'embauche, les salariés du cédant ne composent pas la majorité des effectifs du cessionnaire, ce dernier n'a aucune obligation de négocier avec le syndicat qui les représente.

**552.** A l'inverse, dès lors que la preuve est apportée du caractère discriminatoire de sa démarche et que le fait qu'il soit le « successeur » du cédant n'est pas remis en cause, le cessionnaire peut être condamné à négocier avec le syndicat représentant les anciens salariés du cédant, même lorsqu'il justifie d'arguments de gestion ou d'opportunité. Tel est le cas, par exemple, lorsqu'il est établi qu'il a seulement embauché ceux des salariés qui lui indiquaient leur souhait de travailler dans un environnement dépourvu de syndicat [73].

---

[71]. Ainsi, dans une affaire où le cessionnaire avait soumis les salariés du cédant qui étaient syndiqués à des tests d'embauche auxquels n'avaient pas été soumis les autres candidats. Or, il était établi que le cessionnaire savait que son obligation de négocier dépendait de l'embauche de plus de cinquante pour cent des effectifs de son prédécesseur et que ses administrateurs faisaient régulièrement le point sur le nombre des anciens salariés du cédant qui avaient été embauchés. Pace Industries Inc. v. NLRB, 118 *F.3d* 585, 155 *L.R.R.M.* 2705 (8th Cir. 1997), *enforcing* 320 *N.L.R.B.* 661, 153 *L.R.R.M.* 1261 (1996).

[72]. Jurisprudence constante. Par exemple: NLRB v. Staten Island Hotel Ltd. Partnership, 318 *N.L.R.B.* 850, 150 *L.R.R.M.* 1086 (1995), *enforced,* 101 *F.3d* 858, 153 *L.R.R.M.* 3067 (2d Cir. 1996) : en refusant d'embaucher de manière discriminatoire les salariés de son prédécesseur à cause de leur appartenance syndicale, le cessionnaire viole les sections 8(a)(3) et 8(a)(5) du NLRA. L'obligation de négocier ordonnée par le NLRB est confirmée ; NLRB v. Horizons Hotel Corp., 312 *N.L.R.B.* 121, 146 *L.R.R.M.* 1039 (1993), *enforced,* 49 *F.3d* 795, 148 *L.R.R.M.* 2641 (1st Cir. 1995): lorsque les pratiques illégales d'embauche du cessionnaire privent le syndicat du soutien de la majorité de ses salariés, le cessionnaire viole le NLRA et l'ordre de négocier prononcé par le NLRB doit recevoir application ; Great Lakes Chem. Corp. v. NLRB, 967 *F.2d* 624, 140 *L.R.R.M.* 2704 (D.C. Cir. 1992), *enforcing* 298 *N.L.R.B.* 615, 134 *L.R.R.M.* 1276 (1990) : bien que le nouvel employeur ne soit pas obligé de reprendre tous les salariés de son prédécesseur, celui-ci est cependant obligé de ne pas pratiquer de discrimination à l'embauche à l'encontre des salariés syndiqués ; Custom Leather Designers, 314 *N.L.R.B.* 413, 146 *L.R.R.M.* 1308 (1994): l'employeur qui refuse de reconnaître le syndicat comme majoritaire en refusant d'embaucher les salariés syndiqués expérimentés viole le NLRA. Il doit en conséquence le reconnaître et négocier avec lui ; Airway Maintenance, 319 *N.L.R.B.* 536, 151 *L.R.R.M.* 1020 (1995): l'employeur - successeur qui n'embauche pas les salariés de son prédécesseur à cause de leur affiliation à un syndicat viole le NLRA et est obligé de reconnaître ledit syndicat et de négocier avec lui.

La sanction peut s'avérer très lourde pour le cessionnaire. Le NLRB considère en effet généralement que l'obligation de négocier existait au jour de l'opération juridique de transfert. Tout changement opéré unilatéralement par le cessionnaire dans les termes et conditions d'emploi des salariés appartenant à l'unité de négociation en cause devient illégal dans ce contexte. Voir par exemple : United States Marine Corp. v. NLRB, 138 *L.R.R.M.* 2361, 944 *F.2d* 1305 (7th Cir. 1991), *cert. denied,* 503 *U.S.* 936, 112 *S. Ct.* 1474, 139 *L.R.R.M.* 2808 (1992), où les juges fédéraux ont validé l'ordre de négocier rétroactif du NLRB exigeant du cessionnaire qu'il restaure les termes et conditions d'emploi en vigueur chez le cédant.

[73]. Par exemple: Inland Container Corp., 275 *N.L.R.B.* 378, 119 *L.R.R.M.* 1089 (1985), *supplementing* 267 *N.L.R.B.* 1187, 114 *L.R.M.* 1143 (1983), 273 *N.L.R.B.* 1856, 118 *L.R.R.M.* 1384 (1985) *and* 274 *N.L.R.B.* 887, 118 *L.R.R.M.* 1454 (1985) : Le NLRB avait décidé une première fois l'absence de discrimination de la part du nouvel employeur. Appelé à revoir sa position sur ordre des juges fédéraux (District Court of Columbia Circuit), le NLRB reconsidéra sa position dans un deuxième arrêt, au vu de nouvelles preuves.

Il ne pourra pas non plus nécessairement s'affranchir de toute obligation en démontrant qu'il a embauché quelques-uns uns des salariés syndiqués de son prédécesseur, s'il s'avère, qu'en définitive, il a agi de façon discriminatoire à l'égard d'autres salariés [74].

**553.** En revanche, le cessionnaire ne pourra pas se voir reprocher une quelconque discrimination à leur égard dès lors que les anciens salariés du cédant n'auront pas été embauchés parce qu'ils ne se seront pas pliés à une procédure uniformément mise en œuvre par lui pour tous les candidats [75], à condition, bien entendu, qu'ils n'en aient pas été écartés à dessein [76]. Il ne pourra pas non plus lui être reproché de privilégier l'emploi de salariés plus expérimentés travaillant sur ses autres sites [77], pas plus que de procéder aux embauches en application de ses procédures habituelles [78], si ces pratiques ne traduisent pas une intention discriminatoire de sa part à l'encontre des anciens salariés du cédant. Le NLRB et les Cours fédérales admettent toutefois qu'une comparaison des procédures d'embauche sur chacun des sites peut être faite à l'appui d'une action lorsque le cessionnaire emploie des salariés à plusieurs endroits [79].

---

[74]. Par exemple: Champion Rivet Co., 314 *N.L.R.B.* 1097, 147 *L.R.R.M.* 1115 (1994) : Le NLRB considéra comme discriminant le refus du cessionnaire d'embaucher trois des salariés de son prédécesseur alors qu'il avait par ailleurs embauché cinq autres salariés syndiqués précédemment employés par le cédant. Les trois salariés en question étaient en effet des partisans actifs du syndicat et le cessionnaire avait invité tous les salariés du cédant à l'exception de ces trois salariés à une réunion secrète pour présenter leur candidature à l'embauche. Dans le même sens : NLRB v. Laro Maintenance Corp., 56 *F.3d* 224, 149 *L.R.R.M.* 2530 (D.C. Cir. 1995), *enforcing* 312 *N.L.R.B.* 155, 146 *L.R.R.M.* 1023 (1993), où bien qu'il avait embauché dix salariés du cédant représentés par un syndicat, le NLRB considéra que le cessionnaire avait agi de façon discriminatoire en refusant d'embaucher treize autres salariés. En l'espèce, le cessionnaire avait en effet refusé de rencontrer et de considérer l'embauche de ces salariés. Il avait admis n'avoir pas voulu embaucher plus de salariés du cédant que nécessaire pour honorer son contrat de prestation de services. Il avait en outre préféré recourir à des salariés inexpérimentés et transférer certains de ses salariés travaillant sur d'autres sites, quand bien même ceux-ci disposaient d'antécédents disciplinaires, alors que les salariés du cédant étaient plus expérimentés.

[75]. Par exemple : R&L Cartage & Sons, 292 *N.L.R.B.* 530, 131 *L.R.R.M.* 1695 (1989) : Les deux salariés du cédant qui avaient manifesté leur intérêt à travailler pour le cessionnaire avaient été embauchés et il n'était pas rapporté que les autres salariés avaient fait acte de candidature ou avaient été empêchés de présenter leur candidature à l'embauche chez le cessionnaire.

[76]. Par exemple : Love's Barbeque Restaurant, 245 *N.L.R.B.* 78, 102 *L.R.R.M.* 1546 (1979) : Le cessionnaire avait fait paraître une annonce dans un journal local faisant appel à candidature pour travailler dans un « nouveau restaurant ». Les candidatures devaient être adressées à un motel proche. Bien qu'aucun des anciens salariés du cédant ne se présentèrent, le NLRB considéra que le cessionnaire avait refusé illégalement d'embaucher les salariés du cédant. Celui-ci avait en effet tenté de cacher à ces salariés le fait qu'il acceptait des candidatures à l'embauche. Les salariés ne pouvaient donc pas se voir reprocher, dans ces circonstances, de ne pas s'être présenté pour un emploi chez le cessionnaire. Voir également : New Breed Leasing Corp. v. NLRB, 155 *L.R.R.M.* 2129 (9th Cir. 1997), où le cessionnaire avait informé les salariés du cédant qu'ils seraient repris mais avait, par la suite, placé des annonces anonymes dans un journal pour recruter ses salariés en s'assurant, de ce fait, qu'aucun des anciens salariés du cédant n'y répondrait.

[77]. Crotona Serv. Corp., 200 *N.L.R.B.* 738, 82 *L.R.R.M.* 1110 (1972). En l'espèce, le cessionnaire avait procédé à la fois au transfert de ses salariés expérimentés, au placement d'annonces dans les journaux et avait également fait appel aux services d'une agence pour l'emploi pour procéder à ses recrutements.

[78]. Ainsi, dans une espèce où le cessionnaire avait l'habitude de recourir au bouche à oreille, aux annonces dans les journaux et aux services d'une agence pour l'emploi pour recruter ses salariés. Industrial Catering Co., 224 *N.L.R.B.* 972, 92 *L.R.R.M.* 1638 (1976).

[79]. NLRB v. Foodway of El Paso Div., 496 F.2d 117, 86 *L.R.R.M.* 2809 (5th Cir. 1974), *enforcing* 201 *N.L.R.B.* 933, 82 *L.R.R.M.* 1637 (1973).

**554.** Dans tous les cas, la motivation discriminatoire du cessionnaire est difficile à établir[80]. Celui-ci aura ainsi généralement plus de chance de pratiquer librement sa sélection à l'embauche pour peu qu'il soit suffisamment prudent [81], que d'être contraint de négocier avec le syndicat représentant les anciens salariés de son prédécesseur. Le cessionnaire de droit américain n'a, en définitive, pas plus de contrainte pratique quant au choix des salariés nécessaires au fonctionnement de l'activité qu'il reprend que l'employeur qui se trouve dans une situation d'embauche classique.

## B. L'EXCEPTION DE LA « CONSTRUCTIVE DISCHARGE »

**555.** En dehors de la question de l'application de l'ancienne convention collective et des droits qu'elle garantissait aux salariés repris, la relation entre le nouvel employeur et le salarié de l'entité reprise est en principe strictement gouvernée par le droit des contrats et la liberté contractuelle des parties. Pour les anciens salariés du cédant que le cessionnaire acceptera de réembaucher, il s'agira d'une nouvelle relation de travail. Le cessionnaire sera donc en principe libre de proposer des termes et conditions d'emploi différents de ceux dont les salariés bénéficiaient précédemment, sans que ceux-ci puissent en réclamer l'application. Les salariés seront libres de les accepter ou de les refuser.

**556.** Qu'ils soient ou non représentés par un syndicat, le droit américain prévoit néanmoins que ces salariés puissent refuser la modification des termes de leur nouveau contrat. Il s'agit du cas particulier où l'employeur conditionne leur réembauchage à leur acceptation de conditions qui sont en opposition avec leur droit légal d'être représentés et où les salariés sont contraints de démissionner de ce fait. Par exemple, lorsque le cessionnaire conditionne le maintien de certains avantages à leur engagement à ne pas être ou à continuer à ne pas être représentés par un syndicat, une fois embauchés.

La Cour Suprême considère en effet qu'un employeur viole la section 8(a)(3) du NLRA lorsque, dans le but de décourager toute activité syndicale, il licencie un salarié ou « *créé intentionnellement des conditions de travail si intolérables que le salarié n'a pas d'autre choix que de démissionner* ». La rupture de la relation de travail intervenant dans ces conditions s'analyse en une « rupture forcée » [82] constitutive d'une pratique déloyale de travail pour l'employeur [83]. Elle peut entraîner à ce titre la réintégration du salarié concerné avec paiement d'arriérés de salaire.

---

[80]. La démonstration, par l'avocat général (« *General Counsel* ») du NLRB, de faits suffisants pour soutenir l'idée que l'appartenance syndicale des salariés a motivé la pratique déloyale du cessionnaire renverse la charge de la preuve. Le cessionnaire doit alors démontrer qu'il aurait pris la même décision (c'est-à-dire ne pas embaucher les anciens salariés du cédant), en dehors de toute considération liée à leur appartenance syndicale. Le cessionnaire ne pourra ainsi être sanctionné que lorsqu'il sera établi que lesdits salariés auraient été embauchés s'il n'avait pas eu d'intention discriminatoire à leur égard (« *but for test* »).

[81]. A moins bien entendu d'une discrimination flagrante. Ainsi, par exemple, *in* Plateau Coal Sales, 279 *N.L.R.B.* 1151, 122 *L.R.R.M.* 1257 (1986), où le cessionnaire avait notamment proposé aux anciens salariés du cédant des salaires plus élevés en échange de l'absence de représentation syndicale et avait retiré son offre de les réembaucher après s'être heurté à un refus.

[82]. « *Constructive discharge* ».

[83]. Sure-Tan, Inc. v. NLRB, 467 *U.S.* 883, 894, 116 *L.R.R.M.* 2857 (1984). En l'espèce, l'employeur avait dénoncé cinq de ses onze salariés, des mexicains, qui travaillaient illégalement sur le sol américain, aux services de l'immigration américains (« INS »), pour se venger du fait qu'ils avaient participé à l'élection d'un syndicat dans l'entreprise. Lesdits salariés avaient été expulsés du sol américain. La Cour Suprême a jugé que l'employeur avait commis une pratique déloyale de travail en requérant l'intervention de l'INS « *uniquement parce que les salariés soutenaient le syndicat* » et « *en ayant pleinement conscience du fait que les salariés en question n'avaient ni papiers ni permis de travail* ». Pour un exemple de décision antérieure du NLRB sur ce principe, voir notamment : Crawford Door Sales Co., 226 *N.L.R.B.* 1144, 94 *L.R.R.M.* 1393 (1976), où bien que l'employeur était lié par une convention

**557.** De telles pratiques interviennent habituellement, dans le contexte d'un transfert d'entreprise, lorsque se pose la question de la reprise par le cessionnaire des anciens salariés du cédant, alors que ceux-ci sont représentés par un syndicat. Le fait pour le cessionnaire de priver les salariés de son prédécesseur du droit de travailler à son service, en leur faisant choisir entre un emploi à des conditions inacceptables, un salaire très inférieur à ce qu'ils gagnaient chez le cédant, par exemple, ou aucun emploi, est considéré comme une pratique déloyale de travail. Il en est ainsi dès lors qu'un tel agissement est motivé, au moins en partie, par une intention discriminatoire et contraire au droit des salariés à être représentés.

**558.** Bien que la violation de la section 8(a)(3) impose normalement que la preuve de l'intention discriminatoire de l'employeur soit établie [84], une telle preuve n'est pas exigée « *s'il peut raisonnablement être considéré que la conduite discriminatoire de l'employeur était « destructrice par nature »* [85] *de droits importants du salarié* » [86].

**559.** L'existence d'une intention discriminatoire du cessionnaire a été confirmée par le NLRB et les juges fédéraux dans une espèce où, après avoir informé les salariés de son prédécesseur qu'il souhaitait qu'ils postulent à un emploi chez lui et mis d'accord avec le syndicat qui les représentait sur l'application d'une période d'essai et sur des négociations ultérieures, le cessionnaire avait finalement informé trois des quatre salariés en question qu'il réduirait sensiblement leur salaire. Les salariés avaient refusé et le cessionnaire avait du rechercher d'autres candidats à l'embauche.

Privés d'emploi, les salariés avaient écrit au cessionnaire en lui indiquant qu'ils seraient prêts à travailler pour lui à leurs anciens termes et conditions d'emploi. Le cessionnaire ne leur répondit pas et le syndicat qui les représentait engagea une action en pratique déloyale. Il demandait que soit constatée et réparée la violation des sections 8(a)(1), interdisant l'interférence ou l'ingérence [87] de l'employeur dans l'exercice du droit à représentation des salariés), 8(a)(3), interdisant toute discrimination à l'embauche visant à décourager la représentation des salariés, et 8 (a) (5) du NLRA, interdisant tout manquement au devoir de négocier de l'employeur.

Dans cette affaire [88], le cessionnaire, nouveau prestataire pour la gestion des services de restauration d'une faculté de médecine, avait avancé un argument. Selon lui, aucune discrimination ne pouvait être constatée sans la preuve que sa conduite avait été motivée, au moins en partie, par une intention discriminatoire à l'encontre du syndicat qui représentait les anciens salariés du cédant [89]. En particulier, il n'avait pas été démontré que le niveau des

---

collective commune à plusieurs employeurs (« *multi-employer collective bargaining contract* »), il avait informé ses salariés qu'il entendait fonctionner sans syndicat et qu'ils « pouvaient partir » s'ils refusaient les termes et conditions d'emploi qu'il fixerait. Le NLRB a considéré dans cette affaire que l'employeur avait violé son obligation de négocier avec le syndicat sur cette modification (violation de la section 8(a)(5) du NLRA) et que les neuf salariés qui avaient quitté l'entreprise à cause de la conduite discriminatoire de leur employeur, devaient être considérés comme ayant fait l'objet d'une rupture forcée (« *constructive discharge* ») en violation de la section 8(a)(3) du NLRA.

[84]. La charge d'établir l'intention discriminatoire de l'employeur appartient au Procureur général (« *General Councel* ») du NLRB, au vu des faits et des éléments qui lui sont rapportés. Lorsque l'intention discriminatoire de l'employeur est établie, celui-ci doit, pour se disculper, apporter la preuve que sa décision répondait à des objectifs légitimes (« *legitimate and substantial business justifications* »). NLRB v. Great Dane Trailers, Inc., 388 *U.S.* at 34 (1967).

[85]. « « *Inherently destructive* » *of important employee rights* ».

[86]. NLRB v. Great Dane Trailers, Inc., 388 *U.S.* 26, 34, 65 *L.R.R.M.* 2465 (1967). Sur cet arrêt, voir également 2nd Partie, Titre 1, chapitre 2, *infra*.

[87]. « *Coercion* ».

[88]. Canteen Co., 317 *N.L.R.B.* 1052, 149 *L.R.R.M.* 1233 (1995), *enforced*, 103 *F.3d* 1355, 154 *L.R.R.M.* 2065 (7th Cir. 1997).

[89]. « *Anti-union animus* ».

salaires qu'il leur offrait faisait partie d'un plan délibéré de sa part pour éviter de traiter avec le syndicat qui les représentait.

**560.** Le NLRB et les juges fédéraux ont constaté la violation de son obligation de négocier avec le syndicat sur les termes et conditions initiaux d'emploi de ses salariés. Ils ont considéré que le cessionnaire avait agi d'une façon discriminatoire à l'égard des anciens salariés de son prédécesseur en leur refusant un emploi, en « *fixant unilatéralement et en leur imposant une condition d'emploi qu'il savait inacceptable* » [90]. Il n'était pas besoin, en l'espèce, de démontrer l'intention discriminatoire du cessionnaire. L'offre qu'il avait faite aux anciens salariés du cédant était discriminatoire en soi. Elle était « *intrinsèquement destructrice* » des droits des salariés en ce qu'elle était très inférieure à la rémunération qu'ils touchaient précédemment, compte tenu de leur expérience et du fait qu'elle leur avait été faite sans négociation préalable avec le syndicat qui les représentait. Le cessionnaire n'avait pas, en outre, apporté la preuve contraire en justifiant son action par des objectifs légitimes. La pratique déloyale de travail était bel et bien constituée en l'espèce.

## §2. LA VOLONTÉ DU CESSIONNAIRE GÉNÉRATRICE DE DROIT POUR LES SALARIÉS

**561.** En droit américain, le transfert des salariés est la condition de l'application de la jurisprudence protectrice des droits collectifs des salariés. En conséquence, le fait que les parties s'entendent sur l'absence de reprise des salariés par le cessionnaire ou, plus généralement, que le cessionnaire fasse en sorte de ne pas reprendre la majorité des salariés du cédant à son service, s'oppose à l'application des règles protectrices des droits des salariés, après le transfert. La reprise de la majorité des salariés affectés à l'activité cédée devient la clé de la protection des droits collectifs des salariés (A). Elle ne leur assure toutefois pas le maintien de leurs termes et conditions d'emploi par le cessionnaire, à défaut pour lui de s'y être engagé (B).

### A. LE NOMBRE DE SALARIÉS REPRIS DÉTERMINE LES OBLIGATIONS DU CESSIONNAIRE

**562.** Le critère considéré comme primordial en droit américain pour déterminer la qualité de « successeur » du cessionnaire dans le cadre d'un transfert d'entreprise est, plus que celui de la continuité de l'identité de l'activité reprise [91], celui de la « continuité du personnel » après le transfert [92]. Cette notion est liée au nombre d'anciens salariés du cédant que le cessionnaire reprend et qui composent ses effectifs.

Seuls les cas où les salariés du cédant sont représentés par un syndicat sont concernés. Il s'agit en effet de déterminer par ce biais les obligations du cessionnaire en matière de négociation, de recours à l'arbitrage pour trancher de questions d'application et d'interprétation de la convention collective qui était en vigueur chez le cédant. Il s'agit également d'établir la responsabilité éventuelle du cessionnaire pour les pratiques déloyales de travail commises par son prédécesseur [93].

**563.** Tous les arrêts pris en matière de transfert d'entreprise font référence aux effectifs repris pour établir la qualité de successeur du cessionnaire et en déduire les obligations qui pèsent sur lui à l'égard des anciens salariés du cédant et de leur représentant. Le principe est

---

[90]. Canteen Corporation v. NLRB, 154 *L.R.R.M.* at 2072.
[91]. Sur ce critère, voir plus spécialement, 2nd Partie, Titre 1, chapitre 1, *infra*.
[92]. « *Continuity in the identity of the workforce* ».
[93]. Sur cette dernière question, voir 2nd Partie, Titre 2, chapitre 2, *infra*.

en effet généralement que le cessionnaire ne peut être titulaire d'obligations à leur égard que si une majorité d'entre eux fait partie de ses effectifs ou compose la majorité de ses effectifs, selon l'obligation en cause [94].

Puisque le nombre d'anciens salariés que reprend le cessionnaire est le principal fait générateur des obligations qui seront mis à sa charge, en embauchant la majorité des salariés de son prédécesseur ou en refusant de le faire, hors cas de discrimination, celui-ci décide des obligations qu'il devra assumer dans son rôle de nouvel employeur, principalement celle de négocier ou pas avec le syndicat qui représente les anciens salariés du cédant. La contrainte que cette obligation représente devient alors la contrepartie légitime du choix volontaire du cessionnaire de tirer profit de l'expertise du personnel de son prédécesseur en les reprenant à son service.

**564.** La Cour Suprême l'a d'ailleurs admis dans son arrêt Fall River Dyeing de 1987, en observant, à propos du devoir de négocier, que l'étendue des obligations du cessionnaire était « *entre ses mains* ». Il pouvait décider librement du choix des salariés qui composent ses effectifs. L'obligation de négocier ne peut naître que *« si le nouvel employeur prend la décision délibérée de conserver, dans l'ensemble, la même activité et d'embaucher la majorité des salariés de son prédécesseur »* [95]. Les critères d'évaluation du nombre de salariés repris et le moment auquel les effectifs du cessionnaire s'apprécient deviennent ainsi déterminants des droits des salariés dans ce contexte.

### *1. La détermination du nombre de salariés repris*

**565.** La question des critères de détermination de cette « continuité du personnel » ne se pose évidemment pas lorsque les effectifs du cédant sont entièrement intégrés à ceux du cessionnaire. Tel est le cas, notamment, en cas de fusion absorption [96] ou encore d'acquisition de la totalité des actifs d'une entreprise [97].

Elle se pose particulièrement dans le même type de situations auxquelles les juges français et anglais sont confrontés pour déterminer l'existence d'un transfert d'entreprise, générateur de droits pour les salariés. Ces situations incluent notamment, et pour reprendre les seuls faits d'espèce sur la base desquels la Cour Suprême a eu à statuer, les cas de succession de prestataires de services sur un même contrat [98], de transfert d'actifs [99], ou encore de reprise d'une partie de l'activité d'une entreprise en liquidation [100].

---

[94]. « *Majority status* ».

[95]. Fall River Dyeing & Finishing v. NLRB, 125 *L.R.R.M.* at 2446.

[96]. Cf. les faits d'espèce de l'arrêt John Wiley & Sons v Livingston, 55 *L.R.R.M.* 2769 (US 1964). Il s'agissait, en l'espèce, de la fusion absorption d'une société d'édition par une autre société d'édition plus importante, toutes deux New-yorkaises. Sur cet arrêt, voir plus spécialement 2nd Partie, Titre I, chapitre I, *infra*.

[97]. Cf. les faits d'espèce de l'arrêt Golden State Bottling Co. v. NLRB, 54 *L.R.R.M.* 2844 (US 1973). Il s'agissait, en l'espèce, de l'acquisition (« *purchase of business* ») d'une activité d'embouteillage de boissons non alcoolisées, où le cessionnaire avait continué l'activité du cédant sans interruption et sans apporter de modification substantielle dans la composition de son personnel ou dans son mode de fonctionnement. Sur cet arrêt, voir plus spécialement 2nd Partie, Titre II, chapitre II, *infra*.

[98]. NLRB v. Burns Int'l Security Services, 46 *U.S.* 272, 80 *L.R.R.M.* 2225 (US 1972). Il s'agissait, en l'espèce, d'un changement de prestataires sur un contrat de gardiennage d'un site de production. Sur cet arrêt, voir plus spécialement 2[nd]Partie, Titre I, chapitre I, *infra*.

[99]. Howard Johnson co. v. Detroit JT Board, 417 *U.S.* 249, 86 *L.R.R.M.* 2449 (US 1974). Il s'agissait, en l'espèce, d'une reprise de franchise et du fonds de commerce d'un restaurant et d'un motel. Sur cet arrêt, voir plus spécialement 2nd Partie, Titre I, chapitre I, *infra*.

[100]. Fall River Dyeing & Finishing v. NLRB, 482 *U.S.* 27, 125 *L.R.R.M.* 2441 (US 1987). L'affaire concernait une usine de teinture de textile dont l'activité était répartie entre la « transformation » (« *converting* ») (pour 60 à 70% de l'activité) et les réalisations sur commande (« *commission* »). L'entreprise fut liquidée et le cessionnaire reprit la propriété de l'usine, des équipements et l'activité des réalisations sur commande. Sur cet arrêt, voir plus spécialement 2nd Partie, Titre 1, chapitre 1, *infra*.

Les deux premiers arrêts de la Cour Suprême à s'être prononcés sur la question ont donné des réponses contradictoires.

**566.** Dans l'arrêt Burns de 1972, le cessionnaire, qui succédait au cédant sur un marché de gardiennage d'entreprises, avait commencé son activité en employant quarante deux salariés dont vingt sept étaient d'anciens salariés du cédant. Ces derniers venaient d'élire leur représentant quelques mois seulement avant le transfert d'activité. La Cour Suprême a confirmé la qualité de « successeur » du cessionnaire. Elle constata que « *l'unité de négociation reste inchangée et qu'une majorité des salariés embauchés par le nouvel employeur sont représentés par un syndicat dont la représentativité a récemment été accréditée* »[101]. Elle s'est ensuite prononcée sur l'obligation de négocier du cessionnaire.

**567.** Dans l'arrêt Howard Johnson de 1974, le cessionnaire, qui reprenait l'exploitation d'un restaurant et d'un motel, commença son activité avec quarante cinq salariés. Seulement neuf étaient d'anciens salariés du cédant, qui en employait cinquante trois. Rappelant le droit pour le cessionnaire de reprendre ou de ne pas reprendre les anciens salariés du cédant, hors cas de discrimination, la Cour Suprême a constaté l'absence de qualité de « successeur » du cessionnaire « *puisqu'il n'y avait manifestement pas de continuité de l'identité du personnel embauché par Howard Johnson* [le cessionnaire] *avec celui de Grissoms* [le cédant] » [102]. Le cessionnaire devait, en effet, pour ce faire, avoir employé « *une majorité des salariés de son prédécesseur* » [103]. Il ne pouvait pas lui être imposé de recourir à l'arbitrage, en l'absence d'engagement contraire de sa part, pour déterminer l'étendue de ses obligations à l'égard des anciens salariés du cédant, comme le demandait le syndicat qui les représentait.

**568.** La phraséologie employée par la Cour Suprême a créé une grande confusion lorsqu'il s'est agi pour le NLRB et les Cours fédérales de déterminer quel critère devait être utilisé pour déterminer cette notion de « majorité du personnel », à la suite de ces deux arrêts. L'arrêt Burns semblait renvoyer à l'idée que la majorité des salariés du cessionnaire devait être formée d'anciens salariés du cédant. Dans l'arrêt Howard Johnson il s'agissait, au contraire, pour le cessionnaire, d'avoir embauché la majorité des salariés de son prédécesseur. Suivant l'une ou l'autre de ces interprétations, le décompte des effectifs devait intervenir soit, en fonction des salariés employés par le cessionnaire, en application de l'arrêt Burns, soit en fonction des salariés anciennement employés par le cédant, en application de l'arrêt Howard Johnson.

Dans aucun de ces deux arrêts de la Cour Suprême, les juges n'ont envisagé l'alternative et la possibilité de résultats différents selon que l'une ou l'autre des deux méthodes de décompte était privilégiée [104]. Dans l'arrêt Burns les vingt sept salariés qui travaillaient à l'activité reprise avaient tous été réembauchés par le cessionnaire. Dans l'arrêt Howard Johnson, aucun des deux décomptes n'aurait permis de qualifier une majorité puisque le cessionnaire avait embauché seulement neuf des anciens salariés du cédant sur un total de cinquante-trois et que l'effectif du cessionnaire était composé de quarante-cinq salariés.

---

[101]. NLRB v. Burns Int'l Security Services, 80 *L.R.R.M.* at 2228.

[102]. Howard Johnson co. v. Detroit JT Board, 86 *L.R.R.M.* at 2455.

[103]. Howard Johnson co. v. Detroit JT Board, 86 *L.R.R.M.* at 2454.

[104]. Cette différence existe pourtant. Prenons l'exemple d'un cédant employant quarante-neuf salariés dans l'entité considérée. Si le cessionnaire emploie cent vingt-six salariés et reprend tous les effectifs de son prédécesseur (en dehors de la question du maintien de l'identité de l'entité ou « unité de négociation » reprise). Il sera considéré comme le « successeur » du cédant si l'on apprécie le critère de la majorité des effectifs par rapport au cédant (arrêt Howard Johnson) puisque la majorité des salariés du cédant composeront ses effectifs. Par contre, si ce critère est apprécié par rapport au cessionnaire (arrêt Burns) le cessionnaire ne sera pas considéré comme le « successeur » du cédant puisque la majorité de ses effectifs (soit soixante trois salariés) ne sera pas issue des anciens salariés du cédant, quand bien même tous auront été repris par lui.

**569.** C'est dans son arrêt Fall River Dyeing de 1987 que la Cour Suprême a définitivement tranché la question. Elle a confirmé d'une façon non équivoque le critère d'appréciation formulé quinze ans plus tôt dans l'arrêt Burns. Elle a admis que « *le fait déclencheur de l'obligation de négocier est la composition du personnel du cessionnaire* » [105], tout en reconnaissant que ce critère avait d'ailleurs été largement accueilli par le NLRB et les Cours d'appel [106], en dépit de l'arrêt Howard Johnson [107], intervenu entre temps.

**570.** Le fait que la majorité des effectifs du cessionnaire doive être composée d'anciens salariés du cédant apparaît logique. Ce décompte des effectifs est opéré pour décider si le syndicat qui représente les anciens salariés du cédant est en droit de demander au cessionnaire de négocier au nom des salariés qu'il reprend. En effet, ce critère de majorité préjuge de la représentativité du syndicat dans l'entité ou « unité de négociation » [108] reprise par le cessionnaire. Elle présume ainsi de sa légitimité à être l'interlocuteur valable du cessionnaire pour représenter les salariés après le transfert.

En revanche, lorsqu'il s'agit d'apprécier la responsabilité du cessionnaire pour les pratiques déloyales de travail commises par le cédant, il devient légitime d'exiger que le cessionnaire ait embauché la majorité des salariés du cédant, pour voir sa responsabilité engagée. Dans un tel cas, le raisonnement ne porte plus sur une masse d'anciens salariés dont il faudrait continuer à assurer la représentation, selon l'idée que s'ils sont majoritaires chez le cessionnaire, leur syndicat doit continuer à les représenter. Il se situe par rapport à une responsabilité attachée à la continuité de l'entreprise. Celle-ci est principalement composée de ses salariés, qu'ils se retrouvent ou non majoritaires en nombre chez le cessionnaire. La « continuité du personnel » en droit américain est ainsi une notion mouvante. Tout dépend, en définitive, de l'obligation qui pèse sur le cessionnaire, des faits d'espèce et des intérêts en présence [109].

---

105. Fall River Dyeing & Finishing v. NLRB, 125 *L.R.R.M.* at 2449.

106. Fall River Dyeing & Finishing v. NLRB, 125 *L.R.R.M.* at 2449, n. 13, citant : Spruce Up Corp., 209 *N.L.R.B.* 194, 196, 85 *L.R.R.M.* 1426 (1974), *enf'd*, 529 *F.2d* 516, 90 *L.R.R.M.* 2525 (CA4 1975) ; United Maintenance & Mfg. Co., 214 *N.L.R.B.* 529, 532-534, 87 *L.R.R.M.* 1469 (1974) ; Saks & Co.v. NLRB, 634 *F.2d* 681, 684-686 and n. 2 and 3, 105 *L.R.R.M.* 3274 (CA2 1980).

107. A noter cependant, l'arrêt Howard Johnson a été pris pour trancher un contentieux concernant une demande de recours à l'arbitrage (et non une demande de négociation comme dans l'arrêt Burns). La demande avait été faite par le syndicat pour le compte des anciens salariés du cédant qui n'avaient pas été repris par le cessionnaire, en violation de la convention collective qui prévoyait que ses termes lieraient notamment le « successeur » du cédant. Il ne s'agissait donc pas pour le syndicat dans cette affaire, comme l'a observé la Cour Suprême, de protéger les droits des salariés qui avaient été repris par le cessionnaire, comme c'est le cas lorsqu'il s'agit de déterminer l'existence d'une obligation de négocier pour le cessionnaire. Il s'agissait plutôt de protéger les droits de ceux qui n'avaient pas été repris par lui. Il convenait donc de se placer par rapport aux effectifs du cédant puisque l'obligation d'arbitrage naissait de l'application de la convention collective qui avait été négociée avec le cédant et qui leur était applicable. La Cour Suprême a repris, dans cet arrêt, l'analyse qu'elle avait faite dans l'arrêt Wiley, qui concernait également une demande de recours à l'arbitrage. Déterminer si le cessionnaire avait embauché la majorité des salariés de son prédécesseur était « *cohérent avec la préoccupation de la Cour, à savoir la protection des salariés retenus (...) contre les changements soudains dans les termes et conditions de leur emploi, et également avec sa conviction que les conflits sociaux seraient évités si les revendications de ces salariés étaient résolues par l'arbitrage plutôt que par « la puissance relative des forces concurrentes »* » (86 *L.R.R.M.* 2454). Sur le sort des conventions collectives en cours et le recours à l'arbitrage, voir plus particulièrement, 2nd Partie, Titre 1, chapitre 1, *infra*.

108. Sur cette présomption et la question du maintien de la représentativité du syndicat après le transfert, voir plus particulièrement, 2nd Partie, Titre 1, chapitre 1, *infra*.

109. Sur la responsabilité du cessionnaire pour les pratiques déloyales de travail commises par son prédécesseur, v. 2nd Partie, Titre 2, chapitre 2, *infra*.

**571.** La notion « d'ancien salarié du cédant » est, quant à elle, appréciée largement par le NLRB. Celui-ci considère généralement que les salariés qui ne font plus partie des effectifs du cédant au moment du transfert d'activité doivent quand même être considérés comme des anciens salariés du cédant pour le décompte des effectifs, s'ils sont réembauchés par la suite par le cessionnaire. Tel est le cas, lorsque, par exemple, ils ont été licenciés par le cédant, peu avant le transfert [110], ou encore s'ils ont travaillé pour lui dans une autre entité ou « unité de négociation » que celle qui est reprise par le cessionnaire [111]. Sous réserve toutefois, dans ce dernier cas, que les salariés repris aient tous été représentés par le même syndicat [112].

### *2. Le moment auquel s'apprécie la composition des effectifs du cessionnaire*

**572.** En l'absence pour le cessionnaire d'obligation de réembaucher les salariés de son prédécesseur, celui-ci peut composer ses effectifs à sa guise et selon le rythme que demande l'activité qu'il reprend. Le nombre total des salariés qui composent ses effectifs ne peut donc pas forcément être déterminé avec certitude, au lendemain du transfert d'activité. La question du moment auquel doit s'apprécier la composition des effectifs du cessionnaire présente donc un intérêt certain. Elle déterminera, dans les cas où l'embauche est progressive [113], si et quand le cessionnaire doit être considéré comme le « successeur » du cédant et décidera ainsi de ses obligations.

**573.** Le NLRB et les Cours fédérales se sont d'ailleurs, un temps, opposés sur la question. La difficulté venait du fait qu'« *il serait ridicule de reporter la détermination des effectifs jusqu'au moment où le successeur d'une petite entreprise a atteint le statut d'une multinationale, comme il pourrait également être inapproprié de considérer, d'une façon précipitée, que les effectifs sont au complet au moment où le successeur reprend l'activité d'un prédécesseur moribond* » [114]. Le NLRB avait en effet tendance à considérer que les effectifs du cessionnaire devaient être appréciés au moment où le syndicat qui représentait les anciens salariés du cédant demandait à négocier avec le cessionnaire. Les Cours fédérales

---

[110]. Par exemple: Stewart Granite Entreprises, 255 *N.L.R.B.* 569, 107 *L.R.R.M.* 1182 (1981). Les effectifs du cédant étaient passés de trente trois à dix, peu avant le transfert. Les dix salariés restants furent repris par le cessionnaire qui en embaucha également dix-sept autres, lesquels avaient tous été salariés du cédant avant qu'il ne réduise ses effectifs. Le NLRB a considéré, dans cette affaire, que ces dix-sept autres salariés devaient être également considérés comme des anciens salariés du cédant. La majorité des salariés du cessionnaire était donc composée d'anciens salariés du cédant. Le cessionnaire devait être considéré comme son « successeur ». Il en est de même, *a fortiori* pour les salariés qui ont été mis en chômage technique par le cédant [Memphis Truck & Trailer, 284 *N.L.R.B.* 900, 126 *L.R.R.M.* 1326 (1987) ; Big R. Distributors, Inc., 280 *N.L.R.B.* 1306, 123 *L.R.R.M.* 1254 (1986)] ou encore pour ceux qui sont partis en retraite anticipée pour ne pas faire partie des salariés licenciés par le cédant [Derby Ref. Co., 292 *N.L.R.B.* 1015, 130 *L.R.R.M.* 1353 (1989), *enf'd*, 915 *F.2d.* 1448, 135 *L.R.R.M.* 2725 (10th Cir. 1990)], dès lors qu'ils sont réembauchés par le cessionnaire.

[111]. Mangold Markets, Inc., 280 *N.L.R.B.* 773 (1986). En l'espèce, le cédant était propriétaire d'une chaîne de magasins dont un seul avait été repris par le cessionnaire. Le cessionnaire contestait le fait que deux salariés puissent être inclus dans le calcul des effectifs du cessionnaire en tant qu'anciens salariés du cédant. Aucun des deux n'avait travaillé dans le magasin cédé, immédiatement avant sa fermeture, et l'un d'entre eux ne faisait même plus partie de ses effectifs deux semaines avant qu'il ne cesse son activité.

[112]. Zim's Foodliner, Inc., 201 *N.L.R.B.* 905 (1973), *enf'd*, 495 *F.2d* 1131 (7th Cir.), *cert. denied*, 419 *U.S.* 838 (1974).

[113]. Dans le cas contraire, c'est à dire lorsque le nouvel employeur poursuit l'activité de son prédécesseur sans interruption, le nombre de salariés s'apprécie au moment de la reprise de l'activité (« *transfer of control* »). Fall River Dyeing & Finishing Corp., 482 *U.S.* at 47 ; 3750 Orange Place Ltd. P'ship v. NLRB, 333 *F.3d* 646, 663 (6th Cir. 2003) ; Prime Serv., Inc. v. NLRB, 266 *F.3d* 1233, 1239-40 (D.C. Cir. 2001).

[114]. NLRB v. Pre-Engineered Building Products, Inc., 603 *F.2d.* 134 (10th Cir. 1979).

estimaient, pour leur part, qu'il convenait plutôt de se placer au moment où l'employeur avait embauché ses « effectifs au complet » [115].

**574.** La confusion venait principalement du fait que la Cour Suprême avait déjà utilisé ce dernier vocable. Dans son arrêt Burns, elle l'avait utilisé afin de décider de l'existence d'une obligation de négociation préalable du cessionnaire sur les termes et conditions initiaux d'emploi des anciens salariés du cédant qu'il souhaitait reprendre à son service. Elle avait ainsi distingué deux situations : la situation dans laquelle l'intention du cessionnaire de reprendre les anciens salariés du cédant était « parfaitement claire » et celle où son intention ne pouvait être établie avant qu'il n'ait effectivement embauché ses « effectifs au complet»[116]. Cette dernière situation lui permettait de fixer unilatéralement les termes et conditions d'emploi initiaux de ses salariés alors que la première entraînait pour lui une obligation de négocier préalablement à leur embauche.

**575.** La Cour Suprême n'avait néanmoins pas eu, dans cette affaire, à définir le moment où devaient être appréciés les effectifs du cessionnaire. La question ne se posait pas en l'espèce. Le cessionnaire avait, en effet, commencé son activité directement avec la majorité des anciens salariés du cédant. Il n'avait pas procédé à des embauches par paliers qui auraient pu appeler une éventuelle contestation sur le décompte de ses effectifs. Restait également en suspens le fait de savoir à quelle situation la solution ainsi dégagée par l'arrêt Burns devait s'appliquer. Soit elle concernait tous les cas où il convenait de déterminer si le cessionnaire avait la qualité de « successeur » du cédant pour décider de ses obligations. Soit seuls les cas relatifs à la détermination des termes et conditions initiaux d'emploi des salariés que le cessionnaire reprenait étaient visés.

**576.** La question a finalement été tranchée par la Cour Suprême dans son arrêt Fall River Dyeing de 1987 [117]. En l'espèce, le cessionnaire, repreneur de l'activité d'une entreprise en liquidation, avait procédé à des embauches par paliers, au fur et à mesure du développement de son activité. Le syndicat qui représentait les anciens salariés du cédant avait demandé, sans succès, à négocier avec le cessionnaire, c'est-à-dire environ un mois après le début du redémarrage de l'activité, soit, en octobre 1982. Celui-ci employait vingt-et-un salariés dont dix-huit étaient des anciens salariés du cédant. Quelques mois plus tard, en janvier 1983, le cessionnaire avait atteint son objectif initial d'embauche, à savoir, cinquante-cinq salariés, dont trente-six travaillaient anciennement pour le cédant. Il continua son expansion et, encore deux mois plus tard, soit, en avril 1983, les anciens salariés du cédant représentaient pour la première fois une minorité des effectifs. La question du moment de l'appréciation de la composition des effectifs du cessionnaire pour déterminer la nature de ses obligations se posait dans cet arrêt avec une particulière acuité.

**577.** Dans une telle situation où une période de mise en route précède celle où l'entreprise atteint sa pleine capacité en termes d'activité et de nombre de salariés nécessaires à son fonctionnement, le NLRB avait, précédemment à la décision de la Cour Suprême, développé la règle dite des « effectifs substantiels et représentatifs » [118]. Elle permettait de déterminer le moment où la composition du personnel du cessionnaire devait être appréciée pour décider de l'obligation de négocier du cessionnaire. Cette règle était née dans le contexte des élections des représentants des salariés lorsque le NLRB devait se prononcer sur le moment approprié pour une élection dans une entreprise où les effectifs étaient en constante évolution.

[115]. « *Full complement* ». Ainsi, par exemple: Pacific Hide & Fur Depot v. NLRB, 553 *F.2d* 609, 95 *L.R.R.M.* 2467 (9h Cir. 1977) ; Pre-Engineered Building Products., Inc., 228 *N.L.R.B.* 841, 96 *L.R.R.M.* 1170 (1977), *enforcement denied*, 603 *F.2d* 134, 101 *L.R.R.M.* 3021 (10th Cir. 1979).

[116]. « *Full complement of employees* ».

[117]. Fall River Dyeing & Finishing v. NLRB, 125 *L.R.R.M.*2447 (1987).

[118]. « *Substantial and representative complement* ».

Il s'agissait alors pour le NLRB de mettre en balance des intérêts divergents, à savoir, d'un côté, donner l'assurance qu'un maximum de salariés participeraient au choix de leur représentant et, de l'autre, permettre aux salariés qui souhaitaient être représentés de l'être le plus vite possible. Ce type de raisonnement a été utilisé par le NLRB dans le cadre des transferts d'entreprises où se retrouvent les mêmes préoccupations : d'une part, permettre à un maximum de salariés du cessionnaire de participer au choix de leur représentant, de l'autre, ne pas contrarier le choix exercé antérieurement par les salariés qui ont été repris par le cessionnaire [119].

**578.** Le NLRB a développé sa propre définition de la notion d'« effectifs substantiels et représentatifs » autour de cinq critères, qui ont été repris par la Cour Suprême en 1987 [120]. La composition des effectifs du cessionnaire doit ainsi être appréciée au cas par cas, en tenant compte, à une date donnée, des éléments suivants : les postes qui ont été identifiés par le cessionnaire comme étant des postes à pourvoir sont pourvus en totalité ou en grande partie ; l'activité fonctionne normalement ou quasi-normalement. Il est également tenu compte du volume des effectifs, du temps estimé pour que l'activité fonctionne avec son effectif au complet ainsi que du potentiel d'expansion de l'activité du cessionnaire.

**579.** La Cour Suprême a validé cette règle qu'elle a jugée « raisonnable » et dont elle a qualifié les critères de « simples ». Le cessionnaire sait généralement, avec un assez bon degré de certitude quand tous les postes qui devaient être pourvus le sont effectivement, quand il a embauché la majorité des salariés qu'il souhaitait reprendre et qu'il a amorcé son rythme normal de production [121]. En l'espèce, il convenait d'apprécier les effectifs du cessionnaire au moment où celui-ci avait entamé son rythme normal de production, avait pourvu à la plupart des postes compris dans sa nomenclature et avait embauché au moins cinquante pour cent des salariés qu'il prévoyait d'embaucher. Au moment où cette situation s'est réalisée, les anciens salariés du cédant étaient majoritaires dans l'entreprise. Le cessionnaire avait donc l'obligation de négocier avec le syndicat qui les représentait sans que puisse être prise en compte dans le décompte de ses effectifs, l'intégralité des salariés qu'il avait embauchés après le transfert [122].

**580.** L'appréciation des projections en termes d'embauches et la période nécessaire au cessionnaire pour atteindre ses objectifs sont les éléments qui monopolisent les contentieux. Elles font l'objet d'une étude scrupuleuse du NLRB, soucieux de ne pas permettre au cessionnaire d'échapper à son obligation de négocier. Celui-ci userait de projections d'emploi

---

[119]. Fall River Dyeing & Finishing v. NLRB, 125 *L.R.R.M.* at 2449, n.16. L'argument selon lequel il convenait de permettre à un maximum de salariés d'être représentés avait d'ailleurs été repris par le cessionnaire en l'espèce. Celui-ci préconisait d'utiliser, à la place du critère des « *effectifs substantiels et représentatifs* », celui des « *effectifs complets* », soit l'appréciation des effectifs, une fois toutes les embauches intervenues, pour échapper à son obligation de négocier avec le syndicat qui représentait les anciens salariés du cédant. La Cour Suprême a rejeté cet argument en considérant que si ce critère permettait à tous les salariés du cessionnaire d'être représentés, il ne prenait pas en compte l'intérêt « significatif » pour les salariés d'être représentés le plus vite possible. En outre, ce critère n'était pas nécessairement plus facile à appliquer pour le cessionnaire. En effet « *étant donné les rêves expansionnistes de nombreux nouveaux entrepreneurs, cela pourrait être plus difficile pour un cessionnaire d'identifier le moment où ses « effectifs complets » sont atteints (...) que de reconnaître le moment où son affaire a entamé son rythme normal de production, qui est le moment identifié par la règle des « effectifs substantiels et représentatifs* » (125 *L.R.R.M.* at 2450).

[120]. Fall River Dyeing & Finishing v. NLRB, 125 *L.R.R.M.* at 2449.

[121]. Fall River Dyeing & Finishing v. NLRB, 125 *L.R.R.M.* at 2449.

[122]. Voir cependant l'opinion minoritaire divergente des Juges Powell et O'Connor, lesquels ont considéré, en substance, cette solution comme injuste, tant pour le cessionnaire qui peut difficilement anticiper la date d'appréciation des effectifs qui sera retenue par le NLRB, que pour la plupart de ses salariés qui se verront refuser la possibilité de choisir leur représentant (125 *L.R.R.M.* at 2454-2455).

à court terme erronées ou fantaisistes réalisées dans le seul but d'établir que les anciens salariés du cédant ne composent pas la majorité de son personnel. Le caractère objectif de ses projections doit en conséquence être démontré par le cessionnaire. Le fait qu'elles n'aient pas été connues à la date où le syndicat qui représente les salariés du cédant a demandé à négocier avec le cessionnaire suffit généralement à établir leur caractère trop spéculatif pour pouvoir valablement être prises en compte et permettre au cessionnaire d'échapper à ses obligations [123].

**581.** En définitive, plus les nouvelles embauches que le cessionnaire effectue dans le cadre de son expansion après le transfert sont réalisées tôt, plus elles auront de chance d'être prises en compte dans le calcul de ses effectifs. Elles lui permettront d'échapper à son obligation de négocier s'il s'avère, que finalement, les anciens salariés du cédant ne forment pas la majorité de ses effectifs. Il pourra également se soustraire à son obligation de recourir à l'arbitrage si un nombre substantiel d'entre eux n'est pas repris.

C'est en effet après avoir établi qu'un nombre suffisant d'anciens salariés du cédant a été repris par le cessionnaire ou aurait du être repris, si une discrimination à l'embauche à l'encontre de ces salariés est établie, que le NLRB et les Cours fédérales étudient les autres facteurs déterminant de la qualité de « successeur » du cessionnaire [124], en fonction de l'obligation considérée. Ils concluent, au cas par cas, sur ses responsabilités éventuelles.

**582.** La reprise d'un nombre substantiel des salariés du cédant par le cessionnaire est donc un pré requis à tout droit pour ces salariés et à toute obligation pour lui. C'est en ce sens qu'il est possible d'affirmer que le cessionnaire a, en droit américain, la faculté de refuser les obligations liées au transfert d'une entreprise ou d'une activité. Cette faculté n'existe pas pour le cessionnaire de droit français et anglais où l'activité et les salariés ne peuvent être dissociés.

## B. L'ABSENCE DE REPRISE DES DROITS DES SALARIÉS SAUF VOLONTÉ CONTRAIRE DU CESSIONNAIRE (« PERFECTLY CLEAR EXCEPTION »)

**583.** Le cessionnaire de droit américain est par principe libre d'embaucher ou non les salariés de son prédécesseur. Celui-ci est également libre de décider des termes et conditions selon lesquels ces salariés travailleront à son service, quelle que soit la source des droits dont ils bénéficiaient antérieurement. La distinction entre droits individuels et droits collectifs à laquelle s'attachent le droit français et le droit anglais sur le modèle de la directive communautaire est inopérante, en l'absence d'un principe consacré de transfert des droits des salariés repris par le cessionnaire.

**584.** Ce principe de libre détermination des termes et conditions d'emploi des salariés que le cessionnaire reprend à son service a été entériné par la Cour Suprême en 1972 dans un arrêt

---

[123]. Par exemple *in* US Marine Corp., 293 *N.L.R.B.* 669, 131 *L.R.R.M.* 1105 (1989), *enf'd*, 944 *F.2d* 1305, 138 *L.R.R.M.* 2361 (7th Cir. 1991), *cert. denied*, 503 *U.S.* 936, 112 *S.Ct* 1474, 139 *L.R.R.M.* 2808 (1992) où, peu de temps après que le syndicat représentant les salariés du cédant ait demandé à être reconnu comme partenaire à la négociation (janvier 1984), les projections d'embauches furent revues à la hausse chez le cessionnaire ainsi que le calendrier de production à six mois (juin 1984). La Cour d'appel a considéré dans cette affaire qu'il y avait « *plus d'une preuve* » pour conforter l'analyse faite par le NLRB que « *la préoccupation principale du cessionnaire avait été d'éviter son obligation de négocier en s'appuyant sur de fausses projections d'effectifs complets* » (138 *L.R.R.M.* at 2369).

[124]. A savoir : continuité de l'activité transférée et maintien de l'unité de négociation à laquelle ces salariés appartenaient. v. 2nd Partie, Titre I, chapitre I, *infra*.

NLRB v. Burns Int'l. Security Services [125]. Elle était plus particulièrement interrogée sur l'étendue des obligations pesant sur le cessionnaire en matière de négociation collective [126].

Bien que reconnaissant que le cessionnaire avait l'obligation de négocier avec le syndicat qui représentait les salariés qu'il avait repris, la Cour Suprême a, au même titre que les juges d'appel, refusé d'entériner la décision du NLRB. Ce dernier avait ordonné au cessionnaire d'appliquer l'ancienne convention collective et décidé l'octroi rétroactif aux salariés repris de leurs termes et conditions d'emploi antérieurs. Selon elle, il ne pouvait être déduit du fait que le cessionnaire appliquait des termes et conditions d'emploi différents de ceux en vigueur chez le cédant, qu'il avait unilatéralement modifié ceux des salariés qu'il avait repris à son service. Il était effectivement « *difficile de comprendre comment* [le cessionnaire] *pouvait être réputé avoir modifié unilatéralement des termes et conditions d'emploi préexistants (…) alors qu'il n'entretenait aucune relation d'aucune sorte avec l'unité de négociation et, qu'avant le* [date du transfert d'activité], *il n'appliquait aucun des termes et conditions d'emploi au titre desquels un changement aurait pu être constaté* » [127].

Le principe selon lequel le cessionnaire peut fixer librement et unilatéralement les termes et conditions initiaux d'emploi des salariés repris s'imposait donc.

**585.** Lorsque le cessionnaire pratique une discrimination à l'embauche à l'égard des anciens salariés du cédant pour échapper à son obligation de négocier avec le syndicat qui les représente, celui-ci perd son droit de fixer unilatéralement les termes et conditions d'emploi initiaux de ses salariés [128]. Fort de la présomption selon laquelle à défaut de pratique discriminatoire de la part du cessionnaire, les anciens salariés du cédant auraient été embauchés par lui, le NLRB ordonne dans ce cas au cessionnaire de « réintégrer » ces salariés dans leurs termes et conditions d'emploi antérieurs. Il le condamne à leur verser des arriérés de salaire [129] calculés conformément à ce qu'ils gagnaient précédemment [130]. Il en est de

---

[125]. NLRB v. Burns Int'l. Security Services, 406 *U.S.* 272, 80 *L.R.R.M.* 2225 (1972).

[126]. A savoir l'obligation de négocier avec le syndicat représentant les anciens salariés du cédant et l'obligation de reprendre les termes et conditions d'emploi résultant de la convention collective négociée par son prédécesseur. Sur ces questions, v. 2nd Partie, Titre I, chapitre I, *infra*.

[127]. NLRB v. Burns Int'l. Security Services, 80 L.R.R.M. at 2233.

[128]. Par exemple: Yonkers Associates., 94 L.P., 319 *N.L.R.B.* 108, 150 *L.R.R.M.* 1215 (1995), *enforced* 416 *F.3d* 119 (2005) : lorsqu'un employeur refuse d'embaucher les anciens salariés de l'unité qu'il reprend pour échapper à son obligation de négocier liée à son statut de cessionnaire, celui-ci abandonne par là même son droit de fixer unilatéralement leurs termes et conditions d'emploi initiaux ; Staten Island Hotel Ltd. Partnership, 318 *N.L.R.B.* 850, 150 *L.R.R.M.* 1086 (1995), *enforced*, 101 *F.3d* 858, 153 *L.R.R.M.* 3067 (2d Cir. 1996), précité: le cessionnaire qui ne réembauche pas les salariés du cédant à cause de leur affiliation syndicale n'est pas libre de fixer les termes initiaux d'emploi sans consulter au préalable le syndicat ; Horizons Hotel Corp., 312 *N.L.R.B.* 1212, 146 *L.R.R.M.* 1039 (1993), *enforced*, 49 *F.3d* 795, 148 *L.R.R.M.* 2641 (1st Cir. 1995), précité: le cessionnaire qui refuse d'embaucher les salariés du cédant à cause de leur affiliation syndicale est obligé de reconnaître et de négocier avec le syndicat sur les termes et conditions d'emploi de ces salariés ; Capital Cleaning Contractors v. NLRB, 147 *F.3d* 999 (A DC 1998).

[129]. « *Back pay* ».

[130]. « *Status quo ante remedy* ». Cette solution n'est toutefois pas complètement admise par les juges fédéraux. Même si ceux-ci considèrent, comme le NLRB, que le cessionnaire ne doit pas pouvoir tirer avantage du non respect de ses obligations en diminuant unilatéralement les salaires, ils constatent néanmoins que si les salariés avaient été embauchés avec leurs salaires antérieurs, le cessionnaire aurait pu les diminuer après avoir négocié jusqu'à l'impasse avec le syndicat. Dès lors, le cessionnaire ne saurait être condamné à payer des arriérés de salaire calculés sur la base de l'ancien salaire des salariés au-delà d'une certaine période qui peut être considérée comme une période raisonnable pour permettre la négociation. Cette période est déterminée par le NLRB. Cf. Love's Barbeque Restaurant, 245 *N.L.R.B.* 78, 102 *L.R.R.M.* 1546 (1979), *modified on other grounds sub. nom.*, Kallmann v. NLRB, 640 *F.2d* 1094, 107 *L.R.R.M.* 2011 (9th Cir. 1981). Dans un arrêt postérieur le NLRB a toutefois considéré, sans que la jurisprudence ultérieure des juges fédéraux ne vienne le contredire, que si la méthode qu'il préconisait pour calculer les arriérés de salaire dus aux salariés dans ce cadre était « *moins que parfaite* », celle suggérée par les juges fédéraux était « *pratiquement impossible à calculer* ». Il a, en conséquence, repris

même lorsque le cessionnaire indique aux salariés du cédant qu'il n'y aura pas de syndicat dans son entreprise. La situation est en effet considérée par le NLRB comme équivalente à un refus d'embauche [131].

**586.** Les cas de discrimination mis à part, la Cour Suprême a également admis, dans son arrêt Burns, une exception au principe de libre détermination par le cessionnaire des termes et conditions d'emploi des salariés qu'il reprend. Partant en effet du principe que l'obligation de négocier du cessionnaire découle du fait que la majorité de son personnel est composée des salariés de son prédécesseur, celle-ci a distingué deux hypothèses, en fonction des intentions du cessionnaire en la matière.

Dans la première hypothèse, il est « *parfaitement clair* » que le nouvel employeur « *envisage de retenir tous les salariés d'une unité de négociation* » [132]. Celui-ci aura alors

---

sa méthode de calcul initiale en rappelant l'autorité que lui donne le NLRA dans le choix des réparations appropriées à sa violation, sous réserve que ce choix soit raisonnable. State Distrib. Co., 282 *N.L.R.B.* 1048, 124 *L.R.R.M.* 1241 (1997). Certaines Cours fédérales ne se sont pas rangées à cette interprétation, préférant s'en tenir à la solution qu'elles préconisaient. Cf. par exemple, la Cour d'appel du 9è Cir., *in* Advanced Stretchforming Int'l, Inc., 233 *F.3d* 1176 (CA9 2000). En toute hypothèse, le cessionnaire qui a refusé d'embaucher les salariés de son prédécesseur à cause de leur appartenance syndicale puis les a réembauchés trois mois plus tard, à des termes et conditions qu'il avait unilatéralement fixés, ne peut pas valablement demander à ce que ces nouveaux termes soient utilisés comme base de calcul des arriérés de salaire qui leurs sont dus. NLRB v. Yonkers Associates, 94 L.P., 416 *F.3d* 119 (2d Cir. 2005).

[131]. Notamment: United States Marine Corp. v. NLRB, 138 *L.R.R.M.* 2361, 944 *F.2d* 1305 (7th Cir. 1991), *cert. denied*, 503 *U.S.* 936, 112 *S. Ct.* 1474, 139 *L.R.R.M.* 2808 (1992), précité. En l'espèce, le cessionnaire, repreneur d'une fabrique de machines destinées à l'activité maritime ou industrielle, avait informé le cédant et le syndicat que (i) il n'embaucherait que les candidats les plus expérimentés, (ii) il prévoyait de reprendre au moins 85% des anciens salariés du cédant, (iii) il ne reconnaîtrait pas le syndicat qui les représentait et, (iv) prévoyait d'appliquer ses propres plans de rémunération et conditions de travail. Le syndicat avait réagi à cette information en demandant une injonction en justice pour prévenir la cession qui intervenait en violation d'une clause de la convention collective prévoyant l'application préalable d'un préavis de six mois et la négociation d'indemnités de départ. Le cédant avait demandé, en réponse à cette action, que le cessionnaire reprenne la majorité des salariés. Devant le refus du cessionnaire, les juges du fond (district Court) prononcèrent une injonction à l'encontre du cédant, sans que celle-ci, qui fut, par la suite, révoquée, n'empêche la cession et le licenciement de 262 salariés d'intervenir. Le cessionnaire procéda à la réouverture de l'usine quinze jours plus tard avec 219 salariés, lesquels étaient tous des anciens salariés du cédant. Il continua par ailleurs d'embaucher des salariés. En définitive tous les anciens salariés du cédant à l'exception de 34 d'entre eux furent réembauchés par le cessionnaire. Celui-ci avait, par ailleurs, refusé de négocier avec le syndicat qui les représentait. Le NLRB considéra dans cette affaire que le cessionnaire avait agi de façon discriminatoire en refusant d'embaucher 34 des salariés du cédant (violation de la section 8(a)(3) du NLRA). Il avait manqué à son devoir de négocier en refusant, notamment, de reconnaître et de négocier avec le syndicat qui les représentait sur leurs termes et conditions d'emploi. Il lui ordonna, en conséquence, d'offrir un emploi aux 34 salariés en question avec paiement d'arriérés de salaire et d'avantages et d'appliquer à tous ses salariés, avec effet rétroactif, les termes et conditions d'emploi dont ils bénéficiaient précédemment chez le cédant. Contestant cette décision, le cessionnaire invoqua notamment le fait qu'il prévoyait d'embaucher un total de 460 salariés et qu'il n'avait donc aucune obligation de négocier avec le syndicat représentant les salariés du cédant puisque ceux-ci allaient, en définitive, représenter moins de la moitié de son personnel. Les juges d'appel confirmèrent la décision du NLRB et lui donnèrent force exécutoire. Ils ont considéré que la préoccupation du cessionnaire avait été d'éviter d'avoir à négocier avec le syndicat, qu'il avait avancé, pour ce faire, des projections fallacieuses de ses effectifs et qu'il avait, en outre, été incapable de justifier des raisons pour lesquelles il avait refusé d'embaucher les 34 salariés en question, alors que ceux-ci étaient syndiqués. Cette jurisprudence a été appliquée, par la suite, au cas où le cessionnaire interfère ouvertement avec les droits des salariés d'être représentés en déclarant qu'il n'y aurait pas de syndicat sur le site qu'il reprend. Cf. Advanced Stretchforming Int'l, Inc., 323 *N.L.R.B.* 529, 155 *L.R.R.M.* 1036 (1997), *enf'd* 233 *F.3d* 1176 (CA9 2000), *cert. denied*, 122 *S. Ct* 341 (US 2001), précité.

[132]. Galloway School Lines Inc., 153 *L.R.R.M.* 1105 (1996): Il en est de même lorsque, bien que le cessionnaire projette de ne retenir qu'une partie des anciens salariés du cédant, il est quand même évident que le syndicat qui les représente conservera son statut de syndicat majoritaire chez le cessionnaire,

l'obligation de « *consulter* » le syndicat qui les représente avant de déterminer les termes et conditions de leur emploi [133]. Cette exception est généralement visée sous le terme de « perfectly clear exception ».

Dans la seconde hypothèse, il n'apparaît pas clairement, comme c'était le cas en l'espèce, que le nouvel employeur a l'obligation de négocier avec le syndicat représentant les salariés du cédant. Son obligation ne pourra être déterminée avec certitude qu'une fois la composition de ses effectifs connue. Celui-ci ne pourra pas dans ce cas être tenu de négocier avec ledit syndicat avant de fixer les termes et conditions d'emploi initiaux de ses salariés [134]. En revanche, l'existence de son obligation de négocier deviendra apparente dès que la composition de ses effectifs, une fois connue, fera ressortir que la majorité de ses salariés est composée des salariés du cédant. Le cessionnaire aura alors l'obligation de négocier avec le syndicat des changements ultérieurs qu'il souhaitera apporter aux termes et conditions d'emploi qu'il aura initialement fixés, aussitôt que ledit syndicat en fera la demande.

**587.** La Cour Suprême n'a donné aucune indication permettant d'apprécier l'étendue de l'exception qu'elle avait ainsi consacrée. Le NLRB devait d'ailleurs admettre dans un arrêt ultérieur, au sujet de cette exception, que « *sa signification précise et son application* (...) *ne sont pas faciles à discerner* » [135]. La jurisprudence qui a suivi l'arrêt de la Cour Suprême s'est donc efforcée, au cas par cas, de distinguer les situations selon qu'il apparaissait « parfaitement clair » ou non que le cessionnaire entendait reprendre la majorité des salariés du cédant. Elle en déduisait ensuite la nature et l'étendue de ses obligations vis-à-vis du syndicat qui les représentait.

**588.** L'hypothèse la plus simple est celle dans laquelle il apparaît que l'offre du cessionnaire de reprendre les salariés du cédant est non équivoque ou qu'il s'est engagé à reprendre tous les salariés d'une même unité de négociation. Le cessionnaire est généralement, dans cette situation, considéré comme le successeur du premier dès avant l'embauche effective des salariés. Il a donc l'obligation de négocier avec le représentant des salariés du cédant avant de fixer leurs termes et conditions d'emploi initiaux [136].

---

compte tenu des circonstances de l'espèce et notamment du volume des effectifs que le cessionnaire projette d'embaucher.

[133]. « *There will be instances in which it is perfectly clear that the new employer plans to retain all of the employees in the unit and in which it will be appropriate to have him initially consult with the employees' bargaining representative before he fixes terms* ». NLRB v. Burns Int'l. Security Services, 80 *L.R.R.M.* at 2233-34. Pour un application récente : Road & Rail Services Inc., 348 *N.L.R.B.* N°77 (Nov. 30, 2006), où il a été décidé que le nouvel employeur n'avait pas agi d'un façon illicite en reconnaissant le syndicat et en entâmant des négociations avec lui avant d'avoir embauché les salariés puisqu'il apparaissait clairement que cet employeur était le successeur du premier (« *perfectly clear successor* »).

[134]. « *In other situations, however, it may not be clear until the successor employer has hired his full complement of employees that he had a duty to bargain with a union, since it will not be evident until then that the bargaining representative represents a majority in the union* ». NLRB v. Burns Int'l. Security Services, 80 *L.R.R.M.* at 2234.

[135]. Spruce Up Corp., 209 *N.L.R.B.* 194, 85 *L.R.R.M.* 1426, 1428 (1974).

[136]. Notamment: NLRB v. World Evangelism, 656 *F.2d* 1349, 108 *L.R.R.M.* 2573 (9th Cir. 1981): lorsque le cessionnaire envisage de retenir une grande partie des salariés du cédant, il doit consulter le syndicat qui les représente avant de modifier leurs termes et conditions d'emploi ; Spitzer Akron v. NLRB, 540 *F.2d* 841, 92 *L.R.R.M.* 3007 (6th Cir. 1976), *cert. denied* 429 *U.S.* 1040, 94 *L.R.R.M.* 2202 (1977): l'obligation de négocier précède l'embauche formelle des salariés lorsque le cessionnaire envisage de retenir un nombre suffisant de salariés du cédant de sorte que le syndicat qui les représente conserve son statut majoritaire ; Helnick Corp., 301 *N.L.R.B.* 128, 137 *L.R.R.M.* 1059 (1991): l'obligation de négocier naît le jour où le cessionnaire informe les salariés de son prédécesseur qu'il a l'intention de les embaucher tous ou, une grande partie d'entre eux ; United States Can Co. 305 *N.L.R.B.* 1127, 139 *L.R.R.M.* 1402 (1992), *enforced* 984 *F.2d* 864, 142 *L.R.R.M.* 2313 (7th Cir. 1993): lorsque le cessionnaire rend « parfaitement clair » son intention de retenir tous les salariés de son prédécesseur, il a le devoir de consulter le syndicat avant de fixer leurs termes initiaux d'emploi.

**589.** Plus délicate est l'hypothèse où, bien que désireux de reprendre les salariés du cédant, le cessionnaire fait savoir aux salariés qu'il souhaite les embaucher à des termes et conditions différents ou nouveaux. La jurisprudence est divisée dans ce cas. Le NLRB a ainsi considéré que le cessionnaire qui envisageait de reprendre les salariés du cédant devait consulter le syndicat, avant leur embauche, sur l'application de nouvelles grilles de rémunération à partir du moment où, au cours de ses discussions avec celui-ci, il avait démontré d'une façon « parfaitement claire » qu'il entendait reprendre les salariés de son prédécesseur [137]. Dans une autre espèce, le NLRB a, par contre, considéré que le cessionnaire qui faisait connaître son intention de reprendre les salariés de son prédécesseur à des termes et conditions d'emploi différents, n'était pas obligé de consulter au préalable le syndicat qui les représentait [138].

**590.** Le fait que le cessionnaire pose, en condition à la reprise des salariés, leur acceptation de termes et conditions d'emploi différents de ceux en vigueur chez le cédant est cependant généralement considéré par le NLRB comme exclusif de l'obligation pour le cessionnaire de consulter préalablement le syndicat. La décision de référence en cette matière a été prise dans l'affaire Spruce Up Corp. [139]. Le NLRB y a adopté une interprétation restrictive de l'exception formulée par la Cour Suprême deux ans plus tôt.

En l'espèce, environ un mois avant de reprendre l'activité du cédant [140], le cessionnaire avait exprimé son souhait général d'embaucher tous les salariés de son prédécesseur. Il avait néanmoins indiqué qu'il entendait appliquer de nouveaux taux de commissionnement moins favorables que ceux résultant de la convention collective appliquée chez le cédant. En apprenant la nouvelle, le syndicat qui représentait les salariés du cédant demanda à négocier. La demande du syndicat fut rejetée par le cessionnaire. Il offrit un emploi aux anciens salariés du cédant dans les conditions qu'il avait précédemment annoncées. Une majorité des salariés refusèrent cette offre. Ils se mirent en grève, avant de revenir sur leur décision quelques semaines plus tard, d'être embauchés par le cessionnaire et de former ainsi, la majorité de son personnel.

**591.** Un NLRB divisé a considéré dans cette affaire que le cessionnaire avait agi légalement en fixant unilatéralement les termes et conditions d'emploi des salariés. Il est parti du principe que la reprise des anciens salariés dépendait de leur acceptation des conditions

---

[137]. Canteen Co., 317 *N.L.R.B.* 1052, 149 *L.R.R.M.* 1233 (1995), *enf'd*, 103 *F.3d* 1355, 154 *L.R.R.M.* 2065 (7th Cir. 1997), précité. En l'espèce, le cessionnaire, nouveau prestataire pour le fonctionnement des services de restauration d'une faculté de médecine, avait, avant même de reprendre l'affaire en question, informé les salariés du cédant qu'il souhaitait que ceux-ci postulent à un emploi chez lui. Il avait également eu plusieurs discussions avec le syndicat concernant, notamment, les conditions de travail et sa volonté que les salariés effectuent une période d'essai. Cessionnaire et syndicat s'étaient également mis d'accord pour se rencontrer afin de négocier une convention collective et la possibilité d'apporter d'autres changements aux termes et conditions d'emploi des salariés n'avait pas été évoquée. Avant de proposer formellement un emploi aux salariés en question, le cessionnaire avait toutefois informé trois des quatre salariés qu'il réduirait leur salaire. Devant leur refus, il avait du rechercher d'autres candidatures. Les salariés de l'ancien prestataire avaient alors écrit au cessionnaire en lui indiquant qu'ils seraient prêts à travailler pour lui à leurs anciens termes et conditions d'emploi. Le NLRB a considéré en l'espèce, qu'au moment où le cessionnaire avait informé le syndicat de son souhait que les salariés effectuent une période d'essai, il était « parfaitement clair » que celui-ci entendait reprendre les salariés du cédant. Il ne pouvait donc pas, par la suite, fixer unilatéralement le niveau de leur salaire.

[138]. Planned Building Services Inc., 318 *N.L.R.B.* 1049, 152 *L.R.R.M.* 1058 (1995). Dans le même sens: Collinge Entreprises, Inc., 210 *N.L.R.B.* 52, 86 *L.R.R.M.* 1086 (1974) ; Henry M. Hald High School Assoc., 213 *N.L.R.B.* 415, 87 *L.R.R.M.* 1403 (1974) ; IAM v. NLRB, 595 *F.2d* 664, 98 *L.R.R.M.* 2787 (D.C. Cir. 1978).

[139]. Spruce Up Corp., 209 *N.L.R.B.* 194, 85 *L.R.R.M.* 1426 (1974).

[140]. Soit la reprise d'un total de vingt sept salons de coiffure pour hommes dont les salariés de dix neuf d'entre eux étaient syndiqués.

posées par le cessionnaire et que la possibilité qu'ils les refusent existait. Il a estimé alors qu'il ne pouvait être décidé qu'il était « parfaitement clair » que le cessionnaire « envisageait de retenir » tous les salariés de son prédécesseur.

Le cessionnaire devait donc, dans de telles circonstances, être autorisé à fixer librement les termes et conditions d'emploi des salariés qu'il reprenait. Admettre le contraire revenait en effet à l'inciter à « *s'abstenir de faire des commentaires favorables sur les perspectives d'emploi des anciens salariés par crainte d'abandonner, en le faisant, son droit de fixer unilatéralement leurs termes initiaux d'emploi* » [141]. Une telle interprétation risquait en conséquence de décourager le cessionnaire de reprendre les salariés de son prédécesseur, ce qui n'était manifestement pas le but recherché par la Cour Suprême lorsqu'elle avait rendu son arrêt Burns.

Dès lors, le NLRB a considéré que l'exception formulée par la Cour Suprême devait être limitée aux circonstances dans lesquelles le nouvel employeur a, soit activement, soit implicitement, induit en erreur les anciens salariés du cédant. Tel est le cas lorsqu'il leur a fait croire qu'ils seraient tous repris sans que leur salaire, temps de travail ou condition d'emploi soient modifiés ou qu'il n'a pas clairement annoncé son intention de fixer de nouveaux termes et conditions d'emploi, avant d'inviter les anciens salariés à travailler pour lui [142]. Lorsqu'il n'est pas certain que le cessionnaire a fait connaître ses intentions d'embauche de façon « parfaitement claire » à tous les salariés du cédant ou à une partie d'entre eux seulement, le

---

[141]. Spruce Up Corp., précité, 209 *N.L.R.B.* at 195, 85 *L.R.R.M.* at 1428. Les membres du NLRB n'étaient toutefois pas unanimes sur la question. Pour Mr. Fanning, par exemple, le cessionnaire devait être contraint de négocier avec le syndicat « *dès qu'il avait manifesté son intention de s'intéresser en premier lieu aux salariés du cédant pour occuper ses emplois* ». Il devait ainsi avoir l'obligation de négocier sur les termes et conditions d'emploi qu'il se proposait d'offrir aux salariés du cédant, avant même de les avoir embauchés. Ce n'était qu'à défaut d'un accord avec le syndicat que le cessionnaire aurait pu proposer aux salariés de les embaucher aux conditions qu'il aurait fixées unilatéralement. Notons toutefois que si le cessionnaire n'a pas été sanctionné dans cet arrêt pour son refus de négocier avec le syndicat sur les termes et conditions d'emploi initiaux des salariés qu'il entendait reprendre, il a quand même été sanctionné pour avoir refusé, après leur embauche, de reconnaître et négocier avec le syndicat. Il a été obligé de réintégrer les salariés grévistes non repris et de payer leurs salaires de la date à partir de laquelle la majorité des anciens salariés avait intégré ses effectifs jusqu'à la date de la réintégration effective des salariés non repris. Pour un commentaire critique de cette décision et une analyse des opinions contraires émises par les juges Fanning et Penello dans cette affaire, voir notamment, J. L.F. SILVER, « Reflections on the obligations of a successor employer », *Cardozo Law Review*, Spring 1981, vol. 2, p. 560-570. L'auteur considère la solution donnée par le NLRB comme trop rigide et préconise de se positionner plus par rapport à ce qu'un « observateur raisonnable » déduirait des méthodes de recrutement utilisées par le cessionnaire plutôt que par rapport à son intention.

[142]. Spruce Up Corp., 209 *N.L.R.B.* at 195, 85 *L.R.R.M.* at 1428. Dans le même sens : Peters v. NLRB (Western Paper Prods.) 153 *F.3d* 289, 158 *L.R.R.M.* 3037 (6th Cir. 1998), décrivant la règle selon laquelle le cessionnaire est autorisé à fixer les termes et conditions initiaux d'emploi s'il n'a pas, tacitement, induit en erreur les salariés en leur faisant croire que leurs conditions antérieures demeureraient applicables ou qu'il a expressément fait connaître son intention de retenir les salariés à de nouvelles conditions avant ou immédiatement après avoir repris le fonctionnement de l'exploitation ; Spitzer Akron v. NLRB, 540 F.2d 841, 92 L.R.R.M. 3007 (6th Cir. 1976), *cert. denied*, 429 *U.S.* 1040, 94 *L.R.R.M.* 2202 (1977) : la Cour a trouvé suffisamment de preuve pour établir que les salariés avaient été tacitement induits en erreur en croyant qu'ils seraient repris sans changement dans leurs conditions d'emploi. Il s'agit toutefois d'une question de preuve. Pour un exemple où celle-ci n'a pas été rapportée, Saks & Company v. NLRB., 634 *F.2d* 681, 105 *L.R.R.M.* 3274 (2d Cir. 1980) *enforcing in part and denying in part* 103 *L.R.R.M.* 1241 (1980), dans lequel les juges d'appel ont considéré, qu'en l'espèce, il n'avait pas été établi par le procureur général (« General Counsel ») du NLRB que le cessionnaire entendait reprendre tous les salariés de son prédécesseur, mais seulement que le cessionnaire les avait invités à travailler pour lui. Les termes et conditions d'emploi qui leur avait été proposés par le cessionnaire n'étaient pas non plus évoqués dans le dossier, ce qui ne permettait pas de conclure qu'il les avait induits en erreur en leur faisant croire qu'ils seraient repris par lui aux mêmes termes et conditions d'emploi. Le cessionnaire avait donc pu légitimement, en l'espèce, fixer unilatéralement les termes et conditions initiaux d'emploi de ses salariés.

NLRB considère que tous les salariés sont visés. Un ordre de négocier préalable a ainsi pu être émis par le NLRB sur ce fondement et recevoir force exécutoire, dans un cas où la majorité des salariés du cédant ne furent finalement pas réembauchés par le cessionnaire [143].

**592.** Différentes Cours fédérales ont, par la suite, validé l'interprétation restrictive adoptée par le NLRB. Elles ont rappelé l'importance accordée « *à la liberté du cessionnaire de modifier – et même de remodeler l'activité qu'il acquiert* » [144]. Elles ont, en outre, renforcé cette exigence que le cessionnaire ait exprimé clairement ses intentions au moment où il discute de l'embauche éventuelle des anciens salariés du cédant. Le cessionnaire aura ainsi l'obligation préalable de consulter le syndicat sur les termes initiaux d'emploi des salariés du cédant qu'il entend réembaucher dans deux situations. Dans la première, il n'indique pas clairement son intention de modifier leurs termes et conditions d'emploi au moment où il exprime son souhait de les réembaucher [145]. Dans la seconde, il exprime son souhait de les réembaucher tout en leur faisant savoir qu'il entend conserver leurs termes et conditions d'emploi antérieurs [146].

Quoiqu'il en soit, le NLRB a délibérément choisi dans sa jurisprudence d'imposer une obligation de négocier au cessionnaire sur les termes et conditions d'emploi initiaux de ses salariés dans certains cas. Or, la Cour Suprême indiquait seulement qu'il serait « approprié » pour le cessionnaire de « consulter » le syndicat au préalable. Le choix d'une telle phraséologie de la part de la Cour Suprême exprimait son souhait de ne pas imposer de contrainte forte au cessionnaire dans ce domaine. Cette option n'a pas été retenue par le NLRB et les Cours fédérales appelées à statuer postérieurement sur la question. Ils ont choisi plus sûrement, dans ce cas, de contraindre le cessionnaire à négocier avec le syndicat, préalablement à toute embauche des salariés de son prédécesseur. Ils l'obligent ainsi à maintenir leurs termes et conditions d'emploi en cours à la date de l'opération de transfert, à moins que le syndicat n'en accepte de différents [147].

**593.** Toutefois, l'obligation du cessionnaire ne peut résulter que de sa propre volonté. Il sera contraint de négocier préalablement avec le syndicat qui les représente avant de fixer leurs termes initiaux d'emploi et de les embaucher que dans certaines situations définies : d'abord, s'il exprime clairement son intention de reprendre les anciens salariés du cédant aux mêmes termes et conditions d'emploi que précédemment ; ensuite, s'il omet d'indiquer les changements qu'il entend y apporter ou reste équivoque, au moment où il leur faire connaître son souhait de les réembaucher ; enfin, s'il se déclare clairement en défaveur de la représentation syndicale dans son entreprise. Cette règle a néanmoins l'intérêt de permettre aux anciens salariés du cédant d'être rapidement fixés sur ce qu'il adviendra d'eux, après le transfert. Elle force du même coup le cessionnaire à faire connaître ses intentions au plus tôt, s'il veut retenir les salariés les plus indispensables à la continuation de l'activité reprise et s'assurer qu'ils ne partent pas à la concurrence [148].

---

143. Bellingham Frozen Foods v. NLRB, 626 *F.2d* 674, 105 *L.R.R.M.* 2404 (9th Cir. 1980), *enforcing in part* 237 *N.L.R.B.* 1450, 99 *L.R.R.M.* 1270 (1978), *cert. denied*, 449 *U.S.* 1125, 106 *L.R.R.M.* 2256 (1981).

144. International Ass'n of Machinists (Boeing Co.) v. NLRB, 595 *F.2d* 664 at 672-673 (D.C. Cir. 1978), *cert. denied,* 439 *U.S.* 1070 (1979), *affirming* 214 *N.L.R.B.* 541 (1974).

145. International Ass'n of Machinists (Boeing Co.) v. NLRB, précité.

146. Nazareth Regional High School v. NLRB, 549 *F.2d* 873 (2d Cir.1977), *enforcing in part sub nom.* Roman Catholic Diocese of Brooklyn, 222 *N.L.R.B.* 1052 (1976).

147. Voir cependant l'avis minoritaire concourant et divergent du juge Esterbrook (« *Concurring and Dissenting Opinion* »), Circuit Judge, auquel se sont joints en partie (« *concurring in part and dissenting in part* ») les juges Posner, Coffey, Manion et Kanne, Circuit Judges, *in* U.S. Marine Corp. v. NLRB, 138 *L.R.R.M.* 2361 at 2379 (7th Cir. 1991), lesquels remettent principalement en cause le bien fondé de la sanction prononcée à l'encontre du cessionnaire, jugée excessive.

148. Le risque devient alors pour le cessionnaire d'être contraint d'embaucher malgré lui les salariés à leurs termes et conditions antérieurs s'il conserve le silence où s'il ne fait pas connaître clairement ses

Le principe reste que le cessionnaire décide des droits qu'il entend maintenir aux salariés du cédant qu'il accepte de reprendre à son service. La préservation des droits consentis ou l'octroi de nouveaux droits pour ces salariés, comme pour les nouveaux salariés qui composeront ses effectifs, dépendra ensuite du fruit de la négociation que le syndicat et le cessionnaire mèneront. Elle aura lieu au sein de la nouvelle unité de négociation constituée une fois l'opération de transfert d'entreprise réalisée.

**594.** Ajoutons que le cessionnaire sera protégé de poursuites excessives par le délai limité pour agir prévu en cas de pratique déloyale de travail [149]. Les conséquences peuvent être lourdes pour le cessionnaire qui fixe unilatéralement les termes et conditions initiaux d'emploi des salariés qu'il reprend, en violation de son devoir préalable de négocier avec le syndicat, à savoir la restauration de leurs termes et conditions d'emploi antérieurs. Celui-ci peut toutefois y remédier ultérieurement, en négociant avec le syndicat les nouvelles modifications qu'il entend y apporter.

A défaut d'accord avec ledit syndicat, et sous réserve qu'il négocie de bonne foi jusqu'à l'impasse, le cessionnaire de droit américain, contrairement au cessionnaire de droit français et anglais, pourra ainsi, finalement, imposer aux salariés ses propres conditions d'emploi après le transfert, sans que ceux-ci ne puissent véritablement s'y opposer. La protection de l'ordre public des droits français et anglais parait ici bien éloignée.

---

intentions vis-à-vis des salariés de son prédécesseur. Le NLRB a ainsi pu ordonner au cessionnaire de négocier avec le syndicat, avant de fixer les termes initiaux d'emploi des salariés qu'il reprenait, parce que celui-ci avait initialement et avant que l'opération juridique de transfert ne s'effectue, accepté de payer des salaires et avantages aux salariés, dans le cadre de négociations qu'il avait menées avec le syndicat afin de stopper une menace de grève préalable au transfert d'activité. Le NLRB a en effet considéré qu'en négociant ainsi avec le syndicat, le cessionnaire avait induit en erreur les salariés en leur faisant croire qu'ils seraient tous repris sans modification de leurs salaires, horaires de travail ou conditions d'emploi. Solomon Health Services (NLRB, 2001), 2001 *WL* 1516947.

[149]. 6 mois, en application de la section 10 (b) du NLRA.

# CONCLUSION DU TITRE II

**595.** La diversité des droits protégés en droit français et anglais d'une part, et en droit américain d'autre part, résulte principalement d'une différence de conception de la situation des salariés dans les opérations de transfert d'entreprise. La protection des salariés d'ordre public des droits français et anglais s'oppose à la liberté contractuelle du droit américain. Ceci marque les limites des points de rapprochement constatés entre ces différents systèmes juridiques.

Les droits français et anglais répondent principalement à une logique de protection de l'emploi. La stabilité de la situation du salarié est recherchée lorsque celle de l'entreprise est menacée par les mutations qu'elle subit. Le caractère obligatoire du transfert des contrats de travail sert également la continuité de l'entreprise ou de l'activité transférée dans ces deux systèmes. En s'imposant à tous, cédant, cessionnaire et salariés, le principe du transfert des contrats de travail permet à l'entité économique transférée de fonctionner, dans les mêmes conditions, avec le même personnel. L'objectif de protection de l'emploi rejoint celui de la continuité de l'entreprise ou de l'activité cédée.

Le droit américain répond principalement à une logique de protection de la continuité de l'entreprise ou de l'activité cédée. Or celle-ci implique que la stabilité des relations sociales puisse être assurée après le transfert, dès lors que les salariés qui étaient affectés à l'activité cédée sont embauchés par le cessionnaire et continuent de travailler dans les mêmes conditions. Un objectif de protection de la paix sociale dans l'entreprise répond ainsi au besoin de stabilité dans son fonctionnement que le droit américain entend encourager. En définitive, ce n'est pas l'emploi qui est sauvegardé en droit américain mais les conditions de son maintien, dès lors que le nouvel employeur décide de continuer l'activité de son prédécesseur avec les mêmes salariés.

Les deux objectifs de continuité de l'entreprise et de stabilité de l'emploi ou de maintien des conditions de sa préservation après le transfert se répondent. La protection de l'emploi et la continuité de l'entreprise se révèlent intimement liés dans les trois systèmes juridiques étudiés, en dépit de la diversité des droits qu'ils protègent.

# CONCLUSION DE LA PREMIÈRE PARTIE

**596.** Les instruments de la protection des salariés compris dans les opérations de transfert d'entreprise, tout autant que les droits protégés, répondent à des différences conceptuelles qui tiennent au fondement du traitement que les trois systèmes juridiques entendent assurer aux salariés. Là où la protection du salarié et le maintien de ses droits sont indépendants de la volonté des parties en droit français et anglais, la reprise des conditions d'emploi antérieures du salarié dépend de la pleine volonté du cessionnaire en droit américain.

Quel que soit le système étudié toutefois, le transfert ou la reprise des contrats de travail des salariés affectés à l'activité transférée n'emporte pas le maintien automatique de l'intégralité de leurs droits antérieurs et la nécessaire continuité de l'entreprise l'emporte ainsi sur le besoin de stabilité de l'emploi une fois les salariés transférés ou repris.

Les différences de méthode n'empêchent ainsi pas une certaine équivalence de résultats.

# Seconde partie

# UNE CONVERGENCE DE RÉSULTATS

**597.** Les salariés auront changé d'employeur une fois le transfert ou leur réembauche réalisés. Que le législateur décide que l'opération juridique de transfert soit sans incidence en ce qui les concerne, en organisant leur transfert avec l'activité reprise, ou que celle-ci soumette leur maintien dans l'entreprise au pouvoir discrétionnaire du cessionnaire, l'employeur reste toujours libre de la direction et de la gestion de son entreprise. En effet, « *s'il y a lieu de protéger les intérêts des travailleurs concernés par le transfert, il ne saurait cependant être fait abstraction de ceux du cessionnaire, qui doit être en mesure de procéder aux ajustements et aux adaptations nécessaires à la continuation de son activité* » [1].

**598.** Le droit des transferts d'entreprises ne constitue ainsi qu'un régime transitoire dans la vie de l'entreprise. Quel que soit le système juridique étudié, l'organisation de l'entreprise déterminera le maintien, ou non, des droits des salariés. Les droits français, anglais et américain, seraient, en ce sens, convergents dans leurs résultats.

La protection des salariés que la loi (droits français et anglais) ou la jurisprudence (droit américain) entend organiser dans le contexte des transferts d'entreprises ne pourrait ainsi que se soumettre et s'adapter au pouvoir de direction de l'employeur. Cette proposition doit néanmoins être appréciée à la lumière des contrôles que chacun des trois systèmes juridiques autorise et de l'efficacité des sanctions qui y sont attachées, pour prendre la mesure de la véritable protection des intérêts des salariés qu'ils consacrent dans ce contexte particulier.

**Titre I : LE TRANSFERT N'EFFACE PAS LE POUVOIR DE DIRECTION**

**Titre II : LE TRANSFERT DÉCLENCHE UN CERTAIN DEGRÉ DE CONTRÔLE**

---

[1]. CJCE 9 mars 2006, aff. 499/04, Hans Werhof c/ Freeway Traffic Systems GmbH & Co. KG : *Rec. CJCE* 2006, p. I-2397, Point 32.

## Titre I

# LE TRANSFERT N'EFFACE PAS LE POUVOIR DE DIRECTION

**599.** Chacun des trois systèmes juridiques étudiés prévoit un seuil minimum de garanties pour les salariés concernés par une opération de transfert d'entreprise, afin que leur transfert (en droit français et anglais) ou leur reprise (en droit américain, pour les salariés représentés par un syndicat) par le cessionnaire n'aboutisse pas à une remise en cause totale de leurs droits.

Le maintien des droits des salariés n'est toutefois jamais automatique. Hors la sphère du contrat de travail, le constat est celui d'une adaptation automatique des droits transférés au contexte organisationnel de l'entreprise d'accueil. Au mieux, un maintien provisoire est assuré. Au pire, le maintien des droits dépend de la seule volonté du cessionnaire.

Dans aucun des trois systèmes juridiques couverts par notre étude, la protection accordée par le droit ne peut non plus interdire à l'employeur, qu'il soit cédant ou cessionnaire, de disposer de son entreprise, en la réorganisant et en procédant à des licenciements s'il l'estime nécessaire, dans l'intérêt de cette dernière.

Si les droits français et anglais prévoient plus largement que le droit américain des limites au pouvoir de direction de l'employeur dans le contexte particulier des transferts d'entreprises, ils n'empêchent toutefois pas l'employeur, qu'il soit cédant ou cessionnaire, de disposer de son entreprise. Le principe du maintien automatique de la relation d'emploi qu'ils consacrent est ainsi vidé d'une partie de sa substance.

Qu'il s'agisse du sort du statut collectif ou de la question de l'exercice par l'employeur du droit des licenciements dans le contexte des transferts d'entreprises, les droits français et anglais laissent finalement à l'employeur, à l'instar du droit américain, une large liberté dans l'exercice de son pouvoir de direction, en dépit de règles qui se veulent plus protectrices de la situation des salariés.

**Chapitre I : LE CARACTÈRE PROVISOIRE DU MAINTIEN DES DROITS DES SALARIÉS**

**Chapitre II : L'ABSENCE D'INTERDICTION DE LICENCIER**

Chapitre I

# LE CARACTÈRE PROVISOIRE DU MAINTIEN DES DROITS DES SALARIÉS

**600.** Quel que soit le système juridique étudié, le transfert ou la reprise des contrats de travail des salariés affectés à l'activité transférée n'emporte pas le maintien automatique de l'intégralité de leurs droits antérieurs.

La directive communautaire prévoit le maintien des conditions de travail pendant au minimum une année après le transfert [1]. Les droits français et anglais, qui organisent le transfert des salariés du cédant au cessionnaire, ne prévoient le maintien automatique que des droits attachés aux contrats de travail des salariés transférés. Leurs droits d'origine collective ne sauraient en effet être maintenus sans que soit prise en compte la situation de l'entreprise au sein de laquelle les salariés sont transférés. Le maintien de ces droits collectifs ne peut être que temporaire au risque sinon d'une inadaptation au nouvel environnement dans lequel les salariés seront amenés à évoluer.

La question du maintien des droits des salariés, que ces derniers soient transférés (droit français et anglais) ou repris (droit américain) par le cessionnaire se posera alors dans les mêmes termes, dans les trois systèmes juridiques étudiés, puisqu'il faudra prendre en considération l'organisation de l'entreprise par le nouvel employeur.

Les conditions du maintien provisoire des droits des salariés diffèrent selon que les droits en question tiennent ou non au statut collectif des salariés dans l'entreprise ou à la représentation collective de leurs intérêts **(Section I)**. Ces droits collectifs céderont, en toute hypothèse, à l'organisation de l'entreprise d'accueil et au nouvel environnement au sein duquel le cessionnaire entend voir évoluer les relations qu'il entretient avec les salariés **(Section II)**.

---

[1]. Directive 2001/32/CE, article 3.3.

# SECTION I
# LE MAINTIEN DES DROITS DES SALARIÉS DÉPEND DE LEUR NATURE JURIDIQUE

**601.** Lorsqu'il est organisé par la loi, le transfert automatique des droits des salariés ne vise que leur contrat de travail et les droits qui y sont attachés. Un régime de maintien provisoire est prévu pour les accords collectifs ainsi que la survie, à certaines conditions, des instances représentatives du personnel transféré.

En droit américain, le nouvel employeur est libre de reprendre à son compte les termes de la convention collective signée par son prédécesseur. Le contexte particulier dans lequel l'activité peut se poursuivre, le cas échéant, avec les mêmes salariés, dans les mêmes conditions, implique néanmoins pour lui certaines contraintes, principalement de négociation, si les salariés qu'il reprend à son service étaient précédemment représentés.

Quel que soit le système juridique étudié, le transfert d'entreprise est considéré comme une phase intermédiaire pour l'entreprise ou la partie d'entreprise qui en est l'objet. Il implique une protection transitoire des droits collectifs des salariés qui l'accompagnent. Celle-ci s'organise différemment selon qu'est envisagé le sort des conventions et accords collectifs (§1) ou des instances représentatives du personnel (§2).

## §1. SORT DES CONVENTIONS ET ACCORDS COLLECTIFS

**602.** Comme il a été dit, l'article 3.3 de la directive 2001/23/CE prévoit le maintien après le transfert des conditions de travail convenues par une convention collective.

Ce maintien est toutefois doublement limité. D'abord, quant à son contenu, à ce qu'avait prévu le cédant [2]. Ensuite, quant à sa durée, puisqu'il n'est assuré que « *jusqu'à la date de la résiliation ou de l'expiration de la convention collective ou de l'entrée en vigueur de l'application d'une autre convention collective* » [3].

Les États membres se voient également reconnaître la possibilité par la directive de limiter la période de maintien des conditions de travail « *sous réserve que celle-ci ne soit pas inférieure à un an* »[4]. Ces dispositions sont restées inchangées depuis la première rédaction de la directive en 1977 [5]. Elles ont donné lieu à peu de questions préjudicielles de la part des juridictions des États membres et, en conséquence, à peu d'éclaircissements de la part de la Cour de justice des communautés européennes [6].

---

[2]. « *Dans la même mesure que* [la convention collective] *les a prévues pour le cédant* ».

[3]. Directive 2001/23/CE, article 3.3. al. 1.

[4]. Article 3.3 al. 2, directive 2001/23/CE. Principes réaffirmés *in* CJCE 12 novembre 1992, aff. C-209/91, Anne Watson Rask et Kirsten Christensen c/ Iss Kantineservice A/S : *Rec. CJCE* 1992, p. I-5755 ; *JCP*, E, 1993, II, 426, note P. POCHET.

[5]. Elles ont notamment été prises en dépit d'une proposition de directive du Conseil, présentée par la Commission le 31 mai 1974 (*J.O.C.E.* du 13.9.74, n°C-104/1). Celle-ci prévoyait d'aligner le sort des droits et obligations résultant d'un usage propre à l'entreprise (article 3.1), ainsi que ceux trouvant leur fondement dans les accords d'établissement ou les conventions collectives d'entreprise (article 3.2) sur celui du contrat de travail. En ce qui concerne la convention collective, elle ne devait voir son maintien assuré que jusqu'à son terme, pour les conventions conclues pour une durée déterminée, ou pendant une année à compter du transfert, pour les conventions à durée indéterminée (article 3.3).

[6]. Celle-ci a tout de même pris soin de préciser que le cessionnaire n'est pas obligé de maintenir les conditions de travail convenues par une convention collective à l'égard des salariés qui n'étaient pas employés de l'entreprise à la date du transfert. Sont ainsi visés les salariés embauchés postérieurement au transfert par le cessionnaire. CJCE 17 décembre 1987, aff. 287/86, Landsorganisationen i Danmark for Tjenerforbundet i Danmark c/ Ny Mølle Kro : *Rec. CJCE* 1987, p. 5465 ; *D.*, 1989, somm. 165, 1ère esp., obs. A. JEAMMAUD. Ce dernier n'est, de même, pas obligé de garantir aux salariés qui lui ont été

**603.** Aucun des systèmes juridiques étudiés ne prévoit le maintien obligatoire des termes et conditions d'emploi prévus par conventions ou accords collectifs. Les droits français et anglais consacrent néanmoins le principe d'une survie provisoire des anciennes conditions convenues avec le cédant, sur le modèle des prescriptions de la directive communautaire. Le droit anglais laisse toutefois largement au cessionnaire le soin d'adapter le statut collectif de son personnel recomposé (B). Le droit français s'en distingue en prévoyant, notamment, la possibilité d'une négociation de substitution dans l'entreprise d'accueil, totalement ignorée de la directive (A). Le cessionnaire de droit américain n'a, en revanche, aucune obligation de reprendre ni de maintenir provisoirement les termes de l'ancienne convention collective qui couvrait les salariés qu'il a accepté de réembaucher. Il pourra néanmoins être contraint de recourir à un arbitre, sous certaines conditions, afin de trancher un litige portant sur l'interprétation ou l'application de tout ou partie des termes de l'ancienne convention collective aux salariés qu'il reprend (C).

## A. DROIT FRANÇAIS : UN MAINTIEN PROVISOIREMENT ASSURÉ

**604.** En droit français, le principe général de transfert posé par l'article L.122-12 al. 2 du code du travail concerne uniquement les contrats de travail en cours au jour du transfert. L'article 1165 du Code civil qui pose le principe de l'effet relatif des contrats reprend ses droits. Le sort du statut collectif des salariés [7] est indépendant de celui du contrat de travail, même s'il fait partie intégrante de la relation de travail du salarié qu'il a vocation à encadrer [8].

Le sort des dispositions des conventions et accords collectifs de travail est régi par ses propres règles. Les conventions et accords collectifs ne peuvent pas être considérés comme liés au contrat de travail, ni les avantages qu'ils garantissent incorporés au contrat de travail

---

transférés des droits qui résultent d'une convention collective signée postérieurement à celle qui était en vigueur au moment du transfert. CJCE 9 mars 2006, aff. 499/04, Hans Werhof c/ Freeway Traffic Systems GmbH & Co. KG : *Rec. CJCE* 2006, p. I-2397.

[7]. C'est-à-dire les droits et avantages issus des dispositions prévues par la convention collective de branche applicable à l'activité de l'entreprise, les éventuels accords collectifs ou d'entreprise, les usages et les accords atypiques ou actes unilatéraux consentis par l'employeur qui étaient éventuellement en vigueur chez le cédant au moment du transfert.

[8]. La Cour de cassation l'a rappelé dès 1965 en ces termes : « *Si l'article 23, al. 8 Livre 1er du code du travail* [actuel article L.122-12 al. 2] *prévoit que subsistent les contrats individuels de travail, cette disposition n'a pas en principe pour effet de transmettre les autres obligations et dettes à son successeur, même résultant d'accords collectifs* ». Cass. soc. 29 avril 1965, Sté O.C.E.N.A c/ Binaux : *Bull. civ.* IV, n°320, p. 264 ; *D.*, 1966, Jur. p. 64 et p. 760 (1ère espèce), note J. VILLEBRUN ; *Droit Social*, 1965, n°9-10, p. 511, obs. J. SAVATIER ; Cass. soc. 21 juin 1967, Bilaine c/ Sté Générale des Produits Réfractaires : *Bull. civ.* IV, n°493, p. 415 ; *D.*, 1966, Jur. p. 760 (2ème espèce), note J. VILLEBRUN ; *Droit Social*, 1968, n°3, p. 177, obs. J. SAVATIER ; Cass. soc. 23 octobre 1979, Sté Presto cafétéria c/ Gy : *Bull. civ.* V, n°768, p. 569 ; *Droit Social*, 1980, n°6, p. 342, note J. SAVATIER. Il en est de même des avantages résultant de sources non conventionnelles, tels que les usages, engagements unilatéraux ou accords atypiques, qui ne peuvent être considérés comme incorporés au contrat de travail : Cass. soc. 21 avril 1983, M. Colmont c/ Sté Teintures et Impressions de Cambrai et St Quentin (TICQ) : *Bull. civ.* V, n°204, p. 143 ; *JCP*, G, 1983, IV, 198 ; éd. E, I, 11709, à propos d'un avantage résultant d'un accord d'entreprise ; Cass. soc. 25 février 1988, Mme Deschamps et a. c/ Sté Desarbre : *Bull. civ.* V, n°139, p. 92 ; *Droit Social*, 1989, n°1, p. 86 ; *D.*, 1988, somm. 319-320, obs. A. LYON-CAEN : la dénonciation régulière d'un usage est opposable aux salariés qui ne peuvent prétendre à la poursuite de leur contrat de travail aux conditions antérieures ; Cass. soc. 13 février 1996, SA M. et N. Euro production c/ Mme Carreau et a. : *Bull. civ.* V, n°53, p. 37 ; *RJS*, 4/96, n°481, à propos d'un usage (régulièrement dénoncé) concernant le versement d'une prime de treizième mois ; Cass. soc. 3 décembre 1996, Syndicat CFDT de la métallurgie d'Orbec, Lisieux, Livarot et a. c/ Sté Sameto-Technifil : *Bull. civ.* V, n°412, p. 296 ; *Droit Social*, 1997, n°1, p. 102, obs. Ph. WAQUET ; J. PELISSIER, A. LYON-CAEN, A. JEAMMAUD et E. DOCKES, *Les grands arrêts du Droit du travail*, Dalloz, 2004, n°172, p. 639, à propos d'un usage (non régulièrement dénoncé) concernant le versement d'un treizième mois, d'une prime d'équipe et d'une prime de nuit.

des salariés transférés. La disparition des conditions d'application des conventions et accords collectifs de travail entraîne, en principe, la disparition des droits dont ils sont le support.

**605.** Si le principe du transfert global du statut collectif des salariés du cédant au cessionnaire n'existe pas en droit français, le cessionnaire n'est pas pour autant complètement libre de décider du statut collectif des salariés qui rejoignent ses effectifs du fait du transfert. L'exercice de son pouvoir reste encadré soit par la loi, pour les conventions et accords collectifs, soit par la jurisprudence, pour les accords atypiques, les usages ou les actes unilatéraux. Il s'agit pour les salariés transférés de ne pas être brusquement privés de tous les avantages dont ils bénéficiaient collectivement.

### *1. L'absence de principe de transfert des droits conventionnels*

**606.** Le code du travail réglemente depuis 1971 [9] le sort de la convention collective et de l'accord collectif dans le contexte d'un transfert d'entreprise. Avant cette date, le maintien des dispositions de l'ancienne convention collective ou des anciens accords collectifs était suspendu à la volonté du cessionnaire, lequel n'avait aucune obligation de continuer à appliquer l'ancien statut collectif des salariés transférés [10]. Seul le transfert du contrat de travail et des droits qui y sont attachés était donc assuré aux salariés. Le cessionnaire pouvait toutefois maintenir volontairement aux salariés le bénéfice des avantages stipulés dans la convention collective liant le cédant. La jurisprudence admettait que cet accord puisse être tacite et déduit des faits et circonstances de la cause [11].

**607.** A l'époque, la réception des dispositions de la convention collective par le contrat de travail avait été évoquée par la doctrine pour épargner aux salariés la perte de leur couverture conventionnelle au lendemain du transfert. Les avantages garantis par l'ancien statut conventionnel étaient en quelque sorte cristallisés en l'état à la date du transfert. Ils garantissaient aux salariés une protection conforme à celle dont ils bénéficiaient chez le cédant, sans pour autant faire obstacle à l'application du nouveau statut conventionnel chez le cessionnaire. Cette thèse manquait toutefois de fondement juridique, en dehors de son objectif évident de stabilité sociale. Comment admettre, en effet, le changement de support juridique des droits et leur survie en dehors de toute intervention législative ? Les clauses de maintien d'avantages introduites dans les conventions et accords collectifs ainsi que les engagements en ce sens du cessionnaire assuraient alors le relais d'un vide juridique à combler [12]. L'intervention du législateur en 1971 a mis un terme à la controverse, que la jurisprudence n'avait d'ailleurs pas alimentée [13]. Le sort des conventions et accords collectifs se distingue de celui du contrat de travail.

---

[9]. L'article L.132-7 al. 2 ancien du code du travail, complété en 1982 [Loi du 13 novembre 1982 relative à la négociation collective et au règlement des conflits collectif de travail (*J.O.* 14 nov)] introduit une obligation de négocier et une disposition spécifique sur le maintien des avantages individuels acquis, à défaut d'entrée en vigueur d'un accord de substitution. Il forme l'article L.132-8 du code du travail. Lire à ce sujet M. DESPAX, « La dénonciation des conventions collectives de travail après la loi du 13 novembre 1982 », *Droit Social*, 1984, n°9-10, p. 531.

[10]. Cass. soc. 29 avril 1965, Sté O.C.E.N.A. c/ Binaux : *Bull. civ.* IV, n°320, p. 264, précité ; Cass. soc. 7 juin 1967, Dame Sanglier c/ Sté d'application des techniques nouvelles en chaussures : *Bull. civ.* IV, n°450, p. 378 ; Cass. soc. 21 juin 1967, Bilaine c/ Sté Générale des Produits Réfractaires : *Bull. civ.* IV, n°493, p. 415, précité.

[11]. Cass. soc. 29 mai 1969, SA Drouard Frères c/ Bancharel et a.: *Bull. civ.* V, n°352, p. 294 ; *JCP*, G, 1972, II, 16997, obs. G.-H. CAMERLYNCK, à propos d'une prime annuelle d'ancienneté où « *la commune intention des parties contractantes* » (maintien de la prime) a notamment été déduite du fait que le nouvel employeur n'ignorait pas son existence.

[12]. G.-H. CAMERLYNCK, « La clause de maintien des avantages acquis », *Droit Social*, 1959, n°7-8, p. 406.

[13]. Notamment : Cass. soc. 3 mars 1955 : *Bull. civ.* IV, n°180, p. 148 ; Cass. soc. 21 juin 1967, Bilaine c/ Sté générale des produits réfractaires, précité. L'arrêt est toutefois ambigu puisqu'il décide à la

**608.** Depuis cette date, et contrairement à ce qu'il prévoit pour le contrat de travail, le code du travail n'organise ni le transfert de l'ancienne convention et des anciens accords collectifs au cessionnaire ni leur maintien après le transfert. Il assimile, dans un article L.132-8, la situation de la convention collective ou de l'accord collectif mis en cause, notamment du fait d'un transfert d'entreprise [14], à celle de leur dénonciation, en cours d'application. Il organise ainsi leur survie provisoire, s'assurant par la même contre le risque de disparition prématurée du statut collectif des salariés, après leur transfert.

**609.** En revanche, le code du travail est muet sur le sort des accords conclus avec les représentants du personnel élus, au moyen d'accords atypiques, et des éventuels engagements unilatéraux ou usages en vigueur dans l'entreprise au moment du transfert. Le législateur français a adopté ainsi une interprétation particulièrement restrictive de la directive 77/187/CEE en excluant les avantages collectifs garantis aux salariés par voie non conventionnelle du système de « *maintien des conditions d'emploi* », concept toutefois non défini par la jurisprudence communautaire. La jurisprudence constante considère néanmoins qu'ils font partie intégrante de l'entité économique transférée, en cas d'application de l'article L.122-12 al. 2 du code du travail à l'opération en cause. Ils sont, de ce fait, opposables au cessionnaire[15]. Elle n'admet pas pour autant l'intégration de ces avantages dans leur contrat de travail.

---

fois que les avantages résultant, pour un salarié transféré, de la convention collective liant son précédent employeur, « *ne s'étaient pas incorporés au contrat individuel* » et qu'ils « *n'avaient pu s'imposer que dans la mesure limitée où ils avaient déjà reçu application, à moins que le nouvel employeur n'ait convenu expressément de les maintenir* ». Il semble admettre, de ce fait, une intégration partielle des dispositions de la convention collective dans le contrat de travail. Pour un exposé des arguments en présence, à l'époque, au sujet de l'incorporation des dispositions de l'accord collectif dans le contrat de travail, voir les développements de J. DEPREZ, *Cessions d'entreprises et situations assimilées : Etude du régime de l'article L.122-12 du code du travail relatif à la modification de la situation juridique de l'employeur*, éd. Fr. Lefebvre, 1984, p. 82 et s. Sur la question de l'incorporation de la convention d'entreprise au contrat de travail, M.-A. ROTSCHILD-SOURIAC, *Les accords collectifs au niveau de l'entreprise*, thèse, Paris I, 1986, p. 1138-1159.

[14]. L'article L. 132-8 al. 7 du code du travail énumère en effet d'une façon non limitative les cas de mise en cause de l'application d'une convention collective ou d'un accord collectif intervenant en raison « *notamment, d'une fusion, d'une cession, d'une scission ou d'un changement d'activité* ». Il ne concerne pas les seuls cas de transfert d'entreprise au sens de l'article L.122-12 al. 2 du code du travail, mais inclut, plus largement, toutes les situations de remise en cause des effets d'une convention ou d'un accord collectif. A savoir : sa remise en cause en raison de la disparition des organismes signataires [Par exemple : Cass. soc. 16 mars 1995, n°1248 PFR, M. Akrour c/ Sté Assistance surveillance et radio sécurité : *Bull. civ.* V, n°91, p. 66 ; *D.*, 1995, somm. 369, obs. E. DOCKES ; *Droit Social*, 1995, n°4, p. 372, concl. R. KESSOUS, p. 370 ; *JCP*, 1995, II, 22419, rapp. J.-Y. FROUIN ; *JCP*, E, 1995, II, 722, note P. POCHET ; *RJS*, 4/95, n°402], ou en raison de la sortie de l'entreprise de son champ d'application géographique [Par exemple, pour un transfert de siège social d'un département à un autre : Cass. soc. 21 mai 1997 PB-R, Sé Belleli France c/ M. Gouthez : *Bull. civ.* V, n°182, p. 130 ; *RJS*, 7/97, n°848 ; *D.*, 1997, IR, p. 151 ; *Droit Social*, 1997, n°7-8, p. 762, obs. G. COUTURIER ; *JCP*, G, 1997, IV, 1442 ; *JCP*, G, 1998, I, 122, n°28, obs. J.-L. ALLIOT], ou encore en raison du changement d'activité de l'entreprise. Par exemple, Cass. soc. 7 juin 1995, n°2489 D, SA Triconfort c/ Avellaneda et a., non publié au Bull. civ. ; *RJS*, 7/95, n°801.

[15]. Ainsi, « *un avantage devenu obligatoire par voie d'usage est opposable au nouvel employeur* ». Cass. soc. 23 septembre 1992, n°3055 PF, Assedic de l'Isère et a. c/ Ait Byalla Mohamed et a. : *Bull. civ.* V, n°479, p. 301 ; *Droit Social*, 1992, n°11, p. 926 ; *RJS*, 11/92, n°1318 ; *Droit Ouvrier*, mai 1993, p. 184, note F. SARAMITO ; J. DEPREZ, « Le sort des usages d'entreprise et des accords atypiques en cas de changement d'employeur », *RJS*, 3/93, p. 143-146 ; Cass. soc. 6 avril 1994, n°1808 P, Sté Match Lorraine c/ Mme Petitgenet et a. : *Bull. civ.* V, n°131, p. 89 ; *RJS*, 5/94, n°633 ; Cass. soc. 22 février 1995, SA Métalinor c/ Senser, non publié au Bull. civ. : *Droit Social*, 1995, n°4, p. 395, obs. J.-P. CHAUCHARD ; Cass. soc. 18 octobre 1995, n° 3819 D, Sté Les Rapides de Saône-et-Loire c/ Renard et a., non publié au Bull. civ. ; *JCP*, 1996, II, 22628, note Ph. COURSIER ; Cass. soc. 7 mai 1996, n°2003 D, Sté Lesnedis c/ Cabon et a., non publié au Bull. civ. : *RJS*, 6/96, n°740 ; Cass. soc.

Le maintien de ces droits, pour l'avenir, sera donc suspendu au bon vouloir du cessionnaire, une fois le transfert réalisé. Ce dernier pourra les dénoncer sans avoir à obtenir l'accord des salariés ou à attendre une période légale minimale organisée et justifiée par les règles applicables au transfert d'entreprise. La réception par le cessionnaire des sources non conventionnelles de droit pour les salariés transférés sera, pour cette raison, étudiée plus loin dans ce chapitre.

**610.** Ainsi, même si les avantages résultant pour les salariés transférés de sources conventionnelles comme de sources non conventionnelles font partie du statut des salariés attachés à l'entité transférée et sont, de ce fait, opposables au cessionnaire, ils ne participent pas pour autant de leur contrat de travail. Il n'y a, en effet, en droit français, comme l'indiquait Monsieur le Conseiller Philippe Waquet, « *pas d'osmose entre le statut collectif des salariés et leurs contrats de travail* » [16].

### 2. L'organisation d'une période transitoire de maintien des droits conventionnels

**611.** En ce qui concerne les conventions et accords collectifs, sources principales du statut collectif des salariés, l'article L.132-8 al. 7 du code du travail prévoit que ces conventions et accords « *continuent à produire effet* » dans les mêmes conditions que celles prévues en cas de dénonciation émanant de la totalité des parties signataires [17].

En outre, « *une négociation doit s'engager dans l'entreprise en cause* », également selon les mêmes modalités que celles prévues en cas de dénonciation de la part de la totalité des parties signataires d'une convention ou d'un accord collectif [18], « *soit pour l'adaptation aux dispositions conventionnelles nouvelles, soit pour l'élaboration de nouvelles dispositions, selon le cas* ».

---

3 décembre 2003 n°2546 F-D, Sté Renosol Sud-Est c/ M. Fiers et a., non publié au Bull. civ. ; *Travail et Protection Sociale*, février 2004, n°51 (2è arrêt). Il en est de même des engagements unilatéraux du cédant, dont le régime est assimilé à celui des usages par la Cour de cassation [Cass. soc. 4 février 1997 n°572 P, Sté Total Raffinage Distribution c/ Mme Rocaboy et a. : *Bull. civ.* V, n°47, p. 31 ; *Droit Social*, 1997, n°4, p. 416, obs. G. COUTURIER ; *RJS*, 3/97, n°256 ; *Travail et Protection Sociale*, avril 1997, p. 12, n°114 ; Cass. soc. 17 mars 1998 n°1533 P, M. Friberg c/ Sté Moore France (2nd moyen) : *Bull. civ.* V, n°143, p. 106 ; *RJS*, 5/98, n°570] et cela quelles que soient les formes dans lesquelles l'engagement de l'employeur a été pris : Cass. soc. 16 décembre 1992, n°4504 P, Sté Job Lana industries c/ M. Novallas : *Bull. civ.* V, n°594, p. 374 ; *RJS*, 2/93, n°167 ; *Droit Ouvrier*, août 1993, p. 311 ; *Droit Social*, 1993, n°2, p. 161, note J. SAVATIER, p. 156, à propos du paiement d'un complément d'indemnité de licenciement qui avait été acté au procès-verbal du comité d'entreprise ; Cass. soc. 23 février 1994, n°1088 D, Kader et a. c/ Sté Gro Est, non publié au Bull. civ.: *RJS*, 4/94, n°443]. Pour une discussion sur les fondements éventuels de ce principe d'opposabilité au nouvel employeur, voir notamment F. GAUDU et R. VATINET, *Les contrat du travail : contrats individuels, conventions collectives et actes unilatéraux*, Traité des contrats, sous la direction de J. GHESTIN, LGDJ, 2001, p. 571 et s.

[16]. *In* « Contrat de travail et statut collectif », *RJS*, 6/94, p. 402.

[17]. Il est procédé par renvoi aux alinéas 3 et 6 de l'article L.132-8 du code du travail. L'alinéa 3 de l'article L.132-8 du code du travail est rédigé comme suit : « *Lorsque la dénonciation émane de la totalité des signataires employeurs ou des signataires salariés, la convention ou l'accord continue de produire effet jusqu'à l'entrée en vigueur de la convention ou de l'accord qui lui est substitué ou, à défaut, pendant une durée d'un an à compter de l'expiration du délai de préavis, sauf clause prévoyant une durée déterminée supérieure* ». L'alinéa 6 de l'article L.132-8 du code du travail est rédigé comme suit : « *Lorsque la convention ou l'accord qui a été dénoncé n'a pas été remplacé par une nouvelle convention ou un nouvel accord dans les délais précités au troisième alinéa ci-dessus, les salariés des entreprises concernées conservent les avantages individuels qu'ils ont acquis, en application de la convention ou de l'accord, à l'expiration de ces délais* ».

[18]. Il est procédé par renvoi à l'alinéa 5 de l'article L.132-8 du code du travail, lequel prévoit notamment que : «*Lorsqu'une convention ou un accord a été dénoncé par la totalité des signataires employeurs ou des signataires salariés, une nouvelle négociation doit s'engager, à la demande de l'une des parties intéressées, dans les trois mois qui suivent la date de la dénonciation* ».

**612.** Deux principes sont à retenir de cet article aux nombreux renvois. D'abord, les conventions et accords collectifs de travail dont bénéficiaient les salariés avant leur transfert ne voient leurs dispositions survivre que temporairement. Leur application est « mise en cause » par le seul effet du transfert [19]. Ensuite, cette survie provisoire n'est organisée que pour laisser le temps aux parties de négocier et de s'entendre sur les termes d'une convention ou d'un accord substitutif. A défaut d'accord, ces dispositions survivent pendant une période de trois mois, équivalent à un préavis, à laquelle vient s'ajouter une durée maximale de douze mois. A l'issue de ces quinze mois, seuls les droits individuels acquis par les salariés au titre de l'ancienne convention collective et des anciens accords collectifs sont conservés par eux.

**613.** En définitive, la loi ne prévoit pas le transfert automatique du statut conventionnel des salariés du cédant. Elle assure tout de même son maintien pendant un laps de temps pouvant être, soit très court, le temps pour le cessionnaire et les partenaire sociaux de négocier un statut adapté à leur nouveau cadre de travail, soit assez long, à défaut de négociation ou d'entente entre les parties à la négociation [20].

Le droit français fait ainsi entièrement dépendre de l'accord des parties le sort des conventions et accords collectifs qui bénéficiaient aux salariés antérieurement à leur transfert alors qu'il prohibe toute entente de principe entre elles pour en modifier le statut individuel, en application d'un principe d'ordre public [21].

Le droit anglais se distingue du droit français à cet égard en faisant le plus souvent dépendre le maintien du statut collectif des salariés de la seule volonté du cessionnaire.

---

[19]. La Cour de cassation décide en effet que la cession d'une entité économique autonome entre dans les prévisions de l'article L.132-8 al. 7 du code du travail : Cass. soc. 26 février 1992, n°1047 P, M. Trigona c/ Sté Auroch bureautique informatique (3ème moyen): *Bull. civ.* V, n°132, p. 81 ; *RJS*, 4/92, n°471 ; Cass. soc. 24 février 1993, n°647 P, M. Collin c/ Sté Sogères : *Bull. civ.* V, n°67, p. 47 ; *D.*, 1993, somm. 259, obs. J. GOINEAU ; *RJS*, 4/93, n°429 ; *Cahiers Sociaux du Barreau de Paris*, 1993, n°51, p. 191; Cass. soc. 31 janvier 2001, n°377 FS-PB, Sté Marine Consulting c/ M. Rouquette et a. : *Bull. civ.* V, n°31, p. 22 ; *RJS*, 4/01, n°478 ; *Droit Social*, 2001, n°4, p. 455, obs. J. SAVATIER: article L.1328 al. 7 du code du travail applicable en cas de sous-traitance d'activités entre deux sociétés ; Cass. soc. 22 mai 2002, n°1787 FS-D, Sté Onet propreté c/ Ferreira, non publié au Bull. civ. : *RJS*, 8-9/02, n°1012 (article L.122-12 al. 2 inapplicable, en l'espèce). La mise en cause résulte de plein droit du transfert, sans qu'il soit besoin d'une dénonciation de la convention ou de l'accord collectif en cause : Cass. soc. 9 février 1994, n°724 D, Scanvion c/ SA La Sofiac, non publié au Bull. civ. : *RJS*, 3/94, n°280 (1ère espèce) ; Cass. soc. 20 janvier 1998, n°249 P, SCM Centre de Charlebourg c/ Mlle Boulouis : *Bull. civ.* V, n°23, p. 17 ; *RJS*, 3/98, n°276.

[20]. Il s'agit d'un délai maximum de 15 mois. En effet, l'absence de négociation consécutive à la mise en cause d'une convention ou d'un accord collectif n'a pas pour effet de prolonger l'application de la convention ou de l'accord au-delà des délais prévus par l'article L.132-8 al. 3 du code du travail : Cass. soc. 23 juin 1999, n°2952 P, Mme Laclie et a. c/ Sté Christol distribution docks des alcools : *Bull. civ.* V, n°297, p. 214 ; *Droit Social*, 1999, n°11, p. 973, obs. B. GAURIAU ; *D.*, 1999, IR, 191 ; *RJS*, 8-9/99, n°1103.

[21]. Sur la modification du contrat de travail dans le contexte d'un transfert d'entreprise, v. 2nd Partie, Titre 1, Chapitre 2, *infra*.

## B. DROIT ANGLAIS : UN MAINTIEN SUSPENDU AU BON VOULOIR DU CESSIONNAIRE À DÉFAUT D'INTÉGRATION AU CONTRAT DE TRAVAIL

**614.** Le droit anglais a consacré le principe posé par la directive 77/187/CEE selon lequel les accords collectifs [22] en vigueur à la date de la cession [23] et applicables aux salariés de l'entité cédée sont, après le transfert, réputés avoir le même effet que s'ils avaient été conclus par ou pour le compte du cessionnaire [24]. Ils entraînent, à l'égard des salariés, les mêmes effets que si le cessionnaire avait lui-même été partie à l'accord [25].

### *1. Le principe de la libre disposition par le cessionnaire des droits garantis collectivement*

**615.** La règle du maintien des accords collectifs en vigueur à la date du transfert est toutefois sans préjudice du principe de droit anglais [26], selon lequel les conventions et accords collectifs n'ont aucune force obligatoire à moins que les parties aient convenu du contraire, par écrit [27]. Le principe du maintien des droits résultant de conventions collectives après le transfert trouve ainsi sa limite en droit anglais dans le bon vouloir du cessionnaire. Aucune période transitoire après le transfert n'est prévue. Le cessionnaire est en effet libre de dénoncer et renégocier les accords collectifs qui lui sont transmis dès le lendemain du transfert, comme aurait pu le faire son prédécesseur. En définitive, la situation est celle que le droit français consacrait avant l'intervention du législateur en 1971 qui a organisé la survie provisoire des accords collectifs en cours à la date du transfert.

**616.** Ce principe a été répété et utilisé au moment des discussions préalables à la transposition de la directive, comme un élément de persuasion face à des parlementaires dubitatifs sur l'intérêt d'un tel texte et préoccupés par les bouleversements qu'il était

---

[22]. Définis en droit anglais comme étant « *tout accord ou arrangement fait par ou pour le compte de un ou plusieurs syndicats et un ou plusieurs employeurs ou association d'employeurs et concernant une ou plusieurs des matières spécifiées* [relevant de la négociation collective] », section 178 (1) du Trade Union and Labour Relations (Consolidation) Act 1992 (TULR(C)A 1992). Sont donc réputés transférés les accords conclus entre syndicat et employeur de même que les « arrangements » plus informels (pratiques internes) qui auraient pu être convenus entre eux, à conditions qu'ils portent sur l'un des sujets relevant de la négociation collective, c'est-à-dire, les termes et conditions d'emploi, l'embauche, l'absence d'embauche, la suspension ou la rupture du contrat de travail, la répartition du travail entre salariés ou groupes de salariés, la discipline, l'appartenance syndicale, les moyens consentis aux syndicats et les procédures de négociation [Section 178 (2), TULR(C)A 1992]. Tous les accords ou arrangements qui ne portent pas sur l'un de ces sujets ne sont pas considérés comme des accords collectifs et sont dès lors soumis aux principes de *common law* (absence de transfert, sauf volonté clairement exprimée du cessionnaire).

[23]. A l'exception toutefois des engagements relatifs aux pensions de retraites (« *occupational pension scheme* »), TUPE 1981, reg. 7 ; TUPE 2006, reg. 10.

[24]. TUPE 1981, reg. 6(a), TUPE 2006, reg. 5(a).

[25]. TUPE 1981, reg 6(b) ; TUPE 2006, reg. 5(b).

[26]. Egalement rappelé dans le corps même du texte du TUPE 1981, reg. 6(a) ; TUPE 2006, reg. 5(a).

[27]. Principe actuellement contenu dans le TULR(C)A 1992, section 179. Pour un rappel du contexte dans lequel a été consacré ce principe : R. LEWIS, « The legal enforceability of collective agreements », *British Journal of Industrial Relations*, 1970, p. 313-333. Pour une discussion sur le fondement de ce principe et son application en droit anglais, voir, plus largement, les développements consacrés à cet effet dans la thèse de L. GUARDELLI, *La négociation collective d'entreprise en droits français et anglais comparés*, Paris II, 1999, p. 184 et s.

susceptible d'introduire en droit anglais [28]. Il n'a pas fait l'objet de commentaire et est rappelé à l'identique dans le nouveau texte du TUPE, applicable depuis le 6 avril 2006 [29].

Cela ne signifie toutefois pas que les conventions collectives ne puissent avoir aucun effet après le transfert.

### *2. L'exception de l'intégration au contrat de travail des droits garantis collectivement*

**617.** Nous avons vu que les droits garantis collectivement aux salariés en droit anglais peuvent être considérés comme incorporés [30] à leur contrat de travail. Leur maintien après le transfert est assuré, de fait, par l'application des règles qui gouvernent le contrat de travail et non les conventions collectives [31]. Tel est généralement le cas des clauses conventionnelles concernant la rémunération ou le temps de travail. Bien que résultant d'une source qui n'a pas force obligatoire [32], celles-ci deviennent opposables au cessionnaire dès lors que le contrat de travail des salariés y fait expressément référence. Il peut aussi être déduit des circonstances de fait que les parties ont entendu implicitement les intégrer au contrat de travail [33]. Ainsi, dès lors qu'il est établi que le contrat de travail a précédemment été exécuté en faisant référence à une convention collective, une présomption existe en droit anglais que les parties au contrat ont entendu continuer à utiliser cette méthode pour compléter les termes de leur accord. Les juges anglais acceptent de reconnaître que les termes de la convention collective ont été intégrés au contrat de travail du ou des salariés concernés, dès lors que, soit leur contrat de travail, soit un document interne concernant les termes et conditions de leur emploi, y fait référence.

**618.** La question de la détermination des dispositions de la convention collective qui ont précisément été incorporées au contrat de travail est néanmoins délicate. Une distinction s'opère généralement entre les dispositions qui visent à régir la relation individuelle d'emploi du salarié, telles que celles portant sur la rémunération et autres avantages, les congés payés, la durée du travail, etc. [34], et celles de nature plus procédurales qui visent à régir la relation collective d'emploi, telles que celles relatives aux modalités de dénonciation de l'accord ou encore aux moyens donnés aux représentants du personnel pour assurer leur mission [35]. Seules les premières sont réputées intégrées au contrat de travail. Les autres sont réputées transférées au cessionnaire, en application du TUPE. N'étant toutefois pas incorporées au contrat de travail des salariés, elles peuvent être librement révoquées par le cessionnaire [36].

Le droit anglais ne distingue pas, contrairement au droit français, selon la source du droit consenti aux salariés pour décider du traitement juridique de sa survie après le transfert. Il est en ce sens moins restrictif que le droit français puisque tous les avantages consentis aux

---

[28]. H.C. Deb. vol. 14, cols. 679 (07.12.81), Mr. Waddington ; H.L. Deb. vol. 425, cols. 1483 and 1500 (December 10, 1981), Lord Lyell.

[29]. TUPE 2006, reg. 5.

[30]. « *Incorporated* ».

[31]. 1ère Partie, Titre 2, chapitre 1, *supra*.

[32]. « *Non enforceable* ».

[33]. Un éminent auteur emploie à ce titre l'expression imagée de « pratique cristallisée ». Cf. O. KAHN-FREUND « Legal Framework », *in* A. FLANDERS, H. A. CLEGG, *The System of industrial relations in Great Britain, its history, law and institutions,* Oxford, Blackwell, 1954, p. 58.

[34]. « *Substantive terms* ».

[35]. « *Procedural terms* ».

[36]. La question des heures de délégation est plus discutable, selon certains auteurs, puisque celles-ci pourraient être considérées comme consenties à titre individuel aux salariés remplissant des fonctions représentatives. Elles devraient en conséquence donner lieu, en cas de suppression par le cessionnaire, à indemnisation, sur le fondement du TUPE. En particulier, S. CAVALIER, *Transfer rights : TUPE in perspective*, The Institute of Employment Rights, 1997, p. 32 ; S. DEAKIN, G. S. MORRIS, *Labour Law*, Butterworths, 2001, p. 789. Pour des développements sur les « techniques d'incorporation », v. la thèse de L. GUARDELLI, précitée, p. 251-258.

salariés transférés par le cédant peuvent être réputés incorporés à leur contrat de travail. Il reste toutefois moins protecteur que le droit français qui assure un maintien certes transitoire, mais global, des droits des salariés résultant de conventions ou d'accords collectifs.

**619.** L'employeur est obligé, depuis 1993, de préciser par écrit au salarié, dans les deux mois de son embauche, les informations concernant les conditions de son emploi [37] et notamment « *tout accord collectif ayant une incidence directe sur les termes et conditions d'emploi* » [38]. Cette obligation renforce les possibilités de reconnaissance par les juges d'existence de dispositions relais [39] entre le contrat de travail et les accords collectifs en vigueur au sein de l'entreprise. Cela a pour effet de permettre de plus en plus souvent l'intégration aux contrats de travail d'avantages consentis collectivement [40]. A l'inverse, les éléments non mentionnés dans cette note informative, par exemple ceux résultant d'usages ou d'engagements unilatéraux de l'employeur, sont plus difficiles à considérer comme des droits susceptibles d'être intégrés au contrat de travail et valablement revendiqués par le salarié [41].

Cette jurisprudence pallie, sans doute en grande partie, l'absence d'adoption en droit anglais des prescriptions minimales de la directive en ce qui concerne la durée de maintien du statut collectif des salariés transférés. Elle explique également que les arrêts pris sur le fondement de l'intégration des droits conventionnels dans le contrat de travail se réfèrent plus au principe de maintien du contrat de travail [42] qu'à celui du maintien en vigueur des conventions collectives après le transfert [43].

**620.** La Commission européenne avait d'ailleurs notifié en 1989 au gouvernement anglais l'absence de conformité à la directive sur une série de points. Parmi eux, figurait notamment celui que le TUPE n'obligeait pas le cessionnaire à continuer à observer les termes et conditions résultant d'accords collectifs appliqués par le cédant [44]. Cette notification est restée sans suite, témoignant d'une certaine tolérance de fait des autorités communautaires à cet égard, contrairement à d'autres carences du droit anglais qui ont fait l'objet d'une procédure en manquement [45].

---

[37]. Par une note informative, dépourvue de valeur contractuelle, dénommée « *statement of particulars* » ; obligation actuellement contenue dans l'ERA 1996, Section 1.

[38]. ERA 1996, Section 1(4)(j).

[39]. « *Bridge terms* ».

[40]. En ce sens : S. DEAKIN, G. S. MORRIS, *Labour Law*, Butterworths, 2001, p. 262.

[41]. Ainsi, par exemple, pour des indemnités additionnelles de rupture prévues par une police interne (« *policy* »), alors que les contrats de travail n'y faisaient pas référence, que la police en question n'avait été communiquée ni aux salariés, ni aux syndicats, que l'octroi desdites indemnités avait nécessité à chaque fois une décision préalable de la direction et qu'il n'était pas établi que cette police avait été appliquée sans exception pendant une période substantielle. Quinn and others v. Calder Industrial Materials Ltd, [1996] *IRLR* 126 (EAT). En l'espèce les salariés considéraient que, bien que leur contrat de travail ne faisait pas référence à cette police, elle en faisait partie intégrante puisqu'elle y avait été « *importée implicitement par l'usage et la pratique* ». Pour un exemple contraire à propos d'une clause d'un livret du personnel (« *staff handbook* ») prévoyant la majoration des indemnités de rupture dues en cas de licenciement pour motif économique (considérée comme intégrée au contrat de travail) : Keeley v. Fosroc International Ltd [2006] EWCA Civ. 1277 (CA) ; *IDS Employment Law*, Brief 817, November 2006, p. 10-12.

[42]. TUPE 1981, reg. 5 ; TUPE 2006, reg. 4.

[43]. TUPE 1981, reg. 6 ; TUPE 2006, reg. 5.

[44]. S. DEAKIN, G. S. MORRIS, ouvrage précité, p. 790 ; G. S. MORRIS, T. J. ARCHER, *Collective Labour Law*, Hart Publishing, 2000, p. 298.

[45]. CJCE 8 juin 1994, aff. C-382/92, Commission des Communautés européennes c/ Royaume-Uni de Grande-Bretagne et d'Irlande du Nord. *Rec. CJCE* 1994, p. I-2435, sur l'obligation de l'employeur de droit anglais d'informer et de consulter les représentants de ses salariés et sur l'obligation de l'Etat anglais d'en sanctionner les manquements. Sur cet arrêt, v. 1ère Partie, Titre 1, chapitre 2, *supra*.

Le droit américain conserve sa spécificité sur ce terrain puisqu'il ne prévoit aucun maintien de principe des conventions ou accords collectifs en vigueur à la date de l'opération de transfert. Plusieurs décisions importantes de la Cour Suprême sont néanmoins venues entretenir le débat sur ce point et fixer les limites de la liberté du cessionnaire, dès lors qu'il décide de reprendre la majorité des salariés de son prédécesseur. Une étude approfondie de ces arrêts nous a semblé indispensable.

## C. DROIT AMÉRICAIN : LA PRÉDOMINANCE DE L'OBLIGATION DE RECOURIR À L'ARBITRAGE

**621.** Trois décisions importantes de la Cour Suprême ont été prises en l'espace de dix ans, de 1964 à 1974, sur la question de l'application après le transfert des termes et conditions de la convention collective appliquée aux salariés du cédant. Deux questions y ont été traitées selon que la Cour Suprême était saisie d'une action visant la reprise pure et simple par le cessionnaire des termes de la convention collective en cours au moment de l'opération de transfert, soit qu'elle était plus spécifiquement saisie d'une action tendant à obtenir du cessionnaire qu'il recoure à l'arbitrage pour déterminer la nature et l'étendue de ses obligations après le transfert, en application d'une clause d'arbitrage contenue dans la convention collective signée par son prédécesseur. Bien que liées, ces deux questions seront traitées distinctement dans les développements qui suivent, pour en faciliter la compréhension.

**622.** Le cessionnaire peut décider volontairement d'être lié par tout ou partie de la convention collective de son prédécesseur et d'embaucher ses salariés aux termes et conditions dont ils bénéficiaient antérieurement. Dans un tel cas, il sera non seulement tenu d'appliquer la convention collective en question à ses salariés [46] mais il ne pourra pas en modifier les termes sans négociation préalable avec le syndicat. Nous avons vu qu'il peut également être contraint de maintenir l'ancien statut des salariés qu'il reprend s'il ne leur indique pas clairement son intention de modifier leurs termes et conditions d'emploi, au moment où il exprime son souhait de les réembaucher [47]. Toutefois, dès lors que sa décision de ne pas reprendre à son compte les termes de la convention collective appliquée par son prédécesseur est dénuée de toute équivoque [48], le principe reste que le cessionnaire n'est pas lié par les termes de la convention collective en cours, du seul fait du changement intervenu dans la structure ou la propriété de l'entreprise.

---

[46]. La reprise globale de la convention collective ou le maintien des termes et conditions d'emploi des salariés sans autre précision ou limitation peut s'avérer plus contraignant qu'il n'y parait pour le cessionnaire de droit américain. Celui-ci peut en effet se retrouver lié par les pratiques et autres usages résultant de négociations antérieures au transfert, qui ne seraient pas contenus dans le texte même de la convention collective. Ainsi, par exemple, dans une affaire Elesco Smelting Corporation, 56 *LA* 1256 (Sembower Arb., 1971), l'arbitre a décidé que le cessionnaire était contraint de perpétuer la pratique de son prédécesseur qui consistait à octroyer aux salariés une prime pour *Thanksgiving* et une prime de Noël. Peu importait que le cessionnaire ne fût pas au courant d'une telle pratique. L'arbitre a, en conséquence, ordonné dans cette affaire que le cessionnaire donne 5 dollars (ou une dinde) pour *Thanksgiving* et une prime de Noël à chacun de ses salariés.

[47]. v. 1ère Partie, Titre 2, chapitre 2, *supra*.

[48]. L'absence d'adéquation entre la parole et la conduite du cessionnaire peut en effet conduire les juges à décider que le cessionnaire s'était engagé à reprendre à son compte les termes de l'ancienne convention collective. Par exemple: World Evangelism, Inc., 248 *N.L.R.B.* 909 (1980), *enf'd*, 656 *F.2d* 1349 (9th Cir.1981). Il en est de même, par exemple, lorsque le cessionnaire commence par appliquer les termes de la convention collective de son prédécesseur, avant de se rétracter et de modifier les salaires, avantages et conditions de travail des salariés, ou qu'il continue à en appliquer certains, alors qu'il n'avait pas clairement affirmé sa volonté de ne pas appliquer l'ancienne convention collective.

### *1. L'absence d'obligation de maintien du statut conventionnel*

**623.** Ce principe a été affirmé par la Cour Suprême pour la première fois en 1964, dans un arrêt John Wiley & Sons v. Livingston [49]. Il s'agissait plus particulièrement de décider si et dans quelles circonstances le cessionnaire peut être lié par une clause d'arbitrage contenue dans la convention collective signée par son prédécesseur, suite à une action du syndicat fondée sur la section 301 du LMRA. La Cour Suprême a rappelé à cette occasion que les principes de *common law* gouvernant les contrats ordinaires ne permettent pas de considérer un employeur successeur non signataire comme partie à une convention qu'il n'a pas signée. Elle n'en a pas moins également souligné la spécificité de la convention collective par rapport au contrat en considérant que « *une convention collective n'est pas un contrat ordinaire* » et que « *la disparition par fusion d'une entreprise qui a conclu une convention collective avec un syndicat ne supprime pas automatiquement tous les droits des salariés couverts par cette convention* » [50].

**624.** Dépassant le contexte de l'arrêt Wiley, le NLRB s'est par la suite approprié le raisonnement de la Cour Suprême pour l'appliquer à des actions introduites sur le fondement de la violation du devoir de négocier du nouvel employeur, résultant des sections 8(a)(5) et 8(a)(1) du NLRA. Le NLRB devait ainsi admettre en 1970 que le cessionnaire commettait une pratique déloyale de travail en refusant d'honorer les termes de la convention collective signée par son prédécesseur. Il affirmait que le NLRA lui « *impose une telle obligation* » [51]. Selon le NLRB, « *la stabilité des relations de travail serait menacée et les salariés devraient faire face à l'incertitude et à un vide dans leurs termes et conditions d'emploi ainsi qu'au risque de perdre les avantages obtenus lors de précédentes négociations, à moins que le nouvel employeur ne soit réputé avoir adopté, comme principe de droit fédéral du travail, les obligations résultant de la convention collective conclue par son prédécesseur* » [52].

**625.** Saisie dans cette même affaire, la Cour Suprême a adopté une toute autre analyse dans son arrêt NLRB v. Burns Int'l. Security Services de 1972 [53]. Elle s'est prononcée plus directement et plus longuement dans cet arrêt sur la question de l'application par le cessionnaire de la convention collective qui était en cours chez le cédant au moment du transfert. Le rappel des faits de l'espèce permettra d'en situer le contexte.

**626.** En substance, dans cette affaire, le cédant, la société Wackenhut Corporation, et le syndicat du Personnel de Surveillance de Sites (« UPG ») [54], qui venait d'obtenir son accréditation, avaient signé une convention collective d'une durée de trois ans, un mois avant que le contrat de prestation de services, portant sur un service de sécurité pour la société Lockheed, ne lui soit retiré et le marché attribué au cessionnaire, la société Burns.

Burns avait réembauché les vingt-sept salariés de Wackenhut auxquels s'étaient joints quinze de ses salariés qui travaillaient sur d'autres contrats. Au moment de l'embauche des anciens salariés de son prédécesseur, Burns leur avait fourni des cartes de membres de la

---

[49]. John Wiley & Sons v. Livingston, 376 *U.S.* 543, 55 *L.R.R.M.* 2769 (1964).

[50]. John Wiley & Sons v. Livingston, 55 *L.R.R.M.* 2772 (1964). La Cour Suprême a néanmoins axé son argumentation dans cet arrêt sur la spécificité du recours à l'arbitrage comme solution privilégiée par le droit fédéral du travail américain afin d'éviter les conflits sociaux. Cette spécificité justifiait donc que, « *dans des circonstances appropriées* », il puisse être demandé au cessionnaire de recourir à l'arbitrage en application d'une convention collective qu'il n'avait pas signée lui-même.

[51]. William J. Burns International Detective Agency, 182 *N.L.R.B.* 348, 74 *L.R.R.M.* 1098 (1970), tel que cité *in* NLRB v. Burns Int'l. Security Services, 80 *L.R.R.M.* 2225 at 2226 n. 2 (1972).

[52]. William J. Burns International Detective Agency, 182 *N.L.R.B.* 348, 74 *L.R.R.M.* 1098 (1970), tel que cité *in* NLRB v. Burns Int'l. Security Services, 80 *L.R.R.M.* 2230.

[53]. NLRB v. Burns Int'l. Security Services, 80 *L.R.R.M.* 2225 (1972).

[54]. «*United Plant Guards Workers of America* ».

Fédération Américaine des Gardes (« AFG ») [55], le syndicat avec lequel il avait négocié des conventions collectives pour ses salariés travaillant sur d'autres sites. Il les avait informés qu'ils devaient s'affilier à ce syndicat pour pouvoir travailler pour lui et qu'il n'entendait pas appliquer la convention collective signée entre le syndicat UPG et son prédécesseur. Considérant que le syndicat AFG était majoritaire, Burns l'avait dès lors reconnu comme partenaire à la négociation pour le site de Lockheed.

Une dizaine de jours plus tard, le syndicat UPG demanda à Burns à être reconnu comme partenaire à la négociation en tant que représentant des salariés travaillant sur le site de Lockheed. Il demanda que celui-ci honore les termes de la convention collective qui avait été négociée avec son prédécesseur. Devant le refus de Burns, le syndicat UPG engagea une action en pratique déloyale de travail.

**627.** Nous ne nous attarderons pas ici sur la question de l'obligation de négocier du cessionnaire avec le syndicat représentant les salariés de son prédécesseur, ni sur celle de la représentativité dudit syndicat dans cette affaire, auxquelles cet arrêt répondait également et qui seront étudiées plus loin dans ce chapitre. Sur la seule question de l'application de l'ancienne convention collective par le cessionnaire, le raisonnement du NLRB exposé plus haut, n'a pas été suivi par la Cour d'appel. Celle-ci a considéré que le NLRB avait excédé ses pouvoirs en ordonnant à Burns de respecter la convention collective de son prédécesseur. La Cour Suprême ne l'a pas non plus suivi. Elle a confirmé à l'unanimité la position de la Cour d'appel selon laquelle Burns ne pouvait pas être lié par une convention collective qu'il n'avait pas signée.

Le NLRB pouvait seulement contraindre les parties à négocier [56], le devoir de négocier n'ayant pas pour corollaire l'obligation pour les parties de parvenir à un accord [57]. Il ne pouvait pas les forcer à s'entendre sur les termes d'une convention collective comme il tentait de le faire en imposant à Burns de reprendre à son compte les termes de la convention collective qui avait été négociée par son prédécesseur.

**628.** La Cour Suprême s'est également dégagée du raisonnement de l'arrêt Wiley, qui était invoqué par le NLRB à l'appui de sa décision, en distinguant notamment les fondements sur lesquelles les deux affaires étaient basées. Il s'agissait en effet, pour l'une, d'une action destinée à obtenir un recours à l'arbitrage, dans l'affaire Wiley, et pour l'autre, d'une action en pratique déloyale de travail, dans l'affaire Burns, où le NLRB était expressément limité par les termes de la section 8(d) du NLRA qui ne prévoit pas d'obligation de résultat pour les parties à la négociation.

En l'espèce, Burns avait été informé de l'existence de la convention collective signée par son prédécesseur mais n'avait pas accepté d'être lié par elle. Aucun de ses actes n'indiquait qu'il entendait adopter ses dispositions. Citant un arrêt plus ancien, la Cour Suprême concluait ainsi son argumentation juridique en affirmant que « *permettre au NLRB d'imposer un accord lorsque les parties elles-mêmes sont incapables de s'accorder violerait le principe*

---

[55]. « *American Federation of Guards* ».

[56]. Dans un arrêt H.K. Porter Co. v. NLRB rendu deux ans plus tôt [397 *U.S.* 99, 73 *L.R.R.M.* 2561(1970)], la Cour Suprême avait affirmé que la section 8(d) empêchait le NLRB et les Cours fédérales de contraindre un employeur ou un syndicat à accepter ou à appliquer les dispositions d'une convention collective.

[57]. La section 8(d) du NLRA prévoit expressément, en effet, que l'existence d'une obligation de négocier « *n'oblige aucune des parties à accepter une proposition ni n'exige que des concessions soient faites* ». Ce principe a été consacré par la Cour Suprême, avant son adoption par le législateur, dans un arrêt NLRB v. Jones & Laughlin Steel Corp. [301 *U.S.* 1, 1 *L.R.R.M.* 703 (1937)]. La section 8(d) du NLRA résulte de la loi Taft-Hartley de 1947. L'un des objectifs de cette loi était en effet de limiter à l'époque le pouvoir du NLRB de déterminer à quel moment l'employeur négociait de mauvaise foi. Il s'agissait ainsi d'éviter que le NLRB ne devienne juge de la valeur des concessions et des propositions faites par l'employeur dans le cadre des négociations et qu'il ne puisse pas par la même contrôler les termes de la convention collective qui devaient rester librement déterminés par les parties.

*fondamental sur lequel le NLRA est basé, à savoir, la négociation privée dont seule la procédure est soumise à la supervision du gouvernement, sans aucune contrainte officielle sur les termes de l'accord lui-même »* [58]. Employeurs et syndicats restaient à la fois libres de faire des concessions et libres de ne pas se voir imposer des dispositions contractuelles contre leur volonté [59].

**629.** Pour clore la discussion, la Cour Suprême a rappelé les lourdes conséquences que l'admission d'un tel principe entraînerait pour le cessionnaire si celui-ci devait être lié par la convention collective de son prédécesseur. En effet, en dehors du coût financier que représenterait l'application pure et simple de la convention collective aux salariés du cessionnaire, ce principe supposerait également que leur contrat ne puisse être rompu qu'en respectant les termes de la convention collective en cours. Le cessionnaire pourrait également se voir opposer les engagements pris par son prédécesseur à l'égard du syndicat et qui résulteraient de conventions collectives antérieures qui n'auraient pas été dénoncées au moment du transfert d'activité. Il ne pourrait pas modifier unilatéralement les termes de la convention collective et le syndicat ne commettrait pas de pratique déloyale de travail en refusant de négocier sur une quelconque modification de la convention collective, avant l'arrivée de son terme. Le cessionnaire serait ainsi obligé de respecter les termes de la convention collective et de négocier avec le syndicat pendant toute sa période d'application, quand bien même il aurait des doutes sur la légitimité du syndicat dans son entreprise.

Pour toutes ces raisons, la reprise par le cessionnaire des termes de la convention collective applicable au moment du transfert d'activité ne pouvait résulter que de sa propre volonté. Le fait que Burns ait refusé d'appliquer l'ancienne convention collective n'était pas constitutif d'une pratique déloyale de travail. En conséquence, la décision du NLRB qui ordonnait que Burns applique, avec effet rétroactif, toutes les clauses de la convention collective de son prédécesseur à ses salariés, devait être annulée.

**630.** Le cessionnaire n'a en droit américain aucune obligation de maintenir l'ancien statut collectif des salariés de son prédécesseur qu'il reprend à son service. Si reprise il y a, celle-ci ne saurait être que volontaire. En présence d'une clause d'arbitrage contenue dans la convention collective appliquée par son prédécesseur, la jurisprudence impose toutefois au cessionnaire de recourir à un arbitre pour trancher tout différend portant sur l'interprétation et l'application de tout ou partie des termes de l'ancienne convention collective aux salariés qu'il a repris.

### 2. *L'obligation de recourir à l'arbitrage (« duty to arbitrate »)*

**631.** Ce principe résulte de l'arrêt John Wiley & Sons v. Livingston, précité, de 1964 [60]. Dans cette affaire, le syndicat des commerces de détails et de gros [61], affilié à la fédération des syndicats indépendants américains (AFL-CIO), avait signé une convention collective avec une maison d'édition, la société Interscience Publishers, Inc. (ci-après « Interscience »). Sa durée d'application était prévue jusqu'au 31 janvier 1962. Elle ne contenait pas de clause

---

[58]. H.K Porter Co. Inc. v. NLRB, 397 *U.S.* 99 at 108, 73 *L.R.R.M.* 2561 (1970), tel que cité *in* NLRB v. Burns Int'l. Security Services, 80 *L.R.R.M.* 2231.

[59]. La Cour Suprême invoquait les faits d'espèce différents de ces deux affaires puisqu'il s'agissait, pour la première (affaire Wiley), d'une fusion, alors que, pour la deuxième (affaire Burns), il s'agissait de deux entreprises concurrentes sur le marché. Le cessionnaire n'avait aucun lien avec le cédant et n'était devenu responsable d'aucune des obligations financières de son prédécesseur. Le seul fait que Burns avait repris un nombre suffisant de salariés de son prédécesseur pour se voir imposer une obligation de négocier était une base « *totalement insuffisante* » pour décider qu'il avait accepté ou était réputé avoir accepté d'honorer les termes de la convention collective de son prédécesseur. NLRB v. Burns Int'l. Security Services, 80 *L.R.R.M.* 2230.

[60]. John Wiley & Sons v. Livingston, 55 *L.R.R.M.* 2772 (1964).

[61]. « *Retail, Wholesale and Department Store Union* ».

expresse qui rendrait la convention collective applicable au « successeur » d'Interscience. Le 2 octobre 1961, Interscience fusionna avec une autre maison d'édition, la société John Wiley & Sons Inc., et cessa d'exister en tant que telle, par une fusion absorption. A la date de la fusion, Interscience employait, sur un seul site, quatre-vingt salariés dont quarante étaient représentés par le syndicat des commerces de détails et de gros. La société John Wiley était plus importante puisqu'elle employait environ trois cent salariés, sur plusieurs sites. Aucun d'eux n'était, en revanche, représenté par un syndicat.

Tous les salariés d'Interscience, à l'exception de quelques-uns qui avaient préféré partir avec des indemnités de départ, furent repris par Wiley. Dans les discussions qui précédèrent et suivirent la fusion, le syndicat et Interscience, puis Wiley, n'avaient pas pu s'accorder sur les conséquences de la fusion sur la convention collective en cours et sur les droits qu'elle accordait aux salariés d'Interscience. La position du syndicat était qu'il continuait à représenter les anciens salariés d'Interscience qui avaient été repris par Wiley. Ce dernier était obligé de reconnaître certains droits acquis par ces salariés, notamment les droits à ancienneté et à indemnités de rupture, en application de la convention collective. Wiley considérait, au contraire, que la fusion avait mis un terme à la convention collective. Il refusa, en conséquence, de reconnaître le syndicat comme un partenaire à la négociation et d'accéder à ses prétentions pour le compte des anciens salariés d'Interscience. Une semaine avant l'expiration de la convention collective, le syndicat introduisit une action pour contraindre Wiley à s'en remettre à un arbitre sur cette question sur le fondement de la section 301 du LMRA [62].

**632.** Pour replacer l'arrêt dans son contexte, il faut rappeler que, quatre ans plus tôt, la Cour Suprême s'était prononcée en faveur du recours à l'arbitrage dans trois arrêts plus connus sous le terme de « *Trilogie Steelworkers* », du nom du syndicat qui était partie à ces trois affaires [63]. Le deuxième arrêt de cette trilogie avait, en particulier, réaffirmé cette

---

[62]. Pour mémoire, ce n'est qu'en 1957, avec l'arrêt Textile Workers Union v. Lincoln Mills [353 *U.S.* 448, 40 *L.R.R.M.* 2113 (1957)], que la Cour Suprême a admis que les Cours fédérales pouvaient développer un ensemble de règles, sur le fondement de la section 301 du LMRA, propres à assurer le respect par les parties de leur promesse d'arbitrer les conflits concernant l'interprétation ou l'application d'une convention collective.

[63]. United Steelworkers of America v. American Manufacturing Co., 363 *U.S.* 564 (1960), United Steelworkers of America v. Warrior & Gulf Navigation Company, 363 *U.S.* 574 (1960), et United Steelworkers of America v. Enterprise Wheel & Car Corp., 363 *U.S.* 593 (1960). La Cour Suprême a résolu dans ces arrêts la question du rôle du juge face à une demande d'exécution d'une clause d'arbitrage ou d'une sentence arbitrale. La question du recours à l'arbitrage pour trancher des litiges liés à l'application d'une convention collective après le transfert n'a donc, pour cette raison, pas été discutée par les juges avant l'arrêt Wiley en 1964. Dans le premier arrêt de la trilogie [United Steelworkers of America v. American Mfg. Co., 363 *U.S.* 564 (1960)], la Cour Suprême a indiqué le rôle limité que doivent jouer les tribunaux en ce domaine. Le juge doit seulement déterminer si le cas pour lequel la partie demande le recours à l'arbitrage est régi par la convention collective ou non. Le recours à l'arbitrage n'est pas conditionné par les chances d'obtenir gain de cause pour la partie qui le demande, puisqu'il s'agit là d'une question d'interprétation de la convention collective qu'il revient à l'arbitre lui-même de trancher. Dans son second arrêt [United Steelworkers of America v. Warrior & Gulf Navigation Co., 363 *U.S.* 574 (1960)], la Cour Suprême a décidé que les juges doivent en principe accéder à une demande visant à contraindre l'une des parties de recourir à l'arbitrage. Dans le dernier arrêt de la trilogie [United Steelworkers of America v. Enterprise Wheel & Car Co., 363 *U.S.* 593 (1960)], la Cour Suprême a décidé que les juges devaient accéder aux demandes d'exécution des sentences arbitrales. Néanmoins, une fois saisi, l'arbitre doit se limiter à l'interprétation et à l'application de la convention collective. Il ne peut, en particulier, fonder sa décision « *seulement sur l'opinion qui est la sienne des exigences de la législation en vigueur* ». La sentence arbitrale (« *award* ») ne pourra, en effet, être entérinée en justice que si « *elle tire son essence de la convention collective. Lorsque les mots de l'arbitre manifestent une infidélité à cette obligation, les Cours n'ont pas d'autre choix que de refuser d'entériner la sentence arbitrale* » [United Steelworkers of America v. Enterprise Wheel & Car Corp., 363 *U.S.* 593 at 597]. En ce qui concerne, en revanche, les questions relatives à l'interprétation de la convention collective, celles-ci relèvent de la seule compétence de l'arbitre.

présomption renforcée en faveur du recours à l'arbitrage en ces termes : « *Un ordre de soumettre à l'arbitrage un différend particulier, ne devrait pas être refusé à moins qu'il puisse être affirmé avec certitude que la clause d'arbitrage n'est pas susceptible d'une interprétation qui puisse couvrir le litige. Les doutes devraient être résolus en faveur de la demande* » [64].

**633.** En présence d'une clause d'arbitrage dans la convention collective en cause dans l'affaire Wiley, la Cour Suprême a transposé au contexte d'un transfert d'entreprise le principe voulant qu'un différend né de l'interprétation ou de l'application d'une convention collective soit résolu par arbitrage, dès lors que les parties ont accepté d'y recourir. La Cour Suprême devait toutefois, au préalable, trancher la question de savoir si la convention collective en question engendrait le devoir de recourir à l'arbitrage pour le cessionnaire, alors qu'il n'en était pas signataire.

Le syndicat affirmait sur ce point que Wiley devait être considéré comme le « successeur » d'Interscience et était en tant que tel lié par la convention collective, suffisamment pour se voir appliquer la clause d'arbitrage qu'elle prévoyait. Il se fondait pour ce faire sur une disposition du droit des sociétés de l'État de New York [65] qui prévoyait, en particulier, que « *aucune plainte ou revendication quelle qu'en soit la cause* » contre une société ne pouvait être éteinte au moyen d'une fusion avec création d'une nouvelle société[66]. La Cour Suprême a répondu à cet argument en considérant que le droit étatique pouvait être invoqué « *dans la mesure où il pouvait aider au développement de principes corrects ou à leur application dans un cas particulier* », tout en rappelant que le droit qui serait appliqué, en fin de compte, serait fédéral.

**634.** Elle a néanmoins préféré axer son raisonnement sur des considérations de politique sociale pour décider que « *la disparition par fusion d'une entreprise qui a conclu une convention collective avec un syndicat ne supprime pas automatiquement tous les droits des salariés couverts par cette convention, et, dans des circonstances appropriées, telles que dans le cas présent, il peut être demandé à l'employeur successeur de recourir à l'arbitrage en application de ladite convention* » [67]. La Cour Suprême a estimé qu'admettre qu'un changement de structure ou de participation dans une entreprise puisse avoir la conséquence automatique de supprimer un recours à l'arbitrage sur lequel les parties s'étaient entendues, reviendrait à déroger à la politique fédérale voulant que le règlement des conflits sociaux se fasse en priorité par la voie de l'arbitrage.

**635.** En effet, la transition entre les deux employeurs sera facilitée la plupart du temps et les conflits sociaux évités si les revendications des salariés continuent à pouvoir être traitées par la voie de l'arbitrage plutôt que par la confrontation. Tel est le cas, en particulier, dans les hypothèses où, comme en l'espèce, l'entreprise contractante se fonde dans une autre par fusion ou que la propriété de l'entreprise change mais que l'entreprise en tant que telle reste la même.

L'obligation de recourir à l'arbitrage s'inscrivait ainsi dans le contexte d'une politique nationale du travail, qui dépassait le simple fait que Wiley n'avait pas signé la convention collective de laquelle cette obligation résultait [68]. La Cour Suprême en a néanmoins limité

---

[64]. United Steelworkers of America v. Warrior & Gulf Navigation Company, 363 *U.S.* 574, 581 (1960).

[65]. N.Y. Stock Corporation Law, § 90.

[66]. « *Consolidation* ».

[67]. John Wiley & Sons v. Livingston, 55 *L.R.R.M.* 2772 (1964).

[68]. « (...) *Although the duty to arbitrate* (...) *must be founded on a contract, the impressive policy considerations favoring arbitration are not wholly overborne by the fact that Wiley did not sign the contract being construed.* (...) *There was a contract, and Interscience Wiley's predecessor, was party to*

l'application aux seuls cas où est assurée la « continuité substantielle de l'identité de l'entreprise » [69] après le transfert, c'est-à-dire lorsque les conditions dans lesquelles le cédant et le syndicat ont négocié la convention collective restent inchangées, ce qui était le cas en l'espèce [70]. De même, une telle obligation ne peut pas être imposée au cessionnaire dans les cas où le syndicat abandonne son droit de faire appel à un arbitre, en ne s'en prévalant pas, ce qui n'était pas le cas en l'espèce [71].

**636.** La Cour Suprême a confirmé les décisions de la Cour d'appel et du NLRB, qui avaient admis le devoir du cessionnaire de recourir à l'arbitrage, pour trancher le conflit d'interprétation portant sur l'ancienne convention collective [72]. Les questions relatives au contenu de la convention collective (et notamment le fait que la convention collective ne réglait pas le sort des droits des salariés après une fusion) et au respect de la procédure qu'elle prévoyait pour le règlement des conflits sur lesquelles cessionnaire et syndicat s'opposaient devaient, quant à elles, être résolues par l'arbitre qui serait saisi de l'affaire [73].

**637.** La Cour Suprême s'est prononcée une seconde fois sur cette question, en 1974, dans un arrêt Howard Johnson Co. v. Detroit JT Board [74]. Cet arrêt a été considéré par la doctrine

---

*it. We thus find Wiley's obligation to arbitrate this dispute in the Interscience contract, construed in the context of a national labor policy* ». John Wiley & Sons v. Livingston, 55 *L.R.R.M.* at 2773.

[69]. « *Substantial continuity of identity in the business enterprise* ».

[70]. En effet, bien que Wiley était beaucoup plus grand qu'Interscience, la Cour Suprême a considéré que la preuve de la similitude et de la continuité de l'entreprise était apportée de manière adéquate par le transfert massif des salariés d'Interscience au site de Wiley.

[71]. Le syndicat avait en effet fait connaître sa position bien avant que la fusion n'intervienne et n'en avait jamais changé.

[72]. A la suite de cet arrêt, la Cour Suprême a également décidé que le devoir d'arbitrage perdure pour l'employeur à l'expiration de la convention collective, en cas de fermeture de l'unité de négociation au sein de laquelle elle a été négociée. Nolde Brothers, Inc. v. Local 358, Bakery & Confectionery Workers, 430 *U.S.* 243, 97 *S. Ct* 1067 (1977). La Cour Suprême a considéré dans cette affaire que bien que le litige soit intervenu alors que la convention collective n'était plus applicable, il « *relevait clairement de la convention collective* » et que « *en l'absence d'indication contraire, il y avait de fortes raisons de décider que les parties ne souhaitaient pas que leur devoir de recourir à l'arbitrage cesse automatiquement avec la convention collective* ». La Cour Suprême a néanmoins pris soin de préciser, dans un arrêt ultérieur, que les différends nés après que la convention collective ait expiré, peuvent être soumis à arbitrage seulement lorsque leur véritable source est la convention collective. Cf. Litton Financial Printing Division, A Division of Litton Business Systems, Inc. v. NLRB, 501 *U.S.* 190, 111 *S. Ct* 2215 (1991). La Cour Suprême y a jugé que l'employeur n'avait aucune obligation d'arbitrer un conflit concernant des licenciements qui avaient été prononcés dans le cadre d'une fermeture partielle intervenue près d'un an après que la convention collective ait expiré. En effet, « *un litige né une fois que la convention collective a expiré, peut seulement être considéré comme relevant de la convention collective lorsqu'il concerne : des faits et des circonstances nés avant son expiration, des droits en cours ou acquis en application de la convention collective, ou un droit qui est réputé survivre à l'expiration de la convention collective, en application des principes habituels d'interprétation des contrats* ». La Cour Suprême ne s'est pas prononcée, à notre connaissance, sur le fait de savoir si le cessionnaire a le devoir d'arbitrer un litige portant sur un droit relevant d'une convention collective expirée à la date du transfert. Dans l'arrêt Wiley en effet, la convention collective était en cours à la date de la fusion et avait expiré quelques mois plus tard. La Cour d'appel du 9è Circuit s'est prononcée contre *in* Hospital Workers Local 250 v. Pasatiempo Dev. Corp., 627 *F.2d* 1011 (9th Cir. 1980) en décidant qu'il n'y a pas de devoir d'arbitrage lorsque le litige naît après le transfert et porte sur une convention collective expirée. La solution pourrait être différente si le litige intervenait alors que le cessionnaire a accepté de reprendre les salariés du cédant aux termes et conditions dont ils bénéficiaient antérieurement. Sur cette question, v. 1ère Partie, Titre 2, chapitre 2, *supra*.

[73]. L'arbitre qui a été saisi de cette affaire, par la suite, a décidé que Wiley devait appliquer l'ancienne convention collective pendant quatre mois jusqu'à ce que les anciens salariés d'Interscience rejoignent le site de Wiley et soient mêlés à ses effectifs. Cf. Interscience Encyclopedia, Inc., 55 *Lab. Arb.* 210, 255 (1970) (Roberts, Arb.).

[74]. Howard Johnson Co. v. Detroit JT Board, 417 *U.S.* 249, 86 *L.R.R.M.* 2449 (1974).

comme réconciliant les arrêts Wiley et Burns. Il a en effet été pris sur le même fondement que l'arrêt Wiley, la section 301 du LMRA, et sur la base de faits proches de ceux de l'arrêt Burns. Il s'agissait d'un transfert d'activité n'entraînant pas la disparition du cédant et la convention collective prévoyait son application au successeur du cédant.

En l'espèce, la famille Grissom, le cédant, gérait un motel et un restaurant sous franchise Howard Johnson. Les salariés du motel et du restaurant, soit cinquante-trois salariés, étaient représentés par le syndicat international du Personnel des Hôtels et Restaurants [75] avec qui deux conventions collectives différentes avaient été signées. L'une concernait les salariés du motel, l'autre, les salariés du restaurant. Les deux conventions collectives prévoyaient une procédure de règlement des conflits avec recours à l'arbitrage en dernier lieu. Elles contenaient également toutes deux une clause prévoyant leur application à l'acquéreur, successeur de la famille Grissom.

Le 16 juin 1972, la famille Grissom conclut un accord avec Howard Johnson par lequel celui-ci reprenait l'hôtel et le restaurant en gestion directe tandis que la famille Grissom gardait la propriété des murs qu'elle louait à Howard Johnson. Le 28 juin, Howard Johnson confirmait dans un courrier à la famille Grissom les termes de leur accord selon lequel Howard Johnson n'appliquerait pas les conventions collectives en cours et qu'il refusait d'assumer les obligations et responsabilités qui pouvaient en résulter.

Le transfert effectif de l'activité de l'hôtel et du restaurant s'est réalisé un peu moins d'un mois plus tard, le 23 juillet à minuit. Quelques semaines plus tôt, le 9 juillet, la famille Grissom avait informé d'une part, tous ses salariés de la rupture de leur contrat à cette même date, d'autre part, le syndicat de ce qu'elle cessait l'exploitation du restaurant et du motel. Deux jours plus tard, le 11 juillet, Howard Johnson devait, à son tour, informer le syndicat qu'il ne le reconnaîtrait pas comme partenaire à la négociation et qu'il n'assumerait aucune obligation résultant des conventions collectives.

Après s'être mis d'accord avec la famille Grissom, et avant qu'il ne prenne possession des lieux, Howard Johnson avait commencé à embaucher son personnel en plaçant des annonces dans la presse et dans divers endroits incluant des motels et des restaurants. Les entretiens commencèrent dès le 10 juillet et les premières embauches huit jours plus tard. Howard Johnson commença son activité avec quarante-cinq salariés dont seulement neuf d'entre eux étaient d'anciens salariés du restaurant. Aucun des salariés du motel pas plus que l'ancien personnel d'encadrement ne fut repris.

Le syndicat engagea une première action devant un tribunal d'État [76], deux jours avant que le transfert ne se réalise, afin qu'il soit fait interdiction à Howard Johnson de contrevenir à son obligation d'embaucher les salariés de la famille Grissom, telle que résultant des conventions collectives. L'action du syndicat visait également à ce que cédant et cessionnaire soient contraints de recourir à l'arbitrage pour qu'il soit décidé de leurs obligations respectives en application des conventions collectives. Le tribunal d'État accéda à la demande du syndicat mais Howard Johnson refusa de s'y conformer en invoquant une question de procédure si bien que la décision du tribunal d'État fut annulée le 24 juillet.

Le syndicat introduisit une nouvelle action devant une Cour fédérale [77] sur le fondement de la section 301 du LMRA. Celle-ci conclut à l'obligation de recourir à l'arbitrage pour la famille Grissom et Howard Johnson. Elle refusa cependant d'accéder à la demande d'injonction préliminaire du syndicat visant à exiger d'Howard Johnson qu'il embauche tous les salariés de son prédécesseur. Howard Johnson fit appel de la décision qui fut confirmée par les juges d'appel. La Cour Suprême accepta ensuite de se prononcer sur la question.

**638.** La Cour d'appel avait opposé les décisions prises par la Cour Suprême dans les affaires Wiley et Burns en décidant que la jurisprudence qu'il convenait de suivre en l'espèce

---

75. « *Hotel and Restaurant Employees and Bartenders International Union* ».
76. *States Court.*
77. *District Court.*

était celle de l'arrêt Wiley puisque l'affaire avait été introduite sur le fondement de la section 301 du LMRA. La Cour Suprême considéra cependant que, bien que décidés sur le fondement des sections 8(a(5) et 8(a)(1) du NLRA, les enseignements de l'arrêt Burns, ne pouvaient pas être « *négligés si légèrement* ». Il aurait été en effet « *manifestement incohérent* » de dire que les principes de base concernant l'application des conventions collectives, développés par la jurisprudence dans le contexte de pratiques déloyales de travail, devaient être méconnus dans le contexte d'une action fondée sur la section 301 du LMRA. Cela revenait à faire dépendre la nature des droits du cessionnaire du fondement sur lequel le syndicat introduisait son action. Il convenait de prendre en compte le raisonnement de Burns [78].

**639.** La Cour Suprême s'est ensuite livrée à une comparaison des faits d'espèce et des circonstances dans lesquelles l'arrêt Wiley avait été pris pour les distinguer du cas qui lui était soumis. Elle a ainsi constaté, en particulier, que dans l'affaire Wiley, tous les salariés avaient été repris par le cessionnaire [79]. Le syndicat cherchait donc à obtenir du cessionnaire qu'il applique aux salariés qu'il représentait les avantages dont ils étaient en droit de bénéficier du fait de la « continuité substantielle de l'identité de l'entreprise ». Dans le cas présent, au contraire, Howard Johnson avait choisi de recruter son propre personnel pour démarrer son activité et il n'avait repris, en définitive, que neuf des cinquante-trois salariés de son prédécesseur.

L'objectif du syndicat en demandant de recourir à l'arbitrage n'était pas de protéger les droits des salariés du cessionnaire mais de protéger les salariés du cédant qui n'avaient pas été repris. Il entendait obtenir qu'ils soient embauchés par le cessionnaire, en application de la convention collective. La Cour Suprême a, en conséquence, considéré que la demande du syndicat était en complet désaccord avec les principes énoncés dans l'arrêt Burns et notamment le fait que le droit fédéral n'oblige pas le cessionnaire à reprendre les salariés du cédant contre son gré, sauf discrimination avérée.

Howard Johnson avait le droit de ne pas embaucher les salariés de la famille Grissom si telle était sa volonté. La tentative du syndicat de contourner ce principe en s'appuyant sur une demande de recours à l'arbitrage plutôt que d'invoquer la pratique déloyale de travail ne pouvait pas être permise.

**640.** La Cour Suprême a également considéré que l'arrêt Wiley n'exigeait pas qu'un cessionnaire soit contraint de recourir à l'arbitrage dans de telles circonstances. En effet, Howard Johnson n'avait pas repris la majorité des salariés de son prédécesseur. Or, la continuité de l'identité de l'activité incluait nécessairement une continuité substantielle de

---

[78]. La Cour Suprême a ajouté qu'il n'était pas nécessaire de trancher la question de savoir s'il existait une opposition inconciliable entre les arrêts Wiley et Burns puisque chacune de ces décisions avait été prise sur la base de faits d'espèce particuliers. Une analyse au cas par cas devait être privilégiée. En effet, « *eu égard à la difficulté de la question des transferts d'entreprises, de la myriade des circonstances de faits et des contextes légaux dans lesquelles ils peuvent se présenter et l'absence d'indication du législateur pour leur résolution, mettre l'accent sur les faits de chaque espèce est particulièrement approprié* ». Howard Johnson Co. v. Detroit JT Board, 86 *L.R.R.M.* 2451-52.

[79]. La Cour Suprême a également considéré que, même si la forme du transfert n'a généralement pas d'impact sur l'analyse de la situation dans laquelle se trouve le cessionnaire, il convenait toutefois de relever des différences importantes entre l'affaire Wiley et l'affaire qui lui était soumise. D'abord, en effet, la fusion de Wiley était intervenue dans le contexte d'un droit étatique qui reconnaissait le transfert des obligations de l'entreprise absorbée à l'entreprise absorbante. Cela laissait entendre que les parties pouvaient s'attendre à ce que Wiley soit contraint de recourir à l'arbitrage en application de la convention collective de son prédécesseur. Ensuite, la disparition du cédant dans l'affaire Wiley impliquait que le syndicat n'aurait eu aucune possibilité d'obtenir l'application des engagements qui avaient été pris par le cédant ou une réparation à ce titre, s'il n'avait pu l'obtenir du cessionnaire. Dans le cas en présence, au contraire, le syndicat pouvait obtenir le respect des engagements contractuels qui avaient été pris par le cédant puisque l'ancien employeur existait toujours et qu'il avait accepté de soumettre à l'arbitrage le différent qui l'opposait au syndicat et à ses anciens salariés.

l'identité du personnel avant et après le changement d'employeur, ce qui n'était pas le cas en l'espèce [80]. En outre, Howard Johnson n'avait ni expressément, ni implicitement, accepté de recourir à l'arbitrage. Il n'était pas le « successeur » de la famille Grissom et ne pouvait donc pas être contraint d'y recourir, contrairement à ce qu'avait décidé la Cour d'appel. L'obligation du cessionnaire de se soumettre à l'arbitrage pour décider de ses obligations en application de la convention collective de son prédécesseur dépendrait donc de sa qualité de « successeur » du cédant.

**641.** L'enjeu est important pour le cessionnaire. Un certain nombre d'arbitres a en effet tendance à considérer que le cessionnaire est lié par au moins certaines des dispositions de la convention collective que le syndicat lui oppose. Les arbitres [81] n'étant en outre théoriquement pas tenus de suivre leurs précédents ou ceux de leurs confrères, il sera généralement difficile pour les parties d'anticiper l'issue de leur litige, sauf pour elles à être liées historiquement à un arbitre précis pour régler leurs différends. Cette incertitude sur l'issue de leur différend doublée du délai d'attente nécessaire à l'analyse de l'affaire et au rendu de sa décision par l'arbitre, incitent en général les parties à se rapprocher pour trouver une solution en dehors de l'intervention d'un tiers ou encore à accepter et appliquer la sentence arbitrale, sans intervention judiciaire [82]. Ce principe de recours à l'arbitrage du cessionnaire contrevient-il dès lors au principe énoncé plus haut selon lequel le cessionnaire ne saurait être lié, sans accord de sa part, par les accords collectifs conclus par son prédécesseur ?

### 3. *La survie de la convention collective aux seules fins d'arbitrage*

**642.** Les arrêts Wiley et Burns semblent *a priori* adopter des conclusions différentes sur cette question. L'arrêt Wiley admet ainsi la survie de la clause d'arbitrage de la convention collective au-delà du transfert. L'arrêt Burns refuse au contraire toute idée de maintien de la convention collective si elle n'est pas voulue par le cessionnaire. Leur approche est différente. L'arrêt Wiley se fonde en effet principalement sur le principe de préservation de la paix sociale pour imposer une obligation contractuelle au cessionnaire non consentant. L'arrêt Burns se concentre plutôt sur les principes de *common law*. Il insiste sur l'importance

---

[80]. Voir cependant l'opinion dissidente minoritaire (« *Dissenting opinion* ») du Juge Douglas lequel considérait que l'application de la jurisprudence des arrêts Wiley et Burns aurait du conduire à la confirmation de l'arrêt de la Cour d'appel. Dans l'affaire Wiley en effet, le recours à l'arbitrage avait été imposé au cessionnaire en application d'une convention collective qu'il n'avait pas signée et qui ne contenait même pas de dispositions prévoyant que le cessionnaire serait lié par ses termes. Il devait, *a fortiori*, en être de même dans le cas présent où la convention collective prévoyait de telles dispositions. Il y avait en outre bien dans cette affaire comme dans l'arrêt Wiley « *continuité substantielle de l'identité* » de l'activité puisque l'activité du restaurant et du motel avait été poursuivie sans interruption, dans les mêmes locaux et offrait les mêmes prestations, sous la même dénomination que précédemment et avec presque le même nombre de salariés. La seule chose qui changeait était le remplacement du personnel syndiqué par de nouveaux salariés. Howard Johnson ne pouvait donc pas ne pas être considéré comme le successeur du cédant au seul motif qu'il n'avait pas repris la majorité des salariés de son prédécesseur. Juger du contraire revenait à permettre au cessionnaire de décider de ses obligations. Howard Johnson Co. v. Detroit JT Board, 86 *L.R.R.M.* 2455-56. Nous avons vu néanmoins que c'est précisément cette possibilité pour le cessionnaire de décider de ses obligations, en choisissant de reprendre ou non les salariés du cédant, que la Cour Suprême a expressément admis dans un arrêt postérieur (à propos de l'obligation de négocier). Cf. Fall River Dyeing & Finishing v. NLRB, 125 *L.R.R.M.* 2441 (1987), v. 1ère Partie, Titre 2, chapitre 2, *supra*.

[81]. Pour un aperçu général du rôle de l'arbitrage dans le contexte des transferts d'entreprises, voir notamment le chapitre réservé à cette question dans l'ouvrage de S. ESTREICHER, D. G. COLLINS, *Labor law and business change : theoretical and transactional perspectives*, Quorum books, 1988, p.79-89. Sur l'arbitrage aux Etats-Unis : X. BLANC-JOUVAN, « Le développement de l'arbitrage du travail aux Etats-Unis », *Mélanges Michel CABRILLAC*, Litec, 1999, p. 45-67.

[82]. J. L. F. SILVER, « Reflections on the obligations of the successor employer », *Cardozo Law Review*, Spring 1981, vol. 2, p. 586.

du consentement individuel et la nécessité d'assurer au cessionnaire un maximum de flexibilité dans la gestion de l'entreprise ou de l'activité qu'il reprend.

Dans l'arrêt Howard Johnson, la Cour Suprême a d'ailleurs noté cette antinomie de principe qui avait déjà été relevée par les juridictions inférieures, lesquelles considéraient que les arrêts Wiley et Burns étaient, « *contradictoires, dans une certaine mesure* ». Elle n'a néanmoins pas jugé utile de se prononcer sur la question et a préféré allier le raisonnement de l'arrêt Burns, s'appuyant sur les principes de *common law* de liberté contractuelle, au contexte dans lequel le recours à l'arbitrage a été imposé au cessionnaire dans l'arrêt Wiley, reposant sur le critère de continuité de l'identité de l'entreprise ou de l'activité cédée.

**643.** Ces deux arrêts restent cependant conciliables dans leur solution. En effet, loin de décider que la convention collective continue de s'appliquer après le transfert d'activité, l'arrêt Wiley laisse à l'arbitre le soin d'apprécier l'étendue des obligations du cessionnaire à cet égard. Il n'organise que la survie de l'accord des parties de recourir à l'arbitrage dans le seul cas où le cessionnaire est aussi le « successeur » du cédant. Il ne décide pas de l'application après le transfert de la convention collective.

Lus de concert, les arrêts Wiley et Burns ne font qu'indiquer qu'un arbitre peut, dans une situation donnée, prendre le relais des juges pour décider de l'application de tout ou partie de la convention collective du cédant après le transfert [83]. La convention collective en cours au moment de l'opération de transfert n'est pas réputée applicable aux salariés repris par le cessionnaire (arrêt Burns). La saisine d'un arbitre, en application de la clause d'arbitrage contenue dans ladite convention collective, peut décider du contraire, sous réserve que le cessionnaire soit considéré comme le « successeur » du cédant (arrêts Wiley et Howard Johnson).

En somme, si le syndicat avait demandé, dans l'affaire Burns, qu'un arbitre se prononce sur le maintien de la convention collective chez le cessionnaire, il aurait vraisemblablement obtenu gain de cause. La continuité de l'identité de l'activité reprise, conditionnant la possibilité du recours à l'arbitrage dans ce contexte, ne semblait en effet pas pouvoir être mise en cause dans cette affaire, contrairement à l'affaire Howard Johnson. Le personnel de Burns affecté au site de Lockheed était composé de la majorité des salariés du cédant et ils effectuaient en outre, le même travail que précédemment, à savoir la surveillance du site. Restait à vérifier que la convention collective en question contenait bien une clause de recours à l'arbitrage, ce que les faits de l'espèce ne disent pas.

**644.** Le syndicat ne peut pas, en toute hypothèse, demander qu'un arbitre se prononce sur l'obligation pour le cessionnaire de reprendre les salariés de son prédécesseur, en application d'une disposition de l'ancienne convention collective. La Cour Suprême l'a rappelé dans son arrêt Howard Johnson. Le recours à l'arbitrage peut seulement protéger les droits des anciens salariés du cédant qui sont repris par le cessionnaire. Il ne peut pas protéger les anciens salariés du cédant que le cessionnaire n'a pas repris. Le cessionnaire ne peut pas voir sa

---

[83]. En ce sens: United Steelworkers of America v. United States Gypsum Co. (Gypsum II), 492 *F.2d* 713 (5th Cir. 1974), *cert. denied*, 419 *U.S.* 998 (1974): la Cour d'appel a considéré que « *Appliquer Burns pour empêcher un arbitre d'exercer ses fonctions avec la latitude essentielle au procédé d'arbitrage reviendrait à ignorer les différences significatives existantes entre un arbitre et le NLRB* (...). *Cette flexibilité alliée à l'expertise reconnue de l'arbitre dans l'interprétation de contrats lui permet d'évaluer la convention collective en question, au vu des conditions existantes après le changement et dans le cadre des relations que le cessionnaire entretient avec le syndicat, de façon à déterminer dans quelle mesure la convention collective doit être opposable au cessionnaire* » ; et la logique implacable de l'arrêt Local 1115 Joint Bd. Nursing Home Employees v. B&K Investments, Inc., 436 *F. Supp*. 1203, 1208 (S.D. Fla. 1977), ordonnant le recours à l'arbitrage, 100 *L.R.R.M.* 2174, 2176 (SD NY 1978), entérinant la sentence arbitrale : « *Si la signification de Burns et d'Howard Johnson était qu'un arbitre ne pouvait pas lier le cessionnaire* [aux termes de l'ancienne convention collective], *la Cour aurait pu décider Howard Johnson sur ce fondement plutôt que sur le degré de continuité existant entre le prédécesseur et le successeur* ».

responsabilité engagée au titre de salariés qu'il n'a pas repris, et qu'il n'avait pas l'obligation de reprendre, en application d'une convention collective qu'il n'a pas signée, et qu'il n'avait pas l'obligation d'honorer, sauf volonté contraire de sa part [84]. Il reste alors au syndicat qui les représente à se retourner contre le cédant pour obtenir réparation, si la responsabilité de ce dernier peut être engagée en application d'une clause spécifique de la convention collective non respectée [85].

## §2. SORT DES INSTANCES REPRÉSENTATIVES DU PERSONNEL

**645.** Les institutions représentatives du personnel en place chez le cédant ne font pas, à l'instar du statut collectif des salariés transférés, l'objet d'un transfert automatique au cessionnaire. Le sort des institutions représentatives du personnel dépend en effet de la conservation de l'autonomie de l'entreprise, de l'établissement ou de la partie d'entreprise ou d'établissement transféré à laquelle elles sont attachées.

La directive de 77/187/CEE visait à ce sujet la seule hypothèse d'une expiration des mandats des représentants des salariés transférés, « *en raison de ce transfert* ». Elle prévoyait dans ce cas, que ces derniers continuaient à bénéficier des mesures protectrices prévues par les textes en vigueur dans chacun des États membres [86].

Un des objectifs de la directive de 1998, modifiant le texte original de 1977, a été de « *clarifier les circonstances dans lesquelles la fonction et le statut des représentants des travailleurs doivent être maintenus* » [87]. Elle a, pour ce faire, distingué le cas où l'entreprise, l'établissement ou la partie d'entreprise ou d'établissement conserve son autonomie, du cas où celle-ci ne la conserve pas, sans toutefois définir le terme « autonomie » [88]. Il s'agit, en fait, d'apprécier la subsistance de l'entité transférée, qu'elle soit entreprise, établissement ou partie d'entreprise ou d'établissement, en tant qu'unité économique séparée et distincte de la nouvelle entreprise qu'elle rejoint et dont elle va faire partie intégrante après le transfert.

**646.** La directive prévoit ainsi, depuis 1998, deux hypothèses en ce qui concerne le sort des représentants du personnel compris dans un transfert d'entreprise, soit que l'entité transférée conserve son autonomie, soit qu'elle la perde, après le transfert.

Dans le premier cas où l'entité conserve son autonomie, « *le statut et la fonction des représentants ou de la représentation des travailleurs concernés par le transfert subsistent, selon les mêmes modalités et suivant les mêmes conditions qu'avant la date du transfert* ».

---

[84]. Pour une critique de ce principe, notamment : W. McLEOD, « Rekindling labor law successorship in an era of decline », *Hofstra Labor Law Journal*, Spring 1994, vol. 11, n°2, p. 328 et s. lequel considère que le droit américain de l'employeur – successeur n'est rien d'autre qu'une « *coquille vide* ». Pour d'autres, il ne reflète pas « *les réalités du travail ou du monde de l'entreprise* ». G. CRANDALL, S. J. STARRETT, D. L. PARKER, «Hiding behind the corporate veil : employer abuse of the corporate form to avoid or deny workers' collectively bargained and statutory rights », *West Virginia Law Review*, Spring 1998, vol. 100, n°3, p. 599, lesquels considèrent que la Cour Suprême aurait pu prendre une voie plus protectrice des droits des salariés sans entraver pour autant le pouvoir décisionnaire du cessionnaire. En effet, même si le principe du maintien des termes et conditions d'emploi en vigueur au moment du transfert d'entreprise était applicable, le cessionnaire resterait toujours libre de reprendre à son service les salariés de son prédécesseur et de continuer l'activité de son prédécesseur. Il pourrait également négocier de nouveaux termes et conditions d'emploi à l'expiration de l'ancienne convention collective (*ibid.*, p. 547).

[85]. Sur ce point v. 2nd Partie, Titre I, chapitre II, *infra*.

[86]. Ancien article 5.1 dont la rédaction est restée inchangée depuis 1977 et dont les dispositions figurent désormais à l'article 6.2 de la directive 2001/23/CE.

[87]. Considérant n°9.

[88]. A. MAZEAUD, « Transfert d'entreprise : brèves observations à la lecture de la directive du 29 juin 1998 », *Droit Social*, 2000, n°4, p. 418. L'auteur considère ainsi que la directive (comme le droit français) « s'empêtre » dans la notion « d'autonomie » et apporte sur ce point une clarification toute relative.

Ce principe de continuité du mandat et des fonctions de représentation des salariés s'applique sous réserve que « *les conditions nécessaires pour la formation de la représentation des travailleurs soient réunies* » [89], par opposition aux « *conditions nécessaires à la nouvelle désignation des représentants des travailleurs ou à la nouvelle formation de la représentation des travailleurs* » [90]. La subsistance des mandats et des anciennes institutions représentatives du personnel se trouve donc étroitement liée aux conditions de leur réception par l'entreprise d'accueil.

Dans le second cas où l'entité perd son autonomie, la directive laisse les États membres prendre les mesures nécessaires afin que « *les travailleurs transférés qui étaient représentés avant le transfert continuent à être convenablement représentés durant la période nécessaire à une nouvelle formation ou désignation de la représentation des travailleurs, conformément à la législation ou pratique nationale* » [91]. La directive ne précise toutefois pas de quelle façon les salariés transférés doivent continuer à être représentés en attendant ces nouvelles désignations ou élections dans l'entreprise d'accueil. Elle ne se prononce pas non plus sur le sort des mandats et des institutions représentatives du personnel de l'entité transférée, après le transfert.

**647.** La Cour de justice des communautés européennes n'a, à notre connaissance, jamais été amenée à se prononcer sur le sort des institutions représentatives du personnel après un transfert d'entreprise. Les États membres sont libres de préciser plus ou moins restrictivement les conditions du maintien des mandats et des instances représentatives du personnel transférées, sous réserve toutefois que la représentation du personnel transféré soit assurée. Les exigences communautaires ont, de fait, été interprétées différemment par les droits français (A) et anglais (B). Loin des prescriptions du droit communautaire, le droit américain organise tout de même une forme de survivance des mandats des représentants des salariés repris par le cessionnaire en prévoyant un devoir de négocier pour ce dernier, dès lors que l'identité de l'entité qu'il reprend est conservée après le transfert (C).

## A. DROIT FRANÇAIS : UN MAINTIEN DES MANDATS CONDITIONNÉ

**648.** Les contrats individuels de travail des salariés investis d'un mandat de représentation du personnel sont transférés au cessionnaire au même titre que ceux des salariés ordinaires, sans formalité. Le cédant n'a pas à mettre en œuvre à leur égard la procédure protectrice réservée aux représentants du personnel [92]. Il doit toutefois obtenir l'autorisation préalable de l'administration du travail lorsque le transfert concerne une partie seulement d'entreprise ou d'établissement [93].

Les salariés investis d'un mandat de représentation du personnel inclus dans un transfert d'entreprise sont transférés avec leur mandat. Leur protection contre le licenciement est en

---

[89]. Article 6.1 al. 1, directive 2001/23/CE.

[90]. Article 6.1 al. 2, directive 2001/23/CE.

[91]. Article 6.1, dern. al., directive 2001/23/CE.

[92]. Cass. soc. 23 octobre 1980, Union régionale des syndicats de la construction et du bois CFDT et a. c/ Sté Geteba et a. : *Bull. civ.* V, p. 563, n°763 ; Cass. soc. 13 mai 1981, Adrian c/ SA d'exploitation hôtelière, aérienne, maritime et terrestre : *Bull. civ.* V, p. 309, n°411.

[93]. Articles L. 412-18 al. 7 (pour un délégué syndical), L. 425-1 al. 6 (pour un délégué du personnel) et L. 436-1 al. 5 (pour un membre du comité d'entreprise ou un représentant syndical au comité d'entreprise), et L. 236-11 du code du travail (pour un membre du CHSCT).

conséquence assurée dans l'entreprise d'accueil, au titre de leur statut de représentant du personnel, même si leur mandat cesse au lendemain du transfert [94].

**649.** En revanche, le maintien de leur mandat est conditionné à la conservation de l'autonomie de l'entité transférée à laquelle leur contrat est rattaché, une fois le transfert réalisé. Suivant les exigences communautaires, le code du travail prévoit depuis 1982 [95], que la survie des mandats des représentants des salariés de l'entreprise ayant fait l'objet du transfert est assurée lorsqu'elle conserve son « *autonomie juridique* » [96].

Cette exigence d' « autonomie juridique » n'était toutefois à l'origine pas conforme à la directive, laquelle prévoit seulement le maintien des mandats sous condition de conservation de son « autonomie » par l'entité transférée [97]. Le propre du transfert est qu'il peut concerner une entité économique juridiquement autonome, l'entreprise, mais également une entité économique privée d'autonomie juridique, telle une partie d'entreprise, un établissement ou une partie d'établissement. Admettre le maintien des mandats des représentants du personnel dans le seul cas de transfert d'une entreprise conservant son autonomie juridique revenait ainsi à écarter tous les autres cas de transfert d'entreprise entrant dans le champ d'application de la directive. En définitive, le seul cas d'une fusion, que celle-ci résulte d'une absorption ou de la création d'une société nouvelle par plusieurs sociétés existantes était concerné. Les cas de scissions et apports partiel d'actifs portant sur un ensemble de biens constituant une branche complète et autonome d'activité étaient exclus.

Cette exigence d'autonomie juridique résultait d'une rédaction défectueuse du texte. Elle ne pouvait pas être conservée par la Cour de cassation. Après avoir invité sans succès le législateur à corriger cette erreur [98], elle a finalement décidé qu'il suffisait que l'entreprise conserve son identité pour que les mandats des délégués du personnel [99], des délégués syndicaux [100] et des membres du comité d'entreprise ou d'établissement survivent au transfert.

---

[94]. La protection spéciale est de six mois, à compter de la perte du mandat (expiration ou disparition de l'institution) et concerne également les salariés qui ont été candidats aux élections ou ont demandé la mise en place d'élections chez le cédant (protection à compter de la notification de candidature ou de la demande de mise en place d'élections), en application des articles L. 436-1 al. 3 et 4 (pour les anciens membres et les candidats aux fonctions de membre du comité d'entreprise et pour les anciens représentants syndicaux au comité d'entreprise) et L. 425-1 al. 4 et 5 du code du travail (pour les anciens délégués du personnel et les candidats aux fonctions de délégué du personnel). Les anciens délégués syndicaux restent protégés 12 mois à compter de la cessation de leurs fonctions lorsque celles-ci ont été exercées pendant au moins un an (article L. 412-18 al. 4 du code du travail). Sont également protégés les membres du CHSCT (article L. 236-11 du code du travail), les salariés mandatés pour négocier des accords collectifs, les membres du comité de groupe ou encore les membres du groupe spécial de négociation ou du comité d'entreprise européen (article L. 439-23 du code du travail) ainsi que les membres du groupe spécial de négociation et du comité de la société européenne (article L. 439-47 du code du travail).

[95]. Loi n°82-915 du 28 octobre 1982.

[96]. En application des articles L. 433-14 al. 2 (pour les membres du comité d'entreprise et les représentants syndicaux), L. 423-16 al. 4 (pour les délégués du personnel) et L. 412-16 al. 3 du code du travail (pour les délégués syndicaux, assimilant le cas où le transfert porte sur un établissement à celui où l'entreprise qui a fait l'objet du transfert conserve son autonomique juridique).

[97]. Article 6, directive 2001/23/CE.

[98]. Rapport pour 1991, 10ème suggestion.

[99]. Cass. soc. 28 juin 1995, n°2966 PBF, Mme Garnier c/ Office du tourisme de Grenoble : *Bull. civ.*, V, n°219, p. 159 ; *JCP*, 1996, I, 3901, n°19, obs. D. GATUMEL ; *RJS*, 8-9/95, n°904.

[100]. Cass. soc. 10 octobre 2000, n°3703 FS-P, M. Martins c/ Sté CEGETP : *Bull. civ.*, V, n°320, p. 249 ; *Droit Social*, 2001, n°1, p. 104, note J. SAVATIER. Principe confirmé depuis, notamment : Cass. soc. 18 décembre 2000, n°5266 FS-P, Syndicat CFDT-FGTE et a. c/ Sté La Cigogne et a. : *Droit Social*, 2001, n°3, p. 326, obs. J. SAVATIER ; *RJS*, 3/01, n°310: le mandat des délégués syndicaux subsiste lorsque « *l'entreprise conserve en fait son autonomie, peu important qu'elle ait perdu son autonomie juridique* ».

**650.** La notion d'autonomie renvoie, en droit français, au cadre de la désignation de l'institution représentative du personnel en cause. Pour que l'entité transférée conserve son autonomie, il faut qu'elle continue à remplir les conditions de seuil exigées par la loi. Les critères fixés par la jurisprudence doivent également être remplis, à savoir, un critère d'autonomie, renvoyant globalement à la notion d'établissement distinct utilisée dans le cadre de la mise en place de représentants du personnel dans les entreprises à établissements multiples [101].

Dès lors que l'entité transférée devient un établissement de l'entreprise d'accueil ou que le transfert porte sur un ou plusieurs établissements distincts qui conservent ce caractère après le transfert, les mandats des représentants du personnel subsistent au sein de l'entreprise d'accueil. Ils se poursuivent en principe jusqu'à leur terme, même si l'entité transférée n'a pas ou ne conserve pas son autonomie « juridique » après le transfert. La condition d'autonomie s'apprécie à la date du transfert [102].

**651.** Enfin, et même lorsque la continuation du mandat des représentants du personnel est acquise, la survie de l'institution représentative du personnel, telle qu'elle existait avant le transfert, peut ne pas être assurée, après le transfert. Tous les contrats de travail des salariés titulaires d'un mandat de représentation du personnel chez le cédant peuvent ne pas avoir été inclus dans le transfert. Tel sera le cas dans les situations de transfert partiel d'entreprise ou d'établissement où la question de la nécessité ou de l'opportunité de procéder au renouvellement partiel des organes de représentation transférés, avant la fin des mandats en cours, ne manquera pas de se poser.

## B. DROIT ANGLAIS : UN TRANSFERT DE PRINCIPE DE LA RECONNAISSANCE DU SYNDICAT COMME PARTENAIRE À LA NÉGOCIATION (« TRANSFER OF RECOGNITION »)

**652.** La question de la représentation après le transfert des salariés transférés concerne principalement en droit anglais celle du sort du syndicat en place à la date du transfert. Son maintien au sein de la nouvelle structure d'accueil et le maintien de sa représentativité auprès du cessionnaire dépendent de deux exigences. La première vient du droit communautaire qui commande le maintien de l'autonomie de l'entité transférée que le syndicat représentait. La seconde vient du droit anglais où la reconnaissance du syndicat est traditionnellement au bon vouloir de l'employeur.

---

[101]. Ainsi, pour permettre le maintien du mandat de délégué syndical, en dehors du cas où l'entreprise cédée conserve son autonomie juridique, l'entité transférée devra correspondre, dans l'entreprise d'accueil, à un établissement défini comme le regroupement d'au moins cinquante salariés constituant une communauté de travail ayant des intérêts propres et travaillant sous la direction d'un représentant de l'employeur [Cass. soc. 2 octobre 2001, Fédération Force Ouvrière CGT-FO et a. c/ Sté Lafarge Couverture et a.: *Bull. civ.* V, n°296, p. 239]. De même, et toujours en dehors de l'hypothèse simple où l'entreprise cédée conserve son autonomie juridique, le maintien des mandats des délégués du personnel des salariés du cédant inclus dans le transfert sera assuré dès lors que l'entité transférée concerne une communauté de onze salariés sous la direction d'un représentant de l'employeur habilité à recevoir des réclamations [Cass. soc. 10 octobre 1990 (arrêts SNCF) : *Bull. civ.* V, n°446, p. 269 ; *Droit Social*, 1991, n°1, p. 44-46, note J. SAVATIER, p. 40]. La même définition de l'établissement distinct peut être utilisée pour ce qui concerne le maintien des mandats des membres du comité d'entreprise de l'entreprise cédante, dès lors que l'entité en question concerne cinquante salariés. Des règles spécifiques régissent, par ailleurs, le sort du comité central d'entreprise, lorsque celui-ci devient un établissement de l'entreprise d'accueil (article L. 435-5 du code du travail). Pour des développements sur le sort des divers comités, M. COHEN, *Le droit des comités d'entreprise et des comités de groupe*, LGDJ, 2005, p. 751 et s. Plus particulièrement pour le CHSCT : TGI Paris 4 juillet 2006 n°06/05769, Comité d'hygiène et de sécurité des conditions de travail de la société Brink's Security Services et a. c/ SAS Brink's Security Services et a. : *RJS*, 6/07, n°749.

[102]. Cass. soc. 3 février 1998, n°532, SPGO c/ M. Techer : *Bull. civ.* V, n°62, p. 45.

**653.** Une disposition spéciale du TUPE traite de la question des « *effets du transfert sur la reconnaissance du syndicat* » [103]. Elle consacre le principe du transfert au cessionnaire de la reconnaissance [104] du syndicat en place chez le cédant dès lors que l'entreprise ou la partie d'entreprise transférée « *conserve une identité distincte* » de celle du cessionnaire [105] et qu'un syndicat indépendant était reconnu par le cédant comme le représentant des salariés qui sont devenus les salariés du cessionnaire, par l'effet du transfert [106]. Le syndicat en question est alors considéré comme ayant été reconnu par le cessionnaire aux fins de représenter ces salariés [107].

Ainsi, les contrats de travail ou les accords collectifs conclus par le cédant sont réputés avoir été conclus par le cessionnaire, à la date du transfert. De même, le syndicat que le cédant aura pu reconnaître comme partenaire à la négociation, sera réputé l'être par le cessionnaire, dès lors qu'il représentait les salariés transférés.

A l'instar du droit français, le transfert de la reconnaissance du syndicat au cessionnaire s'accompagne du transfert des droits attachés à la représentation des salariés dans l'entreprise. Il s'agit principalement du droit d'accès à l'information aux fins de négociation, du droit à être informé et consulté en cas de licenciement collectif et du bénéfice d'heures de délégation. Il inclut aussi tous les droits que le cédant avait consentis au syndicat dans le cadre de sa mission de représentation des salariés.

**654.** Les dispositions de la directive en cette matière avaient, jusqu'à présent, eu peu d'impact en droit anglais. A l'époque où le TUPE est entré en vigueur, le dispositif légal qui prévoyait un droit pour le syndicat à être reconnu comme partenaire à la négociation venait d'être abrogé [108]. Lorsque le cessionnaire refusait de continuer à le considérer comme un interlocuteur valable à la négociation [109], le syndicat ne pouvait obtenir réparation du préjudice qu'il subissait de ce fait. Aucune procédure légale ne lui garantissait le maintien de ses droits à représentation au sein de l'entreprise, lesquels étaient exclusivement dépendants de la décision de l'employeur.

---

103. TUPE 1981, reg. 9 ; TUPE 2006, reg. 6 (rédaction inchangée).

104. Ce qui signifie que le syndicat est reconnu (« *recognised* ») par un ou plusieurs employeurs comme partenaire aux fins de négocier [TULR(C)A 1992, s. 178(3)]. Cette reconnaissance se traduit généralement par un accord en ce sens de l'employeur (explicite ou implicite).

105. TUPE 1981, reg. 9(1) ; TUPE 2006, reg. 6(1).

106. TUPE 1981, reg. 9(2) ; TUPE 2006, reg. 6(2).

107. TUPE 1981, reg. 9(2)(a) ; TUPE 2006, reg. (6)(2)(a).

108. Pour replacer les événements dans leur contexte, rappelons que pendant les 18 années de gouvernement conservateur (de 1979 à 1997), la législation a reflété l'hostilité du gouvernement à l'égard de la représentation collective. Dans les années 1970, en effet, une procédure de reconnaissance légale avait été mise en place pour pouvoir être utilisée par les syndicats comme une alternative à la grève lorsque les employeurs refusaient de les reconnaître comme partenaires à la négociation, sur une base volontaire. Elle visait également à éviter les conflits entre syndicats [procédure introduite par l'*Industrial Relations Act* 1971 et l'*Employment Protection Act* 1975, ss 11-16, abrogés par l'*Employment Act* 1980] L'élection du gouvernement travailliste en 1997 a débloqué la situation en amenant trois changements majeurs dans ce domaine: (i) la ré-introduction d'une procédure de reconnaissance légale du syndicat par l'employeur (par l'*Employment Relations Act* 1999) (par opposition à la traditionnelle reconnaissance volontaire), (ii) la transposition en droit anglais de la directive sur le comité d'entreprise européen (par le *Transnational Information and Consultation of Employees Regulations* 1999, en vigueur au Royaume-Uni depuis le 15 janvier 2000), et (iii) la transposition en droit anglais de la directive relative à l'information et la consultation des travailleurs dans la Communauté Européenne (par l'*Information and Consultation of Employees Regulations* 2004, applicable depuis le 6 avril 2005). L'importance de la tradition volontariste en cette matière reste néanmoins fortement présente puisque le droit anglais n'admet pas de force obligatoire aux conventions collectives négociées par le syndicat, quand bien même celui-ci aurait fait l'objet d'une reconnaissance légale.

109. « *De-recognised* ».

**655.** Elles sont devenues plus importantes lorsque le gouvernement travailliste a, en 1999[110], consacré un droit pour tout syndicat indépendant à être reconnu comme partenaire à la négociation, dans les entreprises employant au moins vingt-et-un salariés. La condition est que la majorité du personnel qu'il entend représenter confirme son choix d'être représenté par lui [111]. Depuis cette date, la reconnaissance de la représentativité du syndicat par le Central Arbitration Committee (« CAC ») implique le droit pour le syndicat concerné d'être considéré par l'employeur comme un interlocuteur valable à la négociation pendant au moins les trois années suivant la décision du CAC. Les modalités seront définies par le CAC, à défaut d'accord écrit entre les parties sur la « méthode » [112] de négociation qu'ils souhaitent adopter. Ces prescriptions restent néanmoins considérées en droit anglais comme une exception au principe de reconnaissance volontaire du syndicat par l'employeur.

Elles sont bien inférieures à celles de la directive 2001/23/CE qui prévoit les conditions du maintien du statut et de la fonction des représentants du personnel après le transfert lorsque l'entité conserve son autonomie. Cette dernière demande, en outre, aux États membres de prendre les mesures nécessaires pour assurer la représentation « convenable » des salariés qui étaient représentés avant le transfert, lorsque l'entité perd son autonomie [113]. Or, le droit anglais ne prévoit que le seul cas du maintien de l'identité de l'entité après le transfert. Pour autant, il n'organise pas le maintien de la fonction du syndicat en place, à la date du transfert, ou les conditions de la représentation des salariés transférés lorsque l'entité au sein de laquelle ils étaient représentés perd son autonomie. Il laisse les salariés des entités dénuées de représentation syndicale, privés de toute représentation.

**656.** Le droit anglais prévoit, depuis 1999, qu'une représentation *ad hoc* peut être élue aux fins d'être informée et consultée sur le projet de transfert d'entreprise, à défaut de syndicat reconnu dans l'entreprise [114]. Le transfert et le maintien de cette représentation *ad hoc* ou de

---

[110]. Par l'*Employment Relations Act* 1999, tel que modifié par l'*Employment Relations Act* 2004. Procédure de reconnaissance légale contenue dans le TULR(C)A 1992, Schedule A1. Pour un commentaire et un aperçu des dispositions de l'*ERA* 1999, notamment : Lord WEDDERBURN, « Collective bargaining or legal enactment : The 1999 Act and union recognition », *Industrial Law Journal*, March 2000, vol. 29, n°1, p. 1-42.

[111]. Une demande de reconnaissance légale sera néanmoins considérée irrecevable dans les quatre cas principaux suivants : (i) lorsqu'un accord collectif portant sur la reconnaissance du mandat du syndicat pour tous les salariés de l'unité de négociation au titre de laquelle la demande est introduite est déjà en vigueur. La priorité est alors donnée à l'accord collectif en cours [TULR(C)A 1992, Sch A1, para 35], (ii) lorsque moins de 10% des salariés sont affiliés au syndicat qui demande à être reconnu légalement comme leur représentant et que moins de la majorité des salariés de l'unité de négociation considérée auraient des chances de le soutenir [TULR(C)A 1992, Sch. A1, para 36], (iii) lorsque plus d'un syndicat demande à être reconnu comme le représentant légal des salariés dans l'unité de négociation considérée, à moins que les syndicats démontrent leur volonté de coopérer entre eux ; c'est-à-dire, en pratique, qu'ils sont capables de négocier d'une seule voix (« *single-table bargaining* »), pour le compte des salariés de l'unité de négociation en question, si l'employeur souhaite que les négociations se déroulent de cette façon [TULR(C)A 1992, Sch. A1, para 37], et (iv) lorsque le CAC aura déjà accepté d'étudier la candidature du syndicat en question pour substantiellement la même unité de négociation au cours des trois années précédentes. Ceci afin d'éviter les demandes de reconnaissance prématurées [TULR(C)A, Sch A1, para. 39 and 40].

[112]. C'est à dire les modalités selon lesquelles syndicat et employeur acceptent de se rencontrer et de discuter (« *recognition agreement* »).

[113]. Article 6.1, directive 2001/23/CE.

[114]. *Terms and Conditions of Employment (Collective Redundancies and Transfer of Undertakings) (Amendment) Regulations* 1999, *SI* 1999/1925 (entré en vigueur le 1er novembre 1999) ; TUPE 1981, reg. 9, TUPE 2006, reg. 6.

toute autre forme de représentation des salariés, en dehors des syndicats [115] ne sont pas prévus par le TUPE ou par la jurisprudence.

La révision de 2006 du TUPE ne perturbe pas cet ordre des choses en prévoyant que les dispositions qu'il contient à ce sujet [116] reproduisent [117] les dispositions actuelles. Le commentaire joint au projet de texte prenait soin de préciser que ces dispositions ne concernent que les cas de reconnaissance volontaire du syndicat [118] et que des dispositions seraient prises pour que les procédures de reconnaissance légales, introduites devant le CAC, soient également couvertes [119]. La note explicative du gouvernement sur le nouveau texte se contente d'indiquer, de la même façon, que si les salariés étaient représentés par un syndicat qui a été reconnu par le cédant par la voie de la procédure légale devant le CAC, des dispositions spécifiques – qui restent à prendre – sont applicables, de façon à assurer que les déclarations faites par le CAC et que les demandes faites au CAC sont *« conservées d'une façon appropriée en cas de changement d'identité de l'employeur »*[120].

**657.** Les formes de représentation du personnel autres que les syndicats reconnus par le cédant ne sont pas concernées par la réglementation protectrice. Leurs membres perdent donc leur mandat au moment du transfert. Il est vrai que, jusqu'à présent, à défaut de syndicat dans l'entreprise, les représentants des salariés étaient élus *ad hoc*, aux seules fins d'être informés sur l'opération de transfert et consultés sur ses conséquences pour les salariés. La question du maintien de leur mandat après le transfert ne se posait donc pas particulièrement. Il n'existe d'ailleurs pas de jurisprudence à ce sujet, à notre connaissance. La transposition en droit anglais de la directive relative à l'information et la consultation des travailleurs dans la Communauté européenne risque de rendre plus pressante la question de la protection, en cas de transfert d'entreprise, des membres des organes de représentation des salariés qui pourront être institués à titre permanent dans l'entreprise à la demande des salariés[121].

## C. DROIT AMÉRICAIN : LE DEVOIR DE NÉGOCIER DU CESSIONNAIRE (« DUTY TO BARGAIN »)

**658.** A défaut de texte légal, la jurisprudence américaine s'est prononcée sur le devoir de négocier du cessionnaire dès lors que l'unité de négociation reste inchangée et que la majorité de son personnel est composée d'anciens salariés du cédant.

Le devoir de négocier de l'employeur est doublement limité par principe en droit américain. Il concerne uniquement les salariés qui peuvent être représentés, ceux couverts par

---

[115]. C'est-à-dire les institutions représentatives du personnel mises en place en application de la directive 2002/14/CE du 11 mars 2002 établissant un cadre général relatif à l'information et à la consultation des travailleurs dans la Communauté Européenne (*J.O.C.E.*, L 80, 23 mars 2002, p. 29), transposée en droit anglais par *The Information and Consultation of Employees Regulations* 2004 (the ICE Regulations), *SI* 2004/3426.

[116]. TUPE 2006, reg. 6.

[117]. « *Mirror* ».

[118]. « *Voluntary trade union recognition agreements* ».

[119]. *TUPE Draft revised regulations – Public consultation document*, Employment Relations Directorate Department of Trade and Industry, DTI, March 2005, n°48, p. 26.

[120]. *Employment rights on the transfer of an undertaking*, a guide to the 2006 TUPE Regulations for employees, employers and representatives, DTI, 30 January 2006, n. 7, p. 14 ; principe réitéré dans la version 2007 du guide. DTI, March 2007, URN 07/758, n. 7, p. 12. Le document officiel sur les résultats de la consultation publique indiquait à ce titre que le CAC n'avait pas fait état de « difficulté importante » à ce sujet qui nécessiterait d'être « traitée rapidement ». *TUPE: draft revised regulations, Government response to the public consultation*, DTI, February 2006, n°8.3, p. 35.

[121]. La réglementation ICE (*The Information and Consultation of Employees Regulations* 2004) est applicable aux entreprises de 50 salariés et plus depuis le 6 avril 2008. Sur cette réglementation, v. 1ère Partie, Titre 1, chapitre 2, *supra*.

le NLRA, et les salariés qui travaillent dans l'unité de négociation [122] que le syndicat représente. Il concerne un nombre infime de salariés.

**659.** En l'absence de changement dans la propriété de l'entreprise, le devoir de négocier de l'employeur avec le syndicat se prolonge pendant au moins un an si ce dernier a été accrédité par le NLRB, à la suite d'une élection [123] ou, à défaut, pendant une période raisonnable. En effet, lorsque le syndicat a fait l'objet d'une reconnaissance volontaire de la part de l'employeur, la période raisonnable pendant laquelle le syndicat est présumé avoir le soutien de la majorité des salariés de l'unité de négociation concernée correspond à une période de temps nécessaire afin de permettre aux parties de négocier. En toute hypothèse, le syndicat reste l'interlocuteur de l'employeur pendant toute la durée d'application de la convention collective, si une convention collective a été signée entre les parties. Ces règles ont pour but à la fois de priver l'employeur de toute incitation à se soustraire à la négociation et de permettre au syndicat de disposer d'un temps suffisant pour mener à bien son mandat de représentation en dehors de toute pression, pour obtenir des résultats et pour prouver son efficacité aux salariés.

**660.** Dans l'hypothèse d'un changement d'employeur, le cessionnaire souhaite généralement s'affranchir de toute obligation liée à la représentation syndicale des salariés qu'il reprend, soit que ses salariés sont déjà représentés par un syndicat, soit que la structure à laquelle les salariés du cédant qu'il reprend vont être intégrés est dépourvue de toute présence syndicale.

Par souci de clarté, nous partirons du principe, dans les développements qui suivent, que le cessionnaire a repris à son service les salariés de son prédécesseur qui composaient l'unité de négociation concernée par l'opération de transfert d'entreprise [124]. L'unité de négociation est alors comparable à l'entité économique au sens des droits français et anglais. La question devient de savoir si le syndicat qui représentait les salariés de ladite unité de négociation continue à les représenter après le transfert, une fois ces salariés intégrés dans les effectifs du cessionnaire.

### *1. Le principe de continuité du mandat du syndicat accrédité*

**661.** Dans son arrêt Burns de 1972 [125], la Cour Suprême s'est pour la première fois prononcée sur la question de l'existence d'une obligation pour le cessionnaire de négocier

---

[122]. « *Bargaining unit* ».

[123]. Ainsi, en application de la section 9(c)(3) du NLRA, « *aucune élection ne peut avoir lieu dans une unité de négociation ou dans une subdivision dans laquelle, au cours des douze mois précédents, une élection valable a eu lieu* ». La jurisprudence a, depuis lors, également confirmé que lorsque l'employeur reste le même, une accréditation délivrée par le NLRB emporte la présomption irréfragable que le statut de représentant majoritaire du syndicat continue pendant une période raisonnable, habituellement un an. La preuve contraire peut être apportée à l'issue de cette période d'un an. Cette période est appréciée à compter de la date à laquelle les parties se réunissent pour la première fois afin de négocier. Elle peut être étendue si l'intervention de pratiques déloyales de la part de l'employeur prive le syndicat d'une année de négociation sérieuse. Pendant l'année suivant l'accréditation, l'employeur ne peut donc procéder, au sein de l'unité de négociation au titre de laquelle le syndicat a été élu, à des modifications unilatérales portant sur des sujets réservés à la négociation (salaire, temps de travail et autres termes et conditions d'emploi).

[124]. L'entreprise ou partie d'entreprise cédée peut en effet être composée de plusieurs unités de négociation (« *multiple bargaining units* »), chacune d'elle étant représentée par un syndicat différent, selon les caractéristiques et intérêts des salariés qui forment le personnel de l'entreprise. Sur la détermination de l'unité de négociation, v. 1ère Partie, Titre 1, chapitre 2, *supra*.

[125]. NLRB v. Burns Int'l. Security Services, 406 *U.S.* 272, 80 *L.R.R.M.* 2225 (1972).

avec le représentant des salariés repris [126]. Pour mémoire, l'opération de transfert concernait dans cet arrêt une succession de prestataires de services sur un même contrat. Il s'agissait de la prestation de surveillance des locaux d'une entreprise sur le site de Lockheed en Californie. Quatre mois avant l'opération, les salariés du cédant qui travaillaient sur le site en question avaient élu leur représentant, le syndicat du Personnel de Surveillance de Sites (« UPG ») [127]. Ce dernier avait été accrédité par le NLRB comme leur représentant exclusif. Une convention collective d'une durée de trois ans avait été signée à la suite de ces élections.

Le cessionnaire, Burns, avait repris vingt sept des anciens salariés de son prédécesseur et déployé, en complément, quinze de ses autres salariés sur le site de Lockheed. Il avait refusé de négocier avec le syndicat UPG en préférant traiter avec son interlocuteur habituel, la Fédération Américaine des Gardes (« AFG ») [128]. Le syndicat UPG engagea en conséquence une action en pratique déloyale de travail contre Burns afin qu'il soit notamment décidé de son obligation de le reconnaître comme le seul représentant des salariés du site de Lockheed[129]. Le NLRB et la Cour d'appel accédèrent à sa demande. La Cour Suprême accepta à son tour de se prononcer sur la question.

**662.** La Cour Suprême a d'abord rappelé les termes de la section 8(a)(5) du NLRA, laquelle qualifie de pratique déloyale de travail le fait pour l'employeur de refuser de négocier avec le représentant de ses salariés, et ceux de la section 159 (a) du même texte qui considère comme représentant exclusif des salariés d'une unité de négociation celui qui a été désigné ou choisi aux fins de négociation par la majorité des salariés qui composent cette unité. Sur ce fondement, elle a considéré que puisque le NLRA imposait un devoir de négocier avec le représentant de la majorité des salariés d'une unité appropriée, il convenait d'abord et avant tout de déterminer si le syndicat qui s'en prévalait pouvait être considéré comme tel.

La Cour a repris les constatations faites par le « *trial examiner* » [130] et entérinées par le NLRB. Elles visaient le fait que l'unité en question était une unité appropriée de négociation. Le personnel de Burns, affecté à cette même unité, était composé de la majorité des salariés

---

[126]. Pour des arrêts antérieurs du NLRB, voir notamment : South Carolina Granite Co. 58 *N.L.R.B.* 1448 (1944), *enf'd sub nom.* NLRB v. Blair Quarries, 152 *F.2d* 25 (4th Cir. 1945) ; Stonewall Cotton Mills, 80 *N.L.R.B.* 325, 23 *L.R.R.M.* 1085 (1948), dans lequel le NLRB a considéré, dans le contexte d'un transfert total d'actifs, que « *dès lors qu'aucun des attributs essentiels de la relation d'emploi ne change à la suite du transfert, l'accréditation* [du syndicat] *continue, avec une vigueur non diminuée, de représenter la volonté des salariés quant au choix de leur représentant à la négociation, et l'obligation corrélative de négocier subsiste en dépit du changement dans la propriété de l'entreprise* ». La question était principalement pour le NLRB de savoir si le syndicat qui représentait les anciens salariés du cédant pouvait être considéré par les salariés du cessionnaire comme un représentant « *sympathique et efficace* », ce qui pouvait être présumé dès lors qu'une majorité de ces salariés avait précédemment travaillé pour le cédant et avait été représentés par ce syndicat, et cela quelle que soit la forme juridique de l'opération de transfert d'entreprise en cause. R. A. GORMAN, *Basic text on labor law – unionization and collective bargaining*, West Publishing Co., 1991, p. 118-119.

[127]. « *United Plant Guards Workers of America* ».

[128]. « *American Federation of Guards* ».

[129]. La question de l'application de la convention collective après le transfert, qui faisait également partie des demandes du syndicat, ne sera pas rediscutée ici. L'obligation de négocier du cessionnaire et celle du respect par lui des dispositions de l'ancienne convention collective sont d'ailleurs deux questions distinctes. Le fait que le cessionnaire ait l'obligation de négocier avec le syndicat qui représente les salariés de son prédécesseur n'implique pas, en effet, qu'il ait l'obligation de respecter les termes de la convention collective antérieure. Cf. NLRB v. Burns Int'l. Security Services, 80 *L.R.R.M.* 2228.

[130]. Aujourd'hui dénommé « *Administrative Law Judge* » ou « ALJ ». Les ALJ sont des fonctionnaires indépendants. Ils sont membres de la branche « *Division of Judges* » du NLRB et, en tant que tels, nommés à vie, contrairement aux cinq membres du NLRB, nommés pour cinq ans. Ils instruisent les plaintes relatives aux pratiques déloyales de travail et fonctionnent comme un premier degré de juridiction. Leurs décisions (« *reports* ») peuvent faire l'objet d'un appel (« *exception* ») devant le NLRB dans les vingt jours de leur notification aux parties. A défaut, elles sont automatiquement confirmées par le NLRB.

de son prédécesseur. Ceux-ci avaient déjà exprimé leur choix en ce qui concerne leur représentant à la négociation, au cours d'une élection qui s'était déroulée quelques temps plus tôt. La Cour a souligné qu'il n'était pas contesté que Burns avait connaissance de ces faits et en particulier de l'accréditation [131] qu'avait reçue le syndicat et de l'existence d'une convention collective au moment où il avait repris les salariés de son prédécesseur. Dans ces circonstances, « *il n'était pas déraisonnable pour le NLRB de conclure que le syndicat qui avait été accrédité pour représenter tous les salariés de l'unité continuait à représenter une majorité d'entre eux et que Burns ne pouvait pas raisonnablement en avoir douté de bonne foi* » [132].

**663.** Le fait que Burns ait obligé les anciens salariés de son prédécesseur à s'affilier à un autre syndicat était inopérant. La situation devait être analysée au moment où Burns avait embauché ses salariés. Or, la majorité d'entre eux, soit au moins cinquante et un pour cent, était représentée par un syndicat qui avait été accrédité par le NLRB. Citant un certain nombre d'arrêts rendus dès 1944 par le NLRB et les Cours fédérales, la Cour Suprême a considéré qu'il avait en outre, été « *invariablement décidé qu'un simple changement d'employeur ou de propriété n'est pas une telle « circonstance inhabituelle » qu'elle puisse avoir une incidence sur la valeur d'une accréditation délivrée par le NLRB* (...) *si la majorité des salariés après le changement d'employeur ou de propriété étaient salariés du précédent employeur* » [133].

Une note de bas de page renvoyait à ce sujet au texte de la section 9(c)(3) du NLRA et aux principes applicables en matière d'élection et d'accréditation des représentants des salariés[134]. La Cour Suprême en a conclu, en accord avec la jurisprudence antérieure des Cours fédérales, à l'obligation pour le cessionnaire de négocier avec le syndicat qui représentait les salariés de son prédécesseur « *dès lors que l'unité de négociation reste inchangée et qu'une majorité des salariés embauchés par le nouvel employeur est représentée par un agent qui a été récemment accrédité par le NLRB* » [135].

L'accréditation délivrée par le NLRB à un syndicat devait survivre à un changement d'employeur puisqu'elle était délivrée indépendamment de ce contexte et sans qu'elle en soit *a priori* affectée. Restait à déterminer si le maintien du mandat de représentation de l'ancien syndicat, chez le cessionnaire, était limitée au cas où, comme dans l'affaire Burns, une accréditation venait de lui être délivrée à la suite d'une élection qui s'était tenue peu de temps avant le transfert d'entreprise.

### 2. Le devoir de l'employeur –successeur de négocier avec le syndicat accrédité

**664.** La Cour Suprême est de nouveau intervenue sur la question dans un arrêt Fall River Dyeing en 1987 [136]. Elle apporta les précisions nécessaires sur le fondement et la nature de ce principe de continuité du mandat du syndicat après le transfert que l'arrêt Burns avait consacré et qui n'a pas été remis en cause depuis.

**665.** L'affaire concernait une usine de teinture de textile, Sterlingwale, installée à Fall River, Massachusetts. Son activité était double. D'abord, la transformation de tissus achetés à l'extérieur, traités et revendus à des fabriques de vêtements [137], laquelle représentait soixante à soixante dix pour cent de son activité globale. Ensuite, les réalisations sur commande qui consistaient en la teinture de tissus pour des clients déterminés [138]. A la suite

---

[131]. « *Certification* ».
[132]. NLRB v. Burns Int'l. Security Services, 80 *L.R.R.M.* 2227.
[133]. NLRB v. Burns Int'l. Security Services, 80 *L.R.R.M.* 2227.
[134]. NLRB v. Burns Int'l. Security Services, 80 *L.R.R.M.* 2228, n. 3.
[135]. NLRB v. Burns Int'l. Security Services, 80 *L.R.R.M.* 2228.
[136]. Fall River Dyeing & Finishing Corp. v. NLRB, 482 *U.S.* 27, 107 *S. Ct.* 2225, 125 *L.R.R.M.* 2441 (1987).
[137]. « *Converting* ».
[138]. « *Commission* ».

de difficultés financières qui avaient donné lieu à une première vague de licenciements au sein du personnel de production, en février 1982, l'entreprise se mit à la recherche d'un partenaire financier.

Le personnel de production et de maintenance de Sterlingwale, représenté depuis toujours par le syndicat du Personnel des Entreprises de Textile [139], avait auparavant accepté de prolonger d'un an l'application de la convention collective en cours, jusqu'au 1er avril 1982, avec un gel des salaires et un accord sur l'amélioration de la productivité. L'entreprise cessa néanmoins son activité à la fin de l'été 1982 et fut mise en liquidation. Un ancien administrateur de l'entreprise et le président d'une entreprise cliente, Marcamy, s'associèrent (ci-après : « le cessionnaire ») pour reprendre la propriété de l'usine, des équipements et l'activité des réalisations sur commande de Sterlingwale.

L'activité reprit en septembre 1982 et le cessionnaire commença à embaucher son personnel en posant des annonces dans un journal local. Il procéda à des embauches par paliers, au fur et à mesure du développement de son activité. Dès le mois d'octobre 1982, vingt et un salariés avaient été embauchés dont dix-huit étaient d'anciens salariés de Sterlingwale. C'est à cette époque que le syndicat du Personnel des Entreprises de Textile demanda à être reconnu et à négocier avec le cessionnaire. Celui-ci refusa, prétendant que cette demande était sans fondement, et poursuivit ses embauches. Les anciens salariés du cédant continuèrent à former la majorité du personnel du cessionnaire jusqu'en avril 1983, date à laquelle ils devinrent minoritaires dans ses effectifs.

Les salariés bénéficiaient, par ailleurs, des mêmes conditions d'emploi que chez Sterlingwale. Le système de production était inchangé et les salariés travaillaient sur les mêmes machines, dans les mêmes locaux, avec des classifications d'emploi identiques et avec presque le même personnel d'encadrement. Plus de la moitié de l'activité du cessionnaire provenait, en outre, de commandes d'anciens clients de Sterlingwale.

Le syndicat du Personnel des Entreprises de Textile engagea une action en pratique déloyale de travail contre le cessionnaire quelques semaines après s'être heurté au refus de ce dernier de négocier. L'ALJ considéra que le cessionnaire était le « successeur » de Sterlingwale. En tant que tel, il avait l'obligation de négocier avec le syndicat dès lors que la majorité de ses salariés étaient d'anciens salariés de Sterlingwale. Le cessionnaire avait donc commis une pratique déloyale de travail en refusant de négocier avec lui. Le NLRB confirma la décision de l'ALJ et la Cour d'appel l'entérina. La Cour Suprême accepta à son tour de juger l'affaire eu égard à « *l'importance de la question* » de l'employeur – successeur [140] et à l'« *intérêt* » qu'elle portait aux principes développés par le NLRB en cette matière.

**666.** Reprenant les faits de l'arrêt Burns, et notamment le fait que, dans cette affaire, le syndicat avait été élu par les salariés, quatre mois avant le changement d'employeur, la Cour Suprême a considéré que le raisonnement qu'elle avait utilisé dans cet arrêt était également applicable à un cas où, comme en l'espèce, le syndicat ne venait pas d'être accrédité par le NLRB avant le changement d'employeur. Pour ce faire, la Cour a rappelé les principes qu'elle avait mis en exergue dans son arrêt Burns. Elle indiqua qu'un simple changement d'employeur ou de propriété de l'entreprise n'est pas une circonstance si « *inhabituelle* » qu'elle puisse affecter l'accréditation délivrée par le NLRB, du moment que la majorité des salariés du cessionnaire est composée de salariés du cédant. En outre, dès lors que l'accréditation est délivrée au syndicat, une présomption irréfragable de représentativité du syndicat s'applique pendant une année [141] et une présomption simple pour les années suivantes [142]. Ces présomptions devaient être appliquées dans le contexte d'un

---

139. « *United Textile Workers of America* ».
140. « *Successorship* ».
141. « *Irrebuttable presumption* ».
142. « *Rebuttable presumption* ».

transfert total. Elles le doivent aussi en cas de transfert partiel d'entreprise [143], dès lors que les anciens salariés du cédant en composent toujours la majorité, après le transfert [144].

**667.** Pour la Cour Suprême, la logique qui sous-tend l'application de ces présomptions est particulièrement adaptée à la situation des changements d'employeur.

Elle l'est d'abord par rapport à la situation du syndicat. En effet, pendant la période de transition entre les deux employeurs, le syndicat est « *particulièrement vulnérable* ». Il n'a aucune relation établie avec le nouvel employeur, il ne connaît pas ses projets et n'est pas sûr que le nouvel employeur doive négocier avec lui ni à quel moment il doit le faire. En même temps qu'il est préoccupé par le sort de ses membres après l'arrivée du nouvel employeur, il doit protéger les droits qui peuvent subsister pour eux, en application de la convention collective signée avec l'ancien employeur. En conséquence, pendant cette période de transition, « *le syndicat a besoin des présomptions liées à son statut majoritaire pour sauvegarder les droits de ses membres et développer une relation avec le cessionnaire* ».

Elle l'est ensuite pour les salariés eux-mêmes. En effet, si les salariés se retrouvent dans une nouvelle entreprise qui n'est pas fondamentalement différente de l'ancienne, mais sans le représentant qu'ils ont choisi, ils peuvent avoir le sentiment que leur choix est sujet aux « *vicissitudes* » de la transformation d'une entreprise. En outre, après avoir été embauchés par la nouvelle entreprise, à la suite de leur licenciement de l'ancienne, les salariés seront avant tout préoccupés par la conservation de leur emploi. En fait, ils peuvent être enclins à fuir le soutien de leur ancien syndicat s'ils estiment qu'un tel soutien pourrait mettre en jeu le maintien de leur emploi chez le cessionnaire. Ils pourraient avoir tendance à rejeter la responsabilité de leur licenciement et les problèmes qui y sont associés sur le syndicat. En définitive, en l'absence de telles présomptions de maintien du soutien de la majorité des salariés et face à la diversité des transformations pouvant affecter l'entreprise, « *un employeur pourrait utiliser une entreprise « successeur » comme un moyen de se débarrasser d'une convention collective et exploiter l'attitude hésitante des salariés à l'égard du syndicat pour supprimer sa présence* » [145]. C'est précisément cette situation que les présomptions permettent d'éviter.

**668.** L'obligation de négocier de l'employeur – successeur ne se limite pas, en conséquence, à la situation dans laquelle le syndicat vient d'être accrédité au moment où intervient l'opération de transfert d'entreprise. Lorsque le syndicat bénéficie d'une présomption simple par rapport à son statut majoritaire, ce statut est maintenu malgré le changement d'employeur. Le nouvel employeur a l'obligation de négocier avec le syndicat, quelle que soit la présomption pesant sur l'accréditation du syndicat qui représente les salariés de son prédécesseur, dès lors qu'il est le « successeur » du cédant et que la majorité de ses salariés est composée des anciens salariés de son prédécesseur [146].

---

[143]. C'est-à-dire en cas de transfert d'une partie de l'unité de négociation pour laquelle le syndicat a obtenu son accréditation.

[144]. Pour des applications: Petroleum Workers v. NLRB (Irwin Indus.), 980 *F.2d* 774, 142 *L.R.R.M.* 2012 (DC Cir. 1992) : même lorsque les salarié repris par le cessionnaire ne constituaient pas, à eux seuls, une unité appropriée de négociation, cela n'empêche pas la présomption relative au maintien du mandat du syndicat de s'appliquer, dès lors que les salariés repris font partie de la même unité de négociation avant et après le changement d'employeur ; Watson v. Moeller Rubber Prods., 792 *F.Supp*. 1459, 140 *L.R.R.M.* 2449 (N.D. Miss. 1992), si le syndicat représente les salariés de plusieurs sites, il bénéficie de la même présomption de légitimité dans chacun d'eux. Son mandat est, en conséquence, en principe maintenu chez l'employeur qui reprend l'un de ces sites ; Montauk Bus Co., 324 *N.L.R.B.* 1128, 158 *L.R.R.M.* 1248 (1997), où il a été décidé que la présomption de continuité du soutien de la majorité des salariés pour le syndicat s'appliquait alors que le cessionnaire n'avait repris qu'une partie des salariés qui étaient représentés chez le cédant.

[145]. Fall River Dyeing & Finishing Corp. v. NLRB, 125 *L.R.R.M.* 2446.

[146]. Fall River Dyeing & Finishing Corp. v. NLRB, 125 *L.R.R.M.* 2447.

La naissance de l'obligation de négocier pour le cessionnaire coïncide avec le moment où s'apprécie la composition de ses effectifs [147]. Si le cessionnaire accepte de reconnaître un syndicat, en tant que partenaire à la négociation, avant cette date, à un moment où son statut majoritaire et sa légitimité ne sont pas établis, le caractère prématuré de cette reconnaissance pourrait constituer pour lui une pratique déloyale de travail [148].

**669.** L'obligation de négocier du cessionnaire est, en toute hypothèse, subordonnée à la demande préalable en ce sens du syndicat [149]. En ce qui concerne le moment où le syndicat doit demander à négocier avec le cessionnaire, le principe est beaucoup plus souple que celui permettant d'apprécier le moment où naît l'obligation de négocier du cessionnaire. Il est en effet indépendant du décompte de ses effectifs. La Cour Suprême a entériné à ce titre, dans cet arrêt Fall River Dyeing, le principe de la « *demande continue* » [150] qui avait été adopté par le NLRB. En application de ce principe, la demande faite prématurément par le syndicat et qui a été rejetée par le cessionnaire, reste applicable jusqu'au moment où les effectifs de ce dernier deviennent « *substantiels et représentatifs* » [151]. Passé ce délai, la demande est considérée comme tardive et risque d'être contrariée si les anciens salariés du cédant sont minoritaires en nombre chez le cessionnaire au moment où elle intervient [152].

**670.** En droit américain, l'obligation pour l'employeur de négocier avec le syndicat qui représente la majorité de ses salariés survit au transfert d'entreprise dès lors que l'unité de négociation au titre de laquelle il a obtenu son accréditation reste la même. Il en est ainsi dès que des anciens salariés du cédant qui la composaient ont été repris par le cessionnaire et forment la majorité des effectifs de ladite unité. Dans cette hypothèse, le changement d'employeur n'entraîne pas en tant que tel la remise en cause du mandat du syndicat. Celui-ci est présumé continuer à avoir le soutien des salariés qui l'ont élu chez le cédant [153], sous

---

147. Sur cette question, v. 1ère Partie, Titre 2, Chapitre 2, *supra*.

148. Sur le fondement de la violation de la section 8(a)(2) du NLRA, prohibant toute forme de soutien apporté à un syndicat par un employeur.

149. Fall River Dyeing & Finishing Corp. v. NLRB, 125 *L.R.R.M.* 2451. Aucun formalisme spécifique n'est à cet égard exigé. La demande doit toutefois indiquer clairement une volonté de négocier de la part du syndicat au bénéfice des salariés de l'unité appropriée de négociation pour ce qui concerne la rémunération, le temps de travail et les autres termes et conditions d'emploi. Voir, par exemple, Al Lander's Dump Truck, Inc., 192 *N.L.R.B.* 207 (1971), où le NLRB a considéré que « *bien que la lettre* [contenant la demande du syndicat] *n'avait peut-être pas été rédigée ou formulée d'une manière artistique ou technique* », il n'en a pas moins décidé que, compte tenu des circonstances de l'espèce, notamment le fait que le syndicat venait d'être accrédité au sein de l'unité de négociation en question, « *la lettre constituait une demande de négocier suffisamment claire et appropriée* » à laquelle le cessionnaire ne pouvait légalement s'opposer. A défaut d'intention de négocier clairement exprimée par le syndicat, le cessionnaire est en droit de rejeter sa demande. Par exemple : Atlas Graphics, Inc., 227 *N.L.R.B.* 136 (1976), où le NLRB a considéré que bien que le cessionnaire devait être considéré comme le successeur du cédant, il n'avait pas violé son devoir de négocier en s'opposant à la demande répétée du syndicat tendant à la signature d'un accord spécifique, sans qu'aucune autre alternative ne lui soit proposée, alors que le syndicat n'avait pas, par ailleurs, demandé à négocier avec lui.

150. « *Continuing demand* ».

151. En effet, le syndicat n'aura généralement pas l'habitude de traiter avec le cessionnaire et ne connaîtra pas d'avantage ses prévisions en termes d'embauches. Il est donc fort probable que sa demande de négocier interviendra prématurément. Il ne serait pas raisonnable, pour cette raison, de lui demander de la réitérer jusqu'à ce que celle-ci coïncide avec le moment où naît l'obligation de négocier du cessionnaire. Il est plus sensé de considérer que la demande du syndicat est valable et continue de l'être jusqu'à ce que le devoir de négocier du cessionnaire soit établi (c'est-à-dire lorsque ses effectifs sont composés majoritairement des anciens salariés de son prédécesseur). Tel était le cas en l'espèce où le syndicat avait demandé à négocier avec le cessionnaire à une date prématurée et où ce dernier s'y était toujours opposé, même au moment où son obligation de négocier avec le syndicat était née.

152. En ce sens: Royal Midtown Chrysler Plymouth, Inc., 296 *N.L.R.B.* 1039, 133 *L.R.R.M.* 1165 (1989).

153. Cette présomption de continuité du mandat syndical après le transfert a fait l'objet d'une opinion divergente de la part de certains membres de la Cour Suprême, au motif notamment que celle-ci empêche

réserve qu'il demande à être reconnu comme un partenaire à la négociation par le cessionnaire et qu'il ne renonce par à son droit de négocier.

Comme en droit français et anglais, le transfert d'entreprise en droit américain n'a pas d'incidence sur la durée des mandats en cours. Leur maintien après le transfert dépend toutefois, dans ces trois systèmes juridiques, des conditions de la réception par le cessionnaire de l'entité ou unité de négociation transférée.

# SECTION II
# LE MAINTIEN DES DROITS DES SALARIÉS DÉPEND DU CESSIONNAIRE

**671.** Certaines règles visent à éviter que les salariés ne se retrouvent, du fait du transfert, privés d'un statut collectif et ne voient leur situation juridique détériorée alors que leur contrat de travail est maintenu chez le cessionnaire. En dépit de ces règles, la survie du statut antérieur des salariés transférés ou repris, après le transfert, dépend, dans les trois systèmes juridiques étudiés, tant de la conservation de son autonomie par l'entité transférée (§1) que de l'organisation de l'entreprise d'accueil et du pouvoir de gestion du nouvel employeur (§2). La protection des salariés, justifiée par le contexte de transfert d'entreprise, trouve ainsi sa limite dans le pouvoir de l'employeur de disposer librement de son entreprise.

## §1. LE MAINTIEN DES DROITS CONDITIONNÉ À L'AUTONOMIE DE L'ENTITÉ TRANSFÉRÉE

**672.** Un transfert d'entreprise peut avoir plus ou moins de répercussion sur la structure, l'organisation et la nature de l'activité de l'entreprise, l'établissement ou la partie d'entreprise ou d'établissement cédée. Dès lors que l'opération de transfert d'entreprise entraîne peu de changement dans la nature de l'activité ou pour le personnel, les représentants des salariés en place avant le transfert conserveront leurs mandats chez le cessionnaire. Les salariés continueront également généralement à bénéficier du même statut collectif qu'antérieurement.

La situation s'inverse si l'opération de transfert entraîne des changements importants dans la nature de l'activité ou dans son mode de fonctionnement par le biais d'un regroupement des salariés avec les salariés du cessionnaire sur un même site, la centralisation du contrôle des relations de travail ou encore l'absence d'intérêts distincts des salariés transférés ou repris,

---

le libre choix de leur représentant par les salariés du cessionnaire. Il ne peut pas, en effet, être démontré mathématiquement que le syndicat en question représentait le choix de la majorité des salariés qui ont été repris par le cessionnaire, à l'époque où ils travaillaient pour le cédant ni, *a fortiori*, qu'il représente le choix des salariés du cessionnaire. Cf. opinion minoritaire concurrente et divergente du juge Rehnquist, rejoint par les juges Brennan et Powell, *in* NLRB v. Burns Int'l Security Services, 80 *L.R.R.M.* 2234-35. La Cour Suprême a préféré privilégier la stabilité des relations collectives sur le libre choix des salariés. Pour une critique et un débat sur la nécessité d'une telle démarche et sur son absence de caractère démocratique, contraire aux principes posés par le NLRA, notamment : C. A. CRISPIN (Note), « The successorship doctrine : in search of a new focus », *Willamette Law Review*, 1980-81, vol. 17, p. 448-455 ; M. A. TENENBAUM (Note), « Fall River : The NLRB's expansive successorship doctrine », *Ohio State Law Journal*, 1989, vol. 50, p. 181-195 ; D. M. SCHEAR (Note), « The successorship doctrine revisited : Fall River Dyeing & Finishing Corp. v. NLRB », *St John's Journal of Legal Commentary*, 1987, vol. 3, p. 92-96, dans lequel l'auteur se prononce en faveur de l'organisation de nouvelles élections après le transfert. Dans le même sens: B. G. GEORGE, « Successorship and the duty to bargain », *Notre Dame Law Review*, 1988, vol. 63, p. 300-308.

insusceptibles dès lors de faire l'objet d'une représentation séparée. Le sort des instances représentatives du personnel (A) et du statut collectif des salariés (B) en sera directement affecté.

## A. LE SORT DES INSTANCES REPRÉSENTATIVES DU PERSONNEL

**673.** Dans chacun des systèmes juridiques couverts par notre analyse, le maintien du statut et la fonction des représentants du personnel dépendent de l'organisation de l'entreprise d'accueil. Le sort des institutions et des mandats des représentants du personnel sera en effet différent selon que l'entité ou l'unité de négociation transférée, entreprise, établissement, partie d'entreprise ou d'établissement, conserve son identité ou selon que l'opération de transfert entraîne un changement de situation qui rende légitime l'organisation de nouvelles élections et l'harmonisation des statuts.

### *1. Droit français : la remise en cause de l'existence des institutions et de la continuation des mandats*

**674.** Lorsque l'entreprise objet du transfert ne conserve pas son autonomie juridique et que l'entité transférée n'est pas un établissement ou ne devient pas un établissement distinct de l'entreprise d'accueil [154], le mandat des membres élus ou désignés chez le cédant expire à la date d'effet du transfert et les instances représentatives du personnel en cause disparaissent. L'entité transférée est totalement intégrée dans l'entreprise d'accueil. Le sort des mandats et des institutions est lié. En cas de différend, la disparition des mandats est constatée par le directeur départemental du travail, de l'emploi et de la formation professionnelle du siège de l'entreprise [155].

Lorsque l'entité transférée conserve son autonomie, le maintien des instances représentatives et des mandats en cours au jour du transfert n'est pas pour autant assuré dans la durée. Le changement d'employeur s'accompagne le plus souvent de bouleversements liés tant à l'organisation interne qu'aux effectifs de l'entreprise qui les accueille.

**675.** Le maintien des instances représentatives du personnel ainsi que la continuation des mandats des salariés qui les composent dépendent de l'objet du transfert. Ils supposent que le transfert concerne une entreprise ou un établissement distinct conservant ce caractère après le transfert. Ils dépendent aussi du type de structure dans laquelle les salariés vont être transférés, selon qu'il s'agisse d'une structure simple ou complexe, composée de plusieurs établissements. L'organisation ou la réorganisation de l'entreprise d'accueil à court ou moyen terme peut en effet influer sur le sort des institutions représentatives du personnel en place. La jurisprudence prévoit ainsi que l'institution d'un comité central d'entreprise à la suite d'une restructuration, c'est-à-dire la transformation d'une entreprise à structure simple en

---

[154]. Sur les concepts d'« *autonomie* » et d'« *établissement distinct* » se référer notamment aux développements consacrés à cet effet dans la thèse de Y. AUBREE, *Contribution à l'étude du sort des relations de travail des salariés compris dans un transfert total ou partiel d'entreprise*, Université de Toulon et du Var, 1997, p. 326-361.

[155]. Article L.431-3 du code du travail (pour les comités d'entreprise et les comités d'établissement). Une harmonisation des règles de compétence en matière de litiges préélectoraux a permis le transfert de compétence du juge d'instance à l'autorité administrative en ce qui concerne les délégués du personnel. Ordonnance n°2005-1478 du 1er décembre 2005 de simplification du droit dans le domaine des élections aux institutions représentatives du personnel (*J.O.*, 2 décembre, p. 18641) et décret 2006-862 du 13 juillet 2006 (*J.O.*, 14 juillet, p. 10597). L'ordonnance de 2005 n'ayant prévu aucune modification concernant les délégués syndicaux, le juge d'instance reste compétent pour statuer sur les litiges les concernant.

structure complexe, comportant plusieurs établissements, entraîne la cessation du comité d'entreprise des sociétés fusionnées [156].

La continuation des mandats ne signifie pas toujours la survie de l'institution représentative du personnel en l'état, telle qu'elle existait au moment du transfert. Le comité d'entreprise de l'entreprise cédante deviendra un comité d'établissement de l'entreprise d'accueil, dès lors que l'entité transférée ne concerne pas une entreprise, conservant son autonomie juridique après le transfert [157]. Si l'institution reste la même, par exemple un comité d'établissement restant un comité d'établissement dans l'entreprise d'accueil, ses compétences seront conditionnées à l'organisation et à la situation sociale de l'entreprise dans laquelle elle sera amenée à évoluer.

**676.** Lorsque leur maintien est acquis, la durée des mandats des représentants du personnel transféré peut être affectée par l'existence d'instances représentatives du personnel dans l'entreprise d'accueil. Le code du travail prévoit ainsi, par exception au principe du maintien des mandats jusqu'à leur terme, que la durée du mandat des membres élus peut être réduite ou prorogée pour tenir compte de la date habituelle des élections dans l'entreprise qu'ils intègrent.

Il en est ainsi pour les mandats des membres du comité d'entreprise et des délégués du personnel, pour lesquels cet aménagement doit résulter d'un accord entre le nouvel employeur et les organisations syndicales représentatives présentes dans le ou les établissements objet du transfert. A défaut, il pourra résulter d'un accord avec les membres du comité d'entreprise concerné, pour les mandats de membre du comité d'entreprise [158], ou les délégués du personnel, pour les mandats de délégués du personnel [159]. A défaut d'accord, l'entreprise d'accueil ne pourra pas organiser d'élection avant l'expiration des mandats en cours [160].

**677.** Les variations d'effectifs pourront entraîner une reconsidération du nombre de titulaires et suppléants au sein des instances représentatives du personnel, lors de leur renouvellement [161] et des obligations du cessionnaire qui sont attachées aux seuils d'effectifs [162]. Outre une diminution du nombre d'élus au sein des instances représentatives existantes à la date du transfert, une variation des effectifs pourra aller jusqu'à entraîner, à plus long terme, une remise en cause de leur existence même. Il en sera ainsi en dépit du fait que l'entité transférée remplissait la condition d'autonomie requise par les textes pour assurer le maintien des mandats chez le cessionnaire. Le maintien d'un comité d'entreprise ou de délégués du personnel au sein de la structure d'accueil, de même que chez le cédant, pourra ainsi être remis en cause en cas de variation des effectifs, au dessous des seuils légaux, observée pendant un délai de douze mois, pour les délégués du personnel [163], et d'une façon « *importante et durable* », pour le comité d'entreprise ou le mandat de délégué

---

[156]. Cass. soc. 22 avril 1982, Sté des Laboratoires Anphar Rolland c/ Syndicat CGT de l'Unité économique A. Rolland et a. : *Bull. civ.* V, n°254, p. 189.

[157]. Sous réserve cependant que le transfert d'activité emporte continuation dudit comité dans le cadre d'un établissement distinct de l'entreprise cessionnaire. Cass. soc. 22 février 1995, Comité d'établissement de la société Ziegler c/ société Docks de Bourgogne et a. : *Bull. civ.* V, n°64, p. 46.

[158]. Article L. 433-14 al. 2 du code du travail.

[159]. Article L. 423-16 al. 4 du code du travail.

[160]. Cass. soc. 14 février 1989, SA Sema-Metra c/ Fédération nationale CGT des personnels des sociétés d'études et a. : *Bull. civ.* V, n°122, p. 74 (pour un comité d'entreprise).

[161]. Tel est généralement le cas lorsqu'il s'agit d'un transfert partiel d'entreprise où les salariés attachés à l'activité transférée intègrent une entreprise constituée à cette fin qui n'emploie pas d'autre personnel. A l'inverse, une variation des effectifs à la hausse pourra également intervenir et faire apparaître de nouvelles structures de représentation et de nouveaux avantages pour les salariés transférés (comité d'entreprise, comité central d'entreprise, comité de groupe, UES, etc.).

[162]. Par exemple : absence d'obligation d'établir un bilan social en dessous de trois cent salariés, possibilité de réunir le comité d'entreprise tous les deux mois en dessous de cent cinquante salariés, etc.

[163]. Article L. 421-1 al. 3 du code du travail.

syndical [164]. Cette remise en cause nécessitera néanmoins, pour ces derniers, soit un accord entre l'employeur et l'ensemble des organisations syndicales représentatives ou, à défaut d'accord, une décision du directeur départemental du travail.

**678.** La baisse des effectifs de l'entreprise consécutive au transfert ne mettra donc fin, à elle seule, ni aux institutions représentatives du personnel du cédant [165] ni, *a fortiori*, à celles du cessionnaire, auprès de qui la loi prévoit la poursuite de principe des mandats en cours, sauf à ce que l'entreprise ou l'établissement représentés disparaissent complètement. De nouvelles élections devront avoir lieu, en toute hypothèse, dès que les conditions de seuils seront à nouveau remplies.

Le droit anglais assure également la survie provisoire et non la pérennité de la représentation du personnel en place au jour du transfert. Il ne s'encombre pas des garanties consacrées par le droit français pour éviter sa disparition après le transfert.

### 2. *Droit anglais : la remise en cause de la reconnaissance du syndicat comme partenaire à la négociation*

**679.** Le maintien de la reconnaissance du syndicat en place à la date du transfert est, en droit anglais, de même que celui des accords collectifs en vigueur chez le cédant à cette date, soumis au bon vouloir du cessionnaire. Le TUPE a pris soin de préciser, dans le même article que celui qui prévoit la reconnaissance de principe, par le cessionnaire, du syndicat en place à la date du transfert, que « *tout accord de reconnaissance peut néanmoins être modifié ou révoqué* » [166].

**680.** La plupart des accords visant à la reconnaissance du syndicat dans l'entreprise [167] n'ont pas de force obligatoire, comme tout accord collectif en droit anglais. Le cessionnaire continue donc en pratique à être lié par l'accord de reconnaissance pris par son prédécesseur, pour autant qu'il veut bien l'être. Celui-ci ne concernera, en toute hypothèse que les salariés transférés.

Le principe reste en droit anglais que dès lors qu'un syndicat a été reconnu par un employeur, d'une façon volontaire, ce dernier peut y mettre un terme, modifier à discrétion le champ de compétence qu'il lui reconnaît et refuser de négocier avec lui à l'avenir. Il est applicable au cédant comme au cessionnaire [168]. L'accord de reconnaissance du syndicat par le cédant et les droits qu'il confère au syndicat dans l'exercice de son mandat de représentation, pour les heures de délégation notamment, ne survivra au transfert d'entreprise

---

[164]. Articles L.412-15 dern. al. (délégué syndical) et L.431-3 al. 3 (comité d'entreprise) du code du travail. Sur l'appréciation du caractère important et durable de la réduction d'effectifs, voir, notamment : Cass. soc. 25 mai 1978, Société des établissements Humbert c/ Syndicat départemental de l'Alimentation CFDT de Clermont-Ferrand et a.: *Bull. civ.* V, n°406, p. 308 ; *D.*, 1978, IR, 392, obs. J. PELISSIER: la suppression ne peut intervenir que si la baisse de l'effectif « *est devenue habituelle, ce qui suppose qu'elle se soit maintenue pendant une certaine durée* » ; Cass. soc. 13 mai 1980, Société des Grands Travaux de Toulouse c / Lapierre et a. : *Bull. civ.* V, n°432, p. 328: la réduction durable de l'effectif habituel de l'entreprise n'a pas à présenter un caractère définitif ; Cass. soc. 9 juillet 1981, SA Feltz c/ Tarditi et a. : *Bull. civ.* V, n°701, p. 523. L'administration considère généralement qu'une baisse de 10% des effectifs est importante. Cf. CE 20 décembre 1985, n°54.954, 1e et 10è s.-s., Société Automatisme et Mécanique : en l'espèce, une réduction de l'effectif à 45 salariés constatée pendant 15 mois a été considérée comme suffisamment importante et durable pour permettre au directeur départemental du travail d'autoriser la suppression sollicitée. La baisse est durable dès lors qu'elle est constatée pendant au moins 24 mois au cours des trois années de référence : Cir. DRT 13 du 25 octobre 1983, n°1-3-2-2 : *J.O.* 20 décembre 1983, p. 11201.

[165]. Cass. soc. 3 février 1998, n°537 D, CFTC et a. c/ Société Télésystèmes et a.: *Bull. civ.* V, n°60, p. 44 ; *RJS*, 3/98, n°345.

[166]. TUPE 1981, reg. 9(2)(b) ; TUPE 2006, reg. 6(2)(b) (rédaction inchangée).

[167]. « *Recognition agreement* ».

[168]. Whent and ors v. T. Cartledge Ltd [1997] *IRLR* 153 (EAT).

qu'en sa qualité d'accord collectif. Il pourra être librement suivi ou révoqué par le cessionnaire.

**681.** La seule limite à ce principe de libre révocation se situe dans le respect des droits du syndicat attachés à l'exercice de ses fonctions de représentation des salariés en place. Le cessionnaire ne pourra pas remettre en cause la qualité de partenaire à la négociation du syndicat [169] pour refuser d'accéder à une demande de communication d'information aux fins de négocier. Le devoir de l'employeur de divulguer l'information au syndicat survit en effet, dans cette hypothèse, à la remise en cause concomitante ou postérieure de la reconnaissance du syndicat [170]. En dehors de ce cas, la révocation de la reconnaissance du syndicat en place à la date du transfert est libre pour le cessionnaire, et interviendra *a fortiori* si les salariés qui composent l'effectif de l'entreprise d'accueil sont déjà représentés. Le cessionnaire peut également préférer reconnaître un autre syndicat, même si celui-ci ne représente pas la majorité des salariés qui lui sont transférés [171]. Il peut également se prévaloir de l'absence de caractère distinct de l'activité transférée pour dénier tout effet à l'accord de reconnaissance dont bénéficiait le syndicat préalablement au transfert. Tel sera le cas lorsque l'entité transférée est intégrée au sein de l'entreprise d'accueil, sans être distincte du reste de l'activité du cessionnaire [172].

**682.** Il reste que si le syndicat en place chez le cédant a fait l'objet d'une procédure en reconnaissance légale devant le Central Arbitration Committee (« CAC ») [173], sa légitimité est en principe établie pour trois ans, à compter de la décision du CAC en ce sens. Les modalités de négociation [174] fixées par le CAC sont considérées comme un contrat ayant force obligatoire, sauf à ce que les parties aient expressément convenu du contraire [175]. Dans un tel cas, le mandat du syndicat ne pourra pas être remis en cause [176] à moins que le cessionnaire ne

---

169. « *Derecognition* ».

170. Ackrill Newspapers v. NUJ (CAC 14 February 1992, unreported).

171. Une possibilité qui reviendrait à « *tourner en dérision le fait que la reconnaissance du syndicat constitue la représentation démocratique de la « voix » du salarié* », selon S. DEAKIN, G. S. MORRIS, *Labour Law*, Butterworths, 2001, p. 765-766.

172. Certains auteurs remarquent également que la procédure de reconnaissance légale vise les « travailleurs » (« *workers* ») [TULR(C)A 1992, 296 (1)], alors que le TUPE vise la reconnaissance des « salariés » (« *employees* ») [TUPE 1981, reg. 2 (1) ; TUPE 2006, reg. 2]. Dès lors, si les « travailleurs » qui composaient l'unité de négociation du cédant ne sont pas tous des « salariés » (notion plus restrictive puisqu'elle vise uniquement les personnes liées à leur employeur par un contrat de travail et exclut les travailleurs indépendants et les prestataires de services), la reconnaissance ne serait pas transférée. Si seulement certains salariés devaient être couverts par la protection, le cessionnaire pourrait dès lors invoquer un changement dans l'unité de négociation considérée. G. S. MORRIS et T. J. ARCHER, *Collective Labour Law*, Hart Publishing, 2000, para. 4.74.

173. Cette procédure est toutefois encore minoritaire (en vigueur depuis le 6 juin 2000). Ainsi, à la fin de la première année d'application, la procédure de reconnaissance légale avait fait l'objet de 80 candidatures, dont 39 furent acceptées parmi lesquelles 8 ont finalement donné lieu à reconnaissance légale. S. DEAKIN and G. S. MORRIS, ouvrage précité, p. 778. Les auteurs soulignent néanmoins que ces chiffres ne doivent pas masquer l'impulsion que l'introduction de la procédure de reconnaissance légale a donné à la reconnaissance volontaire, dont la flexibilité est préférée par tous, y compris par les syndicats, parce qu'elle augure des rapports collectifs plus sereins.

174. « *Method* ».

175. TULR(C)A 1992, Sch. A1, para 56.

176. « *Derecognition* ». Pour approfondir sur la procédure légale de reconnaissance (« *recognition* ») et de retrait de reconnaissance (« *derecognition* »), notamment: G. S. MORRIS et T. J. ARCHER, *Collective Labour Law*, Hart Publishing, 2000, précité, paras. 4.5 à 4.63 ; *HARVEY's Encyclopaedia of Industrial Relations and Employment law*, N para. 919 et s.; et les directives du gouvernement à ce sujet, applicable depuis le 1er octobre 2005 : *Code of practice: access and unfair practices, during recognition and derecognition ballots*, DTI publications, URN 05/1463, September 2005, 56 p. ; *Code of practice : industrial action ballots and notice to employers*, DTI publications, URN 05/1462, September 2005, 40 p.

prouve devant le CAC que le nombre moyen de salariés qu'il emploie est tombé en dessous du seuil de vingt et un salariés. L'appréciation s'opère sur une période de treize semaines [177]. Alternativement, il doit montrer qu'au moins dix pour cent des salariés qui composent l'unité de négociation en question sont favorables à la cessation de l'accord de négociation [178] et qu'ils sont appuyés par la majorité des salariés de ladite unité [179]. Une fois que le syndicat aura obtenu une reconnaissance légale de sa qualité de partenaire à la négociation devant le CAC, il est difficile en pratique, pour l'employeur, de remettre en cause la légitimité du syndicat. C'est pour cette raison que les employeurs acceptent de reconnaître à titre volontaire le syndicat comme le représentant des salariés de l'unité de négociation qu'il prétend représenter, dès qu'une procédure de reconnaissance légale est initiée. Cela leur permet d'échapper à la période de protection légale de trois ans du syndicat à laquelle celle-ci peut aboutir et de remettre ainsi librement en cause sa légitimité, en fonction des circonstances.

**683.** Le fait que le syndicat ait obtenu une reconnaissance par voie légale n'implique pas pour autant que le cessionnaire soit contraint de négocier avec lui. Il peut en effet toujours démontrer, non pas que le syndicat n'est plus légitime, mais que l'unité de négociation qu'il représente n'est plus appropriée ou qu'elle a cessé d'exister, à la suite du transfert.

En effet, la décision du CAC de reconnaître le syndicat comme le partenaire légal de l'employeur à la négociation a été prise dans le cadre d'une unité de négociation donnée. Or, une unité de négociation qui était considérée comme appropriée chez le cédant, peut ne plus l'être chez le cessionnaire, compte tenu des changements qui sont intervenus dans la structure ou l'organisation de l'entreprise ou encore de la baisse des effectifs de l'unité de négociation que le syndicat représentait. Employeur et syndicat peuvent, dans ce cas, saisir le CAC aux fins de faire reconnaître la modification du périmètre ou l'absence de caractère approprié de l'unité de négociation au titre de laquelle le syndicat a été reconnu comme l'interlocuteur de l'employeur.

Pour que la demande soit reçue, le CAC doit admettre la possibilité que l'unité de négociation en cause ne soit plus appropriée. Il tient compte des modifications invoquées et des critères légaux [180]. Ces modifications seront la résultante soit d'un changement intervenu dans l'organisation ou la structure de l'entreprise, soit d'une modification de l'activité de l'employeur, soit enfin d'une modification importante du nombre de salariés employés dans l'unité de négociation considérée [181].

Les parties ont la possibilité de s'entendre sur la définition d'une nouvelle unité de négociation qui remplacera la précédente, à condition qu'elle ne se superpose pas à une unité de négociation déjà existante chez le cessionnaire. A défaut d'accord entre les parties, le périmètre de l'unité de négociation sera défini par le CAC.

Le cessionnaire peut également considérer que l'unité de négociation dont le syndicat assurait la représentation a cessé d'exister. Il peut dans ce cas demander au CAC de faire constater que les engagements de négociation qu'il avait pris dans ce cadre ne sont plus valables puisque l'unité de négociation au titre de laquelle il les avait pris n'existe plus. Cette procédure peut également aboutir à une redéfinition de l'unité de négociation en fonction notamment du souhait des parties, de l'organisation de l'entreprise d'accueil, des accords collectifs en place, de la nécessité d'éviter la fragmentation de la représentation collective dans l'entreprise, des caractéristiques des salariés concernés et de leur lieu de travail.

---

177. TULR(C)A, Sch. A1, para. 99-103.

178. « *Bargaining arrangement* ».

179. TULR(C)A, Sch. A1, para. 110. La procédure à suivre est dans tous les cas identique à la procédure de reconnaissance légale du syndicat [TULR(C)A 1992, Sch. A1, Parts IV to VI].

180. Sur les critères de l'unité appropriée de négociation, v. 1ère Partie, Titre I, chapitre II, *supra*.

181. TULR(C)A 1992, Sch. A1, para 67.

**684.** Une fois l'unité de négociation redéfinie, le CAC décide ensuite si « *la différence entre l'unité initiale et la nouvelle unité est telle que le soutien apporté au(x) syndicat(s) au sein de la nouvelle unité doit être évalué* » [182]. Si tel est le cas, de nouvelles élections [183] devront être organisées dans l'unité de négociation. A défaut, le syndicat sera considéré comme le représentant légitime des salariés qui la composent et capable à ce titre de négocier pour le compte de l'unité de négociation.

### *3. Droit américain : la remise en cause du caractère approprié de l'unité de négociation ou du caractère majoritaire du syndicat*

**685.** En droit américain, le devoir de négocier du cessionnaire avec le syndicat qui représentait les salariés de son prédécesseur ne dépend pas uniquement de la reprise par lui de la majorité des salariés qu'il représentait chez le cédant. S'ajoute en effet une condition de maintien de l'identité de l'unité de négociation à laquelle les salariés appartenaient. Elle rappelle la condition d'autonomie de l'entité transférée exigée par les droits français et anglais pour le maintien de la représentation du personnel en place, au jour du transfert.

Malgré l'existence d'une présomption de maintien de la représentativité du syndicat après le transfert, le droit américain admet, à l'instar des droits français et anglais, que la représentation des salariés puisse être affectée par un transfert d'entreprise. L'existence d'une représentation propre des salariés repris peut en effet se révéler ne plus être appropriée. La continuation du mandat du syndicat peut également ne plus être légitimée par le soutien de la majorité des salariés dans l'entreprise issue du transfert.

**686.** Dans les deux cas toutefois, la mise en cause de la représentation du personnel en place au moment du transfert n'est pas automatique pour peu que la majorité des salariés du cessionnaire soit composée d'anciens salariés du cédant. Dès lors que le syndicat demande à être reconnu et à négocier dans l'entreprise issue du transfert, le cessionnaire aura en effet la charge d'apporter la preuve soit que l'unité de négociation que représentait le syndicat n'est plus appropriée, soit que le syndicat a perdu le soutien de la majorité des salariés après le transfert.

#### a) La mise en cause du caractère approprié de l'unité de négociation

**687.** Rappelons à titre liminaire que le statut d'employeur - successeur en droit américain est seulement lié à une unité, considérée comme un cadre approprié de négociation. Cette unité forme le plus souvent également une entité économique au sens de la directive communautaire [184]. Lorsque l'entreprise, l'établissement ou la partie d'entreprise ou d'établissement transférée est composée de plusieurs unités appropriées pour la négociation, à la date de transfert de propriété au cessionnaire, une analyse doit être faite au cas par cas. Elle permettra de déterminer si, pour chacune des unités de négociation prises isolément, le cessionnaire doit être considéré comme le « successeur » du cédant. En tant que tel, il sera débiteur d'une obligation de négocier envers le ou les syndicats qui les représentent.

**688.** Il est donc possible en droit américain que le cessionnaire soit considéré comme le successeur du cédant pour la totalité ou pour seulement une partie de l'entreprise, de l'établissement ou de la partie d'entreprise ou d'établissement qui lui est transférée. Il en est ainsi indépendamment du fait qu'un seul ou plusieurs syndicats représentent toutes les unités

---

182. TULR(C)A 1992, Sch. A1, para. 85.
183. « *Ballot* ».
184. L'unité de négociation de droit américain peut en effet être constituée au sein de l'entreprise, du métier, de l'établissement ou de l'une de leurs subdivisions. v. 1ère Partie, Titre 1, chapitre 2, *supra*.

de négociation qui le ou la composent [185]. De même, le maintien d'une unité de négociation distincte chez le cessionnaire peut dépendre de l'organisation de l'entreprise dans laquelle elle s'insère, selon qu'elle est intégrée à une entreprise plus ou moins grande et que celle-ci comporte ou non des établissements distincts. Elle peut également évoluer dans sa composition, selon qu'elle est majoritairement composée ou non d'anciens salariés du cédant et que ceux-ci étaient ou non représentés par un syndicat.

**689.** Or, il résulte de l'arrêt Burns que le cessionnaire a l'obligation de négocier avec le syndicat qui représente les salariés de son prédécesseur « *dès lors que l'unité de négociation reste inchangée et qu'une majorité des salariés embauchés par le nouvel employeur est représentée par un agent qui a été récemment accrédité par le NLRB* » [186]. Si les salariés représentent une communauté d'intérêts et sont employés selon des conditions similaires avant et après leur reprise par le cessionnaire, ils demeurent, par principe, regroupés de façon à ce qu'ils disposent d'une représentation stable.

Les obligations du cessionnaire à l'égard des salariés de son prédécesseur vont dès lors dépendre du maintien de cette communauté d'intérêts, ou plutôt de la démonstration par ce dernier de l'absence de maintien de cette communauté d'intérêts. Tel est le cas principalement pour son obligation de négocier avec le représentant des salariés qu'il a repris. Le maintien de cette communauté d'intérêts est apprécié par le NLRB de la même façon que lorsqu'il s'agit de déterminer l'unité appropriée de négociation pour l'organisation d'élections au sein de l'entreprise.

**690.** Si la structure de l'unité ou entité reprise demeure intacte, le droit américain admet, à l'instar des droits français et anglais, que le caractère approprié de l'unité de négociation que forme l'entité qui est transférée n'affecte pas le mandat du ou des représentants des salariés de l'entité en question, dès lors que les anciens salariés du cédant forment la majorité des salariés du cessionnaire [187]. Tel était le cas dans les faits d'espèce de l'arrêt Burns où le cessionnaire rencontrait « *essentiellement le même environnement en termes de relations de travail* » que son prédécesseur et où son interlocuteur était « *le même syndicat représentant les mêmes salariés pour la plupart, dans la même unité* » [188].

En dehors de cette hypothèse, lorsque le changement d'employeur modifie la structure de l'unité de négociation (ou entité) qui fait l'objet du transfert, la Cour Suprême a admis dans ce même arrêt Burns, que la solution serait différente « *si le NLRB avait déterminé que, parce que les structures opérationnelles et pratiques de Burns différaient de celles de son prédécesseur, l'unité de négociation n'était plus appropriée* » [189]. Le syndicat ne bénéficie

---

[185]. Par exemple: NLRB v. Hudson River Aggregates, 639 *F.2d* 865, 106 *L.R.R.M.* 2313 (2d Cir. 1981) ; Royal Midtown Chrysler Plymouth, Inc., 296 *N.L.R.B.* 1039, 133 *L.R.R.M.* 1165 (1989), où deux unités de négociation, dont les salariés étaient représentés par deux syndicats différents, étaient concernées par le transfert. Il est jugé que le cessionnaire avait l'obligation de négocier avec les deux syndicats.

[186]. NLRB v. Burns Int'l. Security Services, 80 *L.R.R.M.* 2228. Ce principe s'applique également dans le cas où le syndicat en question ne vient pas juste de recevoir son accréditation par le NLRB et qu'il bénéficie seulement d'une présomption simple de légitimité. Fall River Dyeing & Finishing Corp. v. NLRB, 125 *L.R.R.M.* 2447 (1987).

[187]. Par exemple : NLRB v. Winco Petroleum Co., 668 *F.2d* 973, 109 *L.R.R.M.* 2377 (8th Cir. 1982): l'acquéreur de trois stations services est considéré comme le successeur du cédant dès lors que les trois unités de négociation que constituaient ces stations services ont conservé une identité distincte bien qu'ayant été intégrées dans une organisation plus grande ; International Union of Petroleum & Industrial Workers v. NLRB, 980 *F.2d.* 774, 142 *L.R.R.M.* 2012 (CA DC 1992): l'employeur qui reprend les activités de deux sites différents, lesquels faisaient précédemment partie d'une unité de négociation multi-sites, doit être considéré comme un employeur - successeur.

[188]. NLRB v. Burns Int'l. Security Services, 80 *L.R.R.M.* 2228, n. 4.

[189]. NLRB v. Burns Int'l. Security Services, 80 *L.R.R.M.* 2228. Ce qui n'était pas le cas en l'espèce, où la Cour d'appel avait considéré que Burns et son prédécesseur n'étaient pas différents en termes de

plus dans ce cas de la présomption de maintien de son mandat de représentation auprès du cessionnaire. Ce dernier ne peut plus être considéré comme le successeur du cédant vis-à-vis du syndicat qui représente les salariés de son prédécesseur.

Le fait que le cessionnaire ait fait disparaître l'ancienne unité de négociation en la fusionnant avec un autre groupe de salariés ne lui retire néanmoins pas à lui seul sa qualité d'employeur - successeur, dès lors que les anciens salariés du cédant constituent une majorité au sein d'une unité appropriée de négociation chez le cessionnaire [190].

**691.** Lorsque l'unité de négociation ou entité reprise comporte un nombre inférieur de salariés que précédemment, alors que les anciens salariés du cédant y sont toujours majoritaires, la jurisprudence considère que l'obligation de négocier du cessionnaire n'en est pas altérée. Tel est le cas lorsque les salariés continuent à travailler dans les mêmes conditions, que « *les changements accompagnant le transfert d'entreprise n'étaient pas tels qu'ils affectaient de façon significative l'attitude des salariés* » [191] et que « *du point de vue des salariés, il n'y pas de différence dans leur situation d'emploi* » [192]. A l'inverse, la légitimité du syndicat est sujette à caution lorsque les intérêts des salariés repris ne sont pas suffisamment distincts et séparés des intérêts des salariés du cessionnaire dont ils intègrent les effectifs [193].

Le critère de l'autonomie de l'entité transférée qui légitime le maintien des institutions représentatives du personnel en place chez le cédant, au moment du transfert, en droit français et anglais, trouve donc une correspondance en droit américain. La continuité du caractère approprié de l'unité de négociation au titre de laquelle le syndicat a été élu est en effet principalement liée au maintien de l'organisation de l'unité dans laquelle les salariés évoluaient avant leur reprise par le cessionnaire.

**692.** La Cour Suprême a également admis, dans son arrêt Burns, une deuxième exception au principe de maintien du mandat du syndicat chez le cessionnaire. Elle a considéré que la

---

« *poursuite du même type de lignes de produits, organisation des services et identité du personnel et des postes* ». Les deux entreprises étaient en outre toutes les deux organisées sur le plan national, rendant les mêmes services sur le même site. Egalement, et plus important, Burns avait commencé à honorer son contrat de prestation de services avec vingt sept des anciens salariés de son prédécesseur sur un total de quarante deux (80 *L.R.R.M.* 2228, n. 4).

190. International Union of Petroleum & Industrial Workers v. NLRB, 980 *F.2d.* 774, 142 *L.R.R.M.* 2012 (CA DC 1992): l'employeur qui fusionne un groupe de 350 salariés affiliés à un syndicat dans un groupe préexistant de 200 salariés est considéré comme un « successeur » même si les deux anciennes unités de négociation auxquels les 350 salariés appartenaient et que représentait le syndicat ont disparu après le transfert ; Spruce Up Corp. 209 *N.L.R.B.* 194, 85 *L.R.R.M.* 1426 (1974): l'agrandissement d'une unité ne change pas sa structure fondamentale de manière à la rendre inappropriée (en l'espèce, l'ajout de 8 salons de coiffure pour homme (non représentés par un syndicat) à une unité de négociation composée initialement de 19 autres salons de coiffure du même type).

191. Zim's Foodliner, Inc. v. NLRB, 495 *F.2d* 1131, 85 *L.R.R.M.* 3019 (7th Cir. 1974), à propos de l'intégration de salariés dans une structure unique alors que le syndicat représentait précédemment les salariés d'une unité de négociation composée de toute une chaîne de magasins. En l'espèce, le cessionnaire avait invoqué le fait que la reprise de tous les salariés d'un seul des magasins de la chaîne de supermarchés détenue par son prédécesseur ne l'obligeait pas à négocier avec le syndicat en question. Celui-ci représentait les salariés de onze de ces supermarchés alors qu'il n'en avait repris qu'un, et que les relations entre employeur et salariés étaient fortement différentes dans une chaîne de magasin par rapport à une structure unique.

192. Bronx Health Plan, 326 *N.L.R.B.* 810 at 811-12, 160 *L.R.R.M.* 1086 at 1088 (1998), *enf'd*, 203 *F.3d* 51, 166 *L.R.R.M.* 2640 (DC Cir. 1999), où le cessionnaire, un organisme de soins à but non lucratif, avait repris 16 des 17 administratifs du cédant (un hôpital privé), lesquels faisaient préalablement partie d'une unité de négociation plus large composée des 3.500 salariés de l'entreprise.

193. Par exemple: P.S. Elliott Services, 300 *N.L.R.B.* 1161, 136 *L.R.R.M.* 1216 (1990): les salariés d'un prestataire de services de nettoyage opérant sur un site ne sont pas distincts des salariés affectés à 90 autres sites.

situation aurait également été différente « *si Burns n'avait pas embauché des salariés déjà représentés par un syndicat accrédité par le NLRB* » [194], c'est-à-dire si le cessionnaire n'avait pas repris un nombre de salariés du cédant suffisamment important pour assurer une continuité de leurs conditions d'emploi dans l'unité de négociation après le transfert [195]. Le cessionnaire n'aurait en effet pas été considéré dans ce cas comme le successeur du cédant, et, en tant que tel, titulaire d'une obligation de négocier avec le représentant des salariés qu'il reprenait.

**693.** Rappelons à ce titre que, lorsque le syndicat a reçu une accréditation de la part du NLRB au sein de l'unité de négociation faisant l'objet du transfert, la preuve du caractère non majoritaire du syndicat peut en principe seulement être apportée à l'issue de la période d'un an pendant laquelle cette présomption est irréfragable [196].

L'accréditation n'exclut cependant pas, sauf dans le cas de discrimination à l'encontre des anciens salariés du cédant, que soit apportée la preuve que le cessionnaire n'est pas tenu de négocier avec le ou les syndicats qui représentent les salariés de son prédécesseur. Cela suppose que le changement d'employeur s'accompagne d'un renouvellement presque complet des salariés. Tel est le cas lorsque les nouveaux salariés sont représentés par un ou plusieurs autres syndicats ou que l'ancienne unité de négociation est considérée comme intégrée à une autre [197], après son transfert au cessionnaire [198].

---

[194]. NLRB v. Burns Int'l. Security Services, 80 *L.R.R.M.* 2228.

[195]. NLRB v. Burns Int'l. Security Services, 80 *L.R.R.M.* 2228, n. 6.

[196]. « *Certification bar rule* ». Brooks v. NLRB, 348 *U.S.* 96 (1954). A distinguer de la présomption de légitimité continue attachée à la signature d'une convention collective (« *contract bar rule* »), selon laquelle une nouvelle élection ne peut être organisée dans une unité de négociation où une convention collective est en cours, et cela pendant toute sa période d'application si celle-ci est inférieure à trois ans, ou pendant les trois premières années de son application, si elle a été conclue pour une durée plus longue. En cas de transfert d'entreprise, la convention collective en cours au moment du transfert s'opposera à l'organisation d'élections chez le cessionnaire uniquement dans le cas où le syndicat et le cessionnaire acceptent par écrit d'appliquer la convention collective du cédant. American Concrete Pipe, Inc., 128 *N.L.R.B.* 720 (1960).

[197]. « *Accretion* ». Ce terme a été défini dans un arrêt NLRB v. Security-Columbian Banknote Co., 93 *L.R.R.M.* 2049, 541 *F.2d* 135 at 140 (3d Cir. 1976) comme étant « *l'intégration de salariés dans une unité préexistante plus grande lorsqu'une telle communauté d'intérêts existe parmi le groupe dans son ensemble que les salariés supplémentaires n'ont pas d'identité distincte. Ils sont ainsi convenablement régis par le choix du groupe le plus large en terme de représentation* ». Le fait que les salariés soient fortement interchangeables entre eux et qu'ils fassent l'objet, au quotidien, d'une supervision commune tend à établir l'existence d'une telle intégration. Cf. Gitano Distribution Center, 308 *N.L.R.B.* 1172 (1992) (intégration non caractérisée, en l'espèce). Pour des exemples où l'intégration des salariés repris à une unité de négociation en place chez le cessionnaire a été acceptée, voir notamment : Border Steel Rolling Mills, Inc., 204 *N.L.R.B.* 814 (1973) ; Spruce Up Corp., 209 *N.L.R.B.* 194 (1974), *enf'd*, 529 *F.2d* 516 (4th Cir. 1975). Pour des exemples contraires, notamment : Armco, Inc. 279 *N.L.R.B.* N°143 (May 30, 1986), *enf'd*, 832 *F.2d* 357 (6th Cir. 1987), *cert. denied*, 108 *S. Ct.* 2034 (1988) : une unité constituée d'une usine de coke dont les salariés étaient représentés par le syndicat des Travailleurs de l'industrie Pétrolière, Chimique et Atomique [« *Oil, Chemical and Atomic Workers* » (OCAW)], ne peut pas être considérée comme intégrée à une unité préexistante dont les salariés étaient représentés par le syndicat des travailleurs de la Métallurgie (« *Steelworkers* »)] ; Nott Co., Equipment Division, 345 *N.L.R.B.* N°23 (2005), où les salariés repris (14) avaient été regroupés sur un même site avec d'autres salariés (14) qui n'étaient pas représentés (absence d'obligation de négocier avec le syndicat représentant les salariés repris).

[198]. NLRB v. Burns Int'l. Security Services, 80 *L.R.R.M.* 2228, n. 3. Pour reprendre l'exemple des faits d'espèce de l'arrêt Burns, tel aurait été le cas, dans cette affaire, si les anciens salariés du cédant avaient été recrutés par le cessionnaire et répartis sur plusieurs de ses autres sites (où les salariés étaient représentés par un autre syndicat) au lieu d'être réembauchés au même endroit pour y exercer les mêmes fonctions que précédemment. A noter, à ce titre, l'opinion minoritaire concurrente et divergente du Juge Rehnquist dans l'affaire Burns, rejoint par les juges Brennan et Powell, lesquels observaient que le caractère approprié de l'unité de négociation sur lequel le NLRB avait fondé son argumentation avait été

**694.** Les salariés du cessionnaire peuvent, de la même manière être déjà représentés par un syndicat à la date où les anciens salariés du cédant intègrent ses effectifs. Confronté à une demande de négociation du syndicat qui représentait les salariés de son prédécesseur, le cessionnaire demandera la plupart du temps, dans ce cas, que soit clarifié devant le NLRB le périmètre de l'unité de négociation en cause. L'identité du syndicat qui représente les salariés qui la composent le sera également. Le syndicat saisira le NLRB, en parallèle, afin d'obtenir que l'accréditation qu'il a reçue soit étendue à ce nouveau périmètre [199].

La convention collective en cours chez le cessionnaire peut être étendue pour intégrer à l'unité de négociation en place les effectifs de l'entreprise de plus petite taille, que celui-ci absorbe ou acquiert, et empêcher l'organisation de nouvelles élections avant le terme de la convention collective [200].

Si le cessionnaire démontre que l'unité de négociation au titre de laquelle le syndicat demande à être reconnu n'est pas une unité appropriée de négociation après le transfert, il n'aura aucune obligation de négocier avec ce syndicat. Il en sera ainsi même si les salariés se trouvent, de ce fait, dépourvus de représentation après le transfert.

### b) La mise en cause du pouvoir de représentation du syndicat

**695.** Si le caractère approprié de l'unité dans laquelle les salariés repris évoluent après le transfert n'est pas contesté, la mise en cause de la compétence du syndicat à représenter les salariés, après l'opération de transfert d'entreprise, peut se situer sur un tout autre terrain. Il s'agit de l'absence de légitimité du syndicat, à défaut pour lui de conserver le soutien de la majorité du personnel du cessionnaire dans la nouvelle structure résultant du transfert d'entreprise.

Un employeur pourra refuser de négocier avec un syndicat, au terme de la période de présomption irréfragable de représentativité, c'est-à-dire un an après l'accréditation du syndicat par le NLRB [201]. Il devra, pour ce faire, apporter la preuve que le syndicat en

---

déterminé à l'époque où les salariés travaillaient pour le cédant et sur la base des relations que le syndicat entretenait avec lui. Or, le NLRB devait, selon eux, s'interroger notamment sur le fait de savoir s'il convenait de traiter les salariés du site de Lockheed comme une unité de négociation à part entière ou s'ils devaient être rattachés (« *accreted* ») à une unité de négociation préexistante. Ce n'était qu'après avoir fait cette recherche préalable que le NLRB aurait dû se prononcer sur le devoir de négocier de Burns. Pour ces juges, adopter un autre procédé « *atténue considérablement le principe de libre choix du représentant à la négociation par les salariés et la désignation de l'unité appropriée de négociation par le NLRB qui sont garantis par le NLRA* » (NLRB v. Burns Int'l. Security Services, 80 *L.R.R.M.* 2239).

[199]. Le NLRB a ainsi pu considérer, dans une espèce où le syndicat qui représentait les salariés repris (soit treize salariés d'une division intégrée aux effectifs du cessionnaire) demandait à ce que le cessionnaire soit contraint de recourir à l'arbitrage pour décider de certains droits dont il se prévalait en application de l'ancienne convention collective, que ces salariés avaient été rattachés à l'unité de négociation préexistante chez le cessionnaire. La Cour d'appel a, sur ce fondement, refusé d'ordonner le recours à l'arbitrage en considérant que, contrairement aux faits de l'arrêt Wiley, les salariés du cessionnaire étaient déjà représentés par un syndicat et que ce syndicat avait été considéré par le NLRB comme représentant également les anciens salariés du cédant (syndicat majoritaire). Accéder à la demande du syndicat représentant les salariés du cédant aurait en effet abouti, dans ce contexte, à accéder à la demande d'un syndicat minoritaire et aurait exposé le cessionnaire à un recours en pratique déloyale de travail pour manquement à son obligation de négocier avec le syndicat représentant la majorité de ses salariés. McGuire v. Humble Oil & Ref. Co., 355 *F.2d* 352 (2nd Cir. 1966), *cert. denied*, 384 *U.S.* 988 (1966).

[200]. Simmons Co., 126 *N.L.R.B.* 656 (1960).

[201]. Le refus de négocier de l'employeur, pendant la période d'application de la présomption irréfragable de légitimité est considéré, sauf circonstances exceptionnelles, comme une pratique déloyale de travail en soi au titre de laquelle le syndicat peut obtenir réparation. Cf. l'arrêt Burns où la Cour Suprême a déduit du fait que le syndicat venait d'être accrédité quelques mois plus tôt par le NLRB que le cessionnaire « *ne pouvait raisonnablement avoir nourri un doute de bonne foi* » sur le fait que le syndicat continuait à représenter la majorité des salariés. NLRB v. Burns Int'l. Security Services, 406 *U.S.* at 278.

question ne représente, au moment où il demande à négocier, pas ou plus la majorité des salariés de l'unité de négociation qu'il affirme représenter. Il peut aussi démontrer que les salariés le rejettent, qu'il s'agisse des anciens salariés du cédant ou des salariés du cessionnaire qui n'étaient pas précédemment représentés par ce syndicat.

Cette preuve est quasiment impossible à apporter dans le contexte d'un transfert d'entreprise où la Cour Suprême consacre une présomption de maintien du mandat du syndicat après le transfert, lorsque les salariés repris forment la majorité du personnel du cessionnaire dans une unité de négociation déterminée. Le NLRB considère, dans ce cas, que le soutien des anciens salariés du cédant au syndicat qui les représentait antérieurement demeure constant. Ceux qui sont repris par le cessionnaire continuent à apporter leur soutien au syndicat en question. Le choix de ces salariés est aussi censé représenter celui des salariés du cessionnaire, présents et futurs.

**696.** Il reste au cessionnaire à essayer de mettre en cause la présomption de légitimité dont bénéficie le syndicat après le transfert, une fois que celui-ci a demandé à être reconnu et à négocier avec lui. Son mandat peut résulter indifféremment d'une reconnaissance volontaire de l'employeur ou d'une accréditation par le NLRB, avant l'opération de transfert d'entreprise[202]. La mise en cause de sa compétence à représenter les salariés peut se faire de deux façons, tout comme le cédant aurait lui-même pu procéder. Le cessionnaire peut démontrer que le syndicat ne bénéficiait pas du soutien de la majorité des salariés à la date où le cessionnaire a refusé de négocier avec lui [203]. Il peut également, sur la base de considérations objectives, apporter la preuve qu'il nourrit, de bonne foi, un doute sur le maintien de la légitimité du syndicat après le transfert [204].

**697.** L'existence d'un doute de bonne foi que l'employeur peut entretenir à l'égard de la position du syndicat est appréciée au cas par cas par le NLRB. Celui-ci a adopté jusqu'à récemment, une interprétation limitative de ce concept. Pour en reconnaître l'existence et partant, admettre que la présomption de maintien du mandat de représentation dont le syndicat bénéficiait soit mise en cause, le NLRB semblait en effet exiger que le cessionnaire apporte la preuve qu'une majorité des salariés de l'unité de négociation concernée ait expressément désavoué le syndicat en question. L'affiliation des salariés au syndicat ou encore le soutien financier qu'ils lui apportaient permettait généralement d'établir qu'un nombre suffisant de

---

[202]. Si le cessionnaire ne peut justifier de l'existence d'un doute raisonnable sur la légitimité du syndicat en question, son refus de négocier avec le représentant des salariés de son prédécesseur est considéré comme une pratique déloyale de travail à laquelle il peut lui être demandé de mettre un terme, par un ordre de négocier ou par l'organisation de nouvelles élections, si le syndicat en fait la demande. Le syndicat aura tout intérêt dans ce cas à ne pas attendre que le NLRB se prononce sur la pratique déloyale de l'employeur (il prend en effet le risque de perdre le soutien des salariés pendant la durée de la procédure), pour demander que soit prononcée en justice une injonction à titre conservatoire (sur le fondement de la section 10(j) du NLRA) contre l'employeur, pour obtenir qu'il négocie, sans attendre la décision sur le fond du litige.

[203]. « *No majority « in fact* » ». Section 9(c) du NLRA. Le NLRB a souligné que la présomption de maintien du mandat du syndicat dans une situation de « succession » n'exclut pas qu'une pétition puisse être présentée pour que soit organisée une élection visant à obtenir une nouvelle représentation ou la remise en cause pour l'avenir de l'accréditation du syndicat (« *decertification* »), ou toute autre mise en cause valable du statut majoritaire du syndicat, à l'appui d'une demande de trente pour cent au moins des salariés de l'unité en cause. MV Transportation, 337 *N.L.R.B.* 770 (2002).

[204]. « *Good faith doubt* ». Fall River Dyeing & Finishing Corp. v. NLRB, 482 *U.S.* 27, 41 n.9, 125 *L.R.R.M.* 2441, 2446 n.9 (1987), citant Harley Davidson Transportation Co., 273 *N.L.R.B.* 1531, 118 *L.R.R.M.* 1204 (1985): « *le successeur peut valablement, se retirer des négociations à tout moment après avoir reconnu le syndicat s'il peut démontrer que ce dernier avait en fait perdu son statut majoritaire au moment où il a refusé de négocier ou que son refus de négocier se fondait sur un doute de bonne foi, basé sur des éléments objectifs, sur le fait que le syndicat continuait à bénéficier du soutien de la majorité* ».

salariés continuait à souhaiter d'être représenté par lui, en dépit des doutes exprimés à ce sujet par l'employeur [205].

**698.** Le NLRB adoptait en outre une démarche circonspecte à l'égard de tout élément de preuve apporté par l'employeur en ce sens. Il procédait, en particulier, à un examen minutieux des observations et commentaires critiques des salariés à l'encontre de leur représentant. Cela avait pour effet de renforcer le caractère exceptionnel de son acceptation [206]. Il considérait, en particulier, que le cessionnaire ne pouvait pas se baser sur des déclarations faites par les salariés contre le syndicat. Un doute de bonne foi sur sa légitimité ne pouvait être établi lorsque ces déclarations avaient été recueillies alors que le cessionnaire était lui-même responsable de pratiques déloyales de travail. Tel était le cas, par exemple, lorsqu'il avait indiqué au préalable aux salariés qu'il souhaitait fonctionner sans syndicat [207]. Les considérations objectives apportées par l'employeur devaient être dénuées de toute ambiguïté pour pouvoir être considérées comme telles par le NLRB.

**699.** Sans remettre en cause le bien fondé de la démarche du NLRB pour apprécier l'existence d'un doute de bonne foi de l'employeur sur la légitimité du syndicat, la Cour

---

205. Par exemple: Premium Foods, 260 *N.L.R.B.* 708, 109 *L.R.R.M.* 1328 (1982), *enf'd,* 709 *F.2d* 623, 113 *L.R.R.M.* 3261 (9th Cir. 1983), où le fait que certains des anciens salariés du cédant avaient cherché à obtenir des cartes de retrait du syndicat pour s'en désengager (« *withdrawal cards* ») a été considéré par le NLRB comme « *clairement insuffisant* » pour établir un doute de bonne foi sur la légitimité du syndicat, dès lors que la majorité des salariés avait payé leur cotisation au syndicat en question.

206. N'ont ainsi pas été retenus par le NLRB comme constituant à eux seuls la preuve de l'existence d'un doute raisonnable sur la légitimité du syndicat dans l'unité de négociation en cause, notamment : le refus par la majorité des salariés embauchés par le cessionnaire d'autoriser le prélèvement des cotisations syndicales sur leur salaire [Virginia Sportswear, 226 *N.L.R.B.* 1296, 94 *L.R.R.M.* 1411 (1976)], le mécontentement des salariés à l'égard du syndicat en question exprimé juste après que le cessionnaire ait refusé de négocier avec lui [Valmac Industries, Inc., 237 *N.L.R.B.* 992, 99 *L.R.R.M.* 1193 (1978), *enf'd*, 599 F.2d 246, 101 *L.R.R.M.* 2389 (8th Cir. 1979) ; First Food Ventures, 229 *N.L.R.B.* 1228, 95 *L.R.R.M.* 1241 (1977)], l'accroissement saisonnier (et temporaire) des effectifs du cessionnaire [J.R. Simplot Co., 311 *N.L.R.B.* 572, 145 *L.R.R.M.* 1270 (1993), *enf'd*, 33 *F.3d* 58, 159 *L.R.R.M.* 2640 (9th Cir. 1994)], les désillusions exprimées par les salariés à l'égard de leur représentant [Manna Pro Partners v. NLRB, 986 *F.2d* 1346, 142 *L.R.R.M.* 2779 (10th Cir. 1993), *enforcing* 304 *N.L.R.B.* 782, 139 *L.R.R.M.* 1091 (1991) : le fait que certains salariés aient exprimé leur mécontentement à l'égard du syndicat et que la majorité d'entre eux ait écrit une pétition dans laquelle était exprimé leur souhait de ne plus être représentés par lui n'a pas été jugé suffisant par le NLRB pour caractériser le doute de bonne foi de l'employeur, au motif principalement qu'ils avaient suivi le refus de négocier de l'employeur et son affirmation, au moment des embauches, qu'il souhaitait fonctionner sans syndicat], ou encore le résultat d'un sondage interne (« *poll* ») sur le sentiment des salariés à l'égard de leur syndicat conduit sans assurance d'absence de représailles de la part de l'employeur et alors qu'aucune preuve objective d'un doute sur la légitimité du syndicat existait au moment où ce sondage avait été organisé [Roanwell Corp., 293 *N.L.R.B.* 20, 131 *L.R.R.M.* 1234 (1988)].

207. Cf. Fall River Dyeing où la Cour Suprême a refusé de prendre en compte les pétitions des salariés opposés au syndicat qui avaient été reçues après que le cessionnaire ait refusé de négocier avec le syndicat en question. Elle a rappelé à ce titre que « *une fois qu'il a été déterminé qu'un employeur a illégalement retiré au syndicat la reconnaissance de sa légitimité, celui-ci ne peut pas se défendre contre un ordre de négocier prononcé contre lui en se prévalant d'une perte de soutien des salariés pour le syndicat alors que celle-ci est la conséquence prévisible de la pratique déloyale de travail commise par lui* », Fall River Dyeing & Finishing Corp. v. NLRB, 107 *S.Ct* at 2240 n.18, citant l'arrêt de la Cour d'appel *in* 775 *F.2d* at 433 ; Level Division, Worcester Manufacturing, 306 *N.L.R.B.* 218, 139 *L.R.M.* 1333 (1992). Un lien de cause à effet entre la pratique déloyale de travail de l'employeur et la perte de soutien de la majorité des salariés par le syndicat était néanmoins exigé dans ce cas. Cf. notamment: William Enterprises v. NLRB, 956 *F.2d* 1226, 139 *L.R.R.M.* 2626 (DC Cir. 1992) et Sullivan Industries v. NLRB, 957 *F.2d* 890, 139 *L.R.R.M.* 2729 (DC Cir. 1992), *enforcing in part* 302 *N.L.R.B.* 144, 137 *L.R.R.M.* 1118 (1991).

Suprême est néanmoins intervenue en 1998, dans un arrêt Allentown Mack [208], afin de mettre un terme à l'acception limitative qu'il avait retenu de ce concept [209].

Dans cette affaire [210], au moins six des trente deux salariés (sur quarante cinq) qui avaient été repris par le cessionnaire avaient mentionné, au cours de leur entretien d'embauche, qu'ils ne souhaitaient pas continuer à être représentés par le même syndicat. Un autre avait indiqué, de façon plus équivoque, qu'il n'était pas représenté « *pour les trente cinq dollars de cotisation qu'il payait* ». Le cessionnaire avait également apporté la preuve que l'une des équipes de nuit avait affirmé, en son nom et au nom de toutes les autres équipes de nuit, qu'elle ne souhaitait pas être représentée par ce syndicat, sans toutefois que cela soit corroboré par les équipes en question. Un membre du bureau du syndicat avait même déclaré qu'il perdrait les élections si celles-ci devaient avoir lieu.

Le NLRB avait toutefois considéré que ces éléments n'étaient pas des preuves objectives suffisantes du doute qui pouvait exister sur l'existence du soutien apporté par la majorité des salariés au syndicat. L'employeur avait violé le NLRA en organisant des élections dans l'entreprise et en retirant au syndicat le bénéfice du maintien de son mandat après le transfert. Le fait que seulement six salariés sur trente deux avaient renié le syndicat n'était pas suffisant pour caractériser un « doute de bonne foi » sur sa légitimité. Le cessionnaire était le « successeur » du cédant. Il devait « hériter », en conséquence, des obligations de son prédécesseur en matière de négociation.

**700.** Bien que la conclusion du NLRB n'était « *ni irrationnelle ni arbitraire* » pour la Cour Suprême, celle-ci a cependant jugé que le traitement par le NLRB des autres éléments de preuve apportés par le cessionnaire n'avait pas été rationnel. La seule question qu'il fallait se poser était de savoir si, sur la base des éléments de preuve apportés, un jury raisonnable aurait pu considérer que le cessionnaire ne faisait pas état d'un doute sérieux et raisonnable sur la continuité du soutien de la majorité des salariés de l'unité au syndicat en question.

Or, il convenait de répondre par la négative dans cette affaire. Le NLRB avait, en particulier, rejeté à tort certains dires et opinions de salariés qui avaient été rapportés par d'autres, au motif qu'ils ne reposaient sur aucune preuve. L'employeur essayait seulement d'apporter la preuve qu'il avait un doute sur la légitimité du syndicat et non qu'il avait la certitude que ce dernier n'avait pas le soutien de la majorité des salariés. Le NLRB ne pouvait pas retenir un critère visant le « doute » et l'appliquer d'une façon telle que devait être

---

[208]. Allentown Mack Sales Services Inc. v. NLRB, 522 *U.S.* 359, 157 *L.R.R.M.* 2257, 118 *S.Ct* 818 (1998).

[209]. Pour un aperçu de la jurisprudence ayant précédé cet arrêt et une critique de la position restrictive du NLRB, voir notamment : P. BLASIER, « Note - The successor employer's obligation to bargain : current problems in the presumption of a union's majority status », *Fordham Urban Law Journal,* 1980, vol. VIII, n°2, p. 429-449, dans lequel l'auteur critique notamment le fait que l'objectif de maintien de relations stables et continues de négociation asservit le principe du libre choix des salariés en limitant les possibilités de mettre en cause le mandat du syndicat. Il plaide à cet égard pour l'organisation de nouvelles élections en cas de doute sur la légitimité du syndicat après le transfert (p. 440 et 448) ; R. W. SCHUPP, « When is a union not a union ? good faith doubt by an employer », *Labor Law Journal*, 1991, vol. 42, p. 357-365.

[210]. En l'espèce, la société Mack Trucks, Inc. était propriétaire d'une usine à Allentown, Pennsylvanie, dont les salariés étaient représentés par la branche locale du Syndicat des Machinistes et des Travailleurs de l'Aérospatiale (*International Association of Machinists and Aerospace Workers*). En mai 1990, la société informa les membres de la direction de l'usine qu'elle souhaitait vendre. Plusieurs d'entre eux constituèrent alors la société Allentown Mack Sales, Inc. et, en décembre 1990, rachetèrent les actifs de l'usine et reprirent à leur service 32 des 45 salariés qui y travaillaient, afin d'en continuer l'exploitation d'une manière indépendante. Début janvier 1991, le syndicat qui représentait précédemment les salariés avait demandé au nouvel employeur de le reconnaître et de commencer à négocier une convention collective. Ce dernier s'était alors prévalu d'un « doute de bonne foi » sur la légitimité du syndicat pour refuser de négocier avec lui et avait organisé des élections internes en février 1991 (qui furent perdues par le syndicat en question) pour mieux justifier son refus. Le syndicat avait alors saisi le NLRB pour qu'il soit constaté et mis un terme à la pratique déloyale de travail du nouvel employeur.

démontrée une « certitude » pour qu'il soit retenu. Admettre une telle pratique revenait en effet pour la Cour Suprême à empêcher l'application cohérente de la loi par ceux qui étaient chargés de l'appliquer. Elle ne permettait pas non plus la revue efficace de leurs décisions par les juges. Le NLRB devait infléchir sa position.

**701.** Cette décision a cependant laissé de nombreuses zones d'ombre. La Cour Suprême ne s'est pas prononcée sur le fait de savoir si le NLRB pouvait constater une violation de son devoir de négocier de l'employeur s'il s'avère, en dépit de ses doutes, que le syndicat avait bien le soutien de la majorité des salariés à l'époque où il s'est vu retirer le bénéfice de son mandat de représentation [211]. Elle n'a pas non plus indiqué dans cet arrêt si les faits que le NLRB considérait habituellement comme non pertinents ou peu probants, tels que l'inactivité du syndicat ou la baisse de ses adhérents ou encore un *turnover* important parmi les salariés, devaient être mieux pris en compte pour caractériser le doute de bonne foi de l'employeur qui s'en prévaut. En revanche, elle n'a pas remis en cause le principe du NLRB selon lequel un employeur ne peut pas invoquer un doute de bonne foi sur la légitimité du syndicat lorsqu'il a commis des pratiques déloyales de travail qui ont ébranlé la réputation du syndicat au préalable [212].

## B. LA MISE EN CAUSE DU STATUT COLLECTIF PAR LE CHANGEMENT D'EMPLOYEUR

**702.** Le transfert d'entreprise marque le début d'une période transitoire pour les salariés transférés ou repris en ce qui concerne leur statut collectif. Le sort des droits et avantages consentis collectivement aux salariés dépend en effet de leur source, de la composition de la nouvelle collectivité de travail et des caractéristiques de l'entreprise dans laquelle ils vont être amenés à évoluer. Ces éléments constituent autant de facteurs d'instabilité susceptibles d'affecter la pérennité du statut collectif des anciens salariés du cédant et sur lesquels le cessionnaire peut influer sans avoir à recueillir leur accord préalable. Il en est ainsi quel que soit le système juridique étudié.

---

[211]. Pour un exemple d'application: MSK Corp., 341 *N.L.R.B.* N°11 (2004), où le NLRB a considéré que des affirmations faites par des opposants notoires au syndicat de façon à encourager les autres salariés à s'opposer à leur représentation ne démontraient pas qu'un doute de bonne foi existait sur la légitimité du syndicat, même si, par ailleurs, 30% des salariés de l'unité de négociation en cause avaient exprimé leur opposition à ce syndicat. En définitive, il convenait de retenir (« *reliable evidence* ») que seulement 6 des 20 salariés de l'unité de négociation étaient opposés au syndicat, ce qui n'emportait pas la preuve d'un « doute de bonne foi » sur la légitimité du syndicat. Pour un exemple où le refus de l'employeur de reconnaître et de négocier avec le syndicat après le transfert a été admis comme légitime : Torch Operating Co., 338 *N.L.R.B.* N°143 (2003). En l'espèce, un représentant du syndicat et 15 salariés sur les 36 qui composaient l'unité de négociation ne souhaitaient pas continuer à être représentés par le syndicat.

[212]. Principe admis notamment *in:* Lumber & Building Material Corp., 322 *N.L.R.B.* 175, 153 *L.R.R.M.* 1158 (1996), *aff'd in part and remanded in part*, 117 *F.3d* 1454 (CA DC 1997) : le refus de négocier de l'employeur vicie toute mise en cause de sa part de la légitimité du syndicat (présomption), même en l'absence de preuve que les salariés avaient connaissance de la pratique déloyale de l'employeur. Celui-ci peut néanmoins démontrer, qu'après avoir refusé de négocier, il a repris les négociations pendant une « période raisonnable », telle qu'appréciée par le NLRB. Ce n'était pas le cas en l'espèce, où seulement deux mois s'étaient écoulés entre le début des négociations et le refus de négocier du cessionnaire. Il ne doit par ailleurs avoir commis aucune autre pratique déloyale de travail affectant la négociation au moment où il apporte la preuve que les salariés ne soutiennent plus le syndicat ; Williams Enterprises, Inc., 312 *N.L.R.B.* 937, 145 *L.R.R.M.* 1180 (1993), *enf'd* 50 F.3d 1280 (CA4 1995). Un lien de cause à effet doit néanmoins être démontré entre la pratique déloyale de l'employeur et la perte de soutien du syndicat par les salariés qu'il représente. Lee Lumber & Building Material Corp., 322 *N.L.R.B.* 175, 177 (1996), précité. Est ainsi recevable une pétition datée du dernier jour de la période de protection et reçue postérieurement, à défaut de lien de cause à effet. LTD Ceramics, 341 *N.L.R.B.* N°14 (2004).

### *1. Droit français : la substitution à l'ancien statut d'un nouveau statut conventionnel ou d'un statut conventionnel modifié*

**703.** En dépit de l'opération de transfert d'entreprise, le statut collectif des salariés peut demeurer inchangé en droit français dans certaines situations. Tel est le cas lorsque le transfert d'entreprise concerne des entreprises assujetties à la même convention collective de branche, en l'absence de tout autre accord collectif [213]. Il peut en être de même, au moins pour l'application de la convention collective de branche, lorsque le transfert concerne une entreprise cessionnaire constituée *ad hoc*. Cette situation peut également se présenter lorsque l'entité (établissement) qui est l'objet du transfert demeure géographiquement distincte, avec une activité dissociable de celle du cessionnaire et gérée par lui d'une façon autonome. Elle se présente, enfin, lorsque l'opération de transfert concerne des entreprises appartenant au même groupe et qui relèvent du même statut collectif pour leurs salariés respectifs.

Dans tous ces cas, la remise en cause du statut collectif applicable aux salariés du cédant ne sera que purement théorique. Les salariés transférés continueront, dans les faits, à bénéficier du même statut conventionnel que précédemment [214].

Ces situations idylliques sont toutefois peu fréquentes en pratique, en particulier lorsque le transfert d'entreprise concerne des opérations d'externalisation d'activités ou en cas de morcellement de l'activité de l'entreprise cédante. Dans de telles situations en effet, les salariés transférés viendront intégrer une structure moins organisée, car plus petite, avec un statut collectif moins avantageux pour eux, car spécifique aux entreprises de service, où les conventions collectives sont globalement moins favorables aux salariés que dans le secteur de l'industrie.

**704.** La plupart du temps, et cela même lorsque le cessionnaire est personnellement assujetti à la même convention collective que le cédant, un ou plusieurs accords d'entreprise s'additionnent à la convention collective. Ils posent immanquablement la question du maintien chez le cessionnaire des droits et avantages auparavant garantis aux salariés face à ceux issus d'autres accords collectifs déjà en place chez le cessionnaire, à la date du transfert. Se pose également la question de la durée de ce maintien ainsi que du statut applicable aux salariés transférés au lendemain du transfert. Le dispositif légal invite, dans tous les cas, à la négociation sur le statut des salariés dans l'entreprise d'accueil, en organisant seulement d'une façon provisoire le maintien de l'ancien statut conventionnel des salariés transférés [215].

---

[213]. C'est-à-dire lorsque la même activité principale est conservée dans les deux cas, que le cédant et le cessionnaire appartiennent à l'une des organisations patronales signataires de la convention collective ou encore lorsque le cessionnaire fait une application volontaire de la convention collective (et de ses avenants) qui était appliquée par le cédant.

[214]. Par exemple : Cass. soc. 1er avril 1997, n°1546 D, Union régionale des syndicats de la métallurgie CFDT de Loire et Haute-Loire c/ SA Creusot-Loire Industrie, non publié au Bull. civ., *RJS*, 5/97, n°574, accueillant la demande d'un syndicat concernant l'application par le cessionnaire de l'accord national étendu du 23 février 1982 relatif à la durée du travail dans la métallurgie auquel il était lui-même directement soumis.

[215]. Notre propos n'est pas de nous livrer à une étude exhaustive de la question mais d'en dresser les contours pour permettre la comparaison avec les régimes consacrés en droit anglais et américain. Le sort des accords répondant à des régimes spécifiques (conclus notamment en matière de durée du travail, intéressement et participation) ou celui de la protection sociale en cas de transfert d'entreprise ne sera donc pas étudié en raison des trop grandes spécificités que le droit français leur reconnaît par rapport aux droits anglais et américain pour pouvoir être utiles à notre étude.

Sur le sort des conventions et accords collectifs de travail en cas de restructuration, se référer utilement aux développements consacrés à la question par : M. DESPAX, *Négociations, conventions et accords collectifs*, Traité de Droit du travail sous la direction de G.-H. CAMERLYNCK (Tome 7), Dalloz, 1989, 586 p.; J.-P. CHAUCHARD, « Conventions et accords collectifs de travail (régime juridique : conclusion, application, sanctions) », *Encyclopédie Dalloz* (Droit du travail), 1997, n°170-184; Y. CHALARON, *Négociations et accords collectifs d'entreprise*, Litec, 1990, 429 p., et en

a) La survie provisoire de l'ancien statut

**705.** En ce qui concerne, d'abord, le maintien de l'application de la convention collective et des anciens accords d'entreprise aux salariés transférés et sa durée, ceux-ci ne sont garantis dans aucun cas par les textes. Dans la meilleure des hypothèses, les droits et avantages garantis par ces accords continueront de produire effet pendant quinze mois. Tel sera le cas lorsque les salariés sont intégrés à une structure entièrement nouvelle et constituée pour accueillir l'activité transférée. Il en ira de même en l'absence de partenaires sociaux susceptibles de négocier l'adaptation de ces dispositions chez le cessionnaire. A l'expiration de ce délai de quinze mois, les salariés transférés cesseront en principe de bénéficier de ces droits et avantages [216]. Dans tous les autres cas, les droits et avantages garantis par les accords d'entreprise qui étaient en vigueur chez le cédant ne survivent que pendant la durée des négociations permettant leur adaptation aux droits et avantages garantis chez le cessionnaire, sous réserve bien entendu que ces négociations aboutissent. Le préavis de négociation commence à courir automatiquement à la date du transfert.

**706.** En ce qui concerne le statut applicable aux salariés transférés, au lendemain du transfert, en cas de dualité de statut, par l'existence d'un ancien statut des salariés du cédant et d'un nouveau et différent statut applicable chez le cessionnaire, deux solutions se sont longtemps opposées en jurisprudence et en doctrine [217]. La première préconisait la substitution immédiate, pour les salariés transférés, de la convention collective et des accords collectifs en vigueur chez le cessionnaire à ceux qui étaient appliqués chez le cédant. La seconde recommandait, outre l'application immédiate du statut conventionnel en vigueur chez le cessionnaire, la survie provisoire de l'ancien statut conventionnel des salariés transférés et le cumul des statuts pendant la période transitoire organisée par la loi.

La substitution immédiate présentait l'avantage de permettre l'unification du statut des salariés du cessionnaire, dès la date du transfert [218]. Elle était encouragée par la formule utilisée par la directive communautaire qui vise notamment le maintien de l'ancienne convention collective « *jusqu'à l'entrée en vigueur ou l'application d'une autre convention collective* » [219]. Dans cet esprit, l'application immédiate aux salariés transférés de la convention collective en vigueur chez le cessionnaire permettait de combler le vide juridique que le législateur entendait éviter dans ce contexte. Elle permettait en outre de ne pas alourdir

---

particulier n°283 et s. et, du même auteur, « Conventions et accords collectifs », *Juris-Classeurs*, Travail Traité, 1989, Fasc. 19-25 ; N. CATALA et L. LAGRANGE, « Changement d'employeur – Relations Collectives de travail », *Juris-Classeurs*, Travail Traité, 1991, Fasc. 30-85 ; J. DEPREZ, *Cessions d'entreprises et situations assimilées : Etude du régime de l'article L.122-12 du code du travail relatif à la modification de la situation juridique de l'employeur*, éd. Fr. Lefebvre, 1984, p. 75 et s. ; M.-A. ROTSCHILD-SOURIAC, *Les accords collectifs au niveau de l'entreprise*, Thèse, Paris I, 1986, 3 vol., p. 1044 et s. ; Y. AUBREE, *Contribution à l'étude du sort des relations de travail des salariés compris dans un transfert total ou partiel d'entreprise*, Thèse, Université de Toulon et du Var, 1997, p. 362 et s.

216. A l'exception des avantages individuels acquis, sur lesquels nous aurons l'occasion de revenir plus spécifiquement en fin de chapitre.

217. Pour une revue des opinions doctrinales et de l'évolution de la jurisprudence à l'époque : Y. AUBREE, thèse précitée, p. 371 et s.; J. PELISSIER « Conventions collectives applicables après une restructuration », *RJS*, 1/91, p. 3-7 ; J. DEPREZ, « Cession d'entreprise et compétition entre conventions collectives applicables aux salariés transférés », *RJS*, 7/92, p. 451-457.

218. En faveur de la thèse de la substitution immédiate à l'époque, notamment : J. SAVATIER, note sous Cass. soc. 23 octobre 1979, Sté Presto Cafétéria c/ Gueguen, *Droit Social*, 1980, n°6, p. 342, dans laquelle l'auteur considère que, lorsque des salariés sont transférés à une entreprise qui est assujettie à une convention collective pouvant immédiatement se substituer à celle qui régissait jusqu'alors leur contrat « *il n'y a pas alors à craindre de vide juridique* » et que « *cette interprétation est la seule qui permette une unification immédiate de l'ensemble du personnel* ».

219. Actuel article 3.3, directive 2001/23/CE.

la gestion des salariés appartenant à une même collectivité de travail, en ne distinguant pas entre leur appartenance d'origine pour leur appliquer tel ou tel statut conventionnel [220].

La survie provisoire de l'ancien statut respectait mieux l'esprit de la loi [221]. Elle autorisait les parties à mettre à profit la période de transition d'un an pour négocier un accord mieux adapté à la diversité des salariés constituant le personnel du cessionnaire à l'issue du transfert. Elle empêchait aussi la perte précoce de leurs avantages antérieurs [222]. Elle répondait à la volonté du législateur de 1982 de favoriser la négociation en cas de dénonciation et de mise en cause de conventions ou d'accords collectifs.

**707.** La discussion venait en fait du manque de clarté de l'article L.132-8 du code du travail, dont les dispositions prévues pour la dénonciation des conventions et accords collectifs s'avèrent mal adaptées à l'hypothèse de leur « mise cause ». Le texte n'envisage pas de situation de concomitance de sources conventionnelles de ce type [223]. Après quelques hésitations [224], la Cour de cassation a tranché définitivement cette question en 1992 en optant pour le principe de la survie provisoire [225]. Elle a considéré que l'ancienne convention ou

---

[220]. En ce sens, notamment : J. PELISSIER « Conventions collectives applicables après une restructuration », *RJS*, 1/91, p. 5, où l'auteur souligne également que « *il y a nécessité de ne pas obliger les acteurs sociaux à remettre en cause constamment la convention d'entreprise applicable* ». Voir également les obs. de J. SAVATIER sous Cass. soc. 31 janvier 2001, n°377 FS-PB, Sté Marine Consulting c/ M. Rouquette et a., *Droit Social*, 2001, n°4, p. 456-457, à propos d'un cas de survie provisoire des dispositions d'un accord collectif mis en cause concernant la désignation des délégués syndicaux qui aboutissait à la désignation cumulée de délégués syndicaux en vertu de l'ancien statut appelé à disparaître et du nouveau statut. Soulignant les difficultés pratiques liées à la coexistence de ces délégués syndicaux, l'auteur conclut en affirmant que si la survie provisoire se conçoit bien pour les avantages individuels, « *elle paraît impraticable en matière d'organisation de la collectivité de travail* ».

[221]. L'article L.132-8 al. 7 du code du travail vise en effet « *l'adaptation aux dispositions conventionnelles nouvellement applicables* ».

[222]. En faveur de la thèse de la survie provisoire de l'ancien statut collectif à l'époque, notamment : J.-E. RAY, « Restructurations et statut collectif », *Droit Social*, 1989, n°1, p. 67 ; E. WAGNER, « Les conséquences de la mise en cause de l'application d'une convention collective sur les droits des salariés (exercice de relecture du dernier alinéa de l'article L.132-8 du code du travail) », *JCP*, E, 1991, I, 81 ; I. VACARIE, *L'employeur*, Bibliothèque de droit du travail et de la sécurité sociale, éd. Sirey, 1979, n°113, p. 84. Plus nuancée, l'auteur souligne les inconvénients pratique de la transposition d'une telle solution laquelle obligerait l'employeur à appliquer aux salariés transférés un régime différent du reste des salariés de l'entreprise, ce qui serait susceptible de « *décourager tout acquéreur alors même que le transfert serait une condition de survie de l'entreprise et donc des emplois* ». L'auteur conclut que « *pareil tableau devrait faire rejeter la solution préconisée sauf si l'on veut bien voir dans le régime transitoire créé par l'article L.132-7 [actuel article L.132-8] une incitation du législateur à une négociation portant sur les conséquences sociales du transfert d'actifs* ».

[223]. Ainsi que le rappelle Y. CHALARON, *Négociations et accords collectifs d'entreprise*, Litec, 1990, n°284 et n°313 et s., la notion de « mise en cause » implique en effet, « *au contraire de la dénonciation ou de la révision, que la convention ou l'accord collectif n'est pas en lui-même affecté, mais que l'une des conditions de son application à l'entreprise ou à une partie de l'entreprise a disparu* ». En conséquence, « *en matière de convention ou d'accord collectif d'entreprise, la notion de mise en cause présente inévitablement un certain particularisme* ».

[224]. Entretenues notamment par les juridictions du fond et par deux arrêts de la Chambre sociale de la Cour de cassation en 1987 et 1990. Cf. notamment J. PELISSIER, « Conventions collectives applicables après une restructuration », *RJS*, 1/91, p. 3.

[225]. Cass. soc. 14 mai 1992, Sté Vaulx Distribution c/ Mme Volet : *Bull. civ.* V, n°310, p. 193 ; *D.*, 1993, Jurisp. p. 67, note N. DECOOPMAN ; *Droit Social*, 1992, n°6, p. 631; *RJS*, 6/92, n°768 ; J. DEPREZ, « Cession d'entreprise et compétition entre conventions collectives applicables aux salariés transférés », *RJS*, 7/92, p. 451-457 ; J. PELISSIER, A. LYON-CAEN, A. JEAMMAUD et E. DOCKES, *Les grands arrêts du Droit du travail*, Dalloz, 2004, n°164, p. 615. Principe confirmé depuis dans de nombreux arrêts. Par exemple : Cass. soc. 24 février 1993, n°647 P, M. Collin c/ Sté Sogères : *Bull. civ.* V, n°67, p. 47 ; *D.*, 1993, somm. 259, obs. J. GOINEAU ; *RJS*, 4/93, n°429 ; *Cahiers Sociaux du Barreau de Paris*, 1993, n°51, p. 191 ; Cass. soc. 31 janvier 1995, n°508 D, Percheron c/ SARL Bernard Boulogne, non publié au Bull. civ.; *RJS*, 3/95, n°277 ; Cass. soc. 23 juin 1999, n°2952 P, Mme Laclie et

l'ancien accord collectif doit être maintenu le temps nécessaire à l'entrée en vigueur d'un accord qui lui sera substitué ou, à défaut, pendant une année à l'issue du préavis [226].

**708.** Il en résulte, en pratique, que les salariés transférés peuvent se prévaloir, s'ils y ont intérêt, de la convention collective ou des accords collectifs qui leur étaient anciennement applicables et des dispositions de la convention collective et des accords collectifs applicables chez le cessionnaire, à compter de la date de leur transfert, pendant tout le délai de survie organisé par l'article L.132-8 du code du travail [227]. Ils ne pourront toutefois prétendre au cumul des droits et avantages que ces actes garantissent, lorsque les mêmes droits et avantages sont concernés de part et d'autre. La jurisprudence considère, selon les règles applicables en matière de concours de conventions collectives, qu'il convient de se livrer à une appréciation clause par clause et avantage par avantage [228], en raisonnant *in abstracto* [229], afin de déterminer la disposition qui leur est la plus favorable et partant, qui doit leur être appliquée. Cette situation aboutit à une amélioration de la situation des salariés transférée et à l'augmentation corrélative des charges du cessionnaire. Elle doit donc pour ce dernier demeurer temporaire.

### b) La négociation d'un accord de substitution

**709.** La négociation d'un accord de substitution est déterminante pour le cessionnaire. Un tel accord lui permettra d'écarter l'application d'un double statut aux salariés transférés. Elle lui permettra également d'échapper à la conservation d'avantages individuels acquis par eux et résultant de leur ancien statut collectif, à l'issue de ce délai.

La jurisprudence admet que cet accord puisse être moins favorable, ou en tout cas puisse ne pas prévoir des dispositions plus favorables, que celui auquel il se substitue. Les salariés ne pourront pas se prévaloir de leur ancien statut [230] ou d'une modification de leur contrat de

---

a. c/ Sté Christol distribution docks des alcools : *Bull. civ.* V, n°297, p. 214 ; *Droit Social*, 1999, n°11, p. 973, obs. B. GAURIAU ; *D.*, 1999, IR 191 ; *RJS*, 8-9/99, n°1103 ; Cass. soc. 19 octobre 1999, n°3673 P, Sté Bio Sphère c/ Mme Lindenmann et a. : *Bull. civ.* V, n°386, p. 284 ; *RJS*, 11/99, n°1392 ; *Droit Social*, 2000, n°2, p. 228, obs. G. BELIER.

[226]. La mise en cause d'une convention ou d'un accord collectif doit être assimilée à une dénonciation, faisant notamment courir le préavis prévu par l'article L.132-8 al. 1 du code du travail. Cass. soc. 14 mai 1992, n°2042 PF, Sté Vaulx distribution c/ Mme Volet, précité ; Cass. soc. 22 juin 1993, n°2541 P, Hauray c/ Sté Jet Fret (1er moyen) : *Bull. civ.* V, n°176, p. 119 ; *Droit Social*, 1993, n°7-8, p. 661, rapport Ph. WAQUET, « La mise en cause d'une convention collective fait elle jouer un délai de préavis ? », p. 659 ; *RJS*, 8-9/93, n°902 ; *D.*, 1994, somm. p. 299 (4è espèce), obs. J.-M. VERDIER. Le préavis court à compter de la date d'application effective du transfert : Cass. soc. 22 février 1995, SA Métalinor c/ Senser ; *Droit Social*, 1995, n°4, p. 395, obs. J.-P. CHAUCHARD.

[227]. Cass. soc. 24 janvier 1996, n°224 D, Guggenheim c/ SA Métalinor, non publié au Bull. civ. ; *RJS*, 3/96, n°315. La jurisprudence a toutefois précisé plus récemment que l'application de l'article L.132-8 al. 7 du code du travail devait être écartée en ce qui concerne les conventions ou accords collectifs de travail négociés au sein des entreprises publiques ou établissements publics à caractère industriel et commercial qui contrediraient les dispositions statutaires applicables. Cass. soc. 17 mai 2005, n°1088 FS-PB, Spaf et a. c/ Sté Air France et a. : *Bull. civ.* V, n°164, p. 141 ; *RJS*, 8-9/05, n°919.

[228]. Cass. soc. 12 février 1969, Sté Coopérative d'HLM « La Moselle » c/ Guebel : *Bull. civ.* V, n°94, p. 79 ; Cass. soc. 15 février 1984, pourvoi n°82-13.913, non publié au Bull. civ.; *Droit Social*, 1984, n°12, p. 692, note J. SAVATIER, p. 687 ; Ainsi, par exemple, dans l'arrêt Guggenheim c/ SA Métalinor, précité, pour une prime d'ancienneté qui était moins favorable dans l'entreprise absorbée.

[229]. C'est-à-dire globalement, pour l'ensemble des salariés et non salarié par salarié. Cass. soc. 25 janvier 1984, Sté Baze c/ Mme Bussard : *Bull. civ.* V, n°33, p. 26 ; Cass. soc. 18 janvier 2000, M. Bouret et a. c/ Sté COMAP : *Bull. civ.* V, n°27, p. 21.

[230]. Cass. soc. 3 mars 1998, n°1129 P, Syndicat du livre, du papier et de la communication CGT Moselle et a. c/ Sté Sollac : *Bull. civ.* V, n°115, p. 85 ; *RJS*, 4/98, n°498.

travail [231], pourvu que le nouvel accord ait le même objet que la convention ou l'accord collectif auquel il entend se substituer [232].

Pour les représentants des salariés, l'intérêt de la substitution d'un nouvel accord aux avantages anciens reste plus limité, sauf pour eux à obtenir des contreparties à la renégociation des garanties dont ils bénéficient. Il en sera ainsi, par exemple, s'ils obtiennent de nouveaux avantages, différents ou améliorés, ou une clause de maintien d'avantages acquis plus favorable que les avantages auxquels ils pourraient prétendre en l'absence d'accord de substitution, au terme de la période transitoire.

**710.** A première vue, il est vraisemblable que la négociation, si négociation il y a, sera le plus souvent initiée par le cessionnaire. L'argument n'est pas généralisable à toutes les situations. Le cessionnaire pourra préférer ne pas négocier sur ce terrain avec les partenaires sociaux [233]. Tel sera le cas si les avantages additionnels dont les salariés transférés pourront bénéficier, du fait de l'application des dispositions plus favorables de l'ancienne convention collective ou des anciens accords collectifs, sont financièrement acceptables pour lui. Il en sera de même si le cessionnaire entend, par ailleurs, dénoncer certains usages, accords atypiques ou engagements unilatéraux pris par son prédécesseur. Tout est affaire de stratégie de négociation pour l'une ou l'autre des parties, en fonction des intérêts en jeu et des possibilités financières de l'entreprise d'accueil.

Quoi qu'il en soit, l'accord de substitution devra viser soit à adapter les anciennes dispositions et celles applicables chez le cessionnaire [234], soit à en élaborer de nouvelles [235], s'il n'en existe pas chez le cessionnaire, pour pouvoir valablement écarter l'ancienne convention collective et les anciens accords collectifs applicables aux salariés transférés et empêcher le maintien de leurs avantages individuels acquis [236]. La jurisprudence semble assez

---

[231]. Cass. soc. 27 juin 2000, n°3042 FS-P, M. Crochard et a. c/ Sté Air France : *Bull. civ.* V, n°247, p. 193 ; *RJS*, 9-10/00, n°899 ; *Droit Social*, 2000, n°9-10, p. 831, note Ch. RADE, p. 828 ; Ph. WAQUET, « En marge de l'arrêt Air France », *Droit Social*, 2000, n°11, p. 1007 ; *Semaine Sociale Lamy*, n°994, 11 septembre 2000, p. 12, note F. VELOT : au sujet d'une modification de la structure salariale qui résultait d'une convention collective et d'accords d'entreprises chez le cédant, lesquels avaient été valablement remplacés par un accord de substitution ; Cass. soc. 10 juin 2003, n°1562 FS-P, M. Chebanier c/ Compagnie nationale Air France : *Bull. civ.* V, n°192, p. 188 ; *RJS*, 8-9/03, n°1042 ; *JCP*, E, 2003, panorama rapide, n°1235, à propos de la réduction des appointements mensuels et de la prime d'ancienneté dont le montant des appointements de base pour l'un, et l'existence pour l'autre, étaient prévus par le contrat de travail, en référence à l'ancienne convention collective, et au titre desquels il était demandé un rappel de salaire. Il est jugé que l'application des dispositions de l'accord de substitution prévoyant de compenser l'amputation mensuelle des appointements résultant du nouveau statut n'entraîne aucune modification du contrat de travail.

[232]. Cass. soc. 4 janvier 1978, Sté Rhône Poulenc Industries c/ Feltrin : *Bull. civ.* V, n°3, p. 3 : à propos du paiement de la fraction d'une prime de vacances annuelle prévue par l'un des anciens accords collectifs. Dès lors que la convention de substitution exclut de son champ d'application les activités de services auxquels appartenaient certains salariés, ces derniers conservent le bénéfice de leurs avantages individuels acquis en vertu de la convention dénoncée : Cass. soc. 7 juin 2005, Union départementale des mutuelles du Puy-de-Dôme c/ Mme Gagnarde et a. : *Droit social*, 2005, n°9-10, p 937.

[233]. Et cela d'autant plus qu'aucune sanction spécifique au refus de négocier de l'employeur dans ce contexte (en dehors de celle résultant de la mise en cause de la responsabilité civile de l'employeur) n'a été prévue par le législateur, ce qui s'explique sans doute par l'existence de minimum garantis en l'absence de négociation.

[234]. Et notamment aménager le concours d'accords et de conventions collectives, si le transfert aboutit à un concours de statut conventionnel.

[235]. Et notamment régler les incidences du changement d'employeur sur le statut des salariés transférés.

[236]. A défaut d'accord de substitution, les salariés en conservent le bénéfice à l'issue du délai de quinze mois, sans que les stipulations d'un accord collectif ou de leur contrat de travail ne puissent en écarter le principe ou y déroger dans un sens moins favorable. Par exemple : Cass. soc. 24 octobre 1995, n°4119 D, Froissardey c/ Sté Les Délices auxerrois, non publié au Bull. civ. ; *RJS*, 12/95, n°1261. En l'espèce, le contrat de travail du salarié faisait référence à la nouvelle convention collective alors que les dispositions de l'ancienne convention collective demeuraient applicables, à défaut d'accord de

souple sur le contenu de l'accord de substitution, à défaut de précision légale. Il doit avoir le même objet que la convention ou l'accord collectif auquel il est censé se substituer. Il est alors opposable aux salariés dès son entrée en vigueur et cela même lorsqu'il est incomplet et renvoie à la négociation pour des points non traités [237].

**711.** Une négociation spécifique doit ainsi s'engager. Elle doit donner lieu à la signature d'un accord collectif d'entreprise ou d'établissement pour définir les modalités de remplacement d'une convention collective par une autre. Il s'agira d'un accord conclu avec les organisations syndicales présentes dans l'entreprise d'accueil [238]. Une négociation avec le comité d'entreprise ne serait envisageable que si une convention de branche ou un accord professionnel étendu l'autorisait [239].

La jurisprudence admet également que le cessionnaire puisse engager des négociations dans le cadre de l'entreprise ou de l'établissement, si l'entité transférée devient un établissement distinct de l'entreprise d'accueil ou conserve ce caractère après le transfert. Une telle négociation est possible même si la convention collective ou l'accord collectif en

---

substitution ; Cass. soc. 2 juillet 2003, n°1773 F-D, Clément c/ Sté Sécuritas France, non publié au Bull. civ. ; *RJS*, 10/03, n°1196 : *idem*, à propos d'un avenant au contrat de travail du salarié précisant que la convention collective du cessionnaire était applicable.

[237]. Cass. soc. 30 novembre 1994, Consorts Blineau et a. c/ Sté EGMO : *Bull. civ.* V, n°319, p. 218 ; *Droit Social*, 1995, n°2, p. 181, note J. SAVATIER, p. 178 ; *RJS*, 1/95, n°46 (3è espèce) ; J. PELISSIER, A. LYON-CAEN, A. JEAMMAUD et E. DOCKES, *Les grands arrêts du Droit du travail*, Dalloz, 2004, n°165, p. 616. En l'espèce, bien que l'accord de substitution ne visait pas expressément les textes dénoncés et remplacés et n'avait pas donné lieu à des négociations postérieures (contrairement à ce qu'il prévoyait) sur les points non traités au titre desquels les salariés se prévalaient des anciens accords, la Cour de cassation a considéré que, en les visant globalement, le nouvel accord était un accord de substitution opposable aux salariés.

[238]. Il est également souhaitable que les délégués syndicaux de l'entreprise cédée (dont les salariés qu'ils représentent sont tout de même les principaux intéressés aux résultats des négociations qui vont s'engager) participent à la négociation, à tout le moins lorsque l'entité transférée conserve son autonomie, après le transfert, de telle manière que leur mandat subsiste. En ce sens : Y. CHALARON, *Négociations et accords collectifs d'entreprise*, Litec, 1990, n°288, p. 291. Par ailleurs, à défaut de représentation syndicale dans l'entreprise d'accueil, l'accord peut valablement être signé avec un ou plusieurs salariés mandatés par une ou plusieurs organisations syndicales représentatives : Cass. soc. 25 janvier 1995, n°442 P, Charre c/ Comité français contre la faim : *Bull. civ.* V, n°40, p. 29 ; *RJS*, 3/95, n°279 (1ère espèce) ; *Droit Social*, 1995, n°3, p. 274, obs. G. BORENFREUND.

[239]. Solution admise par la jurisprudence avant la loi du 13 novembre 1982, à une époque où le cessionnaire n'avait pas l'obligation d'engager une négociation collective avec les partenaires sociaux en cas de mise en cause d'une convention collective par suite d'une cession d'entreprise. Pour J. SAVATIER, cette solution est transposable à l'actuel article L.132-8 al. 7 du code du travail, lequel « *n'interdit pas d'avantage que l'ancien article L.132-7 du code du travail, une négociation avec le comité d'entreprise* ». obs. sous Cass. soc. 1er juin 1988, Syndic Sté Prodamco c/ Sulpice et autres ; *Droit Social*, 1989, n°1, p. 79. Cette position est néanmoins invalidée par une jurisprudence plus récente. Notamment : Cass. soc. 13 novembre 2001, n°4641 FS-P, Sté Fabenrev c/ M. Dubois : *Bull. civ.* V, n°344, p. 276 ; *RJS*, 1/02, n°60: ni la négociation conduite par la société avec les représentants du personnel, ni l'acceptation de chacun des salariés ne peuvent mettre fin à l'application de l'ancienne convention collective ; Cass. soc. 2 juillet 2003, n°1773 F-D, Clément c/ Sté Sécuritas France : *RJS*, 10/03, n°1196, à propos d'un protocole d'harmonisation des statuts applicables aux salariés du cessionnaire, conclu avec le comité d'entreprise. A noter toutefois que la loi n°2004-391 du 4 mai 2004 relative à la formation professionnelle tout au long de la vie et au dialogue social (*J.O.* du 5 mai 2004), permet désormais, en l'absence de délégués syndicaux dans l'entreprise, et sous réserve que la convention de branche ou un accord professionnel étendu l'autorise, qu'un accord collectif puisse être conclu: (i) avec les représentants élus dans l'entreprise, après approbation de l'accord par une commission paritaire nationale de branche ou, (ii) si l'entreprise est également dépourvue de représentants élus du personnel, avec un salarié mandaté par une organisation syndicale représentative. Dans ce dernier cas et préalablement à sa signature, l'accord devra également être approuvé par les salariés de l'entreprise, à la majorité des suffrages exprimés (article L.132-26 nouveau du code du travail). A ce sujet, v. également, 1ère partie, Titre 1, Chapitre 2, *supra*.

question a été négocié au niveau de la branche d'activité à laquelle appartenait le cédant [240]. La nécessité d'une adéquation entre le niveau de négociation de l'accord substitué et celui de la convention ou de l'accord auquel il se substitue n'est pas exigée. La question reste néanmoins posée lorsqu'il s'agit de remplacer un accord d'entreprise par un accord de groupe.

**712.** Ces nouvelles négociations doivent être initiées dans les trois mois du transfert, comme en cas de dénonciation d'une convention collective ou d'un accord collectif par ses signataires[241]. Elles doivent donner lieu à la conclusion d'un accord et à son entrée en vigueur avant le terme de la période de survie des accords pour entraîner l'éviction du mécanisme de maintien des avantages acquis par les salariés transférés du fait de leur ancien statut conventionnel. A défaut, la validité de l'accord conclu tardivement pourrait être mise en cause en tant qu'accord de substitution. Les salariés transférés pourraient aussi valablement revendiquer le bénéfice du maintien des avantages individuels acquis chez le cédant [242].

---

[240]. Cass. soc. 9 février 1994, n°701 P, FGSOA c/ SA Agri Sud-Est : *Bull. civ.* V, n°50, p. 37 ; *RJS*, 3/94, n°280 (2è espèce) ; *Droit Social*, 1994, n°4, p. 384, obs. G. BELIER ; *D.*, 1994, somm. 312, obs. M.-A. ROTSCHILD-SOURIAC : le nouvel employeur et les organisations syndicales ont qualité pour négocier un accord d'entreprise ou d'établissement permettant l'adaptation du statut collectif en vigueur dans l'entreprise cédée à la convention collective de branche nouvellement applicable.

[241]. Contra : E. WAGNER, « Les conséquences de la mise en cause de l'application d'une convention collective sur les droits des salariés (exercice de relecture du dernier alinéa de l'article L.132-8 du code du travail) », *JCP*, E, 1991, I, 81, p. 410, n°1, lequel considère qu'il n'y a pas lieu dans ce cas de tenir compte du délai de préavis propre à la dénonciation ; Y. AUBREE, thèse précitée, n°626, p. 397 : une appréciation de « bon sens », selon l'auteur, compte tenu de la spécificité de la mise en cause par rapport à la dénonciation. L'auteur en déduit un peu plus loin que la négociation doit pouvoir s'engager tout au long de la période de survie d'un an. Cette analyse amène cependant à distinguer le sort des conventions et accords mis en cause à ceux qui sont dénoncés, alors que ni la loi ni la jurisprudence ne les distinguent. Cf. par exemple Cass. soc. 22 juin 1993, n°2541 P, Hauray c/ SA Jet Fret, *Bull. civ.* V, n°176, p. 119 ; *Droit Social*, 1993, n°7-8, p. 661, rapport Ph. WAQUET, p. 659 ; *RJS*, 8-9/93, n°902 ; *D.*, 1994, somm. p. 299 (4è espèce), obs. J.-M. VERDIER, dans laquelle la Cour de cassation rappelle que la mise en cause d'une convention ou d'un accord collectif est assimilée à une dénonciation. Dans une chronique publiée ultérieurement, l'auteur reprend d'ailleurs seulement l'idée que la négociation doit pourvoir s'engager antérieurement ou postérieurement au délai de trois mois qui suit la date de la mise en cause de l'accord. Y. AUBREE, « *L'accord « substitué » au statut collectif mis en cause après transfert total ou partiel d'entreprise* », *RJS*, 4/99, p. 282-283. A notre sens, le délai de trois mois imposé par les textes ne signifie pas que, passé ce délai, la négociation d'un accord de substitution n'est plus possible mais que, passé ce délai, il n'y a plus pour les parties obligation de donner suite à une demande de négociation émanant de l'autre partie.

[242]. Voir par exemple : Cass. soc. 22 février 1995, SA Métalinor c/ Senser, non publié au Bull. civ. ; *Droit Social,* 1995, n°4, p. 395, obs. J.-P. CHAUCHARD. Voir également : J.-E. RAY, « Restructurations et statut collectif », *Droit Social*, 1989, n°1, p. 66 ; Y. AUBREE, thèse précitée, n°848, p. 528-529 et, du même auteur, « *L'accord « substitué » au statut collectif mis en cause après transfert total ou partiel d'entreprise* », *RJS*, 4/99, p. 285. Contra : Michel DESPAX, *Négociations, conventions et accords collectifs,* Droit du travail, publié sous la direction de G.-H CAMERLYNCK, tome 7, Dalloz, 1989, n°158, p. 281, note 2, dans lequel l'auteur souligne « *les exigences d'un fonctionnement normal de l'entreprise qui risquerait d'être compromis par « l'indéracinabilité » d'avantages ayant puisé leur source originelle dans une convention disparue, puis dans la loi elle-même* » ; Y. CHALARON, *Négociations et accords collectifs d'entreprise*, Litec, 1990, n°326, p. 334. Raisonnant sur la question de la survie des avantages individuels acquis à défaut d'accord conclu au cours de la période transitoire organisée par la loi, l'auteur considère en effet que « *il est peu satisfaisant, en logique, qu'une même négociation de substitution cesse du jour au lendemain d'être apte à produire un tel effet* [c'est-à-dire cesse de faire obstacle à la conservation des avantages acquis] *en droit* », et l'auteur de conclure que « *il est peut être préférable et non contraire à l'esprit de la loi de donner plein effet à l'accord de substitution tardif et, par conséquent, de ne maintenir finalement que les avantages individuels volontairement maintenus par cet accord* » ; J. DEPREZ, *Cessions d'entreprises et situations assimilées : Etude du régime de l'article L.122-12 du code du travail relatif à la modification de la situation juridique de l'employeur*, éd. Fr. Lefebvre, 1984, n°55, p. 106, pour qui le maintien légal des avantages individuels acquis est seulement un « *pis-aller destiné à suppléer la carence totale d'accord applicable* ». Nous ne

**713.** La doctrine s'accorde également pour considérer que le cessionnaire peut se prévaloir de négociations anticipées conduites avant le transfert par le cédant et le cessionnaire, alors que ce dernier n'avait pas encore la qualité d'employeur [243]. Une telle négociation est souhaitable. La consultation des instances représentatives du personnel du cédant et du cessionnaire sur les effets du transfert peut la préparer, en identifiant les points éventuels d'achoppement ou de nécessaire harmonisation qui devront donner lieu à négociation [244]. Elle ne peut toutefois, à notre sens, que se limiter à des discussions informelles avant le transfert, faute d'interlocuteur valable pour négocier un véritable accord de substitution, ou être engagée sous condition. Le cessionnaire n'est pas encore le nouvel employeur des salariés, pas plus que les syndicats qui représentent ces salariés ne peuvent encore négocier pour le compte des salariés transférés.

La Cour de cassation a justement rappelé que des discussions informelles peuvent avoir lieu avant le début du préavis de négociation, sous réserve toutefois que la négociation ne débute qu'après. Il s'agissait d'un arrêt pris en matière de dénonciation de convention collective, mais la solution qu'il préconise est transposable à un cas de mise en cause de convention ou d'accords collectifs [245]. En toute hypothèse, l'accord de substitution ne pourra

---

partageons pas ces avis. Il nous semble en effet que la loi n'aurait pas pris le soin d'encourager la négociation d'un accord de substitution et de prévoir un délai butoir (sanction) pour sa négociation et son entrée en vigueur, au-delà duquel les avantages individuels résultant de l'ancien statut conventionnel seraient réputés acquis pour leurs anciens bénéficiaires, si ce délai de quinze mois n'était pas intangible. Dans le cas contraire, il faudrait admettre, à notre sens, pour maintenir le parallélisme des formes, que les salariés transférés puissent, en contrepartie, continuer à bénéficier des avantages que leur octroi leur ancien statut conventionnel, jusqu'à l'entrée en vigueur de l'accord de substitution, quand bien même celle-ci devrait intervenir après lesdits quinze mois. Deux arrêts récents de la Cour de cassation nous confortent sur ce point : Cass. soc. 9 novembre 2005, 2 espèces, n°2396 FS-PBR, Verk et a. c/ Sté Suez lyonnaise des eaux et Cass. soc. 9 novembre 2005, n°2399 FS-PBR, Amestoy et a. c/ Sté Suez lyonnaise des eaux : *Bull. civ.* V, n° 320, p. 282 ; *RJS*, 1/06, n°69 ; *Semaine Sociale Lamy*, 21 novembre 2005, n°1237, p.14 : Lorsque la convention ou l'accord qui a été dénoncé n'a pas été remplacé par une nouvelle convention ou un nouvel accord (notamment du fait de l'annulation d'un accord conclu en vue de remplacer un accord dénoncé), dans les délais précisés à l'article L.132-8 al. 3 du code du travail, les salariés des entreprises concernées conservent les avantages qu'ils ont acquis en application de la convention ou de l'accord.

[243]. En ce sens, notamment, Y. CHALARON, ouvrage précité, n°288, p. 292. L'auteur considère, qu'en ce domaine, « *la plus grande souplesse doit être recommandée* ». L'auteur va même jusqu'à considérer que « *l'employeur définitif devrait pouvoir se prévaloir de cette négociation anticipée et être engagée par elle, si elle a été conduite par des personnes qui agissaient indiscutablement pour son compte, et ceci peut-être même dans le cas où son identité n'était pas révélée lors de la négociation* » et, également (n° 329, p. 338) « *l'accord qui peut en résulter* [de la négociation avant le transfert] *doit recevoir tout l'effet d'un accord de substitution quand bien même il aurait été conclu avant le transfert, donc entre des parties encore juridiquement étrangères l'une à l'autre* ».

[244]. A. MAZEAUD, « La négociation collective en cas de restructuration consécutive à un transfert », *Droit Social*, 2004, n°3, p. 295. L'auteur anticipe également que la procédure de consultation puisse déboucher sur la conclusion d'un accord atypique. Celui-ci n'aura toutefois que valeur d'engagement unilatéral de l'employeur (pris par le cédant, le cessionnaire ou par les deux). La signature d'un tel accord n'empêchera pas les négociations ultérieures avec les partenaires sociaux pour la conclusion d'un accord de substitution et, en conséquence, l'éventuelle remise en cause des concessions précédemment obtenues par l'employeur de la part des représentants des salariés, puisque ceux-ci ne seront pas forcément les mêmes avant et après le transfert. Un tel accord, même s'il peut être dénoncé (notamment par la voie de l'accord de substitution) liera le cessionnaire à défaut de conclusion d'un véritable accord de substitution après le transfert (pour les avantages supplémentaires qu'il pourrait éventuellement garantir aux salariés) et de dénonciation. Une telle pratique est donc, à notre sens, à manier avec la plus extrême précaution.

[245]. Cass. soc. 9 février 2000, Union syndicale des personnels de la société Lyonnaise des eaux Dumez CGT et a. c/ Sté Lyonnaise des eaux et a. : *Bull. civ.* V, n°59, p. 48 ; *RJS*, 3/00, n°306.Voir cependant : Cass soc. 27 juin 2000, n°3042 FS-P, Crochard et autres c/ Sté Air France : *Bull. civ.* V, n°247, p. 193 ; *RJS*, 9-10/00, n°899 ; *Droit Social*, 2000, n°9-10, p. 831, note Ch. RADE, p. 828 ; Ph. WAQUET, « En marge de l'arrêt Air France », *Droit Social*, 2000, n°11, p. 1007 ; *Semaine Sociale Lamy*, n°994, 11 septembre 2000, p. 12, note F. VELOT (arrêt qualifiant d'accord de substitution un accord conclu 48h avant la mise en cause résultant d'un fusion).

entrer en vigueur avant la fin du préavis. Celui-ci constitue une garantie minimale de survie de la convention ou de l'accord collectif mis en cause [246].

**714.** Le transfert d'entreprise ouvre la voie à une période d'instabilité et d'incertitude pour les salariés transférés quant au devenir de leur ancien statut conventionnel. Le maintien de l'ancien statut conventionnel est d'emblée mis en cause par le transfert d'entreprise et l'appartenance des salariés à une nouvelle entreprise. Les salariés transférés risquent, en définitive, de ne garder de leur statut antérieur que les seuls droits et avantages incorporés à leur contrat de travail. En outre, dans les cas où un accord de substitution est négocié au sein de l'entreprise d'accueil, il est vraisemblable que, à défaut de représentation syndicale influente, le cessionnaire s'emploiera moins à aménager le cumul de statut conventionnel qu'à substituer aux statuts existants un statut harmonisé applicable à l'ensemble des salariés. Il veillera ainsi à réaménager le statut conventionnel déjà applicable dans l'entreprise et donc à faire disparaître toute particularité de traitement pour les salariés transférés.

La protection de l'ancien statut conventionnel assurée par l'article L.132-8 al. 7 du code du travail se révèle ainsi bien éphémère pour les salariés transférés. En définitive, et même si accord de substitution ne signifie pas forcément uniformisation du statut collectif dans l'entreprise d'accueil, ceux-ci perdront à court ou moyen terme leur ancien statut conventionnel. Ils perdront aussi, le plus souvent, les avantages qui leur auront été accordés à titre transitoire, par le biais de l'accord de substitution, soit que celui-ci ait prévu leur maintien pour une durée limitée, soit qu'il soit finalement dénoncé, dès lors qu'il ne restera plus beaucoup de salariés concernés dans l'entreprise ou de différences significatives de statut [247].

**715.** Du côté de l'employeur, la protection des salariés transférés organisée par l'article L.132-8 al. 7 du code du travail risque également de ne pas satisfaire le besoin d'harmonisation du statut collectif des salariés revendiqué par les entreprises d'accueil pour leur bon fonctionnement, au lendemain du transfert. La dynamique de négociation voulue par le législateur exclut une partie d'entre elles, soit la plupart des PME, des possibilités d'harmonisation du statut collectif des salariés qu'elle laisse entrevoir, sauf à ce que des conventions de branche ou des accords interprofessionnels étendus permettent largement une telle négociation avec les instances élues du personnel à l'avenir. Il faut ajouter à cela que, même lorsque la négociation est possible, l'éclatement de l'ancienne collectivité de travail peut présenter un obstacle à la négociation pour les partenaires sociaux [248].

Précarité voire régression du statut conventionnel pour les uns, manque de flexibilité pour les autres, en l'absence de partenaires à la négociation, laissent un sentiment d'insatisfaction de part et d'autres. *« De ces diverses considérations, il ressort que la négociation évoquée par le législateur est passablement hypothétique, souvent illusoire, même si elle n'est pas inconcevable »*, concluait ainsi, non sans raison, un auteur pessimiste sur la question [249].

---

[246]. Cass. soc. 7 janvier 1997, Sté Jeanneau c/ M. Ageneau et a. : *Bull. civ.* V, n°1, p. 1 ; *Droit Social*, 1997, n°3, p. 325, obs. G. COUTURIER ; *RJS*, 02/97, n°186.

[247]. E. WAGNER, « Les conséquences de la mise en cause de l'application d'une convention collective sur les droits des salariés (exercice de relecture du dernier alinéa de l'article L.132-8 du code du travail) », *JCP*, E, 1991, I, 81, p. 412.

[248]. M-A. ROTSCHILD-SOURIAC, thèse précitée, p. 1247 « *On retrouve ici, démultipliés, les obstacles à la négociation que constituent la fluidité de l'unité de négociation, l'émiettement de la collectivité de travail et surtout l'éloignement ou l'anonymat du centre de décision réel. On peut penser qu'il s'agit là d'une des difficultés majeures auxquelles se trouve confronté le droit. La règle juridique est-elle apte à préserver le pouvoir de négociation des syndicats à travers les mutations économiques ? Dans l'état actuel, toute réponse abrupte risque de n'être qu'un acte de foi* ».

[249]. J. DEPREZ, « Cession d'entreprise et compétition entre conventions collectives applicables aux salariés transférés », *RJS*, 7/92, p. 454.

### 2. *Droit anglais : un statut collectif peu contraignant pour le cessionnaire*

**716.** Le droit anglais ne consacre pas de principe de maintien provisoire de l'ancien statut collectif des salariés. Les accords collectifs n'ayant aucune force obligatoire, le cessionnaire est libre de les conserver ou, plus certainement de les dénoncer en tout ou partie. Il peut, en principe, sans attendre un quelconque délai de transition, appliquer à tous ses salariés, qu'ils soient ou non anciens salariés du cédant, le même statut collectif dès le lendemain du transfert[250], sauf à respecter les droits qui seraient réputés intégrés au contrat de travail des salariés transférés. En l'absence de dénonciation de sa part, néanmoins, les procédures en place et autres droits consentis à la collectivité des salariés à la date du transfert resteront applicables dans l'entreprise d'accueil, pour les seuls salariés transférés. Cela vise principalement les droits relatifs aux modalités d'exercice de la représentation collective au sein de l'entreprise ou encore les dispositions visant une procédure amiable de règlement des conflits.

La question de la survie d'accords collectifs après le transfert, dont les dispositions pourraient s'opposer ou compléter celles déjà en place dans l'entreprise d'accueil, ne se pose donc pas véritablement en droit anglais. Ceci a au moins le mérite d'évacuer toute difficulté qui ne manquerait pas de se poser en pratique, en cas de fragmentation du statut conventionnel au sein d'une même entreprise, comme le permet le droit anglais [251]. Il faudrait alors gérer l'existence potentielle d'autant d'accords collectifs au sein de l'entreprise cédante que de métiers ou de statuts représentés, compliquant, de fait, toute tentative d'harmonisation.

**717.** Il convient également de rappeler que le syndicat n'est pas considéré comme agissant pour le compte des salariés [252] en matière de négociation collective. Le principe du caractère relatif des contrats [253] est applicable aux accords collectifs en droit anglais. Il s'en suit que le salarié n'est jamais considéré comme lié ou susceptible de se prévaloir d'un accord collectif ou d'un quelconque engagement pris par l'employeur vis-à-vis du syndicat (ou le contraire), pour le compte d'un ou plusieurs salariés, à moins qu'il puisse être considéré comme devenu partie à l'accord [254]. Or, le droit anglais ne l'admet pas à moins d'un accord exprès [255] en ce sens entre le syndicat et le ou les salariés en question [256]. A défaut, il faudrait que les dispositions dudit accord aient été incorporées au contrat de travail du salarié pour que celui-ci puisse s'en prévaloir.

**718.** Ces principes complètent et renforcent celui de l'absence de force obligatoire des accords collectifs. L'étude du sort du statut collectif des salariés après le transfert en droit

---

[250]. CJCE 6 novembre 2003, aff. C-4/01, Serene Martin, Rohit Daby, Brian Willis c/ South Bank University, *Rec. CJCE* 2003, p. I-12859, où la CJCE a admis, dans une affaire où les salariés revendiquaient le bénéfice des conditions de retraite anticipée appliquées par leur précédent employeur, une exception au principe selon lequel le cessionnaire ne peut pas proposer aux salariés transférés (et ceux–ci accepter) des conditions moins favorables que celles que leur appliquait le cédant lorsque « *les conditions plus favorables appliquées antérieurement par le cédant résultaient d'une convention collective qui n'est légalement plus applicable aux travailleurs de l'entité transférée* ».

[251]. L'unité appropriée de négociation de droit anglais peut en effet être aussi bien l'entreprise, que l'établissement, ou une unité plus petite rassemblant une catégorie de salariés ayant les mêmes caractéristiques et intérêts, même si la tendance actuelle est à la simplification du processus de négociation. v. 1ère Partie, Titre I, chapitre II, *supra*.

[252]. « *Agent* ». Contrairement aux principes de négociation collective applicables en droit français (article L.132-2 et s. et L.135-6 du code du travail) et en droit américain où le NLRA [s. 9(a)] pose le principe d'une représentation exclusive des salariés de l'unité de négociation par le syndicat majoritaire en ce qui concerne les sujets obligatoires de négociation cf. 1ère Partie, Titre I, Chapitre II *supra*.

[253]. « *Privity rule* ».

[254]. Le syndicat signataire est alors considéré comme un intermédiaire (« *agent* ») entre l'employeur et le salarié.

[255]. « *Agency agreement* ».

[256]. V. SHRUBSALL, *Contracts of employment*, BSP Professional books, 1989, p. 70.

anglais pose donc la question plus délicate de l'harmonisation des termes des contrats de travail des salariés rassemblés au sein de l'entreprise d'accueil [257]. Les questions du maintien des droits consentis individuellement et collectivement se confondent, le contrat de travail devenant la seule véritable source de maintien des droits des salariés transférés.

### *3. Droit américain : l'absence de reprise du statut collectif sauf engagement du cessionnaire*

**719.** En droit américain, aucun principe de maintien, même temporaire, des droits consentis collectivement aux salariés de l'entreprise cédante n'est consacré. En l'absence d'un principe de survie du statut collectif des salariés repris par le cessionnaire, certaines conventions collectives tentent néanmoins de prévoir des clauses dites de « succession », destinées à lier le cessionnaire aux termes convenus par son prédécesseur.

#### a) Le non maintien du statut collectif après le transfert

**720.** Aucune survie provisoire de la convention collective en cours au jour du transfert n'est organisée en droit américain. Le cessionnaire ne sera tenu par les engagements de son prédécesseur que dans l'hypothèse où il accepte expressément de les reprendre à son compte ou lorsqu'il manifeste son intention d'y procéder [258].

**721.** Les conséquences pour le cessionnaire seront toutefois différentes selon qu'il a accepté de reprendre les engagements de son prédécesseur ou qu'il a simplement laissé croire aux salariés de ce dernier qu'ils seraient repris à leurs termes et conditions d'emploi antérieurs. Le cessionnaire qui reprend à son compte la convention collective qui avait été négociée par son prédécesseur sera lié par ses termes et ne peut les modifier sans l'accord du syndicat. En revanche, celui qui a laissé croire aux salariés, en les embauchant, qu'ils seraient employés aux mêmes termes et conditions que précédemment, mais sans pour autant reprendre à son compte la convention collective négociée par son prédécesseur, est tenu de leur maintenir leur niveau de rémunération et d'avantages antérieurs, jusqu'à ce qu'il en ait négocié de nouveaux avec le syndicat dans le cadre d'une nouvelle convention collective.

**722.** Une fois les engagements de son prédécesseur adoptés, le cessionnaire ne pourra s'en défaire en y renonçant par la suite. Tel sera le cas s'il continue à appliquer les dispositions de la convention collective en cours au jour de la reprise des salariés de son prédécesseur [259]. Les pratiques existantes antérieurement sont également applicables dans ce cas. Le cessionnaire sera tenu, dès lors qu'il s'y est engagé, de maintenir les principes et règles en vigueur qui avaient été négociés avec le syndicat, au jour de la reprise des salariés, à moins d'avoir conditionné leur embauche à l'application de nouveaux termes et conditions d'emploi.

Compte tenu des lourdes conséquences que la reprise à son compte des engagements collectifs de son prédécesseur fait peser sur le cessionnaire, le NLRB exige néanmoins « *la preuve claire et convaincante de son accord, qu'il soit réel ou forcé* » avant de présumer que la convention collective en cours s'est poursuivie chez lui après le transfert [260].

---

[257]. Sur cette question, v. 2nd Partie, Titre 1, chapitre 2, *infra*.

[258]. Sous réserve également que le syndicat en question accepte que l'ancienne convention collective continue à s'appliquer.

[259]. Amateyus, Ltd., 280 *N.L.R.B.* 219, 123 *L.R.R.M.* 1341 (1986), *enforced*, 817 *F.2d* 996, 125 *L.R.R.M.* 2329 (2d Cir. 1987), *cert. denied*, 484 *U.S.* 925, 108 *S.Ct.* 287, 126 *L.R.R.M.* 2776 (1987).

[260]. Field Bridge Assocs., 306 *N.L.R.B.* 322, 140 *L.R.R.M.* 1012 (1992).

b) Efficacité des clauses dites de « succession »

**723.** La présence dans l'ancienne convention collective d'une clause visant à lier l'employeur « successeur » aux termes convenus par son prédécesseur [261], clause dite de « succession »[262], emporte t-elle le même effet ?

L'analyse de la jurisprudence ne permet pas de parvenir à une telle conclusion. La Cour Suprême décide en effet que de telles clauses ne sont pas déterminantes. En dehors d'une volonté clairement exprimée du cessionnaire de reprendre les termes de la convention collective de son prédécesseur, les obligations du cessionnaire sont définies par référence à sa seule qualité de « successeur » du cédant, indépendamment de l'existence d'une telle clause. Cette qualité est elle-même appréciée en fonction de l'obligation visée, c'est dire obligation de négocier [263], de recourir à l'arbitrage [264] ou encore, comme nous le verrons dans un chapitre ultérieur, responsabilité pour les pratiques déloyales de travail du cédant [265].

**724.** La Cour Suprême a d'ailleurs suggéré, dans son arrêt Howard Johnson, que la méthode appropriée pour obtenir l'application d'une clause dite de « succession » était, pour le syndicat, d'agir avant que l'opération de transfert n'intervienne. Il s'agit pour lui d'empêcher sa réalisation par l'obtention d'une injonction contre le cédant [266]. Or, dans cette affaire, le syndicat avait cherché à obtenir une injonction non contre le cédant, mais contre le cessionnaire. Il voulait que ce dernier soit contraint de respecter les termes de l'ancienne convention collective qui prévoyait notamment qu'il devait réembaucher les salariés de son prédécesseur. En l'absence de volonté clairement exprimée du cessionnaire d'assumer cette obligation, la question de savoir s'il pouvait être contraint de le faire devenait une question d'interprétation et d'application de la convention collective, sur laquelle le NLRB n'était pas compétent. Elle ne pouvait être tranchée que par un arbitre. Pour que les juges puissent accéder à la demande du syndicat de contraindre le cessionnaire à en référer à un arbitre à ce sujet, il fallait que le cessionnaire puisse être considéré comme le « successeur » du cédant, ce qui n'était pas le cas en l'espèce. La demande du syndicat ne pouvait donc qu'être rejetée.

La Cour Suprême a également insisté dans ce même arrêt sur le fait que le syndicat n'était pas privé de toute possibilité d'obtenir réparation pour la violation des termes de la clause dite de « succession ». En effet, le cédant continuait à exister sous la forme d'une entité viable. Il avait accepté d'en référer à un arbitre afin qu'il se prononce sur l'étendue de sa responsabilité vis-à-vis du syndicat et de ses anciens salariés [267]. La responsabilité du cédant est d'ailleurs généralement reconnue dans ce contexte, dès lors que la convention collective prévoit expressément le rôle qu'il a accepté de jouer dans l'opération. Par exemple, en s'engageant à obtenir du cessionnaire qu'il reprenne les termes de la convention collective ou à cesser toute négociation avec un repreneur potentiel s'il refuse cette condition [268].

---

[261]. « *Successor and assigns clause* ».

[262]. « *Successorship clause* ».

[263]. Cf. L'arrêt Burns où l'absence de clause prévoyant que l'employeur « successeur » du cédant serait lié par les termes de la convention collective n'a pas été utilisé par la Cour Suprême comme un argument pour justifier l'absence d'obligation pour le cessionnaire de reprendre à son compte les termes de l'ancienne convention collective.

[264]. Cf. L'arrêt Wiley, où la qualité de successeur du cessionnaire et donc l'obligation pour lui de recourir à l'arbitrage a été reconnue en l'absence d'une telle clause, alors que dans l'arrêt Howard Johnson, la qualité de successeur n'a pas été reconnue au cessionnaire et la Cour Suprême a décidé de l'absence d'obligation pour lui de recourir à l'arbitrage, en dépit d'une clause spécifique de la convention collective prévoyant son application à l'employeur « successeur » du cédant.

[265]. A ce sujet, v. 2nd Partie, Titre 2, chapitre 2, *infra*.

[266]. Howard Johnson Co. v. Detroit JT Board, 417 *U.S.* 249, 86 *L.R.R.M.* 2452, n.3.

[267]. Howard Johnson Co. v. Detroit JT Board, 86 *L.R.R.M.* 2452 (1974).

[268]. Sur cette question, v. 2nd Partie, Titre 1, chapitre 2, *infra*.

**725.** Si le NLRB ne peut pas ordonner au cessionnaire d'appliquer la convention collective de son prédécesseur et qu'une telle obligation ne peut résulter que de sa seule volonté, il n'en demeure pas moins qu'un arbitre saisi en interprétation de la convention collective peut fort bien décider du contraire. Ce dernier peut en effet lui imposer le respect de l'ancienne convention collective, en tout ou partie, jusqu'à son terme, sur le fondement des dispositions de la convention collective en question.

Deux tendances semblent se dégager à cet égard dans l'étude des sentences arbitrales [269], selon d'une part, que la convention collective prévoyait expressément ou non son application au cessionnaire, par le biais d'une clause dite de « succession » et, d'autre part, selon la façon plus ou moins générale selon laquelle celle-ci a été rédigée.

**726.** En l'absence d'une telle clause tout d'abord, les sentences arbitrales ne sont pas unanimes. La plupart d'entre elles se réfèrent toutefois aux principes dégagés par la Cour Suprême. Elles considèrent que l'absence d'une clause dite de succession dans la convention collective n'est pas un facteur déterminant dans l'appréciation des obligations du cessionnaire[270]. L'examen de décisions démontre ainsi qu'en l'absence d'une clause imposant au cessionnaire le respect des termes de la convention collective de son prédécesseur, de même qu'en présence d'une telle clause rédigée en termes généraux [271], les arbitres se concentrent généralement sur le fait de savoir si le cessionnaire était le « successeur » du cédant pour décider de ses obligations. Ils se prononcent en fonction des faits d'espèce, de

---

[269]. Cf. notamment les développements réservés à cette question dans l'ouvrage de H. R. NORTHRUP et Ph. A. MISCIMARRA, *Government protection of employees involved in mergers and acquisitions*, Industrial Reseach Unit, The Wharton School, Labor Relation and Public Policy series, n°34, 1989, p. 384-405. Sur ce sujet, voir en particulier: G. M. MEYER, E. R. MALONE, JR., « Defining « successors » and the significance of successors and assigns clause in a collective bargaining agreement », *Tulane Law Review*, 1975, vol. 49, p. 644-657 ; J. I. CRYSTAL, « Successor and assigns clauses : do they actually require that a purchaser adopt the seller's contract ? », *Labor Law Journal*, 1982, vol. 33, p. 581-595 ; M. ZIMNY, « The contractual liability of employers, their successors and assigns », *The Labor Law Lawyer*, 1994, vol. 10, p. 73-90 ; et, pour des exemples de clauses : G. A. MARSACK et P. M. EATON, « Successorship law : the impact on business transfers and collective bargaining », *Marquette Law Review*, 1981-82, vol. 65, p. 213-239, lesquels font notamment remarquer que 71% des conventions collectives ne contiennent pas ce type de clause, et que la plupart d'entre elles (50%) sont concentrées dans les industries du cuir, des services, du transport et de l'ameublement ; J. I. CRYSTAL, R. J. BRODECKI, « Are successors and assigns clauses really binding ? », *Labor Law Journal*, September 1987, vol. 38, n°9, p. 547-561 ; et les annexes à l'article de B. F. BOLTUCH, « Workplace closures and company reorganizations : enforcing NLRB, contract and noncontract claims and obligations », *The Labor Lawyer*, Winter 1991, vol. 7, p. 53 et s.

[270]. Principe de l'arrêt Wiley notamment rappelé *in* Allied Employer, Inc., 60 *LA* 891 (Foley, 1973). Pour des exemples contraires où, en l'absence d'une telle clause, l'arbitre a conclu à l'absence d'obligation pour le cessionnaire d'honorer les termes de la convention collective de son prédécesseur, voir : Wamco, Inc., 57 *LA* 1220 (Ropa, 1971) ; Decatur Herald and Review, Inc., 173 *LA* 745 (Jones, 1979).

[271]. En effet, « *la signification et la conséquence légale des termes utilisés ne peuvent pas être déterminés ou énoncés sans connaître le contexte et les circonstances de l'espèce. Il est très probable que dans de nombreux cas, les mots sont insérés sans idée précise sur leur signification ou obligation* (...) *Dans d'autres cas, au contraire, le contexte et les faits peuvent indiquer une signification précise et déterminer la conséquence légale* ». En l'absence de clause suffisamment précise, les principes de droit fédéral sur l'employeur « successeur » l'emportent sur le caractère privé du contrat (les mots sont interprétés à la manière dont la jurisprudence les interprète). Cf. Arbitre Crawford *in* Walker Brothers, 41 *LA* 844 at 848 (1963). Pour un exemple où l'arbitre a néanmoins limité son analyse à l'interprétation de la clause en question et au fait de savoir si le cessionnaire pouvait être considéré comme le type de « successeur » auquel elle se référait, voir : Sigman Meat Company, 40 *LA* 540 (Seligson, 1963), où l'arbitre a, pour ce faire, analysé la relation entre cédant et cessionnaire, avant et après le transfert, pour finalement conclure que le cessionnaire pouvait être considéré comme le « successeur » du cédant en application de la clause. Bien que reconnaissant le bien fondé de la demande, l'arbitre renvoya toutefois les parties à la négociation pour résoudre leur différend.

l'analyse de la convention collective [272] et des lignes directrices dégagées par la jurisprudence[273]. L'arbitre sera ainsi tout particulièrement sensible au fait qu'aucune modification dans les conditions de travail des salariés n'a été apportée par le cessionnaire pour décider de la qualité de successeur du cessionnaire [274]. Il sera aussi attentif, en présence d'une clause dite de « succession » rédigée en termes généraux, au fait que ce type de clause est généralement utilisé dans le secteur d'activité en question [275]. Dans de telles situations néanmoins, l'arbitre sera enclin à interpréter le silence de la convention collective en faveur de l'employeur.

**727.** En présence d'une clause dite de « succession » rédigée de façon plus précise [276], l'arbitre s'attachera plus à interpréter la clause et à décider de son application, en fonction des circonstances et des faits d'espèce, qu'à décider de la qualité de « successeur » du cessionnaire en fonction de critères jurisprudentiels. Les termes de la clause détermineront donc le contexte dans lequel la responsabilité du cessionnaire pourra être engagée. Ils fixeront ses obligations à l'égard des salariés couverts par la convention collective au moment où intervient l'opération de transfert. Une clause rédigée d'une façon précise offre donc l'avantage de permettre son application dans des cas ne correspondant pas forcément aux critères dégagés par la jurisprudence pour décider de la qualité de « successeur » du cessionnaire. Elle permet surtout l'application d'obligations déterminées au cessionnaire et

---

[272]. « *Contractual analyse* ».

[273]. « *External law analyse* ».

[274]. Par exemple : Shore Manor, 71 *LA* 1238 (Katz, 1978), où l'arbitre a déduit la qualité de successeur du cédant notamment du fait que tous les salariés avaient été repris et qu'ils avaient continué leur travail dans les mêmes termes et conditions que précédemment. Le cessionnaire engage donc sa responsabilité contractuelle en ne continuant pas à cotiser à un fonds social pour ses salariés, dans ce cadre, et est contraint de procéder au paiement de ces cotisations ; Dairyland Cooperative Association, 31 *LA* 1049 (Whelan, 1959), où l'arbitre a fondé sa décision notamment sur le fait que rien n'établissait que « *il y avait une déviation ou un changement par rapport à la gestion du quotidien et à l'application de la convention collective* » ; Shippers Truck Service, Inc., 57 *LA* 1041 (Williams, 1971): le cessionnaire est un « successeur » dès lors que l'activité reprise se poursuit dans les mêmes conditions pour les mêmes clients, avec les mêmes salariés et le même personnel d'encadrement. L'arbitre en a ainsi déduit l'obligation pour le cessionnaire de reprendre l'ancienneté des salariés. Pour un exemple où la convention collective contenait une clause dite de « succession » rédigée en termes généraux, voir notamment : Schneier's Finer Foods, Inc., 72 *LA* 881 (Belkin, 1979), dans lequel la clause en question prévoyait que « *cet Accord liera de la même manière l'Employeur, ses successeurs et cessionnaires, et l'intention des parties est que cet Accord reste applicable pendant toute sa durée et lie les successeurs respectifs de chacune des parties* ». L'acte de cession prévoyait en revanche que le cessionnaire ne serait lié par aucun des contrats en cours du cédant. Le cessionnaire avait repris tous les salariés du cédant (qui n'existait plus en tant qu'entité légale après la cession). Il estimait à ce titre que la seule obligation qui résultait pour lui de la convention collective signée par son prédécesseur, en sa qualité de successeur, était de recourir à l'arbitrage. L'arbitre a néanmoins considéré que la clause était claire et sans ambiguïté: une fois que le cessionnaire décide de reprendre les salariés de son prédécesseur, il ne peut pas se décharger des obligations qui en découlent, simplement en se prévalant d'une décharge de responsabilité contenue dans l'acte de cession.

[275]. Par exemple: Houston Beverage Co, Inc., 58 *LA* 980 (Post, 1972) à propos d'une clause qui était généralement utilisée à l'époque dans l'industrie de la distribution de bière.

[276]. C'est-à-dire qui ne se borne pas à indiquer que la convention collective sera opposable aux successeurs du cédant, mais prévoit ses cas d'application, les obligations respectives du cédant et du cessionnaire dans chacun d'eux et parfois même les sanctions applicables en cas de non-respect par l'un ou l'autre des employeurs successifs.

une responsabilité de celui-ci potentiellement plus large qu'en l'absence d'une telle clause[277]. Elle présente toutefois l'inconvénient corrélatif de limiter l'application de la convention collective aux seules circonstances qu'elle prévoit. Elle permet de ce fait une application plus limitée de la convention collective qu'une clause rédigée en termes généraux [278].

**728.** La présence d'une clause dite de « succession » peut se révéler déterminante lorsqu'un arbitre est amené à interpréter une convention collective. Néanmoins, ni l'absence d'une telle clause, ni le fait que l'acte de cession contienne une décharge de responsabilité du cessionnaire pour les obligations qui pourraient résulter pour lui de la convention collective de son prédécesseur, ne sont susceptibles de lui garantir qu'il n'aura pas à honorer certaines des clauses de la convention collective conclue par son prédécesseur. Dès lors qu'il peut être considéré comme le « successeur » du cédant pour qu'une obligation de recourir à l'arbitrage lui soit imposée afin de trancher les conflits nés de la convention collective signée par son prédécesseur, le cessionnaire court le risque d'être lié par certaines des dispositions de celle-ci [279].

**729.** Les conséquences que l'existence de telles dispositions peuvent entraîner pour les employeurs successifs permettent de comprendre pourquoi l'arbitrage est devenu le point central d'intérêt des syndicats américains lorsqu'ils réussissent à négocier certaines garanties en termes de salaire et de conditions de travail pour les salariés en cas de transfert d'entreprise. Elles justifient également toute l'attention que les clauses dites de « succession »

---

[277]. Par exemple: Azelia Janitorial Service, 76 *LA* 1241 (Fairley, 1981), où la clause dite de « succession » prévoyait que le cessionnaire devait embaucher tous les salariés du cédant qui étaient affectés à l'activité cédée et reprendre notamment leur ancienneté. Or, le cessionnaire (qui succédait au cédant sur un contrat de maintenance) n'avait pas repris tous les salariés en question (un salarié n'avait pas été repris). L'arbitre a considéré que le cessionnaire avait violé la clause et a ordonné l'embauche de ce salarié avec paiement d'arriérés de salaire à la date du transfert d'activité.

[278]. Par exemple: Phoenix Brewery Corporation, 30 *LA* 21 (Kates, 1958), dans lequel la clause en question prévoyait, en substance, qu'aucun transfert d'activité ou de propriété n'aurait lieu sans que le successeur accepte tous les termes de la convention collective. Or, la société qui était confrontée à des pertes, avait du fermer un de ses départements (le département des ventes en gros et des livraisons) et avait confié la distribution de ses produits à une autre entreprise. Le syndicat considérait que la société avait violé la clause précitée. Pour la société, au contraire, la clause avait vocation à s'appliquer seulement en cas de vente de l'entreprise. L'arbitre a donné raison à l'employeur (clause inapplicable en l'espèce) en décidant que les parties avaient, en adoptant cette clause, envisagé seulement un événement particulier, à savoir le transfert de toute l'activité à un nouvel acquéreur et en vertu duquel la convention collective aurait cessé d'être applicable à cause de la perte de la qualité d'employeur de la société.

[279]. Le cessionnaire peut être également lié à l'égard des salariés qu'il reprend par les dispositions contenues dans l'acte de cession lui-même, en application du droit des contrats applicable dans les Etats. Par exemple: Prouty et al. v. Gores Technology Group, 30 August 2004, n°C043764 (Cal. App. 3d). En l'espèce, les parties s'étaient entendues dans l'acte de cession (il s'agissait d'une cession d'actions d'une société VeriFone, appartenant à Hewlett Packard) sur le fait que l'acquéreur (Gore Techn. Group) offrirait des emplois aux salariés du vendeur (Hewlett Packard) à salaires et avantages équivalents à ceux dont ils bénéficiaient précédemment. L'acquéreur s'était également engagé à ne pas licencier les salariés pendant soixante jours et, s'il devait les licencier dans les quatre vingt dix jours suivant la fin de cette période de soixante jours, à leur verser des indemnités de rupture équivalentes à celles qu'ils auraient perçues en restant chez le vendeur. Quatre salariés (demandeurs à l'action) furent licenciés par l'acquéreur dans la semaine qui suivit la vente et perçurent des indemnités d'un montant inférieur à ce qu'ils auraient du recevoir, en application de l'acte de cession. Ils saisirent les tribunaux de l'Etat de Californie pour obtenir réparation contre le vendeur (avec qui un règlement amiable intervint en cours de procédure) et contre l'acquéreur dont ils obtinrent réparation, en dépit du fait qu'ils n'étaient pas parties à l'acte de cession et que l'acte de cession lui-même indiquait qu'il n'y avait pas de tiers bénéficiaires à l'acte (« *third party beneficiaries* ») (application du paragraphe 1559 du Code civil de l'Etat de Californie selon lequel « *a contract made expressly for the benefit of a third person, may be enforced by him at any time before the parties thereto rescind it* »).

suscitent dans la détermination du prix de cession entre cédant et cessionnaire [280]. Gardons toutefois à l'esprit que le cessionnaire demeure, une fois encore, le seul maître de la définition de ses obligations. Leur teneur et étendue, y compris le recours à l'arbitrage qui pourrait lui être imposé en application de la convention collective de son prédécesseur, dépendront principalement de sa décision de reprendre ou non les salariés de ce dernier. Cela laisse, en définitive, les salariés sans réelle protection dans le cadre d'un transfert d'entreprise.

**730.** Certains États américains ont d'ailleurs cherché à pallier cette situation. Ils ont introduit des dispositions protectrices des droits des salariés, notamment dans le cadre de l'adoption de lois anti-rachats. Peut ainsi être prévu le maintien de la convention collective par le cessionnaire dès lors que celle-ci contient une clause dite de « succession » [281]. Plus largement son maintien automatique en cas de transfert d'entreprise (au sens large) peut être assuré, par assimilation aux principes de droit des sociétés applicables en cas de fusion. Ces textes prévoient le transfert automatique de l'actif et du passif de l'entreprise [282].

Ces lois ne peuvent néanmoins recevoir application en vertu de la prééminence du droit fédéral sur le droit des États reconnue par la Constitution américaine [283]. En substance, la loi étatique qui intervient dans un domaine réservé au droit fédéral ou s'oppose à la réalisation et à l'exécution des objectifs du législateur est inconstitutionnelle [284]. Il s'agit en effet d'éviter « *les disparités, les confusions et les conflits qui s'ensuivraient si l'autorité générale du Gouvernement était soumise à des contrôles locaux* » [285]. Une loi étatique qui déroge aux principes de liberté contractuelle, résultant du NLRA et consacré par la Cour Suprême, ne saurait trouver application dans ces conditions [286], sauf à ne pas entrer dans le champ d'application du NLRA.

---

[280]. Compte tenu toutefois de l'aléa que représente la qualification de « successeur » pour le syndicat qui désire obtenir réparation de la violation de la clause dite de « succession » qu'il avait négocié, celui-ci préférera généralement diriger son action contre le cédant. Sur ce point v. 2nd Partie, Titre 1, chapitre 2, *infra*.

[281]. Par exemple, la Californie, dont le code du travail (section 1127) prévoit depuis 1976 que les conventions collectives qui contiennent une clause dite de « succession » doivent être maintenues par le cessionnaire jusqu'à leur terme. M. CRAIN-MOUNTNEY (Note), « The unenforceable successorship clause: a departure from national labor policy », *UCLA Law Review*, 1983, vol. 30, p. 1274, n.168.

[282]. C'est le cas notamment du Delaware (depuis 1988), du Massachusetts (depuis 1989), et de la Pennsylvanie (depuis 1990). Cf. à ce sujet, la note (très critique) de M. P. EFTHIMIOU (Notes), « State legislative attempts to mandate continuation of collective bargaining agreement during business change: the unfulfilled expectations and the pre-empted results », *Cornell Law Review*, 1991-92, vol. 77, p. 47-102.

[283]. Article VI (2) de la Constitution (ou « *Supremacy clause* »), ainsi rédigé : « *La Constitution, et les lois des Etats-Unis qui seront édictées en application [...] sont la loi suprême de la nation et les juges dans chaque Etat seront tenus par elles, nonobstant toute disposition contraire émanant de la Constitution ou de la loi de tout Etat* » (traduction libre).

[284]. Les contours de ce principe sont flous en droit du travail. Deux exceptions sont toutefois admises. Elles concernent les lois étatiques considérées comme accessoires ou périphériques aux préoccupations du NLRA (comme, par exemple, les lois concernant les discriminations au travail basées sur la race ou le sexe) et les lois concernant des intérêts spécifiquement locaux (ainsi, par exemple, une loi visant à sanctionner les propos diffamatoires tenus dans le cadre de campagnes électorales pour la représentation des salariés), en l'absence d'indication contraire du gouvernement et dans les limites des pouvoirs conférés à l'Etat. Les lois étatiques peuvent également concerner les relations de travail exclues du champ d'application du NLRA (comme c'est le cas, par exemple, pour les travailleurs agricoles). Sur le droit de préemption du droit fédéral en général, voir notamment : R. A. GORMAN, *Basic text on labor law, unionization and collective bargaining*, West publishing co., 1991, p. 766-786.

[285]. United States v. Allegheny County, 322 *U.S.* 174, 183 (1944).

[286]. Ainsi, par exemple, depuis son adoption en 1976, la section 1127 du code du travail de Californie n'aurait jamais été appliquée. M. CRAIN-MOUNTNEY (Note), « The unenforceable successorship clause: a departure from national labor policy », *UCLA Law Review*, 1983, vol. 30, p. 1274, n.168.

## §2. LE MAINTIEN DES DROITS À L'ÉPREUVE DE L'APPARTENANCE DU SALARIÉ À UNE NOUVELLE ENTREPRISE

**731.** En dépit de l'autonomie préservée par l'entité transférée ou reprise, la protection du statut collectif des salariés après le transfert ne peut s'entourer que de garanties minimales de conservation de la situation antérieure. L'harmonisation des statuts des salariés et l'intégration de leurs représentants dans la structure qui les accueille marquent les limites de la protection que les textes (pour les droits français et anglais) ou la jurisprudence (pour le droit américain) organisent dans le contexte des transferts d'entreprises.

Le sort du statut des salariés après le transfert se trouve ainsi principalement lié aux négociations qui pourront avoir lieu chez le cessionnaire et à l'organisation qu'il entendra donner à son entreprise. Autant de facteurs de modification et d'aménagement sur lesquels les salariés n'auront pas de prise (A). La garantie particulière résultant du mécanisme de conservation des avantages individuels acquis, que le droit français prévoit, ne permet pas non plus de véritable protection des droits collectifs des salariés après le transfert (B).

### A. LE POUVOIR D'ADAPTATION DES CONDITIONS D'EMPLOI PAR LE NOUVEL EMPLOYEUR

**732.** La mise en cause, du fait du transfert, de l'ancienne convention collective et des anciens accords collectifs applicables aux salariés transférés ou repris, participe à la précarisation du statut collectif des salariés. Elle peut encourager en ce sens le morcellement juridique de la collectivité de travail et le nivellement des statuts collectifs vers le bas, en favorisant les opérations de transfert vers des structures plus petites et moins organisées. Le cessionnaire peut adapter le statut collectif de travail des salariés qui lui sont transférés à sa propre organisation et à l'environnement économique dans lequel il évolue, quel que soit le système juridique en cause..

#### *1. Droit français*

**733.** En droit français, la loi assure une certaine protection de la collectivité des salariés transférés en organisant la survie provisoire des droits et avantages qui leur avaient été consentis conventionnellement par le cédant. Le cessionnaire ne peut pas décider unilatéralement de leur ôter certains des avantages qui leur étaient garantis par leurs anciens conventions ou accords collectifs pendant le délai de survie prévu par la loi [287]. Il ne peut pas non plus s'entendre avec eux afin qu'ils renoncent aux avantages tirés de la convention collective ou des accords collectifs qui leur étaient applicables chez le cédant, par la voie d'une modification de leur contrat de travail [288] ou de renvoi par leur contrat de travail à la convention collective applicable chez le cessionnaire [289].

---

[287]. Cass. soc. 10 octobre 1984, n°2256 SA Majean Intermarché c/ Besseau et a., pourvoi n°82-43.395, non publié au Bull. civ.

[288]. Cass. soc. 19 octobre 1999, n°3673 P, Sté Bio Sphère c/ Mme Lindenmann et a. : *Bull. civ.* V, n°386, p. 284 ; *RJS*, 11/99, n°1392 ; *Droit Social*, 2000, n°2, p. 228, obs. G. BELIER ; Cass. soc. 2 juillet 2003, n°1773 F-D, Clément c/ Sté Sécuritas France, non publié au Bull. civ.; *RJS*, 10/03, n°1196. En l'espèce, un avenant au contrat de travail du salarié avait été signé après son transfert, précisant que la convention collective applicable était celle en vigueur chez le cessionnaire. Licencié par la suite (avant la fin de la période provisoire de quinze mois), le salarié avait saisi la juridiction prud'homale d'une demande en paiement d'une indemnité de licenciement calculée en fonction des dispositions de son ancienne convention collective. Le salarié a été débouté de sa demande en appel au motif que le transfert avait entraîné la substitution immédiate de la nouvelle convention collective à l'ancienne et qu'un protocole d'harmonisation des statuts conclu avec le comité d'entreprise prévoyait la possibilité de la signature d'un tel avenant. L'arrêt a été cassé et annulé dans toutes ses dispositions ; Cass. soc. 13 novembre 2001, n°4641 FS-P, Sté Fabenrev c/ M. Dubois : *Bull. civ.* V, n°344, p. 276 ; *RJS*, 1/02,

**734.** En dehors de ces dispositions spécifiques qui visent les conventions et accords collectifs, le législateur a laissé à la jurisprudence le soin de décider du sort des droits et avantages éventuellement consentis aux salariés transférés par d'autres sources de droit. Sont visés les accords atypiques, c'est-à-dire les accords conclus avec les représentants élus du personnel, les usages ou autres engagements unilatéraux à durée indéterminée qu'avait pu prendre à leur égard leur ancien employeur (ci-après regroupés sous le terme générique de : « sources non conventionnelles de droit ») [290].

Or, la jurisprudence n'organise pas la survie dans le temps de ces sources non conventionnelles de droit, une fois le transfert réalisé. Une première jurisprudence avait pourtant admis que leur dénonciation par le cessionnaire n'avait d'effet que pour l'avenir et pour les salariés qui n'en avaient pas bénéficiées. Elles étaient alors réputées s'incorporer au contrat de travail des salariés transférés [291]. Cette jurisprudence n'en tirait néanmoins qu'une conséquence limitée. Elle en déduisait uniquement que l'employeur qui dénonçait un usage ne pouvait pas se dispenser d'en informer individuellement les salariés bénéficiaires. Elle a, en outre, été abandonnée en 1988 par la Cour de cassation, après son célèbre arrêt Raquin pris en matière de modification de contrat de travail [292]. Dans un arrêt de principe, la Cour a affirmé que, lorsque l'usage a été dénoncé, les salariés « *ne peuvent prétendre à la poursuite d'un contrat de travail aux conditions antérieures* » [293].

**735.** La révocation par le cessionnaire d'avantages résultant de normes non conventionnelles n'a depuis lors plus aucun impact sur le contrat de travail des salariés en

---

n°60 : ni la négociation conduite par la société avec les représentants du personnel, ni l'acceptation de chacun des salariés ne peuvent mettre fin à l'application de l'ancienne convention collective.

[289]. Cass. soc. 24 octobre 1995, n°4119 D, Froissardey c/ Sté Les Délices auxerrois, non publié au Bull. civ. ; *RJS*, 12/95, n°1261.

[290]. Sur les usages en droit du travail, notamment : H. THUILLIER, « L'usage en droit du travail », *JCP*, CI, 1975, II, 11619 ; G. VACHET, « L'usage d'entreprise est-il un véritable usage ? », *JCP*, E, 1984, II, 14328 ; J. AUDINET, « L'usage de l'entreprise, ses conditions d'existence et de révocation », *Semaine Sociale Lamy*, suppl. n°225, 20 août 1984, p. 29-35 ; M. MORAND, « Vie et mort de l'usage d'entreprise », *JCP*, E, 1986, 15372 ; Ph. LANGLOIS, « Les usages », *Les transformations du droit du travail,* Etudes offertes à Gérard LYON-CAEN, Dalloz, 1989, p. 285-298. Sur leur dénonciation, voir plus particulièrement : J. SAVATIER, « La révocation des avantages résultant des usages de l'entreprise », *Droit Social*, 1986, n°12, p. 890-905 ; H. BLAISE, « La dénonciation d'un usage d'entreprise », *Le droit de l'entreprise dans ses relations externes à la fin du XXè siècle*, Mélanges en l'honneur de Claude CHAMPAUD, Dalloz, 1997, p. 73-83 ; Ph. WAQUET, « La dénonciation des usages de l'entreprise et des engagements unilatéraux de l'employeur », *Semaine Sociale Lamy* 1994, n°693, p. 3-4. Sur la question du conflit éventuel d'avantages non conventionnels après le transfert, Y. AUBREE, thèse précitée, p. 447 et s.

[291]. Cass. soc. 26 janvier 1978, Syndicat national des personnels des bureaux d'études CGT et a. c/ SEMA : *Bull. civ.* V, n°69, p. 50 ; *Droit Social*, 1979, n°7-8, p. 287, obs. J. SAVATIER ; Cass. soc. 20 février 1986, Cie d'assurances La France c/ Mme Febvre : *Bull. civ.* V, n°25, p. 19 ; *Droit Social*, 1986, n°12, p. 915 ; J. SAVATIER, « La révocation des avantages résultant des usages de l'entreprise », *ibid.*, p. 890-905 (à propos d'un usage relatif aux modalités de remboursement de frais de transport) ; J. DEPREZ, « Un remède incertain à la précarité des avantages acquis : l'incorporation au contrat de travail », *ibid.*, p. 906-915.

[292]. Cass. soc. 8 octobre 1987, M. Raquin et a. c/ SA Jacques Marchand : *Bull. civ.*, n°541, p. 344 ; *Droit Social,* 1988, n°2, p. 140, note J. SAVATIER, p. 135.

[293]. Cass. soc. 25 février 1988 : *Bull. civ.* V, n°139, p. 92 ; *Droit Social*, 1989, n°1, p. 86, comm. A PENNEAU ; *D.*, 1988, somm. com. 320, obs. A. LYON-CAEN. L'idée d'incorporation de l'usage dans le contrat de travail a depuis été expressément écartée par la Cour de cassation, jugeant que « *Lorsqu'une prime est due en vertu d'un usage ou d'un engagement unilatéral de l'employeur, elle n'est pas incorporée aux contrats de travail et la dénonciation de l'usage ou de l'engagement unilatéral de l'employeur n'emporte aucune modification à ces contrats* » : Cass. soc. 13 février 1996, Sté M. et N. Euro production c/ Mme Carreau et a. (2è moyen) : *Bull. civ.* V, n°53, p. 37 ; *RJS*, 4/96, n°481 ; *Cahiers Sociaux du Barreau de Paris*, 1996, n°79, A.27, p. 116, obs. A. PHILBERT, p. 113 (à propos de la suppression d'une prime de treizième mois).

droit français. Elle relève du pouvoir de direction de l'employeur. En particulier, la nature salariale d'un avantage ne suffit pas à lui conférer celui d'élément du contrat de travail [294].

De même, la jurisprudence décide que le cessionnaire ne peut pas, comme en matière contractuelle, avoir plus d'obligation que le cédant. Il n'a donc aucune obligation de conserver, au profit des salariés transférés, les pratiques de son prédécesseur concernant des gratifications « bénévoles », dont le montant et la régularité étaient arbitrairement fixés par le cédant, qui ne correspondaient pas à un usage [295].

Le cessionnaire a ainsi tout loisir de laisser aux salariés transférés les prérogatives que le cédant leur garantissait. Il peut aussi, sous réserve du respect des règles de dénonciation qui leur sont propres, les adapter. Plus sûrement, il les supprimera pour les remplacer par ceux déjà en vigueur dans l'entreprise qu'ils intègrent. Les avantages résultant de sources non conventionnelles de droit pour les salariés transférés n'ont ainsi de chance de perdurer après le transfert que si le cessionnaire veut bien les maintenir [296], sauf si l'un ou plusieurs des droits et avantages qu'ils garantissent ont été intégrés au contrat de travail [297].

**736.** La procédure de dénonciation est la même qu'il s'agisse d'un accord atypique, d'un usage ou d'un engagement unilatéral de caractère collectif pris par le cédant. Elle est peu contraignante pour le cessionnaire. Elle n'exige ni négociation [298], ni accord préalable des

---

[294]. Tel est, par exemple, le cas d'une prime d'ancienneté fixée exclusivement au moyen d'un usage, quand bien même son bénéfice est mentionné dans une brochure remise aux salariés lors de leur embauche, au chapitre détaillant les éléments constitutifs de la rémunération. Cass. soc. 11 janvier 2000 n°150 P, Loussier c/ Sté IBM France : *Droit Social*, 2000, n°9-10, p. 837, note M. VERICEL, « La contractualisation des avantages nés de normes d'entreprises atypiques », *ibid.*, p. 833-836.

[295]. Tel est notamment le cas du versement d'une prime annuelle variable dont l'octroi et le montant dépendaient du bon vouloir du cédant. Cass. soc. 7 juin 1979, Vandroux et autres c/ Sté Morey Père et Fils : *Bull. civ.* V, n°489, p. 361.

[296]. La Cour de cassation a en effet précisé que la dénonciation de l'usage n'emportait aucune modification du contrat de travail (solution transposable aux accords atypiques et engagements unilatéraux de l'employeur) : Cass. soc. 13 février 1996, n°594 P, SA M. et N. Euro Production c/ Mme Carreau et a., précité. Le cessionnaire ne peut toutefois s'exonérer de son paiement en invoquant l'absence de constance de cet usage au motif que les salariés n'en auraient pas bénéficié l'année de la cession de l'entreprise [Cass. soc. 7 juin 1995 n°2468 D, SCP Chapon-Fiorini c/ Corti, non publié au Bull. civ. ; *RJS*, 8-9/95, n°974 (à propos du paiement d'une prime)] ni en se prévalant de son absence de constance, de fixité et de généralité [Cass. soc. 26 octobre 1999 n°4022 D, Sté Rélux et Développement et a. c/ Chosson, non publié au Bull. civ. (à propos du versement d'une prime de fin d'année)].

[297]. Cass. soc. 22 janvier 1992, Sté clinique Saint-Tronc c/ Mme Giullo et a. : *Bull. civ.* V, n°24, p. 15 ; Cass. soc. 11 juillet 2006, n°1814 F-D, Sté Entreprise Blondet et Marius c/ Martel : *Droit Social*, 2006, n°11, p. 1053, obs. Ph. WAQUET.

[298]. Le cessionnaire peut toutefois valablement décider de procéder par la conclusion d'un accord collectif ayant le même objet (par exemple en incluant la dénonciation dans l'accord de substitution, avec indication des avantages visés et de la date de prise d'effet). En effet, l'usage étant « *par nature supplétif de la volonté des parties, il peut être mis fin à un usage par une convention collective* » [Cass. soc. 19 décembre 1990, n°5023 P Mme Chaubaud et a. c/ GIE Lafarge Coppee Recherche : *Bull. civ.* V, n°688, p. 415 ; *RJS*, 2/91, n°224, à propos de l'inclusion de ponts résultant d'un usage dans la nouvelle durée des congés payés prévue par un accord national sur l'aménagement et la durée du travail ; Cass. soc. 25 janvier 1995, n°442 P Charre c/ Comité français contre la faim : *Bull. civ.* V, n°40, p. 29 ; *RJS*, 3/95, n°279 (1ère espèce) ; *Droit Social*, 1995, n°3, p. 274, obs. G. BORENFREUND ; *D.*, 1995, p. 593, note P. POCHET ; *JCP*, E, 1996, I, 520, p. 27, n°23, obs. P.-H. ANTONMATTEI, à propos d'un accord d'entreprise conclu avec un salarié mandaté dont la validité était remise en cause (à tort), sur ce fondement, par une salariée qui entendait se prévaloir de l'usage que l'accord avait fait disparaître ; Cass. soc. 25 janvier 2006, 2 arrêts, n°279 F-D, Mutuelle Ociane c/ Arrouge et n°280 F-D, Ociane c/ Boyard ; *RJS*, 5/06, n°610, à propos d'un engagement unilatéral de l'employeur portant sur des jours de congés payés supplémentaires ; Cass. soc. 20 septembre 2006 n°1986 F-PB, Société La Montagne Centre France c/ Parat : *Bull. civ.* V, n°279, p. 266 ; *Droit Social*, 2006, n°12, p. 1189, obs. Ph. WAQUET, à propos d'une « prime de dimanche » ; Cass. soc. 27 septembre 2006 n°2138 F-D, Société Transports Duboul c/ Biette : *Droit Social*, 2006, n°12, p. 1190, obs. Ph. WAQUET, à propos d'une gratification de

salariés concernés pour que les droits et avantages qu'ils garantissent cessent d'être opposables au cessionnaire. Un certain formalisme doit néanmoins être respecté [299]. Il lui suffit [300] pour ce faire de respecter la procédure de droit commun de dénonciation des usages. Il lui faut informer individuellement chacun des salariés concernés [301] ainsi que les représentants du personnel [302] et respecter un délai de préavis suffisant, avant l'entrée en vigueur effective de la dénonciation [303]. Ces démarches sont cumulatives pour permettre que les droits et avantages que ces sources non conventionnelles de droit garantissaient aux

---

fin d'année] ; J. SAVATIER, « Accord et usage d'entreprise. Substitution, à un usage d'entreprise, d'un accord d'entreprise conclu en l'absence de délégués syndicaux », *RJS*, 4/95, p. 231-235. L'employeur n'a pas, pour ce faire, besoin de procéder, au préalable à une dénonciation régulière et à une information du personnel (Cass. soc. 9 juillet 1996, n°3069 PF, Roche c/ Conseil général de la Côte-d'Or et a. : *Bull. civ.* V, n°276, p. 194 (1er arrêt) ; *RJS*, 8/9-96, n°954). Il n'a pas non plus l'obligation de prendre l'initiative des négociations (Cass. soc. 9 juillet 1986, Sté Tréfilunion c/ M. Marinho et a. : *Bull. civ.* V, n°365, p. 280 ; *Droit Social*, 1986, n°12, p. 903) ; J. DEPREZ, « La part faite à l'idée de négociation dans la théorie juridique des usages d'entreprise », *Droit Social*, 1988, n°1, p. 57-67. Cela reste cependant une alternative bien plus contraignante pour lui puisqu'elle suppose que syndicats et cessionnaire parviennent à un accord ce qui ne se fera pas sans contrepartie pour les salariés.

299. Le cessionnaire ne peut se soustraire à la procédure de dénonciation de l'usage en vigueur, même avec l'accord des salariés concernés. Par exemple : Cass. soc. 4 février 2003, n°279 F-P, M. Pillier et a. c/ Compagnie des transports saumurois (CTS) : *Bull. civ.* V, n°38, p. 34 ; *Droit Social*, 2003, n°5, p. 532, obs. Ch. RADE ; J. DEPREZ, « Le consentement des salariés à la remise en cause d'un usage d'entreprise non régulièrement dénoncé par l'employeur », *JCP*, E, 1992, 178.

300. A défaut d'une dénonciation régulière, le cessionnaire sera tenu de respecter les accords atypiques, usages et engagements unilatéraux de son prédécesseur. Par exemple: Cass. soc. 23 octobre 1991, n°3644 PF, M. Rondony c/ Mme Mely : *Bull. civ.* V, n°440, p. 274 ; *RJS*, 12/91, n°1383: la cessation d'un usage d'entreprise, à défaut de dénonciation régulière, ne peut résulter du non-respect par l'employeur de ses engagements, ni de l'absence de réclamation des salariés ; Cass. soc. 23 septembre 1992, n°3055 PF, Assedic de l'Isère et a. c/ Ait Byalla Mohamed et a. : *Bull. civ.* V, n°479, p. 301 ; *Droit Social*, 1992, n°11, p. 926 ; *RJS*, 11/92, n°1318 ; *Droit Ouvrier*, mai 1993, p. 184, note F. SARAMITO ; Cass. soc. 13 février 1996, Sté M. et N. euro production c/ Mme Carreau et a. , précité ; Cass. soc. 27 mai 1997, n°2284 P, M. Barrège c/ Sté Jacob Delafon : *Bull. civ.* V, n°190, p. 137 ; *RJS*, 7/97, n°886 ; Cass. soc. 16 décembre 1998, Fédération nationale des accidentés du travail et des handicapés c/ Mme Faurie et a. : *Bull. civ.* V, n°570, p. 425 ; Cass. soc. 17 décembre 2002, Sté FCI France c ./ M. Ledru et a. : *Bull. civ.* V, n°393, p. 388 ; *RJS*, 2/02, n°228 ; F. DUQUESNE, « Les conséquences de la dénonciation irrégulière d'un usage d'entreprise », *Droit Social*, 1994, n°4, p. 364 ; Cass. soc. 20 septembre 2006, n°1986 F-PB, Société La Montagne Centre France c/ Parat : *Bull. civ.* V, n°279, p. 266 ; *Droit Social*, 2006, n°12, p. 1189 (1ère espèce), obs. Ph. WAQUET.

301. La jurisprudence exige une notification individuelle écrite à chacun des salariés concernés. Ne satisfait ainsi pas à cette obligation une dénonciation faite verbalement (Cass. soc. 7 mai 1996, n°2003 D, Sté Lesnedis c/ Cabon et autres, non publié au Bull. civ. : *RJS*, 6/96, n°740) ou par voie d'affichage (Cass. soc. 15 décembre 1988, n°4.447, GAMEX c/ Arcanger et autres (1er moyen), non publié au Bull. civ).

302. La dénonciation de l'usage est irrégulière en l'absence d'information des représentants du personnel, faute d'organisation d'élections par l'employeur. Cass. soc. 16 novembre 2005, n°2460 FS-PB, Sté Richardot Ottombre c/ Lorenzi et a. : *Bull. civ.* V, n° 329, p. 291 ; *Droit Social*, 2006, n°2, p. 233, obs. J. SAVATIER ; *RJS*, 2/06, n°293 ; *Semaine Sociale Lamy*, 28 novembre 2005, n°1238, p. 12 ; S. BEAL, A. FERREIRA, « Les difficultés de la dénonciation d'un usage d'entreprise », *JCP*, E, n°3, 19 janvier 2006, n°1131.

303. L'appréciation du caractère suffisant du délai de prévenance revient aux juges du fond : Cass. soc. 20 février 1986, Cie d'assurances La France c/ Mme Febvre, *Bull. civ.* V, n°25, p. 19 ; *Droit Social*, 1986, n°12, p. 915 ; Cass. soc. 16 mars 1989, M. Bonhommet et a. c/ SA Car et Bus du Mans (CBM) et a. : *Bull. civ.* V, n°221, p. 129 (délai de prévenance fixé souverainement par les juges du fond à 3 mois) ; Cass. soc. 12 février 1997, APEI Centre les Hirondelles c/ Mme Attanasio et a. : *Bull. civ.* V, n°62, p. 42 ; *Droit Social*, 1997, n°4, p. 430, obs. J. SAVATIER : la dénonciation n'est pas soumise au délai minimum de préavis prévu pour la dénonciation d'une convention collective.

salariés transférés cessent de lui être opposables [304]. Le maintien des avantages résultant de telles sources est ainsi potentiellement plus durable que celui des avantages résultant de sources conventionnelles. Il n'est pas automatiquement mis en cause par le transfert. Il est néanmoins plus précaire. Il peut être dénoncé au bon vouloir du cessionnaire, sous réserve qu'il respecte les formes imposées par la jurisprudence. Les salariés qui en bénéficiaient ne peuvent pas invoquer la conservation de leurs avantages individuels acquis.

### 2. *Droit anglais*

**737.** En droit anglais, nous avons vu qu'à défaut de pouvoir être considérés comme incorporés au contrat de travail, les normes collectives applicables aux salariés transférés, quelle qu'en soit la source, sont librement révocables par le cessionnaire. Il n'intervient aucune question de conservation d'avantages acquis par les salariés. Leur maintien assuré après le transfert par le TUPE n'est qu'un maintien de principe. Ce principe se heurte à celui plus général selon lequel les accords collectifs n'ont de valeur que ce que les parties ont bien voulu leur donner.

L'harmonisation des statuts conventionnels par le cessionnaire est donc *a priori* facilitée en droit anglais. *A priori* seulement puisque les droits résultant des anciens accords collectifs qui auront été incorporés au contrat de travail ne pourront être harmonisés par le cessionnaire qu'au moyen de négociations individuelles. Les anciens salariés du cédant peuvent être soumis au statut collectif en vigueur chez le cessionnaire, sans attendre le respect d'une période transitoire d'adaptation et sans le maintien, en parallèle, de deux statuts différents, comme en droit français. Ils bénéficient cependant des droits résultant de leur ancien statut collectif qui ont été, de fait, contractualisés. Le cessionnaire ne peut pas refuser de les appliquer simplement en dénonçant le précédent accord, en retirant au syndicat sa qualité de représentant des salariés [305] ou encore en négociant leur modification avec le syndicat en place [306].

---

[304]. Cass. soc. 25 février 1988, Mme Deschamps et a. c/ Sté Desarbre: *Bull. civ.* V, n°139, p. 92 ; *Droit Social*, 1989, n°1, p. 86 ; *D.*, 1988, somm. 319-320, obs. A. LYON-CAEN (pour un usage) ; Cass. soc. 2 octobre 1990, Mme Prouvée c/ Association d'action sanitaire et sociale de la région lilloise : *Bull. civ.* V, n°408, p. 246 (pour un usage) ; Cass. soc. 22 janvier 1992, n°233 P, Sté Clinique Saint-Tronc c/ Mme Iste et a. : *Bull. civ.* V, n°25, p.16 ; *RJS*, 3/92, n°373 (1ère espèce) (pour un engagement unilatéral) ; Cass. soc. 16 décembre 1992, n°4504 P, SA Job Lana industries c/ Novallas : *Bull. civ.* V, n°594, p. 374 ; *RJS*, 2/93, n°167 ; *Droit Ouvrier*, août 1993, p. 311 ; *Droit Social*, 1993, n°2, p. 161, note J. SAVATIER ; Cass. soc. 16 mars 2004, n°603 FS-PB, Sté Verreries de Masnières c/ Mme Flament et a. : *Bull. civ.* V, n°90, p. 80 ; *Droit Social*, 2004, n°6, p. 673, obs. Ch. RADE ; *Semaine Sociale Lamy*, 29 mars 2004, n°1162, p. 13 : dès lors que la dénonciation est régulière, l'application par l'employeur de l'usage dénoncé pendant un mois ne permet pas d'affirmer qu'il entend renoncer à sa décision.

[305]. « *Derecognition* ». Whent & ors v. T Cartledge Ltd [1997] *IRLR* 153 (EAT). Voir également: Robertson v. British Gas Corp. [1983] *ICR* 351 (CA), à propos d'un bonus dont le montant était prévu par accord collectif et que l'employeur entendait supprimer. En l'espèce, l'employeur avait notifié au syndicat sa décision de mettre un terme au système de bonus et de dénoncer l'accord collectif qui en prévoyait l'octroi. Il avait ensuite cessé de verser le bonus en question. Les salariés réclamèrent en justice le paiement d'arriérés de salaire correspondant à l'absence de versement du bonus que l'employeur s'était engagé à leur verser. Leur demande fut accueillie au motif que le bonus en question avait été intégré à leur contrat de travail et que la décision de l'employeur de ne plus verser ce bonus, sans l'accord des salariés, à défaut de nouvel accord avec le syndicat, constituait une violation du contrat (« *breach of contract* »). La Court of Appeal, par le biais de Lord Justice Kerr, a ainsi rappelé que *« il s'agit d'une autre façon de dire que les termes des contrats de travail doivent en partie être trouvés dans les accords collectifs existants et, s'ils cessent d'exister en tant qu'accords collectifs, ces termes, à moins qu'ils soient expressément modifiés par un accord individuel, demeurent tels qu'ils étaient par référence au dernier accord collectif incorporé au contrat de travail des salariés »*.

[306]. Par exemple : Solectron Scotland Ltd v. Roper and ors, 2004 *IRLR* 4 (EAT), *IDS*, Brief 752, March 2004, p. 8-9, où une usine avait été transférée successivement à deux repreneurs. Le premier s'était engagé à considérer les termes d'un accord collectif négocié par le cédant et portant sur des droits à indemnité de rupture, comme incorporés au contrat de travail des salariés pendant un an après la

**738.** La règle en droit anglais est que les dispositions d'un accord collectif n'ont pas pour effet de modifier les termes du contrat de travail, à moins que l'on puisse considérer ledit accord et ses modifications ultérieures comme intégrés au contrat de travail ou que chacun des salariés y consente expressément [307].

A défaut de pouvoir être considéré comme intégré au contrat de travail du salarié, le statut collectif peut donc être modifié par le cessionnaire sans attendre. Ce dernier peut appliquer aux anciens salariés du cédant le statut conventionnel qu'il applique déjà à ses propres salariés, dès leur transfert. Cela a pour avantage de permettre une unité de statut collectif des salariés. Une intégration rapide des salariés transférés dans l'entreprise d'accueil est ainsi assurée, ce que ne permet pas le système de concours de statuts conventionnels temporaire organisé par le droit français [308].

Le corollaire est toutefois, pour les salariés de droit anglais, l'insécurité dans laquelle ils se trouvent quant à la nature des droits résultant de leur ancien statut conventionnel, selon qu'ils peuvent les considérer ou non comme acquis et intégrés à leur contrat de travail. La contractualisation de droits ou avantages qui avaient été reconnus collectivement par le cédant entretient également une disparité de traitement entre anciens salariés du cédant et salariés du cessionnaire dont seule la négociation individuelle permet de s'affranchir [309].

---

cession. Il avait néanmoins convenu avec le syndicat en place que, après cette date, d'autres engagements de rupture seraient applicables. L'usine fit l'objet d'une seconde cession dix ans plus tard et 110 salariés furent licenciés un an après. La contestation porta sur les droits liés à la rupture de leur contrat. Le nouvel employeur soutenait que les modalités de rupture avaient changé de deux façons : du fait de la négociation qui avait été engagée par le premier repreneur et le syndicat et, si cet argument devait être rejeté, par l'usage et la pratique. Il ajoutait que six des salariés qui avaient été licenciés avaient signé un accord transactionnel et avaient renoncé par la même à se prévaloir de ces droits si toutefois ceux-ci devaient exister. Les juges du fond, comme l'EAT considérèrent que les salariés qui avaient fait l'objet de ces transferts successifs étaient en droit de prétendre auxdites indemnités de rupture. Ces droits avaient en effet été contractualisés et n'avaient donc pu être modifiés ni par la négociation qui avait eu lieu chez le premier repreneur, ni par la pratique ou l'usage. Le fait que les salariés avaient continué à travailler, sans protester, alors que des nouveaux termes avaient été négociés en leur nom ne changeait rien. La validité des transactions concluent dans ce cadre ne fut cependant pas remise en cause par l'EAT, contrairement aux juges du fond qui avaient décidé de leur nullité sur le fondement du TUPE.

307. Les chances de succès d'une action du salarié qui serait licencié pour avoir refusé ladite modification dans le contexte d'une réorganisation de l'entreprise, dès lors qu'un accord collectif sur ce point a été conclu, sont toutefois généralement faibles. L'employeur peut en effet démontrer que le refus du salarié d'accepter la modification est un motif valable de licenciement. Cf. Hollister v. National Farmers' Union, [1979] *ICR* 542 (CA). Cette jurisprudence a toutefois été prise en dehors du contexte d'un transfert d'entreprise où le principe demeure que tout licenciement prononcé à l'encontre d'un salarié ayant refusé une harmonisation de ses termes et condition d'emploi est automatiquement abusif. Cf. Berriman v. Delabole Slate Ltd [1985] *ICR* 546 (CA). Pour des développements à ce sujet, v. 2nd Partie, Titre 1, chapitre 2, *infra*.

308. Nombre d'auteurs soulignent d'ailleurs les difficultés pratiques du système prévu par le droit français d'application concurrente de conventions ou d'accords collectifs après le transfert, en particulier en matière de durée du travail. Cf. notamment : G. COUTURIER, « Le maintien des droits des travailleurs en cas de transfert d'entreprise », *Droit Social*, 1989, n°7-8, p. 564 ; A. MAZEAUD, « Transfert d'entreprise : brèves observations à la lecture de la directive du 29 juin 1998 », *Droit Social*, 2000, n°4, p. 419 ; J.-Ph. LHERNOULD, « Transfert d'entreprise : état des relations entre le droit communautaire et le code du travail », *RJS*, 10/02, p. 806.

309. Sur la modification du contrat de travail après le transfert, v. 2nd Partie, Titre 1, chapitre 2, *infra*.

### *3. Droit américain*

**739.** En droit américain, les obligations du cessionnaire à l'égard des salariés du cédant et de leur(s) représentant(s) découlent principalement de la reprise par le cessionnaire de tout ou partie des effectifs de son prédécesseur, dans une unité appropriée de négociation. Il n'en demeure pas moins que si l'activité transférée n'est pas maintenue après le transfert, le cessionnaire ne sera pas considéré comme le successeur du cédant.

La notion de « continuité du personnel » en droit américain se suffit d'une appréciation quantitative. Elle est essentiellement fonction du nombre de salariés repris par le cessionnaire, de la composition et de la taille de ses effectifs [310]. Celle de « continuité de l'entreprise » est qualitative. Elle se concentre sur l'analyse des similitudes et des différences entre l'activité du cédant et celle du cessionnaire [311]. En cas de disparition du cédant, du fait de l'opération de transfert, par fusion absorption, notamment, la question de la continuité de l'entreprise se pose avec beaucoup moins d'acuité. Elle se confond généralement avec celle du maintien de tout ou partie des effectifs du cédant chez le cessionnaire [312].

**740.** Le cessionnaire qui compte parmi ses effectifs la majorité des salariés de son prédécesseur dans une unité de négociation, ne pourra s'affranchir de ses obligations à l'égard de leur représentant que si les modifications qu'il apporte à la structure ou à l'organisation de l'unité en question sont faites avant que ledit représentant ne demande à être reconnu et à négocier avec lui. Ces modifications doivent, en outre, aboutir à perturber les dispositions des salariés à l'égard du syndicat qui les représentait jusqu'alors. Une interruption d'activité d'une durée suffisante pourra aboutir ou ne pas aboutir à une telle perturbation de même qu'un changement d'activité, une modification apportée dans les emplois ou dans les conditions de travail ou encore l'utilisation de nouvelles méthodes de production, en fonction des circonstances de chaque espèce.

Le cessionnaire de droit américain ne pourra réellement échapper à son obligation de négocier avec le syndicat qui représentait les salariés de son prédécesseur que s'il change l'activité qu'il reprend de façon à ce que les intérêts des salariés, tels qu'ils étaient représentés précédemment, soient modifiés [313]. Alternativement, il pourra décider de n'embaucher aucun ou seulement une minorité des salariés de son prédécesseur.

## B. LA CONSERVATION DES AVANTAGES ACQUIS, UNE PARTICULARITÉ DU DROIT FRANÇAIS

**741.** Une particularité du droit français mérite un développement spécifique. Elle permet la contractualisation automatique d'avantages consentis à titre collectif aux salariés transférés, à défaut de négociation d'avantages qui leur seraient substitués dans la structure d'accueil. Elle se rapproche en cela de la technique reconnue par le droit anglais de l'intégration dans les contrats de travail de droits prévus par accord collectif. Elle n'a pas d'équivalent en droit américain.

---

310. Sur cette notion, v. 1ère Partie, Titre 2, chapitre 2, *supra*.

311. Sur cette notion, v. 1ère Partie, Titre 1, chapitre 1, *supra*.

312. Notamment parce que (i) le droit étatique prévoit généralement, comme l'avait souligné la Cour Suprême dans son arrêt Wiley, qu'en matière de fusion, l'absorbant reprend les obligations attachées à l'entité absorbée, et que (ii) si le syndicat ne pouvait pas obtenir réparation de la part du cessionnaire, il n'aurait aucun moyen d'obtenir le respect des engagements pris par le cédant à son égard. La reprise des salariés du cédant par le cessionnaire suffit donc généralement, dans contexte, à établir sa qualité de successeur.

313. Par une modification de leurs fonctions ou de la façon dont leur tâche doit être exécutée, en particulier si les salariés sont représentés par métier. Par une modification de la structure ou de l'organisation de l'unité de négociation dans laquelle ils travaillent, à défaut.

Deux situations [314] peuvent en effet se présenter en droit français, pour les salariés transférés, selon que le cessionnaire parvient ou peut négocier un accord de substitution aux fins d'adapter ou de remplacer leur statut conventionnel antérieur [315].

**742.** Si un accord de substitution a été valablement négocié, l'ancien statut conventionnel des salariés transférés cessera d'être opposable au cessionnaire dès l'entrée en vigueur de l'accord de substitution [316]. Il s'agit de celui garanti par la convention collective et les accords collectifs qui leur étaient applicables chez le cédant. Les salariés transférés ne pourront se prévaloir d'aucun des anciens droits et avantages qui leur étaient garantis conventionnellement, sauf à ce que certains de ces droits aient été intégrés à leur contrat de travail. Plus sûrement, une clause spécifique, prévoyant la conservation d'avantages déterminés, peut avoir été introduite dans l'accord collectif issu de la négociation.

**743.** Par exception à la règle de la disparition des droits et avantages garantis collectivement aux salariés transférés, la loi permet, depuis 1982, qu'ils puissent se prévaloir du bénéfice des avantages individuels qu'ils auront acquis en vertu de leur statut conventionnel antérieur. En cas d'absence ou d'échec des négociations dans l'entreprise d'accueil, elle leur assure ainsi la préservation minimum de leur ancien statut conventionnel.

Ces avantages sont considérés comme faisant partie intégrante du contrat de travail des salariés transférés, à l'issue de la période transitoire, par le seul effet de la loi [317]. Ils ne peuvent être remis en cause sans l'accord expresse de chacun des salariés concernés [318]. La loi organise à cet égard « *une survie indéfinie mais non pas nécessairement définitive* » [319].

---

[314]. Il faut ajouter ici le cas d'un accord de substitution qui ne soit pas valable juridiquement au niveau de la forme (par exemple, s'il n'a pas été négocié avec les syndicats représentatifs chez le cessionnaire ou qu'il a été négocié hors délai) ou du fond [objet de l'accord (par opposition à son contenu, au sujet duquel nous avons vu que la jurisprudence est plus souple et admet qu'il puisse être imprécis) ne visant pas à la substitution de l'ancien statut conventionnel des salariés par un autre]. Le risque pour le cessionnaire est alors réel de se voir opposer non seulement le maintien des clauses plus favorables de leur ancien statut (à titre rétroactif à compter de l'entrée en vigueur de l'accord de substitution) jusqu'à la fin de la période transitoire de quinze mois mais également la conservation des avantages acquis par les salariés transférés, au titre de leur ancien statut conventionnel, au-delà ce cette période.

[315]. Article L.132-8 al. 6 du code du travail.

[316]. A défaut d'accord (ou de possibilité de négociation, si l'entreprise d'accueil est dépourvue de représentation syndicale et qu'aucun salarié n'a été mandaté par une organisation syndicale représentative à cette fin), l'ancien statut conventionnel des salariés transférés cessera également d'être opposable au cessionnaire à l'issue de la période transitoire de quinze mois, organisée par la loi pour permettre la négociation d'un nouveau statut ou l'adaptation de leur ancien statut à l'organisation de l'entreprise cessionnaire. Par exemple: Cass. soc. 16 mai 1990, n°1986 P, Sté Sem Codec c/ Mme Giausserand et a., non publié au Bull. civ. ; *RJS*, 7/90, n°600 ; *D.*, 1991, somm. 154, obs. J. PELISSIER, à propos d'une prime d'ancienneté prévue par l'ancienne convention collective dont les salariés demandaient le maintien pour les cinq années postérieures au transfert.

[317]. Cass. soc. 6 novembre 1991, n°3900 P, Sté sécurité protection surveillance transport Ile-de-France c/ M. Berland et a.: *Bull. civ.* V, n°479, p. 298 ; *D.,* 1992, somm. 294, obs. M.-A. SOURIAC-ROTSCHILD ; *Droit Social*, 1992, n°1, p. 81 ; *JCP*, E, 1992, II, 264, note P. POCHET ; *Cahiers Sociaux du Barreau de Paris*, 1991, n°35, p. 275 ; *RJS*, 12/91, n°1342 ; Cass. soc. 19 octobre 1999, n°3673 P, Sté Bio Sphère c/ Lindenmann et a. : *Bull. civ.* V, n°386, p. 284 ; *RJS*, 11/99, n°1392 ; *Droit Social*, 2000, n°2, p. 228, obs. G. BELIER ; Cass. soc. 27 octobre 1998, n°4365 D, SA Castorama c/ Bertrand, non publié au Bull. civ. ; *RJS*, 12/98, n°1520 (2è espèce).

[318]. A défaut d'accord du salarié sur leur modification ou leur suppression, l'employeur doit soit renoncer à la modification ou à la suppression qu'il envisageait, soit procéder au licenciement du salarié : Cass. soc. 6 novembre 1991, n°3900 P, Sté sécurité protection surveillance transport Ile-de-France c/ M. Berland et a., précité, à propos de la dénonciation d'un accord d'entreprise portant sur l'octroi de primes, auxquelles l'employeur entendait substituer unilatéralement, à l'issue de la période transitoire, après échec des négociations, de nouvelles dispositions moins avantageuses pour les salariés.

[319]. Y. CHALARON, *Négociations et accords collectifs d'entreprise*, Litec, 1990, n°317, p. 324.

Elle dépendra, à l'issue de la période de survie de l'ancien statut conventionnel des salariés transférés, de la volonté des parties, salarié et cessionnaire, de conserver ces avantages.

**744.** Ils peuvent en se sens être comparés aux droits résultant d'accords collectifs, d'usages ou de pratiques internes en vigueur chez le cédant de droit anglais, au moment du transfert, et qui sont considérés comme incorporés au contrat de travail des salariés transférés. En effet, outre le fait qu'ils sont considérés comme des droits contractuels, les avantages individuels acquis de droit français concernent également les seuls avantages *« individuels »* (les « *substantive terms* » de droit anglais), c'est-à-dire ceux qui ont vocation à bénéficier à chacun des salariés pris isolément, par opposition à ceux *« qui sont conférés plus directement à la représentation du personnel et aux syndicats qu'aux salariés eux-mêmes »* [320]. Leur définition est néanmoins plus restrictive qu'en droit anglais, puisque la jurisprudence exige que ces droits soient acquis par le salarié, avant que ne débute la période transitoire [321].

L'enjeu est important pour les salariés et le cessionnaire. Du caractère d'avantage individuel acquis dépendra l'intégration d'une prérogative au contrat de travail, la plupart du temps de nature pécuniaire. De la manière dont est interprétée la notion d'avantages individuels acquis dépendra également l'étendue du maintien des avantages [322] de source conventionnelle conservés par les salariés, à l'issue de la période transitoire.

**745.** A l'instar de la détermination des droits incorporés au contrat de travail en droit anglais, l'identification des avantages individuels acquis par les salariés transférés a toujours été délicate en droit français, en l'absence de définition de la notion par le législateur [323], souvent elle-même considérée comme une « boîte de Pandore » [324].

---

320. Selon la définition qu'en donne P. RODIERE *in* « Observations sur le maintien des avantages acquis face à la modification des règles régissant le contrat de travail », *Droit Social*, 1986, n°11, p. 878. E. DOCKES, « L'avantage individuel acquis », *Droit Social*, 1993, n°11, p. 828, propose quant à lui de distinguer, pour un même résultat, les avantages collectifs par nature (c'est-à-dire les avantages qui ne peuvent bénéficier à certains salariés sans bénéficier à d'autres, comme l'horaire collectif de travail ou encore certaines règles concernant les conditions de travail) et les avantages collectifs par finalité (c'est-à-dire les avantages institués pour bénéficier à une collectivité de salariés, comme le droit syndical, la représentation du personnel ou encore la négociation collective). Tout avantage qui n'est pas collectif ni par nature ni par finalité, doit être qualifié d'individuel. Pour un exemple d'avantage considéré comme collectif: Cass. soc. 1er juin 2005, RATP c. Syndicat général CFDT des personnels du groupe RATP et a : *Droit social*, 2005, n°11, p. 1064, obs. Ch. RADE, à propos du bénéfice reconnu aux agents de sécurité de la RATP d'une heure quotidienne d'entraînement physique rémunérée dans les locaux de l'entreprise.

321. Cass. soc. 13 mars 2001 n°1140 FS-PB, Association Domicile Action c/ M. Yvonne André et a. : *Bull. civ.* V, n°90, p. 69 (Association Domicile Action c/ Mme Le Peuc'h et a.) ; *Droit Social*, 2001, n°5, p. 571, obs. Ch. RADE ; *Droit Ouvrier*, juin 2001, p. 261, note E. DOCKES ; *Semaine Sociale Lamy*, 26 mars 2001, n°1021, p. 8, concl. P. LYON-CAEN, p. 5 ; *RJS*, 5/01, n°621 ; *Liaisons Sociales Quotidien*, 26 mars 2001, n°711, C1 ; *D.*, 2001, IR, 1215 ; J. PELISSIER, A. LYON-CAEN, A. JEAMMAUD et E. DOCKES, *Les grands arrêts du Droit du travail*, Dalloz, 2004, n°166, p. 617.

322. Notion ne renvoyant pas à une définition générale en droit du travail. Il faut l'entendre, à notre sens, comme une prérogative ou un traitement plus avantageux pour le salarié que celle ou celui dont il bénéficierait ou serait susceptible de bénéficier, en l'absence d'application par l'employeur de la source dont celle-ci ou celui-ci provient. Sur cette notion et son acception, voir notamment : M. DESPAX, *Négociations, conventions et accords collectifs*, Traité de Droit du travail sous la direction de G.-H. CAMERLYNCK (Tome 7), Dalloz, 1989, n°232, p. 406 ; Cahier de droit Social « Les avantages acquis », *JCP*, E, 1993, I, 307, p. 581 ; Y. AUBREE, « Le concept légal d'avantage individuel acquis », *RJS*, 11/00, p. 700.

323. Les déclarations du Ministre du travail, à l'époque de la discussion du texte à l'Assemblée Nationale, n'ont pas non plus été très éclairantes à ce sujet. Le Ministre classait notamment dans la catégorie des avantages dont le maintien devait être écarté, les indemnités de licenciement ou de départ en retraite ainsi que les dispositions en matière de maladie *« qui ont un caractère de virtualité puisqu'ils ne sont pas systématiquement utilisés ou en tout cas pas encore »*. Elle ne concernait, en définitive, que les clauses relatives aux salaires, primes et congés *« qui sont intégrés au contrat individuel de travail et qui,*

Sans doute était-ce à dessein de favoriser la négociation d'un accord de substitution avec les partenaires sociaux. Il s'agissait de leur laisser rendre clairs les droits et avantages des salariés intégrés à la nouvelle collectivité de travail, sans que la question de la répartition de ces droits entre avantages individuels nés et avantages collectifs n'ait à se poser. Toujours est-il que c'est à la jurisprudence qu'est revenue la tâche de préciser la notion d'avantage individuel acquis. Elle en a adopté une analyse particulièrement restrictive, en sorte que le transfert d'entreprise est susceptible de remettre en cause la plupart des avantages qui étaient garantis par voie conventionnelle aux salariés avant leur transfert. Cela revient à réduire en peau de chagrin cette particularité du droit français censée conférer aux salariés transférés la préservation d'un socle minimum d'avantages dont ils bénéficiaient antérieurement et que la directive 2001/23/CE ne prévoit pas.

**746.** La jurisprudence n'est parvenue que très récemment à définir cette notion aux contours subtils [325], après avoir considéré successivement qu'elle visait les droits dont les salariés pouvaient [326], devaient avoir effectivement bénéficié avant le terme de la période

---

*à ce titre, ont été acquis, utilisés ou perçus par le salarié* ». Débats Ass. Nat. Séance du 10 juin 1982, *J.O.* 11 juin, p. 3218.

[324]. Pour reprendre l'image utilisée par M. DESPAX, *Négociations, conventions et accords collectifs*, Traité de Droit du travail sous la direction de G.-H. CAMERLYNCK (Tome 7), Dalloz, 1989, n°158, p. 281. L'auteur s'inquiétait en effet, à l'époque de la consécration légale de la notion, de ce que « *de même qu'au niveau conventionnel l'emploi d'une certaine terminologie, parfois insuffisamment précise, conduit la jurisprudence à des résultats qui n'auraient vraisemblablement pas été souhaités par les rédacteurs des clauses de maintien des avantages acquis, de même l'interprétation jurisprudentielle de la règle légale nouvelle* [celle de 1982] *risque de réserver des surprises* » ; une image reprise plus tard par le même auteur *in* « La dénonciation des conventions collectives de travail après la loi du 13 novembre 1982 », *Droit Social*, 1984, n°9-10, p. 535.

[325]. Est ainsi considéré comme un avantage « individuel » le niveau de rémunération du salarié, par opposition aux mécanismes de fixation, de réévaluation des rémunérations ou de répartition des pourboires prévus par convention ou accord collectif, qui ne sont jamais acquis au salarié (jurisprudence prise dans le contexte de dénonciations de convention ou d'accords collectifs) : Cass. soc. 22 avril 1992, Consorts Caillaud et a. c/ Sté nouvelle d'assainissement et de travaux publics : *Bull. civ.* V, n°296, p. 183 ; *RJS*, 6/92, n°767 ; *Droit Social*, 1992, n°7-8, p. 716 (Moreau et a. c/ S.N.A.T.P) ; Cass. soc. 24 novembre 1992, n°4091 P, Caisse régionale de Crédit agricole mutuel du Libournais c/ syndicat national de l'encadrement du Crédit agricole du Libournais : *Bull. civ.* V, n°567, p. 358 ; *RJS*, 1/93, n°59 ; *Droit Social*, 1993, n°1, p. 64 ; Cass. soc. 12 février 1991, n°562 P, Abdel Aal Farid et a. c/ Sté fermière du casino municipal de Cannes (2nd moyen): *Bull. civ.* V, n°62, p. 39 ; *RJS*, 3/91, n°361 ; *JCP*, E, 1991, II, 181, note P. POCHET. Voir également, dans la même affaire, l'arrêt de la CA d'Aix du 5 juin 1989 : *Droit Social*, 1990, n°2, p. 163, chron. M. DESPAX, « Dénonciation d'une convention collective et sort des avantages acquis en matière de rémunération », p. 156 ; Cass. soc. 17 mai 2005, FS-PBRI, Desmarteau et a. c/ SA Naphtachimie : *Bull. civ.* V, n°170, p. 147 ; *JCP*, éd. Sociale, n°12, 13 septembre 2005, n°1162, note Ph. COURSIER.

[326]. « *droits ouverts ou éventuels* ». Cf. la jurisprudence ayant précédé l'inscription du principe de maintien des avantages individuels acquis dans la loi, dès lors que la convention collective contenait une clause de maintien des avantages acquis ou des droits plus favorables aux salariés. Voir notamment à ce sujet, Y. CHALARON, ouvrage précité, n°296 et s. Par exemple, à propos d'une indemnité de licenciement dont l'octroi résultait de l'ancienne convention collective, dès lors que la nouvelle convention collective prévoyait le maintien des conditions de travail et de salaire antérieures plus avantageuses : Cass. soc. 29 mai 1959, Société « L'Union de Limoges » c/ Desbordes : *Bull. civ.* IV, n°640, p. 515 ; Cass. soc. 13 novembre 1959, Société des établissements Delattre et Frouard réunis c/ Prévot : *Bull. civ.* IV, n°1135, p. 903 ; Cass. soc. 12 octobre 1961, Société Pétro-Fouga c/ Bedos : *Bull. civ.* IV, n°853, p.676 ; Cass. soc. 3 mars 1965, SA Le Méridional –La France c/ Philippon : *Bull. civ.* IV, n°180, p. 148 ; Cass. soc. 3 mars 1965, SA Le Méridional - La France c/ Mignon : *Bull. civ.* IV, n°183, p. 150 ; Cass. soc. 15 janvier 1964, Société Frangeco c/ dame Carabin : *Bull. civ.* IV, n°45, p. 36 (*idem*, à propos d'avantages prévus en cas de maladie). A l'époque notamment, une partie de la doctrine défendait la thèse (à laquelle la jurisprudence était globalement hostile) de l'incorporation de la convention ou de l'accord collectif dans le contrat de travail pour permettre la survie des droits que les salariés tenaient de ladite convention ou dudit accord et leur transmission au cessionnaire.

transitoire [327], ou enfin que le salarié ait déjà perçu ou utilisé ces droits au jour du transfert [328], pour pouvoir prétendre à leur maintien. La jurisprudence semble s'être stabilisée depuis 2001 autour de cette dernière acception [329]. Cette conception restrictive de la notion d'avantages individuels acquis revient, en définitive, à n'admettre la conservation que des seuls avantages procurant au salarié une rémunération et autres congés dont il pouvait bénéficier pendant l'application de la convention ou de l'accord collectif mis en cause, et non pendant sa survie provisoire organisée par la loi. La situation juridique doit déjà être constituée à la date du transfert pour pouvoir prétendre à son maintien après le délai de quinze mois.

**747.** En outre, lorsqu'ils sont considérés comme intégrés au contrat de travail les droits sont en quelque sorte figés à la date de leur intégration, c'est-à-dire à la fin de la période de quinze mois, à défaut d'accord de substitution. Ils se détachent de leur support juridique. La jurisprudence considère, contrairement au droit anglais, que leurs bénéficiaires ne peuvent prétendre les voir évoluer au-delà du niveau qu'ils avaient atteint à cette date, en fonction des règles de variation qui étaient contenues dans l'ancien accord [330]. Il en est ainsi sous la seule

---

[327]. « *droits ouverts et non éventuels* ». Cass. soc. 19 juin 1987, M. Pamart c/ SARL Desanfans: *Bull. civ.* V, n°402, p. 254 (à propos d'une indemnité de licenciement) ; Cass. soc. 10 mai 1989, n°1957 P, Mme Timoteo et a. c/ M. Barbey : *Bull. civ.* V, n°352, p. 213 ; *RJS*, 7/89, n°607 (à propos d'une indemnité de licenciement) ; Cass. soc. 31 mai 1994 n°2790 D, SA European Prestations c/ Mlle Marescaux (2nd moyen), non publié au Bull. civ. ; *Revue Pratique de Droit Social*, avril 1995, p. 137, note Y. DUGUET, à propos du bénéfice d'une prime d'ancienneté alors que la salariée n'avait jamais perçu cette prime avant que la convention collective ne cesse de produire ses effets ; Cass. soc. 5 juin 1996, n°2516 D, ASSEDIC des Alpes-Maritimes et a. c/ Claerhout, non publié au Bull. civ. ; *RJS*, 10/96, n°1065 (à propos d'une indemnité de licenciement et de préavis). Il fallait qu'il y ait, à cet égard un degré minimum de « *cristallisation juridique* » de l'avantage, pour reprendre les termes de M. DESPAX, ouvrage précité, n°233, p. 408 : « *l'appréciation du caractère « acquis » de l'avantage pose en effet le problème de la détermination du degré de « cristallisation » juridique de l'amélioration ainsi apportée au statut du salarié* ». Cette conception de l'avantage acquis avait fait l'objet de critique en ce qu'elle revenait à faire dépendre le maintien des avantages de la survenance d'un événement de nature aléatoire (comme par exemple une maladie ou une maternité) ou plus ou moins éloignée dans le temps (licenciement ou mise à la retraite) avant la fin de la période transitoire. En ce sens, notamment : Y. CHALARON, ouvrage précité, n°304, p. 313 ; M. DESPAX, ouvrage précité, n°159, p. 283 ; n°233, p. 410 et, du même auteur, « La dénonciation des conventions collectives de travail après la loi du 13 novembre 1982 », *Droit Social*, 1984, n°9-10, p. 535 ; G. LYON-CAEN, J. PELISSIER, A. SUPIOT, *Droit du travail*, Précis Dalloz, 1998, n°807, p. 780.

[328]. Cass. soc. 13 mars 2001 n°1140 FS-PB, Association Domicile Action c/ M. Yvonne André et a. : *Bull. civ.* V, n°90, p. 69 (Association Domicile Action c/ Mme Le Peuc'h et a.) ; *Droit Social*, 2001, n°5, p. 571, obs. Ch. RADE ; *Droit Ouvrier*, juin 2001, p. 261, note E. DOCKES ; *Semaine Sociale Lamy*, 26 mars 2001, n°1021, p. 8, concl. P. LYON-CAEN, p. 5 ; *RJS*, 5/01, n°621 ; *Liaisons Sociales Quotidien*, 26 mars 2001, n°711, C1 ; *D.*, 2001, IR, 1215 ; J. PELISSIER, A. LYON-CAEN, A. JEAMMAUD et E. DOCKES, *Les grands arrêts du Droit du travail*, Dalloz, 2004, n°166, p. 617, à propos du bénéfice des dispositions d'un article de la convention collective nationale des personnels des organismes de travailleuses familiales assimilant à du temps de travail effectif certaines périodes non travaillées.

[329]. Définissant l'avantage individuel acquis comme étant « *celui qui, au jour de la dénonciation de la convention ou de l'accord collectif, procurait au salarié une rémunération ou un droit dont il bénéficiait à titre personnel et qui correspondait à un droit déjà ouvert et non simplement éventuel* ». Cette définition a été reprise dans des arrêts plus récents, dans un même contexte de dénonciation d'une convention collective. Par exemple: Cass. soc. 15 mai 2001, n°2082 FS-P, Mme Texeira et a. c/ Société Chromex : *Bull. civ.* V, n°170, p. 134 ; *RJS*, 7/01, n°897 ; Cass. soc. 2 juillet 2003 n°1862 F-D, Sté Galeries Lafayette c/ Rouillart, non publié au Bull. civ. ; *RJS*, 10/03, n°1195.

[330]. Cass. soc. 24 novembre 1992, n°4091 P, Caisse régionale de Crédit agricole mutuel du Libournais c/ syndicat national de l'encadrement du Crédit agricole du Libournais : *Bull. civ.* V, n°567, p. 358 ; *RJS*, 1/93, n°59 ; *Droit Social*, 1993, n°1, p. 64 ; Cass. soc. 10 novembre 1993, SA Prodren Bravo c/ Pouyet (pourvoi incident), non publié au Bull. civ. ; *Droit Social*, 1994, n°1, p. 52, à propos d'une prime conventionnelle d'ancienneté dont la salariée ne pouvait se prévaloir que pour le montant de sa valeur acquise lors du transfert du contrat de travail ; Cass. soc. 26 novembre 1996, Marquis hôtels Partnership

réserve que l'employeur et les salariés ne se soient pas mis d'accord sur l'intégration dans le contrat de travail des règles de variation en question.

**748.** Enfin, et comme en droit anglais, les seuls salariés susceptibles de bénéficier d'avantages individuels acquis, réputés intégrés à leur contrat de travail, dans ce contexte, sont les salariés transférés [331]. De même, les seuls bénéficiaires des avantages conventionnels antérieurs sont les salariés transférés, sauf à ce que le cessionnaire convienne du contraire [332]. Cette solution a le mérite de ne pas voir perdurer, en dehors de la sphère des salariés qui en bénéficiaient avant le transfert, des droits appelés à disparaître, après la période de survie légale. Elle permet également de ne pas augmenter le nombre de salariés bénéficiaires d'avantages dont l'octroi n'aurait d'autre justification que leur date d'embauche chez le cessionnaire et non leur appartenance antérieure à l'entité qui a fait l'objet du transfert.

**749.** Pour autant, les contours de la notion sont encore flous lorsqu'ils sont appliqués à des avantages autres que les primes et congés, considérés comme acquis, ou les indemnités de rupture, considérés comme non acquis. En définitive, à défaut d'être clos, le débat sur le bénéfice d'avantages liés à la survenance d'un événement accidentel, maladie, par exemple, dont certains salariés ont pu bénéficié avant le transfert, n'est que déplacé [333].

---

c/ M. Alia et a. (1er moyen) : *Bull. civ.* V, n°406, p. 289 ; *Droit Social*, 1997, n°1, p. 103, obs. G. COUTURIER ; *RJS*, 3/97, n°266, à propos de salariés payés au pourboire en application d'un accord que le nouvel employeur avait dénoncé ; Cass. soc. 26 janvier 2005, n°242 FS-PB, Association Vivre c/ Douvier a. : *RJS* 4/05, n°420, à propos d'un accord qui fixait les conditions d'augmentation de salaire pour une catégorie de personnel.

331. Dernièrement, notamment : Cass. soc. 13 mars 2001 n°1140 FS-PB, Association Domicile Action c/ M. Yvonne André et a. et Cass. soc. 15 mai 2001, n°2082 FS-P, Mme Teixera et a. c/ Société Chromex, précités : décisions infirmant la doctrine administrative selon laquelle les salariés embauchés par le cessionnaire après le transfert et pendant la période transitoire pouvaient également bénéficier de l'application de l'ancien statut et des avantages individuels acquis en résultant (Cir. DRT n°15 du 25 octobre 1983, précitée, points 2.4.2 et 2.4.3). Notons à cet égard que le bénéfice de l'ancien statut avait, un temps, été ouvert aux salariés du cessionnaire, embauchés pendant la période transitoire d'application de l'ancien statut conventionnel. L'idée était que puisque la loi de 1982 ne distinguait pas, contrairement à la loi de 1971, entre les salariés suivant qu'ils avaient ou non été soumis antérieurement au statut dénoncé (situation à laquelle celle de la mise en cause des conventions et accords collectifs était assimilée), il n'y avait pas lieu de distinguer et les salariés embauchés pendant la période de survie temporaire de l'ancien statut devaient donc y être soumis, pour ne pas multiplier les distinctions de statuts entre salariés, selon leur date d'embauche. cf. M.-A ROTSCHILD-SOURIAC, thèse précitée, p. 1208 ; J.-E. RAY, « Restructurations et statut collectif », *Droit Social*, 1989, n°1, p. 60-61. L'auteur s'interrogeait toutefois sur le bien fondé d'une telle solution, commandée par l'équité, « *cependant coûteuse à terme et rendant plus difficile tout retour en arrière* ».

332. Il en est de même également, des usages et engagements unilatéraux pris par l'ancien employeur dont le cessionnaire n'est tenu qu'à l'égard des salariés dont le contrat était en cours au jour du transfert. Cass. soc. 7 décembre 2005 (2 espèces), n°2670 FS-PBRI, Sté Foster Wheeler France c/ Zaviopoulos, n°2671 FS-D, Sté Foster Wheeler France c/ Lichnowski : *Bull. civ.* V, n°356, p. 317 ; *RJS*, 2/06, n°172 ; *Droit Social*, 2006, n°2, p. 232, obs. J. SAVATIER ; *JCP*, éd. Sociale, n°7-8, 14 février 2006, n°1141, note E. CORNUT ; *Recueil Dalloz*, 2006, n°27, p. 1867, note G. LOISEAU.

333. Parmi les auteurs ayant plus récemment étudié la question, E. DOCKES, « L'avantage individuel acquis », *Droit Social*, 1993, n°11, p. 832, appelait de ses voeux, dans une étude publiée avant l'adoption par la Cour de cassation de la définition de l'avantage individuel acquis, « *une autre terminologie, plus parlante* », à propos des notions de droit « ouvert », « né » et « non éventuel ». Il proposait de distinguer entre droits cycliques ou continus dans leur survenance (devant être considérés comme acquis, tels que par exemple, les primes ou les droits à congés payés) et ceux liés à la survenance d'un événement accidentel ou reliés à un événement ponctuel (comme par exemple : les droits à congé maternité, à une indemnité de retraite, à une indemnité versée en cas de maladie). Dans sa note sous l'arrêt de la Cour de cassation définissant la notion (*Droit Ouvrier*, juin 2001, p. 262), le même auteur plaide pour un retour à une acception extensive de la notion considérant, notamment, l'opposition entre droits ouverts et droits éventuels, comme ayant « *pour inconvénient principal d'être parfaitement obscur* » (p. 264).

Quoiqu'il en soit, le cessionnaire aura quinze mois, le temps de la période transitoire, pour déterminer les avantages susceptibles d'être considérés comme acquis par les salariés transférés. Il pourra éventuellement en négocier la suppression ou la modification par la conclusion d'un accord de substitution, avant la fin de cette période. Pour les salariés transférés, en revanche, cette conception restrictive des droits résultant de leur ancien statut conventionnel et susceptibles d'être incorporés à leur contrat de travail, s'ajoute à la survie éphémère de leur ancien statut collectif et à sa disparition.

**750.** Le droit français n'assure, en définitive, qu'une garantie limitée et toute relative pour les salariés transférés quant à la pérennité de leur ancien statut conventionnel et des quelques avantages qui se trouveront réputés incorporés à leur contrat de travail [334]. Il en sera ainsi à défaut d'engagement spécial du cessionnaire, au moyen d'un accord de volonté sur leur contractualisation ou d'une clause de maintien des avantages acquis suffisamment précise pour être légalement efficace [335]. La disposition légale ne jouera, en toute hypothèse, qu'à défaut de négociation par le cessionnaire d'un statut harmonisé. Elle pourra toujours faire l'objet d'une renonciation par les salariés [336]. De là à en conclure que les salariés de droit anglais n'ont rien à envier à leurs homologues de droit français il n'y a qu'un pas qui ne saurait toutefois être franchi. Il s'agit en effet de prescriptions que la directive ne commande pas. Elles sont globalement bien supérieures à celles qui sont consacrées en droit anglais et, a *fortiori*, en droit américain, dès lors que le cessionnaire n'y a pas consenti. La convergence de résultats se situe ainsi plus dans la reconnaissance unanime du pouvoir de gestion du cessionnaire et du caractère provisoire des mesures destinées à protéger les salariés que dans les conditions dans lesquelles chacun des systèmes juridiques organise leur protection après le transfert

---

[334]. Ce qui fait dire à M. DESPAX à propos du travail du législateur que celui-ci a, en réalité, « *finit par assurer le difficile accouchement d'une souris juridique* », ouvrage précité, n°160, p. 285.

[335]. Sur l'appréciation de l'efficacité de ces clauses, voir notamment J. DEPREZ, *Cessions d'entreprises et situations assimilées : Etude du régime de l'article L.122-12 du code du travail relatif à la modification de la situation juridique de l'employeur*, éd. Fr. Lefebvre, 1984, n°45-53, p. 102 et s.; M. DESPAX, ouvrage précité, n°234, p. 411 et s.

[336]. Cass. soc. 6 novembre 1991, Sté Sécurité protection surveillance transport Ile de France c/ M. Berland et a.: *Bull. civ.* V, n°479, p. 298 ; *D.*, 1992, somm. 294, obs. M.-A. SOURIAC-ROTSCHILD ; *Droit Social*, 1992, n°1, p. 81 ; *JCP*, E, 1992, II, 264, note P. POCHET ; *Cahiers Sociaux du Barreau de Paris*, 1991, n°35, p. 275 ; *RJS*, 12/91, n°1342 : il appartient à l'employeur qui entend modifier ou supprimer ces avantages ainsi intégrés au contrat de travail de procéder, en cas de refus des salariés, au licenciement.

## Chapitre II

# L'ABSENCE D'INTERDICTION DE LICENCIER

**751.** Dans les systèmes juridiques qui reconnaissent le principe de transfert automatique des contrats de travail du cédant au cessionnaire (droits français et anglais), l'opération de transfert d'entreprise ne constitue pas, en elle-même, un motif de licenciement pour les employeurs successifs. Il en va différemment en droit américain qui ne reconnait pas ce principe et où le cessionnaire a, en outre, toujours la possibilité de modifier les termes et conditions d'emploi dont les salariés bénéficiaient chez le cédant, s'il décide de les réembaucher. Les droits français et anglais limitent et encadrent le droit du licenciement alors que le droit américain lui laisse libre cours.

Ce constat est sans doute conforme à l'idée que l'on se fait *a priori* du droit américain en ce domaine. Il s'agit d'un droit privilégiant la liberté d'entreprendre par rapport à la protection des salariés. Il ignorerait le principe consacré en droit communautaire que « *des dispositions sont nécessaires pour protéger les travailleurs en cas de changement de chef d'entreprise en particulier pour assurer le maintien de leurs droits* » [1].

**752.** Il ne s'agit toutefois, dans aucun des trois systèmes juridiques étudiés, d'assurer la pérennité des emplois. Seuls sont interdits les licenciements ou les modifications de contrats qui sont motivés par le transfert d'entreprise, en droit français et anglais. En droit américain, l'employeur ne peut se fonder sur des motifs liés à l'appartenance ou au souhait des salariés d'être représentés par un syndicat. La difficulté est alors de tracer une ligne de partage entre les licenciements procédant d'un juste motif et ceux qui auraient pour but d'éluder la règle protectrice, ce qui rend l'étendue de la protection délicate à appréhender pour les employeurs et les salariés. La protection des salariés cède du terrain au pouvoir de direction de l'employeur dans un domaine où il s'agissait précisément d'en limiter l'intervention.

En droit américain, faute de bénéficier d'une protection organisée par la loi, les salariés tendent à s'assurer une protection négociée par le biais de leurs représentants pour ceux d'entre eux qui sont représentés. Elle leur permet, à défaut de maintien de leur contrat de travail, d'anticiper les conséquences financières que les opérations de transfert d'entreprise auront pour eux, voire de négocier leur réemploi par le cessionnaire, à titre individuel.

**753.** La protection de la relation d'emploi est ainsi assurée à des degrés variables selon que le système juridique considéré admet le principe de protection des salariés dans les vicissitudes que peut rencontrer l'entreprise pour en restreindre l'impact sur l'emploi (droit français et anglais) ou qu'il reconnait largement le pouvoir de direction de l'employeur (droit américain) **(Section I)**. Lorsque la protection de la loi fait défaut, le contrat individuel ou l'accord collectif tentent de prendre le relais pour imposer des limites au droit de licencier dans le contexte particulier des transferts d'entreprises **(Section II)**.

---

[1]. Troisième considérant de la directive 2001/23/CE.

# SECTION I
# LE PRINCIPE DE LA RUPTURE DU CONTRAT DE TRAVAIL ENCADRÉE

**754.** La directive 2001/23/CE admet que des licenciements puissent intervenir « *pour des raisons économiques, techniques ou d'organisation impliquant des changements sur le plan de l'emploi* » [2]. Loin d'être interdite, dans le contexte des transferts d'entreprises, la possibilité de licencier est admise dès lors qu'il s'agit pour l'employeur de réorganiser son entreprise sans faire échec au principe du transfert des contrats de travail.

La faculté pour l'employeur, cédant ou cessionnaire, d'user de son pouvoir de direction est consacrée tant par la jurisprudence française que par la jurisprudence anglaise. Cette faculté est également largement admise par le NLRB et les Cours fédérales américaines, le droit américain ne reconnaissant que peu de limite au pouvoir de l'employeur de licencier son personnel.

Le droit au licenciement peut s'exprimer dans le contexte des transferts d'entreprises (§1). Celui-ci peut valablement intervenir dès lors qu'il se justifie par un motif économique, technique ou d'organisation et ne présente pas un caractère discriminatoire (§2).

## §1. L'EXERCICE DU DROIT AU LICENCIEMENT DANS LE CONTEXTE DU TRANSFERT D'ENTREPRISE

**755.** Le licenciement peut être opéré par le cédant comme par le cessionnaire. La seule limite imposée par la directive 2001/23/CE est que le licenciement ou la modification du contrat de travail ne soient pas motivés par le seul transfert [3]. Celle-ci ne parvient ainsi pas à garantir aux salariés concernés par un transfert d'entreprise le maintien de leur emploi que ce soit en droit français (A) ou en droit anglais (B). En l'absence de toute contrainte liée au contexte dans lequel le droit du licenciement s'exerce, le pouvoir de direction de l'employeur prend toute sa place en droit américain (C), y compris dans le cadre particulier des transferts d'entreprises.

### A. LE PRINCIPE DE TRANSFERT AUTOMATIQUE SE HEURTE AU POUVOIR DE DIRECTION EN DROIT FRANÇAIS

**756.** En droit français, le licenciement du salarié peut intervenir avant comme après le transfert. Le principe de continuité de la relation d'emploi instauré par l'article L.122-12 al. 2 du code du travail ne fait pas obstacle au pouvoir de direction de l'employeur. Il vise plutôt à assurer la protection du salarié amené à changer d'employeur dans le contexte des transferts

---

[2]. Article 4.1.

[3]. La CJCE a rappelé ce principe dans son arrêt du 10 février 1988, Foreningen af Arbejdsledere i Danmark c/ Daddy's Dance Hall, aff. 324 /86, *Rec. CJCE* 1988, p. 739, Point 17, en considérant que la relation de travail « *peut être modifiée à l'égard du cessionnaire dans les mêmes limites qu'elle aurait pu l'être à l'égard du cédant, étant entendu que dans aucune hypothèse, le transfert d'entreprise ne saurait constituer en lui-même le motif de cette modification* ». Principe également rappelé dans l'arrêt du 12 novembre 1992, Anne Watson Rask et Kirsten Christensen c/ Iss Kantineservice A/S, aff. C-209/91, *Rec. CJCE* 1992, p. I-5755, Point 28. La CJCE décide dans cet arrêt que « *la directive ne s'oppose* (...) *pas à une modification de la relation de travail avec le nouveau chef d'entreprise, dans la mesure où le droit national applicable admet une telle modification en dehors de l'hypothèse d'un transfert d'entreprise* ».

d'entreprises. Pouvoir de gestion et liberté d'entreprendre sont ainsi bornés par les dispositions de l'article L.122-12 al.2 du code du travail sans pour autant disparaître.

En règle générale, la jurisprudence reconnaît en effet que, lorsqu'ils motivent des licenciements décidés dans l'intérêt de l'entreprise, les choix de gestion de l'employeur ne peuvent être remis en cause [4].

**757.** La notion de préservation de l'emploi est inopérante au stade de la motivation de la décision de licencier et ne relève pas du contrôle du juge [5]. Elle n'intervient que lorsqu'il s'agit de définir les mesures mises en œuvre par l'employeur pour éviter les licenciements.

---

[4]. Le principe de l'employeur seul juge a été consacré par la jurisprudence dès 1956: Cass. soc. 31 mai 1956, SA Ets. Brinon et Fils c/ Dell Brière : *Bull. civ.* IV, n°499, p. 369 ; *Droit Social* 1956, n°9-10, p. 489 ; *JCP*, G, 1956, II, 9397 note ESMEIN ; *D.*, 1958, p. 21, note G. LEVASSEUR ; *Grands arrêts du droit du travail,* G. LYON-CAEN et J. PELISSIER, 1980, n°79, p. 201. Dans cet arrêt, la Cour de cassation rappelle que « *aucune disposition légale ne lui* [l'employeur] *fait l'obligation de maintenir son activité à seule fin d'assurer à son personnel la stabilité de son emploi, pourvu qu'il observe, à l'égard de ceux qu'il emploie, les règles édictées par le code du travail* ». Le pouvoir de direction de l'employeur a été réaffirmé plus récemment par le Conseil constitutionnel, saisi à l'occasion du contrôle de constitutionnalité de la loi de modernisation sociale du 12 janvier 2002 qui prévoyait, dans son article 107, de compléter l'article L.321-1 du code du travail d'un nouvel alinéa 1 selon lequel, pour constituer un motif économique sérieux, les difficultés économiques devaient n'avoir « pu être surmontées par tout autre moyen ». Il a rappelé à cette occasion que le législateur ne peut apporter à la liberté d'entreprendre des limites liées au droit pour chacun d'obtenir un emploi consacré par la Constitution qu'à *« la condition qu'il n'en résulte pas d'atteinte disproportionnée au regard de l'objectif poursuivi* ». Or, tel n'est pas le cas d'une disposition qui interdit à l'entreprise d'anticiper des difficultés économiques et qui conduit le juge à substituer son appréciation à celle du chef d'entreprise quant au choix entre les différentes solutions possibles. Décision n°2001-455 D.C. du 12 janvier 2002 ; *Les Petites Affiches*, 21 janvier 2002, n°15, p. 3 ; X. PRETOT « Le Conseil constitutionnel et la loi de modernisation sociale : d'une annulation et de quelques réserves d'interprétation », *Droit Social*, 2002, n°3, p. 244 et, du même auteur, « De la liberté d'entreprendre au droit à l'emploi, ou les bases constitutionnelles du droit du licenciement », *Droit Social*, 2005, n°4, p. 371-376. Si le juge n'entend pas se mettre à la place de l'employeur et décider pour lui, il peut néanmoins censurer les décisions relevant d'un détournement du pouvoir de direction. Notamment: Cass. soc. 16 janvier 2001, Morvant c/ SNC Le Royal Printemps : *JCP*, E, 2001, p. 1004 ; *JCP*, G, 2001, II, n°10557, note Th. LAMARCHE, où la Cour de cassation conditionne la validité de la décision de l'employeur de cesser son activité à l'exigence que ladite cessation ne soit pas due à une faute de sa part ou à sa légèreté blâmable. L'erreur du chef d'entreprise dans l'appréciation du risque inhérent à tout choix de gestion ne caractérise cependant pas à elle seule la légèreté blâmable : Cass. soc. 14 décembre 2005, FPBR, Association de gestion du lycée professionnel Sainte Marguerite Marie c/ M. Mfouara : *Bull. civ.*, V, n°365, p. 324 ; *JCP*, éd. Sociale, n°7-8, 14 février 2006, n°1136, note P. MORVAN.

[5]. Ce principe a été rappelé par la Cour de Cassation en formation plénière dans une espèce où, pour déclarer les licenciements dépourvus de cause économique réelle et sérieuse, la cour d'appel avait considéré qu'en adoptant la solution du regroupement sur un seul site (hypothèse qui entraînait de loin le plus de licenciement), l'entreprise n'avait pas « *intégré dans ses calculs, comme elle en avait cependant l'obligation, le concept de préservation de l'emploi et avait donc excédé la mesure de ce qui était nécessaire à la sauvegarde de la compétitivité du secteur considéré de l'entreprise* ». La Cour de Cassation a cassé l'arrêt d'appel en considérant qu' « *il ne lui appartenait pas de contrôler le choix effectué par l'employeur entre les solutions possibles* », relevant par ailleurs que la Cour d'appel avait constaté que la pérennité de l'entreprise et le maintien de la compétitivité de celle-ci étaient assurés dans la solution de réorganisation qu'elle avait retenue. Cass. Ass. plén. 8 décembre 2000, SA de Télécommunications (SAT) c/ Coudière et a. : *Bull. civ.* Ass. plén., n°11 ; *JCP*, E, 8 mars 2001, n°10, p. 426 et *JCP*, G, 2001, II, 10498, note F. DUQUESNE ; *D.*, 2001, n°14, p. 1125, obs. J. PELISSIER ; *Droit Social*, 2001, n°2, p. 126, concl. Ph. de CAIGNY, note A. CRISTAU ; *Semaine Sociale Lamy*, 8 janvier 2001, n°1010, p. 6, note G. LYON-CAEN ; *Liaisons Sociales Magazine*, Février 2001, p. 58, note G. COUTURIER ; *RJS*, 02/01, n°180 et *RJS*, 07/01, p. 567, chron. Ph. WAQUET ; J. PELISSIER, A. LYON-CAEN, A. JEAMMAUD et E. DOCKES, *Les grands arrêts du Droit du travail*, Dalloz, 2004, n°110 ; A. LYON-CAEN, « Note sur le pouvoir de direction et son contrôle », *Mélanges dédiés au Président Michel DESPAX*, Presses de l'Université des sciences sociales de Toulouse, 2001, p. 95-106.

Elle permet le contrôle de la légalité de leur élaboration et de leur contenu, une fois la décision de licencier prise par l'employeur [6].

Dans le cas des transferts d'entreprises, la protection de la relation d'emploi est intimement et seulement liée à l'opération de transfert en elle-même. Elle n'a pas d'autre but que de permettre le transfert du contrat de travail du cédant au cessionnaire, le jour de la modification juridique de l'entreprise. Elle ne vise pas la pérennité des emplois. D'ailleurs la directive communautaire, dans son intitulé même, fait référence au « *maintien des droits des travailleurs* » en cas de changement d'employeur et non à la stabilité de l'emploi [7].

**758.** Il n'y a cependant pas de maintien des droits des travailleurs sans un minimum de stabilité de l'emploi. Les juges sont partagés entre aspirations sociales et considérations économiques dans l'interprétation du principe de maintien des droits des salariés et de ses conséquences légales. Ils limitent, sans l'interdire, le licenciement dans le contexte des transferts d'entreprises. Le licenciement est ainsi admis avant comme après le transfert, dès lors qu'il se justifie par une cause réelle et sérieuse et n'a pas pour objet de faire échec à l'application du principe du transfert des contrats de travail.

Sur ce fondement, la jurisprudence est allée jusqu'à reconnaître la validité du licenciement prononcé pour tenir compte de la réorganisation à laquelle le futur employeur avait décidé de procéder [8]. Elle est revenue sur sa position en 1990, en considérant que « *l'intention manifestée par le cessionnaire de poursuivre seul l'exploitation ne saurait constituer pour le cédant une cause légitime de rupture du contrat de travail d'un salarié employé dans l'entreprise transférée* » [9]. La chambre sociale de la Cour de cassation

---

[6]. Le licenciement pour motif économique doit toutefois être l'ultime mesure. cf. la référence à la « sauvegarde de la compétitivité », le devoir d'adaptation et l'obligation de reclassement pesant sur l'employeur, témoins de la logique de maintien de l'emploi que la Cour de cassation s'efforce toutefois de faire respecter. Pour A. LYON-CAEN, « Le maintien de l'emploi », *Droit Social*, 1996, n°7-8, p. 655, « *c'est dans ce contexte que le maintien de l'emploi apparaît bien comme une mesure judiciaire de la gestion des entreprises* ». Voir également les développements récents entourant la gestion prévisionnelle des emplois (GPEC) et en particulier les arrêts dans lesquels la Cour de cassation a précisé que la notion de « sauvegarde de la compétitivité de l'entreprise » devait prendre en compte les exigences de la gestion prévisionnelle des emplois : Cass. soc. 11 janvier 2006, Pages Jaunes (3 arrêts): *Bull. civ.* V, n°10, p. 7 ; Cass. soc. 21 novembre 2006 n°2711 FS-PB, Baraud et a. c/ Sté Goodyear Dunlop Tires France : *Bull. civ.* V, n°349, p. 337 ; F. FAVENNEC-HERY, « Du droit du licenciement économique au droit de l'employabilité du salarié », *Semaine Sociale Lamy*, 22 janvier 2007, n°1291, p. 3-7 ; B. BOUBLI, « Trente ans après, un nouveau visage du licenciement économique », *Droit Social*, 2007, n°3, p. 293-297.

[7]. P. RODIERE, *Droit Social de l'Union Européenne*, LGDJ, 2002, p. 401 n°410, remarque à ce titre que l'objectif poursuivi par la directive est clairement distinct de celui que la Cour de cassation donnait traditionnellement à l'article L.122-12 al. 2 du code du travail, à savoir assurer la stabilité de l'emploi. L'auteur note que « *ce que le droit français concevait, avec un succès très relatif, comme l'effet attendu de la règle, s'est transformé en droit communautaire en une condition de son application* ».

[8]. Ainsi pour le licenciement de la serveuse d'un débit de boisson lorsque préalablement à la vente, les acquéreurs avaient demandé la suppression de cet emploi parce qu'ils désiraient exploiter eux-mêmes ce fonds. Cass. soc. 18 mars 1982 n°702, Dubrulle c/ Cullati : *Bull. civ.* V, n°184, p. 135 ; *D.*, 1983, IR, 168, obs. J. PELISSIER. Egalement : Cass. soc. 8 juin 1979, SA marseillaise de distribution des bières Kronembourg c/ dame Talut : *Bull. civ.* V, n°502, p. 370 ; Cass. soc. 9 janvier 1980, Pedretti c/ Sté Sodifim et a.: *Bull. civ.* V, n°20, p. 14.

[9]. Cass. soc. 17 juillet 1990, 2 arrêts : *Bull. civ.* V, n°372, p. 222, ; *RJS*, 8-9/90 n°650 à propos du licenciement d'un presseur à la demande de l'acquéreur d'un fonds de commerce de pressing qui envisageait d'exercer lui-même ces fonctions (1er arrêt, n°86-40.155 : Mme Azem c/ Mme Bede) et de la vente d'une officine sous condition suspensive du licenciement d'une pharmacienne assistante à temps partiel (2è arrêt, n°87-40.867, Mme Lubat c/ Mme Sarrailh). Ces deux arrêts sont également commentés par L. LESCANNE, « Les licenciements préalables à un transfert d'entreprise », *Bulletin Social*, 12/98, p. 593. Jurisprudence constante depuis. Notamment : Cass. soc. 27 juin 1995, n°2934 P, Schmitt c/ Sté Audis et autres : *RJS*, 10/95, n°1013 ; *D.*, 1995, IR, 174 ; *JCP*, G, 1995, IV, 2097 ; *JCP*, 1996, I, 3899, obs. Ph. COURSIER ; Cass. soc. 9 avril 2002 n°1442 F-D, Mme Réali c/ M. Laborde : *Travail et Protection Sociale*, Juillet 2002, p. 17, n°227.

a cependant rappelé, dans cette même espèce, en attendu de principe, que « *les dispositions de l'article L.122-12 du code du travail ne font pas obstacle à des licenciements pouvant intervenir antérieurement à la cession* (...) ».

**759.** La conséquence directe de l'expression du pouvoir de direction de l'employeur dans le contexte des transferts d'entreprises est que les salariés licenciés avant le transfert ne peuvent se prévaloir de l'article L.122-12 al. 2 du code du travail que pour l'exécution de leur préavis en cours. Leur licenciement ne peut pas être remis en cause, en l'absence de toute fraude à leurs droits [10]. La jurisprudence admet également que, dès lors que le licenciement est devenu définitif avant le changement d'employeur, le salarié peut être réembauché par le cessionnaire s'il n'occupe plus dans l'entreprise ni le même emploi ni un emploi similaire[11].

La jurisprudence reconnaît de même, une fois le transfert réalisé, que le cessionnaire peut invoquer à l'appui d'un licenciement pour motif personnel des faits antérieurs au transfert [12]. Il peut aussi, dès lors que la modification n'est pas destinée à faire échec aux dispositions d'ordre public de l'article L.122-12 al. 2 du code du travail, modifier les attributions d'un salarié pour les adapter à l'organisation de son entreprise et les harmoniser avec celles des autres salariés de sa catégorie [13] ou convenir avec le salarié d'une modification de sa qualification professionnelle [14] ou d'une réduction de salaire [15].

**760.** En dehors des dommages et intérêts que le salarié pourra éventuellement obtenir en justice en cas de licenciement sans cause réelle ou sérieuse ou dans l'hypothèse où le cessionnaire refuse à tort la reprise de son contrat de travail [16], la seule protection que l'article L.122-12 al.2 du code du travail assure véritablement au salarié à titre individuel réside dans le calcul de ses indemnités, en cas de rupture du contrat de travail par le cessionnaire.

---

[10]. Pour des exemples où la preuve d'une fraude entre les employeurs n'a pas été rapportée, notamment : Cass. soc. 6 novembre 1991 n°3908 P, Catrain et autres c/ société SCAANA et autres : *Bull. civ.* V, n°475, p. 295 ; *RJS*, 12/91, n°1296 ; *Droit Social*, 1992, n°1, p. 74 ; Cass. soc. 24 janvier 1990 n°151 P, Sté Nouvelle Micro Mécanique Pyrénéenne c/ M. Abadie : *RJS*, 2/90, n°93 ; Cass. soc. 15 décembre 2004, n°2434 FD, Roudil c/ Alstom Power Turbomachines : *RJS*, 2/05, n°124 ; Cass. soc. 31 mai 2005, Gosset et a. c/ SA GMP et a. : *JCP*, éd. Sociale, n°4, 19 juillet 2005, n°1069. En l'espèce, les salariés estimaient avoir été transférés en raison de leur affiliation syndicale.

[11]. Cass. soc. 16 décembre 1982 n°2325, SCI Domaine de Saclas c/ Burgère : *Bull. civ.* V, n°707, p. 520, où le jeu de l'article L.122-12 était invoqué par le cédant qui refusait, à tort, de payer les indemnités de rupture.

[12]. Cass. soc. 10 décembre 1984, SCP Neurisse-Destouesse-Colmant et Courregelongue c/ Pontoizeau et autres, n°3637 S, non publié au Bull. civ. Voir également : Cass. soc. 29 mai 1990 n°2276 PF, Sté Ardennes-Auto Nord Charleville c/ Blandin : *Bull. civ.* V, n°242, p. 144 ; *RJS*, 7/90, n°555 ; Y. AUBREE « L'exercice du pouvoir disciplinaire à l'égard des salariés transférés, conformément à l'article L.122-12 alinéa 2 du code du travail », *Bulletin Social*, 6/98, p. 285-292.

[13]. Cass. soc. 9 novembre 1977, SA Clinique de Baumont La Châtaigneraie c/ demoiselle Dioudonnat : *Bull. civ.* V, n°606, p. 484.

[14]. Cass. soc. 1er juillet 1985 n°2870 P, Société d'Aménagement Urbain et Rural, SAUR c/ Martinez : *Bull. civ.* V, n°377, p. 272.

[15]. Cass. soc. 6 novembre 1985 n°3791 P, Beaufils c/ Geoffroy : *Bull. civ.* V, n°502, p. 365.

[16]. Par exemple: Cass. soc. 29 octobre 2003 n°2340 F-D, Union départementale des mutuelles de Meurthe-et-Moselle c/ Gillet : *RJS*, 1/04, n°7. En l'espèce, le cessionnaire avait refusé de poursuivre les contrats de travail des salariés qui avaient rejeté les nouvelles conditions d'emploi qu'il leur proposait. Il avait été condamné à ce titre par la Cour d'appel de Nancy au paiement de dommages et intérêts et au remboursement d'indemnités de chômage. Cette décision a été approuvée par la Cour de cassation, constatant que le cessionnaire ne discutait pas l'affectation des salariés en question à l'entité reprise.

Celles-ci seront en effet calculées sur la base de son ancienneté acquise à compter du premier jour de son emploi par le cédant [17].

Certains auteurs en ont conclu que l'article L.122-12 du code du travail était « *inefficace à garantir la stabilité de l'emploi* » et que « *le rempart voulu par le législateur de 1928 a vite cédé sous la pression des impératifs économiques* » [18]. Ces critiques sont toujours d'actualité si le maintien des droits des travailleurs est assimilé au maintien de leur emploi. Or, la protection du salarié ne permet pas une protection absolue contre le licenciement, en cas de modification de la situation juridique de l'employeur. L'article L.122-12 al. 2 du code du travail ne peut qu'assurer le transfert du contrat et des droits en l'état, à la date du transfert. Il ne garantit pas la préservation inconditionnelle des termes et conditions d'emploi du salarié.

**761.** Le cessionnaire ne peut pas imposer au salarié une modification de son contrat de travail au moment du transfert. La relation contractuelle suit néanmoins son cours, une fois le transfert réalisé. Un licenciement n'est pas exclu de même que la possibilité pour les parties de s'entendre sur une modification des termes et conditions d'emploi du salarié [19], voire sur la novation de son contrat après le transfert. En témoigne cet arrêt de la Cour de cassation du 17 septembre 2003, dans une affaire Société CEGETEL c/ P. Aiguier [20]. Il est la preuve de la relative flexibilité qu'entend donner la jurisprudence au principe de maintien des contrats de travail consacré par l'article L.122-12 al. 2 du code du travail.

En l'espèce, le cessionnaire s'était entendu avec le salarié, ingénieur commercial, sur une mutation concertée consistant à résilier son contrat pour lui substituer un nouveau contrat comportant une modification des conditions de rémunération et une clause de non-concurrence rémunérée. Le salarié avait d'abord accepté cette modification. Soutenant que son emploi ne correspondait plus à sa qualification professionnelle, il avait ensuite demandé à être affecté à un poste conforme à son titre, avant de saisir la juridiction

---

[17]. Jurisprudence constante. Notamment : Cass. soc. 23 janvier 1974, Société Richard Ota c/ Blecot: *Bull. civ.* V, n°55, p. 50 ; Cass. soc. 26 mai 1976, SA Celluloses de récupération Verdier-Dufour c/ Pliner : *Bull. civ.* V, n°327, p. 268 ; Cass. soc. 25 novembre 1982, Société Zannier Poncelet c/ Sameck : *Bull. civ.* V, n°645, p. 477 ; Cass. soc. 4 octobre 1995, Société Toulouse Montaudran Automobiles c/ Dupont : *Bull. civ.* V, n°261, p. 189 ; *Droit Social,* 1995, n°12, p. 1041, obs. H. BLAISE ; *RJS*, 11/95, n°1116 ; Cass. soc. 4 février 1997 : *Bull. civ.* V, n°47, p. 31 ; *RJS*, 3/97, n°256 ; Cass. soc. 17 mars 1998, M. Friberg c/ Société Moore France : *Bull. civ.* V, n°143, p. 106 ; *RJS*, 5/98, n°570. Le salarié licencié à l'occasion d'un transfert d'entreprise peut également faire valoir auprès du cessionnaire son droit à priorité de réembauchage : Cass. soc. 26 février 1992, n°1028 PF, Fraboulet c/Union des mutuelles d'Ile-de-France : *Bull. civ.* V, n°128, p. 79 ; *RJS*, 4/92, n°412.

[18]. H. SINAY, « Stabilité de l'emploi et transfert d'entreprise », *JCP*, 1961, I, 1647, à propos de ce qui était à l'époque l'article 23 al. 8 du code du travail. Egalement : I. VACARIE, *L'employeur*, Bibliothèque de droit du travail et de la sécurité sociale, éd. Sirey, 1979, p. 67 et s. ; G. LYON-CAEN, « La concentration du capital et le droit du travail », *Droit Social*, 1983, n°5, p. 296.

[19]. A défaut d'accord, le licenciement sera toutefois privé d'effet et le nouvel employeur tenu de poursuivre le contrat de travail sans modification. Notamment : Cass. soc. 2 juillet 2003 n°2125 F-D, Association Atelier de Formation et de Développement (AFD) c/ Guembour : *RJS*, 10/03, n°1123 (2è espèce), où le salarié avait été licencié puis réembauché quelques mois plus tard par le cessionnaire avec un coefficient et une rémunération inférieure ; Cass. soc. 9 mars 2004, n°633 FD, Parfus c/ CGEA d'Annecy et a. : *RJS*, 6/04, n°656, où le jour même du transfert du salarié, le nouvel employeur lui avait fait signer un contrat avec une rémunération diminuée et une ancienneté limitée. La Cour de cassation a considéré que cette condition mise par l'employeur à la reprise du salarié tendait à éluder les dispositions de l'article L.122-12 al. 2 du code du travail ; Cass. soc. 9 mars 2004, M. X c/ Sté Planhead Silmag, *Les Petites Affiches*, 1er juin 2004, n°109, p. 11 ; *Semaine Sociale Lamy*, 26 juillet 2004, n°1179, p. 95. Le refus par le salarié de la modification de contrat proposée dans la perspective de l'application de l'article L.122-12 ne peut, de même, valablement fonder un licenciement: Cass. soc. 21 septembre 2005, n°1956 FD, Sté Biopha c/ Tonetti : *RJS*, 12/05, n°1174.

[20]. Cass. soc. 17 septembre 2003, Sté CEGETEL c/ P. Aiguier, n°2000 FS-PB : *Bull. civ.* V, n°232, p. 241 ; *Droit Social*, 2003, n°12, p. 1132, obs. J. MOULY ; *RJS*, 12/03, n°1368 ; *Travail et Protection Sociale*, novembre 2003, p. 15, n°362 ; *Les Petites Affiches*, 17 novembre 2003, p.13.

prud'homale d'une action en nullité de son nouveau contrat et en résolution judiciaire de l'ancien contrat aux torts du cessionnaire. La Cour d'appel de Nancy a considéré la mutation concertée du salarié nulle car contraire aux dispositions de l'article L.122-12 al. 2 du code du travail. Cette décision n'a pas été suivie par la Cour de cassation qui a jugé l'opération valable en constatant le consentement du salarié et l'absence de fraude alléguée [21].

**762.** La Cour de cassation s'est attachée dans cet arrêt à s'assurer que l'objectif de poursuite du contrat de travail de l'article L.122-12 al. 2 du code du travail n'avait pas été violé. Le contrat de travail du salarié avait été transféré. Aucune fraude n'avait été alléguée. Se faisant, elle a admis que le cessionnaire puisse s'entendre avec le salarié pour nover son contrat de travail. Cette possibilité est discutable pour certains auteurs. Elle revient à mettre un principe d'ordre public à la disposition de la volonté des parties [22].

Elle reste néanmoins dans la logique des prescriptions de la directive 2001/23/CE. Son application commande qu' « *un travailleur ne peut pas renoncer aux droits que lui confèrent les dispositions impératives de la directive* » [23]. Elle ne prohibe la résiliation du contrat de travail dans ce contexte que lorsqu'elle intervient « *du fait que le transfert entraîne une modification substantielle des conditions de travail au détriment du travailleur* » [24]. Elle est également cohérente avec la jurisprudence de la Cour de justice des communautés européennes qui permet aux parties de convenir d'une modification de leur relation de travail « *dans la mesure où le droit national applicable admet une telle modification en dehors de l'hypothèse d'un transfert d'entreprise* » [25].

En l'espèce, le salarié en question n'avait pas perdu son emploi. Son nouveau contrat prenant effet après le transfert d'entreprise, il n'y avait donc pas atteinte au principe du maintien du contrat de travail au jour du transfert. Son contrat de travail n'avait pas été résilié mais nové. Le premier contrat avait été résolu par consentement mutuel et la conclusion d'un nouveau contrat de travail avait suivi. En outre, les nouveaux termes et conditions d'emploi auxquels il avait consenti librement n'étaient pas la condition de son réembauchage par le nouvel employeur.

Si le contrat de travail du salarié avait été rompu, la décision de la Cour de cassation aurait été différente. Le licenciement, ou la prise d'acte par le salarié de la rupture du contrat à l'initiative du cessionnaire, auraient vraisemblablement été considérés comme motivés par le seul transfert d'entreprise et partant, sans cause réelle et sérieuse. Il en aurait été sans doute

---

[21]. Pour un arrêt antérieur consacrant ce même principe: Cass. soc. 10 décembre 1984, M. Oudelette c/ SA Lefébure isolants réunis (LIR) : *Bull. civ.* V, n°475, p. 350. En l'espèce le nouvel employeur avait conclu avec le salarié un contrat à durée déterminée de quatre ans, après le transfert de son contrat à durée indéterminée qui avait été conclu à terme précis afin d'assurer la direction de l'entreprise. Le salarié reprochait à son nouvel employeur de l'avoir congédié à la fin de son contrat à durée déterminée sans respect de la procédure et sans indemnité de licenciement. La Cour de cassation a considéré que « *les dispositions de l'article L.122-12 al.2 du code du travail ne font pas obstacle à ce que le nouvel employeur, sous réserve de la fraude qui n'est pas alléguée, convienne avec le salarié de nover le contrat en cours* ». Voir également : Cass. soc. 27 avril 1984, M. Clément c/ SARL nouvelle Fid'Allia et autre et Mme Mansion c/ SARL nouvelle Fid'Allia et autre : *Bull. civ.* V, n°162, p. 125, où les intéressés avaient accepté des conditions moins avantageuses qui leur étaient proposées à la suite de longs pourparlers avec le nouvel employeur. Ils avaient par la suite cessé leur travail en se prévalant des modifications apportées à leur contrat. La Cour de cassation a considéré que « *Si en vertu de l'article L.122-12 al.2 du code du travail, le contrat de travail en cours au jour de la modification de la situation juridique d'un employeur subsiste avec le nouvel employeur, ce texte ne fait pas obstacle à ce que celui-ci, comme aurait pu le faire le précédent, apporte à ce contrat des modifications même substantielles, sauf au salarié, qui ne les accepte pas, à se considérer comme licencié* ».

[22]. Notamment J. MOULY *in Droit Social*, 2003, n°12, p. 1132.

[23]. Notamment: CJCE 10 février 1988, Foreningen af Arbejdsledere i Danmark c/ Daddy's Dance Hall, aff. 324 /86, *Rec. CJCE* 1988, p. 739, Point 13.

[24]. Article 4.2.

[25]. CJCE 12 novembre 1992, Anne Watson Rask et Kirsten Christensen c/ Iss Kantineservice A/S, aff. C-209/91, *Rec. CJCE* 1992, p. I-5755.

de même si le salarié avait invoqué le fait que l'opération s'était réalisée en fraude à ses droits garantis par l'article L.122-12 al. 2 du code du travail. Or, en l'espèce, le salarié avait simplement demandé à être affecté « *à un poste conforme à son titre* ». Il n'invoquait pas le fait que le changement intervenu dans le calcul de sa rémunération et l'adjonction d'une clause de non-concurrence rémunérée étaient intervenus en fraude à l'article L.122-12 al. 2 du code du travail. Ils constituaient les deux seules « modifications » apportées à son ancien contrat au vu des faits rapportés.

**763.** Dans ce contexte, il ne s'agit plus pour la Cour de cassation de protéger l'emploi *stricto sensu* en évitant des licenciements. L'application de l'article L.122-12 al. 2 du code du travail est conditionnée à l'appréciation de l'autonomie et de la permanence de l'activité. La technique utilisée du faisceau d'indices s'effectue sur la base de critères ne tenant aucunement compte de la pérennité des emplois repris ou de la situation économique du cessionnaire. Nous avons vu que le maintien de l'emploi n'est que l'objet du texte et non une condition de son application [26]. Il ne s'agit pas non plus de figer les termes du contrat de travail dans le temps.

Cette conception économique de l'application du principe de transfert des contrats se retrouve en droit anglais. Celui-ci admet largement les licenciements antérieurs ou postérieurs au transfert, sous réserve qu'ils ne soient pas motivés par le transfert d'entreprise.

## B. DROIT ANGLAIS : UN DROIT DU LICENCIEMENT PEU ENCLIN À LIMITER LE POUVOIR DE DIRECTION

**764.** En *common law*, le principe de liberté contractuelle prime. Employeurs et salariés peuvent rompre le contrat à tout moment, que la rupture soit liée au transfert ou que sa motivation en soit indépendante. La liberté contractuelle est ce qui distingue le « serviteur du serf ». La Chambre des Lords l'a rappelé en 1940, dans une espèce où il s'agissait de déterminer si le salarié était passé au service du nouvel employeur du fait de la reprise, par lui, de la propriété de l'entreprise où le salarié travaillait [27]. Le contrat de travail ou « contrat de service personnel » [28] n'est pas transférable, en a ainsi décidé la Chambre des Lords dans cet arrêt. Il est rompu du fait du transfert. Le salarié peut refuser un emploi comme l'employeur refuser d'embaucher un salarié. Emploi et rupture du contrat dépendent de la volonté des parties.

**765.** Les limitations légales au droit de licencier ne sont intervenues en droit anglais que dans les années 1960-70, le droit pour le salarié de ne pas être licencié abusivement datant de 1971[29]. En atténuant certains aspects de la subordination du salarié, cette législation a permis

---

26. Le critère décisif pour établir l'existence d'un transfert est de savoir si l'entité en question garde son identité économique. v. 1ère Partie, Titre 1, Chapitre 1, *supra* ; Cass. soc. 1er octobre 2003 n°2038 F-D, Verrier c/ Sté BMOT technologie : *RJS*, 12/03, n°1367, où l'application de l'article L.122-12 al.2 a été retenue, « *peu importe que celui-ci* [le cessionnaire] *ait ultérieurement décidé de se séparer d'une partie des machines cédées et de ne conserver qu'une partie de l'activité de la société cédante* ». Le Conseil de Prud'hommes de Dieppe (sect. Agriculture) du 4 décembre 2002 rappelait également le caractère d'ordre public de la règle du transfert « *même si la situation financière du cessionnaire ne permet pas, à terme, de supporter une pareille charge* » : *Gazette du Palais*, 15-17 juin 2003, p. 17.

27. Nokes v. Doncaster Amalgamated Collieries Ltd [1940] *AC* 1014, 3 *All ER* 549 (HL).

28. « *Contract of personal service* ».

29. Le premier texte à avoir réglementé la matière est le *Contracts of Employment Act* de 1963 imposant, notamment, le respect d'un préavis minimum en cas de rupture du contrat par l'une ou l'autre des parties. Le *Redundancy Payment Act* de 1965 a ensuite introduit un droit à indemnité en cas de rupture du contrat de travail pour motif économique (« *redundancy* »). L'*Industrial Relations Act* de 1971 a consacré le droit pour le salarié de ne pas être licencié abusivement. Cette loi a ensuite été abrogée par le nouveau gouvernement en place. Certaines de ses dispositions ont été reprises en 1974, élargies en

à la relation contractuelle de se rapprocher d'un modèle de contrat basé sur la réciprocité des droits et des devoirs. Elle n'a pas pour autant faire disparaître les principes de liberté contractuelle de *common law*. Ils peuvent toujours être invoqués devant les juridictions ordinaires, en particulier pour obtenir réparation de la violation, par l'une ou l'autre des parties, des termes du contrat qu'elles avaient convenus.

Prenant le contre-pied des principes de *common law*, le TUPE a repris à son compte, au début des années 1980, les dispositions de la directive 77/187/CEE. Il limite le pouvoir de direction de l'employeur en prohibant tout licenciement motivé en tout ou principalement par le transfert d'entreprise ou par une raison liée au transfert [30]. Ce texte ne fait cependant pas totalement obstacle au pouvoir de direction de l'employeur. Comme en droit français, il le circonscrit, dans le contexte particulier des transferts d'entreprises. Il s'agit d'assurer à la règle du maintien des droits des salariés sa pleine application.

**766.** Il est utile au préalable de préciser qu'en dessous d'un an d'ancienneté continue à la date de la rupture du contrat [31], le salarié de droit anglais n'a aucun « *droit à ne pas être licencié abusivement* » [32], c'est-à-dire à ne pas être licencié sans motif et sans le respect de la procédure légale. Sauf exception, il n'a pas à recevoir la notification par écrit du motif de son licenciement [33]. Le délai pour agir est également beaucoup moins long qu'en droit français. Le salarié n'a que trois mois à compter de la rupture de son contrat pour introduire une action devant un tribunal spécialisé et contester le bien fondé de son licenciement [34].

---

1975 et constituent aujourd'hui les parties IX (« Termination of employment ») et X (« Unfair dismissal ») de l'*Employment Rights Act* de 1996 (ERA 1996).

[30]. TUPE 1981, reg 8(1) ; TUPE 2006, reg. 7(1).

[31]. ERA 1996, s. 108(1). L'actuelle condition d'ancienneté d'un an a été mise en place par le gouvernement travailliste en 1999, après une période de près de 15 ans pendant laquelle cette condition avait été fixée à deux ans par le gouvernement conservateur [elle était à l'origine de 2 ans (gouvernement conservateur), réduite à 26 semaines en 1979 (gouvernement travailliste) et augmentée à un an puis à deux ans en 1985 (gouvernement conservateur)]. Elle vise principalement à exclure du droit à ne pas être licencié abusivement les salariés employés avec des contrats précaires, les salariés à temps partiel ou travaillant de façon discontinue dans l'entreprise, le décompte de l'ancienneté étant effectué à la semaine. Cette condition d'ancienneté a été contestée en justice (à l'époque où elle était de deux ans) au motif, notamment, qu'elle était contraire à la directive communautaire sur l'égalité de traitement (directive 76/107) parce qu'elle sanctionnait majoritairement des femmes. Après avoir interrogé la CJCE, la Chambre des Lords indiqua, en substance, dans un arrêt R v. Secretary of State, ex p Seymour-Smith and Perez [2000] *IRLR* 263 (HL), que le gouvernement pouvait démontrer que la condition d'ancienneté se justifiait par le fait qu'elle tombait dans « *la marge de discrétion laissée aux gouvernements lorsqu'ils adoptent des mesures de ce type* ». Pour S. DEAKIN et G. S. MORRIS, cette décision illustre la relative marge de manœuvre dont disposent les gouvernements aujourd'hui pour convenir d'exceptions au principe d'égalité de traitement lorsque les mesures incriminées sont fondées sur des considérations générales liées à la situation du marché du travail. En l'espèce, la mesure visait en effet à « *encourager le recrutement par les employeurs* ». *IRLR* 263 (HL) at 270-71 (Lord Nicholls). Pour des développement sur l'égalité de traitement en droit anglais, v. S. DEAKIN, G. S. MORRIS, *Labour Law*, Butterworths, 2001, p. 457-458, et p. 537 et s.

[32]. Pour reprendre les termes du titre du chapitre 1 la partie X de l'ERA 1996 : « *Right not to be unfairly dismissed* ».

[33]. ERA 1996, s. 92 (3), puisque cette notification est destinée à être produite en justice au cas où le salarié contesterait le bien fondé de son licenciement [ERA 1996, s. 92(5)]. L'absence de notification écrite des motifs du licenciement peut cependant poser problème lorsqu'il s'agit d'établir que le motif du licenciement entre dans la catégorie des motifs considérés comme automatiquement abusifs en droit anglais, où aucune condition d'ancienneté n'est requise par la loi (en dehors du contexte d'un transfert d'entreprise) pour permettre au salarié d'en obtenir réparation. L'absence de notification écrite des raisons essentielles du licenciement et les notifications non conformes (« *inadequate* » *ou* « *untrue* ») sont sanctionnées par le paiement au salarié d'un montant égal à 2 semaines de salaire, sous réserve pour le salarié d'en faire la demande dans un délai de trois mois à compter de la date de rupture du contrat (ERA 1996, s. 93).

[34]. ERA 1996, s. 111.

Ces règles sont des règles générales qui concernent le licenciement « ordinaire ». Elles sont toutefois aussi applicables dans le cadre des transferts d'entreprises en droit anglais. Ce dernier a en effet utilisé la faculté que laisse la directive aux États membres d'exclure certaines catégories spécifiques de travailleurs du principe selon lequel le transfert d'entreprise ne constitue pas en lui-même un licenciement [35]. Les salariés licenciés dans le cadre d'un transfert d'entreprise sont soumis à la même condition d'ancienneté que celle qui est imposée aux salariés licenciés en dehors du cadre d'un transfert d'entreprise [36].

Si ce raisonnement apparaît logique à première vue, il pourrait lui être opposé le fait que bon nombre de motifs de licenciement considérés comme abusifs *per se* ne prévoient pas pour autant de condition d'ancienneté pour que le salarié obtienne réparation, contrairement à ce qui est exigé en matière de transfert d'entreprise. Sont concernés principalement les licenciements discriminatoires, ceux prononcés en raison des opinions ou appartenance syndicale ou des fonctions représentatives exercées, notamment, en application des règles transposées du droit communautaire [37].

**767.** La conséquence directe de cette distinction est que les salariés ayant moins d'un an d'ancienneté à la date du transfert [38] peuvent bénéficier du transfert automatique de leur contrat de travail au cessionnaire. Ils peuvent également être licenciés à discrétion par l'employeur, qu'il soit cédant ou cessionnaire, en toute impunité, dès lors qu'ils n'ont pas atteint la condition d'ancienneté prévue à la date de la rupture de leur contrat pour pouvoir contester leur licenciement en justice devant les juridictions spécialisées [39].

A cette condition d'ancienneté préalable, limitant le droit pour le salarié de contester son licenciement en droit anglais, s'ajoute le fait que les juges se sont montrés de tout temps peu enclins à s'ingérer dans la gestion de l'entreprise pour décider du caractère « *fair* » ou « *unfair* » de la décision prise par l'employeur [40].

---

[35]. Article 4.1, al.2, directive 2001/23/CE.

[36]. L'EAT avait tenté de s'opposer à toute distinction entre les salariés victimes de licenciement dans le cadre d'un transfert d'entreprise dans une affaire Milligan v. Securicor Cleaning Ltd [[1995] *ICR* 867, [1995] *IRLR* 288 (EAT)], en interprétant la reg. 8 du TUPE 1981, relative au licenciement dans le cadre d'un transfert d'entreprise, comme n'excluant pas expressément de son bénéfice les salariés ayant moins de deux ans d'ancienneté (la condition d'ancienneté en vigueur à l'époque). Le Gouvernement a répondu à cette jurisprudence en amendant le TUPE, dans le cadre du *Collective Redundancies and Transfer of Undertakings (Protection of Employment) (Amendment) Regulations* 1995 (*SI* 1995/2587), afin d'exclure expressément de la protection prévue à la reg. 8 du TUPE 1981 (devenue reg. 7 dans le TUPE 2006) les salariés qui ne remplissaient pas la condition d'ancienneté prévue pour le licenciement abusif et enlever ainsi toute incertitude sur la question. La Court of Appeal a, plus tard, confirmé que le TUPE n'avait pas été rédigé pour donner aux salariés un droit inconditionnel à ne pas être licenciés pour un motif lié au transfert et que l'exclusion des salariés ne remplissant pas la condition d'ancienneté exigée était permise par la directive *in* MRS Environmental Services Ltd v. Marsh [1997] *ICR* 995 (CA).

[37]. ERA 1996, s. 108 (3), licenciements collectifs et transfert d'entreprise principalement.

[38]. Visés sous le terme générique de « *short serving workers* ».

[39]. Les salariés gardent toutefois la possibilité d'agir devant les juridictions ordinaires, en *common law*, sans condition d'ancienneté, pour obtenir réparation, en cas de rupture de leur contrat intervenue à la suite d'une modification unilatérale par l'employeur ou pour demander le respect des dispositions de leur ancien contrat, si la rupture n'a pas été prononcée ou si le cessionnaire refuse leur transfert. J. McMULLEN, *Business transfers and employee rights*, Butterworths, 2001, p. 7/19 et p. 8/31. Cette condition d'ancienneté ne joue pas également lorsque le salarié a été licencié pour avoir invoqué ses droits en application du TUPE. Précision apportée dans la note explicative du TUPE 2006 éditée par le gouvernement: *Employment rights on the transfer of an undertaking*, a guide to the 2006 TUPE Regulations for employees, employers and representatives, DTI, March 2007, URN 07/758, n. 14, p. 33.

[40]. J. BOWERS, A. CLARKE, « Unfair dismissal and Managerial prerogative: a study of « other substantial reason » », *Industrial Law Journal,* 1981, vol. 10, p. 34 ; H. COLLINS, « Dismissals on transfer of a business », *Industrial Law Journal*, 1986, vol. 15, p. 244.

**768.** Avant l'Employment Act de 1980, l'employeur devait tout de même démontrer qu'il avait agi raisonnablement devant les tribunaux [41]. Depuis cette date, la charge de la preuve ne pèse plus sur l'employeur. Le caractère raisonnable du licenciement est établi par les juges en fonction des faits qui leurs sont rapportés et sur la base de la décision qu'aurait pris un employeur raisonnable dans les mêmes circonstances. Pour certains auteurs, ce changement revient pour les juges à adopter une « perspective managériale » réduisant d'autant les chances de succès des salariés qui contestent le bien fondé de leur licenciement [42].

Les juges procèdent selon trois étapes [43]. Ils vérifient d'abord que l'employeur a donné la raison ou la principale raison qui a motivé le licenciement. Ils s'assurent ensuite que cette raison est un des motifs identifiés par la loi comme susceptibles de justifier un licenciement[44]. Ils veillent enfin à ce que le licenciement prononcé pour ce motif est raisonnable en équité, compte tenu des circonstances, de la taille et des ressources administratives de l'entreprise [45].

**769.** La première étape consiste donc en une recherche purement factuelle pour les juges. Il s'agit à ce stade de déterminer la raison qui a motivé le licenciement. La question n'est pas de savoir si le licenciement qui a été prononcé sur son fondement est abusif ou non. L'employeur [46] doit seulement démontrer que le licenciement est intervenu pour une raison considérée comme potentiellement juste par l'Employment Rights Act de 1996 (« ERA 1996 »), c'est-à-dire pour un motif susceptible de donner un fondement légitime au licenciement [47]. Les catégories de licenciement prévues par l'ERA 1996, sont définies d'une façon très large. Seul un motif complètement déraisonnable ou arbitraire ne serait pas susceptible d'entrer dans leur champ d'application.

Si le motif allégué ne peut pas être qualifié d' « économique » au sens de l'ERA 1996 [48], il tombera dans la catégorie des licenciements prononcés pour « toute autre raison substantielle » (« SOSR ») [49]. Cette dernière catégorie permet aux licenciements prononcés pour des raisons voisines de celles énumérées par l'ERA 1996 d'être considérés comme potentiellement « *fair* », en particulier les licenciements intervenant dans le contexte des restructurations d'entreprises [50]. L'employeur peut ainsi conserver les pleins pouvoirs dans la

---

41. En application de l'*Employment Protection (Consolidation) Act* 1978 [EP(C)A 1978], s. 57(3).

42. L. DICKENS, « Unfair dismissal law: a decade of disillusion », *Personnel Management*, February 1982, p. 25.

43. ERA 1996, s. 98.

44. « *Fair reason* ».

45. « *Reasonable reason* ».

46. La charge de la preuve pèse toutefois sur le salarié lorsqu'il invoque le fait que le motif de son licenciement entre dans la catégorie des licenciements automatiquement abusifs et qu'il ne remplit pas la condition d'ancienneté d'un an normalement requise pour pouvoir saisir une juridiction spécialisée. Smith v. Hayle Town Council [1978] *ICR* 996 (CA).

47. Soit six catégories de licenciement [ERA 1996, s. 98(2)] : un licenciement inhérent à la personne du salarié (lié à l'aptitude et aux qualifications du salarié ou à sa conduite) ou non inhérent à la personne du salarié [motif économique (« *redundancy* »)], toute autre raison substantielle justifiant le licenciement d'un salarié occupant le poste que le salarié occupe (« *SOSR reason* ») ou encore un licenciement motivé par l'impossibilité de maintenir le salarié dans son poste sans violer la loi ou par le départ en retraite du salarié.

48. Un licenciement est considéré comme économique (« *redundancy* ») en droit anglais, pour donner droit au paiement d'une indemnité de rupture au salarié (« *redundancy compensation* »), sous condition d'ancienneté de deux ans, lorsque le licenciement est attribuable, en tout ou principalement, à l'une des deux circonstances suivantes: en cas de cessation d'activité (« *cessation of business* ») ou en cas de diminution des besoins de l'activité à laquelle le salarié est affecté (« *diminishing requirements* ») [ERA 1996, s. 139(1)] .

49. « *Some other substantial reason* » (SOSR).

50. Par exemple, pour le licenciement d'un directeur général (« *chief executive and managing director* ») qui était intervenu après le rachat hostile de la société, alors qu'il était à la tête d'une offre de rachat concurrente pour le contrôle de la société. Cobley v. Forward Technology Industries plc., [2003] *ICR* 1050 (CA).

direction de son entreprise sans encourir le risque d'avoir à verser au salarié une indemnité de rupture, comme il le ferait dans le cadre d'un licenciement économique, ou des dommages et intérêts, dès lors que le licenciement est considéré comme abusif [51].

Dans cette configuration, la seule possibilité pour le salarié d'obtenir réparation à ce stade est que le motif de licenciement tombe dans la catégorie de ceux considérés comme automatiquement abusifs. Tel est le cas d'un licenciement motivé par un transfert d'entreprise [52].

**770.** Dans le cas contraire, le juge passe à la deuxième étape de son analyse. Celle-ci consiste à déterminer si l'employeur a agi « raisonnablement » ou « déraisonnablement ». Le motif sur lequel il s'est fondé pour licencier le salarié doit constituer une raison suffisante. Le juge se prononce sur la base des éléments produits par les parties. La charge de la preuve est neutre à ce stade. Il décide en équité, et non en droit, en fonction des circonstances de l'espèce qui lui est soumise.

La décision des juges du fond ne pourra faire l'objet d'un appel que sur un point de droit. Il en sera ainsi s'ils n'ont pas analysé le cas qui leur est soumis en respectant les trois étapes commandées par l'ERA. Il en sera de même s'ils les ont mal appliquées ou encore si leur décision est « mauvaise » [53], en ce sens qu'elle n'aurait pas été prise par un tribunal raisonnable qui aurait appliqué la loi correctement. Ces motifs d'appel entraînent des difficultés de preuve pour le demandeur à l'action. En outre, les décisions rendues devant les juridictions spécialisées, qu'elles soient prononcées par les juges du fond (ET) ou en appel (EAT), n'ont pas valeur de précédent. Elles ne peuvent pas lier les juges amenés à se prononcer postérieurement sur des faits similaires. Lorsqu'ils décident de se tourner vers la justice pour obtenir réparation d'un licenciement qu'ils estiment abusif, les salariés se trouvent donc dans une relative incertitude en ce qui concerne les chances de succès de leur action.

**771.** Pour se prononcer sur le caractère raisonnable ou non du motif ayant justifié le licenciement, les juges du fond s'attachent uniquement à évaluer la conduite de l'employeur, quelles que soient les conséquences de sa décision pour le salarié. Ils la qualifient en référence à la conduite qu'aurait eu un employeur raisonnable placé dans la même situation [54]. Cela comporte bien évidemment une part importante d'arbitraire, les critères de détermination de la conduite raisonnable de l'employeur étant laissés à l'appréciation des juges du fond [55].

Appliqués au contexte des restructurations d'entreprise, ces principes veulent que les juges n'aient pas à décider si la décision prise par l'employeur était nécessaire ou justifiée,

---

51. RS Components Ltd v. Irwin [1973] *ICR* 535 (EAT), dans lequel, rejetant l'acception stricte de la catégorie des licenciements décidés pour « toute autre raison substantielle » (SOSR) adoptée par les juges du fond, l'EAT a jugé que si le Parlement avait effectivement énuméré les raisons pouvant motiver un licenciement, celui-ci n'avait pas pour autant entendu fournir un « *catalogue exhaustif* » de toutes les circonstances dans lesquelles un employeur pouvait être fondé à « *mettre fin aux services d'un salarié* » [1973] *ICR* 535, p. 540.

52. L'employeur a toutefois, même dans ce cas, la possibilité d'y échapper en démontrant que le licenciement est intervenu dans des circonstances qui lui permettaient d'y procéder et qu'il bénéficiait donc d'une « immunité légale ». Les cas sont cependant rares puisque cette immunité concerne les licenciements prononcés pour sauvegarder la sécurité nationale ou ceux prononcés à l'encontre d'un salarié participant à une grève inofficielle.

53. « *Perverse* ».

54. Iceland Frozen Foods Ltd v. Jones [1983] *ICR* 17 (EAT) : « *the function of the* (...) *tribunal, as an industrial jury, is to determine whether in the particular circumstances of each case the decision to dismiss the employee fell within the band of reasonable responses which a reasonable employer might have adopted* » [1983] *ICR* 17, 24-25.

55. A l'exception de la matière des licenciements pour motif personnel où les juges du fond peuvent se référer (sans pour autant être liés) à un Code de conduite rédigé par l'ACAS en 1977 et successivement révisé en 1997 et 2000 (*ACAS Code of Practice 1: disciplinary and grievance procedures*) qui fixe la procédure et les lignes de conduite à respecter par l'employeur dans un certain nombre de situations.

au-delà des motifs allégués. Ils n'ont pas non plus à déterminer si, eu égard aux circonstances de l'espèce, la stratégie de l'employeur de réorganiser son entreprise et de licencier ses salariés répond à l'intérêt de l'entreprise. Lord Denning l'a notamment rappelé en ces termes : « *il est important que rien ne soit fait pour porter atteinte à la capacité de l'employeur de réorganiser ses effectifs, la durée et les conditions de travail de celui-ci de façon à améliorer l'efficacité* » [56]. Les juges n'ont pas à substituer leur jugement à celui de l'employeur lorsqu'il s'agit de déterminer quels sont les intérêts économiques et commerciaux de l'entreprise.

**772.** L'EAT a ainsi rappelé dans un arrêt Catamaran Cruisers Ltd v. Williams de 1994 [57] le raisonnement que les juges ne doivent pas adopter lorsque le licenciement est motivé par le refus du salarié des modifications que l'employeur souhaite apporter à son contrat de travail. Ils ne doivent pas considérer que le salarié peut valablement refuser d'accepter les nouveaux termes de son contrat de travail s'ils lui sont beaucoup moins favorables que ceux de son ancien contrat. Dans cette configuration, le licenciement serait abusif par principe, à moins que les raisons économiques qui le sous-tendent fussent si pressantes qu'il était vital, pour la survie de l'entreprise, que le salarié accepte les nouveaux termes que l'employeur lui proposait. A l'inverse, il ne s'agit pas non plus pour les juges de dire que l'employeur ne pouvait pas valablement licencier le salarié, dès lors qu'il était fondé à refuser les nouveaux termes que l'employeur lui proposait. Il peut, en effet, être parfaitement raisonnable pour un salarié de refuser d'effectuer des heures supplémentaires, compte tenu de ses impératifs personnels. Cependant, d'un point de vue professionnel, il peut aussi être parfaitement raisonnable de demander à un salarié d'effectuer des heures supplémentaires.

**773.** L'évaluation des intérêts en présence par les juges [58] laissera, en pratique, peu de chance de succès au salarié lorsque le licenciement est prononcé dans un contexte de réorganisation de l'entreprise. Elle reviendra, en effet, pour les juges, à opposer les préoccupations de l'employeur, liées au bon fonctionnement de l'entreprise, aux arguments des salariés. L'examen de la jurisprudence en cette matière montre que si les juges laissent généralement l'employeur libre de diriger et réorganiser son entreprise, ils sont en définitive beaucoup plus sensibles au respect des procédures qu'aux motifs du licenciement lui-même. Sont particulièrement visées les procédures relatives à l'information des salariés, à la consultation de leurs représentants, à la détermination des critères de l'ordre des licenciements et à leur application. Depuis 2004, l'employeur doit également respecter plusieurs étapes avant de notifier à l'intéressé la rupture de son contrat de travail, incluant la convocation et la tenue d'un entretien préalable, éventuellement suivi d'un deuxième entretien, si le salarié décide de faire appel de la décision, en interne [59]. Le licenciement sera considéré abusif en cas de manquement par l'employeur à une règle de procédure [60].

---

[56]. « *It is important that nothing should be done to impair the ability of employers to reorganise their work force and their times and conditions of work so as to improve efficiency* ». Lord Denning MR *in* Lesney Products & C. v. Nolan [1977] *ICR* 235 (CA). En l'espèce, de nouveaux horaires de travail en équipe, destinés à éviter le recours aux heures supplémentaires des salariés, avaient été introduits dans l'entreprise. Les salariés refusant de s'y plier avaient été licenciés par l'employeur. Les salariés motivaient leur refus par le fait que ces nouveaux horaires équivalaient pour eux à une réduction d'environ un tiers de leurs salaires.

[57]. Catamaran Cruisers Ltd v. Williams [1994] *IRLR* 384 (EAT).

[58]. « *Balancing test* ».

[59]. « Dismissal and disciplinary procedures » dites « DDPs », mises en place par *l'Employment Act 2002 (Dispute Resolution) Regulations* 2004, *SI* 2004/752, et applicable à toute rupture de contrat de travail (sauf dans le cadre de licenciements collectifs) depuis le 1er octobre 2004.

[60]. ERA 1996, s. 98(A) (« *Procedural fairness* ») ; S. DEAKIN and G. S. MORRIS, *Labour Law*, Butterworths, 2003, p. 516-518. En cas de non-respect de cette procédure interne de règlement des litiges par le salarié, l'ET peut refuser d'entendre l'affaire ou décider de réduire le montant de la réparation, notamment en application d'une décision Polkey v. AE Dayton Services Ltd [1988] *ICR* 142 (HL) dans

**774.** En dépit de sa réglementation particulière sur les transferts d'entreprises, le droit anglais, pas plus que le droit français, n'assure une véritable sécurité d'emploi au salarié. Le pouvoir de direction de l'employeur reprend ses droits dès lors que le licenciement est fondé sur un motif indépendant du transfert ou dont la principale raison n'est pas le transfert. Ainsi, un licenciement intervenant postérieurement au transfert, à la demande d'un fournisseur de la société, sera valable même si les fournisseurs étaient les mêmes avant et après le transfert [61]. Il en sera de même d'un licenciement intervenant à une époque où le cessionnaire n'était pas clairement déterminé et où le principe du transfert n'était pas définitivement acquis, même si la date du licenciement est en définitive très proche de celle du transfert d'entreprise [62]. En toute hypothèse, le fait de savoir si le licenciement est motivé par le transfert et doit être considéré comme automatiquement abusif est une question de faits. Elle est laissée à l'appréciation des juges du fond en droit anglais, comme lorsqu'il s'agit de déterminer le caractère abusif ou non d'un licenciement.

**775.** Le seul domaine où le droit anglais est, en l'état de la jurisprudence, moins flexible que le droit français, concerne celui de la modification du contrat de travail du salarié. Il s'agit de décider de la validité des modifications apportées par le cessionnaire au contrat de travail du salarié transféré.

En droit anglais, les licenciements prononcés par suite du refus du salarié des modifications proposées par le cessionnaire doivent être considérés comme automatiquement abusifs, sauf à ce qu'ils aient été prononcés pour un motif économique, technique ou d'organisation impliquant des changements sur le plan de l'emploi. En conséquence, si le cessionnaire ne souhaite pas licencier les salariés transférés mais seulement harmoniser leurs termes et conditions de travail pour les faire correspondre à ceux déjà en vigueur dans son entreprise et qu'il les licencie en cas de refus, les licenciements sont considérés comme automatiquement abusifs, pour peu qu'ils n'aient pas d'autre motif que le transfert [63]. Pour autant l'employeur peut-il s'accorder avec le salarié sur la modification souhaitée ?

**776.** Dans un arrêt majeur British Fuels v. Baxendale and Wilson v. St Helen's B.C. de 1998 (affaires jointes) [64], la Chambre des Lords s'est interrogée sur la difficile interaction

---

laquelle la Chambre des Lords a admis une réduction du montant de la réparation en fonction de la probabilité que le salarié aurait eu d'être licencié si la procédure avait été correctement suivie (« Polkey's reduction »).

[61]. Par exemple: Rickards v. Shipperley, EAT 19/93.

[62]. Par exemple: Secretary of State for Employment v. Spence [1986] *ICR* 651, [1986] *IRLR* 248 (CA). En l'espèce, l'entreprise avait été placée sous administration judiciaire. Les salariés avaient été licenciés à 11h et l'entreprise vendue à 14h le même jour. La Court of Appeal a considéré que les licenciements n'étaient pas liés au transfert puisque les salariés avaient été licenciés avant que la transaction n'intervienne et qu'ils l'avaient été à cause de la pression que la banque exerçait sur l'administrateur pour stopper le paiement des salaires ; Longden v. Ferrari Ltd and Kennedy International Ltd [1994] *IRLR* 157 (EAT), dans une espèce où le repreneur potentiel avait choisi les salariés qu'il souhaitait conserver à son service préalablement au transfert. L'EAT a distingué ce type d'exercice de l'instruction donnée au cédant par un repreneur potentiel sur les salariés devant être licenciés préalablement au transfert. En l'espèce, en effet, le repreneur en question n'avait exercé aucune pression pour que les salariés soient licenciés. Leur licenciement n'était donc pas lié au transfert d'entreprise; Ibex Trading Company Ltd v. Walton [1994] *ICR* 907, [1994] *IRLR* 564 (EAT), où l'administrateur judiciaire avait licencié 40 salariés après qu'ils se soient opposés à la réduction de leur salaire. Une offre de reprise de l'entreprise avait été faite le même mois et concrétisée quelques mois plus tard. L'EAT a considéré que les licenciements n'étaient pas liés au transfert puisqu'ils avaient été prononcés avant même qu'une offre de reprise n'ait été faite.

[63]. Berriman v. Delabole Slate Ltd [1985] *ICR* 546 (CA).

[64]. British Fuels v. Baxendale and Wilson v. St Helen's B.C. [1998] *IRLR* 706, [1998] *ICR* 1141, [1998] 4 *All ER* 609 (HL) ; arrêt faisant suite à: Wilson and others v. St Helens Borough Council and Meade and Baxendale v. British Fuels Ltd [1997] *IRLR* 505 (CA) ; Wilson and others v. St Helens Borough Council [1996] *IRLR* 320 (EAT) ; Meade and Baxendale v. British Fuels Ltd [1996]

entre liberté contractuelle et droits impératifs protégés par la directive. Elle a adopté, contrairement à son *alter ego* française, une interprétation restrictive des arrêts Daddy's Dance et Watson Rask pris quelques années plus tôt par la Cour de justice des communautés européennes [65]. Il n'est pas inintéressant de comparer sa position à celle prise par la Cour de cassation en ce domaine. Rappelons que la Cour de cassation accepte la validité de la novation d'un contrat de travail après le transfert si aucune fraude n'est alléguée et que le salarié a donné son accord à l'opération [66]. Dans ces deux affaires respectivement soumises aux juges français et anglais, en effet, et en dépit de faits sensiblement différents, un nouveau contrat avait succédé à l'ancien et le salarié avait donné son accord à la modification de ses termes et conditions antérieurs.

**777.** Dans les deux affaires jointes soumises à la Chambre des Lords, l'opération avait été analysée par le cédant et le cessionnaire comme n'entrant pas dans le champ d'application du TUPE. Les salariés avaient donc été licenciés par le cédant puis réembauchés par le cessionnaire à des termes et conditions moins favorables. Ils auraient pu à ce moment se prévaloir de l'irrégularité de leur licenciement. Ils n'en firent cependant rien. C'est respectivement vingt-et-un mois, dans l'affaire Wilson, et dix-huit mois, dans l'affaire Meade and Baxendale, plus tard qu'ils réalisèrent que le TUPE aurait du s'appliquer à l'opération. Il était toutefois trop tard à ce moment pour introduire une action contentieuse sur le fondement d'un licenciement abusif. Le délai de trois mois prévu par la loi pour saisir les tribunaux avait expiré. Ils demandèrent donc l'application de leurs anciens termes et conditions d'emploi au motif que leur ancien contrat aurait du être transféré au cessionnaire en application du TUPE [67].

Dans son dispositif [68], la Chambre des Lords ne s'est pas prononcée sur la question de savoir si l'accord des salariés sur la modification de leur contrat était valable. Ce point n'avait pas été traité par la Cour d'appel. Celle-ci s'était interrogée essentiellement sur la validité des licenciements notifiés en violation du TUPE et sur leurs conséquences [69].

---

*IRLR* 541 (EAT) ; J. McMULLEN, « TUPE : Waiver of employment rights and contract changes after Wilson », *Industrial Law Journal* 1999, vol. 28, p. 76 ; R. UPEX, « The acquired rights directive and its effects upon consensual variation of employees' contracts », *European Law Review*, 1999, vol. 24, p. 293.

[65]. CJCE 10 février 1988, Foreningen af Arbejdsledere i Danmark c/ Daddy's Dance Hall, aff. 324 /86, *Rec. CJCE* 1988, p. 739 et CJCE 12 novembre 1992, Anne Watson Rask et Kirsten Christensen c/ Iss Kantineservice A/S, aff. C-209/91, *Rec. CJCE* 1992, p. I-05755, précités.

[66]. Cass. soc. 17 septembre 2003, Sté CEGETEL c/ P. Aiguier, n°2000 FS-PB: *Bull. civ.* V, n°232, p. 241, précité.

[67]. Action fondée notamment sur le *Wages Act* 1986 (texte contenu dans l'ERA 1996, part II), en contestation des retenues sur salaire pratiquées en violation des termes et conditions de leur ancien contrat. Cette infraction est une infraction continue qui permet de faire partir le délai de saisine de trois mois à compter du dernier versement de salaire sur lequel la retenue a été opérée par l'employeur [ERA, s. 23(3)].

[68]. « *Ratio decidendi* ».

[69]. La Chambre des Lords s'est prononcée différemment dans les deux affaires, en fonction du motif ayant justifié les licenciements. Dans l'affaire Wilson, elle a ainsi admis la validité des licenciements prononcés préalablement au transfert, confirmant en cela la décision de la Court of Appeal qui avait décidé que, bien que liés au transfert, ces licenciements avaient été prononcés pour un motif économique, technique ou d'organisation impliquant des changements sur le plan de l'emploi (ETO). En effet, le cédant rencontrait des difficultés financières et aurait de toute façon dû licencier une partie de son personnel. Il s'était d'ailleurs accordé, avant le transfert, avec le syndicat représentant ses salariés, sur une réduction du personnel de 162 à 72 salariés, dont une partie serait reprise par le cessionnaire (hors TUPE), à des postes différents, et l'autre partie serait reclassée par le cédant. Elle a adopté la position inverse dans l'affaire Meade and Baxendale : irrégularité des licenciements prononcés en violation du principe du transfert. Les licenciements étaient automatiquement abusifs car non justifiés par un ETO. En l'espèce, l'opération de transfert avait été réalisée par voie de fusion et les licenciements avaient été prononcés la veille du transfert.

**778.** Elle a néanmoins admis, dans une opinion émise par Lord Slynn, que la modification des termes et conditions d'emploi motivée par le transfert est irrégulière. A l'inverse, la modification des termes et conditions d'emploi qui ne serait pas motivée par le transfert peut être régulière. Il s'agit des modifications qui seraient fondées sur un motif économique, technique ou d'organisation impliquant des changements sur le plan de l'emploi (« ETO »)[70]. Lord Slynn reconnaissait, en même temps, la difficulté pratique de distinguer les modifications fondées sur le transfert des autres modifications [71].

Sa position n'avait toutefois pas valeur de précédent [72]. Elle a été critiquée par la doctrine qui l'a considérée insatisfaisante à double titre. Elle l'était pour les salariés, en ce qu'elle revenait à atténuer la protection que le TUPE est sensé leur apporter s'il fallait admettre, comme le suggère Lord Slynn dans son opinion, qu'une modification des termes et conditions d'emploi des salariés puisse intervenir pour peu que le motif allégué soit d'ordre économique, technique ou d'organisation. Elle l'était également pour les employeurs puisqu'elle ne permettait pas de déterminer à quel moment ces derniers pouvaient valablement chercher à modifier les termes et conditions d'emploi des salariés transférés sans encourir le risque que les licenciements prononcés suite au refus de ces modifications soient considérés abusifs [73]. De même, si toute modification en lien avec le transfert est impossible, la question se pose de l'utilité de consulter les représentants des salariés sur les « mesures » envisagées par l'employeur, dans le cadre du transfert, comme le requiert le TUPE [74] puisque de telles mesures ne pourront valablement être mises en œuvre [75].

**779.** Cette interprétation a cependant été fidèlement et strictement suivie par les juridictions inférieures, qui ont jugé inapplicables les nouveaux termes et conditions d'emploi décidés par le cessionnaire lorsqu'ils sont motivés par le transfert. La modification est inopposable aux salariés, quand bien même les termes et conditions proposés leur sont globalement plus favorables et malgré qu'ils y aient donnés leur accord, dès lors qu'ils tendent à leur imposer une obligation à laquelle ils n'étaient pas précédemment assujettis [76]. De plus, il n'y a, *a priori*, aucune limite dans le temps à ce principe. La validité de la modification dépend uniquement de l'absence de cause à effet entre le transfert d'entreprise et la modification du contrat du salarié. Elle peut ainsi être encore considérée comme liée au transfert deux ans après la date effective du transfert [77].

---

70. « *Economic, technical or organisational reason entailing changes in the workforce* », (« ETOR » ou « ETO reason »).

71. « *A variation of the terms of the contract which is due to the transfer and for no other reason is invalid. However, there can be a valid variation of the terms for reasons which are not due to the transfer. It may be difficult to decide whether the variation is due to the transfer or attributable to some separate cause (...)* » : Obiter dicta (per Lord Slynn of Hadley), Wilson and others v. St Helens Borough Council and British Fuels Ltd v. Baxendale and Meade [1998] *IRLR* 706 at 707 n°970.

72. « *Obiter dicta* ».

73. Notamment: G. PITT, *Employment Law*, Sweet & Maxwell, 2000, p. 308.

74. TUPE 1981, reg. 10 (2)(c) ; TUPE 2006, reg. 13(2)(c).

75. Notamment: Ch. WYNN-EVANS, « The TUPE saga continues », *Business Law Review*, November 1996, vol. 17, p. 223-24.

76. Tel est le cas, notamment, d'une clause de non-concurrence rémunérée introduite au contrat postérieurement au transfert dont le cessionnaire ne peut par conséquent se prévaloir, par la suite, en cas de départ du salarié à la concurrence : Credit Suisse First Boston (Europe) Ltd v. Padiachy [1998] *IRLR* 504 (High Court) et Credit Suisse First Boston (Europe) Ltd v. Lister [1998] *IRLR* 700 (CA).

77. Pour un exemple de licenciement considéré comme automatiquement abusif suite au refus du salarié d'accepter la modification de son contrat de travail deux ans après le transfert, voir : Taylor v. Connex South Eastern, EAT/1243/99. La modification impliquait, en l'espèce, une perte de salaire et une diminution des droits à congés. Elle a été considérée comme liée au transfert car elle visait à une harmonisation des termes du contrat du salarié transféré avec ceux des salariés en place ; London Metropolitan University v. Sackur and ors, EAT/0286/06, *IDS Employment Law*, Brief 817, November 2006, p. 15-16 : le licenciement d'un groupe de salariés a été considéré par l'EAT comme automatiquement abusif car lié au transfert. En l'espèce, le cessionnaire avait licencié les salariés après

**780.** Le TUPE 2006 assouplit cette position. Il prévoit désormais, qu'à l'instar d'un licenciement intervenant dans le contexte d'un transfert d'entreprise, une modification du contrat de travail puisse intervenir pour un motif économique, technique ou organisationnel impliquant un changement sur le plan de l'emploi (« ETO »), même si celui-ci est lié au transfert. La modification du contrat de travail précédant ou suivant le transfert sera considérée comme nulle dans le seul cas où elle trouve sa motivation dans le transfert ou est liée au transfert, sans pouvoir être considérée comme motivée par un ETO [78]. Le motif ETO ne devrait néanmoins pas permettre, en l'état de la jurisprudence en matière de licenciement pris sur ce même fondement, de justifier des harmonisations de statuts après le transfert. Celles-ci devraient, en effet, pour ce faire, impliquer également des changements dans les fonctions exercées par les salariés [79]. L'impact du TUPE 2006 devrait donc être limité sur ce point [80].

**781.** La jurisprudence de la Cour de cassation serait, en l'état, plus permissive que celle de la Chambre des Lords. Elle admet en effet plus largement la modification du contrat du salarié après le transfert d'entreprise et reconnaît que la voie de la novation puisse être utilisée pour déroger au principe de maintien des droits des salariés après le transfert, en l'absence de fraude au droit des salariés. Cette conclusion est surprenante au regard de la valeur attachée à la liberté contractuelle en droit anglais. En *common law*, le salarié est en effet libre d'accepter toute modification à son contrat de travail. Les quelques éléments suivants, qui ne prétendent pas être exhaustifs et rendre compte de la complexité de la cause, peuvent néanmoins nous aider à en comprendre les raisons.

**782.** D'abord un élément textuel. Contrairement au droit français où seuls quelques articles épars du code du travail réglementent la matière, le TUPE contient des dispositions spécifiques concernant tant le licenciement que la modification par l'employeur des termes substantiels du contrat de travail du salarié intervenus en lien avec le transfert. Le licenciement prononcé dans le cadre d'un transfert est abusif à moins qu'il ne soit justifié par une raison économique, technique ou d'organisation impliquant des changements sur le plan de l'emploi (ETO) [81]. La modification substantielle du contrat de travail du salarié intervenue en lien avec le transfert entraine le droit pour le salarié d'imputer la rupture à l'employeur [82]. Enfin, le TUPE contient des dispositions qui prévoient la nullité de tout acte, y compris un contrat de travail, visant à éluder ou à limiter, notamment, les règles précitées [83].

Sur le fondement de ces principes, chaque cas soumis aux juges anglais est qualifié et jugé en fonction des dispositions auxquelles il se rapporte. Ainsi, s'il s'agit d'un licenciement, celui-ci sera soumis aux dispositions spécifiques relatives au licenciement intervenant dans le

---

leur avoir proposé de les réembaucher à des termes et conditions d'emploi harmonisés deux ans après leur transfert.

[78]. TUPE 2006, reg. 4 (5) : « (…) *shall not prevent the employer and his employee, whose employment contract is, or will be transferred* (…) *from agreeing a variation of that contract if the sole or principal reason for the variation is (a) a reason connected with the transfer that is an economic, technical or organisational reason entailing changes in the workforce ; or (b) a reason unconnected with the transfer* ».

[79]. Notamment, *IDS Employment Law*, Brief 800, March 2006, p. 13. Ainsi, le cessionnaire qui voudrait, par exemple, modifier le temps de travail ou les avantages et rémunérations des salariés qui lui sont transférés, devrait démontrer que cette modification est liée à la nécessité de modifier leurs fonctions.

[80]. J. McMULLEN, « An analysis of the Transfer of Undertakings (Protection of Employment) Regulations 2006 », *Industrial Law Journal*, June 2006, vol. 35, n°2, p. 127-28.

[81]. TUPE 1981, reg. 8 ; TUPE 2006, reg. 7.

[82]. TUPE 1981, reg. 5(5) ; TUPE 2006, reg. 4(9). Rappelons que le TUPE 2006 apporte cette précision que la modification substantielle peut être valable, même si elle est liée au transfert, sous réserve toutefois que le salarié y consente et que la modification soit motivée par un ETO [TUPE 2006, reg. 4(5)].

[83]. TUPE 1981, reg. 12 ; TUPE 2006, reg. 18.

cadre d'un transfert d'entreprise [84]. Inversement, s'il s'agit d'une modification de contrat, celle-ci sera soumise aux dispositions relatives aux modifications substantielles de contrat liées au transfert d'entreprise [85]. La situation se complique lorsque le salarié refuse la modification de son contrat et que l'employeur en tire les conséquences en le licenciant, ou, comme dans l'affaire qui était soumise à la Chambre des Lords, que le contrat de travail du salarié est rompu et que de nouveaux termes et conditions d'emploi lui sont offerts, par le biais d'un nouveau contrat de travail. La Chambre des Lords a statué sur le fondement des dispositions relatives au licenciement intervenant dans le cadre du transfert d'entreprise. Elle a ainsi distingué la rupture du contrat motivée par le transfert (affaire Meade and Baxendale) de celle, certes liée au transfert, mais motivée par une raison économique, technique ou d'organisation impliquant des changements sur le plan de l'emploi (ETO). La rupture étant valable dans ce dernier cas [86], les modifications intervenues postérieurement, dans le cadre d'un nouveau contrat le sont aussi (affaire Wilson).

Dès lors qu'il y a rupture du contrat, le débat se déplace sur le terrain des dispositions spécifiques propres au licenciement. Celles-ci offrent une échappatoire à l'employeur en lui permettant d'éviter que le licenciement soit qualifié d'abusif s'il est justifié par un motif économique, technique ou d'organisation impliquant des changements sur le plan de l'emploi et que son caractère raisonnable est reconnu par les juges du fond. S'il n'y a pas licenciement, le débat porte uniquement sur le fait de savoir si la modification des termes et conditions d'emploi du salarié est motivée par le transfert. Dans l'affirmative, la modification est inopposable au salarié, que celle-ci ait été imposée au salarié ou mise en œuvre avec son accord. Le TUPE 2006 ne devrait pas permettre d'assouplir cette dernière proposition bien qu'il autorise l'employeur, qui a recueilli l'accord du salarié sur la modification de son contrat de travail, à se prévaloir d'un motif économique, technique ou d'organisation pour justifier la modification [87]. Précédemment, cette possibilité était réservée aux seuls cas où un licenciement était intervenu. Dans les deux cas, l'employeur avait déjà tout intérêt à motiver la rupture et la modification du contrat par une raison autre que le transfert lui-même, comme l'avait laissé entendre Lord Slynn dans son opinion.

**783.** Cet élément textuel se cumule avec un autre élément, que nous appellerons un élément référentiel tenant à l'appropriation et la stricte application par les juges anglais de la jurisprudence communautaire. Les juges anglais font référence d'une façon systématique aux décisions de la Cour de justice des communautés européennes pour fonder leurs décisions. Nous avons vu dans un chapitre précédent [88] que cela tient, principalement, au fait que la matière des droits des salariés en cas de transfert d'entreprise est un droit nouveau, né avec la transposition de la directive en droit anglais en 1982. A cette occasion ont été adoptés des termes juridiques jusqu'alors inconnus en droit anglais tels que « transfert d'entreprise », « motif économique, technique ou d'organisation », ou encore « maintien des droits des travailleurs ». La matière des modifications apportées au contrat de travail du salarié dans le contexte du transfert ne fait pas exception. La Chambre des Lords, et avant elle la Court of Appeal (CA) et l'Employment Appeal Tribunal (EAT), a donc cherché à croiser les

---

[84]. TUPE 1981, reg. 8 ; TUPE 2006, reg. 7.

[85]. TUPE 1981, reg. 5(5) et 12 ; TUPE 2006, reg. 4(5) et 18.

[86]. Le licenciement avait été considéré, par ailleurs, comme raisonnable, compte tenu des faits de l'espèce.

[87]. Cette option ne lui permet pas, en particulier, d'harmoniser le statut des salariés après le transfert, d'après la note explicative du gouvernement sur le nouveau TUPE. *Employment rights on the transfer of an undertaking*, a guide to the 2006 TUPE Regulations for employees, employers and representatives, DTI, 30 January 2006, p.17. Une position réitérée dans la version 2007 de la note explicative du TUPE 2006 du gouvernement, laquelle confirme que le désir du cessionnaire d'harmoniser les termes et conditions d'emploi des salariés ne peut s'analyser en un motif ETO. *Employment rights on the transfer of an undertaking*, a guide to the 2006 TUPE Regulations for employees, employers and representatives, DTI, March 2007, URN 07/758, p. 16.

[88]. 1ère Partie, Titre I, Chapitre I, *supra*.

dispositions du TUPE avec les décisions prises sur ce terrain par la Cour de justice des communautés européennes pour en cerner le mécanisme, tout en gardant en mémoire l'objectif de la directive. Il convient d'assurer, autant que possible, la continuation du contrat de travail ou de la relation de travail, sans modification, avec le cessionnaire, afin d'empêcher que les salariés concernés ne soient placés dans une position moins favorable du seul fait du transfert.

En l'absence de décision de la Cour de justice des communautés européennes sur le point de savoir si le salarié peut valablement accepter une modification à son contrat de travail dans le contexte d'un transfert d'entreprise [89], les arrêts Daddy's Dance Hall [90] et Watson Rask[91] ont servi de référent jurisprudentiel aux juges anglais. Ils prévoient, en substance, qu'un travailleur ne peut pas renoncer aux droits que lui confèrent les dispositions impératives de la directive et que le transfert d'entreprise ne saurait constituer en lui-même le motif de la modification. L'interprétation faite de la directive par les juges anglais afin d'assurer le respect de son objectif de continuité de la relation d'emploi et de maintien des droits des travailleurs a fait le reste [92].

La Cour de cassation a préféré se placer sur le terrain de l'absence de fraude alléguée aux droits des salariés pour fonder sa décision et permettre la novation du contrat. Le contrat de travail en cours au jour du transfert avait bien subsisté avec le cessionnaire et les modifications n'avaient pris effet que postérieurement au transfert. Cette position est contestée par la doctrine en ce qu'elle ouvre à la liberté contractuelle un terrain réservé à l'ordre public, en marge de la jurisprudence sur les conditions de validité de la modification du contrat de travail après le transfert. Elle est également parfaitement contestable en l'état du droit anglais puisque la novation du contrat, c'est-à-dire la substitution d'un nouveau contrat à l'ancien contrat par extinction du premier, aurait vraisemblablement été considérée comme une rupture du contrat motivée par le transfert d'entreprise. La rupture étant abusive, les nouveaux termes et conditions d'emploi n'auraient pas été opposables au salarié, même s'il y avait donné son accord. En droit français, la novation du contrat est admise comme sa modification, dès lors qu'elle n'est pas motivée principalement par le transfert et n'entend pas frauder les droits des salariés. La position contraire est, en toute hypothèse, difficile à tenir quel que soit le système juridique étudié. En effet « *il arrive un moment où le lien avec le transfert est rompu, où l'on peut considérer qu'il n'a plus d'effet* » [93] et où le pouvoir de direction de l'employeur reprend ses droits.

**784.** Un dernier élément doit à notre sens être pris en compte dans l'appréhension de la position de la jurisprudence anglaise en cette matière. Il s'agit d'un élément conceptuel tenant à la valeur du contrat de travail en droit anglais. Seul le contrat de travail a force obligatoire entre les parties en droit anglais, contrairement aux accords collectifs. Ces derniers n'ont de

---

[89]. Lord Slynn a d'ailleurs admis que si la Chambre des Lords avait eu à trancher la question de savoir si un salarié peut valablement accepter des modifications à son contrat après le transfert sans qu'il y ait eu rupture du contrat, elle en aurait référé à la CJCE pour qu'elle prenne position sur ce point. Wilson and others v. St Helens Borough Council and British Fuels Ltd v. Baxendale and Meade [1998] *IRLR* 706 at 715 n°90.

[90]. CJCE 10 février 1988, Foreningen af Arbejdsledere i Danmark c/ Daddy's Dance Hall, aff. 324/86, *Rec. CJCE* 1988, p. 739, dans lequel le salarié avait conclu un nouveau contrat avec le cessionnaire pour ensuite être licencié quelques semaines plus tard.

[91]. CJCE 12 novembre 1992, Anne Watson Rask et Kirsten Christensen c/ Iss Kantineservice A/S, aff. C-209/91, *Rec. CJCE* 1992, p. I-5755, dans lequel le cessionnaire avait procédé à la modification unilatérale des termes du contrat puis avait licencié la salariée qui avait refusé de poursuivre la relation de travail dans ces conditions.

[92]. « *Purposive approach* ». A ce sujet, v. 1ère Partie, Titre 1, Chapitre 1, *supra*.

[93]. « (...) *There may come a time when the link with the transfer is broken or can be treated as no longer effective* »: Obiter dicta (per Lord Slynn of Hadley), Wilson and others v. St Helens Borough Council and British Fuels Ltd v. Baxendale and Meade [1998] *IRLR* 706 at 707 n°970.

valeur que celle de la parole donnée par l'employeur (« *gentleman's agreement* ») [94]. Si les contrats de travail et les accords collectifs peuvent octroyer des droits au salarié, celui-ci ne peut pour autant s'opposer à la modification que des seuls droits identifiés dans son contrat de travail. L'employeur dispose donc d'un large pouvoir pour modifier les termes et conditions d'emploi du salarié en *common law*. Il n'a de limite que dans les droits explicitement reconnus au salarié.

Une décision prise par l'EAT en donne une illustration [95]. En l'espèce, les contrats de travail des salariés indiquaient que les termes d'un accord collectif dénommé le « Livre d'argent » (« *Silver Book* ») faisaient partie intégrante desdits contrats. Le transfert eut lieu et les salariés acceptèrent, quelques temps plus tard, de nouveaux contrats qui ne contenaient pas la référence aux dispositions du Livre d'argent. Quelques mois passèrent avant que les salariés n'introduisent une action devant l'Employment Tribunal (ET) afin de faire dire que les termes de leur emploi étaient ceux contenus dans le Livre d'argent, sans pour autant se prévaloir de la rupture abusive de leur premier contrat de travail. Le tribunal les débouta au motif que le cessionnaire n'était pas obligé de leur proposer des contrats contenant les termes du Livre d'argent et que la modification était permise puisqu'elle n'était pas liée au transfert. Les salariés firent appel de la décision. L'EAT confirma la décision de l'ET. Puisque le cédant pouvait à tout moment révoquer les droits issus pour les salariés du Livre d'argent, le cessionnaire ne devait pas être mis dans une situation différente. Les termes du Livre d'argent ne pouvaient lui être imposés dans les nouveaux contrats qui avaient succédé aux anciens contrats. La directive ne visait en effet pas à imposer au cessionnaire des obligations supplémentaires par rapport à celles pesant sur le cédant, au jour du transfert.

L'importance du contrat de travail est réelle pour le salarié. Elle justifie que la jurisprudence anglaise soit *a priori* peu disposée à permettre que l'employeur puisse en modifier les termes, même avec l'accord du salarié, dans un contexte tel que celui du transfert d'entreprise où ses droits sont protégés par la loi et doivent être maintenus après le transfert.

**785.** Le cessionnaire qui souhaite harmoniser les termes et conditions de l'ensemble de ses salariés à la suite du transfert n'a pas d'autre alternative que de trouver une parade en licenciant les salariés pour les réembaucher avec de nouveaux contrats. Cette pratique n'est néanmoins pas sûre juridiquement [96]. Une alternative pour le cessionnaire est de geler les conditions financières des salariés transférés qui lui paraissent excessives, jusqu'à ce qu'elles soient conformes à celles des autres salariés, technique dite du « red-circling ». Le risque corrélatif pour le cessionnaire est de se voir sanctionner pour discrimination. La prudence recommande de reporter purement et simplement l'harmonisation à une date ultérieure [97].

---

[94]. *Trade Union and Labour Relations (Consolidation) Act* 1992 [TULR(C)A 1992], s. 179.

[95]. Ralton & ors v. Havering College of further & Higher Education [2001] *IRLR* 738 (EAT), *IDS*, Brief 701, January 2002, p.11. Décision à mettre en parallèle avec un arrêt de la Cour de cassation jugeant que dès lors que la structure de la rémunération des salariés résultait non pas des contrats de travail mais d'une convention collective, le changement de structure salariale résultant de l'entrée en vigueur d'une nouvelle convention collective s'impose aux salariés, sans que ceux-ci puissent se prévaloir d'une modification de leur contrat de travail. Cass. soc. 16 décembre 2003, Mme Pourre et a. c/ Institut Gustave Roussy, n°2646 F-D, non publié au Bull. civ. ; *Travail et Protection Sociale*, février 2004, p. 19, n°46.

[96]. Ministry of Defence v. Clutterbuck & ors, EAT 322/97, décidant que les nouveaux contrats de travail des salariés transférés étaient valables puisque les salariés avaient été licenciés et réengagés. Cela peut néanmoins s'avérer coûteux pour l'employeur puisque les licenciements seront considérés abusifs (« *unfair* ») dans la majorité des cas et, pour peu, qu'ils entrent dans la catégorie des licenciements économiques (« *redundancy* »), ils entraîneront le paiement d'une indemnité de rupture spécifique et donneront lieu à une obligation d'information et de consultation si au moins 20 salariés sont concernés [TULR(C)A 1992, s. 188]. Voir notamment sur ce point H. COLLINS, « Dismissals on transfer of a business », *Industrial Law Journal*, 1986, vol. 15, p. 244-255.

[97]. Solutions préconisées notamment par H. COLLINS, K D EWING & A. McCOLGAN, *Labour Law – Text and Materials*, Hart Publishing, 2001, p. 1047 et par J. McMULLEN, *Business transfers and employee rights*, Butterworths, 2001, unbound, p. 8/29-8/31 et 9/18-9/20, lequel s'interroge sur la raison

Le gouvernement anglais avait lui-même reconnu, dans son document de travail de 2001 sur la réforme du TUPE [98], « *l'incertitude au Royaume-Uni quant aux circonstances dans lesquelles une modification des termes et conditions peut être valablement faite* », suite à l'arrêt de la Chambre des Lords précité [99]. Il avait proposé d'introduire dans le TUPE l'indication expresse que ce texte n'interdit pas les modifications des termes et conditions d'emploi motivées par une raison économique, technique ou d'organisation impliquant des changements sur le plan de l'emploi (ETO) [100].

**786.** Le nouveau TUPE a entériné cette proposition[101]. La note explicative sur ce nouveau texte indique néanmoins qu'un employeur ne peut pas valablement imposer des nouveaux termes et conditions d'emploi à ses salariés. Tout changement devra recueillir l'accord du salarié ou du syndicat qui le représente. Elle ajoute surtout, qu'en toute hypothèse, une modification destinée à obtenir l'harmonisation des termes et conditions d'emploi des salariés après le transfert doit être considérée comme motivée par le transfert lui-même. Elle ne saurait constituer un motif ETO [102].

La validité des modifications après le transfert devrait donc désormais être appréciée de la même façon que les modifications opérées en dehors d'un transfert d'entreprise, qui sont susceptibles de constituer une rupture de contrat imputable à l'employeur [103] pour le salarié qui les refuse. Cela aurait l'avantage de ne pas geler totalement les termes du contrat à la date du transfert. Les modifications du contrat de travail motivées principalement par le transfert seraient interdites. Celles qui, bien que motivées par un ETO, seraient considérées comme une modification substantielle requérant l'accord du salarié, en *common law*, recevraient le même traitement [104].

---

de ce manque de flexibilité de la jurisprudence. En effet, si le salarié peut valablement s'opposer à son transfert en application du TUPE, pourquoi ne pourrait-il pas valablement accepter une modification de ses anciens termes et conditions d'emploi avec un nouveau contrat ? L'auteur oppose également à cette jurisprudence le fait que l'objectif de la directive est de maintenir les droits des salariés et non de les augmenter. La position inflexible de la jurisprudence anglaise pourrait néanmoins se justifier, selon lui, par le fait que l'accord du salarié sur des nouveaux termes et conditions d'emploi, dans le contexte d'un transfert d'entreprise, pourrait être obtenu à contrecoeur et dans le seul but pour lui de conserver son emploi. Ce serait donc imposer une trop lourde charge aux juges que d'apprécier la réalité du consentement du salarié dans chaque cas. La seule parade possible à ce risque est donc d'interdire toute renonciation à ses droits par le salarié.

98. *Transfer of Undertakings (Protection of Employment) Regulations 1981: Government proposals for reform,* detailed background paper, Employment Relations Directorate Department of Trade and Industry, September 2001, URN 01/1158, part F : « *changes to terms and conditions of employment of affected employees* », n°76-83.

99. Wilson and others v. St Helens Borough Council and British Fuels Ltd v. Baxendale and Meade [1998] *IRLR* 706 (HL).

100. Cette proposition avait été renouvelée dans les réponses du gouvernement aux observations faisant suite à la consultation publique qu'il avait organisé, dans le cadre du processus d'adoption du nouveau texte. Le gouvernement avait néanmoins conclu ses observations en insistant sur « *le risque sérieux qu'il y a à permettre aux parties de s'accorder sur des modifications des contrats aux fins d'harmonisation, laquelle serait incompatible avec la directive* ». Le gouvernement indiquait donc qu'il n'y aurait pas de modification du texte de nature à permettre de telles harmonisations, sauf à ce qu'une modification de la directive intervienne en ce sens. *TUPE: draft revised regulations, Government response to the public consultation*, DTI, February 2006, para. 3.4 à 3.6 p. 16-17.

101. TUPE 2006, reg. 4(5).

102. *Employment rights on the transfer of an undertaking*, a guide to the 2006 TUPE Regulations for employees, employers and representatives, DTI, 30 January 2006, p. 17 ; DTI, March 2007, URN 07/758, p. 16.

103. « *Breach of contract* ».

104. TUPE 2006, reg. 4(9) ; *Employment rights on the transfer of an undertaking*, a guide to the 2006 TUPE Regulations for employees, employers and representatives, DTI, March 2007, URN 07/758, p. 16.

## C. DROIT AMÉRICAIN : L'EMPLOI ET LE LICENCIEMENT À DISCRÉTION

**787.** Le droit américain admet une toute autre logique. Il n'organise pas une protection particulière des salariés face aux décisions de licenciement ou de réorganisation que pourrait prendre l'employeur dans le contexte d'une opération de transfert d'entreprise. Le pouvoir de direction de l'employeur est le principe. Le transfert d'entreprise n'est pas une situation encadrée par les textes comme en droit français et anglais.

Le NLRA, qui régit les rapports collectifs de travail, n'interfère pas dans l'exercice du pouvoir de direction de l'employeur d'embaucher ou de licencier les salariés. Il faut toutefois que ce pouvoir ne s'exerce pas en réaction au droit des salariés d'être représentés par un syndicat ou d'exprimer leurs opinions syndicales.

Sous cette réserve qui a trait au libre exercice du droit syndical, l'emploi et le licenciement sont en principe à la discrétion (« *at will* ») de l'employeur en droit américain[105]. Cela signifie que le contrat de travail à durée indéterminée peut être rompu à tout moment sur décision de l'une ou l'autre des parties. Il peut l'être pour un motif déterminé ou en l'absence de motif ou même pour un motif qui serait moralement condamnable [106].

**788.** En règle générale, ce principe s'applique de la même façon au cédant et au cessionnaire sans distinction. Sous réserve de la protection accordée par les règles anti-discrimination, ils ont une complète liberté pour déterminer le nombre et l'identité des salariés qu'ils souhaitent licencier et pour modifier les termes et leurs conditions de travail. La plus grande importance est donnée à la liberté contractuelle de l'employeur et du salarié[107]. Les juges américains s'accordent en effet à dire que l'accord des parties est le meilleur des guides pour distinguer ce qui est « *fair* » de ce qui ne l'est pas. Ce raisonnement repose sur l'idée que le droit du salarié de quitter le service de son employeur est le même que celui de l'employeur de se passer des services de son salarié, quelle que soit la raison invoquée. Dans tous les cas, en

[105]. Principe de *common law* dont l'origine est encore discutée en doctrine et qui remonterait, pour la plupart des auteurs, à un traité de Howard G. Wood, *Master and Servant*, datant de 1877. En substance, le droit anglais interdisait au XVIè siècle le licenciement à moins qu'il ne soit décidé pour un motif « raisonnable et suffisant ». Cette règle ayant été abrogée par la suite, le principe en droit anglais devint qu'un contrat de travail dont la durée n'était pas déterminée était présumé être conclu pour une année. En conséquence, celle des parties qui voulait mettre fin au contrat avant ce délai devait apporter la preuve que le contrat pouvait être rompu à la discrétion de l'une ou l'autre des parties (« *English Rule* »). Au début du XIXè siècle, ce principe fut adopté par plusieurs Etats américains pour être remis en cause à la fin du XIXè siècle, comme contraire à la politique du « *laissez-faire* » et remplacé par la règle de l'emploi à discrétion (« *employment at will* »), sauf dans le cas où le contrat est conclu pour une durée déterminée (« *American Rule* »). Pour un aperçu des origines du principe et de sa réception en droit américain, voir notamment: S. M. JACOBY, « The duration of indefinite employment contracts in the United States and England: an historical analysis », *Comparative Labor Law*, 1982, vol. 5, n°1, p. 85-128 ; J. M. FEINMAN, « The development of the employment at will rule », *American Journal of Legal History,* 1976, vol. XX, n°2, p. 118-135 ; E. COURTOIS-CHAMPENOIS, *Le droit américain, un droit de l'entreprise – contribution à l'étude comparée des sources du droit du travail français et américain*, PU d'Aix-Marseille, 2002, p. 426, n°907 et s.

[106]. Par opposition, le contrat à durée déterminée ne peut être rompu, avant son terme, que pour un juste motif (« *just cause* » ou « *good cause* »), sauf accord contraire des parties.

[107]. La liberté contractuelle gagne également du terrain en droit français, même si la comparaison entre les droits américain et français est toute relative. En témoignent notamment les développements jurisprudentiels que nous avons vus sur la novation du contrat après le transfert. Sur ce même sujet, voir l'article de Ch. RADE, « L'ordre public social et la renonciation du salarié », *Droit Social*, 2002, n°11, p. 931. Voir également les développements de la jurisprudence en matière de résiliation amiable où la Cour de cassation reconnaît désormais que le salarié concerné par un projet de licenciement économique n'est pas privé de la faculté de proposer à son employeur une rupture amiable de son contrat de travail s'il estime y avoir intérêt : Cass. soc. 2 décembre 2003, n°2661 FS-PBRI, Baracassa c/ Société Etienne Lacroix : *Bull. civ.* V, n°308, p. 310 ; *Droit Social*, 2004, n°3, p. 318, obs. J. SAVATIER; *Les Petites Affiches*, 1er mars 2004, n°43, p. 11.

effet, « *l'employeur et le salarié ont une égalité de droits, et toute législation qui perturbe cette égalité constitue une interférence arbitraire avec la liberté de contracter qu'aucun gouvernement ne peut légalement justifier sur une terre libre* » [108]. Ainsi, dans une conception purement économique de la relation de travail, il est admis que « *aussi longtemps que l'on acceptera que l'employeur soit propriétaire de son capital et le salarié propriétaire de son travail, l'un et l'autre seront libres de convenir des termes et conditions d'emploi qui leur agréent* » [109].

**789.** La situation des salariés compris dans une opération de transfert d'entreprise en droit américain est beaucoup plus simple que celle admise par les droits français et anglais pour l'employeur. Aucune distinction n'est faite entre une situation de transfert d'entreprise et une situation d'emploi et de licenciement classique. Le pouvoir de direction de l'employeur s'exerce pleinement et librement, en l'absence d'engagement contraire de sa part. Ce principe est d'ailleurs encouragé et relayé par la jurisprudence en matière de négociation collective. Celle-ci ne reconnaît, dans la plupart des situations, un droit de négociation au syndicat que sur les effets des décisions et non sur les décisions de restructuration elles-mêmes qui sont et restent du domaine du pouvoir managérial [110].

**790.** Le principe d'« *employment at will* » compte néanmoins aujourd'hui de nombreuses limites reconnues par les textes, au niveau des États principalement, et par la jurisprudence, soucieux de ne pas consacrer un droit de licencier absolu et inconditionnel pour l'employeur[111]. Une réglementation type, le Model Employment Termination Act

---

[108]. « *In all such particulars, the employer and the employee have equality of right, and any legislation that disturbs that equality is an arbitrary interference with the liberty of contract which no governement can legally justify in a free land* ». Adair v. United States, 208 *U.S.* 161, 175, 28 *S. Ct.* 277, 280, 52 *L. Ed.* 436 (1908).

[109]. R. A. EPSTEIN, « In defense of the contract at will », *University of Chicago Law Review*, 1984, vol. 51, n°4, p. 947-982. L'auteur indique à ce titre que si les termes et conditions d'emploi dont employeur et salarié sont convenus se révèlent « catastrophiques » pour l'une des parties, celle-ci ne répètera pas la même erreur une deuxième fois. La question pour les parties n'est pas de savoir comment minimiser les abus de l'employeur mais de déterminer comment maximiser le gain résultant de la relation de travail (p. 957). L'auteur conçoit la relation de travail comme un partenariat donnant-donnant, par opposition au droit du travail français et, dans une moindre mesure au droit du travail anglais, qui sont destinés à assurer la protection du salarié contre les abus possibles de l'autonomie de la volonté et visent à limiter les effets de la subordination. Pour une discussion plus large sur les aspects économiques et le besoin ou non de légiférer sur la question de la sécurité de l'emploi, voir l'ouvrage édité par Ch. F. BUECHTEMANN, *Employment Security and Labor Market Behavior: interdisciplinary approaches and international evidence*, Cornell University Press, 1994, et notamment Ch. F. BUECHTEMANN, « Introduction : employment security and labor Markets » , p. 3 et P. OSTERMAN, « Pressures and Prospects for employment security in the United States », p. 228, lequel conclut son article (p. 243) en indiquant que du fait des deux caractéristiques du marché du travail américain que sont la faiblesse des syndicats et l'aversion du gouvernement à intervenir dans les pratiques d'emploi privé, peu de pression s'exerce en faveur d'un changement et peu d'attention politique est donnée à la question de la sécurité de l'emploi aux Etats-Unis.

[110]. Interprétation des sections 8(a)(5) et 8(d) du NLRA faite par la jurisprudence pour exclure des matières de négociation obligatoire définies par le NLRA (« *autres termes et conditions d'emploi* ») la plupart des décisions de restructuration prises par l'employeur. Sur cette question, v. 1ère Partie, Titre I, Chapitre II, et Titre II, Chapitre II, *supra*.

[111]. De nombreuses limites au principe de l'emploi à discrétion sont en effets organisées par les textes, tant au niveau fédéral qu'au niveau des Etats (ainsi, la protection particulière des fonctionnaires ou, plus importants, les textes organisant une protection contre les licenciements discriminatoires fondés sur le sexe, la race, la religion, l'âge, le handicap, etc.) ou par la jurisprudence [exigence d'une juste cause de licenciement (appréciée au cas par cas) fondée principalement sur le droit des contrats (*common law*) [que ce soit en vertu d'un accord implicite de l'employeur (« *implied covenants of good faith and fair dealing* »), de conditions implicites d'emploi résultant de règlements internes (« *implied conditions exception* »), d'une promesse que l'employeur aurait faite au salarié (« *promissory estoppel exception* »)

(« META ») a même été adoptée à ce sujet en 1991, à l'initiative de l'American Bar Association [112], afin d'encourager les États à légiférer sur son modèle et offrir aux salariés une protection contre les licenciements abusifs. Elle prévoit en particulier qu'un employeur ne peut pas licencier sans juste motif un salarié ayant au moins un an d'ancienneté dans l'entreprise, sauf à lui verser une indemnité de rupture, calculée en fonction de son ancienneté[113]. Très peu d'États ont toutefois choisi pour l'instant de l'intégrer dans leur propre système juridique [114].

Rappelons également que le principe de licenciement à discrétion est condamné au niveau international par le Bureau International du Travail. Celui-ci consacre dans sa Recommandation n°119/1963 sur la cessation de la relation de travail, le principe du licenciement pour juste motif (« motif valable de licenciement ») et le droit du salarié d'exercer un recours contre un licenciement abusif, texte sur la base duquel le droit anglais du licenciement a par ailleurs été érigé.

**791.** La plupart des employeurs se prémunissent néanmoins en pratique aujourd'hui de poursuites éventuelles des salariés sur ce terrain en rappelant avec vigueur dans les contrats de travail et documents remis aux salariés que leur emploi et leur licenciement sont à discrétion. Ce principe d'emploi à discrétion et son corollaire, le licenciement à discrétion, s'appliquent encore en droit américain au plus grand nombre des salariés n'ayant pas organisé contractuellement et individuellement - ou pour une minorité d'entre eux, collectivement, par le biais de leurs représentants - les conditions de la rupture de leur contrat de travail. Ils peuvent perdre leur emploi à tout moment, sans préavis, quelle que soit la situation juridique de leur employeur.

---

ou de l'exercice d'un droit par le salarié consacré par les textes (« *public policy exception* »)], ou encore sur la responsabilité délictuelle de l'employeur, lorsque les circonstances de la rupture le justifient (« *wrongful discharge exception* »). Celles-ci ne feront pas l'objet de développements, dans le cadre de notre étude, puisqu'elles s'attachent à la situation individuelle des salariés et ne peuvent être spécialement invoquées dans le cadre d'un transfert d'entreprise. Certains auteurs préconisent cependant l'application de ces sanctions aux situations de licenciements collectifs. Par exemple: B. RHINE, « Business closings and their effects on employees : the need for new remedies », *Labor Law Journal*, 1984, vol. 35, p. 268 et s., article toutefois écrit avant la promulgation du WARN Act en 1989 encadrant les mesures collectives de mise au chômage technique et les fermetures de site. Pour des développements sur le principe d'emploi à discrétion et ses exceptions, notamment: D. A. BALLAM, « Employment-at-will : the impending death of a doctrine », *American Business Law Journal*, 2000, vol. 37, p. 653-687 ; W. A WINES, T. J. LAU, « A preliminary inquiry into the attitudes toward work that should be fostered by socially responsible employers », *Labor Law Journal*, Winter 2004, p. 248-267 ; E. COURTOIS-CHAMPENOIS, *L'organisation du droit du licenciement aux Etats-Unis: approche comparative des droits américains et français*, PU d'Aix Marseille, 1997, n°47 et s. et, du même auteur, *Le droit américain, un droit de l'entreprise – contribution à l'étude comparée des sources du droit du travail français et américain*, PU d'Aix-Marseille, 2002, n°919 et s.

[112]. Et plus précisément de la *National Conference of Commissioners of Uniform State Laws*.

[113]. META, section 3(a) et (b).

[114]. Seul le Montana a légiféré sur la question avec le *Montana Wrongful Discharge from Employment Act* 1987, Montana Code Annotated Secs 39-2-901 à 39-2-915 dont le META se serait inspiré. P. J. CIHON, J.O. CASTAGNERA, *Employment & Labor Law*, Thomson, 2005, p. 10 ; S. ESTREICHER, S. J. SCHWAB, *Foundations of Labor & Employment law*, Foundation Press, 2000, p. 233-34 et p. 383 : R. H. FOLSOM, A. A. LEVASSEUR, *Pratique du droit des affaires aux Etats-Unis*, Dalloz, 1995, n°540 et s. p. 272.

## §2. LE LICENCIEMENT EST VALABLE DÈS LORS QU'IL INTERVIENT POUR UN MOTIF ÉCONOMIQUE, TECHNIQUE OU D'ORGANISATION

**792.** Le principe selon lequel le transfert ne peut pas constituer en lui-même un motif de licenciement ne fait pas obstacle à ce que des licenciements puissent intervenir pour des raisons économiques, techniques ou d'organisation impliquant des changements sur le plan de l'emploi [115].

Ce principe est consacré dans le corps du texte de la directive 2001/23/CE [116] et par son dispositif de transposition en droit anglais [117]. En droit français, c'est à la jurisprudence que le législateur a laissé le soin de déterminer les règles propres à assurer ce délicat équilibre entre pouvoir de direction de l'employeur, intérêt général de l'entreprise et conservation des emplois. En droit américain, le licenciement qui intervient pour motif économique, au sens des droits français et anglais, est largement admis dans son principe.

Aucun des trois systèmes juridiques étudiés n'entend consacrer une garantie d'emploi indéfinie, difficilement compatible avec la vie des affaires. Les droits français (A) et anglais (B) se distinguent toutefois du droit américain en ce qu'ils visent à s'assurer que le transfert d'entreprise ne puisse seul légitimer la rupture des contrats de travail et n'empêche leur maintien chez le cessionnaire. Le droit américain ne garantit pas une telle protection aux salariés compris dans une opération de transfert d'entreprise (C).

### A. DROIT FRANÇAIS : UN MOTIF INTERPRÉTÉ À LA LUMIÈRE DU DROIT DU LICENCIEMENT ÉCONOMIQUE

**793.** Pour reprendre les termes de Monsieur le Professeur Antoine Mazeaud, « *il est évident que l'ombre des licenciements plane sur les transferts d'entreprise* » [118] et « *il est illusoire de penser que tout se passe comme si rien ne se passe* » [119]. En effet, en pratique, les employeurs qui veulent céder leur fonds sont obligés de négocier cette cession. La reprise des salariés et/ou la prise en charge par le cédant ou le cessionnaire de leurs indemnités de rupture se trouve au cœur de cette négociation. La jurisprudence de la Cour de cassation s'emploie à vérifier que les licenciements opérés dans ce contexte, par le cédant ou par le cessionnaire,

---

[115]. CJCE 12 mars 1998, aff. C-319/94, Jules Dethier Equipement SA c/ Jules Dassy et Sovam SPRL, *Rec. CJCE* 1998, p. I-1061 où la Cour indique clairement (seconde question préjudicielle – Point 37) que « *l'article 4 paragraphe 1, de la directive doit être interprété en ce sens que le pouvoir de licencier pour des raisons économiques, techniques ou d'organisation appartient tant au cédant qu'au cessionnaire* ». La CJCE a, sur ce fondement, de même admis que « *si, en vue d'éviter, dans la mesure du possible, des licenciements, une réglementation nationale comporte, en faveur du cédant, des dispositions permettant d'alléger ou de supprimer les charges liées à l'emploi des travailleurs en surnombre, ces dispositions s'appliquent, après le transfert, à l'avantage du cessionnaire* ». Les salariés non transférés ne pouvaient, de ce fait, invoquer l'application de la législation italienne sur les transferts d'entreprises. CJCE 25 juillet 1991, aff. C-362/89, Giuseppe d'Urso et autres c/ Ercole Marelli Elettromeccanica Generale SpA et a., *Rec. CJCE* 1991, p. I-4105, Point 19. En l'espèce, l'entreprise avait été cédée et seulement une partie des salariés avait été reprise par le cessionnaire afin de permettre la poursuite de l'activité dans le cadre d'une mesure d'urgence soumise à la loi italienne (loi relative à l'administration extraordinaire des grandes entreprises en crise).

[116]. Article 4.1.

[117]. TUPE 1981, reg. 8(2) ; TUPE 2006, reg. 7(2).

[118]. A. MAZEAUD, « Sort des contrats de travail en cas de transfert d'entreprise : vers une réécriture des articles L.122-12 et L.122-12-1 du code du travail », *Recueil Dalloz Sirey*, 1998, n°10, chron., p. 106.

[119]. A. MAZEAUD, « La négociation collective en cas de restructuration consécutive à un transfert », *Droit Social*, 2004, n°3, p. 290.

le sont pour des motifs tirés de la réorganisation de l'entreprise et justifiés par des considérations économiques au sens de l'article L. 321-1 al.1 du code du travail [120].

**794.** Dans le cadre de licenciements après le transfert, la Cour de cassation décide que les licenciements fondés sur une suppression de poste nécessitée par « *un motif structurel lié à l'intégration de la société dans un groupe* » [121] ou encore parce que « *un certain nombre de postes devaient être supprimés en raison des doublons constatés* » [122] sont dépourvus de cause réelle et sérieuse, dès lors qu'ils ne sont pas consécutifs à des difficultés économiques ou à une réorganisation destinée à sauvegarder la compétitivité de l'entreprise ou du groupe auquel elle appartient.

Ces licenciements sont, à l'inverse, fondés sur une cause réelle et sérieuse lorsque, par exemple, la fusion de deux sociétés entraîne une réorganisation avec suppression d'emploi « *en raison de difficultés économiques au niveau des deux sociétés* » [123] ou, dès lors que, par suite de la fusion entre des sociétés ayant des objets sociaux similaires, « *l'employeur a dû résoudre le problème de la coexistence de deux sites se livrant à des activités voisines, qu'il a été obligé, pour sauvegarder l'équilibre de la gestion, de restructurer l'entreprise en fermant un des deux sites* » [124], ou enfin que « *la lettre de licenciement faisait état de la suppression du poste (...) consécutive au regroupement de deux sites et de la fusion de deux magasins (...) et que la réorganisation de l'entreprise était motivée par la sauvegarde de la compétitivité* »[125]. La suppression de postes consécutive à la réorganisation de l'entreprise au lendemain du transfert constitue ainsi une cause réelle et sérieuse de licenciement, dès lors que le caractère abusif de cette mesure ou le fait qu'elle a été prise dans un but malveillant, vexatoire ou avec une légèreté blâmable n'est pas rapporté et que les dispositions de l'article L.122-12 al. 2 du code du travail n'ont pas été mises en échec [126].

**795.** La réorganisation de l'entreprise peut également justifier un licenciement prononcé à la suite du refus du salarié d'accepter une modification d'un élément essentiel de son contrat de travail, pourvu que la réorganisation qui a motivé la modification du contrat soit justifiée par une cause économique réelle et sérieuse. Ainsi, un licenciement prononcé à la suite du refus par le salarié de voir modifier sa rémunération « *n'a pas nécessairement un caractère*

---

[120]. L'article L.321-1 al.1 prévoit que « *constitue un licenciement pour motif économique le licenciement effectué par un employeur pour un ou plusieurs motifs non inhérents à la personne du salarié résultant d'une suppression ou transformation d'emploi ou d'une modification substantielle du contrat de travail, consécutives notamment à des difficultés économiques ou à des mutations technologiques* ».

[121]. Cass. soc. 9 juillet 1997 n°3006 P, Rassier c/ Sté Sapmer distribution de marques : *Bull. civ.* V, n°261, p. 188 ; *RJS*, 8-9/97, n°960.

[122]. Cass. soc. 29 janvier 2002 n°485 F-D, Raffy et autres c/Sté Lowe Alice et autre, non publié au Bull. civ.; Cass. soc. 29 janvier 2002 n°488 F-D, d'Orgeval c/ Sté Lowe Alice et autre, non publié au Bull. civ. ; CA Aix-en-Provence 7 octobre 1997, 18è ch. soc., Mettoudy c/ Sté Vak Picard : *RJS*, 8-9/98, n°1163: ne constitue pas un motif économique de licenciement la suppression du poste d'un attaché commercial faisant suite à la fusion opérée entre deux sociétés qui occupaient toutes deux des attachés commerciaux affectés à un même secteur, dès lors qu'il n'est pas démontré que cette suppression de poste était justifiée par la sauvegarde de la compétitivité de l'entreprise et non par la simple volonté de réduire les coûts salariaux.

[123]. Cass. soc. 3 février 1999 n°772 D, Moignet c/Sté Hardi France, non publié au Bull. civ.

[124]. CA Paris 1er février 1994, 18è ch. D, Dapsence et autres c/ SA Groupe Guilde Editions Atlas.

[125]. Cass. soc. 24 mai 2000 n°2478, Brunet c/Sté SAGEM, non publié au Bull. civ. Pour un exemple plus ancien, notamment : Cass. soc. 12 décembre 1952, Blanc c/ Le Provençal, *Bull. civ.* IV, n°922, p. 662, où la réorganisation de l'entreprise avait donné lieu au licenciement d'un directeur des ventes et d'un chef comptable, suite à la réunion de deux journaux sous une direction unique.

[126]. Jurisprudence constante, notamment : Cass. soc. 12 décembre 1952, Blanc c/ Le Provençal, précité ; Cass. soc. 11 mai 1959, Bouchu c/ Société Textile Viennoise : *Bull. civ.* IV, n°553, p. 450 ; Cass. soc. 15 octobre 1975 : *Bull. civ.* V, n°458, p. 393 ; Cass. soc. 12 janvier 1977, Bar c/ Société Adrien et Cie et autre : *Bull. civ.* V, n°19, p. 17 ; Cass. soc. 21 mars 1979, Levet et autre c/ Sotto : *Bull. civ.* V, n°249, p. 178.

*abusif* »[127], « *dès lors que la mesure a été prise en vue de procéder à une réorganisation dont l'opportunité n'est pas critiquée* » [128].

De même, la jurisprudence admet que les attributions du salarié puissent être modifiées par le cessionnaire « *pour les adapter à l'organisation de son entreprise et les harmoniser avec celles des autres salariés de sa catégorie* » [129]. En effet, « *l'application de l'article L.122-12 du code du travail ne fait pas obstacle au pouvoir du nouvel employeur d'organiser ses services et d'affecter le personnel intégré au sein de l'entreprise* » [130].

**796.** Les licenciements économiques opérés antérieurement [131] ou postérieurement [132] à un transfert d'entreprise sont donc valables en droit français, sous réserve qu'ils ne soient pas motivés par le transfert et soient justifiés par un motif économique, technique ou d'organisation avec suppression effective des postes des salariés licenciés. A défaut, ou s'il apparaît qu'ils ont été prononcés pour faire échec aux dispositions de l'article L.122-12 al. 2 du code du travail, ils seront frappés de nullité pour fraude aux droits des salariés. Tel est le cas, en particulier, des licenciements avant transfert, suspects par nature, auxquels les juges

---

[127] Cass. soc. 22 mai 1984 n°1418, SA Générale Biscuit c/ Bernard, non publié au Bull. civ.

[128] Cass. soc. 6 mars 1974, Société d'exploitation des Procédés Cellonite c/ Dechatte : *Bull. civ.* V, n°156, p. 148 ; *Droit Social*, 1974, n°12, p. 473, obs. J. SAVATIER. Pour d'autres exemples, voir également : Cass. soc. 21 octobre 1992, Mlle Bianchi c/ Société de distribution d'appareils pour la coiffure : *Bull. civ.* V, n°514, p. 325 ; Cass. soc. 13 juillet 1993, n°2672 D, non publié au Bull. civ ; Cass. soc. 14 décembre 1993, n°4202 D, non publié au Bull. civ.

[129] Cass. soc. 9 novembre 1977, SA Clinique de Baumont La Châtaigneraie c/ Dioudonnat, précité. A rapprocher de Cass. Soc. 22 janvier 1975, *Bull. civ.* V, n°25, p. 23.

[130] Cass. soc. 8 mars 1995, Marchet et autres c/ Air France et autres : *Droit Social*, 1995, n°5, p. 508, obs. H. BLAISE, lequel remarque que la jurisprudence est conduite dans ce cas à « *élargir la notion de modification non substantielle des conditions de travail* », en particulier lorsque la société absorbante est de taille beaucoup plus importante que la société absorbée. Concept à manier cependant avec précaution. Cf. : Cass. 5 novembre 2003 n°2377 F-D, Gharsalla c/ Sté Nettoyage général niçois : *RJS*, 1/04, n°131, où la salariée s'était vue proposer par le cessionnaire de nouvelles affectations sur d'autres chantiers ainsi qu'une modification de la durée de son travail et de la répartition de son temps de travail hebdomadaire. Refusant ces modifications, elle avait été licenciée pour faute grave et avait saisi les tribunaux d'une demande indemnitaire. La Cour de cassation a cassé l'arrêt d'appel, qui considérait que la salariée avait été légitimement sanctionnée (son contrat comportait une clause de mobilité dont son nouvel employeur n'avait pas abusé), pour manque de base légale décidant qu'il y avait lieu, en l'espèce, de rechercher, ainsi que la Cour d'appel y était invitée « *si les modifications apportées par le nouvel employeur n'affectaient pas également la durée du travail et la répartition du temps de travail hebdomadaire, en vigueur avant le changement d'employeur* ».

[131]. A ce sujet, récemment, J. MOULY, « Les licenciements antérieurs au transfert d'entreprise – pour dissiper quelques malentendus », *Droit Social*, 2007, n°5, p. 534-548. Contra : certaines interprétations restrictives qui pourraient être données aux arrêts Maldonado (Cass. soc. 20 mars 2002, n°1087 FS-PBR, Maldonado c/ SA Fina France et autres) et Voisin (Cass. soc. 11 mars 2003 n°744 FS-PBI, Voisin c/ Gauthier et autre) lesquels considèrent comme privés d'effet les licenciements intervenant « *à l'occasion du transfert* » (arrêt Maldonado) et les licenciements « *prononcés par le cédant pour motif économique* » (arrêt Voisin). Voir également à ce sujet le rapport du Conseiller Waquet, *JCP*, E, 1998, p. 565 et 566, lequel considère, à propos de l'arrêt Guermonprez (Cass. soc. 20 janvier 1998, n°240 P, Guermonprez c/ d'Abrigeon et autre), que « *on ne devrait jamais admettre la validité d'un licenciement économique prononcé avant un changement d'employeur* », même si celui-ci reconnaît également que « *la seule question qui mérite d'être posée est la suivante : les licenciements ont-ils, de près ou de loin, une relation avec la cession envisagée ou décidée ?* » ; G. PIGNARRE, « Licenciements privés d'effet en cas de transfert d'entreprise : la revanche du droit des contrats. Réflexions suscitées par l'arrêt Maldonado », *D.*, 2003, chron, p. 16 ; Cass. soc. 12 avril 2005 n°841 F-D, Fiori et a. c/ Mourgues : *RJS*, 6/05, n°603 : « *un licenciement économique prononcé à l'occasion du transfert de l'entité économique dont relève le salarié étant dépourvu d'effet, le cessionnaire est tenu de poursuivre le contrat de travail ainsi rompu* ».

[132]. Pour un exemple où les salariés avaient été licenciés après le transfert pour abandon de poste, alors qu'ils invoquaient notamment le fait (non établi en l'espèce) que le transfert constituait une fraude destinée à se séparer de salariés trop actifs syndicalement: Cass. soc. 31 mai 2005, n°1190 F-D, Gosset et a.c/ Société GMP et a. : *RJS*, 8-9/05, n°806.

restent particulièrement sensibles, dans leur souci de ne pas légitimer des licenciements apparemment contraires au principe du transfert des contrats de travail.

**797.** L'employeur reste juge de l'organisation de son entreprise et des mesures à prendre pour en assurer la bonne marche. Le contrôle du juge n'intervient que pour en vérifier le fondement et les circonstances, liant le sort des emplois aux impératifs économiques et aux nécessités permanentes d'organisation et d'adaptation de l'entreprise [133]. Le principe de protection des salariés compris dans les opérations de transfert d'entreprise laisse la place aux dispositions classiques du droit du licenciement. L'employeur reprend possession de ses attributs managériaux qu'il n'aura quitté que l'espace d'un moment protégé par la loi, celui du transfert.

## B. DROIT ANGLAIS : UN MOTIF SPÉCIFIQUE DE LICENCIEMENT IMPLIQUANT UN CHANGEMENT SUR LE PLAN DE L'EMPLOI

**798.** En droit français, le licenciement est autorisé dans le cadre d'un transfert d'entreprise dès lors qu'il repose sur un motif économique réel et sérieux indépendant du transfert. En droit anglais, le licenciement du salarié ne sera pas considéré comme automatiquement abusif dans ce contexte, dès lors qu'un motif économique, technique ou d'organisation impliquant des changements sur le plan de l'emploi est la raison ou la principale raison du licenciement[134]. Ce motif est généralement dénommé « ETOR » [135] ou « ETO reason », ou encore « ETO defence » (ci-après « ETO »).

Une fois qualifié de licenciement motivé par un ETO, les juges du fond devront déterminer si le licenciement prononcé pour ce motif est raisonnable en équité, compte tenu des circonstances, de la taille et des ressources administratives de l'entreprise [136], comme tout autre licenciement qui n'est pas considéré automatiquement abusif en droit anglais. Le procédé est donc double. Il s'agit d'abord d'établir que le licenciement est un licenciement ETO [137] et ensuite d'apprécier son caractère raisonnable pour décider de sa validité.

**799.** Ce concept d'ETO résulte directement de la directive 77/187/CEE. Il ne correspondait à aucun motif de licenciement à l'époque où celle-ci a été transposée en droit anglais. A défaut de précision dans la directive elle-même ou dans la jurisprudence communautaire, les juges anglais ont dû en délimiter le champ d'application et définir ce concept, en marge du droit du licenciement classique.

Dans la délimitation de son champ d'application, les juges anglais ont ainsi du décider si le fait que le licenciement est lié au transfert d'entreprise n'exclut pas toute possibilité pour l'employeur de se prévaloir d'un autre motif de licenciement. Deux interprétations de la directive s'opposent sur ce point, qui ont tour à tour été adoptées par les juges anglais.

D'abord une interprétation restrictive, selon laquelle les deux motifs de licenciement, prévus par la directive dans son article 4.1, seraient exclusifs l'un de l'autre. Le licenciement

---

[133]. Comme l'a ainsi résumé I. VACARIE, *L'employeur*, Bibliothèque de droit du travail et de la sécurité sociale, éd. Sirey, 1979, n°127, p. 94 : « *Si le droit du travail peut limiter les pouvoirs que l'employeur tient du contrat de travail, il ne peut entamer ceux que lui confère la propriété de l'entreprise ; tel est, en filigrane, le précepte* ».

[134]. La reg. 7(2) du TUPE 2006 est rédigée comme suit : « *This paragraph applies where the sole or principal reason for the dismissal is a reason connected with the transfer that is an economic, technical or organisational reason entailing changes in the workforce of either the transferor or the transferee before or after a relevant transfer* ». Dans un tel cas, le salarié n'est pas considéré comme licencié abusivement [TUPE 2006, reg. 7(3)(a)]. La rédaction de cet article a été modifiée sans en altérer le fond par rapport à la précédente version du TUPE [TUPE 1981, reg. 8(2)].

[135]. « *Economic, Technical or Organisational Reason* » (ETOR).

[136]. « *Reasonable reason* ».

[137]. La charge de la preuve pèse sur l'employeur. Cf. May & Hassell (West) Ltd v. Jansen, EAT 526/83.

motivé par un ETO serait ainsi abusif lorsqu'il serait lié au transfert. Seul serait valable le licenciement qui serait intervenu en l'absence de transfert, limitant d'autant le droit de l'employeur de réorganiser son entreprise dans le cadre d'un transfert d'entreprise [138].

Ensuite une interprétation large de la directive, laquelle permettrait, à l'inverse, de qualifier tout licenciement intervenant dans le contexte d'un transfert d'entreprise de licenciement ETO, pour peu qu'il ait une justification économique. Une telle interprétation aboutirait cependant à donner aux employeurs successifs le moyen de contourner les droits des salariés consacrés par la directive [139].

**800.** Dans son document de travail de 2001 sur la réforme du TUPE, le gouvernement anglais avait constaté l'incertitude tenant à l'interprétation des règles concernant le licenciement dans le cadre d'un transfert d'entreprise. Les difficultés relatives à l'articulation entre les dispositions sur le licenciement abusif car lié au transfert [140] et celles portant sur le licenciement ETO, présumé valable [141], donnaient lieu à des décisions contradictoires des juges du fond. C'est pourquoi il avait été proposé d'améliorer la rédaction de ces dispositions. Il s'agissait de faire clairement apparaître que le licenciement ETO constitue « *un sous-ensemble des raisons liées au transfert* »[142], afin de préciser qu'un motif ETO peut justifier un licenciement intervenu dans le cadre d'un transfert pour peu qu'il ne fasse pas échec à l'interdiction de principe visant les licenciements motivés par ou principalement par le transfert.

**801.** Répondant à ce souci de clarification, le nouveau texte du TUPE distingue désormais entre trois types de licenciement susceptibles d'intervenir dans le contexte d'un transfert d'entreprise. D'une part, les licenciements dont la seule ou la principale raison est le transfert ou un motif lié au transfert, sans pouvoir être considéré comme un ETO. Ces licenciements sont automatiquement abusifs [143]. D'autre part, les licenciements prononcés par le cédant ou par le cessionnaire, dont la seule ou principale raison est liée au transfert et qui peuvent être qualifiés de licenciement ETO. Ces licenciements sont potentiellement valables, en fonction des circonstances, telles qu'appréciées par les tribunaux [144]. Si les motifs allégués entrent dans la définition du licenciement économique de droit anglais, le salarié pourra obtenir les indemnités qui lui sont dues dans ce type de situation [145]. Enfin, les licenciements qui n'ont aucun lien avec le transfert sont également potentiellement valables, en fonction des circonstances et des règles applicables à tout licenciement [146].

---

[138]. En ce sens, voir les conclusions de l'avocat Général W. Van GERVEN *in* CJCE du 25 juillet 1991 aff. C-362/89, Giuseppe d'Urso et Adriana Ventadori et autres c/ Ercole Marelli Elettromeccanica Generale Spa et autres, *Rec. CJCE* 1991, p. I-4105, pour qui seuls les licenciements prononcés sans lien avec le transfert étaient susceptibles d'échapper à l'interdiction de principe inscrite à l'article 4 de la directive. Conclusions non suivies par la CJCE. Voir également Kerry Foods Ltd v. Creber & Ors [2000] *ICR* 556 (EAT).

[139]. Par exemple, Gateway Hotels Ltd v. Stewart & ors [1988] *IRLR* 287 (Scottish EAT), où l'EAT a expressément désavoué une précédente décision prise trois ans plus tôt [Anderson & anor v. Dalkeith Engineering Ltd [1985] *ICR* 66, [1984] *IRLR* 429 (Scottish EAT)] où il avait été décidé que le licenciement du personnel par le cédant, sur l'ordre du cessionnaire, de façon à garantir la cession de l'activité, reposait sur un motif ETO.

[140] TUPE 1981, reg. 8 (1).

[141]. TUPE 1981, reg 8 (2).

[142]. « *The Government proposes to improve the drafting of these provisions in the new Regulations, in particular by making clear that ETO reasons are a subset of reasons connected with the transfer* ». *Transfer of Undertakings (Protection of Employment) Regulations 1981: Government proposals for reform,* detailed background paper, Employment Relations Directorate Department of Trade and Industry, September 2001, URN01/1158, part E : « *Dismissal by reason of transfer of an undertaking* », n°74-75.

[143]. TUPE 2006, reg. 7(1).

[144]. TUPE 2006, reg. 7(2).

[145]. TUPE 2006, reg. 7(3)(b).

[146]. TUPE 2006, reg. 7(3).

Ces principes concernent tous les salariés du cédant et du cessionnaire sans distinguer selon qu'ils sont ou non affectés à l'activité transférée [147]. Il s'agit d'admettre une exception au principe d'interdiction de licencier dans le cadre d'un transfert d'entreprise, sans pour autant permettre tout licenciement ayant une justification économique d'intervenir dans ce cadre [148]. Cette interprétation rejoint celle admise par la jurisprudence communautaire [149] et est conforme à l'interprétation faite de la directive en droit français.

**802.** Parallèlement, les juges ont cherché à cerner ce concept d'ETO qui n'est défini ni par la directive et la jurisprudence communautaire, ni par le TUPE [150]. Concept propre au contexte des transferts d'entreprises, il vise en droit anglais une catégorie générique de licenciement, contrairement au motif économique de droit français qui s'apprécie de la même façon, que l'on se situe dans le cadre ou en dehors du cadre d'un transfert d'entreprise. Il est ainsi considéré en droit anglais comme plus large que le concept de licenciement économique (« *redundancy* »), sans toutefois correspondre au motif de licenciement prononcé pour « toute autre raison substantielle » (« SOSR »), tels que définis par l'ERA 1996 s. 98(1) et (2).

**803.** Outre sa motivation économique, technique ou d'organisation, le licenciement prononcé dans le contexte d'un transfert d'entreprise doit en effet « *impliquer des changements sur le plan de l'emploi* » pour pouvoir permettre à l'employeur d'échapper à la qualification de licenciement abusif. Or, ces changements interviendront généralement dans le cadre d'un licenciement économique [151], sous réserve que les licenciements soient bien

---

[147]. TUPE 2006, reg. 7(4).

[148]. Interprétation adoptée par les juges anglais, notamment *in* Warner v. (1) Microsystems Centre (Slough) Ltd (2) Adnet Ltd [1998] *IRLR* 394 (CA), à propos de licenciements antérieurs au transfert dans une entreprise en difficulté.

[149]. Notamment: CJCE du 25 juillet 1991 aff. C-362/89, Giuseppe d'Urso et Adriana Ventadori et autres c/ Ercole Marelli Elettromeccanica Generale Spa et autres, *Rec. CJCE* 1991, p. I-4105, précité, Point 19, où, à l'occasion des questions préjudicielles qui lui étaient soumises, la CJCE a rappelé que « *la directive interdit certes que le transfert constitue en lui-même un motif de licenciement pour le cédant ou le cessionnaire, mais qu'en revanche elle ne fait pas obstacle à des licenciements pouvant intervenir pour des raisons économiques, technique ou d'organisation impliquant des changements sur le plan de l'emploi* » ; CJCE 12 mars 1998 aff. C-319/94, Jules Dethier Equipement SA c/ Jules Dassy et Sovam SPRL, *Rec. CJCE* 1998 p. I-1061, Points 36 et 37: « *Il s'ensuit que l'article 4, paragraphe 1, de la directive, en tant qu'il s'oppose à ce que le licenciement intervienne du seul fait du transfert, ne limite pas davantage le pouvoir du cédant que celui du cessionnaire de procéder à des licenciements pour les raisons qu'il admet (...) l'article 4, paragraphe 1, de la directive doit être interprété en ce sens que le pouvoir de licencier pour des raisons économiques, techniques ou d'organisation appartient tant au cédant qu'au cessionnaire* ».

[150]. Le Gouvernement a toutefois tenté de définir ce concept. Dans son guide interprétatif sur l'ancienne version du TUPE, *Government Guidance on TUPE,* Offices of Public Services, 11 March 1993, OPSS 30/93, HMSO, il indiquait que : « *économique* » visait une chute de rendement/de production ne permettant pas de maintenir la profitabilité de l'entreprise à moins de procéder à des licenciements, « *technique* » impliquait que l'employeur voulait utiliser une nouvelle technologie alors que les salariés n'avaient pas les compétences nécessaires, et « *d'organisation* » visait les situations dans lesquelles le nouvel employeur était installé à un endroit différent et qu'il n'était pas pratique d'y transférer le personnel. La note explicative sur le nouveau texte rappelle qu'il n'y a pas de définition légale de ce terme mais qu'il est susceptible de comprendre : (a) une raison liée à la profitabilité ou aux résultats de l'activité du cessionnaire (c'est-à-dire une raison économique), (b) une raison liée à la nature de l'équipement ou des procédés de production que le cessionnaire utilise (c'est-à-dire une raison technique) , ou (c) une raison liée à la direction ou à la structure organisationnelle de l'activité du cessionnaire (c'est-à-dire une raison organisationnelle). *Employment rights on the transfer of an undertaking*, a guide to the 2006 TUPE Regulations for employees, employers and representatives, DTI, 30 January 2006, p. 17 ; DTI, March 2007, URN07/758, p. 15.

[151]. Par exemple: Gorictree Limited v. Jenkinson [1984] *IRLR* 391 (EAT), où l'EAT l'a indiqué en ces termes: « *redundancy, as a matter of fact, is one of the most common of the economic, technical or organisational reasons entailing changes to the workforce to which Reg. 8 (2) applies* ». Rappelons que

impératifs à la date où ils ont été prononcés [152]. Ils interviendront moins nécessairement dans le cas d'un licenciement SOSR, lequel est admis largement. Un simple souci de réduction des coûts ou un besoin de flexibilité de la main-d'œuvre peut en effet suffire à le motiver valablement.

Les juges anglais ont ainsi admis qu'un licenciement motivé par un ETO ne saurait trouver son fondement dans la volonté du cédant d'améliorer le prix de cession ou dans les pressions exercées par le cessionnaire pour que les effectifs soient réduits. Il doit s'entendre strictement et être justifié par un motif lié à la conduite et à la viabilité de l'entreprise [153]. Dans cette logique, les licenciements prononcés dans le cadre d'un transfert d'entreprise doivent pouvoir intervenir, en dehors de ce contexte, afin d'assurer la conduite de l'activité à l'avenir [154].

Les licenciements doivent être impératifs et considérés, au moment où ils ont été prononcés, comme incontournables pour l'employeur. Le terme « entraînant » des changements dans l'emploi doit être compris comme « nécessitant » des changements dans l'emploi. Le motif ETO est interprété limitativement par les juges anglais, spécialement dans le cadre de licenciements prononcés par le cédant. Il s'agit d'éviter que des licenciements antérieurs au transfert ne soient trop facilement justifiés par les plans de réorganisation du cessionnaire et en définitive, motivés par le transfert lui-même.

**804.** Plus particulièrement lorsque les licenciements sont prononcés postérieurement au transfert, la Court of Appeal a considéré, dans un arrêt Berriman v. Delabole Slate Ltd de 1985 [155], que ceux-ci doivent donner lieu à des « *changements dans le personnel du cessionnaire après le transfert* ». Sont visés les changements dans la composition du personnel dans son ensemble qui sont motivés par les besoins de l'entreprise. Ils doivent correspondre soit à une modification du nombre des salariés employés par le cessionnaire,

---

lorsque le licenciement est motivé par un motif économique (« *redundancy* »), l'employeur est redevable d'une indemnité spéciale de rupture aux salariés remplissant la condition d'ancienneté requise pour pouvoir en bénéficier. Il sera en revanche généralement exonéré de la réparation due en cas de licenciement abusif, à moins que les juges constatent un manquement à la procédure de licenciement ou encore le non-respect des règles concernant l'ordre des licenciements (appliqués sur la masse totale des salariés et non simplement sur ceux transférés). L'opération donnera également lieu à une obligation d'information et de consultation si au moins 20 salariés sont concernés [TULR(C)A 1992, s. 188].

152. Pour un exemple où le licenciement économique a été considéré comme valable dans le cadre d'un transfert: Murphy v. Epsom College [1985] *ICR* 80. En l'espèce, un plombier avait été licencié et remplacé par un technicien chauffagiste. Le plombier avait été valablement licencié pour motif économique (« *redundancy* ») parce que les exigences de l'employeur en termes de travail à effectuer avaient radicalement changé, que les compétences d'un technicien chauffagiste étaient différentes de celles d'un plombier et que le nouvel emploi créé était substantiellement différent de l'ancien. Les besoins de l'activité à laquelle le salarié était affecté avaient donc diminué. Pour un exemple contraire : Vaux and Associated Breweries Ltd v. Ward [1970] 5 *ITR* 62. En l'espèce, la salariée avait été licenciée de son poste de barmaid parce que son employeur voulait transformer le pub où elle travaillait en un relais (« *roadhouse* ») moderne avec une barmaid plus jeune et plus jolie. Le motif du licenciement n'était pas économique en l'espèce puisque le poste de barmaid n'avait pas disparu et que la nouvelle barmaid n'exécutait pas un travail substantiellement différent de l'ancien.

153. Wheeler v. (1) Patel (2) J. Golding Group of Companies [1987] *ICR* 631, [1987] *IRLR* 211 (EAT).

154. « *Future conduct of the business as a going concern* ». Whitehouse v. Chas A Blatchford & Sons Ltd [1999] *IRLR* 492, [2000] *ICR* 542 (CA), où le licenciement du salarié (technicien prosthétique) prononcé par le cessionnaire (le nouveau prestataire de services qui avait repris les salariés de l'ancien prestataire), à la demande du fournisseur de services (l'hôpital de Sheffield) qui en faisait une condition de l'accord, a été considéré par la Court of Appeal comme un licenciement ETO. En effet, le licenciement serait intervenu même si l'ancien fournisseur avait été conservé par l'hôpital, lequel souhaitait qu'une équipe plus réduite de techniciens soit affectée à son service invalidité. Cette situation concernait donc la conduite régulière de l'entreprise et était à distinguer de celle où les licenciements sont prononcés afin de faciliter la cession et la vente au meilleur prix.

155. Berriman v. Delabole Slate Ltd [1985] *ICR* 546, [1985] *IRLR* 305 (CA).

soit, si le nombre de salariés employés par le cessionnaire reste inchangé, à une modification des fonctions exercées par les salariés, de façon à ce qu'un changement s'opère dans la composition du personnel.

Dans l'espèce qui était soumise à la Cour, le salarié s'était vu offrir de nouvelles conditions d'emploi par le cessionnaire après le transfert. Il lui était proposé un salaire horaire et un bonus à la place d'un salaire hebdomadaire garanti légèrement plus élevé, pour les faire correspondre à ceux des salariés du cessionnaire, tels que négociés avec le syndicat en place. Le salarié qui les refusa, démissionna et demanda en justice que la rupture soit imputée à son employeur [156]. Il se prévalait du fait que le motif de son licenciement était lié au transfert. La Cour accéda à la demande du salarié. Elle décida que son licenciement pour refus des modifications proposées était abusif, car lié au transfert d'entreprise. Le motif du licenciement, à savoir l'harmonisation des niveaux de rémunération, ne visait ni à une modification du nombre des salariés employés par le cessionnaire ni à une modification des fonctions exercées par le personnel de l'entreprise [157]. Le licenciement du salarié et son remplacement par un autre n'était que la conséquence de la volonté de l'employeur d'harmoniser les niveaux de rémunération et non de réduire le nombre de ses salariés. Pour que le licenciement ait été valable dans ce contexte, l'objectif de l'employeur aurait du être d'apporter un changement dans la composition de son personnel. Cela devait être son objectif et non une conséquence possible de son objectif, comme c'était le cas en l'espèce.

**805.** En conséquence, un employeur qui licencie son personnel et le réembauche à des termes et conditions d'emploi différents se verra sanctionner pour violation du TUPE. Les licenciements seront automatiquement abusifs. En revanche, s'il réduit le nombre de ses salariés dans le cadre d'un plan de réorganisation, les licenciements seront présumés valables, car motivés par un ETO. Ils ne seront pas sanctionnés, en cas de contentieux, si les juges considèrent qu'ils étaient également raisonnables, compte tenu des circonstances.

Ainsi, dans une affaire où la salariée était assistante et devait prendre les fonctions de commerciale et vendre des assurances, le changement qui lui était imposé par le cessionnaire ne relevait pas d'une modification de ses conditions de travail mais d'un changement de ses fonctions. L'EAT a, de fait, considéré que le licenciement correspondait à un « changement sur le plan de l'emploi » au sens du TUPE. Suite à la modification, il y aurait eu une assistante de moins et un commercial de plus dans l'entreprise [158].

**806.** Cette jurisprudence a été critiquée. Elle rend délicate la distinction entre les modifications de fonctions qui n'entraînent pas de changement sur le plan de l'emploi et celles qui doivent être considérées comme apportant un changement dans la composition du personnel. Elle amène, en outre, à distinguer injustement entre les licenciements prononcés par le cessionnaire. Les licenciements prononcés à l'encontre des salariés qui refusent la modification de leurs termes et conditions d'emploi après le transfert sont, en principe, jugés abusifs. Ceux prononcés à l'encontre des salariés qui refusent la même modification, hors le cadre d'un transfert d'entreprise, qui refusent la modification de leurs fonctions ou sont licenciés par le cessionnaire pour limiter les doublons [159], sont en principe, valables.

---

[156]. « *Constructive dismissal* ».

[157]. « *Changes in the identity of the individuals who make up the workforce do not constitute changes in the workforce itself so long as the overall numbers and functions of the employees looked at as a whole remain unchanged* ». Berriman v. Delabole Slate Ltd [1985] *ICR* 546 at 551 (E), (CA).

[158]. Crawford v. Swinton Insurance Brokers Ltd [1990] *IRLR* 42, [1990] *ICR* 85 (EAT). Dans le même sens: Lane v. Dyno Rod plc, COIT 17833/85, au sujet d'un changement de fonctions d'un responsable de secteur en un ingénieur confirmé.

[159]. « *Dismissed as surplus* ».

Certains salariés sont ainsi moins bien protégés que d'autres contre la modification intempestive et la rupture de leur contrat de travail [160].

Elle a néanmoins été reprise dans la note explicative du gouvernement sur le TUPE 2006. A la question « que signifie la formule « *entraînant un changement sur le plan de l'emploi* » ?, la note répond, en effet, que ce terme n'est pas défini mais qu'il est interprété par les tribunaux limitativement pour correspondre aux changements apportés dans le nombre de salariés employés ou à ceux apportés dans les fonctions qu'ils occupent. Un changement de fonction pourrait ainsi consister pour un salarié dans le passage d'un poste relevant du statut cadre à un autre relevant du statut non cadre, ou encore d'un poste de secrétaire à un poste de commercial [161].

**807.** En tout état de cause, même si la qualification du licenciement ETO reste limitativement entendue et restreint plus particulièrement la possibilité pour l'employeur de décider unilatéralement de la modification des termes et conditions d'emploi de ses salariés en droit anglais, sa validité dépendra, en définitive, des faits de l'espèce et de leur appréciation par les juges du fond [162]. Le processus adopté par les juges, pour apprécier la validité du licenciement ETO, c'est-à-dire son caractère raisonnable, en application de la s. 98(4) ERA 1996, sera le même que pour tout licenciement classique prononcé dans le cadre d'une réorganisation. Les juges restent globalement peu enclins à remettre en cause les décisions prises par l'employeur, pour peu que la procédure de licenciement soit respectée et que la réorganisation mise en œuvre vise à préserver l'efficacité des affaires [163]. Le droit de l'employeur de disposer de son entreprise est ainsi préservé jusque dans le cadre de la protection des droits des salariés que le TUPE organise [164].

**808.** La solution adoptée par les juges anglais est globalement proche de celle retenue en droit français sur le terrain du motif économique du licenciement intervenant dans le cadre d'un transfert d'entreprise. Le motif économique admis par le droit français ne correspond toutefois pas exactement à celui du motif ETO en droit anglais. Il ne s'agit pas simplement

---

160. J. McMULLEN, « Takeovers, transfers and business reorganizations », *Industrial Law Journal*, March 1992, vol. 21, p. 30.

161. *Employment rights on the transfer of an undertaking*, a guide to the 2006 TUPE Regulations for employees, employers and representatives, DTI, 30 January 2006, p. 17 ; DTI, March 2007, URN07/758, p. 15.

162. Par exemple, Thompson v. SCS Consulting Ltd (EAT/34/00), *IDS*, Brief 695, 2001, p. 4, dans lequel le salarié (cadre commercial) avait été licencié douze heures avant la reprise de l'entreprise (placée sous administration judiciaire), alors que le cessionnaire avait déterminé au préalable les salariés qu'il souhaitait reprendre. Les juges du fond (ET) considérèrent néanmoins qu'il s'agissait d'un licenciement ETO : le cédant employait trop de salariés, était inefficace en terme de ventes, insolvable et ne pouvait être viable dans le futur qu'en réduisant ses effectifs. Tout le personnel aurait ainsi été licencié si le cessionnaire n'avait pas proposé de reprendre les salariés. L'EAT jugea que les juges du fond (ET) était en droit de décider, qu'en fonction des faits, il s'agissait d'un licenciement ETO et, qu'en conséquence, il n'était pas automatiquement abusif.

163. « *Business efficacy* ». A ce sujet : J. McMULLEN, « Management prerogative, reorganisation and employees' rights on transfer of undertakings », *The Modern Law Review*, July 1986, vol. 49, p. 524 ; S. HARDY, *Understanding TUPE : a legal guide*, Chandos Business guides, Chandos publishing, 2001, p. 109, lequel anticipe une augmentation du recours au motif ETO par les employeurs, à l'instar du motif SOSR pour les licenciements prononcés en dehors du cadre des transferts d'entreprises, notamment parce que ce terme reste vague : « *Like the SOSR justification, the ETO defences remain sufficiently vague as to allow the users of these defences to mould them as their discretion sees fit. It also allows the courts and tribunals a discretion to decide what is reasonable when utilised* ».

164. Trafford v. Shape and Fisher (Building Supplies) Ltd [1994] *IRLR* 325 (EAT), Mummery J., à propos de licenciements après le transfert : « *The right of workers must be safeguarded « so far as possible ». It is not always possible to safeguard the rights of workers as is recognised ... the rights of workers not to be dismissed on the transfer of an undertaking must not stand in the way of dismissals which take place for economic reasons entailing changes in the workforce. In such cases the right of workers may be outweighed by the economic reasons* ».

pour l'employeur de droit français de prévoir une réorganisation du personnel et une modification des fonctions des salariés après le transfert motivée par les besoins de l'activité pour que le motif économique de licenciement soit valable. Le motif économique de droit français est en outre susceptible de justifier tout type de restructuration. Le motif ETO de droit anglais, au contraire, est limité aux seuls licenciements ou modifications de contrat intervenant dans le cadre d'un transfert d'entreprise.

Dans les deux systèmes juridiques toutefois, les licenciements antérieurs au transfert restent toujours plus difficiles à motiver, par un motif réel et sérieux en droit français et par un motif ETO ou autre en droit anglais qui soit considéré comme raisonnable par les juges du fond. Les droits français et anglais visent en effet à s'assurer de l'effectivité du transfert des droits des salariés du cédant au cessionnaire que les textes organisent. Le droit américain raisonne différemment.

## C. DROIT AMÉRICAIN : L'ABSENCE DE DISTINCTION FONDÉE SUR LA JUSTIFICATION ÉCONOMIQUE DE LA RUPTURE DU CONTRAT

**809.** En droit américain, le licenciement, est, par définition et par principe, à discrétion et donc sans besoin de motivation, sauf convention contraire des parties ou texte spécifique le requérant. Le droit de licencier ou de modifier le contrat de travail n'est pas altéré dans le cadre d'un transfert d'entreprise. Les employeurs successifs disposent de la plus complète flexibilité. Le principe de l'emploi à discrétion rencontre peu d'opposition, malgré les avancées significatives gagnées sur le terrain du licenciement individuel évoquées précédemment.

Dans le cas où le cessionnaire ne souhaite pas reprendre les salariés du cédant à son service, la suppression d'un poste est considérée en soi comme un motif valable [165] de rupture du contrat. En particulier lorsque l'entreprise rencontre des difficultés économiques, la jurisprudence pose en principe que les décisions de mise au chômage technique, résultant d'un besoin véritable de l'entreprise de réduire son personnel ou de supprimer certains postes, ne doivent pas être considérées comme contraires aux prescriptions d'une clause contractuelle prévoyant que le contrat ne peut être rompu sans raison. Dans de tels cas en effet, le fait que la décision de l'employeur soit correcte, justifiée ou qu'elle soit logique importe peu [166].

**810.** Le droit fédéral américain ne définit et ne réglemente d'ailleurs pas la cause économique du licenciement. La seule protection qu'il offre dans ce contexte, et depuis 1989 seulement, résulte du WARN Act [167].

Ce texte ne permet toutefois aux salariés que de bénéficier d'un préavis de soixante jours avant la notification de leur licenciement, ou de leur mise au chômage technique. Il ne vise pas à leur assurer une quelconque réparation fondée sur le caractère abusif de leur licenciement ou résultant du contexte dans lequel il intervient. La protection du WARN Act est, en outre, réservée aux salariés victimes d'une « perte d'emploi » [168]. Les hypothèses de ruptures de contrats de travail intervenant dans le cadre d'une cession de tout ou partie d'entreprise ne sont pas visées. Qu'ils soient cédant ou cessionnaire, les employeurs n'ont, de même, aucune obligation de respecter un préavis lorsqu'ils décident une diminution des salaires ou une modification de tout autre avantage dans le contexte d'une cession de tout ou partie de leur entreprise [169].

---

165. « *Good cause* ».

166. Chaffin v. Textron, Inc., 861 *F. Sup.* 972 (E.D. Cal. 1994).

167. 29 *U.S.C.* §§2101-2109. Sur ce texte, v. plus spécialement, 1ère Partie, Titre I, chapitre I et Titre II, Chapitre II, *supra*.

168. « *Employment loss* ».

169. L'essentiel pour les salariés n'est pas qu'ils perçoivent une indemnité mais qu'ils ne « perdent pas leur emploi », c'est-à-dire qu'ils soient réembauchés par le cessionnaire dans les six mois de la cession de leur entreprise. Pour une application : International Alliance of Theatrical & Stage Employees v. Compact Video Services Inc., 50 *F.3d* 1464 (9th Cir. 1995). En l'espèce, une entreprise « organisée »

La grande majorité des salariés verront leur contrat rompu avec leur ancien employeur sans avoir de garantie de recevoir un salaire ou des avantages équivalents en cas de reprise par le cessionnaire autre que celle qui pourrait leur être éventuellement donnée par la voie de la négociation individuelle ou collective.

**811.** Une telle analyse est confirmée par le General Accounting Office (GAO) [170], organe chargé par le Congrès américain d'évaluer l'efficacité de cette législation. Une évaluation a été publiée dans deux rapports parus respectivement en 1993 et 2003 [171].

D'après le GAO, seuls vingt-quatre pour cent des fermetures de site ou des mesures collectives de mise au chômage technique pratiquées aux États-Unis en 2001 tomberaient dans le champ d'application du WARN Act. En outre, dans les cas où le WARN Act trouverait à s'appliquer, près de la moitié seulement des fermetures de site [172] et un quart [173] des mesures collectives de mise au chômage technique donneraient lieu à la notification d'un préavis aux salariés. Cet écart s'expliquerait, selon le GAO, par le recours des employeurs à d'autres techniques non interdites par le WARN Act qui leur éviteraient d'avoir à notifier un préavis aux salariés, à savoir le paiement d'une indemnité contre renonciation du salarié à son préavis, en particulier.

La raison première de cet insuccès concerne les critères de seuils définis par le WARN Act qui engloberaient seulement un petit nombre d'opérations. S'y ajoute le manque de clarté du texte en ce qui concerne la définition des opérations concernée et le calcul des seuils. Le GAO conclut ses études en constatant l'inefficacité de l'application du WARN Act par les Cours fédérales. Il suggère au Congrès de donner au Ministère du travail les pouvoirs et l'autorité nécessaires pour une application correcte de la loi. Il appelle, dans son deuxième rapport, le Ministère du travail à édicter des textes [174] destinés à permettre aux employeurs et aux salariés de mieux s'y retrouver. Il demande aussi l'intervention du législateur pour clarifier les obligations de l'employeur et les droits des salariés.

**812.** A la faible application du WARN Act par les employeurs en général, s'ajoute le fait que l'employeur réfractaire peut toujours s'exonérer des contraintes imposées par ce texte en limitant le nombre de salariés licenciés pour rester en dessous des plafonds et des délais qu'il vise [175]. Le texte n'est et ne se veut aucunement dissuasif pour l'employeur. Il entretient un

---

(c'est-à-dire dont les salariés sont représentés par un syndicat) céda son activité à une entreprise non organisée. Presque tous les salariés continuèrent à travailler pour le nouvel employeur mais avec des salaires et des avantages inférieurs. La Cour considéra que les salariés n'avaient pas perdu leur emploi et qu'en conséquence le WARN Act était inapplicable.

[170]. Le GAO est l'organe d'audit, d'évaluation et d'investigation du Congrès américain. Il contrôle l'utilisation des fonds publics, évalue les programmes et les activités fédérales, émet des analyses et recommandations et fournit toute assistance au Congrès pour lui permettre de prendre ses décisions. Ses principes sont « Responsabilité, intégrité et fiabilité » (« *Accountability, integrity and reliability* »).

[171]. *Dislocated workers: WARN Act not meeting its goals*, GAO/HRD-93-18, February 23, 1993, 68p.; *The WARN Act: revising the Act and educational materials could clarify employer responsibilities and employee rights*, GAO-03-1003, September 19, 2003, 41 p. Ces deux rapports sont disponibles sur le site internet du GAO: http://www.gao.gov

[172]. Plus exactement, quarante six pour cent.

[173]. Plus exactement, vingt six pour cent.

[174]. « *Educational materials* ».

[175]. E. LIPSIG, *Downsizing – Law and pratice*, BNA books, 1996, p. 244, lequel, après avoir listé les différentes étapes à suivre par l'employeur exigées par la réglementation, conclut son étude en indiquant que si « *cette approche analytique est trop décourageante, un employeur peut toujours éviter d'engager sa responsabilité en limitant à 49 le nombre de salariés à temps plein licenciés pour un motif autre que pour faute, quel que soit le jour et le site d'emploi concerné, moins le nombre de salariés à temps plein qui ont été licenciés sur ce même site pour un motif autre que pour faute, au cours des 89 jours précédents* ». Le WARN Act prévoit en effet une computation des délais en considérant que les pertes d'emploi répétées, effectuées sur un même site, et concernant un nombre de salariés inférieur aux seuils déclencheurs du WARN Act, mais qui cumulées excèdent ces seuils et interviennent dans une même

principe de neutralité à l'égard des décisions que l'employeur est amené à prendre dans lesquelles le législateur n'a pas entendu s'immiscer [176].

Les juges français et anglais assurent ce contrôle par un moyen détourné. Ils analysent le motif et le contexte de la décision de licencier, une étape que n'entendent pas franchir leurs *alter egos* américains sauf, comme nous allons le voir, lorsqu'il s'agit d'un fait avéré de discrimination syndicale [177].

## SECTION II
## LES LIMITES LÉGALES OU CONVENTIONNELLES DU DROIT AU LICENCIEMENT

**813.** La directive communautaire n'adopte pas de principe d'interdiction de licencier dans le cadre des transferts d'entreprises. Elle prévoit toutefois dans son article 4, comme pendant au principe du maintien des droits des travailleurs, titre dans lequel s'inscrit d'ailleurs cet article, que le transfert d'entreprise *« ne constitue pas en lui-même un motif de licenciement pour le cédant ou le cessionnaire »* [178]. Cet article est resté inchangé depuis la première rédaction de la directive en 1977.

La législation qui protège les salariés en cas de transfert d'entreprise exclut le droit pour le cédant comme pour le cessionnaire d'invoquer la modification de la situation juridique de l'entreprise pour licencier un ou plusieurs salariés, que cette modification soit le motif avoué ou dissimulé du licenciement. Si le droit américain limite son contrôle au motif discriminatoire que pourrait avoir un licenciement prononcé dans ce contexte, les tribunaux français et anglais étendent celui-ci plus largement et s'assurent de la validité des motifs invoqués par les employeurs successifs (§1). A défaut de protection, les salariés se ménagent, par le biais de la négociation collective et des garanties d'emploi concédées par le cédant, une protection de leur situation dont le résultat reste encore éloigné du but recherché (§2).

### §1. LA RECHERCHE DU VÉRITABLE MOTIF DES LICENCIEMENTS PAR LES TRIBUNAUX

**814.** La directive 2001/23/CE ne donne aucune précision quant à la vérification des motifs invoqués par l'employeur.

Selon la Cour de justice des communautés européennes, *« pour déterminer si le licenciement a été motivé par le seul fait du transfert (...), il convient de prendre en considération les circonstances objectives dans lesquelles le licenciement est intervenu »* [179]. Chaque fois qu'il est manifeste que le licenciement a été décidé pour faire échec au principe du maintien des droits des salariés, le salarié doit être considéré comme faisant toujours partie

---

période de 90 jours, doivent être considérées comme des « fermetures de site » ou des « mesures collectives de mise au chômage technique » pour l'application du WARN Act, à moins que l'employeur ne démontre que ces pertes d'emploi sont la conséquence de causes et d'actions séparées et distinctes et ne constituent pas une tentative de sa part de se soustraire aux dispositions du WARN Act [29 *U.S.C.* 2102 (d)].

[176]. « *No one associated with* [the] *bill ever intended to affect the balance of rights under the National Labor Act* », 134 *Cong. Rec. CJCE* S8611 (daily ed. June 27, 1988) (statement of Sen. Metzenbaum).

[177]. « *Anti-union animus* ».

[178]. Article 4.1, al.1, directive 2001/23/CE.

[179]. CJCE 15 juin 1988, aff. 101/87, P. Bork International A/S et autres c/ Junckers Industrier A/S, *Rec. CJCE* 1988, p. 3057, Point 18.

des effectifs du cédant, à la date du transfert. Son contrat doit être transmis au cessionnaire sous réserve, bien entendu, que l'entité transférée garde son identité.

Ainsi, dans l'arrêt P. Bork International, le cédant, l'ancien locataire du fonds, avait licencié les salariés avant le transfert. Plus de la moitié du personnel avait été réembauché juste après par le cessionnaire, le nouveau propriétaire du fonds, poursuivant lui-même l'exploitation. La Cour de justice des communautés européennes a estimé que, nonobstant le fait que le transfert s'était effectué en deux phases, à savoir la dénonciation du bail et le licenciement des salariés par le locataire du fonds dans un premier temps, puis, dans un second temps, la vente du fonds par le propriétaire et le réemploi des salariés par le nouveau propriétaire, celui-ci entrait bien dans le champ d'application de la directive. Les circonstances objectives dans lesquelles le licenciement était intervenu devaient, dès lors, être prises en compte « *comme notamment le fait qu'il a pris effet à une date rapprochée de celle du transfert et que les travailleurs en cause ont été réembauchés par le cessionnaire* »[180]. Dans un arrêt ultérieur, la Cour de justice des communautés européennes a pu également déduire du fait que les salariés du cédant avaient été licenciés « seulement quelques jours avant la date de la reprise du personnel par le cessionnaire » que le motif du licenciement a été le transfert de l'activité. Il ne peut pas avoir pour effet de priver les salariés de leur droit à ce que le contrat de travail se poursuive avec le cessionnaire [181].

**815.** Les circonstances objectives dans lesquelles le licenciement est intervenu sont appréciées au cas par cas par les juridictions nationales françaises (A) et anglaises (B), en fonction des règles de droit interne. Il s'agit de déterminer si les salariés en cause étaient ou non, à la date du transfert, liés à l'entreprise par un contrat de travail et auraient du, de ce fait, être transférés au cessionnaire.

En droit américain, le raisonnement est tout autre, en application du principe d'emploi et de licenciement « à discrétion ». Le NLRB et les Cours fédérales s'attachent quand même à apprécier les circonstances des licenciements intervenus dans le cadre d'opérations de transfert d'entreprise ou de restructuration. Il s'agit de protéger non pas les intérêts individuels des salariés, mais leur intérêt collectif, celui d'être représentés librement, en interdisant les licenciements motivés par un sentiment anti-syndical de l'employeur (C).

## A. DROIT FRANÇAIS : LA SANCTION DES LICENCIEMENTS DESTINÉS À ÉVITER LA CONTINUATION DES CONTRATS DE TRAVAIL

**816.** La jurisprudence des tribunaux français s'est toujours attachée à limiter les possibilités de licencier les salariés dans le contexte d'un transfert d'entreprise.

Pour s'opposer au pouvoir de direction de l'employeur dans ces circonstances, les juges se sont d'abord fondés sur l'idée d'une fraude aux droits des salariés. Ils sont partis du principe que les licenciements opérés par l'employeur sont réguliers à moins qu'ils ne viennent contredire le principe du transfert automatique des contrats de travail des salariés du cédant au cessionnaire [182].

---

[180]. CJCE 15 juin 1988, aff. 101/87, P. Bork International A/S et autres c/ Junckers Industrier A/S, *Rec. CJCE* 1988, p. 3057, Point 18.

[181]. CJCE 24 janvier 2002, aff. C-51/00, Temco Service Industries SA c/ Samir Imzilyen et autres, *Rec. CJCE* 2002, p. I-969, Point 28.

[182]. « *Sauf fraude aux droits du salarié et à l'ordre des licenciements, l'article L.122-12 du code du travail ne fait pas nécessairement obstacle, à ce que, avant même que le changement de chef d'entreprise soit devenu effectif, ce salarié soit licencié compte tenu de la réorganisation à laquelle le futur exploitant a, d'ores et déjà, décidé de procéder* ». Cass. soc. 8 juin 1979 SA marseillaise de distribution des bières Kronembourg c/ dame Talut : *Bull. civ.* V, n°502, p. 370 ; Cass. soc. 31 janvier 1980, SA Lou et a. c/ Rebaud, non publié au Bull. civ.; *D.,* 1980, p. 398, note F. DERRIDA ; Cass. soc. 18 mars 1982, Mme Dubrulle c/ Mme Cullati: *Bull. civ.* V, n°184, p. 135.

Afin d'éviter que l'article L. 122-12 al. 2 du code du travail ne soit vidé de sa portée, la Cour de cassation a, dans cet esprit, considéré comme abusifs les licenciements opérés dans un but frauduleux, que ceux-ci aient été le seul fait du cédant afin de faciliter la reprise de son affaire ou qu'ils aient été prononcés en concertation avec le cessionnaire [183]. Toute la difficulté était pour le salarié d'apporter la preuve de la fraude de l'employeur, c'est-à-dire son intention de faire échec à l'application de l'article L.122-12 al. 2 du code du travail, qui était appréciée souverainement par les juges du fond [184].

**817.** La Cour de cassation a modifié sa jurisprudence en 1974 par deux arrêts considérant que par l'effet du transfert prévu antérieurement au licenciement, celui-ci était irrégulier « abstraction faite de toute collusion malicieuse » entre les sociétés [185]. Le licenciement devenait abusif du seul fait que le cédant avait connaissance de la continuation de l'activité au moment de la rupture. Il en était de même s'il ressortait des circonstances de l'espèce, telles qu'appréciées souverainement par les juges du fond [186], que le licenciement n'avait pas

---

[183]. Par exemple : Cass. soc. 8 février 1957, Sté Bortoli Frères et Cie c/ Ahmed Ben Amor et a. : *Bull. civ.* IV, n°161, p. 110, où l'employeur avait licencié son personnel et cédé son fonds le lendemain du terme de leur préavis ; Cass. soc. 29 novembre 1961, Sté Chikitoys c/ dame Marimon : *Bull. civ.* IV, n°975, p. 774 ; *Droit Ouvrier* 1963, p. 341, où une lettre du premier employeur reconnaissait que le successeur avait exigé que tout le personnel soit licencié, afin de « partir à zéro » avec le personnel de son choix ; Cass. soc. 9 juin 1971, Conseil représentatif du judaïsme traditionaliste de France c/ Darmon : *Bull. civ.* V, p. 358, n°427, à propos du licenciement du directeur d'une école privée prononcé par le cédant afin de permettre au cessionnaire de mettre en place un nouveau personnel ; Cass. soc. 29 novembre 1972, Sté Coopérative Agricole du Bassin Laitier d'Avignon c/ Borghi : *Bull. civ.* V, n°655, p. 596, où le licenciement des salariés résultait d'une convention par laquelle une société avait cédé l'essentiel de son activité à une autre qui s'était seulement engagée à recruter en priorité, en fonction des postes à pourvoir, les salariés de la première. Celle-ci devait faire son affaire du congédiement du personnel qui n'aurait pu être reclassé mais dont les indemnités de licenciement seraient prises en charge par la société cessionnaire.

[184]. Par exemple: Cass. soc. 23 avril 1959, Sté Aviation Michel c/ Piellard (n°57-40.121) et Thévenet (n°57-40.122) : *Bull. civ.* IV, n°506, p. 416, où les licenciements avaient été opérés tant dans un intérêt fiscal que pour permettre au nouvel exploitant de se débarrasser de la fraction des salariés qui ne lui convenait pas ; Cass. soc. 15 janvier 1964, Société « Rodgers » c/ Agranier et autres : *Bull. civ.* IV, n°40, p. 32 ; Cass. soc. 15 janvier 1964, Société Hamlet c/ Taillerfer et autres : *Bull. civ.* IV, n°42, p. 34. Dans ces deux espèces, les deux sociétés (mère et filiale) étaient en fait possédées et dirigées par la même personne et les licenciements avaient été opérés pour permettre de réembaucher les salariés à des conditions moins onéreuses ; Cass. soc. 11 mars 1964 : *Bull. civ.* IV, n°236, p. 196, où pour conclure à l'intention frauduleuse du cédant, la Cour de cassation décide que « *l'employeur n'avait pu ignorer qu'il n'était pas en droit de mettre fin au contrat en raison de la cession projetée* ».

[185]. Cass. soc. 4 janvier 1974, Caisse Interprofessionnelle de répartition des ingénieurs, cadres et assimilés (CIRICA) c/ Sté Nouvelle S.P.I.R.S, non publié au Bull. civ.: *JCP*, G, 1974, II, 17878, obs. Ch. LAZERGES; *Droit Social*, 1974, n°12, p. 473, obs. J. SAVATIER ; *Droit Ouvrier*, 1974, p. 169, à propos d'une société déclarée en état de liquidation judiciaire qui avait licencié la totalité de son personnel. Une SARL constituée huit jours plus tard avait repris l'affaire en location-gérance en réembauchant plusieurs cadres avec de nouveaux contrats ; Cass. soc. 31 janvier 1974, Gabriel c/ Sté Shoham Maritime service et a.: *Bull. civ.* V, n°87, p. 77 ; *JCP*, G, 1974, II, 17878, à propos d'une société qui avait réparti ses activités entre plusieurs sociétés de son groupe et avait retiré à l'une d'elle une partie de son activité pour la confier à une autre. En prévision de cette modification, la société à qui l'activité était retirée avait licencié son personnel la veille du transfert d'activité, lequel n'avait été qu'en partie réembauché par la deuxième. Arrêts également commentés par J. MOULY, « Les licenciements antérieurs au transfert de l'entreprise », *Droit Social,* 1982, n°12, p. 737-739 ; confirmés par un arrêt du 9 octobre 1975, Société Richaud Frères c/ SA L'Etablissement Thermal de Vichy et autre : *Bull. civ.* V, n°448, p. 385 ; *RJS*, 1976, n°356 ; J. PELISSIER, A. LYON-CAEN, A. JEAMMAUD et E. DOCKES, *Les grands arrêts du Droit du travail*, Dalloz, 2004, n°106, p. 286.

[186]. Jurisprudence constante sur le pouvoir d'appréciation souverain des juges du fond en cette matière. Par exemple: Cass. soc. 5 juillet 1984 n°1887, SA Aigle Azur c/ SA Solitaire et autres : *Bull. civ.* V, n°300, p. 227 ; Cass. soc. 15 octobre 1987 n°3363 P, Consorts Sfiligoy et autre c/ Bonnenfant : *Bull. civ.* V, n°570, p. 362 ; Cass. soc. 22 octobre 1987 n°3424 P, Lecuyer et autres c/ Société « 2 F » et

d'autre but que d'éviter la continuation du contrat de travail et la transmission de la charge et du coût du licenciement au cessionnaire [187]. La fraude n'était plus sanctionnée pour elle-même. Bien avant les indications données par la jurisprudence communautaire, la Cour de cassation commandait ainsi aux juges du fond de contrôler dans quelles conditions et à quelle date avaient été opérés les licenciements antérieurs. Il fallait vérifier s'il y avait eu « intention manifestée sans délai de poursuivre l'exploitation » et donc de faire échec au maintien des droits des salariés.

**818.** La Cour de cassation trouve désormais ses principaux arguments dans l'absence de nécessité économique de la mesure pour s'opposer à la validité des licenciements [188]. Ses raisonnements tirés de la théorie de la fraude subsistent néanmoins. Ils sont utilisés pour invalider des licenciements opérés avant le transfert dans le seul but de s'opposer à l'application de l'article L.122-12 al.2 du code du travail [189]. Ils le sont aussi pour déclarer nulle toute clause contenue dans l'acte de cession qui tendrait à annihiler les effets du texte[190].

Ce principe a notamment été rappelé par la Cour de cassation par deux arrêts du 31 mars 1998[191], dans des espèces où le licenciement avait été exigé par le cessionnaire, avant la reprise de l'entité économique, dans le but de faire échec à l'application de l'article L.122-12 al. 2 du code du travail. Le licenciement par le cédant intervenu après la cession a été jugé sans cause réelle et sérieuse (1er arrêt). Le salarié avait continué à exercer ses fonctions au service du cessionnaire alors qu'il avait été licencié par le cédant.

---

autres : *Bull. civ.* V, n°592, p. 376 ; Cass. soc. 20 octobre 1988, deux arrêts : Société nouvelle d'imprimerie Lescaret c/ Drouet et autre (n°3506 D) et Société nouvelle d'imprimerie Lescaret c/ Legroux et autre (n°3507 D), non publiés au Bull. civ.

[187]. Notamment dans l'hypothèse du réembauchage par le cessionnaire des salariés licenciés. Par exemple, Cass. soc. 26 octobre 1994, n°4181, SA Meubles Sachet c/ Mme Da Silva, non publié au Bull. civ. ; *Droit Social*, 1995, n°1, p. 55, obs. H. BLAISE ; Cass. soc. 13 avril 1999, Sté Casino France c/ M. Chazaud et a.: *Bull. civ.* V, n°168, p. 123.

[188]. Il n'est pas inutile de souligner ici qu'en exigeant un motif réel et sérieux pour tout licenciement, la loi du 13 juillet 1973 a permis plus largement la condamnation des employeurs dans ce contexte, en dehors de toute fraude aux droits des salariés. Elle est *« à l'origine d'une mission nouvelle et considérable pour le juge : d'un acte libre (sauf abus) elle a fait un acte causé »*. Ph. WAQUET, « Le juge et l'entreprise », *Droit Social*, 1996, n°5, p. 473.

[189]. Pour un exemple où la fraude est commise par le cédant: Cass. soc. 19 décembre 1990, SARL Eco Fruits c/ Ets Béchard, non publié au Bull. civ. Pour un exemple où la fraude est commise par le cessionnaire: Cass. soc. 23 septembre 1992 n°3023 P, SARL GCIA c/ Lehmann : *Bull. civ.* V, n°474, p. 297 ; *RJS*, 11/92 n°1228, où, pour faire échec aux dispositions de l'article L.122-12 al. 2 du code du travail, le repreneur avait conclu avec le salarié repris un contrat à durée déterminée qu'il avait ensuite rompu. Cette rupture a été analysée par la Cour de cassation comme un licenciement sans cause réelle et sérieuse.

[190]. Par exemple : Cass. soc. 16 janvier 2001 n°111 FS-P, Sté Paradis Thalassa c/ Mascolo : *Bull. civ.* V, n°6, p. 4 ; *RJS*, 3/01, n°287 ; *Droit Social*, 2001, n°4, p. 444, où l'acte de cession d'un service de radiologie entre une clinique et ses médecins radiologues précisait que la clinique ne mettait aucun préposé à leur disposition. La clinique avait prononcé le licenciement après le transfert dudit service (accord illicite des parties pour éluder l'application de l'article L.122-12 al. 2 du code du travail) ; Cass. ch. mixte 7 juillet 2006 n°242 PBRI, Petavy c/ Sudre : *Bull. ch. mixte*, n°5, p. 17 ; *RJS*, 10/06, n°1029 (1ère espèce) ; *Droit Social*, 2006, n°11, p. 1064, obs. A. MAZEAUD (nullité d'une clause d'une convention de cession ne prévoyant que la reprise d'une partie des salariés).

[191]. Cass. soc. 31 mars 1998, n°94-44. 798 P, SA Bericap et autre c/ Franchet et autres (1er arrêt) : *Bull. civ.* V, n°182, p. 132 et n°95-44.889 PB, Société Gerbe d'Or c/ Groupement des assurances de la région parisienne (GARP) et autres (2ème arrêt) : *Bull. civ.* V, n°185, p. 135 ; *Semaine Sociale Lamy*, 14 avril 1998, n°882, p. 10 ; *RJS*, 5/98, n°571. Pour d'autres exemples où la Cour a considéré que l'intention manifestée par le cessionnaire de poursuivre seul l'activité ne peut constituer une cause légitime de rupture pour le cédant, voir notamment : Cass. soc. 10 mai 1999, n°2129 P, Mme Billon c/ M. Adam et a.: *Bull. civ.* V, n°201, p. 146 ; *RJS*, 6/99, n°797 ; Cass. soc. 20 juin 2000, n°2938 FS-D, Sté Selafa Laboratoire Saint Rémy c/ Arnould : *RJS*, 12/00, n°1228.

Le licenciement a été jugé sans effet, la rupture de la période d'essai illicite par le deuxième employeur devait s'analyser en un licenciement sans cause réelle et sérieuse (2ème arrêt).

Dans chaque cas d'espèce, le but frauduleux se déduit de la qualification de l'opération juridique en transfert d'entreprise au sens de l'article L.122-12 al. 2 du code du travail et des agissements du cédant ou du cessionnaire pour en contourner les effets.

**819.** Ainsi, des licenciements apparemment légitimes seront sanctionnés s'il s'avère qu'ils n'ont pas d'autre but que d'éviter la continuation des contrats de travail et donc la transmission de la charge des licenciements éventuels sur le cessionnaire. La sanction interviendra lorsque le cédant et le cessionnaire se sont entendus au préalable pour licencier le salarié, dans le cas de collusion frauduleuse où cédant et cessionnaire sont considérés comme coauteurs du dommage subi par le salarié injustement licencié [192]. Elle interviendra également lorsque la faute est uniquement imputable au cédant, généralement, parce que les postes en questions n'ont pas été supprimés [193], ou inversement, au seul cessionnaire [194]. La protection des droits des salariés est ainsi assurée que les licenciements se situent préalablement au transfert ou postérieurement à celui-ci.

**820.** De même, lorsque le transfert résulte d'un accord entre cédant et cessionnaire, alors que l'article L.122-12 al. 2 du code du travail est inapplicable aux faits d'espèce et ne permet le maintien de plein droit de la relation contractuelle avec le cessionnaire, les juges vérifient qu'un tel accord ne porte pas atteinte aux droits des salariés concernés. Tel n'est pas le cas, lorsque rien ne permet de considérer que les salariés pourront raisonnablement rester au service du cessionnaire et qu'il s'avère que le cédant a utilisé le moyen du transfert pour assurer le reclassement externe de ses salariés à peu de frais [195]. De même, un accord entre les

---

[192]. Par exemple : Cass. soc. 7 mars 2001, n°894 F-D, SA Galien c/ Donineaux, non publié au Bull. civ. ; *RJS*, 5/01, n°570. En l'espèce, le plan de cession ne prévoyait pas la suppression du poste d'apprenti que le cédant avait licencié. Il ressortait en outre des éléments du dossier que le cessionnaire avait refusé de reprendre l'apprenti en question ; Cass. soc. 8 décembre 2004, n°2389 FD, AGS de Paris et a. c/ Locascio et a. : *RJS*, 2/05, n°127 ; Cass. soc. 21 mars 2006, n°792 FD, Bression c/ Sté La Caille des Vosges : *RJS*, 6/06, n°693, où l'acte de cession excluait de manière expresse la poursuite du contrat de travail du salarié avec le cessionnaire.

[193]. Par exemple : Cass. soc. 27 janvier 1983 n°170, Clinique Sainte Catherine c/ Wamberghe et autre : *Bull. civ.* V, n°42, p. 28 ; *RJS*, 1/84, n°447 ; *Revue Pratique de Droit Social,* 1984, n°468, somm. p. 102, où la Cour de cassation a considéré que le cédant avait entendu se séparer de son personnel en vue de céder un de ses services (externalisation) et avait prononcé des licenciements non pour une cause économique mais pour faire échec aux droits que les salariés tenaient de l'article L.122-12 al. 2 du code du travail (licenciement abusif donnant lieu au paiement de dommages et intérêts par le cédant).

[194]. Par exemple : Cass. soc. 22 septembre 1993 n°2916 P, SA Clerdis - Centre Leclerc c/ Sté française des nouvelles galeries réunies du Centre et autres : *Bull. civ.* V, n°220, p. 150 ; *RJS*, 11/93, n°1072, où le cessionnaire d'un fonds de commerce avait licencié les salariés de ce fond pour motif économique, peu après le transfert, dans des circonstances faisant ressortir qu'il avait agi avec une légèreté blâmable. Il s'était en effet engagé à reprendre les salariés sachant qu'il devait entreprendre des travaux de longue durée et avait proposé aux salariés de conclure de nouveaux contrats de travail assortis d'une période d'essai et sans reprise d'ancienneté, par le biais d'une autre société ayant les mêmes dirigeants et le même objet ; Cass. soc. 10 mai 2005, n°1067 F-D, Association Les Bruyères c/ Lebrin et a. : *RJS*, 7/05, n°720. En l'espèce, les locaux où s'exerçait l'activité nécessitaient une mise aux normes. Le cessionnaire avait engagé les salariés après avoir accepté de faire son affaire de l'agrément de la commission de sécurité sans avoir sur ce point la moindre garantie puis avait fait preuve de carence s'agissant des travaux nécessaires ; Cass. soc. 4 juillet 2006 n°1736 F-D, Sté Imprim'Eole c/ Celle et a.: *RJS*, 10/06, n°1029 (2è espèce), où il a été jugé que puisque les licenciements (prononcés par le liquidateur judiciaire) étaient la conséquence des conditions mises par le cessionnaire dans son offre d'acquisition, ce dernier était à l'origine de la rupture des contrats de travail. Il devait donc relever et garantir la société cédante des indemnités mises à sa charge en réparation de préjudices résultant de licenciements dépourvus d'effets.

[195]. Par exemple: CA Paris, 29 octobre 1997, 22e ch. A, SARL Saint-Maur Impression c/ Bolzer et autre : *RJS*, 3/98, n°399. En l'espèce, le transfert concernait des salariés handicapés. La Cour a considéré

parties visant la répartition de la charge des dommages et intérêts pour licenciement sans cause réelle et sérieuse est contraire aux dispositions de l'article L.122-12 al. 2 du code du travail qu'il contribuerait à contourner [196].

Lorsque le transfert des contrats de travail, par application volontaire de l'article L.122-12 al. 2 du code du travail, devient, pour l'une ou l'autre des parties, le moyen de frauder les droits des salariés, cédant et/ou cessionnaire sont sanctionnés de la même façon que lorsqu'ils s'entendent sur une inapplication volontaire de l'article L.122-12 al. 2 du code du travail pour en contourner les effets.

**821.** En l'absence de fraude, le salarié licencié avant un transfert peut considérer la rupture de son contrat de travail comme réellement effective. Il ne peut pas lui être imposé de continuer l'exécution de son contrat de travail. Le salarié ne peut pas non plus se prévaloir de la continuation de l'exécution de son contrat de travail sur le fondement de l'article L.122-12 al.2 du code du travail [197]. De même, le licenciement intervenu avant le transfert ne peut pas être remis en cause au seul motif que les salariés ont continué à travailler pour le compte du cessionnaire, jusqu'à la fin de leur préavis, dès lors qu'il repose sur un motif économique lié à une suppression d'emploi [198].

**822.** Tous les licenciements ne sont donc pas nécessairement abusifs du seul fait qu'un transfert d'entreprise est intervenu à plus ou moins court terme préalablement ou postérieurement au licenciement. La fraude est toutefois affaire d'appréciation par les tribunaux. Elle est forcément empreinte d'une part de subjectivité dans la revue des données de chaque cas d'espèce [199]. La notion semble néanmoins appropriée dans l'analyse de situations fortement marquées de considérations économiques et financières. Cela rend d'autant plus difficile toute tentative de synthèse de la jurisprudence en cette matière. Elle a toutefois cet avantage corrélatif d'astreindre les employeurs à la précaution dans l'usage des licenciements dans le contexte des transferts d'entreprises, en particulier lorsque l'entreprise est *in bonis*. Elle permet ainsi à l'article L. 122-12 al.2 du code du travail de remplir son objectif de maintien des contrats de travail.

---

que le cédant avait participé, par le biais de l'application volontaire de l'article L.122-12 al. 2 du code du travail, à la rupture injustifiée du contrat par le nouvel employeur et a jugé le salarié fondé dans sa demande de condamnation solidaire à réparation des deux employeurs.

[196]. Cass. soc. 30 mai 1980, n°78-15.874, Dormoy c/ Bureau : *Bull. civ.* V, n°470, p. 355.

[197]. Cass. soc. 6 novembre 1991 n°3908 P, Catrain et autres c/ société SCAANA et autres : *Bull. civ.* V, n°475, p. 295 ; *RJS*, 12/91, n°1296 ; *Droit Social*, 1992, n°1, p. 74 ; Cass. soc. 26 février 1992, M. Berlin c/ Union des mutuelles d'Ile-de-France : *Bull. civ.* V, n°129, p. 79.

[198]. Cass. soc. 20 octobre 1983, M. Chevrier et a. c/ Mme Meyer et a. (n°81-41.295) et GARP Fonds national de garantie des salaires c/ Mme Meyer et a. (n°81-41.735) : *Bull. civ.* V, n°518, p. 368.

[199]. Le recours à la notion de fraude, par nature imprécise, dans ce contexte (la fraude ne saurait être supposée et doit donc être prouvée) a fait l'objet de critiques, en ce qu'elle serait la porte ouverte aux procès d'intention. Notamment : J. DEPREZ, *Cessions d'entreprises et situations assimilées : Etude du régime juridique de l'article L.122-12 du code du travail relatif à la modification juridique de l'employeur*, éd. Fr. Lefebvre, 1984, p. 53 : « *dès lors que les licenciements ne sont pas interdits, l'entrepreneur qui y procède n'a rien fait d'autre, semble t-il que d'utiliser un « espace de liberté » laissé par les textes en vigueur* ». L'auteur nuance cependant ses propos en admettant que « *l'application de la loi implique aussi son effectivité, donc une interprétation menée de façon à assurer cette dernière* ». La théorie de la fraude serait, en ce sens, mise au service de l'application de l'article L.122-12 al. 2 du code du travail. Pour approfondir sur cette question, se reporter notamment à la thèse de J. MOULY, *La fraude à la loi en droit du travail – Contribution à la théorie générale de la fraude*, Limoges, 1979, 528 p.

## B. DROIT ANGLAIS : LA RECHERCHE DU LIEN DE CAUSE À EFFET ENTRE LICENCIEMENT ET TRANSFERT D'ENTREPRISE

**823.** Le TUPE a repris à son compte les principes posés par la directive communautaire en considérant que le transfert d'entreprise n'est pas un motif de licenciement en lui-même. Dès lors qu'il ne relève pas d'un motif économique, technique ou organisationnel (ETO) [200], le licenciement motivé par le transfert ou dont la principale raison est un motif lié au transfert[201] doit être considéré comme abusif, qu'il soit prononcé par le cédant ou par le cessionnaire[202]. Il doit y avoir un lien [203] de cause à effet entre le motif du licenciement et le transfert lui-même. Il s'agit d'une question de fait qui doit être décidée au cas par cas. Les licenciements prononcés au moment du transfert sont toutefois présumés avoir été motivés par le transfert, à moins que l'employeur en apporte la preuve contraire. Toute la difficulté est de placer dans le temps les licenciements et le transfert d'entreprise, en particulier pour les licenciements prononcés après le transfert. Le temps écoulé entre le transfert et les licenciements peut en effet indiquer que les licenciements sont ou cessent d'être liés au transfert.

**824.** Cette question du temps écoulé entre le licenciement et le moment du transfert a reçu une attention toute particulière en droit anglais. Avant l'adoption de sa nouvelle version, le TUPE prévoyait, en effet, outre le principe du caractère automatiquement abusif des licenciements motivés par le transfert, que les droits transférés du cédant au cessionnaire concernent les salariés employés « *immédiatement avant le transfert* » [204].

L'interprétation de cette dernière disposition par les juges anglais a permis jusqu'en 1989 le contournement par les employeurs successifs de la règle du maintien des droits des salariés. Étaient considérés comme transférés les seuls droits des salariés non licenciés, non pas à la date du transfert mais au moment précis du transfert. Cela revenait à valider indirectement les licenciements prononcés immédiatement avant le transfert des salariés que le cessionnaire ne souhaitait pas reprendre ou souhaitait réembaucher à des conditions différentes. Cette interprétation permettait ainsi aux employeurs successifs de contourner la règle du transfert automatique des salariés.

Jusqu'à la fin des années 1980, il n'était pas rare, particulièrement lorsque le cédant était insolvable, que les parties s'entendent pour que l'entreprise soit cédée sans salarié. Ceux-ci étaient ensuite réembauchés par le cessionnaire, sans risque de mise en cause de la responsabilité de ce dernier. Les salariés restaient sans véritable possibilité de recours, en l'absence de position claire de la jurisprudence à ce sujet [205].

**825.** Cette technique était dénoncée par les juridictions spécialisées, dont certaines admettaient largement les recours contre le cessionnaire dans ce cadre, pour en contrebalancer les effets négatifs sur les droits des salariés [206]. Elle avait néanmoins été indirectement validée

---

[200]. TUPE 2006, reg. 7(1)(b).

[201]. « *Connected with* ».

[202]. TUPE 1981, reg. 8(1) ; TUPE 2006, reg. 7(1)(a).

[203]. « *Nexus* ».

[204]. TUPE 1981, reg. 5(3). Le TUPE 2006, reg. 4(3), a introduit dans le corps du texte les précisions que la Chambre des Lords a apporté, depuis, sur cette notion.

[205]. Une situation notamment dénoncée par l'EAT en ce qu'elle faisait échec à la protection des salariés organisée par le TUPE, *in* Apex Leisure Hire v. Barratt [1984] 3 *All ER* 795, [1984] *ICR* 452 at 457 (Tudor Evans J.) : « *It would be very easy for a transferor without funds to agree with a transferee, for reasons convenient to both of them, that employees should be dismissed a short time before transfer, thus leaving them with a worthless remedy and so defeating the protection afforded by the Regulations* ».

[206]. Par exemple, *in* Apex Leisure Hire v. Barratt [1984] (EAT), précité, dans lequel l'EAT avait choisi d'interpréter largement les mots « immédiatement avant le transfert », en décidant qu'ils devaient être appréciés en fonction des circonstances (en l'espèce trois jours s'étaient écoulés entre les

par la Court of Appeal dans une décision Secretary of State for Employment v. Spence de 1986[207]. Dans cet arrêt, la Cour avait en effet adopté une interprétation restrictive de la Reg. 5 du TUPE [208] et décidé que le transfert d'entreprise devait s'entendre comme intervenant à un moment déterminé. Il ne pouvait pas être considéré comme s'étalant sur plusieurs heures ou jours. Cela signifiait, dans l'espèce qui lui était soumise, que les salariés qui avaient été licenciés par le cédant à onze heures du matin, soit trois heures avant la réalisation de la cession, puis réembauchés par le cessionnaire, n'étaient pas salariés du cédant au moment du transfert pour l'application du TUPE. Leur licenciement avait été prononcé pour une raison indépendante du transfert. Le transfert s'était en effet réalisé à quatorze heures précise et n'englobait pas toute la journée. Pour que les droits des salariés soient transférés au cessionnaire, les salariés devaient faire partie des effectifs du cédant « jusqu'à et y compris »[209] le moment du transfert, ce qui n'était pas le cas en l'espèce.

**826.** La Chambre des Lords est intervenue trois ans plus tard pour rétablir la situation dans une décision Litster v. Forth Dry Dock and Engineering Co Ltd de 1989 [210]. En l'espèce, le cédant, Forth Dry Dock, qui était sous administration judiciaire, avait licencié son personnel une heure avant le transfert de la propriété de ses actifs et de ses locaux au cessionnaire, Forth Estuary, une société spécialement constituée à cet effet. Le cessionnaire refusa de reprendre les salariés du cédant, à l'exception de trois salariés. Il avait lui-même embauché du personnel à des salaires inférieurs pour continuer l'activité. L'administrateur judiciaire du cédant s'avéra incapable de faire face aux charges financières pesant sur l'entreprise, après le transfert, notamment pour le paiement de congés payés et de dommages et intérêts pour licenciement abusif dus aux salariés licenciés. L'entreprise était insolvable. Les salariés se tournèrent donc vers le cessionnaire pour obtenir ces paiements. En appel, la Court of Session [211] décida, sur le fondement de l'arrêt Spence, que puisque aucun des salariés n'était salarié du cédant immédiatement avant le transfert, ils n'avaient aucun droit contre le cessionnaire. La tentative la plus flagrante de contournement des droits des salariés était ainsi valable pour peu que les salariés ne soient plus salariés du cédant au moment du transfert.

La Chambre des Lords accepta de se prononcer à son tour sur cette affaire sur recours des salariés. Ceux-ci se prévalaient du fait que cette interprétation du TUPE était contraire aux dispositions de la directive communautaire.

---

licenciements et le transfert). Voir également : Kestongate Ltd v. Miller [1986] *ICR* 672 (EAT), où le salarié a été considéré comme employé par le cédant « immédiatement avant le transfert » pour permettre un recours contre le cessionnaire, dans une espèce où 14 jours s'étaient écoulés entre le licenciement et le transfert. L'EAT a décidé dans cette affaire que le transfert devait être compris comme une période allant des négociations à la réalisation de l'opération. Pour des décisions contraires, par exemple: Premier Motors (Medway) Ltd v. Total Oil Great Britain Ltd [1984] *ICR* 58, [1983] *IRLR* 471 (EAT) ; Angus Jowett & Co Ltd v. NUTGW [1985] *ICR* 646, [1985] *IRLR* 326 (EAT).

207. Secretary of State for Employment v. Spence [1986] *IRLR* 248, [1986] *ICR* 651 (CA).

208. « *Regulation 5(1) (...) relates only to a contract of employment which is subsisting at the moment of the transfer. If employees are dismissed before the relevant transfer, their contracts of employment are not existing at the moment of the transfer and there is nothing on which Regulation 5 can bite* ». Secretary of State for Employment v. Spence [1986] *IRLR* 248. La reg. 5(1) est devenue la reg. 4(1) du TUPE 2006.

209. « *Up to and including* ».

210. Litster v. Forth Dry Dock and Engineering Co Ltd [1989] *IRLR* 161, [1989] *ICR* 341 (HL). Pour des commentaires sur cette décision (reprenant également largement l'arrêt Spence), notamment : M.D. RYLEY, « Business transfers after Litster : dangerous liaisons ? », *The Law Society's Gazette*, 14 June 1989, n°23, p. 18 ; C. BOURN, « Employment consequences of business transfers », *New Law Journal*, August 11, 1989, p. 1122 ; J. McMULLEN, « Business transfers and employee rights : the Litster case », *The Law Society's Gazette*, 7 February 1990, n°5, p. 27 et « Business transfers and employee rights : points for practitioners », *The Law Society's Gazette*, 21 February 1990, n°7, p. 27.

211. La *Court of Session* est une Cour Ecossaise, équivalent à la *Supreme Court of Judicature* d'Angleterre et du pays de Galles.

Considérant que l'article 4 de la directive, tel qu'interprété par la Cour de justice des communautés européennes, postérieurement à l'arrêt Spence [212], prévoyait qu'un licenciement prononcé avant le transfert et seulement en raison du transfert est interdit et doit être considéré abusif, la Chambre des Lords a admis qu'une telle interprétation pouvait être étendue à la reg. 5 du TUPE. En effet, bien que rédigé différemment, cette disposition avait le même objectif de maintien des droits des travailleurs. Elle devait permettre aux salariés licenciés d'obtenir une réparation efficace de la violation de leurs droits [213]. Or, lorsque le cédant est insolvable, la réparation est largement illusoire à moins qu'elle puisse être obtenue du cessionnaire. En conséquence, le TUPE devait adopter une interprétation conforme à l'objectif de la directive et, partant, s'appliquer tant au salarié effectivement employé immédiatement avant le transfert, qu'au salarié qui « *aurait été employé de la même façon s'il n'avait pas été licencié abusivement* » dans le cadre du transfert d'entreprise [214]. Les licenciements avaient, en l'espèce, été motivés par le transfert. Ils étaient donc automatiquement abusifs et les salariés devaient être considérés comme salariés du cédant à la date du transfert.

**827.** Cette jurisprudence n'a pas remis en cause les conclusions de la Court of Appeal dans l'arrêt Spence. Elle les a limitées à leur contexte. La Chambre des Lords a en effet considéré que la Cour s'était valablement prononcée, sur la base des faits qui lui étaient soumis, à deux égards.

D'une part, sur la détermination du moment [215] du transfert. Le fait de savoir si les salariés étaient immédiatement employés par le cédant avant le transfert ne pouvait seul dépendre du « *degré de proximité temporelle* » entre les licenciements et le transfert, sauf à ce que ces deux événements soient si imbriqués qu'il était impossible de dire qu'ils n'étaient pas concomitants.

D'autre part, sur la validité des licenciements prononcés. Les licenciements étaient fondés sur un motif ETO. Ils n'étaient pas liés au transfert, car ils avaient été prononcés à un moment où la transaction n'avait pas été conclue et à une époque où l'administrateur judiciaire était pressé par les banques de suspendre le paiement des salaires.

**828.** Cette décision a tout de même mis un terme aux ententes [216] entre cédant et cessionnaire visant à ce que les licenciements soient prononcés peu avant le transfert d'entreprise afin de permettre au cessionnaire d'échapper à ses obligations et au maintien des droits des salariés. Elle a été considérée comme historique par la doctrine et a définitivement influencé les transactions conclues dans le cadre des transferts d'entreprises, depuis cette date, en empêchant toute possibilité de fraude préalable au transfert par les employeurs successifs [217].

---

[212]. CJCE 15 juin 1988, aff. 101/87, P. Bork International A/S et autres c/ Junckers Industrier A/S, *Rec. CJCE* 1988, p. 3057, précité, Point 18 : « *Les travailleurs employés de l'entreprise dont il a été mis fin au contrat ou à la relation de travail avec effet à une date antérieure à celle du transfert, en violation de l'article 4, paragraphe 1, de la directive, doivent être considérés comme étant toujours employés de l'entreprise à la date du transfert* ».

[213]. Interprétation du TUPE par les juges anglais en référence à l'objectif de la directive (« *purposive approach* »). Sur cette question, v. 1ère Partie, Titre 1, chapitre 1, *supra*.

[214]. « *Regulation 5(3) of the Transfer of Undertakings Regulations must be read as if there were inserted after the words « immediately before the transfer » the words « or would have been so employed if he had not been unfairly dismissed in the circumstances described in Reg. 8(1)* ». Litster v. Forth Dry Dock and Engineering Co Ltd [1989] *IRLR* 161 at 162, précision intégrée dans le TUPE 2006, reg. 4(3).

[215]. « *Timing* ».

[216]. « *Collusion* ».

[217]. J. McMULLEN, Business transfers and employee rights, Butterworths, 2001, unbound, p. 7/31, para. 127: «*It is perhaps from the point at which Litster was decided that TUPE began to take off as a subject in its own right and have such a profound effect on commercial transactions in the UK* ».

Pour que le lien de cause à effet [218] entre le transfert et le licenciement soit établi et que ce dernier soit considéré comme abusif, encore faut-il que les juges du fond déterminent la raison principale du licenciement puis vérifient son lien éventuel avec le transfert d'entreprise. Cette analyse se fera au cas par cas. Depuis la décision de la Chambre des Lords, la question du moment du licenciement par rapport au transfert n'est qu'un élément parmi d'autres susceptible d'emporter la conviction des juges, en fonction des circonstances.

Ainsi, comme en droit français, la collusion frauduleuse des parties [219] sera constatée et sanctionnée lorsque le salarié est licencié quelques heures ou jours avant le transfert et que le cessionnaire a accepté de ne pas reprendre les salariés ou s'est entendu avec le cédant ou encore, a exigé de lui leur licenciement pour ne pas avoir à les reprendre [220]. En revanche, si le licenciement est motivé, par exemple, par les difficultés économiques de l'entreprise ou la cessation de son activité, le licenciement ne sera pas automatiquement considéré comme abusif, même si l'entreprise est finalement cédée ou reprise quelques temps plus tard [221].

**829.** En toute hypothèse, l'employeur aura toujours, comme dans l'arrêt Spence, la possibilité de démontrer que, bien que lié au transfert, le licenciement se justifiait par un motif économique, technique ou d'organisation impliquant des changements sur le plan de l'emploi (ETO), pour échapper à la sanction attachée aux licenciements prononcés pour un motif lié au transfert d'entreprise. Le véritable enjeu pour les employeurs successifs, comme en droit français, est donc la recherche d'un motif économique, technique ou d'organisation répondant aux critères retenus par la jurisprudence pour justifier les licenciements qu'ils souhaitent prononcer dans le cadre d'opérations de transfert et ainsi éviter le transfert de responsabilité que les textes organisent. A défaut de justifier d'une telle motivation, les licenciements prononcés dans ce contexte seront considérés comme intervenant en violation des droits des salariés.

En droit américain, la protection des droits des salariés qui y est organisée ne reconnaît pas le principe de maintien de la relation d'emploi dans les opérations de transfert d'entreprise. Une même idée de fraude aux droits des salariés, plus précisément au droit pour eux d'être représentés, intervient néanmoins dans la recherche de la véritable motivation des licenciements prononcés par les employeurs successifs.

---

218. « *Causative reason* ».

219. « *Collusive dismissals* ».

220. Gateways Hotels Ltd v. Stewart [1988] *IRLR* 287 (Scottish EAT) : sont jugés automatiquement abusifs les licenciements prononcés par le cédant dans le but de se conformer à un condition de vente imposée par le cessionnaire selon laquelle la vente n'interviendrait pas si les salariés n'étaient pas licenciés préalablement par le cédant. Il en est de même lorsque les licenciements sont prononcés par le cédant dans le but pour lui de réaliser la vente ou d'obtenir un meilleur prix de vente. Wheeler v. Patel [1987] *ICR* 631, [1987] *IRLR* 211 (EAT).

221. Ibex Trading Company Ltd v. Walton [1994] *ICR* 907, [1994] *IRLR* 564 (EAT), où les licenciements avaient été prononcés par le cédant à la suite du refus de 40 salariés d'accepter une réduction de leur rémunération alors qu'une offre de reprise avait été faite quelques jours après. L'EAT a considéré dans cette affaire que, même si les licenciements pouvaient avoir été prononcés pour « une » raison liée à un transfert possible, ils ne l'avaient pas été à raison « du » transfert ou pour une raison liée « au » transfert ; Honeycombe 78 Ltd (1) Cummings (2) Secretary of State for Trade and Industry, EAT 100/99, *IDS*, Brief 657, 2000, où les licenciements prononcés par le cédant (administrateur judiciaire) étaient motivés par l'impossibilité pour l'entreprise de payer son personnel en dépit de l'existence d'une reprise potentielle à la date du transfert (réalisée par la suite) par une entreprise détenue par les deux directeurs du cédant.

## C. DROIT AMÉRICAIN : LA RECHERCHE DE LA SINCÉRITÉ DU MOTIF ALLÉGUÉ PAR L'EMPLOYEUR

**830.** L'employeur bénéficie d'une grande liberté de décision en droit américain [222]. Il doit néanmoins user de ce pouvoir dans l'intérêt de l'entreprise et ne pas fonder sa décision uniquement sur des motifs contraires à l'exercice par les salariés des droits qui leur sont garantis par le NLRA, c'est-à-dire, le droit de se syndiquer et d'être représentés. Tout contournement de la loi ou discrimination à ce titre seront considérés comme une pratique déloyale de travail de l'employeur. Ils seront sanctionnés sur le fondement des sections 8(a)(1), relative à la sanction des effets de la décision [223], et 8(a)(3) du NLRA, concernant la sanction des motifs de la décision [224].

**831.** La décision prise par l'employeur de réorganiser son entreprise n'est généralement pas considérée comme une pratique déloyale de travail susceptible d'être remise en cause par le NLRB et les Cours fédérales. Il peut s'agir indifféremment d'une réimplantation [225] de tout ou partie de son activité, d'une fermeture totale ou partielle d'entreprise, d'un site, d'une unité de production ou d'un département [226], d'une externalisation d'activité [227] ou de toute autre décision affectant la structure de l'entreprise. Tel est le cas d'une décision de réimplantation motivée, par exemple, par la recherche de coûts opérationnels moindre [228] ou par la nécessité d'un rapprochement avec les clients de l'entreprise [229]. Il en est de même d'une décision de fermeture totale ou partielle de l'entreprise ou de l'une de ses divisions ou départements [230], ou encore d'une décision d'augmenter le recours à la sous-traitance, avec une réduction corrélative du temps de travail [231], qui peuvent être librement prises par l'employeur.

**832.** A l'inverse, une telle décision et partant, ses conséquences sur les droits des salariés, est considérée comme une pratique déloyale de travail contraire aux dispositions du NLRA

---

222. Sous réserve de l'exercice de son obligation de négocier avec les représentants des salariés sur sa décision et/ou sur les conséquences de sa décision (en application de la Section 8(a)(5) du NLRA), dans les conditions et selon les modalités indiquées précédemment, 1ère Partie, Titre 1, chapitre 2, *supra*.

223. La Section 8 (a)(1) du NLRA [29 *U.S.C.* 158] prévoit que constitue une pratique déloyale de travail pour l'employeur le fait d'« *interférer, limiter ou contraindre* » (« *interfere with, restrain or coerce* ») les salariés dans l'exercice des droits qui leur sont garantis par la section 7 du NLRA [29 *U.S.C.* 157], à savoir, en substance, le droit de se syndiquer ou de se faire représenter librement aux fins de négocier.

224. La Section 8(a)(3) du NLRA [29 *U.S.C.*158] prévoit, notamment, que constitue une pratique déloyale de travail pour l'employeur toute discrimination à l'embauche ou dans la relation contractuelle propre à encourager ou à décourager l'adhésion du salarié à un syndicat.

225. « *Relocation* ». Ce terme peut être traduit par « réimplantation », ou « délocalisation » ou encore « déménagement » en gardant en mémoire que l'activité de l'entreprise à proprement parler ne cesse pas dans ce cas mais est « transférée » sur un autre site aux Etats-Unis, jugé « plus favorable » par l'employeur. L'entreprise est fermée et son activité est transférée sur un autre site, propriété du même employeur. Ce terme ne correspond donc pas à un transfert d'entreprise au sens de la directive communautaire.

226. « *Shutdowns* ».

227. « *Contracting-out* ».

228. Trenton Garment Co. (1938) 4 *N.L.R.B.* 1186, 1 *L.R.R.M.* 456 ; Ox-Wall Products Mfg. Co., Inc. (1962), 135 *N.L.R.B.* 840, 49 *L.R.R.M.* 1585.

229. NLRB v. Rapid Bindery, Inc., 293 *F2d* 170, 48 *L.R.R.M.* 2658 (1961, CA2).

230. Ainsi, l'employeur peut-il décider librement de supprimer son département entretien et service: NLRB v. Adkins Transfer Co. 226 *F.2d* 324, 36 *L.R.R.M.* 2709 (1955, CA6) ; ou encore cesser la distribution finale de ses produits: NLRB v. Adams Dairy, Inc., 350 *F.2d* 108, 60 *L.R.R.M.* 2084 (1965, CA8).

231. Fluorocarbon Co. (1967) 168 *N.L.R.B.* 629, 66 *L.R.R.M.* 1375. En l'espèce, la décision avait été prise après qu'un syndicat ait notifié à l'employeur sa volonté de représenter les salariés.

lorsqu'elle procède d'un sentiment anti-syndical de l'employeur [232]. La démarche anti-syndicale de l'employeur se déduit des circonstances de l'espèce, au cas par cas.

Les décisions de restructuration prises par l'employeur sont considérées comme des pratiques déloyales de travail appelant réparation lorsque, notamment, la réorganisation a lieu pendant la campagne électorale et que les salariés sont mis au chômage technique par l'employeur pour partie le jour des élections et pour l'autre partie après les élections [233]. Il en est de même lorsque l'employeur licencie tous ses salariés avant de transférer son activité sur un autre site, alors qu'il avait un long passif anti-syndical et que la décision de transfert a été prise après qu'il ait appris que la majorité des salariés soutenait le syndicat [234]. Est également considéré comme une pratique déloyale de travail le fait pour l'employeur de menacer de fermer son entreprise puis de procéder à sa fermeture deux mois après qu'un syndicat y ait gagné les élections, dans le but de décourager la représentation syndicale dans les autres entreprises du groupe [235]. Il est à noter, à ce titre, un projet de loi dénommé *Employee Free Choice Act of 2007* soumis au Parlement au début de l'année 2007 [236]. Ce texte était destiné à modifier le NRLA dans le sens d'un renforcement de l'efficacité du droit à la représentation des salariés américains. En application de ce texte, le NLRB aurait pu ainsi engager des actions immédiates pour obtenir la réintégration des salariés licenciés et les sanctions prononcées à l'encontre des employeurs contrevenant au droit des salariés de se syndiquer ou d'être représentés seraient aggravées [237].

---

[232]. « *Anti-union sentiment* », également dénommé « *anti-union animus* » ou « *anti-union bias* ».

[233]. Reynolds Pallet & Box Co. v. NLRB, 324 *F.2d* 833, 54 *L.R.R.M.* 2452 (1963, CA6).

[234]. Woodline Motor Freight, Inc. v. NLRB, 127 *L.R.R.M.* 3260 (1988, CA8).

[235]. Textile Workers Union v. Darlington Mfg. Co. (1965) 380 *U.S.* 263, 85 *S. Ct.* 994, 58 *L.R.R.M.* 2657. En l'espèce, Darlington, une fabrique de textile de Caroline du Sud, était détenue majoritairement par une entreprise New-Yorkaise (Deering Milliken & Co), elle-même détenue par le président de Darlington, Roger Milliken, et par d'autres membres de cette même famille qui contrôlait au total un groupe de dix sept entreprises dans l'industrie du textile. Alors que le syndicat des ouvriers du Textile avait initié puis remporté les élections au sein de Darlington (septembre 1956), en dépit des menaces de fermeture proférées par son président si tel était le cas, le conseil d'administration de la société s'était réuni six jours après la proclamation du résultat des élections et avait décidé la fermeture de l'entreprise. Darlington cessa son activité en novembre 1956 et ses machines et équipements furent vendus aux enchères le mois suivant. Le syndicat introduisit une action contre la société en violation des sections 8(a)(1) et 8(a)(3) du NLRA, du fait de la fermeture de l'entreprise, et de la section 8(a)(5) du NLRA, pour avoir refusé de négocier avec le syndicat après les élections. Tout en renvoyant l'affaire devant le NLRB pour un examen plus approfondi des motifs de la décision et de ses effets sur l'ensemble des salariés du groupe (et pas seulement sur ceux de Darlington), la Cour Suprême a précisé, dans cet arrêt célèbre, qu'une fermeture totale d'entreprise ne pouvait pas être remise en cause. Sur renvoi, le NLRB et la Cour d'appel ont retenu la pratique déloyale de travail de l'employeur (violation de la section 8(a)(3) du NLRA) au motif que l'entreprise appartenait à un groupe de dix-sept entreprises fabriquant de textiles et, qu'en conséquence, cette décision était susceptible d'avoir un effet démotivant (« *chilling effect* », littéralement, un « *effet refroidissant* ») sur la représentation syndicale dans les autres entreprises du groupe, lequel ne pouvait pas lui avoir échappé (la fermeture a été considérée comme « partielle » puisque l'entreprise appartenait à un groupe et que d'autres salariés pouvaient être affectés par la décision prise). Darlington Mfg. Co. v. NLRB, 397 *F.2d* 760, 68 *L.R.R.M.* 2356 (1968 CA4), *cert. denied* 393 *U.S.* 1023, 89 *S. Ct.* 632, 70 *L.R.R.M.* 2225.

[236]. *The Employee Free Choice Act 2007* a été présenté au Sénat pour la première fois le 1er mars 2007 [H.R. 800. PCS], après avoir été voté par la Chambre des Représentants le même jour [H.R. 800. EH] en recueillant 241 voix contre 185. Son adoption par le Chambre des Représentants a été décrite par l'AFL-CIO comme « *une première étape vers le rétablissement des principes du préambule du NLRA* » http://blog.aflcio.org/2007/03/01/house-passes-employee-free-choice-act/ ; « Les démocrates veulent freiner le déclin du syndicalisme américain », *La Tribune*, 6 juillet 2007, p. 26. Les discussions sur ce projet ont néanmoins été suspendues par un vote 51-48 au Sénat le 27 juin 2007. G. W. Bush avait de toute façon fait savoir, fin février 2007, qu'il opposerait son *veto* à ce projet. Les discussions n'ont pas été reprises depuis.

[237]. http://www.EmployeeFreeChoiceAct.org

**833.** Deux schémas d'opérations de restructuration méritent d'être signalés ici. Ils sont en effet utilisés en droit américain par les employeurs pour empêcher ou limiter la représentation syndicale de leurs salariés. Ils sont, en tant que tels, hautement susceptibles de constituer une pratique déloyale de travail pour l'employeur.

Le premier, le « runaway shop », est une véritable technique de fuite en avant pour l'employeur. Il consiste à déménager l'activité de l'entreprise sur un autre site ou à fermer un site, ou à menacer de le fermer si les salariés ne renoncent pas à être représentés. L'employeur ouvre concomitamment un nouveau site pour remplacer celui faisant l'objet de la fermeture [238].

Le deuxième, la « double-breasted operation », consiste à répartir l'activité de l'entreprise en plusieurs divisions ou sites distincts pour séparer les salariés représentés par un syndicat des autres salariés. Cette dernière technique repose sur l'isolement des salariés représentés. Elle vise à éviter l'augmentation de la syndicalisation des effectifs et/ou l'application généralisée à l'entreprise des termes et conditions d'une convention collective [239].

**834.** Dans chaque cas, il s'agit pour le NLRB de veiller à ce que l'employeur ne procède pas sciemment à un changement structurel de son entreprise dans le but d'empêcher ou d'influencer négativement la représentation syndicale de ses salariés. Pour ce faire, le NLRB vérifie que les motifs invoqués par l'employeur sont « sincères » [240] et sont les véritables fondements de sa décision de réorganisation.

Cette technique rejoint en quelque sorte celle de la fraude aux droits des salariés utilisée par les juges français pour décider si le licenciement antérieur ou postérieur au transfert a été prononcé en violation du principe de transfert automatique des contrats de travail. Il s'agit néanmoins, seulement et uniquement pour le NLRB, de s'assurer que le droit des salariés d'être représentés librement n'a pas été bafoué par l'employeur. De plus, l'existence de bonnes relations antérieures entre employeur et syndicat [241] ou une justification économique objective de la décision de l'employeur [242] peut valablement dégager ce dernier de toute

---

[238]. Par exemple: Local 57, International Ladies' Garment Workers' Union v. NLRB (Garwin Corp.), 374 *F.2d* 295 (CA DC 1967), *cert. den.* 387 *U.S.* 942 (1967), où l'employeur avait fermé son entreprise à New York, licencié ses salariés et rouvert la même entreprise en Floride, dans le but d'échapper aux syndicats. La Cour d'appel considéra avec le NLRB que cette opération constituait une violation caractérisée des sections 8(a)(3) et (1) du NLRA.

[239]. Par exemple: Blake Constr. Co., M & S Bldg. Supplies, Inc. (1979) 245 *N.L.R.B.* 630, 102 *L.R.R.M.* 147, *enforcement gr. in part, den. in part* 663 *F.2d* 272, 108 *L.R.R.M.* 2136, où l'employeur avait fermé le site où ses salariés étaient représentés (premier site), transféré l'activité sur un autre site où les salariés n'étaient pas représentés (deuxième site) et avait proposé à l'un des salariés du premier site qui avait été mis au chômage technique, un poste sur le deuxième site à un salaire inférieur à ce qui avait été négocié pour les salariés du premier site. Cette technique est néanmoins admise par la jurisprudence lorsque les sites ou entreprises en question sont suffisamment distincts, en terme de fonctionnement et de contrôle, pour ne pas être considérés comme une seule et même entreprise (« *single employer* ») ou lorsque la seconde entreprise ne peut pas être considérée comme la « continuation déguisée » (« *disguised continuance* ») de la première (« *alter ego employer* »). Pour une critique de l'utilisation de ces deux concepts dans ce contexte, notamment : S. F. BEFORT, « Labor law and the double-breasted employer : a critique of the single employer and alter ego doctrines and a proposed reformulation », *Wisconsin Law Review*, 1987, p. 67-105.

[240]. « *Honestly invoked* ».

[241]. Par exemple: McGregor Printing Corp. (1967) 163 *N.L.R.B.* 938, 64 *L.R.R.M.* 1448, où bien que l'employeur ait fermé un site où les salariés étaient représentés, pour ouvrir un nouveau site dans un autre endroit, le NLRB a considéré que l'employeur n'avait pas commis de pratique déloyale de travail puisqu'il avait négocié de bonne foi pendant quatre mois après que le syndicat ait été accrédité comme le représentant des salariés de l'entreprise et s'était montré désireux de signer un accord collectif avec le syndicat en question.

[242]. Par exemple: NLRB v. Rapid Bindery, Inc., 293 *F2d* 170, 48 *L.R.R.M.* 2658 (1961, CA2), où la décision de fermeture de l'entreprise et le transfert de son activité dans une autre ville a été considérée comme non constitutive d'une pratique déloyale de travail dès lors que cette décision était motivée par une nécessité économique, même si une animosité existait entre l'employeur et le syndicat de l'ancien

responsabilité à cet égard, quelle que soit son attitude ou les conséquences de sa décision à l'égard de la représentation de ses salariés. A l'inverse, en droit français, la fraude aux droits des salariés est le critère majeur pour sanctionner les licenciements qui interviennent dans le contexte d'un transfert d'entreprise, même si ceux-ci peuvent tout de même être justifiés valablement par un motif économique.

Le droit américain ne se situe pas directement sur le terrain des droits des salariés comme les droits français et anglais, pour décider de l'existence d'une pratique déloyale de travail pour l'employeur. Il prend en compte l'absence de justification par l'employeur de sa décision autrement que par des motifs contraires aux principes du NLRA, quelles qu'en soient les conséquences pour les salariés.

**835.** Dans son arrêt Textile Workers Union v. Darlington Mfg. Co. de 1965 [243], la Cour Suprême invite à ce titre à distinguer la violation de la section 8(a)(1) du NLRA, qui vise les limites apportées par l'employeur au droit de se syndiquer ou de se faire représenter, de celle de la section 8(a)(3) du NLRA, sanctionnant toute discrimination à l'embauche ou dans la relation contractuelle destinée à encourager ou décourager l'adhésion syndicale.

En effet, la violation de la section (8)(a)(1) du NLRA est rarement constituée seule, dans le contexte d'opérations de restructuration. Elle appelle la commission d'un acte illégal en soi et détachable du motif économique invoqué par l'employeur. Or, reconnaît la Cour Suprême, certaines décisions sont si inhérentes à la direction de l'entreprise qu'elles ne constitueront jamais une violation de la section 8(a)(1) à moins qu'elles ne constituent également une violation de la section 8(a)(3) du NLRA. En d'autres termes, à moins qu'elle ne soit fondée sur un motif discriminatoire, dans le but d'influencer les salariés dans leur choix d'être représentés et dès lors que l'employeur pouvait raisonnablement prévoir qu'elle aurait un tel effet, sa décision ne pourra pas être sanctionnée. Il ne suffit donc pas simplement de constater les effets de la décision mais bien de rechercher la sincérité du motif allégué par l'employeur pour condamner éventuellement ses conséquences à l'égard des salariés en droit américain.

De fait, à la suite de cette jurisprudence, la section 8(a)(3) du NLRA, requérant la preuve d'un élément intentionnel, a joué un rôle plus central que la section 8(a)(1) lorsqu'il s'est agi de décider de cas où la décision touchait à la structure ou au fonctionnement de l'entreprise, décision dite « managériale », du type de celles qui nous occupent.

---

site ; Thompson Transport Co. Inc. (1967) 165 *N.L.R.B.* 746, 65 *L.R.R.M.* 1370, *enforced, remanded, in part* (CA 10) 406 *F.2d* 698, 70 *L.R.R.M.* 2418. En l'espèce, la fermeture d'un terminal de camions a été jugée légale car fondée sur un motif économique (la société avait subi des pertes financières substantielles en exploitant le terminal l'année précédente, enregistré de nouvelles pertes et anticipait des pertes futures), en dépit du fait que le terminal avait été fermé après l'accréditation du syndicat comme partenaire à la négociation et que l'employeur avait lancé auparavant plusieurs mises en garde aux salariés concernant la syndicalisation. Pour un exemple contraire: Midland-Ross Corp., 239 *N.L.R.B.* 323 (1978) *enf'd*, 617 *F.2d* 977 (3d Cir. 1980), où le NLRB a conclu à la violation de la section 8(a)(3) du NLRB alors que la fermeture du site était justifiée par des considérations économiques et qu'il n'était pas contesté que la fermeture aurait de toute façon eu lieu six mois plus tard, même en l'absence d'activité syndicale. La Cour d'appel, suivant les arguments du NLRB, considéra que le fait que la fermeture était acquise ne diminuait pas le fait que les actes de l'employeur avaient pour but et pour effet de décourager la syndicalisation des salariés.

243. Textile Workers Union v. Darlington Mfg. Co. (1965) 380 *U.S.* 263, 85 *S. Ct.* 994, 58 *L.R.R.M.* 2657, précité. Dans cet arrêt, la Cour Suprême a également énoncé les conditions dans lesquelles la fermeture partielle d'une entreprise ou d'un site peut être considérée comme une pratique déloyale de travail (« *chilling test criteria* ») : dès lors que les personnes exerçant le contrôle sur le site ou l'entreprise en question : (i) ont un intérêt dans une autre affaire (affiliée ou non à la première, et qu'elle concerne ou non la même branche d'activité) qui est suffisamment important pour leur permettre de tirer un bénéfice substantiel du découragement de la syndicalisation de la première (« *the interest test* »), (ii) font en sorte que l'entreprise soit fermée pour obtenir ce résultat (« *the effect test* »), et (iii) occupent une relation avec l'autre entreprise propre à rendre prévisible, d'une façon réaliste, que ses salariés auront à craindre une fermeture s'ils persistent dans leurs activités syndicales (« *the purpose test* »).

**836.** En pratique, la violation de la section 8(a)(3) du NLRA ne pourra pas être invoquée en cas de fermeture de l'entreprise. La relation entre l'employeur et ses salariés sera, en effet, définitivement interrompue et l'employeur n'aura pas pu avoir l'intention d'influencer ou d'empêcher la représentation de ses salariés, pour l'avenir. Elle pourra l'être, en revanche, en cas de fermeture partielle d'entreprise où la décision de l'employeur pourra avoir des répercussions sur les relations entre l'employeur et les salariés restants [244]. Cela implique toutefois que la preuve du sentiment anti-syndical [245] qui a motivé la décision de l'employeur soit apportée. Elle suppose cette démonstration spécifique [246] et difficile [247] que la fermeture visait délibérément à décourager la syndicalisation des autres sites ou entreprises du groupe. Il ne s'agit donc pas seulement pour le syndicat de démontrer que la conduite de l'employeur a encouragé ou découragé la représentation des salariés pour apporter la preuve de la violation de la section 8(a)(3) du NLRA.

**837.** La preuve de l'intention discriminatoire de l'employeur sépare ainsi les cas où la pratique déloyale de travail de l'employeur a été retenue, des nombreux cas où l'employeur est resté impuni, en application de la ligne directrice défendue par la Cour Suprême, selon laquelle « *une telle acception de la Section 8(a)(3) est essentielle si l'on veut accorder la protection qui convient au droit de l'employeur de diriger son entreprise* » [248]. La façon dont la preuve de l'intention de l'employeur devait être apportée pas plus que les critères de sa détermination n'ont toutefois été approfondis par la Cour Suprême.

**838.** C'est deux ans plus tard et dans un tout autre contexte que la fermeture d'une entreprise, que la Cour Suprême a dégagé des principes généraux de preuve applicables selon l'impact de la décision de l'employeur sur les droits des salariés, dans un arrêt NLRB v. Great Dane Trailers, Inc. de 1967 [249].

---

[244]. Textile Workers Union v. Darlington Mfg. Co. (US 1965), précité.

[245]. « *Anti-union sentiment* ».

[246]. Le NLRB statue sur la base de « *la prépondérance des dépositions recueillies* » (« *upon the preponderance of the testimony taken* ») (section 10 (c) du NLRA).

[247]. Position assouplie cependant depuis George Litograph Co., 204 *N.L.R.B.* 431 (1973), dans lequel le NLRB reconnaît qu'il est impossible dans la plupart des cas de prouver l'intention de l'employeur de décourager la syndicalisation de ses salariés, et conclut à la violation de la section (8)(a)(3) au vue de la conduite générale de l'employeur et des circonstances de fait. En l'espèce, l'employeur avait fermé son service (profitable) d'envoi postal, après des manifestations répétées d'hostilité et d'opposition à l'encontre du mouvement de syndicalisation qui s'y développait. Le NLRB a considéré que le comportement de l'employeur et la proximité du service d'envoi postal avec les autres services de l'entreprise qui travaillaient, en outre, sous la même supervision, constituaient la preuve de l'intention de l'employeur de décourager la syndicalisation des autres salariés de l'entreprise, lequel pouvait raisonnablement prévoir que sa décision aurait un tel effet. Position également retenue par la Cour d'appel du 11è Cir., *in* Purolator Armored, Inc. v. NLRB, 764 *F.2d* 1423 (11th Cir. 1985), où le sentiment anti-syndical a été déduit des circonstances de l'espèce. Pour un exemple contraire, sur l'exigence de la preuve de l'intention discriminatoire de l'employeur: DeSoto, Inc., 278 *N.L.R.B.* 788 (1986).

[248]. American Ship Building Co. v. NLRB, 380 *U.S.* 300, 311 (1965) ; Metropolitan Edison Co. v. NLRB, 460 *U.S.* 693, 700 (1983), où la Cour Suprême a rappelé que « *Le Congrès* (en adoptant la section 8(a)(3) du NLRA) *n'avait pas l'intention de rendre illégaux tous les actes qui auraient pour effet de décourager la syndicalisation (...) son intention était plutôt d'interdire seulement les actes qui étaient motivés par un sentiment anti-syndical* ».

[249]. NLRB v. Great Dane Trailers, Inc., 388 *U.S.* 26 (1967). En l'espèce, une grève avait été engagée à la suite de l'expiration d'une convention collective qui prévoyait le paiement de congés payés (« *vacation benefits* »). L'employeur soutenait qu'il n'avait plus d'obligation à cet égard mais qu'il en ferait bénéficier les salariés qui avaient été présents (au travail) pendant la grève. La Cour suprême considéra que le paiement de jours de congés aux seuls non grévistes était clairement discriminatoire et décourageait sans conteste (« *no doubt* ») l'activité syndicale. Principe confirmé par la Cour Suprême, dans un même contexte de grève, dans un arrêt NLRB v. Fleetwood Trailer Co., 389 *U.S.* 375 (1967). En l'espèce, l'employeur avait réduit ses plannings de production de façon à ce que lorsque la grève cesserait et que les salariés grévistes demanderaient à être réintégrés, celui-ci leur opposerait qu'il n'y

Dans cet arrêt, la Cour Suprême a distingué les décisions « *destructrices en soi* » [250] des droits des salariés des décisions n'ayant qu'un impact « *comparativement faible* » [251] sur leurs droits. Les premières sont considérées illégales et ne permettent à l'employeur de s'exonérer de sa responsabilité qu'en prouvant que sa décision était motivée par des considérations économiques. Les secondes sont considérées légales dès lors que l'employeur justifie sa conduite par des considérations économiques légitimes et substantielles [252] et que la preuve de la motivation anti-syndicale de l'employeur n'est pas apportée.

Il ne s'agit plus d'établir la véritable intention de l'employeur, ce qui peut se révéler délicat lorsque la décision repose en partie sur des justifications économiques et en partie sur des motifs anti-syndicaux [253], mais plutôt d'enquêter sur la justification de la décision de l'employeur.

**839.** En application de cette jurisprudence, une pratique déloyale de travail pourra être constituée en dehors de la démonstration formelle du sentiment anti-syndical de l'employeur. Une fois établie l'existence de la mesure discriminatoire, il lui appartiendra de démontrer que sa décision était motivée par des « objectifs légitimes » [254] pour s'exonérer de toute responsabilité [255]. Cela revient à s'éloigner de la nécessaire démonstration du caractère

---

aurait pas d'emploi disponible pour eux. Six semaines plus tard, il avait repris ses plannings de production antérieurs et décidé d'embaucher six nouveaux salariés plutôt que de réintégrer les anciens grévistes. La Cour Suprême a considéré que puisque le fait de ne pas réembaucher les anciens grévistes décourageait l'exercice des droits des salariés, la charge de la preuve pesait sur l'employeur qui devait prouver que sa décision était motivée par des raisons économiques, ce qui n'avait pas été le cas en l'espèce (violation des sections 8(a)(1) et 8(a)(3) du NLRA).

250. « *Inherently destructive* ».

251. « *Comparatively slight* ».

252. « *Legitimate and substantial business justifications for the conduct* ».

253. « *Mixed motive* ». Il s'agit alors de déterminer si les justifications économiques alléguées constituent un prétexte à la commission d'une pratique déloyale de travail. Le NLRB et les Cours d'appel étaient fréquemment en désaccord sur le sujet. Le NLRB discuta cette différence *in* Wright Line, Inc., 251 *N.L.R.B.* 1083-84 (1980) *enf'd,* 662 *F.2d* 899 (1st Cir. 1981), *cert. denied*, 455 *U.S.* 989 (1982) où, tout en admettant que l'existence de « bons » et de « mauvais » motifs requiert une investigation complémentaire pour déterminer le rôle joué par chacun des motifs, le NLRB a précisé la démarche à adopter dans de tels cas (« *two-part test* ») en déplaçant le débat de l'intention de l'employeur sur celui de la motivation de sa décision. Il s'agit d'abord d'établir l'existence d'un impact négatif sur les droits de représentation des salariés et le fait qu'il a été un facteur de motivation (« *motivating factor* ») pour l'employeur. L'employeur doit ensuite démontrer (« *affirmative defense* ») qu'il aurait pris la même décision en l'absence d'un tel impact négatif sur la représentation des salariés. Cette répartition de la charge de la preuve a été admise par la Cour Suprême *in* NLRB v. Transportation Management Corp., 462 *U.S.* 393 (1983). Pour un exposé de la jurisprudence sur cette question, H. H. NORTHRUP, Ph. A. MISCIMARRA, *Government protection of employees involved in mergers and acquisitions*, The Wharton School Industrial Research Unit, University of Pennsylvania, 1989, p. 108-115.

254. « *Legitimate objectives* ». A rapprocher de l'article L.122-45 du code du travail, prohibant les discriminations à l'embauche, lequel prévoit également qu'il incombe à la partie défenderesse, dans ce cas, « *de prouver que sa décision est justifiée par des éléments objectifs étrangers à toute discrimination* ». Le droit anglais prohibe également toute discrimination à l'embauche, en particulier celles fondées sur l'appartenance syndicale du salarié : TULR(C)A 1992, ss. 137-143 ; Directive 2000/78/CE portant création d'un cadre général en faveur de l'égalité de traitement en matière d'emploi et de travail (*J.O.C.E* n°L.303 du 2 décembre 2000, p.16).

255. La Cour Suprême est cependant restée vague sur les conditions dans lesquelles la conséquence de la conduite discriminatoire de l'employeur devait être considérée « comparativement faible » face aux droits des salariés. Elle n'a pas plus expliqué dans quels cas les « considérations économiques légitimes et substantielles » données par l'employeur devaient être jugées insuffisantes par le NLRB eu égard aux conséquences de la décision de l'employeur sur les droits collectifs des salariés. Elle n'a pas non plus déterminé les critères propres à établir si la conduite de l'employeur était « destructrice en soi » des droits des salariés, rendant sa jurisprudence difficile d'application.

intentionnel de la violation du NLRA par l'employeur pour se rapprocher de l'examen des circonstances de l'espèce tel que pratiqué par les juges en droit français et anglais.

La Cour Suprême n'a pas pris d'autres positions depuis 1965 en dehors du contexte des fermetures d'entreprise. Les cas de transfert d'entreprise au sens large, tout comme les cas de fermeture d'entreprise, restent du domaine du pouvoir de direction et des prérogatives managériales de l'employeur. La jurisprudence plus proche de l'examen des circonstances de l'espèce, prise par la Cour Suprême dans l'arrêt Great Dane Trailers, semble inapplicable dans de tels contextes [256] où les conséquences de la décision de l'employeur sur les droits des salariés ne sont perçues que comme l'une des données du problème [257].

**840.** Il n'y a donc pas, en droit américain, de décision illégale à la seule vue de ses conséquences à l'égard des salariés, et plus particulièrement de leur représentation collective. Le postulat est que les décisions qui y sont relatives relèvent intrinsèquement des prérogatives managériales[258], à moins d'apporter la difficile preuve de l'intention discriminatoire de l'employeur.

Cette exigence de preuve limite d'autant la possibilité de voir sanctionner l'employeur pour des opérations de restructurations intempestives décidées pour des mauvais motifs et, qui plus est, en cas de cession totale d'entreprise, assimilable à une fermeture totale. Une telle décision ne pourra pas être sanctionnée sur le terrain de la violation des droits collectifs des salariés, quelle que soit la raison qui ait motivé la décision de l'employeur [259].

**841.** En définitive, et comme en matière de négociation collective, la jurisprudence prise en application du NLRA offre une latitude plus grande à l'employeur lorsqu'il s'agit de décider d'une cession, d'une fusion ou d'une opération du même type. Dans les cas où celui-ci est amené à prendre une décision moins drastique telle qu'un déménagement, une

---

[256]. H. H. NORTHRUP, Ph. A. MISCIMARRA, *Government protection of employees involved in mergers and acquisitions*, The Wharton School Industrial Research Unit, University of Pennsylvania, 1989, p. 120 ; K. VAN WEZEL STONE, « Labor and the corporate structure: changing conceptions and emerging possibilities », *University of Chicago Law Review*, 1988, vol. 55, p. 73, qui constate et regrette que : « *En fait, lorsque les employeurs prennent des décisions d'investissement et de production pour échapper aux conséquences économiques de la syndicalisation, la justification économique est toujours et automatiquement présente* (...) *Le NLRB peut attribuer à l'employeur un motif économique légitime pour toute action qu'il estime justifiée a posteriori* (...) *En agissant de la sorte, le NLRB évite de rechercher la véritable motivation de l'employeur* (...) *et rend les décisions managériales invulnérables aux attaques de la section 8(a)(3)* », *ibid.*, p.101-102.

[257]. Pour mémoire, outre la démonstration du caractère intentionnel de son auteur, les conditions d'application de la section 8(a)(3) du NLRA tiennent à l'existence d'une discrimination (à l'embauche ou dans la relation contractuelle) et à ses effets. Elle doit être propre à encourager ou à décourager l'adhésion du salarié à un syndicat.

[258]. En dehors de la question de savoir si l'employeur doit négocier avec le syndicat sur ces décisions ou sur les conséquences de ces décisions. Sur cette question, v. 1ère Partie, Titre I, Chapitre II, *supra*.

[259]. H. H. NORTHRUP, Ph. A. MISCIMARRA, ouvrage précité, p. 128-129. Ces auteurs regrettent l'absence de prise de position explicite de la jurisprudence sur les cas relevant de la « fermeture partielle » ou de la « fermeture totale » d'entreprise. La jurisprudence considère généralement que lorsque l'activité cesse et n'est pas reprise par le même employeur (ou par le même groupe), remplacée ou continuée sous la même forme et sur un autre site, la qualification de « fermeture partielle » ne s'applique pas. Par exemple : Westinghouse Electric Corp., 174 *N.L.R.B.* 636 (1969), où le transfert d'un département de recherche d'un site à un autre n'a pas été considéré comme une fermeture partielle pour l'application de la Section 8(a)(3) du NLRA, au motif que le deuxième site avait une activité distincte et était sans lien avec celle du premier site ; Frito-Lay, Inc., 232 *N.L.R.B.* 753 (1977), *enforcement denied in part*, 585 *F.2d* 62 (3d Cir. 1978) et Weather Tamer, Inc. v. NLRB, 676 F.2d 483 (11th Cir. 1982) *denying enforcement in relevant part* 253 *N.L.R.B.* N°36 (1981), où, dans ces deux espèces, la décision du NLRB, assimilant à une réimplantation prohibée (« *runaway shop* ») le transfert de production d'un site à un autre, a été censurée par la Cour d'appel au motif que la réimplantation en question était une mesure économique visant à consolider la production de l'entreprise dans un climat économique incertain et que son caractère prohibé n'était pas établi.

réimplantation ou un recours à la sous-traitance, les circonstances entourant sa décision seront soumises à un examen plus attentif de la part des juges.

La frontière entre ces différents cas, c'est-à-dire entre « fermeture totale » et « fermeture partielle » d'entreprise, reste cependant floue. Il est difficile de distinguer les cas où les sentiments anti-syndicaux l'emportent sur les considérations économiques de l'employeur. Cela constitue autant de sources d'incertitude quant aux droits des salariés, en l'absence de ligne directrice de la Cour Suprême qui font regretter que la section 8(a)(3) du NLRA constitue seulement un frein potentiel à la liberté d'action de l'employeur. Elle ne permet en effet pas la sanction, par le NLRB et les Cours fédérales, de la véritable cause de licenciement lorsque ce dernier intervient dans le cadre d'une opération de restructuration.

Cette absence de protection légale explique nécessairement que salariés, sur le plan individuel et syndicats pour les salariés qu'ils représentent, sur le plan collectif, cherchent à s'assurer une garantie d'emploi ou plus sûrement à aménager les conditions de leur départ, par voie conventionnelle.

## §2. L'EMPLOYEUR S'EST ENGAGÉ À NE PAS PROCÉDER À DES LICENCIEMENTS : VALIDITÉ DES CLAUSES DE GARANTIE D'EMPLOI

**842.** Que les salariés soient ou non protégés par des règles légales invalidant les licenciements prononcés à tort dans une situation de crise, salariés et syndicats négocient généralement afin de garder un minimum de prise sur la situation. Ces négociations ont lieu que ce soit dans un contexte de transfert d'entreprise ou, plus largement, dans le cadre de restructurations appelant des licenciements liés ou non à une opération de transfert d'entreprise. Timides en droit français (A) et anglais (B), de tels accords sont plus souvent conclus en droit américain (C), sans toutefois convaincre, dans aucun des systèmes juridiques étudiés, de leur efficacité.

### A. DROIT FRANÇAIS : DES GARANTIES À EFFICACITÉ VARIABLE

**843.** Le droit français prévoit un traitement juridique différent selon que la garantie est accordée à titre individuel ou à la collectivité des salariés.

#### *1. Au niveau individuel*

**844.** Les clauses de garantie d'emploi se trouvent dans les contrats de travail, pour certains cadres à fort potentiel ou expérience qui ont négocié leur entrée dans l'entreprise en contrepartie d'une garantie pour eux de ne pas la quitter, avant un certain délai déterminé au contrat. Elles peuvent également subordonner la rupture du contrat par l'employeur au paiement d'une indemnité substantielle, dans certaines circonstances prédéfinies.

Ce type de clause, plus favorable au salarié que la loi ou la convention collective applicable à l'entreprise, s'impose aux parties comme au juge. Le licenciement prononcé contre la lettre d'une clause de garantie d'emploi expose l'employeur au versement de dommages et intérêts au salarié, en réparation du licenciement prononcé sans cause réelle et sérieuse et/ou de la faute contractuelle commise par l'employeur qui n'en a pas respecté les termes [260]. L'employeur s'expose également au remboursement à l'ASSEDIC des sommes versées par elle au salarié à la suite de son licenciement [261].

De telles clauses peuvent trouver à s'appliquer dans le cadre d'une opération de transfert d'entreprise qui n'entre pas dans le champ d'application de l'article L.122-12 du code du travail. Tel sera le cas, par exemple dans le cas d'un changement d'actionnaire majoritaire dans l'entreprise. Il se peut qu'un accord soit alors conclu entre l'employeur et un ou plusieurs de ses salariés pour leur assurer le maintien de leur relation contractuelle ou, plus sûrement, les indemniser en cas de rupture de leur contrat de travail intervenant dans ce contexte.

**845.** Admettant la validité d'une garantie d'emploi consentie à l'occasion d'une cession de capital de la société, la Cour de cassation a jugé qu'un tel engagement peut être invoqué à l'encontre du cédant par le salarié qu'il licencie [262]. En l'espèce, la garantie d'emploi avait cette originalité qu'elle avait été consentie par l'acquéreur dans l'acte de cession du capital de la société. Ce dernier s'était engagé à ne pas procéder à des licenciements économiques pendant une période de deux ans. Or, le jour même de la cession, un cadre était licencié pour motif personnel par le cédant. Bien qu'elle ait été prévue à l'acte de cession du capital de la société et ne lui ait donc pas été directement accordée par l'acquéreur, le salarié a soulevé le non respect de la promesse de garantie d'emploi devant les tribunaux afin d'obtenir le paiement de dommages et intérêts en réparation du préjudice né de sa violation.

Reprochant à la Cour d'appel de n'avoir pas recherché la véritable cause du licenciement du salarié, qui soutenait que son licenciement résultait de la suppression de son poste, la Cour de cassation a rejeté la distinction opérée par la Cour d'appel entre l'auteur de l'engagement, l'acquéreur, et l'auteur du licenciement, le cédant. Elle a considéré que l'opération commerciale portait sur les parts sociales de l'entreprise et n'avait pas d'incidence sur la personnalité juridique de l'employeur, laquelle était maintenue, avant comme après la cession du capital de la société. La relation d'emploi restait donc inchangée dans ce contexte. La Cour de cassation a dès lors considéré que « *l'employeur, dont la situation juridique demeurait inchangée en dépit de la cession du capital à un nouvel actionnaire avait manqué à son*

---

[260]. Cass. soc. 21 décembre 2006 n°3038 F-D, Joly c/ Chavane de Dalmassy et a.: *RJS*, 3/07, n°306 ; *Revue de Droit du Travail*, mars 2007, p. 172, obs. Ph. WAQUET : la violation par l'employeur de la clause de garantie d'emploi insérée au contrat de travail ne prive pas le licenciement de cause réelle et sérieuse. Il appartient à l'employeur de vérifier si le motif invoqué dans la lettre de licenciement constitue une cause réelle et sérieuse.

[261]. Cass. soc. 28 avril 1994 n°2157 P, Sté GEP Groupe Pasquier c/ M. Bourasseau : *Bull. civ.* V, n°151, p. 101 ; Cass. soc. 30 mars 1995, n°1411 D, Bichard c. SA Sodafi : non publié au Bull. civ. ; *RJS*, 6/95, n°623 ; Cass. soc. 13 février 1996, n°587 D, Sté Crystalate GCIE c/ Mulliez : non publié au Bull. civ. ; *RJS*, 5/96, n°512 ; Cass. soc. 7 octobre 1997, n°3244 D, Sté nouvelle Méridionale des combustibles c/ Tranchand et autre : non publié au Bull. civ. ; *RJS*, 11/97, n°1198 ; Cass. soc. 27 octobre 1998, n°4359 PB, Schroeder c/ Sté GIE Services pour la Caisse des dépôts et consignations : *Bull. civ.* V, n°455, p. 341 ; *RJS*, 12/98, n°1441 ; Cass. soc. 2 février 1999, n°613 P, Sté Plâtres Bichard c/ Sté Diamant boart France : *Bull. civ.* V, n°49, p. 36 ; *RJS*, 4/99, n°498 ; Cass. soc. 2 juillet 2003 n°1861 F-D, Sté Memmi c/ Eté : *RJS*, 10/03, n°1113. Les dommages et intérêts alloués à un salarié au titre de la violation par l'employeur d'une clause de garantie d'emploi et équivalents aux rémunérations qu'il aurait perçues jusqu'au terme de la période de garantie d'emploi ne se cumulent pas avec les allocations d'assurance chômage servies par l'ASSEDIC : Cass. Ass. plén., 13 décembre 2002, Brocard c/ ASSEDIC de l'Ain et des Deux Savoie ; *JCP*, E, 2 janvier 2003, p. 4 ; *Gazette du Palais*, 22-24 décembre 2002, p. 2, avis de l'avocat général A. BENMAKHLOUF. Pour des développements sur les clauses de garantie d'emploi: F. GAUDU, R. VATINET, *Les contrat du travail : contrats individuels, conventions collectives et actes unilatéraux*, Traité des contrats, sous la direction de Jacques Ghestin, LGDJ, 2001, p. 230-248, et les articles de doctrine cités en référence.

[262]. Cass. soc. 11 juillet 2002, n°2580, M. Goby c/ Sté SAS Matières premières Saint-Joseph, *Droit Ouvrier*, janvier 2003, p. 19, note A. de SENGA.

*engagement unilatéral de ne procéder à aucun licenciement pour motif économique pendant deux ans* ».[263]

**846.** La validité d'une garantie d'emploi consentie par le cessionnaire le jour de la cession pour un licenciement pris à l'initiative du cédant, aurait-elle été consacrée de la même façon par la Cour de cassation si la situation juridique de l'employeur avait été modifiée ?

Dans le cadre d'une opération entrant dans le champ d'application de l'article L.122-12 al. 2 du code du travail, en l'absence de jurisprudence sur ce sujet à notre connaissance, il semble vraisemblable que la réponse à cette question soit négative si la garantie se limite à l'engagement de l'employeur de ne pas procéder à des licenciements au moment de la cession. La garantie d'emploi n'aurait en effet pas à être invoquée. Le débat se placerait plus surement sur le terrain de la fraude aux droits du ou des salariés en question, s'ils ne devaient pas être repris par le cessionnaire. Leur licenciement serait, par suite, considéré comme lié au transfert ou visant à éviter les effets du principe du maintien des contrats.

A l'opposé, dans le cadre d'une opération exclue du champ d'application de l'article L.122-12 al. 2 du code du travail, la distinction opérée par la Cour d'appel d'Aix en Provence, dans l'arrêt précité, entre l'auteur de l'engagement, le cessionnaire, et l'auteur du licenciement, le cédant, prendrait tout son sens. Dans une telle hypothèse, le maintien des contrats n'étant pas assuré par la loi et le cessionnaire n'étant pas dans l'obligation de reprendre les salariés, la demande en dommages et intérêts du salarié tournée contre le cédant pour violation de la clause de garantie d'emploi consentie par le cessionnaire serait *a priori* rejetée [264]. Si l'engagement du cessionnaire était suffisamment précis et déterminé vis-à-vis du ou des salariés concernés, celui-ci pourrait, en revanche, engager sa responsabilité sur le fondement de la faute contractuelle.

**847.** Moins hypothétique dans ce contexte serait une garantie d'emploi concédée en son temps par le cédant à l'un ou plusieurs de ses salariés dont ceux-ci demanderaient application par le cessionnaire, une fois le transfert réalisé. En dehors du cadre de l'article L.122-12 al.2 du code du travail, la distinction opérée par la Cour d'appel d'Aix en Provence entre auteur de l'engagement et auteur de la rupture serait applicable. Les salariés repris par le cessionnaire ne pourraient donc pas invoquer à leur avantage des engagements qui auraient été pris à leur égard par leur ancien employeur, à moins que le nouvel employeur ne se soit expressément engagé à reprendre les engagements de son prédécesseur, dans la même forme juridique que celle sous laquelle ils avaient été consentis par le premier employeur. Cette situation serait alors identique à celle du cessionnaire faisant une application volontaire de l'article L.122-12 al. 2 du code du travail [265].

---

[263]. Cass. soc. 11 juillet 2002, n°2580, M. Goby c/ Sté SAS Matières premières Saint-Joseph, précité.

[264]. Cass. soc. 17 juin 2003 n°1635 F-P, Sté Systèmes et services informatiques (devenue Sté Thalès informations system) c/ Mercy : *RJS*, 8-9/03, n°988 : « *en cas d'application volontaire de l'article L.122-12 al. 2 du code du travail, le premier employeur ne peut être tenu d'indemniser le salarié au titre d'un manquement du nouvel employeur aux obligations résultant de la poursuite du contrat de travail, à moins qu'il ne s'y soit contractuellement engagé ou qu'une collusion frauduleuse soit constatée entre les deux employeurs successifs afin de le priver des avantages qu'il tenait de son contrat de travail avant le changement d'employeur* ».

[265]. Voir cependant : Cass. soc. 26 juin 1991 n°2597 D, Sté Interfuel c/ Dersek, non publié au Bull. civ : la convention collective d'entreprise du précédent employeur ne peut être maintenue aux salariés transférés au-delà des prévisions de la loi, en l'absence d'acte du nouvel employeur manifestant sa volonté non équivoque d'en faire application, peu importe que l'ancien employeur ait garanti aux salariés transférés le maintien de leur statut ; Cass. soc. 20 janvier 1998 n°250 P, Sté française de services Sodexho c/ Radanovic et autre : *RJS*, 3/98, n°338 : « *la convention collective régissant la situation des salariés n'est opposable à un nouvel employeur non soumis à cette convention, dans les conditions prévues par l'article L.132-8 du code du travail, qu'au cas où par l'effet de l'article L.122-12 du même code l'entité économique où travaillaient les salariés est transférée au nouvel employeur qui en poursuit l'exploitation* ».

Dans le cadre d'une opération entrant dans le champ d'application de l'article L.122-12 al.2 du code du travail, la validité de la garantie dépendrait de la forme juridique selon laquelle celle-ci aurait été consentie et de l'absence ou non de dénonciation par le cessionnaire de l'engagement pris par le cédant, dans la forme appropriée. En l'absence de dénonciation de l'engagement du cédant, dans les formes, celui-ci pourrait être invoqué valablement par les salariés du cédant qu'il aurait repris. Sa validité serait beaucoup moins assurée à l'égard des salariés du cessionnaire nouvellement embauchés ou qui n'auraient pas fait l'objet d'un transfert du cédant [266].

## 2. *Au niveau collectif*

**848.** Les clauses de garantie d'emploi sont peu répandues en droit français sur un plan collectif. L'employeur a généralement peu intérêt à consentir ce type de clause, qu'il s'agisse d'un engagement de ne pas procéder à des licenciements ou d'un engagement subordonnant les licenciements à certains motifs ou à certaines modalités. L'intérêt en sera limité à moins pour l'employeur de se trouver dans une situation économique délicate et qu'elle lui permette d'obtenir, en contrepartie, de la part du ou des syndicats signataires de l'accord, un gel des salaires pendant une certaine durée ou encore la renonciation à certains avantages salariaux[267].

La question de la valeur des engagements de l'employeur à caractère collectif et la portée individuelle des engagements sur l'emploi pris à l'égard d'une collectivité ont fait l'objet d'une jurisprudence peu abondante. Elle est amenée à se développer face à la montée en puissance des accords d'entreprise conclus en cas de difficultés économiques de l'entreprise [268].

**849.** La méconnaissance par l'employeur d'un engagement à caractère collectif, limitant son droit de licencier, ne rend pas automatiquement abusifs les licenciements qu'il prononce en violation dudit engagement. Il donne néanmoins droit à des dommages et intérêts en réparation du préjudice causé aux salariés licenciés [269]. Il s'agit d'une position constante de la

---

[266]. Cass. soc. 13 juin 2006 n°1454 F-D, Maizoue c/ Sté Becheret-Thierry : *RJS*, 8-9/06, n°924 : les juges du fond ne pouvaient débouter le salarié non repris par le cessionnaire de sa demande tendant à ce que celui-ci soit condamné à lui verser l'indemnité contractuelle prévue par un avenant au contrat de travail conclu avec le précédent employeur (en l'espèce, l'avenant prévoyait le versement d'une indemnité minimum de 300.000 francs).

[267]. Accords dits « donnant-donnant ».

[268]. F. SIGNORETTO, « Les accords d'entreprise conclus en cas de difficultés économiques », *Revue Pratique de Droit Social*, 2003, n°696, p. 113-118.

[269]. Seuls les engagements précis et déterminés peuvent toutefois véritablement être sanctionnés en cas de violation par l'employeur. Un engagement unilatéral qui ne serait pas déterminé dans le temps, serait implicite ou se présenterait comme l'objectif ou l'aspiration que se seraient fixés les parties dans l'établissement de règles, relèverait en effet de la déclaration d'intention et pourrait être dénoncé à la faveur d'un changement de circonstances économiques. Tout est ici affaire de rédaction des clauses. Cass. soc. 13 décembre 1995, Fédération générale des mines et de la métallurgie CFDT c/ Société Potain et autres : *Bull. civ.* V, n°345, p. 243 ; *Droit Ouvrier*, juin 1996, p. 245, note M.-F. BIED-CHARRETON: un accord d'entreprise comportant un engagement d' « éviter » le recours à des licenciements ne paralyse pas, pendant la période de référence, le droit de l'employeur de procéder à des licenciements lorsque ceux-ci sont inévitables. Voir également la distinction opérée par M.-A. SOURIAC-ROTSCHILD entre « clauses imprécises : allusives ou obscures » et « clauses précises », *in* « Engagements et arrangements sur l'emploi : quelle efficacité juridique ? », *Droit Social*, 1997, n°12, p. 1061. Cependant : G. AUZERO, « La force juridique des préambules des conventions et accords collectifs de travail », *Travail et Protection Sociale*, mars 2004, p. 7-10.

Se reporter également au débat relatif à la portée des engagements pris par l'employeur dans le cadre d'un plan social lors d'un licenciement collectif. Par exemple : Cass. soc. 4 avril 1990, Sté Nouvelle des Etablissements Maguin c/ Courtin et autres : *Bull. civ.* V, n°161, p. 97 ; *Droit Social*, 1990, n°11, p. 806, note J. SAVATIER *ibid.*, p. 803 ; J. PELISSIER, A. LYON-CAEN, A. JEAMMAUD et E. DOCKES, *Les grands arrêts du Droit du travail*, Dalloz, 2004, n°170, à propos d'un avantage accordé aux préretraités dans le cadre d'un plan social ; Cass. soc. 6 mai 1998 : *Bull. civ.* V, n°231, p. 175 ; *RJS*, 6/98, n°715 ; J. SAVATIER, « La portée des engagements pris par l'employeur dans le cadre d'un plan social lors d'un licenciement jurisprudence depuis 1997, fondée sur le principe que les conventions doivent être exécutées de bonne foi [270]. L'employeur est tenu de rien faire qui soit de nature à compromettre l'exécution loyale d'un accord collectif de travail [271]. Lorsqu'il est prévu dans le cadre d'un plan de sauvegarde de l'emploi, l'engagement de maintien des emplois pour une durée limitée, correspond à un engagement unilatéral de l'employeur. Sa violation doit être sanctionnée par l'octroi de dommages et intérêts aux institutions représentatives du personnel qui avaient été consultées à ce titre et aux salariés, s'ils en font la demande [272]. Le pouvoir d'appréciation des juges du fond est souverain en la matière.

---

collectif », *Droit Social*, 1990, n°11, p. 803 et s. ; F. GAUDU, « L'extinction du plan social : contribution à l'étude du terme et de la résiliation des engagements par volonté unilatérale », *D.*, 1995, chron. p. 337.

[270]. En application de l'article 1134 al. 3 du Code civil, tel que repris par l'article L. 135-3 du code du travail. Cass. soc. 1er avril 1997 n°1522 D, Sté Case Poclain c/ Carneiro : non publié au Bull. civ. ; *RJS*, 6/97 n°653 ; *Droit Social*, 1997, n°6, p. 646, obs. J. E. RAY; *Revue Pratique de Droit Social*, 1998, n°635, p. 83, note A. Le MIRE. Rejet du pourvoi contre la décision de la Cour d'appel de Bourges du 22 septembre 1995, *Droit Ouvrier*, février 1998, p. 73, note M.-F. BIED-CHARRETON ; Cass. soc. 22 janvier 1998, n°983 PBR, Briou et autres c/ SA CMB Plastique : *Bull. civ.* V, n°29, p. 22 ; *RJS*, 3/98, n°337 ; *Droit Ouvrier*, juillet 1998, p. 321, note M.F.B.; *Droit Social*, 1998, n°3, p. 292, obs. J.-E. RAY ; *Travail et Protection Sociale*, mars 1998, n°88, p. 16 ; G. COUTURIER, « La méconnaissance d'un engagement de maintien de l'emploi (à propos de l'arrêt Briou ) », *Droit Social*, 1998, n°4, p. 375-379 ; G. GELINEAU-LARRIVET, « Quelques observations sur le respect des engagements en matière d'emploi », *ibid.*, p. 380-381 : arrêt rendu sous le visa des articles L.135-5 et L.135-6 du code du travail et de l'article 1147 du Code civil ; Cass. soc. 13 avril 1999 n°1739 P, Merono c/ SA Montabert : *Bull. civ.* V, n°176, p. 128 ; *RJS*, 6/99, n°787 ; *Droit Social*, 1999, n°7-8, p. 680 ; J. SAVATIER, « L'engagement de ne pas licencier certains salariés souscrit par un employeur dans une convention d'allocation spéciale FNE », *ibid.*, p. 677 ; Cass. soc. 10 octobre 2002, M. Philippe Charrière, ès qualités c/ Mme Antoine et autres : *Bull. civ.* V, n°304, p. 290 ; *Droit Social*, 2002, n°12, p. 1158, obs. Ch. RADE. En l'espèce, l'employeur avait pris, par accord collectif, un engagement de maintien des effectifs pendant trois ans, en contrepartie d'une réduction du temps de travail assortie d'une réduction des rémunérations. Un an plus tard, la société était placée en redressement judiciaire puis liquidée. La Cour de cassation a considéré que l'inexécution par l'employeur de son obligation justifiait l'action des salariés en réparation de leur préjudice ; Cass. soc. 14 juin 2005, n°1376 FD, Ducard et a. c/ Charrière et a. ès qual. : *RJS*, 8-9/05, n°848 ; Cass. soc. 2 février 2006, n°309 FD, SCP Laureau-Jeannearot c/ Moussel et a.: *RJS*, 4/06, n°457.

Sur ce même sujet: F. GAUDU, « Le contrôle de l'exécution des engagements en matière d'emploi », *Droit Social*, 1998, n°4, p. 367-374 ; G. GELINEAU-LARRIVET « Quelques observations sur le respect des engagements en matière d'emploi », *ibid.*, p. 380-381, et F. PETIT « Sur les clauses de garantie d'emploi », *Droit Social*, 2000, n°1, p. 80-94.

[271]. Par exemple : TGI Lyon, référé, 30 novembre 2005, Secrétaire du CE de Rhodia c/ Rhodia et président du CE : *Droit ouvrier*, mars 2006, p. 132, note P. DARVES-BORNOZ. Il a été jugé que l'inscription à l'ordre du jour d'un projet de transfert de salariés ne pouvait donner lieu à une consultation valable du comité central d'entreprise, dès lors que son contenu était illicite comme heurtant le dispositif d'un accord de méthode qui prévoyait un transfert de poste sans transfert des contrats de travail des salariés. La convocation du CCE qui avait été signée par le seul employeur a dès lors été déclarée sans effet.

[272]. Cass. soc. 25 novembre 2003 n°2474 FS-PBRI, BSN Glasspack et autre c/ Syndicat CFDT Chimie Energie de Rhônes-Alpes Ouest et autres : *Bull. civ.* V, n°294, p. 296 ; *Droit Social*, 2004, n°2, p. 170, note J. SAVATIER, p. 166 ; *RJS*, 2/04, n°196 ; *D.*, 2004, n°1, IR, p. 30, *JCP*, E, 2004, chron. 1056, p. 1148, note P. MORVAN ; *Les Petites Affiches*, 1er mars 2004, n°43, p. 8. En l'espèce, un plan de restructuration mis en place en 1999 chez BSN prévoyait une réduction des effectifs et une limitation du nombre de licenciements susceptibles d'intervenir jusqu'en 2003 (projet de réorganisation soumis au comité central d'entreprise de BSN et analysé comme un engagement unilatéral de l'employeur). Suite à un changement de contrôle (désengagement du groupe Danone), un nouveau plan de sauvegarde de l'emploi avait été mis en œuvre au sein de la société en 2001. Les représentants du personnel ont aussitôt demandé l'annulation du plan en justice, ce qui a été admis par la Cour d'appel de Lyon mais finalement refusé par la Cour de cassation, au motif que ce manquement n'avait pas d'incidence sur la validité du plan dès lors qu'il comportait des mesures d'accompagnement suffisantes. Le comité central d'entreprise a cependant obtenu l'indemnisation de son préjudice au titre du manquement de la société « *en ne tenant pas son engagement unilatéral pris devant la représentation du personnel* ». En violant son engagement, l'employeur engage donc sa responsabilité non seulement à l'égard des salariés mais également à l'égard de leurs représentants.

**850.** La justification de la distinction opérée par la jurisprudence entre garantie d'emploi consentie à titre individuel ou à titre collectif serait-elle à rechercher dans l'efficacité juridique de l'engagement pris par l'employeur plutôt que dans les effets de sa violation ? [273]. Rien n'est moins sur. La jurisprudence la plus récente en matière de garantie consentie à titre individuel ne reconnaît pas le caractère automatiquement abusif du licenciement prononcé en violation de ladite garantie. Elle donne droit à des dommages et intérêts à son bénéficiaire[274], tout comme les garanties accordées collectivement. Dans le premier cas néanmoins, le salarié peut prétendre au paiement du solde des salaires restant dus jusqu'au terme de la période de garantie.

La question de la responsabilité de l'employeur est traitée de façon indépendante, en termes de réparation, de celle de la validité du licenciement prononcé en dépit d'un engagement de maintien de l'emploi. Une clause de garantie d'emploi collective peut ainsi être violée par l'employeur et appeler, de ce fait, réparation, sans qu'aucun licenciement ne soit intervenu. C'était le cas d'espèce de l'arrêt Briou [275], où l'employeur avait manqué à son engagement de maintenir en activité le site sur lequel les salariés travaillaient. La Cour de cassation a considéré que les salariés étaient fondés à demander réparation de leur préjudice, en dépit du fait qu'aucun salarié n'avait été licencié. Il n'y avait donc pas lieu d'envisager la question de la réparation au titre du licenciement. De même, dans l'affaire Case Poclain [276], la Cour de cassation a approuvé la décision de la Cour d'appel de Bourges qui avait décidé, « *sans énoncer ainsi que le soutient le moyen que le licenciement était sans cause réelle et sérieuse, que l'employeur avait méconnu son engagement et devait réparation du préjudice qui en a résulté* ».

**851.** A défaut de permettre aux salariés de remettre en cause la validité de leurs concessions ou de reconnaître un caractère abusif à tous les licenciements prononcés en violation d'une garantie d'emploi accordée collectivement par l'employeur [277], il n'est pas

---

[273]. La force juridique d'un engagement contractuel s'oppose à celle d'un engagement conventionnel ou unilatéral. A. LYON-CAEN, « L'Emploi comme objet de la négociation collective », *Droit Social*, 1998, n°4, p. 316. L'auteur remarque cependant, en ce qui concerne les accords « donnant-donnant », que « *l'accord collectif acquiert une densité contractuelle* ». La convention collective se rapproche du contrat en ce qu'elle comporte des prestations interdépendantes. En ce sens également : F. GAUDU, R. VATINET, ouvrage précité, p. 593, n°715, selon lesquels, « *L'existence d'une contrepartie consentie par les salariés, d'une cause, est un mode de preuve du caractère véritablement obligatoire des assurances fournies par l'employeur* ». Plus largement : J. BRETHE de la GRESSAYE, « La convention collective de travail est-elle un contrat ? », *Etudes de droit civil à la mémoire de Henri CAPITANT*, Librairie Edouard Duchemin, 1977, p. 101-113 ; J. GHESTIN, « La notion de contrat », *D.*,1990, chron. XXVII, p. 147-156.

[274]. Cass. soc. 21 décembre 2006 n°3038 F-D, Joly c/ Chavane de Dalmassy et a., précité (arrêt inédit néanmoins et rendu dans le cadre de licenciements intervenus dans le contexte d'une procédure de redressement judiciaire).

[275]. Cass. soc. 22 janvier 1998, n°983 PBR, Briou et autres c/ SA CMB Plastique, précité. En l'espèce, le personnel avait été transféré sur un autre site, à la suite de la fermeture du site sur lequel il travaillait. L'ensemble du personnel avait accepté la mutation. La Cour de cassation a néanmoins considéré que les accords qui avaient été signés pour favoriser le maintien de l'activité sur le site en question, l'avaient été en contrepartie de l'acceptation par les salariés d'une réduction de leur rémunération. Les salariés étaient donc fondés, à ce titre, à demander réparation du préjudice qui en résultait.

[276]. Cass. soc. 1er avril 1997 n°1522 D, Sté Case Poclain c/ Carneiro, précité. En l'espèce, il s'agissait d'un accord d'établissement aux termes duquel l'employeur s'était engagé à ne pas licencier pendant un an, en contrepartie de la renonciation par les salariés à un certain nombre d'avantage salariaux. La procédure de licenciement avait été engagée pendant la période d'application de l'accord et la rupture du contrat du salarié avait pris effet le lendemain du terme de cette période. Jugé que l'employeur n'avait pas respecté son engagement et devait réparation du préjudice qui en était résulté.

[277]. La doctrine se prononce en faveur d'un alignement de la jurisprudence sur celle prise en matière de violation d'une clause contractuelle de garantie d'emploi, dès lors que les engagements collectifs pris

exclu que les juges puissent considérer les licenciements comme abusifs si le motif invoqué par l'employeur est dénué de cause réelle et sérieuse. La violation d'un engagement de garantie d'emploi rendra vraisemblablement plus difficile la démonstration du contraire, et renforcera, pour le moins, l'obligation de reclassement de l'employeur et la nécessité de rechercher des mesures destinées à éviter et à limiter les licenciements, en cas de licenciement économique.

Le juge des référés devrait également pouvoir prendre des mesures conservatoires dans ce contexte, afin de contraindre l'employeur à tenir ses engagements, en présence d'un engagement d'emploi précisément déterminé ou pour suspendre une procédure de licenciement intervenant en violation de tels engagements [278]. La Cour de cassation décide néanmoins pour l'instant qu'il n'y a pas lieu d'annuler un plan social mis en œuvre alors que l'employeur a pris l'engagement quelques années plus tôt de ne plus licencier [279]. Gageons que le droit du licenciement saura évoluer dans le sens d'un renforcement de la valeur juridique des engagements pris par l'employeur à l'égard de l'ensemble de ses salariés [280]. La crédibilité des accords sur l'emploi et le développement des accords donnant-donnant qui pourraient être consentis par les salariés et leurs représentants en droit français en dépendent.

## B. DROIT ANGLAIS : DES GARANTIES SANS FORCE OBLIGATOIRE À MOINS D'ÊTRE INTÉGRÉES AU CONTRAT DE TRAVAIL

**852.** En droit anglais, les engagements collectifs ont une validité incertaine. Les salariés tenteront plus sûrement d'en intégrer les termes à leur contrat de travail pour en obtenir le respect.

### *1. Au niveau individuel*

**853.** Les clauses généralement négociées en droit anglais sont celles qui prévoient que le contrat de travail ne peut être rompu à l'initiative de l'employeur que pour un motif déterminé et prédéfini au contrat ou moyennant le versement d'une indemnité de rupture ou le respect d'un préavis particulier. Ce type de clause est d'autant plus recherché que, contrairement au

---

comprennent une interdiction précise au profit de salariés identifiés ou identifiables. F. GAUDU et R. VATINET, ouvrage précité, p. 246 et 597 ; F. SIGNORETTO, « Les accords d'entreprise conclus en cas de difficultés économiques », *Revue Pratique de Droit Social*, avril 2003, p. 117. Une telle sanction pourrait toutefois s'avérer extrêmement lourde financièrement et excessive, voire dissuasive de toute reprise, lorsque la société fait l'objet d'un redressement judiciaire ou rencontre de graves difficultés financières, sans que la mauvaise foi ou la légèreté blâmable de l'employeur puisse être établie.

[278]. Dans le cadre d'un accord synallagmatique, un juge devrait pouvoir théoriquement admettre la résolution judiciaire de l'accord collectif en se fondant sur l'inexécution des engagements de l'employeur ou inversement, donner droit à une action en exécution de l'accord demandée par un syndicat ou le comité d'entreprise. Les salariés pourraient également remettre en cause l'application de la contrepartie consentie à l'engagement que l'employeur aurait violé, dans le cas où cette contrepartie toucherait un élément du contrat de travail (baisse de salaire, suppression d'une prime ou d'un élément prévu au contrat de travail) qui n'aurait pas fait l'objet d'une modification des contrats à titre individuel, ou lorsque le nouvel accord supprimant la contrepartie ne leur serait pas juridiquement opposable. A noter à ce titre que la Cour de cassation a admis fin 2006 la possibilité d'une action individuelle en exécution d'un engagement conventionnel de l'employeur qui n'avait pas été respecté : Cass. soc. 12 juillet 2006, M. Dorveaux c/ centre médical de l'Argentière : *Bull. civ.* V, n° 263, p. 247 ; *Revue de Droit du Travail*, Janvier 2007, p. 48, obs. H. TISSANDIER.

[279]. Cass. soc. 25 novembre 2003 n°2474 FS-PBRI, BSN Glasspack et autre c/ Syndicat CFDT Chimie Energie de Rhônes-Alpes Ouest et autres, précité.

[280]. En effet « *accepter de s'obliger, n'est-ce pas accepter les exigences du but poursuivi par le contractant ?* », A. LYON-CAEN, « Le maintien de l'emploi », *Droit Social*, 1996, n°7/8, p. 659 ; A. ROUDIL, « Flexibilité de l'emploi et droit du travail : « la beauté du diable » », *Droit Social*, 1985, n°2, p. 93-94.

droit français où la plupart des conventions collectives prévoient le versement d'une indemnité de licenciement quel que soit le motif de la rupture, en dehors d'une faute grave ou lourde, le droit anglais ne prévoit pas le versement d'une indemnité au salarié licencié, en dehors du cas très limité du licenciement pour motif économique [281]. L'intérêt de ce type de clause est évident pour le salarié dans un droit des contrats qui reconnaît à l'employeur une relative discrétion dans l'exercice de son pouvoir de direction mais également et surtout une grande liberté aux parties dans la détermination des termes et conditions de leur relation [282].

**854.** Ceci explique que, bien que naturellement peu enclins à admettre que l'employeur puisse avoir eu l'intention de limiter son droit de licencier, les juges reconnaissent la validité de telles clauses lorsqu'elles sont précises et déterminées. Ce principe a été rappelé par la Chambre des Lords notamment dans un arrêt McClelland v. Northern Ireland General Health Services [283]. En l'espèce, le contrat de travail de la salariée, une assistante confirmée, prévoyait que son licenciement pouvait intervenir pour faute grave et dès lors que son travail devenait « *insuffisant et incompatible avec la continuation de son emploi* ». La salariée fut licenciée au bout de cinq ans pour non respect d'une règle interne à l'entreprise qui avait été insérée plus tard dans son contrat de travail. Elle voulait que les salariés de sexe féminin présentent leur démission lorsqu'elles se mariaient. La Court of Appeal, suivie par la Chambre des Lords, à une majorité de trois sur deux, décida que la clause expresse du contrat de travail de la salariée excluait que son contrat puisse être rompu pour un motif quelconque sur simple notification d'un préavis. L'opinion minoritaire, dans cet arrêt, décida toutefois que les termes de la clause étaient insuffisamment explicites pour exclure la présomption normale que tout contrat peut être rompu par l'octroi d'un préavis raisonnable. Elle reflète probablement l'approche ordinaire des juges anglais face à ce type de clause qu'ils auront tendance à interpréter à la lumière de l'économie générale du contrat. Une précision et une clarté proportionnelle aux droits auxquels l'employeur aura renoncé est exigée pour en admettre la validité.

**855.** Les juges anglais, tout comme les juges français et américains d'ailleurs, sont en effet peu enclins à reconnaître dans la rédaction d'une clause un droit pour le salarié de conserver son emploi d'une façon permanente. Ils ont ainsi eu à décider d'une affaire où le contrat de travail d'un salarié comportait deux clauses. L'une imposait un préavis de trois mois à l'employeur en cas de licenciement. L'autre prévoyait que les salariés « *occupant leur affectation jusqu'à l'âge de la retraite peuvent être licenciés pour juste motif* », sous réserve du respect d'une procédure disciplinaire complexe. La Court of Appeal suivie par la Chambre des Lords a considéré que la clause qui prévoyait la possibilité d'un licenciement, sous réserve du respect d'un préavis, prévalait à moins que le contrat de travail ne limite expressément cette faculté. Tel n'était pas le cas d'une clause procédurale traitant du

---

[281]. L'indemnité de rupture est octroyée au salarié sous réserve d'une condition d'ancienneté de deux ans (s. 155 ERA 1996) et est calculée par des règles précises, en fonction de l'âge et de l'ancienneté du salarié à la date de la rupture (s. 162 ERA 1996). Une fois qualifié d'économique (« *redundancy* »), le licenciement est généralement considéré comme « *fair* » (présomption), ce qui explique que les salariés préfèrent bien souvent ne pas tomber dans cette catégorie pour obtenir une indemnisation supérieure pour licenciement abusif, devant les tribunaux. A noter que le motif économique du licenciement répond à une autre définition et est entendu beaucoup plus largement en matière d'information et de consultation des représentants des salariés (TULR(C)A 1992, s. 195). Pour des développements en matière de licenciement économique, S. DEAKIN et G. S. MORRIS, *Labour Law*, Butterworths, 2003, p. 501 et s. ; H. COLLINS, K D EWING & A. McCOLGAN, *Labour law – Text and Materials*, Hart Publishing, 2001, p. 1005 et s., et G. PITT, *Employment Law*, Sweet & Maxwell, 2000, p. 283-319 ; P. CURTIS, *Redundancy : the law and practice*, ed. by J. McMULLEN, Sweet & Maxwell, 2001, 435 p.

[282]. Pour des développements sur l'évolution historique de la relation de travail en droit anglais et les apports de la législation à la protection des salariés, voir S. DEAKIN et G. S. MORRIS, *Labour Law*, Butterworths, 2003, p. 22 et s.

[283]. McClelland v. Northern Ireland General Health Services [1957] 1 *WLR* 594 (HL).

licenciement pour juste motif. Elle ne prévoyait pas et, en conséquence, ne donnait pas le droit au salarié de rester en poste jusqu'à l'âge de la retraite [284].

**856.** Il reste que dans les cas où la clause est expresse et suffisamment précise, et en cas de non-respect par l'employeur, elle peut permettre au salarié d'obtenir des dommages et intérêts, devant les juridictions ordinaires [285], pour rupture du contrat de la part de l'employeur [286]. Le montant de réparation obtenu dans ce cadre sera sans doute plus élevé que ce à quoi le salarié aurait pu prétendre devant une juridiction spécialisée [287], au titre d'un licenciement abusif. Tel sera le cas, par exemple, lorsque le salarié ne remplit pas la condition d'ancienneté d'un an exigée pour pouvoir prétendre à une indemnisation pour licenciement abusif [288]. Il en sera de même, lorsque le montant de son préjudice, pour non respect de la clause, s'avère être supérieur au montant des indemnités auxquelles il aurait pu prétendre, devant une juridiction spécialisée, en application des plafonds légaux en vigueur [289].

## *2. Au niveau collectif*

**857.** L'incidence des accords collectifs portant sur la préservation de l'emploi [290] est limitée au Royaume-Uni. L'étude WERS98 [291] démontrait en effet que de tels accords

---

[284]. R v. Lord President of the Privy Council, ex p Page [1993] *ICR* 114 (HL). En l'espèce, le salarié, maître de conférence (« *lecturer* ») dans une Université, avait été licencié par l'Université pour motif économique (« *redundancy* ») avec un préavis de trois mois et contestait la décision de son employeur, considérant qu'il ne pouvait être licencié que pour juste motif (« *good cause* »), comme le prévoyait son contrat.

[285]. County Court ou High Court, si la demande excède 15,000 £. *High Court and County Courts Jurisdiction Order* 1991, *SI* 1991/724, tel qu'amendé en 1999 (*SI* 1999/1014). Par exception et depuis 1994, le litige peut être porté devant l'*Employment Tribunal* si la demande est liée à la rupture ou est en cours au moment de la rupture du contrat de travail et que le litige ne porte pas sur un montant excédant 25.000 £. *Employment Tribunals Extension of Jurisdiction (England and Wales) Order* 1994, *SI* 1994/1623.

[286]. « *Breach of contract* ». Si l'employeur modifie unilatéralement les termes du contrat, le salarié peut également démissionner et tenter d'obtenir, sous condition d'ancienneté d'un an, devant une juridiction spécialisée (*Employment tribunal*) des dommages et intérêts sur le fondement d'une démission forcée, équivalent à un licenciement de la part de l'employeur (« *constructive dismissal* ») [ERA 1996, s. 95(1)(c)]. L'octroi de dommages et intérêts par le tribunal sera dans ce cas subordonné au fait de savoir si, compte tenu des circonstances de l'espèce, le salarié était en droit de démissionner en réponse à la conduite de l'employeur. Cette entreprise est cependant risquée pour le salarié dans un droit où les juges ont généralement tendance à justifier le comportement de l'employeur, à moins que la clause en question ne soit essentielle au contrat.

[287]. *Employment Tribunal*.

[288]. ERA 1996, s. 108(1).

[289]. Le licenciement jugé abusif donne droit à une indemnité réparatrice de base (« *basic award* ») calculée en fonction de l'âge, de l'ancienneté et de la rémunération du salarié, et égale à une semaine de salaire (ou une semaine et demi pour les années au dessus de 41 ans) par année de service dans la limite de vingt ans [ERA 1996, s. 119] sur la base d'une rémunération maximum de 330 £ par semaine et d'un total de 9 900 £ (soit 30 jours) au 1er février 2008 [ERA s. 227(1)(a)]. Cette indemnité est complétée par une indemnité compensatrice (« *compensatory award* ») dont le montant est à la discrétion des juges, en fonction du préjudice subi [ERA 1996, s. 123], dans la limite de £ 63 000 au 1er février 2008 [ERA s. 124 (1)]. En *common law*, le plafond était de 25.000 £ au 1er février 2008, en réparation d'une rupture de contrat de la part de l'employeur (« *breach of contract* »). http://www.delni.gouv.uk/limits_on_payments_and_awards_april08.pdf. Pour des développements sur la réparation du licenciement abusif et une appréciation du montant des dommages et intérêts effectivement versés par les tribunaux anglais, v. 2nd Partie, Titre 2, Chapitre 2, *infra*.

[290]. « *No compulsory redundancy agreements* ».

[291]. *The 1998 Workplace Employee Relations Survey*, étude officielle portant notamment sur les modes de représentation collective au Royaume-Uni. Les premiers résultats de la nouvelle étude WERS2004, tels que rapportés par B. KERSLEY, C. ALPIN, J. FORTH et al, *Inside the workplace : first findings from the 2004 Workplace Employment Relations Survey*, 2005, 40 p., ne reviennent pas sur ces chiffres. Ils indiquent néanmoins que 16% des salariés interrogés se disent « insatisfaits » ou « très insatisfaits » sur ce terrain, *ibid*, p. 33.

concernaient seulement huit pour cent des entreprises du secteur privé, contre vingt et un pour cent des entreprises du secteur public [292]. Ils sont cependant, comme en France, amenés à se développer dans le cadre de l'augmentation des accords « donnant-donnant » et du partenariat que le gouvernement souhaite encourager entre employeurs et syndicats. Ce partenariat est conçu comme un moyen d'améliorer la productivité. Il a pour objectif de permettre une flexibilité accrue du travail en contrepartie de l'engagement par l'employeur de maintenir la sécurité de l'emploi. Une meilleure participation des syndicats à la vie de l'entreprise est recherchée.Le droit anglais a cependant montré les limites de tels accords. Plusieurs entreprises ont passé outre leurs engagements de ne pas procéder à des licenciements en annonçant des restructurations sans être inquiétées, posant la question de la force obligatoire de ces accords dans les situations de crise auxquelles est confrontée l'entreprise.

**858.** Les exemples les plus rapportés concernent les restructurations engagées en 2000 dans l'industrie automobile au Royaume-Uni et notamment l'exemple de Rover, en particulier lors de la vente par BMW de son usine de Longbridge [293]. L'affaire fit en effet grand bruit à l'époque notamment parce que ni les syndicats ni les salariés n'avaient été consultés sur l'opération, pas plus que le comité d'entreprise européen de BMW [294]. Or, le groupe avait mis en place une politique de « qualité totale de management » [295] introduite chez Rover en 1992 qui faisait partie d'une politique globale de la direction, le « *New Deal agreement* », basée sur ce constat que l'amélioration de la production ne pouvait être atteinte que si l'emploi n'était pas menacé [296].

Dans cette affaire, deux repreneurs étaient en lice, le consortium Phoenix, basé à Birmingham, et Alchemy Partners, une société de capital-risques londonienne. Le premier avait la faveur des syndicats et du gouvernement puisqu'il prévoyait de limiter les suppressions de poste à mille emplois, sur les neuf mille que comptaient l'usine de Longbridge. Il s'engageait également à maintenir la production sur le site, contrairement au second qui prévoyait une réduction de la production et des licenciements massifs. Les syndicats avaient menacé d'agir en justice contre BMW en violation de son obligation d'information et de consultation. Ils souhaitaient également prévenir la violation d'un accord conclu deux ans plus tôt avec BMW. Dans cet accord, le groupe s'était engagé à investir dans Rover et à maintenir le site de Longbridge ouvert en contrepartie d'un plan de licenciement collectif et d'un aménagement du temps de travail destinés à introduire plus de flexibilité dans la production [297].

L'argumentation des syndicats reposait sur le fait que si les salariés de BMW étaient « transférés » [298] à Alchemy, sachant qu'ils seraient ensuite licenciés, BMW serait considéré comme violant « par anticipation » l'accord qu'il avait conclu avec les syndicats [299]. BMW et Alchemy préférèrent renoncer à l'opération pour des raisons liées tant aux risques encourus qu'au montant des indemnités de rupture que Alchemy aurait eu à supporter pour le licenciement des salariés [300]. BMW n'acceptait en effet de prendre en charge ces indemnités

---

[292]. Chiffres extraits du rapport de M. HALL, *2000 Annual Review for the UK* , 28 December 2000, pour l'Observatoire Européen des Relations Industrielles.

[293]. Pour d'autres exemples, notamment : J. BATCHELOR, « Problems mount for UK automotive manufacturers in face of increased competitive pressure », 28 December 2000, pour l'Observatoire Européen des Relations Industrielles. http://www.eurofound.europa.eu/eiro

[294]. M. SARGEANT, « Mandatory employee consultation still likely », *Business Law Review*, May 2001, p. 110.

[295]. « *Total Quality Management* » (TQM).

[296]. J. BATCHELOR, « Partnership, flexibility and employment: the growth of job security agreements », 28 December 2000, pour l'Observatoire Européen des Relations Industrielles.

[297]. M. HALL, « Agreement on flexible working arrangements at Rover », 28 December 1998, pour l'Observatoire Européen des Relations Industrielles.

[298]. Au titre, *a priori*, d'un rachat d'actions par Alchemy.

[299]. « *Anticipatory breach of contract* ».

[300]. Quatre fois supérieures au minimum légal, en application d'un accord collectif conclu au sein de BMW.

qu'à hauteur du minimum légal. L'affaire fut donc conclue avec Phoenix, après que les syndicats aient retiré leur plainte et obtenus la tenue d'une procédure de consultation et l'engagement de Phoenix de ne procéder à des licenciements que sur la base du volontariat[301].

L'histoire ne dit pas si les arguments des syndicats sur la violation de l'engagement de l'employeur de ne pas fermer le site auraient été accueillis favorablement à l'époque par les tribunaux. Pour la doctrine, il est probable que les juges se seraient prononcés en faveur de l'employeur dans cette affaire, bien que cette menace, véritable stratégie déployée par les syndicats de Rover, ait fait peser un énorme risque sur le repreneur qui entendait procéder à des licenciements [302]. L'usine a été fermée en avril 2005, après des négociations de reprises avortées avec un groupe chinois et l'engagement du gouvernement anglais de verser cent cinquante millions de livres à MG Rover pour couvrir les indemnités de licenciements, assurer la reconversion des salariés et aider les sous-traitants locaux [303].

Un exemple plus récent montre que l'histoire se répète puisque les syndicats représentant les salariés de Ford, cette fois-ci, ont menacé au début de l'année 2004 d'introduire une action en violation d'un accord signé par la firme en 2001, au moment de la fermeture de son site de Dagenham, dans lequel Ford s'engageait à ne plus procéder à des fermetures de site. La firme avait en effet fermé depuis deux autres sites à Croydon et Boreham et annoncé la fermeture de son site d'Aveley qui employait cinq cent salariés, provoquant la réaction des syndicats.

**859.** Ces exemples répétés d'impuissance des syndicats à obtenir le respect des engagements conventionnels de leur employeur mettent l'accent sur la caractéristique principale des conventions et accords collectifs en droit anglais. Ils sont présumés n'avoir aucune valeur contraignante à moins que les parties en décident autrement, d'une façon expresse, dans le texte de l'accord lui-même [304]. La force obligatoire des conventions et accords collectifs en droit anglais dépend de l'intention des parties. En pratique, il est

---

[301]. Pour un résumé de l'affaire: Ch. VILLIERS, « The Rover Case (1) : The sale of Rovers cars by BMW – the role of the works council », *Industrial Law Journal*, December 2000, vol. 29, p. 386 ; J. ARMOUR, S. DEAKIN, « The Rover Case (2): Bargaining in the shadow of TUPE », *Industrial Law Journal*, December 2000, vol. 29, p. 395 ; J. BATCHELOR, « Substantial job losses predicted as BMW sells Rover and Land Rover », 28 April 2000, et « Immediate future of Longbridge secured after sale of Rover to Phoenix consortium », 28 May 2000, pour l'Observatoire Européen des Relations Industrielles.

[302]. J. ARMOUR et S. DEAKIN, « The Rover Case (2) : Bargaining in the shadow of TUPE », *Industrial Law Journal*, December 2000, vol. 29, p. 395.

[303]. J. BATCHELOR, « End of line for MG Rover », 31 May 2005, pour l'Observatoire Européen des Relations Industrielles.

[304]. Présomption introduite pour la première fois dans les textes en droit anglais par l'*Industrial Relations Act* 1971 qui prévoyait que les accords collectifs étaient présumés avoir force obligatoire à moins qu'ils ne conviennent expressément du contraire. Lire à ce sujet, notamment : G. CAPLAT, « Un tournant dans les relations sociales en Grande-Bretagne : la loi sur les relations industrielles de 1971 », *Droit Social*, 1973, n°5, p. 286-299. La présomption contraire a été adoptée en 1974, par le *Trade Union and Labour Relations Act* 1974, à l'occasion du retour au gouvernement du parti travailliste, pour ne plus être modifiée depuis. Elle résulte aujourd'hui de la section 179(1) du *Trade Union and Labour Relations (Consolidation) Act* (TULR(C)A) 1992, ainsi rédigée: « *A collective agreement shall be conclusively presumed not to have been intended by the parties to be a legally enforceable contract unless the agreement (a) is in writing, and (b) contains a provision which (however expressed) states that the parties intend that the agreement shall be a legally enforceable contract* ». La section 179(2) de ce même texte en déduit la force obligatoire des conventions et accords collectifs rédigés dans ces conditions: « *A collective agreement which does satisfy those conditions shall be conclusively presumed to have been intented by the parties to be a legally enforceable contract* ».

exceptionnel que de tels accords prévoient qu'ils aient force obligatoire [305]. Les parties préfèrent donc recourir à des voies extra – judiciaires, les fameuses « armes économiques » des parties en droit américain que sont les menaces de grève et de lock-out, pour obtenir le respect des termes et conditions qu'ils auront négociés, comme en témoignent les exemples précités.

**860.** Nous avons vu que l'absence de force obligatoire des termes et conditions contenus dans les accords collectifs peut cependant être contournée en droit anglais, dans une certaine limite, par le mécanisme de l'intégration [306] des termes de la convention collective dans le contrat de travail des salariés [307]. Dans les entreprises où des accords collectifs ont été conclus entre employeur et syndicats, les contrats de travail contiennent ainsi généralement une disposition relais, dite « bridge term », prévoyant expressément que certains sujets, généralement la question des salaires, du temps de travail et des autres conditions d'emploi, sont fixés par accord collectif et qu'ils font partie intégrante du contrat de travail du salarié. Toute violation par l'employeur des termes de l'accord inclus dans le contrat de travail est susceptible d'être sanctionnée devant les tribunaux ordinaires pour rupture de contrat [308].

**861.** En l'absence de mention expresse prévoyant l'intégration de l'accord collectif au contrat de travail du salarié [309], la force obligatoire de ces accords est plus discutable et aléatoire. Elle suppose que les tribunaux reconnaissent que les termes de l'accord collectif ont été implicitement intégrés au contrat du travail du salarié, sur la base des pratiques en vigueur au sein de l'entreprise ou de documents internes remis aux salariés y faisant référence. Ils doivent en outre être considérés par les juges « *propres à être intégrés* » [310] au contrat de travail des salariés [311]. Cette dernière condition est également exigée de toute disposition de l'accord collectif dont le salarié se prévaudrait au titre de son contrat de travail dès lors que son intégration au contrat de travail est exprimée dans des termes généraux. Les juges prennent leur décision en se basant sur l'intention des parties. Cela leur laisse un pouvoir

---

[305]. Les tribunaux font de toute façon une application très stricte de la section 179(1) du TULR(C)A lorsqu'il s'agit d'établir l'intention des parties de donner force obligatoire aux accords collectifs. Ainsi, la mention que les parties entendent que leur accord les engage (« *binding* ») ne sera pas considérée suffisante par les juges qui décident qu'elle pourrait aussi bien être interprétée comme signifiant que les parties ont seulement souhaité s'engager moralement (« *binding in honour only* »). NCB v. NUM [1986] *IRLR* 439.

[306]. « *Incorporation* ».

[307]. v. 2nd Partie, Titre 1, chapitre 1, *supra*.

[308]. « *Breach of contract* ». Le salarié pourrait même, dans certaines circonstances, obtenir une injonction contre l'employeur de ne pas le licencier sans avoir respecté la procédure prévue au contrat ou invoquer les motifs de rupture prévus au contrat. S. DEAKIN, G. S. MORRIS, *Labour Law*, Butterworths, 2003, p. 427-429.

[309]. Comme indiqué dans un précédent chapitre, ces mentions expresses sont de plus en plus répandues néanmoins depuis que l'obligation de faire figurer au contrat les références de *« tout accord collectif qui concernent directement les termes et conditions d'emploi »* du salarié a été introduite en droit anglais, en 1993 [devenue la section 1(4)(j) ERA 1996]. Cf. chapitre 1 *supra*.

[310]. « *Apt* » or « *appropriate* ».

[311]. Les juges distinguent généralement les dispositions de procédure des dispositions plus substantielles (portant notamment sur les salaires, la durée du travail, les congés payés, etc.). La plupart des contentieux sur le caractère approprié ou non de l'intégration implicite des termes d'un accord collectif concernent les procédures de licenciements collectifs, et plus précisément les critères devant être utilisés par l'employeur pour déterminer l'ordre des licenciements. Par exemple, Alexander v. Standard Telephones & Cables Ltd (N°2) ; Wall v. Standard Telephones & Cables Ltd (N°2) [1991] *IRLR* 286 (High Court), dans lequel les salariés se prévalaient d'un accord collectif indiquant, notamment, que le critère d'ordre des licenciements à retenir était celui de l'ancienneté, lequel n'avait pas été respecté par l'employeur pour procéder aux licenciements. La Cour a considéré, en substance, dans cet arrêt, que cet accord était un accord de procédure conclut en des termes trop généraux par les parties pour pouvoir être considéré comme faisant partie intégrante des contrats de travail, à défaut de mention expresse contraire.

d'appréciation considérable, dans un domaine aussi sensible que le respect par l'employeur des promesses faites aux salariés, par écrit, dans le cadre d'accords collectifs.

**862.** En ce qui concerne plus particulièrement les promesses qui auraient pu être faites aux salariés par l'employeur sur leur droit au transfert dans le cadre d'une opération de transfert d'entreprise, celles-ci sont, comme en droit français, inopérantes, parce que redondantes avec les dispositions de la loi, dès lors que l'opération entre dans le champ d'application du TUPE. Hors champ d'application du TUPE, une promesse de maintien des droits liés à l'ancienneté peut avoir été faite par le cessionnaire pour encourager les salariés du cédant à passer à son service [312].

Comme nous l'avons vu précédemment, il est évident qu'une action, par les salariés concernés, contre la violation d'une telle promesse [313] n'aura de chance d'être accueillie par les tribunaux que si celle-ci est expresse ou lorsque les salariés auront fait de la reprise de leur ancienneté par le cessionnaire la condition expresse de leur emploi par ce dernier [314]. Ainsi, dans une espèce, les salariés avaient quitté leur précédent emploi sur la promesse du nouvel employeur que leurs salaires seraient plus élevés et qu'ils auraient du travail pour au moins six mois. Ils avaient été remerciés avant même d'avoir commencé à travailler, bien qu'ayant signé leur contrat de travail. Les juges ordinaires [315] ont considéré que les salariés étaient en droit d'obtenir des dommages et intérêts en réparation de la violation par l'employeur de son engagement. Celui-ci constituait un « contrat accessoire » [316] qui les avait amenés à quitter leur emploi [317].

**863.** Rapportée à une situation de transfert d'entreprise, cette jurisprudence pourrait permettre à un salarié de se prévaloir, devant les juridictions ordinaires, d'une rupture de promesse de la part du repreneur. Par exemple, celle de reprendre à son compte, son ancienneté, hors application du TUPE, ou certains avantages qui avaient été concédés en son temps par le cédant, sous réserve que cette promesse puisse être considérée comme un contrat accessoire ou qu'elle ait été expresse [318].

A défaut d'être considérées comme des engagements auxquels les parties ont souhaité donner force obligatoire, les promesses mêmes écrites faites aux syndicats dans le cadre

---

[312]. Rappelons que la reprise de l'ancienneté des salariés est particulièrement importante en droit anglais où, les principaux droits suivants sont notamment liés à des conditions d'ancienneté : l'obtention par le salarié, à sa demande, des motifs de son licenciement, par écrit [condition d'ancienneté d'un an (s. 92 ERA)], la possibilité de contester son licenciement en justice (licenciement abusif) [condition d'ancienneté d'un an (s. 108 ERA), y compris lorsque le licenciement est prononcé en violation du TUPE [TUPE 1981, reg. 8(1) ; TUPE 2006, reg. 7(1)] et le droit à indemnité de licenciement (licenciement économique (« *redundancy* ») [condition d'ancienneté de deux ans (s. 155 ERA)].

[313]. « *Breach of contract* ».

[314]. En droit des contrats anglais et américain, une promesse ne peut être valable que si elle comporte une contrepartie (« *consideration* »), financière ou autre. Pour un exposé synthétique à ce sujet, on peut se référer, par exemple, à l'ouvrage de R. SEROUSSI, *Introduction aux droits anglais et américain*, Dunod, 1999, p. 25 (droit anglais) et p. 101 (droit américain) ; R. DAVID, D. PUGSLEY, *Les contrats en droit anglais*, LGDJ, 1985, p. 94 et s. ; E. ERRANTE, *Le droit anglo américain des contrats*, LGDJ, coll. Jupiter, 2001, p. 63 et s. ; et plus largement J.-C. MONTANIER, G. SAMUEL, *Le contrat en droit anglais*, Presses Universitaires de Grenoble, 1999, 143 p. ; J. POOLE, *Textbook on contract law*, Oxford University Press, 2004, 553 p.

[315]. *High Court*.

[316]. « *Collateral contract* ».

[317]. Gill v. Cape Contracts Ltd [1985] *IRLR* 499 (HC).

[318]. J. McMULLEN, *Business transfers and employee rights*, Butterworths, 2001, p.12/10 à 12/12, para. 47-50, lequel considère que, dans ce cas, le salarié pourrait prétendre au versement par le cessionnaire de dommages et intérêts correspondants à la perte d'une chance de bénéficier d'une indemnité de licenciement pour motif économique, d'une indemnité réparatrice de base (« *basic award* ») pour licenciement abusif et à toute autre compensation visant à réparer la perte des droits liés à l'ancienneté.

d'accords collectifs n'ont aucune valeur juridique en droit anglais. Les syndicats ne peuvent compter que sur la bonne foi de leur employeur pour voir ses engagements tenus. La teneur de ces engagements ne pourra, de même, être considérée comme intégrée au contrat et avoir force obligatoire que si employeur et salarié, à titre individuel, y consentent ou que les tribunaux les interprètent en faveur du salarié, en fonction de la nature même de l'engagement en cause, sur la base de ce qu'ils considèrent avoir été l'intention des parties à la négociation [319].

**864.** Les conditions en droit anglais sont donc nombreuses pour que syndicats et salariés puissent contraindre un employeur de mauvaise foi à tenir ses engagements, et cela quels que soient les efforts concédés par les parties pour les obtenir. L'insécurité juridique est d'autant plus importante pour eux en ce qui concerne le respect par l'employeur des droits qu'ils auront réussis à négocier [320]. Il reste à souhaiter que le fait que l'employeur mette en jeu sa crédibilité en ne respectant pas les termes des engagements qu'il aura pu prendre éventuellement par écrit influence son comportement dans le bon sens. Il s'agit néanmoins d'un argument non juridique dont la valeur aura du mal à résister aux pressions et enjeux en cause dans les situations de crise que rencontre l'entreprise.

## C. DROIT AMÉRICAIN : DES MESURES D'ACCOMPAGNEMENT PLUS QUE DE VÉRITABLES GARANTIES D'EMPLOI

**865.** En droit américain, nous avons vu que les textes laissent pratiquement sans protection les salariés compris dans des opérations de transfert d'entreprise. Salariés et syndicats s'organisent au niveau individuel et collectif pour assurer leur protection et tenter de pallier l'absence de règle en ce domaine.

### *1. Au niveau individuel*

**866.** Le contrat de travail peut être rompu à l'initiative de l'une ou l'autre des parties. Cette présomption s'impose lorsque le contrat ne contient aucun terme et même lorsque l'employeur a assuré au salarié qu'il pourrait « *conserver son travail aussi longtemps qu'il le voudrait et que ce travail existerait* » [321]. Le droit des États n'admet d'ailleurs pas la validité

---

[319]. Une des salariés de Rover qui avait été licenciée en 2003 avait ainsi tenté de se prévaloir en justice d'un accord collectif de 1997 (« *The Way Ahead Partnership Agreement* ») dans lequel la direction de Rover s'était engagée, en particulier, à ne pas procéder au licenciement économique des salariés de Longbridge qui souhaitaient rester travailler pour Rover. Les juges du fond avaient accueilli sa demande au motif que cet engagement s'était intégré au contrat de travail des salariés. Kaur v. MG Rover group Ltd, [2004] *IRLR* 279; *IDS,* Brief 758, June 2004, p. 16 ; *IRS Employment Review*, 18 June 2004, n°802, p. 57. Saisie à son tour, la Court of Appeal a infirmé le jugement. La clause en question devait être interprétée comme un objectif à atteindre et donc comme l'expression d'une aspiration collective plutôt que comme un engagement auquel les parties avaient souhaité donner force obligatoire. Elle ne pouvait, en conséquence, être intégrée au contrat de travail des salariés. Kaur v. MG Rover Group Ltd [2005] *IRLR* 40, [2005] *ICR* 625 (CA) ; *IDS*, Brief 771, December 2004, p. 3; *IRS Employment Review*, 11 February 2005, n°817, p. 53.

[320]. Et cela d'autant plus que l'employeur a toujours la possibilité de prévenir le conflit en rompant le contrat de travail du salarié et en lui offrant un nouveau contrat avec des nouveaux termes et conditions d'emploi. Si le salarié refuse les nouvelles conditions d'emploi qui lui sont proposées, il n'aura pas d'autre alternative que de plaider le licenciement abusif ou le licenciement économique pour tenter d'être indemnisé, sans que le résultat de sa démarche ne soit garanti.

[321]. Addison v. Amalgamated Clothing & Textile Workers Union (1988) 236 *Va* 233, 372 *SE 2d* 403. Voir également, par exemple: Kurtzman v. Applied Analytical Industries, Inc., 493 *S.E.2d*. 420 (Sup. Ct., N.C., 1997). En l'espèce, le salarié avait accepté un nouvel emploi que lui proposait son employeur et pour lequel il avait du quitter le Massachusetts pour s'installer en Caroline du Nord. Au cours des négociations qui avaient précédé son départ, son employeur lui avait indiqué qu'il s'agissait d'un poste « à long terme » et « stable ». Il fut néanmoins licencié sept mois plus tard. Il poursuivit son employeur, considérant que l'assurance que ce dernier lui avait donné sur la pérennité de son emploi

de promesses d'emploi permanent ou à vie [322], à moins qu'elles ne soient conclues en termes clairs et non équivoques. Certaines Cours admettent même que de tels engagements sont si exceptionnels que la preuve de l'intention de l'employeur de former un tel contrat doit répondre à des standards plus élevés que d'ordinaire [323].

**867.** A défaut de protection organisée par la loi ou par l'intermédiaire de leurs représentants, les salariés qui entendent se protéger des conséquences d'une opération de restructuration ou d'un transfert d'entreprise doivent se prémunir de cette éventualité par une clause expresse de leur contrat de travail. Assez répandue en droit américain, une telle clause mentionne généralement que le contrat lie l'employeur cédant et ses « successeurs » [324]. Plus précise, elle peut également contenir l'engagement de l'employeur cédant d'obtenir l'accord du cessionnaire pour la reprise du contrat de travail du salarié en question, dans les mêmes termes et conditions, et indiquer que, dans le cas où la reprise du contrat de travail ne serait pas assurée par le cessionnaire, le salarié aura droit à une indemnisation par le cédant [325]. A défaut de garantir le transfert du contrat de travail du cédant au cessionnaire, ce type de clause a l'avantage de permettre au salarié de recevoir une indemnisation spécifique lorsque le cessionnaire ne souhaite pas le conserver à son service. Le contrat de travail peut aussi prévoir le versement d'une indemnisation spécifique, indemnité de rupture de contrat, dans d'autres circonstances où l'employeur aura l'initiative de la rupture que le contrat aura pris soin de préciser, par exemple, en cas de changement de contrôle de l'entreprise [326].

**868.** Rappelons, toutefois, qu'en pratique, lorsque le cessionnaire de droit américain souhaite conserver à son service les éléments clés de l'entreprise, il fait généralement en sorte de contractualiser les termes de leur embauche avant la prise d'effet de la cession. De tels accords ont alors le double avantage de permettre au cessionnaire de conserver les salariés nécessaires au bon fonctionnement de l'activité qu'il acquiert et, aux salariés en question, de s'assurer une certaine sécurité d'emploi, tout en les autorisant à renégocier les termes et conditions de leur nouvel emploi.

### 2. Au niveau collectif

**869.** La protection des salariés compris dans une opération de transfert d'entreprise est assurée par la voie de la négociation collective et l'application des promesses écrites (accords) faites par le cédant à ses salariés par l'intermédiaire de leurs représentants. Il est courant en effet que les syndicats se prémunissent contre de futures restructurations en négociant avec

---

équivalait à un engagement contractuel qui ne pouvait pas être rompu sans juste motif. La Cour d'appel de Caroline du Nord décida du contraire (alors qu'il avait obtenu 350.000 dollars de dommages et intérêts devant les juges du fond), au motif qu'en l'absence d'engagement contractuel écrit, la relation d'emploi pouvait être rompue librement par l'une ou l'autre des parties.

[322]. « *Permanent employment* » ou « *life time employment* ».

[323]. Pour des exemples dans le droit du Massachusetts ou de Pennsylvanie: Gregory v. Raytheon Service Co. (1989), 27 *Mass. Ap.* 1170, 540 *NE 2d* 694, *review den.* 405 *Mass.* 1205 (promesse contredite par des documents écrits) ; Greene v. Oliver Realty, Inc. (1987) 363 *Pa Super.* 534, 526 *A.2d* 1192, 2 *IER Cas.* 1333, *ap. den.* 517 *Pa* 607, 536 *A2d* 1331, 5 *IER Cas.* 1088 (promesse faite d'une façon non officielle et ambiguë).

[324]. « *Successor – binding agreement* ».

[325]. Pour un exemple de clause type et des conseils à la rédaction, P. J. MALAK, « Employment agreements in business acquisitions (with model agreement) », *The Practical Lawyer*, 1998, vol. 44, p. 23 et s.

[326]. Pour une appréciation des conditions de validité de telles clauses dans le contexte d'un changement de contrôle: R. A. PROFUSEK, « Executives employment contracts in the takeover context », *The Corporation Law Review*, 1983, vol. 6, p. 99-115 ; dans le contexte d'une offre d'acquisition hostile (défense anti-OPA) : P. J. RYAN, « Corporate directors and the « social costs » of takeovers – reflections on the tin parachute », *Tulane Law Review*, 1989, vol. 64, p. 3-70.

leur employeur des clauses spécifiques applicables dans de telles situations, à défaut de protection légale [327].

Ces clauses peuvent être classées dans deux grandes catégories. D'une part, celles qui imposent une obligation au cessionnaire et dont l'objet est de s'assurer qu'il reprend à son compte les termes et conditions d'emploi qui ont été négociés avec le cédant et qui sont contenus dans la convention collective. Elles sont dénommées « clauses de succession »[328]. D'autre part, celles qui imposent une obligation au cédant et dont l'objet est d'assurer le plus possible la protection des emplois des salariés ou de fixer les conditions financières de leur départ en cas de licenciement. Elles sont dénommées « clauses de protection de l'emploi »[329].

**870.** Les clauses de la première catégorie mentionnent généralement l'obligation pour le cédant d'informer le cessionnaire de l'existence d'une telle clause, d'informer le syndicat de toute transaction importante et d'obtenir la mention d'une disposition spécifique dans le contrat de cession en prévoyant l'obligation pour le cessionnaire d'honorer les termes de la convention collective en vigueur chez le cédant. Le suivi de ces prescriptions par le cédant a l'avantage de le dégager de toute responsabilité à ce titre, même s'il peut toujours décider, s'il en a le temps, d'attendre le terme de la convention collective et d'invoquer son inapplicabilité pour passer outre cette obligation lors de la négociation de l'opération de restructuration en question.

**871.** L'insertion d'une telle clause dans un accord passé entre le ou les syndicats représentant les salariés du cédant et le cédant lui-même pose néanmoins la question de son application à une personne tierce, le cessionnaire, non signataire de l'accord. Comme en droit français, ce type de clause n'oblige généralement que le cédant, pour peu que ladite clause soit suffisamment précise et lui impose d'obtenir l'accord du cessionnaire de reprendre les termes de la convention collective qu'il applique, ou lui impose une responsabilité en cas de non respect de cette obligation.

Le cessionnaire n'aura, bien souvent, que l'obligation de reconnaître et négocier avec le syndicat représentant les salariés du cédant, sous réserve toutefois qu'il puisse être considéré comme le « successeur » du cédant. La sanction du cédant sur ce terrain permet ainsi au syndicat d'obtenir réparation de la violation de la clause sans avoir à se soucier du statut du cessionnaire. Cela explique que le cédant soit plus souvent poursuivi pour la violation de ce type de clause que le cessionnaire en droit américain [330].

---

[327]. Une enquête parue en 2002 réalisée auprès de 128 employeurs rapporte ainsi que 95% des accords collectifs signés par les employeurs ayant participé à l'enquête contiennent au moins une disposition visant à la sauvegarde de l'emploi ou à l'amélioration des compétences des salariés de l'unité de négociation représentée. Les dispositions visant le rappel des salariés mis au chômage technique (« *recall rights* ») (68%), la limitation du recours à la sous-traitance (56%) et le respect d'un préavis en cas de fermeture (56%), concernent plus de la moitié des accords collectifs signés par les employeurs sondés et sont principalement conclus dans l'industrie. Les autres dispositions concernent principalement l'octroi d'indemnités de rupture (38%), et les clauses imposant une obligation au cessionnaire en cas de transfert d'entreprise (« *successorship* ») (38%) qui concernent moins de deux accords sur cinq. Dans l'ensemble, les accords conclus dans les entreprises où les salariés sont largement représentés ont tendance à prévoir plus de mesures protectrices de l'emploi que les accords couvrant moins de mille salariés. *2002 Employer Bargaining Objectives*, Special Report, Daily Labor Report, BNA, 1st July 2002, p. 25. Voir également les résultats d'une étude menée en 1980 par le Bureau américain des statistiques du travail (Bureau of Labor Statistics) et des exemples d'accords par J. T. ADDISON, « Job security in the United States : law, collective bargaining, policy, and practice », *British Journal of Industrial Relations*, November 1986, vol. 24, p. 381 et s.

[328]. « *Successorship clauses* ».

[329]. « *Job security clause* ».

[330]. Sur la responsabilité du cessionnaire à ce titre, v. 2nd Partie, Titre 1, Chapitre 1, *supra*.

**872.** Nous concentrerons donc notre attention sur les obligations du cédant dans le premier type de clause et sur le deuxième type de clause, visant à protéger l'emploi des salariés en cas de restructuration de l'entreprise. Ces dernières sont négociées dans quatre vingt dix pour cent des entreprises où les salariés sont représentés [331], bien souvent en contrepartie de concessions de la part du syndicat.

La Cour Suprême elle-même a reconnu la possibilité de telles négociations en admettant le principe des « négociations - concessions » [332] dans le contexte des fermetures d'entreprise, dans son célèbre arrêt First National Maintenance Corp. [333]. La Cour Suprême a considéré en effet dans cet arrêt, que bien que la décision de fermeture en elle-même ne soit pas un sujet obligatoire de négociation, l'employeur peut toujours s'entretenir volontairement avec le syndicat pour rechercher et obtenir de sa part des concessions propres à rendre l'activité de l'entreprise plus rentable, lorsque la question des coûts salariaux a joué un rôle important dans la décision de fermer l'entreprise.

**873.** Une des questions centrales dans les négociations aujourd'hui, en dehors de la question des salaires [334], porte en effet sur la sécurité de l'emploi [335]. L'exemple de ce type d'accord le plus cité est celui conclu par les trois grands fabricants automobiles, Ford, General Motors et DaimlerChrysler, en 1999 avec l'United Auto Workers (UAW), le syndicat des salariés de l'automobile, pour une durée de quatre ans. Il prévoyait un moratoire en cas de fermeture ou de vente de l'entreprise [336]. Au terme de cet accord, la société s'était engagée à ne pas « *fermer, céder tout ou partie, restructurer par voie de fusion ou de scission, réunir sur un même site ou disposer de quelle que façon que ce soit de toute entreprise, établissement ou activité qui constituait une unité de négociation couverte par la convention collective* » [337].

**874.** En général, les syndicats essaient d'obtenir dans ces accords la promesse écrite de l'employeur de ne pas sous-traiter, ou délocaliser [338] tout ou partie de l'activité de l'entreprise. Ces clauses peuvent prévoir, notamment :

- le respect d'un préavis obligatoire avant la réalisation de l'opération, ce qui permet au syndicat de se mobiliser avant que la décision ne prenne effet [339],

---

331. Chiffre extrait du rapport de M. CARLEY, *Industrial relations in the EU, Japan and USA, 2000*, 6 December 2001, pour l'Observatoire Européen des Relations Industrielles. http://www.eurofound.europa.eu/eiro

332. « *Concession bargaining* », l'équivalent de nos accords « donnant-donnant » de droit français.

333. First National Maintenance Corp. v. NLRB, 452 *U.S.* 666, 107 *L.R.R.M.* 2705 (1981). Sur cet arrêt, v. 1ère Partie, Titre 1, chapitre 2, *supra*.

334. L'exemple de ces négociations dans l'industrie automobile reflète la très grande flexibilité des négociations aux Etats-Unis depuis la fin des années 1970. Salariés et syndicats d'un côté, font de nombreuses concessions en terme de salaires et de conditions d'emploi. Certains employeurs, de l'autre, acceptent de payer le prix de ces concessions en prévoyant garanties de salaire et autres plans de stock options pour les salariés et une participation plus active du syndicat à la prise de décision. Pour des exemples de négociations-concessions, E. M. KASSALOW, « Concession bargaining : towards new roles for american unions and managers », *International Labour Review*, 1988, vol. 127, p. 574-576.

335. « *Job security* ».

336. « *Plant closing and sale moratorium* ».

337. Termes de l'accord rapporté notamment par S. KO, « 2000 annual review for the USA », 12 December 2001, pour l'Observatoire Européen des Relations Industrielles.

338. « *Relocate* ».

339. Par exemple: Local 879 v. Chrysler Marine Corp., 819 *F.2d* 786, 125 *L.R.R.M.* 2681 (7th Cir. 1987), dans laquelle la Cour confirma la décision de l'arbitre qui avait considéré que l'employeur avait violé la convention collective en ne respectant pas le préavis de six mois avant la réalisation de la cession qu'elle prévoyait et en ne négociant pas avec le syndicat sur les indemnités de rupture, une fois sa décision prise. La Cour considéra, en l'espèce, que l'arbitre n'avait pas outrepassé ses droits en imposant à l'employeur le paiement d'indemnités de rupture à tous les salariés, y compris à ceux qui avaient été réembauchés par l'acheteur.

- l'obligation pour l'employeur d'obtenir, comme condition de la vente, que l'acheteur accepte de reprendre les termes de la convention collective [340],
- l'interdiction pour l'employeur de procéder à telle ou telle opération sans l'accord du syndicat, généralement dans des cas de réimplantation d'activité, ou interdisant le recours à du personnel externe à l'unité de négociation ou à l'entreprise pour effectuer le travail [341],
- la limitation des circonstances dans lesquelles les salariés peuvent être licenciés ou leurs emplois supprimés [342],
- le rappel des salariés mis au chômage technique, avant toute nouvelle embauche[343], et
- le paiement d'indemnités de rupture à tous les salariés, qu'ils soient ou non réembauchés par le cessionnaire [344].

**875.** Des concessions en termes de quotas de production ou de conditions de travail peuvent également être consenties par les syndicats ou les salariés en échange de l'obligation pour l'employeur d'investir dans la société et de moderniser ses équipements. De telles concessions sont consenties dans les secteurs de l'automobile et de l'acier afin d'augmenter la valeur de l'entreprise, la rendre moins attractive aux investisseurs et sauvegarder l'emploi. A titre d'exemple, Volvo Trucks North America avait ainsi déclaré qu'elle investirait dans ses installations situées dans l'Est de la Virginie à la double condition que le syndicat des salariés de l'automobile (UAW) accepte des concessions sur le long terme et que la société reçoive le soutien financier de l'État. En échange de l'acceptation de concessions sur une période de six ans, le syndicat obtint en 1999 l'engagement de la société d'investir cent quarante huit millions de dollars dans le développement desdites installations [345].

**876.** Le non respect par l'employeur de ce type de clause n'est toutefois pas automatiquement constitutif d'une pratique déloyale de travail. En effet, le simple fait de ne pas respecter les termes d'un accord n'est pas nécessairement considéré comme un refus fautif de négocier de l'employeur. Il ne le devient que lorsque l'employeur fait preuve de mauvaise foi, par exemple, lorsqu'il modifie unilatéralement les termes de l'accord et refuse

---

[340]. « *Successor and assigns clauses* ». Par exemple: Martin Podany Assoc's, 80 *Lab. Arb.* 658 (1983) (Galagher, Arb.), où le cédant a été condamné au paiement de dommages et intérêts pour manquement à son obligation d'obtenir l'accord du cessionnaire sur la reprise des termes de la convention collective par ce dernier.

[341]. « *Work preservation clauses* ». Par exemple: Pabst Brewing Co. 78 *Lab. Arb.* 775 (1982) (Wolff, Arb.), où la clause prévoyait que l'employeur ne pouvait pas réattribuer à des salariés qui ne faisaient pas partie de l'unité de négociation, les travaux qui étaient exécutés par les salariés couverts par la convention collective, que ce soit sur le même site ou à d'autres endroits. L'arbitre considéra, en l'espèce, que l'employeur avait violé cette clause en fermant, pour des raisons économiques, son usine située dans l'Illinois et en rassemblant sa production dans ses installations du Milwaukee. Il ordonna, en conséquence, la réouverture de l'usine.

[342]. « *Job security clauses* ».

[343]. « *Recall rights* ».

[344]. Par exemple: TPC Liquidation Inc., 88 *Lab. Arb.* 696 (1987) (Lumbley, Arb.): l'employeur qui a cessé la publication de journaux et vendu ses actifs viole la convention collective en refusant de verser les indemnités de rupture qu'elle prévoit, même si les salariés ont été réembauchés par l'acheteur, le lendemain. L'arbitre rejeta en l'espèce l'argument du cédant selon lequel les salariés n'étaient pas restés sans emploi du fait de l'opération, en décidant que la référence à la perte d'emploi ne visait que le cédant et que, puisque les salariés avaient été licenciés par ce dernier avant d'être réembauchés par le cessionnaire, ils avaient bien été sans emploi.

[345]. Engagement rapporté par R. REEVES, Responsable des négociations (*Bargaining Chairman*) pour la section locale 2069 de l'UAW (4 COBB 18, 2/11/99), *BNA Collective Bargaining Bulletin*, vol. 4, n°8, 22 April 1999, p. 48.

au syndicat l'opportunité de négocier sur cette modification [346], qu'il retarde les négociations ou les empêche [347] ou enfin qu'il essaie de se désengager d'un accord auquel il est partie [348].

**877.** Nous avons vu dans un chapitre précédent que la violation des dispositions d'une convention collective est habituellement sanctionnée par le biais des procédures d'arbitrage[349]. La plupart des conventions collectives contiennent d'ailleurs une clause spécifique indiquant qu'en cas de désaccord sur l'interprétation ou sur l'application d'une ou plusieurs clauses de la convention collective, les parties se rapprocheront pour trouver une issue amiable à leur différend et, en cas d'échec, porteront l'affaire devant un arbitre choisi par elles, sur une base permanente ou *ad hoc* [350]. En échange de ce type de clause, les parties renoncent à exercer des pressions sur l'autre partie de type lock-out, pour l'employeur, ou grève, pour le syndicat, en ce qui concerne les matières relevant de l'arbitrage prévues par la convention collective [351].

Si l'une ou l'autre des parties refuse de soumettre leur différend à l'arbitrage, la Section 301 du LMRA [352] permet au syndicat [353], depuis 1947 (amendements Taft-Hartley) et afin de limiter, à l'époque, le recours à la grève dans ce type de situation, de poursuivre l'employeur devant une Cour fédérale en violation des dispositions de la convention collective. Cela lui permet d'obtenir des dommages et intérêts ou d'obliger l'employeur à recourir à l'arbitrage

[346]. Par exemple, pour un refus de l'employeur de payer les salaires tels que prévus à l'accord : Hand (1985) 276 *N.L.R.B.* 861, 120 *L.R.R.M.* 1183.

[347]. Old Line Life Ins. Co. of America (1951) 96 *N.L.R.B.* 499, 28 *L.R.R.M.* 1539, *petition den.* (CA7) 200 *F.2d* 52, 31 *L.R.R.M.* 2118.

[348]. Nedco Constr. Corp. (1973) 206 *N.L.R.B.* 150, 84 *L.R.R.M.* 1205 ; Resort Nursing Home v. NLRB (12/01/04, n°03-1369) (DC Cir). En l'espèce, l'accord avait été signé par une association d'employeurs (« multi employer bargaining unit ») dont l'employeur en cause avait tenté (en vain) de se désengager.

[349]. « *Grievance/arbitration procedures* ». Sur l'opposabilité des clauses d'arbitrage au cessionnaire, v. 2nd Partie, Titre 1, Chapitre 1, *supra*.

[350]. Le Federal Mediation and Conciliation Service (FMCS) et l'American Arbitration Association (AAA) facilitent le choix de l'arbitre en mettant à la disposition des parties des listes de noms de personnes qualifiées à ces fonctions.

[351]. « *No strike clauses* ».

[352]. La Section 301 (a) du LMRA (NLRA tel qu'amendé par le LMRA en 1947) prévoit que : « *les actions contre la violation des accords collectifs* [« contracts »] *entre employeur et syndicat représentant des salariés au sens de la présente loi, ou entre syndicats eux-mêmes, peuvent être portées devant toute cour fédérale* [« district court »] *des Etats-Unis ayant compétence, quel que soit le montant en jeu ou la nationalité des parties* ». Ainsi, dans une espèce où l'employeur avait violé son engagement de soumettre à l'arbitrage certains désaccords sur la charge de travail des salariés et leur affectation, la Cour Suprême décida, dans un arrêt Textile Workers Union v. Lincoln Mills [353 *U.S.* 448 (1957)] que la Section 301(a) du LMRA autorisait les Cours fédérales « *à façonner un ensemble de règles fédérales pour l'application des conventions collectives et à y inclure des règles propres à assurer l'exécution de promesses d'arbitrer des conflits* ». Dans des arrêts subséquents, la Cour Suprême a précisé le champ d'application de la Section 301(a) du LMRA en admettant que ce type d'action pouvait indifféremment être porté devant les Cours fédérales ou les Cours des Etats [Charles Dowd Box Co. v. Courtney, 368 *U.S.* 502 (1962)], sous réserve pour ces dernières d'appliquer les règles de droit fédéral [Local 174, Teamsters v. Lucas Flour Co. 369 *U.S.* 95 (1962)].

[353]. La Cour Suprême admet également que le salarié concerné puisse agir directement contre l'employeur sur le fondement de la Section 301(a) du LMRA. Elle a d'abord admis cette possibilité en la limitant au cas où la convention collective prévoit que le droit en question peut être directement invoqué par le salarié [Smith v. Evening New Ass'n, 371 *U.S.* 195 (1962). En l'espèce, il s'agissait d'une disposition de la convention collective interdisant toute discrimination motivée par l'activité syndicale du salarié], puis en l'ouvrant également aux cas où le syndicat refuse injustement d'agir pour représenter les intérêts du salarié qui le lui demande [Vaca v. Sipes, 386 *U.S.* 171 (1967)]. Ce droit individuel ne peut être écarté que lorsque la convention collective le prévoit expressément [Wright v. Universal Marine Supply, 525 *U.S.* 70 (1998)].

pour trancher le conflit [354], d'obtenir l'application ou le rejet d'une sentence arbitrale [355] ou encore, et plus certainement, une injonction contre l'employeur [356]. Il s'agit ainsi d'empêcher, par exemple, le transfert d'équipements ou de salariés ou encore la fermeture d'un site, avant que l'arbitre n'ait pu prendre position. Celle-ci sera accordée en tenant compte des dispositions de la convention collective invoquée et du préjudice subi par les parties en présence.

**878.** Nombreuses sont néanmoins les décisions de fermeture d'entreprise qui sont prises en dépit des concessions qui ont pu être accordées par le syndicat, l'employeur cherchant seulement à gagner la confiance du syndicat et des salariés et à procéder à la fermeture à moindre coût. Cela n'est toutefois possible, pour éviter tout risque de sanction, que lorsque aucun engagement écrit n'a été pris par l'employeur en contrepartie des concessions obtenues et lorsque la décision de fermeture n'est pas viciée par un motif anti-syndical [357].

Encore faut-il toutefois, comme en droit français, que la mesure incriminée soit expressément prévue par les termes de la convention collective [358]. A défaut d'une mention

---

[354]. Recours généralement utilisé lorsqu'une injonction n'a pu ou ne peut être obtenue contre l'employeur et que la mesure incriminée (fermeture, transfert, etc.) a été prise malgré une clause de la convention collective l'interdisant ou la conditionnant à la reprise par le cessionnaire de la convention collective en vigueur chez le cédant. Par exemple, Local Joint Executive Board v. Royal Center, Inc., 796 *F.2d* 1159, 123 *L.R.R.M.* 2347 (9th Cir. 1986), *on remand from the US Supreme Court cert. denied*, 479 *U.S.* 1033, 124 *L.R.R.M.* 2216 (1987), où des mois après la cession, les juges ordonnèrent notamment le recours à l'arbitrage sur la question du manquement du cédant à son obligation d'obtenir l'accord du cessionnaire de reprendre les termes de la convention collective à son compte.

[355]. Rappelons que les juges favorisent et encouragent le recours à l'arbitrage. La question du rôle du juge face à une demande d'exécution d'une clause d'arbitrage ou d'une sentence arbitrale a été résolue par la Cour Suprême dans trois arrêts connus sous le nom de « trilogie Steelworkers ». A ce sujet, v. 2nd Partie, Titre I, Chapitre I, *supra*.

[356]. De telles injonctions sont dénommées les « injonctions Boys Market inversées » (« *Reverse Boys Market injunctions* »), en référence à un arrêt de la Cour Suprême Boys Market, Inc. v. Retail Clerks Union, Local 770, 398 *U.S.* 235 (1970), dans lequel la Cour jugea qu'un employeur pouvait obtenir une injonction pour limiter le recours à la grève de ses salariés à propos d'un différend qui devait être soumis à arbitrage en application de la convention collective. Les injonctions Boys Market inversées visent donc les situations dans lesquelles le syndicat cherche à empêcher la prise d'acte par l'employeur en violation d'une convention collective, avant que l'arbitre ne se soit prononcé sur le sujet. Une injonction peut également être délivrée directement par l'arbitre pour empêcher l'exécution de décisions prises en violation d'une clause prévoyant la reprise des termes de la convention collective par le cessionnaire, qu'une clause expresse de l'accord le prévoit ou non. cf. Formflex (March 31, 1993) (Rosenberg, Arb.) (non publiée) et Sexton's Steak House, Inc., 76 *Lab. Arb.* 577 (1981) (Ross, Arb.).

[357]. Par exemple: Local 1330, United Steelworkers of America v. U.S. Steel Corp., 492 *F. Supp.* 1, 103 *L.R.R.M.* 2925 (ND Ohio, 1980) *enf'd in pertinent part by* 631 *F.2d* 1264, 105 *L.R.R.M.* 2312 (CA6, 1980). En l'espèce, l'employeur avait, par le biais d'une large campagne de relation publique auprès de ses 3.500 salariés et de la communauté avoisinante, convaincu les salariés de consentir à de nombreuses concessions dans le but d'empêcher la fermeture de deux de ses exploitations dans l'Ohio. Deux ans et demi plus tard, malgré le fait que les deux exploitations en question étaient devenues rentables, l'employeur décida de les fermer. En l'absence d'engagement écrit de l'employeur vis-à-vis de ses salariés de ne pas procéder à ces fermetures (l'employeur avait verbalement promis aux salariés que s'ils faisaient de leur mieux pour rendre les deux exploitations en question rentables, il ne procèderait pas à leur fermeture), la Cour se déclara contrainte de reconnaître que rien ne pouvait l'en empêcher, en l'état du droit : « *United States Steel should not be permitted to leave the Youngstown area devastated after drawing from the lifeblood of the community for so many years. Unfortunately, the mechanism to reach this ideal settlement ... is not now in existence in the code of laws of our nations* ». L'injonction temporaire (« *temporary restraining order* ») de ne pas fermer les sites fut en conséquence levée par la Cour de district et la décision confirmée en appel.

[358]. Le meilleur moyen pour le syndicat de se prémunir d'une restructuration intempestive est d'anticiper l'opération et de négocier des clauses précises. Par exemple: Joseph Schlitz Brewing Co., 58 *Lab. Arb.* 653 (1972), où la convention collective prévoyait que « *l'Employeur n'importera pas de bière en provenance d'usines non comprises dans le champ d'application de la convention collective pour*

expresse en effet, la décision de l'employeur de procéder ou de ne pas procéder à telle ou telle mesure ne sera généralement pas considérée comme une violation des termes de ladite convention. Ainsi la promesse verbale de ne pas fermer des exploitations n'empêche pas l'employeur d'y procéder en l'absence de promesse expresse [359]. De même, la promesse écrite non suffisamment explicite ne vaut pas engagement de l'employeur. Tel est le cas, par exemple, d'une clause prévoyant que l'employeur « *fera de son mieux* » [360] pour maintenir le site ouvert [361].

**879.** Le droit anglais, plus que le droit français, a récemment montré les limites de tels accords. Ils constituent cependant pour le syndicat, l'un des moyens les plus sûrs en droit américain pour s'assurer des conditions de réalisation de l'opération. L'obligation imposée aux parties par la section 8(d) du NLRA [362] interdit à l'employeur de procéder à une quelconque modification unilatérale des termes obligatoires de la convention collective, pendant toute sa durée d'application. En présence d'une telle clause et à moins qu'il n'obtienne l'accord du syndicat, l'employeur cédant ne peut, en principe, procéder à une fermeture de site, à une réimplantation [363] de l'entreprise ou à une restructuration pendant la durée d'application de la convention collective s'il s'est engagé à ne pas le faire aux termes de cette convention. Tel sera le cas à moins bien sûr que les négociations engagées avec le syndicat à ce sujet n'aient abouti à une impasse [364] ou que le syndicat ait renoncé à son droit de négocier sur ce point.

---

*assurer le service de zones traditionnellement couvertes par l'Employeur via ses usines et entrepôts couverts par la convention collective* » et « *Il n'y aura pas de mise en chômage technique sauf pour manque de travail* ». L'arbitre saisi considéra que ces dispositions empêchaient l'employeur de déplacer la production pendant toute la durée d'application de la convention collective.

359. Local 1330, United Steelworkers of America v. U.S. Steel Corp., 492 *F. Supp.* 1 (DC Ohio, 1980), précité. Voir également Milwaukee Spring Division, Illinois Coil Spring Co. (Milwaukee Spring II), 268 *N.L.R.B.* 601, 115 *L.R.R.M.* 1065 (1984) *affirmed by* UAW Local 574 v. NLRB, 765 *F.2d* 175, 119 *L.R.R.M.* 2801 (CA DC 1985), dans laquelle le NLRB a reconnu que les parties pouvaient prévoir dans la convention collective une disposition interdisant tout transfert, délocalisation ou, plus largement, garantissant l'emploi des salariés (« *work preservation clause* »). La clause n'existait toutefois pas en l'espèce et le NLRB a décidé qu'il ne lui appartenait pas d'en déduire l'existence : « *it is not for the board, however, to create an implied work-preservation clause in every American labor agreement based on wage and benefits or recognition provisions, and we expressly decline to do so* » [Milwaukee Spring II, 115 *L.R.R.M.* 1065 at 1067 (1984)].

360. « *Use best efforts* ».

361. Local 461, International Union of Electrical Workers v. Singer Co., 540 *F. Supp.* 442, 110 *L.R.R.M.* 2407 (D NJ, 1982).

362. La Section 8(d) du NLRA contient les règles concernant le devoir de négocier des parties et indique, en particulier, que lorsqu'une convention collective est en vigueur, aucune des parties ne peut y mettre un terme ou la modifier à moins de remplir les conditions suivantes : (i) donner un préavis écrit de soixante jours à l'autre partie, (ii) offrir de rencontrer et de s'entretenir avec l'autre partie afin de négocier une nouvelle convention ou une convention contenant la/les modification(s) souhaitée(s), (iii) informer par écrit le Federal Mediation and Conciliation Service ainsi que les services locaux de médiation dans les trente jours suivant la notification du préavis et (iv) continuer d'appliquer la convention collective en vigueur jusqu'à la plus tardive de ces deux dates : la fin de la période de préavis de soixante jours ou le terme de la convention collective.

363. « *Relocation* ».

364. Cf. Milwaukee Spring Division, Illinois Coil Spring Co. (Milwaukee Spring II), 268 *N.L.R.B.* 601, 115 *L.R.R.M.* 1065 (1984) *affirmed by* UAW Local 574 v. NLRB, 765 *F.2d* 175, 119 *L.R.R.M.* 2801 (CA DC 1985), précité, où l'employeur avait demandé au syndicat, à la suite de la perte d'un gros client, des concessions sur les salaires et avantages consentis par la convention collective en cours en indiquant au syndicat qu'à défaut, il procéderait au transfert (« *relocation* ») d'une partie de son activité de Milwaukee sur un site non syndiqué dans l'Illinois avec des salaires et avantages inférieurs. Le syndicat refusa d'accorder les concessions et refusa également de négocier plus avant sur le transfert d'activité. L'employeur procéda au transfert de l'activité en question sur le site non syndiqué. Le syndicat poursuivit l'employeur en violation de son obligation de négocier sur sa décision en cours d'application de la

**880.** Ajoutons, pour être complet, que pour être valables les clauses visant à protéger l'emploi négociées par les syndicats doivent également être rédigées d'une façon telle qu'elles ne puissent pas tomber sous le coup de la Section 8 (e) du NLRA, dite disposition « hot cargo ». Cette disposition du NLRA interdit, en effet, depuis 1959 [365], tout accord entre employeur et syndicat visant, en substance, à exclure tout possibilité de contracter avec ou de réaliser les travaux d'un autre employeur, personne morale ou physique [366].

**881.** Est ainsi interdit l'accord empêchant l'employeur de contracter avec des entreprises dont les salariés ne sont pas soumis à une convention collective [367]. Le NLRB et les Cours fédérales s'accordent toutefois à dire que les accords interdisant le recours à la sous-traitance et qui ne visent pas des employeurs déterminés, ne tombent pas sous le coup de l'interdiction de la Section 8(e) du NLRA. Il en est de même des accords syndicaux types [368] qui n'admettent le recours à la sous-traitance que vers des entreprises offrant des conditions de travail et des rémunérations compatibles avec les standards admis par eux. Les juges considèrent en effet que ces accords encouragent indirectement le maintien du travail dans l'entreprise en annulant l'avantage économique que peut présenter la sous-traitance pour l'employeur [369]. Le NLRB et les Cours fédérales distinguent ainsi les accords visant à préserver l'emploi dans les unités de travail représentées par le syndicat qui les négocient, qu'ils considèrent généralement comme licites, des accords visant à acquérir du travail, qu'ils considèrent généralement comme illicites [370].

---

convention collective sur le fondement des sections 8(a)(5) et 8(d) du NLRA. La question était de savoir si l'employeur pouvait librement procéder à un transfert d'activité lorsqu'il avait négocié jusqu'à l'impasse avec le syndicat sur sa décision. Le NLRB considéra, en l'espèce, que l'employeur était libre de procéder au transfert parce qu'aucune disposition de la convention collective ne l'empêchait de le faire. En effet, la section 8(d) du NLRA empêche un employeur de violer ou modifier les termes d'une convention collective en vigueur. Pour décider de sa violation, il faut donc identifier les termes visés dans la convention collective qui sont violés ou modifiés. A défaut, comme c'était le cas en l'espèce (la convention collective n'indiquait pas que l'activité en question devait rester à Milwaukee), il n'y a ni modification, ni violation, ni acte illicite si la décision a été prise après négociation jusqu'à l'impasse et est exempte de motivation anti-syndicale. La Cour d'appel a également précisé à l'occasion de cet arrêt que le fait pour l'une des parties d'exercer des pressions pour négocier sur les modifications qu'il souhaite apporter à la convention collective ne constitue pas une pratique déloyale de travail sauf si les moyens utilisés sont la grève ou le lock-out, ce qui n'était pas le cas en l'espèce. Pour une critique de cet arrêt, notamment: J. B. ZIMAROWSKI, « The validity of the collective bargaining process : corporate transformations as unchanneled bargaining power », *Hoftra Labor Law Journal*, Spring 1986, vol. 3, p. 137, lequel reproche en particulier au NLRB sa peur de reconnaître la validité de clauses de préservation d'emploi implicites (p. 194).

365. Amendements Landrum-Griffin.

366. La Section 8(e) du NLRA prévoit, en particulier, le principe suivant : « *doit être considérée comme pratique déloyale de travail pour tout syndicat et tout employeur le fait de conclure tout contrat ou accord, exprès ou implicite, par lequel l'employeur cesse ou limite ou accepte de cesser ou de limiter l'utilisation, la vente, le transport ou de distribuer les produits d'un autre employeur, ou de cesser de faire des affaires avec tout autre personne. Tout contrat ou accord contenant un telle entente est inapplicable et nul* ». Les secteurs de la construction et de l'industrie du vêtement ne sont pas visés par cette règle. Le pendant de cette disposition est la Section 8(b)(4) du NLRA. Celle-ci considère, en substance, comme pratique déloyale de travail le fait pour le syndicat d'imposer ou d'exiger d'un employeur qu'il contracte un accord prohibé par la Section 8(e) du NLRA (sanction des actions dites « *secondary boycott* »). Le syndicat s'expose donc également à des sanctions (injonction, versement de dommages et intérêts) lorsqu'il tente de négocier de telles clauses.

367. « *Union signatory clause* ».

368. « *Union standards agreements* ».

369. Truck Drivers Local 413 v. NLRB (D.C. Cir. 1964).

370. La Cour Suprême s'est prononcée sur ce point dans deux arrêts : NLRB v. Int'l Longshoremen's Ass'n, 447 *U.S.* 490 (1980) (I.L.A. I) et NLRB v. Int'l Longshoremen's Ass'n, 473 *U.S.* 61 (1985) (I.L.A. II), en précisant que, pour être licites, de tels accords devaient viser à préserver le travail traditionnellement effectué ou le travail comparable à celui traditionnellement effectué dans l'unité de

Le NLRB a toutefois décidé que les clauses visant à éviter la délocalisation de l'entreprise en vue d'échapper à sa syndicalisation [371] devaient être considérées comme des clauses « hot cargo » violant la section 8(e) du NLRA [372]. Cette décision démontre, s'il fallait, que plus les structures de l'entreprise deviennent complexes, plus les efforts des syndicats pour protéger leurs membres deviennent difficiles et périlleux en droit américain [373].

**882.** Plus important pour le sujet qui nous concerne, dans les cas de transferts d'entreprises, les employeurs n'hésitent pas à recourir à l'argument selon lequel une clause leur imposant de contracter avec une personne s'engageant à reprendre les termes de la convention collective en cours constitue une entrave, et donc une violation de la section 8(e) du NLRA, à la possibilité pour eux de contracter avec un employeur qui ne souhaiterait pas assumer une telle obligation. L'acceptation ou le rejet de cet argument par le NLRB et les Cours fédérales dépend de la forme de l'opération en cause.

La clause visant à la reprise de la convention collective par le cessionnaire [374] ne sera pas considérée comme une clause « hot cargo » illégale lorsque le cédant cèdera la totalité de son entreprise et cessera, par la même occasion, toute activité, ou encore lorsqu'il cèdera une partie de son activité distincte et séparée du reste de l'entreprise qui continue à fonctionner, de la même façon, avec un nouvel employeur [375]. Elle sera en revanche considérée comme illégale en cas de mise en location-gérance, de sous-traitance ou d'externalisation d'une partie de l'activité du cédant si celui-ci continue, en parallèle, à contracter avec le cessionnaire, après la réalisation de l'opération [376]. Il en sera de même lorsque le recours aux transferts d'activité est fréquent dans l'entreprise concernée. L'introduction de ce type de clause pourra, dans ce cas, être considérée comme une tentative du syndicat de conserver les emplois des seuls salariés syndiqués et non comme un moyen de servir les intérêts de tous les salariés de l'entreprise [377].

**883.** Les juges manifestent ainsi peu de sympathie en droit américain envers les efforts des syndicats pour se protéger et protéger les salariés qu'ils représentent contre toute forme de restructuration de l'entreprise ou de réorganisation de son activité. Dès lors et en définitive, comme le font remarquer certains auteurs, et malgré le nombre croissant des clauses de ce type qui sont négociées par les syndicats aux États-Unis, si l'employeur s'est assuré d'obtenir des concessions de la part des syndicats sans faire de promesse écrite précise et qu'il ne témoigne pas d'un sentiment anti-syndical incontestable en prenant sa décision, il reste

---

négociation en question. Ainsi, un accord visant à conserver un travail rendu non nécessaire à cause de changements technologiques n'est pas en lui-même illicite lorsque son objectif est la conservation des emplois (en l'espèce l'accord pénalisait les affréteurs qui utilisaient des conteneurs pré conditionnés pour charger la cargaison qui était traditionnellement chargée et déchargée par les dockers, les amputant ainsi de la majeure partie de leur travail).

371. « *Double breasting* ».

372. D'Amico v. Painters District Council 51, 120 *L.R.R.M.* 3473 (*D.* Md. 1985).

373. K. VAN WEZEL STONE, « Labor and the corporate structure : changing conceptions and emerging possibilities », *University of Chicago Law Review*, 1988, vol. 55, p. 73. L'auteur conclut sur cette question en observant que « *l'utilisation des lois anti secondary boycott dans ce contexte reflète non seulement l'instabilité* [« plasticity »] *de la distinction entre actes licites et illicites, mais également l'absence de volonté du NLRB et des Cours de permettre que l'influence du syndicat suive les contours changeant et fluctuant de l'entreprise* » (p. 117) ; W. McLEOD, « Rekindling labor law successorship in an era of decline », *Hofstra Labor Law Journal*, Spring 1994, vol. 11, p. 303-304.

374. « *Successors and assigns clause* ».

375. United Mine Workers, 231 *N.L.R.B.* 573, at 574-575 (1977), *enforced sub. nom.* Lone Star Steel Co. v. NLRB, 639 *F.2d* 545 (10th Cir. 1980), *cert. denied*, 450 *U.S.* 911 (1981).

376. Par exemple, NLRB v. Hotel & Restaurant Employees, Local 531, 623 *F.2d* 61 (9th Cir. 1980).

377. National Maritime Union, 196 *N.L.R.B.* 1100 (1972), *enforced*, 496 *F.2d* 907 (2d Cir. 1973), *cert. denied*, 416 *U.S.* 970 (1974).

impuni. Il est alors libre de ne pas respecter ses engagements et d'exercer son pouvoir de direction, peu importe les concessions faites par les salariés via leurs représentants et ce que l'employeur leur a fait espérer [378].

---

[378]. B. RHINE, « Business closing and their effects on employees – the need for new remedies », *Labor Law Journal*, May 1984, p. 274.

# CONCLUSION DU TITRE I

**884.** Les résultats des protections consenties sont comparables quel que soit l'objectif poursuivi par les trois systèmes juridiques analysés. Le pouvoir de direction de l'employeur, qu'il soit cédant ou cessionnaire, est temporairement contraint par l'effet du droit, sans que ce dernier ne puisse, à la longue, en empêcher le plein exercice. Pour reprendre les termes d'un auteur pris dans un autre contexte, mais parfaitement transposables à la situation, « *le pouvoir d'organisation subit ainsi fort bien l'épreuve des lois qui veulent le régir* » [1]. Les impératifs économiques sont préservés. Les dispositions protectrices des droits des salariés dans les opérations de transfert d'entreprise n'altèrent pas les prérogatives de l'employeur, elles les accompagnent.

**885.** Après le transfert, le débat qui se focalisait sur le binôme continuité de l'entreprise et stabilité de l'emploi au moment du transfert se déplace sur le terrain de la sécurité juridique. Cette dernière est fragile puisqu'elle dépend du résultat de la négociation et de l'utilisation que les parties font des instruments de stabilité fournis par le législateur ou la jurisprudence. Elle donne l'avantage au cessionnaire en lui offrant l'opportunité de transformer profondément les conditions d'emploi des salariés transférés ou repris. Il est ainsi facile de comprendre pourquoi le maintien du statut collectif des salariés est la principale source d'inquiétude des salariés compris dans un transfert d'entreprise, face à la latitude que le droit offre au cessionnaire dans l'organisation de son entreprise en droit français et anglais. En droit américain, le salarié s'assurera plus sûrement dans ce contexte d'obtenir la garantie de ne pas être licencié sans indemnité.

L'évolution et l'adaptation des droits des salariés répondent ainsi aux impératifs économiques inhérents à la vie de l'entreprise ou de l'activité transmise. Reste à savoir si la convergence de fond constatée dans la protection que les différents systèmes juridiques accordent aux salariés dans les situations de transfert d'entreprise se retrouve dans les outils qu'ils mettent à leur disposition lorsqu'il s'agit d'en garantir le respect.

---

[1]. Ph. LANGLOIS, « Le pouvoir d'organisation et les contrats de travail », *Droit Social*, 1982, n°1, p. 87.

## Titre II

# LE TRANSFERT DÉCLENCHE UN CERTAIN DEGRÉ DE CONTRÔLE

**886.** Si la protection que chacun des systèmes juridiques étudiés accorde aux salariés compris dans un transfert d'entreprise ne leur assure pas la garantie du maintien de leur emploi, elle légitime néanmoins une certaine « ingérence » dans l'exercice du pouvoir de direction de l'employeur [1].

Elle la légitime *a priori*, avec le contrôle des décisions de transfert. Il s'agit que les parties se rapprochent pour dialoguer sur un sujet qui les concerne directement, tant la réussite d'une opération de transfert dépend, en pratique, de l'appropriation que se feront les salariés du projet de leur employeur. Cette appropriation se fera de façon différente selon la place que réservent aux représentants du personnel les droits français, anglais et américain et les modalités de contrôle des décisions de l'employeur qu'ils leur reconnaissent.

Elle la légitime *a posteriori*, avec le contrôle des effets du transfert. Il s'agit que le licenciement ne puisse intervenir, pour annuler les effets d'un transfert d'entreprise, sans être sanctionné. Il s'agit également que le cédant et le cessionnaire soient susceptibles d'engager leur responsabilité vis-à-vis des salariés concernés par un transfert d'entreprise, sans que cette opération ne leur soit opposée.

Quelle que soit l'origine et l'étendue des droits garantis aux salariés dans ce cadre, leur véritable protection se mesurera à l'aune de l'efficacité des sanctions prononcées contre les employeurs contrevenant à leur devoir de concertation, aux interdictions de licencier et à la possibilité pour le salarié d'engager la responsabilité de ses employeurs successifs et de retrouver son emploi.

**Chapitre I : LE CONTRÔLE DES DÉCISIONS DE TRANSFERT**

**Chapitre II : LE CONTRÔLE DES EFFETS DU TRANSFERT**

---

[1]. Ce qui fait notamment dire à F. GAUDU, *L'emploi dans l'entreprise privée – Essai de théorie juridique*, thèse, Paris, juillet 1986, p. 542, que « *l'emploi, lien avec l'entreprise, permet aux salariés d'accéder à un certain pouvoir sur l'entreprise* ».

## Chapitre I

# LE CONTRÔLE DES DÉCISIONS DE TRANSFERT

**887.** L'implication des salariés dans la conduite de l'entreprise et la prise de décision est l'un des sujets les plus controversés en droit et, plus généralement, dans la pratique des affaires. D'un côté, les employeurs considèrent que ceux qui investissent dans la société et la dirigent sont les plus à même de prendre les décisions les plus appropriées en ce domaine. De l'autre, les salariés considèrent qu'ils sont capables de participer à la prise de décision et qu'ils en ont gagné le droit par le temps et l'énergie qu'ils investissent dans l'entreprise.

Un certain contrôle des salariés sur les opérations de transfert d'entreprise, par la voie de leurs représentants, existe dans les trois systèmes juridiques étudiés. Ces derniers ne peuvent toutefois véritablement s'opposer au pouvoir de décision de l'employeur, quelle que soit la voie - consultation ou négociation - par laquelle ce contrôle se réalise.

L'étendue du contrôle que les représentants du personnel exercent sur les décisions de l'employeur peut être mesurée à l'aune de l'information dont ils disposent pour se prononcer sur le projet qui leur est soumis et des obstacles qu'ils rencontrent dans l'accomplissement de leur mission **(Section I)**. Quant à l'efficacité de ce contrôle, celle-ci ne peut mieux être évaluée qu'à la hauteur des sanctions encourues par le chef d'entreprise en cas de violation des prérogatives des représentants des salariés **(Section II)**.

## SECTION I
## L'ÉTENDUE ET LES MODALITÉS DU CONTRÔLE DES REPRÉSENTANTS DU PERSONNEL

**888.** Le contrôle des représentants du personnel sur les décisions de transfert est expressément prévu par la loi en droit français et anglais. Il s'exprime par l'obligation d'information et de consultation de l'employeur, préalable à la mise en œuvre du projet de transfert d'entreprise. Il découle, en droit américain, du devoir réciproque des parties de négocier de bonne foi. Il se réalise globalement, dans les trois systèmes juridiques étudiés, par un échange de vues avec l'employeur sur le projet de transfert d'entreprise et/ou sur ses conséquences pour les salariés.

L'accès à l'information et sa compréhension devient, dans ce cadre, le véritable enjeu du contrôle des représentants du personnel sur la décision de transfert (§1). Son effectivité dépend des limites consacrées par le droit et de la place réservée aux salariés et à leurs représentants dans la prise de décision (§2).

## §1. LE DÉROULEMENT ET LES MODALITÉS DE LA CONCERTATION

**889.** Une concertation doit s'engager entre les représentants du personnel et l'employeur, préalablement à toute opération de transfert d'entreprise. Aucun des systèmes juridiques compris dans notre étude ne prévoit la nécessité d'un consensus sur la décision de l'employeur. Ils instituent un dialogue (A) dont l'efficacité dépendra des informations qui seront délivrées par l'employeur et de leur traitement par les représentants du personnel qui en seront les destinataires (B).

### A. MODALITÉS DE LA CONCERTATION

**890.** La directive 2001/23/CE ne contient aucune disposition spécifique quant au déroulement de la concertation. Elle fixe seulement l'objet, le moment et l'étendue de l'obligation d'information et de consultation pesant sur le cédant et sur le cessionnaire. L'encadrement spécifique de la concertation que prévoyait la proposition de directive présentée par la Commission au Conseil des Communautés Européennes le 31 mai 1974, précédant celle de 1977 [1], n'a pas été retenue. Selon cette proposition, l'employeur avait, en particulier, l'obligation d'engager des négociations, à la demande des représentants des travailleurs, en vue d'aboutir à un accord sur les mesures à prendre à leur égard, s'ils estimaient que l'opération était de nature à porter préjudice aux intérêts des travailleurs qu'ils représentaient [2].

Le devoir de négocier des parties n'existe pas plus en droit français qu'en droit anglais dans ce type d'opération, où la décision de l'employeur n'est précédée que d'un échange de vues légalement encadré avec les représentants du personnel. Seul le droit américain consacre un devoir réciproque de négocier des parties jusqu'à aboutir à une impasse dans les négociations. Les résultats obtenus en pratique sont néanmoins convergents.

#### *1. Droits français et anglais : un dialogue qui s'organise autour de la remise d'informations aux représentants du personnel*

**891.** Aucune indication en termes de délai et de nombre de réunions n'est prévue par le code du travail pour considérer la concertation sur le projet de l'employeur comme conforme au droit français.

Le temps dévolu à la concertation dépend, en pratique, de la complexité de l'opération envisagée et de l'importance de ses conséquences sur la situation des salariés. Elle dépend tout autant de la qualité de l'information communiquée par le chef d'entreprise sur le projet de transfert et des relations collectives dans l'entreprise. Meilleure est la communication au sein de l'entreprise, plus rapide est la concertation sur le projet, en quelque sorte [3].

---

[1]. *J.O.C.E.*, n°C/104-1 du 13-9-74, article 8.

[2]. L'information donnée aux représentants du personnel devait faire l'objet d'une discussion immédiate avec les représentants des travailleurs s'ils le demandaient. Si au terme de ces négociations, et au plus tard à l'expiration d'un délai de deux mois, un accord n'était pas intervenu entre les parties, le projet de directive prévoyait que chacune d'elle pouvait saisir une instance d'arbitrage, dont la composition était précisée. Elle devait statuer définitivement dans un délai d'un mois sur les mesures à prendre en faveur des travailleurs. La proposition de directive ajoutait que la procédure de négociation ou d'arbitrage ne portait pas atteinte à la réalisation de l'opération. Aucune de ces propositions n'a été retenue dans la version définitive de la directive.

[3]. La loi du 17 janvier 2002, dite de modernisation sociale, avait ajouté à cet impératif de qualité de l'information, un facteur temps en prévoyant que le comité d'entreprise devait se réunir deux fois en cas de « projet de restructuration et de compression d'effectifs ». Une première fois pour lui laisser la possibilité de désigner un expert-comptable, une seconde fois pour formuler un avis sur le projet de restructuration. La deuxième réunion devait se tenir pas moins de quinze jours à compter de la première réunion et au plus tard vingt et un jours après celle-ci, en cas de désignation d'un expert comptable. Cette formalisation de la procédure, qui ne visait *a priori* pas les opérations de transfert d'entreprise a été

**892.** Afin de s'assurer qu'un véritable dialogue ait lieu sur l'opération projetée et sur ses conséquences pour les salariés, l'article L.431-5 combiné avec les dispositions de l'article L.432-1 du code du travail impose la remise au comité d'entreprise d'informations précises et écrites et l'octroi d'un délai d'examen suffisant pour lui permettre d'étudier le projet qui lui est soumis.

L'autre obligation essentielle pour permettre l'échange de vues est, pour l'employeur, de donner une réponse motivée, qu'elle soit verbale ou écrite, à toutes les questions, observations ou propositions alternatives éventuellement formulées par le comité d'entreprise sur le projet ou sur ses conséquences pour les salariés [4]. Le comité d'entreprise se déclarera d'ailleurs dans l'impossibilité de rendre un avis sur le projet qui lui est soumis s'il ne dispose pas des informations suffisantes pour pouvoir se prononcer.

**893.** Les juges s'attachent plus à apprécier le caractère définitif de l'avis rendu par le comité d'entreprise qu'à son contenu. Si le comité d'entreprise refuse purement et simplement de donner son avis sur le projet, alors qu'il a été régulièrement convoqué et informé, la jurisprudence considère que le chef d'entreprise a procédé à une consultation régulière [5].

L'expression de l'avis officiel du comité d'entreprise est généralement concrétisée par un vote[6], pris à la majorité des membres présents [7]. Le chef d'entreprise ou son représentant, en tant que président, ne participe pas à ce vote [8]. L'avis obtenu est consigné dans le procès-verbal de la réunion du comité d'entreprise, établi sous la responsabilité de son secrétaire et communiqué au chef d'entreprise et aux membres du comité [9]. Hors disposition spécifique du règlement intérieur du comité d'entreprise, il est d'usage de procéder à une adoption formelle du procès-verbal au cours de la réunion suivante du comité d'entreprise, afin d'éviter tout risque de contestation éventuelle sur son contenu [10]. Le chef d'entreprise a l'obligation de rendre compte, en la motivant, de la suite donnée à l'avis du comité

---

suspendue par la loi n°2003-6 du 3 janvier 2003, puis définitivement abrogée par la loi n°2005-32 du 18 janvier 2005.

[4]. Seules les dispositions relatives à l'implication des salariés en l'absence d'accord sur l'implication des salariés dans la société européenne (article L.439-39 al. 6 du code du travail) prévoient une nouvelle réunion du comité de la société européenne, de plein droit, si ce dernier en fait la demande, lorsque la direction décide de ne pas suivre l'avis qu'il a exprimé, afin de tenter de parvenir à un accord, « *en cas de circonstances exceptionnelles qui affectent considérablement les intérêts des salariés* ». La spécificité de ces dispositions est à souligner. C'est en effet la première fois que la notion de « consultation aux fins de parvenir à un accord », au sens du droit communautaire, est consacrée en droit français.

[5]. Par exemple : TGI de Créteil, Réf., 10 février 2000, Comité central d'entreprise Câbles Pirelli c/SA Câbles Pirelli : *RJS*, 9-10/00 n°968 ; L. MARQUET de VASSELOT, « De l'expression par le comité d'entreprise de son avis », *RJS*, 9-10/00, p. 607-611. Alors que l'employeur avait passé outre le refus exprès du comité central d'entreprise de rendre un avis sur le projet qui lui était soumis le juge a débouté le comité central d'entreprise de sa demande de reprise de la procédure *ab initio*. Il revenait au juge de porter une appréciation souveraine sur la teneur réelle des procédures diligentées et trancher la question de savoir si, au-delà du refus de se prononcer, il n'y a pas lieu de caractériser l'existence d'un avis « consommant » en réalité la procédure de consultation.

[6]. En pratique la formulation de l'avis du comité d'entreprise est souvent plus diffuse et ressort des débats et prises de position consignés aux procès-verbaux de séance. Cet avis ne peut être exprimé que par les membres du comité d'entreprise et non par les organisations syndicales auxquelles ils appartiennent. Cass. soc. 5 décembre 2006 n°2873 FS-PB, Société AXA France Vie et Société AXA France IARD c/ Fédération des employés et cadres FO : *Bull. civ.* V, n°371, p. 356 ; *Droit Social*, 2007, n°2, p. 186 ; B. GAURIAU, « Les modes d'expression de l'avis du comité d'entreprise », *ibid.*, p. 184-185.

[7]. Article L.434-3 al. 3 du code du travail.

[8]. Article L.434-3 al. 4 du code du travail.

[9]. Article R.434-1 du code du travail.

[10]. Aucune disposition du code du travail n'impose en effet l'adoption formelle des procès-verbaux du comité d'entreprise en dehors de l'article L.434-4 al. 2 qui prévoit la possibilité de leur affichage ou diffusion dans l'entreprise par le secrétaire du comité, « *après avoir été adopté* », selon des modalités précisées par le règlement intérieur du comité.

d'entreprise[11], c'est à dire de l'informer de la décision finale qu'il aura prise et qui va être mise en œuvre.

**894.** En droit anglais, la consultation des représentants du personnel sur l'opération de transfert répond à un schéma de concertation similaire à celui exposé pour le droit français, dans ses grandes lignes. Comme en droit français, il implique, lorsque les salariés sont représentés au sein de l'entreprise, la remise d'informations précises [12] et écrites [13] aux représentants du personnel. Ces derniers doivent également disposer d'un délai d'examen suffisant pour leur permettre d'étudier le projet qui leur est soumis [14]. L'employeur doit prendre en compte les éventuelles questions, observations, demande de précisions ou proposition(s) alternative(s) des représentants du personnel sur les conséquences du projet [15] et y apporter une réponse motivée. S'il décide de ne pas y donner suite, il doit expliquer les raisons de son refus [16].

Les différences avec le droit français sont ténues, en dehors de l'absence d'obligation en droit anglais de consulter les représentants du personnel sur la décision de transfert. En particulier, le TUPE ne contient aucun calendrier spécifique de procédure. Le recours à un expert par les représentants du personnel n'est pas non plus spécialement prévu.

**895.** Le droit anglais est néanmoins beaucoup moins formaliste que le droit français sur l'issue de la concertation. Il n'exige pas que les représentants du personnel émettent une opinion sur les mesures que l'employeur envisage de prendre à l'égard des salariés dans le contexte du transfert. La seule exigence est celle d'un échange de vues. Un vote des représentants des salariés n'est pas nécessaire. Le processus de consultation est terminé lorsque l'employeur a répondu à toutes les remarques et propositions des représentants du personnel et leur a fourni l'information qu'ils demandaient, dans le cadre du projet de transfert [17].

Toutes les obligations qui sont prescrites par les textes légaux en droit français et anglais, en particulier l'obligation pour les parties de se réunir et de s'entretenir, sont implicitement contenues, en droit américain dans leur devoir de négocier de bonne foi, dont la spécificité nous retiendra plus longuement.

### *2. Droit américain : le devoir mutuel des parties de négocier de bonne foi*

**896.** La section 8(d) du NLRA impose aux parties la seule obligation mutuelle de se réunir aux moments opportuns et de s'entretenir de bonne foi sur les sujets obligatoires de négociation, sur la négociation d'un accord ou sur toute question afférente [18].

---

[11]. Article L.432-10 du code du travail.

[12]. TUPE 1981, reg. 10(2) ; TUPE 2006, reg. 13(2).

[13]. TUPE 1981, reg 10(4) ; TUPE 2006, reg. 13(5).

[14]. TUPE 1981, reg. 10 (2) ; TUPE 2006, reg. 13(2).

[15]. TUPE 1981, reg. 10(6)(a) ; TUPE 2006, reg. 13(7)(a).

[16]. TUPE 1981, reg. 10(6)(b) ; TUPE 2006, reg. 13(7)(b).

[17]. Par exemple: Transport and General Workers Union v. Manchester Airport Plc., 13.12.04 UK EAT/0198/04/ILB ; *Industrial Relations Law Bulletin*, February 2005, n°755, p. 16, *IRS Employment Review*, 25 February 2005, n°818, p. 62, à propos d'un projet de modification des contrats de travail, où pas moins de 11 réunions étaient intervenues, et où une information écrite avait également été communiquée au syndicat. Selon l'EAT, considérer ici qu'il n'y avait pas eu de consultation sérieuse et de bonne foi serait un « *travestissement de la langue anglaise* » en égard au nombre de réunions et aux informations communiquées.

[18]. « (...) *To bargain collectively is the performance of the mutual obligation of the employer and the representative of the employees to meet at reasonable times and confer in good faith with respect to wages, hours and other terms and conditions of employment, or the negotiation of an agreement, or any question arising thereunder* (...) ». Cette obligation dure pendant au moins une année à compter de l'accréditation du syndicat par le NLRB ou pendant « une durée raisonnable », à défaut d'accréditation, dans l'hypothèse où aucune convention collective n'existe au sein de l'entreprise. Lorsqu'une convention

En dehors d'un devoir de négocier des parties sur certains sujets, il n'y a d'une manière générale, en droit américain, aucune obligation légale propre au déroulement des négociations[19]. Le droit américain ne pose en particulier aucune exigence quant au calendrier de procédure, au nombre et au contenu des réunions au cours desquelles la concertation avec les représentants du personnel doit avoir lieu. Il s'agit d'une procédure souple qui se veut le strict reflet des forces économiques des parties en présence.

Cela constitue un paradoxe. Le droit américain commande, en effet, d'un côté, que les parties s'engagent dans des négociations avec un effort sincère de parvenir à un accord. De l'autre, il ne les oblige pas à faire des concessions. Elles restent libres de rejeter les propositions qu'elles considèrent inacceptables. L'état d'esprit des parties devient alors le facteur décisif propre à déterminer si elles respectent leur devoir de négocier de bonne foi.

### a) Le devoir de négocier

**897.** L'obligation mutuelle de négocier conférée à l'employeur et au syndicat représentatif a pour objet de faire venir à la table des négociations les parties afin qu'elles présentent leurs propositions et argumentent leur position. Elles doivent écouter et apprécier les propositions et arguments de l'autre partie et chercher un terrain d'entente qui pourrait servir de base à un accord collectif écrit.

La mauvaise foi des parties à la négociation est sanctionnée depuis 1947 en droit américain, année où le législateur a ajouté à l'obligation de négocier des parties, l'obligation réciproque de négocier de « bonne foi » [20]. Les parties doivent participer aux négociations avec un esprit ouvert et l'intention de trouver un terrain d'entente.

Le NLRB et les Cours fédérales s'attachent donc à déterminer, au cas par cas, si la conduite des parties révèle un état d'esprit propre à perturber les négociations ou à faire échouer la conclusion d'un accord, et si l'on peut déduire de la position de l'une d'elles sur un ou plusieurs sujets, sa mauvaise foi dans les négociations [21]. Le NLRB se fonde sur un faisceau d'indices tenant, notamment, à la conduite des parties, à leurs prétentions et propositions dans les négociations, au déroulement des négociations dans le temps et à l'existence de pratiques déloyales de travail antérieures éventuelles de l'une ou l'autre.

---

collective est en vigueur au sein de l'entreprise, l'obligation de négocier existe pendant toute sa durée d'application.

[19]. La section 8(d) commande toutefois un certain nombre d'obligations en termes de notification lorsqu'une convention collective arrive à terme ou va être modifiée. De même, sont interdites les grèves et les lockouts pendant un certain délai (« *cooling-off period* ») lors des négociations. La seule obligation pesant sur les parties en termes de délai se situe dans le cadre de la négociation d'une convention collective. Pour approfondir ces points, notamment : R. A. GORMAN, *Basic Text on labor law, unionization and collective bargaining*, West Publishing Co., 1991, p. 418-431 et p. 434-439.

[20]. Pour des développements sur l'évolution historique des relations collectives aux Etats-Unis et l'obligation de négocier des parties, notamment : X. BLANC-JOUVAN, *Les rapports collectifs du travail aux Etats-Unis*, thèse, Paris, 1957, 541 p. ; S. JAUFFRET-EPSTEIN, *Le devoir de négocier de bonne foi en droit du travail américain*, thèse, Paris I, 1979, 345 p.

[21]. La section 8(d) a notamment été instituée afin de bannir un certain nombre de conduites de la part des parties. Parmi ces conduites interdites la jurisprudence distingue les conduites interdites de par leur nature (« *per se violation* ») des conduites interdites compte tenu des circonstances entourant les négociations (« *circumstantial violation* »). Certaines conduites sont, en effet, automatiquement constitutives d'un refus de négocier. Tel est le cas, par exemple, du refus de se réunir ou de mettre par écrit un accord auquel les parties sont parvenues. Il en est de même de la modification unilatérale des conditions de travail, sans en référer préalablement à l'autre partie. De telles conduites sont présumées illicites et sont considérées, la plupart du temps, comme constituant en elles-mêmes une violation du NLRA, sans que la preuve de la mauvaise foi de la partie en cause n'ait à être apportée. Dans d'autres cas, la conduite en question n'est pas interdite en soi. Elle le devient lorsque l'attitude d'une des parties met en échec les négociations ou encore les interrompt. La frontière est évidemment ténue entre ces deux types de conduites, celles-ci intervenant généralement cumulativement. Le NLRB procède à une appréciation au cas par cas, en tenant compte de la bonne foi des parties et de la légitimité des raisons invoquées à l'appui de leur conduite.

**898.** Si l'employeur n'est pas obligé de faire des concessions sur un sujet déterminé ou d'adopter une position particulière, il est toutefois obligé de « *faire des efforts raisonnables dans une certaine direction afin de composer avec le syndicat* » [22].

La section 8(d) du NLRA n'oblige cependant pas les parties à accéder à une demande ni à faire des concessions [23]. Le devoir de bonne foi n'est donc pas incompatible en lui-même avec l'entêtement de l'une des parties et son refus d'abandonner sa position [24]. Le NLRB peut toutefois considérer, dans ce cas, qu'une telle inflexibilité démontre la mauvaise foi de la partie en cause, lorsqu'elle se combine avec certaines autres conduites à la table des négociations. Tel est le cas, par exemple, de l'employeur qui refuse toutes les propositions faites par le syndicat sans en justifier la raison. De même, s'il insiste sur des propositions qui seraient « *inacceptables pour tout syndicat qui se respecte* ». Leur mise en œuvre aboutirait, en effet, pour les salariés, à une situation économique pire ou du moins pas plus avantageuse que celle dans laquelle ils auraient été si aucune négociation n'avait eu lieu [25].

De telles conduites témoignent, pour le NLRB, de la volonté de la partie en cause de ne pas continuer plus avant les discussions, de discréditer le syndicat ou encore de rompre les négociations. Les Cours fédérales adoptent une position plus souple en ce domaine. Elles ne se reconnaissent bien souvent pas le droit d'interférer dans le cours des négociations.

**899.** Le devoir de négocier s'impose à tous dans les mêmes termes. Les parties doivent échanger leurs vues jusqu'à aboutir à une impasse et à être dans une situation où aucune concession ne puisse plus être obtenue de la part de l'une ou de l'autre des parties. L'équivalent est rarement obtenu en droit français et anglais [26] où information et consultation ne sont souvent que des procédures de pure forme [27].

### b) Le devoir de négocier jusqu'à l'impasse

**900.** L'impasse dans les négociations s'entend du moment où les parties ont épuisé leurs chances de parvenir à un accord sur un sujet donné et où toute autre discussion deviendrait infructueuse [28]. Lorsque l'employeur a négocié avec le syndicat jusqu'à aboutir à une impasse

---

[22]. NLRB v. Reed & Prince Mfg. Co., 205 *F.2d* 131 (1st Cir. 1953).

[23]. A noter que le projet de loi *Employee Free Choice Act of 2007*, dont les débats ont été suspendus au Sénat , fin juin 2007 et jusqu'à nouvel ordre, prévoyait une procédure spécifique [Sec. 3, « Facilitating initial collective bargaining agreements »], pour résoudre les difficultés pouvant intervenir dans le cadre de la négociation d'une première convention collective suivant l'accréditation ou la reconnaissance d'un syndicat par l'employeur. Selon ce projet de loi, les parties doivent se réunir et commencer à négocier dans les 10 jours suivant la demande en ce sens du syndicat. Si les parties ne parviennent pas à un accord dans un délai de 90 jours ou tout autre délai accepté par les parties, chacune d'elles peut en référer au Federal Mediation and Conciliation Service (FMCS). Si après 30 jours de médiation ou tout autre délai accepté par les parties, le FMCS ne peut pas résoudre le problème, un arbitre prend le relais. Sa décision lie les parties pour 2 années sauf à ce qu'elles s'accordent entre elles sur des modifications. Sur ce projet : http://www.employeefreechoiceact.org

[24]. Notamment Chevron Oil Co. v. NLRB, 442 *F.2d* 1067 (5th Cir. 1971), où la cour d'appel a décidé que l'employeur n'avait fait qu'user de ses prérogatives économiques en engageant des négociations fermes avec un syndicat plus faible. Le NLRB ne pouvait pas, en conséquence, neutraliser les avantages économiques des parties au nom du devoir de négocier de bonne foi.

[25]. Procter & Gamble Mfg. Co., 160 *N.L.R.B.* 334 (1966).

[26]. A noter que le texte de transposition de la directive 2002/14/CE, *The Information and Consultation of Employees* (ICE) *Regulations* 2004, a introduit en droit anglais, depuis 2005, un devoir général approchant de coopération (« duty of co-operation ») entre les parties, selon lequel celles-ci doivent « *travailler dans un esprit de coopération, en tenant compte de leurs droits et obligations réciproques et des intérêts de l'entreprise et des salariés* » (ICE, Part V, 21). Reste à savoir comment celui-ci sera interprété et son non-respect sanctionné.

[27]. Pour une réflexion sur une éventuelle transposition du devoir de négocier de bonne foi en droit français, notamment : Ch. MAUGEY, *Les moyens juridiques de la participation dans l'entreprise en France et aux Etats-Unis*, thèse, Paris, 1969, p. 199-227.

[28]. Bi-Rite Foods, Inc., 147 *N.L.R.B.* 59 (1964).

sur un sujet donné, celui-ci peut apporter les modifications unilatérales « *comparables ou pas plus favorables* » aux modifications qu'il a proposées ou approuvées [29], avant que les parties ne parviennent à une impasse dans les négociations [30]. L'action de l'employeur n'est pas, dans ce cas, considérée réellement comme une action unilatérale. Elle a déjà été présentée au syndicat en toute bonne foi et l'employeur ne s'est pas adressé aux salariés sur ce sujet avant d'en avoir référé au syndicat.

L'impasse signifie que les parties ont épuisé – au moins temporairement – les voies de la négociation au point qu'il ne puisse être démontré que les parties étaient hostiles à la conclusion d'un accord sur un sujet précis. La détermination de l'existence d'une impasse dans les négociations est donc d'une particulière importance pour apprécier la légalité des décisions unilatérales éventuellement prises par l'employeur sur des sujets obligatoires de négociation. Le constat d'impasse permet aux parties de refuser de continuer à négocier.

**901.** Le NLRB et les Cours fédérales ont dégagé plusieurs critères propres à déterminer si les parties ont effectivement abouti à une impasse. Sont ainsi pris en compte, sans qu'aucun de ces éléments ne prévale sur les autres [31], le nombre et la durée des réunions entre employeur et syndicat ainsi que le temps qui s'est écoulé entre la première et la dernière réunion. Compte également le fait de savoir si le refus de continuer de négocier plus avant sur les propositions offertes est intervenu seulement au cours de la dernière réunion ou si plusieurs réunions ont eu lieu avant sur ce sujet. De même, seront pris en compte le fait que les parties ont exprimé ou non leur volonté de modifier leur position ou de continuer à négocier ou encore le fait qu'elles ont eu recours à un médiateur pour les assister dans les négociations, qui est en général la preuve la plus indiscutable qu'une impasse est intervenue, en cas d'échec.

**902.** L'existence d'une impasse sur un sujet déterminé n'exempte pas les parties de continuer à négocier sur les autres points à l'ordre du jour [32], sauf à ce que ces derniers fassent partie intégrante du sujet sur lequel les parties sont parvenues à une impasse [33]. Le constat d'impasse permet à l'employeur de mettre en œuvre sa décision d'une façon unilatérale[34]. L'impasse est cependant un état fragile qui peut être brisé au moindre changement dans les circonstances l'ayant entourée et qui laisserait à penser que la reprise des négociations ne serait plus infructueuse. Dans un tel cas, les parties sont obligées de reprendre les

---

[29]. L'employeur qui entérine des modifications/décisions plus favorables à ce qu'il était prêt à consentir au syndicat dans le cadre des négociations, viole son devoir de négocier de bonne foi. NLRB v. Crompton-Highland Mills, 337 *U.S.* 217(1949).

[30]. Ce principe de négociation pourrait être rapproché de celui gouvernant les négociations annuelles obligatoires, soumises à des dispositions particulières en droit français. Si les négociations aboutissent, les parties concluent un accord collectif d'entreprise. Si elles se soldent par un échec, un procès-verbal de désaccord est établi dans lequel sont consignées, en leur dernier état, les propositions respectives des parties et les mesures que l'employeur entend appliquer unilatéralement (articles L.132-27 à L.132-29 du code du travail). Ces dispositions avaient, eu leur temps été inspirées du droit américain de la négociation collective.

[31]. Le NLRB a résumé les éléments devant être pris en compte dans la détermination de l'existence d'une impasse dans l'arrêt Taft Broadcasting Co., 163 *N.L.R.B.* 475, 64 *L.R.R.M.* 1386 (1967) *enf'd sub. nom.* 395 *F.2d* 622, 67 *L.R.R.M.* 3032 (D.C. Cir. 1968), en ces termes : « *Le fait de savoir si une impasse existe est une question de fait qu'il appartient aux tribunaux de constater. L'historique des négociations, leur durée, l'importance du sujet négocié ou des sujets sur lesquels les parties sont en désaccord et la perception des parties sur l'état des négociations, sont tous des facteurs importants dont il doit être tenu compte pour déterminer si une impasse dans les négociations existe* ».

[32]. Chambers Mfg. Co., 124 *N.L.R.B.* 721 (1959), *enf'd* 278 *F.2d* 715 (5th Cir. 1960). En l'espèce, les parties étaient parvenues à une impasse sur la classification des salariés. La société avait ensuite refusé de négocier sur les salaires.

[33]. Voir notamment l'arrêt Taft Broadcasting, précité, où les parties n'avaient pas trouvé d'accord sur la question du détachement des salariés après 23 séances de négociation.

[34]. NLRB v. Katz, 69 *U.S.* 736 (1962).

négociations. L'employeur n'est plus libre à ce moment de procéder à des modifications dans les conditions de travail sans en référer préalablement au syndicat [35].

## B. INFORMATIONS DE NATURE À ÊTRE DIVULGUÉES AUX REPRÉSENTANTS DU PERSONNEL ET TRAITEMENT DE L'INFORMATION

**903.** L'intervention éclairée des représentants du personnel dans la prise de décision présuppose que leur soit donnée une information précise et complète sur la mesure envisagée. L'information souhaitée correspond-t-elle toujours à l'information communiquée ?

La loi et la jurisprudence délimitent strictement la nature et la forme de l'information de nature à être divulguée aux représentants du personnel en matière de transfert d'entreprise, quelque soit le système juridique étudié.

La directive 2001/23/CE donne la liste des informations devant être communiquées soit aux représentants du personnel [36], soit aux salariés directement, à défaut de représentants du personnel dans l'entreprise ou l'établissement concerné par le transfert [37]. Il s'agit, de la date fixée ou proposée pour le transfert [38], du motif du transfert, de ses conséquences juridiques, économiques et sociales pour les travailleurs et des mesures envisagées à leur égard.

Aucune indication n'est cependant donnée par la directive 2001/23/CE en ce qui concerne la forme que cette information doit revêtir ni son étendue, c'est à dire le degré de détail et de précision exigé dans l'information communiquée.

**904.** Même s'ils disposent du temps nécessaire pour étudier et analyser l'information qui leur est soumise, la somme d'information communiquée sur des opérations bien souvent complexes, ne peut être utile aux représentants du personnel que s'ils disposent des moyens techniques pour la traiter et l'apprécier.Aucune disposition spécifique n'existe sur ce point dans la directive 2001/23/CE [39]. Celle-ci renvoie aux dispositions législatives et réglementaires et aux pratiques existantes dans les États membres. Seul le droit anglais énumère avec précision les informations devant être remises aux représentants des salariés dans le contexte des opérations de transfert d'entreprise. Les moyens mis à leur disposition pour traiter l'information sont différents dans chacun des systèmes juridiques étudiés, le droit français offrant, dans ce cadre les possibilités les plus étendues.

### *1. Droit français : toute information précise et écrite nécessaire à la formulation d'un avis motivé*

**905.** Le comité d'entreprise doit recevoir toutes les informations nécessaires à la compréhension de l'opération de transfert et à ses conséquences, de manière à formuler un

---

[35]. La jurisprudence n'a pas dégagé de critères spécifiques propres à déterminer si l'impasse n'existe plus. Le NLRB tient compte de toutes les circonstances de fait qui lui sont soumis. Ainsi, il a été décidé que l'impasse sur la négociation d'augmentation des salaires à cause de la situation financière de l'entreprise n'a plus lieu d'être si la preuve d'une amélioration dans la situation financière de l'entreprise peut être apportée. De même, l'impasse n'existe plus lorsque l'une des parties revient sur sa position.

[36]. Directive 2001/23/CE, article 7.1.

[37]. Directive 2001/23/CE, article 7.6.

[38]. L'obligation pour le cédant et le cessionnaire de faire connaître, aux représentants des travailleurs, la date fixée ou proposée pour l'opération de transfert a été ajoutée par la directive 98/50/CE.

[39]. Notons ici, en contraste, que les dispositions de référence sur la société européenne prévoit le droit de l'organe de représentation aux experts et à un congé de formation rémunéré pour ses membres et la prise en charge des frais de fonctionnement de l'organe de représentation de la société européenne (Directive 2001/86/CE, Annexe, Partie 2). Elles intègrent nombre de critiques faites aux dispositions relatives au comité d'entreprise européen, notamment sur la nécessaire formation des représentants dans une instance transnationale. M.-A. MOREAU, « L'implication des travailleurs dans la société européenne », *Droit Social*, 2001, n°11, p. 967-976.

avis motivé. Ces informations doivent porter sur l'opération elle-même, ses motifs, ainsi que ses conséquences à l'égard des salariés [40]. Le comité d'entreprise peut-il pour autant disposer de toute l'information qu'il jugera utile dans ce cadre ? Quels sont les moyens dont il dispose pour traiter l'information qu'il reçoit ?

### a) Obtention de l'information

**906.** Aucune indication n'est donnée par les textes quant au support et à l'étendue des informations devant être communiquées au comité d'entreprise [41]. Certains ouvrages pratiques préconisent de fournir au comité d'entreprise toutes les informations qui, en droit des sociétés, doivent figurer dans le projet qui doit être soumis aux actionnaires ou au conseil d'administration [42]. La Cour de cassation a toutefois précisé que l'obligation faite au chef d'entreprise de fournir au comité d'entreprise des informations précises et écrites ne lui fait pas obligation de communiquer le projet lui-même, sauf dispositions légales particulières [43]. Elle n'en admet pas moins la possibilité pour le comité d'entreprise de se faire remettre, sous astreinte, des informations. Ainsi, par exemple, pour un compte rendu d'audit et divers documents comptables propres à évaluer le prix de l'opération [44].

**907.** L'administration [45] rappelle néanmoins qu'en dehors des cas où le législateur a prévu les documents ou informations devant être communiqués au comité d'entreprise, « *la loi n'impose pas que l'employeur remette au comité d'entreprise, de façon générale, tous les documents se rapportant à la consultation tels que les projets de contrat ou de convention. Elle l'oblige à fournir au comité une note contenant des informations suffisamment précises pour lui permettre de se prononcer* ». Elle ajoute toutefois que « *l'employeur doit communiquer les documents en question lorsque leur connaissance par les membres du comité d'entreprise conditionne le bon déroulement de la consultation* ».

Il s'ensuit une appréciation au cas par cas de la nature, de l'étendue et de la forme des informations devant être communiquées au comité d'entreprise, sachant que plus l'information fournie au comité d'entreprise est détaillée et le discours du chef d'entreprise transparent sur l'opération projetée, moins les représentants du personnel chercheront à obtenir communication de documents additionnels et retarderont le processus de consultation avant de formuler un avis sur le projet.

**908.** Il reste que le chef d'entreprise n'est pas tenu de communiquer les informations dont il ne dispose pas. Cela concerne en particulier les mesures éventuelles touchant les salariés

---

[40]. Articles L.432-1 al. 3 du code du travail.

[41]. C'est sans doute parce que la nature et l'ampleur de l'information communiquée dépendront, notamment, de la forme juridique et de la dimension de l'entreprise. Ch. FREYRIA, « Le contenu de l'information économique et sociale du comité d'entreprise », *Droit Social*, 1979, n°4, Sp. 37.

[42]. Par exemple, le *Guide Pratique*, Lamy Social, 2007, n°6557, p. 685, recommande, dans le cadre d'un projet de fusion, la constitution d'un dossier à remettre aux membres du comité d'entreprise comportant, notamment : « *la forme, la dénomination et le siège social de toutes les sociétés participantes, les motifs, le but et les conditions de la fusion, la désignation et l'évaluation de l'actif et du passif dont la transmission aux sociétés absorbantes ou nouvelles est prévue* (...), *la date d'effet de la fusion et l'effectif total de la société une fois l'opération réalisée* » ; B. TEYSSIE, « Les restructurations : le rôle du comité d'entreprise », *Droit Social*, 1989, n°1, p. 28. Pour l'auteur, la remise de tels documents « *peut également contribuer à une meilleure compréhension des motivations, perspectives et contraintes d'une opération de restructuration* ».

[43]. Par exemple : Cass. crim. 6 avril 1993, n°92-80.864 : *Bull. crim.*, n°148, p. 369, à propos d'un chef d'entreprise qui n'avait pas communiqué au comité d'entreprise des projets de contrats de sous-traitance, dès lors que les informations données sur ces contrats avaient été suffisantes pour permettre au comité d'exprimer utilement son avis.

[44]. Cass. soc 16 avril 1996, S.A. Sietam Industries c/ CCE Sietam Industries, *Bull. civ.* V, n°163, p. 113 ; *Droit Social*, 1996, n°5, p. 484, note A. LYON-CAEN ; *RJS*, 5/96, n°559.

[45]. Circ. Min. DRT n°12, 30 novembre 1984, *BO Trav*. 1984, para. 1.1.2.

que le cessionnaire est susceptible de prendre, une fois le transfert effectué. Contrairement au droit anglais qui l'impose [46], le droit français ne prévoit aucune obligation de communication d'information à la charge du cessionnaire vis-à-vis du cédant, dans le cadre de l'obligation de concertation pesant sur ce dernier, en dehors du cas spécifique des offres publiques [47]. Le cédant n'a pas non plus à remettre d'informations au cessionnaire lui-même, sauf disposition particulière d'une convention collective en ce sens [48], contrairement, désormais, au cédant de droit anglais [49]. Le fait que l'entreprise qui contrôle l'employeur n'a pas fourni l'information ne saurait être retenu pour exonérer le chef d'entreprise de la sanction d'une violation de ses obligations d'information et de consultation. L'employeur qui fournit une information incomplète au comité d'entreprise commet un délit d'entrave [50].

## b) Traitement de l'information

**909.** En droit français, les comités d'entreprise ont depuis 1982 toute une série de moyens à leur disposition pour leur permettre d'exploiter et de traiter l'information qui leur est communiquée dans le cadre de leurs fonctions consultatives [51]. Le comité d'entreprise [52] peut ainsi faire appel à un expert pour l'analyse des informations et des documents relatifs à l'opération projetée que lui remet l'employeur [53]. Cet expert sera rémunéré sur ses fonds propres, dans le cadre d'une opération de transfert d'entreprise [54]. L'accès aux documents de l'entreprise par l'expert sera conditionné par sa mission spécifique [55].

---

[46]. TUPE 1981, reg. 10(3) ; TUPE 2006, reg. 13(4).

[47]. Article L.432-1 al. 4 du code du travail.

[48]. Par exemple, dans le secteur des entreprises de surveillance, un accord du 18 octobre 1995 définit les conditions de la reprise du personnel de surveillance affecté sur un chantier donné, en cas de changement de prestataire. Il impose à l'entreprise « sortante » de communiquer à l'entreprise « entrante » la liste du personnel transférable. Le nouveau titulaire du marché est également tenu de transmettre, en retour, une liste des salariés qu'il se propose de reprendre, à hauteur d'au moins 75% de l'effectif concerné.

[49]. TUPE 2006, reg. 11.

[50]. Cass. crim. 30 octobre 1990, Lebel, pourvoi n°89.83.161*D*.

[51]. Loi n°82-915 du 28 octobre 1982 relative au développement des institutions représentatives du personnel. En particulier, l'attribution par l'employeur d'un budget de fonctionnement annuel de 0,2% de la masse salariale brute (article L.434-8 du code du travail). Pour des commentaires sur les apports de cette loi sur les fonctions économiques du comité d'entreprise, notamment : A. LYON-CAEN, « Le comité d'entreprise à l'heure du changement », *Droit Social*, 1982, n°4, p. 299-304 ; G. COUTURIER, « L'accès du comité d'entreprise à l'information économique et financière », *Droit Social*, 1983, n°1, p. 26-36 ; M. COHEN, « Les nouvelles fonctions économiques des comités d'entreprise », *Droit Social*, 1983, n°3, p. 165-174.

[52]. Le Comité d'hygiène, de sécurité et des conditions de travail (CHSCT) a également de plus en plus tendance à nommer un expert, pris en charge par l'employeur, dans le cadre d'opérations de restructuration impliquant notamment un changement de lieu de travail ou un changement des conditions de travail de tout ou partie des salariés de l'entreprise, comme le lui permet l'article L.236-9 du code du travail. L'expert du CHSCT est agréé dans le domaine de la santé et de la sécurité au travail ou dans celui de l'organisation du travail et de la production (article R.236-40 du code du travail).

[53]. Sur l'expert du comité d'entreprise, notamment : B. TEYSSIE, « Comité d'entreprise ou de groupe, expert comptable – expert libre », *Juris-classeur*, Travail, Fasc. 15-50 ; Q. URBAN, « Comité d'entreprise (rôle et attributions en matière économique), *Encyclopédie Dalloz*, Travail I, § 451-476 ; M. COHEN, « Les experts du comité d'entreprise », *Droit Social*, 1984, n°5, p. 281-289 ; M. COHEN, « Mission et honoraires de l'expert comptable du comité d'entreprise », *Droit Social*, 1985, n°7, p. 560-563 ; M. COHEN, « L'expert-comptable du comité d'entreprise après trois ans d'application de la loi de 1982 », *Revue Pratique de Droit Social*, octobre 1985, n°486, p. 277-292 ; « L'expert comptable du comité d'entreprise », *Liaisons Sociales*, n°13128, 31 mars 2000, p. 7-57 ; R. VATINET, *Les attributions économiques du comité d'entreprise,* Bibliothèque de droit du travail et de la sécurité sociale, éd. Sirey, 1983, p. 127-173 ; Conseil Supérieur de l'Ordre des Experts-Comptables, *La mission légale d'assistance au comité d'entreprise*, Guide méthodologique, ECM, 2005, 40 p.

[54]. Sauf à ce que l'opération soit considérée comme une opération de concentration (article L.432-1 bis du code du travail). La mission de l'expert désigné sur le fondement de l'article L.432-1 bis du code

**910.** Parallèlement à la procédure d'information et de consultation propre au projet de transfert d'entreprise, le comité d'entreprise peut aussi faire appel à un expert-comptable, dans le cadre d'une procédure spécifique, dite « procédure d'alerte », lorsque les informations communiquées, lors de sa consultation sur l'opération projetée, portent à sa connaissance des faits de nature à affecter de manière préoccupante la situation économique de l'entreprise[56]. L'expert-comptable désigné dans ce cadre sera rémunéré par le chef d'entreprise et aura accès à tous les documents qu'il estimera nécessaire de consulter [57]. Dans ce dernier cas, à l'instar de l'expert nommé dans le cadre de la procédure du Livre III du code du travail, sa mission pourra porter sur « *tous les éléments d'ordre économique, financier ou social nécessaires à l'intelligence des comptes et à l'appréciation de la situation de l'entreprise* » [58]. Il aura libre accès dans l'entreprise [59] et pourra se voir communiquer les mêmes documents que le commissaire aux comptes [60], c'est à dire toutes les pièces qu'il estimera utiles à l'exercice de sa mission et notamment tous contrats, livres, documents comptables et registres de procès-verbaux [61]. Il pourra aussi étendre ses investigations aux autres sociétés du groupe [62].

Le rapport de l'expert n'aura toutefois, dans cette hypothèse, pour principal objet, que d'éclairer le comité d'entreprise sur les faits jugés par lui préoccupants. L'opération juridique

---

du travail ne peut pas être étendue à la procédure d'information-consultation sur le projet de cession de l'entreprise. Cass. soc. 14 mars 2006 n°751 FS-P, Planche c/ Guillien: *Bull. civ.* V, n°101, p. 94 ; *RJS*, 5/06, n°593.

[55]. Circ. Min. DRT n°12, 30 novembre 1984, *BO Trav*. 1984, para. 3.4.1.2.

[56]. Articles L.432-5 et L.434-6 du code du travail. Le comité d'entreprise est également habilité à demander en justice la désignation d'un ou plusieurs experts chargés de présenter un rapport sur une ou plusieurs opérations de gestion déterminées (expertise de minorité prévue par l'article 226 de la loi du 24 juillet 1966 sur les sociétés commerciales, désormais article L.225-231 du code de Commerce). Cette prérogative est peu utilisée par les comités d'entreprise. Elle suppose une suspicion d'une dissimulation de la part du chef d'entreprise. Cf. J. GRINSNIR, « L'effectivité des droits en matière d'institutions représentatives du personnel », *Droit Ouvrier*, mai 1991, p. 162 ; Y. GUYON, « Les nouveaux aspects de l'expertise de gestion (L.24 juill. 1966, art. 226) », *JCP*, E, 1985, I, 14593 ; B. TEYSSIE, « L'expert de gestion du comité d'entreprise », *Droit Social*, 1994, n°11, p. 877-883.

[57]. Pour des développements sur la procédure d'alerte, notamment : B.TEYSSIE, « L'alerte par le comité d'entreprise », *Revue de Jurisprudence Commerciale*, 1986, n° spécial, n°2, p. 69-77 ; M. MORAND, « Les représentants du personnel et le déroulement de la procédure d'alerte interne », *JCP*, E, 1988, II, 15357 ; S. NIEL, « Faut-il craindre le droit d'alerte ? », *Les cahiers du DRH*, 30 avril 2002, n°38, p. 7-10 ; M. COHEN, *Le droit des comités d'entreprise et des comités de groupe*, LGDJ, 2005, p. 645-657.

[58]. Article L.434-6 al. 2 du code du travail.

[59]. Article L. 434-6, al. 6 du code du travail.

[60]. Article L.434-6 al. 3 du code du travail.

[61]. Article L.225-236 al.1 du code de commerce.

[62]. Cass. soc. 22 octobre 1987, SA ITT composants et instruments c/ Comité central d'entreprise de la société ITT composants et instruments : *Bull. civ.* V, n°591, p. 375. En l'espèce, la société était constituée de « divisions » (établissements) ayant chacune des relations économiques et mêmes parfois organiques avec d'autres établissements ou sociétés dépendant du même groupe. La Cour de cassation a considéré que des éléments comptables propres à chaque « division » pouvaient permettre à l'expert-comptable et au comité d'entreprise « *d'avoir toutes les données nécessaires à l'intelligence des comptes et à l'appréciation de la situation de l'entreprise* » ; Cass. soc. 29 octobre 1987, Société Syndex et a. c/ SA Clause : *Bull. civ.* V, n°605, p. 384, dans lequel la Cour de cassation rappelle le principe selon lequel l'expert-comptable du comité d'entreprise peut se faire communiquer « *toutes les pièces qu'il estime utiles à l'exercice de sa mission* » ; Cass. soc. 16 mai 1990, n° 1990 P, CCE d'Alsthom Atlantique c/ M. Combeau : *Bull. civ.* V, n°222, p. 134 ; *RJS*, 7/90, n°592, à propos du droit d'accès de l'expert à la comptabilité analytique de la société et des divisions de celle-ci ; Cass. crim. 26 mars 1991, n°T 89-85.909 PF, Lescoeur : *Bull. crim.*, n°145, p. 370 ; *RJS*, 5/91, n°600, à propos de l'accès aux comptes de la société mère ; Cass. soc. 8 novembre 1994, n°4412 P, SA Syndex c/ Manufacture vosgienne de meubles : *Bull. civ.* V, n°298, p. 204 ; *RJS*, 12/94, n°1396, à propos de l'accès de l'expert à des données concernant les autres sociétés du groupe.

ne pourra être analysée que d'une façon incidente par l'expert [63], la simple connaissance par le comité d'entreprise d'un projet de transfert d'entreprise ne pouvant caractériser une circonstance de nature à mettre en œuvre, à elle seule, le droit d'alerte et à justifier l'assistance du comité d'entreprise par un expert-comptable à la charge de l'entreprise [64]. L'attente du rapport de l'expert nommé dans le cadre de la procédure d'alerte ne permet pas non plus de différer la consultation du comité d'entreprise sur l'opération de transfert, les deux procédures étant distinctes et indépendantes [65].

**911.** L'importance du rôle de l'expert pour le comité d'entreprise dans le contrôle de l'information communiquée par le chef d'entreprise est évidente, compte tenu du manque de formation économique souvent constaté chez les représentants élus du personnel [66]. Le recours à une telle assistance dépend souvent de la richesse du comité d'entreprise, ce qui suppose que l'entreprise ait déjà atteint une certaine taille, et de la force de la représentation syndicale [67].

### 2. *Droit anglais : des informations distinctes de celles communiquées dans le cadre de la négociation collective*

**912.** L'obligation d'information n'est pas définie abstraitement en droit anglais. Contrairement au droit français, le TUPE indique avec précision son objet en énumérant les éléments sur lesquels l'information doit nécessairement porter. Les représentants du personnel doivent être informés du fait qu'un transfert est envisagé, de la date présumée du transfert et des raisons le motivant [68].

#### a) Obtention de l'information

**913.** Sont ajoutées à la liste des informations devant être communiquées aux représentants des salariés par le cédant, les mesures que le cessionnaire envisage éventuellement de prendre à l'égard des salariés qui lui seront transférés [69]. Le TUPE impose une obligation corrélative au cessionnaire [70]. Il exige que celui-ci procure au cédant une telle information à un moment permettant à ce dernier de remplir son obligation.

---

[63]. A défaut, l'expert sortirait de sa mission. Le chef d'entreprise pourrait alors refuser de prendre en charge ses honoraires et le considérer comme un « expert libre » du comité d'entreprise devant être rémunéré par ses soins. Cass. soc. 30 juin 1993 n°2735 PB-FS, Comité d'entreprise du Crédit agricole mutuel d'Ille et Vilaine c/ Caisse régionale de crédit agricole mutuel : *Bull. civ.* V, n°190, p. 129 ; *RJS*, 10/93, n°998 (1ère espèce).

[64]. Cass. soc. 30 juin 1983 : *Bull. civ.* V, n°190. Le comité d'entreprise dispose toutefois « *du monopole de la qualification du fait préoccupant et l'employeur ne peut refuser de répondre* », TGI Saint-Etienne, 30 avril 1986 : *Droit Ouvrier*, août 1986, p. 301, note J.G.

[65]. TGI Clermond-Ferrand réf. 10 janvier 2006 n°926/2005, Comité central d'entreprise de l'UES Michelin et a. c/ Manufacture Française des Pneumatiques Michelin, *RJS*, 8-9/06, n°939 (1ère espèce).

[66]. Les élus titulaires ont toutefois, depuis 1982, droit à un stage de formation économique d'une durée maximale de cinq jours. La rémunération de ces élus, pendant le stage (considéré comme temps de travail), reste à la charge de l'employeur, mais la formation en elle-même doit être financée par le comité d'entreprise, sur ses fonds propres (article L.434-10 du code du travail).

[67]. Cf. Y. HARFF, B. HENRIET, « Evolution du rôle et des interventions économiques du comité d'entreprise », *Droit Social*, 1988, n°2, p. 166-174. Cette étude confirme l'importance de la présence syndicale pour l'activité économique du comité d'entreprise dans la connaissance et l'utilisation des différentes dispositions de la loi.

[68]. TUPE 1981, reg. 10 (2) ; TUPE 2006, reg. 13(2).

[69]. TUPE 1981, reg. 10(2)(d) ; TUPE 2006, reg.13(2)(d).

[70]. TUPE 1981, reg. 10(3) ; TUPE 2006, reg. 13(4). Un parallèle peut être fait avec un arrêt de la chambre criminelle de la Cour de Cassation qui a permis de déclarer coupable d'entrave au fonctionnement du comité d'entreprise le cessionnaire en ce qu'il n'avait pas remis « en temps utile », au comité d'entreprise du cédant, le rapport d'audit que celui-ci avait demandé au cours d'une de ses réunions, à laquelle le cessionnaire assistait. Cass. crim. 18 novembre 1997, n°6015 PF, Suarez et a.

La communication d'informations économiques et financières propres à justifier l'opération de transfert n'est pas expressément visée par le TUPE. Elle peut toutefois entrer dans le cadre des informations concernant les raisons motivant le transfert qui doivent être transmises aux représentants des salariés [71].

**914.** La plupart de ces informations devant être rendues publiques en droit anglais, notamment dans le rapport annuel destiné aux actionnaires, elles sont généralement indirectement accessibles aux représentants du personnel. L'Advisory, Conciliation and Arbitration Service (ACAS) recommande toutefois, compte tenu de la complexité de ce type d'information, difficilement appréciable pour les non-initiés et sujette à interprétation, de prévoir un rapport spécial distinct pour les représentants des salariés [72].

Certains auteurs conseillent aux cédants et aux cessionnaires d'informer « largement » leurs représentants du personnel, afin d'éviter tout contentieux à ce titre. Les informations devant être communiquées par le cédant et le cessionnaire ne sont en effet pas très précises, en dépit de la liste d'information figurant au TUPE [73]. Or, le devoir d'information est plus large que celui de consultation qui se limite aux conséquences sociales de l'opération.

**915.** Le TUPE précise par ailleurs sous quelle forme l'information doit être remise aux représentants des salariés. Celle-ci doit être remise en main propre ou envoyée à chacun des représentants du personnel qui doivent être informés et consultés, ou, lorsque ceux-ci représentent un syndicat, à l'adresse du siège du syndicat ou à l'adresse du lieu de principale activité du syndicat [74]. Cette disposition contient implicitement l'indication que l'information doit, comme en droit français, être remise par écrit aux représentants du personnel.

**916.** Le syndicat ou les représentants élus du personnel, à défaut de syndicat, ne pourront pas demander la communication des documents ayant servi de base à la préparation de la note écrite qui lui sera remise par l'employeur dans ce cadre et dont l'information aura été extraite[75]. Les employeurs n'ont, de même, pas l'obligation de compiler ou de réunir l'information demandée, lorsque cela représenterait pour eux une somme de travail ou des frais « *hors de proportion raisonnable par rapport à la valeur de l'information dans la conduite des négociations* » [76]. Une telle limitation implique que la valeur de l'information

---

(1er moyen) : *Bull. crim.*, n°390, p. 1302 ; *RJS*, 1/98, n°76. Voir à ce sujet les commentaires de J.-M. LAVALLART, *Les groupes de sociétés et le droit du travail*, ouvrage rédigé sous la direction de B. TEYSSIE, éd. Panthéon Assas, coll. Droit Privé, 1999, p. 158. L'auteur s'interroge sur la nécessité de poser des limites à l'information du comité d'entreprise et considère notamment que « *la position adoptée par les juges est en vérité étrangère à la « culture » du droit des affaires* ».

[71]. TUPE 1981, reg. 10(2)(a) ; TUPE 2006, reg. 13(2)(a).

[72] ACAS, *Employee communications and consultation*, Advisory booklet, 2005, 40 p. En outre, le *Companies Act* de 1985 sur les sociétés commerciales (texte refondu par le *Companies Act* 2006), sans consacrer un devoir d'information et de consultation des employeurs vis-à-vis de leurs salariés, commande que les entreprises de plus de 250 salariés incluent dans le rapport annuel des dirigeants « *une mention décrivant l'action qui a été mise en œuvre, pendant l'exercice, pour introduire, maintenir ou développer des mesures visant à : (i) fournir systématiquement aux salariés des informations sur les matières les concernant, en tant que salariés, (ii) consulter les salariés ou leurs représentants sur une base régulière de façon à ce que l'opinion des salariés puisse être prise en compte au moment de la prise de décisions susceptibles d'affecter leurs intérêts, et (iii) obtenir une conscience commune de la part des salariés sur les facteurs économiques et financiers ayant une incidence sur la performance de la société* ». Dispositions rapportées dans la brochure de l'ACAS concernant la représentation des salariés, *Representation at work*, March 2005.

[73]. P. ELIAS, « The transfer of undertakings: a reluctantly acquired right », *The Company Lawyer*, 1982, vol. 3, n°4, p. 150. L'auteur qualifie d' « eurojargon » la liste d'informations à communiquer figurant dans le TUPE.

[74]. TUPE 1981, reg. 10(4) ; TUPE 2006, reg.13(5).

[75]. Institution of Professional Civil Servants & ors v. Secretary of State for Defence, [1987] *IRLR* 373.

[76]. TULR(C)A 1992, s. 182(2).

puisse être objectivement appréciée avant sa divulgation. Le Code ACAS va au-delà de cette disposition légale en recommandant que les employeurs présentent l'information dans une forme et un style qui puissent raisonnablement être compris par ses destinataires [77].

Notons enfin, que le nouveau texte du TUPE a introduit en droit anglais l'exigence communautaire tenant à l'impossibilité pour l'employeur (cédant ou cessionnaire) de se prévaloir, pour justifier ses manquements à son devoir d'information et de consultation des représentants du personnel, du fait que la décision concernant le transfert lui échappait et a été prise par la société dominante, la société mère, en général [78], ou que celle-ci ne lui a pas délivré l'information dont il avait besoin pour remplir son obligation [79].

**917.** Ce droit à l'accès à l'information pour les représentants du personnel est plus large dès que le terrain de l'information et de la consultation est quitté et que l'on entre dans celui de la négociation collective. Les employeurs ont en effet l'obligation, depuis 1971 [80], de communiquer aux représentants des salariés qu'ils reconnaissent comme partenaires à la négociation, à leur demande, « *toute information aux fins de négocier sur les sujets en lien avec les salariés qu'ils représentent* »[81].

**918.** Les informations le plus souvent divulguées sont, comme en droit américain, les informations tenant aux rémunérations, aux coûts salariaux, aux budgets de formation, etc., aux dépends des informations sur les résultats de l'entreprise ou encore sur ses stratégies économiques et financières. Cela tient principalement à l'interprétation restrictive faite par les tribunaux de cette double limitation apportée au principe général de divulgation d'information par l'employeur, voulant que l'information soit nécessaire à la négociation et que le principe de sa divulgation soit conforme aux pratiques existantes [82]. Cela tient également à la définition limitative des sujets de négociation, conjuguée à cet impératif que les représentants du personnel soient reconnus comme partenaires à la négociation. Cette reconnaissance dépendait jusqu'à il y a peu [83], principalement du bon vouloir de l'employeur.

---

[77]. Code ACAS n°2, *Disclosure of information to trade unions for collective bargaining purposes* (revised 1997), para. 21.

[78]. TUPE 2006, reg. 13(12).

[79]. TUPE 2006, reg. 15(6).

[80]. Avec l'*Industrial Relations Act* de 1971, dont les dispositions concernant la communication d'information aux représentants du personnel n'ont été véritablement mises en œuvre qu'en 1975, avec l'*Employment Protection Act* (EPA), s. 17-21.

[81]. TULR(C)A 1992, s. 181.

[82]. L'information demandée doit, en premier lieu, être une information sans laquelle le syndicat serait empêché, « *d'une façon significative* » (« *to a material extent* ») de mener à bien la négociation avec l'employeur. La communication d'information peut avoir lieu « *à tous les stades de la négociation* ». L'information requise concerne forcément les salariés représentés par le syndicat qui demande communication de l'information. Il doit s'agir, en deuxième lieu, d'une information que l'employeur se doit de communiquer, aux fins de négociation, d'après les pratiques existantes en matière de relations industrielles, telles que recommandées par l'ACAS, notamment. Certains auteurs font remarquer que les indications de l'ACAS à cet égard ne sont pas d'un grand secours. Elles restent, en effet, d'ordre général, se bornant à donner des exemples d'informations dans cinq grands types de situation (rémunération et avantages, conditions de travail, productivité et performance, personnel et matières financières). Notamment, S. DEAKIN, G. S. MORRIS, *Labour Law*, Butterworths, 2001, p. 783. Pour une analyse de l'évolution du contexte légal et de l'approche du Central Arbitration Committee (CAC) en matière de communication d'information au syndicat dans le cadre de la négociation : H. GOSPEL, «Disclosure of information to trade unions », *Industrial Law Journal*, 1976, vol 5, p. 223-236 ; H. GOSPEL, P. WILLMAN, « Disclosure of information : the CAC Approach », *Industrial Law Journal*, 1981, vol 10, p. 10-22 ; H. GOSPEL, G. LOCKWOOD, « Disclosure of information for collective bargaining: the CAC approach revisited », *Industrial Law Journal*, 1999, vol. 28, p. 233-248.

[83]. Jusqu'à la mise en place par l'*Employment Relations Act* de 1999 d'une procédure légale permettant aux syndicats indépendants de se voir habilités à conduire des négociations collectives, dans les entreprises de plus de vingt et un salariés. Sur cette procédure, notamment, *Statutory*

**919.** Les représentants du personnel aux fins d'information et de consultation sur une opération de transfert d'entreprise et les représentants du personnel aux fins de négociation sont, le plus souvent, les mêmes en droit anglais. Les droits en matière d'accès à l'information reconnus au syndicat dans le cadre de la négociation peuvent-ils alors être transposés dans le cadre de la consultation, lorsque celui-ci est consulté sur une opération de transfert d'entreprise ou une mesure de licenciements collectifs ?

Les tribunaux et le Central Arbitration Committee (CAC) [84] - lequel est compétent pour recevoir les plaintes du syndicat contre l'employeur en matière de communication d'information, dans le cadre des négociations - ont une position divergente sur ce sujet.

Les tribunaux considèrent en effet que le syndicat a le droit de recevoir l'information demandée, en application du TULR(C)A, dans les seuls cas où celui-ci a été reconnu par l'employeur aux fins de négocier et sur les matières pour lesquelles celui-ci est admis à négocier [85]. Le CAC adopte une position moins restrictive en considérant que dès lors que le syndicat est reconnu par l'employeur comme partenaire à la négociation, il peut demander à se voir communiquer l'information même s'il n'a que des pouvoirs de représentation (en vue d'être consulté) sur la matière pour laquelle il sollicite l'information.

**920.** L'interprétation restrictive des tribunaux consacre la stricte séparation des pouvoirs du syndicat en matière de négociation et de consultation. Le syndicat ne peut se prévaloir de son droit d'accès général à l'information lorsqu'il est consulté sur une opération de transfert d'entreprise ou sur une procédure de licenciements collectifs, à moins, bien entendu que les parties en soient d'accord.

En décider autrement aurait donné au syndicat des pouvoirs plus larges que ceux reconnus aux représentants élus aux fins d'être informés et consultés, à défaut de représentant du syndicat dans l'entreprise. Cela aurait néanmoins contribué à un meilleur taux de représentation syndicale dans l'entreprise au Royaume-Uni, en permettant aux salariés de mesurer directement l'intérêt d'être représentés par un syndicat, même lorsque les pouvoirs de celui-ci se situent sur le seul terrain de la consultation.

**921.** L'accès à l'information dans le cadre des transferts d'entreprises se limite donc généralement aux prescriptions du TUPE et à la liste d'informations que celui-ci contient. Ces informations étant définies largement, puisque les termes du TUPE sont suffisamment vagues pour pouvoir être interprétés, elles sont globalement comparables à celles auxquelles les représentants du personnel peuvent avoir accès en droit français, dans ce même cadre, en l'absence de recours à un expert.

### b) Traitement de l'information

**922.** Le seul moyen octroyé par le droit anglais aux représentants du personnel, qu'ils soient désignés ou élus, est du temps disponible. Il est destiné à leur permettre d'exercer toute activité en lien avec leur mission, y compris le suivi par eux d'une formation.

L'octroi d'heures de délégation est en principe réservé aux seuls représentants des syndicats reconnus par l'employeur comme partenaires à la négociation [86], afin d'exercer leurs mandats de représentation ou d'acquérir une formation [87]. Tout salarié membre d'un syndicat

---

*recognition – Guide for the parties*, Central Arbitration Committee (CAC), October 2005, 32 p. et 1ère Partie, Titre 1, Chapitre 2, *supra*.

84. Sur cet organe, v. 1ère Partie, Titre 1, Chapitre 2, *supra*.

85. R v. Central Arbitration Committee, ex parte BTP Tioxide Ltd [1981] *ICR* 843 (QBD), dans lequel la Cour a considéré que si un syndicat s'est vu reconnaître le droit de négocier sur certains sujets et le droit de représenter les salariés (aux fins de consultation, notamment) sur d'autres sujets, la procédure qui lui est offerte devant le CAC aux fins de se faire communiquer les informations demandées par l'employeur ne peut être utilisée par lui que dans le seul cadre de la négociation.

86. « *Union officials* ».

87. TULR(C)A 1992, s. 168 et 169.

reconnu par l'employeur peut également disposer de temps disponible, non rémunéré, afin de participer aux activités du syndicat dont il est membre, au sein ou en dehors de l'entreprise [88].

Les conditions d'octroi de ces heures de délégation, leur nombre ainsi que leur durée sont celles qui sont raisonnables, eu égard aux circonstances, et telles qu'appréciées conformément aux dispositions du Code pratique de l'ACAS à ce sujet [89]. Elles sont fixées par l'employeur. Aucune disposition légale ne prévoit, en revanche, le recours à un expert de quelque sorte qui pourrait être payé par l'employeur ni aucune autre assistance ou devoir de formation de la part de l'employeur. Tout est affaire de négociation et soumis au bon vouloir de ce dernier.

**923.** En ce qui concerne la seule matière des transferts d'entreprises, le TUPE contient, depuis l'entrée en vigueur du Collective Redundancies and Transfer of Undertakings (Protection of Employment) (Amendment) Regulations de 1995, l'obligation pour l'employeur de *« permettre aux représentants du personnel d' « accéder » aux salariés concernés et de leur fournir un local et tout autre moyen approprié »* [90]. Des moyens matériels, tels que local, téléphone, etc., leurs sont généralement accordés par l'employeur et consignés dans un accord [91].

Plus largement, depuis cette même date, les représentants du personnel, qu'ils soient ou non représentants d'un syndicat, bénéficient de certaines protections contre les discriminations éventuelles, pouvant aller jusqu'au licenciement, tenant à leurs fonctions. Ils disposent aussi de temps disponible [92] d'une durée « raisonnable » pour leur permettre de remplir leurs fonctions de représentation pendant leur temps de travail. Les salariés se portant candidats aux élections doivent également pouvoir en bénéficier [93].

Dans son guide sur les communications et la consultation des salariés [94], l'ACAS rappelle l'utilité des heures de délégation, en l'absence desquelles il y aurait un risque que les représentants du personnel ne fassent valoir leurs opinions personnelles plutôt que celles des salariés qui les ont élus. Cela aurait pour effet d'amoindrir l'efficacité de la consultation.

---

[88]. Un rapport présenté au congrès des syndicats anglais en septembre 2001 recommandait à cet égard aux syndicats de développer leurs services internet pour en faire des instruments de recrutement et d'organisation. Le TUC a ainsi installé un programme de formation sur internet (« *Unionlearn* »), à l'instar d'autres syndicats qui développent aujourd'hui des systèmes de cours à distance, pour permettre une meilleure formation et une participation active de leurs membres sur le terrain. L'exposé des formations offertes aux représentants ou membres d'un syndicat affilié au TUC est disponible sur son site internet : http ://ww.unionlearn.org.uk. Pour des exemples de moyens mis à la disposition des syndicats, notamment : « Rights of representation : facilities for union reps », *IRS Employment Review*, 24 January 2003, n°768, p. 7-13. Voir également dernièrement l'étude publiée par le gouvernement anglais faisant le point sur les moyens des représentants du personnel : *Workplace representatives : review of their facilities and facility time*, DTI, January 2007, URN 06/1793, 117 p.

[89]. TULR(C)A s. 168(3). Le Code de pratique de l'ACAS n°3, *Time off for trade union duties and activities* (revised 2003), regroupe différents exemples d'activités pour lesquelles du temps peut être accordé aux représentants des syndicats, aux fins d'exercer leur mission de négociation ou, sur autorisation préalable de leur employeur, pour exercer d'autres missions relatives ou en lien avec les termes et conditions d'emploi des salariés, la représentation des salariés à l'encontre desquels est engagée une mesure disciplinaire ou encore l'affiliation de nouveaux membres ou encore l'obtention d'équipements ou de moyens (Code ACAS n°3, para. 11-13). La formation que les représentants des syndicats sont susceptibles de recevoir, dans le cadre du temps disponible qui leur est octroyé par l'employeur, doit être en rapport avec les fonctions réellement exercées (Code ACAS n°3, para. 19). Elle devra également recevoir l'aval du Congrès des syndicats (TUC) ou du syndicat indépendant que le salarié représente (Code ACAS n°3, para. 20). L'employeur appréciera, quant à lui, le caractère raisonnable de la demande en fonction des exigences de fonctionnement de l'entreprise et du temps disponible dont a déjà pu bénéficier le salarié (Code ACAS n°3, para. 41-42).

[90]. TUPE 1981, reg. 10 (6A) ; TUPE 2006, reg. 13(8).

[91]. « *Facilities agreement* ».

[92]. « *Time off* ».

[93]. Reg. 1995, article 13.

[94]. *Employee Communications & consultation*, ACAS advisory booklet, 2005.

L'ACAS encourage employeurs et représentants des salariés à convenir ensemble des modalités d'exercice de leur mission et des prérogatives dont ils pourront bénéficier dans ce cadre en énumérant les éléments qui doivent être couverts dans l'accord de mise en place d'un comité de consultation. Les syndicats sont également invités à offrir à leurs représentants une formation adéquate et à en évaluer périodiquement l'efficacité [95].

**924.** Un rapport commandé et publié en 1998 par le département du commerce et de l'industrie sur l'application pratique de la loi de 1995, en ce qui concerne la consultation des représentants du personnel en matière de licenciements collectifs [96], encourageait également les employeurs à donner aux représentants de leur personnel élus les moyens d'une consultation efficace. Il s'agissait de leur permettre d'avoir accès à une formation appropriée sur des sujets qu'ils ne maîtrisent généralement pas, en leur octroyant du temps libre et en leur donnant les moyens d'avoir accès à des sources de conseil indépendantes.

Constatant enfin le manque d'encadrement et de lignes de conduite donnés aux employeurs et aux salariés en cette matière, le rapport recommandait l'accès à un guide pratique récapitulant les droits des salariés et les organismes ou interlocuteurs auxquels ceux-ci pourraient faire appel pour obtenir des conseils, si nécessaire. Il devait aussi être précisé aux employeurs en quoi constituaient leurs obligations, en pratique, en matière de consultation des représentants de leurs salariés.

**925.** Sur la base de ce rapport, la loi du 7 juillet 1999, the Collective Redundancies and Transfer of Undertakings (Protection of Employment) (Amendment) Regulations 1999 est venue préciser que ces heures disponibles pouvaient être destinées à permettre aux représentants des salariés de recevoir une formation, comme leurs *alter ego* représentants de syndicats [97]. Elle a également consacré une protection contre tout licenciement abusif ou traitement discriminatoire dû à la participation des salariés aux élections de leurs représentants [98].

---

[95]. Invitation réitérée par l'ACAS dans son Code de pratique n°2, *Disclosure of information to trade unions for collective bargaining purposes* (revised 1997), para.19.

[96]. J. SMITH, P. EDWARDS, M. HALL, *Redundancy consultation : a study of current practice and the effects of the 1995 Regulations*, Research Paper for the Department of Trade and Industry, DTI, 1999, URN 99/512, 34 p.

[97]. *The Collective Redundancies and Transfer of Undertakings (Protection of Employment) (Amendment) Regulations* 1999, article 15. De même, la loi de 1999 prise en application de la directive sur le comité d'entreprise européen prévoit également l'octroi d'un nombre d'heures de délégation raisonnable, pendant leur temps de travail, pour les membres du groupe spécial de négociation, les membres du comité d'entreprise européen ou de l'instance de représentation et les candidats à ces élections. *The Transnational Information and Consultation of Employees Regulations* (TICER) 1999, article 25. Elle prévoit également le paiement de ces heures de délégation par l'employeur au taux horaire approprié (TICER, articles 26 et 27). Les représentants des salariés désignés ou élus dans ce cadre disposent en outre d'une protection contre les licenciements motivés ou en relation avec leur mandat ou le paiement de leurs heures de délégation (TICER, article 28). La question de la formation des membres du groupe spécial de négociation et des membres du comité d'entreprise est laissée à la négociation des parties. Cf. *Outcome of the public consultation on implementation of the European works council directive*, DTI, November 1999, point 30.

[98]. *The Collective Redundancies and Transfer of Undertakings (Protection of Employment) (Amendment) Regulations* 1999, article 12 et 13.

Ces droits sont étendus aux représentants du personnel appelés à intervenir dans le cadre de l'obligation générale d'information et de consultation introduite en droit anglais depuis 2005 [99].

### 3. *Droit américain : toute information dont la pertinence et la nécessité est établie*

**926.** La communication d'information est encouragée en droit américain car elle favorise l'échange entre employeur et syndicat, permettant ainsi d'éviter des conflits. Le NLRA ne contient toutefois aucune disposition concernant le type d'information devant être transmise au syndicat, contrairement aux règles prévalant en droit français et anglais. Il en résulte un droit d'accès large à l'information pour le syndicat, pourvu que l'information porte sur un sujet obligatoire de négociation ou qu'il soit établi que l'information demandée est « pertinente » et « nécessaire ».

**927.** Contrairement aux droits français et anglais, le droit américain ne distingue pas entre information aux fins de consultation et information aux fins de négociation. Il les confond dans la seule représentation des salariés qu'il connaît à savoir, le syndicat reconnu par l'employeur comme partenaire à la négociation.

L'ensemble de ces dispositions constitue le fondement légal de l'obligation de partage d'information pesant sur l'employeur et sur le syndicat. L'échange d'information est perçu comme nécessaire pour permettre aux parties de négocier intelligemment, de veiller à l'application de l'accord qu'ils ont négocié et de préparer leurs futures négociations.

**928.** C'est la jurisprudence du NLRB et des tribunaux qui a institué des règles en ce domaine, le principe étant que l'information demandée doit être pertinente et nécessaire. Le NLRB a en effet reconnu, dès 1936, que « *la communication d'éléments de faits en possession de l'une ou l'autre des parties participe de l'essence même du processus de négociation* » [100].

La jurisprudence n'a toutefois pas institué, contrairement aux principes reconnus en droit français et anglais, d'obligation *a priori* pour l'employeur de communiquer l'information au syndicat, à moins que ce dernier ne lui en fasse la demande [101]. Une demande spécifique est nécessaire. Si la demande est vague, ambiguë ou confuse, le défaut de communication n'équivaut pas à une violation de l'obligation de négocier pour l'employeur [102], sous réserve que ce dernier ne soit pas de mauvaise foi et qu'il ait demandé une clarification de sa demande au syndicat. Une précision absolue n'est toutefois pas requise de la part du syndicat [103].

---

[99]. *The Information and Consultation of Employees* (ICE) *Regulations* 2004, Part. VIII. Ces derniers ne bénéficieraient toutefois pas d'un droit à la formation et de moyens matériels, contrairement aux représentants des salariés désignés dans le cadre du TUPE. Le rapport du gouvernement met notamment en exergue le manque d'harmonisation en cette matière. *Workplace representatives: review of their facilities and facility time*, DTI, January 2007, URN 06/1793, p. 49. Sur la réglementation ICE, v. 1ère Partie, Titre 1, Chapitre 2, *supra*.

[100]. S. L. Allen & Co., 1 *N.L.R.B.* 714, 728 (1936), 1 *L.R.R.M.* 29 (1936), *enf'd* 2 *L.R.R.M.* 780 (3rd Cir. 1938).

[101]. A l'exception du texte du Warn Act qui, dans le cadre de la fermeture d'une entreprise ou d'un licenciement massif, impose à l'employeur de notifier, par écrit, au syndicat ou aux salariés directement, à défaut de représentation du personnel dans l'entreprise, notamment : (i) le nom et les coordonnées téléphoniques de la personne à contacter au sein de l'entreprise, (ii) le caractère temporaire ou permanent de l'interruption d'activité de l'entreprise (*plant closing*) ou des salariés (*mass layoff*) et (iii) le fait que l'entreprise va fermer, si tel est le cas. Le syndicat doit également être informé du site concerné par les licenciements, de la date d'effet de la mesure et recevoir le calendrier prévisionnel des opérations ainsi que les noms et fonctions des salariés concernés. WARN, Section 639.7 [29 *U.S.C.* 2107].

[102]. Snively Groves, Inc. 109 *N.L.R.B.* 1394 (1954) ; M. F. A. Milling Co., 170 *N.L.R.B.* 1079 (1968), *enf'd* 463 *F.2d* 953 (D.C. Cir. 1972).

[103]. Ellsworth Sheet Metal, Inc. 232 *N.L.R.B.* 109 (1977).

**929.** Le NLRB et les Cours fédérales ont ajouté une distinction entre les informations réputées « *pertinentes et nécessaires* » à l'exécution de la mission du syndicat, qui devront obligatoirement être divulguées par l'employeur, et les autres informations. Ces dernières requièrent la démonstration préalable, par le syndicat, de la pertinence de l'information demandée, avant toute communication par l'employeur.

### a) Informations présumées pertinentes

**930.** La première décision sur ce point date de 1951. Dans un arrêt N.L.R.B. v. Yawman & Erbe Mfg. Co. [104], la Cour d'appel a décidé, en ce qui concerne les salaires et autres avantages, que « *l'information doit être divulguée à moins qu'il n'apparaisse clairement qu'elle soit inutile* », instaurant en même temps une présomption de pertinence en faveur des informations portant sur les salaires [105]. Cette présomption a permis au NLRB et aux tribunaux d'éviter un contentieux volumineux tout en assurant une meilleure information des syndicats dans le cadre des négociations. Elle a ensuite été étendue à l'ensemble des sujets obligatoires de négociation [106]. Le fait, pour l'employeur, de refuser de communiquer l'information ou de la communiquer tardivement est constitutif d'un refus de négocier et donc d'une pratique déloyale de travail, en violation de la section 8 (a) (5) du NLRA [107].

### b) Informations dont la pertinence doit être prouvée par le syndicat

**931.** Le syndicat qui demande une information ne bénéficiant pas de la présomption, c'est-à-dire une information qui porte sur un sujet ne relevant pas des matières obligatoires de négociation, doit apporter la preuve que la communication de cette information par l'employeur est « pertinente et nécessaire » pour mener à bien sa mission de représentation des salariés.

---

[104]. N.L.R.B. v. Yawman & Erbe Mfg. Co., 187 *F.2d* 947 (2d Cir. 1951).

[105]. En application de cette décision, doivent automatiquement bénéficier de cette présomption et être communiquées par l'employeur au syndicat qui en fait la demande les informations portant, par exemple sur : le niveau des salaires par catégorie de salariés [par exemple, Lock Joint Pipe Co. 141 *N.L.R.B.* 943 (1963)], les augmentations individuelles de salaire [Otis Elevator Co., 170 *N.L.R.B.* 395 (1968)], le coût du régime de santé adopté par l'entreprise [Sylvania Elec. Prods. V. NLRB, 358 *F.2d* 592 (1st Cir.1966)] et, plus généralement, toute information détaillée sur « *les salaires et les augmentations individuelles, les bonus, les dates d'embauche, les classifications et toutes autres informations similaires* » [(Boston Herald-Traveler Corp. v. N.L.R.B, 223 *F.2d* 58 (1st Cir. 1955)].

[106]. Whitin Mach. Works, 108 *N.L.R.B.* 1537, 34 *L.R.R.M.* 1251 (1954), *enf'd* 217 *F.2d* 593, 35 *L.R.R.M.* 2215 (4th Cir. 1954). Il a ainsi été jugé que l'employeur devait communiquer les informations portant sur : les heures supplémentaires effectuées par les salariés de l'unité de négociation que le syndicat représente [Gulf States Asphalt Co., 200 *N.L.R.B.* 938 (1972)], les enquêtes et études dont les résultats aboutissent à des changements de conditions de travail pour les salariés [Texaco, Inc. v. NLRB, 407 *F.2d* 754 (7th Cir.1969)], les licenciements résultant de la conclusion d'un contrat de sous-traitance par l'entreprise [Puerto Rico Tel. Co. v. NLRB, 359 *F.2d* 983 (1st Cir.1966), décidant, dans le contexte de la contestation d'une opération de sous-traitance pour motif économique, que l'employeur doit communiquer toute information sur le volume des affaires de la société et sa situation financière et une estimation des économies faites sur les salaires résultant de l'opération]. En outre, dans de nombreux cas où le syndicat était sceptique sur les résultats des études faites par la société dont celle-ci se prévalait et qui avait des conséquences sur l'emploi des salariés et leur rémunération, le NLRB, suivi par les tribunaux, a exigé, non seulement que l'employeur communique les études en question au syndicat [notamment, J.I. Case Co. v. NLRB, 321 *U.S.* 332 (1944)], mais également, lorsque les résultats des études n'étaient pas vérifiables à première vue, que le syndicat conduise sa propre enquête sur les lieux en question [notamment, Fafnir Bearing Co. v. NLRB, 362 *F.2d* 716 (2d Cir. 1966)]. Pour d'autres exemples, J. T. O'REILLY, *Unions' rights to company information*, Industrial Research Unit, The Wharton School, University of Pennsylvania, Labor Relations and Public Policy Series, n°21, 1981, p. 9-77.

[107]. B.F. Diamond Constr. Co., 163 *N.L.R.B.* 161 (1967), *enf'd per curiam* 410 *F.2d* 462 (5th Cir.), *cert. denied* 396 *U.S.* 835 (1969).

**932.** Ce principe s'applique, notamment, aux informations demandées par le syndicat relatives aux données financières concernant la société et aux données considérées comme sensibles, telles que les résultats financiers ou encore l'analyse détaillée des dépenses de la société. Pour se voir communiquer ces informations, le syndicat devra prouver, au cas par cas, le besoin particulier qu'il a de les obtenir [108].

Dans le cadre d'opérations de transfert, ou plus largement de restructuration où les décisions de l'employeur peuvent avoir un profond impact sur la situation des salariés, les syndicats cherchent fréquemment à obtenir les rapports ou autres documents ayant servi à l'employeur pour prendre sa décision. Leur droit à cette information dépend généralement de savoir si la décision qui a été prise par l'employeur relève ou non d'un sujet de négociation obligatoire.

**933.** Le NLRB a eu à décider de cette question dans un arrêt Otis Elevator Co. en 1981[109]. En l'espèce, quelques années après avoir fait l'acquisition d'Otis, la société United Technologies commanda trois études. Elles démontrèrent que la technologie d'Otis était dépassée, d'où des lignes de produits coûteuses et des prix non compétitifs. Sur cette base, United Technologies décida de fermer deux sites de recherche et développement. Leurs activités allaient être poursuivies au centre principal de recherche et de développement de la société, dans un autre État. En entendant parler de ce projet, le syndicat réclama la communication des documents internes sur la base desquels la direction avait pris sa décision. La société refusa. Saisi par le syndicat, le NLRB considéra que le refus de l'employeur constituait une violation de son devoir de négocier de bonne foi. La décision de délocaliser ou de transférer un site était un sujet obligatoire de négociation.

Pendant que l'appel de cette décision était en cours, la Cour Suprême rendit l'arrêt First National Maintenance Corp. [110], dans laquelle elle décida que les employeurs devaient négocier sur les effets de la fermeture d'un site mais non sur la décision elle-même. A la suite de cet arrêt, le NLRB reconsidéra sa position. Il décida finalement qu'une décision qui a trait aux changements fondamentaux dans la structure, la direction ou la nature de l'activité est exclue de l'obligation de négocier, alors qu'une décision portant principalement sur les coûts salariaux [111] en fait partie. Puisque la décision de transfert de l'employeur visait à l'amélioration des capacités de la société en matière de recherche et de développement et des possibilités de commercialisation de ses produits plutôt que la simple réduction des coûts salariaux, le transfert entraînait un changement fondamental dans la nature et la direction de l'activité. Le NLRB en conclut que la société n'avait pas à communiquer l'information demandée au syndicat.

**934.** Dans le cadre d'une opération de transfert d'entreprise, l'information n'a qu'un effet indirect sur la relation d'emploi. Elle n'a donc pas à être spécialement communiquée par

---

[108]. Même si les informations relatives à la situation financière de la société ne sont pas considérées comme pertinentes en elles-mêmes pour pouvoir être communiquées automatiquement au syndicat, à sa demande, elles le deviennent lorsque ces informations fondent le refus de l'employeur d'accéder à la demande du syndicat ou encore que sa position reste ambiguë et que le syndicat demande à l'employeur de lever cette ambiguïté. Tel était par exemple le cas dans l'arrêt N.L.R.B. v. Truitt Mfg Co., 351 *U.S.* 149 (1956), précité, où l'employeur se prévalait de la situation financière de l'entreprise pour refuser les augmentations de salaires demandées par le syndicat. En refusant de communiquer l'information qui sous-tendait sa position, ce dernier avait par là même rapporté la preuve de sa mauvaise foi.

[109]. Otis Elevator Co., 255 *N.L.R.B.* 235 (1981), *modf'd* 269 *N.L.R.B.* 891 (1984).

[110]. First National Maintenance Corp. v. NLRB, 452 *U.S.* 666, 107 *L.R.R.M.* 2705 (1981). Sur cet arrêt, v. 1ère Partie, Titre I, Chapitre II, *supra*.

[111]. « *Labor costs* ».

l'employeur[112], en dehors de toute négociation. Les informations ne seront bien souvent divulguées, dans ce cas, qu'*a posteriori*, et au bon vouloir de l'employeur.

Si la preuve de leur pertinence est rapportée, néanmoins, les informations susceptibles d'être demandées par le syndicat, et donc produites par l'employeur, sont très larges. Elles incluent bien souvent la copie des documents originaux des contrats et des détails des arrangements financiers entre l'employeur et son co-contractant [113], documents plus rarement remis en droit français et en droit anglais.

**935.** Une fois le principe de sa divulgation acquis, il est en outre bien établi en droit américain que l'information ne doit pas se limiter aux seules données constituées au sein de l'unité de négociation considérée. Elle ne doit pas non plus porter exclusivement sur cette dernière, dès lors que la preuve de la pertinence de l'information demandée pour l'accomplissement de sa mission de représentation est apportée par le syndicat [114]. La preuve de la pertinence de l'information peut aussi résulter des dispositions d'une clause de la convention collective [115].

Un syndicat peut avoir accès à l'information concernant une autre entreprise du groupe dont les salariés ne sont pas syndiqués, qui a la même activité, dans un secteur géographique

---

[112]. L'opération de transfert se situerait ainsi « *at the core of entrepreunarial control* », fameuse expression de l'arrêt Fibreboard Paper Prods. Corp. v. NLRB, 379 *U.S.* 203 (1964). Sur cet arrêt, v. 1ère Partie, Titre 1, Chapitre 2, *supra*.

[113]. Par exemple: NLRB v. New England Newspapers, Inc., 856 *F.2d* 409 (1st Cir. 1988), à propos de la communication par l'employeur d'une copie de l'acte de cession de la société. Voir à ce titre la liste des informations utiles à demander dans le cadre d'une fermeture d'entreprise *in Employee and union member – Guide to labor law*, National lawyers Guild, West Group 1998, unbound, vol. 2, chap. 4, § 4.08 ; K. A. JENERO, P. W. KOCIAN, « The relocation of work between plants: a planning checklist of statutory and contractual obligations », *Employee Relations Law Journal*, Spring 1995, vol. 20, n°4, p. 628-630. Les auteurs dressent la liste des informations types à demander dans le cadre d'une délocalisation pour permettre au syndicat de négocier sur la décision et sur les effets de la décision, pour aider le syndicat, dans la mesure du possible, à formuler des contre-propositions. Les informations types portant sur la décision elle-même incluent : (i) l'identité des personnes responsables ou participant à la décision de délocalisation, (ii) les copies des études internes ou rapports effectués par des consultants extérieurs qui ont servi de base à la décision, (iii) le détail des données financières des activités du site concerné et de la société en lien avec les raisons présentées comme ayant motivé la décision de délocalisation, (iv) des informations sur les plans de construction et d'équipement du nouveau site, et (v) la copie des contrats de vente ou baux commerciaux concernant le nouveau site.

[114]. Il existe d'ailleurs une présomption de pertinence de l'information lorsque la demande du syndicat porte sur les rémunérations de salariés qui, bien que ne faisant pas partie de l'unité de négociation représentée par le syndicat, effectuent le même travail, au sein de la même entreprise. Le NLRB considère en effet, dans ce cas, que la rémunération perçue par ces salariés et les modes de règlement ont un lien direct avec la rémunération des salariés représentés. Northwest Publications, Inc., 211 *N.L.R.B.* 464 (1974).

[115]. Par exemple: Torrington Company v. NLRB, 545 *F.2d* 840 (2d Cir. 1976), où la convention collective contenait une clause qui prévoyait que, dans le cas où l'activité de la société était transférée sur un nouveau site, dans un rayon de 75 miles, les salariés seraient également transférés, avec maintien de leur ancienneté. Le syndicat apprit que la société procédait à une réaffectation de ses activités entre ses différents sites. Il demanda en conséquence que lui soient communiquées des informations sur le nombre de salariés et les produits fabriqués sur les autres sites ainsi que sur tout transfert de production susceptible d'intervenir et impliquant l'unité de négociation qu'il représentait. Le NLRB et la Cour d'appel ordonnèrent la communication de cette information. Celle-ci devait en effet être considérée comme pertinente eu égard à la clause de transfert contenue dans la convention collective.

différent [116]. Le syndicat pourra aussi obtenir, dans le contexte d'accords passés par l'entreprise avec des sous-traitants, les coordonnées des entreprises avec lesquelles la société négocie, la copie des correspondances et contrats échangés ainsi que la liste des produits concernés [117].

**936.** Comme en droit français et anglais, l'information peut porter sur les informations qui seraient éventuellement détenues par une autre société du groupe. Il a par exemple été jugé que l'employeur devait communiquer les informations que le syndicat lui demandait sur les autres salariés du groupe, dans le cadre d'un projet d'alignement des salaires entre les sociétés qui composaient celui-ci [118]. L'employeur n'a pas non plus, en droit américain, l'obligation absolue de communiquer l'information dans la forme demandée par le syndicat. Le NLRB et les Cours fédérales considèrent qu'il suffit que l'information soit communiquée « *de la façon la plus simple et la plus rapide pour ne pas gêner le processus de négociation* » [119]. Le refus de l'employeur de communiquer l'information sous la forme demandée ne doit cependant pas être motivé par une raison qui ne serait pas sérieuse [120] ou qui viserait à retarder ou à faire échec aux négociations [121].

**937.** Quelle qu'en soit la forme, l'information communiquée devra être complète et correspondre à la demande du syndicat. Si la forme demandée par le syndicat est trop compliquée à produire pour l'employeur, celui-ci doit en informer immédiatement le syndicat et lui donner la possibilité de convenir avec lui de la forme sous laquelle l'information sera communiquée [122].

Quant au délai dans lequel l'information demandée doit être communiquée, la jurisprudence considère qu'un délai de communication « *déraisonnable* » par l'employeur, équivaut à la violation de son obligation de fournir l'information [123]. Le caractère déraisonnable du délai est apprécié au cas par cas par le NLRB. Celui-ci et les Cours fédérales considèrent généralement comme déraisonnable un délai d'environ deux mois, à compter de la demande de l'information, bien qu'un délai inférieur puisse également être considéré comme

---

[116]. Tel sera le cas, par exemple, s'il dispose des éléments suffisants pour lui permettre de suspecter que les entreprises ont en réalité le même employeur ou qu'ils sont « *alter ego* », c'est à dire que le second employeur peut être considéré comme la continuation juridique du premier et qu'ils sont interchangeables au regard du droit collectif du travail. Par exemple, Corson & Grumman Co., 278 *N.L.R.B.* N°48 (1986) : constitue une pratique déloyale de travail le fait, pour une entreprise d'asphalte, de refuser de communiquer des informations sur le contrôle de deux autres entreprises de pavage alors que le syndicat croyait raisonnablement que les trois entreprises étaient des « *alter ego* » ou que leurs salariés avaient le même employeur. Sur cette notion d'*alter ego*, v. 1ère Partie, Titre I, Chapitre I, *supra*.

[117]. Fawcett Printing Co., 201 *N.L.R.B.* 964 (1973).

[118]. Hollywood Brands, Inc., 142 *N.L.R.B.* 304, *enf'd* 324 *F.2d* 956 (5th Cir. 1963), *cert. denied* 377 *U.S.* 923 (1964).

[119]. Cincinnati Steel Castings Co., 86 *N.L.R.B.* 592 (1949), où le syndicat avait demandé que l'information lui soit communiquée sous forme écrite. L'employeur a communiqué l'information oralement. Le NLRB a considéré que ce dernier avait rempli son devoir de négocier de bonne foi. Voir également, NLRB v. Tex-Tan, Inc., 318 *F.2d* 472 (5th Cir. 1963). En l'espèce, la Cour a considéré que l'employeur n'était pas obligé de communiquer au syndicat l'information dans la forme demandée. Cette information portait en effet sur le plan de commissionnement de la société lequel était complexe et volumineux ; Howe K. Sipes Co., 319 *N.L.R.B.* 30 (1985), l'employeur n'a pas l'obligation de mener des études ou analyses de coût indépendantes en réponse à une demande d'information.

[120]. « *Frivolous* ».

[121]. Emeryville Research Center v. NLRB., 441 *F.2d* 880 (9th Cir. 1971).

[122]. J.I. Case Co. v. NLRB., 321 *U.S.* 332 (1944).

[123]. Reed & Prince Mfg. Co., 96 *N.L.R.B.* 850, *enf'd* 205 *F.2d* 131 (1st Cir. 1951), *cert. denied* 346 *U.S.* 887 (1953). Une telle violation ne sera pas constituée lorsque le délai de communication de l'information est imputable au défaut du syndicat de demander une information adéquate et dans les temps, par rapport à la négociation en cours. Alkahn Silk Label Co. 193 *N.L.R.B.* 167 (1971).

déraisonnable, si les circonstances de l'espèce démontrent la particulière mauvaise foi de l'employeur [124].

**938.** L'obligation d'information de l'employeur en droit américain est entendue largement, dans son principe [125]. Un certain nombre d'observateurs s'accordent toutefois à dire que l'obligation de divulgation d'information est limitée par la définition restrictive de la jurisprudence du NLRB et des Cours fédérales des sujets obligatoires de négociation. La pertinence de l'information étant étroitement dépendante de la qualification par la jurisprudence des sujets obligatoires de négociation, les syndicats n'auraient généralement, en vertu de ce principe, pas ou peu accès aux informations financières de l'entreprise [126].

Les pratiques au sein des entreprises démontrent que la tendance est au partage d'information sur la production, les coûts de fonctionnement et les changements de technologie. Le partage d'informations financières, sur les plans d'investissements à long terme, les acquisitions ou les cessions, est moins répandu. Elles sont le plus souvent considérées comme confidentielles [127]. Cette tendance est guidée par le souci des employeurs d'obtenir des concessions de la part des syndicats. Les syndicats craignent, de leur côté, que l'information communiquée volontairement par l'employeur ne le soit que dans le cadre d'une stratégie visant à conforter sa position [128]. L'enjeu devient pour le syndicat la compréhension et l'interprétation éclairée de l'information communiquée.

### c) Traitement de l'information

**939.** Les moyens des représentants du personnel, syndicat majoritaire représentatif en droit américain, sont limités. Ils ne reçoivent, contrairement à ce que prévoit le droit français

---

[124]. Par exemple: Hollywood Film Co., 213 *N.L.R.B.* 584 (1974). En l'espèce, un délai de communication de trois semaines a été jugé déraisonnable. Les documents fournis étaient inexploitables, l'employeur n'avait pas expliqué l'information communiquée et seulement une partie de l'information demandée avait été fournie au syndicat ; Colonial Press, Inc. 204 *N.L.R.B.* 852 (1973). En l'espèce, un délai de deux mois avant que l'employeur ne communique les noms, classifications et niveaux de salaire des salariés a été considéré comme déraisonnable, dès lors qu'aucune explication susceptible de justifier le délai n'avait été fournie par l'employeur ; Diercke Forests, Inc., 148 *N.L.R.B.* 923 (1964), à propos d'un délai de deux mois observé par l'employeur avant d'informer le syndicat que les données demandées sur les classifications de postes n'existaient pas.

[125]. Elle se double de l'obligation pour l'employeur de faire de nombreuses déclarations et de remplir des dossiers auprès des administrations fédérales. Les informations ainsi fournies (à l'exception des informations relatives aux données personnelles) sont généralement accessibles au public et donc au syndicat. Pour des développements à ce titre, voir notamment, J. T. O'REILLY, *Unions' rights to company information*, Industrial Research Unit, The Wharton School, University of Pennsylvania, Labor Relations and Public Policy Series, n°21, 1981, p. 143-211. Il en est de même en droit français et en droit anglais, au moins en ce qui concerne les sociétés cotées.

[126]. J. D. FEERICK, « Information-sharing obligation », *Labor Law and business change : theoretical and transactional perspectives*, ed. by S. ESTREICHER, D. G. COLLINS, Quorum Books, 1988, p. 45. L'auteur considère que la conception limitée du NLRB de ce que constitue les sujets obligatoires de négociation, dans le contexte des décisions de changement d'activité, a privé les syndicats de l'accès à une information ayant un « *énorme impact sur l'unité de travail* ». Pour une opinion plus nuancée, J. R. BELLACE, H. F. GOSPEL, « Disclosure of information to trade unions : a comparative perspective », *International Labour Review*, Jan.-Feb. 1983, vol. 122, n°1, p. 57-74, pour lesquels la condition que l'information soit pertinente et nécessaire ne fait pas l'objet d'une interprétation restrictive de la part du NLRB et des Cours fédérales. Dès lors que l'information demandée a un lien avec un sujet obligatoire de négociation, l'information est facilement accessible au syndicat. Les auteurs regrettent cependant que le syndicat ne puisse pas demander des informations concernant les sujets non obligatoires de négociation (p. 61 et 63).

[127]. Etude effectuée par le Conference board (organisme de recherche indépendant) en 1984 et rapportée par E. M. KASSALOW, « Concession bargaining : towards new roles for american unions and managers », *International Labour Review*, 1988, vol. 127, n°5, p. 587-589.

[128]. J. R. BELLACE, H. F. GOSPEL, « Disclosure of information to trade unions: a comparative perspective », *International Labour Review*, Jan.-Feb. 1983, vol. 122, n°1, p. 72.

pour les représentants élus du personnel, aucune subvention de fonctionnement de la part de l'employeur en vertu de l'interdiction faite à ce dernier de « traiter » avec les représentants du personnel consacrée par le NLRA. La section 8(a)(2) du NLRA prohibe, en particulier, toute ingérence de l'employeur dans la formation ou l'administration de toute organisation représentative des salariés.

En application de ce principe général, l'employeur ne peut fournir aucune aide financière ou support matériel aux représentants du personnel pas plus qu'il ne peut leur permettre d'accéder à des experts rémunérés par lui. Les représentants du personnel doivent en effet être préservés de toute influence exercée - de près ou de loin - par l'employeur sur l'exécution de leur mission.

**940.** Les moyens financiers et matériels qui leur permettent notamment de traiter l'information communiquée par l'employeur, dépendent donc largement des cotisations syndicales reçues des salariés membres du syndicat ou des salariés de l'unité de négociation qu'ils représentent. Ces cotisations sont versées dans les entreprises où les salariés sont représentés. Elles correspondent, en quelque sorte, à la rétribution du syndicat pour les services rendus aux salariés au sein de l'unité de négociation qu'il représente.

Les salariés les mieux rémunérés peuvent également se voir réclamer, outre les cotisations classiques, un montant représentant un certain pourcentage de leurs revenus [129], sous réserve que les droits et cotisations réclamés soient périodiques, réguliers, uniformes et généraux [130]. Ces cotisations peuvent être directement prélevées sur les salaires [131].

**941.** La section 8(b)(5) encadre toutefois la détermination du montant des cotisations qui peuvent être réclamées aux salariés couverts par un accord dit de « sécurité syndicale » [132]. Un tel accord conclu entre le syndicat représentatif et l'employeur permet d'exiger des salariés qu'ils adhèrent au syndicat en question ou au moins qu'ils lui paient des cotisations, afin de rester salariés de l'entreprise [133]. La section 8(b)(5) donne ainsi pouvoir au NLRB de décider, au cas par cas, du caractère excessif ou abusif du montant d'une cotisation syndicale [134] ou de

---

[129]. « *Periodic dues* ».

[130]. Local 409, IATSE (RCA Service Co.), 140 *N.L.R.B.* 759 (1963).

[131]. Pratique du « *check off* ». En France, l'article L.412-2, al. 2 du code du travail interdit à tout employeur de prélever les cotisations syndicales sur les salaires et de les payer au lieu et place des salariés. La collecte des cotisations peut cependant être effectuée à l'intérieur de l'entreprise (article L.412-7 du code du travail). Au Royaume-Uni le principe de la retenue sur salaire des cotisations syndicales suppose, depuis 1992 [TULR(C)A 1992, section 68] l'autorisation écrite préalable du salarié, qu'il peut retirer à tout moment.

[132]. « *Union security agreement* ».

[133]. Avant la loi Taft-Hartley de 1947, employeurs et syndicats pouvaient s'accorder sur le fait que seuls les salariés membres du syndicat pouvaient être embauchés. De tels accords ou accords d'exclusion des travailleurs non syndiqués (« *closed shop agreement* »), avaient pour effet d'encourager les salariés (ou d'exiger d'eux) à se syndiquer pour pouvoir travailler. La loi Taft-Hartley consacra le principe de leur interdiction mais ne prohiba pas complètement le recours à de tels accords [section 8(a)(3)], permettant à l'employeur et au syndicat de s'accorder sur le fait que (i) tous les salariés nouvellement embauchés doivent se syndiquer dans un délai maximum de 30 jours pour conserver leur poste dans l'entreprise (« *union shop agreement* »), ou que (ii) les salariés paient au moins les cotisations syndicales, à défaut de se syndiquer eux-mêmes (« *agency shop agreement* »). Le NLRA a toutefois également consacré le principe qu'un salarié ne peut pas être licencié au seul motif que son adhésion au syndicat lui a été refusée, sous réserve que ce refus lui ait été opposé pour une raison autre que le non-paiement, par lui, des cotisations syndicales [section 8(b)(2) et 8(a)(3)], ce qui a pour effet, en pratique, de ne valider que les accords de deuxième type. Notons également que la section 14(b) du NLRA autorise les Etats à légiférer sur cette question et à prohiber ces deux types d'accord (« *right to work laws* »). Pour des développements, notamment: R. A. GORMAN, *Basic Text on labor law, unionization and collective bargaining*, West Publishing Co., 1991, p. 639-676.

[134]. « *Union dues* ».

droits d'adhésion [135]. Elle lui permet de qualifier la pratique du syndicat de pratique déloyale de travail, en se fondant notamment sur les pratiques et usages des syndicats dans l'industrie considérée et le montant des salaires versés aux salariés concernés.

**942.** Comme en droit français et anglais, les syndicats, au niveau national, peuvent également faire bénéficier les représentations syndicales locales affiliées de formation spécifiques, d'accès à de la documentation ou encore des services d'experts, avocats notamment.

En pratique, toutefois le véritable pouvoir des syndicats se situe dans le droit de grève, utilisé comme une arme économique [136] pour influencer l'employeur, dans le cadre des négociations. Il s'agit d'une pratique qui s'inscrit dans le processus normal de concertation aux États-Unis[137] où le droit de grève est protégé par les sections 7 et 13 du NLRA [138]. En France et au Royaume-Uni [139], le recours à la grève reste une solution extrême pour les salariés et leur syndicat. Il est souvent utilisé lorsque les négociations sont bloquées ou que l'employeur reste sourd aux revendications des salariés.

**943.** Le syndicat peut également organiser tout autre type d'activité concertée destinée à perturber la marche générale de l'entreprise pendant les négociations. Elles font partie du processus normal de négociation et ne peuvent, en tant que telles, être qualifiées de pratiques déloyales de travail pour le syndicat qui les organise, caractérisées par un refus de négocier,

---

[135]. « *Union fees* ».

[136]. « *Economic weapon* ».

[137]. Les grèves sont toutefois relativement peu fréquentes aux Etats-Unis (elles interviendraient dans moins de 4% des négociations) et ne faciliteraient généralement pas la conclusion d'un accord. Entre une négociation sur cinq et une négociation sur sept n'aboutirait pas à un accord dans le cas de recours à la grève. Elles seraient délaissées au profit de techniques de négociation destinées à résoudre les impasses dans les négociations ou à les éviter [réunions informelles, médiation, recours aux médias (« *corporate campaigns* »)] ou à des démonstrations de solidarité (« *workplace actions* »), etc. Chiffres rapportés et commentés dans l'étude de J. CUTCHER-GERSHENFELD, « The social contract at the bargaining table : evidence from a national survey of labor and management negotiators », *Labor Law Journal*, Fall 1999, vol. 50, n°3, p. 214-222. Sur les alternatives à la grève, voir également: « Collective bargaining negotiations and contracts », *BNA*, vol. 1, n°1409, 8 : 2103 et s.

[138]. Le NLRB et les Cours fédérales distinguent les « grèves économiques » (« *economic strike* »), destinées à faire pression sur l'employeur aux fins de négocier ou dans le cadre de négociations, des grèves en réaction à une pratique déloyale de travail (« *unfair labor practice strike* ») commise par l'employeur, hors le cadre des négociations. Le droit des grévistes dépend de la nature de la grève. Les grèves en réaction à une pratique déloyale de travail sont protégées. Les salariés grévistes ne peuvent pas être licenciés ni remplacés d'une façon permanente. Ils doivent être réintégrés à l'issue de la grève. Une grève économique est également protégée mais à un niveau moindre puisque les salariés grévistes peuvent notamment être remplacés d'une façon permanente. Ils peuvent toutefois être réintégrés, à leur demande, sous réserve de l'existence de postes disponibles au sein de l'entreprise. Une grève économique peut devenir une grève en réaction à une pratique déloyale commise par l'employeur en cours de grève [Ryan Iron Works, Inc., 332 *N.L.R.B.* N° 49 (2000)]. Le syndicat peut renoncer à son droit de grève par une disposition spécifique de la convention collective (« *no strike clause* »). Pour des développements sur le droit de grève aux Etats-Unis, notamment, R. A. GORMAN, *Basic Text on labor law, unionization and collective bargaining*, West Publishing Co., 1991, p. 209-366 et p. 604-620.

[139]. Au Royaume-Uni, la *common law* a tendance à considérer toute forme d'action collective par les salariés comme une violation de leur contrat de travail pouvant faire l'objet de sanctions disciplinaires, même si les syndicats et leurs membres salariés participant à une grève ou à une action collective contre leur employeur bénéficient de certaines immunités (en matière de responsabilité civile et de licenciement, notamment). Pour des développements sur le droit de grève au Royaume-Uni, voir notamment, M. SALAMON, *Industrial Relations, Theory and Practice*, Pearson Education, 2000, p. 411-455.

au sens de la section 8(b)(3) du NLRA [140]. Ainsi, dans un arrêt NLRB v. Insurance Agents' International Union de 1960 [141], la Cour Suprême a reconnu que les parties peuvent s'engager dans les pressions économiques les plus perturbatrices en dehors de la table des négociations et cependant chercher en toute légalité et en toute bonne foi à parvenir à un accord à cette même table, ces deux comportements n'étant pas incompatibles.

Le respect par les parties de leur obligation de négocier s'apprécie donc au vu des attitudes et des conduites qu'ils manifestent à la seule table des négociations [142]. Le NLRB n'a pas à proscrire des modes particuliers de pression économique qu'il considérerait être en contradiction avec l'esprit d'ouverture nécessaire aux parties pour consentir à des ajustements et à des compromis.

**944.** Dans l'arrêt NLRB v. Insurance Agents' International Union précité, la Cour Suprême a rappelé que « *la présence d'armes économiques sous-jacentes et leur utilisation par les parties d'une façon occasionnelle, fait partie intégrante du système que les lois Wagner et Taft-Hartley ont reconnu. Une analyse logique et abstraite pourrait trouver un manque de cohérence entre l'obligation légale de négocier de bonne foi et la légitimité de l'utilisation des armes économiques, lesquelles ont le plus souvent des effets suffisamment sérieux sur les salariés et l'activité de l'entreprise pour persuader l'une des parties de se plier aux exigences de l'autre. La vérité est que nos dispositions légales sur les relations collectives de travail font que ces deux facteurs que sont l'obligation pour les parties de négocier de bonne foi et la possibilité d'user de pressions économiques afin de faire admettre ses idées, existent côte à côte* ».

En l'espèce, le syndicat avait provoqué certaines activités concertées sur les lieux de travail en même temps qu'il participait aux négociations d'une nouvelle convention collective qui devaient s'étaler sur six mois. Le syndicat s'était opposé au programme de négociation proposé par l'employeur, avait organisé des « sit-in » et des piquets de grève au sein de l'entreprise, distribué des tracts et sollicité des signatures sur des pétitions adressées à l'employeur. Alors que le NLRB avait considéré qu'une telle conduite de la part du syndicat violait son devoir de négocier de bonne foi et empêchait tout libre échange de vues et possibilité de parvenir à un accord entre les parties, la Cour Suprême rejeta cette analyse. Elle décida que le rôle du NLRB n'était pas de s'immiscer dans les négociations ni d'apprécier les armes économiques que les parties étaient en droit d'utiliser dans le cadre de ces négociations. En effet, « *les contours de la convention collective devaient être déterminés par le libre jeu des armes économiques qui dépendait des forces et faiblesses respectives des parties* » [143].

---

[140]. De même, le lock-out de salariés fait par l'employeur dans le but de forcer le syndicat à une conclusion rapide des négociations (et non à éluder les négociations ou à pénaliser les salariés pour avoir choisi un syndicat) ne viole pas la section 8 (a) (5) qui qualifie de pratique déloyale de travail le refus par l'employeur de négocier avec le représentant des salariés. Toutefois les moyens et méthodes utilisés par l'une ou l'autre des parties peuvent rendre leurs agissements illégaux et/ou appeler des sanctions spécifiques (en cas de sabotage industriel, violence, insubordination, fausses accusations contre l'employeur, etc.).

[141]. NL.R.B. v. Insurance Agents' Int'l Union, 361 *U.S.* 477 (1960).

[142]. American Ship Bldg. Co. v. NLRB, 380 *U.S.* 300 (1965).

[143]. Ces arguments furent également utilisés en faveur d'un employeur qui avait procédé à un lock-out, dans l'affaire American Ship Bldg. Co. v. NLRB, 380 *U.S.* 300 (1965). En l'espèce, l'employeur avait procédé à des licenciements après que les négociations aient abouti à une impasse puis, procédé à la fermeture de l'entreprise, en arguant du fait que le lock-out était traditionnellement autorisé par le NLRB lorsqu'il était utilisé dans le but d'éviter une grève ou des préjudices économiques inhabituels pour l'entreprise. La Cour estima que le lock-out ne pouvait être interdit que s'il était mené dans le but de décourager les salariés de s'affilier à un syndicat. Or, cette preuve n'avait pas été rapportée en l'espèce. La jurisprudence prise en application de cette décision a rappelé que le lock-out, pratiqué dans le cadre de négociations avec le syndicat, ne viole pas les sections 8 (a) (3) et (1) du NLRA lorsque les circonstances de l'espèce démontrent la bonne foi et l'absence d'animosité de l'employeur envers le

**945.** Même s'il est protégé par le NLRA, le droit de grève reste cependant limité aux négociations concernant les sujets obligatoires de négociation qui seuls entrent dans le cadre du devoir de négocier de bonne foi des parties. La Cour Suprême a ainsi rappelé que les employeurs - et par extension les syndicats - ne peuvent pas utiliser leurs armes économiques pour obliger l'autre partie à faire des concessions sur des questions au sujet desquelles l'autre partie n'a aucune obligation de négocier [144].

**946.** Les décisions de transfert d'entreprise en elles-mêmes sont donc généralement exclues de la protection du droit de grève aux États-Unis. Salariés et syndicat peuvent, en revanche, utiliser leurs « armes économiques » sur le terrain des conséquences pour les salariés de telles décisions. Le véritable pouvoir du syndicat résidera alors dans sa capacité à négocier un engagement de l'employeur prévoyant, par exemple, qu'il ne contractera pas avec le cessionnaire à moins que celui-ci s'engage à reprendre les termes de la convention collective et à les appliquer aux salariés qu'il reprendrait [145]. Ces clauses sont en effet jugées par le NLRB comme un sujet sur lequel les parties doivent obligatoirement négocier, en ce qu'elles affectent « fondamentalement » les termes et conditions d'emploi de l'unité de négociation considérée [146].

## §2. LIMITES ET EFFECTIVITÉ DU CONTRÔLE

**947.** Malgré le devoir de concertation que les droits français, anglais et américain reconnaissent au profit des représentants du personnel, l'efficacité du contrôle que ces derniers sont susceptibles d'exercer sur le pouvoir décisionnaire de l'employeur est doublement bornée. Par les obstacles qu'ils rencontrent dans l'accès à l'information et à sa diffusion, d'une part (A). Par la place que chacun des systèmes juridiques leur réserve dans la prise de décision, d'autre part (B).

### A. LES OBSTACLES À L'ACCÈS À L'INFORMATION

**948.** Les directives concernant l'institution d'un comité d'entreprise européen [147] et l'information et la consultation des représentants des travailleurs dans l'Union Européenne [148], ainsi que celle qui complète le statut de la société européenne pour ce qui concerne

---

syndicat [Lane v. NLRB (Darling & Co.), 418 *F.2d* 1208 (D.C. Cir. 1969)]. Le NLRB et les Cours d'appel ont cependant assoupli cette jurisprudence en faisant une sorte de choix sélectif entre les armes économiques utilisées par les parties pour en reconnaître la validité. Ils ont décidé, par exemple, que la suppression volontaire d'avantages aux salariés par l'employeur, dans le cadre des négociations, consistait en une violation par lui de son obligation de négocier de bonne foi en ce que sa décision était motivée, en partie, par la volonté de provoquer la survenance d'une grève. Elle constituait par là même un refus de négocier. Local 155, Molders v. NLRB (United States Pipe & Foundry Co.), 442 *F.2d*. 742 (D.C. Cir.1971).

[144]. NLRB v. Wooster Div. Of Borg-Warner Corp., 356 *U.S.* 342 (1958). La grève est dans ce cas constitutive d'une pratique déloyale de travail et peut donner lieu à des sanctions disciplinaires à l'encontre des salariés grévistes.

[145]. « *Successors and assigns clauses* ». Sur la validité de ces clauses, v. 2nd Partie, Titre 1, Chapitre 1, *supra*.

[146]. United Mine Workers of America (Lone Star Steel Co.), 231 *N.L.R.B.* 573, 96 *L.R.R.M.* 1083 (1977), *enf'd* 639 *F.2d* 545, 104 *L.R.R.M.* 3144 (10th Cir. 1980), *cert. denied* 450 *U.S.* 911, 101 *S. Ct.* 1349, 106 *L.R.R.M.* 2513 (1981).

[147]. Directive 94/45/CE du 22 septembre 1994, *J.O.C.E* n°L 254 du 30 septembre 1994, p. 64, étendue au Royaume-Uni de Grande Bretagne et à l'Irlande du Nord par la directive 97/74/CE du 15 décembre 1997, *J.O.C.E.* n°L 10 du 16 janvier 1998, p. 22.

[148]. Directive 2002/14/CE du 11 mars 2002, *J.O.C.E.*, n°L 80, 23 mars 2002, p. 29.

l'implication des travailleurs [149], reconnaissent qu'il convient de protéger les entreprises contre la divulgation de certaines informations particulièrement sensibles. Les États membres peuvent ainsi prévoir que « *dans des cas spécifiques et dans les conditions et limites fixées par les législations nationales, l'employeur n'est pas obligé de communiquer des informations ou de procéder à des consultations lorsque leur nature est telle que, selon des critères objectifs, elles entraveraient gravement le fonctionnement de l'entreprise ou de l'établissement ou lui porteraient préjudice* » [150].

**949.** A l'opposé, la directive 2001/23/CE ne contient aucune mention spécifique propre à une limitation de l'accès à l'information qui tiendrait compte de sa nature confidentielle. Elle ne prévoit pas non plus de limite à l'obligation d'information et de consultation qui tienne, notamment, au secret des affaires. Elle ne l'interdit pas non plus. Chacun des systèmes juridiques étudiés admet ainsi, à des degrés variables, ce type de limitation de l'accès à l'information pour les représentants des salariés.

### *1. Droit français : des obstacles plus pratiques que légaux*

**950.** En droit français, une rétention d'information, une communication incomplète ou tardive constituent autant de violations de l'obligation d'information et de consultation pesant sur l'employeur. Le chef d'entreprise ne peut invoquer ni l'urgence, ni l'accord des salariés pour se dispenser d'informer et de consulter le comité d'entreprise sur les questions que la loi prévoit [151].

Le secret des affaires ne peut pas être opposé aux représentants du personnel pour justifier l'absence de communication de certaines données ou documents jugés sensibles par le chef d'entreprise. Les membres du comité d'entreprise sont en effet considérés en droit français comme les « *confidents légitimes* » [152] de celui-ci. L'accès à de telles données et informations confidentielles relève de la nature de leurs fonctions. Il n'y aurait donc, en théorie, en droit français, que pas ou peu d'obstacles à l'obtention de l'information, même de type confidentiel, par les membres du comité d'entreprise. Il suffit que l'information demandée porte ou soit relative à l'opération sur laquelle ils sont consultés. En pratique, toutefois, les informations sont bien souvent communiquées avec parcimonie par le chef d'entreprise. Celui-ci répugne à divulguer aux représentants du personnel des données touchant à ce qu'il considère comme participant du secret des affaires et des choix stratégiques de l'entreprise [153].

**951.** Cette réticence s'explique d'autant plus que les obligations de discrétion et de secret [154] auxquelles sont tenus les membres du comité d'entreprise [155] à l'égard de certaines

---

[149]. Directive 2001/86/CE du 8 octobre 2001, *J.O.C.E.* n°L 294 du 10 novembre 2001, p. 22.

[150]. Directive 94/45/CE, article 8.2 ; directive 2001/86/CE, article 8.2 ; directive 2002/14/CE, article 6.2.

[151]. Cass. crim. 1er mars 1983, n°82.91.470, non publié au Bull. crim. (délit d'entrave) ; Cass. crim 22 novembre 1977, Drugmanne, n°76-93.162 : *Bull. crim.*, n°362, p. 918 ; Cass. crim. 25 mai 1981, Hocq, non publié au Bull. crim. (absence de fait justificatif, délit d'entrave).

[152]. Expression empruntée à Ch. GAVALDA, « Le secret des affaires », *Mélanges offerts à René SAVATIER*, Dalloz, 1965, p. 291. Sur ce même thème du secret des affaires, voir également, D. PORACCHIA, « La protection juridique des secrets de l'entreprise », *Droit et Patrimoine*, n°85, 1er septembre 2000, p. 20-28 ; Y. PACLOT « Les diverses facettes du secret des affaires », Dossier Secret et Relations d'Affaires, *Droit et Patrimoine*, n°102, 1er mars 2002, p. 70-75.

[153]. En droit boursier, des sanctions administratives et pénales peuvent être infligées en cas de divulgation et d'exploitation d'une information qualifiée de privilégiée et donc soumise à l'obligation de confidentialité. Pour des développements sur la difficile application combinée du droit du travail et de la législation financière, voir notamment le rapport de la COB de mars 1998 sur « La communication financière des sociétés cotées vis-à-vis des salariés », rapporté *in Liaisons Sociales, Le Quotidien*, n°30/98 du jeudi 26 mars 1998.

[154]. Les membres du comité d'entreprise, notamment, sont tenus au secret professionnel « *pour toutes les questions relatives aux procédés de fabrication* » (article L.432-7 al. 1 du code du travail). La sanction de la violation de cette obligation peut être civile et/ou disciplinaire, comme pour la violation de

informations qui leur sont communiquées par le chef d'entreprise, dans le cadre de leurs fonctions, sont limitées. Les membres du comité d'entreprise sont en effet tenus à une obligation de discrétion « *à l'égard des informations présentant un caractère confidentiel et données comme telles par le chef d'entreprise ou son représentant* » [156]. En l'absence de définition légale de la « confidentialité » de l'information, la jurisprudence requiert deux conditions cumulatives préalables propres à assurer l'interdiction effective de la diffusion de l'information.

**952.** Pour être couverte par l'obligation de discrétion, l'information doit d'abord être qualifiée de confidentielle par la loi [157] ou être objectivement confidentielle, c'est à dire qu'elle ne doit pas être connue du public. Sa diffusion doit par ailleurs être susceptible de nuire à l'intérêt de l'entreprise. Il en va ainsi, par exemple, d'informations relatives à une diminution du chiffre d'affaires, à des erreurs de politique commerciale [158], ou encore à des prévisions de ventes portant sur plusieurs années [159].

L'information doit ensuite avoir été présentée comme confidentielle par le chef d'entreprise afin de bénéficier de la discrétion. La déclaration de confidentialité intervient généralement au cours d'une réunion du comité d'entreprise et est retranscrite sur le procès-verbal de la réunion, pour des raisons probatoires [160]. La discrétion ne s'impose logiquement pas si l'employeur ne demande pas la discrétion pour une information de

---

l'obligation de discrétion. Elle est en outre, passible des sanctions pénales prévues à l'article 226-13 du nouveau Code Pénal. L'obligation de secret ne vise que les procédés de fabrication, très peu susceptibles de faire partie des informations communiquées aux membres du comité d'entreprise dans le cadre d'un projet de transfert d'entreprise. Seule sera envisagée ici, pour cette raison, l'obligation de discrétion.

[155]. Tout comme les délégués syndicaux, les délégués du personnel et les intervenants extérieurs à l'entreprise, c'est à dire principalement les experts du comité d'entreprise. La même obligation s'impose aussi, en particulier : (i) aux membres du comité d'entreprise assistant aux réunions du conseil d'administration ou de surveillance, « *à l'égard des informations présentant un caractère confidentiel et données comme telles par le président* » (articles 100 al. 4 et 149 de la loi du 24 juillet 1966 sur les sociétés commerciales), (ii) à la délégation du personnel au comité d'entreprise européen (article L.439-14 al. 4 du code du travail), et (iii) aux membres du groupe spécial de négociation et du comité de la société européenne ainsi que les experts qui les assistent (article L.439-46 du code du travail).

[156]. Article L.432-7 al. 2 du code du travail.

[157]. Seul un nombre limité d'information est présumé confidentiel. Il s'agit des informations communiquées au comité d'entreprise dans le cadre de la procédure d'alerte (article L.432-5, V du code du travail) et celles contenues dans les documents comptables établis en application des articles 340-1, 340-2 et 340-3 de la loi n°66-537 du 24 juillet 1966 sur les sociétés commerciales (article L.432-4 al.10 du code du travail). La présomption de confidentialité est simple. Elle tombe dès lors que ces documents sont diffusés aux actionnaires, au public ou au personnel.

[158]. CA Rennes 30 mars 1983, SARL J.B. Martin c/ Union des syndicats C.F.D.T, *Revue de Jurisprudence Commerciale*, 1984, n°1040, p. 30, note P. de FONTBRESSIN. Jugé que de telles informations (dont le comité d'entreprise avait, en l'espèce, favorisé la divulgation par voie de presse, alors qu'elles lui avaient été données comme confidentielles) doivent être couvertes par la discrétion « *en raison de leur répercussion possible sur la santé économique de l'entreprise déjà atteinte et pouvant être définitivement compromise par des révélations aiguillonnant la concurrence et semant le doute dans l'esprit des clients, des organismes financiers et des pouvoirs publics, sur ses capacités de redressement* ». Les membres du comité d'entreprise ont été condamnés au franc symbolique, en l'espèce.

[159]. TGI Lyon, Réf., 11 décembre 1984 : *Droit Social*, 1985, n°2, p. 115, note J. SAVATIER, « L'obligation de discrétion des membres du comité d'entreprise », *ibid.*, p. 111 : jugé qu'est susceptible de nuire à la société Renault Véhicules Industriels la divulgation des chiffres de ventes envisagés pour les trois années à venir en France et sur les différents marchés étrangers.

[160]. La diffusion du procès-verbal ne doit pas enfreindre l'obligation de discrétion. La version diffusée ne peut donc être qu'une version expurgée. Dans le cas contraire, sa diffusion serait de nature à créer un trouble manifestement illicite auquel le juge des référés pourrait mettre fin (TGI Paris, Réf. 5 juin 1986 : Juris-Data n°89-42884).

caractère confidentiel [161]. De même, elle ne s'applique pas si celui-ci la requiert pour une information qui ne peut pas objectivement être considérée comme confidentielle, par exemple, un projet de licenciements collectifs.

**953.** Lorsque l'obligation de discrétion s'applique, sa violation par les représentants du personnel ne peut donner lieu, de la part de l'employeur, qu'à une action en responsabilité civile ou à une sanction disciplinaire contre le contrevenant [162], sous réserve que la sanction soit proportionnelle à l'indiscrétion. Ces sanctions sont rarement infligées compte tenu des difficultés d'identification du responsable et de preuve de l'indiscrétion. Cela explique la réticence de l'employeur à communiquer aux représentants du personnel des informations considérées par lui comme sensibles.

Ce dernier préférera donc bien souvent le risque de se voir condamner pour délit d'entrave[163], au risque commercial plus palpable que causerait la diffusion d'une information confidentielle par les représentants du personnel. L'abus de déclaration de confidentialité pour des informations qui n'ont pas objectivement ce caractère peut aussi exposer le chef d'entreprise à des sanctions civiles [164] et pénales [165].

**954.** En définitive, le droit français encourage une divulgation large de l'information aux représentants du personnel en n'opposant pas ou peu de limites au devoir d'informer pesant sur le chef d'entreprise dans le cadre de projets de restructuration économique ou juridique de l'entreprise[166]. Il la décourage [167] par l'absence de sanctions efficaces et pratiques des indiscrétions éventuelles - lorsque toutefois les conditions de la confidentialité sont réunies – par ces mêmes représentants. Ces derniers se retrouvent tiraillés entre leur souci de s'attirer la confiance de l'employeur, pour espérer en être un interlocuteur valable et influent, et leur devoir de rendre compte aux salariés, inhérent à leur fonction de représentation.

**955.** La directive relative à l'information et la consultation des travailleurs dans la Communauté européenne [168] l'a bien compris. Elle impose le respect de la confidentialité des

---

[161]. Le caractère confidentiel des informations ne permet toutefois pas à l'employeur de subordonner leur communication à l'engagement, par les membres du comité d'entreprise, de ne pas révéler cette information. Par exemple, Cass. crim. 4 novembre 1982, Alsthom Unelec : *Droit Ouvrier*, novembre 1983, p. 417, à propos d'un document relatif à un plan de redressement.

[162]. La violation de l'obligation de discrétion pourrait justifier également, de la part de l'employeur, le recours à des mesures d'urgence en vue de mettre un terme à la divulgation des données confidentielles (confiscation de tracts, etc.). La portée pratique de ces mesures est faible puisqu'elles interviennent alors que l'information a déjà été diffusée et le préjudice commercial causé.

[163]. En effet, le délit d'entrave n'est pas, en pratique, une sanction automatique. Le pourcentage des procès-verbaux dressés par les inspecteurs du travail reste faible. A cela il faut ajouter le nombre limité des condamnations après transmission de procès-verbal et la faiblesse du montant des amendes. Cf. M. COHEN, *Le droit des comités d'entreprise et des comités de groupe*, LGDJ, 2005, p. 1118. Sur le délit d'entrave, v. section 2, *infra*.

[164]. Action en dommages et intérêts de la part du comité d'entreprise ou d'une organisation syndicale.

[165]. Délit d'entrave au fonctionnement régulier du comité d'entreprise.

[166]. A noter que, lors de la discussion du projet de loi Auroux, un amendement (qui a été repoussé) proposait l'extension du domaine du secret systématique aux projets de cession, fusion, prise de participation, de modifications importantes des structures de production de l'entreprise, d'acquisition ou de cession de filiales. Discussions rapportées dans l'étude de J. DUPUY, « L'information du personnel par le comité d'entreprise », *D.*, 1983, chron. p. 62.

[167]. Voir, à ce titre, Ch. ROQUILLY, « les contrariétés aux processus d'information dans les sociétés anonymes : aspects juridiques », *Les Petites Affiches*, 25 juin 1993, n°76, p. 18-24 (1ère partie) et 5 juillet 1993, n°80, p. 12-16 (suite et fin), lequel identifie deux grands types de contrariétés aux processus d'information : le manque d'objectivité des informations communiquées (ce que l'auteur qualifie de « contrariété subjective ») et la rétention des informations (ce que l'auteur qualifie de « contrariété objective »)

[168]. Directive 2002/14/CE du 11 mars 2002, *J.O.C.E.*, L 80, 23 mars 2002, p. 29.

informations communiquées comme un des éléments clés de la qualité de la procédure d'information et de consultation et de sa transparence [169]. L'exercice du droit d'information ne saurait être absolu. Sa finalité doit rester celle de satisfaire l'obligation de consultation du comité d'entreprise qui n'exige pas que l'employeur accède à toutes les demandes d'information ou de production de documents formulées par le comité d'entreprise. Elle l'oblige à « *lui fournir des informations précises et suffisantes pour lui permettre d'apprécier correctement la portée et la viabilité du projet qui lui est soumis et de donner un avis éclairé* » [170].

## 2. Droit anglais : l'exception dite des « circonstances spéciales »

**956.** A la différence du code du travail français, le TUPE contient une disposition spécifique permettant à l'employeur, dans un cadre défini, de s'affranchir, en tout ou partie, de son obligation d'information et de consultation des représentants du personnel [171] lorsque des « *circonstances spéciales ne rendent pas raisonnablement réalisable* » son devoir d'information et de consultation [172]. De telles circonstances spéciales existent, par exemple, lorsque l'exigence d'une information et d'une consultation préalable aboutirait pour l'employeur à violer d'autres règles de droit, en particulier les règles commerciales s'appliquant aux sociétés cotées.

**957.** L'employeur n'est pas pour autant, dans de tels cas, déchargé de son obligation d'information et de consultation. La jurisprudence rappelle que l'employeur doit respecter un principe de proportionnalité, c'est à dire qu'il doit informer et consulter les représentants du personnel « *dans la mesure de ce qui est raisonnablement réalisable dans ces circonstances* »[173]. La charge de la preuve pèse sur l'employeur. Il lui revient de prouver non seulement l'existence des circonstances spéciales qu'il invoque, mais également les mesures qu'il a prises pour lui permettre de remplir son obligation de la façon la plus réalisable pour lui [174].

La même possibilité d'invoquer des circonstances spéciales existe pour l'employeur en cas d'information et de consultation sur un projet de licenciements collectifs [175]. La jurisprudence applicable en cette matière peut donc être utilisée dans le cadre de l'application de la législation particulière propre aux transferts d'entreprises. Elle prévoit que les circonstances peuvent être considérées comme « spéciales », en application de la loi, dans les seuls cas où elles ont un caractère « *exceptionnel ou hors du commun* » [176] qui ne permet raisonnablement pas à l'employeur de remplir tout ou partie de son obligation. Les Cours d'appel (EAT) ont

---

169. Préambule § 25-27 et article 6.

170. Cf. TGI Créteil, référé, 10 février 2000, Comité central d'entreprise Câbles Pirelli c/ SA Câbles Pirelli, *RJS*, 9-10/00 n°968. Pour approfondir, notamment, M. DESGRANGES, *L'obligation de confidentialité dans le droit de la représentation du personnel*, thèse, Paris II, 2002, 392 p.

171. « *Special Circumstances Defence* ».

172. TUPE 1981, reg. 10(7) ; TUPE 2006, reg. 13(9).

173. Warner v. Adnet Ltd [1998] *IRLR* 394 (CA) : un licenciement doit être considéré comme abusif en l'absence de consultation valable avant le transfert. Toutefois, dans certaines circonstances exceptionnelles, lorsque la situation financière de l'entreprise est préoccupante (comme c'était le cas, en l'espèce), et qu'il est impératif de trouver rapidement un repreneur, le juge est libre de considérer qu'une consultation régulière n'aurait rien changé. La Cour a ainsi jugé que le licenciement en question n'était pas abusif, en l'espèce.

174. TUPE 1981, reg. 11(2) ; TUPE 2006, reg. 15(2).

175. TULR(C)A, s. 188(7).

176. Clarks of Hove Ltd v. Bakers' Union, [1978] *IRLR* 366, [1978] *ICR* 1076 (CA), à propos d'une faillite, non reconnue en elle-même comme ayant un caractère exceptionnel. Pour la Cour une circonstance exceptionnelle est constituée, par exemple, par la destruction d'une usine, un boycott commercial généralisé ou encore par la brusque rupture d'approvisionnement de la part du fournisseur principal. Voir également, Re Hartlebury Printers Ltd (In Liquidation) [1992] *ICR* 559, [1992] *IRLR* 516, où le fait que la société était en liquidation n'a pas été considéré comme une circonstance exceptionnelle.

adopté une application restrictive de cette définition en refusant de considérer exceptionnelle la faillite d'une entreprise ou encore le besoin de procéder rapidement à l'opération projetée[177].

**958.** L'autre circonstance exceptionnelle fréquemment invoquée dans les opérations de transfert d'entreprise est la nécessité pour les parties de garder l'opération secrète [178]. Certains auteurs font remarquer qu'une propension des juges à admettre l'exception des circonstances spéciales dans un tel cas, reviendrait à permettre à l'employeur de passer outre son obligation d'information et de consultation, ce que la directive ne permet pas. L'adoption de cette exception en droit anglais n'a pourtant pas été remise en cause par la Cour de justice des communautés européennes. Le nouveau texte du TUPE continue à la considérer comme une excuse valable de l'employeur qui contrevient à son obligation de concertation. Ce dernier ne peut néanmoins pas valablement s'en prévaloir pour justifier le refus de la société mère de divulguer l'information [179].

La loi de transposition de la directive communautaire sur le comité d'entreprise européen, en vigueur en droit anglais depuis le 15 janvier 2000, contient également des dispositions spécifiques permettant à la direction centrale de ne pas communiquer une information ou un document « *lorsque la nature de cette information ou de ce document est telle que, en application de critères objectifs, leur divulgation porterait un préjudice important au fonctionnement, ou serait préjudiciable à la société ou au groupe de sociétés concerné* » [180]. La même disposition est reprise dans la loi de transposition en droit anglais de la directive établissant un cadre général relatif à l'information et à la consultation des travailleurs dans la Communauté européenne [181].

**959.** En dehors des informations communiquées dans le cadre du processus d'information et de consultation applicable dans le contexte des transferts d'entreprises et de licenciements collectifs, l'employeur n'a pas d'obligation de communiquer l'information, à moins que celle-ci ne lui soit expressément demandée par le syndicat et concerne un sujet de négociation collective [182].

---

[177]. Par exemple, NATTKE v. Rank Leisure Ltd, COIT 1388/134, où la cession d'un cinéma avait été réalisée en un mois. Un des salariés transférés arguait du fait que le cédant n'avait pas respecté pleinement son obligation d'information et de consultation avant le transfert. Les juges ont considéré que la rapidité avec laquelle l'opération devait être réalisée constituait une circonstance exceptionnelle mais que le cédant n'avait pas pris toutes les dispositions raisonnables pour essayer d'informer et consulter le syndicat représentant les salariés concernés par l'opération. En effet, l'employeur aurait pu écrire au syndicat un jour plus tôt en remettant le courrier en main propre plutôt que de le poster (en l'espèce, l'employeur n'était redevable que d'une obligation d'information envers les représentants du personnel).

[178]. Voir, à ce titre, Institution of Professional Civil Servants v. Secretary of State for Defence [1987] *IRLR* 373 (CA), dans laquelle la Cour a considéré que le cessionnaire pouvait ne pas divulguer l'information au cédant qui lui aurait permis de remplir son obligation envers les syndicats sur les mesures que le cessionnaire envisageait de prendre à l'égard des salariés, une fois le transfert réalisé. Ces informations étant confidentielles, il s'agissait en effet d'en prévenir la publication.

[179]. TUPE 2006, reg. 15(6).

[180]. *The Transnational Information and Consultation of Employees Regulations* (TICER) 1999, Part. VI, § 24. Lors de la consultation publique lancée par le gouvernement, préalablement au vote de cette loi de transposition, certains avaient souhaité voir introduire dans le texte la liste des informations qui pouvaient être soustraites au comité d'entreprise européen, et notamment les informations dont la divulgation pourrait contrarier les règles boursières, anglaises ou étrangères. *Outcome of the public consultation on implementation of the European works council directive*, DTI, November 1999. Le gouvernement lui a préféré une étude au cas par cas de la nature de l'information ou du document demandé.

[181]. *The Information and Consultation of Employees Regulations* (ICE) 2004, Part. VII, § 26.

[182]. Le TULR(C)A 1992, section 182(1), a introduit une liste de six catégories spécifiques d'information dont l'employeur peut refuser la communication. La plus large de ces catégories concerne « *toute information qui a été communiquée à l'employeur sous le sceau de la confidentialité* » ainsi que « *toute information dont la communication causerait un préjudice substantiel à l'entreprise pour des*

En cas de conflit entre employeur et syndicat sur la communication d'une information ou d'un document demandé par ce dernier, le CAC est compétent. S'il retient la plainte du syndicat, il peut faire une « déclaration » [183] officielle à l'employeur, lui demandant de communiquer ladite information ou ledit document dans un délai qu'il fixera. Ce délai ne pourra pas être inférieur à une semaine à compter de la déclaration du CAC [184].

**960.** L'accès à l'information s'avère, en pratique, limité pour les syndicats face à l'interprétation large des restrictions posées par la loi et à l'absence de véritable sanction à l'encontre de l'employeur récalcitrant en droit anglais.

Un moyen de permettre une plus large divulgation de l'information pourrait être d'imposer aux représentants du personnel une obligation de confidentialité [185], comme en droit français. Une telle obligation est d'ailleurs reconnue dans la directive sur le comité d'entreprise européen [186], dans la directive complétant le statut de la société européenne pour ce qui concerne l'implication des travailleurs [187], dans celle établissant un cadre général relatif à l'information et à la consultation des travailleurs dans la Communauté européenne [188] et dans leurs textes de transposition respectifs en droit anglais [189]. Elle pourrait avoir l'inconvénient de dénier le droit de savoir aux salariés. Elle poserait nécessairement la question de son efficacité et de son respect en droit anglais.

Les mêmes problématiques existent en droit américain.

### *3. Droit américain : une divulgation suspendue à l'absence d'opposition légitime de l'employeur et de renonciation du syndicat à son droit*

**961.** Dès lors que l'information demandée peut être considérée comme pertinente et utile à l'exercice de sa mission par le syndicat, l'employeur a l'obligation de la lui communiquer[190]. S'il s'y oppose, l'employeur devra apporter la preuve des motifs pour lesquels il ne peut ou ne doit pas communiquer l'information demandée par le syndicat, sauf à ce que ce dernier ait renoncé à son droit à recevoir l'information ou, plus généralement, à négocier avec l'employeur.

---

*raisons autres que celle tirée de ses effets sur la négociation collective* ». Le Code Pratique de l'ACAS donne, à ce titre, comme exemple, l'analyse détaillée des investissements proposés, la politique marketing de la société ou encore les coûts de certains produits, à l'exception des informations qui sont disponibles au public, en application des règles du droit commercial. Code de Pratique n°2 de l'ACAS, *Disclosure of information to trade unions for collective bargaining purposes* (revised 1997), para. 14.

183. « *Declaration* ».

184. TULR(C)A, section 183. Dans le cas où l'employeur ne s'exécuterait pas dans le délai fixé par le CAC, celui-ci peut prononcer une sentence (« *award* ») à l'encontre de l'employeur, sur présentation d'une nouvelle plainte du syndicat concernant l'absence de diligence de l'employeur et demandant l'amélioration ou la modification contractuelle des termes et conditions d'emploi des salariés (TULR(C)A sections 184 et 185). Cette procédure est contestée car non adaptée aux cas où les informations litigieuses n'ont pas à être inscrites aux contrats de travail des salariés concernés. Elle n'oblige pas non plus l'employeur à communiquer l'information ou le document demandé par le syndicat et est, en conséquence, peu utilisée par les syndicats. H. GOSPEL, G. LOCKWOOD, « Disclosure of information for collective bargaining : the CAC approach revisited », *Industrial Law Journal*, 1999, vol. 28, p. 233 et s.

185. En ce sens, S. DEAKIN, G.S. MORRIS, *Labour Law*, Butterworths, 2001, p. 784.

186. Directive 94/45/CE, article 8.

187. Directive 2001/86/CE, article 8

188. Directive 2002/14/CE, article 6.3.

189. *The Transnational Information and Consultation of Employees Regulations* (TICER) 1999, Part. VI, § 23 ; *The European Public Limited-Liability Company Regulations* 2004, Chap. 7, §. 37 ; *The Information and Consultation of Employees Regulations* (ICE) 2004, Part. VII, § 25.

190. Bien évidemment, si l'information demandée n'est pas pertinente, le refus de l'employeur de communiquer ladite information ne constitue pas une violation de son obligation de négocier de bonne foi.

### a) L'opposition légitime de l'employeur

**962.** La jurisprudence offre à l'employeur un certain nombre de moyens de défense qui sont autant de limites aux prérogatives du syndicat en la matière.

Il a ainsi été jugé que l'employeur n'est pas obligé de communiquer l'information demandée au syndicat, même lorsque celle-ci est pertinente, dès lors que l'employeur peut démontrer que la motivation profonde du syndicat, dans sa demande d'information, est de mettre publiquement en cause la société ou de lui causer des difficultés [191]. Il en est de même lorsque l'employeur peut démontrer l'existence d'un danger réel et présent pour la société [192] ou encore que l'information demandée serait trop coûteuse ou trop contraignante à communiquer pour lui [193]. Les parties doivent toutefois alors se rapprocher pour convenir de la répartition des frais ou de l'accès aux documents demandés.

**963.** En règle générale, l'argument tiré du caractère confidentiel de l'information utilisé par l'employeur pour refuser de communiquer l'information au syndicat n'est pas admis. Celui-ci peut néanmoins démontrer l'existence d'un intérêt économique légitime [194] à préserver la confidentialité de l'information [195]. Il peut aussi prouver qu'il a négocié de bonne foi et a fait des efforts pour répondre à la demande du syndicat, en proposant des

---

[191]. N.L.R.B. v. Robert S. Abbott Pub. Co., 331 *F.2d* 209, 55 *L.R.R.M.* 2994 (7th Cir 1964). En l'espèce, le syndicat avait rejeté l'offre de la société de lui communiquer l'information sous la seule forme dont elle disposait au moment de la demande. La Cour avait relevé que l'insistance du syndicat de se voir communiquer les comptes de la société n'était pas motivée par son désir de vérifier les dires de l'employeur (lequel invoquait des difficultés financières pour refuser une augmentation des salaires) mais par une toute autre motivation comme celle de rendre publique la situation financière de la société afin de « l'embarrasser » et de nuire à son image.

[192]. Par exemple lorsque le syndicat utilise l'information pour inciter les salariés à la violence. Notamment, Shell Oil Co. v. NLRB, 457 *F.2d* 615 (9th Cir. 1972), où le refus de l'employeur de répondre à la demande du syndicat de se voir communiquer la liste des noms et coordonnées des salariés, dans le contexte d'une grève et en l'absence d'assurance de la part du syndicat que la liste resterait confidentielle, a été considéré par la Cour comme légitime dans la mesure où celui-ci était fondé sur la crainte de l'employeur d'éventuelles représailles contre les non grévistes.

[193]. Par exemple, Queen Anne Record Sales, Inc., 273 *N.L.R.B.* 671, (1984) *enf'd* 772 *F.2d* 943 (9th Cir. 1985). En l'espèce, l'employeur n'avait pas rapporté la preuve que la fourniture des données demandées était trop contraignante.

[194]. « *Legitimate business need* ».

[195]. Detroit Edison v. NLRB, 440 *U.S.* 301 (1979). En l'espèce, le syndicat avait demandé la communication d'informations sur les tests d'aptitude pratiqués avant toute promotion au sein de l'entreprise (notamment les questions, les réponses des salariés et les scores obtenus), alors que six salariés de l'unité de négociation qu'il représentait venaient d'échouer à ces tests et, qu'en conséquence, les emplois disponibles avaient été occupés par des salariés extérieurs à l'entreprise. L'employeur refusa de fournir l'information demandée mais communiqua des informations générales sur ces tests et proposa de fournir les scores de tous les salariés qui accepteraient la diffusion de ces données confidentielles au syndicat. Le syndicat refusa et introduisit une action en pratique déloyale de travail contre l'entreprise. Le NLRB et la Cour d'appel se prononcèrent en faveur du syndicat. La Cour Suprême en décida autrement en jugeant que l'employeur avait un intérêt légitime à ne pas consentir à la divulgation des tests et des scores. Il aurait notamment dû mettre en place de nouveaux tests ce qui aurait été non seulement coûteux mais aurait privé l'entreprise de l'utilisation de ces tests pendant un certain temps. L'importance de maintenir le secret sur ces tests et le danger que pouvait présenter leur divulgation l'emportaient sur l'intérêt que le syndicat avait d'obtenir une telle information. A la suite de cet arrêt, le NLRB a publié un mémorandum distinguant les types de circonstances dans lesquelles l'employeur pouvait s'affranchir de son obligation de communiquer les informations pertinentes au syndicat, « Memorandum of NLRB General Counsel Irving to Field Offices on Supreme Court's decision in Detroit Edison Co. v. NLRB », NLRB General Counsel Memorandum 79-22 (9 avril 1979), *Daily Labor Report* (BNA) D-1 (13 avril 1979). Pour une application récente : Allen Storage and Moving Co., 342 *N.L.R.B.* N°44 (2004), à propos de la divulgation de la liste des clients de la société au syndicat, dans le cadre d'une grève (information considérée par le NLRB comme confidentielle car le syndicat était susceptible d'en faire un mauvais usage).

solutions alternatives, et que la demande du syndicat excède l'information dont il peut avoir besoin dans le cadre de ses fonctions de représentation [196].

**964.** En pratique, il est admis que l'information soit donnée directement aux salariés par l'employeur, sous réserve que celui-ci ne viole pas son obligation de négocier de bonne foi, en leur délivrant une information non conforme à ce qui a été négocié avec le syndicat qui les représente, et qu'il ne fait que communiquer avec eux.

Les salariés syndiqués sont libres de se réunir et de s'exprimer [197]. La préservation de la confidentialité est assurée, à la source, lors de la communication de l'information de l'employeur au syndicat, dans l'appréciation de la pertinence et la nécessité de l'information demandée.

### b) La renonciation du syndicat à son droit

**965.** En droit français et anglais, sous réserve pour ce dernier de l'exception dite des circonstances spéciales, l'employeur ne peur s'exonérer de son obligation d'information et de consultation des instances représentatives du personnel. Le NLRB et les Cours fédérales admettent, au contraire, que l'employeur puisse se prévaloir du fait que le syndicat a écarté son droit à demander des informations pour justifier l'absence de communication de l'information sollicitée. La renonciation du syndicat à demander des informations à l'employeur, dans sa mission de représentation des salariés, doit toutefois être connue, claire et non équivoque [198].

La renonciation du syndicat peut également être plus générale et concerner le devoir de négocier de l'employeur sur certains sujets. Le NLRB commande alors de déterminer, dans chaque cas, si le syndicat a « *clairement et indubitablement* » écarté ou renoncé à son droit de négocier sur un ou plusieurs sujets obligatoires [199]. Depuis les années 1970, le NLRB adopte toutefois une position plus souple en tenant compte des échanges et propositions intervenus au cours des négociations et de l'intention mutuelle des parties [200].

---

[196]. Par exemple, Kroger Co. v. NLRB, 399 *F.2d* 455 (6th Cir. 1968), où la Cour a considéré que la demande du syndicat de se voir communiquer le programme entier des plans de développement de la société et notamment les charges de travail et les horaires qui avaient été planifiés, aurait également permis au syndicat d'accéder à des informations dont il n'avait pas besoin pour exercer sa mission, à savoir les plans de ventes et d'achats et les politiques de prix et de dépenses de la société, que l'employeur considérait comme confidentiels.

[197]. NLRA, section 101(a)(5).

[198]. Perkins Machine Co., 141 *N.L.R.B.* 98 (1963), *enf'd* 326 *F.2d* 488 (1st Cir. 1964) : *« une prétendue renonciation ne pourra pas simplement être déduite en l'absence d'une expression « claire et non équivoque ». Même dans le cas où les parties étudient sciemment cette possibilité au cours des négociations, quelque chose de plus est nécessaire pour que le syndicat soit considéré comme ayant renoncé à ses droits, c'est à dire, une renonciation consciente de la part du syndicat, clairement souhaitée et exprimée ».*

[199]. Beacon Piece Dyeing & Finishing Co., 121 *N.L.R.B.* 953 (1958), dans lequel le NLRB a considéré que la prise en compte de ce qui est intervenu au cours des négociations, mais qui n'a pas fait l'objet d'une disposition écrite dans la convention collective, aurait le double effet pervers d'encourager l'employeur à exclure le maximum de sujets du texte de la convention collective (lui donnant ainsi le droit d'agir unilatéralement sur eux) et d'encourager le syndicat à évoquer un minimum de sujets pour en exclure le moins possible du champ de la convention.

[200]. Radioear Corp., 199 *N.L.R.B.* 1161 (1972), dans lequel le NLRB décida que le syndicat pouvait très bien avoir renoncé à son droit de contester l'action unilatérale de l'employeur, sans pour autant qu'existe une clause de renonciation claire et non équivoque dans la convention collective. Le NLRB se doit donc de prendre en compte, dans l'examen de la validité de la renonciation : (a) les termes exacts et l'importance que les parties ont voulu donner à la clause de renonciation, (b) les autres propositions qui ont été faites et acceptées ou rejetées au cours des négociations, (c) l'ensemble du texte de la convention collective et (d) les pratiques des parties ou d'autres parties dans d'autres conventions collectives.

**966.** Le devoir de négocier comprend au moins deux obligations. Le devoir de négocier sur les sujets obligatoires de négociation à la demande de l'une des parties. Le devoir de l'employeur de ne pas procéder à des modifications unilatérales des conditions de travail. La renonciation du syndicat peut concerner chacun d'elle.

Dans un souci de protection du syndicat, le NLRB est beaucoup plus enclin à reconnaître la validité des renonciations du premier type. La renonciation élimine alors le droit du syndicat à œuvrer pour une amélioration de la situation des salariés au-delà de ce qui est accordé au jour de sa renonciation.

Dans celle du second type, la renonciation va plus loin en permettant à l'employeur de supprimer des avantages qui auraient été accordés aux salariés et dont la modification n'aurait pas pu être anticipée par le syndicat [201]. Le NLRB exige, en effet, généralement, dans ce dernier cas, que la renonciation soit démontrée par la preuve que le syndicat a considéré le problème en question lors des négociations et a indubitablement cédé à l'employeur, par écrit et d'une façon précise, le pouvoir de procéder à des modifications unilatérales dans ce domaine [202].

**967.** En outre, les principes jurisprudentiels suivants trouvent à s'appliquer dans le contexte de décisions prises unilatéralement par l'employeur. Premièrement, la renonciation ne s'entend que des sujets qu'elle prévoit expressément et en exclut tout autre, même s'ils sont étroitement liés au sujet faisant l'objet de la renonciation [203]. Deuxièmement, la renonciation doit impérativement porter sur un ou plusieurs sujets de négociation précis, les renonciations vagues ou larges n'étant pas considérées comme valables [204].

La même hostilité du NLRB et des Cours fédérales à l'encontre des clauses de renonciation se retrouve dans les décisions concernant les clauses qui prévoient l'absence de toute négociation pendant la durée d'application de la convention collective et qui font de celle-ci l'expression exclusive des droits et obligations des parties [205]. Ces clauses privent le syndicat de son droit à proposer des améliorations à la convention collective et à demander à l'employeur de négocier sur ses propositions. Elles pourraient également priver le syndicat

---

[201]. Jacobs Mfg. Co., 94 *N.L.R.B.* 1214 (1951), *enf'd* 196 *F.2d* 680 (2d Cir. 1952), où le NLRB refusa de considérer comme une renonciation du syndicat à négocier, en cours d'exécution de la convention collective, sur le régime d'assurance des salariés, le fait que celui-ci l'avait proposé au cours des négociations.

[202]. L'exemple le plus courant de renonciation du syndicat vis-à-vis de l'action unilatérale de l'employeur est un engagement écrit autorisant clairement l'employeur à agir sur un ou plusieurs points particuliers sans avoir à négocier préalablement avec le syndicat (clause appelée « *management clause* »). Par exemple : Ador Corp., 150, *N.L.R.B.* 1658 (1965), où le NLRB a admis, en présence d'une telle clause de renonciation, le droit pour l'employeur de cesser la fabrication d'une ligne de produits et de licencier les salariés qui y étaient affectés, sans en référer préalablement au syndicat.

[203]. Par exemple: Cloverleaf Div. Of Adams Dairy Co., 147 *N.L.R.B.* 1410 (1964), *enf't denied* 350 *F.2d* 108 (8th Cir.1965). En l'espèce, l'employeur avait unilatéralement pris la décision de cesser les livraisons de la société et de les confier à un prestataire extérieur. Le NLRB considéra qu'il s'agissait d'un refus de négocier de la part de l'employeur, en dépit du fait que le syndicat avait approuvé préalablement certaines autres modifications dans l'organisation des livraisons. En ayant approuvé ces modifications, le syndicat n'avait pas pour autant renoncé à son droit de contester la sous-traitance proposée ou de contester « *toute autre modification importante ou inhabituelle des salaires ou autres conditions de travail des salariés* ».

[204]. Par exemple : Proctor Mfg. Corp., 131 *N.L.R.B.* 1166 (1961). En l'espèce, la clause de renonciation ne contenait aucune disposition sur la détermination des quotas de production ou sur les niveaux des salaires pour les salariés travaillant aux pièces. Elle conférait à l'employeur tous les droits qui n'avaient pas été expressément prévus à la convention collective. Le NLRB a considéré que le syndicat n'avait pas renoncé, par cette clause, à son droit à être informé par l'employeur et de négocier avec lui sur les nouveaux quotas et la valeur des pièces. La jurisprudence considère également que l'existence d'une telle clause ne prive pas le syndicat du droit de demander des informations portant sur les termes de la convention collective en cours.

[205]. Clause appelée « *zipper clause* » ou « *integration clause* ».

de la possibilité de demander à l'employeur de négocier sur les conséquences de sa décision de transfert ou de restructuration, dans les cas où cette possibilité ne serait pas expressément prévue par la convention collective.

La jurisprudence admet toutefois traditionnellement que de telles clauses sont insuffisantes pour prouver la renonciation du syndicat à être informé et à discuter les modifications du *statu quo* proposées par l'employeur [206]. Elle est néanmoins plus contrastée sur ce point depuis les années 70 et reconnaît plus volontiers la validité de telles clauses [207]. Une appréciation au cas par cas est nécessaire, en fonction de l'étendue de la renonciation du syndicat et de l'importance de la modification ou de l'opération projetée par l'employeur.

## B. LA PLACE DES SALARIÉS DANS LA PRISE DE DÉCISION OU L'EFFECTIVITÉ DU DIALOGUE SOCIAL

**968.** Le processus de concertation implique un dialogue et la prise en compte par le chef d'entreprise des observations et de l'avis des représentants du personnel. Quel que soit le système juridique étudié, il reste néanmoins, bien souvent, en pratique, une formalité indépendante du processus de décision.

Le comité d'entreprise ou l'organe de représentation des salariés consulté ne serait ainsi qu'une chambre d'enregistrement des décisions de l'employeur. Les représentants des salariés exercent-ils dès lors un quelconque contrôle sur la décision du chef d'entreprise ?

### *1. Droits français et anglais : l'exercice d'un contrôle sans grande influence sur la prise de décision*

**969.** En droit français et anglais, le seul véritable pouvoir des représentants du personnel semble se limiter au devoir de l'employeur d'entendre les représentants du personnel, préalablement à la prise de décision.

La capacité des représentants du personnel à ne pas être simplement entendus mais écoutés, voire d'influencer la prise de décision, relève d'un tout autre domaine. Elle nécessite l'existence d'une confiance et d'un partenariat entre employeur et représentants du personnel qui ne peut s'acquérir qu'au prix de temps, de communication et de consensus de part et d'autre. A défaut de confiance mutuelle et de dialogue, la concertation fait place le plus souvent à la revendication par la voix des syndicats et au conflit par le biais de mouvements de grèves [208].

Contraint et forcé, le chef d'entreprise a tendance à écouter les représentants du personnel pour ce qui concerne l'aménagement et les conditions de mise en œuvre des conséquences

---

[206]. Par exemple : New York Mirror, 151 *N.L.R.B.* 834 (1965), où le NLRB considéra qu'une décision de fermer et vendre les actifs de la société était un sujet obligatoire de négociation et que l'employeur avait violé son devoir d'informer et de discuter avec le syndicat avant d'annoncer et de mettre en œuvre sa décision en procédant unilatéralement. Peu importait l'existence d'une clause de renonciation (clause « zipper »). Celle-ci était, en effet, insuffisante à prouver que le syndicat avait renoncé à son droit à être informé et à discuter les propositions de l'employeur jusqu'à ce que les négociations aboutissent à une impasse.

[207]. Par exemple : Radioear Corp., 214 *N.L.R.B.* 33 (1974), où le NLRB a permis à l'employeur de supprimer une prime de vacances au motif que la convention collective contenait une clause de renonciation (clause « zipper ») et ne prévoyait pas l'obligation pour l'employeur de maintenir les clauses prévoyant des avantages aux salariés.

[208]. Cf. B. SAINTOURENS, *Droit du travail et restructurations juridiques des entreprises*, thèse, Bordeaux I, 1982, p. 221, dans laquelle ce dernier s'interroge sur la réelle influence des partenaires sociaux sur la prise de décision en ces termes : « *au-delà et quelles que soient les améliorations de technique juridique que l'on pourrait invoquer, nous devons nous demander si la participation n'est pas en réalité une impasse, justifiant alors que les salariés aient recours à d'autres arguments pour affirmer leur influence sur les décisions de restructurations* ».

d'une décision sur la situation des salariés. Il considère en revanche généralement que leur domaine d'intervention et de compétence ne peut pas concerner la décision.

**970.** La décision du chef d'entreprise intègre des facteurs économiques, financiers et stratégiques qui sont rarement maîtrisés par les représentants du personnel. L'intervention de tiers, experts ou avocats, dans l'appréciation du projet de décision du chef d'entreprise est souvent perçue par le chef d'entreprise comme une incursion intempestive, voire une remise en cause de la gestion de l'entreprise. Cela ne facilite pas le dialogue avec les partenaires sociaux. Le domaine économique reste, dans les mentalités, attaché au strict pouvoir managérial. Il est d'ailleurs écarté du champ de la consultation en droit anglais.

Il en résulte bien souvent, sous couvert du secret des affaires, une rétention d'information de la part de l'employeur et une tendance à informer et à consulter les représentants du personnel au dernier moment, alors que le projet est quasiment définitif. La seule solution devient, de plus en plus, pour les représentants du personnel, de retarder la prise de décision. Il s'agit de prolonger la procédure par le biais de demandes d'informations et précisions additionnelles, en accumulant suspension et reports de séances, action syndicale, voire éclats médiatiques, une position de désespoir en somme. A défaut d'être écoutés, les représentants du personnel entendent bien être respectés.

**971.** La confiance nécessaire à un dialogue constructif favorable à une prise de décision concertée reste à acquérir. Elle suppose de maîtriser des impératifs de rapidité, de confidentialité et le souhait de concertation. Cette conciliation n'est pas facile à réaliser en fonction de l'importance et de la complexité des projets. La bonne volonté ou la stratégie des parties en est le principal moteur [209]. Le droit a ses limites. Il ne peut que créer les conditions de la concertation et l'encadrer. Il ne peut pas concerter à la place des parties [210].

En dépit du principe constitutionnel selon lequel « *tout travailleur participe, par l'intermédiaire de ses délégués (...) à la gestion de l'entreprise* » [211], il n'y a pas, en pratique, en France, et encore moins au Royaume-Uni, de cogestion, pas non plus de coopération ni, bien souvent, de réelle concertation dans les faits. Il existe tout juste un contrôle des représentants du personnel sur les projets pré-décidés - en fait – par le chef d'entreprise [212]. Le droit américain a-il dès lors quelque chose à envier aux droits français et anglais en cette matière ?

### *2. Droit américain : une place limitée qui subit l'influence du système adversarial*

**972.** Le droit américain de la négociation collective est souvent présenté comme un système modèle en ce qu'il permet la mise en œuvre d'une véritable concertation entre les

---

[209]. Voir à ce sujet l'étude d'Y. HARFF et B. HENRIET, « Evolution du rôle et des interventions économiques du comité d'entreprise », *Droit Social*, 1988, n°2, p. 166-174, présentant les résultats d'une enquête réalisée auprès de plus de 200 entreprises. Cette étude observe, notamment que (p. 169) « *la communication de l'information et l'acceptation du comité d'entreprise comme interlocuteur, tendrait à devenir la norme. Mais, en même temps, la recherche d'une concertation réelle avec le comité d'entreprise n'apparaît que rarement (...) elle ne trouve vraiment place que lorsque les stratégies sociales en font une méthode d'intégration aux objectifs de l'entreprise* ». Parmi les facteurs favorables à une bonne concertation figureraient ainsi des motifs aussi divers que l'appartenance de l'entreprise à un groupe qui veut développer une image sociale moderne et participative ou encore l'évolution des relations internes à l'entreprise avec une forte présence syndicale dans l'entreprise.

[210]. Nous reprendrons ici à notre compte la formule de J. DUPUY, *in* « L'information du personnel par le comité d'entreprise », *D.*, 1983, chron. XI, p. 58 : « *Le droit à l'information est riche en virtualités. Selon la dimension qui lui est donnée, il peut faire pénétrer dans l'entreprise la cogestion ou limiter les droits des travailleurs à une surveillance* ».

[211]. Préambule de la Constitution de 1946 auquel se réfère la Constitution de 1958.

[212]. Seuls le droit d'alerte et l'expertise de minorité en droit français permettent au comité d'entreprise de devancer le chef d'entreprise dans sa remise d'information.

parties résultant largement du devoir de négocier de bonne foi qui leur est réciproquement imposé.

**973.** Une nuance doit néanmoins être apportée à cette présentation du système américain, lequel ne saurait servir d'exemple dans sa globalité [213]. L'apparente flexibilité laisse, en effet, entrevoir une rigueur qui freine la pleine expression des salariés. L'implication de leurs représentants dans la prise de décision n'est pas encouragée en pratique. Il résulte de la pratique judiciaire un décalage entre les textes et leur application en doit américain.

Celui-ci consacre le principe de négociation collective comme le seul mode de concertation entre employeur et représentant des salariés. A défaut de représentants, les salariés n'ont aucune place dans la prise de décision [214]. Le droit américain prévoit un système adversarial organisé de telle façon que salariés et employeurs forment deux groupes d'intérêts distincts et opposés. Il apporte autant de freins à la mise en place d'un dialogue social effectif. Plusieurs dispositions du NLRA et/ou leur application pratique en témoignent.

**974.** D'abord, la définition du « salarié » donnée par le NLRA [215]. Cette définition exclut de son champ d'application le personnel de maîtrise [216] et d'encadrement [217]. Ce personnel ne dispose pas du droit de se syndiquer et de négocier collectivement avec l'employeur, par l'intermédiaire de ses représentants. Il pourrait dès lors être soutenu qu'en isolant une certaine catégorie de salariés et en l'évinçant de son champ d'application, le NLRA a consacré une hiérarchisation du personnel et une stricte distinction entre salariés, chargés de l'exécution, d'une part, et direction, chargée de la conception, d'autre part [218], caractéristique d'un système adversarial.

---

[213]. Notamment, X. BLANC-JOUVAN, *Les rapports collectifs du travail aux Etats-Unis*, thèse, Paris, 1957, p. 540-541, pour qui la négociation collective constitue « *la sauvegarde essentielle du système de libre entreprise* », même si l'auteur admettait déjà à l'époque : « *il ne nous semble pas qu'un équilibre parfait existe aujourd'hui entre les forces diverses qui s'affrontent au sein des entreprises américaines* ». Plus récemment, voir également les déclarations du Professeur C. L. ESTLUND à la conférence du barreau américain (ABA) des 24-27 février 2002. Dénonçant six obstacles à la modification et à la modernisation du droit des relations collectives aux Etats-Unis, l'auteur conclut ironiquement cependant que « *l'opinion officielle américaine est que notre droit des relations collectives est un modèle pour le reste du monde* ». Propos rapportés au Collective bargaining bulletin: a review of contract negotiation and administration, BNA, 7 March 2002, vol. 7, n°5 ; *Labor Relations Reporter*, 3 April 2002, vol. 169, p. 192-194.

[214]. 90% des salariés du secteur privé n'appartiendraient pas à un syndicat et ne seraient donc ni représentés ni couverts par une convention collective, privant ainsi des dizaines de millions de salariés de la possibilité de faire entendre leur voix au sein de l'entreprise. Constat rapporté par B. E. KAUFMAN, D. LEWIN, « Is the NLRA still relevant to today's economy and workplace ? », *Labor Law Journal*, September 1998, vol. 49, n°7, p. 1113-1126.

[215]. Ace titre, v. 1ère Partie, Titre 1, Chapitre 1, *supra*.

[216]. « *Supervisors* ». Section 2(3) du NLRA.

[217]. « *Managers* ». NLRB v. Bell Aerospace Co. Div. Of Textron, Inc., 416 *U.S.* 267, 94 *S.Ct.* 1757. Cela permet à certains employeurs imaginatifs de redéfinir les postes pour permettre à certains salariés d'entrer dans la catégorie des managers plutôt que dans celle des salariés, et les priver ainsi de tout droit à la représentation collective conféré par le NLRA. Il en serait de même de la frontière entre salariés et travailleurs indépendants, exclus du champ d'application du NLRA. Sur ce dernier point, notamment, M.C. HARPER, « Defining the economic relationship appropriate for collective bargaining », *Boston College Law Review*, 1997-98, vol. 39, p. 333-344.

[218]. Par exemple, NLRB v. Yeshiva University, 444 *U.S.* 672 (1980), où la Cour Suprême a considéré que les membres du corps enseignant d'une université privée qui participaient activement au développement et à la mise en œuvre de la politique de l'Université, devaient être considérés comme des « managers » et, en conséquence, être exclus de la protection du NLRA. Dans cette décision, le juge Powell, restituant l'opinion de la Cour, a indiqué que le NLRA « *avait pour objectif de satisfaire le type de relation entre salariés et direction prévalant dans les hiérarchies pyramidales de l'industrie privée* » (444 *U.S.* 672 à 680). Le Juge Brennan ajouta : « *l'organisation industrielle typique est une structure décisionnaire purement hiérarchique* » (opinion contraire, 444 *U.S.* 696).

Les salariés n'ont pas spécialement à exprimer ou à faire valoir une opinion indépendante sur l'organisation de leur travail et encore moins sur la direction de l'entreprise. Ceci est l'apanage d'un groupe distinct, celui de la direction. En outre, les employeurs tendent de plus en plus à encourager les salariés à s'impliquer dans leur travail [219], à formuler des propositions sur son organisation et parfois à en prendre la responsabilité. Il en résulte un rapprochement et quelques fois une confusion des rôles entre certains salariés, appelés à prendre des décisions, et le personnel de maîtrise, voire avec le personnel d'encadrement. Or, le NLRA et la jurisprudence du NLRB et des Cours fédérales continuent à établir une stricte délimitation entre salariés et direction.

Dans une décision NLRB v. Health Care & Retirement Corp. of America de 1994 [220], la Cour Suprême a ainsi étendu le statut de personnel d'encadrement ou maîtrise (« supervisor ») aux salariés qui exercent une de leurs fonctions « *dans l'intérêt de l'employeur* ». En pratique, cela revient à admettre que tout salarié qui a la responsabilité, d'une façon incidente, de diriger d'autres salariés, entre dans la catégorie du personnel d'encadrement. La conséquence directe de cette décision est l'exclusion du champ d'application du NLRA de tous les salariés participant aux nouvelles formes de représentation des salariés. Elle renforce la dichotomie entre salariés et employeur [221].

**975.** Un autre frein à la mise en place du dialogue social, en pratique, se retrouve dans la détermination de l'unité appropriée de négociation [222]. Celle-ci revient au NLRB, sur la base de l'identification d'une « communauté d'intérêts » entre les salariés. La détermination de cette unité doit idéalement permettre une représentation efficace et ciblée des salariés qui la composent. Or, employeurs et syndicats n'ont, à cet égard, pas les mêmes intérêts.

L'employeur préférera une unité de négociation large qui permet de limiter les interlocuteurs et par là même les négociations et les risques de grève. Le syndicat pourra préférer que les salariés ayant des intérêts spécifiques soient représentés d'une façon indépendante et répartis entre plusieurs petites unités de négociation distinctes. L'objectif est souvent de permettre plus de négociation et la possibilité de se servir de ce qui a été négocié dans une unité pour obtenir une harmonisation vers le haut pour les autres.

Le nombre et le poids des salariés dans la structure de l'entreprise comptent également. Selon la valeur économique qu'ils représentent, les syndicats souhaiteront obtenir ou non leur rattachement aux autres salariés, afin de renforcer leur poids dans les négociations. En général, plus le syndicat représente des groupes diversifiés de salariés, plus il augmente ses chances d'obtenir des concessions de la part de l'employeur.

Le résultat est parfois une absence d'adéquation entre le niveau de représentation, de négociation et celui de la prise de décision.

En pratique toutefois, ce souci d'accéder à une négociation efficace est dépassé par un enjeu à plus court terme qui est l'obtention d'une victoire aux élections. Les enjeux à plus long terme, c'est-à-dire le poids qu'ils auront dans les négociations, font ainsi place à des

---

[219]. « *Employee involvement* ». Sur les nouvelles formes de représentation qui en découlent, v. 1ère Partie, Titre 1, Chapitre 2, *supra*.

[220]. 114 *S.Ct* 1778 (1994).

[221]. Faisant le constat que de plus en plus de salariés se voient confier des responsabilités dans le cadre de leur travail journalier (35% des salariés interrogés), atténuant les frontières entre salariés et direction, la Commission Dunlop préconisait à ce titre, dans son rapport final précité [*Commission Dunlop on the Future of Worker-Management Relations*, December 1994], que le champ d'application du NLRA soit reconsidéré de manière à réduire la différence de traitement entre les salariés d'un côté et le personnel de maîtrise (« *supervisors* ») et d'encadrement (« *managers* ») de l'autre, et permettre ainsi aux salariés de ne pas perdre les garanties données par le NLRA à cause des responsabilités qu'ils pourraient acquérir. Aucune suite n'a été donnée à ces propositions. La Cour Suprême s'est prononcée, entre-temps, sur la charge de la preuve en cette matière en décidant que la partie se prévalant de l'application du statut de superviseur doit en apporter la preuve. NLRB v. Kentucky River Community Care, Inc., 121 *S. Ct*. 1861 (Sup. Ct. 2001).

[222]. Sur cette notion, v. 1ère Partie, Titre 1, Chapitre 2, *supra*.

considérations beaucoup plus terre à terre de part et d'autre. Si tel groupe de salariés soutient le syndicat qui a demandé à ce que soient organisées des élections, l'employeur tendra à avancer des arguments pour faire en sorte que ce groupe de salariés soit exclu de l'unité de négociation et qu'il n'ait aucune voix dans les élections. Inversement, si ce groupe de salariés est ouvertement opposé au syndicat, l'employeur cherchera à l'inclure dans l'unité de négociation, afin qu'il vote contre sa représentation par le syndicat. Le syndicat adoptera le raisonnement et la démarche inverses, peu important l'unité de négociation qui pourra en résulter [223].

Ainsi, même si le NLRB applique ses propres critères pour déterminer l'unité de négociation appropriée, sa décision est largement prise sur la base des éléments de faits qui lui sont soumis par les parties, employeur et syndicats. Les critères retenus par ces derniers sur le court terme, en vue de gagner les élections, déterminent alors généralement le cadre des relations collectives qui s'exerceront dans l'entreprise sur le long terme. Cela ne sert pas forcément au mieux les intérêts des salariés. Dans un système adversarial, où employeur et syndicats s'opposent au sein de l'entreprise, ils en oublient le véritable enjeu et la raison des élections, à savoir la représentation des salariés pour permettre que leur voix soit entendue et, dans la mesure du possible, prise en compte.

**976.** Un dernier frein à l'effectivité du dialogue social en droit américain consiste dans l'impossibilité en droit, pour les nouvelles formes de représentation des salariés, de discuter des sujets réservés à la négociation collective [224], à moins que les salariés ne soient représentés par un syndicat. Cette interdiction est dictée à la base par un souci de protection des salariés. Le choix d'être représentés et d'assurer ainsi leur indépendance dans les négociations, vis-à-vis de leur employeur, est un moyen également de canaliser les conflits de travail. Il a cet effet pervers de les obliger à être représentés par un syndicat pour pouvoir discuter de sujets qui les concernent directement, sans que leurs préoccupations spécifiques puissent être prises en compte.

Les dispositions du NLRA restreignent, en ce sens, la liberté des salariés, en les empêchant de choisir un mode de représentation moins formel. Elles permettent cependant de garantir l'indépendance de l'interlocuteur de l'employeur, représentant les salariés. Le maintien et l'encouragement de ce système d'exclusivité et d'indépendance dans la représentation des salariés par la jurisprudence et l'absence de volonté de légiférer pour permettre une plus grande autonomie dans les formes de représentation des salariés témoignent encore, s'il en est besoin, de la force du principe adversarial dans les relations collectives aux États-Unis.

La place réservée aux syndicats dans le NLRA, qui leur assure l'exclusivité de la négociation, est pourtant limitée par le rôle que la jurisprudence leur confère, en pratique. Celle-ci définit les sujets de négociation en se limitant à une lecture stricte de la liste donnée par la section 8 (d) du NLRA. Elle exclut ainsi des négociations la plupart des décisions de restructuration en général, pourtant à fortes conséquences pour les salariés, et les décisions de transfert d'entreprise, en particulier. Or, l'étendue des droits du syndicat dépend de la distinction faite par la jurisprudence entre sujets obligatoires de négociation et sujets non

---

223. Pour avoir un tableau complet de la situation, il faudrait ajouter les tensions qui peuvent se développer entre les représentants des syndicats au niveau local et leurs dirigeants au niveau national sur les orientations et objectifs de négociation. Le Professeur A. HYDE, *in* « Democracy in collective bargaining », *Yale Law Journal*, 1984, vol. 93, n°5, p. 793-856, préconise à ce titre que ce soit les membres des syndicats locaux et non les dirigeants nationaux des syndicats qui assurent le contrôle du processus de négociation au niveau de l'entreprise, afin de passer d'un système « élitiste » à un système « démocratique » et faire en sorte que la négociation collective corresponde plus aux attentes des salariés. Cela correspond globalement aux choix stratégiques de la nouvelle fédération de syndicats « Change to Win » créée fin 2005 aux Etats-Unis. http://www.changetowin.org.

224. A savoir, la rémunération, le temps de travail et les autres termes et conditions d'emploi [NLRA, article 8(d)].

obligatoires de négociation. Cette distinction détermine l'étendue de l'obligation et la distinction corrélative entre négociation sur la décision elle-même ou sur ses seules conséquences à l'égard des salariés. Elle conditionne les droits du syndicat à la négociation.

**977.** Les décisions du NLRB et des Cours fédérales aboutissent à cet ironique résultat d'encourager la flexibilité au nom de l'efficacité économique et de la liberté d'entreprendre et de provoquer, corrélativement, la perte d'emploi de nombreux salariés. Aboutissant à un constat implacable d'inégalité entre les parties en faveur de l'employeur, certains auteurs plaident pour une autre interprétation des dispositions du NLRA. Ils encouragent une meilleure implication des salariés dans la prise de décision, au besoin par la voie législative. Selon eux, la question de la définition du niveau d'implication des salariés à la prise de décision serait plus de la compétence du législateur que des juges [225].

Appelée à se prononcer sur l'obligation de l'employeur de négocier dans un cas de fermeture partielle d'une entreprise, la Cour Suprême a ainsi rappelé, dans sa décision First National Maintenance de 1981 [226] que, « *en établissant les questions qui devaient être soumises à la négociation collective, le Congrès n'attendait pas que les représentants du syndicat élus deviennent un partenaire à part égale* [227] *dans la direction de l'entreprise dans laquelle les membres du syndicat sont employés* ». Elle a également indiqué, dans cette même décision, que « *la direction doit être libérée des contraintes relatives au processus de négociation dans la mesure où cela est indispensable à la conduite d'affaires rentables* ».

**978.** Il semble ainsi que la pratique s'éloigne de l'esprit des textes [228]. Les employeurs cherchent le plus souvent à s'assurer qu'aucun de leur salarié ne soit représenté par un syndicat, de façon à conserver une entière liberté dans la prise de décision [229]. Les salariés qui enfreignent cette règle implicite sont généralement considérés comme déloyaux. Ils s'exposent

---

[225]. Notamment: T. COLLINGSWORTH, « Resurrecting the National Labor Relations Act – Plant closings and runaway shops in a global economy », *Berkeley Journal of Employment and Labor law*, 1993, vol. 14, p. 72-112 ; J. B. ZIMAROWSKI, « The viability of the collective bargaining process: corporate transformations as unchanneled bargaining power », *Hofstra Labor Law Journal*, Spring 1986, vol. 3, n°2, p. 137-203.

[226]. First National Maintenance Corp. v. NLRB, 452 *U.S.* 666, 107 *L.R.R.M.* 2705 (1981). Sur cet arrêt, v. 1ère Partie, Titre I, chapitre II, *supra*.

[227]. « *Equal partner* ».

[228]. K. E. KLARE, « Judicial deradicalization of the Wagner Act and the origins of modern legal consciousness, 1937-1941 », *Minnesota Law Review*, 1978, vol. 62, n°3, p. 265-339. L'auteur considère, d'une façon radicale, qu'un certain nombre de décisions ont été cruciales au procédé d' « émasculation judiciaire » du système mis en place par la loi Wagner (p. 292-293) : « *l'insipide état actuel du militantisme social en Amérique (...), est le résultat d'un travail de sapement régulier opéré par le pouvoir judiciaire de ce qu'il aurait pu être, et de ce qui aurait du être, une transformation radicale du capitalisme américain, en investissant la classe ouvrière de droits de propriété considérables* ».

[229]. Il est à noter à ce titre le développement croissant des formes d'acquisition du capital de la société par les salariés et parfois par les syndicats (« *Employee Stock Ownership Plans* » ou « *ESOP* »). Celles-ci se font, le plus souvent au prix du renoncement de tout ou partie des plans de retraite des salariés en échange d'actions ou de participation aux futurs profits de la société. L'AFL-CIO recommande aux personnes intéressées par ces formes de participation de s'assurer qu'ils pourront faire entendre leur voix au sein de l'entreprise concernée (« *vote their stock* »), ce que bon nombre d'ESOP ne prévoient pas. « Guidelines for Employee Stock Ownership Plans », *IUD Digest*, Washington D.C., April 1986. (IUD = Industrial Union Department de l'AFL-CIO). Une estimation à fin 1985 évaluait à plus de sept millions les salariés (la plupart non représentés par un syndicat) couverts par environ 4.000 ESOP. E. M. KASSALOW, « Concession bargaining : towards new roles for American unions and managers », *International Labour Review*, 1988, vol. 127, n°5, p. 581-582. Voir également, S. ESTREICHER, D. G. COLLINS (ed. by), *Labor Law and business change: theoretical and transactional perspectives*, Quorum Books, 1988, p. 267-281.

à des représailles de la part de leur employeur, en dépit de l'interdiction légale des menaces et autres intimidations ou sanctions liées à l'appartenance syndicale [230].

La formule consacrée est que « les employeurs ont le syndicat qu'ils méritent ». Cela implique que si les employeurs traitent leurs salariés d'une manière suffisamment équitable, les salariés n'auront aucune raison de vouloir être représentés par un syndicat. Au lieu d'être un moyen reconnu et admis par tous d'impliquer les salariés dans la prise de décision, la négociation collective devient pour les salariés un « antidote » à l'incompétence ou à la rigueur excessive de leur employeur. La conséquence immédiate est la chute du nombre de salariés représentés par un syndicat aux États-Unis [231].

**979.** En outre, et face à la complexité de la jurisprudence, employeurs et syndicats sont bien souvent incapables de connaître, par avance, les limites de leurs prérogatives [232]. L'employeur doit décider ou non de soumettre sa décision à la négociation collective tout en ignorant si le NLRB considèrera la matière comme un sujet obligatoire de négociation. Le syndicat devra, de même, décider d'utiliser ou non ses moyens de pression pour essayer d'influencer l'employeur, dans le même contexte. Chacun d'eux est exposé au risque d'une sanction pour pratique déloyale de travail [233].

---

[230]. Afin de dissuader les salariés de se syndiquer, les employeurs mettent également généralement en avant les contraintes qu'impliqueraient pour les salariés leur syndicalisation, c'est à dire : le paiement de cotisations, la soumission aux règles et à la discipline des représentants du syndicat, l'implication dans la politique du syndicat, la possibilité d'être appelé à faire grève ou à participer à un piquet de grève et un recours plus formel à la négociation collective au lieu et place d'une communication directe avec les salariés. Cf. R. J. ADAMS, « The North American model of employee representational participation: a hollow mockery », *Comparative Labor Law Journal*, 1993-1994, vol. 15, p. 7. L'auteur considère que les élections des représentants des salariés sont devenues « *un concours entre employeurs et syndicats pour conquérir le cœur et l'esprit des salariés impliqués ; un concours dans lequel les employeurs ont un avantage considérable à cause de l'autorité et du contrôle qu'ils maintiennent sur leurs salariés* ». C'est précisément ce à quoi entendait remédier le projet de loi *Employee Free Choice Act of 2007* [HR 800], lequel prévoyait (sec. 2 « Streamlining union certification ») la possibilité d'une accréditation du syndicat par le NLRB – sans procéder à l'organisation d'élections - dès lorsqu'une majorité des salariés d'une unité appropriée ont choisi le syndicat en question pour les représenter, en l'absence de syndicat déjà accrédité ou reconnu par l'employeur dans l'unité en cause. http://www.employeefreechoiceact.org

[231]. Cf. l'article de R. J. ADAMS précité, p. 9, lequel en conclut que « *ces développements sont diaboliques. Une loi ardemment réclamée par les syndicats a été refaçonnée en un instrument qui est efficacement utilisé pour leur destruction. Ces développements n'ont pas seulement eu pour résultat la légitimation de l'opposition de l'employeur à la démocratie industrielle, mais ils ont également tout fait sauf de rendre possible le développement d'une contre-stratégie efficace par les syndicats* ». L'auteur vise en cela la stabilité procurée aux syndicats par l'accréditation. Ce procédé confortable les empêcherait, selon lui, de réclamer une modification de la loi. Les derniers chiffres de l'AFL-CIO disponibles font état d'une baisse du taux de syndicalisation dans les entreprises en 2006 (12% des actifs contre 12,5% en 2005). Chiffres disponibles sur le site internet de l'AFL-CIO : http ://www.aflcio.org. Pour des études récentes comparées sur la question, notamment : J. VISSER, « Union membership statistics in 24 countries », *Monthly Labor Review*, January 2006, vol. 129, n°1, p. 38-49 ; M. CARLEY, *Evolution de la syndicalisation de 1993 à 2003*, 5 juillet 2004, 27 p., pour l'Observatoire Européen des Relations Industrielles. http://www.eurofound.europa.eu/eiro

[232]. La neutralité du NLRB est également mise en cause, notamment par la Labor Policy Association (LPA), en particulier la politisation de la procédure de nomination de ses membres. La LPA préconise à ce titre que les affaires de pratiques déloyales de travail soient directement confiées aux Cours fédérales cf. en ce sens, D. V. YAGER (publié par la LPA), *NLRB : Agency in crisis*, 1996, 161 p.

[233]. Consistant principalement en un paiement de rappels de salaire et en une obligation de négocier pour l'employeur et en des sanctions disciplinaires pour les salariés grévistes.

De là à ce que certains auteurs préconisent une re-conceptualisation de l'opposition entre employeur et salariés [234], il n'y a qu'un pas, que le législateur américain n'a pas encore franchi. Celle-ci soulèverait, à l'évidence, la question de la redéfinition du rôle des syndicats en droit américain. Il s'agit néanmoins d'une bien trop improbable entreprise lorsque l'on considère que les parties en cause sont satisfaits du système actuel et l'inertie qui en découle [235].

**980.** La place des salariés dans la prise de décision est, quel que soit le système juridique étudié, une place en retrait, que cela soit sur le terrain du contrôle de la décision du chef d'entreprise en droit français ou sur celui de ses conséquences en droit anglais et américain. Le droit français se distingue toutefois en institutionnalisant la consultation des représentants du personnel au stade de la prise de décision de transfert. Les droits anglais et américain réservent à la concertation les seuls sujets qui ont traits aux conditions de travail et à l'emploi. Il ne s'agit en aucun cas d'un partage des pouvoirs.

Le concept même de participation des salariés à la prise de décision recouvre des définitions différentes selon que le système juridique consacre un système formel, comme en droit français, ou volontaire, comme en droit anglais et américain.

### *3. La place des salariés dans les organes de direction de l'entreprise*

**981.** Le droit français est le seul des trois systèmes juridiques compris dans notre étude à permettre aux salariés d'être représentés dans l'organe de direction de l'entreprise. Les droits anglais et américain sont des droits de pure négociation. Ils ne réservent aucune place à la participation du personnel à la gestion de l'entreprise en dehors de ce que les parties conviennent. Le contrôle que chacun des systèmes juridiques permet aux représentants du personnel en est-il différent ?

#### a) Droit français : une participation à effet limité

**982.** En dehors de l'obligation d'information et de consultation du comité d'entreprise sur l'opération projetée, le droit français prévoit trois séries de dispositions de nature à favoriser la représentation et la participation des salariés aux organes de direction de l'entreprise [236]. Celles-ci permettent la participation directe des salariés ou de leurs représentants au sein même des organes de direction de l'entreprise.

---

[234]. Expression empruntée à Ch. FRIED, *in* « Individual and collective rights in work relations : reflections on the current state of labor law and its prospects », *University of Chicago Law Review*, 1984, p. 1038. La Commission Dunlop avait, par exemple reconnu le besoin de nouveaux développements afin de permettre aux employeurs et aux salariés de coopérer « *dans des voies qui contribueront, d'une façon optimale, à la croissance économique, à des résultats compétitifs et à la réalisation de normes sociales* ». Elle admettait ainsi que le système adversarial devait être dépassé, une des priorités pour y parvenir étant de « *réduire l'hostilité* ». *Commission Dunlop on the Future of Worker-Management Relations*, December 1994, p. 16-23.

[235]. Une telle inertie se constate dans les entreprises dans lesquelles les salariés sont représentés, parce qu'elles ont appris à maîtriser la législation en vigueur. Elle se constate également dans les entreprises dans lesquelles les salariés ne sont pas représentés, parce que le système actuel leur fournit une justification morale à leur volonté de garder les syndicats en dehors de l'entreprise. Les syndicats la cautionnent parce que le NLRA leur permet puissance et stabilité par le biais de l'accréditation. Enfin, il n'y a pas non plus d'appel soutenu à une réforme du système actuel dans l'opinion publique. R. J. ADAMS, « The North American model of employee representational participation: a hollow mockery », *Comparative Labor Law Journal*, 1993-1994, vol. 15, p. 13-14. La scission récente de l'AFL-CIO par le retrait de trois importants syndicats (le SEIU, les Teamsters et l'UFCW) pourrait cependant redynamiser le mouvement syndical aux Etats-Unis. Ces trois syndicats, qui représentent à eux seuls 4,6 millions de membres, et qui pourraient être rejoints par d'autres syndicats, ont formé une nouvelle coalition nommée « Change to Win » dont l'objectif déclaré est de relever le taux de syndicalisation aux Etats-Unis. http://www.changetowin.org.

[236]. M. GERMAIN, « Les structures de l'entreprise et le droit du travail », *Droit Social*, 2005, n°2, p. 129-132.

**983.** La principale de ces dispositions impose la représentation des salariés à toutes les séances du conseil d'administration ou de surveillance, selon le cas, par l'intermédiaire de représentants désignés par le comité d'entreprise parmi ses membres [237]. Ces représentants doivent être régulièrement convoqués à chaque réunion du conseil d'administration ou du conseil de surveillance. L'absence de convocation entraîne un risque de poursuite pour délit d'entrave au fonctionnement régulier du comité d'entreprise. Il en est de même de toute délibération du conseil pris hors leur présence, dès lors que ceux-ci ont répondu à la convocation. Les droits des délégués du comité d'entreprise en ce domaine sont très proches de ceux du comité d'entreprise informé et consulté sur le projet de décision. Les délégués sont en effet informés. Ils se voient communiquer les mêmes données écrites que les membres du conseil d'administration ou de surveillance. Ils ont aussi une voix consultative. Ils peuvent demander des explications au conseil sur l'opération projetée, lequel doit formuler une réponse motivée.

Ils ne prennent pas plus part à la décision que le comité d'entreprise lui-même [238]. Tout juste peuvent-ils, à nouveau, exprimer l'avis du comité d'entreprise sur l'opération projetée et en discuter directement au sein de l'organe de direction pour tenter d'influencer les membres du conseil d'administration ou de surveillance qui n'ont pas pris part aux réunions du comité d'entreprise, avant que ceux-ci ne prennent une décision définitive sur le projet [239]. Leur présence aux réunions du conseil d'administration ou de surveillance permet également et surtout au comité d'entreprise de s'assurer, par l'intermédiaire de ses délégués, que l'information qui lui est donnée sur l'opération projetée est conforme à celle discutée au sein de l'organe de direction et qu'il est bien consulté préalablement sur toutes les décisions concernant la marche générale de l'entreprise qui pourraient être prises en conseil d'administration ou en conseil de surveillance, dans la limite de ses attributions.

**984.** Depuis les ordonnances du 21 octobre 1986 [240], les sociétés anonymes ont également la faculté d'introduire dans leurs statuts des dispositions prévoyant que des administrateurs élus par les salariés siègeront avec voix délibérative au conseil d'administration ou de surveillance. L'initiative appartient à l'assemblée générale extraordinaire des actionnaires de la

---

[237]. Article L.432-6 du code du travail.

[238]. Un arrêt du Tribunal de commerce de Paris du 16 juillet 1976 a ainsi déclaré irrecevable une action en annulation déposée par les représentants du comité d'entreprise au conseil d'administration qui alléguaient n'avoir pas été suffisamment informés et en conséquence n'avaient pas pu donner un avis utile. Le tribunal de Commerce a, en effet, considéré, que ceux-ci n'avaient pas de droits distincts de ceux du comité d'entreprise dont ils s'avéraient n'être que les délégués, arrêt rapporté par C. PUIGELIER, « Comité d'entreprise – attributions en matière économiques et financières », *Juris-classeur*, Travail, Fasc. 15-21, n°111.

[239]. N. CATALA, *L'entreprise*, Dalloz 1980, n°744, remarque, à propos du rôle de ces délégués, qu' « *il n'est pas exceptionnel que ce rôle soit celui d'une figuration muette* » ; F. BLANQUET, « Considérations relatives à la place du salarié dans les organes de la société anonyme », *JCP*, G, 1973, I, 2560, reproduisant les propos de G. LYON-CAEN, selon lequel on ne peut pas véritablement parler de participation des salariés aux organes de direction de l'entreprise. Celle-ci existe uniquement « *lorsque les travailleurs prennent, soit directement, soit par l'intermédiaire de leurs représentants, une certaine part dans l'élaboration des décisions qui les concernent* ».

[240]. Ordonnances n°86.1134 et 86.1135 du 21 octobre 1986, relative à l'intéressement et à la participation des salariés aux résultats de l'entreprise et à l'actionnariat des salariés et modifiant la loi de 1966 sur les sociétés commerciales (dispositions insérées aux articles 97-1 et s. et 137-1 et s. de la loi de 1966), *J.O.* 23 octobre 1986, p. 12771 et 12775.

société [241]. Les administrateurs élus par les salariés doivent être actionnaires et titulaires d'un contrat de travail avec la société ou l'une de ses filiales dont le siège social est situé en France[242]. Le nombre des salariés appelés à siéger au conseil d'administration ou de surveillance est limité tant en valeur absolue qu'en proportion des autres administrateurs [243]. Il s'ajoute aux administrateurs nommés par l'assemblée des actionnaires [244]. Leur statut est le même que celui des autres administrateurs, à cette différence prêt qu'ils ne peuvent pas être révoqués *ad nutum*, mais seulement pour une faute commise dans l'exercice de leur mandat. Cela leur assure une certaine stabilité et une sécurité qui peut se justifier par le lien de subordination existant avec l'entreprise et l'absence d'indépendance qui en découle pour eux [245].

Les administrateurs élus par les salariés ont vocation à participer directement à la prise de décision. Ils ont, contrairement aux délégués du comité d'entreprise au conseil d'administration ou de surveillance, une voix délibérative.

Pour autant, leur influence sur la prise de décision ne peut être que limitée en pratique. Ils ne peuvent être qu'une minorité au conseil d'administration. En outre, la possibilité de les faire participer à l'organe de direction est réservée aux sociétés anonymes [246]. Les actionnaires conservent ainsi, en droit et en pratique, la maîtrise de la gestion de la société.

**985.** En dernier lieu, la loi relative aux nouvelles régulations économiques de 2001, dite loi NRE [247], a aménagé et renforcé sensiblement les droits de représentation et d'information du comité d'entreprise au sein des sociétés par actions [248]. Elle favorise l'accès du comité

---

[241]. Indépendamment de cette faculté de nommer des salariés comme administrateurs dans les sociétés anonymes, la loi de modernisation sociale a introduit l'obligation, pour l'assemblée générale des actionnaires, de nommer un ou plusieurs administrateurs salariés au sein des conseils d'administration ou de surveillance des sociétés dès lors que les salariés détiennent au moins trois pour cent du capital social (article L. 225-23 du code de commerce, tel que modifié par l'article 217 de la loi n°2002-73 du 17 janvier 2002). Cette obligation, qui concerne les seuls salariés actionnaires, n'est toutefois pas encore entrée en vigueur faute de décret venant préciser les modalités de désignation de leurs représentants.

[242]. Articles L. 225-27 et L.225-28 du code de commerce. Le mandat d'administrateur élu par les salariés est incompatible avec tout mandat de délégué syndical, de membre du comité d'entreprise, délégué du personnel ou de membre du comité d'hygiène, de sécurité et des conditions de travail de la société (article L.225-30 du code de commerce). Ce contrat doit être antérieur de deux années au moins à leur nomination, sauf si la société est constituée depuis moins de deux ans, et correspondre à un emploi effectif (article L.225-22 du code de commerce).

[243]. Leur nombre ne peut dépasser quatre, ou cinq pour les sociétés cotées, et le tiers du nombre des autres administrateurs en fonction (article L.225-27 du code de commerce).

[244]. Article L.225-27 al. 2 du code du commerce.

[245]. Cette révocation ne peut être prononcée, autre particularité, que par décision du président du tribunal de grande instance statuant en référé, à la demande de la majorité des membres du conseil d'administration (article L.225-32 al. 2 du code de commerce). De même, la rupture du contrat du salarié administrateur doit être (à moins d'une démission) prononcée par le bureau de jugement du conseil de prud'hommes statuant en référé (article L.225-33 du code de commerce). La rupture du contrat de travail met fin au mandat d'administrateur (article L.225-32 al. 1 du code de commerce).

[246]. Pour des développements sur cette question, notamment, A. COURET, « La participation des salariés à la gestion des sociétés anonymes (ordonnance du 21 octobre 1986) », *Bulletin des Sociétés*, 1986, p. 987-995 ; A. LE FEVRE, « La participation des salariés aux conseils d'administration ou de surveillance des sociétés anonymes : le régime institué par l'ordonnance n°86-1134 du 21 octobre 1986 », *Revue des Sociétés*, 1986, p. 189-201.

[247]. Loi n°2001-420 du 15 mai 2001, *J.O.* 16 mai 2001.

[248]. Pour des commentaires à ce sujet, notamment, le dossier consacré à la loi NRE, *in Droit et Patrimoine*, n°98, novembre 2001, p. 49 et plus particulièrement N. VIGNAL, « Les nouveaux pouvoirs du comité d'entreprise », *ibid.*, p. 68-73 ; dossier spécial « Nouvelles régulations économiques – étude de la loi du 15 mai 2001 » , *Revue des Sociétés*, juillet – septembre 2001, n°3, p. 501-732 ; F. TAQUET, « La loi sur les nouvelles régulations économiques, l'amélioration des conditions d'information des comités d'entreprise », *JCP*, G, 2001, Actualité, p. 1357 ; T. BRUN, « De certains aspects de droit des sociétés et des fusions-acquisitions au regard des prérogatives du comité d'entreprise issues de la loi NRE », *Le Juriste*,

d'entreprise aux assemblées des actionnaires en prévoyant la possibilité pour le comité d'entreprise de requérir l'inscription de projets de résolutions à l'ordre du jour des assemblées et d'y être représenté par deux de ses membres. Cela inclut la possibilité pour les représentants du comité d'entreprise d'être entendus, à leur demande, lors de toutes les délibérations requérant l'unanimité des associés [249]. Le comité d'entreprise a également, depuis cette loi, le droit de demander en justice la désignation d'un mandataire chargé de convoquer l'assemblée en cas d'urgence, au même titre qu'un actionnaire [250].

**986.** L'intervention du comité d'entreprise directement auprès de l'assemblée générale des actionnaires ou du conseil d'administration est-elle susceptible de permettre une participation efficace du comité d'entreprise à la prise de décision ? Tout dépend en réalité de la signification donnée au mot « participation ».

Si participer signifie prendre part au processus décisionnel, il est certain que la loi confère au comité d'entreprise de plus en plus de prérogatives en ce domaine. Elle lui permet non seulement d'avoir accès à la même information que les actionnaires mais également d'obtenir toutes les explications et éclaircissements qu'il juge nécessaire sur l'opération projetée. Il peut les demander, non seulement après avoir reçu une information du chef d'entreprise sur le projet qu'il lui soumet mais également de sa propre initiative, avant même que le chef d'entreprise décide de communiquer au comité d'entreprise sur son projet. Il détient un véritable pouvoir d'enquête sur la gestion de l'entreprise. Une enquête éclairée qui plus est, si l'on considère les moyens mis à sa disposition pour lui permettre de traiter et de tirer partie de l'information qu'il reçoit du chef d'entreprise. Il s'agit d'un contrôle renforcé sur la prise de décision qui peut être assimilé à de la participation.

Si participer signifie, au contraire, collaborer et coopérer à la décision qui serait prise conjointement par le chef d'entreprise et le comité d'entreprise ou les représentants des salariés au conseil d'administration, il est clair qu'il ne saurait en être question en droit français [251], sauf à ce qu'un tel régime participatif se mette en place d'une façon volontaire au sein de l'entreprise. Ce système n'est d'ailleurs pas souhaité par les organisations syndicales qui craignent que les délégués aux organes de direction perdent leur rôle de défenseur des intérêts des salariés.

---

décembre 2001/Janvier 2002, p. 2-7 ; M. COHEN, « Les attributions économiques des comités d'entreprise depuis la loi sur les régulations économiques », *Droit Ouvrier*, février 2002, p. 55-58 ; R. VATINET, « De la loi sur les nouvelles régulations économiques à la loi de modernisation : une montée en puissance du comité d'entreprise ? », *Droit Social*, 2002, n°3, p. 286-297. S'interrogeant sur l'efficacité des nouveaux mécanismes mis en place par ces deux lois, l'auteur déplore que « *le comité d'entreprise ne se voit reconnaître aucun autre pouvoir réel que de ralentir tous les processus de prise de décision* » (p. 297) ; L. MILET, « Droits du comité dans les assemblées générales », *Revue Pratique de Droit Social*, octobre 2002, n°690, p. 319-320.

[249]. Article 99 de la loi n°2001-420 du 15 mai 2001, introduit à l'article L.432-6-1.II du code du travail. Les délibérations prises à l'unanimité sont toutefois rares, en pratique.

[250]. Article L.432-6-1.I du code du travail.

[251]. Cf. L'annexe 3 du rapport AUROUX de 1982 : « *les formules de cogestion et de cosurveillance .. ne peuvent convenir à la réalité des rapports sociaux et économiques du secteur privé* ». L'expérience allemande semble toutefois témoigner du contraire. Pour des développements sur la cogestion allemande, voir, notamment X. HERLIN, *Les expériences allemandes de cogestion*, thèse, Paris 1958, 282 p. ; Pour une étude de droit comparé, F. BLANQUET, « Considérations relatives à la place du salarié dans les organes de la société anonyme », *JCP*, G, 1973, I, n°2560 ; K. HOPT, « Problèmes fondamentaux de la participation en Europe. Bilan de droit comparé : appréciation des législations sur la participation des salariés dans les communautés européennes », *Revue Trimestrielle de droit Commercial*, 1981, p. 401-428 ; T. SCHULTEN, S. ZAGELMEYER, *Board-level employee representation in Europe*, 28 septembre 1998, 40 p., et l'étude « Corporate Governance systems and the nature of industrial restructuring », Septembre 2002, pour l'Observatoire Européen des Relations Industrielles, http://www.eurofound.europa.eu/eiro.

**987.** Un modèle de participation qui assurerait une meilleure intervention des représentants des salariés à l'égard des décisions affectant la marche générale de l'entreprise, et plus spécialement des décisions concernant les transferts d'entreprises, est peut-être à rechercher dans d'autres législations, même si le droit français ne l'exclut pas [252].

En droit anglais et américain [253], seule la négociation collective peut limiter les prérogatives de la direction. Toute idée de co-gestion ou de participation institutionnelle est impensable[254].

### b) Droit anglais : l'encouragement de l'optimisation du travail

**988.** Le droit anglais ne prévoit pas la représentation obligatoire des salariés au conseil d'administration des entreprises.

La participation des salariés à la prise de décision n'existe pas en droit anglais. Il n'en existe que des formes indirectes, constituées au bon vouloir de l'employeur et permettant, par exemple, l'extension du champ d'application de la négociation collective ou encore la désignation de salariés - administrateurs [255].

Cette dernière forme de participation a été encouragée par le gouvernement anglais dans les années 60 et 70 [256]. Quelques cas isolés et expérimentaux de représentation volontaire des salariés au sein des organes de direction ont été rapportés, notamment dans les industries qui étaient nationalisées à l'époque, à savoir les industries de l'acier, du charbon, les chemins de fer et les postes. Ces expériences se sont révélées peu concluantes en pratique.

En effet, ces salariés - administrateurs étaient isolés des autres administrateurs parce qu'ils n'avaient pas la formation nécessaire. Ils l'étaient également des syndicats et des salariés qui les regardaient avec suspicion. Ils ne pouvaient, bien souvent, en outre, donner leur avis que lorsqu'ils en étaient priés et n'avaient pas les mêmes pouvoirs que leurs collègues. La perception générale au Royaume-Uni reste que tout changement dans le mode de direction des entreprises, en vue d'une plus grande participation des salariés, ne peut se faire que par le biais de la négociation collective [257].

---

[252]. L'article L.434-12 du code du travail prévoit, en effet, que les dispositions du code du travail sur le fonctionnement du comité d'entreprise « *ne font pas obstacle aux dispositions concernant le fonctionnement ou les pouvoirs du comité d'entreprise qui résultent d'accords collectifs ou d'usage* ». A ce sujet, notamment, G. BORENFREUND, « La licéité des accords relatifs au droit syndical et à la représentation du personnel », *Droit Social*, 1992, n°11, p. 893-901.

[253]. Pour une étude comparative pratique entre le système anglais et le système américain de participation des salariés, lire le chapitre réservé à cette question dans l'ouvrage de J. HYMAN, B. MASON, *Managing employee involvement and participation*, Sage publications, 1995, p. 120-143.

[254]. Le texte de transposition en droit anglais de la directive 2001/86/CE complétant le statut de la société européenne pour ce qui concerne l'implication des travailleurs ne l'exclut toutefois pas. *The European Public Limited-Liability Company Regulations* 2004, schedule 3, part. 3 « standard rules for participation ».

[255]. « *Workers directors* ».

[256]. Voir en particulier le *Report of the Committee of Inquiry on Industrial Democracy* (Bullock Committee), HMSO, (1977), lequel considérait que même une représentation minoritaire aux conseils d'administration « *donne aux salariés un éclairage précieux sur le processus de développement et de détermination de la politique de l'entreprise au plus haut niveau et l'accès aux informations de la direction* », lesquels peuvent ensuite « *être utiles aux salariés et à leurs syndicats dans les discussions et les négociations avec la direction à d'autres niveaux de l'entreprise* » (rapport Bullock, p. 93). Sur ce rapport, lire néanmoins l'analyse pessimiste de O. KAHN-FREUND, « Industrial Democracy », *Industrial Law Journal*, 1977, p. 65-84.

[257]. Cf. *Report of the Committee of Inquiry on Industrial Democracy* (Bullock Committee), HMSO, (1977), précité ; P.L. DAVIES, « Employee representation on company boards and participation in corporate planning », *Management Law Review*, 1975, vol. 38, p. 254-273. Soulignant l'interdépendance entre le droit du travail et le droit des sociétés en cette matière, l'auteur constate, notamment, qu'une représentation efficace des salariés aux conseils d'administration ne supposerait pas seulement la désignation obligatoire d'un certain nombre d'administrateurs-salariés aux conseils d'administration des sociétés et qu'un certain nombre de sièges leur soit réservé, mais également certain changements

Les organisations professionnelles ne semblent d'ailleurs pas, d'aucun côté, encourager cette forme de représentation. Du côté des salariés, le TUC [258] soutient il est vrai cette idée, mais il n'a entrepris aucune action spécifique pour la promouvoir. Du côté patronal, la matière suscite peu d'intérêt. La tendance est d'admettre que la désignation de salariés - administrateurs doit être discutée au niveau de chaque entreprise. Il revient à l'entreprise de décider de mettre ou de ne pas mettre en place une telle forme de participation des salariés à la prise de décision [259], la forme la plus encouragée de participation du salarié dans la vie de l'entreprise étant, depuis le début des années 80, l'implication du salarié [260].

**989.** Ainsi, depuis 1982 [261], les sociétés de droit anglais de plus de deux cent cinquante salariés doivent indiquer dans leur rapport annuel de gestion les actions qu'elles ont mises en œuvre pour promouvoir la participation des salariés au sein de leur entreprise. Elles doivent, en particulier, décrire les démarches qu'elles ont entreprises, maintenues ou développées, de façon à promouvoir la participation des salariés dans les matières portant non seulement sur l'information, la communication entre la direction et les salariés et la consultation, mais également sur la sensibilisation à l'activité économique de la société et la participation financière des salariés à la société.

L'objectif de l'introduction de telles dispositions était à l'époque de permettre à l'industrie britannique d'être plus compétitive en améliorant la relation entre employeurs et salariés et en veillant à ce que la prise de décision ait lieu avec l'adhésion de ces derniers. La loi n'avait cependant prévu aucune sanction à l'encontre des contrevenants.

**990.** Le discours est resté inchangé depuis. La participation des salariés est toujours perçue comme un moyen de permettre l'engagement et la motivation des salariés au travail et partant, d'assurer la réussite économique de l'entreprise [262]. Employeurs et syndicats de salariés s'opposent cependant sur la meilleure forme à donner à la participation. Les premiers plaident pour une communication directe entre direction et salariés pris individuellement ou par petits groupes pour leur permettre de participer plus activement à la façon dont leur travail est organisé, par le biais de cercles de qualité, groupes de résolutions de problèmes, etc. Ceux-ci nécessitent la transformation des systèmes classiques de communication et l'accès des salariés à des programmes de formation appropriés. Les seconds préfèrent la voie de la négociation collective, seule capable, à leurs yeux, de promouvoir la démocratie au sein de l'entreprise [263].

**991.** Ces deux conceptions de la participation des salariés à la gestion de l'entreprise sont radicalement différentes.

La première tend plus à impliquer les salariés dans l'amélioration de leur travail et de la productivité de l'entreprise qu'à une réelle participation des salariés à la prise de décision.

---

fondamentaux en droit anglais des sociétés dans la façon dont le conseil d'administration est traditionnellement supposé fonctionner.

[258] *Trades Union Congress.*

[259]. Opinions retranscrites dans l'étude précitée de T. SCHULTEN, S. ZAGELMEYER, *Board-level employee representation in Europe*, 28 septembre 1998, p. 24, pour l'Observatoire Européen des Relations Industrielles.

[260]. « *Employee involvement* ».

[261]. Depuis *l'Employment Act* (EA) 1982, remplacé depuis par le *Companies Act* 1985 et 2006. Pour un aperçu de l'évolution législative et des débats sur l'information et la participation des salariés en Grande-Bretagne, notamment : D. PURDY, « Information and the participation of employees in Great-Britain », *l'Information des salariés au Royaume-Uni et en France*, Centre d'Histoire des Idées dans les Iles Britanniques, Presses de l'Université de Paris-Sorbonne, 1993, p. 33-60.

[262]. Cf. Confederation of British Industry, *Guidelines for action on employee involvement*, London, CBI, 1979 (CBI 1979 : 6) et *Prospering in the global economy*, London CBI, 1997 (CBI 1997 : 11).

[263]. « *Industrial democracy* ».

L'idée déclarée que le « consensus » remplace la « confrontation » [264] relève, en pratique, d'une nouvelle forme de communication plutôt que d'une réelle participation à la prise de décision.

La seconde, vise à promouvoir la négociation collective au sein de l'entreprise afin que les salariés, par l'intermédiaire de leurs représentants, puissent influer sur la prise de décisions les concernant tant du point de vue économique que du point de vue social. Cette conception n'en reste pas moins centrée uniquement sur la négociation collective. Elle ne vise pas la participation à la prise de décision à proprement parler. Cette dernière ne semble pouvoir être atteinte, par ce biais, que par l'élargissement des sujets pouvant faire l'objet de négociation entre employeur et syndicats en dépassant la seule matière traditionnelle de négociation, à savoir la rémunération [265].

Leur différence amène certains auteurs à distinguer entre les mesures visant à l'implication des salariés, leur adhésion aux valeurs et aux objectifs de l'entreprise et à l'optimisation du travail dans l'entreprise [266] de celles visant à leur participation à la prise de décision [267]. Seul le deuxième type de mesure est susceptible de permettre aux salariés d'avoir une influence sur les décisions stratégiques importantes de l'entreprise, en dehors du schéma classique de la négociation collective, plus limitée dans les sujets qu'elle concerne. Il y aurait une échelle de gradation dans la communication et l'implication des salariés au travail allant de la simple information au contrôle en passant par la communication, la consultation, la négociation et la co-détermination [268].

**992.** En marge du système traditionnel de relations collectives au Royaume-Uni, basé sur un système adversarial opposant employeur et syndicats, sont ainsi à l'étude de nouvelles formes de conduite et d'expression des relations collectives dont le but est d'encourager une meilleure coopération ou un partenariat entre employeurs et syndicats [269]. Elles se développent à proportion de la pression politique de la Communauté européenne qui tend à institutionnaliser, au Royaume-Uni, une forme permanente de représentation des salariés dans l'entreprise, rendue obligatoire en droit interne depuis la transposition de la directive établissant un cadre général relatif à l'information et à la consultation des travailleurs dans la Communauté européenne [270].

Dans cette approche, employeurs et syndicats ont toutefois des craintes différentes à concilier. Pour les employeurs celle de perdre la liberté de diriger leur entreprise. Pour les syndicats celle de perdre leur indépendance et leur identité distincte. Seules une communication et une consultation efficaces entre eux peuvent les dépasser [271].

---

[264]. « Partnership agreements », *IDS Study*, October 1998, n° 656, p. 3.

[265]. Cf. D. FARNHAM, *Employee relations in context*, The Chartered Institute of Personnel and Development, 2000, p. 208. L'auteur propose à ce titre deux voies pour y parvenir : soit une voie volontaire, par le biais de la négociation entre employeur et représentants des salariés au niveau de l'entreprise (« *bottom-up process* »), soit une voie plus interventionniste, par l'action du législateur ou la définition d'accords collectifs cadres entre employeurs et confédérations syndicales (« *top-down process* »).

[266]. « *Employee involvement* ».

[267]. « *Employee participation* ».

[268]. Pour un résumé des différentes positions existantes à ce sujet, notamment, M. SALAMON, *Industrial relations – Theory and practice*, Pearson Education, 2000, p. 369-410.

[269]. « *Partnership* ».

[270]. Directive 2002/14/CE du 11 mars 2002 (*J.O.C.E.*, L 80, 23 mars 2002, p. 29) transposée en droit anglais, à effet du 6 avril 2005, par *The Information and Consultation of Employees* (ICE) *Regulations* 2004, *SI* 2004/3426. Sur cette réglementation voir 1ère Partie, Titre 1, Chapitre 2, *supra*.

[271]. Le Transport and General Workers Union (TGWU) a d'ailleurs émis des lignes directrices de négociation en cette matière, à l'intention de ses syndicats affiliés en précisant, dans le contexte de l'introduction dans l'entreprise de formes d'implication ou de participation des salariés, que : (i) tous les aspects de l'implication ou de la participation des salariés devraient faire l'objet de négociation avec le syndicat, (ii) les représentants du personnel salariés devraient être choisis en lien avec les représentants

**993.** La participation serait limitée dans la phase préalable de la décision, à un moment où la possibilité d'avoir un impact sur la décision elle-même est la plus grande. Elle augmenterait dans la phase de mise en œuvre de la décision, où une telle possibilité est beaucoup plus réduite. Elle ne permettrait, en l'état actuel du droit anglais, que d'influencer et d'améliorer le processus de mise en œuvre des changements stratégiques, résultant de la décision prise, à défaut d'aider à déterminer et à définir les changements stratégiques à intervenir, qui restent l'apanage de la direction [272].

### c) Droit américain : une participation cantonnée à la négociation

**994.** A l'instar du droit anglais, le droit américain ne fait aucune place aux salariés dans les organes de direction de l'entreprise. En dehors des formes d'implication purement volontaires des salariés à la gestion de l'entreprise, dans des domaines strictement délimités par l'employeur et sans qu'il leur soit permis de traiter de sujets normalement réservés à la négociation collective, le droit américain prévoit une stricte séparation entre les salariés et la direction [273].

Dans tous les ouvrages de droit social américain, la notion de participation des salariés à la direction de l'entreprise [274] renvoie invariablement aux règles entourant la négociation collective. Le droit américain fait du syndicat majoritaire représentant les salariés dans l'unité de négociation, l'intermédiaire obligé et exclusif entre les salariés et l'employeur dès lors que sont abordés - et que l'on dépasse le domaine de la simple communication d'information - des sujets affectant directement la vie des salariés au travail. La participation des salariés à la prise de décision passe, en droit américain, par la négociation collective. Cela a pour effet de priver bon nombre de salariés, ceux qui ne sont pas représentés par un syndicat, d'un moyen sinon de participer à la prise de décision, du moins de faire entendre leur voix [275].

**995.** L'entreprise appartient à ses actionnaires. La décision revient à celui qui prend le risque de la conduite de l'entreprise et accepte la responsabilité d'en organiser les ressources. L'objectif de l'entreprise est la conduite d'activités commerciales dans le but de maximiser les profits et le gain des actionnaires. Très peu de place est faite aux salariés dans cette conception de l'entreprise économique [276]. Le NLRA rappelle d'ailleurs, dans son préambule,

---

des syndicats, (iii) les groupes de travail devraient avoir lieu en présence d'un salarié syndiqué (« shop steward »), et que (iv) en aucun cas, de tels systèmes ne devraient permettre de diminuer la composition de la représentation syndicale ni le système de négociation collective dans l'entreprise. « Employee involvement and the trade unions », *IRS Employment Trends*, March 1990, n°459, p. 3.

[272]. Opinions rassemblées par M. SALAMON, *Industrial relations – Theory and practice*, Pearson Education, 2000, p. 378-380.

[273]. Ce système adversarial reflèterait pour beaucoup la « *libre lutte pour la vie* » (« free struggle for life ») décrite en son temps par le juge Holmes comme « *l'éternel conflit entre l'effort de tout homme pour obtenir le meilleur possible de son travail, et celui de la société, déguisée sous le nom de capital, pour avoir son travail au moindre coût* ». Vegelahn v. Guntner, 167 *Mass.* 92, 44 *N.E.* 1077, 1081 (1896).

[274]. « *Workplace governance* ».

[275]. Notamment, Ch. FRIED, « Individual and collective rights in work relations: reflections on the current state of labor law and its prospects », *University of Chicago Law Review*, 1984, p. 1028-1029. Pour l'auteur, le contraste entre droits individuels et droits collectifs est lié à l'histoire de la loi Wagner, elle-même fortement liée à celle du mouvement syndical aux Etats-Unis.

[276]. Les salariés n'ont de même aucun rôle en droit des affaires américain (prééminence des actionnaires). Voir à ce sujet : H. L. PITT et P. M. SHERMAN, « Labor unions in corporate takeovers », *The Labor Lawyer*, Spring 1991, vol. 7, p. 287-310 ; K. GREENFIELD, « The place of workers in corporate law », *Boston College Law Review*, March 1998, vol. 39, n°2, p. 283-297. L'auteur observe (p. 285) que « *en tout état de cause, l'enseignement principal à retenir est que le droit des affaires – et par extension les praticiens du droit des affaires – ne s'encombre pas beaucoup des vies, des intérêts et des préoccupations des salariés* ». Il s'insurge, en particulier, contre le fait que la direction de l'entreprise n'ait à rendre de compte (« fiduciary duties ») de ses décisions qu'à l'encontre des actionnaires et milite pour que les salariés soient représentés au conseil d'administration ou qu'ils participent à la désignation des administrateurs de la société dans laquelle ils travaillent.

que son intervention est motivée par des considérations strictement commerciales [277], en ces termes : « *Il est par la présente, déclaré être la politique des États-Unis de supprimer les causes de certains barrages substantiels apportés au libre flux du commerce, de réduire et d'éliminer ces barrages lorsqu'ils existent en encourageant la pratique et le processus de négociation collective* (...) ».

**996.** Les formes de participation des salariés au conseil d'administration des sociétés en droit américains ne peuvent, dans ce contexte, qu'être volontaires. Elles sont rares.

Un des cas de participation du syndicat, représentant des salariés au conseil d'administration, le plus rapporté à ce jour est celui de la société Chrysler, dans le cadre de ses négociations avec le syndicat United Auto Workers (UAW) entre 1979 et 1984. Il était très controversé à l'époque à cause des conflits d'intérêts qu'il impliquait. Il avait conduit la direction, en échange d'un gel des salaires, à prendre toute une série de mesures assez inusuelles dans l'industrie américaine. Étaient ainsi prévus des plans d'intéressement et de stock options pour les salariés, une fois que la société générerait à nouveau des profits. Le président de l'UAW, Douglas Fraser, avait également été invité à participer au conseil d'administration de la société en 1980 [278]. D'autres expériences ont depuis été menées au sein d'entreprises américaines. Elles restent toutefois généralement cantonnées aux sociétés en difficultés financières, notamment dans le secteur de l'acier et des transports routiers et aériens [279].

**997.** Certains auteurs se sont interrogés sur la possibilité d'introduire un système de représentation des salariés aux organes de direction des entreprises américaines. Ils ont identifiés trois séries d'obstacles à sa mise en place aux États-Unis [280].

**998.** D'abord, les obstacles tenant à la représentation des salariés eux-mêmes. Ceux-ci bénéficient déjà d'une forme de représentation collective assurée par le principe de la représentation exclusive des salariés par le syndicat majoritaire. Le choix des salariés appelés à représenter leurs pairs, au conseil d'administration de l'entreprise, devrait donc tenir compte du système de représentation collective existant en droit américain. Ce système étant

---

[277]. La relation de travail serait vue d'un point de vue économique plutôt que politique. Pour certains auteurs, cela aiderait à légitimer l'opposition des employeurs aux syndicats et à la négociation collective. Le résultat obtenu serait contraire à l'objectif visé par le législateur, c'est-à-dire la co-détermination des conditions d'emploi comme partie intégrante de la gestion d'une entreprise. R. J. ADAMS, « The North American model of employee representational participation: a hollow mockery », *Comparative Labor Law Journal*, 1993-1994, vol. 15, p. 6-7.

[278]. Pour une vue complète des négociations entre les trois constructeurs et l'UAW entre 1979 et 1984, notamment : D. E. CULLEN, « Recent trends in collective bargaining in the United States », *International Labour Review*, May – June 1985, vol. 124, n°3, p. 299-302. Voir également le témoignage positif de Douglas Fraser sur cette expérience *in* « Worker participation in corporate government : the U.A.W. – Chrysler experience », *Chicago-Kent Law Review*, 1982, vol. 58, n°4, p. 949-980.

[279]. Pour des développements, notamment : R. B. MOBERLY, *Worker participation in the direction of the enterprise : the american model of collective bargaining*, étude présentée lors de la conférence sur le droit social du 29 juin au 1er juillet 1984 à Park City, Utah, ed. The labour law Group, 1985, p. 204-243. L'auteur estime que cette forme de représentation volontaire peut permettre aux syndicats d'obtenir l'information à laquelle ils ne peuvent généralement pas accéder en application de la jurisprudence du NLRB et des tribunaux et de représenter efficacement les salariés (p. 214).

[280]. Obstacles résumés par C. W. SUMMERS, « Codetermination in the United States : a projection of problems and potentials », *Journal of Comparative Corporate Law and Securities Regulation*, 1982, vol. 4, p. 155-191. Sur cette question, lire également M. H. GOTTESMAN, « In despair, starting over : imagining a labor law for unorganized workers », *Chicago-Kent Law Review*, 1993, vol. 69, n°1, p. 59-96, extrait rapporté par S. ESTREICHER, S. J. SCHWAB, *Foundations of labor and employment law*, Foundation Press, 2000, p. 388-392 ; M. O'CONNOR, « Labor's role in the american corporate governance structure », *Comparative Labor Law & Policy Journal*, Fall 2000, vol. 22, n°1, p. 97-133, n° spécial consacré au thème « Employees and corporate governance ».

impropre en lui-même à assurer la représentation des salariés lorsqu'aucun syndicat n'obtient la majorité au sein de l'entreprise, la condition de la représentation de tous les salariés, qu'ils soient représentés par un syndicat ou non devrait être assurée. Ce rôle reviendrait vraisemblablement au NLRB, afin que la légitimité et la crédibilité des représentants des salariés aux conseils d'administration des sociétés soient assurées. La mise en place d'un tel système de co-détermination supposerait néanmoins qu'employeur et représentants des salariés reconnaissent qu'ils partagent des intérêts communs, la survie et la croissance de l'entreprise. Ils chercheraient à résoudre les problèmes en abandonnant la confrontation et partant, le schéma classique du système adversarial.

**999.** Ensuite, des obstacles existent qui tiennent à l'entreprise elle-même, à savoir le rôle dévolu au conseil d'administration de la société en droit américain et la place que devraient prendre les représentants des salariés en son sein. L'obstacle le plus souvent cité à ce titre est le conflit d'intérêts dans lequel les représentants des salariés seraient placés en participant au conseil d'administration de la société. En effet, un des principes fondamentaux en droit américain est que les mandataires sociaux entretiennent une relation fiduciaire à l'entreprise et ont à son égard un devoir de loyauté. D'où l'impossibilité théorique souvent rappelée, pour un représentant des salariés, de siéger au conseil d'administration, partagé entre son devoir vis-à-vis des salariés (préserver l'emploi) et à l'égard de la société (préserver et augmenter les profits) [281]. A cet argument pourrait être opposé le fait que les membres du conseil d'administration représentent souvent des intérêts bien distincts qu'ils sont chargés de promouvoir au sein du conseil, que cela soit les actionnaires, les investisseurs, etc. Ils sont, eux aussi, potentiellement exposés à des conflits d'intérêts lorsqu'ils doivent décider, au sein du conseil d'administration, de matières dans lesquelles ils ont un intérêt direct. Le droit américain fait donc déjà face à ce type de conflit. Il pourrait le faire aussi pour les représentants des salariés.

Plus préoccupant, le conseil d'administration ne fait, bien souvent, en pratique, qu'entériner les décisions prises par les cadres dirigeants de l'entreprise, auxquels il ne ferait que prodiguer des conseils. Le conseil d'administration ne serait donc pas le nerf directeur des politiques et stratégies de l'entreprise. Il ne ferait qu'entériner des décisions déjà prises. Cet état de fait remettrait en cause le principe même que sous-tend la co-détermination dans l'entreprise, à savoir la participation des salariés à la prise de décision, si toutefois le droit américain devait admettre et consacrer leur représentation au conseil d'administration des sociétés. S'oppose à cela la propension grandissante des tribunaux à considérer les mandataires sociaux comme responsables des décisions prises au sein de l'entreprise. Les tribunaux sanctionnent les manques éventuels de contrôle et le non respect des principes de gouvernement des entreprises propres à privilégier la présence au sein des entreprises d'observateurs tiers [282], membres du conseil d'administration, chargés d'exercer supervision et contrôle sur les décisions prises au sein de l'entreprise. Les représentants des salariés pourraient, semble t-il, trouver une place efficace, dans ce cadre.

**1000.** Enfin, les obstacles tenant à la libre concurrence entre entreprises. Ces obstacles sont liés à la présence de personnes tierces à l'entreprise, les représentants des organisations syndicales, au sein des conseils d'administration des sociétés appartenant à la même branche d'activité. Ici encore, les moyens d'assurer la confidentialité des informations divulguées au sein des conseils d'administration devraient être trouvés.

---

[281]. Voir le chapitre réservé à cette question par S. ESTREICHER, D. G. COLLINS (ed. by), *Labor Law and business change: theoretical and transactional perspectives*, Quorum Books, 1988, p. 115-137.

[282]. « *Outside directors* ».

**1001.** Ces obstacles ne semblent pas infranchissables, pourvu que le législateur décide, au niveau fédéral, de fixer les contours et les limites de la représentation des salariés au conseil d'administration des sociétés. La mise en place d'un tel système permettrait aux salariés non représentés par un syndicat de faire entendre leur voix. Elle autoriserait aussi ceux qui sont représentés d'en faire de même, pour les décisions concernant la marche générale de l'entreprise et les opérations de restructuration du type de celle des transferts d'entreprises, alors qu'elles échappent à l'heure actuelle, largement dans leur principe, à la négociation collective en droit américain.

La représentation des salariés au conseil d'administration permettrait également aux syndicats d'obtenir des informations utiles sur l'entreprise et d'ajuster au mieux leurs revendications dans le cadre des négociations collectives. Un système adversarial basé sur la confrontation, cèderait la place à un dialogue effectif entre partenaires à la négociation ayant des intérêts communs [283]. Cela reviendrait néanmoins, pour le droit américain, à admettre que les salariés peuvent occuper la même place que les actionnaires, au sein de l'entreprise pour une combinaison du capital et du travail que les esprits ne sont pas prêts à reconnaître.

## SECTION II
## LES SANCTIONS DU MANQUEMENT À L'OBLIGATION DE CONCERTATION DE L'EMPLOYEUR

**1002.** A défaut d'être véritablement impliqués dans la prise de décision et d'en assurer le contrôle, les représentants du personnel disposent des outils juridiques que la loi met à leur disposition pour sanctionner les manquements de l'employeur à son obligation de concertation. La directive communautaire prévoit depuis 1998, dans le cadre de ses dispositions finales, que « *les États membres introduisent dans leur ordre juridique interne les mesures nécessaires pour permettre à tous les travailleurs et représentants de travailleurs qui s'estiment lésés par le non-respect des obligations découlant de la directive de faire valoir leurs droits par voie juridictionnelle après, éventuellement, le recours à d'autres instances compétentes* » [284].

Des mesures efficaces sont-elles prises en droit français, anglais et américain pour permettre aux représentants du personnel ou aux salariés d'obtenir réparation en cas de manquement du cédant ou du cessionnaire à leur obligation de concertation ?

**1003.** Chacun de ces systèmes juridiques a une acception différente du rôle de la sanction. Seul le droit français admet la mise en cause de la responsabilité du chef d'entreprise en cas de manquement à son obligation de concertation. A la différence du droit américain, et dans une moindre mesure, du droit anglais, qui lui reconnaissent généralement une fonction réparatrice, le droit français confère à la sanction une nature punitive et permet la suspension de la procédure de concertation en cas de saisine du juge des référés par les représentants du personnel lorsqu'est constatée la violation manifeste de leur droit à concertation. Cette différence se retrouve dans l'étude des sanctions que ces trois systèmes juridiques consacrent qu'il s'agisse de mesures préventives ou de remise en état (§ 1) ou de sanctions punitives ou indemnitaires, une fois la violation des droits à concertation consommée (§ 2).

---

[283]. Le risque existe toutefois que le jeu des confrontations utilisé au niveau de la négociation collective soit transposé au niveau du conseil d'administration lui-même, ce qui aurait pour conséquence d'écarter les représentants des salariés du véritable processus de prise de décision. Cf. C. W. SUMMERS, « Codetermination in the United States: a projection of problems and potentials », *Journal of Comparative Corporate Law and Securities Regulation*, 1982, vol. 4, p. 166.

[284]. Directive 2001/23/CE, article 9.

## §1. LES SANCTIONS A PRIORI DE LA VIOLATION DE L'OBLIGATION DE CONCERTATION

**1004.** Le droit anglais est le seul des trois systèmes juridiques étudiés à ne pas avoir prévu de mesures propres à assurer la suspension d'une opération qui contreviendrait à l'obligation de concertation pesant sur l'employeur (B). Pour autant ces mesures, lorsqu'elles existent, permettent seulement de retarder l'opération sans l'interdire. Leur efficacité est incontestée en droit français (A). Lorsqu'elles sont prononcées, elles frappent par leur vigueur en droit américain même si elles ont plus une nature réparatrice que dissuasive (C).

### A. LA VÉRITABLE ARME DES REPRÉSENTANTS DU PERSONNEL EN DROIT FRANÇAIS

**1005.** Les représentants du personnel, à défaut de droit de *veto*, peuvent recourir aux tribunaux, avant la mise en œuvre de la décision, afin de se voir communiquer des compléments d'information. Ils peuvent également demander la suspension des effets de la décision, jusqu'à ce qu'ils soient régulièrement informés et consultés. C'est dans cette sanction *a priori* de la violation par l'employeur de son obligation de concertation que les représentants du personnel prennent la mesure de leur véritable pouvoir en droit français.

#### *1. L'injonction*

**1006.** Les représentants du personnel, le comité d'entreprise, le plus souvent, peuvent saisir le juge des référés afin de se voir communiquer des compléments d'information sur l'opération envisagée [285]. Ils peuvent aussi obtenir la prorogation de délais propres à leur permettre le prononcé d'un avis motivé sur le projet de l'employeur [286], la désignation d'un expert ou la remise de documents et d'informations que ce dernier a sollicité [287]. L'intervention du juge des référés, par la voie de l'injonction, peut se concevoir à tous les stades de la procédure de concertation. Elle permet le plus souvent au comité d'entreprise d'obtenir l'accès aux documents originaux à partir desquels l'information lui est communiquée par le chef d'entreprise. L'injonction sanctionne la violation du droit à l'information des représentants du personnel.

---

[285]. Par exemple : TGI Paris, 17 mars 1976, et CA Paris 8 mai 1976 : *Action Juridique CFDT*, 1979, n°7, p. 4, où le juge des référés a ordonné, dans le cadre d'une fusion, la communication au comité central d'entreprise du traité d'apport et de ses annexes.

[286]. Par exemple : Cass. soc 16 avril 1996, n°93-15.417, S.A. Sietam Industries c/ CCE Sietam Industries, *Bull. civ.* V, p. 113, n°163 ; *Droit Social*, 1996, n°5, p. 484, note A. LYON-CAEN ; *RJS*, 5/96, n°559. En l'espèce, le comité central d'entreprise était consulté sur un projet de recomposition du capital social du groupe. Le comité ne s'estimant pas assez informé avait sollicité et obtenu du juge des référés (confirmé en appel) la communication sous astreinte de documents (les comptes-rendus d'audit et divers documents sur l'évaluation comptable du prix de cession) et le report de son avis (de juillet à septembre). La Cour de cassation, rejetant le pourvoi de la société, a rappelé que « *une juridiction de référé peut reporter la réunion de consultation pour avis du comité lorsque le délai fixé à cette fin ne lui permet pas d'émettre un avis en connaissance de cause* » ; CA Paris 20 septembre 1994, 1ère Ch. 1ère sect., Sté Française de production, *Droit Ouvrier*, février 1995, p. 93, où la Cour d'appel a infirmé une ordonnance de référé qui avait fixé la date de la réunion du comité d'entreprise et son ordre du jour, en dépit de l'insuffisance de l'information communiquée dont se plaignait ce dernier.

[287]. Cass. soc. 17 février 2004 n°316 F-D, Sté Etablissements Jean Richard Ducros c/ CCE de la Sté Jean Richard Ducros et a.: non publié au Bull. civ. ; *RJS*, 6/04, n°714. En l'espèce, la demande d'information s'exerçait dans le cadre de l'examen annuel des comptes.

## *2. La suspension judiciaire de la procédure*

**1007.** La sanction la plus efficace logiquement est la suspension des procédures en cours jusqu'au complet respect des règles méconnues. Par la voie de la procédure d'urgence [288], le comité d'entreprise pourra obtenir en justice l'exécution de l'obligation de l'employeur dans des délais permettant de préserver l'utilité de son intervention et éventuellement sous astreinte. Il faut, pour ce faire, que l'existence de l'obligation ne soit pas contestable, c'est à dire qu'il n'y ait aucun doute sur la nécessité de consulter le comité d'entreprise. Dans le cadre d'un référé de mise en état, il doit exister un trouble manifestement illicite ou un dommage imminent à ne pas prendre les mesures immédiates qui s'imposent.

**1008.** La décision patronale peut être suspendue pour permettre la communication de compléments d'information demandés par le comité d'entreprise ou encore le report d'une réunion, pour permettre au comité d'entreprise d'examiner l'information qui lui est transmise ou le rapport d'expert demandé et formuler un avis motivé sur le projet qui lui est soumis. Plusieurs ordonnances de référé ont été rendues en ce sens entraînant la suspension d'opérations décidées en violation des obligations de concertation [289], éventuellement sous

---

[288]. Par la voie du référé classique en cas d'urgence, sur le fondement de l'article 808 du Nouveau Code de procédure civile, ou du référé de mise en état, sur le fondement de l'article 809 du Nouveau Code de procédure civile. Sur la procédure de référé, voir : C. GIVERDON, « Référés », *Juris-classeur*, Procédure civile, vol. 4, Fasc. 230 à 239 ; S. GUINCHARD (sous la direction de), *Droit et pratique de la procédure civile*, Dalloz, 2006/2007, n°323.00 et s., p. 584 et s. ; B. BOUBLI, « Conseil de Prud'hommes – Juridictions du travail », *Juris-classeur*, Procédure civile, vol. 5, Fasc. 432 ; J. BUFFET, « Conseil de Prud'hommes – Formation de référé », *Juris-classeur*, Procédure civile, vol. 5, Fasc. 438. Plus particulièrement en matière de relations collectives de travail : M. COHEN, « Le recours au juge des référés pour faire suspendre une décision irrégulière de l'employeur », *Revue Pratique de Droit Social*, septembre 1998, n°641, p. 283- 291 ; M.-A. de MONAGHAN, « Quelques exemples récents de jurisprudence sur l'intervention du juge des référés dans le déroulement de la procédure de consultation du comité d'entreprise », *Droit du travail et de la Sécurité sociale*, n°12, 1er décembre 1994, p. 3-4 ; Y. FROMONT et M. RIVA, « A propos des pouvoirs du juge des référés en matière de relations collectives de travail », *Revue juridique des barreaux*, n°52-53, 1er juillet 1998, p. 41-47.

[289]. Avec pour effet, par exemple, la suspension à titre conservatoire d'un projet de transfert d'activité et la reprise de la procédure d'information et de consultation du comité d'entreprise, dès lors que les juges du fond avaient constaté que l'employeur n'avait pas utilement consulté le comité d'entreprise en ne lui fournissant pas toutes les informations nécessaires : Cass. soc. 25 juin 2002, n°2130 FS-P, Sté Honeywell c/ CCE de la Sté Honeywell et autre (1er moyen) : *Bull. civ.* V, n°217, p. 210 ; *RJS*, 10/02, n°1144. En l'espèce, la Cour a ordonné la remise des parties en l'état et la réintégration au sein de la société des 37 salariés qui avaient été transférés en violation des droits du comité d'entreprise ; Cass. soc. 23 janvier 1990, Sté Bendix Electronics c/ Fédération des travailleurs de la métallurgie CGT et a.: *Bull. civ.* V, n°20, p. 13. En l'espèce, la Cour de cassation a reconnu au comité de groupe de la régie Renault et à ses syndicats la possibilité de saisir le juge des référés d'une demande tendant à obtenir l'interdiction de toute mesure pouvant rendre irréversible la cession, par la régie Renault, des actions qu'elle détenait au sein d'une filiale à une société filiale d'un groupe américain, au double motif que le comité de groupe est doté d'une possibilité d'expression collective pour la défense des intérêts dont il a la charge et qu'il a, dans le cadre de la mission dont il est investi, « *qualité pour contester en justice une mesure qui a pour effet de modifier la composition du groupe* » ; TGI Nîmes, 1ère ch. civile, 14 mars 2005, Comité d'établissement de la Source Perrier c/ SA Nestlé Waters France. Constatant l'irrégularité de la procédure de consultation du comité d'établissement de la source Perrier, le TGI a ordonné la reprise de la procédure de consultation, après transmission par Nestlé Waters d'un certain nombre de documents et réponses motivées à observations, dans un délai suffisant, ainsi que la suspension du projet de filialisation au niveau de l'établissement de Vergèze Source Perrier, jusqu'à l'issue de la consultation ; Cass. soc. 12 juillet 2005, Comité central d'entreprise Sté Air France c/ Sté Air France : non publié au Bull. civ.; *Droit Ouvrier*, mars 2006, p. 130, note M. COHEN. L'employeur devait consulter le CHSCT préalablement à une décision de transfert d'une partie de l'activité de la société à une de ses filiales, dès lors qu'il impliquait un déménagement. C'est à bon droit que le juge des référés a décidé de suspendre l'opération jusqu'à ce que cette consultation intervienne ; Cass. soc. 5 décembre 2006 n°2873 FS-PB, Société AXA France Vie et Société AXA France IARD c/ Fédération des employés et cadres FO :

astreinte [290]. Peu importent les conséquences pour l'opération projetée, retard ou abandon des partenaires financiers et l'échec de l'opération pour non respect du calendrier. La Cour de cassation a en effet affirmé que « *le caractère provisoire de la décision du juge des référés n'exclut pas que l'application de la mesure qui lui paraît s'imposer pour faire cesser un trouble manifestement illicite soit de nature à produire des conséquences irréversibles* » [291]. Si la nullité de la procédure est prononcée par le juge, la procédure doit être recommencée à ses débuts [292]. La suspension judiciaire permet donc de sanctionner la violation du droit des représentants du personnel à être consultés.

Cette jurisprudence atténue le constat que le comité d'entreprise n'exerce pas de réel contrôle sur la prise de décision. Les mesures de suspension sont le plus souvent – mais pas seulement- prononcées lorsque l'opération comprend des licenciements collectifs. Elles permettent aux partenaires sociaux de gagner du temps, afin qu'ils puissent jouer pleinement leur rôle d'interlocuteur de l'employeur. Elles leur permettent, en outre, d'asseoir leur crédibilité aux yeux non seulement de l'employeur mais également des salariés eux-mêmes[293]. Celles-ci ne permettent cependant aux représentants du personnel que de retarder l'opération, à défaut d'en obtenir l'annulation.

**1009.** Le référé n'est pas l'apanage du comité d'entreprise. L'employeur peut également utiliser cette voie lorsque, dans le seul but de retarder l'opération, le comité d'entreprise diffère abusivement le prononcé de son avis sur le projet qui lui est soumis, alors que l'employeur justifie lui avoir communiqué toute l'information nécessaire et demandée, en temps utile, pour lui permettre d'avoir un avis éclairé sur le sujet [294].

---

*Bull. civ.* V, n°371, p. 356 ; *Droit Social*, 2007, n°2, p. 186, chron. B. GAURIAU, *ibid.*, p. 184-185. En l'espèce il a été fait interdiction à la société, sous astreinte, de mettre en œuvre toute mesure en rapport avec un déménagement avant que l'avis du comité central d'entreprise n'ait été régulièrement recueilli.

[290]. Par exemple : TGI Nanterre, réf. 10 septembre 2004, n°2484, Chaffoteaux et Maury c/ Comité central d'entreprise de Chaffoteaux et Maury : *Semaine Sociale Lamy*, 27 septembre 2004, n°1183, p. 12. En l'espèce, le TGI a fait interdiction à la société de délocaliser une ligne de production au Maroc, sous astreinte de 100.000 euros par jour, pour permettre la poursuite de l'information et de la consultation du comité.

[291]. Cass. civ. 1ère, 18 janvier 1989, la SCEA La Simmonière c/ Syndicat mixte d'aménagement rural de la Drôme (SMARD) : *Bull. civ.*, I, n°30, p. 20 ; *D.*, 1989, I.R., p. 33, à propos de l'octroi d'une provision sur créance impayée à un syndicat mixte d'aménagement rural lequel avait été valablement autorisé par les juges des référés à suspendre ses prestations jusqu'au complet paiement de la provision, au motif que sa créance ne pouvait pas sérieusement être contestée.

[292]. Cass. soc. 16 avril 1996 n°1814 P, S.A. Sietam Industries c/ CCE Sietam Industries, précité.

[293]. Cf. Cass. soc. 18 juillet 2000 n°3699, Société Perrier Vittel France c/ Comité d'établissement de la source Perrier de Vergèze et a.: *Bull civ.* V, n°285, p. 225, précité, où le comité d'établissement et un syndicat avaient assigné la société et obtenu gain de cause devant le juge des référés pour empêcher temporairement l'employeur de poursuivre la procédure de concertation relative au transfert d'activité. La Cour d'appel et la Cour de cassation à sa suite, ont déclaré inopposable aux salariés le changement d'employeur et ordonné l'arrêt de la consultation des représentants du personnel sur ce projet.

[294]. Cass. soc. 4 juillet 2000 n°3206 FS-D, Guerrier c/ LCL France, non publié au Bull. civ. ; *RJS*, 12/00 n°1261 ; P.-H. ANTONMATTEI, « Brefs propos sur la fixation de l'ordre du jour des réunions du comité d'entreprise » : *RJS*, 11/97, p. 738-740 ; CA Paris 14 avril 1999, 1è ch. S, Comité central d'entreprise de la Sté SODIAAL International et autres c/ Sté SODIAAL International et autres : *RJS*, 7/99 n°933. En l'espèce, le juge des référés a pu autoriser les chefs d'entreprise et d'établissement à convoquer les comités sur l'ordre du jour venant dans le prolongement des ordres du jour précédents, afin d'assurer la continuité de la procédure légale, faute pour le comité central d'entreprise et pour le comité d'établissement d'établir l'existence d'une contestation sérieuse sur le caractère complet et loyal de l'information donnée par la société sur un projet de licenciement collectif.

## B. DES MOYENS LIMITÉS POUR LES REPRÉSENTANTS DU PERSONNEL EN DROIT ANGLAIS

**1010.** Le droit anglais, dans le cadre du TUPE, comme le droit américain, n'envisagent la sanction de la violation par l'employeur de son devoir de concertation que comme une mesure de réparation à l'égard des salariés. La sanction est unique et limitée en droit anglais.

Aucun recours n'est prévu en dehors de la possibilité offerte par le TUPE aux représentants du personnel ou, à défaut, aux salariés, de saisir les tribunaux en demande de dommages et intérêts dans la limite de treize semaines de salaire par salarié [295].

**1011.** Le nombre et le caractère limité des moyens de recours offerts aux représentants des salariés et aux salariés eux-mêmes en cas de violation par l'employeur de son obligation d'information et de consultation préalable, en particulier lorsque des licenciements collectifs sont concernés, ont été dénoncés par les syndicats et par la doctrine. Les premiers considèrent ces recours « *extrêmement pauvres, sinon inexistants* » [296]. Les seconds plaident pour une législation plus dissuasive en ce domaine [297].

Il n'y a notamment pas en droit anglais de procédure permettant véritablement au syndicat ou aux représentants élus du personnel, d'obtenir en justice les informations que l'employeur se refuse à donner dans le cadre de la procédure d'information et de consultation [298]. Il n'y a pas non plus, contrairement aux droits français et américain, de possibilité de recours « préventif », permettant de suspendre l'opération en cours jusqu'à ce que syndicat ou représentants du personnel soient régulièrement informés et consultés par l'employeur [299]. L'action en demande de dommages et intérêts par le syndicat ou les représentants du personnel peut toutefois être engagée avant la réalisation du transfert, dès lors que la violation de son obligation par l'employeur est constatée [300].

**1012.** Le montant des indemnités susceptibles d'être versées aux salariés par l'employeur dans le cadre d'un recours contentieux par les représentants du personnel ou le syndicat peut toutefois s'avérer dissuasif dans certains cas, en particulier lorsque des licenciements collectifs sont susceptibles d'intervenir. En témoigne le projet de cession de Rover à Alchemy par BMW en 2000, évoqué dans un chapitre précédent [301]. Le groupe Alchemy était en effet, à l'époque, très impopulaire aux yeux des syndicats de Rover à cause de son intention fermement déclarée de procéder à des réductions d'effectifs, une fois l'acquisition réalisée. Comme aucune consultation n'avait été effectuée par BMW à ce sujet, que ce soit sur le fondement de la législation concernant le transfert d'entreprise ou de celle concernant les procédures de licenciement collectif, les syndicats ont porté devant les tribunaux 28.000

---

[295]. TUPE 1981, reg. 11(11) ; TUPE 2006, reg. 16(3).

[296]. Trade and Industry Committee, 8th Report, BMW and Longbridge (HC 383, 1999-2000), Minutes of Evidence, paragraphe 142, à propos des licenciements annoncés dans la presse par la direction de BMW Rover, avant toute information des représentants du personnel.

[297]. Notamment, S. CAVALIER, *Transfer rights : TUPE in perspective*, The Institute of Employment Rights, December 1997, p. 62 ; S. DEAKIN, G. S. MORRIS, *Labour Law*, Butterworths, 2001, p. 820.

[298]. La procédure doit être menée devant le Central Arbitration Committee (CAC) par un syndicat reconnu par l'employeur (TULRCA 1992, section 183), en l'absence de conciliation devant l'ACAS. Cette procédure est lourde et ne donne généralement pas satisfaction aux syndicats, ce qui explique que peu d'actions sont introduites devant le CAC sur ce fondement. Pour des développements à ce sujet, H. COLLINS, K. D. EWING, A. McCOLGAN, *Labour law – Text and materials*, Hart Publishing, 2001, p. 856 et s. ; H. GOSPEL, G. LOCKWOOD, « Disclosure of information for collective bargaining : the CAC approach revisited », *Industrial Law Journal*, 1999, vol. 28, p. 233 et s.

[299]. Newns v. British Airways plc. [1992] *IRLR* 575 (CA).

[300]. South Durham Health Authority v. UNISON [1995] *ICR* 495, *IRLR* 407 (EAT), où l'EAT a considéré que le délai de saisine de trois mois n'empêche pas le tribunal d'examiner une plainte déposée avant que le transfert ne soit effectivement réalisé.

[301]. 2nd Partie, Titre 1, chapitre 2, *supra*.

demandes de mesures protectrices [302] à l'encontre de BMW, pour le compte des salariés de Rover, ainsi qu'une action pour violation de contrat (convention collective), pour un montant total de 300 millions de livres. Alchemy refusa d'indemniser BMW à ce titre et aucune suite ne fut donnée au projet. Un autre candidat, Phoenix, remporta finalement l'affaire contre des concessions aux syndicats de Rover sur le nombre de salariés licenciés et les conditions de leur départ.

**1013.** La sanction de la violation est en outre modulable. Jusqu'à présent, si la violation de son obligation d'information et de consultation par l'employeur n'entraînait aucun manquement ou préjudice financier pour les salariés, la sanction prononcée par les tribunaux était la plupart du temps minimale voire inexistante [303]. Dans d'autres cas, elle donnait lieu à la condamnation de l'employeur au maximum de la sanction. Il en était ainsi, généralement, lorsque la violation de l'obligation de concertation était évidente ou qu'elle concernait plus spécifiquement l'obligation d'informer et de consulter le syndicat ou les représentants du personnel sur les conséquences du projet à l'égard des salariés [304]. Cet état de fait est remis en cause, dans le contexte des licenciements économiques, depuis un arrêt de la Court of Appeal de 2004 [305]. L'EAT a récemment confirmé que cette approche devait également être suivie dans le contexte d'un transfert d'entreprise [306]. Le sérieux de la violation donnera lieu, en toute hypothèse, à une appréciation au cas par cas des faits de l'espèce par les tribunaux.

**1014.** Signalons également, que le nouveau texte du TUPE prévoit la possibilité pour le cessionnaire d'obtenir réparation du manquement du cédant à son obligation de lui notifier toute information utile sur les droits et obligations des salariés transférés [307]. Plus important, et contrairement au droit français qui ne l'envisage pas, le TUPE prévoit la possibilité d'une responsabilité conjointe et solidaire du cessionnaire pour le paiement des dommages et intérêts que le cédant serait condamné à verser aux salariés, au titre de son manquement à son

---

302. « *Protective awards* ». Sur cette notion, cf. §2 B., *infra*.

303. Pour des exemples, voir : NATTKE v. Rank Leisure Ltd, *COIT* 1388/134, décision par laquelle le syndicat a obtenu la constatation par le tribunal de la violation par l'employeur de son obligation mais pas l'octroi de dommages et intérêts pour les salariés au motif que l'employeur avait essayé de respecter son obligation d'information, même si celle-ci avait été faite tardivement ; NALGO v. British Waterways Board, *COIT* 2034/124, où le tribunal accorda des dommages et intérêts d'un montant de 25 livres à chacun des salariés concernés au motif que même si le manquement de l'employeur avait eu pour effet de priver les salariés de la possibilité de recevoir les conseils de leur syndicat, celui-ci ne pouvait être considéré comme un manquement d'une « *nature sérieuse* » ; Amalgamated Engineering Union v. Permanite Ltd & Runsure Ltd, *COIT* 2069/225, où le tribunal a considéré que l'employeur avait seulement contrevenu à son obligation de notifier l'information au syndicat par écrit, selon les modalités indiquées au TUPE, ce qui n'était « *qu'une simple formalité* » et que bien que le syndicat puisse prétendre à des dommages et intérêts à ce titre, ceux-ci « *pourraient ne pas être très élevés* ».

304. Par exemple : NATTKE v. Andego Enterprises Ltd, *COIT* 1603/80.

305. L'arrêt Susie Radin Ltd v. GMB and ors, [2004] *IRLR* 400, [2004] *ICR* 893 (CA), a rétabli le caractère punitif de la sanction de la violation par l'employeur de son obligation de concertation dans le contexte des procédures de licenciements collectifs.

306. Sweetin v. Coral Racing [2006] *IRLR* 252 (EAT) ; *IDS Employment Law*, Brief 800, March 2006, p. 9-10.

307. TUPE 2006, reg. 12, soit au moins 500 £ par salarié au sujet duquel l'information n'a pas été communiquée, en tout ou partie et selon les modalités fixées par le TUPE, à moins que le tribunal ne considère juste et équitable de lui octroyer un montant inférieur [TUPE 2006, reg. 12(5)]. La proposition de plafonner l'indemnité à un montant de £ 75.000 qui figurait dans le dernier document de consultation publique sur la réforme du TUPE n'a pas été retenue. *TUPE Draft Revised Regulations : Public Consultation Document*, Employment Relations Directorate, DTI, March 2005, URN 05/926, para. 79, p. 33. Elle figure en revanche dans le texte de transposition de la directive 2002/14/CE, sanctionnant les manquements à l'obligation générale d'information et de consultation qu'il introduit en droit anglais. *The Information and Consultation of Employees* (ICE) *Regulations* 2004, Part. VI, 23 (2).

obligation de concertation [308]. Cette nouvelle disposition est susceptible de permettre indirectement aux représentants du personnel de mieux faire respecter leurs droits à information et consultation. Il reste au droit anglais à prévoir une sanction véritablement efficace et dissuasive pour l'employeur contrevenant.

## C. LA CONSÉCRATION DES LARGES POUVOIRS DU NLRB ET DU RECOURS À L'ARBITRAGE EN DROIT AMÉRICAIN

**1015.** Si la sanction est limitée en droit anglais, elle peut être beaucoup plus lourde en droit américain, en particulier lorsqu'au non respect de son devoir de négocier par l'employeur s'ajoute la violation d'une disposition de la convention collective.

Les conflits portant sur la légalité d'une opération de transfert d'entreprise peuvent être résolus par l'intermédiaire de deux procédures bien distinctes en droit américain. Par la voie d'une action en pratique déloyale de travail, lorsque l'employeur a violé son obligation de négocier ou n'a pas fourni les informations nécessaires et demandées par le syndicat. L'employeur peut ainsi être sanctionné et/ou contraint de retourner à la table des négociations par le NLRB. Par la voie contentieuse ou arbitrale, lorsque les parties sont liées par une convention collective et que le syndicat considère qu'une de ses clauses n'a pas été respectée par l'employeur.

### *1. La sanction de la pratique déloyale de travail de l'employeur*

**1016.** Cette sanction est indépendante de l'existence d'une convention collective ou des termes de celle-ci, sous réserve toutefois que le syndicat n'ait pas renoncé à son droit de négocier avec l'employeur.

Traditionnellement, en droit américain, le refus de négocier de la part de l'une ou de l'autre des parties est sanctionné par le prononcé d'une injonction par le NLRB à l'encontre du contrevenant afin qu'il « cesse et renonce » [309] à sa conduite ou à son abstention déloyale et entame des négociations de bonne foi avec l'autre partie.

Le pouvoir du NLRB en cette matière résulte de la section 10 du NLRA selon laquelle le NLRB est autorisé à empêcher toute personne de commettre une pratique déloyale de travail. La section 10(a) l'autorise à étudier les chefs d'accusation et à poursuivre et entendre tous les cas de pratique déloyale de travail. La section 10(c) lui permet d'émettre « *toute injonction exigeant d'une personne qu'elle cesse et renonce à une pratique déloyale de travail et de décider de toute action qui conviendra pour répondre aux principes du NLRA, y compris la réintégration des salariés* [310] *avec ou sans rappel de salaire* ».

Le manquement de l'employeur à son obligation de négocier sur les effets de sa décision l'expose généralement au paiement d'un montant équivalent à deux semaines de salaire par salarié, avec la possibilité d'une sanction plus lourde si l'employeur persiste dans son refus de négocier [311].

**1017.** Le NLRB peut également ordonner à la partie contrevenante d'exécuter un acte particulier, par exemple, la communication d'informations [312] ou la signature d'un accord sur

[308]. TUPE 2006, reg. 15(9).

[309]. « *Order to cease and desist* ».

[310]. Le NLRB préfèrera dans certains cas le paiement de dommages et intérêts pour perte future de revenus (« *frontpay* ») à la réintégration du salarié, lorsque la pratique déloyale de travail en cause réduit la possibilité pour le salarié de retrouver son travail, lorsque l'employeur ou certains salariés sont hostiles à la réintégration du salarié ou encore lorsque celui-ci est proche de la retraite. Sur la réintégration du salarié en droit américain, v. 2$^{nd}$ Partie, Titre 2, Chapitre 2, *infra*.

[311]. Transmarine Navigation Corp., 170 *N.L.R.B.* 389, 390, 67 *L.R.R.M.* 1419 (1968).

[312]. Par exemple, face au constat de pratiques déloyales de travail répétées de l'employeur, la communication au syndicat tous les six mois pendant deux ans, ou jusqu'à ce que le NLRB certifie le résultat des élections, des noms et adresses des salariés de l'unité dans laquelle le syndicat tentait de

lequel les parties se sont entendues. Le NLRB peut, de même, ordonner le retour au *statu quo ante* lorsque l'employeur apporte des modifications unilatérales aux termes de la convention collective. Il prononce alors le rétablissement des conditions antérieures et le paiement des différentiels de salaires constatés à compter de la modification. La section 10(j) du NLRA lui permet enfin de saisir une Cour fédérale pour qu'elle prenne toute mesure temporaire [313] qui s'impose, en attendant que le NLRB se prononce sur la pratique déloyale de travail à propos de laquelle il a été saisi [314].

**1018.** Ces injonctions n'ont toutefois que peu d'efficacité préventive [315]. En effet, celles-ci sont le plus souvent émises des mois voire des années après que le refus de négocier ait été constaté et dénoncé. Le NLRB a, en conséquence, cherché à utiliser des moyens plus contraignants pour sanctionner la partie contrevenante de façon à la priver des fruits de son inconduite.

Le NLRB est ainsi amené à ordonner à l'employeur qui refuse de signer la convention collective qu'il vient de négocier avec le syndicat, de la signer et d'en honorer les termes en effectuant les versements dont les salariés auraient du bénéficier, en application de cette convention [316]. Le NLRB peut également ordonner la communication d'informations demandées par le syndicat ou encore le paiement d'arriérés de salaires aux salariés ayant perdu leur emploi en conséquence de la violation par l'employeur de son obligation de négocier de bonne foi.

Il en a été décidé ainsi, dans le célèbre arrêt Fibreboard Paper Prods. Corp. v. NLRB de 1964[317]. En l'espèce, l'activité d'entretien à laquelle les salariés étaient affectés allait être sous-traitée à un tiers, avec suppression corrélative de leurs emplois. Il a été jugé que l'employeur avait violé son obligation de négocier avec le syndicat qui les représentait. La Cour Suprême a considéré, en substance, que dès lors qu'il était établi que l'employeur devait négocier avec le syndicat avant de sous-traiter l'activité en question, le NLRB avait décidé à bon droit d'exiger la rupture du contrat de sous-traitance, la reprise en gestion directe de l'activité sous-traitée et la réintégration des salariés licenciés affectés à ladite activité, avec paiement de rappels de salaires.

---

s'implanter ainsi que l'obligation pour l'employeur de lire la décision du NLRB aux salariés, décision qu'il avait également l'obligation d'afficher dans l'entreprise. Federated Logistics and Operations v. NLRB, 400 *F.3d* 920 (D.C. Cir. 2005), *enforcing* 340 NLRB N°36 (2003).

[313]. « *Temporary relief or restraining order* ».

[314]. Par exemple: Tremain v. H H 3 Trucking, Inc., Civil N°03-C-50494 (2004, N.D. Ill. Western Division). En l'espèce, l'employeur avait licencié quatre des cinq salariés composant une petite unité composée de chauffeurs routiers, pendant la campagne électorale du syndicat, et sous-traité l'activité correspondante. La Cour de district ordonna la réintégration provisoire des salariés et l'obligation pour l'employeur de négocier avec le syndicat sur toute décision future de transfert ou de sous-traitance de l'activité de l'unité en question. Egalement : Kendellen v. Inter-Regional Disposal & Recycling, Inc., Civil N°03-1442 (WHW) (2003, D. N.J.) et Lightner v. North Hills Office Services and National Organization of Industrial Trade Unions, Civil N°03-CV-2320 (JAG) (2003, D. N.J.), à propos de cessionnaires qui avaient réembauché les salariés de leur prédécesseur mais refusaient de reconnaître et de négocier avec le syndicat qui les représentait, au motif que les salariés repris étaient désormais représentés par le syndicat qui représentait l'unité de négociation qu'ils avaient intégrée. La Cour de district saisie, dans chacune de ces espèces, décida que le cessionnaire devait être considéré comme le successeur du cédant et ordonna, en conséquence, qu'il cesse temporairement de reconnaître et de négocier avec un autre syndicat que celui qui les représentait.

[315]. Le recours aux Cours fédérales par le NLRB dans ce cadre est limité. En 2005, il concernait 11 affaires. Sept furent finalement examinées par une Cour de district (les autres furent réglées à l'amiable, pour 3 d'entre-elles ou abandonnée, les circonstances de l'espèce ayant évolué), et six injonctions temporaires furent accordées. *Seventieth annual report of the National Labor Relations Board for the fiscal year ended September 30, 2005*, NLRB, 2006, p. 67.

[316]. NLRB v. Strong, 393 *U.S.* 357 (1969).

[317]. Fibreboard Paper Prods. Corp. v. NLRB, 379 *U.S.* 203 (1964). Sur cet arrêt, v. 1ère Partie, Titre I, Chapitre II, *supra*.

**1019.** Le calcul des rappels de salaires, intérêts de retard en sus, se fait généralement à partir de la date à laquelle les salariés ont été licenciés jusqu'à la date où l'employeur aurait pu légalement les licencier, c'est à dire après la date de fin des négociations, si celle-ci peut être déterminée. A défaut, ils sont calculés jusqu'à ce que l'employeur « rattrape » le manquement à ses obligations, en engageant des négociations avec le syndicat ou en proposant aux salariés leur réintégration [318]. Le montant à verser est néanmoins diminué des revenus que le salarié aura touché pendant cette période, à l'exception des indemnités de chômage. La sanction était très lourde en l'espèce puisque la violation par l'employeur de son obligation de négocier a abouti à sanctionner un tiers à la négociation, en la personne du sous-traitant.

**1020.** Le NLRB a donc des pouvoirs très larges et bénéficie d'une grande flexibilité dans la détermination de la sanction appropriée en ce domaine. Il peut aller, dans un cas de restructuration qui n'aurait pas été soumis à négociation préalable, jusqu'à ordonner à l'employeur contrevenant de reprendre les actifs cédés et à redémarrer une activité, aux seules fins de permettre aux parties de négocier, dans les conditions dans lesquelles elles auraient du être si l'employeur n'avait pas violé et passé outre son devoir de négocier de bonne foi.

Si le NLRB n'ordonne pas la remise en état et partant, l'annulation de l'opération, les sanctions pécuniaires prononcées peuvent impliquer le versement de plusieurs mois, voire de plusieurs années, de rappels de salaires plus intérêts [319]. Ces sanctions peuvent être aggravées par la durée de la procédure, puisque la sanction vaut généralement jusqu'à ce que les parties acceptent de se réunir et de négocier de bonne foi, sur ordre du NLRB.

En outre, dans les cas où, à l'instar de l'arrêt Fibreboard, la décision de l'employeur n'implique pas le démantèlement de l'entreprise, la cession de ses actifs ou encore des investissements dans de nouvelles technologies, le NLRB n'hésite pas à ordonner à l'employeur d'évincer le tiers contractant et de réintégrer les salariés licenciés [320].

Dans les cas impliquant des restructurations à grande échelle, le NLRB limite généralement la sanction à l'obligation pour les parties de négocier sur le fait de reprendre

---

[318]. Par exemple: Kronenberger d/b/a American Needle & Novelty Co., 206 *N.L.R.B.* 534 (1973). En l'espèce, l'employeur avait transféré son site de production de Chicago à Harrisburg, entraînant le licenciement de presque la totalité des salariés qui y étaient affectés, en violation de son devoir de négocier préalablement avec les syndicats représentants les salariés concernés. Le NLRB a ordonné la réintégration des salariés licenciés et le paiement par l'employeur de la différence entre les indemnités qu'ils avaient touchées et le salaire qu'ils auraient du percevoir s'ils n'avaient pas été licenciés, jusqu'à l'offre de réintégration de l'employeur. Trois ans s'étaient écoulés en l'espèce entre le transfert de l'unité de production et la décision du NLRB.

[319]. Par exemple, Pennsylvania Energy Corp., 274 *N.L.R.B.* 1153 (1985). En l'espèce, l'employeur a été condamné au paiement d'un rappel de salaire correspondant à 31 mois, du prononcé des licenciements à l'offre de réintégration des salariés indûment licenciés par l'employeur ; Bob's Big Boy Family Restaurants 264 *N.L.R.B.* 1369 (1982), en application duquel l'employeur a été condamné à verser un rappel de salaire correspondant à 37 mois, du prononcé des licenciements à la réalisation de la première des conditions suivantes : (i) un accord entre les parties sur la décision de l'employeur, (ii) l'atteinte d'une impasse de bonne foi dans les négociations, (iii) l'absence de demande de la part du syndicat de commencer des négociations dans les cinq jours de la notification par l'employeur de sa volonté de négocier avec le syndicat, (iv) la violation de son devoir de négocier de bonne foi par le syndicat ou (v) l'offre de réintégration par l'employeur des salariés indûment licenciés.

[320]. Ainsi, dans l'arrêt Kronenberger précité, l'employeur avait transféré et fusionné certaines de ses activités avec d'autres activités exploitées précédemment sur un autre site et refusé de négocier avec le syndicat. Le NLRB a ordonné à l'employeur de procéder à la remise en état en reprenant l'exploitation de ses activités sur ledit site et en réintégrant les salariés qui avaient été licenciés du fait du transfert ; Vico Products Company and Auto Workers, 336 *N.L.R.B.* n°45, 170 *L.R.R.M.* 1124 (2001). En l'espèce, l'employeur avait unilatéralement décidé le transfert (déménagement) de son activité et le licenciement des salariés qui y étaient affectés. Considérant que ce « transfert » constituait un sujet obligatoire de négociation, la Cour a ordonné le retour de l'activité au précédent site et l'obligation pour l'employeur d'offrir aux 33 salariés licenciés leur réintégration et un rappel de salaire (déménagement opéré fin 1997 pour une décision de la Cour d'appel prise en septembre 2001, soit 4 ans après l'opération incriminée).

l'activité, de réintégrer les salariés si l'activité est reprise ou de négocier sur les effets ou les conséquences des licenciements. Lorsque l'employeur maintient son activité sur d'autres sites, il l'oblige à mettre les salariés licenciés sur une liste prioritaire pour accéder à des postes équivalents sur ces sites.

**1021.** La Cour Suprême a également rappelé, dans un arrêt H.K Porter Co. v. NLRB de 1970[321] que, aussi importants que soient les pouvoirs du NLRB en terme de sanction de la violation des parties de leur obligation de négocier, ces pouvoirs trouvent leur limite dans les autres principes consacrés par le NLRA, notamment la liberté contractuelle et l'impossibilité pour l'autorité administrative de fixer les termes d'une convention collective.

Interprétant la décision de la Cour Suprême au pied de la lettre, le NLRB a, dès lors, renoncé à mettre en œuvre une sanction encore plus efficace consistant à exiger de l'employeur contrevenant qu'il paie un montant correspondant aux avantages que les salariés auraient reçus et qui aurait été le résultat probable et raisonnable des négociations, si l'employeur avait négocié valablement en temps et en heure [322].

Le NLRB considéra en effet, que la nature et le montant de cette sanction auraient été purement spéculatifs puisqu'il ne pouvait pas déterminer objectivement quels auraient été les termes négociés entre les parties si l'employeur avait accepté de négocier dans les temps ni même savoir si les parties seraient parvenues à un accord. Le NLRB considéra donc que le prononcé d'une telle sanction dépassait ses attributions et violait le principe consacré par la Cour Suprême en ce qu'il revenait pour le NLRB à déterminer les termes de l'accord des parties [323].

Enfin, le NLRB ne peut pas exiger des parties qu'elles fassent des concessions ou parviennent à un accord, dans le cas où l'une d'elles refuserait de négocier de bonne foi. Il peut seulement ordonner à la partie contrevenante d'aller ou de retourner à la table des négociations et faire des efforts pour examiner les possibilités de parvenir à un accord. Une partie peut ainsi maintenir sa position et éviter de parvenir à un accord avec l'autre partie, malgré l'ordre qui lui a été fait de négocier.

**1022.** La jurisprudence est confuse sur le point de savoir si un employeur poursuivi pour modification unilatérale illégale ou pour refus de négocier doit démontrer qu'une impasse existait dans les faits, ou simplement qu'il avait en toute bonne foi cru qu'une impasse existait. Les Cours fédérales considèrent, en général, que puisque le NLRA impose seulement une obligation de négocier de bonne foi, il faut simplement déterminer si l'employeur avait « *un motif raisonnable de penser et pensait sincèrement que les négociations avaient abouti à une impasse* » [324]. Le NLRB semble se fonder sur des éléments plus objectifs et examine si

---

[321]. H.K. Porter Co. v. NLRB, 397 *U.S.* 99 (1970). En l'espèce, l'employeur avait refusé d'accéder à la demande du syndicat d'introduire une disposition dans la convention collective prévoyant le prélèvement sur les salaires des cotisations syndicales. Le NLRB avait considéré que le refus de l'employeur n'était pas motivé par des raisons économiques valables mais par le souci de l'employeur de faire échouer les négociations et diminuer l'influence du syndicat. Après une procédure assez longue, le NLRB avait adopté la suggestion de la Cour d'appel du District of Columbia et ordonné à l'employeur d'accorder au syndicat la disposition qu'il réclamait. La Cour Suprême considéra qu'une telle sanction dépassait les pouvoirs du NLRB en ce qu'elle revenait à imposer aux parties une obligation à laquelle elles n'avaient pas concédée.

Dans un arrêt NLRB v. Food Store Employees Local 347 (Heck's, Inc.) 417 *U.S.* 1 (1974), la Cour Suprême est également intervenue afin de clarifier les pouvoirs respectifs du NLRB et des Cours fédérales en cette matière. Elle a rappelé que le NLRB avait les pouvoirs les plus larges pour décider des sanctions applicables, à charge pour la Cour d'appel de contrôler les éventuels abus et de décider du renvoi de l'affaire dans les cas où elle estimerait que la sanction devrait être revue à la baisse.

[322]. « *The make whole remedy* ».

[323]. Ex-Cell-O Corp., 185 *N.L.R.B.* 107 (1970), *enf'd* 449 *F.2d* 1058 (D.C. Cir. 1971).

[324]. Cheney Calif. Lumber Co. V. NLRB, 319 *F.2d* 375 (9th Cir. 1963).

l'employeur « *était conforté dans sa croyance que continuer les négociations aurait été vain* »[325].

## *2. Les recours liés à l'application des dispositions de la convention collective*

**1023.** Les litiges relatifs à l'interprétation ou à la violation par l'une ou l'autre des parties des dispositions de la convention collective sont généralement réglés au sein de l'entreprise entre les représentants syndicaux et l'employeur. A défaut, l'affaire sera soumise à l'arbitrage d'un tiers, choisi par les parties. La plupart des conventions collectives prévoient, en effet, que la résolution des conflits résultant de l'interprétation et de l'application des conventions collectives passe par la procédure d'arbitrage.

Le législateur est toutefois intervenu en 1947 afin de permettre aux parties de porter, le cas échéant, les cas de violation des conventions conclues devant les Cours fédérales [326]. Ce principe a été clairement admis par la Cour Suprême en 1957 [327] puis en 1962 [328], pour préciser que ce recours était admis tant devant les juridictions des États que devant les Cours fédérales, sous réserve que les juridictions des États appliquent le droit fédéral [329].

La Cour Suprême a de même, admis que le salarié puisse, à titre individuel, porter les cas de violation de la convention collective devant les tribunaux, en cas de carence du syndicat, afin d'obtenir en justice le respect d'une clause de recours à l'arbitrage [330]. Le NLRB et les juridictions favorisent ainsi la résolution des conflits entre les parties sur une base volontaire et non contentieuse, par le biais du recours à l'arbitrage. A défaut pour les parties d'y recourir spontanément, elles peuvent se voir contraintes, en justice, de recourir à l'arbitrage pour trancher leur différend ou pour assurer le respect d'une sentence arbitrale.

**1024.** La section 301 du LMRA a été interprétée largement de façon à permettre, notamment, au syndicat d'obtenir le respect d'une clause d'arbitrage contenue dans une convention collective à l'encontre du cessionnaire, « successeur » du cédant, alors que seul le cédant s'était engagé à recourir à l'arbitrage [331]. Elle permet au syndicat d'obtenir le respect des engagements pris par l'employeur. Il peut aussi, sur ce fondement, obtenir l'application des sanctions décidées par arbitrage [332], même si celles-ci doivent être exécutées par le « successeur » du contrevenant.

Le syndicat dispose donc d'une alternative pour faire respecter ses droits en saisissant les tribunaux ou en sollicitant directement l'intervention d'un arbitre.

**1025.** Il peut d'abord s'adresser aux tribunaux pour obtenir des dommages et intérêts pour rupture ou violation de contrat, c'est à dire la convention collective, sur le fondement de la section 301 du LMRA. Lorsqu'il a connaissance de l'imminence d'une opération, il peut chercher à en empêcher la réalisation en demandant le prononcé d'une injonction par le juge. Les syndicats ont de plus en plus tendance à recourir aux tribunaux dans cette optique en se

---

325. Alsey Refractories Co., 215 *N.L.R.B.* 146 (1974).
326. Section 301 (a) du LMRA.
327. Textile Workers Union of America v. Lincoln Mills of Alabama, 353 *U.S.* 448 (1957).
328. Charles Dowd Box Co. v. Courtney, 368 *U.S.* 502 (1962).
329. Local 174, Teamsters v. Lucas Flour Co., 369 *U.S.* 95 (1962).
330. Vaca v. Sipes, 386 *U.S.* 171 (1967).
331. La Cour Suprême a ainsi admis que le devoir de recourir à l'arbitrage ne s'éteint pas automatiquement avec l'absorption d'une entreprise par une autre. L'engagement de recourir à l'arbitrage du cédant s'étend au cessionnaire, successeur du premier : John Wiley & Sons v. Livingston, 376 *U.S.* 543 (1964). Sur cet arrêt, v. 2nd Partie, Titre 1, Chapitre 1, *supra*.
332. Cf. United Steelworkers v. Enterprise Wheel & Car Corp., 363 *U.S.* 593 (1960), décision dans laquelle la Cour Suprême entend laisser un pouvoir limité aux tribunaux dans l'application de la sentence arbitrale : celle-ci ne peut en effet être écartée qu'en cas d' « infidélité manifeste » de l'arbitre aux termes de la convention collective sur laquelle les parties l'ont interrogé.

prévalant du fait que de telles opérations sont limitées ou leurs modalités sont encadrées par les dispositions de la convention collective.

Certains tribunaux admettent la possibilité que des injonctions préalables [333] soient émises sur le fondement de la violation de clauses conventionnelles, en attendant que l'arbitre se prononce, et cela même lorsque la convention collective ne limite pas expressément la possibilité qu'a l'employeur de procéder à l'opération de restructuration en cause.

Ainsi dans un arrêt IAM v. Panoramic Corp. de 1981 [334], la Cour a décidé que le syndicat était autorisé à bénéficier d'une décision permettant de préserver le *statu quo* [335] et d'empêcher la vente d'une usine, en attendant qu'un arbitre se prononce sur la plainte formée par le syndicat au titre d'une violation par l'employeur des dispositions de la convention collective.

Le syndicat se prévalait, en l'espèce, du fait que l'employeur n'avait pas obtenu l'accord du repreneur de prendre à son compte les termes de la convention collective en vigueur au sein de l'entreprise. La convention collective prévoyait, en effet, en préambule, que celle-ci était applicable au vendeur mais également à « ses successeurs et cessionnaires » [336]. La Cour a enjoint à l'employeur de conserver la situation en l'état, au motif que « *la réalisation de la vente avant qu'un arbitre n'ait eu l'opportunité de statuer sur l'assertion du syndicat, qui se prévalait du fait que la vente violait les dispositions de la convention collective, aurait mis l'arbitre devant un fait accompli en le laissant sans véritable pouvoir d'attribuer une réparation adéquate dans l'hypothèse où la prétention du syndicat aurait été accueillie* ».

Cet arrêt est à souligner particulièrement en ce que la Cour d'appel n'a pas jugé bon d'exiger que le syndicat démontre les chances objectives de succès de son action, qui est habituellement un pré-requis pour l'obtention d'injonctions préalables, afin de conserver la situation en l'état. La Cour a décidé, dans cette espèce, que le syndicat devait seulement démontrer que sa position était « *suffisamment solide pour empêcher que l'arbitrage ne soit une entreprise futile* ». L'employeur avait, en effet, admis que la demande du syndicat pouvait faire l'objet d'une procédure d'arbitrage. La Cour n'a pas non plus exigé, en l'espèce, que la preuve d'un préjudice éventuel irréparable soit apportée par le syndicat pour prononcer l'injonction ni que la violation puisse faire l'objet du prononcé d'une sanction pécuniaire par l'arbitre. Elle s'est fondée sur la seule probabilité que la réalisation de l'opération fasse échec à la procédure d'arbitrage [337]. Cela peut paraître ironique au vu des suites de cette affaire. L'arbitre considéra en effet que l'employeur n'avait pas violé la convention collective en ne subordonnant pas la cession à l'engagement du repreneur d'en honorer les termes. Le syndicat

---

[333]. « *Preliminary injunction* ».

[334]. Local Lodge N°1266, IAM v. Panoramic Corp., 668 *F.2d* 276, 286 (7$^{th}$ Cir. 1981). Pour une critique de cet arrêt, notamment, J. S. IRVING, Jr., « Closing and sales of businesses : a settled area ? », *Labor Law Journal*, 1982, vol. 33, p. 227-229, pour qui la sanction aurait du être l'octroi de salaires et avantages aux salariés pendant la durée restant à courir de la convention collective, soit 16 mois.

[335]. « *Status quo injunction* ». L'existence de clauses implicites ou expresses de la convention collective devient alors le moyen pour le syndicat d'obtenir un gel de la situation en attendant que l'arbitre statue sur l'existence de la violation par l'employeur de la clause en question ou, au minimum, d'obtenir un ordre de la Cour de recourir à l'arbitrage. Ceci suppose que les conditions suivantes soient remplies : (i) l'existence d'un litige pouvant être résolu par la voie de l'arbitrage et sur lequel la Cour ordonnerait un recours à l'arbitrage, (ii) que l'action ou les menaces d'action de la part de l'employeur rendent le prononcé d'une sanction arbitrale sous forme de réparation (« *arbitration award* ») dénuée de sens ou sans effet, et (iii) que le syndicat apporte la preuve des chances de succès de son action (« *likelihood of success on the merits* ») et de l'existence d'un préjudice irréparable *a posteriori* et résultant de la violation de la convention collective. Pour des précisions, notamment : H. R. NOTHRUP, Ph. A. MISCIMARRA, *Government protection of employees involved in mergers and acquisitions*, The Wharton School, Industrial Research Unit, University of Pennsylvania, 1989, p. 424 et s.

[336]. « *Successors and assigns* ».

[337]. La Cour a toutefois reconnu dans ce même arrêt que le prononcé d'injonctions pour empêcher la vente d'une activité pouvait être perturbateur et coûteux. Elle s'est prononcée en conséquence pour le respect d'une certaine parcimonie et une analyse au cas par cas.

obtint néanmoins gain de cause en l'espèce puisque, compte tenu du retard pris dans les opérations, la vente ne se fit pas.

La jurisprudence a été partagée à la suite de cet arrêt. Certaines Cours, suivant l'exemple de l'arrêt Panoramic, ont ordonné la suspension de cessions jusqu'à la décision de l'arbitre sur la violation éventuelle de la convention collective par l'employeur [338]. D'autres s'y sont refusées[339].

**1026.** Le syndicat peut également solliciter directement l'intervention d'un arbitre sans passer par un juge. Les procédures d'arbitrage dans le contexte d'opérations de restructuration sont généralement de deux sortes. Celles qui tendent à empêcher la réalisation d'une opération, d'une part. Le recours est alors à l'encontre du cédant. Celles qui tendent à obtenir des dommages et intérêts du cédant ou du cessionnaire, à la suite d'une cession, d'autre part. Elles sont d'autant plus utilisées que le NLRA ne prévoit pas d'autres possibilités de sanctionner l'employeur, en dehors de la violation de son obligation de négocier.

Dans les deux cas de recours direct à l'arbitrage, le pré-requis essentiel à l'intervention de l'arbitre est l'existence d'une clause dans la convention collective liant le cédant. Cette clause prévoit généralement que le cédant ne pourra procéder à une telle opération, à moins qu'il n'obtienne du cessionnaire l'engagement de reprendre les termes de la convention collective négociée pour les salariés du cédant [340]. Le prononcé de la sanction éventuelle passe nécessairement par une analyse préalable de l'historique des négociations et du sens et de la portée que les parties ont entendu donner à l'engagement contenu dans la convention collective qui les lie.

**1027.** La matière des transferts d'entreprises n'étant pas, en principe, un sujet obligatoire de négociation, le syndicat qui représente les salariés du cédant apprend généralement l'existence de l'opération une fois que le cédant et le cessionnaire se sont mis d'accord sur l'opération. Les actions préalables à la réalisation de l'opération, afin d'en empêcher les effets, sont donc rares. Elles font écho à l'arrêt Panoramic de 1981, lequel a admis la suspension d'une opération jusqu'à ce qu'un arbitre statue sur la violation de la convention collective par l'employeur [341]. Elles supposent qu'une clause spécifique de la convention collective empêche la réalisation de l'opération si certaines conditions ne sont pas remplies. Par exemple, la convention collective peut exiger du cédant qu'il obtienne l'accord du cessionnaire de reprendre les termes de la convention collective en vigueur avant de procéder à l'opération. Les dispositions trop imprécises ou ambiguës sont rejetées [342].

---

[338]. Par exemple Teamsters Local 961 v. Graves Truck Line, Inc., 502 *F. Supp.* 1292 (D. Colo. 1980). En l'espèce, la District Court du Colorado a ordonné la suspension de la vente en dépit de l'accord du cessionnaire de reprendre à son compte la convention collective qui avait été négociée par le cédant. La Cour a en effet considéré que l'engagement du cessionnaire ne protégeait pas d'une façon adéquate les salariés du cédant au motif que les salariés du cessionnaire étaient déjà représentés par leur propre syndicat. Une demande de clarification de l'unité de négociation auprès du NLRB, après la vente, aurait ainsi pu avoir des conséquences sur la représentation des salariés du cédant, et partant, remettre en cause la convention collective qui leur était applicable.

[339]. Par exemple Transit Union v. Greyhound Lines, 550 *F.2d* 1237, CA 9 (1977), 95 *L.R.R.M.* 2097, *cert. denied* 434 *U.S.* 837 (1977). En l'espèce, en effet, le retour au *statu quo ante* pouvait être assuré même si l'arbitre devait se prononcer en défaveur de l'employeur.

[340]. « *Successors and assigns clauses* ». Sur ces clauses v. 2nd Partie, Titre 1, Chapitre 1, *supra*.

[341]. IAM v. Panoramic (7th Cir. 1981) précité. Voir également Sexton's Steak House, Inc., 76 *Lab. Arb.* 576 (1981) (Ross, Arb.), où l'arbitre ordonna à l'employeur de ne pas poursuivre la vente à moins qu'il n'obtienne de l'acheteur son accord pour être lié par la convention collective ; Hosanna Trading Co., 74 *Lab. Arb.* 128 (1980) (Simons, Arb.), où l'arbitre a interdit à l'employeur de procéder à la vente à moins que l'acheteur n'accepte expressément, par écrit, de reconnaître le syndicat comme partenaire à la négociation et d'être lié par les termes de la convention collective.

[342]. Gallivan's, Inc., 82-2 *Lab. Arb. Awards* (CCH) 8411 (1982) (Gallagher, Arb.), où l'arbitre a considéré que la disposition de la convention était trop générale pour lier les parties. En l'espèce, une

La procédure d'arbitrage est plus généralement engagée, après l'opération, afin d'obtenir des dommages et intérêts. Elle suppose que le cessionnaire ait repris une partie substantielle des salariés du cédant. Le cessionnaire cherchera à établir, dans ce contexte, quelles sont ses obligations vis-à-vis des anciens salariés du cédant en application de la convention collective qui liait son prédécesseur, telles que l'obligation de reconnaître le syndicat qui les représente, l'étendue de leurs droits en terme d'ancienneté, de rémunération, etc. Dans ce contexte, la validité de la mise en cause de la responsabilité du cessionnaire supposera que celui-ci puisse être considéré comme le « successeur » du cédant [343].

**1028.** Plus souvent, le syndicat cherchera à obtenir du cédant réparation de la violation de son obligation telle que prévue par la convention collective [344]. Il tendra, en parallèle, à obtenir l'accord du cessionnaire pour en reprendre les termes et/ou à se faire reconnaître par lui comme le partenaire à la négociation, après la réalisation de l'opération.

Ici encore, les termes de la convention collective en question seront analysés scrupuleusement pour déterminer l'étendue de l'obligation du cédant. Pour pouvoir donner lieu à réparation en cas de violation, la convention collective doit en effet contenir l'obligation pour lui d'obtenir l'engagement du cessionnaire de respecter les termes de la convention collective, une fois l'opération conclue [345]. La charge de la preuve appartient au syndicat qui se prévaut de l'application d'une telle clause [346]. Les prérogatives du syndicat en droit américain restent fondées sur le respect des dispositions de la convention collective. Le syndicat a un droit direct à agir puisqu'il est partie au contrat. Le droit américain accorde donc aux salariés, par l'intermédiaire de leur représentant, une prérogative que ne leur confère pas les droits français et anglais. Il leur permet, d'obtenir la résiliation d'un acte auquel ils ne sont pas partie, sur le fondement d'un engagement que le cédant aurait pris à leur égard, en dehors de tout engagement du cessionnaire d'en respecter les termes.

### *3. Les difficultés pratiques liées à l'application des dispositions de la convention collective*

**1029.** L'obtention d'une injonction en justice contre le cédant est une sanction attractive pour le syndicat. Elle lui permet d'obtenir le gel de la situation, et donc du temps supplémentaire pour négocier, jusqu'à ce qu'un arbitre se prononce sur l'existence ou non

---

rédaction plus rigoureuse de la clause en question avait été rejetée au cours des négociations. Celle-ci prévoyait, en effet, que *« tous les cessionnaires, acheteurs ou autres successeurs à l'entreprise sont liés par les termes et dispositions dont les salariés bénéficient et bénéficieront en application de cet Accord »*.

[343]. Sur cette notion, v. en particulier, 1ère Partie, Titre 2, chapitre 2.

[344]. Sur la validité de ce type de clause, v. 2nd Partie, Titre 1, Chapitre 2, *supra*.

[345]. Par exemple Wyatt Manufacturing Co., 82 *Lab. Arb.* 153 (1983) (Goodman, Arb.), dans lequel l'arbitre a rappelé que, pour obtenir gain de cause, le syndicat doit démontrer que l'employeur s'est engagé expressément, par une disposition de la convention collective, à s'assurer que le cessionnaire reprendrait les termes de la convention collective (la clause ne le prévoyait pas, en l'espèce). Pour un exemple de décision contraire, en présence d'une clause similaire, voir High Point Sprinkler Co., 67 *Lab. Arb.* 239 (1976) (Connolly, Arb.), où l'arbitre a admis que bien que le cédant ait été tout juste en position d'insister pour que le cessionnaire soit lié par les termes de la convention collective, il avait cependant bien l'obligation d'exiger un tel engagement du cessionnaire. La position défavorable du cédant dans les négociations ne devait en effet pas être utilisée pour priver le syndicat de la protection que la clause de la convention collective lui conférait.

[346]. Principe fondé sur l'acception que les droits de l'employeur précèdent l'existence même du syndicat ou des négociations ayant permis l'application de la convention collective. Les droits du syndicat se limitent, en conséquence, à ceux que l'employeur lui consent et le syndicat doit démontrer que les droits qu'il prétend avoir ont été acquis à la table des négociations. Ce principe implique que l'arbitre interprète le silence de la convention collective en faveur de l'employeur. Pour des exemples de décisions contraires, voir C. J. RICHARDS, « The efficacity of successorship clauses in collective bargaining agreements », *Georgetown Law Journal*, 1991, vol. 79, p. 1566-1580.

d'une telle violation par l'employeur. Ce type de recours se heurte néanmoins, en pratique, à des difficultés.

En effet, le syndicat n'a généralement pas connaissance de l'opération envisagée avant d'être invité à négocier sur les conséquences de la décision. Il intervient le plus souvent alors que la décision a déjà été prise, peu avant la phase de sa mise en œuvre. Cette première difficulté semble cependant pouvoir être combattue par l'introduction d'une disposition dans la convention collective prévoyant l'obligation pour l'employeur d'informer le syndicat, éventuellement dans un certain délai, avant tout changement de propriété de l'entreprise ou d'une partie de celle-ci.

Toutefois, les clauses des conventions collectives qui obligent l'employeur à ne vendre qu'à un repreneur qui reconnaîtrait le syndicat ou qui accepterait d'être lié par les termes de la convention collective ont généralement pour seul résultat d'obliger le vendeur à recourir à l'arbitrage. Les juges américains ont tendance à privilégier la mobilité du capital et les arbitres font une stricte lecture des dispositions de la convention collective. Comme les arbitres se prononcent généralement dans le sens du syndicat, celui-ci préférera, le plus souvent, recourir à l'arbitrage pour obtenir réparation de l'employeur [347].

En toute hypothèse, les juges suspendront leurs décisions jusqu'au prononcé de la sentence arbitrale. Le recours aux tribunaux et l'obtention d'une injonction dans ce cadre ne peut donc s'analyser que comme une mesure conservatoire pour le syndicat et les salariés qu'il représente.

Dans le cadre de recours directs à un arbitre, la réparation accordée est très large. Elle prend cependant généralement la seule forme de rappels de salaires, de paiement de cotisations pour le compte des salariés ou encore du versement d'un différentiel de salaire pour les salariés repris par le cessionnaire à un salaire inférieur ou toute autre mesure visant à indemniser les salariés de leur préjudice [348].

**1030.** A la vue des importantes limites au pouvoir de l'employeur de restructurer librement son entreprise, potentiellement accessibles au syndicat par la voie de l'arbitrage [349], bon nombre d'employeurs chercheront en pratique à retarder lesdites restructurations et attendront la date d'expiration de la convention collective pour mettre en œuvre leurs projets.

A l'expiration de la convention collective, en effet, les droits des parties seront régis par le NLRA et donc, principalement, par l'obligation de négocier qu'il leur impose. Puisque cette obligation n'emporte pas pour les parties celle de parvenir à un accord, l'employeur pourra passer outre l'avis du syndicat sur la décision, si celle-ci doit faire l'objet d'une négociation, ou sur ses effets. Il procédera à sa réorganisation sans violer la loi, à moins, bien sûr, que le syndicat n'obtienne le prononcé d'une injonction avant l'expiration de la convention collective. Le facteur temps est ici déterminant.

---

[347]. D. O. LYNCH, « Statutory rights and arbitral values : some conclusions », *University of Miami Law Review*, November 1989, vol. 44, p. 641. L'auteur explique que les syndicats font des choix stratégiques de procédure en conséquence.

[348]. Par exemple, Herbert J. Caplan, Inc., 81 *LA* 22 (1983) (Levine, Arb.), dans lequel l'arbitre ordonna au vendeur de verser, à chacun des 14 salariés que ce dernier aurait continué à employer s'il n'avait pas transféré son activité : (i) des dommages et intérêts calculés depuis la date du transfert de propriété à la date d'expiration de la convention collective, (ii) le paiement des cotisations syndicales pour ces 14 salariés, de même que (iii) les cotisations aux régimes de retraite, prévoyance et mutuelle, (iv) le paiement des salaires des salariés non repris par le cessionnaire, (v) le paiement des différentiels de salaire pour les salariés repris par le cessionnaire à un salaire inférieur, et (vi) l'octroi de congés payés supplémentaires pendant la durée d'application de la convention collective restant à courir.

[349]. En effet, même si l'arbitre ne reconnaît pas, en définitive, la validité de la clause, le syndicat aura au moins gagné du temps sur la réalisation de l'opération (en obtenant un gel de la situation, devant les tribunaux, pendant la durée de la procédure d'arbitrage), un temps qu'il pourra utiliser pour obtenir des concessions de la part de l'employeur.

**1031.** Lorsque la restructuration envisagée ne peut pas attendre l'expiration de la convention collective, l'employeur pourra quand même réduire les risques liés au prononcé d'une sanction arbitrale à son encontre en renégociant la clause. Alternativement, il pourra choisir d'en respecter strictement les obligations liées à son devoir de négocier prévu par le NLRA en communiquant le plus tôt possible sur sa décision avec le syndicat, afin de désarmer éventuellement les hostilités nées de diffusions d'informations imprécises ou inexactes [350]. Il pourra aussi proposer au syndicat de négocier, au moins sur les conséquences de l'opération, s'il n'a pas l'obligation de négocier sur la décision elle-même, et lui délivrer l'information qu'il demande, avant la réalisation de l'opération. Cela aura pour principal avantage de recentrer le syndicat sur les véritables enjeux de la situation, la négociation par lui des conséquences de la décision pour les salariés concernés par l'opération.

**1032.** Les sanctions offertes aux représentants du personnel à l'encontre de l'employeur de droit américain qui aurait violé son obligation de concertation peuvent être, de prime abord, considérées comme les plus efficaces des trois systèmes juridiques étudiés. Elles trouvent néanmoins leur limite en pratique, tant dans le prononcé de la sanction que dans son exécution. Ces sanctions ne concernent, *de facto*, qu'un nombre restreint d'entreprises aux États-Unis, c'est à dire, celles dont les salariés sont représentés par un syndicat reconnu par l'employeur.

## §2. LES SANCTIONS *A POSTERIORI* DE LA VIOLATION DE L'OBLIGATION DE CONCERTATION

**1033.** Les sanctions de la violation par l'employeur de son obligation de concertation interviennent le plus souvent *a posteriori*, une fois que la décision sur l'opération de transfert d'entreprise a été prise. Elles sont de natures indemnitaires et sont prévues par les trois systèmes juridiques étudiés.

Seul le droit français consacre également une sanction punitive à l'encontre de l'employeur contrevenant. Il ne prévoit toutefois pas la nullité de la décision intervenue en violation des droits des représentants du personnel (A). L'absence de caractère dissuasif de la sanction est discutée en droit anglais, même si sa nature traditionnellement réparatrice a récemment été remise en cause par la Court of Appeal (B). En droit américain, les procédures demeurent longues et les sanctions trop confidentielles pour être véritablement efficaces (C).

### A. DROIT FRANÇAIS : L'ACCEPTION PUNITIVE DE LA SANCTION

**1034.** Les sanctions *a posteriori* en droit français sont de nature pénale ou indemnitaire.

#### *1. La sanction du délit d'entrave*

**1035.** La sanction du délit d'entrave est omniprésente en droit français [351]. Elle est la principale menace qui pèse sur le chef d'entreprise [352] ou sur toute personne [353] faisant entrave

---

[350]. Plus sûrement, le cédant négociera avec le cessionnaire la répartition financière des risques dans le cas où ce dernier ne souhaiterait pas maintenir les avantages de la convention collective du cédant.

[351]. Le délit d'entrave est puni d'un emprisonnement d'un an et/ou d'une peine d'amende de 3.750 euros. En cas de récidive, l'emprisonnement peut être porté à deux ans et l'amende à 7.500 euros. Les sanctions du délit d'entrave sont prononcées par les tribunaux répressifs. La prescription de l'action publique est de trois ans à compter du jour où l'infraction a été commise. Sur le délit d'entrave en général : M. COHEN, *Le droit des comités d'entreprise et des comités de groupe*, LGDJ, 2005, p. 1101-1123 ; P. MORVAN, « Délit d'entrave », *Juris-Classeur*, Travail, vol.2, fasc. 15-92 ;

ou tentant d'entraver non seulement le fonctionnement régulier des institutions représentatives du personnel, et donc leur droit à information et à consultation, mais également leur constitution et la libre désignation de leurs membres [354].

Le caractère pénal du délit n'exige pas que soit rapportée la preuve de l'intention de nuire du chef d'entreprise ou de la personne auteur du délit. L'aspect volontaire du comportement suffit[355]. Le délit d'entrave existe dès lors que le chef d'entreprise ou son représentant [356] savait ou devait savoir qu'il lui incombait d'informer et de consulter le comité d'entreprise. Il est, de même, constitué, dès lors que le comité d'entreprise est consulté sur une mesure présentée comme arrêtée dans son principe [357]. Le délit peut être établi par tout moyen [358] et

---

N. ALVAREZ-PUJANA, « Le délit d'entrave ou d'atteinte au fonctionnement des institutions représentatives du personnel et à l'exercice du droit syndical dans l'entreprise », *Droit Ouvrier*, mars 1990, p. 77-97 ; F. DUQUESNE, « Sur l'entrave pour défaut de consultation du comité d'entreprise et du CHSCT », *Droit Social*, 2005, n°9/10, p. 856-859.

[352]. L'entreprise, personne morale, n'est pas visée par les textes. Jusqu'à présent, elle ne pouvait donc pas être sanctionnée au titre du délit d'entrave. Sa responsabilité civile pouvait, en revanche, être engagée, au côté de celle du chef d'entreprise. La loi du 9 mars 2004 relative à l'adaptation de la justice aux évolutions de la criminalité (dite loi Perben II) a supprimé, à compter du 31 décembre 2005, l'exigence d'un texte précis pour que les personnes morales engagent leur responsabilité pénale au titre d'une infraction. La responsabilité de la personne morale devrait donc théoriquement également pouvoir être engagée au titre du délit d'entrave en application de ce texte, dès lors qu'elle peut être considérée comme l'auteur de l'infraction. En ce sens : A. COEURET, « Généralisation de la responsabilité pénale des personnes morales – son impact en droit du travail », *RJS*, 11/06, p. 843-852.

[353]. Salarié, membre de la direction ou encore personne étrangère à l'entreprise [Par exemple, pour le repreneur : Cass. crim. 18 novembre 1997, n°6015 PF, Suarez et a. (1er moyen) : *Bull. crim.*, n°390, p. 1302 ; *RJS*, 1/98, n°76], ou encore l'auteur d'une offre publique qui ne se rendrait pas à la convocation du comité d'entreprise de la société cible. Ils sont susceptibles d'être condamnés comme auteurs ou comme complices de l'auteur principal du délit d'entrave, s'il est établi qu'ils ont personnellement commis ou participé à la commission du délit.

[354]. Articles L.483-1 (comité d'entreprise, comité d'établissement, comité central d'entreprise), L.482-1 (délégués du personnel), L. 481-2 (exercice du droit syndical), L.483-1-1 (comité de groupe), L.483-1-2 (comité d'entreprise européen, lequel vise expressément l'entrave portée à la mise en œuvre d'une procédure d'information, d'échange de vues et de dialogue) et L. 263-2-2 du code du travail (comité d'hygiène, de sécurité et des conditions de travail).

[355]. Cass. crim. 15 février 1994, n°92-84.088 PF, Mau : *Bull. crim.*, n°68, p. 142 ; *RJS*, 6/94, n°713, où la Cour de Cassation a rappelé que « *l'élément intentionnel du délit poursuivi se déduit, non du but recherché par l'intéressé, mais du caractère volontaire des mesures qu'il a prises* ».

[356]. La preuve de la délégation de pouvoir incombe à celui qui l'invoque : Cass. crim. 11 mars 1993, 5 arrêts : *Bull. crim.*, n°112, p. 270. La participation directe du dirigeant à l'infraction rend inopérant l'argument tiré de l'existence d'une délégation de pouvoir [Par exemple : Cass. crim. 20 mars 1995, n°93-85.076 : *Bull. crim.*, n°114, p. 330, à propos d'un délit d'obstacle au contrôle de la commission bancaire ; Cass. crim 19 octobre 1995, n°94-83.884 : *Bull. crim.*, n°317, p. 882, à propos d'un délit d'initié]. Ce dernier ne peut s'exonérer de sa responsabilité dès lors qu'il n'ignorait pas le caractère chronique des infractions commises [Cass. crim. 15 avril 1982, n°81.93.041, non publié au Bull. crim.], ou qu'il prend une mesure sur laquelle le comité d'entreprise doit obligatoirement être consulté, sans s'être assuré que cette consultation a eu lieu [Par exemple : Cass. crim 25 avril 1989, Croci, n°J 87-91-068 D, non publié au Bull. crim : *RJS*, 7/89, n°595 ; Cass. crim. 28 novembre 1989, Lebel et autres, n°K 89-82.015 P : *Bull. crim.* n°452, p. 1102 ; *RJS*, 2/90, n°121 ; Cass. crim. 15 mars 1994, Chincholle, n°V 93-82.109 PF : *Bull. crim.*, n°100, p. 221 ; *RJS*, 6/94, n°708 ; Cass. crim 3 mars 1998, n°1517 PF, Maillet et a. (2è moyen) : *Bull. crim.*, n°81, p. 217 ; *RJS*, 6/98, n°749]. Il est en effet tenu de veiller à ce que le comité d'entreprise soit consulté sur les mesures qu'il prend concernant la marche générale de l'entreprise : Cass. crim. 15 avril 1982, Asperti-Boursin, *Jur.UIMM*, 1982, p. 397.

[357]. En ce sens : Cass. crim. 11 mai 1989, Pascal et Brun, n°87-81.710 (2è et 3è moyen) : *Bull. crim.*, n°196, p. 497 (3è moyen) ; *RJS*, 7/89, n°596. En l'espèce, l'employeur avait omis de consulter le comité d'entreprise avant sa prise de décision de principe sur l'arrêt de la fabrication de certains produits et sur les conséquences pouvant découler de cette mesure sur les effectifs. Il avait également informé directement le personnel, avant le comité d'établissement, d'un projet de licenciement de 12 personnes. En revanche, la consultation du comité d'entreprise sur un projet même très avancé est valable, dès lors qu'aucune décision n'a été arrêtée de manière irrévocable. Par exemple, Cass. crim. 29 mai 1990,

résulter d'une action ou d'une omission. Peu importe que le fonctionnement du comité d'entreprise n'en ait pas été profondément affecté [359].

**1036.** Dans le cadre de ses obligations d'information et de consultation, le chef d'entreprise risque ainsi de voir sa responsabilité engagée pour délit d'entrave dans des hypothèses d'absence ou d'insuffisance de saisine du comité d'entreprise ou de non-respect des délais et des conditions de convocation du comité d'entreprise. Sa responsabilité pourra aussi être engagée, par exemple, en cas de manquement à l'obligation d'établissement conjoint de l'ordre du jour avec le secrétaire du comité d'entreprise [360], d'absence ou d'insuffisance de communication d'information ou de réponse motivée à ses observations. Il en sera de même en cas de prise de décision avant toute information ou consultation du comité d'entreprise ou alors que ce dernier n'a pas encore formulé un avis sur le projet qui lui est soumis [361].

---

Bachelet et Sté Bel Air Industrie, n°E 89-84.747 P : *Bull. crim.*, n°218, p. 551 ; *RJS*, 7/90, n°593 ; *JCP*, E, 1990, I, 20316, à propos d'une annonce faite à la presse et au personnel de l'entreprise après l'information donnée au comité d'entreprise sur un projet de cession.

[358]. Par exemple : Cass. crim. 5 avril 1973, Callens, n°93.278/71 : *Bull. crim.*, n°178, p. 429 ; *D.*, 1973, somm. 84, à propos d'un chef-magasinier qui avait été licencié pour suppression de poste. La décision de le licencier était liée à son appartenance syndicale et à sa candidature aux élections des délégués du personnel, alors que l'employeur affirmait ne pas en avoir eu connaissance. Les faits justificatifs sont rares en cette matière (cas de force majeure ou de circonstances exceptionnelles mettant l'employeur dans l'impossibilité de respecter ses obligations). Tel est le cas, par exemple, lorsque l'employeur ne respecte pas le délai de convocation à cause de l'urgence de réunir le comité d'entreprise sur la fermeture provisoire de l'établissement, en raison de grèves tournantes et de risques d'accident du travail. Cass. crim. 6 février 1979, Rince, n°77-91.923 : *Bull. crim.*, n°56, p. 157. La dissolution anticipée de la société ne saurait, en revanche, constituer une circonstance exceptionnelle de nature à ôter tout caractère volontaire aux agissements du chef d'entreprise : Cass. crim. 25 avril 1989, Croci, n° J 87-91-068 D (4è et 5è moyens), précité.

[359]. En ce sens: Cass. crim. 4 juin 1985, Bonnin Sté Générale, n°84-94.314 : *Bull. crim.*, n°217, p. 555 ; *Revue de Sciences Criminelles*, 1986, p. 403, obs. Ch. LAZERGES.

[360]. La fixation de l'ordre du jour doit être conjointe, quelque soit l'objet de la consultation. L'inscription de plein droit par l'un ou l'autre n'est possible que lorsque sont en cause des consultations obligatoires [articles L. 434-3 al.2 (pour le comité d'entreprise) et L.435-4 al. 8 (pour le comité central d'entreprise), introduits par la loi de programmation pour la cohésion sociale n°2005-32 du 18 janvier 2005 dite loi Borloo, article 77] ; C. BAUMGARTEN, « Les garanties de procédure issues de la loi Borloo : ordre du jour du comité d'entreprise et délais de recours contentieux », *Droit Ouvrier*, juillet-août 2005, p. 327-334 ; L. MILLET, « La fixation de l'ordre du jour du comité d'entreprise, *ibid.*, p. 355-359 ; Circ. DGEFP-DRT n°2005-47 du 30 décembre 2005 relative à l'anticipation et à l'accompagnement des restructurations, Fiche 4, point 5 : « *Cette inscription de plein droit ne dispense pas d'une élaboration conjointe de l'ordre du jour. Avant que l'insertion de plein droit ne soit mise en œuvre unilatéralement par le président du CE ou par le secrétaire, un entretien en vue d'une fixation conjointe doit être proposé par l'un ou l'autre* ». Si un accord ne peut s'établir entre le chef d'entreprise et le secrétaire du comité d'entreprise sur les questions à porter à l'ordre du jour, il appartient au plus diligent d'entre eux de saisir le juge des référés pour résoudre la difficulté : Cass. soc. 8 juillet 1997, n°3022 PBF, comité d'entreprise de la société Plasco c/ société Plasco : *Bull. civ.* V, n°256, p. 185 ; *RJS*, 10/97, n°1109 ; Cass. crim. 4 novembre 1997, n°5820 PF, Guerrier : *Bull. crim.* n°371, p. 1250 ; *RJS*, 3/98, n°328.

[361]. Par exemple : Cass. crim. 28 novembre 1984, Perrin-Pelletier (Peugeot), n°83-93.094 : *Bull. crim.*, n°375, p. 992 ; *JCP*, E, 1985, n°14481, obs. O. GODARD ; *Droit Ouvrier*, octobre 1986, p. 370. En l'espèce le traité de fusion avait été communiqué au comité d'entreprise quelques jours avant l'assemblée générale des actionnaires devant la consacrer. Ce délai a été jugé insuffisant pour que le comité d'entreprise puisse émettre utilement un avis sur les conséquences de la mesure en ce qui concerne l'emploi ; Cass. crim. 20 mars 1990, CE de la Caisse d'Epargne de Cornouailles et a., n° B. 89-84-077, non publié au Bull. crim. : *RJS*, 6/90, n°501, où la Cour de cassation a considéré que les faiblesses et le défaut de compétence des prévenus (le président du conseil d'administration et le directeur d'une caisse d'épargne) ne pouvaient constituer des circonstances exceptionnelles de nature à les exonérer de leur responsabilité pénale. Ils n'avaient en effet donné au comité d'entreprise des éléments d'information sur la fusion projetée que quelques heures avant la réunion du conseil d'administration qui devait la consacrer.

**1037.** La sanction du délit d'entrave a souvent été analysée comme dénuée d'un véritable pouvoir de persuasion. Elle intervient trop tardivement pour stopper la commission de l'infraction et le montant de la peine d'amende qui y est attachée est dérisoire [362]. En outre, le dommage subi par l'instance représentative du personnel n'est pas d'une importance telle que sa réparation constitue une menace suffisante pour le chef d'entreprise [363].

### 2. *La réparation du préjudice par le recours aux règles délictuelles ou contractuelles*

**1038.** Si elle est la plus connue, la sanction du délit d'entrave n'est pas pour autant la seule sanction susceptible d'intervenir une fois que la violation des droits des institutions représentatives du personnel est consommée. La sanction du coupable peut également passer par la réparation du préjudice subi par les représentants du personnel, par le recours aux règles délictuelles [364] ou contractuelles [365], que ce soit sous forme autonome ou adjointe à l'action pour délit d'entrave.

**1039.** Les actions en dommages et intérêts peuvent être intentées par toute personne y ayant un intérêt légitime. La jurisprudence a pu décider que l'entrave au fonctionnement régulier du comité d'entreprise lui cause nécessairement un préjudice dont il est fondé à demander réparation [366]. De même, un syndicat est admis à exercer une action civile en réparation du préjudice subi, du fait du délit d'entrave, par l'ensemble de la profession qu'il représente et à laquelle appartient le personnel de l'entreprise [367].

---

362. R. VATINET, « Les conséquences du défaut de consultation par le comité d'entreprise », *Revue Pratique de Droit Social*, février/mars 1990, n°538/539, p. 59-64. Pour un opinion moins catégorique, M. COHEN, *Le droit des comités d'entreprise et des comités de groupe*, LGDJ, 2005, p. 1102. L'auteur considère que ces sanctions jouent un rôle dissuasif, bien que les condamnations sont rares et peu importantes. La sanction pénale a une fonction d'intimidation collective. « *Lorsqu'elle est appliquée et rendue publique, elle atteint « l'employeur-délinquant » dans son honorabilité* ». La sanction de la personne morale au titre du délit d'entrave, permise par la loi Perben II, depuis le 31 décembre 2005, et l'inscription de l'infraction à son casier judiciaire à partir de 30.000 euros d'amende (article 775-1 A du Code de procédure pénale), pourraient changer cet état de fait.

363. R. VATINET, article précité, p. 60 ; Ch. FREYRIA, « La consultation du comité d'entreprise », *Droit Social*, 1983, n°5, p. 391. Pour l'auteur, la preuve de la réalité du préjudice subi par le comité d'entreprise et du lien de causalité entre le préjudice subi et l'absence de consultation du comité d'entreprise, empêcheront le succès d'un procès en responsabilité. Notons toutefois qu'en cette matière le délai de prescription pénale ne s'applique pas. Le comité d'entreprise peut donc agir en matière civile dans un délai de prescription de cinq ans.

364. Sur le fondement des articles 1382 et 1383 du Code civil.

365. Sur le fondement de l'article 1147 du Code civil. L'obligation contractuelle peut résulter d'une disposition de la convention collective en ce sens. La Chambre sociale de la Cour de cassation a ainsi rappelé que la société qui prend une décision unilatérale et irrévocable de licencier avant toute consultation des représentants du personnel, sans tenir compte de la convention collective qui prévoit une consultation réelle et préalable, agit abusivement en omettant de mettre en œuvre une garantie importante, prévue dans l'intérêt des salariés : Cass. soc. 3 octobre 1968, Sté Entrepôts français de Liquides Industriels c/ Feillard et a., non publié au Bull. civ.; *Droit Social*, 1969, n°1, p. 47, obs. J. SAVATIER.

366. Cass. crim. 29 mars 1973, n°90-784/72, Campa (3è moyen) : *Bull. crim.*, n°162, p. 390 ; Cass. crim. 4 janvier 1979, n°77-93.761, Comité d'entreprise de la société IDA a. c/ M. Bayard : *Bull. crim.*, n°6, p. 11.

367. Par exemple : Cass. crim 4 mai 1971, n°91.862/70, Syndicat des travailleurs de l'Alimentation de la Région Parisienne : *Bull. crim.*, n°131, p. 341 ; Cass. crim. 28 novembre 1984, n°83-93.094, Perrin-Pelletier (Peugeot) : *Bull. crim.*, n°375, p. 992, précité ; Cass. crim. 25 avril 1989, n°87-91.068 D, Croci P (6è moyen), précité ; Cass. crim. 3 décembre 1996, n°5254 PF, Denis : *Bull. crim.*, n°441, p. 1293 ; *RJS*, 5/97, n°563 (principe réitéré, pour un défaut de réunion et de consultation du comité d'entreprise).

En revanche, ne peuvent demander une telle réparation, les délégués syndicaux agissant à titre personnel, le président du comité d'entreprise, non mandaté par ce dernier et se prévalant d'un dommage personnel, ou encore les salariés eux-mêmes. Ils ne sont en effet pas considérés par la jurisprudence comme ayant subi un préjudice personnel et direct (l'atteinte à leurs droits et prérogatives), résultant du fait dommageable (le délit d'entrave), conditions du déclenchement de la réparation [368].

### 3. *La réparation pécuniaire du préjudice des salariés*

**1040.** Obtenir que la décision prise en violation de l'obligation de concertation soit déclarée inopposable aux salariés permettrait de laisser subsister l'acte pris en application de la décision. Une telle sanction priverait l'acte en question de toute efficacité à l'égard des salariés qui pourraient le tenir pour nul. Seraient ainsi concernées les conséquences sociales des décisions prises en violation de l'obligation d'informer et de consulter.

Les tribunaux français semblent cependant réticents à permettre que la décision prise sans respecter l'obligation de consultation du comité d'entreprise soit inopposable aux salariés, en dehors du cas spécifique du règlement intérieur introduit dans l'entreprise sans avoir été soumis préalablement au comité d'entreprise [369]. Ils n'autorisent pas, en outre, le comité d'entreprise à invoquer l'inopposabilité aux salariés de la décision prise en violation de ses droits. La Cour de cassation ne lui reconnaît, en effet, que le droit d'agir en justice à l'égard des seuls actes qui lui causent un préjudice personnel, c'est à dire à sa personnalité juridique et à tout ce qui en découle, et direct [370]. Il n'a pas vocation à défendre les intérêts individuels des

---

[368]. Notamment : Cass. crim. 28 novembre 1980, n°80-90.717, B. Otto c/ J. Heimendinger : *Bull. crim.*, n°281, p. 716, pour un représentant syndical agissant à titre personnel ; Cass. crim. 28 novembre 1984, n°83-93.094, Perrin-Pelletier (Peugeot): *Bull. crim.*, n°375, p. 992, précité, pour des délégués syndicaux agissant à titre personnel ; Cass. crim. 18 décembre 1990, n°89-80.333, Bensana c/ Tritsch, non publié au Bull. crim.: *RJS*, 2/91, n°199, pour des salariés ; Cass. crim. 21 mai 1998, n°3202 D, Cohu et a., non publié au Bull. crim. : *RJS*, 10/98, n°1242 (2è espèce), pour un président du comité d'entreprise non mandaté, agissant en son nom personnel à l'encontre du secrétaire du comité d'entreprise.

[369]. M. COHEN, *Le droit des comités d'entreprise et des comités de groupe*, LGDJ, 2005, p. 605. L'auteur considère que cette absence d'effet à l'égard des salariés devrait pouvoir être invoquée par ces derniers à l'encontre de tous les actes de gestion de l'employeur qui auraient dû être précédés de la consultation du comité d'entreprise mais qui ne l'ont pas été. Il remarque cependant que la Cour de cassation multiplie, par ailleurs, les nullités de forme ; R. VATINET, « Les conséquences du défaut de consultation par le comité d'entreprise », *Revue Pratique de Droit Social*, février – mars 1990, p. 60-61. L'auteur classe la sanction du défaut de consultation préalable du comité d'entreprise sur le règlement intérieur dans un paragraphe réservé à la nullité des décisions de l'employeur. Pour une distinction entre nullité et inopposabilité, notamment : D. BASTIAN, *Essai d'une théorie générale de l'inopposabilité*, Recueil Sirey, 1929, 366 p. ; M. FALAISE, « La sanction de l'acte irrégulier (distinction entre nullité et inopposabilité) », *Les Petites Affiches*, 27 août 1997, n°103, p. 5-13.

[370]. Article 31 du Nouveau Code de procédure civile et article 2 du Code de procédure pénale. Par exemple : Cass. soc. 20 septembre 2006 n°2033 FS-PB, Association Les Amis du Jeudi Dimanche c/ Syndicat départemental CFDT des services de santé et des services sociaux du Rhône et a. (deuxième moyen): *Bull. civ.* V, n°278, p. 264 ; *RJS*, 12/06, n°1300 ; *Droit Ouvrier*, février 2007, p. 98, note P. BATTEN, à propos d'une action tendant à l'exécution d'un accord cadre d'une convention collective.

A noter à ce titre la divergence de vues entre les juridictions de l'ordre judiciaire et celles de l'ordre administratif, admettant plus largement les recours formés par des comités d'entreprise contre des décisions « *de nature à affecter les conditions d'emploi et de travail du personnel dans l'entreprise* ». Notamment : CE, Ass. 22 décembre 1982, CCE Sté française d'équipement pour la navigation aérienne, n°34.252-34.798, *Rec. Lebon*, p. 435 ; CE 1er décembre 1993, n°111730, Comité d'entreprise de la Sté française de munitions, *Rec. Lebon*, Tables, p. 939 ; CE 3 mars 2006 n°287960, 287964, 288809, 7è et 2è s.-s., Sté François-Charles Oberthur Fiduciaire et a.: *RJS*, 7/06, n°856.

salariés, contrairement aux syndicats [371]. Jusqu'à récemment [372], la Cour de cassation avait néanmoins accueilli favorablement des demandes exercées conjointement par le comité d'entreprise et les syndicats, en contestation de l'applicabilité de l'article L.122-12 al. 2 du code du travail, pour déclarer ses conditions non remplies au cas d'espèce et décider de l'inopposabilité de l'opération aux salariés [373].

**1041.** Des sanctions spécifiques qui permettent la réparation pécuniaire du préjudice subi par les salariés et/ou la sanction de l'employeur sont par ailleurs prévues par la loi dans le domaine particulier des procédures de licenciements collectifs [374]. Une irrégularité dans la

---

[371]. En pratique, une décision de transfert d'entreprise peut avoir une incidence sur les effectifs, la taille et la structure de l'entreprise et donc sur la survie et le mode de fonctionnement du comité d'entreprise. Le comité d'entreprise pourrait donc avoir un intérêt personnel à agir et à demander que l'opération lui soit inopposable. Cela suffirait-t'il pour autant à obtenir une réparation ayant des conséquences sur les rapports de l'entreprise avec son personnel en cas de transfert d'entreprise ? Sur cette question, notamment, M. COHEN, *Le droit des comités d'entreprise et des comités de groupe*, LGDJ, 2005, p. 457 ; E. PAOLINI, « L.122-12, le comité d'entreprise prend de la bouteille ... », *Semaine Sociale Lamy*, 22 juin 1998, n°892, p. 5-7 ; B. BOUBLI, « Externalisation et L.122-12 ou les affaires Perrier », *Semaine Sociale Lamy*, 31 juillet 2000, n°992, p. 5-7 ; F. RONGET, « L'action en justice du comité d'entreprise », *JCP*, E, 2004, comm. 471 ; O. GOUEL, « Défense en justice des intérêts des salariés : CHSCT et syndicat ne sont pas à armes égales », *Semaine Sociale Lamy*, 12 décembre 2005, n°1240, p. 10-11 ; Note A. MARTINON sous Cass. crim. 11 octobre 2005, n°05-82.414, FP-F, Proc. Gén. CA Paris et a.: *JCP*, éd. Sociale, n°9, 28 février 2006, n°1166, p. 36-37, à propos de l'action civile par le CHSCT et le syndicat ; M. KELLER, « L'action en justice du comité d'entreprise pour la défense de ses prérogatives économiques (ou les vertus altruistes d'une action propre) », *Droit Social*, 2006, n°9/10, p. 861-868.

[372]. Cass. soc. 14 mars 2007 n°573 FS-PB, Blanchard et a. c/ Sté General Electric Energy Products France (GEEPF) (pourvoi principal) : *Bull. civ*. V, n°51, p. 50 ; *RJS*, 5/07, n°624 ; *Revue de Droit du travail*, juin 2007, p. 401, note E. ANDREO ; O. GOUEL, « L'action en justice du CE toujours cantonnée à la défense de ses intérêts propres », *Semaine Sociale Lamy*, 7 mai 2007, n°1306, p. 13, à propos d'une demande tenant à l'annulation des cessions et des accords conclus à l'occasion d'une opération d'externalisation. La Cour de cassation a affirmé que « *Le comité d'entreprise ne tient d'aucune disposition légale le pouvoir d'exercer une action en justice au nom des salariés ou de se joindre à l'action de ces derniers, lorque ses intérêts propres ne sont pas en cause* ».

[373]. Par exemple : Cass. soc. 18 juillet 2000, Société Perrier Vittel France c/ Comité d'établissement de la source Perrier de Vergèze et a.; Cass. soc. 18 juillet 2000, n°3700 FS-D, Sté Perrier Vittel France c/ Comité d'établissement Contrexeville : *Bull civ*. V, n°285, p. 225, précités ; Cass. soc. 26 mai 2004, EMAP France c/ Comité d'entreprise Emap France n°02-17642, non publié au Bull. civ. ; CA Paris, 18è ch. C, 10 novembre 2005, n°04/10978 : *Semaine Sociale Lamy*, 19 décembre 2005, n°1241, p. 12-13, à propos de la cession partielle d'un fonds de commerce.

[374]. Le non-respect de la procédure d'information et de consultation emporte des conséquences différentes selon les dispositions auxquelles l'employeur a porté atteinte. Ainsi, la sanction du licenciement irrégulier, car opéré sans la consultation préalable du comité d'entreprise, permet aux salariés concernés d'obtenir réparation de leur préjudice en cas de licenciement collectif opéré sans respecter la procédure prévue par l'article L.321-2 (article L.122-14-4 al. 3 du code du travail). Dans les entreprises employant au moins cinquante salariés, lorsque le nombre de licenciements est au moins égal à dix dans une même période de trente jours, la procédure de licenciement est nulle et de nul effet tant qu'un plan visant au reclassement des salariés s'intégrant au plan de sauvegarde de l'emploi n'est pas présenté par l'employeur aux représentants du personnel, qui doivent être réunis, informés et consultés (article L.321-4-1 al. 2 du code du travail). De même, outre la sanction du délit d'entrave, l'employeur qui procède à au moins dix licenciements économiques sur une même période de trente jours, sans, notamment, consulter les représentants du personnel, est passible d'une amende de 3.750 euros, prononcée autant de fois qu'il y a de salariés concernés par l'infraction (article L.321-11 du code du travail). Enfin, la loi de modernisation sociale du 17 janvier 2002, a introduit une nouvelle sanction dans le code du travail (article L.321-2-1 du code du travail) qui permet de sanctionner les licenciements économiques opérés sans que les obligations d'information et de consultation des représentants du personnel n'aient eu lieu, faute de représentants du personnel élus dans l'entreprise, en l'absence de procès-verbaux de carence. Elle permet aux salariés licenciés sans le respect de ces règles d'obtenir une

procédure d'information et de consultation des salariés ne peut pas, en principe, entraîner la nullité de la procédure de licenciement, sauf cas de « passage en force » de l'employeur. Tel est le cas lorsque l'irrégularité dans la procédure de consultation est soulevée avant son terme, à un moment où elle pouvait encore être suspendue et reprise et que l'employeur a néanmoins notifié les licenciements [375]. Inversement, la procédure de consultation est nulle et de nul effet, tant qu'un plan visant au reclassement des salariés s'intégrant au plan de sauvegarde de l'emploi n'est pas présenté par l'employeur aux représentants du personnel. Ainsi, « *lorsqu'une première procédure de licenciement a été annulée, en raison de l'insuffisance du plan social, la procédure de consultation des représentants du personnel doit être entièrement reprise sous peine de nullité de la procédure de licenciement* » [376].

**1042.** Aucun texte ne prévoit toutefois de sanctionner par la nullité les décisions prises par le conseil d'administration en dehors de la présence des représentants du comité d'entreprise ou les décisions prise à défaut d'information et de consultation du comité d'entreprise. Or, la nullité pourrait être la sanction la plus efficace de la violation des droits des représentants du personnel. Ce serait reconnaître le caractère substantiel de la consultation du comité d'entreprise, ce que les juridictions judiciaires n'ont pas expressément admis [377].

En droit des sociétés, l'article 1844-10 al. 3 du Code civil indique en effet que « *la nullité des actes ou délibérations des organes de la société ne peut résulter que de la violation d'une disposition impérative du présent titre ou de l'une des causes de nullité des contrats en général* ». Cette disposition est confortée par les termes de l'article 360 al. 2 de la loi du 24 juillet 1966 sur les sociétés commerciales. Il prévoit : « *la nullité d'actes ou de délibérations autres que ceux prévus à l'alinéa précédent* (c'est à dire : la nullité d'une société ou d'un acte modifiant les statuts) *ne peut résulter que de la violation d'une disposition impérative de la présente loi ou de celles qui régissent les contrats* ». Or, aucune disposition de droit des sociétés ne prévoit la nullité d'un acte ou d'une délibération prise en l'absence de convocation des représentants du comité d'entreprise aux réunions de l'organe de direction ou encore en l'absence de consultation du comité d'entreprise.

---

réparation personnelle du préjudice qui résulte de la carence de l'employeur (ils peuvent ainsi prétendre à une indemnité qui ne peut être inférieure à un mois de salaire).

[375]. Cass. soc. 14 janvier 2003 n°49 FS-P, SA Euridep c/ CCE de l'UES Kalon France : *Bull. civ.* V, n° 5, p. 5 ; *RJS*, 3/03, n°334 ; *Les Petites Affiches*, 29 avril 2004, n°86, p. 10, note V. LE BLAN-DELANNOY. En l'espèce, l'employeur avait unilatéralement fixé l'ordre du jour des réunions du CCE. A *contrario*, si la procédure d'information et de consultation est achevée au moment de la saisine du tribunal, les irrégularités affectant l'ordre du jour d'une réunion du comité d'entreprise ne peuvent pas avoir pour effet d'entraîner la nullité de l'ensemble de la procédure de licenciement. Elles permettent seulement d'obtenir la suspension de la procédure si elle n'est pas terminée ou, à défaut, la réparation du préjudice subi à ce titre. Cass. soc. 7 avril 2004, n°822 FS-PB, Comité d'établissement de Reims de la société BSN et a. c/ Sté BSN Glass Pack : *Bull. civ.* V, n°108, p. 96 ; *Travail et Protection Sociale*, juin 2004, n°189, p. 20, note J.-M. OLIVIER ; TGI Lyon, réf. 30 novembre 2005, Secrétaire du CE c/ Rhodia et président du CE : *Droit Ouvrier*, mars 2006, p. 132, note P. DARVES-BORNOZ. En l'espèce, la convocation du comité d'entreprise a été considérée comme privée d'effet. Elle faisait suite à un ordre du jour fixé unilatéralement par le chef d'entreprise, en dépit d'un accord collectif contraire, après que le secrétaire du comité d'entreprise ait refusé de le signer.

[376]. Cass. soc. 10 février 2004 n°339 FS-P, Libert et a. c/ Basset et a.: *Bull. civ.* V, n°45, p. 43 ; *RJS*, 4/04, n°399.

[377]. Contrairement aux juridictions administratives, qui semblent sanctionner le défaut de consultation du comité d'entreprise lorsque l'occasion leur en est donnée. Ainsi, en matière de licenciement de salariés protégés, un tribunal administratif a pu décider, sur le fondement d'une circulaire ministérielle du 25 octobre 1983 (DRT 13 *J.O.* du 20 décembre 1983 p. 11201) précisant qu'en cas de défaut de consultation du comité d'entreprise, l'inspecteur du travail doit refuser de se prononcer sur le licenciement d'un salarié protégé tant qu'il n'aura pas été procédé à cette consultation, que la consultation « *présente les caractères d'une formalité substantielle* » en l'absence de laquelle une décision d'autorisation de l'inspecteur du travail serait entachée d'illégalité (Trib. Adm. Rennes 31 janvier 1985, Etabl. Ranou, *Droit Ouvrier*, décembre 1985, p. 469).

En l'absence de disposition contraire en droit des sociétés [378], la décision du chef d'entreprise demeurera juridiquement valable, que le comité d'entreprise ait été consulté ou non ou qu'il l'ait été mais dans des formes irrégulières.

**1043.** Des décisions judiciaires admettent néanmoins la nullité de délibérations prises par le conseil d'administration en l'absence ou l'insuffisance d'information d'un administrateur. Elles considèrent que cette absence de consultation met les membres du conseil dans l'impossibilité d'accomplir leur mission en toute connaissance de cause [379]. D'autres admettent la nullité des délibérations prises par le conseil d'administration sans que les représentants du comité d'entreprise n'aient été convoqués [380]. La chambre commerciale de la Cour de cassation considère toutefois que l'absence des représentants du comité d'entreprise au conseil d'administration, pour défaut de convocation, ne devrait pas entraîner la nullité de la délibération, sauf en cas de fraude, puisque la présence des représentants du comité d'entreprise résulte d'un texte du code du travail et non du droit des sociétés [381].

**1044.** Certains auteurs regrettent que la participation des délégués du comité d'entreprise aux organes de direction de la société ne soit pas inscrite dans la loi de 1966 et prive ces derniers de la possibilité de demander la nullité d'une décision prise en leur absence ou à défaut d'information [382]. D'autres, plus pragmatiques, font remarquer qu'il n'est pas certain que si le comité d'entreprise avait été consulté, son avis aurait provoqué une décision différente. Il faut également considérer les implications économiques que la nullité d'une décision entraînerait vis à vis des co-contractants notamment, qui ne devraient pas avoir

---

[378]. A la différence du droit des entreprises en difficulté où la consultation étant intégrée à la procédure commerciale, la jurisprudence lui reconnaît un caractère substantiel. En ce sens: Paris, 3è ch. A, 13 juin 1989, Société Tolerie et Outillage de haute précision c/ Julien et a.: *D.*, 1989, I.R. p. 220.

[379]. Par exemple : Cass. com. 2 juillet 1985, Consorts Cointreau et a. c/ Sté Rémy Martin et a. : *Bull. civ.*, IV, n°203, p. 169 ; *D.*, 1986, jurisp. P. 351, note Y. LOUSSOUARN ; *JCP*, E, 1986, 14578, note A. VIANDIER. Dans cet arrêt, la Cour de cassation a annulé pour manque de base légale une décision par laquelle la Cour d'appel avait rejeté la demande tendant à l'annulation d'une délibération du conseil d'administration formée par un administrateur qui faisait valoir qu'il n'avait pas été à même d'exercer son mandat dans des conditions d'information suffisantes ; Cass. com. 24 avril 1990, Consorts Cointreau c/ Sté Rémy Martin et compagnie : *Bull. civ.* IV, n°125, p. 82 ; *Revue Trimestrielle de Droit Commercial*, 1990, p. 416, obs. Y. REINHARD ; *Bulletin Joly*, 1990, p. 532, note P. le CANNU : la méconnaissance des droits à l'information préalable d'un membre du conseil d'administration affecte, par elle-même, la régularité de la réunion de cet organe social ; Cass. com. 1er décembre 1987, M. Dennery c/ SA Etablissements Dennery : *Bull. civ.*, IV, n°260, p. 195 ; *Revue des Sociétés,* 1988, p. 237, note P. le CANNU, où la Cour de cassation a annulé une décision qui avait rejeté la demande d'un administrateur de se voir communiquer la copie des procès-verbaux du conseil d'administration qui avait fixé la rémunération de son président et à laquelle il n'avait pas assisté. Il n'existe toutefois pas, à notre connaissance, de jurisprudence comparable en matière d'information des représentants du comité d'entreprise au conseil d'administration.

[380]. Cass. com. 17 février 1975, Giacometti et a. c/ Sté Sagifa et a. : *Bull. civ.*, IV, n°44, p. 36 ; *D.*, 1975, p. 466, note J.-C. BOUSQUET ; *JCP*, G, 1975, II, 18105, note J. SAVATIER ; *Revue des Sociétés,* 1975, p. 269, note F.T. ; J. PELISSIER, A. LYON-CAEN, A. JEAMMAUD et E. DOCKES, *Les grands arrêts du Droit du travail*, Dalloz, 2004, n°139. Cet arrêt avait admis la nullité d'une délibération prise par un conseil d'administration un quart d'heure après que la séance normale avec les représentants du comité d'entreprise ait été levée par le président du conseil d'administration. Les faits étant toutefois antérieurs à la loi du 24 juillet 1966 sur les sociétés commerciales, cet arrêt est rendu caduc par l'article 360 de cette même loi.

[381]. Cass. soc. 26 mai 1998, n°2628 D, Syndicat CGT de la caisse régionale de crédit agricole de la Nièvre c/ Caisse régionale de crédit agricole mutuel de la Nièvre, non publié au Bull. civ ; *Revue de Jurisprudence de Droit des Affaires,* 11/98, n°1241, p. 931 : arrêt qui limite cependant la portée de la solution au cas où le seul objet de la délibération est l'exercice d'une action en justice.

[382]. Notamment, G. RIPERT et R. ROBLOT, *Traité de droit commercial*, T.1, 1991, LGDJ, n°1289 ; Ch. ROQUILLY, « Les contrariétés aux processus d'information dans les sociétés anonymes, aspects juridiques (suite et fin) », *Les Petites Affiches*, 5 juillet 1993, n°80, p. 14.

à porter le poids des irrégularités commises [383], argument cependant auquel les Cours fédérales américaines ne sont pas toujours sensibles.

## B. DROIT ANGLAIS : LE BESOIN D'UNE SANCTION EFFECTIVE, PROPORTIONNÉE ET DISSUASIVE

**1045.** Le TUPE énumère les quatre cas dans lesquels représentants du personnel, syndicats ou salariés sont admis à saisir le juge au titre de la violation par l'employeur de son obligation d'information et de consultation dans le cadre d'un transfert d'entreprise [384]. Pour être recevable, l'action doit être intentée dans les trois mois qui suivent la date du transfert[385]. Une action engagée tardivement peut néanmoins être reçue, s'il n'était pas « *raisonnablement réalisable* » [386] de saisir le tribunal dans ce délai. Cette exception est toutefois entendue très limitativement par les tribunaux [387].

Les salariés peuvent ainsi agir en justice dans le cas de manquements de l'employeur à son obligation d'organiser des élections [388] et les représentants du personnel ou le syndicat dans tous les cas où la violation les concerne [389]. Les procédures visant à sanctionner l'employeur qui n'aurait pas rempli son obligation d'information et de consultation préalable ne peuvent être introduites qu'à l'initiative du syndicat ou des représentants du personnel concernés.

**1046.** Les salariés ne sont admis à agir en justice que pour obtenir le paiement des dommages et intérêts auxquels l'employeur, cédant ou cessionnaire, aura été condamné en vertu d'une action des représentants du personnel ou du syndicat [390].

Bien que cette interprétation ne résulte pas clairement du TUPE, les auteurs s'accordent à dire que les salariés ne peuvent se substituer au syndicat ou aux représentants du personnel

---

[383]. Notamment, Ch. FREYRIA, « La consultation du comité d'entreprise », *Droit Social*, 1983, n°5, p. 394, lequel recommande que le droit de la nullité « *soit organisé de manière logique, à partir d'une sélection légale des formalités substantielles et secondaires* » pour ne pas que cette sanction « *soit retenue dans l'absolue et maniée de manière anarchique* ».

[384]. TUPE 1981, reg. 11 ; TUPE 2006, reg. 15, à savoir, « *(a) en cas de manquement de l'employeur à son obligation d'organiser des élections, (b) au titre de tout autre manquement aux obligations de l'employeur à l'égard des représentants du personnel ou (c) des représentants d'un syndicat, et (d) dans tout autre cas* ».

[385]. TUPE 1981, reg. 11(8) ; TUPE 2006, reg. 15(12).

[386]. « *Reasonably practicable* ».

[387]. Pour un exemple où une saisine hors délai a été acceptée : Fisons plc v. Jeffries, EAT/524/97. En l'espèce, l'action avait été intentée par un représentant du personnel nouvellement élu (Mrs. Jeffries) après la fin de la période de trois mois prévue par le TUPE (le transfert avait eu lieu en avril 1996 et l'action avait été introduite en septembre 1996, soit deux mois après l'expiration du délai de saisine). La Cour a néanmoins reçu la demande. En effet, l'employeur avait adressé à Mrs. Jeffries la copie d'une page d'un manuel de droit social contenant un résumé des dispositions de la loi de 1995 qui venait d'entrer en vigueur (loi permettant aux salariés d'élire des représentants du personnel aux fins d'être informés et consultés, à défaut de représentation syndicale dans l'entreprise). Or, cette page ne contenait aucune indication sur les délais relatifs à la saisine du tribunal. La cour a considéré que ce résumé avait « *faussement sécurisé la plaignante, qui n'était pas le représentant expérimenté d'un syndicat, et qui n'avait pas eu recours à un autre conseil et s'était fondée uniquement sur les informations données par le cédant* » ; Marks and Spencer plc v. Williams Ryan, 10 September 2004, EAT/0145/04 ; *IDS*, Brief 768, November 2004, p. 7-8. Dans une affaire où la demande portait sur des dommages et intérêts pour licenciement abusif, le salarié avait saisi le tribunal hors délai après avoir cru, à tort, qu'il devait avoir préalablement épuisé les voies de recours internes à l'entreprise. L'extension du délai de recours a été acceptée par les juges.

[388]. TUPE 1981, reg. 11(1)(a) ; TUPE 2006, reg. 15(1)(a).

[389]. TUPE 1981, reg. 11 (1) (b) et (c) ; TUPE 2006, reg. 15(1)(b) et (c).

[390]. TUPE 1981, reg. 11 (5) ; TUPE 2006, reg. 5(10). Dans ce cas, l'action doit être intentée dans les trois mois suivant la décision du juge de première instance statuant sur la demande des représentants du personnel ou du syndicat.

en cas de carence de ces derniers. Ce n'est donc qu'à défaut de syndicat ou de représentants des salariés dans l'entreprise que les salariés pourront agir directement devant les tribunaux sur le fondement d'un défaut d'information de la part de leur employeur sur l'opération de transfert envisagée, c'est à dire « *dans tous les autres cas* » de recours qui ne seraient pas expressément prévus par le TUPE [391]. Or, la carence à agir du syndicat est fréquente dans le cadre de transferts partiels d'actifs. Celui-ci préfèrera en effet généralement s'abstenir de toute poursuite pour ne pas risquer de porter préjudice à ses relations avec l'employeur et conserver son statut de représentant des salariés, reconnu par lui, laissant ainsi les salariés sans réparation de leur préjudice.

**1047.** Dans le cas où la violation s'avérerait constituée, le juge de première instance [392] peut la constater [393] et ordonner à l'employeur de verser des dommages et intérêts [394] aux salariés concernés [395] en fonction du préjudice subi, tel qu'apprécié à la date du transfert ou des licenciements, selon les cas [396].

Il peut également condamner le cessionnaire au paiement de ces indemnités lorsque le cédant apporte la preuve que la violation de son obligation est due à l'absence de diligence du cessionnaire dans la fourniture des informations qu'il devait lui communiquer quant aux mesures qu'il envisage de prendre à l'égard des salariés, une fois le transfert réalisé. Pour pouvoir valablement s'exonérer de sa responsabilité [397] le cédant doit néanmoins, au préalable, avoir notifié au cessionnaire son intention de se prévaloir de ce fait en justice [398].

**1048.** Le montant maximum des dommages et intérêts pouvant être accordés aux salariés dans ce cadre n'a pas été réévalué depuis 1999 [399]. La sanction est de nature réparatrice. Son montant est déterminé en fonction de ce qui apparaît aux juges juste et équitable pour les salariés par rapport aux manquements de l'employeur.

Dans le cadre plus particulier des licenciements économiques, le juge de première instance peut prendre une décision visant à protéger les droits des salariés [400] qui vont ou viennent d'être licenciés en violation de l'obligation d'information et de consultation de l'employeur. Dans ce type de décision, le juge ordonne à l'employeur de verser aux salariés leur rémunération pendant une période déterminée [401], soit un maximum de quatre vingt dix jours avant la prise d'effet de la mesure, dès lors que vingt salariés ou plus sont concernés [402].

---

391. TUPE 1981, reg. 11(1)(d) ; TUPE 2006, reg. 15(1)(d).

392. L'*Employment Tribunal* (ET). Les parties peuvent interjeter appel en droit devant *l'Employment Appeal Tribunal* (EAT) [TUPE, reg. 11(10) ; TUPE 2006, reg. 16(2)].

393. « *Declaration* ».

394. « *Appropriate compensation* ».

395. TUPE 1981, reg. 11(4)(a) ; TUPE 2006, reg. 15(7) pour le cessionnaire et 15(8) pour le cédant.

396. TUPE 1981, reg. 11(12) ; TUPE 2006, reg. 16(4).

397. TUPE 1981, reg. 11(4)(b) ; TUPE 2006, reg. 15(8)(b).

398. TUPE 1981, reg. 11(3) ; TUPE 2006, reg. 15(5).

399. *The Collective Redundancies and Transfer of Undertakings (Protection of Employment) (Amendment) Regulations* 1999, section 10(4), *SI* 1999 N°1925. Il est égal à treize semaines de salaire : TUPE 1981, reg. 11(11) ; TUPE 2006, reg. 16(3). Il était initialement de deux semaines maximum puis était passé à quatre semaines en 1995, la Cour de justice des communautés européennes ayant considéré la sanction prévue par le premier texte comme inadéquate et ne répondant pas aux exigences de la directive. CJCE 8 juin 1994, aff. C-382/92 et C-383-92, Commission c/ Royaume-Uni de Grande-Bretagne et d'Irlande du Nord, *Rec. CJCE* 1994, p. I-2438.

400. « *Protective award* ».

401. « *The protective period* ».

402. TULR(C)A 1992, s. 189. La rémunération versée en compensation de la violation de son obligation de concertation par l'employeur dans ce cadre ne peut pas, depuis 1993, être déduite du montant des indemnités dues au salarié au titre de la rupture de son contrat de travail. L'employeur peut cependant être déchargé de son obligation de verser ladite rémunération au salarié en cas de licenciement pour un motif autre qu'un motif économique (« *redundancy* ») ou en cas de démission du salarié pendant la période de protection. TULR(C)A 1992, s. 191(1).

**1049.** La durée du versement est déterminée au cas par cas par le juge, en fonction des circonstances de chaque espèce et de la gravité de la violation de son obligation par l'employeur. La Court of Appeal (CA) a précisé récemment la nature punitive de cette sanction dans une décision Susie Radin Ltd v. GMB and ors [403]. En l'espèce, l'employeur cherchait à obtenir une révision à la baisse du montant des indemnités (« protective awards ») qui avaient été octroyés aux salariés par les juges du fond (ET) et l'Employment Appeal Tribunal (EAT), soit quatre vingt dix jours par personne, au titre du manquement à son obligation de consulter le syndicat sur un projet de licenciement collectif. Il se prévalait du fait que cette sanction avait une nature plus réparatrice que punitive et que le montant des indemnités octroyées ne reflétait pas le fait, qu'en l'espèce, une consultation en bonne et due forme n'aurait rien changé à la situation individuelle des salariés.

Ce raisonnement a été rejeté par la CA. Il ne s'agissait pas d'accorder une réparation aux salariés mais de sanctionner le manquement de l'employeur à son obligation. Dans leur appréciation de la gravité du manquement, les juges devaient donc partir du montant maximum prévu par les textes, soit quatre vingt dix jours, et réduire la sanction si des circonstances particulières le justifiaient. L'employeur ne pouvait pas se prévaloir à ce titre du fait que la consultation n'aurait servi à rien puisque celle-ci était obligatoire. Le montant de la sanction n'a pas été revu en l'espèce et l'employeur a été condamné à verser un total de 250.000 livres sterling à ses salariés [404].

## C. DROIT AMÉRICAIN : LE BESOIN D'UNE SANCTION PLUS PUNITIVE QUE RÉPARATRICE

**1050.** En droit américain, les sanctions les plus importantes sont prononcées dans le cadre de la violation par l'employeur de son obligation de négocier sur la décision elle-même. Or, la décision de transfert n'est pas un sujet obligatoire de négociation. La sanction de l'employeur dans ce contexte, se limite donc le plus souvent au paiement de rappels de salaires, à moins qu'une disposition de la convention collective ne prévoie une protection spécifique des salariés dans cette hypothèse. La violation des dispositions du WARN Act appelle néanmoins une sanction spécifique.

### *1. La sanction de la violation du préavis imposé par le Warn Act*

**1051.** En application du WARN Act de 1989, la restructuration envisagée qui implique des licenciements d'au moins cinquante salariés dans une même période de trente jours, dans une entreprise employant au moins cent salariés [405], entraîne l'obligation pour l'employeur de notifier sa décision, par écrit, au syndicat ou directement aux salariés, ainsi qu'aux autorités administratives compétentes, soixante jours calendaires avant sa prise d'effet [406].

---

403. Susie Radin Ltd v. GMB and ors. [2004] *IRLR* 400, [2004] *ICR* 893 (CA) ; *IDS*, Brief 758, June 2004, p. 11-12.

404. Pour une application, par exemple : Smith and anor v. Cherry Lewis Ltd (in receivership), 5 November 2004, EAT/0455-56/04 ; *IDS*, Brief 774, February 2005, p. 9-10 ; *Industrial Relations Law Bulletin*, n°756, March 2005, p. 4-5. En l'espèce la circonstance que la société était en cessation de paiement, n'a pas été considérée par l'EAT comme une circonstance de nature à justifier la réduction du montant des indemnités à verser aux salariés au titre du manquement à son obligation de consultation, soit 90 jours par salariés ; Sweetin v. Coral Racing [2006] *IRLR* 252 (EAT) ; *IDS Employment Law*, Brief 800, March 2006, p. 9-10, dans le cadre d'un transfert d'entreprise.

405. Pour une définition des termes et conditions d'application du Warn Act, v., 1ère Partie, Titre I, chapitre I, *supra*.

406. Ce préavis est sans préjudice des dispositions conventionnelles plus favorables, dont la violation par l'employeur peut également être sanctionnée, en plus de la sanction prévue par le Warn Act [20 *CFR* § 639.1(g)] et de l'application de toute autre sanction, notamment celle encourue en application du NLRA. Cf. Times Herald Printing Co. (1994), 315 *N.L.R.B.* 700, 147 *L.R.R.M.* 1281.

**1052.** Contrairement aux sanctions encourues en cas de violation du NLRA et des dispositions de la convention collective par l'employeur, celle prévue par le WARN Act est mesurable et quantifiable à l'avance. Ce texte prévoit, en effet, que le non-respect du préavis de soixante jours par l'employeur l'oblige au versement des rémunérations et avantages équivalents à la durée de préavis non effectué, à chacun des salariés concernés [407], éventuellement avec des intérêts de retard. La sanction ne peut toutefois excéder plus de la moitié du nombre de jours que le salarié a effectivement travaillé pour l'employeur. Les frais de procédure peuvent également être mis à la charge de l'employeur. Toutefois, en apportant la preuve de sa bonne foi, c'est à dire du fait qu'il avait un motif raisonnable de penser que son action ou son omission ne constituait pas une violation du WARN Act, l'employeur peut voir le montant de la sanction réduite par les juges [408].

Les Cours fédérales sont divisées sur les méthodes de calcul des montants dus. Pour certaines, seuls les jours ouvrés doivent être pris en compte. Elles considèrent que le montant doit correspondre au salaire que le salarié aurait touché s'il avait continué à travailler pendant cette période [409]. Pour d'autres, le calcul doit être fait sur la base d'un décompte en jours calendaires [410]. La Cour Suprême ayant refusé de se prononcer en faveur de l'une ou l'autre de ces méthodes de calcul, les montants dus à ce titre dépendront donc en pratique de la Cour saisie.

**1053.** Le WARN Act prévoit également, sous réserve de poursuites par les autorités administratives concernées par l'absence de notification, le paiement d'amendes dans la double limite de cinq cent dollars par jour d'infraction et trente mille dollars au total, pour les soixante jours de préavis, en fonction de la gravité de la violation, de la taille de l'entreprise et de sa capacité financière. Afin d'encourager les employeurs à respecter leurs obligations vis-à-vis des salariés, le paiement par l'employeur des indemnités dues aux salariés, dans les trois semaines suivant les licenciements, exonère néanmoins l'employeur de sa responsabilité vis-à-vis du représentant local du gouvernement [411].

### *2. L'efficacité variable de la sanction de la pratique déloyale de travail*

**1054.** Le NLRB et les Cours fédérales admettent rarement l'existence d'une obligation de négocier pour l'employeur, en cas de restructuration ou de transfert d'entreprise. Les sanctions dans ce contexte ne peuvent donc qu'être occasionnelles ou concerner les conséquences de la décision à l'égard des salariés, c'est à dire, une fois que la décision est déjà prise. Dans un tel cas, la sanction se limite, généralement, au paiement de rappels de salaire par l'employeur.

Le syndicat qui estime à tort que la décision de l'employeur doit faire l'objet d'une négociation et utilise des moyens de pression (grève) pour obliger l'employeur à négocier se rend coupable d'une pratique déloyale de travail. La conséquence est pour les salariés grévistes, l'absence de protection du NLRA et la possibilité pour l'employeur de les licencier.

Le NLRB est aussi généralement peu enclin à ordonner une telle sanction une fois que la décision de l'employeur contrevenant a été mise en œuvre. Il en est ainsi, en particulier

---

[407]. 29 *U.S.C.* § 2104(a)(1)(B). Les poursuites peuvent être introduites par un salarié, à titre individuel, ou par le syndicat. 29 *U.S.C.* § 2104 (a)(5).

[408]. 29 *U.S.C.* § 2104(a)(4). Tel est le cas, par exemple, lorsque très peu de décisions de justice ont été prises sur les faits concernés et que la loi elle-même n'est pas claire sur l'obligation pour l'employeur de donner ou non un préavis aux salariés dans ce cas. Cf. Kildea v. Electro-Wire Prods., Inc., 144 *F.3d* 400 (1998, CA6).

[409]. Position des 5è et 6è Circuit Courts *in* Carpenters District Council of New Orleans v. Dillard Dep't Stores Inc., 15 *F.3d* 1275 (5$^{th}$ Cir. 1994) et Saxion v. Titan-C-Manufacturing Inc., 86 *F.3d* 553 (6$^{th}$ Cir. 1996).

[410]. Position de la 3è Circuit Court *in* United Steel Workers of America v. North Star Steel Co., 5 *F.3d* 39 (3d Cir. 1993).

[411]. « *Unit of local government* », 29 *U.S.C.* § 2104(a)(3). Les poursuites exercées par ces derniers sont de toute façon généralement rares en pratique.

lorsque celle-ci est motivée par des raisons économiques réelles, et non afin d'éluder les obligations de l'employeur vis-à-vis du représentant des salariés concernés [412].

**1055.** Plus important en pratique, les délais d'intervention du NLRB limitent quelque peu l'efficacité et l'opportunité des sanctions prononcées.

A titre d'exemple, dans le célèbre arrêt Darlington de la Cour Suprême [413], où il avait été établi que l'employeur avait procédé à la fermeture d'un de ses sites afin de décourager les salariés de se syndiquer sur ses autres sites, la condamnation au paiement des rappels de salaire était intervenue vingt quatre ans après la fermeture du site.

Une entreprise qui peut supporter les frais liés à une procédure aussi longue a évidemment tout intérêt à refuser de négocier avec le syndicat. Tel sera le cas si les frais d'avocats associés aux éventuels paiements de rappels de salaires lui reviennent moins chers que les coûts liés à l'octroi d'avantages additionnels aux salariés dus en application d'une convention collective [414].

**1056.** Une tentative de réduire les délais de procédure dans les cas de pratique déloyale de travail a été faite en 1978, par le biais d'une proposition de loi, « the Labor Law Reform Bill ». Elle visait notamment à accélérer l'action du NLRB en ce domaine et à limiter corrélativement la révision des décisions du NLRB par les Cours fédérales. Cette proposition a toutefois été bloquée au Sénat, laissant le problème des délais de procédure entier [415].

---

[412]. Par exemple: Rochet d/b/a Renton News Record, 136 *N.L.R.B.* 1294 (1962), où, malgré la violation par l'employeur de son obligation de négocier, le NLRB n'a pas ordonné à la société de revenir sur sa décision de changer de technologie dès lors qu'un retour à l'ancien procédé aurait obligé la société à déposer le bilan et aurait également eu des répercussions sur d'autres employeurs non parties à l'affaire en cause. Pour un exemple plus récent: NLRB v. G & T Terminal Packaging Co., 166 *L.R.R.M.* 2837, CA 2, N°00-4095, 3/14/01, où l'employeur a démontré que la réouverture de son activité de conditionnement et le réembauchage des salariés qui y étaient affectés auraient été « *excessivement lourds* » pour l'entreprise. En l'espèce, la Cour avait relevé que la machine nécessaire à l'activité avait été démontée, que les pièces avaient été dispersées et que l'acquisition d'une nouvelle machine aurait coûté entre 130.000 et 150.000 dollars. La Cour d'appel a donc renvoyé l'affaire au NLRB afin qu'il étudie une réparation alternative pour les salariés.

Voir également: Arrow Automotive Industries Inc., 284 *N.L.R.B.* 487, 125 *L.R.R.M.* 1188 (1987). En l'espèce, l'employeur avait manqué à son obligation de négocier sur la décision de fermeture d'un site et le transfert de l'activité sur un autre site. Le NLRB a considéré que l'ordre de rouvrir le site (qui était la sanction proposée par le Procureur, en l'espèce) aurait été excessivement lourd et n'était pas nécessaire pour faire respecter les principes du NLRA. Le NLRB ordonna en conséquence à l'employeur de reconnaître et de négocier avec le syndicat, à sa demande, sur la fermeture du site et le transfert d'activité. Il devait aussi indemniser les salariés du site qui avait été fermé en leur versant leur salaire de la date de fermeture du site jusqu'à ce que l'une des conditions suivantes soit remplie : (i) accord des parties sur la fermeture et le transfert, (ii) négociation de bonne foi jusqu'à aboutir à une impasse, (iii) absence de demande d'ouverture des négociations par le syndicat dans les dix jours suivant la décision du NLRB ou (iv) violation de son obligation de négocier de bonne foi de la part du syndicat. Le NLRB précisa également que, bien évidemment, si l'employeur devait décider de rouvrir le site et proposer de réintégrer les salariés à leurs précédents postes ou à des postes équivalents, sa responsabilité ne serait plus engagée à partir de cette date. L'utilité d'ordonner des négociations entourant la fermeture du site peut être discutée (à part, peut être pour reconsidérer les indemnités versées aux salariés licenciés ou revoir les possibilités de reclassement au sein du nouveau site) dès lors que la fermeture du site est acquise et que le NLRB refuse, pour des raisons économiques, de reconsidérer sa réouverture.

[413]. Textile Workers Union v. Darlington Mfg. Co. (1965) 380 *U.S.* 263, 85 *S. Ct.* 994, 58 *L.R.R.M.* 2657. Sur cet arrêt, v. 2nd Partie, Titre 1, chapitre 2, *supra*.

[414]. Notamment, J. GODARD, *Trade Union Recognition : statutory unfair labour practice regimes in the USA and Canada*, DTI, Employment Relations Research Series n°29, URN 04/855, 2004, p. 22-24.

[415]. P. J. CIHON, J. O. CASTAGNERA, *Employment & Labor law*, Thomson, 2005, p. 470.

Le NLRB a cependant fait de la rapidité de ses services une priorité [416]. Ainsi, si la durée moyenne du NLRB à traiter un cas de pratique déloyale de travail était de deux cent soixante et onze jours en 1998, son objectif pour l'année 2000 était de cent quatre vingt jours [417]. Elle était en pratique de deux cent trente deux jours [418], une moyenne qui reste élevée au regard du caractère bien souvent critique des situations dans le contexte desquelles ces procédures sont intentées.

**1057.** Certains auteurs appellent de leurs vœux une réforme du système de sanction et notamment l'augmentation des sanctions pécuniaires en cas de violation du NLRA [419]. La Cour Suprême a en effet indiqué que les réponses que devait donner le NLRB aux violations de la loi étaient réparatrices [420] par nature et non punitives [421]. En application de ce principe, le NLRB ne peut qu'ordonner une sanction dans le but de réparer le préjudice subi et non punir l'employeur ou le syndicat dans un but préventif.

La plupart des sanctions prononcées par le NLRB consistent ainsi en des commandements pour l'employeur de cesser ou de renoncer à sa conduite ou à son abstention déloyale. Elles reçoivent force exécutoire par décision des Cours fédérales. L'employeur peut également être contraint à engager des négociations de bonne foi avec l'autre partie. Le NLRB ordonne également généralement à la partie contrevenante d'afficher des avis indiquant qu'elle ne violera plus, à l'avenir, les droits des salariés résultant du NLRA. Ces sanctions sont dénoncées comme inadéquates. Des sanctions plus dissuasives devraient pouvoir être prononcées. Leur montant devrait au moins équivaloir l'avantage que le contrevenant retire de la violation de la loi. Ce n'est pas le cas à l'heure actuelle, dans la plupart des cas de violation du devoir de négocier de l'employeur, dans le cadre d'opérations de restructuration de plus ou moins grande envergure [422].

---

416. *Strategic plan fiscal year 2000-2006*, NLRB, September 2000, p. 10 ; *Performance and accountability report FY2006*, NLRB, p. 11. Les Cours fédérales semblent soutenir les efforts du NLRB à cet égard. Notons un arrêt Hirsch v. Dorsey Trailers Inc., 1998 *WL* 290221 (3rd Cir.), dans une espèce où le NLRB avait ordonné la réouverture d'un site en attendant qu'il se prononce au fond sur l'existence d'une pratique déloyale de travail de la part de l'employeur. Le site en question avait été fermé pour que son activité soit délocalisée de Pennsylvanie en Georgie. La Cour de district avait refusé d'entériner cette décision au motif que le NLRB avait attendu une année avant de prononcer cette mesure, dont l'application aurait en conséquence fait perdre beaucoup d'argent à l'employeur (le nouveau site aurait du être fermé et la plupart des salariés qui travaillaient en Pennsylvanie avaient retrouvé un emploi). La Cour d'appel a infirmé la décision de la Cour de district en validant la décision du NLRB. La perte d'argent occasionnée par l'employeur était de son fait puisqu'il n'avait pas respecté ses obligations. La lenteur du NLRB n'était pas un motif en soi pour refuser d'entériner l'injonction-réparation (« *injunctive relief* ») prononcée.

417. NLRB, *Annual Performance Plan 2001*. Pour un exposé des difficultés rencontrées par le NLRB constitué sous la présidence Clinton, voir J. C. TRUESDALE, « Battling case backlogs at the NLRB : the continuing problem of delays in decision making and the Clinton's board's response », *The Labor Lawyer*, Summer 2000, vol. 16, n°1, p. 1-18.

418. J. GODARD, *Trade Union Recognition: statutory unfair labour practice regimes in the USA and Canada*, DTI, Employment Relations Research Series n°29, URN 04/855, 2004, p. 20. La procédure d'appel prendrait, quant à elle, trois ans en moyenne, *ibid.*, p. 21.

419. Opinions reproduites notamment par K. G. DAU-SCHMIDT, « A bargaining analysis of american labor law and the search for bargaining equity and industrial peace », *Michigan Law Review*, 1992-1993, vol. 91 1:4, p. 506 et s.

420. « *Remedial* ».

421. Consolidated Edison v. NLRB, 305 *U.S.* 197 (1938); Republic Steel Corp. v. NLRB, 311 *U.S.* 10 (1940) ; Phelps Dodge Corp. v. NLRB, 313 *U.S.* 177 (1941).

422. A ce sujet, notamment, M. BERUL, « To bargain or not to bargain should not be the question: deterring section 8(a)(5) violations in first-time bargaining situations through a liberalized standard for the award of litigation and negotiation costs », *The labor Lawyer*, Summer 2002, vol. 18, n°1, p. 27-46, lequel conclut son article en affirmant que « *le coût de la violation de la section 8(a)(5) auquel s'expose un employeur peu scrupuleux est quasiment nul* » en droit américain. Il considère en effet que l'absence d'une réparation complète pour les salariés (« *make whole remedy* ») conjuguée à la difficulté pour le syndicat d'obtenir la condamnation de l'employeur à payer les frais afférents à la négociation et à la

**1058.** Les sanctions ne seraient, en définitive, pas assez substantielles ou suffisamment dissuasives pour constituer une véritable incitation pour l'employeur à respecter son devoir préalable de concertation. L'efficacité ne pourrait semble t-il venir que d'une réforme législative [423] ou d'une sévérité accrue des tribunaux, à défaut d'une meilleure acceptation du rôle et de la place des représentants du personnel dans la prise de décision et la vie économique de l'entreprise.

**1059.** Quel que soit le système juridique étudié, les représentants du personnel ne disposent d'aucun droit de *veto*. Qu'une mesure conservatoire ait été prononcée ou non, les représentants du personnel n'ont pas le pouvoir de s'opposer à la volonté de l'employeur. Lorsqu'elles sont prononcées, les sanctions de la violation par l'employeur de son obligation de concertation sont cependant efficaces, dès lors qu'elles interviennent rapidement. Elles incitent le chef d'entreprise à respecter son obligation de concertation en droit français. En droit américain, elles sont souvent prises suffisamment tardivement pour avoir des conséquences financières qui peuvent se révéler désastreuses pour le contrevenant.

---

procédure encouragent les employeurs désireux de violer la loi à le faire. Le débat doctrinal est centré sur la question de savoir s'il ne faut pas adopter une approche plus punitive et dépasser l'approche réparatrice actuellement retenue (le débat en ce domaine se situe surtout toutefois sur le terrain de l'organisation d'élections et de la discrimination pour appartenance syndicale) : Pour des arguments en faveur de l'approche punitive, notamment, L. R. PAGE, « NLRB remedies : where are they going ? », *Labor Law Journal*, Summer 2000, vol. 51, n°2, p. 67-75. Pour une position plus nuancée, B. GARREN, « When the solution is the problem : NLRB remedies and organizing drives », *Labor Law Journal*, Summer 2000, vol. 51, n°2, p. 76-88. Pour des arguments en faveur du maintien d'une approche réparatrice, notamment, H. L. MACDOUGALL, « Proposed expansion of NLRB remedies: Labor law reform without legislation », *Employee Relations Law Journal*, Winter, 2000, vol. 26, n°3, p. 73-85.

[423]. A noter à cet égard que la proposition de directive du Conseil établissant un cadre général relatif à l'information et la consultation des travailleurs dans la Communauté européenne [1999/C 2/03 COM (1998) 612 final – 98/0315 (SYN)] présenté par la Commission le 17 novembre 1998, prévoyait, dans un article 7 intitulé « *défense des droits* », l'inopposabilité aux salariés des décisions de l'employeur en cas de « *violation grave* » par ce dernier de ses obligations d'information et de consultation sur les décisions « *susceptibles d'entraîner des changements substantiels concernant l'organisation du travail, ainsi que les contrats de travail, qui auraient des conséquences directes et immédiates en termes de modification substantielle ou de rupture des contrats ou des relations de travail* ». La non production d'effet juridique de la décision à l'égard des salariés devait subsister « *tant que l'employeur ne s'est pas acquitté de ses obligations ou, si ceci est devenu impossible, qu'une réparation adéquate n'a pas été établie selon les modalités et les procédures à déterminer par les Etats membres* ». Etait considérée comme violation grave : « *i) l'absence totale d'information et/ou de consultation des représentants des travailleurs préalablement à la prise de décision ou à l'annonce publique de celle-ci; ou ii) la rétention d'informations importantes ou la délivrance d'informations inexactes ayant comme résultat de rendre ineffectif l'exercice du droit à l'information et à la consultation* ». Ces propositions n'ont pas été reprises dans la version finale de la directive 2002/14/CE du 11 mars 2002 relative à l'information et la consultation des travailleurs dans la Communauté Européenne (*J.O.C.E.*, L 80, 23 mars 2002, p. 29).

## Chapitre II

# LE CONTRÔLE DES EFFETS DU TRANSFERT

**1060.** Une fois qualifié d'irrégulier, le licenciement qui aura été prononcé en violation des règles de droit qui protègent le salarié n'est pas sanctionné de la même façon dans les trois systèmes juridiques étudiés. Le droit français est le seul à admettre la nullité du licenciement prononcé dans le contexte d'un transfert d'entreprise. Les droits anglais et américain admettent néanmoins la réintégration du salarié comme réparation logique – mais rarement prononcée - d'un licenciement intervenu en violation de ses droits. Le résultat sur les droits à réparation du salarié est approchant.

Chacun des systèmes juridiques étudiés définit également, selon ses propres modalités, les obligations et responsabilités respectives du cédant et du cessionnaire. Se retrouvent ainsi la logique de transfert du cédant au cessionnaire des droits et obligations résultant du contrat de travail transféré, en droit français et anglais, et de protection de l'exercice par les salariés des droits collectifs consacrés par le droit fédéral, en droit américain.

Les trois systèmes juridiques convergent pour considérer que l'opération de transfert d'entreprise ne fixe pas une césure marquée entre le cédant et le cessionnaire lorsqu'il s'agit de décider des droits à réparation du salarié.

Qu'il s'agisse du droit français, du droit anglais ou du droit américain, le contrôle des effets du transfert passe ainsi par la sanction et la réparation du licenciement irrégulier **(Section I)**. Encore faut-il que les débiteurs du salarié soient déterminés et leur responsabilités respectives reconnues **(Section II)**.

## SECTION I
## LA SANCTION ET LA RÉPARATION DU LICENCIEMENT IRRÉGULIER

**1061.** Si la jurisprudence communautaire s'est prononcée en faveur de l'irrégularité du licenciement intervenu en violation du principe du transfert et sur son opposabilité au cessionnaire [1], elle a laissé aux États membres le soin d'en déterminer les conséquences en droit interne, tant au niveau de la réparation du licenciement que des responsabilités respectives du cédant et du cessionnaire vis-à-vis des salariés concernés.

Qu'ils subissent ou non l'influence du droit communautaire, les trois systèmes juridiques étudiés qualifient d'irrégulier le licenciement intervenant en violation des droits des salariés.

---

[1].CJCE 12 mars 1998, aff. C-319/94, Jules Dethier Equipement SA c/ Jules Dassy et Sovam SPRL, *Rec. CJCE* 1998, p. I-1061 ; CJCE 15 juin 1988, aff. 101/87, P. Bork International A/S et autres c/ Junckers Industrier A/S, *Rec. CJCE* 1988, p. 3057.

Ils ne lui prêtent toutefois pas les mêmes conséquences (§1). La réintégration du salarié dans son emploi est admise. Elle trouve néanmoins peu d'application pratique dès lors que le cessionnaire s'y oppose (§2).

## §1. LA SANCTION DU LICENCIEMENT IRRÉGULIER

**1062.** L'efficacité de la protection des droits des salariés compris dans un transfert d'entreprise dépend en grande partie de la réponse que chacun des systèmes juridiques donne à la question de savoir comment le licenciement irrégulier doit être sanctionné et si le maintien d'une relation contractuelle doit être imposé au cédant ou au cessionnaire.

La réponse du droit communautaire est que si le licenciement a été provoqué par le projet de transfert d'entreprise, il est contraire à l'article 4, paragraphe 1 de la directive. Le salarié doit être considéré comme toujours employé au jour du transfert [2]. Le salarié injustement licencié du fait du transfert peut également se prévaloir de l'irrégularité de ce licenciement vis-à-vis du cessionnaire [3]. Les conséquences pratiques sont décidées au niveau de chacun des droits nationaux.

**1063.** Le droit français est le seul à prévoir l'inopposabilité du licenciement intervenant dans le contexte d'un transfert d'entreprise. Il donne, de ce fait des possibilités de recours élargies au salarié dont le licenciement est considéré comme sans effet (A). En droit anglais (B) et américain (C), le licenciement n'est pas nul. Il est irrégulier et appelle le plus souvent une sanction indemnitaire.

### A. DROIT FRANÇAIS : UN LICENCIEMENT SANS EFFET OFFRANT DES POSSIBILITÉS DE RECOURS ÉLARGIES AU SALARIÉ

**1064.** A défaut d'une sanction du licenciement irrégulier consacrée par les textes, la jurisprudence française considère le licenciement comme « abusif » [4], « de nul effet » [5] ou « sans effet » [6] selon que le salarié a ou n'a pas poursuivi son activité auprès du cessionnaire.

---

[2]. CJCE 15 juin 1988, aff. 101/87, P. Bork International A/S et autres c/ Junckers Industrier A/S, *Rec. CJCE* 1988, p. 3057. En l'espèce, les salariés avaient été licenciés par le cédant et repris par le cessionnaire. La CJCE a décidé que les travailleurs intéressés « *doivent être considérés comme étant toujours employés de l'entreprise à la date du transfert* ». Point 18.

[3]. CJCE 12 mars 1998, aff. C-319/94, Jules Dethier Equipement SA c/ Jules Dassy et Sovam SPRL, *Rec. CJCE* 1998, p. I-1061. En l'espèce, les salariés avaient été licenciés par le cédant et non repris par le cessionnaire. La CJCE a considéré que « *les travailleurs irrégulièrement licenciés par le cédant peu de temps avant le transfert et non repris par le cessionnaire peuvent se prévaloir vis-à-vis de ce dernier de l'irrégularité de ce licenciement, leur contrat de travail devant être considéré comme encore existant vis-à-vis du cessionnaire* ». Points 41 et 42.

[4]. Cass. soc. 26 septembre 1990, Société Boucheries Bernard c/ M. Coeuret et autre : *Bull. civ.* V, n°388, p. 234. En l'espèce, le nouvel employeur avait refusé de reprendre les salariés employés par son prédécesseur. Ce faisant, le nouvel employeur avait « *enfreint les prescriptions de l'article L.122-12 du code du travail et licencié ce salarié de façon abusive* ».

[5]. Par exemple: Cass. soc. 30 juin 1992, ASSEDIC Drôme-Ardèche et a. c/ M. Grandjean, ès qualités de représentant des créanciers de la société MFJ Venetie et a. : *Bull. civ.* V, n°427, p. 264 ; *Droit Social*, 1992, n°9-10, p. 837 (arrêt prononcé dans le cadre d'une procédure collective) ; Cass. soc. 26 octobre 1994, SA Meubles Sachet c/ Mme Da Silva, non publié au Bull. civ.; *Droit Social*, 1995, n°1, p. 55, obs. H. BLAISE, dans lequel il a été jugé que « *le licenciement d'un salarié par le cédant d'un fonds de commerce, s'il continue à travailler pour le compte du cessionnaire, est de nul effet* ».

[6]. Par exemple: Cass. soc. 22 avril 1992, Société nouvelle Baudou c/ M. Renard et autres : *Bull. civ.* V, n°291, p. 178 ; Cass. soc. 20 janvier 1998, n°240 P, Guermonprez c/ d'Abrigeon et autre : *Bull. civ.* V, n°16, p. 13 ; *RJS*, 3/98, n°280 ; *Droit Social*, 1998, n°3, p. 297, obs. R. VATINET ; *JCP*, G, 1998, II, 10027 et E, 1998, p. 564, rapp. Ph. WAQUET ; *Droit Social*, 1998, n°12, p. 1022, chron.

Il s'en suit un débat sur les effets du licenciement et l'imputabilité de la rupture, selon le moment à laquelle elle intervient.

Le licenciement – et donc la sanction de son illicéité – est traditionnellement [7] imputable à celui qui a licencié, c'est-à-dire à l'employeur initial, le cédant [8]. Il en est ainsi sauf si la rupture peut être imputée au cessionnaire, en cas de collusion frauduleuse avec le cédant, par exemple, ou en cas de licenciement motivé par le seul fait du transfert. Le cessionnaire sera également responsable de la rupture du contrat de travail dès lors que le licenciement résulte de la modification des éléments du contrat à laquelle ce dernier entendait procéder [9], ou encore s'il refuse ou omet de poursuivre les contrats de travail des salariés attachés à l'entité transférée [10]. La Cour de cassation considère en effet, dans cette dernière hypothèse, que le cessionnaire contribue nécessairement au préjudice subi par le salarié du fait de la rupture de son contrat de travail [11].

**1065.** Lorsque le licenciement est prononcé à l'initiative du cédant en violation du principe du transfert, la jurisprudence a d'abord décidé que le cessionnaire ne pouvait être inquiété et condamné solidairement qu'en cas de collusion frauduleuse avec ce dernier. Elle l'a ensuite admis en dehors de toute collusion dès lors que le cessionnaire avait manifesté son intention de poursuivre l'activité [12].

Dans un arrêt Guermonprez, pris dans le cadre d'une procédure collective, la Cour de cassation a décidé que tout licenciement intervenant alors que les conditions d'application de l'article L.122-12 al. 2 du code du travail étaient réunies, est privé d'effet et doit être imputé au cessionnaire. En l'espèce, un des salariés non repris par le repreneur d'une entreprise en

---

M. HENRY, p. 1019 ; *Droit Ouvrier*, Juillet 2000, p. 273, chr. M. HENRY, p. 271 ; Cass. soc. 22 janvier 2002, AGS et autres c/ Salvetat et Commune de Pamiers : *Bull. civ.* V, n°25, p. 22 ; *Droit Social*, 2002, n°4, p. 463, obs. A. MAZEAUD.

[7]. Solution admise par la Cour de cassation avant l'arrêt Guermonprez. Par exemple : Cass. soc. 25 avril 1979, Société Trentesseaux c/ Bedier : *Bull. civ.* V, n°331, p. 240, où la Cour de cassation a considéré que la société qui reprend l'exploitation d'un fonds de commerce ne peut être rendue responsable du licenciement d'un salarié prononcé par le premier exploitant, en l'absence d'allégation d'une collusion frauduleuse entre les deux exploitants successifs.

[8]. Cass. soc. 20 octobre 1983, n°2165, Chevrier et autre c/ Meyer et autre : *Bull. civ.* V, n°518, p. 368. Le cédant ne peut donc se prévaloir de l'irrégularité du licenciement qu'il a mis en œuvre pour le considérer comme caduc, car contraire au principe du transfert, et refuser d'en supporter la charge, ou encore revenir sur sa décision et notifier au salarié son changement d'employeur, dès lors que le salarié s'était considéré comme licencié : Cass. soc. 21 novembre 1984, n°3305 S, Coudray c/ Rossi et autre, non publié au Bull. civ.

[9]. Cass. soc. 11 juillet 1989, n°2932 D, SA Penicaud Texmaille Industrie et autre c/ ASSEDIC de l'Aisne et autres, non publié au Bull. civ ; Cass. soc. 11 juillet 1989, SA Penicaud Texmaille Industries c/ Berkowicz et autres, n°2930 D, non publié au Bull. civ. En l'espèce, le cessionnaire subordonnait la qualité de salarié à celle d'actionnaire.

[10]. Par exemple : Cass. soc. 6 février 1967, Sté Lugan et Cie c/ Courriaud-Latour et autres : *Bull. civ.* IV, n°120, p. 33 ; Cass. soc. 15 juillet 1998, n°3651 P, SA Sté Technique Française de Nettoyage (TFN) c/ Mme Breviaire et autres : *Bull. civ.* V, n°377, p. 285 ; *RJS*, 10/98, n°1180. Voir également la solution retenue par l'arrêt Maldonado, ci-après.

[11]. Par exemple : Cass. soc. 17 mai 1984, n°1374, Egloff c/ Reeb et autre : *Bull. civ.* V, n°203, p. 153 ; Cass. soc. 20 mars 2002, n°1087 FS-PBR, Maldonado c/ SA Fina France et autre : *Bull. civ.* V, n°94, p. 102 ; *RJS*, 6/02, n°656 ; *Droit Social*, 2002, n°5, p. 519, chron. A. MAZEAUD, p. 516 ; *Droit Ouvrier*, juillet 2002, p. 370 (2è espèce), note P. MOUSSY ; *Semaine Sociale Lamy*, n°1069, 2 avril 2002, p. 12 ; *Jurisprudence Sociale Lamy*, n°100, 25 avril 2002, p. 10, chron. J. E. TOURREIL, p. 9 ; G. PIGNARRE, « Licenciements privés d'effet en cas de transfert d'entreprise : la revanche du droit des contrats. Réflexions suscitées par l'arrêt Maldonado », *D.*, 2003, n°1, p. 14 ; Cass. soc. 12 avril 2005 n°841 F-D, Fiori et a. c/ Mourgues : *RJS*, 6/05, n°603 : responsabilité solidaire du cédant et du cessionnaire en réparation du licenciement économique intervenu à l'occasion du transfert.

[12]. Cass. soc. 31 janvier 1974, Gabriel c/ Sté Shoham Maritime Service : *Bull. civ.* V, n°87, p. 77 ; *Droit Social* 1974, n° 12, p. 472, obs. J. SAVATIER ; *JCP*, 1974, II, 17878 (2è espèce), obs. Ch. LAZERGES.

difficulté, réclamait des dommages et intérêts pour licenciement abusif. Le salarié pouvait exiger la poursuite de son contrat de travail auprès de lui ou, à défaut, imputer la rupture de son contrat au cessionnaire afin d'obtenir des dommages et intérêts [13]. Cette solution a ensuite été généralisée et s'est appliquée à tous les cas de licenciements prononcés en violation de l'article L.122-12 al. 2 du code du travail, en dehors de toute procédure collective [14].

**1066.** Elle ne permettait toutefois pas au salarié licencié de demander réparation à son employeur d'origine. Dans cette logique, le licenciement ne pouvait, en effet, faire naître un droit au profit du salarié. Le juge devait l'inviter, dans ce cas, à mettre en cause le cessionnaire [15]. L'arrêt Guermonprez a été critiqué sur ce point car il aboutissait à « *tenir en échec l'action du salarié, tout en assurant l'impunité à l'auteur du licenciement* » [16]. Il en était ainsi à moins que le cédant puisse être considéré comme le coauteur du dommage subi par le salarié, du fait d'un accord illicite des parties destiné à éluder les dispositions de l'article L.122-12 al. 2 du code du travail [17].

Le salarié n'a, en effet, pas toujours connaissance du transfert de l'activité à laquelle il est affecté ni de l'identité du repreneur. Il est plutôt porté, en pratique, à engager une action contre l'employeur qui l'a licencié. Avec cet arrêt, il se voyait privé de toute réparation, sauf à introduire une nouvelle procédure contre le cessionnaire. Cette procédure pouvait se révéler peu pratique, voire longue et coûteuse.

Le salarié licencié en violation de l'article L.122-12 al. 2 du code du travail devenait, en définitive, moins bien protégé qu'un salarié licencié en dehors de tout transfert d'entreprise. L'employeur qui avait pris l'initiative de la rupture était à l'abri de toute sanction, sauf à ce que le cessionnaire exerce un recours contre lui, en cas de collusion frauduleuse. Cette solution permettait néanmoins à l'AGS, dans le cadre d'une procédure collective, de ne pas verser les sommes correspondant aux indemnités de rupture aux salariés licenciés et d'en transférer la charge au cessionnaire [18]. Il était plus simple pour le salarié de s'adresser au cessionnaire, solvable, en invoquant la nullité du licenciement.

---

[13]. Cass. soc. 20 janvier 1998, n°240 P, Guermonprez c/ d'Abrigeon et autre, précité. En l'espèce, les licenciements avaient été effectués par le mandataire liquidateur, avant la réalisation de la cession du fonds de commerce, laquelle avait été autorisée par le juge commissaire antérieurement au licenciement des salariés. Un salarié demandait réparation au mandataire liquidateur pour licenciement sans cause réelle et sérieuse et pour violation de l'ordre des licenciements (certains salariés avaient été repris par le nouvel employeur). Sa demande fut rejetée par la Cour d'appel de Nîmes suivie par la Cour de cassation. Dès lors que la cession du fonds de commerce avait entraîné le transfert, les licenciements prononcés par le mandataire liquidateur étaient sans effet. Il s'en suivait que « *la demande de M. Guermonprez exclusivement dirigée contre le mandataire liquidateur était inopérante* (...) *et ne pouvait qu'être rejetée* ». Pour une décision conforme rendue dans le même contexte, alors que l'autorisation de cession du fonds de commerce était intervenue postérieurement aux licenciements et que les salariés (réembauchés par le cessionnaire) demandaient le paiement d'indemnités de licenciement à l'AGS et au liquidateur judiciaire : Cass. soc. 29 mai 2002, n°1802 F-D, AGS de Paris c/ Bernard : *RJS*, 08-09/02, n°948.

[14]. Par exemple : Cass. soc. 18 décembre 2000, Mlle Tasse c/ M. Lefranc : *Bull. civ.* V, n°425, p. 326.

[15]. Cass. soc. 18 décembre 2000, Mlle Tasse c/ M. Lefranc, précité.

[16]. M. HENRY, « A propos de l'arrêt Guermonprez c/ d'Abrigeon : violation de L.122-12 C. trav. et nullité en peau de lapin », *Droit Social,* 1998, n°12, p. 1020 et, du même auteur, « La sanction des licenciements prononcés dans le cadre d'une procédure collective en violation de l'article L. 122-12 : retour du côté de Guermonprez », *Droit Ouvrier*, Juillet 2000, p. 273. L'auteur plaidait pour une solution « *moins abstraite et plus juste* » : la condamnation *in solidum* du cédant et du cessionnaire, ou, à défaut, de celui qui a pris l'initiative du licenciement (1er article) et en faveur du principe d'une nullité de protection pour le salarié pour qu'il puisse tenir le licenciement pour acquis, si tel est son choix (2è article).

[17]. Cass. soc. 16 janvier 2001, n°111 FS-P, Sté Paradis Thalassa c/ Mascolo : *Bull. civ.* V, n°6, p. 4 ; *RJS*, 3/01, n°287 ; *Droit Social*, 2001, n°4, p. 444.

[18]. Par exemple : Cass. soc. 22 janvier 2002, AGS et autres c/ Salvetat et Commune de Pamiers : *Bull. civ.* V, n°25, p. 22 ; *Droit Social*, 2002, n°4, p. 463, obs. A. MAZEAUD.

**1067.** Dans une affaire Maldonado concernant cette fois une entreprise *in bonis*, la Cour de cassation a ajusté son raisonnement [19]. Tout en rappelant qu'un licenciement prononcé à l'occasion d'un transfert d'entreprise est privé d'effet, la Cour de cassation permet désormais au salarié de choisir son interlocuteur en lui offrant la possibilité soit de demander au cessionnaire la poursuite de son contrat de travail, en application de l'article L.122-12 al. 2 du code du travail [20], soit de demander au cédant, l'auteur de la rupture illégale, la réparation du préjudice qui en résulte [21].

Dans l'hypothèse où le salarié choisit de se prévaloir des conséquences pécuniaires de la rupture de son contrat de travail par le cédant, le cessionnaire peut être appelé en garantie, notamment s'il a refusé de poursuivre le contrat de travail, même en l'absence de collusion frauduleuse [22]. Les deux employeurs sont alors considérés comme débiteurs solidaires des dommages et intérêts dus au salarié par suite de la violation du principe du transfert du contrat de travail [23].

---

[19]. Cass. soc. 20 mars 2002, n°1087 FS-PBR, Maldonado c/ SA Fina France et autre, précité. En l'espèce, les salariés, respectivement employés comme pompiste et caissière pour le compte du sous-locataire gérant (Mr. Maldonado) d'un fonds de commerce de distribution de carburants conclu avec la société Fina France, avaient été licenciés pour motif économique par leur employeur à la date d'expiration du contrat de sous-location gérance. Le nouveau locataire (Mr. Vella) avait proposé aux deux salariés de les reprendre à son service en modifiant leurs conditions de rémunération et d'ancienneté. Ces derniers avaient refusé en exigeant vainement la poursuite de leur contrat de travail. Ils avaient ensuite saisi le conseil de prud'hommes de demandes en paiement de dommages et intérêts pour licenciement sans cause réelle et sérieuse contre leur employeur d'origine (Mr. Maldonado). La Cour d'appel d'Aix-en-Provence et la Cour de cassation ont confirmé cette décision. Mr. Maldonado avait appelé en garantie le repreneur de l'affaire (Mr. Vella) et le propriétaire du fonds (la société Fina France). La Cour d'appel a rejeté sa demande mais la Cour de cassation l'a accueillie en ce qui concerne le repreneur de l'affaire. En refusant de poursuivre les contrats de travail, le cessionnaire contribuait nécessairement au préjudice subi par les salariés. Ce principe a été confirmé, notamment, dans le cadre d'une procédure collective, *in* Cass. soc. 28 janvier 2004 n°234 F-PB, AGS c/ Durando : *Bull. civ.* V, n°28, p. 27 ; *RJS*, 4/04, n°383 ; *Travail et Protection Sociale*, mars 2004, n°81, p. 16 ; *D.*, 2004, IR, p. 469.

[20]. Par exemple : Cass. soc. 29 octobre 2003, n°2340 F-D, Union départementale des mutuelles de Meurthe-et-Moselle c/ Gillet : *RJS*, 1/04, n°7. En l'espèce, le cessionnaire avait refusé de poursuivre les contrats de travail des salariés qui avaient rejeté les nouvelles conditions d'emploi qu'il leur proposait. Il avait été condamné à ce titre par la Cour d'appel de Nancy au paiement de dommages et intérêts et au remboursement d'indemnités de chômage. Cette décision a été approuvée par la Cour de cassation, constatant que le cessionnaire ne discutait pas l'affectation des salariés en question à l'entité reprise ; Cass. soc. 22 mars 2006 n°719 F-D, Sté Isogard SAS c/ Sauvage et a. : *RJS*, 6/06, n°695 : le contrat de travail devait se poursuivre avec la société cessionnaire, laquelle, en refusant de garder le salarié à son service, avait manqué à son obligation.

[21]. Par exemple : Cass. soc. 4 juin 2003 n°1525 F-D, Sté Ronic Industries c/ Boghossian : *RJS*, 8-9/03, n°985. Le premier employeur a été condamné au paiement de dommages et intérêts et au remboursement d'indemnités de chômage versées à la suite de ce licenciement, au motif que « *si un licenciement prononcé à l'occasion du transfert d'une entité économique dont l'activité est poursuivie est privé d'effet, le salarié peut toutefois demander à celui qui l'a licencié en méconnaissance de l'article L.122-12 du code du travail la réparation du préjudice en résultant* » ; Cass. soc. 23 février 2005, n°471 F-D, de Boussac c/ Maurel et a. : *RJS*, 5/05, n°483. En l'espèce, les salariés avaient été licenciés pour motif économique en raison de la cessation d'activité de l'entreprise, consécutive à la résiliation d'un contrat de concession exclusive (octroyé à un nouveau concessionnaire). Le pourvoi tendant à faire invalider la condamnation *in solidum* du cédant au paiement de dommages et intérêts aux salariés licenciés a été rejeté.

[22]. Action récursoire, en application de l'article 1214 du Code civil.

[23]. Par exemple : Cass. soc. 14 mai 2003 Société Citizen Watch France c/ L. Uzan et autres : non publié au Bull. civ.; *Droit Social*, 2003, n°12, p. 1130. Les salariés avaient été licenciés pour motif économique par le cédant (Japan Time), par suite de la résiliation du contrat de distribution exclusive du propriétaire des produits de la marque Citizen (Citizen Watch Europe). La société qui avait repris l'activité de distribution en France de ces produits (Citizen Watch) fut condamnée solidairement au paiement de dommages et intérêts aux salariés et à rembourser aux organismes concernés les indemnités de chômage qui leur avaient été versées.

**1068.** La Cour de cassation a adopté avec cet arrêt une nouvelle approche de l'article L.122-12 al. 2 du code du travail en cas de licenciement prononcé à l'initiative du cédant. Elle a abandonné le principe strict du maintien de plein droit du contrat de travail qu'elle avait consacré dans l'arrêt Guermonprez, selon lequel le licenciement intervenu antérieurement était censé ne pas avoir eu lieu. Tenant mieux compte des réalités du transfert, elle a opté à la place pour le principe plus souple du maintien « optionnel » du contrat de travail. Il permet que le licenciement opéré par le cédant en violation du principe de maintien du contrat de travail puisse être directement sanctionné, si tel est le choix du salarié. Le licenciement prononcé à l'initiative du cédant peut ainsi être sanctionné comme un licenciement abusif classique.

Même si le licenciement reste juridiquement dépourvu d'effet, puisqu'il intervient en violation d'un principe d'ordre public, ce n'est désormais plus au seul cessionnaire de subir les conséquences du licenciement intervenu en violation de l'article L.122-12 al. 2 du code du travail à l'initiative du cédant [24].

**1069.** Pour autant cet arrêt ne reconnaît pas un droit d'opposition du salarié au transfert de son contrat de travail. En effet, le choix qui lui est offert entre son transfert et la réparation de son licenciement intervenu illicitement, n'est que la conséquence de la rupture de son contrat de travail intervenue à l'initiative du cédant. Même si, juridiquement, le licenciement est nul dans ce contexte, la réparation offerte au salarié tient compte de la rupture du contrat qui est intervenue et ses modalités dépendent de l'imputabilité du licenciement.

Cette jurisprudence autorise désormais le salarié à choisir son interlocuteur pour obtenir réparation. Il ne lui permet toutefois pas de choisir de conserver son emploi chez le cédant ou d'être transféré au cessionnaire. En revanche, le salarié peut s'opposer à la modification de son contrat de travail et à la volonté du repreneur de modifier ses termes et conditions d'emploi, contester son licenciement et en faire subir les conséquences en termes de réparation à celui du cédant ou du cessionnaire qu'il choisira.

Le droit d'option du salarié ne vise, en définitive, en l'état de la jurisprudence, qu'à lui conférer des moyens d'actions lorsqu'il est illégalement licencié et à le protéger contre les conséquences d'une rupture illicite ou contre une modification intempestive de son contrat. Il ne prétend pas lui donner le moyen d'échapper au transfert en tant que tel.

**1070.** Une décision intervenue postérieurement à l'arrêt Maldonado, cette fois dans le cadre d'une procédure collective, est venue conforter cette analyse. Elle affirme, en substance, que le changement d'employeur s'impose au salarié, lorsque le cessionnaire l'informe, avant l'expiration du préavis, de son intention de poursuivre, sans modification le contrat de travail[25]. En l'espèce, et contrairement aux faits de l'arrêt Maldonado où les salariés avaient

---

[24]. Selon l'option choisie par le salarié, le licenciement sera sans cause réelle et sérieuse (responsabilité solidaire du cédant et du cessionnaire pour le paiement des dommages et intérêts au titre du licenciement prononcé par le cédant) ou de nul effet (entraînant le transfert du contrat de travail chez le cessionnaire). En refusant de le réintégrer le cessionnaire provoquera un licenciement qui sera considéré comme dépourvu de cause réelle et sérieuse. Pour une discussion sur la terminologie employée par la Cour de cassation, voir notamment l'article de de G. PIGNARRE, « Licenciements privés d'effet en cas de transfert d'entreprise : la revanche du droit des contrats. Réflexions suscitées par l'arrêt Maldonado », *D.*, 2003, chron, p. 14 ; P. WAQUET, *JCP*, E, 1998, p. 566, rapport sous Cass. soc. 20 janvier 1998 ; G. COUTURIER, « Les nullités du licenciement », *Droit Social*, 1977, n°6, p. 216. A propos de la différence entre un licenciement abusif et un licenciement nul, l'auteur considère que « *la sanction de l'abus a gagné par contagion des cas dans lesquels la juste conséquence de l'illicéité aurait du être la nullité de l'acte* ».

[25]. Cass. soc. 11 mars 2003 n°744 FS-PBI, M. Voisin c/ M. Gauthier, mandataire judiciaire liquidateur de la société Plast'Lux et autre : *Bull. civ.* V, n° 86, p. 82 ; *Droit Social*, 2003, n°5, p. 480, rapport P. BAILLY, p. 474 ; A. MAZEAUD « Licenciements économiques à l'occasion du transfert d'entreprise : après les arrêts Guermonprey et Maldonado, l'arrêt Voisin », *Droit Social*, 2003, n°5, p. 482 ; *Liaisons Sociales, Le Quotidien*, 24 mars 2003, n°808 ; *RJS*, 5/03, n°573 ; *Les Petites Affiches*,

été licenciés par le cédant alors que le cessionnaire leur avait proposé de reprendre leur contrat de travail à d'autres termes et conditions, le cessionnaire proposait l'application pure et simple de l'article L.122-12 al. 2 du code du travail. La Cour de cassation ne pouvait donc admettre que le salarié s'oppose au transfert de son contrat de travail. Elle ne l'a pas non plus admis du cédant et du cessionnaire en les jugeant solidairement responsables de la rupture du contrat intervenant à l'occasion du transfert.

**1071.** La possibilité, si possibilité il y a, pour le salarié de s'opposer au transfert, ne peut dès lors intervenir que lorsque le cessionnaire refuse de reprendre le contrat de travail du salarié, ne se manifeste pas avant la fin de son préavis ou se propose de le reprendre à d'autres termes et conditions, ce que le salarié est parfaitement en droit de refuser. Pour autant, lorsque le cessionnaire se propose de faire une stricte application de l'article L.122-12 al. 2 du code du travail, le salarié n'est pas en droit de refuser son transfert et ne peut obtenir aucun dédommagement du cédant à ce titre [26]. Le transfert s'impose à lui, peu importe sa volonté. Apparaît à nouveau ici le principe d'ordre public voulu par le législateur afin de canaliser la relation contractuelle des parties, sauvegarder les intérêts du salarié et assurer le maintien de ses droits dans les opérations de transfert d'entreprise [27].

---

5 mai 2003, n°89, p. 9, note G. PICCA et A. SAURET ; *Revue D.O.*, 2003, n°23, p. 23 ; *Droit Ouvrier*, août 2003, p. 349, notes de P. DARVES-BORNOZ et de P. MOUSSY; J. PELISSIER, A. LYON-CAEN, A. JEAMMAUD et E. DOCKES, *Les grands arrêts du Droit du travail*, Dalloz, 2004, n°62. En l'espèce, le liquidateur de la société avait notifié son licenciement pour motif économique au salarié (Mr. Voisin) avant de l'informer, alors que celui-ci exécutait son préavis, que l'activité de la société (Plast'Lux) avait été reprise et qu'en conséquence, son licenciement étant devenu sans effet. Le salarié avait saisi le conseil de Prud'hommes aux fins de faire reconnaître qu'il n'y avait pas eu transfert d'entreprise au sens de l'article L.122-12 al. 2 du code du travail et obtenir le paiement de ses indemnités de départ. La Cour d'appel de Rennes, suivie par la Cour de cassation, a reconnu l'application de l'article L.122-12 al. 2 du code du travail aux faits d'espèce et partant, a jugé que le licenciement du salarié était privé d'effet.

Pour des arrêts antérieurs allant dans le même sens, sans toutefois imposer au cessionnaire d'informer le salarié du transfert avant la fin de son préavis : Cass. soc. 3 avril 2001, 2 arrêts : n°1536 FS-P, Urbain c/ Centre de gestion et d'études AGS de Bordeaux, et n°1537 FS-P, AGS de Paris c/ Boudon : *D.*, 2001, n°20, p. 1618 (2è arrêt). Le juge commissaire avait autorisé la cession le jour où les salariés avaient adhéré à une convention de conversion (1er arrêt). Les salariés avaient été licenciés pour motif économique et leur préavis avait expiré au moment du transfert (2è arrêt). Il a été jugé que les salariés étaient passés au service du cessionnaire. Leurs contrats de travail avaient subsisté de plein droit par application de l'article L.122-12 al. 2. Les licenciements prononcés par le mandataire liquidateur étaient donc sans effet. Dans le même sens : Cass. soc. 29 mai 2002 n°1802 F-D, AGS de Paris c/ Bernard : *RJS*, 8-9/02, n°948, où les salariés avaient adhéré à une convention de conversion et leurs contrats de travail avaient pris fin neuf jours avant que le juge commissaire ait autorisé la cession du fonds. Les licenciements furent jugés sans effet.

[26]. Dans le même sens, Cass. soc. 24 septembre 2002 n°2748 FS-D, AGS de Paris c/ Tormen : non publié au Bull. civ.; *RJS*, 12/02, n°1359. La Cour de cassation a considéré que le salarié n'était pas fondé à réclamer des dommages et intérêts pour rupture anticipée de son contrat de travail à durée déterminée prononcée par le mandataire liquidateur. En l'espèce, le juge commissaire avait autorisé la cession de l'unité de production de l'entreprise en liquidation judiciaire à laquelle le salarié en question était affecté. Le cessionnaire lui avait fait connaître, quinze jours après sa rupture, que son contrat de travail se poursuivait aux conditions antérieures « *en sorte que le contrat de travail avait subsisté de plein droit avec le nouvel employeur par l'application de l'article L.122-12 alinéa 2 du code du travail et que le licenciement prononcé par le mandataire liquidateur était sans effet* » ; Cass. soc. 28 février 2006 n°599 F-D, Barboni c/ Herbaut et a. et Cass. soc. 21 février 2006 n°441 F-D, Brunet-Beaumel ès qual. c/ Canovas : *RJS*, 5/06, n°534. Les salariés repris ne peuvent se prévaloir des conséquences des licenciements à l'égard du cédant pour demander le paiement d'indemnités de rupture.

[27]. Sur ce principe d'ordre public, v. 1ère Partie, Titre 2, chapitre 1, *supra*.

## B. DROIT ANGLAIS : UNE SANCTION IDENTIQUE À CELLE PRONONCÉE CONTRE TOUT LICENCIEMENT ABUSIF

**1072.** En application du TUPE, le licenciement motivé en tout ou principalement par le transfert d'entreprise ou par une raison liée au transfert est automatiquement abusif [28]. Ce principe s'applique en droit anglais que le licenciement ou la rupture du contrat soient intervenus à l'initiative du cédant ou du cessionnaire. Une exception est néanmoins prévue dans le texte du TUPE. Elle concerne les licenciements justifiés par un motif économique, technique ou d'organisation, dits licenciements « ETOR » [29], impliquant des changements sur le plan de l'emploi [30]. Dans ce cas, le licenciement n'est pas automatiquement abusif et son caractère raisonnable est apprécié comme tout licenciement classique en droit anglais [31].

**1073.** Le TUPE prévoit également que lorsque l'opération de transfert d'entreprise entre dans son champ d'application, les obligations du cédant sont transférées au cessionnaire eu égard aux salariés transférés employés par le cédant immédiatement avant le transfert [32]. C'est sur la base de ces dispositions que les juges anglais ont eu à décider des conséquences d'un licenciement automatiquement abusif en termes de réparation pour le salarié licencié en violation du principe du maintien de ses droits. Il s'agissait également de déterminer le débiteur du salarié dans ce cadre.

**1074.** La Chambre des Lords s'est prononcée pour la première fois sur ce point dans un arrêt Litster v. Forth Dry Dock and Engineering Co Ltd de 1989 [33]. Dans cette affaire, les salariés avaient été licenciés par le cédant une heure avant le transfert puis avaient été repris par le cessionnaire. Pour prendre sa décision, la Chambre des Lords s'est reportée à la jurisprudence communautaire en s'appuyant principalement sur l'arrêt P. Bork International, décidé dans le même type de situation. Dans cet arrêt, la Cour de justice des communautés européennes a décidé que les salariés devaient être considérés comme toujours employés du cédant à la date du transfert et qu'en conséquence, « *les obligations d'employeur à leur égard sont transférées de plein droit du cédant au cessionnaire* » [34]. La Chambre des Lords en a conclu que la réparation était clairement due par le cessionnaire, même si le licenciement a été prononcé à l'initiative du cédant, pour peu que celui-ci l'ait été en violation du principe du maintien des droits des salariés.

Il restait à déterminer la nature de cette réparation. Or, contrairement au droit français, le droit anglais ne connaît pas le concept de nullité du licenciement. Admettre que le licenciement des salariés est nul dans ce cadre serait donc revenu pour les juges anglais à adopter une sanction spécifique aux licenciements intervenant en violation du TUPE, qui ne correspondait à aucune sanction préexistante.

---

28. TUPE 1981, reg. 8(1) ; TUPE 2006, reg. 7(1). Le nouveau TUPE a clarifié la rédaction de cet article sans en modifier l'économie générale. Il réaffirme les trois types de licenciement susceptibles d'intervenir dans le contexte d'un transfert d'entreprise : (i) les licenciements motivés par le transfert ou liés au transfert, (ii) les licenciements qui, bien que liés au transfert, sont motivés par un ETOR, et (iii) les licenciements dont la motivation n'est pas liée au transfert.

29. « *Economic, Technical or Organisational Reason* » (ETOR). Sur ce motif et son appréciation en droit anglais, v. 2nd Partie, Titre 1, Chapitre 2, *supra*.

30. TUPE 1981, reg. 8 (2) ; TUPE 2006, reg. 7(2).

31. En application de l'ERA 1996, s. 98(4).

32. TUPE 1981, reg. 5 ; TUPE 2006, reg. 4

33. Litster v. Forth Dry Dock and Engineering Co Ltd [1989] *IRLR* 161 (HL).

34. CJCE 15 juin 1988, aff. 101/87, P. Bork International A/S et autres c/ Junckers Industrier A/S, *Rec. CJCE* 1988, p. 3057. Point 18.

**1075.** Dans l'arrêt Litster précité, la Chambre des Lords a indiqué que le licenciement intervenant en violation du TUPE était « prohibé ». Il devait être considéré comme « sans effet » pour l'application du principe du transfert automatique des contrats prévu par la directive, considérant qu'il est du devoir des juges d'interpréter le TUPE à la lumière de l'objectif de la directive de maintien des droits des salariés [35]. Elle n'a pas pour autant souhaité tirer les pleines conséquences de son raisonnement en admettant la réintégration du salarié dans ses droits et la continuation du contrat de travail. Elle a plutôt décidé que, bien que devant être considéré sans effet, le licenciement est effectif et seuls les droits à réparation du salarié sont transférés au cessionnaire.

Le raisonnement est le suivant. Si les licenciements prononcés par le cédant sont motivés par le transfert et ne sont pas justifiés par un motif économique, technique ou d'organisation impliquant des changements sur le plan de l'emploi (ETOR), ils seront considérés automatiquement comme abusifs en application de la reg. 8(1) du TUPE [36]. Dans un tel cas, les contrats de travail des salariés seront légalement maintenus [37] jusqu'au moment du transfert où la reg. 5(2) du TUPE [38], laquelle prévoit le transfert de responsabilité du cédant au cessionnaire, prendra le relais. La réparation du licenciement intervenu en violation du TUPE sera donc à la charge du cessionnaire. Si, en revanche, le licenciement est motivé par un ETOR qui est finalement considéré comme abusif, c'est-à-dire non raisonnable, par les juges du fond, les contrats de travail des salariés ne seront pas considérés comme légalement maintenus jusqu'à la date du transfert. La réparation du licenciement restera, dans ce cas, à la charge du cédant.

**1076.** La Chambre des Lords s'est à nouveau prononcée sur ce point dans son arrêt British Fuels Ltd v. Baxendale and Meade and Wilson v. St Helens Borough Council de 1998 [39]. En l'espèce, les salariés avaient été licenciés par le cédant puis réembauchés par le cessionnaire à des termes et conditions d'emploi moins favorables. La Chambre des Lords a clairement considéré que puisque le droit anglais ne connaissait pas le concept de nullité du licenciement et que ni la directive ni la jurisprudence communautaire ne l'obligeait à le consacrer, les salariés licenciés en violation du TUPE et sauf à ce que l'employeur justifie d'un ETOR, avaient seulement le droit d'obtenir une réparation de la part du cessionnaire et non la continuation de leur contrat de travail chez ce dernier [40].

Le fait que le licenciement intervenu préalablement au transfert soit considéré comme automatiquement abusif ou soit, au contraire, motivé par un ETOR, influencera également la validité des nouveaux termes et conditions d'emploi éventuellement négociés avec le cessionnaire qui aura réembauché les salariés du cédant, après leur licenciement. Si les

---

[35]. Lord Oliver of Aylmerton : « *It is I think, now clear that under Article 4 of the Directive, as construed by the European Court of Justice, a dismissal effected before the transfer and solely because of the transfer of the business is, in effect, prohibited and is, for the purpose of considering the application of Article 3(1), required to be treated as ineffective. The question is whether the Regulations are so framed as to be capable of being construed in conformity with that interpretation of the Directive* ». Litster v. Forth Dry Dock and Engineering Co Ltd [1989] *IRLR* 161 at 172, n°48.

[36]. Devenue reg. 7(1) dans le TUPE 2006.

[37]. « *Statutorily continued* ».

[38]. Devenue reg. 4(2) dans le TUPE 2006.

[39]. British Fuels v. Baxendale and Wilson v. St Helen's B.C. [1998] *IRLR* 706, [1998] *ICR* 1141, [1998] 4 *All ER* 609 (HL).

[40]. « *A dismissal for a reason connected with the transfer of an undertaking is legally effective and not a nullity. A dismissed employee cannot compel the transferee to employ him. Where the transferee does not take on the transferor's employees, because they have already been dismissed by the transferor, or because the transferee itself dismissed the employees on the transfer, then the transferee must meet all the transferor's contractual obligations (...) The liability which is transferred by virtue of TUPE to the transferee is to pay damages for wrongful dismissal or to comply with an order under the relevant employment legislation for unfair dismissal compensation or reinstatement* ». British Fuels v. Baxendale and Wilson v. St Helen's B.C. [1998] *IRLR* 706, at 707 (HL).

licenciements sont motivés par le seul transfert et, partant, considérés comme abusifs, la réembauche des salariés à d'autres termes et conditions d'emploi ne sera pas valable. Les salariés étaient en droit de conserver leurs termes et conditions d'emploi antérieurs [41]. Si, en revanche, les licenciements se justifient par un ETOR, ils seront considérés comme effectifs et les nouveaux termes et conditions d'emploi négociés par le cessionnaire avec les anciens salariés du cédant seront parfaitement valables [42].

**1077.** Le raisonnement est donc tout à fait différent de celui adopté par la Cour de cassation en droit français. En effet, il ne s'agit pas pour les juges anglais de tirer les conséquences de la nullité du licenciement intervenu en violation du TUPE en permettant au salarié de choisir son interlocuteur lorsque celui-ci est licencié par le cédant en violation du principe de maintien de ses droits. En droit anglais, le licenciement prononcé dans ce cadre n'est pas nul. Il est effectif et la responsabilité de la réparation dépendra, en définitive de la validité du motif de la rupture du contrat de travail du salarié. Seul un licenciement motivé principalement par le transfert permettra au salarié de poursuivre le cessionnaire afin d'en obtenir réparation. A défaut, l'interlocuteur du salarié sera l'employeur qui aura pris l'initiative de la rupture du contrat de travail.

La différence essentielle entre droit français et droit anglais tient ainsi aux possibilités de recours du salarié. Seul le droit français lui reconnaît en effet le droit de poursuivre indifféremment le cédant ou le cessionnaire dans le cadre de licenciements prononcés antérieurement au transfert. La question de l'impunité de l'auteur du licenciement soulevée par le droit français après l'arrêt Guermonprez [43] qui ne permettait de recours que contre le cessionnaire, ne s'est en effet pas posée en droit anglais. La pratique des licenciements antérieurs s'y était développée précisément pour permettre au cessionnaire d'échapper à toute responsabilité dans ce cadre alors que bien souvent, le cédant était insolvable et que les salariés se trouvaient, de ce fait, sans possibilité d'obtenir la réparation de leur préjudice [44].

Quoiqu'il en soit, le licenciement irrégulier sera toujours abusif en droit anglais. Il le sera automatiquement parce qu'il sera motivé par le transfert, ou, s'il est motivé par un ETOR, parce qu'il ne sera pas considéré raisonnable par les juges du fond. La réparation sera la même que l'on se situe ou non dans le cadre du TUPE.

## C. DROIT AMÉRICAIN : UNE SANCTION RÉPARATRICE FONCTION DES CIRCONSTANCES DE L'ESPÈCE ET DU PRÉJUDICE SUBI

**1078.** En droit américain, la question est toute autre. Ce n'est pas le fait que le licenciement ait été provoqué ou soit lié au projet de cession qui motive sa sanction. Il ne constitue en effet pas, en lui-même, une atteinte aux droits des salariés comme en droits

---

41. Affaire Meade and Baxendale.

42. Affaire Wilson.

43. Cass. soc. 20 janvier 1998, n°240 P, Guermonprez c/ d'Abrigeon et autre : *Bull. civ.* V, n°16, p. 13 ; *RJS*, 3/98, n°280 ; *Droit Social*, 1998, n°3, p. 297, obs. R. VATINET ; *JCP*, G, 1998, II, 10027 et 1998, E, p. 564, rapp. Ph. WAQUET ; *Droit Social*, 1998, n°12, p. 1022, chron. M. HENRY, p. 1019 ; *Droit Ouvrier*, Juillet 2000, p. 273, chron. M. HENRY, p. 271.

44. En effet, l'équivalent anglais de l'AGS (le National Insurance Fund) ne prend en charge principalement que les salaires dans la limite de huit semaines, le préavis, les congés payés dans la limite de six semaines, les indemnités de licenciement pour motif économique (« *redundancy payment* ») et la partie des dommages et intérêts sanctionnant le licenciement abusif correspondant à l'indemnité de base (« *basic award* ») calculée en fonction de l'âge et de l'ancienneté du salarié [ERA 1996, s. 184]. L'indemnité complémentaire (« *compensatory award* ») destinée à prendre en compte son préjudice financier n'est pas prise en charge par le fonds d'indemnisation pas plus que les indemnités complémentaires de rupture (de type golden parachutes) qui auraient éventuellement été négociées au préalable par le salarié avec l'employeur.

français et anglais. La sanction est plutôt motivée par le fait que, dans ce cadre, l'employeur a prononcé des licenciements en violation des droits de représentation collective garantis par le NLRA ou en violation d'une clause de garantie d'emploi. C'est ainsi tantôt la motivation de la décision (la violation du droit des salariés d'être représentés) et tantôt l'absence de respect de ses engagements par l'employeur (la violation des clauses de garantie d'emploi) qui est sanctionnée sur des fondements différents [45].

### *1. La sanction du licenciement prononcé en violation de la Section 8(a)(3) du NLRA*

**1079.** Le licenciement prononcé en violation de la Section 8(a)(3) du NLRA, à savoir le licenciement prononcé pour un motif anti-syndical, est considéré comme une pratique déloyale de travail. Le panel des sanctions qu'elle appelle est assez large. Elle peut être en effet punie par toute mesure que le NLRB jugera nécessaire en application de la Section 10(c) du NLRA [46].

Dans le cadre de mesures de fermeture partielle ou de transfert d'entreprise décidées pour un motif anti-syndical, dans le but de décourager la syndicalisation des salariés restants, le NLRB peut décider de restaurer la situation antérieure (retour au « *status quo ante* »). Il peut en outre ordonner la réouverture de l'entreprise ou de l'unité opérationnelle en question et la réintégration des salariés licenciés en application de cette mesure, à moins que l'employeur ne démontre que ses conséquences seraient « excessivement lourdes » [47]. Dans ce cas, et en pratique généralement, la réparation est plus souvent indemnitaire.

### *2. La sanction du licenciement prononcé en violation d'une clause de garantie d'emploi*

**1080.** Le licenciement prononcé en violation des clauses dites de garantie d'emploi [48] ou de sécurité d'emploi [49] est sanctionné par la voie de l'arbitrage et, à défaut, ou pour obtenir l'intervention d'un arbitre, par le truchement des Cours fédérales, en application de la section 301 du LMRA.

Est ainsi sanctionné le non-respect par l'employeur (cédant) des engagements qu'il a pu prendre dans un accord négocié avec le syndicat représentant les salariés. Comme en droit français, les salariés, tiers à l'accord, peuvent obtenir réparation sur ce fondement en même temps que le syndicat signataire. Ainsi, lorsque le cessionnaire refuse de reprendre à son compte les termes de la convention collective en cours, alors que le cédant s'était engagé à contracter avec un employeur qui en honorerait les termes, une convention collective bien rédigée (c'est-à-dire comportant une clause suffisamment précise et explicite sur les obligations de l'employeur), permet généralement au syndicat d'obtenir la sanction du cédant pour non respect de ses engagements.

---

[45]. Ne sera donc pas traité en détail l'ensemble des sanctions applicables dans le contexte d'un licenciement en droit américain. Pour des développements sur cette question, E. COURTOIS-CHAMPENOIS, *L'organisation du droit du licenciement aux Etats-Unis : approche comparative des droits américain et français*, PU d'Aix Marseille, 1997, p. 175-187, n°254 et s.

[46]. La Section 10 du NLRA [29 *U.S.C.* 160] prévoit, en substance, que le NLRB a tout pouvoir pour empêcher toute personne de commettre une pratique déloyale de travail.

[47]. « *Unduly burdensome* ». Par exemple : Local 171, International Brotherhood of Teamsters (A.G. Boone Co.), 863 *F.2d* 946 (CA DC 1988), *cert. den.* 490 *U.S.* 1065 (1989). En l'espèce, l'ordre a été donné de reprendre le travail au terminal qui avait été fermé, en l'absence de preuve que la réouverture provoquerait des dépenses substantielles ou une charge financière trop lourde pour la société.

[48]. « *Successors and assigns clauses* ». Sur la validité de ce type de clause, v. 2$^{nd}$ Partie, Titre 1, chapitres 1 et 2.

[49]. « *Job security agreements* ».

**1081.** Les sanctions prononcées contre l'employeur sont librement déterminées par l'arbitre. Prononcées *a priori*, avant que le transfert ou l'opération de restructuration ne se soit réalisée, elles sont généralement les mêmes que celles qui peuvent être prononcées par le NLRB. En amont de la cession, il peut s'agir d'une injonction contre le cédant afin que la cession ne se réalise pas sans que le cessionnaire n'accepte d'honorer les termes de la convention collective en cours au moment de la cession, si le cédant en avait pris l'engagement. Cette injonction est le plus souvent obtenue en justice [50], en attendant que l'arbitre se prononce sur la question.

**1082.** Comme nous l'avons vu précédemment, toutefois, le plus fréquemment les sanctions sont prononcées *a posteriori*, une fois le transfert ou l'opération de restructuration réalisée. Cela se traduit par une sanction indemnitaire à l'encontre du cédant pour non respect de ses engagements. A l'instar des sanctions prononcées par le NLRB et les Cours fédérales contre les pratiques déloyales de travail, ces sanctions peuvent être potentiellement beaucoup plus lourdes que celles encourues par l'employeur de droit français ou anglais. Ainsi, le cédant peut être condamné par un arbitre à verser, à titre indemnitaire, de la date du transfert de propriété à la date d'expiration de la convention collective, le salaire et les cotisations syndicales des salariés. Il peut également devoir maintenir la couverture maladie et de retraite des salariés qui n'ont pas été repris par le cessionnaire. Pour ceux d'entre eux qui ont été repris par le cessionnaire à des salaires inférieurs, il peut, de même, par exemple, être condamné à verser un différentiel de salaire pendant cette même période plus une semaine additionnelle de congés payés par an, jusqu'à la date d'expiration de la convention collective [51].

**1083.** L'arbitre peut cependant préférer décider, en équité [52], que la réparation ne pourrait être que partielle si elle devait être indemnitaire. La meilleure sanction devient d'enjoindre au cédant de suspendre la cession de son activité jusqu'à ce qu'il requière et obtienne, comme condition de la cession, l'acceptation du repreneur d'être lié par la convention collective à laquelle il est soumis [53]. Il peut même rendre responsable le cédant du non-respect de l'engagement du cessionnaire, postérieurement à la cession, de reprendre les termes de la convention collective à son compte [54].

---

[50]. « *Preliminary injunction* » ou « *status quo injunction* ».

[51]. Herbert J. Caplan, Inc. 81 *LA* 22 at 30-31 (Arb. Levine, 1983). En l'espèce, 14 salariés étaient concernés. Egalement : High Point Sprinkler Co., 67 *LA* 239 at 248-49 (Arb. Connolly, 1976), dans lequel l'arbitre ordonna au cédant de payer les montants qu'il aurait du verser aux salariés en application de la convention collective, c'est-à-dire leur salaire et le maintien de leur couverture santé et de retraite, en dépit du fait que la clause ne contenait pas expressément l'obligation pour le cédant d'obtenir du cessionnaire qu'il honore les termes de la convention collective en cours.

[52]. « *Equitable relief* ».

[53]. Sexton's Steak House, Inc., 76 *LA* 576 at 579 (Arb. Ross, 1981). En l'espèce, l'arbitre a considéré que l'objet de ce type de clause (« *successor clause* ») est de permettre le maintien de la sécurité de l'emploi et des autres avantages tirés de la convention collective (c'est-à-dire empêcher que les salariés soient remplacés par d'autres salariés ou perdent leurs avantages alors qu'ils effectuent le même travail pour un autre employeur), lorsque l'entreprise dans laquelle les salariés sont employés continue son activité sous la direction d'un nouvel employeur ; Hosanna Trading Co. Inc., 74 *LA* 128 at 132 (Arb. Simons, 1980). En l'espèce, l'arbitre ordonna au cédant d'interrompre (« *cease and desist* ») ses tractations jusqu'à ce que le repreneur accepte expressément d'être lié par les termes de la convention collective.

[54]. Par exemple : Dawn Farms Corporation, 45 *LA* 1075 (Arb. Wolff, 1965). En l'espèce, le cessionnaire s'était engagé, dans l'acte de cession, à conclure un accord avec le syndicat et avait accepté le principe de signer ultérieurement un accord global pour les entités du groupe où les salariés étaient représentés. Une fois la cession réalisée, le cessionnaire refusa d'être partie à un tel accord. L'arbitre considéra que le cédant n'avait pas rempli son obligation puisqu'il aurait du obtenir l'engagement du cessionnaire de reprendre les termes de la convention collective et que, partant, il engageait sa responsabilité vis-à-vis du syndicat. L'arbitre considéra néanmoins que le cédant avait agi en toute bonne foi, qu'il avait fait de sérieux efforts pour remplir son obligation vis-à-vis du syndicat et que

**1084.** Il a déjà été discuté du fait que plus l'engagement de l'employeur est précis, plus la réparation est certaine [55]. L'employeur cédant cherchera donc bien évidemment à limiter sa responsabilité dans les clauses qu'il négociera, que ce soit en adoptant des termes généraux ou en limitant l'application de la clause dans le temps ou à certains cas précis. Ainsi, outre les possibilités restreintes qu'ont les syndicats pour négocier valablement la protection des salariés qu'ils représentent, ces derniers rencontrent généralement de sérieux obstacles dans l'application des clauses qu'ils réussissent à négocier.

En effet, pour être tout à fait efficace, la sanction doit être prononcée *a priori*. Or, pour obtenir une injonction, les syndicats doivent démontrer qu'un préjudice irréparable [56] les menace [57]. La menace de perdre leur emploi pour les salariés pourrait constituer un préjudice irréparable, mais les Cours fédérales peuvent décider du contraire, au motif qu'une perte d'emploi peut être réparée ultérieurement [58]. Les syndicats doivent donc trouver d'autres arguments afin d'obtenir une injonction de ne pas faire contre l'employeur en attendant que l'arbitre se prononce sur la violation de la clause [59].

**1085.** Ensuite, les arbitres hésitent généralement à prononcer les sanctions radicales que les situations imposent, à moins que les conventions collectives en question contiennent des dispositions expresses et précises sur l'obligation du cédant. Tout est affaire d'intention et d'interprétation. Cette appréciation rejoint celle faite par le droit français de la validité des clauses collectives de garantie d'emploi où seuls les engagements précis et définis de l'employeur sont valables et peuvent être sanctionnés en cas de violation [60].

---

ces circonstances justifiaient l'absence de paiement de dommages et intérêts qui n'aurait eu, de toute façon, aucune utilité véritable puisque le cédant s'était retiré de ce secteur d'activité (industrie du lait). L'arbitre invita donc le syndicat à engager la responsabilité du cessionnaire ; Leona Lee Corp., 60 *LA* 1310 (Gorsuch, 1972). En l'espèce, le cédant, le cessionnaire et l'actionnaire principal ont été considérés comme conjointement et solidairement responsables de la violation de l'accord vis-à-vis du syndicat.

55. Cf. 2nd Partie, Titre 1, Chapitre 2, *supra*.

56. « *Irreparable harm* ».

57. Pour des exemples d'arrêts: B. F. BOLTUCH, « Workplace closures and company reorganizations : enforcing NLRB, contract and noncontract claims and obligations », *The Labor Lawyer*, Winter 1991, vol. 7, p. 53 et s.

58. Par exemple, Aluminum Workers Intern. v. Consol. Aluminum Corp., 696 *F.2d* 437 at 443 (6th Cir. 1982) ; Loc. 274, Hotel Emp. v. Westin Bellevue Stratford, 633 *F. Supp*. 869 at 870 (E.D. Pa. 1986). Pour des décisions contraires: Lever Bros. v. Int'l Chem. Workers Local 217, 554 *F.2d* 115 at 123 (4th Cir. 1976). En l'espèce, le préjudice irréparable était constitué par une décision de délocalisation qui menaçait de rendre la décision de l'arbitre prise *a posteriori* une « vaine formalité » ; Drivers, Chauffers, Etc. v. Akers Motor Lines, 582 *F.2d* 1336, at 1341 (4th Cir. 1978). En l'espèce, le préjudice irréparable était causé par la liquidation de tous les actifs de l'entreprise par l'employeur ; Local Lodge 1266, IAM v. Panoramic Corp., 668 *F.2d* 276 at 285 (7th Cir. 1981). En l'espèce, la menace d'une cession allait provoquer la perte des emplois des salariés. Sa réparation par l'octroi de dommages et intérêts aurait été inadéquate et aurait mis l'arbitre devant une situation de « fait accompli ». Le syndicat n'avait dès lors pas besoin de démontrer l'existence d'un préjudice irréparable.

59. Par exemple, Local 553, Transport Workers v. Eastern Air Lines, 695 *F.2d* 668, at 677-78 (2d Cir. 1982). En l'espèce, le préjudice irréparable était constitué par l'impossibilité d'identifier les salariés auxquels la mesure de l'employeur portait préjudice.

60. Cf. 2nd Partie, Titre 1, Chapitre 2, *supra*. Deux tendances s'affrontent toutefois sur ce point en droit américain selon la force donnée par les arbitres au contenu de la clause en question. D'une part, celle, dominante parmi les décisions publiées, des arbitres qui refusent de sanctionner le non respect de clauses générales qui n'indiquent pas clairement et sans ambiguïté les obligations du cédant (« *strict language interpretation* ») [Par exemple, Kroger Co. 78 *Lab. Arb.* 569 (Howlett, 1981), Gallivan's Inc. 79 *Lab. Arb.* 253 (1982) (Gallagher, Arb.) et Wyatt Manufacturing Co., 82 *Lab. Arb.* 153 (1983) (Goodman Arb.), dans lequel l'arbitre Goodman liste les trois types de clauses imposant, à son sens, une véritable obligation sur le cédant : (i) les clauses dans lesquelles le cédant accepte de supporter les conséquences du refus du cessionnaire de reprendre à son compte les termes de la convention collective, (ii) les clauses dans lesquelles le cédant s'oblige à trouver un repreneur qui fera de la reprise des termes

Le droit américain a cependant cet intérêt pour les syndicats de permettre la sanction effective du cédant en cas de violation ou de refus d'application par le cessionnaire de la clause qu'ils auront négociée. Cette sanction peut intervenir *a priori*. Il s'agit de loin de la sanction la plus efficace lorsqu'elle est accordée parce qu'elle permet de prévenir ou plus sûrement de retarder l'opération, par le biais d'une injonction de ne pas faire contre le cédant. Elle peut également intervenir *a posteriori*, par le biais d'une sentence arbitrale.

**1086.** Rappelons toutefois qu'en droit américain, ce type de clause n'est négocié qu'au bon vouloir de l'employeur et pour la durée pour laquelle il l'aura consenti. Par ailleurs, plus l'opération de cession ou de transfert d'entreprise sera complexe, plus l'employeur parviendra à échapper à ses obligations en affirmant que l'opération en cause ne rentre pas dans le champ d'application de la clause alléguée. Cela sera d'autant plus facile que la clause sera générale ou, à l'inverse, trop précise car elle pourra être interprétée dans les deux cas, en fonction de l'arbitre saisi, comme excluant l'opération en question.

**1087.** Indiquons finalement que le syndicat en droit américain n'a pas toujours vent à temps des tractations menées par l'employeur, ce qui rend le recours à l'injonction bien souvent trop tardif pour être efficace et ses efforts pour protéger ses membres vains et difficiles. Les sanctions de la violation de ce type d'engagement collectif, en pratique, sont proches de celles consacrées en droit français, c'est-à-dire essentiellement de nature indemnitaire. Elles restent, en toute hypothèse, supérieures à celles du droit anglais, qui n'en prévoit aucune, les conventions et accords collectifs n'ayant qu'une valeur morale bien peu compatible avec une situation de crise où le respect de la parole donné est souvent mis à mal.

## §2. LA RÉINTÉGRATION EST-ELLE POSSIBLE ?

**1088.** Compte tenu du contexte dans lequel le licenciement intervient, le salarié peut-il choisir de privilégier la conservation de son emploi par rapport à la réparation de son préjudice ? La réintégration du salarié n'est pas une solution privilégiée par les juges en pratique, quel que soit le système juridique étudié. Si celle-ci reste théorique en droit anglais (B) et en droit américain (C), elle tend à gagner du terrain en droit français (A), où une partie de la doctrine considère qu'elle est la seule mesure susceptible de réparer les effets d'un licenciement intervenu en violation du principe du transfert des contrats de travail du cédant au cessionnaire. La réintégration est-elle pour autant recommandée et s'impose-t-elle dans le contexte des transferts d'entreprises ?

---

de la convention collective une condition de la cession, et (iii) les clauses dans lesquelles le cédant s'engage à ne pas s'affranchir ou tenter de s'affranchir des termes de l'accord qu'il aura négocié]. D'autre part, celle des arbitres qui reconnaissent la responsabilité du cédant, même en l'absence d'une obligation précise (« *active duty* ») dans la clause en question, dès lors que celle-ci ne reflète pas l'intention des parties d'atténuer la force obligatoire de leur engagement. Par exemple, High Point Sprinkler Company of Boston, 67 *LA* 239 (Connolly, 1976) ; Marley-Wylain Company 88 *LA* 978 (Jacobowski, 1987) ; Emge Packing Co., FMCS 91/03225 (Oct. 31, 1991) (Render, Arb.) ; Catelli Foods, Inc., AAA Case N°1130-0940-89 (Feb. 22, 1990) (Bornstein, Arb.). Pour des développements sur cette question: C. J. RICHARDS, « The efficacy of successorship clauses in collective bargaining agreements », *Georgetown Law Journal*, 1991, vol. 79, p. 1574 et s. ; H. H. NORTHRUP, Ph. A. MISCIMARRA, *Government protection of employees involved in mergers and acquisitions*, The Wharton School Industrial Research Unit, University of Pennsylvania, 1989, p. 369-383.

## A. DROIT FRANÇAIS : UNE RÉINTÉGRATION TRADITIONNELLEMENT RÉSERVÉE AUX SALARIÉS PROTÉGÉS

**1089.** La survie du contrat de travail créée une situation de droit opposable à tous, les salariés, le cédant et le cessionnaire. Une conséquence logique de l'inefficacité du licenciement prononcé en violation du principe du transfert serait d'admettre la réintégration du salarié auprès du nouvel employeur. En effet, le contrat de travail est, dans cette hypothèse, censé n'avoir jamais été rompu et, partant, être transféré au cessionnaire qui ne peut s'y opposer.

**1090.** La réintégration comme conséquence de la nullité du licenciement est de règle en droit français pour les salariés protégés. C'est le cas que le licenciement ait été prononcé sans le respect des formalités protectrices, malgré le refus ou l'absence d'autorisation de l'inspection du travail, ou lorsque l'autorisation de licenciement a été annulée [61].

Ainsi, lorsque les salariés protégés sont licenciés par le cédant en violation du principe du transfert, la Cour de cassation admet que leur réintégration dans les emplois qu'ils occupaient antérieurement puisse être ordonnée [62] et soit opposable au cessionnaire à qui le contrat de travail a été transféré en application de l'article L.122-12 al. 2 du code du travail [63]. Ce dernier est tenu de réintégrer le salarié. A défaut, le salarié protégé peut lui imputer la rupture du contrat de travail [64]. Le refus de réintégration du salarié protégé irrégulièrement licencié est également constitutif d'un délit d'entrave pour le repreneur qui s'y oppose [65].

**1091.** Une telle sanction ne pourrait-elle être admise pour tous les salariés licenciés en violation de l'article L.122-12 al. 2 du code du travail, conséquence directe de l'inefficacité d'un licenciement prononcé en violation d'un principe d'ordre public ? En effet, dire que le licenciement est « sans effet », c'est signifier que chacune des parties reste tenue des obligations qui découlent du contrat de travail. L'inefficacité du licenciement intervenant en violation de l'article L.122-12 al. 2 correspond t'elle pour autant à une nullité ?

---

[61]. Par exemple : Cass. soc. 26 septembre 1990 n°3300 D, SA SELFI c/ Auger et autres : *RJS*, 11/90, n°842 ; Cass. soc. 26 juin 1991, Etabl. Douaisis c/ Cardon et autre : *JCP*, E, 1992, II, 274, note J.-J. SERRET, à propos de licenciements prononcés sans autorisation préalable de l'inspection du travail ; Cass. soc. 10 octobre 1990 n°3760 P, M. Messaoudi c/ M. Euchin, ès qualités de syndic de la société FOP et autre : *Bull. civ.* V, p. 267, n°441; *RJS*, 11/90, n°843, à propos d'un licenciement prononcé en vertu d'une autorisation administrative ultérieurement annulée. Pour un état de la jurisprudence à ce sujet: J.-Y. KERBOURC'H, « Licenciement des salariés protégés : les sanctions du licenciement sans autorisation ou dont l'autorisation est annulée », *RJS*, 12/03, p. 923-935.

[62]. Cass. soc. 26 septembre 1990, n°3300 D, SA SELFI c/ Auger et autres, précité.

[63]. Cass. soc. 10 octobre 1990, n°3300 D, SA SELFI c/ Auger et autres, précité ; Cass. soc. 26 juin 1991 n°2580 P, Société Concorde c/ Mme Pillier et autres : *Bull. civ.* V, n°328, p. 201 ; *RJS*, 8-9/91, n°960 ; Cass. soc. 26 juin 1991, Etabl. Douaisis c/ Cardon et autre, précité. Dans ces trois espèces les licenciements avaient été refusés par l'inspection du travail. La Cour a décidé le transfert du contrat de travail de plein droit au cessionnaire ; Cass. crim. 15 octobre 1991, Syndicat Hacuitex CFDT d'Amiens et environs et autre : *D.*, 1992, IR, p. 23 ; *RJS*, 1/92, n°54 : l'annulation de l'autorisation de licencier entraîne le transfert du contrat au cessionnaire ; Cass. soc. 17 juin 1992, n°2582 D, Merrour c/ Sté nouvelle SODEC et a., non publié au Bull. civ. : *RJS*, 10/92, n°1077, 1ère espèce : lorsque le licenciement est refusé par l'inspection du travail, le contrat de travail est transféré de plein droit au cessionnaire ; Cass. soc. 10 juillet 1995, n°3216 P, Martin c/ Sté Primistères et a. : *Bull. civ.* V, n°240, p. 174 ; *RJS*, 8-9/95, n°916 : en cas d'annulation de l'autorisation de licencier, la demande de réintégration est opposable au cessionnaire.

[64]. Cass. soc. 26 février 2003, Société Vernier c/ M. Fiorentini et autres : *Bull. civ.* V, n°68, p. 64 ; *Droit Social*, 2003, n°7-8, p. 776, obs. A. MAZEAUD.

[65]. Cass. crim. 1er février 1951, *D.*, 1951, p. 586 ; Cass. crim. 28 mai 1968 : *D.*, 1969, p. 471, note J.-M. VERDIER ; Cass. crim. 17 mars 1992, n°Q 91-81-360 PF, Laguerre : *Bull. crim.* n°117, p. 309 ; *RJS*, 10/92, n°1077 (2è espèce).

La question ne se pose que pour les salariés qui auraient été licenciés par le cédant et non repris ultérieurement par le cessionnaire [66] ou pour ceux qui seraient licenciés par le cessionnaire, en violation du principe du maintien de leurs droits. En effet, pour les salariés repris par le cessionnaire, l'inefficacité du licenciement prononcé antérieurement au transfert n'aura pas pour effet de permettre leur réintégration chez le cessionnaire puisqu'ils auront déjà été réembauchés par lui. En revanche, cela leur permettra d'exiger le respect des conditions d'emploi et avantages dont ils bénéficiaient antérieurement [67].

**1092.** Pour différencier le cas des salariés protégés, qui ont un droit à réintégration, de celui des salariés « ordinaires », licenciés en violation du principe du transfert, certains auteurs considèrent que « *le rapprochement opéré avec les représentants du personnel est fallacieux* »[68]. Il conviendrait en effet de distinguer, selon eux, le cas des salariés protégés, pour lesquels l'employeur a perdu son droit de licenciement, en l'absence d'autorisation de l'inspection du travail, avec la réintégration comme conséquence, du cas des salariés ordinaires, pour lesquels ce droit subsiste pour le nouvel employeur, même s'ils passent à son service. En effet, « *même si le cédant n'avait pas rompu les contrats de travail* [des salariés ordinaires], *ils n'auraient pas été assurés de conserver leur emploi* (...). *Autrement dit, une fois que par suite de la nullité, le salarié est passé au service du nouvel entrepreneur, l'article L.122-12 a produit tous ses effets* »[69]. Les salariés ordinaires peuvent ainsi être licenciés par le nouvel employeur en toute hypothèse. Ceci expliquerait que les salariés ordinaires préfèrent généralement se situer sur le terrain de l'indemnisation plutôt que sur celui de la réintégration pour ne pas s'exposer à une nouvelle rupture de leur contrat, cette fois-ci par le cessionnaire.

Pour autant, même si la décision de l'employeur de licencier un salarié protégé ne dépend pas, il est vrai, de sa seule volonté, contrairement aux salariés ordinaires, nous ne pouvons pleinement adhérer à cette analyse parce qu'elle laisse supposer, une fois les salariés protégés transférés ou réintégrés, que ceux-ci ne pourront pas être licenciés par le nouvel employeur, comme les salariés ordinaires. Or, si le cessionnaire devra certes saisir l'inspection du travail au préalable pour licencier un salarié protégé, ce qui rendra plus difficile un licenciement, rien ne l'empêchera pourtant d'y procéder, pour peu que ledit licenciement repose sur une cause réelle et sérieuse sans lien avec le mandat de l'intéressé et ne soit pas motivé par le transfert. Le principe du transfert n'interdit en effet pas tout licenciement, que les salariés soient protégés ou non.

---

[66]. A l'exception de ceux qui auraient été licenciés par le cédant en raison de leur refus de passer au service du cessionnaire. Cass. soc. 14 décembre 2004, FS-PB, SA Sté Alsacienne des hypermarchés Auchan c/ M. Bousquet : *Droit Social*, 2005, n°2, p. 229, obs. A. MAZEAUD ; *RJS*, 2/05, n°126 ; *Travail et Protection Sociale*, mars 2005, n°78, p. 18 : le salarié licencié par le cédant en raison de son refus de passer au service du cessionnaire ne peut prétendre au paiement d'indemnités de rupture et de dommages et intérêts.

[67]. Il sera néanmoins tenu compte de l'indemnité de licenciement éventuellement versée par le cédant. Cass. soc. 22 octobre 1984, n°82-42.218 (cassation), non publié au Bull. civ. ; Cass. soc. 7 janvier 1988, n°85-40.519 (rejet), non publié au Bull. civ. En l'espèce, le salarié avait démissionné avant d'être réembauché par son premier employeur puis transféré et licencié par le repreneur du fonds de commerce. Le salarié demandait un complément d'indemnité de licenciement au titre de son ancienneté acquise chez son premier employeur à la date de sa première embauche. Sa demande a été rejetée au motif que « *le salarié ne pouvait se prévaloir du seul fait que l'entreprise lui avait maintenu à son réembauchage le paiement de la prime d'ancienneté jusqu'alors perçue, le fondement de cette prime étant différent de celui de l'indemnité de licenciement* ».

[68]. J. MOULY, « Les licenciements antérieurs au transfert de l'entreprise », *Droit Social*, 1982, n°12, p. 743 ; J. DEPREZ, *Cessions d'entreprises et situations assimilées : Etude du régime juridique de l'article L.122-12 du code du travail relatif à la modification juridique de l'employeur*, éd. Fr. Lefebvre, 1984, n°25, p. 66, reprenant les mêmes arguments.

[69]. J. MOULY, « Les licenciements antérieurs au transfert de l'entreprise », *Droit Social*, 1982, n°12, p. 743.

**1093.** Le fait que les salariés ordinaires préfèrent se situer sur le terrain de l'indemnisation que sur celui de la réintégration résulte plutôt du fait que celle-ci ne peut s'imposer au cessionnaire pour les salariés ordinaires, contrairement aux salariés protégés, une fois leur licenciement annulé, et non au seul motif que leur licenciement peut intervenir à tout moment, sans autorisation préalable.

Il semble, en effet, qu'il faille trouver la justification actuelle de l'absence de réintégration des salariés ordinaires, malgré l'absence d'effet du licenciement intervenu en violation de l'article L.122-12 al. 2 du code du travail, dans les textes concernant le droit du licenciement et la sanction de son caractère abusif, d'une part, et, plus surement dans leur statut de salarié « ordinaire », d'autre part.

### *1. Un fondement à rechercher dans les textes concernant le droit du licenciement*

**1094.** L'article L.122-14-4 du code du travail ne permet au juge que de proposer à l'employeur la réintégration du salarié en cas de licenciement sans cause réelle et sérieuse. La réintégration est seulement possible en l'absence de refus par l'une ou l'autre des parties.

Pour les salariés protégés, au contraire, les articles L.412-19 [70], L.425-3 [71] et L.436-3 du code du travail [72] prévoient que la réintégration du salarié dans son emploi ou dans un emploi équivalent est un droit, à condition toutefois que le salarié le demande. La réintégration n'est plus, dans ce cas simplement proposée aux parties. Elle s'impose au cessionnaire, si le salarié le demande dans le délai prescrit [73].

La nullité du licenciement implique cependant que le salarié soit regardé comme n'ayant jamais quitté son emploi, contrairement à la sanction du licenciement abusif qui vise à réparer le dommage résultant d'un licenciement prononcé sans cause réelle et sérieuse. L'article L.122-14-4 du code du travail ne serait donc pas applicable à la nullité du licenciement[74], même si celui-ci vise, en premier lieu, à proposer aux parties la réintégration du salarié dans son emploi, sanction légitime du licenciement nul.

### *2. Un fondement à rechercher dans le statut de salarié ordinaire*

**1095.** La logique du statut des salariés protégés prévaut sur celle du contrat de travail, contrairement aux salariés ordinaires. La procédure de licenciement et l'obligation de réintégration des salariés protégés sont instituées dans l'intérêt de l'ensemble des salariés que les salariés protégés représentent et sont exclusives de toute renonciation [75]. Elles sont exceptionnelles et exorbitantes du droit commun des contrats et du licenciement et c'est en cela que leur rapprochement avec le traitement de la rupture du contrat des salariés ordinaires pourrait être qualifié de fallacieux. Aucun texte ne sanctionne par la nullité le licenciement

---

70. Sur l'annulation d'une demande d'autorisation préalable de licenciement d'un délégué syndical.

71. *Idem*, pour le délégué du personnel.

72. *Idem*, pour un membre du comité d'entreprise ou un représentant syndical.

73. Cass. soc. 10 juillet 1995, n°3216 P, Martin c/ Sté Primistères et a. : *Bull. civ*. V, n°240, p. 174 ; *RJS*, 8-9/95, n°916. En l'espèce, la Cour de cassation a considéré la demande de réintégration envoyée au cédant comme valable et opposable au cessionnaire. La Cour d'appel ne pouvait débouter le salarié de sa demande au motif que celle-ci n'avait pas été adressée au nouvel employeur dans le délai.

74. En ce sens, B. GAURIAU, « La nullité du licenciement et la personne du salarié », *Droit Social*, 1993, n°9-10, p. 739 et 745 ; M. HENRY, « La réintégration des salariés non protégés », *Droit Ouvrier*, septembre 1995, p. 381. Pour l'auteur, « *si la décision est nulle c'est qu'il n'y a pas de licenciement. Le contrat continue à produire ses effets. Les logiques sont par conséquent radicalement différentes selon que l'on sanctionne les motifs d'un licenciement dans le contexte d'un contrat rompu ou que l'on ordonne la continuation d'un contrat qui n'a pas été utilement rompu* ».

75. Cass. soc. 1er octobre 2003, n°234 FS-PB, M. Boucherit et autres c/ société Entrepose Montalev et autre : *Bull. civ*. V, n°250, p. 258 ; *D*., 2004, n°6, p. 380, obs. J.-M. VERDIER. Dans cet arrêt, la Cour de cassation s'est prononcée en faveur du droit à réintégration de salariés protégés qui ne bénéficiaient plus de ce statut à la date où leur licenciement leur a été notifié. En effet, « *l'annulation d'une autorisation administrative de licenciement, qui s'impose au juge judiciaire, emporte pour le salarié concerné droit à réintégration, même si le licenciement autorisé a été notifié à l'issue de la période de protection* ».

intervenu en violation de l'article L.122-12 al. 2 du code du travail. La Cour de cassation ne dit pas non plus que le licenciement prononcé dans le cadre d'un transfert d'entreprise est nul[76]. Sa nullité ou plutôt son « absence d'effet » résulte directement de la violation du principe d'ordre public imposant le transfert des contrats de travail du cédant au cessionnaire.

Pour autant, le salarié dont le contrat est illégalement rompu a le choix entre la poursuite de son contrat de travail auprès du cessionnaire et une compensation indemnitaire par l'auteur du licenciement. La sanction indemnitaire du licenciement illégal n'est pas une sanction par défaut. Elle est offerte d'emblée au salarié. Sa réintégration chez le cessionnaire n'est qu'une alternative laissée à sa libre appréciation. Elle n'est pas la sanction automatique d'un acte nul[77]. Le salarié est libre d'invoquer ou non les conséquences de la nullité du licenciement, à savoir sa réintégration chez le cessionnaire.

**1096.** Il reste que la réintégration de droit des salariés ordinaires dans ce contexte serait vraisemblablement la sanction qui permettrait le mieux de répondre à la lettre de la loi et au principe du maintien du contrat [78], à l'instar de la jurisprudence prise en matière d'annulation de plan de sauvegarde de l'emploi et des licenciements subséquents [79]. Il faudrait alors en déduire, sur le modèle de la jurisprudence qui tire les conséquences de la nullité du

---

[76]. P. BAILLY, « Licenciements et L.122-12 : nullité ou inefficacité ? », *Semaine Sociale Lamy*, 18 avril 2005, n°1211, p. 8 ; P. MORVAN, « Les non-dits de l'article L.122-12 : nullité et fraude » *RJS*, 8-9/06, p. 651.

[77]. En ce sens : P. MORVAN, « Les non-dits de l'article L.122-12 : nullité et fraude » *RJS*, 8-9/06, p. 649, pour qui inefficacité ne signifie pas nullité. Contra : B. GAURIAU, « Le licenciement prononcé en violation de l'article L.122-12 al. 2 du code du travail : nul plutôt qu'inefficace », *Droit Social*, 2005, n°9/10, p. 854, pour qui « *le salarié est donc libre d'invoquer ou pas la nullité de l'acte* ».

[78]. En ce sens, I. VACARIE, *L'employeur*, Bibliothèque de droit du travail et de la sécurité sociale, éd. Sirey, 1979, p. 97, n°131 ; G. COUTURIER, « Annuler les actes illicites, la réintégration obligatoire », *Droit Ouvrier*, février-mars 1988, p. 133-139 ; F. GAUDU et R. VATINET, « Les contrat du travail : contrats individuels, conventions collectives et actes unilatéraux », *Traité des contrats*, sous la direction de Jacques GHESTIN, LGDJ, 2001, n°495, p. 433. Les auteurs considèrent, pour leur part, qu'il n'y a pas lieu de distinguer entre le cas du salarié inclus dans un transfert d'entreprise et celui qui est confronté à un licenciement pour motif économique.

[79]. Cass. soc. 13 février 1997, Sté des Grands Magasins de la Samaritaine c/ Mme Benoist et autre : *Bull. civ.* V, n°64, p. 45 ; *D.*, 1997, p. 171, note A. LYON-CAEN ; *Droit Social*, 1997, n°3, p. 249, concl. de CAIGNY, note G. COUTURIER ; *RJS*, 3/97, n°269, chron. P.-H. ANTONMATTEI, p. 155 ; *JCP*, 1997, G, jurisp. n°22843, note F. GAUDU ; J. PELISSIER, A. LYON-CAEN, A. JEAMMAUD et E. DOCKES, *Les grands arrêts du Droit du travail*, Dalloz, 2004, n°105 ; *Droit Ouvrier*, février 1997, p. 96, note P. MOUSSY, rejetant le pourvoi contre CA Paris, 23 février 1996 : *Droit Ouvrier*, juillet 1996, p. 293, note M.-F. BIED-CHARRETON. Les licenciements étant nuls et de nul effet, les versements effectués au moment du licenciement sont nécessairement remis en cause : Cass. soc. 28 mars 2000, Sté Jeumont Schneider transformateurs c/ Belocouroff et a. (n°98-40.228) et Gauthier et a. (n°99-41.717): *Bull. civ.* V, n°132, p. 99 ; *Droit Social*, 2000, n°6, p. 597, note P.-H. ANTONMATTEI ; *RJS*, 5/00, n°519 ; *Droit Ouvrier*, juin 2000, p. 245 ; *Jurisprudence Sociale Lamy*, 2000, n°57-13. Le salarié dont le licenciement est nul et qui ne demande pas sa réintégration a droit, d'une part, aux indemnités de rupture, d'autre part, à une indemnité réparant intégralement le préjudice résultant du caractère illicite du licenciement, dont le montant est souverainement apprécié par les juges du fond, dès lors qu'il est au moins égal à celui prévu par l'article L.122-14-4 du code du travail : Cass. soc. 10 février 2004 n°339 FS-P, Libert et a. c/ Basset et a.: *RJS*, 4/04, n°399. L'indemnité est au moins égale à 6 mois de salaire, quelle que soit l'ancienneté du salarié : Cass. soc. 2 juin 2004 n°1230 FS-PB, Vincon c/ Sté Transports Vendôme express ; *Bull. civ.* V, n° 153, p. 145 ; *RJS*, 89/04, n°903 (2è espèce) ; *Droit Social*, 2004, n°9/10, p. 909, obs. G. COUTURIER ; *Travail et Protection Sociale*, août-septembre 2004, n°247, p. 16, note P.-Y. VERKINDT, à propos d'un salarié victime d'un accident du travail moins de trois mois après son embauche et qui avait été licencié un mois plus tard sans avoir retravaillé. Lorsque le licenciement est nul, le salarié a également droit à l'indemnité compensatrice de préavis, peu important les motifs de la rupture : Cass. soc. 30 mars 2005 n°785 F-PB, SA Azur Net c/ Dorsemaine : *Bull. civ.* V, n° 112, p. 96 ; *RJS*, 6/05, n°621 ; Cass. soc. 14 décembre 2005 n°2733 F-D, Robin c/ CGEA de Rennes et a. : *RJS*, 2/06, n°193.

licenciement, que le salarié a droit au paiement d'une indemnité égale au montant de la rémunération qu'il aurait du recevoir entre son éviction de l'entreprise et sa réintégration, peu important qu'il ait ou non reçu des salaires ou un revenu de remplacement pendant cette période [80]. Cette sanction pourrait s'avérer éminemment lourde pour le cessionnaire dans le cadre de litiges collectifs l'opposant à d'anciens salariés du cédant illégalement licenciés par lui [81].

**1097.** Une évolution était attendue en ce sens à la suite d'un arrêt de la Cour de cassation, pris dans une espèce où le licenciement concernait une salariée en état de grossesse, énonçant le principe général que « *lorsque le licenciement est nul, le salarié a droit à réintégration dans son emploi, ou, à défaut, dans un emploi équivalent* » [82]. La Cour de cassation a levé toute incertitude début 2006 en confirmant le droit pour le salarié dont le licenciement, prononcé à l'occasion d'une modification dans la situation juridique de l'employeur, est privé d'effet, de choisir de demander la poursuite de son contrat de travail auprès du cessionnaire plutôt que l'indemnisation de la rupture de son contrat de travail intervenue à l'initiative du cédant [83]. Cette décision a été considérée par certains comme « *un pas vers la nullité* » [84].

**1098.** La réintégration de droit des salariés ordinaires ne saurait toutefois être efficace que si elle est suffisamment rapide pour assurer la continuité de leur contrat de travail, telle que voulue par l'article L.122-12 al. 2 du code du travail [85]. Or, en l'absence de texte qui la rende

---

[80]. Cass. soc. 2 février 2006, Colas Ile-de-France Normandie c/ Bitat et a. : *Bull. civ.* V, n°53, p. 47 ; *Droit Ouvrier*, novembre 2006, p. 540, note J.-L. BORIE, à propos de salariés licenciés alors qu'ils avaient exercé leur droit de grève.

[81]. En ce sens, notamment : P. MORVAN, « Les non-dits de l'article L.122-12 : nullité et fraude », *RJS*, 8-9/06, p. 649-650, dans lequel l'auteur plaide pour la reconnaissance de la spécificité des licenciements sans effet. Contra : J. MOULY, « Les licenciements antérieurs au transfert de l'entreprise – pour dissiper quelques malentendus », *Droit Social*, 2007, n°5, p. 545, n°40 et s., pour qui la théorie du « licenciement sans effet » ne serait qu'un « substitut de la technique de la nullité ». Egalement, dans le même sens : B. GAURIAU, « Le licenciement prononcé en violation de l'article L. 122-12 al. 2 du code du travail : nul plutôt qu'inefficace », *Droit Social*, 2005, n°9/10, p. 852-855.

[82]. Cass. soc. 30 avril 2003, n°1381 FP-PBRI, Mme Velmon c/ association Groupe Promotrans : *Bull. civ.* V, n°152, p. 149 ; *D.*, 2004, n°3 p. 178, obs. B. LARDY–PELISSIER ; *RJS*, 7/03, n°869, avis J. DUPLAT, p. 557-560 ; J. PELISSIER, A. LYON-CAEN, A. JEAMMAUD et E. DOCKES, *Les grands arrêts du Droit du travail*, Dalloz, 2004, n°99. De même, pour un salarié licencié pour inaptitude : Cass. soc. 26 mai 2004 n°1138 F-PB, Goldery c/ Sté G et P Dormoy : *Bull. civ.* V, n°139, p. 127 ; *RJS*, 8-9/04, n°903 (1ère espèce).

[83]. Cass. soc. 15 février 2006 n°453 FS-PB, Hattabi c/ Cie générale de sécurité et a.: *Bull. civ.* V, n°67, p. 60 ; *RJS*, 5/06, n°533.

[84]. P. MORVAN, « Les non-dits de l'article L.122-12 : nullité et fraude » *RJS*, 8-9/06, p. 652-655. L'auteur distingue cependant le licenciement prononcé dans le cadre d'un transfert d'entreprise, du licenciement prononcé en fraude au droit des salariés, en cas de fraude de la part du cédant ou de collusion frauduleuse entre les employeurs successifs. Seul le second est frappé de nullité. Pour l'auteur, « *le concept de fraude doit rester la pierre angulaire de toute extension éventuelle de la nullité du licenciement* ».

[85]. G. COUTURIER, « Annuler les actes illicites, la réintégration obligatoire », *Droit Ouvrier*, février-mars 1988, p. 139. L'auteur considère à cet égard qu'il faudrait admettre que le juge des référés puisse prononcer une réintégration conservatoire assurant le maintien du salarié à son poste de travail jusqu'au moment où le litige aurait été tranché au fond.

obligatoire pour les salariés ordinaires [86], le juge des référés a la plus grande peine à l'ordonner, quand bien même les conditions de sa saisine sont remplies [87].

La jurisprudence préfère en effet considérer que le licenciement prononcé par le premier employeur est dépourvu d'effet et que la responsabilité de la réparation du licenciement passe au cessionnaire par l'effet de la loi. La sanction du licenciement irrégulier devient alors optionnellement la réintégration, et plus sûrement indemnitaire. Certains auteurs y voit la « dégénérescence » du licenciement nul en licenciement abusif [88]. Cette jurisprudence devrait néanmoins être assouplie à la suite de l'arrêt de la Cour de cassation précité, qui reconnait de façon expresse le droit pour le salarié licencié de choisir d'être réintégré auprès du cessionnaire [89].

**1099.** Il semble toutefois que dans certains cas de transfert d'entreprise une réintégration de droit se révèlerait compliquée et peu souhaitable. Le salarié ne souhaitera pas forcément intégrer les effectifs d'un autre employeur lorsque l'entité transférée intègre une structure plus large, où il se noiera dans la masse des salariés. Il en sera de même si la nouvelle entreprise adopte un statut collectif moins favorable aux salariés car il risque d'y perdre. En témoigne les contentieux du type de l'arrêt Perrier [90], engagés par les représentants des salariés afin de

---

[86]. Cet argument pourrait se voir opposer le fait que la première réintégration a été décidée alors que le texte ne prévoyait pas la sanction expresse de la nullité du licenciement d'un représentant du personnel prononcé en l'absence d'autorisation préalable de l'inspection du travail : Cass. soc. 14 juin 1972, S.A. Comptoir des Revêtements Revet Sol C.D.R. c/ Dal Poz : *Bull. civ.* V, n°425, p. 388 ; *Droit Social*, 1972, n°9-10, p. 465, note J. SAVATIER ; *JCP*, 1972, II, 17275, obs. G. LYON-CAEN ; *Droit Ouvrier*, 1972, p. 276. Dans cet arrêt, la Cour de cassation a considéré que « *la Cour d'appel a pu estimer sans se contredire qu'il était urgent de faire cesser le trouble imputable à la société qui avait voulu se faire justice à elle-même, et ordonner provisoirement la remise des parties dans leur état antérieur sans examiner le fond du litige, ni préjuger sa solution* ». Dans sa note, G. LYON-CAEN considère que cet arrêt n'est « *qu'une borne qui jalonne le chemin sur lequel la jurisprudence progresse, mais qu'elle n'a pas fini de parcourir* ». Il observe qu'à partir du moment où l'exercice du droit de résiliation unilatérale à l'encontre d'un salarié protégé, pour lequel ce droit a été enlevé à l'employeur, n'est qu'une voie de fait, tous les moyens sont bons pour la faire cesser. L'intervention du juge des référés se justifie étant donné l'urgence et la réintégration dans l'emploi s'impose puisque le contrat de travail n'a jamais pris fin. J. SAVATIER, note au *Droit Social*, 1972, n°9-10, p. 468, considère toutefois que la voie de fait ne pourrait être reconnue en cas de licenciement irrégulier d'un salarié ordinaire ; celle-ci devant être interprétée comme sanctionnant une atteinte à une liberté publique fondamentale (attachée au statut de représentant du personnel) et non simplement destinée à protéger la liberté du travail ou le droit du travail « *qui ne se traduisent pas jusqu'ici par une propriété de l'emploi* ».

[87]. Cass. soc. 14 novembre 1980, 2 arrêts, SEVIP c/ Union départementale des syndicats CFDT et autres (n°79-14.613) et SA Cherbourg Mecagena et autres c/ Brien et autres (n°79-13.372) : *Bull. civ.* V, n°819, p. 605 ; Cass. soc. 6 mai 1982, SARL Relief c/ Mme Hulot et autres : *Bull. civ.* V, n°280, p. 208. En s'opposant à ce que les salarié reprennent leur tâche, le cessionnaire avait rompu leur contrat de travail. Dans ces trois arrêts, la Cour de cassation rappelle que la réintégration des salariés licenciés sans cause réelle et sérieuse n'est possible que si le cessionnaire ne s'y oppose pas.

[88]. B. DESJARDINS, « La réintégration », *Droit Social*, 1992, n°9-10, p. 770, à propos de la sanction du licenciement de la salariée en état de grossesse : réflexion transposable à la sanction du licenciement prononcé en violation de l'article L.122-12 al. 2 du code du travail ; G. COUTURIER, « La réintégration des salariés non spécialement protégés : actualité ou prospective ? », *Droit Social*, 1981, n°3, p. 251, pour qui « *la cause illicite ne doit pas être assimilée - ramenée – à l'absence de cause réelle et sérieuse* ».

[89]. Cass. soc. 15 février 2006 n°453 FS-PB, Hattabi c/ Cie générale de sécurité et a., précité. Egalement : CA Paris (18è ch. D) 28 juin 2005, Nextiraone c/ Achard et a. : *Droit Ouvrier*, janvier 2007, p. 51, note A. de S., où la fraude invoquée portait sur le transfert des contrats de travail (l'article L.122-12 n'était pas applicable en l'espèce) et non sur leur licenciement. La Cour d'appel en a déduit que « *le juge ne peut, en l'absence de disposition le prévoyant et à défaut de violation d'une liberté fondamentale, annuler un licenciement* ». A défaut d'accord du repreneur en l'espèce, la réintégration des salariés ne pouvait donc être ordonnée.

[90]. Cass. soc. 18 juillet 2000, Société Perrier Vittel France c/ Comité d'établissement de la source Perrier de Vergèze et a. ; Cass. soc. 18 juillet 2000, n°3700 FS-D, Sté Perrier Vittel France c/ Comité d'établissement Contrexeville : *Bull civ.* V, n°285, p. 225.

voir reconnaître l'inapplication du principe du transfert et de permettre aux salariés de conserver leur emploi chez leur ancien employeur. De même, aucun cessionnaire ne sera désireux de reprendre les salariés du cédant dont ce dernier s'est séparé, qui plus est si les emplois des salariés en question n'existent pas ou plus chez le cessionnaire, à la date où la réintégration est ordonnée.

Le rétablissement forcé de l'emploi ne peut dès lors, à notre sens, être une réponse généralisable et adaptée en pratique [91]. Même obtenue sur demande du salarié, une réintégration pourrait fort bien se révéler « éphémère ». Le nouvel employeur pourrait en effet opérer les affectations qu'il jugerait utile en recourant, si nécessaire, à une modification du contrat de travail [92]. Elle peut également s'avérer impossible en l'absence d'emploi disponible chez le cessionnaire de nature à permettre la réintégration du salarié [93].

**1100.** En outre, la réintégration chez le cessionnaire a pour l'instant été ordonnée, à la demande du salarié, uniquement dans des cas où le licenciement avait été prononcé par le cédant. La sanction de la violation de l'article L.122-12 al. 2 du Code du travail par le cédant aurait en ce sens un effet comminatoire. Elle contraindrait les parties à procéder au transfert des contrats de travail. Le licenciement prononcé par le cessionnaire n'entraîne pas les mêmes conséquences. Le licenciement qu'il prononce en violation des droits des salariés est abusif, comme tout licenciement privé de cause réelle et sérieuse. Il n'entraîne pas de sanction

---

[91]. En ce sens : P. BAILLY, « Licenciements et L.122-12 : nullité ou inefficacité ? », *Semaine Sociale Lamy*, 18 avril 2005, n°1211, p. 9. Contra : G. COUTURIER, « La réintégration des salariés non spécialement protégés : actualité ou prospective ? », *Droit Social*, 1981, n°3, p. 248 et 249. Pour l'auteur, « *la réintégration forcée pourrait bien être la seule sanction adéquate des règles qui interdisent à l'employeur de licencier dans certains cas et pour certains motifs* ». Dire que la contrainte serait inadmissible « *c'est manifester son attachement à une certaine conception de l'entreprise, de la souveraineté de l'employeur* ».

[92]. J. DEPREZ, *Cessions d'entreprises et situations assimilées : Etude du régime juridique de l'article L.122-12 du code du travail relatif à la modification juridique de l'employeur*, éd. Fr. Lefebvre, 1984, p. 73, n°38 : « *Il a été souligné la vanité d'une réintégration éphémère si elle peut être suivie à bref délai d'un nouveau licenciement, quant à lui parfaitement régulier. Les salariés auront parfois intérêt à ne pas s'acharner à obtenir le maintien symbolique de leur contrat et à prendre acte d'un licenciement immédiat, certes parfois irrégulier, mais en définitive sanctionné à leur avantage* ». Une modification du contrat de travail entreprise le lendemain du transfert peut néanmoins constituer une fraude aux dispositions de l'article L.122.12 al. 2 du code du travail : Cass. soc. 14 janvier 2004 n°104 F-P, Sté Cora c/ Picherit : *Bull. civ.* V, n°9, p. 8 ; *RJS*, 3/04, n°288. En l'espèce, dès le lendemain de la mise en location-gérance du fonds de commerce, le nouvel employeur avait demandé au salarié (directeur de supermarché) de ne plus se présenter à son travail. Il lui avait proposé un poste de directeur stagiaire d'un hypermarché (présenté comme une mutation) pour une durée indéterminée et sans indication sur son affectation à l'issue de son stage, ce que le salarié avait refusé. Le salarié a été licencié pour faute grave (son contrat comportait une clause de mobilité géographique). La Cour d'appel puis la Cour de cassation ont considéré que « *en proposant au salarié une mutation, qui devait s'analyser comme une rétrogradation, l'employeur avait cherché à éluder l'application de l'article L.122-12 al. 2 du code du travail, en modifiant le contrat de travail de l'intéressé et, par voie de conséquence, le refus de celui-ci ne constituait ni une faute grave, ni même une cause réelle et sérieuse de licenciement* ». La Cour de cassation n'a toutefois pas tiré les conséquences, dans cet arrêt, de la nullité du licenciement.

[93]. Sur la problématique de l'impossibilité de réintégrer le salarié, plus particulièrement étudiée dans le contexte des fermetures d'entreprise, notamment : G. COUTURIER, « L'impossibilité de réintégrer », *Droit Social*, 2005, n°4, p. 403-409 ; P. BAILLY, « Quand la réintégration est matériellement impossible », *Semaine Sociale Lamy*, 27 juin 2005, n°1221, p. 5-10 ; G. COUTURIER, « Sur les nullités sanctionnant l'insuffisance du plan de reclassement : dits et non-dits du premier arrêt Wolber », *Droit Social*, 2005, n°9/10 p. 847-851 ; M. GREVY, « La réintégration », *Semaine Sociale Lamy Supplément*, 26 décembre 2005, n°1242, p. 33-36 ; S. BEAL, M.-N. ROUSPIDE « Nullité du plan social et réintégration matériellement impossible » *JCP*, E, n°40, 6 octobre 2005, n°1462.

particulière tenant au contexte dans lequel il intervient [94]. Il est regrettable, du même coup, que la sanction actuellement encourue par le cessionnaire en cas de licenciement prononcé en violation du principe du transfert ne lui fasse préférer se séparer du salarié plutôt que de le conserver à son service. L'article L.122-12 al. 2 du code du travail se heurte jusque dans la sanction de sa violation, au pouvoir de direction de l'employeur. En effet, comme le faisait justement remarquer le Professeur Hélène Sinay, *« l'état de subordination rend infiniment malaisé le recours à la réintégration. Il ne suffit pas au législateur d'interdire un licenciement, de le déclarer nul (...). Les juges, eux, trouveront toujours le même écueil, le pouvoir d'organisation de l'employeur »* [95].

**1101.** Le contrôle des juges sur les effets de la décision de licencier prise en contradiction avec le principe de transfert automatique apparaît, de fait, limité. Sans doute faudrait-il rechercher une sanction plus dissuasive au manquement à l'obligation de maintien d'emploi de l'employeur en tant que tel. Elle pourrait s'ajouter à la sanction de la rupture du contrat de travail en elle-même [96]. Une réparation fondée sur la responsabilité civile de l'employeur, découlant de l'illicéité du licenciement prononcé pourrait être imaginée, la faute de ce dernier résultant du contournement du principe du transfert au préjudice des salariés concernés [97].

La réflexion est en marche. Le droit également. Une indemnisation spécifique a ainsi été admise sur le fondement du manquement de l'employeur à son devoir d'exécuter de bonne foi les contrats de travail, dans une espèce où les salariés avaient, à tort, fait l'objet d'un transfert automatique alors que le transfert ne concernait pas une véritable entité économique autonome. La Cour de cassation a considéré que le cédant avait commis une faute au regard d'une exécution loyale des contrats de travail dont les salariés étaient en droit d'obtenir réparation, plusieurs années après que leur transfert soit intervenu. Elle a ainsi jugé que *« par le transfert litigieux, la société avait éludé les droits et garanties dont les salariés auraient bénéficié en cas de licenciement pour motif économique et ainsi caractérisé la faute commise par elle au regard d'une exécution loyale des contrats de travail dont elle* [la Cour d'appel] *a réparé les conséquences préjudiciables distinctes de celles des ruptures »* [98].

---

[94]. Sur ce point, nous rejoignons P. BAILLY, « Licenciements et L.122-12 : nullité ou inefficacité ? », *Semaine Sociale Lamy*, 18 avril 2005, n°1211, p. 9, lorsqu'il constate « *Et on ne voit pas clairement pourquoi, si la sanction de la nullité était retenue, une distinction devrait être faite selon que le salarié ainsi licencié a quitté l'entreprise ou qu'il est au contraire passé au service du cessionnaire* (...) *Proposer d'établir cette distinction c'est admettre les limites et les inconvénients de la thèse de la nullité* ».

[95]. H. SINAY, « La réintégration dans l'entreprise », *Les transformations du droit du travail*, Etudes offertes à Gérard LYON-CAEN, Dalloz, 1989, p. 430.

[96]. M. HENRY, « La réintégration des salariés non protégés », *Droit Ouvrier*, septembre 1995, p. 381-382. L'auteur considère qu'il y a sans doute une place pour une sanction pécuniaire spécifique des nullités mais « très ténue ». En effet, « *la nullité n'est susceptible de se résoudre de plein droit en dommages et intérêts que si l'octroi d'une indemnité est de nature à constituer la pleine réparation du dommage subi* ».

[97]. G. PIGNARRE, « Licenciements privés d'effet en cas de transfert d'entreprise : la revanche du droit des contrats. Réflexions suscitées par l'arrêt Maldonado », *D.*, 2003, chron, p. 18-20. L'auteur considère que l'arrêt Maldonado donne un « *contenu obligationnel* » à la cession de contrat prévue par l'article L.122-12 al. 2 du code du travail. Elle termine son article en appelant de ses vœux une « *responsabilité du fait du lien d'emploi* », laquelle aurait le mérite de restaurer « *l'ordonnancement d'une texte devenu certes un formidable instrument de gestion des ressources humaines, mais qui, en contrepoint a perdu de vue sa vocation première de pérennisation de l'emploi* ».

[98]. Cass. soc. 21 juin 2006 n°1623 F-PB, Sté EADS Systems and defence electronics c/ Bergero et a. : *Bull. civ.* V, n° 224, p. 214 ; *RJS*, 8-9/06, n°922 ; *Droit Social*, 2006, n°11, p. 1062, obs. A. MAZEAUD ; *JCP*, Sociale, n°37, 12 septembre 2006, n°1696, note P. MORVAN ; *Droit Ouvrier*, janvier 2007, p. 50 (1ère espèce), note A. de S. En l'espèce, 23 salariés (sur les 36 qui avaient été transférés) avaient demandé le paiement de diverses indemnités et de dommages et intérêts pour licenciement sans cause réelle et sérieuse et traitement inégalitaire par rapport aux salariés d'un autre département cédé dans des

**1102.** Il reste enfin à isoler, à notre sens, le cas où les salariés n'ont pas été licenciés et où le cessionnaire s'oppose à leur reprise. Tant qu'il n'y a pas eu licenciement, que la rupture n'est pas formalisée et que le débat n'est pas déplacé sur le terrain de la réparation, il y a toujours lieu au maintien de la relation contractuelle. Les salariés doivent en effet pouvoir obtenir du juge des référés la poursuite de leur contrat de travail auprès du nouvel employeur, lorsque le principe du transfert n'est pas sérieusement contestable [99].

Tel est notamment le cas lorsqu'une convention collective le prévoit [100]. Plus largement, le refus, par le nouvel employeur, de fournir du travail au salarié dont le contrat de travail s'est poursuivi de plein droit par l'effet du transfert, et de lui verser ses salaires, constitue un trouble manifestement illicite qu'il convient de faire cesser [101].

## B. DROIT ANGLAIS : LA RÉINTÉGRATION, RÉPARATION THÉORIQUE DU LICENCIEMENT ABUSIF

**1103.** Le licenciement irrégulier prononcé en violation du principe du transfert des contrats de travail encourt en droit anglais les mêmes sanctions que le licenciement abusif, prononcé pour un motif qui n'a pas été considéré comme raisonnable par les juges. Le licenciement n'est pas nul comme en droit français. La question de la réintégration du salarié se pose donc différemment puisqu'il ne s'agit pas de rétablir le salarié dans ses droits mais de réparer un licenciement qui bien qu'abusif, est effectif.

Lorsque le salarié, dont la plainte est fondée [102], exprime le souhait d'être « réintégré » ou « réengagé », le tribunal peut l'ordonner. A défaut, le tribunal décide de l'octroi de dommages et intérêts au salarié [103]. Le licenciement abusif doit donc être réparé, par ordre de préférence

---

conditions plus favorables pour les salariés. Leur demande a été accueillie favorablement. Egalement : Cass. soc. 14 février 2007 n°292 FD-PB, SA HLM Vaucluse et SA SNI c/ Mme Chabalier et a. : *Bull. civ.* V, n°22, p. 21 ; *Droit Social*, 2007, n°5, p. 552, note A. MAZEAUD ; Rapport P. BAILLY, *ibid.*, p. 549-552. En l'espèce les salariés avaient été licenciés par le cédant après la date de la cession et le cessionnaire avait subordonné la poursuite des contrats de travail à leur modification. La Cour d'appel a pu valablement en déduire que « *l'obligation de ces sociétés de réparer le préjudice ainsi causé aux salariés par leur action commune n'était pas sérieusement contestable et allouer en conséquence des provisions aux salariés* [en l'espèce 20.000 euros chacun, alloués en référé], *à valoir sur l'indemnisation du préjudice subi à ce titre* » ; Cass. soc. 25 avril 2007 n°857 FD, SGPI c/ Abancourt, non publié au Bull. civ. ; *RJS*, 7/07, n°817.

[99]. Par exemple, Cass. soc. 4 juin 1980, S.A. EAV c/ S.A. CGEA et autres : *Bull. civ.* V, n°480, p. 363 ; *Droit Ouvrier*, décembre 1980, p. 453, note G. THOMAS. En l'espèce, le nouveau concessionnaire chargé de l'entretien et du nettoyage des voies de la commune contestait l'application de l'article L.122-12 al. 2 du code du travail et refusait de poursuivre les contrats de travail des salariés du précédent concessionnaire. La continuation des contrats fut ordonnée en référé et confirmée en appel et en cassation en l'absence de contestation sérieuse sur l'application de l'article L.122-12 al. 2 du code du travail, malgré l'avis contraire du nouveau concessionnaire.

[100]. Cass. soc. 17 mars 1998 Société Eurest France c/ Mme Blomme et autres : *Bull. civ.* V, p. 113, n°153 ; *Droit Social*, 1998, n°6, p. 620, note A. MAZEAUD ; *RJS*, 5/98, n°573. En l'espèce, la Cour de cassation a admis la légitimité d'une mesure de « *remise en état des contrats de travail* » et de paiement des salaires à compter de la date du transfert prononcé, en référé, à l'encontre d'un prestataire de services qui se refusait à reprendre les salariés attachés à l'activité, malgré une disposition de la convention collective en ce sens (convention collective du personnel des entreprises de restauration de collectivités).

[101]. Cass. soc. 5 juillet 2006 n°1772 F-D, Sté Guadeloupe santé clinique les eaux claires c/ Janello : *RJS*, 10/06, n°1030. L'astreinte prend effet à la date fixée par le juge, sans pouvoir être antérieure au jour où la décision portant obligation est devenue exécutoire. Pour un exemple de réintégration chez le cédant alors que le cessionnaire refusait de reprendre les salariés et où l'article L.122-12 al. 2 du code du travail a été déclaré inapplicable par les juges du fond et d'appel : CA Paris (18è Ch. D) 26 septembre 2000, La Lyonnaise des Eaux c/ Sté Michel Ruas, Mme Ghiringhelli et a.: *Droit Ouvrier*, décembre 2000, p. 539.

[102]. ERA 1996, s. 112 et 113.

[103]. « *Award of compensation* ».

dans les textes, par la réintégration [104], le réemploi [105] ou le versement de dommages et intérêts au salarié [106].

**1104.** La réintégration doit être distinguée du réemploi en droit anglais. La réintégration requiert en effet que l'employeur « *traite le salarié en tous points comme s'il n'avait pas été licencié* »[107]. Le salarié réintégré retrouve donc, comme en droit français, non seulement son précédent emploi mais également ses termes et conditions d'emploi antérieurs, ancienneté comprise, et ceux auxquels il aurait été raisonnablement en droit de prétendre s'il n'avait pas été licencié, telle qu'une augmentation de salaire, par exemple. Le ré-emploi est une mesure plus flexible pour l'employeur en ce qu'il permet seulement au salarié de retrouver un emploi « *comparable à celui qu'il occupait avant son licenciement ou tout autre emploi approprié* »[108]. En outre, l'emploi en question en cas de réemploi peut être proposé au salarié soit chez l'employeur qui a initié le licenciement, soit chez un autre employeur [109]. Dans les deux cas toutefois, l'ancienneté du salarié est conservée et la période écoulée entre le licenciement et la réintégration ou la réembauche du salarié est comptabilisée comme une période d'emploi effectif.

**1105.** Les ordres de réintégration ou de réemploi émis par les tribunaux sont précis. Outre leur date d'effet, ils indiquent notamment le montant des salaires et avantages dus au salarié pendant la période où il aurait dû conserver son emploi. Sont également mentionnés les droits dans lesquels le salarié doit être restauré, ainsi que l'identité de l'employeur, lorsqu'il s'agit d'un réemploi [110].

Le tribunal doit préalablement expliquer au salarié les modes de réparation dont il peut bénéficier. Il doit également lui permettre de solliciter du tribunal un ordre de réintégration ou de réemploi [111]. Celui-ci ne se fondera toutefois pas uniquement sur le souhait du salarié pour décider de la réparation à lui attribuer. La volonté exprimée du salarié est une condition nécessaire au prononcé d'un ordre de réintégration ou de réemploi. Elle n'est cependant pas suffisante. D'autres éléments doivent également être pris en compte par le tribunal pour fonder sa décision. Le tribunal ne décidera d'une réintégration que si celle-ci est réalisable [112] par l'employeur. En outre, si le tribunal considère que le salarié a une quelconque responsabilité [113] dans le licenciement qui est intervenu à son encontre, pour être ordonnée dans ce cas, la réintégration devra être considérée comme une mesure adéquate [114] par le tribunal [115]. Si ces conditions ne sont pas remplies et que le tribunal décide que la

---

104. « *Reinstatement* ».
105. « *Re-engagement* ».
106. A noter qu'à l'origine, la loi (*Industrial Relations Act* 1971) prévoyait seulement que le juge pouvait émettre une recommandation à l'employeur dans le sens d'une réintégration ou d'un réemploi, dans certaines circonstances. La loi a été modifiée et la priorité est donnée dans les textes à la réintégration depuis 1976 (*Employment Protection Act* 1975).
107. ERA 1996, s. 114 (1) : « *An order for reinstatement is an order that the employer shall treat the complainant in all respects as if he had not been dismissed* ».
108. ERA 1996, s. 115 (1).
109. ERA 1996, s. 115 (1) : « *An order for re-engagement is an order, on such terms as the tribunal may decide, that the complainant be engaged by the employer, or by a successor of the employer or by an associated employer, in employment comparable to that from which he was dismissed or other suitable employment* ».
110. ERA 1996, s. 114 et 115.
111. ERA 1996, s. 112 (2).
112. « *Practicable* ».
113. « *Contributed to* ».
114. « *Just* ».
115. ERA 1996, s. 116 (1).

réintégration n'est pas appropriée dans le cas d'espèce, l'éventualité d'un réemploi sera étudiée, selon les mêmes critères [116].

**1106.** La réintégration et le réemploi sont peu prononcés par les juges du fond, en pratique. Ces derniers restent dans l'ensemble, comme leurs collègues américains, assez rétifs à de telles mesures en dépit de la priorité que la loi a entendu leur donner. Ils concerneraient ainsi en moyenne moins de cinq pour cent des cas où le licenciement est considéré comme abusif par les juges, soit un pour cent des licenciements soumis aux tribunaux [117]. En effet, il existe un facteur psychologique qui conduit le salarié à hésiter à demander sa réintégration lorsqu'il a quitté l'entreprise en plus ou moins bons termes. C'est plus particulièrement le cas dans les entreprises où les salariés sont dépourvus de représentants.

**1107.** Même lorsque le tribunal décide que l'une ou l'autre de ces mesures constitue la réparation adéquate au préjudice subi par le salarié, l'employeur a toujours la possibilité de refuser de mettre en œuvre la mesure décidée par le tribunal. Si l'employeur refuse de réintégrer ou de réembaucher le salarié, celui-ci n'encourt pas de sanction spécifique. Le tribunal ne dispose pas de mesure propre à le contraindre à réintégrer ou à réembaucher le salarié. La seule possibilité pour ce dernier est alors de condamner l'employeur au paiement de dommages et intérêts au salarié [118].

**1108.** Deux situations sont distinguées par la loi dans ce cadre. D'une part, l'employeur peut en effet accepter de réintégrer ou de réembaucher le salarié sans toutefois suivre à la lettre la décision du tribunal quant aux modalités de la réintégration ou du réemploi et donc exécuter partiellement l'ordre du tribunal. D'autre part, il peut ne pas exécuter du tout l'ordre du tribunal en refusant de réintégrer ou de réembaucher le salarié.

Dans le premier cas de figure, le tribunal peut décider d'octroyer des dommages et intérêts au salarié. Il s'agit de compenser la perte que celui-ci subit, que cela soit en termes de rémunération ou d'avantages, par rapport à l'estimation de ses droits qui avait été préalablement faite par le tribunal dans son ordre de réintégration ou de réemploi. Le montant des dommages et intérêts qui peuvent être octroyés au salarié alors n'est pas plafonné.

Dans le deuxième cas de figure, le tribunal octroie au salarié les dommages et intérêts prévus en cas de licenciement abusif. Il s'agit d'une indemnité de base [119] calculée en fonction de l'âge, de l'ancienneté et de la rémunération du salarié [120]. S'y ajoute une indemnité complémentaire [121] dont le montant, non plafonné dans ce cas [122], est librement décidé par les juges en fonction du préjudice subi par le salarié. Enfin, une indemnité additionnelle [123] est destinée à dédommager le salarié du refus de l'employeur de le réintégrer ou de le

---

[116]. ERA 1996, s. 116 (2).

[117]. L. DICKENS, M. JONES, B. WEEKES and M. HART, *Dismissed : a study of unfair dismissal and the industrial tribunal system*, Warwick Studies in Industrial Relations, Blackwell, 1985, p. 158. Chiffres qui ne tiennent toutefois pas compte des cas où, notamment, l'employeur refuse de réintégrer ou de réembaucher le salarié en dépit de l'ordre émis par le tribunal ; S. DEAKIN and G. S. MORRIS, *Labour Law*, Butterworths, 2001, p. 492 ; H. COLLINS, K D EWING & A. McCOLGAN, *Labour Law – Text and Materials*, Hart Publishing, 2001, p. 590 ; A. LECOUTY, *le licenciement en Grande-Bretagne*, thèse, Paris I, 1985, p. 321 et s.

[118]. ERA 1996, s. 117.

[119]. « *Basic award* ».

[120]. Indemnité égale à une semaine de salaire (ou une semaine et demi pour les années au dessus de 41 ans) par année de service dans la limite de vingt ans [ERA 1996, s. 119] sur la base d'une rémunération maximum de 330£ par semaine, pour une indemnité maximum de 9.900 £ (30 semaines) au 1er février 2008.

[121]. « *Compensatory award* ».

[122]. ERA 1996, s. 124 (4). Le montant maximum de l'indemnité complémentaire en cas de licenciement abusif est fixé à 63.000 £ au 1er février 2008.

[123]. « *Additional award* ».

réembaucher. Le montant de cette indemnité additionnelle varie entre vingt six et cinquante deux semaines de salaire [124].

**1109.** Outre, le fait que le montant de cette indemnité est loin d'être dissuasif pour l'employeur, la loi lui permet, ici aussi, d'échapper à la sanction de son refus d'exécuter l'ordre de réintégration et de s'affranchir du paiement de cette indemnité additionnelle s'il apporte la preuve que l'ordre du tribunal n'est pas réalisable [125] dans le cas d'espèce [126].

L'employeur dispose donc, dans tous les cas, de deux possibilités d'échapper à la réintégration du salarié en dépit du souhait exprimé par ce dernier et du caractère abusif du licenciement constaté par les juges. *A priori*, si le tribunal, se plaçant du côté de l'employeur, décide que la réintégration n'est pas réalisable dans le cas d'espèce et prononce une sanction indemnitaire contre l'employeur. *A posteriori*, une fois l'ordre de réintégration émis par le tribunal, si l'employeur apporte la preuve que la réintégration n'est pas réalisable. L'argument selon lequel celui-ci a du remplacer définitivement le salarié ne peut toutefois être invoqué par l'employeur dans ce cadre, à moins qu'il ne démontre qu'il ne pouvait pas faire autrement pour que le travail soit exécuté [127].

Que ce soit *a priori* ou *a posteriori* de la décision du tribunal statuant sur la réintégration, son caractère « réalisable » est strictement entendu et déterminé au cas par cas par les juges du fond. Une réintégration jugée possible devra ainsi être écartée dès lors que, par exemple, il pourrait en résulter un conflit social [128], ou que la relation de travail a été dégradée d'une façon irrémédiable. Tel est le cas, en particulier, dans les entreprises de petite taille [129]. Elle est aussi écartée lorsque l'employeur reste convaincu des fautes du salarié [130] ou encore si l'entreprise a fermé ou si le poste du salarié a été supprimé [131].

**1110.** Dans tous les cas, l'employeur n'a pas à démontrer que la réintégration du salarié ou son réemploi est impossible. Il s'agit plus de déterminer ce qui est réalisable compte tenu des circonstances et de l'activité de l'entreprise à un moment donné. La Court of Appeal a rappelé à ce sujet que les juges du fond ne doivent pas se substituer à l'employeur pour décider des besoins de l'entreprise [132]. Un ordre de réintégration émis par le tribunal ne

---

124. ERA 1996, s. 117 (3)(b). Soit un minimum de 8.580 £ (26 semaines) et un maximum de 17.160 £ (52 semaines), pour une semaine de salaire limitée à 330 £ au 1er février 2008. Ces montants sont réévalués au 1er février chaque année.

125. « *Practicable* ».

126. ERA 1996, s. 117 (4)(a). Pour un exemple où l'employeur n'a pas rapporté la preuve de ce que le réemploi du salarié, à un poste inférieur, n'était pas réalisable : Johnson Matthey plc. v. Watters, EAT, 9 October 2006, 0236-38/06 ; *IDS Employment Law*, Brief 817, November 2006, p. 13-14. En l'espèce, l'employeur se prévalait d'une perte de confiance entre le salarié et ses supérieurs qui rendait impossible son réemploi.

127. ERA 1996, s. 117(7).

128. Bateman v. British Leyland UK Ltd [1974] *ICR* 403, [1974] *IRLR* 101 (NIRC) (NIRC = National Industrial Relations Court, ancêtre de l'EAT avant sa création en 1976) ; Coleman and Stephenson v. Magnet Joinery Ltd [1975] *ICR* 46, [1974] *IRLR* 343 (CA).

129. Ennesy Co SA (t/a Tulchan Estate) v. Minoprio [1978] *IRLR* 489 (EAT).

130. Wood Group Heavy Industrial Turbines Ltd v. Crossan [1998] *IRLR* 680 (EAT). Pour un commentaire de cet arrêt, voir notamment D. LEWIS, « Re-employment as a remedy for unfair dismissal: how can the culture be changed ? »., *Industrial Law Journal*, June 1999, vol. 28, p.183 et s.

131. Le fait que l'employeur ne peut réintégrer le salarié sans devoir se séparer d'un autre salarié peut être un facteur défavorable à la réintégration. Par exemple : Freemans plc v. Flynn [1984] *IRLR* 486 (EAT) ; Cold Drawn Tubes Ltd v. Middleton [1992] *IRLR* 160 (EAT).

132. Port of London Authority v. Payne [1994] *IRLR* 9 (CA): « *The standards must not be set too high. The employer cannot be expected to explore every possible avenue which ingenuity might suggest. The employer does not have to show that reinstatement or re-engagement was impossible. It is a matter of what is practicable in the circumstances of the employer's business at the relevant time* » ; M. BENNETT, « Practicability of reinstatement and re-engagement orders », *Industrial Law Journal*, June 1994, vol. 23, p. 164 et s. L'auteur considère notamment que l'acception limitative de la Cour

résistera donc pas, en dépit de la volonté du salarié, à une forte opposition de l'employeur. Le pouvoir de direction de l'employeur se retrouve ainsi en droit anglais jusque dans la détermination de la réparation d'un licenciement prononcé en violation de la loi [133]. Le cessionnaire qui préfère supporter le coût de la rupture des contrats de travail n'a aucune obligation de reprendre les salariés de son prédécesseur. Le contrôle du juge sur les effets de la règle du transfert automatique est contraint par la décision du cessionnaire.

**1111.** Notons enfin que le recours aux injonctions par les tribunaux pour permettre le maintien du salarié dans son emploi, c'est-à-dire son maintien dans ses droits à rémunération, avantages et ancienneté, est limité en droit anglais. En outre, la réintégration ou le réemploi du salarié, à titre conservatoire [134], en attendant que l'affaire soit jugée sur le fond, suppose que l'employeur ne s'y oppose pas. Elle est en également réservée aux salariés licenciés pour des motifs tenant à leur appartenance ou activité syndicale [135]. Elle n'est donc pas ouverte aux salariés irrégulièrement licenciés dans le contexte d'un transfert d'entreprise [136].

De même, les chances de succès qu'a le salarié d'obtenir la réparation de son préjudice en utilisant la voie extra-contentieuse sont généralement estimées à une sur trois [137]. Même lorsque le salarié obtient gain de cause, il n'est généralement pas réintégré et reçoit une compensation financière faible au regard de son préjudice [138]. Ces statistiques expliqueraient que soixante dix pour cent des salariés accepteraient de transiger avec l'employeur à la première offre de compensation financière de ce dernier, en dépit du fait que le niveau moyen

---

d'appel du caractère réalisable ou non de la réintégration ou du réemploi semble contraire à l'intention du législateur qui était clairement de promouvoir cette forme de réparation.

[133]. L. DICKENS, M. JONES, B. WEEKES, M. HART, *Dismissed : a study of unfair dismissal and the industrial tribunal system*, Warwick Studies in Industrial Relations, Blackwell, 1985, p. 138 : « *The [employment] tribunals pay a lot of attention to the employers' views regarding the acceptability and practicability of re-employment and rarely award the remedy in the face of employer opposition. This is partly because of a view that re-employment which has been imposed will not work* ».

[134]. « *Interim relief* ».

[135]. ERA 1996, s. 128-132.

[136]. Le tribunal de Grande Instance (*High Court*) a ainsi décliné sa compétence et refusé de prononcer une injonction pour prévenir le licenciement de salariés en violation du TUPE au motif que la réparation d'une telle violation se trouvait dans le seul droit du licenciement, lequel était de la compétence des juges spécialisés (ET), *in* Betts v. Brintel Helicopters Ltd and KLM ERA Helicopters (UK) Ltd [1996] *IRLR* 45 (HC) ; *revsd on other grounds* [1997] *IRLR* 361 (CA), *IDS*, Brief 558, February 1996, p. 12.

[137]. Procédure de conciliation devant l'Advisory, Conciliation and Arbitration Service (ACAS). Selon l'ACAS, le recours aux procédures extra contentieuses de conciliation concernait 44% des affaires en 1999-2000 (36% en 2005-2006), dont un tiers concernait des licenciements abusifs. ACAS, *Annual Reports 2000 et 2005-06*. http://www.acas.org.uk Environ huit pour cent des cas de licenciements traités en conciliation donneraient lieu à une réintégration ou à un réemploi, selon l'étude précitée de L. DICKENS et al. menée au début des années 1980. Une étude de la Commission européenne de 1997 confirme que ce type de mesure est ordonné par les tribunaux anglais « dans une minorité de cas ». *Cessation de la relation de travail – Situation juridique dans les Etats membres de l'Union européenne*, Commission Européenne, avril 1997, p. 39. Depuis 2001, il est également possible aux parties dans ce type de contentieux de se mettre d'accord par écrit pour résoudre leur conflit par le biais d'un arbitre désigné par l'ACAS afin de désengorger les tribunaux et de réduire les frais de procédure : TULR(C)A 1992, s. 212A, tel que modifié par the *Employment Rights (Dispute Resolution) Act* (ERDRA) 1998, s. 7.

[138]. Les frais de procédure sont également un élément dissuasif pour les salariés. A noter à ce sujet que la Cour d'appel s'est érigée contre la tendance des juges du fond à faire peser sur les salariés introduisant des actions contre un licenciement abusif, la charge des frais de procédure. Rapporté *in* « Costs warning put « undue pressure » on unfair dismissal claimant », *IRS Employment Law Review*, n°768, 24 January 2003, p. 45.

d'indemnisation obtenue par la voie de la conciliation représenterait moins de la moitié des indemnités attribuées par les tribunaux dans le même cas [139].

**1112.** La réparation du licenciement prononcé en violation du principe du transfert des contrats de travail se résumera, en définitive, en droit anglais, à une sanction indemnitaire contre le cessionnaire, laquelle est généralement d'un montant très inférieur aux plafonds d'indemnité prévus par la loi [140]. Elle n'est donc pas dissuasive pour les employeurs qui procèdent à des licenciements en violation des droits des salariés, même dans le cadre d'un transfert d'entreprise. Ainsi, en dépit de la préférence affirmée de la loi pour la réintégration du salarié en cas de licenciement abusif, celle-ci reste un vœu pieu dans un droit où l'employeur ne peut être contraint de réintégrer ou de réembaucher le salarié contre son gré, que ce soit dans le cadre ou en dehors du cadre d'une opération de réorganisation ou de transfert d'entreprise.

**1113.** Le débat doctrinal porte alors, spécialement en matière de transfert d'entreprise, sur le caractère adéquat de la réparation du licenciement abusif dans ce contexte. En effet, le respect de la directive n'exige t-il pas que la sanction du licenciement intervenu en violation du principe de maintien des droits des salariés qu'elle consacre, soit effectif et pas simplement symbolique ?[141]

---

[139]. L. DICKENS et al., *Dismissed : a study of unfair dismissal and the industrial tribunal system*, Oxford, Blackwell, 1985, p. 175-76 ; N. TREMLETT, N. BANERJI, « The 1992 Survey of Industrial Tribunal Applications », *Employment Gazette*, 1992, vol. 31, p. 38. D'après le rapport annuel de l'Employment Tribunal Service, le montant maximum des indemnités allouées dans un cas de licenciement abusif était de 477.603 £ en 2005/06. *Employment Tribunal Service Annual Report 2005/06*. http://www.employmenttribunals.gov.uk

[140]. Le montant moyen des dommages et intérêts octroyés dans ce cadre était par exemple de £ 2.744 en 2000/01 et représentait environ 12% des actions introduites en contestation de licenciements intervenus dans le cadre de transfert d'entreprise. Chiffres rapportés par le Ministère du Travail dans son document de travail sur la réforme du TUPE : *Transfer of Undertakings (Protection of Employment) Regulations 1981 : Government proposals for reform,* detailed background paper, Employment Relations Directorate Department of Trade and Industry, September 2001, URN01/1158. Le faible montant des dommages et intérêts octroyés s'expliquerait en partie par le faible revenu des salariés obtenant gain de cause en justice mais également par le calcul du montant des indemnités (de base et complémentaires) destinées à réparer le préjudice subi par le salarié du fait de son licenciement. Le préjudice estimé est essentiellement financier et doivent notamment être retranchées de son calcul, les éventuelles indemnités versées au salarié dans le cadre de son départ (indemnité compensatrice de préavis, indemnité de départ ou de licenciement pour motif économique (« *redundancy* »), en particulier). Son montant tiendra également compte de l'éventuelle participation du salarié à son propre préjudice (« *deductions for contributory faults* »), du refus par lui d'une éventuelle proposition de reclassement ou de l'absence d'une recherche active d'emploi de sa part (« *deductions for failure to mitigate* »). Pour des développements sur la détermination du montant des dommages et intérêts par les juges du fond dans ce cadre, voir notamment S. DEAKIN and G. S. MORRIS, *Labour Law*, Butterworths, 2001, p. 493 et s. ; H. COLLINS, K D EWING & A. McCOLGAN, *Labour Law – Text and Materials*, Hart Publishing, 2001, p. 592 et s. ; S. D. ANDERMAN, *The law of unfair dismissal*, Butterworths, 2001, p. 341 et s. ; A. LECOUTY, *Le licenciement en Grande-Bretagne*, Paris I, 1985, p. 332 et s.

[141]. L'argumentaire est généralement illustré par les conclusions de l'avocat général Slynn, CJCE 7 février 1985, aff. 19/83, Knud Wendelboe et autres: *Rec. CJCE* 1985 p. 460-61, selon lequel : « *Il appartient aux Etats membres de régler la question de savoir si la réparation du dommage causé par un licenciement illégal de ce type doit prendre la forme d'une annulation du licenciement par une juridiction ou de l'octroi de dommages-intérêts ou encore d'une mesure de réparation effective quelconque. En tout cas, les Etats membres sont tenus de prévoir des mesures de réparation effectives et non purement symboliques* » ; J. McMULLEN, *Business transfers and employee rights*, Butterworths, 2001, p. 8/37, para. 167.

Certains prônent, pour ce faire, l'extension de la procédure permettant le maintien du salarié dans ses droits à tous les cas de licenciements abusifs [142]. D'autres préconisent, plus sûrement, le relevé du montant des sanctions indemnitaires prononcées contre l'employeur, à défaut de réintégration [143]. Tous s'accordent néanmoins sur le fait que, comme en droit français, la meilleure des réparations serait de rendre la réintégration ou le réemploi du salarié effectif. Cela, en dépit du fait que seulement environ la moitié des salariés réintégrés ou réembauchés après un licenciement resteraient dans l'entreprise six mois ou plus après avoir été réintégrés ou réembauchés [144]. Il s'agirait, par exemple, de présumer du caractère réalisable de la réintégration, à charge pour l'employeur d'apporter la preuve contraire [145].

**1114.** Qu'elle soit de droit, à la demande du salarié, ou accordée lorsque l'employeur ne s'y oppose pas, la réintégration n'est pas destinée à garantir ou à assurer une stabilité ou une conservation de l'emploi au salarié, que ce soit en dehors ou dans le cadre d'un transfert d'entreprise. Bien qu'admettant plus logiquement, mais moins souvent, en pratique, la réintégration du salarié, le droit américain n'échappe pas non plus à ce constat que cette mesure ne saurait s'opposer bien longtemps au pouvoir de direction de l'employeur.

## C. DROIT AMÉRICAIN : LA RÉINTÉGRATION, CONSÉQUENCE DE LA SANCTION DU LICENCIEMENT

**1115.** Nous avons vu que lorsque des licenciements sont prononcés en violation du droit pour les salariés d'être représentés et que la mesure prise par l'employeur, qu'il s'agisse, par exemple, d'une fermeture partielle d'entreprise, d'un transfert partiel ou d'une délocalisation, est motivée par un sentiment anti-syndical avéré, le NLRB, les Cours fédérales et les arbitres n'hésitent pas à prononcer des sanctions très lourdes à l'égard de l'employeur. Il en est de même lorsque ladite mesure intervient en violation d'un accord négocié avec le syndicat. Sont en effet sanctionnés, dans ces cas, non seulement les licenciements mais également et surtout la décision de l'employeur ayant abouti à ces licenciements. Elles le sont par le biais de mesures de remise en état.

A l'exception des cas où le salarié a été licencié pour faute, la Section 10(c) du NLRA permet en effet au NLRB de prononcer la réintégration du salarié dans son emploi, avec paiement d'arriérés de salaire. L'arbitre a également tout pouvoir pour décider de la sanction appropriée aux faits d'espèce et copie généralement les sanctions qu'il prononce sur celles décidées par le NLRB.

**1116.** Lorsque le licenciement est prononcé pour un motif anti-syndical, le NLRB décide ainsi généralement, que l'employeur doit offrir au(x) salarié(s) victime(s) de la mesure de réintégrer leur emploi. Concrètement, il doit leur proposer des postes dans le nouveau site qu'il a ouvert, après fermeture de l'ancien en cas de délocalisation [146], leur rembourser leurs frais de transport et de déménagement et assurer le paiement des arriérés de salaire jusqu'à la date de leur réintégration [147]. Si le site a été fermé partiellement, il doit les réintégrer dans la partie du site qui est restée active. Le NLRB peut également aller jusqu'à décider, s'il n'y

---

[142]. S. DEAKIN and G. S. MORRIS, *Labour Law*, Butterworths, 2001, p. 500-501 ; B. HEPPLE, « A right to work ? », *Comparative labour law and industrial relations in industrialized market economies*, R. Blanpain and C. Engels ed., Kluwer, 1993, p. 78.

[143]. H. COLLINS, K D EWING & A. McCOLGAN, *Labour Law – Text and Materials*, Hart Publishing, 2001, p. 591-592.

[144]. Chiffres rapportés par S. D. ANDERMAN, *Labour Law – Management decisions and workers rights*, Butterworths, 1993, p. 147.

[145]. D. LEWIS, « Re-employment as a remedy for unfair dismissal: how can the culture be changed? », *Industrial Law Journal*, June 1999, vol. 28, p. 185.

[146]. Cas de « *runaway shop* ». Sur cette notion v. 2nd Partie, Titre 1, Chapitre 2, *supra*.

[147]. « *Back pay* ».

a pas d'autre alternative, la réouverture du site et la réintégration des salariés dans leurs emplois. Il en a été décidé ainsi dans un célèbre arrêt Textile Workers v. Darlington Mfg. Co. de 1965 [148]. En l'espèce, le conseil d'administration de la société avait voté la fermeture du site six jours après la proclamation des résultats des élections qui avaient été remportées par le syndicat des ouvriers du Textile. Le NLRB avait ordonné le versement des salaires jusqu'à ce que les salariés obtiennent des emplois équivalents à ceux qu'ils avaient quittés ou soient mis sur des listes d'embauche prioritaire sur un autre site du groupe [149].

Le même type de sanction est applicable dans le cadre d'un transfert d'entreprise dont l'objet est un transfert d'actifs. La Cour Suprême décide en effet que le salarié victime d'un licenciement discriminatoire pour ses appartenances ou opinions syndicales alors qu'il était salarié du cédant, doit être réintégré chez le cessionnaire qui continue l'activité de l'entreprise, dès lors que ce dernier avait connaissance de cette pratique déloyale de travail au moment de la cession [150]. La question de savoir si le salarié faisait partie des effectifs de l'entreprise au moment de la cession importe peu.

**1117.** La réintégration n'est toutefois pas de droit, compte tenu des enjeux en cause et des conséquences d'une telle décision intervenant quelques fois, comme dans l'arrêt Textile Workers précité, des années après que la décision répréhensible ait été prise. Le NLRB préférera généralement sanctionner l'employeur par le paiement de dommages et intérêts pour perte future de revenus [151], plutôt que d'ordonner la réintégration du salarié dans son emploi.

En effet, le prononcé des sanctions du NLRB et leur efficacité se heurtent au sérieux problème des délais dans lesquels ses décisions sont rendues et appliquées. Cela aurait pour conséquence que seuls cinq pour cent des salariés licenciés pour un motif anti-syndical accepteraient leur réintégration lorsque celle-ci leur est offerte plus de six mois après leur licenciement [152]. La majorité de ceux-ci seraient en outre licenciés dans l'année ou l'année suivant leur réintégration [153]. Ces critiques rencontrent un certain écho en droit français et anglais dans les débats entourant la réintégration des salariés licenciés en violation de la règle imposant le transfert des contrats de travail.

**1118.** Le contrôle des effets du transfert est donc limité pour le juge dans les trois systèmes juridiques étudiés puisqu'il ne pourra, en définitive, s'opposer à la volonté du cessionnaire de poursuivre l'activité de son prédécesseur sans les salariés dont il aura décidé de se séparer. Ce constat s'impose t-il également lorsqu'il s'agit de décider de la responsabilité des employeurs successifs au titre de la violation des droits protégés ?

---

[148]. Textile Workers Union v. Darlington Mfg. Co., 380 *U.S.* 263 (1965). Sur cet arrêt, v. également, 2nd Partie, Titre 1, Chapitre 2, *supra*.

[149]. Cette décision a reçu application après revue des faits par le NLRB sur ordre de la Cour Suprême, et validation, bien plus tard, après un second passage devant la Cour d'appel *in* Darlington Mfg. Co. v. NLRB, 397 *F2d* 760 (1968).

[150]. Golden State Bottling Co. v. NLRB, 414 *U.S.* 168 (1973).

[151]. « *Frontpay* ».

[152]. Etude rapportée par P. J. CIHON, J. O. CASTAGNERA, *Employment & Labor law*, Thomson, 2005, p. 469.

[153]. W. McLEOD, « Rekindling labor law successorship in an era of decline », *Hofstra Labor Law Journal*, Spring 1994, vol. 11, p. 297.

# SECTION II
# LA RESPONSABILITÉ DES EMPLOYEURS SUCCESSIFS

**1119.** La directive 2001/23/CE précise que l'opération juridique de transfert a pour objet de transférer au cessionnaire « *les droits et les obligations qui résultent pour le cédant d'un contrat de travail ou d'une relation de travail existant à la date du transfert* » [154]. Elle permet ensuite aux États membres de prévoir que « *le cédant et le cessionnaire sont, après la date du transfert, responsables solidairement des obligations venues à échéance avant la date du transfert à la suite d'un contrat de travail ou d'une relation de travail existant à la date du transfert* »[155].

Le transfert des obligations et des droits entre cédant et cessionnaire s'opère à la date du transfert en droit français et anglais. A défaut de disposition expresse de droit interne prévoyant la responsabilité solidaire du cédant et du cessionnaire après le transfert, celui-ci libère le cédant de ses obligations vis-à-vis des salariés transférés, y compris de celles nées antérieurement à la date du transfert. En effet, « *c'est en premier lieu au cessionnaire qu'incombe la responsabilité de faire face aux charges résultant des droits des travailleurs existant au moment du transfert* » [156].

**1120.** Si ce principe couvre toutes les obligations du cédant nées antérieurement à la date du transfert, la Cour de justice des communautés européennes a précisé que la directive n'oblige toutefois pas à transférer au cessionnaire les obligations nées du droit à des congés payés ou à des indemnités à l'égard de salariés qui n'étaient plus employés de l'entreprise au moment du transfert [157]. Il en est de même des obligations relatives aux salariés non transférés, même s'ils exerçaient certaines activités au profit de la partie transférée [158].

---

[154]. Directive 2001/23/CE, article 3.1, al. 1.

[155]. Directive 2001/23/CE, article 3.1, al. 2. La première rédaction de cet article en 1977 ne faisait pas référence au moment où intervenait l'obligation en cause. Elle ne prévoyait en outre pas expressément la responsabilité solidaire du cédant et du cessionnaire. A noter également que la proposition de directive du conseil 94/C 274/08, présentée par la Commission le 8 septembre 1994 (*J.O.C.E.* du 1.10.94 C 274/10) avait admis une rédaction plus détaillée. Elle prévoyait non seulement la solidarité du cédant avec le cessionnaire après la date du transfert, mais également la responsabilité du cédant « *proportionnellement à la partie de la période qui s'est découlée avant la date du transfert* », pour les obligations dont les effets se réalisaient après la date du transfert. Elle autorisait également les Etats membres à limiter la responsabilité solidaire du cédant dans le temps « *aux obligations dont le fait opérateur est antérieur à la date du transfert et dont les effets se réaliseront dans la première année qui suit cette date* ». Cette proposition n'a pas été suivie. La rédaction actuelle de l'article 3.1, résultant de la directive 98/50/CE du 29 juin 1998 modifiant la directive 77/187/CEE, se borne en effet à préciser la nature de la responsabilité du cédant et du cessionnaire, sans en limiter les effets dans le temps pour le cédant, adoptant ainsi une rédaction plus favorable au cessionnaire.

[156]. CJCE 7 février 1985, aff. 135/83, H.B.M. Abels c/ Direction de la Bedrijfsvereniging voor de Metaalindustrie en de Electrotechnische Industrie : *Rec. CJCE* 1985, p. 469. Point 36.

[157]. CJCE 7 février 1985, aff. 19/83, Knud Wendelboe et autres c/ Masse de faillite L.J. Music ApS : *Rec. CJCE* 1985 p. 457. Point 17. En l'espèce, devant l'imminence d'une faillite, la société L.J. Music APS avait cessé sa production, licencié et mis en disponibilité la plupart de ses salariés. La société APS SPKR qui avait été autorisée à reprendre l'exploitation de l'entreprise avait réembauché les salariés du cédant quelques jours plus tard avec un salaire plus élevé mais sans reprise de leur ancienneté. Les salariés ont intenté une action à l'encontre du cédant en paiement d'indemnités pour licenciement abusif et paiement de droits à congés payés. Cette demande avait été rejetée par les juges nationaux pour ce qui concernait l'indemnité pour licenciement abusif. Le cédant était libéré, après le transfert, de ses obligations à l'égard de ses salariés celles-ci ayant été transférées au cessionnaire. La CJCE s'est bornée, dans cette affaire, à rappeler que « *seuls les droits et obligations qui résultent pour le cédant d'un contrat de travail ou d'une relation de travail existant à la date du transfert sont, du fait de ce transfert, transférés au cessionnaire* ». Elle n'en a pas tiré les conséquences à l'égard des salariés dont le

Les droits et obligations dont il s'agit ici sont uniquement ceux liés aux contrats de travail des salariés transférés. Le cessionnaire ne saurait s'obliger à l'encontre des salariés qu'il n'a pas et ne reprend pas, que leurs droits soient échus ou non échus à la date du transfert. Le principe est inverse en ce qui concerne les salariés transférés en droit français et anglais. Le cessionnaire s'oblige pleinement à leur encontre, quelle que soit la date à laquelle leur créance est née.

**1121.** En droit américain, en l'absence de principe de maintien des droits des salariés après le transfert, la répartition des dettes entre cédant et cessionnaire s'effectue en fonction de la date de reprise des salariés par le cessionnaire, sauf accord contraire des parties à l'acte de cession. La jurisprudence en décide toutefois autrement lorsque le cessionnaire peut être considéré comme le successeur du premier. La détermination du ou des débiteurs des salariés (§1) ne préjuge ainsi pas, dans chacun des trois systèmes juridiques étudiés, des rapports des employeurs successifs entre eux et de leur contribution respective à la dette à l'égard des salariés compris dans une opération de transfert d'entreprise (§2).

## §1. LA DÉTERMINATION DU OU DES DÉBITEURS DES SALARIÉS

**1122.** Chaque système juridique adopte une approche différente lorsqu'il s'agit de déterminer l'identité du débiteur du salarié. Le droit français est le plus protecteur des droits des salariés en ce domaine. Il admet la possibilité d'un recours à l'encontre du cédant ou du cessionnaire, au choix du salarié (A). Le droit anglais adopte une position intermédiaire en organisant une répartition stricte des responsabilités des employeurs successifs en fonction de la date de transfert (B). Chaque employeur de droit américain est par principe responsable vis-à-vis des salariés de ses propres dettes (C).

### A. DROIT FRANÇAIS : LA RÉPARTITION DE LA DETTE ENTRE EMPLOYEURS EST INOPPOSABLE AU SALARIÉ

**1123.** En droit français, la protection du salarié est organisée de façon à ce que le transfert ne puisse pas constituer une barrière juridique infranchissable. L'entité transférée est censée continuer son activité et conserver son identité. Elle la conserve aux yeux des salariés avant et après le transfert en ce qui concerne également les droits et obligations que le cédant avait vis-à-vis d'eux.

Le cessionnaire peut voir sa responsabilité engagée, au même titre que le cédant, pour un licenciement intervenu en violation du principe du maintien des contrats en cas de transfert d'entreprise. Il en est ainsi s'il refuse de reprendre les salariés attachés à l'entité transférée. Il en est de même si le licenciement résulte d'une entente ou d'une collusion frauduleuse entre le cédant et le cessionnaire dans le but d'éluder l'application de l'article L.122-12 al. 2 du code du travail [159].

**1124.** C'est précisément ce mécanisme de recours que la loi du 28 juin 1983 [160] a organisé, au niveau de la répartition des dettes, en instituant l'article L.122-12-1 du code du travail afin de se mettre, à l'époque, en conformité avec les règles communautaires. Si transfert il y a, lequel entraîne transfert des droits et obligations au nouvel employeur à la

---

licenciement est intervenu en violation des prescriptions de la directive (Point 12). Il est vrai toutefois que la CJCE n'était pas interrogée sur ce point, dans cette affaire.

[158]. CJCE 7 février 1985 aff. 186/83, Arie Botzen et autre c/ Rotterdamsche Droogdok Maatschappij BV : *Rec. CJCE* 1985, p. 519.

[159]. A ce sujet, v. 2nd Partie, Titre 1, Chapitre 2, *supra*.

[160]. Loi n°83-528 du 28 juin 1983 (*J.O.* du 29 juin).

date du transfert [161], celui-ci n'exonère pas pour autant l'ancien employeur des obligations qui lui incombaient vis-à-vis des salariés transférés [162].

Avant que la loi du 28 juin 1983 n'organise la responsabilité du cédant et du cessionnaire dans le cadre d'un transfert d'entreprise, le cessionnaire n'était pas lié à l'égard des salariés par les dettes échues avant le transfert, à moins que ne soit démontrée une collusion frauduleuse entre les employeurs successifs. La jurisprudence admettait toutefois la responsabilité du cessionnaire vis-à-vis des salariés pour les dettes nées avant le transfert mais venant à échéance postérieurement au transfert. Des salaires et des primes déjà échus à la date du transfert, mais restés impayés par le cédant, étaient à la charge du cessionnaire, sauf convention contraire des parties. Il en était ainsi, par exemple, des heures supplémentaires, des primes ou encore des commissions [163].

Depuis ladite loi, le cessionnaire est débiteur à l'égard des salariés aussi bien des dettes échues avant la cession et demeurées impayées que des dettes échues après la cession mais ayant pour origine une période de travail antérieure. L'article L.122-12-1 du code du travail a toutefois prévu deux exceptions à ce principe, lorsque le transfert intervient dans le cadre d'une procédure de redressement ou de liquidation judiciaire (les salariés sont alors garantis du paiement d'une partie de leurs créances par l'AGS) ou en cas de substitution d'employeurs intervenue sans qu'il y ait eu de convention entre eux, ce qui est notamment le cas des transferts d'entreprises intervenant entre prestataires de services se succédant sur un même marché. Une mise en conformité du droit français avec le droit communautaire serait nécessaire aujourd'hui sur ce point [164].

**1125.** Cette protection ne vise bien évidemment que les dettes nées avant le transfert vis-à-vis des salariés transférés et les contrats de travail existants à la date du transfert [165]. Elle ne couvre pas, par exemple, des rappels de salaires ou l'indemnité de licenciement d'un salarié valablement licencié par le premier employeur, même s'il doit effectuer son préavis chez le second [166]. Il en est de même d'une indemnité de requalification d'un contrat de travail à durée déterminée, laquelle naît dès la conclusion de ce contrat en méconnaissance des exigences légales et pèse ainsi sur l'employeur l'ayant conclu [167]. Le second employeur ne pourra voir sa responsabilité engagée, par condamnation solidaire, dans ces cas, que dans l'hypothèse d'une collusion frauduleuse avec le premier [168].

---

[161]. Article L.122-12-1 al. 1 du code du travail.

[162]. Article L.122-12-1 al. 2 du code du travail.

[163]. Le nouvel employeur ne pouvait pas, en revanche, exercer d'action contre l'ancien employeur sur la base de l'enrichissement sans cause. Cass. soc. 27 janvier 1983 (deux arrêts) : *Bull. civ*. V, n°39 et 40, p. 26-27 ; *JCP*, G, 1983, IV, p. 109 ; *JCP*, E, 1983, I, 11497.

[164]. Cette exclusion ne fait en effet pas exactement coïncider le champ d'application de l'article L.122-12-1 du code du travail avec celui de l'article L.122-12 al. 2 du code du travail. Elle n'est pas non plus retenue par la jurisprudence communautaire aujourd'hui. Elle avait pourtant été introduite afin de répondre strictement à la lettre de la directive 77/187/CEE. Celle-ci ne concernait en effet, initialement, que les transferts d'entreprises résultant d'une cession conventionnelle ou d'une fusion. Elle avait donc un champ d'application moins large que l'article L.122-12 al. 2 du code du travail à l'époque où la loi de 1983 a été introduite, ce qui n'est plus le cas aujourd'hui.

[165]. Directive 2001/23/CE, article 3.1, al. 2.

[166]. Cass. soc. 23 janvier 1985, M. Falempe c/ Sté Etablissement Agricole de la Vallée de la Serre (EAVS): *Bull. civ*. V, n°48, p. 34.

[167]. Cass. soc. 7 novembre 2006 n°2519 FS-PB, Sté Speed Diffusion c/ Mme Seghir et a.: *Bull. civ*. V, n° 324, p. 314 ; *Droit Social*, 2007, n°2, p. 246, obs. A. MAZEAUD.

[168]. Par exemple : Cass. soc. 8 décembre 1955, Société Conserveries Richard c/ Delafond et autre : *Bull. civ*. IV, n°880, p. 662. En l'espèce les deux employeurs successifs ont été condamnés solidairement à verser des dommages et intérêts à un salarié employé en contrat à durée déterminée par le premier employeur, lequel avait mis brusquement fin à son contrat, après accord du deuxième ; Cass. soc. 7 mars 2001 n°894 F-D, SA Galien c/ Donineaux, non publié au Bull. civ.; *RJS*, 5/01, n°570. Dans cette espèce, la Cour de cassation a admis la collusion frauduleuse des deux employeurs en vue de faire échec

De même, la protection réservée aux salariés n'existe pas à l'égard des tiers tels que les organismes collecteurs de cotisations. La Cour de cassation a ainsi eu l'occasion de juger que ce principe de responsabilité solidaire entre le cédant et le cessionnaire n'a d'effet que dans les rapports entre les employeurs successifs et les salariés et non à l'égard des tiers. En l'espèce, un cédant n'avait pas réglé les cotisations dont il était redevable auprès de l'URSSAF et arguait, à tort, que ces cotisations devaient être payées par le cessionnaire [169].

**1126.** La loi de 1983 permet donc une protection renforcée du salarié compris dans une opération de transfert d'entreprise en ce qui concerne les recours qui lui sont ouverts tant contre son nouvel employeur que contre son ancien employeur. Elle lui assure une véritable garantie de solvabilité [170].

La même solution a été adoptée par la Cour de cassation en matière de sanction du licenciement antérieur au transfert. Dans les deux cas en effet, le salarié dispose du choix de son interlocuteur en ce qui concerne les droits nés de son contrat de travail, indépendamment de la date à laquelle sont nés ces droits par rapport au transfert d'entreprise. Le salarié peut agir contre le cessionnaire [171] et/ou contre le cédant [172], qu'il s'agisse d'une créance financière ou pour obtenir la réparation d'un licenciement prononcé en violation de ses droits, et cela même si la dette est née avant le transfert d'entreprise.

La jurisprudence admet également que la condamnation du cessionnaire à payer les sommes dues par le cédant puisse être assortie d'une mise en garantie de ce dernier à concurrence des retenues opérées sur les salaires pendant le temps où le salarié a été à son service [173].

## B. DROIT ANGLAIS : LE TRANSFERT DES OBLIGATIONS ENTRAÎNE LE TRANSFERT DE RESPONSABILITÉ

**1127.** Le TUPE reproduit les dispositions de la directive en prévoyant que tous les « *droits, pouvoirs, devoirs et responsabilités* » du cédant attachés ou relatifs aux contrats de travail des salariés concernés sont transférés au cessionnaire [174]. Tout acte accompli avant la

---

au transfert d'un contrat d'apprentissage. Ils ont été condamnés solidairement à réparer les conséquences dommageables de la rupture abusive du contrat.

169. Cass. soc. 9 novembre 1995, URSSAF de la Moselle c/ J.M. Corbeil : *Bull. civ.* V, n°295, p. 212; *Droit Social*, 1996, n°1, p. 105, obs. A. MAZEAUD ; *RJS*, 1/96, n°66.

170. L'exposé des motifs de la loi (Doc. Ass. nat., n°1373) indique que le but recherché était « *d'éviter aux salariés de rencontrer des difficultés dans le paiement des sommes qui leur sont dues par leur ancien employeur* » et apporter « *une garantie aux salariés qui auront nécessairement un interlocuteur auprès duquel faire valoir toutes leurs créances salariales* » (Moulinet, *J.O.* déb. Ass. nat. p. 400).

171. Par exemple: Cass. soc. 24 septembre 2002, Société Covi c/ M. Libert : *Bull. civ.* V, n°274, p. 264.

172. Cass. soc. 3 avril 1991 n°1474 P, Sté Réseau Elzéard Immobilier c/ M. Griva et autres : *Bull. civ.* V, n°164, p. 103 ; *D.*, 1991, IR, p. 125 ; *RJS*, 5/91, n°561 ; Cass. soc. 12 février 1992 n°768 D, Sté CCID c/ Sabourin et autres, non publié au Bull. civ.; *RJS*, 3/92, n°254 ; Cass. soc. 28 janvier 2004 n°234 F-PB, AGS c/ Durando : *Bull. civ.* V, n°28, p. 27 ; *RJS*, 4/04, n°383 ; *Travail et Protection Sociale,* mars 2004, n°81, p. 16. Dès lors, la convention par laquelle les deux employeurs s'accordent pour faire rétroagir les conséquences de la cession à une date antérieure à celle-ci ne peut avoir pour effet de décharger le cédant du paiement des sommes dues au salarié transféré en raison du travail effectué avant la cession : Cass. soc. 13 octobre 1988 n°3285 P, M. Myr c/ SA Viniprix : *Bull. civ.* V, n°492, p. 319.

173. Cass. soc. 4 avril 1990, n°1487 D, Rageot c/ Raga et autres, non publié au Bull. civ. ; *RJS*, 6/90, n°460 (2è espèce). Dans cette affaire, les deux employeurs successifs avaient retenu, sur la rémunération du salarié, une participation à un contrat d'assurance groupe qui n'avait jamais été signé.

174. TUPE 1981, reg. 5(2)(a) : « *all the transferor's rights, powers, duties and liabilities under or in connection with any such contract, shall be transferred by virtue of this regulation to the transferee* ». Rédaction inchangée dans le TUPE 2006, reg. 4(2)(a).

réalisation du transfert par ou pour le cédant en ce qui concerne ces contrats ou ces salariés est réputé avoir été fait par le cessionnaire [175].

La Chambre des Lords a ainsi pu décider sur ce fondement que la responsabilité de la réparation due aux salariés licenciés par le cédant en violation du principe du transfert des contrats de travail passe au cessionnaire [176]. Depuis 1989, les salariés peuvent donc se retourner contre le cessionnaire pour obtenir la réparation de leur préjudice.

**1128.** Avant la prise de position de la Chambre des Lords à ce sujet, la Court of Appeal avait indirectement validé les licenciements antérieurs au transfert. Cela revenait à priver de tout recours les salariés irrégulièrement licenciés lorsque le cédant était insolvable et se révélait incapable de les indemniser [177]. Il n'y a désormais plus d'intérêt pour le cessionnaire de droit anglais à s'entendre avec le cédant, préalablement au transfert, sur le licenciement des salariés qu'il ne souhaiterait pas reprendre. Le cessionnaire assumera, en effet, l'entière responsabilité financière et les conséquences en termes de réparation des licenciements prononcés dans ce cadre qui seront automatiquement considérés comme abusifs. La situation est inverse si les licenciements antérieurs au transfert sont justifiés par un motif économique, technique ou d'organisation impliquant des changements sur le plan de l'emploi [178]. La charge financière de ces licenciements ainsi que les conséquences éventuelles en termes de réparation resteront la seule responsabilité du cédant si ceux-ci devaient finalement être considérés comme abusifs par les juges.

**1129.** La répartition des responsabilités est donc clairement définie. Le cédant est responsable des droits et obligations des salariés qui ne sont pas transférés, qu'ils ne soient pas rattachés à l'activité transférée ou qu'ils aient été licenciés avant le transfert, pour un motif indépendant de celui-ci. Le cessionnaire est responsable des droits et obligations de ses salariés, des salariés qui lui sont transférés et de la réparation due aux salariés qui n'ont pas été transférés en violation du principe du maintien des contrats de travail [179]. Le droit anglais ne semble pas permettre comme le droit français que les salariés transférés puissent également se tourner vers le cédant pour obtenir la réparation de leur préjudice ou le respect par l'employeur de ses obligations. Le seul interlocuteur pour les salariés transférés est le cessionnaire.

Utilisant ainsi la faculté laissée aux États membres par la directive [180] de prévoir ou non la responsabilité solidaire du cédant pour les obligations venues à échéance avant la date du transfert, le droit anglais prévoit que le transfert libère le cédant de ses obligations vis-à-vis des salariés transférés, y compris celles nées antérieurement au transfert. Les juges anglais ont rappelé à ce sujet qu'une disposition légale expresse serait nécessaire pour que la responsabilité du cédant soit maintenue après le transfert [181]. En toute hypothèse, la responsabilité du cessionnaire ne saurait être engagée pour des droits ou obligations nées ou

---

[175]. TUPE 1981, reg. 5(2)(b) ; TUPE 2006, reg. 4(2)(b) (rédaction légèrement modifiée, sans en changer le sens).

[176]. Litster v. Forth Dry Dock and Engineering Co Ltd [1989] *IRLR* 161, [1989] *ICR* 341 (HL). Sur cet arrêt, voir également 2nd Partie, Titre 1, Chapitre 2, *supra*.

[177]. Secretary of State for Employment v. Spence [1986] *IRLR* 248, [1986] *ICR* 651 (CA). Sur cet arrêt, voir également, 1ère Partie, Titre 1, Chapitre 1 et 2nd Partie, Titre 1, Chapitre 2, *supra*.

[178]. Licenciement ETOR.

[179]. Le salarié qui aurait été licencié par le cédant, avant le transfert, et, qui, après avoir fait appel de la décision de son employeur, par la voie de la procédure interne à l'entreprise qui lui était offerte, obtient sa réintégration dans son emploi, peut également opposer cette décision au cessionnaire. G4S Justice Services (UK) Ltd v. Anstey & others [2006] *IRLR* 588 (EAT) ; *IDS Employment Law*, Brief 806, June 2006, p. 5-6. En l'espèce, le salarié avait été licencié pour faute et ne faisait plus partie des effectifs, à la date du transfert.

[180]. Directive 2001/23/CE, article 3.1.

[181]. Stirling District Council v. Allan [1995] *IRLR* 301 (Ct of Sess.) ; Thompson v. Walon Car Delivery and BRS Automotive Ltd [1997] *IRLR* 343 (EAT).

échues avant le transfert que vis-à-vis des salariés transférés. Elle ne peut l'être à l'égard de tiers, telle que, par exemple, l'administration fiscale [182] pour ce qui concerne les cotisations dues sur les salaires.

**1130.** Comme l'y autorise la directive communautaire depuis 1998 [183], et ainsi que cela avait été annoncé dans les différents documents de travail qui ont précédé la réforme du TUPE [184], le nouveau texte a consacré une obligation pour le cédant de notifier, par écrit ou par toute autre forme accessible au cessionnaire [185], les droits et obligations [186] qui lui sont transférés[187]. Ceux-ci concernent les salariés qui lui sont transférés ainsi que toute personne qui aurait été employée par le cédant immédiatement avant le transfert si elle n'avait pas été licenciée pour un motif prohibé par le TUPE [188].

Dans le cas où les informations transmises viendraient à être modifiées entre le moment de leur notification et la réalisation du transfert, le cédant aura également l'obligation d'en informer le cessionnaire par écrit [189]. La notification devra être faite au cessionnaire quatorze jours au moins avant la réalisation du transfert [190], sauf à ce que des circonstances spéciales ne rendent pas « *raisonnablement réalisable* » une telle notification, par exemple, si le cédant a connaissance de l'identité du cessionnaire tardivement [191]. Dans un tel cas, la notification doit se faire au plus tôt [192]. Elle peut se faire en une ou plusieurs fois, directement ou indirectement, par l'intermédiaire d'un tiers [193], notamment dans les cas de succession de prestataires de services sur un même contrat.

---

[182]. « *Inland Revenue* ».

[183]. Directive 98/50/CE, article 3.2 ; Directive 2001/23/CE, article 3.2.

[184]. Notamment le document de travail de 2001 sur la réforme du TUPE : *Transfer of Undertakings (Protection of Employment) Regulations 1981, Government proposals for reform,* detailed background paper, Employment Relations Directorate, Department of Trade and Industry, September 2001, URN 01/1158, part D, n°62-73.

[185]. Le gouvernement envisageait également la transmission de ces mêmes informations aux représentants des salariés du cédant (*ibid.*, part. I, n°111). Cette proposition n'a finalement pas été retenue. *TUPE : Draft revised regulations – Government response to the public consultation*, Department of Trade and Industry, February 2006, p. 26, para. 6.5.

[186]. A savoir, pour chacun des salariés concernés [Reg. 11(2)] : (a) son identité et son âge, (b) ses termes et conditions d'emploi, (c) une information sur les procédures disciplinaires éventuelles menées à son encontre ainsi que les procédures internes (« *grievances* ») ouvertes à son initiative, dans les deux ans précédant le transfert, (d) une information sur les procédures contentieuses nées à l'encontre du cédant, dans les deux ans précédant le transfert, ou celles, relatives à l'emploi du salarié par le cédant, au sujet desquelles ce dernier a des motifs raisonnables de croire qu'elles puissent être introduites à l'encontre du cessionnaire, et (e) une information sur tout accord collectif qui continuera à s'appliquer après le transfert.

[187]. TUPE 2006, reg. 11 (« notification of employee liability information ») et 12 (« remedy for failure to notify employee liability information »).

[188]. TUPE 2006, reg. 11(4).

[189]. TUPE 2006, reg. 11(5).

[190]. TUPE 2006, reg. 11(6), et non plus, « en temps utile » (« *in good time* »), comme cela avait été annoncé initialement, ceci afin de clarifier le délai dans lequel l'information doit être communiquée au cessionnaire et éviter tout contentieux sur ce point. *TUPE : Draft revised regulations – Government response to the public consultation*, Department of Trade and Industry, February 2006, p. 28, para. 6.10. Pour certains, ce délai de communication interviendrait trop tardivement pour être efficace, à une époque où l'acte de cession a toutes les chances d'avoir déjà été signé. Notamment : E. WILLIAMS, « TUPE 2006 – Mission accomplished or mission impossible ? », *Business Law Review*, July 2006, p. 181.

[191]. *Employment rights on the transfer of an undertaking*, a guide to the 2006 TUPE Regulations for employees, employers and representatives, DTI, 30 January 2006, p. 24 ; Proposition réitérée dans la version 2007 du guide, DTI, URN 07/758, March 2007, p. 24.

[192]. « *As soon as reasonably practicable thereafter* » .

[193]. TUPE 2006, reg. 11(7).

**1131.** La sanction attachée au non-respect par le cédant de cette obligation est la possibilité pour le cessionnaire d'agir en justice contre lui afin d'obtenir des dommages et intérêts [194]. Le montant de l'indemnité est déterminé par les juges du fond, en fonction de ce qu'ils considèrent comme juste et équitable [195] au regard des faits qui leur sont soumis. Pour ce faire, les juges tiennent plus particulièrement compte du préjudice subi par le cessionnaire ainsi que des termes de l'accord au titre duquel cédant et cessionnaire sont convenus du principe et des termes et conditions du transfert, si un tel accord existe [196]. Le recours s'inscrit dans un délai très court. Il doit être introduit par le cessionnaire dans les trois mois du transfert, sauf à ce que le tribunal considère qu'il ne pouvait pas raisonnablement être introduit avant la fin de ce délai [197].

**1132.** La sanction du non-respect par le cédant de son obligation n'était pas clairement déterminée par le document de travail préalable à la réforme du TUPE. En effet, l'action en réparation du cessionnaire à l'encontre du cédant n'emportait pas la pleine adhésion du gouvernement anglais. La raison en était principalement que puisque l'absence de notification n'empêchait pas le transfert de responsabilité du cédant au cessionnaire, le préjudice financier subi par le cessionnaire du fait de l'absence de notification ou de la notification incomplète du cédant était difficilement quantifiable aux yeux du gouvernement.

Celui-ci avait en conséquence envisagé une alternative à l'action en réparation du cessionnaire à l'encontre du cédant [198]. Elle prévoyait que toute action introduite par un salarié contre le cessionnaire, portant sur un droit ou une obligation qui n'aurait pas fait l'objet d'une notification préalable du cédant, permettait au cessionnaire d'appeler le cédant à la cause. Elle autorisait les juges à décider de la responsabilité de chacun d'eux, exclusive, partielle ou éventuellement solidaire, en fonction du préjudice subi par le salarié et de ce qu'ils considéraient relever de leurs responsabilités respectives. Le cédant pouvait toutefois démontrer, dans cette hypothèse, que les droits et obligations en question n'étaient pas connus de lui ou n'auraient pas pu être connus de lui au moment du transfert, pour se décharger de sa responsabilité.

Cette solution avait l'inconvénient de ne pouvoir jouer que dans le cas de contentieux initiés par les salariés. Elle ne permettait pas au cessionnaire d'obtenir la réparation de son préjudice dans des hypothèses où, par exemple, les droits des salariés transférés se révélaient, en définitive, supérieurs à ceux que le cédant avait notifiés au cessionnaire. Elle n'a donc pas été retenue dans le texte définitif.

Avant d'en décider ainsi, le gouvernement anglais avait appelé publiquement à des suggestions en ce domaine [199]. Il avait rappelé, dans ce contexte, que l'introduction de ces nouvelles dispositions permettrait au cessionnaire d'être pleinement informé des droits, obligations et responsabilités qui lui seraient transférés. Celles-ci avaient vocation notamment d'empêcher les modifications de contrats ou les changements intempestifs d'affectation immédiatement antérieurs ou postérieurs au transfert. Or, cet objectif ne pouvait être rempli si le droit du cessionnaire d'agir contre le cédant devait être lié aux actions en réparation des salariés dirigées contre lui. Seule la solution permettant au cessionnaire d'obtenir réparation de son préjudice par le cédant, indépendamment de l'action des salariés, a donc été retenue.

---

194. TUPE 2006, reg. 12.

195. Soit au moins 500 £ par salarié concerné, à moins que le tribunal ne décide qu'il est juste et équitable de condamner le cédant à verser un montant inférieur au cessionnaire. TUPE 2006, reg. 12(5).

196. TUPE 2006, reg. 12(4).

197. TUPE 2006, reg. 12(2).

198. *Transfer of Undertakings (Protection of Employment) Regulations 1981, Government proposals for reform*, detailed background paper, Employment Relations Directorate, DTI, September 2001, URN 01/1158, part D, para. 62-73.

199. *Transfer of Undertakings (Protection of Employment) Regulations 1981, Government proposals for reform*, detailed background paper, Employment Relations Directorate, DTI, September 2001, URN 01/1158, part D, para. 68.

**1133.** Contrairement au droit français, le droit anglais a choisi de ne pas permettre pour l'instant la mise en cause de la responsabilité solidaire du cédant et du cessionnaire et prévoit une stricte répartition des responsabilités entre eux [200]. Il prévoit un strict partage de responsabilité du cédant et du cessionnaire à l'encontre des salariés qui sont compris dans un transfert d'entreprise. Il admet néanmoins plus largement que le droit français les possibilités de mise en cause de la responsabilité du cessionnaire. Il ne borne en effet pas le transfert de responsabilité aux seuls cas de cession conventionnelle ou de fusion, comme le fait le droit français, en l'état des textes. Il l'admet dans tous les cas d'application de la directive 2001/23/CE, sans exclusion.

A défaut de prévoir le transfert des contrats de travail et le transfert de responsabilité entre cédant et cessionnaire dans le cadre d'opérations de transfert d'entreprise, le droit américain contient tout de même quelques dispositions spécifiques en cas de licenciements collectifs ou de mesures de mise au chômage technique intervenant dans ce contexte, qu'il importe de rapporter.

## C. DROIT AMÉRICAIN : L'ABSENCE DE TRANSFERT DES OBLIGATIONS RÉPOND À L'ABSENCE DE MAINTIEN AUTOMATIQUE DES DROITS DES SALARIÉS REPRIS

**1134.** Dans le contexte d'un transfert d'entreprise, le NLRA prévoit simplement des règles permettant au syndicat d'obtenir du cédant, dans la mesure du possible, qu'il respecte les engagements qu'il a pris de verser des indemnités de départ aux salariés [201]. Alternativement, il peut obtenir du cessionnaire qu'il s'engage à reprendre à son compte les termes de la convention collective. Il n'y a pas de principe de transfert des obligations liées aux contrats de travail repris par le cessionnaire. De son côté, le WARN Act organise un transfert de responsabilité limité en cas de licenciements collectifs intervenant dans le contexte d'une cession.

### *1. L'absence de transfert automatique des obligations du cédant*

**1135.** La règle du transfert au cessionnaire des dettes du cédant à l'égard des salariés ne s'impose pas *a priori* en droit américain [202]. Quelle que soit l'opération juridique envisagée, le droit fédéral n'organise pas le transfert des droits des salariés du cédant au cessionnaire, que les salariés soient représentés par un syndicat ou non. Les contrats de travail sont généralement rompus ou suspendus par le cédant jusqu'à ce que le cessionnaire se décide à reprendre les salariés à son service, avec généralement de nouveaux termes et conditions d'emploi.

**1136.** Il n'existe donc pas, à proprement parler, de règles concernant la répartition des dettes sociales entre cédant et cessionnaire comparables à celles posées par les droits français

---

[200]. La seule exception consacrée par le TUPE 2006 concerne la possibilité d'une responsabilité conjointe et solidaire du cessionnaire pour le paiement des dommages et intérêts auxquels le cédant serait condamné à verser aux salariés, au titre de son manquement à son obligation de concertation. Sur ce point v. 2nd Partie, Titre II, Chapitre I, *supra*.

[201]. Bien que la majorité des employeurs refuse de payer des indemnités de rupture aux salariés repris par le cessionnaire, au motif qu'ils ne perdent pas leur emploi. Cet argument est d'ailleurs généralement accueilli favorablement par les juges. Pour des développements sur cette question : H. H. NORTHRUP, Ph. A. MISCIMARRA, *Government protection of employees involved in mergers and acquisitions*, The Wharton School Industrial Research Unit, University of Pennsylvania, 1989, p. 465 et s.

[202]. Cette règle connaît une exception lorsque l'employeur reste le même, c'est-à-dire en cas de changement d'actionnaires (« *purchase of stocks* ») ou encore lorsque l'entreprise reste substantiellement la même (« *alter ego employer* »), et que l'opération se borne, par exemple, à un changement de siège social ou de forme juridique de la société. Sur cette notion, v. 1ère Partie, Titre I, chapitre I, *supra*.

et anglais en application de la directive communautaire. Le droit des contrats [203] et des sociétés prévalent en la matière [204]. Ainsi, même en matière de pension de retraite où le droit américain possède une législation propre au niveau fédéral, le cessionnaire n'a pas d'obligation véritable de continuer le plan de retraite et de couverture santé contracté par son prédécesseur [205].

Les droits en cours des salariés repris par le cessionnaire sont généralement soldés au moment de la cession. Les dettes du cédant sont identifiées lors des négociations entourant la transaction et sont prises en compte dans la détermination du prix d'acquisition. Il n'y a pas d'obligation pour le cessionnaire en dehors de celles qu'il accepte d'assumer.

### *2. Un transfert de responsabilité limité dans le cadre du WARN Act*

**1137.** Des dispositions spécifiques existent néanmoins en matière de licenciements collectifs prononcés du fait d'une fermeture de site ou lorsque des mesures collectives de mise au chômage technique interviennent dans le contexte d'une cession impliquant au moins cent salariés.

Dans une courte disposition, le WARN Act prévoit en effet la situation des salariés du cédant dont la rupture du contrat pourrait intervenir dans ce contexte et les responsabilités respectives du cédant et du cessionnaire en ce qui concerne la notification du préavis de rupture à ces salariés. Le cédant sera responsable de la notification d'un préavis de soixante

---

[203]. « *Common law* ».

[204]. Le droit des fusions - acquisitions américain est régi par le droit des Etats. Il ne prévoit pas, en règle générale, de transfert du cédant au cessionnaire des obligations et responsabilités (à l'égard des créanciers et des tiers) existants avant le transfert, quelle que soit la forme juridique de la transaction, par application stricte du principe d'autonomie juridique des sociétés. Des exceptions à ce principe sont prévues dans les cinq situations suivantes :

- Lorsque le repreneur accepte expressément d'assumer les dettes et responsabilités du cédant (tout ce qui n'est pas visé à l'accord reste néanmoins de la seule responsabilité du cédant, par application stricte du droit des contrats),
- Lorsque l'opération est réalisée par voie de fusion, de fusion par création d'une nouvelle société (« *consolidation* ») ou lorsque l'opération correspond à une fusion de fait (« *de facto merger* »). Dans ce cas, l'entreprise restante (ou la nouvelle société, en cas de fusion par création d'une nouvelle société) reprend automatiquement l'actif et le passif (« *assets and liabilities* ») des entreprises fusionnées. Une règle similaire existe en cas de rachat de tous les titres ou actions d'une entreprise (« *purchase of stocks* »),
- En cas de fraude aux droits des créanciers et des tiers,
- Lorsque le cessionnaire peut être considéré comme une simple « continuation » ou « réincarnation » du cédant (sensiblement même actionnaires et même direction), ou
- que les actifs ont été transférés sans contrepartie adéquate.

Pour un exposé synthétique du régime des fusions acquisitions en droit américain, D. A. OESTERLE, *Mergers and acquisitions in a nutshell*, West Group, 2001, 285 p. ; R. W. HAMILTON, *The law of corporations in a nutshell*, West Group, 2000, 673 p.

[205]. *The Employee Retirement Security Act* 1974 (« ERISA »), 29 *U.S.C* §§1001 et s. L'ERISA organise cependant un système permettant aux salariés d'être indemnisés en cas de perte ou de diminution de leurs droits acquis à retraite. Il requiert, en substance, que tout Plan soit provisionné en totalité avant qu'il n'y soit mis fin (« *withdrawal* »). La question de savoir si le Plan est transféré au cessionnaire ou si le cédant doit assumer la charge de sa rupture dépend de la forme juridique de l'opération et du champ d'application du Plan. Sauf à maintenir la couverture santé contractée collectivement par le cédant à l'égard de ses salariés, le repreneur peut également, en fonction de la forme juridique de l'opération, être tenu responsable des manquements (et des lourdes sanctions y afférentes) du cédant à l'égard de ses salariés qui ne se seront pas vus offrir la possibilité de continuer à bénéficier, à leurs frais, de cette couverture santé pendant une période pouvant aller jusqu'à 18 mois. *The Consolidated Omnibus Budget Reconciliation Act* 1986 (« COBRA »), 29 *U.S.C.* §§ 1161-1168, applicable dans les entreprises de plus de 20 salariés. Pour un exposé concis et pratique sur ces questions, se référer à la documentation rassemblée par l'American Bar Association, *Employee benefits in mergers and acquisitions*, American Bar Association, Center for Continuing Legal Education, 1998.

jours « *jusqu'à et y compris la date de la cession* ». Après la date de la cession, le cessionnaire sera responsable de la notification de ce préavis, dans les mêmes conditions [206].

Bien que cette interprétation ne ressorte pas clairement du texte [207], il faut en déduire que le cessionnaire doit notifier leur préavis aux salariés qu'il ne réembauchera pas. Ce texte prévoit donc une obligation pour le cessionnaire au titre de la rupture des contrats des salariés du cédant intervenant du fait de la cession. Il répond au même mécanisme que le transfert de responsabilité organisé par les droits français et anglais [208].

**1138.** En pratique toutefois, le fait que le WARN Act et son exigence de notification d'un préavis aux salariés puisse s'appliquer en cas de cession d'entreprise, selon le nombre de personnes concernées par les ruptures de contrats, implique que le cédant et le cessionnaire déterminent au moins soixante jours avant la date de cession si une telle notification est nécessaire ainsi que leurs responsabilités respectives vis-à-vis des salariés.

Un tel délai peut poser problème en particulier lorsqu'à moins de soixante jours de la cession les négociations ne sont pas closes. Leur contenu peut ne pas encore être certain. Dans un tel cas, le cessionnaire ne voudra pas s'engager à conserver les salariés du cédant sans un engagement ferme et définitif de ce dernier sur le principe et le prix de la cession. Cette difficulté existe également dans les cas de cessions d'entreprise en difficulté où le cessionnaire souhaite généralement s'accorder un temps pour relancer l'activité cédée avant de réembaucher le personnel.

Le texte interprétatif du Ministère du travail américain concernant le WARN Act [209] résout cette question en décidant que le cédant peut procéder à la notification des préavis pour le compte [210] du cessionnaire, s'il est informé du projet définitif de ce dernier de procéder à une fermeture de site ou à une mesure collective de mise au chômage technique dans les soixante jours de la cession, et s'il y est autorisé par lui. Le cessionnaire est responsable de la notification en toute hypothèse, que le cédant l'effectue ou non et cela même lorsque ce dernier devait y procéder pour le compte du cessionnaire.

**1139.** Dès lors, en pratique, tout ce qui est requis du cédant et du cessionnaire est la prudence. Elle est d'ailleurs recommandée par le Ministère du travail, pour déterminer les impacts de l'opération. Les parties doivent également s'entendre, dans l'acte de cession, sur le

---

[206]. WARN § 2 (b)(1) ; 29 *U.S.C.* § 2101 (b)(1). Cf. 1ère Partie, Titre 2, Chapitre 2, *supra*.

[207]. Les juges ne se sont pas formellement prononcés sur la question. Ils considèrent toutefois généralement le WARN Act inapplicable en cas de cession et exonèrent de responsabilité le cédant, quelle que soit l'opération en cause. Par exemple : Headrick v. Rockwell International Corp., 24 *F.3d* 1272 (10th Cir. 1994) ; IATSE v. Compact Video Servs., Inc., 50 *F.3d* 1464 (9th Cir. 1995), *cert. denied*, 116 *S. Ct.* 514 (1995), à propos d'une succession de prestataires de services sur un même contrat ; Martin v. AMR Servs. Corp., 877 *F. Supp.* 108, 115 (E.D. N.Y. 1995), rejetant l'argument selon lequel les salariés qui étaient mis au chômage technique et immédiatement transférés sur d'autres emplois chez le cessionnaire avaient subi une perte d'emploi ; Wilson v. Airtherm Co., 02/03/06, n°04-3679/3880 (8th Cir. 2006), à propos de la cession d'une entreprise (« *asset purchase agreement* ») dont tous les salariés n'avaient pas été repris par le cessionnaire. Les seuils déclencheurs de l'obligation de notifier un préavis aux salariés dont le contrat était rompu devaient être appréciés chez le cessionnaire (non atteints, en l'espèce) ; H. H. NORTHRUP, Ph. A. MISCIMARRA, *Government protection of employees involved in mergers and acquisitions*, The Wharton School Industrial Research Unit, University of Pennsylvania, 1989, p. 176-177 ; E. LIPSIG, *Downsizing – Law and practice*, BNA books, 1996, p 231. L'auteur recommande au cédant de mettre au chômage technique ses salariés après la date effective de la cession en leur indiquant que cet état est temporaire (la recommandation inverse est donnée au cessionnaire) afin d'éviter tout risque de mise en cause de sa responsabilité.

[208]. Cf. 1ère Partie, Titre 2, Chapitre 2, *supra*.

[209]. *Interpretative rule of the Department of Labor to carry out the provisions of the WARN Act*, 29 *C.F.R.* § 639 ; 54 *Fed. Reg.* 16042. Texte à valeur interprétative et qui peut être suivi ou non par les Cours fédérales amenées à interpréter le WARN Act, en se fondant sur leur propre interprétation du texte et des travaux et débats l'ayant précédé.

[210]. « *As an agent* ».

jeu des responsabilités en cette matière et la charge financière en résultant. Il en est ainsi en particulier lorsque le délai de soixante jours ne peut pas être respecté dans le contexte de l'opération envisagée. Les sanctions seront plus ou moins dissuasives selon le nombre de salariés concernés [211]. En pratique, elles correspondent le plus souvent au paiement d'un préavis à chacun des salariés concernés. Le juge peut par ailleurs en réduire le montant si l'employeur *« a agi de bonne foi et avait des motifs raisonnables de penser que ses actions ne violaient pas le WARN Act »* [212].

**1140.** Cette situation est donc loin du transfert de responsabilité de cédant à cessionnaire organisé par les droits français et anglais. En définitive et comme le souligne ironiquement un auteur, le WARN Act n'impose aucune obligation véritable à l'employeur, qu'il soit cédant ou cessionnaire: *« il ne l'empêche pas de perturber la vie des salariés, il l'empêche simplement de le faire en secret »* [213].

Les rapports entre employeurs successifs et leur contribution respective à la dette que chacun des systèmes juridiques organise dans le contexte des transferts d'entreprises sont plus approchants.

## § 2. LES RAPPORTS ENTRE EMPLOYEURS SUCCESSIFS ET LA CONTRIBUTION DÉFINITIVE À LA DETTE

**1141.** A la date du transfert et du seul fait de ce dernier, la Cour de justice des communautés européennes rappelle que *« le cédant est libéré de ses obligations résultant du contrat ou de la relation de travail, même si les travailleurs employés dans l'entreprise ne consentent pas à cet effet ou s'y opposent, sous réserve toutefois de la faculté des États membres de prévoir la responsabilité solidaire du cédant et du cessionnaire après la date du transfert »* [214].

Dès lors, et à moins que les États membres n'utilisent cette faculté, le cédant est libéré de ses obligations d'employeur par le seul effet du transfert. C'est le cas en droit anglais qui fait

---

[211]. Elles sont de deux ordres. A l'égard des salariés, l'employeur contrevenant devra verser les arriérés de salaires dus pendant toute la période de violation et dans la limite de 60 jours ou, si les salariés étaient employés depuis moins de 120 jours, l'équivalent de la moitié du nombre de jours au cours desquels les salariés ont été employés [29. *U.S.C.* §2104(a)(1)]. Doivent toutefois être retranchés du montant du à chacun des salariés [29 *U.S.C.* § 2104 (a)(2)] : (i) les salaires qui leur ont été versés pendant la période de violation, (ii) les éventuels montants additionnels versés par l'employeur et qui ne sont requis par aucun texte, loi ou contrat (indemnités de rupture, par exemple), (iii) les paiements effectués par l'employeur à un tiers pour leur compte (au titre de la couverture médicale ou de retraite des salariés, par exemple) pendant la période de violation. L'employeur contrevenant encourt également une peine d'amende d'un maximum de 500 dollars par jour de violation en cas d'absence de notification aux autorités gouvernementales locales. Il est néanmoins dispensé du paiement de cette somme s'il verse les arriérés de salaires dans les trois semaines suivant la date à laquelle la fermeture du site ou la mesure de mise en chômage technique a été prononcée [29 *U.S.C.* § 2104 (a)(3)].

[212]. 29 *U.S.C.* § 2104 (a)(4). L'employeur contrevenant peut même s'exonérer totalement de toute responsabilité en versant l'équivalent des soixante jours de rémunération dus aux salariés, sans pour autant respecter le délai de soixante jours requis par le WARN Act (« *pay-in-lieu-of-notice* »). La jurisprudence considère, en effet, généralement, dans ce cas, que le préjudice des salariés est inexistant en dépit du constat de la violation théorique du WARN Act par l'employeur. Par exemple: Association of Western Pulp & Paper Workers v. Grays Harbor Paper Co., N°C93-5226B, 1994 *U.S. Dist. LEXIS* 13094 (W.D. Wash. Mar. 14, 1994). Pour une décision contraire, Tobin v. Ravenswood Aluminium Corp., 838 *F. Supp.* 262 (S.D. W. Va. 1993).

[213]. W. McLEOD, « Rekindling labor law successorship in an era of decline », *Hofstra Labor Law Journal*, Spring 1994, vol. 11, p. 297.

[214]. CJCE 5 mai 1988, aff. 144 et 145/87, Harry Berg et Johannes Theodorus Maria Busschers c/ Ivo Martin Besselsen, *Rec. CJCE* 1988, p. 2559. Point 14.

peser sur le cessionnaire l'intégralité des dettes et obligations liées aux contrats de travail qui lui sont transférés (B). Même s'il prévoit la responsabilité solidaire du cédant et du cessionnaire vis-à-vis des salariés après la date du transfert, le droit français ne permet pas pour autant une exonération totale de responsabilité pour le cédant. Cédant et cessionnaire contribuent à la dette à hauteur de leurs responsabilités respectives d'employeur (A).

En dépit de l'absence de disposition organisant un transfert de responsabilité entre employeurs successifs en droit américain, un principe particulier permet néanmoins aux salariés repris d'obtenir la réparation auprès du cessionnaire des pratiques déloyales de travail commises par le cédant et dont le cessionnaire avait connaissance à la date de la signature de l'acte de cession, sous certaines conditions (C). La barrière entre cédant et cessionnaire n'est donc pas totalement hermétique en droit américain, en dépit de la liberté des employeurs successifs qu'il consacre. Il rejoint en ce sens le transfert de responsabilité entre employeurs organisé par les droits français et anglais.

## A. DROIT FRANÇAIS : LE RECOURS POSSIBLE ENTRE EMPLOYEURS À DÉFAUT DE CONVENTION CONTRAIRE

**1142.** Le droit français admet que le cédant puisse se libérer de ses obligations d'employeur par l'effet du transfert et, dans un but de protection des salariés transférés, il leur permet de s'adresser directement au cessionnaire pour des dettes incombant au cédant.

Pour autant, il ne vise pas à décharger le cédant de la part des dettes et obligations qui lui incombent à la date du transfert. Il prévoit, en contrepartie du droit qu'il accorde aux salariés de se tourner vers l'un ou l'autre de leurs employeurs successifs, la possibilité pour le cessionnaire d'exercer un droit de recours contre le cédant pour les dettes et obligations dont il se serait acquitté pour lui, à l'égard des salariés transférés. L'article L.122-12-1 al. 2 du code du travail prévoit ainsi expressément que « *le premier employeur est tenu de rembourser les sommes acquittées par le nouvel employeur* » dans ce contexte. Ce droit est fondé sur la subrogation [215] du cessionnaire dans les droits qu'avait le salarié vis-à-vis du cédant pour en obtenir le remboursement.

**1143.** Cette règle n'est néanmoins pas d'ordre public. Sans préjudice des droits des salariés, cédant et cessionnaire ont en effet la possibilité de s'accorder sur la répartition des charges résultant du transfert par convention. Cela a pour conséquence d'exclure toute possibilité de recours du cessionnaire contre le cédant à ce titre [216]. Il s'agit d'une pratique courante entre cédant et cessionnaire qui, au moment de la conclusion de l'acte de cession, évaluent les charges nées avant la transmission de l'entreprise ou de l'entité pour en fixer le prix.

La Cour de cassation a ainsi pu décider qu'était licite l'accord par lequel le cédant s'engage à rembourser au cessionnaire les indemnités versées par lui au titre du préavis et des indemnités de licenciement des salariés qu'il déciderait de licencier après le transfert. Il en est ainsi dès lors que ledit accord ne préjudicie pas aux droits des salariés à qui il n'est pas opposable, ne porte pas sur des dommages et intérêts pour licenciement abusif et n'est pas destiné à faire échec au principe du transfert [217]. La contribution définitive de chacun d'eux à la dette dépendra donc de ce qui aura été convenu dans l'acte de cession.

---

[215]. Article 1251 du Code civil.

[216]. Article L.122-12-1 al. 2 du code du travail.

[217]. Cass. soc. 30 mai 1980, Dormoy c/ Bureau : *Bull. civ.* V, n°470, p. 355 ; Cass. soc. 10 février 1982 n°378, SARL Ateliers Literie de Bourganeuf (ALB) c/ Société des Etablissements Sotubois : *Bull. civ.* V, n°77, p. 57. En l'espèce une clause de la convention de location-gérance prévoyait que le locataire gérant ferait son affaire personnelle de la continuation des contrats de travail conclus par lui avec de nouveaux salariés embauchés sans l'autorisation du bailleur. La Cour de cassation a confirmé l'arrêt d'appel qui a considéré que le bailleur n'était pas tenu de rembourser le locataire gérant des indemnités qu'il avait versées aux nouveaux salariés licenciés avant la fin de la location-gérance.

**1144.** En ce qui concerne les dettes venant à échéance après le transfert, celles-ci reviennent, en revanche, naturellement au cessionnaire, y compris celles qui correspondent pour partie à un travail accompli chez le cédant. L'exemple type est celui des congés payés acquis chez le cédant mais non pris au moment du transfert. La Cour de cassation décide ainsi que le paiement des congés payés incombe au cessionnaire, sauf convention contraire entre les parties [218]. Il en est de même pour les primes de fin d'année, primes de vacances ou treizième mois, lorsque le transfert intervient en cours d'année [219].

**1145.** Sauf à ce qu'il en ait été décidé autrement avec le cédant, il n'en résulte pas pour autant que le cessionnaire ait à supporter l'entière charge de ces primes et indemnités. Elles rémunèrent en effet, pour partie, du temps de travail effectué chez le cédant. La jurisprudence permet ainsi au cessionnaire d'obtenir le remboursement auprès du cédant de la partie de la charge correspondant au temps de travail passé auprès de lui par le salarié. Ce remboursement s'effectue dans la limite de l'enrichissement procuré au cédant par le paiement que le cessionnaire a effectué pour lui [220].

Par opposition, le cessionnaire peut obtenir le remboursement des dettes concernant exclusivement le cédant, c'est-à-dire les dettes impayées échues avant le transfert, par le jeu de l'article L. 122-12-1 du code du travail qui lui permet de se prévaloir des privilèges et garanties attachés à la créance de salaire.

**1146.** Ainsi, tout en s'assurant que les salariés sont remplis de leurs droits, l'article L.122-12-1 du code du travail permet *in fine* de rétablir les obligations respectives du cédant et du cessionnaire lorsqu'il s'agit de la répartition des dettes entre eux. Chacun est responsable des créances nées au moment où il avait la qualité d'employeur.

Les créances en question sont essentiellement salariales, qu'il s'agisse d'arriérés de salaire, du paiement de primes ou de congés payés. Pour autant le cessionnaire de droit français peut-il être tenu responsable vis-à-vis des salariés, des fautes commises par le cédant à leur encontre, comme, ainsi que nous le verrons plus loin, l'admettent les droits anglais et américain ?

---

[218]. Cass. soc. 8 juillet 1980, n°1664, SARL Solnet c/ SARL Vitresol : *Bull. civ.* V, n°614, p. 460. Dans le même sens, voir notamment : Cass. soc. 17 octobre 1979, Société GSF Pluton c/ dame Ledoux et autre : *Bull. civ.* V, n°731, p. 538 ; Cass. soc. 26 mai 1982 n°1096, SA L'Elan Adraste c/ Mme Alves et autres : *Bull. civ.* V, n°345, p. 255 ; Cass. soc. 17 janvier 1989, Société Nila c/ M. Buffet et autre : *Bull. civ.* V, n°30, p. 18.

[219]. Par exemple, en ce qui concerne le paiement d'une prime de fin d'année : Cass. soc. 30 mai 1980 n°1295, Société Eurest collectivités c/ dame Kern et autre : *Bull. civ.* V, n°469, p. 354. Pour le paiement d'un treizième mois : Cass. soc. 11 mars 1992 n°1276 PF, Assédic de la Région parisienne c/ Mlle Aubert et autres, *Bull. civ.* V, n°169, p. 105 ; *RJS*, 4/92, n°410 ; Cass. soc. 14 mai 1997 n°2014 P, Malaise c/ Lavorel et autres, *Bull. civ.* V, n°171, p. 124 ; *Droit Social*, 1997, n°7-8, p. 748, obs. R. VATINET. Pour le paiement d'une prime de vacances : Cass. soc. 8 juillet 1982 n°1469, M. Dugenie c/ M. Fagundes : *Bull. civ.* V, n°473, p. 351. Pour le paiement d'une indemnité de clientèle : Cass. soc. 6 mars 1974, Société d'exploitation des Procédés Cellonite c/ Dechatte, *Bull. civ.* V, n°156, p. 148.

[220]. Par exemple, pour le remboursement d'une partie de l'indemnité de congés payés : Cass. soc. 2 février 1984, trois arrêts consacrant le principe : GSF Atlas c/ SA Ile de France Nettoyage (n°82-10.118) ; Société Le Nettoyage général Etablissements Dabaz et Varisellaz et autre c/ Greys Bavi Netma (n°82-16.245 et 82-16.246) ; SA Greys Bavi Netma c/ Société Lancry-Prestations (n°82-17.037) : *Bull. civ.* V, n°43-45, p. 36-38 ; *Droit Social*, 1984, n°5, p. 279, chron. J. SAVATIER, p. 271 ; Cass. soc. 22 juillet 1985 n°3144 P, SARL Gardiennage Industriel du Languedoc (GIL) c/ SA Gardiennage Industriel de la Seine (GIS) : *Bull. civ.* V, n°423, p. 304 ; Cass. soc. 14 mai 1987 n°1997 P, Société Palpal c/ M. Baumgartner : *Bull. civ.* V, n°305, p. 195 ; Cass. soc. 10 octobre 1990, Société Samis Distribution c/ Mme Leydier et autres : *Bull. civ.* V, n°438, p. 265. Pour le remboursement d'une partie d'une prime de treizième mois : Cass. soc. 8 novembre 1988, SEIR c/ Mme Dhenu et autres : *Bull. civ.* V, n°572, p. 368 ; Pour une prime d'ancienneté : Cass. soc. 28 mars 1989 n°1398 P, Sté Eipere c/ M. Beaufrère et autres : *Bull. civ.* V, n°262, p. 153 ; *RJS*, 5/89, n°412.

**1147.** L'article L.122-12-1 du code du travail ne donne aucune indication sur ce point en se référant, d'une façon générique, aux « *obligations qui incombaient à l'ancien employeur à la date de cette modification* ». Il est toutefois permis d'écarter d'emblée, comme en droit anglais [221], toute possibilité de mise en cause de la responsabilité pénale du cessionnaire pour le compte du cédant, en vertu du principe de la personnalité des peines contenu dans l'article 121-1 du code pénal et selon lequel « *nul n'est responsable pénalement que de son propre fait* ». En outre, une quelconque délégation de pouvoir entre le cédant et le cessionnaire, qui aurait pour but d'exonérer le cédant de toute responsabilité en matière de droit du travail pour les faits commis par le cédant antérieurement au transfert, ne peut valablement être imaginée, compte tenu des exigences de la jurisprudence en la matière [222]. La responsabilité pénale du cessionnaire ne pourrait donc être mise en cause par les salariés que dans la seule hypothèse où le cessionnaire aurait pris personnellement part au fait incriminé [223].

Tel sera le cas, par exemple, lorsque le cessionnaire aura participé, au côté du cédant, à la consultation du comité d'entreprise, dès lors que sera caractérisée à son encontre une faute personnelle en relation avec les faits constitutifs de l'infraction. La Cour de cassation a ainsi pu considérer que constituait une telle faute, pour un directeur général, éventuel repreneur, ayant participé, au côté du président directeur général de la société cédante, à une cession sans consultation régulière du comité, le fait de refuser, sans motif légitime, de communiquer au comité d'entreprise un document en sa possession qui était nécessaire à l'information de cette institution [224]. Sans participation de sa part au fait incriminé, le cessionnaire de droit français ne pourra pas être tenu responsable des manquements du cédant à son obligation d'information et de consultation, contrairement au cessionnaire de droit anglais [225]. A noter cependant qu'en droit anglais cette obligation n'est pas sanctionnée pénalement. Elle relève des juridictions du travail [226]. Sa sanction est indemnitaire et destinée à réparer le préjudice subi par chacun des salariés affectés. Elle n'a donc pas les mêmes implications.

**1148.** En ce qui concerne la responsabilité du cessionnaire pour le paiement de dommages et intérêts éventuellement dus au salarié en réparation du préjudice qu'il aurait subi du fait de son ancien employeur, les décisions prises antérieurement à la loi de 1983 [227], considéraient unanimement que le salarié devait s'adresser au cédant pour la réparation du préjudice que la faute de ce dernier lui avait causé [228]. Elles prévoyaient aussi que « *le nouvel employeur n'est pas tenu des irrégularités commises par son prédécesseur* » [229]. Le cessionnaire ne pouvait

---

[221]. TUPE 1981, reg. 5(4) ; TUPE 2006, reg. 4(6).

[222]. Cf. 1ère Partie, Titre 1, Chapitre 2, *supra*.

[223]. Cela pourrait également être envisagé dans des cas plus hypothétiques où le cessionnaire s'ingérerait dans la marche générale de l'entreprise cédante (responsabilité en tant que dirigeant de fait) ou lorsqu'il pourrait être établi qu'en raison de sa présence et de son implication dans la marche de la société, celui-ci ne pouvait ignorer les faits incriminés (complicité).

[224]. Cass. crim. 18 novembre 1997, Suarez et autres (Sietam Industries) (1er moyen) (délit d'entrave): *Bull. crim.* n°390, p. 1302 ; *Droit Social*, 1998, n°4, p. 409, obs. M. COHEN.

[225]. TUPE 1981, reg. 11(4)(b) ; TUPE 2006, reg. 15(8)(b) ; 2nd Partie, Titre 2, Chapitre 1, *supra*.

[226]. « *Employment tribunal* » (ET) et « *Employment Appeal Tribunal* » (EAT).

[227]. C'est-à-dire avant que la loi ne décide que le cessionnaire puisse être redevable, à l'égard des salariés, des dettes et obligations du cédant, à la date du transfert.

[228]. Cass. soc. 25 mai 1961, Kraus Wilhelm c/ Etablissements Dungler et Scheidecker et autre : *Bull. civ.* IV, n°545, p. 434. En l'espèce, le salarié se prévalait de l'article 23 al. 7, devenu l'article L.122-12 du code du travail, pour réclamer des dommages et intérêts à son nouvel employeur, en réparation du préjudice que les agissements prétendument fautifs de son ancien employeur lui avaient causé. Approuvant la décision des juges d'appel, la Cour de cassation a décidé que bien qu'ayant continué l'entreprise, le cessionnaire ne pouvait être tenu responsable des fautes commises par le cédant dans l'exécution des engagements pris par lui lorsque ces fautes avaient produit leurs effets avant sa prise de possession de l'entreprise.

[229]. Cass. soc. 22 mai 1970, Tardieu c/ Moutoussamy et autre : *Bull. civ.* V, n°351, p. 285. En l'espèce, le salarié avait été irrégulièrement embauché par le premier employeur. Il n'avait pas pu bénéficier du statut de travailleur expatrié (en Nouvelle-Calédonie) et demandait réparation à ce titre à ses

donc pas, par exemple, être tenu de payer des compléments d'indemnités journalières et de rente destinés à réparer les conséquences d'un accident du travail antérieur à la cession [230]. De même, il ne pouvait être condamné au paiement d'une indemnité correspondant aux prestations prévues pour le salarié qui n'avait pas été inscrit par le précédent employeur à une assurance garantie par la convention collective [231].

**1149.** La Cour de cassation a assez peu pris position sur le sujet depuis la loi de 1983. Elle a pourtant admis dans un arrêt du 4 avril 1990 que la protection de l'article L.122-12-1 du code du travail s'applique dans le cas où la créance du salarié consiste en des dommages et intérêts dus en réparation d'un préjudice causé par un comportement fautif de l'employeur[232]. Dans cette espèce, néanmoins, le nouvel employeur avait participé au fait fautif en continuant à prélever indûment sur le salaire des cotisations correspondant à un contrat d'assurance groupe qui n'avait jamais été signé par le premier employeur. Comme l'avait relevé la Cour, il avait donc « *indistinctement contribué* » au préjudice du salarié, au même titre que le cédant et ne pouvait donc pas être exonéré de toute responsabilité à l'égard du salarié.

Cette décision parait logique dans la mesure où si la Cour en avait décidé autrement, le salarié aurait du poursuivre le cédant et le cessionnaire distinctement pour leur part respective de responsabilité, pour le non paiement des cotisations pendant la période où ils avaient employés respectivement le salarié. C'est précisément ce que la loi de 1983 a voulu éviter en permettant au salarié transféré de poursuivre le cessionnaire y compris pour les créances salariales nées avant le transfert [233].

La solution serait certainement plus discutable dans des cas où le cessionnaire n'aurait pas participé au préjudice du salarié. En effet, quand bien même le cessionnaire dispose d'un droit de recours contre le cédant, la question pourrait être posée de savoir s'il est adéquat de faire assumer par le cessionnaire les conséquences civiles des fautes qu'il n'a pas commises, lorsque les fautes du cédant ont produit leurs effets avant la prise de possession de l'entreprise par le nouvel employeur [234]. Cela obligerait les juges à distinguer selon l'origine et la nature

---

deux employeurs successifs. Il a été jugé que les repreneurs avaient ignoré les conditions dans lesquelles le salarié avait été engagé par le cédant et qu'en conséquence, ils ne sauraient être considérés comme responsables des irrégularités qui avaient pu alors être commises et qu'il convenait de les mettre hors de cause.

[230]. Cass. soc. 8 juillet 1982 n°1469, M. Dugenie c/ M. Fagundes : *Bull. civ.* V, n°473, p. 351.

[231]. Cass. soc. 16 juin 1976, Appel c/ Klein : *Bull. civ.* V, n°376, p. 311 (1er moyen). En l'espèce, le salarié n'avait pas pu bénéficier, au cours de sa maladie, de diverses prestations de prévoyance du fait que son ancien employeur ne l'avait pas inscrit, avant une date antérieure à la cession, à une assurance prévue par la convention collective du bâtiment. Les juges du fond avaient condamné le repreneur au paiement des sommes réclamées à ce titre par le salarié au motif que son contrat s'était poursuivi avec lui. La Cour de cassation a néanmoins considéré que « *le nouvel employeur n'était pas tenu en tant que tel des dettes nées avant qu'il ne soit devenu le chef d'entreprise* ».

[232]. Cass. soc. 4 avril 1990 n°1487 D, Rageot c/ Raga et autres, non publié au Bull. civ. ; *RJS*, 6/90, n°460 (2è espèce).

[233]. Par exception, ce principe ne s'applique pas lorsque la modification de la situation juridique de l'employeur intervient dans le cadre d'une procédure de redressement ou de liquidation judiciaire. Par exemple : Cass. soc. 2 février 2006 n°336 F-PB, Sté Louis Max c/ Guidetti : *Bull. civ.* V, n°54, p. 48 ; *RJS*, 5/06, n°532, à propos de l'absence de paiement par le cédant de cotisations de retraite. Il a été jugé que le nouvel employeur ne pouvait être tenu au paiement de dommages et intérêts au salarié dus au titre d'un manquement aux obligations nées au du contrat de travail antérieur à la modification de la situation juridique de l'employeur. Toutefois, si le nouvel employeur s'est engagé, par une convention, envers l'ancien, à supporter la charge de créances antérieures à la cession, les salariés peuvent s'en prévaloir comme d'une stipulation pour autrui en leur faveur : Cass. soc. 12 février 1992 n°767 D, Sté ERCE Orthotron c/ Galindo et a.: *RJS*, 3/92, n°255.

[234]. J. DEPREZ, A. CHIREZ, « La répartition entre les employeurs des sommes dues aux salariés », *Semaine Sociale Lamy*, 19 août 1985, suppl. n°274, p. D 32. Les auteurs se prononcent contre la possibilité pour le cessionnaire d'engager sa responsabilité civile pour le compte du cédant. Ils considèrent en effet que le cas d'éventuelles dettes personnelles de l'ancien employeur, par exemple des dettes de dommages et intérêts pour préjudice causé au salarié, devrait s'ajouter aux cas d'exclusion prévus par la loi.

des sommes réclamées par les salariés. Or, cette distinction n'est retenue ni par la directive et la jurisprudence communautaire [235], ni par l'article L.122-12-1 du code du travail.

**1150.** La subrogation du cessionnaire dans l'obligation du cédant d'indemniser les ayants droits d'un salarié a néanmoins été admise dans le contexte particulier d'une maladie professionnelle, où la faute inexcusable de l'employeur avait été retenue [236]. En l'espèce, le nouvel exploitant du fonds, des aciéries, se prévalait du fait que le contrat de travail du salarié en question avait pris fin avant la cession. Le salarié avait en effet travaillé au service desdites aciéries de 1953 à 1980. Or, la cession était intervenue en 1993. Il ne pouvait donc être tenu d'aucune obligation envers le salarié et contestait l'arrêt d'appel qui avait refusé de le mettre hors de cause.

La Cour de cassation a rejeté cet argument. Constatant que la branche d'activité dans laquelle travaillait le salarié en question au moment de son exposition au risque, en l'espèce, l'inhalation de poussières d'amiante, avait été reprise par le nouvel exploitant et que ce dernier avait reçu « *l'ensemble des biens, droits et obligations de toute nature concernant cette branche* », elle a considéré, avec la Cour d'appel, que « *la maladie déclarée trouvant sa cause dans l'activité apportée, la nouvelle société était subrogée à l'ancienne dans son obligation d'indemniser les ayants droits de la victime* ». La responsabilité civile attachée à la faute inexcusable du premier employeur à l'égard d'un salarié qui a travaillé dans l'entité économique cédée est donc transmissible au cessionnaire, sauf pour celui-ci à se retourner contre le premier au titre des garanties contractuelles qu'ils ont pu négocier au moment de la cession. Cette solution se rapproche de celle retenue en droit anglais. Elle demeure néanmoins exceptionnelle en droit français.

---

[235]. CJCE 4 juin 2002, Katia Beckmann v. Dynamco Whicheloe Macfarlane Ltd, aff. C-164/00, *Rec. CJCE* 2002, p. I-4893, à propos de prestations de retraite anticipée, ainsi que des prestations visant à améliorer les conditions d'une telle retraite, versées en cas de licenciement à des travailleurs ayant atteint un certain âge. La CJCE a rappelé dans cet arrêt que, compte tenu de l'objectif général de protection des droits des travailleurs en cas de transferts d'entreprises que poursuit la directive, l'exception à cette règle prévue au paragraphe 3 du même article doit être interprétée de manière stricte (Point 29). Cette exception ne peut donc s'appliquer qu'à l'égard des seules prestations qui y sont limitativement énumérées (Point 30). Or, en dehors des exceptions résultant de l'article 3, paragraphe 3, de la directive pour ce qui concerne les prestations de vieillesse, d'invalidité ou de survivants qui y sont visées, aucune exception à ces règles n'est prévue par la directive et l'existence d'une telle clause spécifique amène à conclure que l'article 3, paragraphes 1 et 2, englobe l'ensemble des droits des travailleurs qui y sont mentionnés et qui ne sont pas couverts par ces exceptions. En ce sens, CJCE 7 février 1985, aff. 135/83, H.B.M. Abels c/ Direction de la Bedrijfsvereniging voor de Metaalindustrie en de Electrotechnische Industrie, *Rec. CJCE* 1985, p. 469. Point 37.

[236]. Cass. 2è civ. 13 décembre 2005 n°1948 F-PB, Sté SAM c/ Charlon et a. : *Bull. civ.* II, n° 322, p. 282 ; *RJS*, 2/06, n°276. De même, dans le contexte d'un accident du travail survenu alors que le salarié était employé du cédant mais était sorti des effectifs à l'époque où le fonds avait été cédé : Cass. soc. 9 avril 1998 n° 2041 D : *RJS*, 5/98, n°645. Les dispositions protectrices en faveur des salariés victimes d'un accident du travail ou d'une maladie professionnelle sont par contre inapplicables lorsque la reprise de tout ou partie des contrats de travail par le nouveau titulaire du marché résulte de l'application d'une convention collective, alors que les conditions de l'article L.122-12 ne sont pas remplies : Cass. soc. 14 mars 2007 n°578 FS-PBR, Sté Technique française de nettoyage (TFN) c/ Rumen, publié au Bull. civ. ; *RJS*, 5/07, n°584 ; Rapport J.-M. BERAUD, *ibid.*, p. 405-407 ; *Revue de Droit du Travail*, mai 2007, p. 311-312, obs. Ph. WAQUET.

## B. DROIT ANGLAIS : UNE STRICTE RÉPARTITION DES RESPONSABILITÉS

**1151.** Contrairement au droit français, le droit anglais n'offre pas la possibilité au cessionnaire d'exercer un droit de recours contre le cédant pour les dettes et obligations dont il se serait acquitté pour lui, à l'égard des salariés transférés, sauf à agir sur le terrain de la responsabilité contractuelle, en application de l'acte de cession signé entre eux. Le principe est clair. A la date du transfert, les droits, obligations et responsabilités du cédant vis-à-vis des salariés rattachés à l'activité transférée passent au cessionnaire.

Le droit anglais n'organise pas la subrogation du cessionnaire dans les droits qu'avaient les salariés vis-à-vis du cédant pour obtenir le remboursement des indemnités qu'il pourrait être contraint de verser aux salariés au titre de droits nés avant le transfert. Le cessionnaire doit donc impérativement prévoir les limites éventuelles de sa responsabilité et évaluer les charges qui lui seront transmises avec le transfert dans le cadre des négociations précontractuelles avec le cédant.

Compte tenu de la stricte répartition de responsabilité prévue par les textes, les parties négocient généralement, dans le cadre de l'acte de cession, l'application de garanties et d'éventuelles indemnités dues par le cédant dans les cas où la responsabilité du cessionnaire viendrait à être engagée en dehors des cas prévus au contrat ou au-delà des montants sur lesquels les parties se seront préalablement entendues [237].

**1152.** Les nouvelles dispositions du TUPE [238] imposent désormais au cédant de notifier au cessionnaire, dans les quatorze jours précédant le transfert, les droits et obligations qui lui sont transférés. Elles lui permettent d'en évaluer l'impact financier et éventuellement de le répartir sur le prix d'acquisition. Elles ne sont donc pas sans intérêt pour le cessionnaire, quand bien même elles ne font qu'entériner la pratique. La divulgation de ces informations est en effet habituellement exigée dans le cadre des négociations entourant l'acquisition en droit anglais.

Ces nouvelles dispositions s'avèrent néanmoins utiles dans les cas de transfert d'entreprise qui ne comportent pas forcément une relation contractuelle entre le cédant et le cessionnaire. Il en est ainsi principalement des opérations de transfert s'opérant par succession de prestataires de services sur un même contrat [239]. Les prestataires de services n'ont généralement aucun lien entre eux et ne peuvent s'entourer des garanties que leur conférerait un contrat. L'objectif de ces dispositions est de les protéger de toute incertitude découlant des contrats de services qu'ils reprennent. Elles visent à limiter les contentieux entre prestataires à ce titre, augmenter la sécurité juridique des parties et, du même coup, à encourager la concurrence et le recours à ce type de prestations [240].

**1153.** Outre l'absence de subrogation du cessionnaire dans les droits des salariés, la responsabilité attachée aux droits et obligations des salariés qui sont transférés au cessionnaire est largement comprise en droit anglais. Le TUPE ne vise en effet pas uniquement les obligations contractuelles du cédant mais, plus largement, toutes les obligations « *en lien avec le contrat de travail* » [241] ainsi que « *tout ce qui a été fait avant le transfert* » [242] par le cédant

---

[237]. « *Warranties and indemnities* ».

[238]. TUPE 2006, reg. 11 et 12.

[239]. « *Second generation contractor* ».

[240]. *Explanatory Memorandum to the Transfer of Undertakings (Protection of Employment) Regulations 2006*, Employment Relations Directorate, DTI, n°246, 3rd February 2006, n°48-53.

[241]. TUPE 1981, reg. 5(2)(a) ; TUPE 2006, reg. 4(2)(a).

[242]. « *Anything done before the transfer is completed* », expression retenue par l'ancien TUPE, reg. 5(2)(b). Le nouveau TUPE vise plus précisément « tout acte ou omission avant le transfert » (« *any act or omission before the transfer is completed* »). TUPE 2006, reg. 4(2)(b).

ou pour le cédant et relatif aux contrats ou aux salariés transférés [243]. Les seules exclusions admises par ce texte [244] visent la responsabilité éventuelle du cédant en matière de prestations de vieillesse, d'invalidité ou de survivants au titre de régimes complémentaires de retraite et de prévoyance [245], et les faits relevant de la responsabilité pénale du cédant [246].

La jurisprudence a ainsi pu décider sur ce fondement que, sous réserve qu'elle concerne bien des salariés qui ont été transférés au cessionnaire, la responsabilité du cédant est transférée au cessionnaire pour la réparation de licenciements intervenus en violation du TUPE par le cédant [247]. Il en est de même en cas de refus ou d'absence de reprise des salariés par le cessionnaire [248]. Le cessionnaire sera également redevable de la sanction d'une conduite du cédant relevant, par exemple, de la discrimination sexuelle [249] ou encore, de la réparation d'un accident de travail intervenu suite à des manquements ou négligences en matière d'hygiène et de sécurité intervenus avant le transfert [250].

**1154.** Compte tenu des lourdes responsabilités susceptibles de peser sur lui par l'effet du transfert, le droit anglais admet que le cessionnaire puisse se prévaloir de la police d'assurance du cédant afin de se prémunir contre la mise en cause de sa responsabilité au titre d'accidents du travail ou de maladies professionnelles contractées par les salariés ayant fait l'objet du transfert, alors qu'ils travaillaient pour le compte du cédant. Une même solution pourrait être envisagée en droit français dans le cadre des procédures mettant en cause la responsabilité de l'employeur pour faute inexcusable.

La Court of Appeal a en effet reconnu que, au même titre que toute responsabilité relevant de la relation employeur–salarié est automatiquement transféré au cessionnaire du fait du transfert, le bénéfice de l'assurance responsabilité contractée par le cédant est transféré au cessionnaire. Celui-ci pourra s'en prévaloir pour faire face aux responsabilités nées alors que

---

[243]. Cf. Balcombe L. J., « *The words « or* [in respect of] *a person employed in that undertaking or part* » [in reg. 5(2)(b)] *clearly can have the effect of transferring obligations other than contractual obligations ; for example ... they may well embrace obligations arising in tort* ». Secretary of State for Employment v. Spence [1986] *ICR* 651 at 662 (CA).

[244]. Comme l'autorise la directive 2001/23/CE, article 3.4.

[245]. TUPE 1981, reg. 7 ; TUPE 2006, reg. 10. Pour être recevables, les demandes des salariés transférés doivent en conséquence être dirigées contre le cédant, dans les six mois à compter de la date du transfert. Powerhouse Retail Ltd and ors v. Burroughs and ors, [2004] *EWCA Civ* 1281 (CA); *IDS*, Brief 769, November 2004, p. 11 ; *Industrial Relations Law Bulletin*, n°750, December 2004, p. 7-8. En l'espèce, des salariés employés à temps partiels par le cédant avaient été exclus du bénéfice d'une couverture retraite avant leur transfert et demandaient réparation à ce titre.

[246]. TUPE 1981, reg. 5(4) ; TUPE 2006, reg. 4(6).

[247]. Litster v. Forth Dry Dock and Engineering Co Ltd [1989] *IRLR* 161, [1989] *ICR* 341 (HL). Pour une application plus récente, voir par exemple, Matthews (trading as Anton Motors) v. Smith and others [2003] *ICR* 460 (CA). En l'espèce, les licenciements avaient été prononcés par le cédant après que celui-ci ait préalablement offert à ses trois salariés soit d'être licenciés, soit de reprendre l'affaire à leur compte. Alors que leur licenciement leur avait été notifié, les salariés avaient finalement opté pour la reprise de l'affaire sans recevoir leurs indemnités de licenciement pour motif économique que leur employeur leur devait. Il a été jugé que si le TUPE s'appliquait en l'espèce, ce que devaient déterminer les juges du fond, le cédant n'était pas redevable desdites indemnités dont la charge était passée au cessionnaire.

[248]. Par exemple, Scanlon v. Rusell, EAT/142/96. Une transaction signée avec le cédant en violation du TUPE est également inopposable aux salariés qui auraient du être transférés cf. Thompson v. Walcon Car Delivery, EAT/256/96.

[249]. DJM International Ltd v. Nicholas [1996] *IRLR* 76 (EAT).

[250]. Wilson & ors v. West Cumbria Health Care NHS Trust [1995] *PIQR* 538 (County Court) ; Martin v. Lancashire County Council and Bernadone v. Pall Mall Services Group and others [2000] *IRLR* 487, [2000] 3 *All ER* 544, [2001] *ICR* 197 (CA) : « *although such a tortious liability does not arise under the contract of employment, it arises « in connection with » the contract within the meaning of reg. 5(2)(a). The duty of care arises out of the relationship of employer and employee, and any liability for its breach arises from and is in connection with the contract of employment* ».

l'entreprise ou l'activité transférée était aux mains du cédant [251]. Le nouveau TUPE étend cette possibilité aux employeurs du secteur public lesquels n'ont pas l'obligation de contracter une assurance responsabilité en matière d'accident du travail ou de maladie professionnelle, contrairement aux employeurs du secteur privé [252]. Il prévoit ainsi la responsabilité conjointe et solidaire des employeurs successifs - public et privé - en ce domaine, au bénéfice des salariés, lorsque le cédant appartient au secteur public [253].

**1155.** Le cessionnaire peut, de même, être sanctionné pour les manquements du cédant à son obligation d'information et de consultation des représentants de son personnel sur le transfert et ses conséquences pour les salariés. Tel est le cas en particulier si le cédant démontre que la violation de son obligation est due au manquement du cessionnaire auquel le TUPE impose de lui communiquer toute information sur les mesures qu'il entend prendre à l'égard des salariés, une fois le transfert réalisé [254]. La jurisprudence admettait en outre que la responsabilité du cessionnaire puisse être engagée dès lors que le cédant a manqué à son obligation d'information et de consultation préalable au transfert. Elle considérait que les droits à information et consultation sont des matières « liées au contrat de travail » et que, partant, la responsabilité de leur manquement passe au cessionnaire en application du TUPE. Il serait en effet « artificiel » de distinguer les responsabilités découlant du contrat de travail de celles qui sont implicites, destinées à protéger le salarié et qui découlent de la loi [255]. En application du nouveau TUPE, le cessionnaire peut désormais être conjointement et solidairement responsable du paiement des indemnités dues aux salariés à ce titre [256].

**1156.** Le droit anglais est donc particulièrement sévère à l'encontre du cessionnaire puisque celui-ci se voit transférer l'entière responsabilité des droits et obligations des salariés, sans qu'il puisse se retourner contre le cédant en ce qui concerne les droits nés ou échus avant

---

[251]. Martin v. Lancashire County Council and Bernadone v. Pall Mall Services Group and others, précité : « (...) *There is nothing in the Directive or TUPE excluding rights and obligations under contracts with third parties. Such a construction is consistent with the purpose of the Directive and of TUPE. Moreover, it is just, because the transferor's insurers have received a premium in respect of the liability and there is no good reason why TUPE should be construed in such a way as to enable the insurers to keep the premium but avoid liability* ».

[252]. Ces derniers, en application du *Employers' Liability (Compulsory Insurance) Act* 1969 (ELCI).

[253]. *Transfer of Undertakings (Protection of Employment) Regulations 1981: Government proposals for reform,* detailed background paper, Employment Relations Directorate Department of Trade and Industry, September 2001, URN 01/1158, part J, para. 112-115 ; TUPE 2006, reg. 17(2).

[254]. TUPE 1981, reg. 11(4)(b) ; TUPE 2006, reg. 15(8)(b) ; 2nd Partie, Titre 2, Chapitre 1, *supra*.

[255]. Judge Altman *in* Alamo Group (Europe) Ltd v. (1) Tucker (2) Twose of Tiverton Ltd [2003] *IRLR* 266, [2003] *ICR* 829 (EAT): « *It would be wholly artificial to distinguish liabilities that are contained in the actual contract from those imposed by statute in determining whether they are subject to reg. 5. Once the legislator has determined that the best way to protect employees is under reg. 5, it seems to us that it would be curious if the legislator were then to intend to exclude statutory or regulatory rights that the legislator has introduced for the very purpose of protecting employees* ». Cette décision fait suite à deux décisions de l'EAT opposées : Kerry Foods Ltd v. Kreber [2000] *IRLR* 10, [2000] *ICR* 556 (EAT) (admettant le transfert de responsabilité) et Transport & General Workers' Union v. James McKinnon, J R Haulage Ltd & ors [2001] *IRLR* 597, [2001] *ICR* 1281 (Scottish EAT) (refusant le transfert de responsabilité). Dans cette dernière décision, l'EAT écossais avait distingué selon l'origine des responsabilités pour décider celles qui devaient être transférées au cessionnaire (celles attachées au contrat de travail) des autres, résultant de la loi (telles que les obligations d'information et de consultation). Cette analyse est réfutée par l'EAT dans sa plus récente décision qui admet largement le transfert de responsabilité au cessionnaire de tous les droits nés « par ou en lien » avec le contrat de travail, dans l'intérêt des salariés. Elle suit en cela notamment l'interprétation de la reg. 5 du TUPE faite préalablement par la Court of Appeal dans son arrêt Martin v. Lancashire County Council/Bernadone v. Pall Mall Services Group [2000] (CA), précité (publié postérieurement à l'arrêt de l'EAT écossais), qui avait admis le transfert de responsabilité du cédant au cessionnaire pour la réparation d'un accident causé à un salarié par la négligence du premier.

[256]. TUPE 2006, reg. 15(9).

le transfert. En outre, l'étendue des responsabilités qui lui sont transférées et pour lesquelles il est susceptible de voir engager sa responsabilité est très large puisqu'elle ne se limite pas aux obligations contractuelles. Elle s'étend à toutes les obligations liées à la relation d'emploi des salariés qui lui sont transférés, d'où l'importance des limitations de responsabilité dans les actes de cession en droit anglais.

**1157.** Le droit américain admet un degré supérieur de responsabilité du cessionnaire. Celui-ci peut en effet être rendu responsable conjointement et solidairement avec le cédant de pratiques déloyales de travail commises par ce dernier à l'encontre de ses salariés, alors même qu'il n'aurait pas repris les salariés en question. Cette responsabilité s'exerce néanmoins dans un cadre beaucoup plus restreint qu'en droit français et anglais. Elle nous retiendra plus longtemps pour rendre compte de sa spécificité.

## C. DROIT AMÉRICAIN : LA RESPONSABILITÉ DU CESSIONNAIRE POUR LES PRATIQUES DÉLOYALES DE TRAVAIL COMMISES PAR LE CÉDANT

**1158.** Un des sujets qui a été longtemps matière à controverse en droit américain a été de savoir si le NLRB pouvait prononcer, à l'égard du cessionnaire [257] les sanctions qui auraient été prononcées contre le cédant (réintégration et paiement d'arriérés de salaire), en l'absence de transfert, au titre des pratiques déloyales de travail que ce dernier aurait commises. Les pratiques déloyales visées ici sont essentiellement des licenciements pour un motif lié à l'appartenance ou aux opinions syndicales du salarié [258].

Afin d'éviter toute fraude aux droits des salariés, la jurisprudence a très tôt considéré que lorsque le nouvel employeur n'est que la « continuation déguisée » [259] du premier [260], une sanction prononcée contre le cédant doit lui être applicable [261]. La question est plus difficile à trancher dès lors qu'il ne s'agit pas d'une simple modification technique, par exemple, de la forme juridique de l'entreprise ou d'un changement de sa dénomination sociale, mais d'un véritable changement d'employeur.

**1159.** Le NLRB n'a pas changé moins de trois fois de position à ce sujet. La difficulté était de sanctionner le cessionnaire et d'imposer une sanction à une personne qui n'avait pas pris part à l'acte répréhensible. Le NLRB a d'abord décidé en 1944 que seul le cédant était responsable de la pratique déloyale de travail qu'il avait commise [262]. Il est ensuite revenu sur sa position trois ans plus tard en admettant la responsabilité conjointe et solidaire des employeurs successifs [263], pour changer à nouveau d'avis et revenir à sa position initiale

---

[257]. « *Successor* ».

[258]. « *Anti-union animus* ».

[259]. « *Disguised continuance* ».

[260]. « *Alter ego employer* », c'est-à-dire lorsque les deux entreprises ont « *une direction, un objet social, un fonctionnement, des équipements, une clientèle, un encadrement et un actionnariat* [ownership] *essentiellement identiques* » [Crawford Door Sales Co., 226 *N.L.R.B.* 1144, 94 *L.R.R.M.* 1393 (1976)], et que l'opération a été effectuée à dessein pour contourner les droits que le NLRA confère aux salariés. Par exemple : en cas de changement de lieu d'activité ou de forme juridique de l'entreprise ou encore lorsque les deux sociétés sont suffisamment liées pour être considérées comme « essentiellement identiques » (ainsi, dans l'arrêt précité où l'actionnaire majoritaire, également président de l'entreprise cessionnaire, était le fils de l'actionnaire majoritaire de l'entreprise cédante). Sur cette notion v. 1ère Partie, Titre I, chapitre I, *supra*.

[261]. NLRB v. Hopwood Retinting Co., 98 *F.2d* 97, 2 *L.R.R.M.* 650 (2d Cir. 1938) ; Southport Petroleum Co. v. NLRB, 315 *U.S.* 100, 9 *L.R.R.M.* 411 (1942).

[262]. South Carolina Granite Co., 58 *N.L.R.B.* 1448, 15 *L.R.R.M.* 122 (1944), *enforced sub. nom.* NLRB v. Blair Quarries, Inc., 152 *F.2d* 25, 17 *L.R.R.M.* 683 (1945).

[263]. Alexander Milburn Co., 78 *N.L.R.B.* 747, 22 *L.R.R.M.* 1249 (1948).

devant la résistance des Cours fédérales [264]. Il a adopté sa ligne de conduite définitive dix ans plus tard, en 1967, en admettant que le cessionnaire [265] puisse être condamné à réparer les pratiques déloyales de travail commises par le cédant [266], dès lors que :

- le cessionnaire savait, au moment où il contractait avec le cédant qu'une plainte relative à une pratique déloyale de travail était instruite contre le cédant par le NLRB,
- les salariés du cédant ont été repris par le cessionnaire pour effectuer le même travail, dans les mêmes conditions et dans le même lieu qu'avant la cession,
- les emplois des salariés qui avaient été victimes de discrimination existaient encore chez le cessionnaire, et
- une réintégration auprès du cédant ne pouvait être envisagée puisque son activité avait été transférée au cessionnaire.

Le NLRB ordonna, dans cette affaire, le paiement d'arriérés de salaires par le cédant et la réintégration des quatre salariés en question chez le cessionnaire.

**1160.** La Cour Suprême se prononça sur cette même question quelques années plus tard en 1973, dans un célèbre arrêt Golden State Bottling [267], reprenant en grande partie les arguments développés six ans plus tôt par le NLRB.

En l'espèce, le cessionnaire, All American Beverages [268], avait fait l'acquisition [269] de l'activité d'embouteillage de boissons non alcoolisées du cédant, Golden State Bottling [270]. Il était établi que le cédant avait licencié pour ses pratiques syndicales un de ses chauffeurs-vendeurs, ce dont le cessionnaire avait connaissance. Ce dernier continua l'activité du cédant sans interruption et sans apporter de modification substantielle dans la composition de son personnel ou dans son mode de fonctionnement.

**1161.** Éliminant la question de la possibilité d'un recours contre un tiers à l'acte incriminé, la Cour Suprême considéra dans cet arrêt que le NLRA ne limitait pas les pouvoirs de sanction du NLRB. Ce dernier avait tout pouvoir pour prononcer une sanction contre les personnes ayant un « lien d'intérêt » [271] avec le contrevenant, dès lors qu'était démontrée une continuité suffisante de l'entreprise et que le cessionnaire savait, au moment de l'acquisition, que le cédant était poursuivi ou sanctionné pour pratiques déloyales de travail.

Il convenait alors d'évaluer les intérêts en présence, comme l'avait fait le NLRB quelques années plus tôt. Fait suffisamment inhabituel pour être souligné, l'aspect social fut loin d'être écarté par la Cour Suprême. Dépassant les principes de droit contractuel, elle opposa la protection des salariés au droit de l'employeur de disposer de son entreprise en reconnaissant que bien que le cessionnaire n'avait commis aucune pratique déloyale de travail, il pouvait néanmoins être condamné à réparer, en sa qualité de successeur de l'employeur initial, le préjudice subi par le salarié injustement licencié. Les droits des salariés devaient ainsi prévaloir sur ceux du repreneur « innocent » pour leur permettre d'obtenir la réparation d'un préjudice qu'ils auraient toute difficulté à obtenir auprès du cédant du fait de sa disparition après l'opération de transfert, de son insolvabilité ou encore de délais de procédure trop importants.

**1162.** La Cour Suprême souligna ainsi, en citant le NLRB dans son arrêt de 1967, qu'un intérêt particulier devait être porté aux salariés, victimes d'une pratique déloyale de travail,

---

[264]. Symns Grocer Co., 109 *N.L.R.B.* 346, 34 *L.R.R.M.* 1326 (1954).

[265]. « *Bona fide successor* ».

[266]. Perma Vinyl Corp., 164 *N.L.R.B.* 968, 65 *L.R.R.M.* 1168 (1967), *enf'd* United States Pipe & Foundry Co. v. NLRB, 398 *F.2d* 544, 68 *L.R.R.M.* 2913 (5th Cir. 1968).

[267]. Golden State Bottling Co. v. NLRB, 414 *U.S.* 168, 84 *L.R.R.M.* 2839 (1973).

[268]. « *Successor* ».

[269]. « *Purchase of business* ».

[270]. « *Predecessor* ».

[271]. « *Related in interest* ».

qui ont perdu leur emploi et se retrouvent sans possibilité d'obtenir réparation du fait que l'entreprise « change de mains » [272]. La réintégration du salarié coûterait de toute façon peu au cessionnaire qui pourrait toujours ajuster le prix d'acquisition ou prévoir une clause indemnitaire dans le contrat de cession visant à écarter la mise en cause de sa responsabilité.

Il s'agissait ainsi pour la Cour Suprême de permettre aux juges d'éviter que les modifications apportées à la situation juridique de l'entreprise n'aboutissent à déjouer la réparation des pratiques déloyales de travail et la préservation des droits collectifs voulues par le NLRA. Il convenait également de prendre en compte le fait que l'absence de réparation par le cessionnaire était susceptible d'engendrer des conflits sociaux parmi les salariés repris affectés à l'entreprise ou à l'activité cédée.

**1163.** La Cour Suprême refusa cependant d'exonérer le cédant de toute responsabilité et considéra, comme l'avait fait le NLRB dans son arrêt de 1967, que celui-ci devait au moins indemniser le salarié concerné pour tout manque à gagner du jour de son licenciement jusqu'au jour de sa réintégration dans un emploi équivalent chez le nouvel employeur [273]. Néanmoins, une responsabilité conjointe et solidaire du cédant et du cessionnaire permettrait d'assurer au mieux la réparation au salarié. Dès lors, il convenait, ainsi que l'avait décidé le NLRB, de condamner conjointement et solidairement le cédant et le cessionnaire pour la pratique déloyale de travail commise par le premier antérieurement au transfert et ordonner le paiement des arriérés de salaire et la réintégration du salarié chez le cessionnaire [274].

**1164.** En application de cette décision, le cessionnaire peut donc être sanctionné pour les pratiques déloyales de travail commises par le cédant, en droit américain, lorsqu'il y a une continuité de l'entreprise [275]. Tel était le cas en l'espèce puisque le nouvel employeur « *avait acquis des actifs substantiels du précédent employeur et continué, sans interruption ou modification importante l'activité de ce dernier* ».

Pour ce faire, le cessionnaire doit néanmoins être « avisé » [276] de l'existence des pratiques déloyales de travail au moment de l'acquisition. En l'espèce, le secrétaire général et directeur du cédant qui avait licencié le salarié en question était devenu directeur général du cessionnaire et avait participé, au moins à une occasion, aux négociations entourant la cession. Le NLRB avait, en outre, condamné le cédant ainsi que ses « successeurs » à réintégrer le salarié avec paiement d'arriérés de salaire, ce dont le cessionnaire avait eu connaissance.

La sanction prononcée [277] doit également répondre aux objectifs du NLRA. Elle est en effet destinée à éviter les conflits sociaux, protéger le droit des salariés d'être représentés, et permettre le rétablissement dans leurs droits des salariés victimes de la pratique déloyale de travail. Enfin, le cessionnaire doit avoir la possibilité de débattre de ces questions devant le NLRB, typiquement dans le cadre d'une procédure en paiement d'arriérés de salaire [278].

---

[272]. « *Especially in need of help, it seems to us are the employee victims of unfair labor practice who, because of their unlawful discharge, are now without meaningful remedy when title to the employing business operation changes hands* ». Golden State Bottling Co. v. NLRB, 84 *L.R.R.M.* 2839, 2844 *quoting* Perma Vinyl Corp., 164 *N.L.R.B.* at 969 (1967).

[273]. « *Restoring the economic status quo* ».

[274]. En l'espèce le salarié avait été licencié par le cédant au mois d'août 1963 et la cession s'était réalisée en octobre 1964. Le NLRB a reconstitué son salaire sur la base de ce qu'il gagnait chez le cédant et aurait gagné chez le cessionnaire à compter du mois d'octobre 1964. L'argument du cessionnaire selon lequel le salarié aurait vraisemblablement changé de statut et travaillé en qualité de travailleur indépendant n'y changea rien.

[275]. « *continuity in the employing enterprise* ».

[276]. « *Has notice* ».

[277]. « *Remedy* ».

[278]. « *Backpay proceedings* ».

**1165.** La Cour Suprême n'a pas détaillé, dans cet arrêt, les critères permettant de déterminer l'existence d'une « continuité » de l'entreprise. Elle a simplement jugé que les conclusions du NLRB étaient justifiées en l'espèce. L'activité avait continué avec le personnel sans changement substantiel, sans qu'il soit besoin de savoir si la majorité ou non des salariés du cédant avait été reprise par le cessionnaire ni la composition du personnel de ce dernier. Il suffit donc principalement que l'entreprise ou l'activité cédée continue à fonctionner après la cession, dans les mêmes conditions, et quelle que soit l'opération juridique en cause, pour que le cessionnaire soit tenu de réparer les pratiques déloyales de travail commises par le cédant [279].

**1166.** Pour désengager sa responsabilité, le cessionnaire a la charge de prouver qu'il n'avait pas connaissance du fait incriminé à la date de la cession [280]. La charge de la preuve peut néanmoins être renversée par un simple démenti et revenir au parquet [281]. Celui-ci pourra déduire la connaissance dudit fait du maintien chez le cessionnaire des membres de la direction du cédant [282] ou encore de l'information de l'avocat du cessionnaire avant la cession[283], quel que soit le degré d'information effectivement transmis par l'avocat au cessionnaire [284]. En pratique, les parties s'accordent habituellement, comme en droit anglais, sur une clause à l'acte de cession prévoyant le paiement d'une indemnité par le cédant en cas de poursuite du cessionnaire au titre de pratiques déloyales de travail commises par le premier. Le cessionnaire est également protégé en droit américain des poursuites intempestives qui interviendraient après le transfert. Une limite de six mois est en effet prévue pour le dépôt d'une plainte en pratique déloyale de travail devant le NLRB [285].

**1167.** Il n'est pas nécessaire que le NLRB ait déjà condamné la conduite répréhensible du cédant [286] ou ait même engagé des poursuites contre lui à la date du transfert, pour que la responsabilité du cessionnaire puisse être recherchée à ce titre. Dès lors que le cessionnaire a connaissance de telles pratiques, il a connaissance du risque qu'elles puissent être

---

[279]. Les éléments pris en compte par la jurisprudence pour déterminer, au cas par cas, la « continuité de l'entreprise », sont essentiellement : l'utilisation par le cessionnaire des mêmes locaux, du personnel, des méthodes de production, afin de produire les mêmes produits pour principalement les mêmes clients et dans la même zone géographique. Pour des exemples d'application de cette jurisprudence fidèlement reprise par le NLRB et les Cours fédérales depuis 1973: American Signature Inc., 334 *N.L.R.B.* 109, 169 *L.R.R.M.* 1458 (2001), décidant de la réintégration chez le cessionnaire de salariés grévistes licenciés à tort et non réintégrés par le cédant, lorsque le cessionnaire reprend le site (« *purchase of company's plant* ») en pleine connaissance de cause. Le cédant a été jugé conjointement et solidairement responsable de la réparation du préjudice subi par les salariés (grève de 1993 à fin 1996 - rupture des contrats des salariés grévistes déclarée illicite en décembre 1996 - cession réalisée en janvier 1997) ; WXGI, Inc. v. NLRB, *Lab. Law Rep. CCH* § 25116 (2001). En l'espèce, la réintégration chez le repreneur d'une station de radio, de quatre salariés licenciés pour leurs opinions syndicales par le précédent propriétaire a été décidée, avec paiement d'arriérés de salaire, alors que le cessionnaire avait connaissance des faits incriminés et que les prétendus changements apportés à l'activité par le cessionnaire n'altéraient pas la continuité substantielle de l'activité et la nature des emplois des salariés. Le cédant a été jugé conjointement et solidairement responsable de la réparation du préjudice subi par les salariés (licenciements en septembre 1997 - cession réalisée en octobre 1997).

[280]. Mansion House Center Management Corp., 208 *N.L.R.B.* 684, 85 *L.R.R.M.* 1555 (1974) ; M & J Supply Co., 300 *N.L.R.B.* 444, 135 *L.R.R.M.* 1243 (1990).

[281]. « General Counsel ».

[282]. Par exemple : Evans Servs., Inc. v. NLRB, 810 *F.2d* 1089, 124 *L.R.R.M.* 2802 (11th Cir. 1987).

[283]. NLRB v. Jarm Enterprises, Inc., 785 *F.2d* 195, 121 *L.R.R.M.* 3105 (7th Cir. 1986).

[284]. M & J Supply Co. (1990), précité.

[285]. NLRA, sec. 10 (b) ; 29 *U.S.C.*160.

[286]. A l'inverse des faits d'espèce de l'arrêt de la Cour Suprême où l'opération de transfert avait eu lieu après que le NLRB ait ordonné au cédant ainsi qu'à ses successeurs de réintégrer le salarié injustement licencié.

incriminées et sanctionnées. En pratique, il est recommandé au bureau régional du NLRB [287] auprès duquel la procédure a été initiée à l'encontre du cédant, de notifier aux repreneurs potentiels, dont il aura connaissance par l'intermédiaire du cédant lui-même ou par ses propres investigations, l'existence, la nature et l'importance des faits incriminés [288].

La Cour Suprême a cependant limité la portée de sa décision en reconnaissant que le cessionnaire ne pouvait pas être tenu d'exécuter toutes les décisions du NLRB prononcées contre le cédant dont il avait connaissance à la date de l'opération, qu'elles soient pendantes ou restées insatisfaites à cette date. La possibilité d'une mise en cause de la responsabilité du cessionnaire pour les pratiques déloyales de travail commises par le cédant dépendra également et principalement de la continuité de l'entreprise par le cessionnaire.

**1168.** Le NLRB et les Cours fédérales refusent généralement de distinguer entre les formes juridiques de l'opération de transfert pour considérer le cessionnaire comme le « successeur » du cédant. Sa responsabilité est engagée qu'il s'agisse d'une fusion entre deux ou plusieurs sociétés, d'une fusion par création d'une société nouvelle [289] ou d'un transfert total ou partiel d'actifs [290]. Tous les transferts d'entreprises n'entreront pas pour autant dans le champ d'application de l'arrêt Golden State Bottling et ne permettront pas aux salariés d'obtenir une réparation de la pratique déloyale de travail perpétrée par le cédant.

Tel sera le cas lorsque la relation entre le cédant et le cessionnaire est si ténue que l'opération ne peut être considérée comme assurant la « continuité substantielle » de l'entreprise ou de l'activité en question. Le NLRB en a décidé ainsi dans un cas de succession de prestataires sur un même marché. Le second prestataire n'avait pas à remédier aux pratiques déloyales de travail du premier, bien qu'il en ait eu connaissance au moment de la reprise du marché, en l'absence de lien d'affaires [291] entre eux [292].

**1169.** La véritable étendue de la responsabilité du cessionnaire vis-à-vis des salariés du cédant dépendra, en définitive, de la réunion d'un ensemble d'éléments qui peuvent être différents ou s'ajouter à ceux exigés par l'arrêt Golden State Bottling, notamment le fait que le cessionnaire réembauche ou non tous les salariés du cédant ou une majorité d'entre eux. Ces éléments ne visent qu'à déterminer la responsabilité du cessionnaire à l'égard des pratiques déloyales de travail commises par son prédécesseur et connues de lui à la date du transfert. Elles ne visent pas à déterminer sa qualité de successeur pour toute autre obligation qui pourrait être mise à sa charge. C'est là toute la difficulté de l'appréhension globale de la doctrine de l'employeur successeur [293] en droit américain.

---

287. « The NLRB regional office ».

288. NLRB Casehandling Manual Part. 3, § 10643.2.

289. « *Consolidation* ».

290. Golden State Bottling Co. v. NLRB, 84 *L.R.R.M.* at 2845 n.5 (1973) : « *The refusal to adopt a mode of analysis requiring the Board to distinguish among mergers, consolidations and purchases of assets is attributable to the fact that, so long as there is a continuity in the « employing industry », the public policies underlying the doctrine will be served by its broad application* ».

291. « *Business nexus* ».

292. Généralement, en cas de reprise de l'activité d'une entreprise en faillite dès lors que le repreneur ne peut s'assurer aucune garantie contractuelle. Par exemple, Glebe Elec., Inc., 307 *N.L.R.B.* 883, 140 *L.R.R.M.* 1193 (1992). En l'espèce, un second sous-traitant avait remplacé un premier sous-traitant, qui avait fait faillite, pour finir, avec les salariés du premier, les travaux d'électricité commencés ; Steinbach v. Hubbard, 51 *F.3rd* 843 (9th Cir 1995) ; Peters v. NLRB, 153 *F.3rd* 289 (CA6 1998). A distinguer de Am-Del-Co. Inc., 234 *N.L.R.B.* 1040, 97 *L.R.R.M.* 1419 (1978), où, dans un cas similaire de succession de sous-traitants sur un même contrat, le NLRB avait conclu à une responsabilité limitée du second sous-traitant pour le premier en ce qu'il avait participé au retrait du marché au premier sous-traitant et en avait tiré avantage, en dépit de la connaissance qu'il avait des pratiques déloyales commises par ce dernier.

293. « *Successorship doctrine* ». Sur cette doctrine, v. 1ère Partie, Titre 2, Chapitre 2, *supra*.

Pour ajouter à la complexité de la question, certaines Cours fédérales posent une condition supplémentaire à la mise en cause de la responsabilité du cessionnaire dans le cadre de l'arrêt Golden State Bottling, tenant à l'impossibilité pour le salarié d'obtenir réparation auprès du cédant. Elles estiment en effet qu'il serait « extrêmement injuste », sauf dans les circonstances les plus exceptionnelles, d'imposer une responsabilité de successeur à un « acheteur innocent » lorsque le prédécesseur est complètement capable de réparer son forfait [294]. D'autres, plus contestées, exigent, dans les cas de discrimination, qu'une plainte soit en cours lors de l'acquisition pour que le cessionnaire puisse être mis en cause [295].

**1170.** Enfin, rappelons que cette jurisprudence subordonne la réparation due aux salariés dont les droits ont été bafoués par le cédant à la connaissance, par le cessionnaire, de la pratique déloyale de travail qu'il a commise. Pour assurer la réparation du préjudice subi par les salariés, les syndicats auront donc tout intérêt, dans cet esprit, à porter à la connaissance du cessionnaire des données dont ils ont eu connaissance, s'ils sont informés de l'existence de cette opération à temps [296]. A défaut d'information sur les pratiques déloyales de travail commises par le cédant, l'efficacité de la protection accordée par le NLRA et la jurisprudence aux salariés compris dans une opération de transfert d'entreprise pourra être subordonnée à l'information du syndicat sur l'opération en cours. En l'absence de syndicat dans l'entreprise, les salariés se trouveront sans possibilité d'obtenir réparation de leur préjudice si les faits ne sont pas portés à la connaissance du cessionnaire et que le cédant est insolvable ou n'existe plus. Cette jurisprudence peut donc finalement s'avérer d'une portée limitée. Elle a néanmoins cette particularité de permettre la poursuite du cessionnaire pour des fautes commises par le cédant à l'égard de salariés que le cessionnaire n'aurait pas forcément réembauché. En effet, contrairement aux droits français et anglais condamnant les licenciements liés au transfert d'entreprise, les licenciements dont il est question ici ne concernent pas le transfert d'entreprise à proprement parler mais, plus largement, la violation par l'employeur des droits que le NLRA protège. Ils peuvent donc avoir été prononcés bien avant l'opération de transfert et sans aucun lien avec elle et, pour autant, appeler réparation si le cessionnaire en avait connaissance.

**1171.** Signalons également que les fautes du cédant dont les salariés peuvent obtenir réparation auprès du cessionnaire concernent non seulement la violation par le cédant des droits protégés par le NLRA, c'est-à-dire, principalement, les licenciements des salariés liés à leur opinion ou appartenance syndicale, mais également, par extension, ceux protégés par le Titre VII du Civil Rights Act de 1964, sanctionnant les discriminations au travail fondées sur les appartenances religieuses, raciales, ethniques ou sexuelles [297] et les textes sanctionnant les

---

294. Par exemple: Criswell v. Delta Air Lines, 868 *F.2d* 1088 at 1094 (9th Cir. 1988) ; Musikiwamba v. ESSI, Inc., 760 *F.2d* 740 at 750 (7th Cir. 1985).

295. Par exemple: Rabidue v. Osceola Beef Co. 805 *F.2d* 611, 617 (6th Cir. 1986) (Equal Pay Act) ; Bates v. Pacific Maritime Ass'n, 744 *F.2d* 705 at 709-10 (1984) (Title VII). Cela permet au cessionnaire de connaître l'étendue de la violation et lui donne la possibilité de régler le différent à l'amiable, s'il le souhaite.

296. Voir à ce titre les observations de J. L. F. SILVER, « Reflections on the obligations of a successor employer», *Cardozo Law Review*, Spring 1981, vol. 2, p. 574-77.

297. 42 *U.S.C.* § 2000e-2(a). Pour des commentaires sur l'application de la jurisprudence Golden State Bottling dans ce domaine, voir notamment C. A. CRISPIN, « The successorship doctrine: in search of a new focus », *Williamette Law Review*, 1981, vol. 17, p. 430-36.

discriminations liées à l'âge ou au handicap des salariés [298]. Le cessionnaire peut donc être condamné à réparer les pratiques discriminatoires perpétrées par le cédant, avant le transfert, dès lors qu'il a connaissance de l'existence de ces pratiques et qu'il remplit les conditions pour pouvoir être considéré comme le successeur du cédant pour l'application de la jurisprudence Golden State Bottling [299]. Un débat opposait toutefois récemment, sur ce terrain, la Cour du 11ème Circuit à celle du 6ème Circuit, la première faisant de l'existence d'un lien contractuel [300] (fusion ou transfert d'actifs) entre le cédant et le cessionnaire une condition préalable au transfert de responsabilité du cédant au cessionnaire [301], tandis que la seconde ne l'impose pas [302]. Le droit n'est donc pas complètement fixé en dehors du terrain de la pratique déloyale de travail, à défaut de position formelle de la Cour Suprême sur ce point.

**1172.** La protection des salariés victimes de discrimination dans leur emploi et n'ayant pas obtenu réparation préalablement au transfert d'entreprise serait supérieure à celle conférée par le droit français, où le cessionnaire peut être poursuivi au seul titre des dettes et obligations du cédant vis-à-vis des salariés transférés. Elle est aussi plus avantageuse que les droits français et anglais qui ne permettent généralement pas que le cessionnaire assume la responsabilité d'actes qui ne seraient pas relatifs aux contrats ou aux salariés transférés.

En droit américain, le raisonnement ne s'effectue pas en termes de créance des salariés à l'égard du cédant ou du cessionnaire comme en droit français. Les principes de droit des sociétés sont applicables en la matière. Le cessionnaire ne s'engage, *a priori*, que ce pour quoi

---

298. Principalement, *The Age Discrimination in Employment Act* de 1967 (« ADEA ») [29 *U.S.C.* § 621 et seq.] et *The Americans With Disabilities Act* de 1990 (« ADA ») [42 *U.S.C.* § 12101 et seq.]. Le concept de l'employeur « successeur » a également été étendu à d'autres domaines, notamment en matière de salaire minimum et de temps de travail [droits protégés notamment par The Fair Labor Standards Act de 1938 (« FLSA »), [29 *U.S.C.* § 201 et seq.] et The Equal Pay Act de 1963 (« EPA »), [29 *U.S.C.* § 206 (d)], et par le droit de certains Etats [Par exemple en Iowa, pour les discriminations raciales du cédant. Par exemple, First Judicial Dist., Dept. of Correctional Services v. Iowa Civil Rights Comm'n, 315 *N.W.2d* 83 (Iowa 1982) ; Au Kansas, pour les discriminations sexuelles du cédant, en cas de connaissance des faits incriminés par le cessionnaire avant la cession. Par exemple, Kansas Comm'n on Civil Rights v. Service Envelope Co., 233 *Kan.* 20, 660 *F.2d* 549 (1963)]. Certains auteurs prédisent également l'extension de l'application de la jurisprudence Golden State Bottling à des domaines tels que la protection des plans de retraite entreprise ou multi-entreprises, ou encore en matière d'hygiène et de sécurité au travail ou d'immigration. W. H. DuRoss, III, « Increasing the labor-related costs of business transfers and acquisitions – The spectre of per se liability for new owners », *Washington University Law Quarterly*, 1989, vol. 67, p. 409-423.

299. Par exemple : EEOC v. MacMillan Bloedel Containers, Inc., 503 *F.2d* 1086 (6th Cir. 1974). Dans cet arrêt, la Cour d'appel a reconnu que la règle qui justifie d'imposer une obligation du prédécesseur à son successeur permet également que celui-ci soit appelé à remédier aux violations du Titre VII de son prédécesseur. Elle note les similitudes essentielles entre le Titre VII et le NLRA en indiquant que « *le fait que les deux textes mettent l'accent sur la nécessaire protection des victimes et la réparation des pratiques illicites suffit* (...) *à imposer au repreneur la responsabilité des violations du Titre VII du prédécesseur* ». La connaissance par le cessionnaire de l'existence de telles pratiques peut être déduite des circonstances de l'espèce. NLRB v. South Harlan Coal, Inc., 844 *F.2d* 380, 385-386 (6th Cir. 1988).

300. « *Privity* »

301. Coffman v. Chugach Support Services, Inc., 411 *F.3d* 1231 (11th Cir. 2005), à propos de *The Uniformed Services Employment and Reemployment Rights Act* de 1994 (« USERRA »), interdisant toute discrimination contre les civils absents de leur emploi pour cause de service dans l'armée.

302. Cobb v. Contract Transport, Inc., 452 *F.3d* 543 (6th Cir. 2006), à propos de *The Family and Medical Leave Act* de 1993 (« FMLA »), interdisant toute discrimination contre les salariés temporairement absents de leur emploi notamment pour cause de maladie ou d'accompagnement à la maladie d'un proche. Sur cette opposition, lire notamment: T.R. HOLLIFIELD, « Successor liability issues in labor and employment cases », *Florida Bar Journal*, January 2007, vol. 81, p. 48.

il veut bien s'engager. Le rapprochement est plutôt à faire avec le droit anglais, lequel raisonne en termes de réparation pour une mesure prononcée par le premier en violation de droits protégés par les textes. Son champ d'application est néanmoins beaucoup moins large. Le comparatiste doit en tenir compte.

# CONCLUSION DU TITRE II

**1173.** Le droit communautaire consacre le principe selon lequel « *des dispositions sont nécessaires pour protéger les travailleurs en cas de changement de chef d'entreprise en particulier pour assurer le maintien de leurs droits* » [1]. Il est vrai que puisque le droit américain ne prévoit pas le maintien des droits des salariés dans le contexte des transferts d'entreprises, il n'a pas de raison de limiter spécialement le pouvoir de direction de l'employeur dans ce cadre. A y regarder de plus près cependant, cette opposition entre droit français et droit anglais, protecteurs des droits des salariés d'un côté, et droit américain, n'admettant quasiment aucune limitation au pouvoir de direction de l'employeur de l'autre, est moins nette qu'il n'y paraît. Les trois systèmes juridiques adoptent en effet des mesures permettant de contrôler à la fois les décisions de transfert et leurs effets. Leur efficacité est cependant limitée.

Elle est limitée, qu'il s'agisse du contrôle exercé par les représentants du personnel et les juges sur les décisions de transfert, d'abord. En droit français et anglais, un décalage est constaté entre le rôle des représentants du personnel qui est consacré par les textes et l'efficacité de leur intervention en pratique. En droit américain, le NLRA ne vise qu'un devoir et non une obligation d'aboutir dans les négociations. L'employeur ne voit donc ses prérogatives diminuées que lorsqu'il y consent. Or, la volonté de l'employeur est bien souvent défaillante. Les résultats obtenus dans les trois systèmes juridiques sont convergents. L'équilibre des pouvoirs n'est jamais réellement obtenu. L'employeur reste le seul décisionnaire.

Elle est limitée, qu'il s'agisse du contrôle des effets du transfert, ensuite. Même s'il supporte le coût financier de la rupture du contrat de travail du salarié et de la violation du principe du transfert, l'employeur réussit souvent à déjouer les effets de la loi. Quel que soit le système juridique étudié, le contrat de travail du salarié ne sera pas maintenu dans le cadre du transfert d'entreprise si le cessionnaire en décide ainsi. Le licenciement intervenant en violation des droits des salariés se satisfait généralement de sanctions indemnitaires, en dépit du contexte particulier dans lequel il prend place.

**1174.** Il reste néanmoins que l'employeur ne peut s'affranchir de toute obligation vis-à-vis du salarié dont le contrat de travail a été rompu dans le cadre du transfert ou dont le contrat est maintenu. Chacun des systèmes juridiques autorise en effet la réparation des dommages subis par le salarié en lui offrant des possibilités de recours élargies à l'égard des employeurs successifs pour assurer le respect de ses droits. Le véritable contrôle que le transfert d'entreprise autorise en droits français, anglais et américain réside ici.

---

[1]. Troisième considérant de la directive 2001/23/CE.

# CONCLUSION DE LA SECONDE PARTIE

**1175.** La protection des salariés s'organise au-delà de la question du pouvoir de direction de l'employeur et du droit du licenciement. L'employeur reste juge de l'organisation de son entreprise et des mesures à prendre pour en assurer la bonne marche. Le droit organise la continuité des droits des salariés en parallèle et en contrôle le respect. C'est une façon pour les droits français et anglais de s'inscrire dans l'idée que le maintien des droits ne signifie pas toujours le maintien de l'emploi.

Pour reprendre les termes d'une opinion particulièrement autorisée : « *le souci de la sécurité juridique des salariés vient ainsi conjuguer ses effets ou prendre le relais de celui de la stabilité de l'emploi* » [1].

**1176.** D'aucuns pourront déplorer à ce sujet que l'ambition du droit social sur ce terrain ait changé ou soit devenue limitée, d'autres se féliciter de la flexibilité qu'il permet dans un domaine où les impératifs économiques et de concurrence sont pressants. Reste à savoir si le principe du transfert du contrat de travail du salarié, à défaut de lui assurer le maintien de son emploi, lui assurera le maintien de ses droits dans la durée, une fois son transfert acquis.

Le pouvoir de direction de l'employeur est certes encadré par les droits français et anglais, mais pourrait rendre illusoire la protection de la relation d'emploi que ceux-ci organisent, sauf à sanctionner fermement la violation de cette protection. Ils se rapprocheraient en ce sens des garanties offertes par le système américain aux salariés représentés par un syndicat.

---

[1]. M. DESPAX, *Négociations, conventions et accords collectifs,* Droit du travail, publié sous la direction de G.-H. CAMERLYNCK, tome 7, Dalloz, 1989, n°166, p. 292.

# CONCLUSION GÉNÉRALE

**1177.** L'étude de la situation de salariés compris dans une opération de transfert d'entreprise aurait pu se résoudre à confirmer cette proposition communément admise que l'Europe est plus « sociale » qu' « économique » et que le système américain est plus « économique » que « social ». La situation des salariés serait donc protégée en droit français et anglais. Elle serait soumise aux vicissitudes des mutations de l'entreprise et à la loi du marché en droit américain.

La réalité est plus subtile. Elle est révélatrice d'une adaptation du droit aux contraintes économiques, quel que soit le système juridique étudié. Le droit des transferts d'entreprises et le droit du travail serait en ce sens, et pour reprendre l'expression imagée du Professeur Gérard Lyon-Caen, à propos de l'histoire du droit du travail et de la liberté d'entreprendre, celle d'un « *couple infernal* »[1].

**1178.** L'incitation à reprendre les salariés est beaucoup plus forte dans les systèmes français et anglais où la loi organise elle-même les conditions dans lesquelles le transfert des salariés doit s'effectuer. La volonté de l'employeur est encadrée par le législateur en droit français et anglais. En droit américain cette volonté reste libre. Elle n'implique de contraintes pour l'employeur qu'une fois que celui-ci a exercé son choix. S'il décide de reprendre les salariés, il devient le successeur du premier employeur pour les salariés et leurs représentants. Il accepte par la même les obligations qui découlent de ce statut. La reprise des salariés doit-elle être choisie, comme en droit américain, ou imposée, comme en droit français et anglais sous couvert de protéger l'emploi ?

**1179.** La problématique des transferts d'entreprises ne semble pas pouvoir se réduire à une opposition aussi simple. L'évolution récente du droit anglais vers une application plus systématique du texte protecteur des salariés en est la preuve. L'objectif est de permettre à toutes les entreprises comprises dans ce type d'opération de répartir entre elles les coûts salariaux par le jeu d'un transfert de salariés entre elles. Le libre exercice de la concurrence entre entreprises est ainsi encouragé. Les mêmes conditions sont applicables à toutes les entreprises. La sécurité juridique permet l'essor des transferts d'entreprises. Ceux-ci deviennent l'occasion de gérer l'emploi et non plus de le protéger. Seuls les employeurs qui désirent s'affranchir de cet automatisme supportent le coût afférent aux ruptures des contrats de travail. Plus que le droit français, le droit anglais évolue vers un droit d'accompagnement des transferts d'entreprises.

Le droit américain démontre, par ailleurs, qu'un système juridique qui n'organise pas le transfert des salariés ne compromet pas pour autant l'avenir de cette activité lorsque celle-ci est cédée. Les coûts salariaux et le maintien des salariés dont le nouvel employeur a besoin pour continuer l'activité cédée rentrent dans les négociations entourant la transaction. Le nouvel employeur ne s'affranchit pas de toute obligation à l'égard des salariés de son prédécesseur puisque la jurisprudence organise une répartition des responsabilités entre eux.

---

[1]. G. LYON-CAEN, « La concurrence par la réduction du coût du travail », *Droit Ouvrier*, juillet 2003, p. 261.

La protection des salariés est sélective et s'adapte aux besoins de l'entreprise. La négociation collective est le garant des droits des salariés [2].

**1180.** Quel que soit le système juridique étudié, l'enjeu est plus pour les salariés le maintien de leurs droits dans la durée que le maintien de leur emploi - même si l'un ne va pas sans l'autre. Or, ce maintien ne peut être garanti contre la volonté du cessionnaire. Les trois systèmes juridiques s'accordent sur ce point. Quelles que soient les contraintes définies par le droit du travail, l'efficacité de l'entreprise prime dans tous les systèmes juridiques. En ce sens, il pourrait être soutenu que le droit n'a pas concilié de façon équilibrée le droit pour chacun d'obtenir un emploi et la liberté d'entreprendre. La difficulté de conciliation de ces deux principes croît avec l'accélération des mutations de l'entreprise. La relation entre stabilité de l'emploi et transfert d'entreprise aurait-elle vécu ?

Il est vraisemblable que la difficulté de concilier ces deux principes ira grandissante à l'avenir dans un environnement international changeant. La problématique des transferts d'entreprises évolue avec les stratégies d'entreprise. Il semble que la question ne soit plus celle de savoir quelle protection accorder aux salariés dans ce type de situation mais plutôt de définir le degré de protection compatible avec les exigences de l'économie. L'enjeu est de répondre à ces exigences sans priver le droit du travail de sa mission de protection du salarié[3]. Pour ce faire, la règle juridique se devrait d'être efficace économiquement [4]. Quant à savoir si tel doit être l'objectif du droit du travail applicable aux transferts d'entreprises, la question dépasse le juriste et s'adresse au législateur plus qu'aux juges [5]. En effet, comme ne manquait pas d'observer le doyen Carbonnier, à propos de l'effectivité et l'ineffectivité de la règle de droit, « *il peut être important de maintenir une règle, même violée, si elle répond à un intérêt social évident* » [6].

**1181.** Les stratégies d'entreprise commandent les rapports de travail de demain. Au droit de tirer les conséquences du nouvel environnement de travail et du changement des conditions d'emploi que la mondialisation, les rapprochements et les fusions d'entreprises au niveau national et transnational impliqueront pour les salariés et de s'y adapter pour mieux encadrer les situations de fait [7]. Le droit comparé devient un outil majeur dans ce processus. En effet,

---

2. Est-ce suffisant ? Non, répondent généralement les auteurs américains. Cela invite à segmenter la protection des salariés et à ne la réserver qu'à une petite partie d'entre eux, ce qui est contraire à la vocation du droit fédéral. Notamment: L. BRAGINSKY, « How changes in employer identity affect employment continuity: a comparison of the United States and the United Kingdom ». *Comparative Labor Law Journal*, 1995, vol. 16, n°2, p. 231-261.

3. Il semble qu'il faille être confiant sur point. Notamment: J. PELISSIER, A. SUPIOT, A. JEAMMAUD, *Droit du travail*, Précis Dalloz, 2002, p. 41 ; F. GAUDU, « L'organisation juridique du marché du travail », *Droit Social*, 1992, p. 941 ; O. FAVEREAU, « Le droit du travail face au capitalisme : d'une normativité ambiguë à la normativité de l'ambiguïté », *Le droit du travail confronté à l'économie*, sous la direction de Antoine JEAMMAUD, Dalloz, 2005, p. 39-51. Ces auteurs soulignent l'ambivalence du droit du travail et l'existence d'une zone potentielle d'intérêts convergents entre capital et travail.

4. Ce que les juges communautaires auraient compris plus que les autres. P. RODIERE, « Le juge et les appréciations économiques : opposition de deux approches », *Le droit du travail confronté à l'économie*, sous la direction de Antoine JEAMMAUD, Dalloz, 2005, p. 133. Pour l'auteur, « *C'est l'existence d'un résultat économiquement profitable aux travailleurs qui justifie un mécanisme qui, poursuivant un objectif social légitime, restreint la concurrence. Le social n'est pas justifié par le social, mais par l'analyse économique des bienfaits de la règle sociale* ».

5. A ce titre, notamment: P. AUER, J. BERG, I. COULIBALY, « Is a stable workforce good for productivity ?», *International Labour Review*, 2005, vol. 144, n°3, p. 319-343 ; E. DOCKES, « Le pouvoir dans les rapports de travail – essor juridique d'une nuisance économique », *Droit Social*, 2004, n°6, p. 620-628.

6. J. CARBONNIER, *Flexible droit*, LGDJ, 2001, p. 147.

7. G. LYON-CAEN, « La concentration du capital et le droit du travail », *Droit Social*, 1983, n°5, p. 303. L'auteur observait déjà à cet égard que « *les groupes multinationaux constituant l'aile dynamique*

*« rien ne permet de dire que les droits nationaux vont perdre le rôle majeur qui a toujours été le leur en matière de relations du travail. Il est vrai en revanche que ce rôle se transforme et se complique. Il ne consiste plus à fixer souverainement une règle du jeu nationale, mais à incorporer dans un modèle national des normes issues du local et du global. Ces transformations ne pourront s'opérer de façon harmonieuse que si chaque pays admet qu'il a autant à apprendre des autres qu'à enseigner aux autres, et que les concepts juridiques ne s'exportent pas comme des marchandises »* [8].

**1182.** L'Union Européenne en est la première convaincue. Elle a ainsi établi des « dialogues réglementaires » avec un certain nombre de pays tiers, partenaires commerciaux, pour les aider à améliorer leur législation nationale et développer de nouvelles formes de coopération[9] tout en proposant le droit communautaire comme modèle. Le Japon est un précurseur en la matière. Le Japan Institute of Labor a ainsi réuni en mars 2002 des professeurs de droit du travail de neuf pays, dont trois pays de l'Union Européenne (la France, l'Allemagne et le Royaume-Uni), les États-Unis, l'Australie et quatre pays de la Zone Asie (la Chine, la Corée, Taïwan et le Japon), sur le thème des restructurations d'entreprises et le rôle du droit du travail [10]. L'axe de réflexion de ces journées d'étude était bien connu sur le continent européen. Il s'agissait de savoir comment concilier le besoin d'améliorer la compétitivité et l'efficacité des entreprises avec celui de protéger les salariés affectés par des réorganisations. Elles se sont ponctuées par le constat que le bloc Asiatique présentait une voie médiane entre le modèle européen (plus protecteur du salarié) et le modèle américain (plus protecteur de l'employeur). Ces travaux pourraient être le point de départ d'une étude comparative sur le thème des transferts d'entreprises dans des pays où le droit du travail est, pour certains, en construction. L'influence du droit communautaire en Asie serait un axe d'approche privilégié pour une telle étude.

Le droit communautaire rayonne en dehors des frontières de l'Europe. Cela constitue sans aucun doute une note d'optimisme pour un droit qui assure une certaine protection des intérêts des salariés.

---

*du capital, le droit social qu'ils sécrètent peu à peu ne peut pas manquer de devenir un élément important du droit social de l'ère des concentrations ».*

[8]. A. SUPIOT, *Critique du droit du travail*, Préface de l'édition « Quadrige », PUF, 2002, p. XLIII.

[9]. Notamment les Etats-Unis, le Japon, la Chine, l'Inde et la Russie, principalement sur des questions relatives aux marchés financiers. *Dialogues internationaux sur la réglementation – un besoin croissant*, dossier spécial, janvier 2007. http://www.ec.europa.eu/internal_market/extdimension/dialogues/index_fr.htm

[10]. The 6th JIL Tokyo Seminar « Corporate restructuring and the role of labor law », Tokyo, March 19-20, 2002.

# TABLE DE CONCORDANCE[1]

| Articles du Code du travail cités | Codification à compter du 1er mai 2008 |
|---|---|
| L.121-1 | L.1221-1 et L.1221-3 |
| L.122-12 al. 2 | L.1224-1 |
| L.122-12-1 | L.1224-2 |
| L.122-14-4 | L.1235-2 à L.1235-4 |
| L.132-8 al. 7 | L.2261-14 |
| L.132-26 | L.2232-21 à L.2232-29 |
| L.132-27 | L.2242-1 et s. |
| L.132-29 | L.2242-3 et L.2242-4 |
| L.135-3 | L.2262-4 |
| L.135-5 | L.2262-11 |
| L.135-6 | L.2262-12 |
| L.236-2 | L.4612-1 et s. |
| L.236-9 | L.4614-12 |
| L.236-11 | L.2411-13 |
| R.236-40 | R.4614-6 à R.4614-10 |
| L.320-3 | L.1233-21 à L.1233-24 |
| L.321-1 | L.1233-3 et L.1233-4 |
| L.321-1-2 | L.1222-6 |
| L.321-2-1 | L.1235-15 |
| L.321-3 | L.1233-29 et L.1233-30 |
| L.321-4-1 | L.1233-61 et L.1233-62 |
| L.321-11 | L.1238-2 à L.1238-5 |
| L.412-2 | L.2141-5 à L.2141-8 |
| L.412-7 | L.2142-2 |
| L.412-11 | L.2143-3; L.2143-4; L.2143-6 |
| L.412-15 | L.2143-8; L.2143-11 |
| L.412-16 | L.2143-7 et 2143-10 |
| L.412-18 | L.2411-3 et L.2411-4 |
| L.412-19 | L.2422-1 et L.2422-4 |
| L.421-1 | L.2311-1 et L.2312-1 à L.2312-5 |
| L.422-3 | L.2313-13 |
| L.423-16 | L.2314-26 ; L.2314-28 ; L.2314-7 |
| L.425-1 | L.2411-5 à L. 2411-7 |
| L.425-3 | L.2422-1; L.2422-2; L.2422-4 |
| L.431-1 | L.2321-1; L.2322-1 à 2322-4 |
| R.431-1 | R.2322-1 |

[1] A la date de soutenance, le Code du travail n'était pas encore applicable dans sa forme recodifiée.

| | |
|---|---|
| L.431-1-1 | L.2326-1 à L.2326-3 |
| L.431-3 | L.2322-7 |
| L.431-4 | L.2323-1 |
| L.431-5 | L.2323-2; L.2323-4; L.2323-5 |
| L.432-1 | L.2323-19 |
| L.432-1 bis | L.2323-20 |
| L.432-1 ter | L.2323-25 |
| R.432-2 | R.2323-20 |
| L.432-4 | L.2323-7 et L.2323-8 et s. |
| L.432-5 | L.2323-78 à L.2323-82 |
| L.432-6 | L.2323-62 à 2323-66 |
| L.432-6-1 | L.2323-67 |
| L.432-7 | L.2325-22 et s. |
| L.432-10 | L.2323-3 |
| L.433-1 | L.2324-1 et L.2324-2 |
| L.433-14 | L.2324-26 |
| L.434-2 | L.2325-1 |
| L.434-3 | L.2325-14 à L.2325-19 |
| L.434-4 | L.2325-20 et L.2325-21 |
| L.434-6 | L.2325-35 à L.2325-42 |
| L.434-8 | L.2325-43 et L.2325-12 |
| L.434-10 | L.2325-44 |
| L.434-12 | L.2325-4 |
| L.435-1 | L.2327-1 |
| L.435-3 | L.2327-2 et L.2327-16 |
| L.435-4 | L.2327-3 et L.2327-9 |
| L.435-5 | L.2327-11 |
| L.436-1 | L.2411-8 à L.2411-10 et L.2414-1 |
| L.436-3 | L.2422-1; L.2422-2; L.2422-4 |
| L.439-1 | L.2331-1 à L.2331-6 |
| L.439-6 | L.2341-1 à L.2341-6 |
| L.439-14 | L.2343-7 et s. |
| L.439-15 | L.2343-1 et L.2343-2 |
| L.439-23 | L.2411-11; L.2342-4 al. 2 |
| L.439-25 | L.2351-1 et s. |
| L.439-39 | L.2353-4 à L.2353-6; L.2353-16 à L.2353-20 |
| L.439-46 | L.2352-15 et L.2353-26 |
| L.439-47 | L.2411-12 et L.2352-14 |
| L.439-50 | L.2354-4 |
| L.481-2 | L.2146-1 et L.2431-1 |
| L.482-1 | L.2316-1 et L.2432-1 |
| L.483-1 | L.2328-1 et L.2433-1 |
| L.483-1-1 | L.2335-1 |
| L.483-1-2 | L.2346-1 et L.2434-1 et s. |
| L.761-7 | L.7112-5 |

# BIBLIOGRAPHIE

## BIBLIOGRAPHIE EN LANGUE FRANCAISE

### I. OUVRAGES GENERAUX

BLANPAIN R, JAVILLIER J.-C., *Droit du travail communautaire*, LGDJ, 1995, 447 p.

CATALA N., *L'entreprise*, Droit du travail, publié sous la direction de G.-H. CAMERLYNCK, tome 4, Dalloz, 1980, 1292 p.

CONSTANTINESCO L.-J., *Traité de droit comparé – Tome 1 : Introduction au droit comparé*, Librairie générale de droit et de jurisprudence R. PICHON et R. DURAND-AUZIAS, 1972, 243 p.

COUTURIER G., *Droit du travail – 1/ Les relations individuelles de travail*, PUF, 1993, 568p. ; *Traité de droit du travail – 2/ Les relations collectives de travail*, PUF, 2001, 568 p.

DAVID R., JAUFFRET-SPINOSI C., *Les grands systèmes de droit contemporains*, Précis Dalloz, 1992, 523 p.

DESPAX M., *Négociations, conventions et accords collectifs*, Droit du travail, publié sous la direction de G.-H. CAMERLYNCK, tome 7, Dalloz, 1989, 586 p.

FARJAT G., *Droit économique*, PUF, 1982, 783 p.

FOLSOM R. H., LEVASSEUR A. A., *Pratique du droit des affaires aux États-Unis*, Dalloz, 1995, 418 p.

GAUDU F., VATINET R., *Les contrat du travail : contrats individuels, conventions collectives et actes unilatéraux*, Traité des contrats, sous la direction de Jacques GHESTIN, LGDJ, 2001, 625 p.

GUINCHARD S. (sous la direction de), *Droit et pratique de la procédure civile*, Dalloz, 2006/2007, 1392 p.

LEGEAIS R., *Grands systèmes droit contemporains – approche comparative*, Litec, 2004, 457 p.

LYON-CAEN G., LYON-CAEN A., *Droit Social International et Européen*, Précis Dalloz, 1993, 360 p.

MAZEAUD A., *Droit du travail*, Domat Droit Privé, Montchrestien, 2001, 551 p.

MORETEAU O., *Droit anglais des affaires*, Précis Dalloz, 2000, 555 p.

PELISSIER J. (sous la direction de), *Droit de l'Emploi*, Dalloz, 1997, 1075 p.

PELISSIER J., SUPIOT A., JEAMMAUD A., *Droit du travail*, Précis Dalloz, 2002, 1327 p.

PELISSIER J., LYON-CAEN A., JEAMMAUD A. et DOCKES E., *Les grands arrêts du Droit du travail*, Dalloz, 2004, 777 p.

RAY J.-E., *Droit du travail, droit vivant*, éd. Liaisons Sociales, 2004, 640 p.

RIDEAU J., *Droit institutionnel de l'Union des Communautés Européennes*, LGDJ, 1994, 893 p.

RIPERT G. et ROBLOT R., *Traité de droit commercial*, T.1, LGDJ, 1991, 1303 p.

RODIERE P., *Droit social de l'Union Européenne*, LGDJ, 2002, 668 p.

SEROUSSI R., *Introduction aux droits anglais et américain*, Dunod, 1999, 188 p.

## II. OUVRAGES SPECIAUX, THESES, MONOGRAPHIES

ANTOINE M. (textes réunis par), « *L'information des salariés au Royaume-Uni et en France – Employee information in the United Kingdom and in France* », Centre d'Histoire des Idées dans les Iles Britanniques, Presse de L'Université de Paris-Sorbonne, Coll. Rule Britannia, n°4, juin 1993, 104 p.

AUBREE Y., *Contribution à l'étude du sort des relations de travail des salariés compris dans un transfert total ou partiel d'entreprise*, thèse, Université de Toulon et du Var, 1997, 616 p.

BASTIAN D., *Essai d'une théorie générale de l'inopposabilité*, Recueil Sirey, 1929, 366p.

BERNOUX P., *La sociologie des organisations*, éd. du Seuil, 1990, 382 p.

BERTRAND V., *Transfert des contrats de travail et cession d'entreprise: la directive Européenne et les droits belge, français et allemand*, coll. Droit Social, éd. Bruylant, 1988, 178 p.

BLANC-JOUVAN X., *Les rapports collectifs de travail aux États-Unis,* thèse, Paris, 1957, 541 p.

BOISSONNAT J., *Le travail dans vingt ans*, Commissariat Général du Plan, la Documentation Française, 1995, 373 p.

BULLIER A. J., *La common law*, Connaissance du droit, Dalloz, 2004, 163 p.

CARBONNIER J., *Flexible droit*, LGDJ, 2001, 493 p.

CHALARON Y., *Négociations et accords collectifs d'entreprise*, Litec, 1990, 429 p.

COHEN M., *Le droit des comités d'entreprise et des comités de groupe*, LGDJ, 2003, 1231 p.

COLLIN F., DHOQUOIS R., GOUTIERRE P.-H., JEAMMAUD A., LYON-CAEN G., ROUDIL A., *Le droit capitaliste du travail*, Presses Universitaires de Grenoble, 1980, 281 p.

COURTOIS-CHAMPENOIS E., *L'organisation du droit du licenciement aux États-Unis, approche comparative des droits américain et français*, PU d'Aix Marseille, 1997, 215 p.

COURTOIS-CHAMPENOIS E., *Le droit américain, un droit de l'entreprise – contribution à l'étude comparée des sources du droit du travail français et américain*, PU d'Aix-Marseille, 2002, 613 p.

CROZIER M., FRIEDBERG E., *L'acteur et le système*, éd. du Seuil, 1977, 436 p.

DAVID R., PUGSLEY D., *Les contrats en droit anglais*, LGDJ, 1985, 382 p.

DEPREZ J., *Cessions d'entreprises et situations assimilées : Étude du régime de l'article L.122-12 du Code du travail relatif à la modification de la situation juridique de l'employeur*, éd. Fr. Lefebvre, 1984, 132 p.

DESBARATS I., *L'entreprise à établissements multiples en droit du travail*, LGDJ, 1996, 468 p.

DESGRANGES M., *L'obligation de confidentialité dans le droit de la représentation du personnel*, thèse, Paris II, 2002, 392 p.

DESMAREZ P., *La Sociologie industrielle aux États-Unis*, éd. A. Collin, 1986, 198 p.

DESPAX M., *L'entreprise et le droit*, thèse, 1957, p. 266, 443 p.

ERRANTE E., *Le droit anglo américain des contrats*, LGDJ, coll. Jupiter, 2001, 291 p.

FORD H., *Ma vie, mon œuvre,* Payot, 1925, 317 p.

GAUDU F., *L'emploi dans l'entreprise privée – Essai de théorie juridique*, thèse, Paris, 1986, 855 p.

GUARDELLI L., *La négociation collective d'entreprise en droits français et anglais comparés*, thèse, Paris II, 1999, 396 p.

GUTTERIDGE H.C., *Le droit comparé – introduction à la méthode comparative dans la recherche juridique et l'étude du droit*, traduit sous la direction de R. DAVID, Librairie générale de droit et de jurisprudence R. PICHON et R. DURAND-AUZIAS, 1953, 239 p.

HERLIN X, *Les expériences allemandes de cogestion*, thèse, Paris, 1958, 282 p.

JACQUIER J.-P., *Le comité d'entreprise européen. Une instance en devenir*, éd. Liaisons, 1997, 160 p.

JAUFFRET-EPSTEIN S., *Le devoir de négocier de bonne foi en droit du travail américain*, thèse, Paris I, 1979, 345 p.

JEAMMAUD A. (sous la direction de), *Le droit du travail confronté à l'économie*, Dalloz, 2005, 153 p.

KRUGMAN P., *La mondialisation n'est pas coupable : vertus et limites du libre échange*, la Découverte, 1998, 218 p.

LAULOM S., *L'harmonisation en droit social communautaire : les enseignements de l'intégration en France et au Royaume-Uni des directives 75/129 et 77/187*, thèse, IUE, Paris X-Nanterre, 1996, 275 p.

LECOUTY A., *Le licenciement en Grande-Bretagne*, thèse, Paris I, 1985, 354 p.

LYON-CAEN G., *Les relations de travail internationales*, éd. Liaisons, 1991, 220 p.

MALHERBE J., *La Société européenne*, éd. E. Bruylant, 2005, 297 p.

MARMOZ F., *La délégation de pouvoir*, Bibliothèque de droit de l'entreprise, Litec, 2000, 404 p.

MASQUEFA C., *La restructuration*, Bibliothèque de droit privé, LGDJ, tome 342, 2000, 495 p.

MAUGEY C., *Les moyens juridiques de la participation dans l'entreprise en France et aux États-Unis*, thèse, Paris, 1969, 342 p.

MEYER N., *L'ordre public en droit du travail. Contribution à l'étude de l'ordre public en droit privé*, Bibliothèque de droit privé, LGDJ, tome 461, 2006, 368 p.

MONTANIER J.-C., SAMUEL G., *Le contrat en droit anglais*, Presses Universitaires de Grenoble, 1999, 143 p.

MOREAU M.-A., *Normes sociales, droit du travail et mondialisation*, Dalloz, 2006, 461 p.

MOULY J., *La fraude à la loi en droit du travail – Contribution à la théorie générale de la fraude*, thèse, Limoges, 1979, 528 p.

OUAISSI H., *Les incidences des restructurations d'entreprise sur la situation collective des salariés*, thèse, Paris II, 2005, 588 p.

RAY J.-E., *Mutations de l'entreprise et modification du contrat de travail*, Coll. Droit vivant, éd. Liaisons, 2000, 189 p.

RIBOUD A., *Modernisation mode d'emploi*, Rapport au Premier Ministre, coll. 10/18, 1987, 213 p.

RIPERT G., *Aspects juridiques du capitalisme moderne*, Librairie générale de droit et de jurisprudence R. PICHON et R. DURAND-AUZIAS, 1951, 354 p.

ROTSCHILD-SOURIAC M.-A., *Les accords collectifs au niveau de l'entreprise*, thèse, Paris I, 1986, 3 vol., 1795 p.

SACHS-DURAND C. (sous la direction de), *La place des salariés dans les restructurations en Europe communautaire*, Presses Universitaires de Strasbourg, 2004, 337 p.

SAINTOURENS B., *Droit du travail et restructurations juridiques des entreprises*, thèse, Bordeaux I, 1982, 306 p.

SOBCZAK A., *Réseaux de sociétés et codes de conduite. Un nouveau modèle de régulation des relations de travail pour les entreprises européennes*, LGDJ, 2002, 384 p.

SUPIOT A., *Critique du droit du travail*, PUF, Quadrige, 2004, 280 p.

TEYSSIE B., *Le comité d'entreprise européen*, Economica, 1997, 334 p.

VACARIE I., *L'employeur*, Bibliothèque de droit du travail et de la sécurité sociale, éd. Sirey, 1979, 267 p.

VANDAMME J., *L'information et la consultation des travailleurs dans les entreprises multinationales*, PUF, coll. de l'Institut de Recherche et d'Information sur les Multinationales, n°10, 1984, 290 p.

VATINET R., *Les attributions économiques du comité d'entreprise,* Bibliothèque de droit du travail et de la sécurité sociale, éd. Sirey, 1983, 281 p.

## III. ARTICLES, CHRONIQUES, RAPPORTS

ALVAREZ-PUJANA N., « Le délit d'entrave ou d'atteinte au fonctionnement des institutions représentatives du personnel et à l'exercice du droit syndical dans l'entreprise », *Droit Ouvrier*, mars 1990, p. 77-97.

ANTONMATTEI P.-H., « La saga de la directive n°77/187 du 14 février 1977 : suite … sans fin ! », *Droit Social*, 1996, n°1, p. 78-81 ; « Brefs propos sur la fixation de l'ordre du jour des réunions du comité d'entreprise » : *RJS*, 11/97, p. 738-740 ; « Externalisation et article L.122-12, alinéa 2, du Code du travail », *JCP*, E, 1998, 1635 ; « Externalisation et article L.122-12 alinéa 2 du Code du travail : le clash ! », *Semaine Sociale Lamy*, 25 septembre 2000, n°996, p. 7-9 ; « La saga de l'article L.122-12, al. 2 du Code du travail : le nouvel épisode du transfert partiel du contrat », *Semaine Sociale Lamy*, 3 septembre 2001, n°1040, p. 6-9 ; « Accord de méthode, génération 2005 : « la positive attitude » », *Droit Social*, 2005, n°4, p. 399-402 ; « Négocier les restructurations après la loi du 18 janvier 2005 », *Droit Social*, 2006, n°3, p. 295-297.

ANTONMATTEI P.-H., DESTOURS S., « Convention collective et droit de la concurrence : nouvelle rencontre », *Droit Social*, 2003, n°11, p. 999-1004.

ARNAUD A.-J., « De la régulation par le droit à l'heure de la globalisation : quelques observations critiques », *Droit et Société*, 1er janvier 1997, n°35, p. 11-35.

AUBREE Y, « L'exercice du pouvoir disciplinaire à l'égard des salariés transférés, conformément à l'article L.122-12 alinéa 2 du Code du travail », *Bulletin Social*, 6/98, p. 285-292 ; « L'accord « substitué » au statut collectif mis en cause après transfert total ou partiel d'entreprise », *RJS*, 4/99, p. 275-292 ; « Le concept légal d'avantage individuel acquis », *RJS*, 11/00, p. 699-711.

AUDINET J., « L'usage de l'entreprise, ses conditions d'cxistence et de révocation », *Semaine Sociale Lamy*, 20 août 1984, suppl. n°225, p. 29-35.

AUZERO G., « La force juridique des préambules des conventions et accords collectifs de travail », *Travail et Protection Sociale*, mars 2004, p. 7-10.

BAILLY P., « Le salarié peut-il refuser les effets d'un transfert d'entreprise ? », *Droit Social*, 2003, n°5, p. 474-481 ; « Le flou de l'article L.122-12 alinéa 2 du Code du travail », *Droit Social*, 2004, n°4, p. 366-374 ; « Licenciements et L.122-12 : nullité ou inefficacité ? », *Semaine Sociale Lamy*, 18 avril 2005, n°1211, p. 7-10 ; « Quand la réintégration est matériellement impossible », *Semaine Sociale Lamy*, 27 juin 2005, n°1221, p. 5-10.

BAUMGARTEN C., « Les garanties de procédure issues de la loi Borloo : ordre du jour du comité d'entreprise et délais de recours contentieux », *Droit Ouvrier*, juillet-août 2005, p. 327-334.

BEAL S., A. FERREIRA A., « Les difficultés de la dénonciation d'un usage d'entreprise », *JCP*, E, n°3, 19 janvier 2006, n°1131.

BEAL S., ROUSPIDE M.-N., « Nullité du plan social et réintégration matériellement impossible » *JCP*, E, n°40, 6 octobre 2005, n°1462.

BELIER G., « Mise en place et attributions du comité de groupe : de l'unité économique et sociale à la directive Vredeling », *Droit Social*, 1983, n°7-8, p. 439-444 ; « Restructurations en Europe – quelle place pour le comité d'entreprise européen ? », *Droit Social*, 2006, n°3, p. 319-324.

BERCUSSON B., « Les relations industrielles anglaises : une exception culturelle ? », *Semaine Sociale Lamy*, 28 octobre 2002, suppl. n°1095, p. 28-30.

BERRA D., « Les chartes d'entreprise et le droit du travail », *Mélanges dédiés au Président Michel DESPAX*, Presses de l'Université des sciences sociales de Toulouse, 2001, p. 123-139.

BESSE G., « A qui profite la RSE ? La responsabilité sociétale des entreprises peut-elle réguler les effets sociaux de la mondialisation ? », *Droit Social*, 2005, n°11, p. 991-1000.

BIED-CHARRETON M.-F., « Le comité d'entreprise peut-il négocier ? », *Droit Ouvrier*, avril 1993, p. 129-141.

BLAISE H., « Actualisation d'un camaïeu juridique : l'article L.122-12 du Code du travail », *Droit Social*, 1985, n°3, p. 161-171 ; « Les modifications dans la personne de l'employeur : l'article L.122-12 dans la tourmente », *Droit Social*, 1986, n°12, p. 837-847 ; « La transmission des entreprises : aspects de droit du travail et des garanties sociales », *Revue de Jurisprudence Commerciale*, 1988, n° spécial « La transmission des entreprises » p. 36-44 ; « L'article L.122-12 après la tourmente : vers la stabilisation de la jurisprudence ? », *Droit Social*, 1991, n°3, p. 246-257 ; « La dénonciation d'un usage d'entreprise », *Le droit de l'entreprise dans ses relations externes à la fin du XXe siècle*, Mélanges en l'honneur de Claude CHAMPAUD, Dalloz, 1997, p. 73-83.

BLANC-JOUVAN X., « L'internationalisation des rapports de travail », *Les transformations du droit du travail*, Études offertes à Gérard LYON-CAEN, Dalloz, 1989, p. 67-82 ; « Le développement de l'arbitrage du travail aux États-Unis », *Mélanges Michel CABRILLAC*, Litec, 1999, p. 45-67 ; « L'entreprise et le droit du travail : l'exemple du droit américain », *Droit Social*, 2005, n°2, p. 152-161.

BLANCHARD O., TIROLE J., *Protection de l'emploi et procédures de licenciement*, Rapport du CAE n.44, La Documentation Française, 2003, 76 p.

BLANQUET F., « Considérations relatives à la place du salarié dans les organes de la société anonyme », *JCP*, G, 1973, I, 2560 et *JCP*, CI, 1973, 10989.

BONNECHERE M., « L'ordre public « au sens du droit du travail » », *JCP*, CI, 1974, II, 11604 ; « L'influence du droit social européen sur le juge national », *Revue Pratique de Droit Social*, 2004, n°711, p. 239-246.

BORENFREUND G., « La licéité des accords relatifs au droit syndical et à la représentation du personnel », *Droit Social*, 1992, n°11, p. 893-901 ; « Pouvoir de représentation et négociation collective », *Droit Social*, 1997, n°12, p. 1006-1014 ; « L'établissement distinct : unité de représentation », *Semaine Sociale Lamy*, 20 octobre 2003, n°1140, p. 44-50.

BOUAZIZ P., « Unité de travail et établissements distincts », *Droit Ouvrier*, mai 1986, p. 183-196.

BOUBLI B., « Conseil de Prud'hommes – Juridictions du travail », *Juris-Classeur*, Procédure civile, vol. 5, Fasc. 432 ; « Externalisation et L.122-12 ou les affaires Perrier », *Semaine Sociale Lamy*, 31 juillet 2000, n°992, p. 5-7 ; « Les avantages acquis », *Semaine Sociale Lamy*, 28 mai 2001, suppl. n°1030, p. 3-17 ; « Mystères et misères de l'article L.122-12 », *Travail et Protection Sociale*, mars 2002, p. 5-7 ; « Unité économique et sociale : état de lieux et souhaits de réforme », *Jurisprudence Sociale Lamy*, 1er septembre 2004, n°150-151, p. 2-10 ; « L'auto-licenciement : gadget ou catégorie juridique ? », *Travail et Protection Sociale*, avril 2004, chron. p. 4-7 ; « L.122-12 dissout dans le service public », *Semaine Sociale Lamy*, 28 novembre 2005, n°1238, p. 6-9 ; « Trente ans après, un nouveau visage du licenciement économique », *Droit Social*, 2007, n°3, p. 293-297.

BRETHE de la GRESSAYE J., « La convention collective de travail est-elle un contrat ? », *Études de droit civil à la mémoire de Henri CAPITANT*, Librairie Édouard Duchemin, 1977, p. 101-113.

BRUN T., « De certains aspects de droit des sociétés et des fusions-acquisitions au regard des prérogatives du comité d'entreprise issues de la loi NRE », *Le Juriste*, décembre 2001/janvier 2002, p. 2-7.

BUFFET J., « Conseil de Prud'hommes – Formation de référé », *Juris-Classeur*, Procédure civile, vol. 5, Fasc. 438.

CAMERLYNCK G.-H., « La clause de maintien des avantages acquis dans les conventions collectives », *Droit Social*, 1959, n°7-8, p. 406-411 ; « Identité d'entreprise ou identité d'emploi ? », *D.*, 1978, chron. XLVII, p. 269-271.

CAPLAT G., « Un tournant dans les relations sociales en Grande-Bretagne : la loi sur les relations industrielles de 1971 », *Droit Social*, 1973, n°5, p. 286-299.

CARLEY M., *Évolution de la syndicalisation de 1993 à 2003*, pour l'Observatoire Européen des relations industrielles, 5 juillet 2004, 27 p.

CATALA N., LAGRANGE L., « Changement d'employeur – Relations individuelles de travail », *Juris-Classeur*, Travail Traité, Fasc. 30-80.

CHAGNY Y., « Voyage autour de l'entité économique », *Semaine Sociale Lamy*, 20 octobre 2003, suppl. n°1140, p. 51-55 ; « La continuité des contrats de travail du personnel d'un marché de prestation de services », *Revue de Droit du Travail*, février 2007, p. 78-83.

CHALARON Y., « Comité de groupe », *Juris-Classeur*, Travail Traité, Fasc. 15-80 ; « Conventions et accords collectifs », *Juris-Classeur*, Travail Traité, Fasc. 19-25 ; « Réflexions critiques sur la vision judiciaire de l'établissement distinct », *Droit Social*, 1982, n°3, p. 209- 212 ; « Contrat de travail (modification de la situation juridique de l'employeur : C. trav., art. L.122-12 al. 2) », *Rép. Trav. Dalloz*, juin 2001.

CHAUCHARD J.-P., « Conventions et accords collectifs de travail (régime juridique : conclusion, application, sanctions) », *Encyclopédie Dalloz* (Droit du travail), 1997, n°170-184.

CHIREZ A., « Droit du travail et droit subjectif à la stabilité du contrat », *Semaine Sociale Lamy*, 9 juin 1997, n°843, p. 3-4.

CLEMENT G., VICENTINI J.-P., « La délégation de pouvoirs du chef d'entreprise en matière pénale », *Les Petites Affiches*, 22 octobre 2001, n°210, p. 5-13.

COEURET A., « Généralisation de la responsabilité pénale des personnes morales – son impact en droit du travail », *RJS*, 11/06, p. 843-852.

COHEN M., « Les nouvelles fonctions économiques des comités d'entreprise », *Droit Social*, 1983, n°3, p. 165-174 ; « La constitution et le fonctionnement des comités de groupe », *Revue Pratique de Droit Social*, 1983, n°462, p. 277- 296 ; « La personnalité civile du comité de groupe », *Droit Social*, 1983, n°12, p. 670-675 ; « Les experts du comité d'entreprise », *Droit Social*, 1984, n°5, p. 281-289 ; « Mission et honoraires de l'expert comptable du comité d'entreprise », *Droit Social*, 1985, n°7, p. 560-563 ; « L'expert-comptable du comité d'entreprise après trois ans d'application de la loi de 1982 », *Revue Pratique de Droit Social*, 1985, n°486, p. 277-292 ; « L'obligation de rechercher aussi un reclassement dans le groupe », *Revue Pratique de Droit Social*, 1994, n°590, p. 203-211 ; « La mise en place et le fonctionnement des comités d'entreprise européens », *Revue Pratique de Droit Social*, 1995, n°597, p. 15-28 ; « La consultation du comité d'entreprise avant la conclusion d'un accord collectif », *RJS*, 6/98, n°750, p. 435-439 ; « Le recours au juge des référés pour faire suspendre une décision irrégulière de l'employeur », *Revue Pratique de Droit Social*, 1998, n°641, p. 283- 291 ; « L'expert comptable du comité d'entreprise », *Liaisons Sociales*, 31 mars 2000, n°13128, p. 7-57 ; « Les attributions économiques des comités d'entreprise depuis la loi sur les régulations économiques », *Droit Ouvrier*, février 2002, p. 55-58 ; « La loi du 3 janvier 2003 et les comités d'entreprise », *Droit Social*, 2003, n°3, p. 271-275 ; « Quand l'inobservation des droits des représentants du personnel perturbe la fusion GDF-Suez », *Droit Ouvrier*, mars 2007, p. 105-111.

COHEN M., MILET L., « La loi « suspensive » Fillon-Raffarin, les comités d'entreprise et les licenciements économiques », *Revue Pratique de Droit Social*, 2003, n°695, p. 59-70.

COLLIN F., DOM J.-P., « Enjeux et perspectives de la société européenne », *Actes Pratiques et Ingénierie Sociétaire*, novembre–décembre 2005, n°84, p. 5-16.

COTTIN J.-B., « Transfert d'une entité économique autonome vers un service public administratif – des incertitudes demeurent après la loi du 26 juillet 2005 », *RJS*, 1/06, p. 3-7.

COURET A., « La participation des salariés à la gestion des sociétés anonymes (ordonnance du 21 octobre 1986) », *Bulletin des Sociétés*, 1986, p. 987-995.

COURSIER P., « La notion de travailleur salarié en droit social communautaire », *Droit Social*, 2003, n°3, p. 305-311.

COUTURIER G., « Les nullités du licenciement », *Droit Social*, 1977, n°6, p. 215-230 ; « La réintégration des salariés non spécialement protégés : actualité ou prospective ? », *Droit Social*, 1981, n°3, p. 248- 257 ; « L'accès du comité d'entreprise à l'information économique et financière », *Droit Social*, 1983, n°1, p. 26-36 ; « Annuler les actes illicites, la réintégration obligatoire », *Droit Ouvrier*, février-mars 1988, p. 133-143 ; « Le maintien des droits des travailleurs en cas de transfert d'entreprise », *Droit Social*, 1989, n°7/8, p. 557-564 ; « La méconnaissance d'un engagement de maintien de l'emploi (à propos de l'arrêt Briou) », *Droit Social*, 1998, n°4, p. 375-379 ; « L'article L.122-12 du Code du travail et les pratiques d'externalisation (les arrêts Perrier Vittel France du 18 juillet 2000) », *Droit Social*, 2000, n°9/10, p. 845-851 ; (entretien avec), « L'autolicenciement n'est pas un droit, c'est un risque », *Semaine Sociale Lamy*, 22 avril 2003, n°1119, p. 11-14 ; « L'unité économique et sociale – trente ans après », *Semaine Sociale Lamy*, 20 octobre 2003, n°1140, p. 56-59 ; « L'impossibilité de réintégrer », *Droit Social*, 2005, n°4, p. 403-409 ; « Sur les nullités sanctionnant l'insuffisance du plan de reclassement : dits et non-dits du premier arrêt Wolber », *Droit Social*, 2005, n°9/10, p. 847-851.

COUTURIER G., RAY J.-E., « Auto-licenciement : dérives et revirement (à propos des arrêts des 25 juin et 8 juillet 2003) », *Droit Social*, 2003, n°9-10, p. 817-826.

DARMAISIN S., « Le concept de transfert d'entreprise », *Droit Social*, 1999, n°4, p. 343-350.

DEPREZ J., « L'article L.122-12 du Code du travail et les entreprises se succédant dans un marché : un revirement spectaculaire de jurisprudence », *Bulletin Social Francis Lefebvre*, 8-9/86, p. 363-384 ; « Un remède incertain à la précarité des avantages acquis : l'incorporation au contrat de travail », *Droit Social*, 1986, n°12, p. 906-915 ; « La part faite à l'idée de négociation dans la théorie juridique des usages d'entreprise », *Droit Social*, 1988, n°1, p. 57-67 ; « La nouvelle jurisprudence de la Cour de Cassation sur la reprise des contrats de travail dans les marchés de services et les concessions d'activités », *JCP*, E, 1990, II, 15825, p. 472-479 ; « Le consentement des salariés à la remise en cause d'un usage d'entreprise non régulièrement dénoncé par l'employeur », *JCP*, E, 1992, 178 ; « Cession d'entreprise et compétition entre conventions collectives applicables aux salariés transférés », *RJS*, 7/92, p. 451-457 ; « Le sort des usages d'entreprise et des accords atypiques en cas de changement d'employeur », *RJS*, 3/93, p. 143-146 ; « Transfert d'entreprise. La notion de transfert d'entreprise au sens de la directive européenne du 14 février 1977 et de l'article L.122-12, al. 2 du code du travail : jurisprudence française et communautaire », *RJS*, 5/95, p. 315-321.

DEPREZ J., CHIREZ A., « La répartition entre les employeurs des sommes dues aux salariés », *Semaine Sociale Lamy*, 19 août 1985, suppl. n°274, p. D 32-D 57.

DESBARATS I., « Codes de conduite et chartes éthiques des entreprises privées, regard sur une pratique en expansion », *JCP*, G, 2000, I, 112 ; « La notion d'unité économique et sociale en droit du travail », *Mélanges dédiés au Président Michel DESPAX*, Presses de l'Université des sciences sociales de Toulouse, 2001, p. 75-92.

DESJARDINS B., « La réintégration », *Droit Social*, 1992, n°9-10, p. 766-773 ; « La notion d'établissement distinct en droit du travail », *RJS*, 4/93, p. 215-222.

DESOLRE G., « De la notion au concept communautaire de travailleur », *Cahier de droit Européen*, 1979, p. 38-56.

DESPAX M., « La dénonciation des conventions collectives de travail après la loi du 13 novembre 1982 », *Droit Social*, 1984, n°9-10, p. 531- 540 ; « Dénonciation d'une convention collective et sort des avantages acquis en matière de rémunération », *Droit Social*, 1990, n°2, p. 156-163 ; « La dissociation d'une unité économique et sociale préexistante : à propos de quelques arrêts récents », *RJS*, 7-8/90, p. 435-442.

DOCKES E., « L'avantage individuel acquis », *Droit Social*, 1993, n°11, p. 826- 836.

DRIGUEZ L., « Réflexions sur l'utilisation de contrats de travail à des fins anticoncurrentielles », *Droit Social*, 2006, n°12, p. 1126-1135.

DUMONT F., « Les prérogatives des travailleurs liées à la défense de l'emploi et la directive du 29 juin 1998 sur les transferts d'entreprise », *Les Petites Affiches*, 30 juillet 1999, n°151, p. 15-20.

DUPUY J., « La démission du salarié », *D.*, 1980, chron. XXXVII, p. 253- 262 ; « L'information du personnel par le comité d'entreprise », *D.*, 1983, chron. XI, p. 57-64.

DUQUESNE F., « Les conséquences de la dénonciation irrégulière d'un usage d'entreprise », *Droit Social*, 1994, n°4, p. 360-364 ; « Les sphères du licenciement économique », *Travail et Protection Sociale*, juillet 2002, p. 5-7 ; « Sur l'entrave pour défaut de consultation du comité d'entreprise et du CHSCT », *Droit Social*, 2005, n°9/10, p. 856-859.

EYRAUD F., « Le mouvement syndical américain face aux sirènes de la compétitivité », *Travail et Emploi*, mars 1987, n°31, p. 7-16.

FALAISE M., « La sanction de l'acte irrégulier (distinction entre nullité et inopposabilité) », *Les Petites Affiches*, 27 août 1997, n°103, p. 5-13.

FAVENNEC-HERY F., « La représentation collective dans les groupes de sociétés », *Les groupes de sociétés et le droit du travail*, ouvrage rédigé sous la direction de Bernard TEYSSIE, éd. Panthéon Assas, coll. Droit Privé, 1999, p. 125-147 ; « Restructurations : le rôle de la négociation collective », *Droit Social*, 2004, n°3, p. 279-284 ; « La consultation des représentants du personnel sur le transfert de l'entreprise », *Droit Social*, 2005, n°7-8, p. 729-736 ; « Restructurations, deux maître mots : négociation, anticipation », *Semaine Sociale Lamy*, 26 décembre 2005, suppl. n°1242, p. 9-13 ; « Du droit du licenciement économique au droit de l'employabilité du salarié », *Semaine Sociale Lamy*, 22 janvier 2007, n°1291, p. 3-7.

FRAISE E., « Rupture du contrat de travail à l'initiative du salarié », *Revue Pratique de Droit Social*, 2004, n°716, p. 383-394.

FREYRIA C., « Le contenu de l'information économique et sociale du comité d'entreprise », *Droit Social*, 1979, n°4, Sp. 37 ; « La consultation du comité d'entreprise », *Droit Social*, 1983, n°5, p. 382-394.

FROMONT Y, RIVA M., « A propos des pouvoirs du juge des référés en matière de relations collectives de travail », *Revue Juridique des Barreaux*, 1er juillet 1998, n°52-53, p. 41-47.

FROUIN J.-Y., « Existe-t-il un droit à l'autolicenciement ? Bilan jurisprudentiel et perspectives d'évolution », *Semaine Sociale Lamy,* 22 avril 2003, n°1119, p. 5-10 ; « Rupture du contrat de travail : prise d'acte par l'employeur ou par le salarié. Commentaire des arrêts de la chambre sociale de la Cour de Cassation du 25 juin 2003 », *RJS*, 8-9/03, p. 647-649.

GARDENAT L., « Commentaire de la loi du 19 juillet 1928 modifiant l'article 23 du Livre 1er du Code du travail », *JCP*, 1928, p. 996-998.

GAUDU F., « Les réductions d'effectifs et les comités d'entreprise après la loi du 2 août 1989», *Droit Ouvrier*, mai 1990, p. 177-185 ; « L'extinction du plan social : contribution à l'étude du terme et de la résiliation des engagements par volonté unilatérale », *D.*, 1995, chron. p. 337-343 ; « Le contrôle de l'exécution des engagements en matière d'emploi », *Droit Social*, 1998, n°4, p. 367-374 ; « Entreprise et établissement », *Prospectives de droit économique. Dialogues avec Michel JEANTIN*, Dalloz, 1999, p. 47-55 ; « L'ordre public en droit du travail », *Le contrat au début du XXI è Siècle*, Études offertes à Jacques GHESTIN, LGDJ, 2001, p. 363-377 ; « Délocalisation et droit de la négociation collective en droit américain (autour du « Dubuque case ») », *De tous horizons*, Mélanges Xavier BLANC-JOUVAN, Société de Législation Comparée, 2005, p. 727-737.

GAURIAU B., « La nullité du licenciement et la personne du salarié », *Droit Social*, 1993, n°9-10, p. 738-745 ; « La jurisprudence dite « Framatome et Majorette » ne doit-elle pas être abandonnée ? », *Droit Social*, 2004, n°4, p. 375-380 ; « Le licenciement prononcé en violation de l'article L.122-12 al. 2 du Code du travail : nul plutôt qu'inefficace », *Droit Social*, 2005, n°9/10, p. 852-855 ; « Les modes d'expression de l'avis du comité d'entreprise », *Droit Social*, 2007, n°2, p. 184-186.

GAVALDA C., « Le secret des affaires », *Mélanges offerts à René SAVATIER*, Dalloz, 1965, p. 291-316.

GEA F., « Licenciement pour motif économique : l'obligation générale de reclassement. Une manifestation du « principe de l'ultime remède », *RJS*, 7-8/00, p. 511-528.

GELINEAU-LARRIVET G., « Quelques observations sur le respect des engagements en matière d'emploi », *Droit Social*, 1998, n°4, p. 380-381.

GERMAIN M., « Les structures de l'entreprise et le droit du travail », *Droit Social*, 2005, n°2, p. 129-132.

GHESTIN J., « La notion de contrat », *D.*, 1990, chron. XXVII, p. 147-156.

GIVERDON C., « Référés », *Juris-Classeur*, Procédure civile, vol. 4, Fasc. 230 à 239.

GOUEL O., « Défense en justice des intérêts des salariés : CHSCT et syndicat ne sont pas à armes égales », *Semaine Sociale Lamy*, 12 décembre 2005, n°1240, p. 10-11 ;

« L'action en justice du CE toujours cantonnée à la défense de ses intérêts propres », *Semaine Sociale Lamy*, 7 mai 2007, n°1306, p. 13.

GREVY M., « La réintégration », *Semaine Sociale Lamy*, 26 décembre 2005, suppl. n°1242, p. 33-36.

GRINSNIR J., « Groupe et entreprise », *Droit Ouvrier*, mai 1986, p. 171-182 ; « L'effectivité des droits en matière d'institutions représentatives du personnel », *Droit Ouvrier*, mai 1991, p. 159-163.

GRUMBACH T., « Monopole syndical, contenu et négociation des accords de méthode », *Droit Social*, 2006, n°3, p. 325-329.

GUYON Y., « Les nouveaux aspects de l'expertise de gestion (L.24 juill. 1966, art. 226) », *JCP*, E, 1985, I, 14593.

HARFF Y, HENRIET B., « Évolution du rôle et des interventions économiques du comité d'entreprise », *Droit Social*, 1988, n°2, p. 166-174.

HENNION-MOREAU S., « La notion d'entreprise en droit social communautaire », *Droit social*, 2001, n°11, p. 957-966.

HENRY M., « La réintégration des salariés non protégés », *Droit Ouvrier*, septembre 1995, p. 371-384 ; « A propos de l'arrêt Guermonprez c/ d'Abrigeon : violation de L.122-12 C. trav. et nullité en peau de lapin », *Droit Social,* 1998, n°12, p. 1019-1022 ; « La sanction des licenciements prononcés dans le cadre d'une procédure collective en violation de l'article L.122-12: retour du côté de Guermonprez », *Droit Ouvrier*, Juillet 2000, p. 271-273 ; « Aux limites de l'article L.122-12 », *Droit Social*, 2006, n°3, p. 274-278.

HOPT K., « Problèmes fondamentaux de la participation en Europe. Bilan de droit comparé : appréciation des législations sur la participation des salariés dans les communautés européennes », *Revue Trimestrielle de droit Commercial*, 1981, p. 401-428.

IONESCU V., « Le droit d'opposition des salariés au transfert de leur contrat de travail : mythe ou réalité », *Droit Social*, 2002, n°5, p. 507-515.

IZORCHE M.-L., « Propositions méthodologiques pour la comparaison », *Revue Internationale de Droit Comparé*, 2001, vol. 2, p. 289-325.

JACQUIER J.-P., « Les chemins possibles du comité d'entreprise européen », *Droit Social*, 1996, n°12, p. 1081-1085.

JEAMMAUD A., Le FRIANT M., *La directive 77/187 CEE, la Cour de Justice et le droit français*, EUI Working Papers, Law n°97/3, 1997, 28 p.

JEAMMAUD A, « La renonciation du salarié », *Droit Ouvrier*, décembre 1997, p. 535-543 ; (sous la responsabilité de), « Faut-il reconnaître au salarié la faculté de refuser le transfert de son contrat de travail ? », *Revue de Droit du Travail*, avril 2007, p. 216-221.

JORGE M., « La construction de l'ordre public social européen : l'étape de Vilvorde », *JCP*, G, 1997, 4059.

JOSEPH D., « Le transfert d'entreprise et le maintien de l'emploi », *Droit Ouvrier*, mars 1986, p. 85-98.

JOURDAN D., « L'unité économique et sociale », *Travail et Protection Sociale*, 2001, n°4, p.7-9 ; « Lieu de travail et clause de mobilité », *JCP*, E, 3 mai 2001, n°18, p. 742-3.

KELLER M., « L'action en justice du comité d'entreprise pour la défense de ses prérogatives économiques (ou les vertus altruistes d'une action propre) », *Droit Social*, 2006, n°9/10, p. 861-868.

KERBOURC'H J.-Y., « Licenciement des salariés protégés : les sanctions du licenciement sans autorisation ou dont l'autorisation est annulée », *RJS*, 12/03, p. 923-935.

KESSOUS R., « La recherche d'un reclassement dans le groupe, préalable au licenciement économique », *Droit Social*, 1992, n°9-10, p. 826-831.

LABORDE J.-P., « Stabilité et sécurité de l'emploi entre droit national et droit communautaire », *Revue des Sociétés*, avril 2001, n°2, p. 224-234.

LAGOUTTE P., « Sur l'extinction des relations de travail dans les groupes de sociétés : le regard de l'avocat », *Les groupes de sociétés et le droit du travail*, ouvrage rédigé sous la direction de Bernard TEYSSIE, éd. Panthéon Assas, coll. Droit Privé, LGDJ, 1999, p. 95-103 ; « Le rôle des représentants du personnel après la loi de modernisation sociale », *Les Petites Affiches*, 21 janvier 2002, n°15, p. 35-41.

LANGLOIS P., « Le pouvoir d'organisation et les contrats de travail », *Droit Social*, 1982, n°1, p. 83-92 ; « Les usages », *Les transformations du droit du travail*, Études offertes à Gérard LYON-CAEN, Dalloz, 1989, p. 285-298.

LAULOM S., « Les dialogues entre juge communautaire et juges nationaux en matière de transfert d'entreprise », *Droit Social*, 1999, n°9/10, p. 821-832.

LAVALLART J.-M., « Sur les relations collectives de travail dans les groupes de sociétés : le regard de l'avocat », *Les groupes de sociétés et le droit du travail*, ouvrage rédigé sous la direction de Bernard TEYSSIE, éd. Panthéon Assas, coll. Droit Privé, LGDJ, 1999, p. 149-158.

LE FEVRE A., « La participation des salariés aux conseils d'administration ou de surveillance des sociétés anonymes : le régime institué par l'ordonnance n°86-1134 du 21 octobre 1986 », *Revue des Sociétés*, 1986, p. 189-201.

LENOIR M., « Entreprises et unité économique et sociale », *Droit Ouvrier*, mai 1986, p. 164-170.

LESCANNE L., « Les licenciements préalables à un transfert d'entreprise », *Bulletin Social*, 12/98, p. 593-602.

LHERNOULD J.-P., « Transfert d'entreprise : état des relations entre le droit communautaire et le Code du travail », *RJS*, 10/02, p. 799-806 ; « Le programme de la Commission en matière sociale : l'agenda social 2005-2010 », *Europe*, Revue mensuelle JurisClasseur, janvier 2006, p. 4-16.

LYON-CAEN A., « Le comité d'entreprise à l'heure du changement », *Droit Social*, 1982, n°4, p. 299-304 ; « A propos de l'arrêt Desquenne et Giral », *Droit Social*, 1986, n°12,

p. 848-851 ; « Le maintien de l'emploi », *Droit Social*, 1996, n°7/8, p. 655-659 ; « L'emploi comme objet de la négociation collective », *Droit Social*, 1998, n°4, p. 315-320 ; « Note sur le pouvoir de direction et son contrôle », *Mélanges dédiés au Président Michel DESPAX*, Presses de l'Université des Sciences Sociales de Toulouse, 2001, p. 95-10.

LYON-CAEN G., « Le droit et l'emploi », *D.*, 1982, chron. XXII, p. 133-140 ; « Concentration et institutions représentatives du personnel dans l'entreprise », *Revue des Sociétés*, janvier-mars 1983, n°1, p. 21-29 ; « La concentration du capital et le droit du travail », *Droit Social*, 1983, n°5, p. 287-303 ; « Le droit du travail dans la nouvelle politique de l'emploi », *Droit Social*, 1988, n°7/8, p. 548-553 ; « Le Royaume-Uni, mauvais élève ou rebelle indomptable ? », *Droit Social*, 1994, n°11, p. 923-930 ; « Que sait-on de plus sur l'entreprise ? », *Mélanges dédiés au Président Michel DESPAX*, Presses de l'Université des Sciences Sociales de Toulouse, 2001, p. 33-47 ; « Vers une négociation sur les restructurations destructrices d'emplois », *Droit Ouvrier*, décembre 2002, p. 559-562 ; « La concurrence par la réduction du coût du travail », *Droit Ouvrier*, juillet 2003, p. 261-269.

MACAIRE S., REHFELDT U., *Aspects des relations industrielles des fusions et prises de contrôle d'entreprise*, Institut de Recherches Économiques et Sociales, pour le compte de l'Observatoire Européen des Relations Industrielles, 28 février 2001.

MAHINGA J.-G., « L'externalisation d'activités : où va la jurisprudence de la Cour de Cassation ? », *Les Petites Affiches*, 7 juin 2001, n°113, p. 13-22.

MARQUET de VASSELOT L., « De l'expression par le comité d'entreprise de son avis », *RJS*, 9-10/00, p. 607-611.

MAZEAUD A., « Sort des contrats de travail en cas de transfert d'entreprise : vers une réécriture des articles L.122-12 et L.122-12-1 du Code du travail ? », *D.*, 1998, chron. p. 106-110 ; « Transfert d'entreprise : brèves observations à la lecture de la directive du 29 juin 1998 », *Droit Social*, 2000, n°4, p. 417-419 ; « Le groupe », *Semaine Sociale Lamy*, 20 octobre 2003, n°1140, p. 60-63 ; « Licenciements économiques à l'occasion du transfert d'entreprise : les droits des salariés après les arrêts Guermonprey et Maldonado, l'arrêt Voisin », *Droit Social*, 2003, n°5, p. 482-845 ; « Modification du contrat, changement des conditions de travail et vie personnelle », *Droit Social*, 2004, n°1, p. 77-85 ; « La négociation collective en cas de restructuration consécutive à un transfert », *Droit Social*, 2004, n°3, p. 290-295 ; « Le sort des contrats de travail lors des transferts d'entreprise », *Droit Social*, 2005, n°7-8, p. 737-742 ; « Aspects individuels des délocalisations », *Droit Social*, 2005, n°12, p. 1186-1190 ; « Reprise d'une entité économique par une personne publique dans le cadre d'un service public administratif », *Droit Social*, 2006, n°4, p. 383-387.

MAZUYER E., « La régulation régionale du travail – aspects comparatifs européens et nord-américains », *Revue de Droit du Travail*, avril 2007, p. 222-228.

MERCIER S., « Les chartes et codes éthiques : quel contenu pour quelle utilité ? », *CJFE/CFCE*, n°2/2000, p. 295-311.

MERTENS de WILMAR J., « Réflexions sur les méthodes d'interprétation de la Cour de Justice des Communautés Européennes », *Cahiers de droit européen*, 1986, p. 5-20.

MEYRIEUX A., MAYNE Y., « Délégation de pouvoirs : du droit pénal au droit social », *Jurisprudence Sociale Lamy*, 5 novembre 1999, n°45, p. 4-7.

MILET L., « Droits du comité dans les assemblées générales », *Revue Pratique de Droit Social*, octobre 2002, n°690, p. 319-320 ; « La fixation de l'ordre du jour du CE », *Droit Ouvrier*, juillet-août 2005, p. 355-359.

de MONAGHAN M.-A., « Quelques exemples récents de jurisprudence sur l'intervention du juge des référés dans le déroulement de la procédure de consultation du comité d'entreprise », *Droit du travail et de la Sécurité sociale*, 1er décembre 1994, n°12, p. 3-4.

MORAND M., « Vie et mort de l'usage d'entreprise », *JCP*, E, 1986, 15372 ; « Les représentants du personnel et le déroulement de la procédure d'alerte interne », *JCP*, E, 1988, II, 15357 ; « Le transfert conventionnel des contrats de travail s'impose t-il aux salariés ?», *Droit Social*, 1990, n°11, p. 776-779 ; « Variations géométriques de l'article L.122-12 », *Travail et Protection Sociale*, novembre 2000, p. 5-7 ; « Clause de mobilité : le point sur la jurisprudence récente », *Semaine Sociale Lamy*, 23 avril 2001, n°1025, p. 5-8.

MOREAU M.-A., « Le contrôle des directives par la Cour de Justice des Communautés Européennes – A propos de deux arrêts du 8 juin 1994 concernant le Royaume-Uni », *RJS*, 1/95, p. 3-6 ; « A propos de «l'affaire» Renault », *Droit Social*, 1997, n°5, p. 493-509 ; « L'implication des travailleurs dans la société européenne », *Droit Social*, 2001, n°11, p. 967-976 ; « Le territoire – aspects européens et internationaux – Des rattachements territoriaux nationaux à la transnationalité des normes du travail », *Semaine Sociale Lamy*, 20 octobre 2003, n°1140, p. 82-88 ; « Restructurations et comité d'entreprise européen », *Droit Social*, 2006, n°3, p. 308-318 ; *Restructuration et comité d'entreprise européen*, EUI Working Papers, Law n°2006/02, 19 p.

MORVAN P., « Délit d'entrave », *Juris-Classeur*, Travail Traité, vol.2, Fasc. 15-92 ; « Transfert d'entreprise – effets », *Juris-Classeur*, Travail Traité, Fasc. 19-52 ; « L'article L.122-12 du Code du travail à l'international », *RJS* 8-9/04, p. 587-592 ; « Les non-dits de l'article L.122-12 : nullité et fraude » *RJS*, 8-9/06, p. 647-655 ; « Application conventionnelle de l'article L.122-12 et accord du salarié : plaidoyer pour un revirement », *JCP*, éd. Sociale, 5 décembre 2006, n°49, doctrine n°1964, p. 7-20.

MOULY J., « Les licenciements antérieurs au transfert de l'entreprise », *Droit Social*, 1982, n°12, p. 735-747 ; « Démission ou licenciement : une alternative très convenable (propos critiques sur un revirement : Cass. soc. 25 juin 2003) », *Droit Social*, 2004, n°1, p. 90-99 ; « Les licenciements antérieurs au transfert d'entreprise – pour dissiper quelques malentendus », *Droit Social*, 2007, n°5, p. 534-548.

MUIR WATT H., « La fonction subversive du droit comparé », *Revue Internationale de Droit Comparé*, 2000, vol. 23, p. 503-527.

NADAL S., « Négociation collective et licenciement économique : propos introductifs sur le nouvel article L.320-3 du Code du travail », *Droit Ouvrier*, juillet-août 2005, p. 303-310.

NIEL S., « Faut-il craindre le droit d'alerte ? », *Les cahiers du DRH*, 30 avril 2002, n°38, p. 7-10.

PACLOT Y., « Les diverses facettes du secret des affaires », Dossier Secret et Relations d'Affaires, *Droit et Patrimoine*, 1er mars 2002, n°102, p. 70-75.

PAOLINI E., « L.122-12, le comité d'entreprise prend de la bouteille ... », *Semaine Sociale Lamy*, 22 juin 1998, n°892, p. 5-7.

PELISSIER C., « Le droit à l'information et à la consultation des travailleurs », *Revue du Marché Commun*, mars 1997, n°406, p. 203-212.

PELISSIER J., « Conventions collectives applicables après une restructuration », *RJS*, 1/91, p. 3-7.

PERREAU N., ACKERMANN C., « La transmission de contrats intuitu personae dans le cadre d'opérations d'apport partiel d'actif et de fusion », *Les Petites Affiches*, 3 juin 2004, n°111, p. 4-8.

PETIT F., « Sur les clauses de garantie d'emploi », *Droit Social*, 2000, n°1, p. 80-94.

PFERSMANN O., « Le droit comparé comme interprétation et comme théorie du droit », *Revue Internationale de Droit Comparé*, 2001, vol. 2, p. 275-288.

PIGNARRE G., « Licenciements privés d'effet en cas de transfert d'entreprise : la revanche du droit des contrats. Réflexions suscitées par l'arrêt Maldonado », *D.*, 2003, chron., p. 14-20.

POCHET P., « CJCE : l'apport de l'arrêt Schmidt à la définition du transfert d'une entité économique », *Droit Social*, 1994, n°11, p. 931-937.

PORACCHIA D., « La protection juridique des secrets de l'entreprise », *Droit et Patrimoine*, 1er septembre 2000, n°85, p. 20-28.

PRETOT X., « Le Conseil constitutionnel et la loi de modernisation sociale : d'une annulation et de quelques réserves d'interprétation », *Droit Social*, 2002, n°3, p. 244-253 ; « De la liberté d'entreprendre au droit à l'emploi, ou les bases constitutionnelles du droit du licenciement », *Droit Social*, 2005, n°4, p. 371-376.

PUIGELIER C., « Comité d'entreprise - attributions en matière économiques et financières », *Juris-Classeur*, Travail Traité, Fasc. 15-21.

RADE C., « L'ordre public social et la renonciation du salarié », *Droit Social*, 2002, n°11, p. 931-938 ; « Feu la jurisprudence Framatome et Majorette (à propos de l'article 73 de la loi du 18 janvier 2005) », *Droit Social*, 2005, n°4, p. 386-393 ; « Restructurations et délocalisations », *Droit Social*, 2006, n°3, p. 289-294.

RAY J.-E., « Restructurations et statut collectif », *Droit Social*, 1989, n°1, p. 56-70 ; « Mutations économiques et droit du travail », *Études offertes à Gérard LYON-CAEN*, Dalloz, 1989, p. 11-31 ; « La loi pour la cohésion sociale : continuité et contournements », *Droit Social*, 2005, n°4, p. 359-370.

REMY P., « Quelle signification donner au droit d'opposition du salarié au transfert de son contrat de travail ? », *Droit Social*, 2004, n°2, p. 155-165 ; « Transfert du contrat : l'exercice du droit d'opposition en droit allemand », *Semaine Sociale Lamy*, 2 mai 2006, n°1259, p. 6-9.

RENNES P., « D'un débat majeur à un accord mineur (à propos de l'article L. 320-3 du Code du travail) », *Droit Ouvrier*, juillet-août 2005, p. 311-321.

REYNES B., « La notion de travailleur salarié en droit communautaire : une notion en devenir… », *Mélanges dédiés au Président Michel DESPAX*, Presse de l'Université des Sciences Sociales de Toulouse, 2001, p. 239-260.

RODIERE P., « L'adaptation du comité d'entreprise aux structures de l'entreprise », *Droit Social*, 1983, n°6, p. 361-370 ; « Conflits de lois en droit du travail : étude comparative », *Droit Social*, 1986, n°2, p. 118-132 ; « Brèves observations sur la part du droit communautaire », *Semaine Sociale Lamy*, 4 décembre 2006, n°1285, p. 9-11.

RONGET F., « L'action en justice du comité d'entreprise », *JCP*, E, 2004, comm. 471.

ROQUILLY C., « Les contrariétés aux processus d'information dans les sociétés anonymes : aspects juridiques », *Les Petites Affiches*, 25 juin 1993, n°76, p. 18-24 (1ère partie) et 5 juillet 1993, n°80, p. 12-16 (suite et fin).

ROUDIL A., « Flexibilité de l'emploi et droit du travail : « la beauté du diable » », *Droit Social*, 1985, n°2, p. 84-94.

ROZES L., « Remarques sur l'ordre public en droit du travail », *Droit Social*, 1977, n°9-10, p. 311-326.

SACHS-DURAND C., « Comité d'entreprise européen et obligation d'information de la direction d'un groupe : quelle évolution ? », *Le droit social – Le droit comparé, Études dédiées à la mémoire de Pierre ORTSCHEIDT*, Coll. de l'Université Robert Schuman, Annales de la Faculté de droit de Strasbourg, PU de Strasbourg, 2003, p. 299-304.

SACHWALD F., « La mondialisation des entreprises », *Cahiers Français*, janv.-fév. 1995, n°269, p. 54-60.

SAINTOURENS B., « Les prérogatives du comité d'entreprise après la loi relative aux nouvelles régulations économiques », *Bulletin Joly Sociétés*, janvier 2002, p. 7-19.

SAVATIER J., « Le comité d'entreprise doit-il être consulté sur une cession d'actions réalisant une cession de contrôle de l'entreprise ? », *Droit Social,* 1978, n°11, p. 369-379 ; « Les obligations respectives des employeurs successifs (article L.122-12 C. trav.) : *Droit Social*, 1984, n°5, p. 271-280 ; « L'obligation de discrétion des membres du comité d'entreprise », *Droit Social*, 1985, n°2, p. 111-117 ; « Établissement ou entreprise : quel cadre pour l'évaluation des seuils d'effectifs ? », *Droit Social*, 1986, n°9-10, p. 703-708 ; « La révocation des avantages résultant des usages de l'entreprise », *Droit Social*, 1986, n°12, p. 890-905 ; « La portée des engagements pris par l'employeur dans le cadre d'un plan social lors d'un licenciement collectif », *Droit Social*, 1990, n°11, p. 803-807 ; « Cession d'entreprise et statut collectif des salariés » : *Droit Social*, 1993, n°2, p. 156-161 ; « Accord et usage d'entreprise. Substitution, à un usage d'entreprise, d'un accord d'entreprise conclu en l'absence de délégués syndicaux », *RJS*, 4/95, p. 231-235 ; « L'engagement de ne pas licencier certains salariés souscrit par un employeur dans une convention d'allocation spéciale FNE », *Droit Social*, 1999, n°7-8, p. 677-680 ; « Établissement ou entreprise quel cadre pour les relations de travail ? », *Mélanges dédiés au Président Michel DESPAX*, Presses de l'Université des Sciences Sociales de Toulouse, 2001, p. 61-73.

SCHAEFFER E., « L'envers de l'article 23, 7°, livre I du Code du travail », *JCP*, 1963, I, 1753.

SIGNORETTO F., « Les accords d'entreprise conclus en cas de difficultés économiques », *Revue Pratique de Droit Social*, 2003, n°696, p. 113-118.

SINAY H., « Stabilité de l'emploi et transfert d'entreprise », *JCP*, 1961, I, 1647 ; « La réintégration dans l'entreprise », *Les transformations du droit du travail*, Études offertes à Gérard LYON-CAEN, Dalloz, 1989, p. 415-430.

SOURIAC-ROTSCHILD M.-A., « Engagements et arrangements sur l'emploi : quelle efficacité juridique ? », *Droit Social*, 1997, n°12, p. 1061-1069.

SPENCER J. R., « La responsabilité pénale dans l'entreprise en Angleterre », *Revue de Sciences Criminelles*, avril-juin 1997, p. 289-294.

SPYROPOULOS G., « Encadrement social de la mondialisation de l'économie : bilan et perspectives d'avenir de l'action normative au niveau international dans le domaine du travail », *Droit Social*, 1996, n°6, p. 551-561.

SUPIOT A., « Les salariés ne sont pas à vendre – en finir avec l'envers de l'article L.122-12 alinéa 2 », *Droit Social*, 2006, n°3, p. 264-273.

TAQUET F., « La loi sur les nouvelles régulations économiques, l'amélioration des conditions d'information des comités d'entreprise », *JCP*, G, 2001, Actualité, p. 1357-1359.

TEISSIER A., « L'obligation de reclassement dans le groupe », *JCP*, E, 2000, n°41, p. 1606-1611 ; « Sur le caractère d'ordre public de l'article L.122-12 du Code du travail », *Travail et Protection Sociale*, mai 2000, chron. p. 4-5.

TEYSSIE B., « Comité d'entreprise européen », *Juris-Classeur*, Travail Traité, Fasc. 15-70 ; « Comité d'entreprise ou de groupe, expert comptable – expert libre », *Juris-Classeur*, Travail Traité, Fasc. 15-50 ; « L'interlocuteur des salariés », *Droit Social*, 1982, n°1, p. 41-55 ; « L'alerte par le comité d'entreprise », *Revue de Jurisprudence Commerciale*, 1986, n° spécial, n°2, p. 69-77 ; « Les restructurations : le rôle du comité d'entreprise », *Droit Social*, 1989, n°1, p. 23-34 ; « L'expert de gestion du comité d'entreprise », *Droit Social*, 1994, n°11, p. 877-883 ; « Le comité d'entreprise européen, directive n°94-45/CE du 22 septembre 1994», *JCP*, E, 1995, I, 416, p. 1-16 ; « Sur la consultation préalable du comité d'entreprise européen », *Travail et Protection Sociale,* juin 1997, n°186, p. 11-14 ; « La rupture du contrat de travail à durée indéterminée hors licenciement », *Droit Social,* 2005, n°1, p. 45-58 ; « Délocalisation d'entreprise et relations collectives de travail », *Droit Social*, 2005, n°7-8, p. 759-771 ; « L'implication des salariés dans la société européenne », *JCP*, éd. Sociale, n°16, 11 octobre 2005, n°168, p. 3-6 ; « La négociation collective transnationale d'entreprise ou de groupe », *Droit Social*, 2005, n°11, p. 982-990.

THUILLIER H., « L'usage en droit du travail », *JCP*, CI, 1975, II, 11619.

TOUATI J.-J., « L.122-12 : du nouveau du côté de la CJCE ? », *Semaine Sociale Lamy*, 5 décembre 1994, n°722, p. 3-5 ; « Une jurisprudence au rebours du flot », *Semaine Sociale Lamy*, 2 juin 1997, n°842, p. 3-7 ; « L.122-12 al. 2 et les relations individuelles dans l'entreprise », *Semaine Sociale Lamy*, 2 février 1998, suppl. n°872.

TOURNIQUET H., « Le temps de l'appréciation des motifs », *Droit Ouvrier*, juillet - août 2005, p. 288- 295.

TOURREIL J.-E., « L'activité accessoire transférée doit correspondre à une entité économique autonome », *Jurisprudence Sociale Lamy*, 14 septembre 2000, n°64, p. 203-206.

URBAN Q., « Comité d'entreprise (rôle et attributions en matière économique) », *Encyclopédie Dalloz*, Travail I, § 451-476.

VACARIE I., « La renonciation du salarié », *Droit Social*, 1990, n°11, p. 757-768.

VACHET G., « L'usage d'entreprise est-il un véritable usage ? », *JCP*, E, 1984, II, 14328.

VANDAMME F., « Concentrations d'entreprises et protection des travailleurs », *Cahier de Droit Européen*, 1977, p. 25-48 ; « L'information et la consultation des travailleurs dans la proposition de directive sur les entreprises à structure complexe, en particulier transnationale », *Revue du Marché Commun*, 1981, p. 368-378.

VATINET R., « Les conséquences du défaut de consultation par le comité d'entreprise », *Revue Pratique de Droit Social*, 1990, n°538/539, p. 59-64 ; « De la loi sur les nouvelles régulations économiques à la loi de modernisation : une montée en puissance du comité d'entreprise ? », *Droit Social*, 2002, n°3, p. 286-297.

VERDIER J.-M., « La présence syndicale dans l'entreprise et la loi du 28 octobre 1982 relative au développement des institutions représentatives du personnel », *Droit Social*, 1983, n°1, p. 37-54 ; « L'accord « substitué » au statut collectif mis en cause après transfert total ou partiel d'entreprise », *RJS*, 4/99, p. 282-283.

VERICEL M., « La contractualisation des avantages nés de normes d'entreprises atypiques », *Droit Social*, 2000, n°9-10, p. 833-836.

VERKINDT P.-Y., « De la consultation à la négociation: question de procédure », *Droit Social*, 1998, n°4, p. 321-29.

VIALA Y., « Le maintien des contrats de travail en cas de transfert d'entreprise en droit allemand », *Droit Social*, 2005, n°2, p. 200-210.

VIGNAL N., « Les nouveaux pouvoirs du comité d'entreprise », *Droit et Patrimoine*, novembre 2001, n°98, p. 68-73.

VIGNEAU C., « L'impératif de bonne foi dans l'exécution du contrat de travail », *Droit Social*, 2004, n°7-8, p. 706-714.

VINCENS J., « La notion d'emploi, de l'économie au droit », *Mélanges dédiés au Président Michel DESPAX*, Presse de l'Université des Sciences Sociales de Toulouse, 2001, p. 183-202.

VOISSET M., « Droit du travail et crise », *Droit Social*, 1980, n°6, p. 287-298.

WAGNER E., « Le nouveau champ d'application de l'article L.122-12 al. 2 », *Droit Ouvrier*, juin 1990, p. 217-229 ; « Les conséquences de la mise en cause de l'application d'une convention collective sur les droits des salariés (exercice de relecture du dernier alinéa de l'article L.132-8 du Code du travail) », *JCP*, E, 1991, I, 81.

WAQUET P., « La mise en cause d'une convention collective fait-elle jouer un délai de préavis ? », *Droit Social*, 1993, n°7-8, p. 659-661 ; « La dénonciation des usages de l'entreprise et des engagements unilatéraux de l'employeur », *Semaine Sociale Lamy*,

25 avril 1994, n°693, p. 3-4. ; « L'application par le juge français de la directive communautaire du 14 février 1977 », *Droit Social*, 1995, n°12, p. 1007-1013 ; « Le juge et l'entreprise », *Droit Social*, 1996, n°5, p. 472-477 ; « La modification du contrat de travail et le changement des conditions de travail », *RJS*, 12/96, p. 791-798 ; « Tableau de la jurisprudence sur le contrôle de la modification du contrat de travail », *Droit Social*, 1999, n°6, p. 566-581 ; « Libres propos sur l'externalisation », *Semaine Sociale Lamy*, 16 octobre 2000, n°999, p. 7-9.

WOLMARK C., « Le sort des contrats de travail en cas de reprise en gestion directe d'un service public administratif », *Revue de droit du travail*, septembre 2006, p. 159-167.

* * *

Cahier de droit social, « L'information et la consultation du comité d'entreprise », *JCP*, E, 1992, n°27, p. 305-322.

Cahier de droit Social, « Les avantages acquis », *JCP*, E, 1993, I, 307.

Numéro spécial, « Délégation de pouvoir », *Semaine Sociale Lamy*, 18 novembre 1996, n°815, p. 3-22.

Dossier consacré à la loi NRE, *Droit et Patrimoine*, novembre 2001, n°98.

Dossier spécial, « Nouvelles régulations économiques – étude de la loi du 15 mai 2001 », *Revue des Sociétés*, juillet – septembre 2001, n°3.

Colloque de l'Institut Européen des Juristes en Droit social, « Pourquoi et pour qui créer une société européenne ? », *Semaine Sociale Lamy*, 15 avril 2002, suppl. n°1071.

Spécial société européenne, *Actes Pratiques, Ingénierie Sociétaire*, mai-juin 2002, n°63.

Spécial société européenne, *Gazette du Palais*, 2-3 avril 2003, n°92 à 93.

Spécial « La société européenne – les enjeux de l'adaptation du droit français », *Les Petites Affiches*, 27 mai 2004, n°106.

Numéro spécial « Responsabilité sociale des entreprises », *Les Petites Affiches*, 26 février 2004, n°41.

Commission mondiale sur la dimension sociale de la mondialisation, *Une mondialisation juste : créer des opportunités pour tous*, Rapport, février 2004, 210 p.

Conseil Supérieur de l'Ordre des Experts-Comptables, *La mission légale d'assistance au comité d'entreprise*, Guide méthodologique, ECM, 2005, 40 p.

Avis et Rapport du Conseil Économique et Social, *Conséquences sur l'emploi et le travail des stratégies d'externalisation d'activités*, Les éditions du Journal Officiel, 2005, 170 p.

*Cessation de la relation de travail – Situation juridique dans les États membres de l'Union européenne*, Commission Européenne, avril 1997, 95 p.

*Guide pratique*, Lamy Social, 2007, 956 p.

*Rapport de la Commission au Conseil du 2 juin 1992 sur l'état d'application de la directive 77/187/CEE concernant le maintien des droits des travailleurs en cas de transferts d'entreprises, d'établissements ou de partie d'établissements*, SEC (92) 857 final.

*Mémorandum sur les droits acquis des travailleurs en cas de transferts d'entreprises; Critères d'orientation sur l'application de la Directive 77/187/CEE du Conseil du 14 février 1977, à partir de la jurisprudence de la Cour de Justice Européenne*, COM (97) 85 final, 4 mars 1997.

*Mémorandum sur les droits des travailleurs en cas de transferts d'entreprises*, Document de travail des services de la Commission sur l'application de la directive 2001/23/CE.

*Communication de la Commission*, 9 février 2005, COM (2005) 33 final.

Commission des Communautés Européennes, Livre Vert, *Moderniser le droit du travail pour relever les défis du XXIe siècle*, 22 novembre 2006, COM (2006)708 final, 17 p.

## BIBLIOGRAPHIE EN LANGUE ANGLAISE – DROIT ANGLAIS

### I. OUVRAGES GENERAUX, TRAITÉS

ANDERMAN S. D., *Labour Law – Management decisions and workers rights*, Butterworths, 1993, 320 p.

APPLEBEY G, *Contract Law*, Sweet & Maxwell, Texbook Series, 2001, 499 p.

BERCUSSON B., *European Labour Law*, Butterworths, 1996, 627 p.

COLLINS H., EWING K.D. & McCOLGAN A., *Labour Law – Text and Materials*, Hart Publishing, 2001, 1093 p.

DEAKIN S., MORRIS G. S., *Labour Law*, Butterworths, 2001, 1081 p.

ELGAR E., *Elgar Encyclopedia of Comparative law*, J. M. SMITS (ed. by), 2006, 821 p.

HARVEY's, *Encyclopaedia of Industrial Relations and Employment law*, unbound, updated July 1, 2001.

HOLLAND J. A. & WEBB J. S., *Learning legal rules*, Oxford University Press, 2003, 349 p.

HOLLINSHEAD G., NICHOLLS P., TAILBY S., *Employee Relations*, FT Prentice Hall, 2003, 587 p.

KIDNER R., *Statutes on employment law*, Blackstone, Oxford University Press, 2003-2004, 534 p.

KIDNER R., *Statutes on employment law*, Blackstone, Oxford University Press, 2006-2007, 550 p.

PITT G., *Employment Law*, Sweet & Maxwell, 2004, 428 p.

POOLE J., *Textbook on contract law*, Oxford University Press, 2004, 553 p.

SALAMON M., *Industrial relations – Theory and practice*, Pearson Education, 2000, 617p.

SEALY L.S., *Cases and materials in company law*, LexisNexis UK, 2004, 680 p.

SMITH IT., THOMAS G., *Industrial law*, Butterworths, 2000, 779 p.

ZANDER QC M., *The law making process*, Cambridge University Press, 2004, 517 p.

*Encyclopedia of Employment law*, Sweet and Maxwell.

*Oxford Dictionary of Law*, Oxford University Press, 2002, reissued 2003, 551 p.

## II. OUVRAGES SPECIAUX, MONOGRAPHIES

ANDERMAN S. D., *The law of unfair dismissal*, Butterworths, 2001, 492 p.

BLANPAIN R., ENGELS C. (ed by), *Comparative labour law and industrial relations in industrialized market economies*, Kluwer, 1993, 537 p.

BREWSTER C., TEAGUE P., *European Community social policy, its impact on the UK*, Chartered Institute of Personnel and Development, 1989, 376 p.

BRODIE D., *A history of British labour law, 1867-1945*, Hart Publishing, 2003, 259 p.

CARBY-HALL J., *Transfer of undertakings in the United Kingdom*, MCB University Press, Managerial Law, vol. 41, n°2, 1999, 70 p.

CAVALIER S., *Transfer rights: TUPE in perspective*, The Institute of Employment Rights, 1997, 87 p.

CRAIG J. D., LYNK S. M. (ed. by), *Globalization and the future of labour law*, Cambridge University Press, 2006, 498 p.

de CRUZ P., *Comparative Law in a changing world*, Cavendish Publishing Ltd, 1999, 512 p.

CURTIS P., *Redundancy : the law and practice*, ed. by J. McMULLEN, Sweet and Maxwell, 2001, 435 p.

DEAKIN S., WILKINSON F., *The law of the labour market – Industrialization, employment and legal evolution*, Oxford University Press, 2005, 350 p.

DICKENS L., JONES M., WEEKES B., HART M., *Dismissed: a study of unfair dismissal and the industrial tribunal system*, Warwick Studies in Industrial Relations, Blackwell, 1985, 304 p.

ELIAS P. QC, BOWERS J., *Transfer of undertakings: the legal pitfalls*, FT Law & Tax, 1996, 134 p.

FARNHAM D., *Employee relations in context*, Chartered Institute of Personnel and Development, 2000, 455 p.

HARDY S., *Understanding TUPE: a legal guide*, Chandos Business guides, Chandos publishing, 2001, 258 p.

HEPPLE B., *Labour law and global trade*, Hart Publishing, 2005, 302 p.

HYMAN J., MASON B., *Managing employee involvement and participation*, Sage publications, 1995, 216 p.

MAYNE S. (ed by), *Cross-border transfers and redundancies*, Tottel publishing, 2005, 605 p.

McMULLEN J., *Business transfers and employee rights*, Butterworths, 2001, unbound.

MORRIS G. S., ARCHER T. J., *Collective Labour Law*, Hart Publishing, 2000, 625 p.

NAPIER B., *CCT, Market testing and employment rights : the effects of TUPE and the acquired rights directive*, The Institute of Employment Rights, 1993, 62 p.

SCHULTEN T., ZAGELMEYER S., *Board-level employee representation in Europe*, European Industrial Relations Observatory, 28 Septembre 1998, 40 p.

SHRUBSALL V., *Contracts of employment*, BSP Professional books, 1989, 212 p.

* * *

*Transfer of Undertakings*, IDS, Employment Law Handbook Series 2 n°8, October 1995, 161p.

*Transfer of Undertakings*, Legal Essentials, Hammond Suddards Edge, Chartered Institute of Personnel and Development, 2000, 38 p.

*Transfers – an LRD guide to the TUPE Regulations*, Labour Research Department Booklets, July 2002, 39 p.

## III. ARTICLES, CHRONIQUES, RAPPORTS

ANDERMAN S., « The interpretation of protective employment statutes and contracts of employment », *Industrial Law Journal*, 2000, vol. 29, n°3, p. 223-242.

ARMOUR J., DEAKIN S., « The Rover Case (2) : Bargaining in the shadow of TUPE », *Industrial Law Journal*, 2000, vol. 29, n° 4, p. 395-402.

BACON N., STOREY J., « New employee relations strategies in Britain: towards individualism or partnership ? », *British Journal of Industrial Relations*, September 2000, vol. 38, n°3, p. 407-427.

BATCHELOR J., « Substantial job losses predicted as BMW sells Rover and Land Rover », European Industrial Relations Observatory, 28 April 2000 ; « Immediate future of Longbridge secured after sale of Rover to Phoenix consortium », European Industrial Relations Observatory, 28 May 2000 ; « Partnership, flexibility and employment: the growth of job security agreements », European Industrial Relations Observatory, 28 December 2000 ; « Problems mount for UK automotive manufacturers in face of increased competitive pressure », European Industrial Relations Observatory, 28 December 2000 ; « End of line for MG Rover », European Industrial Relations Observatory 31 May 2005.

BELLACE J R., GOSPEL H. F., « Disclosure of information to trade unions: a comparative perspective », *International Labour Review*, Jan-Feb. 1983, vol. 122, n°1, p. 57-74.

BENNETT M., « Practicability of reinstatement and re-engagement orders », *Industrial Law Journal*, 1994, vol. 23, n°2, p. 164 -166.

BERCUSSON B., « The european model comes to Britain », *Industrial Law Journal*, 2002, vol. 31, n°3, p. 209-244.

BOURN C., « Employment consequences of business transfers », *New Law Journal*, August 11, 1989, p. 1122-1127.

BOWERS J., CLARKE A., « Unfair dismissal and managerial prerogative: a study of « other substantial reason » », *Industrial Law Journal,* 1981, vol. 10, n°1, p. 34-44.

de BURCA G., « Giving effect to European Community Directives », *The Modern Law Review*, March 1992, vol. 55, p. 215-240.

CARBY-HALL J., « Transfer of Undertakings in the United Kingdom », *Managerial Law*, 1999, vol. 41, n°2, p. 18.

CARLEY M., *Industrial relations in the EU, Japan and USA, 2000*, European Industrial Relations Observatory, 6 December 2001.

CARLEY M., HALL M., « The implementation of the european works council directive », *Industrial Law Journal*, 2000, vol. 29, n°2, p. 103-124.

COLLINS H., « Dismissals on transfer of a business », *Industrial Law Journal*, 1986, vol. 15, n°4, p. 244-255 ; « The meaning of job security », *Industrial Law Journal*, 1991, vol. 20, n°4, p. 227-239 ; COLLINS H., *Nine proposals for the reform of the law on unfair dismissal*, The Institute of Employment Rights, May 2004, 90 p.

DAVIDOV G., « Who is a worker ? », *Industrial Law Journal*, 2005, vol. 34, n°1, p. 57-71.

DAVIES P., *The relationship between the European Court of Justice and the British Courts over the interpretation of Directive 77/187/EC*, EUI Working Papers, Law n°97/2, 1997, 33 p. ; « Transfers of undertakings, preliminary remarks », *Labour law in the Courts, national judges and the European Court of justice*, ed. by S. SCIARRA, Hart Publishing, 2001, p.131-144.

DAVIES P.L., « Employee representation on company boards and participation in corporate planning », *Management Law Review*, 1975, vol. 38, n°3, p. 254-273 ; « Acquired rights, creditors' rights, freedom of contract and industrial democracy », *Yearbook of European law,* 1989, vol. 9, n°21, p. 21- 53 ; « Workers on the board of the European company ? », *Industrial Law Journal*, 2003, vol. 32, n°2, p. 75-96.

DAVIES P., FREEDLAND M., « Labour markets, welfare and the personal scope of employment law », *Comparative Labor Law & Policy Journal*, 1999, vol. 21, p. 231-248.

DEAKIN S., « Interpreting employment contracts: judges, employers, workers », *The International Journal of Comparative Labour Law and Industrial Relations*, Summer 2004, vol. 20/2, p. 201-226.

DICKENS L., « Unfair dismissal law: a decade of disillusion », *Personnel Management*, February 1982, p. 25.

DOCKSEY C., FITZPATRICK B., « The duty of national courts to interpret provisions of national law in accordance with Community law », *Industrial Law Journal*, 1991, vol. 20, n° 1, p. 113-120.

EAST N., « Transfer and Tribulations: ECM v. Cox and the difficulties in applying the Acquired Rights Directive and the TUPE Regulations to the contracting out of services », *Business Law Review*, July 2000, p. 170-176 ; « Cheesman: clarity or further calamity ? », *Business Law Review*, June 2001, p. 142-145.

EDWARDS T., *Corporate Governance systems and the nature of industrial restructuring*, European Industrial Relations Observatory, 30 Septembre 2002.

ELIAS P., «The transfer of undertaking: a reluctantly acquired right », *The Company Lawyer*, 1982, vol. 3, n°4, p. 147-156.

EWING K.D., « The function of trade unions », *Industrial Law Journal*, 2005, vol. 34, n°1, p. 1-22.

GALL G., «The rise of single table bargaining in Britain », *Employee Relations*, 1994, vol. 16, n°4, p. 62-71.

GODARD J., *Trade Union Recognition: statutory unfair labour practice regimes in the USA and Canada*, DTI, Employment Relations Research Series n°29, URN 04/855, 2004, 87p.

GOSLING P., « Contracting-out into trouble », *Independent*, 12 November 1992.

GOSPEL H., « Disclosure of information to trade unions », *Industrial Law Journal*, 1976, vol. 5, p. 223-236.

GOSPEL H., LOCKWOOD G., « Disclosure of information for collective bargaining: the CAC approach revisited », *Industrial Law Journal*, 1999, vol. 28, n°3, p. 233-248.

GOSPEL H., WILLMAN P., « Disclosure of information: the CAC Approach », *Industrial Law Journal*, 1981, vol 10, n°1, p. 10-22.

GOULDING P., « TUPE: the employee's right to object », *Solicitors Journal*, 9 May 1997, p. 424-425.

GUEST D. E., PECCEI R., « Partnership at work: mutuality and the balance of advantage », *British Journal of Industrial Relations*, 2001, vol. 39, n°2, p. 207-236.

HALL M., « Beyond recognition ? Employee representation and EU law », *Industrial Law Journal*, 1996, vol. 25, n°1, p. 15-27 ; « Agreement on flexible working arrangements at Rover », European Industrial Relations Observatory, 28 December 1998 ; « 2000 Annual Review for the UK », European Industrial Relations Observatory, 28 December 2000 ; «Assessing the Information and Consultation of Employees Regulations », *Industrial Law Journal*, 2005, vol. 34, n°1, p. 103-126.

HEPPLE B., « The Transfer of Undertakings (Protection of Employment) Regulations », *Industrial Law Journal*, 1982, vol. 11, n°1, p. 29-40 ; « Restructuring employment rights », *Industrial Law Journal*, 1986, vol. 15, p. 69-83 ; « A right to work ? », *in* BLANPAIN R., ENGELS C. (ed. by), *Comparative labour law and industrial relations in industrialized market economies*, Kluwer, 1993, p. 65-83 ; *Industrial Law Journal*, 1981, vol. 10, n°2, p. 65-83 ; *The legal consequences of cross border transfers of undertakings within the european union*, A report for the European Commission DG-V, Cambridge, May 1998, 45 p.

HONEYBALL S., PEARCE D., « Contract, Employment and the Contract of Employment », *Industrial Law Journal*, 2006, vol. 35, n°1, p. 30-55.

KAHN-FREUND O., « Legal Framework », *in* A. FLANDERS, H. A. CLEGG, *The system of industrial relations in Great Britain, its history, law and institutions*, Blackwell, 1954, p. 42-127 ; « On uses and misuses of comparative law », *The Modern Law Review*, January 1974, vol. 37, n°1, p. 1-27 ; « Industrial Democracy », *Industrial Law Journal*, 1977, vol. 6, p. 65-84.

KELLER B., « The European company statute: employee involvement and beyond », *Industrial Relations Journal*, 2002, vol. 33, n°5, p. 424-445.

KERSLEY B., ALPIN C., FORTH J. et al., *Inside the workplace: first findings from the 2004 Workplace Employment Relations Survey*, 2005, 40 p.

LAULOM S., « The European Court of justice in the dialogue on transfers of undertakings: a faillible interlocutor ? », *Labour law in the Courts, national judges and the European Court of justice*, ed. by S. SCIARRA, Hart Publishing, 2001, p. 145-178.

LEWIS D., « Re-employment as a remedy for unfair dismissal: how can the culture be changed ? », *Industrial Law Journal*, 1999, vol. 28, n°2, p.183-185.

LEWIS R., « The legal enforceability of collective agreements », *British Journal of Industrial Relations*, 1970, p. 313-333.

LLOYD C., « What do employee councils do ? The impact of non-union forms of representation on trade union organisation », *Industrial Relations Journal*, 2001, vol. 32, n°4, p. 313-327.

MARGINSON P., SISSON K., « Single table talk », *Personnel Management*, May 1990, p. 46.

McMULLEN J., « Management prerogative, reorganisation and employees' rights on transfer of undertakings », *The Modern Law Review,* July 1986, vol. 49, n°4, p. 524-529 ; «Business transfers and employee rights: the Litster case », *The Law Society's Gazette*, 7 February 1990, n°5, p. 27 ; « Business transfers and employee rights: points for practitioners», *The Law Society's Gazette*, 21 February 1990, n°7, p. 27-31 ; « Takeovers, transfers and business reorganizations», *Industrial Law Journal,* 1992, vol. 21, n°1, p. 15-30 ; « TUPE and the employee who is unaware of the transfer », *Solicitors Journal*, 21 April 1995, p. 366 ; « Atypical transfers, atypical workers and atypical employment structures – a case for greater transparency in transfer of employment issues », *Industrial Law Journal*, 1996, vol. 25, n°4, p. 286-307 ; « Can an employee opt out of TUPE ? », *Solicitors Journal*, 18 December 1998, p. 1162-1163 ; « TUPE: Waiver of employment rights and contract changes after Wilson », *Industrial Law Journal*, 1999, vol. 28, n°1, p. 76-84 ; *Business transfers and employee rights*, Bulletin n°10, August 2005, p. 8-9 ; « International outsourcing and transnational transfers of undertakings – a United Kingdom perspective », *The Company Lawyer*, 2005, vol. 26, n°10, p. 296-303 ; « An analysis of the Transfer of Undertakings (Protection of Employment) Regulations 2006 », *Industrial Law Journal*, 2006, vol. 35, n°2, p. 113-139.

POLLARD D., « Pensions and TUPE », *Industrial Law Journal*, 2005, vol. 34, n°2, p. 127-157.

PURDY D., « Information and the participation of employees in Great-Britain », *in l'Information des salariés au Royaume-Uni et en France*, Centre d'Histoire des Idées dans les Iles Britanniques, Presses de l'Université de Paris-Sorbonne, Coll. Rule Britannia, n°4, juin 1993, p. 33-60.

REHFELDT U., *Country report: transposition of the EU directive on worker involvement in the European company (SE), France*, IRES, 2005, 7 p.

RIDEOUT R.W., « The great transfer of employee rights hoax », *Current Legal Problems*, 1982, vol. 233, p. 233-248.

RYLEY M.D., « Business transfers after Litster: dangerous liaisons ? », *The Law Society's Gazette*, 14 June 1989, n°23, p. 18.

SARGEANT M., « Mandatory employee consultation still likely », *Business Law Review*, May 2001, p. 109-112 ; « New transfer Regulations », *Business Law Review*, October 2001, p. 218-221 ; « New transfer Regulations », *Industrial Law Journal*, 2002, vol. 31, n°1, p. 35-54.

SCHULTEN T., ZAGELMEYER S., *Board-level employee representation in Europe*, European Industrial Relations Observatory, 28 septembre 1998.

SIMPSON B., « Trade union recognition and the law, a new approach – Parts I and II of Schedule A1 to the Trade Union and Labour Relations (Consolidation) Act 1992 », *Industrial Law Journal*, 2000, vol. 29, n°3, p. 193-222.

SKIDMORE P., « Worker Rights – A Euro-litigation strategy ? », *Industrial Law Journal*, 1996, vol. 25, n°3, p. 225-230.

SMITH J., EDWARDS P., HALL M., *Redundancy consultation : a study of current practice and the effects of the 1995 Regulations*, Research Paper for the Department of Trade and Industry, DTI, URN 99/512, 1999, 34 p.

TREMLETT N., BANERJI N., « The 1992 Survey of Industrial Tribunal Applications », *Employment Gazette*, 1992, vol. 31, p. 38.

UPEX R., « The acquired rights directive and its effects upon consensual variation of employees' contracts », *European Law Review*, 1999, vol. 24, n°3, p. 293-299.

VALDES DAL-RE F., « Transfers of undertakings: an experience of clashes and harmonies between community law and national legal systems », *Labour law in the Courts, national judges and the European Court of justice*, ed. by S. SCIARRA, Hart publishing, 2001, p. 179-209.

VILLIERS C., « The Rover Case (1): The sale of Rovers cars by BMW – the role of the works council », *Industrial Law Journal*, 2000, vol. 29, p. 386-394.

WEDDERBURN Lord, « Collective bargaining or legal enactment: The 1999 Act and union recognition », *Industrial Law Journal*, 2000, vol. 29, n°1, p. 1-42.

WEDDERBURN OF CHARLTON Lord, « Employees, partnership and company law », *Industrial Law Journal*, 2002, vol. 31, n°2, p. 99-111.

WILLIAMS E., « Consultation, consultation and consultation », *Business Law Review*, April 2001, p. 80-83 ; « TUPE 2006 – Mission accomplished or mission impossible ? », *Business Law Review*, July 2006, p. 178-182.

WRIGHT I., « Constructive dismissal after a TUPE transfer », *Solicitors Journal*, 5 July 2002, p. 608.

WYNN-EVANS C., « The TUPE saga continues », *Business Law Review*, November 1996, vol. 17, p. 223-24 ; « Some important TUPE cases in 2000 », *Business Law Review*, March 2001 p. 53-55.

* * *

*ACAS Code of Practice 1: Disciplinary and Grievance procedures*, revised 1997 and 2000, ACAS CP/01, 26 p.

*ACAS Code of Practice 2: Disclosure of information to trade unions for collective bargaining purposes*, revised 1997, ACAS CP/02, 14 p.

*ACAS Code of Practice 3: Time off for trade union duties and activities*, revised 2003, ACAS CP/03, 14 p.

ACAS, *Employee Communications & consultation*, Advisory booklet, ACAS/B06, 2005, 40p.

ACAS, *Representation at work*, Advisory Booklet, ACAS/B15, April 2003.

TUPE, *Government Guidance on TUPE,* Offices of Public Services, 11 March 1993, OPSS 30/93, HMSO.

*Outcome of the public consultation on implementation of the European works council directive*, DTI, November 1999, 8 p.

*Transfer of Undertakings (Protection of Employment) Regulations 1981: Government proposals for reform,* detailed background paper, Employment Relations Directorate Department of Trade and Industry, September 2001, URN01/1158, 126 p.

*Transfer of undertakings: a guide to the regulations*, DTI, PL 699 Rev. 6, December 2003.

*TUPE Draft Revised Regulations: Public Consultation Document*, Employment Relations Directorate, DTI, March 2005, URN 05/926, 80 p.

*TUPE: draft revised regulations, Government response to the public consultation*, DTI, February 2006, 39 p.

*Revision of the Transfer of Undertakings (Protection of Employment) Regulations 1981, Final regulatory impact assessment*, DTI, Employment Relations Directorate, January 2006, 30 p.

*Employment rights on the transfer of an undertaking*, a guide to the 2006 TUPE Regulations for employees, employers and representatives, DTI, 30 January 2006, 36 p.

*Explanatory Memorandum to the Transfer of Undertakings (Protection of Employment) Regulations 2006*, Employment Relations Directorate, DTI, n°246, 3 February 2006.

*Employment rights on the transfer of an undertaking*, a guide to the 2006 TUPE Regulations for employees, employers and representatives, DTI, March 2007, URN 07/758, 41 p.

*Staff Transfers in the Public Sector*, Cabinet Office Statement of Practice, January 2000, 27 p.

*Workforce Matters in the Public Sector Service Contracts*, Cabinet Office Statement of Practice, March 2005, 6 p.

Employees' information and consultation rights on collective redundancies and transfer of undertakings - a short guide to the new requirements, 1999, DTI, URN N°99/1036.

*The Information and Consultation of Employees Regulations 2004*, DTI guidance, January 2006, 86 p.

*Redundancy consultation: a study of current practice and the effects of the 1995 regulations*, Research Paper for the Department of Trade and Industry, DTI, 1998, 34 p.

*Redundancy consultation and notification*, DTI guidance, URN 06/1965.

Workplace representatives: a review of their facilities and facility time, Consultation document, DTI, January 2007, URN 06/1793, 117 p.

*Discussion document on employment status in relation to statutory employment rights*, DTI, July 2002, URN 02/1058, 32 p.

*Statutory recognition – Guide for the parties*, Central Arbitration Committee (CAC), October 2005, 32 p.

*High performance workplaces: informing and consulting employees* (consultation document and partial regulatory assessment), DTI, July 2003, 88 p.

*Report of the Committee of Inquiry on Industrial Democracy* (Bullock Committee), HMSO, (1977).

Confederation of British Industry, *Guidelines for action on employee involvement*, London, CBI, 1979.

Confederation of British Industry, *Prospering in the global economy*, London CBI, 1997.

*Industrial Relations in Europe 2004*, European Commission, Employment & social affairs, 2004, 130 p.

« The Performance of EWCs 12 years after the directive », *European Works Council Bulletin*, n°65, September/October 2006, p. 7-11

Information & Consultation arrangements, *IDS HR Studies*, January 2005, n°790, 44 p.

« Single-table bargaining: an idea whose time has yet to come ? », *IRS Employment Trends*, n°577, February 1995, p. 10-16.

« Costs warning put « undue pressure » on unfair dismissal claimant », *IRS Employment Law Review*, n°768, 24 January 2003, p. 45.

« Rights of representation: facilities for union reps », *IRS Employment Review*, 24 January 2003, n°768, p.7-13.

« Employee involvement and the trade unions », *IRS Employment Trends*, March 1990, n°459, p. 3.

« Company Councils », *IDS Studies*, Personnel policy and practice, n°730, June 2002, 27 p.

« The 6th JIL Tokyo Seminar : corporate restructuring and the role of labour law », *Bulletin of Comparative Labour Relations*, n°47, 2003.

« Job mobility 2 », *IDS*, Brief 770, December 2004, p. 11-17.

« TUPE – what's in store for the next generation ? », *IDS Employment Law Brief*, n°800, March 2006, p. 2.

« TUPE 2006 – an analysis of the Regulations », *IDS Employment Law Brief*, n°800, March 2006, p. 11-16.

«TUPE Regulations 2006 », *Industrial Relations Law Bulletin*, n°780, March 2006, p. 5-14.

## BIBLIOGRAPHIE EN LANGUE ANGLAISE – DROIT AMERICAIN

### I. OUVRAGES GENERAUX, TRAITÉS

ANGLIM C. T., *Labor, employment and the law, a dictionary*, ed. Contemporary legal issues, 1997, 549 p.

ATLESON J. B., *Values and assumptions in American labor law*, The University of Massachusetts Press, 1983, 240 p.

CIHON P. J., CASTAGNERA J. O., *Employment & Labor law*, Thomson, 2005, 749 p.

COX A, BOK D.C., GORMAN R. A., FINKIN M.W., *Labor law: cases and materials*, University case book series, 1991, 1249 p.

ESTREICHER S., HARPER M. C., *Cases and materials on the law governing the employment relationship*, West Publishing Co., 1992, 966 p.

ESTREICHER S., SCHWAB S. J., *Foundations of labor and employment law*, Foundation Press, 2000, 416 p.

GORMAN R. A., *Basic Text on labor law, unionization and collective bargaining*, West Publishing Co., 1991, 914 p.

HARPER M. C., ESTREICHER S., *Labor Law: cases, materials and problems*, ed. Little, Brown & Company, 1996, 1338 p.

RABIN R. J., SILVERSTEIN E., SCHATZKI G., DAU-SCHMIDT K.G., *Labor and Employment Law - Problems, cases and materials in the law of work*, The labor Law Group, 2002, 886 p.

**II. OUVRAGES SPECIAUX, MONOGRAPHIES**

BUECHTEMANN C. F. (ed. by), *Employment Security and Labor Market Behavior: interdisciplinary approaches and international evidence*, Cornell University Press, 1994, 528p.

BLUMBERG P. I., STRASSER K. A., *The law of corporate groups: statutory law - state*, ed. Little, Brown & Company, 1995, 878 p.

ESTREICHER S., COLLINS D. G., *Labor law and business change: theoretical and transactional perspectives*, Quorum books, 1988, 353 p.

FRIEDMAN S., HURD R. W., OSWALD R. A., SEEBER R. L. (ed. by), *Restoring the promise of American labor law*, Cornell University Press, 1994, 376 p.

GAUTIER E., WILLIS H. (ed. by), *Employee and union member guide to labor law. A manual for attorneys representing the labor movement*, The National Labor and Employment Committee of the Lawyers Guild, West Group, 3 vol., unbound.

HAMILTON R. W., *Business organizations, unincorporated businesses and closely held corporations, essential terms and concepts*, Aspen Law & Business, 1997, 496 p. ; *The law of corporations in a nutshell*, West Group, 2000, 673 p.

HENN H. G., ALEXANDER J. R., *Laws of corporations and other business enterprises*, West Group, Hornbook Series, 1983, 1371 p.

KAHN S. C., BROWN B.B., *Legal Guide to human resources*, West Group, 1994, unbound.

LIPSIG E., *Downsizing – Law and practice*, BNA books, 1996, 1175 p.

NORTHRUP H. H., MISCIMARRA P. A., *Government protection of employees involved in mergers and acquisitions*, The Wharton School Industrial Research Unit, University of Pennsylvania, 1989, 651 p.

OESTERLE D. A., *Mergers and acquisitions in a nutshell*, West Group, 2001, 285 p.

O'REILLY J. T., *Unions' rights to company information*, Industrial Research Unit, The Wharton School, University of Pennsylvania, Labor Relations and Public Policy Series, n°21, 1981, 273 p.

YAGER D. V., *NLRB: Agency in crisis*, 1996, 161 p.

*Labor Law Reporter,* Labor Relations, vol. 1, CCH incorporated, unbound.
*Employment Coordinator*, CCH incorporated, unbound.
*National Labor Relations Act,* Law and Practice, vol.1, ed. Mattew Bender & Co., unbound.

## III. ARTICLES, CHRONIQUES, RAPPORTS

ADAMS R. J., « The North American model of employee representational participation: a hollow mockery », *Comparative Labor Law Journal*, 1993-1994, vol. 15, n°4, p. 4-14.

ADDISON J. T., « Job security in the United States: law, collective bargaining, policy, and practice », *British Journal of Industrial Relations*, November 1986, vol. 24, n°3, p. 381-418.

ARONOFSKY D., « Piercing the transnational corporate veil : trends, developments, and the need for widespread adoption of enterprise analysis », *The North Carolina Journal of International Law and Commercial Regulation*, Winter 1985, vol. 10, p. 31-86.

BALLAM D. A., « Employment-at-will : the impending death of a doctrine », *American Business Law Journal*, Summer 2000, vol. 37/4, p. 653-687.

BEFORT S. F., « Labor law and the double-breasted employer : a critique of the single employer and alter ego doctrines and a proposed reformulation », *Wisconsin Law Review*, 1987, p. 67-105.

BELLACE J. R., GOSPEL H. F., « Disclosure of information to trade unions: a comparative perspective », *International Labour Review*, Jan.-Feb. 1983, vol. 122, n°1, p. 57-74.

BERUL M., « To bargain or not to bargain should not be the question: deterring section 8(a)(5) violations in first-time bargaining situations through a liberalized standard for the award of litigation and negotiation costs », *The labor Lawyer*, Summer 2002, vol. 18, n°1, p. 27-46.

BERNSTEIN R. H., COOPER R., « Labor law consequences of the sale of a unionized business », *Labor Law Journal*, 1985, vol. 36, p. 327-336.

BLASIER P., « Note - The successor employer's obligation to bargain: current problems in the presumption of a union's majority status », *Fordham Urban Law Journal,* 1980, vol. VIII, n°2, p. 429-449.

BLUMBERG P. I., « The continuity of the enterprise doctrine: corporate successorship in United States law », *Florida Journal of International Law*, Spring-Summer 1996, vol. 10, n°3, p. 365-418.

BOLTUCH B. F., « Workplace closures and company reorganizations: enforcing NLRB, contract and noncontract claims and obligations », *The Labor Lawyer*, Winter 1991, vol. 7, n°1, p. 53- 109.

BRAGINSKY L., « How changes in employer identity affect employment continuity: a comparison of the United States and the United Kingdom », *Comparative Labor Law Journal*, 1995, vol. 16, n°2, p. 231-261.

CHATFIELD-TAYLORD R. F., (Note), « Labor Law: successorship and the obligation to bargain: clarifying the steps toward a highly subjective analysis », *Washburn Law Journal*, Spring 1988, vol. 27, n°3, p. 685-706.

COLLINGSWORTH T., « Resurrecting the National Labor Relations Act – Plant closings and runaway shops in a global economy », *Berkeley Journal of Employment and Labor law*, 1993, vol. 14, p. 72-112.

CONNOR M. E., « The Dubuque Packing decision: new test for bargaining over decision to relocate », *The Labor Lawyer*, 1992, vol. 8, p. 289-295.

CRAIN-MOUNTNEY M. (Note), « The unenforceable successorship clause: a departure from national labor policy », *UCLA Law Review*, 1983, vol. 30, p. 1249-1282.

CRANDALL G., STARRETT S. J., PARKER D. L., « Hiding behind the corporate veil: employer abuse of the corporate form to avoid or deny workers' collectively bargained and statutory rights », *West Virginia Law Review*, Spring 1998, vol. 100, n°3, p. 537-599.

CRAVER C. B., « The relevance of the NLRA and labor organizations in the post-industrial, global economy », *Labor Law Journal*, Fall 2006, vol. 57, n°3, p. 133-147.

CRISPIN C. A. (Note), « The successorship doctrine: in search of a new focus », *Williamette Law Review*, 1980-81, vol. 17, p. 405-474.

CRYSTAL J. I., « Successor and assigns clauses: do they actually require that a purchaser adopt the seller's contract ? », *Labor Law Journal*, 1982, vol. 33, n°9, p. 581-595.

CRYSTAL J. I. BRODECKI R. J., « Are successors and assigns clauses really binding ? », *Labor Law Journal*, September 1987, vol. 38, n°9, p. 547-561.

CULLEN D. E., « Recent trends in collective bargaining in the United States », *International Labour Review*, May - June 1985, vol. 124, n°3, p. 299-322.

CUTCHER-GERSHENFELD J., « The social contract at the bargaining table: evidence from a national survey of labor and management negotiators », *Labor Law Journal*, Fall 1999, vol. 50, n°3, p. 214-222.

DANIELS W., KUPFERBERG S., « Sale of assets, mergers, and acquisitions: a union view», *Labor Law and business change: theoretical and transactional perspectives*, ed. by S. ESTREICHER et D. G. COLLINS, Quorum Books, 1988, p. 185-206.

DAU-SCHMIDT K. G., « A bargaining analysis of american labor law and the search for bargaining equity and industrial peace », *Michigan Law Review*, 1992, vol. 91, n°3, p. 419-514.

DILWORTH Jr. E. J., EMANUEL W. J., SIMON B. H, WELCH J.S., « Corporate acquisitions and dispositions : employment and labor law issues », *Industrial Relations Law Journal*, 1988, vol. 10, n°1, p. 59-91.

DITELBERG J. L., PISKORSKI T. J., « NLRB breathes new life into employee participation committees », *Employee Relations Law Journal,* Winter 2001, vol. 27, n°3, p. 127-137.

DuRoss, III, W. H., « Increasing the labor-related costs of business transfers and acquisitions – The spectre of per se liability for new owners », *Washington University Law Quarterly*, 1989, vol. 67, p. 375-433.

EFTHIMIOU M. P., (notes) « State legislative attempts to mandate continuation of collective bargaining agreement during business change : the unfulfilled expectations and the pre-empted results », *Cornell Law Review*, 1991-92, vol. 77, p. 47-102.

EPSTEIN R. A., « In defense of the contract at will », *University of Chicago Law Review,* 1984, vol. 51, n°4, p. 947-982.

ESTLUND C. L., « The ossification of American labor law », *Columbia Law Review*, 2002, vol. 102, p. 1527-1612 ; « Is the National Labor Relations Act an outmoded statute in the 21st century ? », *Labor Law Journal*, Fall 2006, vol. 57, n°3, p. 148-157.

FAIRCHILD D. C. (Comment), « Successorship doctrine : a hybrid approach threatens to extend the doctrine when the union strikes out », *Saint Louis University Law Journal*, February 1984, vol. 28, p. 263-295.

FEERICK J. D., « Information-sharing obligation », *Labor Law and business change: theoretical and transactional perspectives*, ed. by S. ESTREICHER, D. G. COLLINS, Quorum Books, 1988, p. 45-61.

FEINMAN J. M., « The development of the employment at will rule », *American Journal of Legal History,* 1976, vol. XX, n°2, p. 118-135.

FRASER D., « Worker participation in corporate government: the U.A.W. – Chrysler experience », *Chicago-Kent Law Review*, 1982, vol. 58, n°4, p. 949-980.

FRIED C., « Individual and collective rights in work relations: reflections on the current state of labor law and its prospects », *University of Chicago Law Review*, 1984, vol. 51, n°4, p.1012-1040.

GARREN B., « When the solution is the problem : NLRB remedies and organizing drives », *Labor Law Journal*, Summer 2000, vol. 51, n°2, p. 76-88.

GEE E. M., « The unenforceable successorship clause : a departure from national labor policy», *California Western Law Review*, Fall 1995, vol. 32, p. 167-194.

GEORGE B. G., « To bargain or not to bargain : a new chapter in work relocation decisions», *Minnesota Law Review*, 1985, vol. 69, n°3, p. 667-717 ; « Successorship and the duty to bargain », *Notre Dame Law Review*, 1988, vol. 63, p. 277-308.

GOTTESMAN M. H., « In despair, starting over: imagining a labor law for unorganized workers », *Chicago-Kent Law Review*, 1993, vol. 69, n°1, p. 59-96.

GRADL W. R., « Job security, managerial prerogatives, and First National Maintenance », *Buffalo Law Review*, 1982, vol. 31, p. 509-546.

GREENFIELD K., « The place of workers in corporate law », *Boston College Law Review*, March 1998, vol. 39, n°2, p. 283-297.

GRIFFIN Jr. C. J., JONES M. A., « Work relocations - The changing rules represent a victory of organised labor », *Employee Relations Law Journal*, Winter 1991-92, vol. 17, n°3, p. 389-404.

GROSS J. A., « The demise of the national labor policy : question of social justice », *Restoring the promise of American labor law*, ed. by S. FRIEDMAN, R. W. HURD R. A. OSWALD et R. L. SEEBER, Cornell University Press, 1994, p. 45-58.

HARPER M. C., « Leveling the road from Borg-Warner to First National Maintenance: the scope of mandatory bargaining », *Virginia Law Review* 1982, vol. 68, n°8, p. 1447-1503 ; « The scope of the duty to bargain concerning business transformations », *Labor Law and business change : theoretical and transactional perspectives*, ed. by S. ESTREICHER and D. G. COLLINS, Quorum Books, 1988, p. 25-43 ; « Defining the economic relationship appropriate for collective bargaining », *Boston College Law Review*, 1997-98, vol. 39, 1:3, p. 329-363.

HERRNSTADT O. E., «Voluntary corporate codes of conduct: what's missing ? », *The Labor Lawyer*, Winter/Spring 2001, vol. 16, n°3, p. 349-370.

HOLLIFIELD T.R., « Successor liability issues in labor and employment cases », *Florida Bar Journal*, January 2007, vol. 81, p. 48-54.

HYDE A., « Democracy in collective bargaining », *Yale Law Journal*, 1984, vol. 93, n°5, p. 793-856.

IRVING Jr., J. S., « Closing and sales of businesses: a settled area ? », *Labor Law Journal*, 1982, vol. 33, p. 218-229.

JACOBY S. M., « The duration of indefinite employment contracts in the United States and England: an historical analysis », *Comparative Labor Law*, 1982, vol. 5, n°1, p. 85-128.

JENERO K. A., KOCIAN P. W., « The relocation of work between plants : a planning checklist of statutory and contractual obligations », *Employee Relations Law Journal*, Spring 1995, vol. 20, n°4, p. 621-640.

JENERO K. A., MENNEL E. E., « Pitfalls and Opportunities : NLRA and contractual considerations when purchasing a unionized company », *Employee Relations Law Journal*, Summer 1996, vol. 22, n°1, p. 141-154.

KASSALOW E. M., « Concession bargaining : towards new roles for American unions and managers », *International Labour Review*, 1988, vol. 127, n°5, p. 573-592.

KAUFMAN B. E., LEWIN D., « Is the NLRA still relevant to today's economy and workplace ? », *Labor Law Journal*, September 1998, vol. 49, n°7, p. 1113-1126.

KLARE K. E, « Judicial deradicalization of the Wagner Act and the origins of modern legal consciousness, 1937-1941 », *Minnesota Law Review*, 1978, vol. 62, n°3, p. 265-339.

KNIGHT J. R., « Decision-bargaining and the NLRA - A plea for the resurrection of First National Maintenance Corp. », *Texas Law Review*, 1990, vol. 68, p. 625-648.

KO S., *2000 annual review for the USA*, European Industrial Relations Observatory, 12 December 2001.

KHOLER T. C., « Distinctions without differences : effects bargaining in light of First national maintenance », *Industrial Relations Law Journal*, 1982-83, vol. 5, p. 402-425.

LANDAU J. M., « Successorship doctrine, the courts and arbitrators : common sense or dollars and cents ? », *University of Miami Law Review*, 1989, vol. 44, p. 403-441.

LYNCH D. O. (Essay), « Statutory rights and arbitral values : some conclusions », *University of Miami Law Review*, November 1989, vol. 44, p. 617-642.

MAATMAN Jr. G. L., « Management guide on structuring and implementing reductions in force to comply with federal, state and local laws », *Labor Law Journal*, Winter 2001, vol. 52, n°4, p.199-218.

MACDONALD G. A., « Labor law's alter ego doctrine : the role of employer motive in corporate transformations », *Michigan Law Review*, 1987-1988, vol. 86, p. 1024-1060.

MACDOUGALL H. L., « Proposed expansion of NLRB remedies : Labor law reform without legislation », *Employee Relations Law Journal*, Winter, 2000, vol. 26, n°3, p. 73-85.

MALAK P. J., « Employment agreements in business acquisitions (with model agreement) », *The Practical Lawyer*, 1998, vol. 44, p. 23-38.

MARSACK G. A., EATON P. M., « Successorship law : the impact on business transfers and collective bargaining », *Marquette Law Review*, 1981-82, vol. 65, p. 213- 239.

McGUIRE J.P., « Management's right to relocate its plant and to make similar decisions : recent developments », *Labor Law Journal*, 1987, vol. 38, p. 747-755.

McLEOD W., « Rekindling labor law successorship in an era of decline », *Hofstra Labor Law Journal*, Spring 1994, vol. 11, n°2, p. 271-355.

MERRIFIELD L. S., « Worker participation in decisions within undertakings », *Comparative labor Law*, 1982, vol. 5, p. 1-22.

MEYER G. M., MALONE, Jr. E. R., « Defining « successors » and the significance of successors and assigns clause in a collective bargaining agreement », *Tulane Law Review*, 1975, vol. 49, p. 644-657.

MILLER L.E., LINDSAY R.A., « Mergers and acquisitions: labor relations considerations », *Employee Relations Law Journal*, 1983-84, vol. 9, n°3, p. 427-443.

MITCHELL D. J. B., « Inflation, unemployment and the Wagner Act: a critical reappraisal », *Standford Law Review*, 1986, vol. 38, n°4, p. 1065-1095.

MOBERLY R. B., *Worker participation in the direction of the enterprise: the American model of collective bargaining*, prepared for presentation to the conference on Labor law, sponsored by the Labor law group, Park City, Utah, June 30, 1984, ed. The labour law Group, 1985, p. 204-243.

MOLDOF S. B., « The application of U.S. labor laws to activities and employees outside the United States », *The labor Lawyer*, Summer 2001, vol. 17, n°1, p. 417-434.

MURPHY B. S., « Plant relocation and the collective bargaining obligation », *North Carolina Law Review*, 1980, vol. 59, n°1, p. 5-27.

NORTHRUP H. R., « The failure of the teamsters'union to win railroad-type labor protection for mergers or deregulation », *Transportation Law Journal*, 1995, vol. 22, n°3, p. 365-402 ; « Railroad labor protection programs in mergers : generous public policy for a favored few », *Transportation Law Journal*, 1995, vol. 23, n°2, p. 175-205.

O'CONNOR M., « Labor's role in the american corporate governance structure », *Comparative Labor Law & Policy Journal*, Fall 2000, vol. 22, n°1, p. 97-133.

PAGE L. R., « NLRB remedies : where are they going ? », *Labor Law Journal*, Summer 2000, vol. 51, n°2, p. 67-75.

PITT H. L., SHERMAN P. M., « Labor unions in corporate takeovers », *The Labor Lawyer*, Spring 1991, vol. 7, p. 287-310.

PROFUSEK R. A., « Executives employment contracts in the takeover context », *The Corporation Law Review*, 1983, vol. 6, p. 99-115.

RHINE B., « Business closings and their effects on employees: the need for new remedies », *Labor Law Journal*, 1984, vol. 35, p. 268-280.

RICHARDS C. J., (Notes & Comments) « The efficacy of successorship clauses in collective bargaining agreements », *Georgetown Law Journal*, 1991, vol. 79, p. 1549-1580.

ROCK E. B., WACHTER M. L., « Labour law successorship: a corporate law approach », *Michigan Law Review*, 1993-94, vol. 92, p. 203-260.

RUNDLE J., « The debate over the ban on employer-dominated labor organizations : what is evidence ? », *in* FRIEDMAN, HURD, OSWALD, SEEBER, *Restoring the promise of american labor law*, Cornell University Press, 1994, p. 161-176.

RYAN P. J., « Corporate directors and the « social costs » of takeovers – reflections on the tin parachute », *Tulane Law Review*, 1989, vol. 64, n°1, p. 3-70.

SCHEAR D. M. (Note), « The successorship doctrine revisited : Fall River Dyeing & Finishing Corp. v. NLRB », *St John's Journal of Legal Commentary*, 1987, vol. 3, p. 92-96.

SCHUPP R. W., « When is a union not a union ? Good faith doubt by an employer », *Labor Law Journal*, 1991, vol. 42, p. 357-365.

SCOTT C. A., « Money talks : the influence of economic power on the employment laws and policies in the United States and France », *San Diego International Law Journal*, Spring 2006, vol. 7, p. 341-403.

SCOTT C., BAIN T., ROBB J., « The successorship doctrine : Fall River Dyeing and beyond», *Labor Law Journal*, April 1994, vol. 45, p. 230-237.

SIEBERT W. V., WEBBER N. D., « Joint employer, single employer and alter ego » *The labor Lawyer*, 1987, p. 873-887.

SILVER J. L. F., « Reflections on the obligations of a successor employer», *Cardozo Law Review*, Spring 1981, vol. 2, p. 545-588.

SILVERSTEIN E., « The fate of workers in successor firms: does law tame the market ? », *Industrial Relations Journal*, 1986, vol. 8, n°2, p. 153-185.

SUMMERS C. W., « Codetermination in the United States: a projection of problems and potentials », *Journal of Comparative Corporate Law and Securities Regulation*, 1982, vol. 4, p. 155-191.

SWEENEY E. C., « Dodging the supremacy clause bullet: do State Successor Statutes survive Federal Labor law preemption ? », *Industrial Relations Law Journal*, 1992, vol. 13, n°1 p. 183-228.

SWEENEY S., *Industrial relations in the USA 2003-2004*, European Industrial Relations Observatory, 31 January 2005.

TRUESDALE J. C., « Battling case backlogs at the NLRB : the continuing problem of delays in decision making and the Clinton's board's response », *The Labor Lawyer*, Summer 2000, vol. 16, n°1, p. 1-18.

VAN M. KROTSENG R., « Plant relocations and consolidations: employers' obligations regarding employee transfer and union recognition », *Labor Law Journal*, 1982, vol. 33, n°9, p. 609-621.

VAN WEZEL STONE K., « Labor and the corporate structure: changing conceptions and emerging possibilities », *University of Chicago Law Review*, 1988, vol. 55, p. 73 -173.

VAUSE W. G., « Labor issues in international trade », *Labor Law Journal*, Fall 2000, vol. 51, n°3, p. 86-94.

VISSER J., « Union membership statistics in 24 countries », *Monthly Labor Review*, January 2006, p. 38-49.

WHEELER R. L., MURRAY P., « Mergers, acquisitions, and takeovers: labor relations consequences of corporate transactions », *The Labor Lawyer*, 1991, vol. 7, p. 111-135.

WHITEHURST W. R., « Labor Law - A balancing of interests test applied to the duty to bargain about a partial closing decision: First National Maintenance Corp. v. NLRB », *North Carolina Law Review*, 1982-83, vol. 61-1, p. 365-377.

WHITELAW J. R., « Duties to employees affected by a transfer of the enterprise: United States, Europe and Japan », *Comparative Labor Law Journal*, 1987-88, vol. 9, p. 558-588.

WINES W. A, LAU T. J., « A preliminary inquiry into the attitudes toward work that should be fostered by socially responsible employers », *Labor Law Journal*, Winter 2004, p. 248-267.

WINTERBAUER S. H., « Reductions in force: reducing staff without increasing litigation », *Employee Relations Law Journal*, Winter 2000, vol. 26, n°3, p. 29-72.

WOLTERS R. S., LANGDON S. D., « The duty to bargain over business decisions: the Dubuque case », *Labor Law Journal*, 1992, vol. 43, p. 579-587.

ZIMAROWSKI J. B., « The viability of the collective bargaining process: corporate transformations as unchanneled bargaining power », *Hofstra Labor Law Journal*, Spring 1986, vol. 3, n°2, p. 137-203.

ZIMNY M., « The contractual liability of employers, their successors and assigns », *The Labor Law Lawyer*, 1994, vol. 10, p. 73-90.

* * *

*Sixty-eight Annual Report of the National Labor Relations Board for the fiscal year ended September 30, 2003*, NLRB, 2004, 199 p.

*Sixty-ninth Annual Report of the National Labor Relations Board for the fiscal year ended September 30, 2004*, NLRB, 2005, 264 p.

*Seventieth Annual Report of the National Labor Relations Board for the fiscal year ended September 30, 2005*, NLRB, 2006, 172 p.

*Strategic plan fiscal year 2000-2006*, NLRB, September 2000, 35 p.

*Performance and accountability report FY2006*, NLRB, November 2006, 46 p.

*The Dunlop Commission on the Future of Worker-Management Relations*, Final Report, December 1994, 102 p.

*Employee and union member – Guide to labor law*, National lawyers Guild, West Group 1998, unbound.

*Dislocated workers: WARN Act not meeting its goals*, GAO/HRD-93-18, February 23, 1993, 68 p.

*WARN: Employer's guide to advance notice of closings and layoffs,* US department of labor's employment and training administration (ETA), July 2003, 30 p.

*The WARN Act: revising the Act and educational materials could clarify employer responsibilities and employee rights*, GAO-03-1003, September 19, 2003, 41 p.

*2002 Employer Bargaining Objectives*, Special Report, Daily Labor Report, BNA, 1st July 2002, p. 25.

*Employee benefits in mergers and acquisitions*, American Bar Association, Center for Continuing Legal Education, 1998.

*Interpretative rule of the Department of Labor to carry out the provisions of the WARN Act*, 29 *C.F.R.* § 639 ; 54 *Fed. Reg.* 16042.

Note, « Collective Bargaining as an industrial system: an argument against judicial revision of section 8(a)(2) of the National Labor Relations Act », *Harvard Law Review*, 1983, vol. 96, n°7, p. 1662-1682.

# INDEX ALPHABÉTHIQUE

*(Les chiffres renvoient aux numéros des paragraphes)*

U



V



W



Z

# TABLE DES MATIÈRES

*(Les chiffres renvoient aux pages)*



## PREMIÈRE PARTIE
## DES DIFFÉRENCES DE MÉTHODE

# SECONDE PARTIE
# UNE CONVERGENCE DE RÉSULTATS

Bibliothèque de droit social

Dirigée par Antoine Mazeaud

Tome 1. – GAU (J.-A.), Docteur en Droit : *Le régime de Sécurité sociale des étudiants*. 1960.

Tome 2. – VOIRIN (M.), Docteur en Droit : *Les organes des caisses de Sécurité sociale et leurs pouvoirs*. Épuisé.

Tome 3. – DURIN (D.), Docteur en Droit : *Des recours des caisses de Sécurité sociale en matière d'accidents*. Épuisé.

Tome 4. – YAMAGUCHI (T.), Docteur en Droit : *La théorie de la suspension du contrat de travail*. 1963.

Tome 5. – COHEN (M.), Docteur en Droit : *Le statut des délégués du personnel et des membres des comités d'entreprise*. Épuisé.

Tome 6. – DORLY (J.-P.), Docteur en Droit : *Les réquisitions personnelles*. 1965.

Tome 7. – SAVY (R.), Docteur en Droit : *La Sécurité sociale en agriculture dans les pays de la Communauté Économique Européenne*. 1965.

Tome 8. – PIPPI (F.), Docteur en Droit : *De la notion du salaire individuel à la notion de salaire social*. 1966.

Tome 9. – COHEN (M.), Docteur en Droit : *Le statut des représentants du personnel après la loi du 18 juin 1966*. Épuisé.

Tome 10. – PANAYOTOPOULOS (M.), Docteur en Droit : *Le contrôle judiciaire du licenciement dans le droit des pays membres de la Communauté Économique Européenne et celui de la Grèce*. 1969.

Tome 11. – MELENNEC (L.), Médecin du Travail, et JUTTARD (J.), Directeur adjoint de la Caisse primaire d'assurance maladie du Calvados : *Traité de la réparation des accidents du travail*. 1970.

Tome 12. – SOINNE (B.), Docteur en Droit : *L'analyse juridique du règlement intérieur d'entreprise*. 1970.

Tome 13. – LE BAYON (A.), Docteur en Droit : *Notion et statut juridique des cadres de l'entreprise privée*. 1971.

Tome 14. – POULAIN (G.), Maître-assistant à la Faculté de droit de Strasbourg : *La distinction des contrats de travail à durée déterminée et indéterminée*. 1971. Épuisé.

Tome 15. – MAUGEY (C.), Docteur en Droit : *Les moyens juridiques de la participation dans l'entreprise en France et aux États-Unis*. 1971.

Tome 16. – SAINT-JOURS (Y.), Docteur en Droit : Maître-assistant à l'Université de Paris-I : *La faute dans le droit général de la Sécurité sociale*. 1972.

Tome 17. – KOECHLIN (H. F.), Docteur en Droit, Professeur à l'Institut d'économie appliquée aux affaires de l'Université des sciences juridiques, politiques et sociales de Strasbourg : *L'aspect juridique des relations du travail*. 1972.

Tome 18. – BUDINER (M.), Docteur ès sciences politiques de l'Université de Genève : *Le droit de la femme à l'égalité de salaire et la convention n° 100 de l'Organisation internationale de travail*. 1975.

Tome 19. – DOLE (G.), Docteur en Droit : *Les ecclésiastiques et la sécurité sociale en droit comparé*. 1976.
Tome 20. – RAMIN (A.), Docteur en Droit : *Le lock-out et le chômage technique*. 1977.
Tome 21. – JAILLET (R.), Docteur en Droit, chef de service à la direction du personnel de l'Électricité de France et du Gaz de France : *La faute inexcusable en matière d'accidents du travail et de maladie professionnelle*. 1980.
Tome 22. – ALIPRANTIS (N.), Avocat au Barreau d'Athènes : *La place de la convention collective dans la hiérarchie des normes*. 1980.
Tome 23. – SACHS-DURAND (C.), Maître de conférences à l'Institut du travail de Strasbourg : *Les seuils d'effectif en droit du travail*. 1985.
Tome 24. – DOLE (G.), *Les professions ecclésiastiques*. 1987.
Tome 25. – DOLE (G.), *La liberté d'opinion et de conscience en droit comparé du travail – Union européenne : 1. Droit européen et droit français*. 1997.
Tome 26. – BATHMANABANE (P.), Docteur en Droit : *L'abus du droit syndical*. 1993.
Tome 27. – MORIN (M.-L.), Docteur en Droit : *Le droit des salariés à la négociation collective - Principe général du droit*. 1994.
Tome 28. – DESBARATS (I.), *L'entreprise à établissements multiples en droit du travail*. 1995.
Tome 29. – SIAU (B.), Chargé d'enseignement à l'Université de Montpellier : *Le travail temporaire en droit comparé, européen et international*.1996.
Tome 30. – MAGGI-GERMAIN (N.), Docteur en droit : *Négociation collective et transformations de l'entreprise publique à statut*. 1996.
Tome 31. – MOREAU (M.) : *Les litiges nés de l'interprétation des conventions collectives en droits québécois et français*. 1998.
Tome 32. – WILLMANN (Ch.) : *Identification juridique du chômeur*. 1998.
Tome 33. – FROSSARD (S.) : *Les qualifications juridiques en droit du travail*. 2000.
Tome 34. – HÉAS (F.) : *Le reclassement du salarié en droit du travail*. 2000.
Tome 35. – MILET (L.) : *La protection juridique des victimes d'accidents de trajet*. 2002.
Tome 36. – GRÉVY (M.) : *La sanction civile en droit du travail*. 2002.
Tome 37. – BOULMIER (D.) : *Preuve et instance prud'homale – A la recherche d'un procès équitable*, 2002.
Tome 38. – SOBCZAK (A.) : *Réseaux de sociétés et codes de conduite : un nouveau modèle de régulation des relations de travail pour les entreprises européennes*. 2002.
Tome 39. – ADAM (P.) : *L'individualisation du droit du travail. Essai sur la réhabilitation du salarié-individu*. 2005.
Tome 40. – LEROUGE (L.) : *La reconnaissance de la santé mentale en droit du travail*. 2005.
Tome 41. – KATZ (T.) : *La négociation collective et l'emploi*. 2007.
Tome 42. – DRAI (L.) : *Le droit du travail intellectuel*. 2005.
Tome 43. – FOURCADE (C.) : *Autonomie collective des partenaires sociaux. Essai sur les rapports entre démocratie politique et démocratie sociale*. 2006.
Tome 44. – JOHANSSON (A.) : *La détermination du temps de travail effectif*. 2006.
Tome 45. – PESKINE (E.) : *Réseaux d'entreprises et droit du travail*. 2008.
Tome 46. – LAFUMA (E.) : *Des procédures internes, contribution à l'étude de la décision de l'employeur en droit du travail*. 2008.

Tome 50. – MAUL-SATORI (M.) : *Droits européens d'information relatifs à la relation de travail – La directive 91/533/CEE et sa transposition en droit allemand, français et britannique*. 2008.

Tome 51. – CHEZLEMAS (M.-H.) : *La situation des salariés dans les opérations de transfert d'entreprise en droit comparé : France, Royaume-Uni, États-Unis*. 2009.

Lextenso éditions
L.G.D.J.

33, rue du Mail
75081 Paris cedex 02

Dépôt légal : mars 2009
N° éditeur : 4400

Achevé d'imprimer par Corlet Numérique - 14110 Condé-sur-Noireau
N° d'Imprimeur : 58364 - *Imprimé en France*